CB139621

COLETÂNEA DE QUESTÕES

CIÊNCIAS DA SÁUDE E OUTRAS ÁREAS

Coordenadores da Coleção: Wander Garcia e Fernando Castellani
Organizadores: Marcelo Castellani e Elson Garcia

Editor: Márcio Dompieri
Projeto gráfico, Capa e Diagramação: R2 Editorial

FICHA CATALOGRÁFICA ELABORADA PELO
Sistemas de Bibliotecas da UNICAMP /
Diretoria de Tratamento da Informação
Bibliotecária: Helena Joana Flipsen – CRB-8ª / 5283

G Garcia, Wander.

Coletânea de Questões e Habilidades Gerais e Específicas do ENADE – Ciências da Saúde e outras áreas / Wander Garcia -- Campinas, SP : Editora Foco, 2013.
p. 680

1. Saúde. 2. Exames - Questões. 3. Educação.
I. Título.

CDD - 658
- 371.261
- 370

ISBN 978-85-62168-85-7

Índices para Catálogo Sistemático:

1. Saúde	658
2. Exames - Questões	371.261
3. Educação	370

2013

Al. José Amstalden 491 – Cj. 52
CEP 13331-100 – Indaiatuba – SP
E-mail: contato@editorafoco.com.br

www.editorafoco.com.br

SUMÁRIO

Capítulo I

Avaliação das Habilidades e Conteúdos Gerais e Específicos

Avaliação das Habilidades e Conteúdos Gerais e Específicos

Mais do que nunca as Instituições de Ensino Superior, o Ministério da Educação e o mercado de trabalho buscam a formação de profissionais que desenvolvam habilidades, competências e conteúdos gerais e específicos.

Nesse sentido, o Exame Nacional de Desempenho dos Estudantes - ENADE, instituído pela Lei 10.861/04, vem submetendo, principalmente junto aos alunos concluintes, exame **obrigatório** que avalia habilidades e competências destes, e não apenas a capacidade de decorar do estudante, o que faz com que essa avaliação esteja muito mais próxima do que é a "vida real", o mercado de trabalho, do que outros exames de proficiência e de concursos com os quais o estudante se depara durante sua vida escolar e profissional.

Esse exame tem os seguintes **objetivos**:

a) avaliar o desempenho dos estudantes com relação aos **conteúdos programáticos** previstos nas diretrizes curriculares dos cursos de graduação;

b) avaliar o desempenho dos estudantes quanto ao **desenvolvimento de competências e habilidades** necessárias ao aprofundamento da formação geral e profissional;

c) avaliar o desempenho dos estudantes quanto ao **nível de atualização** com relação à realidade brasileira e mundial;

d) servir como um dos **instrumentos de avaliação** das instituições de ensino superior e dos cursos de graduação.

Dessa forma, o exame não privilegia o verbo **decorar**, mas sim os verbos analisar, comparar, relacionar, organizar, contextualizar, interpretar, calcular, **raciocinar**, argumentar, propor, dentre outros.

É claro que será aferido também se os conteúdos programáticos ministrados nos cursos superiores foram bem compreendidos, mas o foco maior é a avaliação do desenvolvimento da capacidade de compreensão, de síntese, de crítica, de argumentação e de proposição de soluções por parte dos estudantes.

Além disso, o exame é **interdisciplinar** e **contextualizado**, inserindo o estudante dentro de situações-problemas, de modo a verificar a capacidade deste de *aprender a pensar*, a *refletir* e a *saber como fazer*.

O exame é formado por 40 questões, sendo 10 questões de **Formação Geral, das quais duas são subjetivas,** e 30 questões de **Componente Específico, das quais três são subjetivas.**

As questões subjetivas costumam avaliar textos argumentativos a serem escritos, em geral, em até 15 linhas.

O peso da parte de formação geral é de 25%, ao passo que o peso da segunda parte é de 75%.

O objetivo da presente obra é colaborar com esse processo contínuo de desenvolvimento de habilidades e conteúdos gerais e específicos junto aos alunos, a partir do conhecimento e resolução de questões do exame mencionado e do Exame Nacional de Cursos, questões essas que, como se viu, primam pela avaliação desses conteúdos e competências.

Capítulo II

Questões de Formação Geral

1) Conteúdos e Habilidades objetos de perguntas nas questões de Formação Geral.

As questões de Formação Geral avaliam, junto aos estudantes, o conhecimento e a compreensão, dentre outros, dos seguintes **Conteúdos**:

I. Arte e cultura; filosofia e estética;

II. Avanços tecnológicos;

III. Ciência, tecnologia e inovação;

IV. Democracia, ética, cidadania e direitos humanos;

V. Ecologia/biodiversidade;

VI. Globalização e geopolítica;

VII. Políticas públicas: educação, habitação, saneamento, saúde, transporte, segurança, defesa e desenvolvimento sustentável;

VIII. Relações de trabalho;

IX. Responsabilidade social e redes sociais: setor público, privado, terceiro setor;

X. Sociodiversidade: multiculturalismo, tolerância, inclusão/exclusão (inclusive digital), relações de gênero; minorias;

XI. Tecnologias de Informação e Comunicação;

XII. Vida urbana e rural;

XIII. Violência e terrorismo.

XIV. Relações interpessoais

XV. Propriedade intelectual

XVI. Diferentes mídias e tratamento da informação

Tais conteúdos são o pano de fundo para avaliação do desenvolvimento dos seguintes grupos de Habilidades:

a) **Interpretar**, **compreender** e **analisar** textos, charges, figuras, fotos, gráficos e tabelas.

b) Estabelecer **comparações**, contextualizações, relações, contrastes e reconhecer diferentes manifestações artísticas.

c) Elaborar sínteses e extrair **conclusões**.

d) **Criticar**, **argumentar**, opinar, propor **soluções** e fazer escolhas.

As questões objetivas costumam trabalhar com as três primeiras habilidades, ao passo que as questões discursivas trabalham, normalmente, com a quarta habilidade.

Com relação às questões de Formação Geral optamos por classificá-las nesta obra pelas quatro Habilidades acima enunciadas.

2) Questões de Formação Geral classificadas por Habilidades.

Habilidade 01

INTERPRETAR, COMPREENDER E ANALISAR TEXTOS, CHARGES, FIGURAS, FOTOS, GRÁFICOS E TABELAS

1. (EXAME 2004)

TEXTO

"O homem se tornou lobo para o homem, porque a meta do desenvolvimento industrial está concentrada num objeto e não no ser humano. A tecnologia e a própria ciência não respeitaram os valores éticos e, por isso, não tiveram respeito algum para o humanismo. Para a convivência. Para o sentido mesmo da existência.

Na própria política, o que contou no pós-guerra foi o êxito econômico e, muito pouco, a justiça social e o cultivo da verdadeira imagem do homem. Fomos vítimas da ganância e da máquina. Das cifras. E, assim, perdemos o sentido autêntico da confiança, da fé, do amor. As máquinas andaram por cima da plantinha sempre tenra da esperança. E foi o caos."

ARNS, Paulo Evaristo. **Em favor do homem.** Rio de Janeiro: Avenir, s/d. p.10.

De acordo com o texto, pode-se afirmar que

(A) a industrialização, embora respeite os valores éticos, não visa ao homem.

(B) a confiança, a fé, a ganância e o amor se impõem para uma convivência possível.

(C) a política do pós-guerra eliminou totalmente a esperança entre os homens.

(D) o sentido da existência encontra-se instalado no êxito econômico e no conforto.

(E) o desenvolvimento tecnológico e científico não respeitou o humanismo.

2. (EXAME 2004)

Millôr e a ética do nosso tempo

A charge de Millôr aponta para

(A) a fragilidade dos princípios morais.

(B) a defesa das convicções políticas.

(C) a persuasão como estratégia de convencimento.

(D) o predomínio do econômico sobre o ético.

(E) o desrespeito às relações profissionais.

3. (EXAME 2004)

Os países em desenvolvimento fazem grandes esforços para promover a inclusão digital, ou seja, o acesso, por parte de seus cidadãos, às tecnologias da era da informação. Um dos indicadores empregados é o número de hosts, ou seja, número de computadores que estão conectados à Internet. A tabela e o gráfico abaixo mostram a evolução do número de *hosts* nos três países que lideram o setor na América Latina.

Numero de *hosts*

	2000	2001	2002	2003	2004
Brasil	446444	876596	1644575	2237527	3163349
México	404873	559165	918288	1107795	1333406
Argentina	142470	270275	465359	495920	742358

Fonte: Internet Systems Consortium, 2004

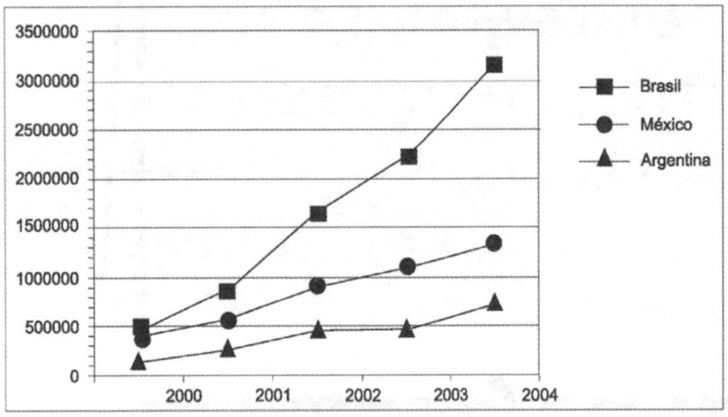

Fonte: Internet Systems Consortium, 2004

Dos três países, os que apresentaram, respectivamente, o maior e o menor crescimento percentual no número de *hosts* no período 2000-2004 foram:

(A) Brasil e México.
(B) Brasil e Argentina.
(C) Argentina e México.
(D) Argentina e Brasil.
(E) México e Argentina.

4. (EXAME 2005)

As ações terroristas cada vez mais se propagam pelo mundo, havendo ataques em várias cidades, em todos os continentes.

Nesse contexto, analise a seguinte notícia:

> No dia 10 de março de 2005, o Presidente de Governo da Espanha José Luis Rodriguez Zapatero em conferência sobre o terrorismo, ocorrida em Madri para lembrar os atentados do dia 11 de março de 2004, "assinalou que os espanhóis encheram as ruas em sinal de dor e solidariedade e dois dias depois encheram as urnas, mostrando assim o único caminho para derrotar o terrorismo: a democracia. Também proclamou que não existe álibi para o assassinato indiscriminado. Zapatero afirmou que não há política, nem ideologia, resistência ou luta no terror, só há o vazio da futilidade, a infâmia e a barbárie. Também defendeu a comunidade islâmica, lembrando que não se deve vincular esse fenômeno com nenhuma civilização, cultura ou religião. Por esse motivo apostou na criação pelas Nações Unidas de uma aliança de civilizações para que não se continue ignorando a pobreza extrema, a exclusão social ou os Estados falidos, que constituem, segundo ele, um terreno fértil para o terrorismo".

(MANCEBO, Isabel. **Madri fecha conferência sobre terrorismo e relembra os mortos de 11-M**. (Adaptado). Disponível em: http://www2.rnw.nl/rnw/pt/atualidade/europa/at050311_onzedemarco?Acesso em Set. 2005)

A principal razão, indicada pelo governante espanhol, para que haja tais iniciativas do terror está explicitada na seguinte afirmação:

(A) O desejo de vingança desencadeia atos de barbárie dos terroristas.
(B) A democracia permite que as organizações terroristas se desenvolvam.
(C) A desigualdade social existente em alguns países alimenta o terrorismo.
(D) O choque de civilizações aprofunda os abismos culturais entre os países.
(E) A intolerância gera medo e insegurança criando condições para o terrorismo.

5. (EXAME 2005)

(Laerte. *O condomínio*)

(Laerte. *O condomínio*)

(Disponível em: http://www2.uol.com.br/laerte/tiras/index-condomínio.html)

As duas charges de Laerte são críticas a dois problemas atuais da sociedade brasileira, que podem ser identificados pela crise

(A) na saúde e na segurança pública.
(B) na assistência social e na habitação.
(C) na educação básica e na comunicação.
(D) na previdência social e pelo desemprego.
(E) nos hospitais e pelas epidemias urbanas.

6. (EXAME 2005)

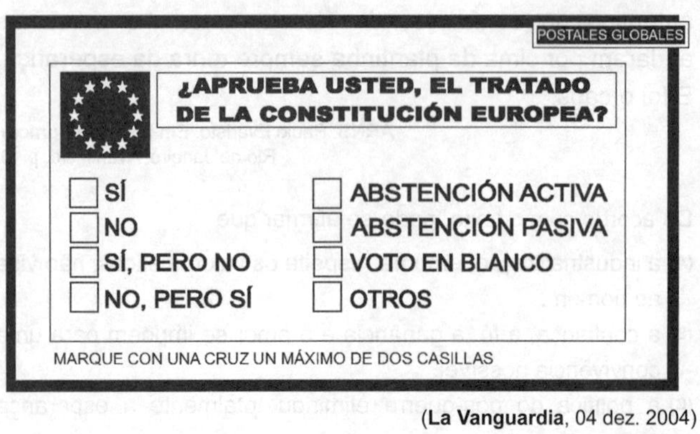

(**La Vanguardia**, 04 dez. 2004)

O referendo popular é uma prática democrática que vem sendo exercida em alguns países, como exemplificado, na charge, pelo caso espanhol, por ocasião da votação sobre a aprovação ou não da Constituição Europeia. Na charge, pergunta-se com destaque:

"Você aprova o tratado da Constituição Europeia?", sendo apresentadas várias opções, além de haver a possibilidade de dupla marcação.

A **crítica** contida na charge indica que a prática do referendo deve

(A) ser recomendada nas situações em que o plebiscito já tenha ocorrido.

(B) apresentar uma vasta gama de opções para garantir seu caráter democrático.

(C) ser precedida de um amplo debate prévio para o esclarecimento da população.

(D) significar um tipo de consulta que possa inviabilizar os rumos políticos de uma nação.

(E) ser entendida como uma estratégia dos governos para manter o exercício da soberania.

7. (EXAME 2006)

Jornal do Brasil, 3 ago. 2005.

Tendo em vista a construção da ideia de nação no Brasil, o argumento da personagem expressa

(A) a afirmação da identidade regional.

(B) a fragilização do multiculturalismo global.

(C) o ressurgimento do fundamentalismo local.

(D) o esfacelamento da unidade do território nacional.

(E) o fortalecimento do separatismo estadual.

8. (EXAME 2006)

A formação da consciência ética, baseada na promoção dos valores éticos, envolve a identificação de alguns conceitos como: "consciência moral", "senso moral", "juízo de fato" e "juízo de valor".

A esse respeito, leia os quadros a seguir.

Quadro I - Situação

Helena está na fila de um banco, quando, de repente, um indivíduo, atrás na fila, se sente mal. Devido à experiência com seu marido cardíaco, tem a impressão de que o homem está tendo um enfarto. Em sua bolsa há uma cartela com medicamento que poderia evitar o perigo de acontecer o pior.

Helena pensa: "Não sou médica – devo ou não devo medicar o doente? Caso não seja problema cardíaco – o que acho difícil –, ele poderia piorar? Piorando, alguém poderá dizer que foi por minha causa – uma curiosa que tem a pretensão de agir como médica. Dou ou não dou o remédio? O que fazer?"

Quadro II - Afirmativas

1 -O "senso moral" relaciona-se à maneira como avaliamos nossa situação e a de nossos semelhantes, nosso comportamento, a conduta e a ação de outras pessoas segundo idéias como as de justiça e injustiça, certo e errado.

2 -A "consciência moral" refere-se a avaliações de conduta que nos levam a tomar decisões por nós mesmos, a agir em conformidade com elas e a responder por elas perante os outros.

Qual afirmativa e respectiva razão fazem uma associação mais adequada com a situação apresentada?

(A) Afirmativa 1- porque o "senso moral" se manifesta como consequência da "consciência moral", que revela sentimentos associados às situações da vida.

(B) Afirmativa 1- porque o "senso moral" pressupõe um "juízo de fato", que é um ato normativo enunciador de normas segundo critérios de correto e incorreto.

(C) Afirmativa 1- porque o "senso moral" revela a indignação diante de fatos que julgamos ter feito errado provocando sofrimento alheio.

(D) Afirmativa 2- porque a "consciência moral" se manifesta na capacidade de deliberar diante de alternativas possíveis que são avaliadas segundo valores éticos.

(E) Afirmativa 2- porque a "consciência moral" indica um "juízo de valor" que define o que as coisas são, como são e por que são.

9. (EXAME 2006)

A legislação de trânsito brasileira considera que o condutor de um veículo está dirigindo alcoolizado quando o teor alcoólico de seu sangue excede 0,6 gramas de álcool por litro de sangue. O gráfico abaixo mostra o processo de absorção e eliminação do álcool quando um indivíduo bebe, em um curto espaço de tempo, de 1 a 4 latas de cerveja.

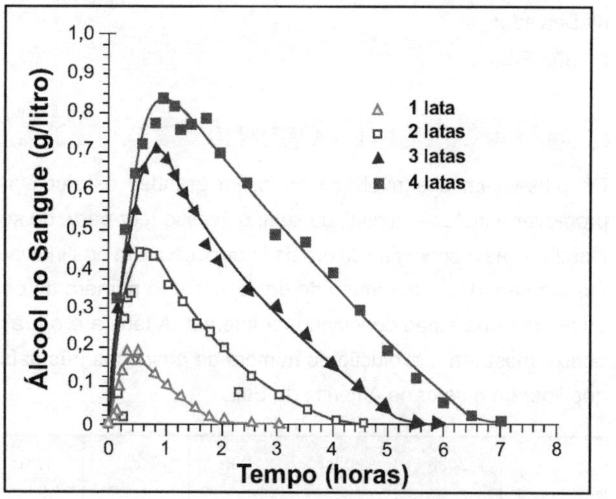

(Fonte: **National Health Institute**, Estados Unidos)

Considere as afirmativas a seguir.

I. O álcool é absorvido pelo organismo muito mais lentamente do que é eliminado.

II. Uma pessoa que vá dirigir imediatamente após a ingestão da bebida pode consumir, no máximo, duas latas de cerveja.

III. Se uma pessoa toma rapidamente quatro latas de cerveja, o álcool contido na bebida só é completamente eliminado após se passarem cerca de 7 horas da ingestão.

Está(ão) correta(s) a(s) afirmativa(s)

(A) II, apenas.

(B) I e II, apenas.

(C) I e III, apenas.

(D) II e III, apenas.

(E) I, II e III.

10. (EXAME 2006)

A tabela abaixo mostra como se distribui o tipo de ocupação dos jovens de 16 a 24 anos que trabalham em 5 Regiões Metropolitanas e no Distrito Federal.

Distribuição dos jovens ocupados, de 16 a 24 anos, segundo posição na ocupação
Regiões Metropolitanas e Distrito Federal - 2005
(em porcentagem)

Regiões Metropolitanas e Distrito Federal	Assalariados					Autônomos			Empregado Doméstico	Outros
	Total	Setor privado			Setor público	Total	Trabalha para o público	Trabalha para empresas		
		Total	Com carteira assinada	Sem carteira assinada						
Belo Horizonte	79,0	72,9	53,2	19,7	6,1	12,5	7,9	4,6	7,4	(1)
Distrito Federal	80,0	69,8	49,0	20,8	10,2	9,8	5,2	4,6	7,1	(1)
Porto Alegre	86,0	78,0	58,4	19,6	8,0	7,7	4,5	3,2	3,0	(1)
Recife	69,8	61,2	36,9	24,3	8,6	17,5	8,4	9,1	7,1	(1)
Salvador	71,6	64,5	39,8	24,7	7,1	18,6	14,3	4,3	7,2	(1)
São Paulo	80,4	76,9	49,3	27,6	3,5	11,3	4,0	7,4	5,3	(1)

(Fonte: Convênio DIEESE / Seade, MTE / FAT e convênios regionais. PED - Pesquisa de Emprego e Desemprego Elaboração: DIEESE)

Nota: (1) A amostra não comporta a desagregação para esta categoria.

Das regiões estudadas, aquela que apresenta o maior percentual de jovens sem carteira assinada, dentre os jovens que são assalariados do setor privado, é

(A) Belo Horizonte.

(B) Distrito Federal.

(C) Recife.

(D) Salvador.

(E) São Paulo.

11. (EXAME 2007)

Os países em desenvolvimento fazem grandes esforços para promover a inclusão digital, ou seja, o acesso, por parte de seus cidadãos, às tecnologias da era da informação. Um dos indicadores empregados é o número de *hosts*, isto é, o número de computadores que estão conectados à Internet. A tabela e o gráfico abaixo mostram a evolução do número de *hosts* nos três países que lideram o setor na América do Sul.

	2003	2004	2005	2006	2007
Brasil	2.237.527	3.163.349	3.934.577	5.094.730	7.422.440
Argentina	495.920	742.358	1.050.639	1.464.719	1.837.050
Colômbia	55.626	115.158	324.889	440.585	721.114

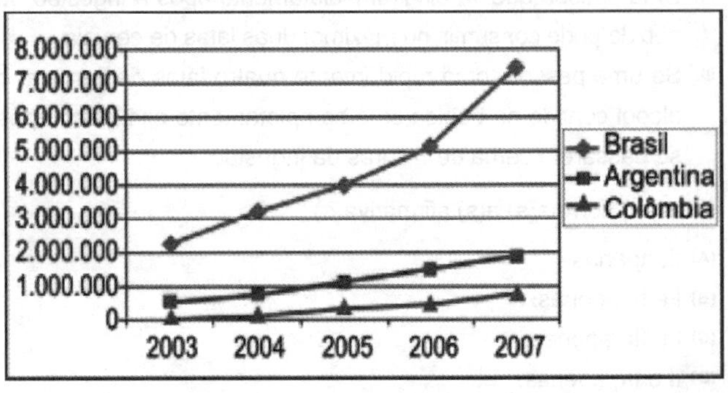

Fonte: IBGE (**Network Wizards**, 2007)

Dos três países, os que apresentaram, respectivamente, o maior e o menor crescimento percentual no número de *hosts*, no período 2003−2007, foram

(A) Brasil e Colômbia.

(B) Brasil e Argentina.

(C) Argentina e Brasil.

(D) Colômbia e Brasil.

(E) Colômbia e Argentina.

12. (EXAME 2008)

CIDADÃS DE SEGUNDA CLASSE?

As melhores leis a favor das mulheres de cada país-membro da União Europeia estão sendo reunidas por especialistas. O objetivo é compor uma legislação continental capaz de contemplar temas que vão da contracepção à equidade salarial, da prostituição à aposentadoria. Contudo, uma legislação que assegure a inclusão social das cidadãs deve contemplar outros temas, além dos citados.

São dois os temas mais específicos para essa legislação:

(A) aborto e violência doméstica.

(B) cotas raciais e assédio moral.

(C) educação moral e trabalho.

(D) estupro e imigração clandestina.

(E) liberdade de expressão e divórcio.

13. (EXAME 2008)

A foto a seguir, da americana Margaret Bourke-White (1904-71), apresenta desempregados na fila de alimentos durante a Grande Depressão, que se iniciou em 1929.

STRICKLAND, Carol; BOSWELL, John. **Arte Comentada**: da pré-história ao pós-moderno. Rio de Janeiro: Ediouro [s.d.].

Além da preocupação com a perfeita composição, a artista, nessa foto, revela

(A) a capacidade de organização do operariado.

(B) a esperança de um futuro melhor para negros.

(C) a possibilidade de ascensão social universal.

(D) as contradições da sociedade capitalista.

(E) o consumismo de determinadas classes sociais.

14. (EXAME 2008)

CENTROS URBANOS MEMBROS DO GRUPO "ENERGIA-CIDADES"

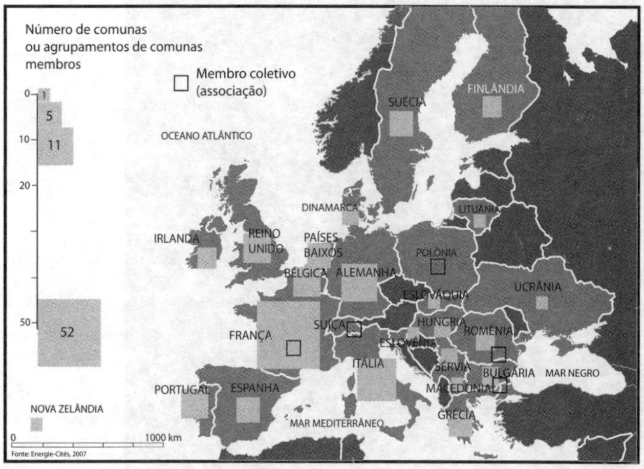

LE MONDE Diplomatique Brasil. **Atlas do Meio Ambiente**, 2008. p. 82.

No mapa, registra-se uma prática exemplar para que as cidades se tornem sustentáveis de fato, favorecendo as trocas horizontais, ou seja, associando e conectando territórios entre si, evitando desperdícios no uso de energia.

Essa prática exemplar apoia-se, fundamentalmente, na

(A) centralização de decisões políticas.
(B) atuação estratégica em rede.
(C) fragmentação de iniciativas institucionais.
(D) hierarquização de autonomias locais.
(E) unificação regional de impostos.

15. (EXAME 2008)

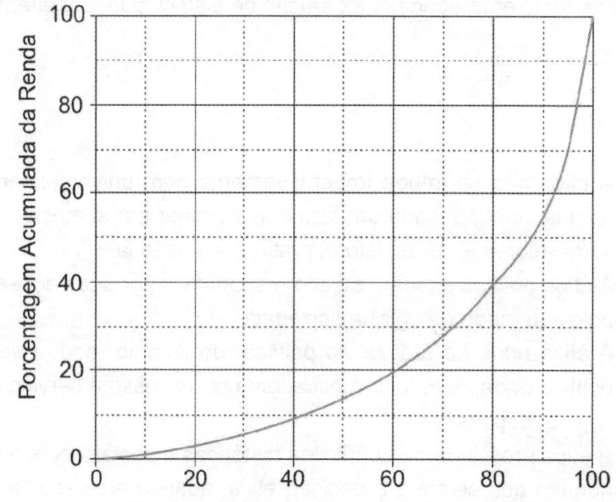

Disponível em: http://www.ipea.gov.br/sites/000/2/livros/desigualdaderendanobrasil/cap_04_avaliandoasignificancia.pdf

Apesar do progresso verificado nos últimos anos, o Brasil continua sendo um país em que há uma grande desigualdade de renda entre os cidadãos. Uma forma de se constatar este fato é por meio da Curva de Lorenz, que fornece, para cada valor de x entre 0 e 100, o percentual da renda total do País auferido pelos x% de brasileiros de menor renda. Por exemplo, na Curva de Lorenz para 2004, apresentada ao lado, constata-se que a renda total dos 60% de menor renda representou apenas 20% da renda total.

De acordo com o mesmo gráfico, o percentual da renda total correspondente aos 20% de **maior** renda foi, aproximadamente, igual a

(A) 20%
(B) 40%
(C) 50%
(D) 60%
(E) 80%

16. (EXAME 2009)

Leia o trecho:

O sertão vai a Veneza

Festival de Veneza exibe "Viajo Porque Preciso, Volto Porque Te Amo", de Karim Aïnouz e Marcelo Gomes, feito a partir de uma longa viagem pelo sertão nordestino. [...] Rodaram 13 mil quilômetros, a partir de Juazeiro do Norte, no Ceará, passando por Pernambuco, Paraíba, Sergipe e Alagoas, improvisando dia a dia os locais de filmagem. "Estávamos à procura de tudo que encetava e causava estranhamento. Queríamos romper com a ideia de lugar isolado, intacto, esquecido, arraigado numa religiosidade intransponível. Eu até evito usar a palavra 'sertão' para ter um novo olhar sobre esse lugar", conta Karim.

A ideia era afastar-se da imagem histórica da região na cultura brasileira. "Encontramos um universo plural que tem desde uma feira de equipamentos eletrônicos a locais de total desolação", completa Marcelo.

CRUZ, Leonardo. **Folha de S. Paulo**, p. E1, 05/09/2009.

A partir da leitura desse trecho, é INCORRETO afirmar que

(A) a feira de equipamentos eletrônicos, símbolo da modernidade e da tecnologia sofisticada, é representativa do contrário do que se pensa sobre o sertão nordestino.
(B) as expressões isolamento, esquecimento e religiosidade, utilizadas pelos cineastas, são consideradas adequadas para expressar a atual realidade sertaneja.
(C) o termo "sertão" tem conotação pejorativa, por implicar atraso e pobreza; por isso, seu uso deve ser cuidadoso.
(D) os entrevistados manifestam o desejo de contribuir para a desmitificação da imagem do sertão nordestino, congelada no imaginário de parte dos brasileiros.
(E) revela o estranhamento que é comum entre pessoas mal informadas e simplificadoras, que veem o sertão como uma região homogênea.

17. (EXAME 2009)

Leia o planisfério, em que é mostrada uma imagem noturna da superfície terrestre, obtida a partir de imagens de satélite:

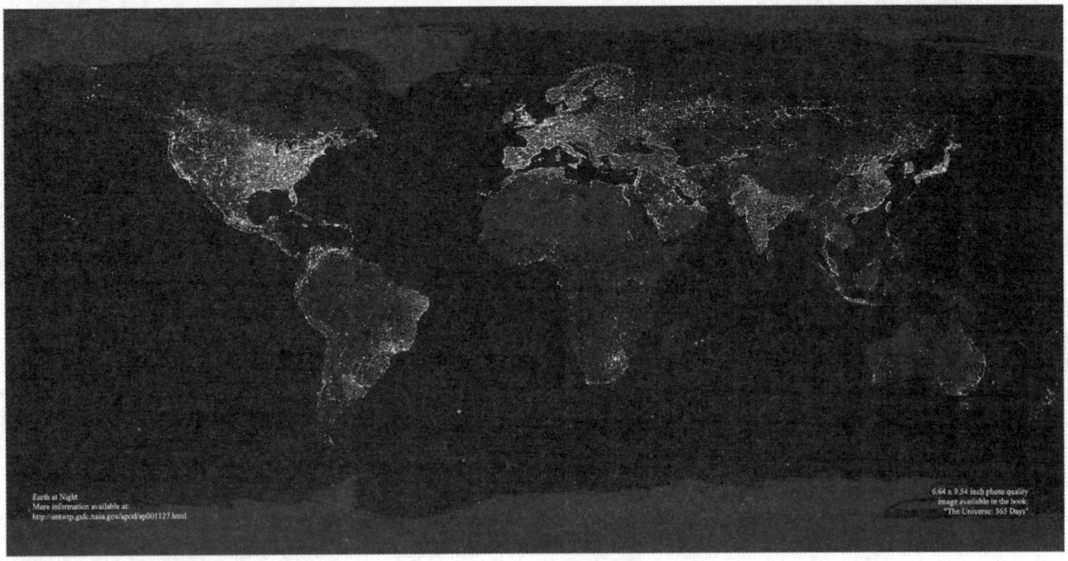

http://antwrp.gsfc.nasa.gov/apod/image/0011/earthlights_dmsp_big.jpg (Acessado em 21 set. 2009).

Com base na leitura desse planisfério, é CORRETO afirmar que as regiões continentais em que se verifica luminosidade noturna mais intensa

(A) abrigam os espaços de economia mais dinâmica do mundo contemporâneo, onde se localizam os principais centros de decisão que comandam a atual ordem mundial.

(B) expressam a divisão do Planeta em dois hemisférios – o Leste e o Oeste – que, apesar de integrados à economia-mundo, revelam indicadores sociais discrepantes.

(C) comprovam que o Planeta pode abrigar o dobro de seu atual contingente populacional, desde que mantido o padrão de consumo praticado pela sociedade contemporânea.

(D) registram fluxos reduzidos de informação, de pessoas, de mercadorias e de capitais, tendo em vista a saturação de suas redes de circulação, alcançada no início do século XXI.

(E) substituíram suas tradicionais fontes de energia não renováveis, historicamente empregadas na geração de eletricidade, por alternativas limpas e não poluentes.

18. (EXAME 2010)

A charge acima representa um grupo de cidadãos pensando e agindo de modo diferenciado, frente a uma decisão cujo caminho exige um percurso ético. Considerando a imagem e as ideias que ela transmite, avalie as afirmativas que se seguem.

I. A ética não se impõe imperativamente nem universalmente a cada cidadão; cada um terá que escolher por si mesmo os seus valores e ideias, isto é, praticar a autoética.

II. A ética política supõe o sujeito responsável por suas ações e pelo seu modo de agir na sociedade.

III. A ética pode se reduzir ao político, do mesmo modo que o político pode se reduzir à ética, em um processo a serviço do sujeito responsável.

IV. A ética prescinde de condições históricas e sociais, pois é no homem que se situa a decisão ética, quando ele escolhe os seus valores e as suas finalidades.

V. A ética se dá de fora para dentro, como compreensão do mundo, na perspectiva do fortalecimento dos valores pessoais.

É correto apenas o que se afirma em

(A) I e II.

(B) I e V.

(C) II e IV.

(D) III e IV.

(E) III e V.

19. (EXAME 2010)

De agosto de 2008 a *janeiro* de 2009, o desmatamento na Amazônia Legal concentrou-se em regiões específicas. Do ponto de vista fundiário, a maior parte do desmatamento (cerca de 80%) aconteceu em áreas privadas ou em diversos estágios de posse. O restante do desmatamento ocorreu em assentamentos promovidos pelo INCRA, conforme a política de Reforma Agrária (8%), unidades de conservação (5%) e em terras indígenas (7%).

Disponível em: <WWW.imazon.org.br>.
Acesso em: 26 ago. 2010. (com adaptações).

Infere-se do texto que, sob o ponto de vista fundiário, o problema do desmatamento na Amazônia Legal está centrado

(A) nos grupos engajados na política de proteção ambiental, pois eles não aprofundaram o debate acerca da questão fundiária.

(B) nos povos indígenas, pois eles desmataram a área que ocupavam mais do que a comunidade dos assentados pelo INCRA.

(C) nos posseiros irregulares e proprietários regularizados, que desmataram mais, pois muitos ainda não estão integrados aos planos de manejo sustentável da terra.

(D) nas unidades de conservação, que costumam burlar leis fundiárias; nelas, o desmatamento foi maior que o realizado pelos assentados pelo INCRA.

(E) nos assentamentos regulamentados pelo INCRA, nos quais o desmatamento foi maior que o realizado pelos donos de áreas privadas da Amazônia Legal.

20. (EXAME 2010)

Levantamento feito pelo jornal Folha de S. Paulo e publicado em 11 de abril de 2009, com base em dados de 2008, revela que o índice de homicídios por 100 mil habitantes no Brasil varia de 10,6 a 66,2. O levantamento inclui dados de 23 estados e do Distrito Federal. De acordo com a Organização Mundial da Saúde (OMS), áreas com índices superiores a 10 assassinatos por 100 mil habitantes são consideradas zonas epidêmicas de homicídios.

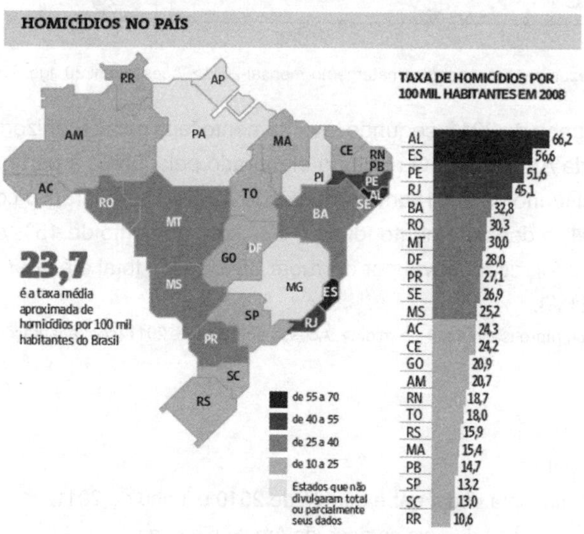

Análise da mortalidade por homicídios no Brasil. Disponível em: <http://www1.folha.uol.com.br/folha/cotidiano/ult95u549196.shtml>. Acesso em: 22 ago. 2010.

A partir das informações do texto e do gráfico acima, conclui-se que

(A) o número total de homicídios em 2008 no estado da Paraíba é inferior ao do estado de São Paulo.

(B) os estados que não divulgaram os seus dados de homicídios encontram-se na região Centro-Oeste.

(C) a média aritmética das taxas de homicídios por 100 mil habitantes da região Sul é superior à taxa média aproximada do Brasil.

(D) a taxa de homicídios por 100 mil habitantes do estado da Bahia, em 2008, supera a do Rio Grande do Norte em mais de 100%.

(E) Roraima é o estado com menor taxa de homicídios por 100 mil habitantes, não se caracterizando como zona epidêmica de homicídios.

21. (EXAME 2011)

Retrato de uma princesa desconhecida

Para que ela tivesse um pescoço tão fino
Para que os seus pulsos tivessem um quebrar de caule
Para que os seus olhos fossem tão frontais e limpos
Para que a sua espinha fosse tão direita
E ela usasse a cabeça tão erguida
Com uma tão simples claridade sobre a testa
Foram necessárias sucessivas gerações de escravos
De corpo dobrado e grossas mãos pacientes
Servindo sucessivas gerações de príncipes
Ainda um pouco toscos e grosseiros
Ávidos cruéis e fraudulentos
Foi um imenso desperdiçar de gente
Para que ela fosse aquela perfeição
Solitária exilada sem destino

ANDRESEN, S. M. B. Dual. Lisboa: Caminho, 2004. p. 73.

No poema, a autora sugere que

(A) os príncipes e as princesas são naturalmente belos.

(B) os príncipes generosos cultivavam a beleza da princesa.

(C) a beleza da princesa é desperdiçada pela miscigenação racial.

(D) o trabalho compulsório de escravos proporcionou privilégios aos príncipes.

(E) o exílio e a solidão são os responsáveis pela manutenção do corpo esbelto da princesa.

22. (EXAME 2011)

A cibercultura pode ser vista como herdeira legítima (embora distante) do projeto progressista dos filósofos do século XVII. De fato, ela valoriza a participação das pessoas em comunidades de debate e argumentação. Na linha reta das morais da igualdade, ela incentiva uma forma de reciprocidade essencial nas relações humanas. Desenvolveu-se a partir de uma prática assídua de trocas de informações e conhecimentos, coisa que os filósofos do Iluminismo viam como principal motor do progresso. (...) A cibercultura não seria pós-moderna, mas estaria inserida perfeitamente na continuidade dos ideais revolucionários e republicanos de liberdade, igualdade e fraternidade. A diferença é apenas que, na cibercultura, esses "valores" se encarnam em dispositivos técnicos concretos. Na era das mídias eletrônicas, a igualdade se concretiza na possibilidade de cada um transmitir a todos; a liberdade toma forma nos *softwares* de codificação e no acesso a múltiplas comunidades virtuais, atravessando fronteiras, enquanto a fraternidade, finalmente, se traduz em interconexão mundial.

LEVY, P. **Revolução virtual**. Folha de S. Paulo. Caderno Mais, 16 ago. 1998, p.3 (adaptado).

O desenvolvimento de redes de relacionamento por meio de computadores e a expansão da Internet abriram novas perspectivas para a cultura, a comunicação e a educação.

De acordo com as ideias do texto acima, a cibercultura

(A) representa uma modalidade de cultura pós-moderna de liberdade de comunicação e ação.

(B) constituiu negação dos valores progressistas defendidos pelos filósofos do Iluminismo.

(C) banalizou a ciência ao disseminar o conhecimento nas redes sociais.

(D) valorizou o isolamento dos indivíduos pela produção de *softwares* de codificação.

(E) incorpora valores do Iluminismo ao favorecer o compartilhamento de informações e conhecimentos.

23. (EXAME 2011)

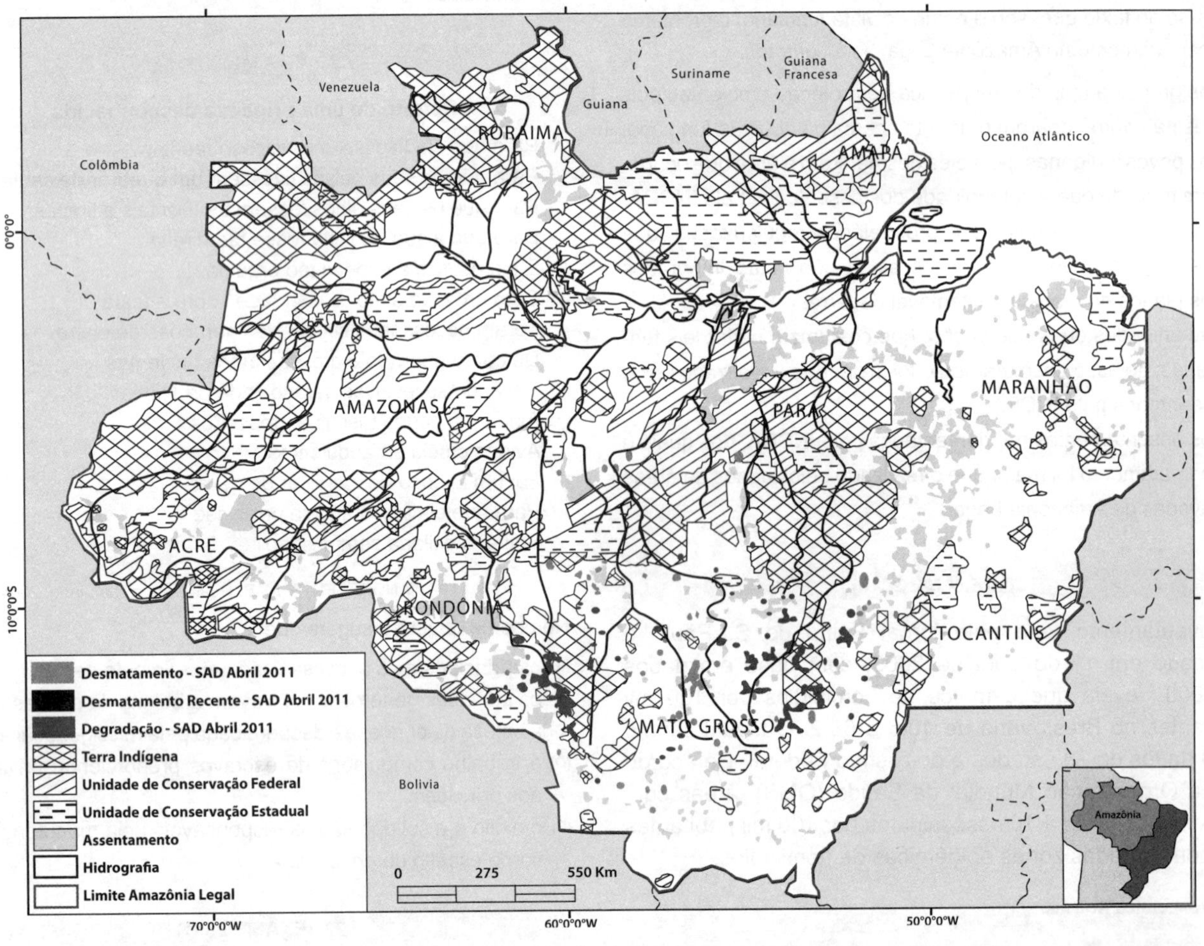

Desmatamento na Amazônia Legal. Disponível em: <www.imazon.org.br/mapas/desmatamento-mensal-2011>. Acesso em: 20 ago. 2011.

O ritmo de desmatamento na Amazônia Legal diminuiu no mês de junho de 2011, segundo levantamento feito pela organização ambiental brasileira Imazon (Instituto do Homem e Meio Ambiente da Amazônia). O relatório elaborado pela ONG, a partir de imagens de satélite, apontou desmatamento de 99 km² no bioma em junho de 2011, uma redução de 42% no comparativo com junho de 2010. No acumulado entre agosto de 2010 e junho de 2011, o desmatamento foi de 1 534 km², aumento de 15% em relação a agosto de 2009 e junho de 2010. O estado de Mato Grosso foi responsável por derrubar 38% desse total e é líder no *ranking* do desmatamento, seguido do Pará (25%) e de Rondônia (21%).

Disponível em: <http://www.imazon.org.br/imprensa/imazon-na-midia>. Acesso em: 20 ago. 2011 (com adaptações).

De acordo com as informações do mapa e do texto,

(A) foram desmatados 1 534 km² na Amazônia Legal nos últimos dois anos.

(B) não houve aumento do desmatamento no último ano na Amazônia Legal.

(C) três estados brasileiros responderam por 84% do desmatamento na Amazônia Legal entre agosto de 2010 e junho de 2011.

(D) o estado do Amapá apresenta alta taxa de desmatamento em comparação aos demais estados da Amazônia Legal.

(E) o desmatamento na Amazônia Legal, em junho de 2010, foi de 140 km², comparando-se o índice de junho de 2011 ao índice de junho de 2010.

24. (EXAME 2012)

Segundo a pesquisa Retratos da Leitura no Brasil, realizada pelo Instituto Pró-Livro, a média anual brasileira de livros lidos por habitante era, em 2011, de 4,0. Em 2007, esse mesmo parâmetro correspondia a 4,7 livros por habitante/ano.

Proporção de leitores por região 2007 - 2011

Região Norte	2007	2011
% do total de leitores brasileiros	8	8
Proporção regional (%)	55	47 ↓
Milhões de leitores	7,5	6,6

Região Centro-Oeste	2007	2011
% do total de leitores brasileiros	7	8
Proporção regional (%)	59	53 ↓
Milhões de leitores	7,1	6,8

Região Sul	2007	2011
% do total de leitores brasileiros	14	13
Proporção regional (%)	53	43 ↓
Milhões de leitores	13,2	11,3

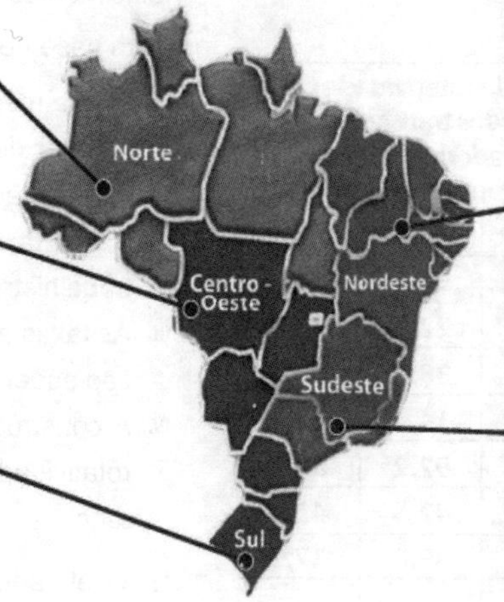

Total Brasil		
Brasil	2007	2011
Proporção (%)	55	50 ↓
Milhões de leitores	95,6	88,2

Região Nordeste	2007	2011
% do total de leitores brasileiros	25	29
Proporção regional (%)	50	51
Milhões de leitores	24,4	25,4

Região Sudeste	2007	2011
% do total de leitores brasileiros	45	43
Proporção regional (%)	59	50 ↓
Milhões de leitores	43,4	38,0

Instituto Pró-Livro. Disponível em: <http://www.prolivro.org.br>.
Acesso em: 3 jul. 2012 (adaptado).

De acordo com as informações apresentadas acima, verifica-se que

(A) metade da população brasileira é constituída de leitores que tendem a ler mais livros a cada ano.

(B) o Nordeste é a região do Brasil em que há a maior proporção de leitores em relação à sua população.

(C) o número de leitores, em cada região brasileira, corresponde a mais da metade da população da região.

(D) o Sudeste apresenta o maior número de leitores do país, mesmo tendo diminuído esse número em 2011.

(E) a leitura está disseminada em um universo cada vez menor de brasileiros, independentemente da região do país.

25. (EXAME 2012)

O anúncio feito pelo Centro Europeu para a Pesquisa Nuclear (CERN) de que havia encontrado sinais de uma partícula que pode ser o bóson de Higgs provocou furor no mundo científico. A busca pela partícula tem gerado descobertas importantes, mesmo antes da sua confirmação. Algumas tecnologias utilizadas na pesquisa poderão fazer parte de nosso cotidiano em pouco tempo, a exemplo dos cristais usados nos detectores do acelerador de partículas *large hadron colider* (LHC), que serão utilizados em materiais de diagnóstico médico ou adaptados para a terapia contra o câncer. “Há um círculo vicioso na ciência quando se faz pesquisa”, explicou o diretor do CERN. “Estamos em busca da ciência pura, sem saber a que servirá. Mas temos certeza de que tudo o que desenvolvemos para lidar com problemas inéditos será útil para algum setor.”

CHADE, J. Pressão e disputa na busca do bóson.
O Estado de S. Paulo, p. A22, 08/07/2012
(adaptado).

Considerando o caso relatado no texto, avalie as seguintes asserções e a relação proposta entre elas.

I. É necessário que a sociedade incentive e financie estudos nas áreas de ciências básicas, mesmo que não haja perspectiva de aplicação imediata.

PORQUE

II. O desenvolvimento da ciência pura para a busca de soluções de seus próprios problemas pode gerar resultados de grande aplicabilidade em diversas áreas do conhecimento.

A respeito dessas asserções, assinale a opção correta.

(A) As asserções I e II são proposições verdadeiras, e a II é uma justificativa da I.

(B) As asserções I e II são proposições verdadeiras, mas a II não é uma justificativa da I.

(C) A asserção I é uma proposição verdadeira, e a II é uma proposição falsa.

(D) A asserção I é uma proposição falsa, e a II é uma proposição verdadeira.

(E) As asserções I e II são proposições falsas.

26. (EXAME 2012)

Taxa de rotatividade por setores de atividade econômica: 2007 – 2009

Setores	Taxa de rotatividade (%), excluídos transferências, aposentadorias, falecimentos e desligamentos voluntários		
	2007	2008	2009
Total	**34,3**	**37,5**	**36,0**
Extrativismo mineral	19,3	22,0	20,0
Indústria de transformação	34,5	38,6	36,8
Serviço industrial de utilidade pública	13,3	14,4	17,2
Construção civil	83,4	92,2	86,2
Comércio	40,3	42,5	41,6
Serviços	37,6	39,8	37,7
Administração pública direta e autárquica	8,4	11,4	10,6
Agricultura, silvicultura, criação de animais, extrativismo vegetal	79,9	78,6	74,4

Disponível em: <http://portal.mte.gov.br>. Acesso em: 12 jul. 2012 (adaptado).

A tabela acima apresenta a taxa de rotatividade no mercado formal brasileiro, entre 2007 e 2009. Com relação a esse mercado, sabe-se que setores como o da construção civil e o da agricultura têm baixa participação no total de vínculos trabalhistas e que os setores de comércio e serviços concentram a maior parte das ofertas. A taxa média nacional é a taxa média de rotatividade brasileira no período, excluídos transferências, aposentadorias, falecimentos e desligamentos voluntários.

Com base nesses dados, avalie as afirmações seguintes.

I. A taxa média nacional é de, aproximadamente, 36%.

II. O setor de comércio e o de serviços, cujas taxas de rotatividade estão acima da taxa média nacional, têm ativa importância na taxa de rotatividade, em razão do volume de vínculos trabalhistas por eles estabelecidos.

III. As taxas anuais de rotatividade da indústria de transformação são superiores à taxa média nacional.

IV. A construção civil é o setor que apresenta a maior taxa de rotatividade no mercado formal brasileiro, no período considerado.

É correto apenas o que se afirma em

(A) I e II.

(B) I e III.

(C) III e IV.

(D) I, II e IV.

(E) II, III e IV.

Habilidade 02

ESTABELECER COMPARAÇÕES, CONTEXTUALIZAÇÕES, RELAÇÕES, CONTRASTES E RECONHECER DIFERENTES MANIFESTAÇÕES ARTÍSTICAS

TEXTO I

"O homem se tornou lobo para o homem, porque a meta do desenvolvimento industrial está concentrada num objeto e não no ser humano. A tecnologia e a própria ciência não respeitaram os valores éticos e, por isso, não tiveram respeito algum para o humanismo. Para a convivência. Para o sentido mesmo da existência.

Na própria política, o que contou no pós-guerra foi o êxito econômico e, muito pouco, a justiça social e o cultivo da verdadeira imagem do homem. Fomos vítimas da ganância e da máquina. Das cifras. E, assim, perdemos o sentido autêntico da confiança, da fé, do amor. As máquinas andaram por cima da plantinha sempre tenra da esperança. E foi o caos."

ARNS, Paulo Evaristo. **Em favor do homem.** Rio de Janeiro: Avenir, s/d. p.10.

TEXTO II

Millôr e a ética do nosso tempo

1. (EXAME 2004)

A charge de Millôr e o texto de Dom Paulo Evaristo Arns tratam, em comum,

(A) do total desrespeito às tradições religiosas e éticas.
(B) da defesa das convicções morais diante da corrupção.
(C) da ênfase no êxito econômico acima de qualquer coisa.
(D) da perda dos valores éticos nos tempos modernos.
(E) da perda da fé e da esperança num mundo globalizado.

2. (EXAME 2004)

"Os determinantes da globalização podem ser agrupados em três conjuntos de fatores: tecnológicos, institucionais e sistêmicos."

GONÇALVES, Reinaldo. **Globalização e Desnacionalização.** São Paulo: Paz e Terra, 1999.

"A ortodoxia neoliberal não se verifica apenas no campo econômico. Infelizmente, no campo social, tanto no âmbito das ideias como no terreno das políticas, o neoliberalismo fez estragos (...).

SOARES, Laura T. **O Desastre Social.** Rio de Janeiro: Record, 2003.

"Junto com a globalização do grande capital, ocorre a fragmentação do mundo do trabalho, a exclusão de grupos humanos, o abandono de continentes e regiões, a concentração da riqueza em certas empresas e países, a fragilização da maioria dos Estados, e assim por diante (...). O primeiro passo para que o Brasil possa enfrentar esta situação é parar de mistificá-la."

BENJAMIM, Cesar & outros. **A Opção Brasileira.** Rio de Janeiro: Contraponto, 1998.

Diante do conteúdo dos textos apresentados acima, algumas questões podem ser levantadas.

1. A que está relacionado o conjunto de fatores de "ordem tecnológica"?
2. Considerando que globalização e opção política neoliberal caminharam lado a lado nos últimos tempos, o que defendem os críticos do neoliberalismo?
3. O que seria necessário fazer para o Brasil enfrentar a situação da globalização no sentido de "parar de mistificá-la"?

A alternativa que responde corretamente às três questões, em ordem, é:

(A) revolução da informática / reforma do Estado moderno com nacionalização de indústrias de bens de consumo / assumir que está em curso um mercado de trabalho globalmente unificado.

(B) revolução nas telecomunicações / concentração de investimentos no setor público com eliminação gradativa de subsídios nos setores da indústria básica / implementar políticas de desenvolvimento a médio e longo prazos que estimulem a competitividade das atividades negociáveis no mercado global.

(C) revolução tecnocientífica / reforço de políticas sociais com presença do Estado em setores produtivos estratégicos / garantir níveis de bem-estar das pessoas considerando que uma parcela de atividades econômicas e de recursos é inegociável no mercado internacional.

(D) revolução da biotecnologia / fortalecimento da base produtiva com subsídios à pesquisa tecnocientífica nas transnacionais / considerar que o aumento das barreiras ao deslocamento de pessoas, o mundo do trabalho e a questão social estão circunscritos aos espaços regionais.

(E) Terceira Revolução Industrial / auxílio do FMI com impulso para atração de investimentos estrangeiros / compreender que o desempenho de empresas brasileiras que não operam no mercado internacional não é decisivo para definir o grau de utilização do potencial produtivo, o volume de produção a ser alcançado, o nível de emprego e a oferta de produtos essenciais.

3. (EXAME 2004)

A leitura do poema de Carlos Drummond de Andrade traz à lembrança alguns quadros de Cândido *Portinari.*

Portinari

De um baú de folhas-de-flandres no caminho da roça
um baú que os pintores desprezaram
mas que anjos vêm cobrir de flores namoradeiras
salta João Cândido trajado de arco-íris
saltam garimpeiros, mártires da liberdade, São João da Cruz
salta o galo escarlate bicando o pranto de Jeremias
saltam cavalos-marinhos em fila azul e ritmada
saltam orquídeas humanas, seringais, poetas de e sem óculos, transfigurados
saltam caprichos do nordeste – nosso tempo
(nele estamos crucificados e nossos olhos dão testemunho)
salta uma angústia purificada na alegria do volume justo e da cor autêntica
salta o mundo de Portinari que fica lá no fundo
maginando novas surpresas.

ANDRADE, Carlos Drummond de. **Obra completa.** Rio de Janeiro: Companhia Editora Aguilar, 1964. p.380-381.

Uma análise cuidadosa dos quadros selecionados permite que se identifique a alusão feita a eles em trechos do poema.

I

II

III

IV

V

Podem ser relacionados ao poema de Drummond os seguintes quadros de Portinari:

(A) I, II, III e IV.

(B) I, II, III e V.

(C) I, II, IV e V.

(D) I, III, IV e V.

(E) II, III, IV e V.

4. (EXAME 2005)

Leia e relacione os textos a seguir

O Governo Federal deve promover a inclusão digital, pois a falta de acesso às tecnologias digitais acaba por excluir socialmente o cidadão, em especial a juventude.

(Projeto Casa Brasil de inclusão digital começa em 2004. In: MAZZA, Mariana. **JB online**.)

Comparando a proposta acima com a charge, pode-se concluir que

(A) o conhecimento da tecnologia digital está democratizado no Brasil.

(B) a preocupação social é preparar quadros para o domínio da informática.

(C) o apelo à inclusão digital atrai os jovens para o universo da computação.

(D) o acesso à tecnologia digital está perdido para as comunidades carentes.

(E) a dificuldade de acesso ao mundo digital torna o cidadão um excluído social.

5. (EXAME 2005)

Leia trechos da carta-resposta de um cacique indígena à sugestão, feita pelo Governo do Estado da Virgínia (EUA), de que uma tribo de índios enviasse alguns jovens para estudar nas escolas dos brancos.

"(...) Nós estamos convencidos, portanto, de que os senhores desejam o nosso bem e agradecemos de todo o coração. Mas aqueles que são sábios reconhecem que diferentes nações têm concepções diferentes das coisas e, sendo assim, os senhores não ficarão ofendidos ao saber que a vossa ideia de educação não é a mesma que a nossa. (...) Muitos dos nossos bravos guerreiros foram formados nas escolas do Norte e aprenderam toda a vossa ciência. Mas, quando eles voltaram para nós, eram maus corredores, ignorantes da vida da floresta e incapazes de suportar o frio e a fome. Não sabiam caçar o veado, matar o inimigo ou construir uma cabana e falavam nossa língua muito mal. Eles eram, portanto, inúteis. (...) Ficamos extremamente agradecidos pela vossa oferta e, embora não possamos aceitá-la, para mostrar a nossa gratidão concordamos que os nobres senhores de Virgínia nos enviem alguns de seus jovens, que lhes ensinaremos tudo que sabemos e faremos deles homens."

(BRANDÃO, Carlos Rodrigues. **O que é educação**. São Paulo: Brasiliense, 1984)

A relação entre os dois principais temas do texto da carta e a forma de abordagem da educação privilegiada pelo cacique está representada por:

(A) sabedoria e política / educação difusa.

(B) identidade e história / educação formal.

(C) ideologia e filosofia / educação superior.

(D) ciência e escolaridade / educação técnica.

(E) educação e cultura / educação assistemática.

6. (EXAME 2005)

(Colecção Roberto Marinho. **Seis décadas da arte moderna brasileira.** Lisboa: Fundação Calouste Gulbenkian, 1989. p.53.)

A "cidade" retratada na pintura de Alberto da Veiga Guignard está tematizada nos versos

(A) Por entre o Beberibe, e o oceano
Em uma areia sáfia, e lagadiça
Jaz o Recife povoação mestiça,
Que o belga edificou ímpio tirano.

(MATOS, Gregório de. **Obra poética**. Ed. James Amado. Rio de Janeiro: Record, 1990. Vol. II, p. 1191.)

(B) Repousemos na pedra de Ouro Preto,
Repousemos no centro de Ouro Preto:
São Francisco de Assis! igreja ilustre, acolhe,
À tua sombra irmã, meus membros lassos.

(MENDES, Murilo. **Poesia completa e prosa**. Org. Luciana Stegagno Picchio. Rio de Janeiro: Nova Aguilar, 1994. p. 460.)

(C) Bembelelém
Viva Belém!
Belém do Pará porto moderno integrado na equatorial
Beleza eterna da paisagem
Bembelelém
Viva Belém!

(BANDEIRA, Manuel. **Poesia e prosa**. Rio de Janeiro: Aguilar, 1958. Vol. I, p. 196.)

(D) Bahia, ao invés de arranha-céus, cruzes e cruzes
De braços estendidos para os céus,
E na entrada do porto,
Antes do Farol da Barra,
O primeiro Cristo Redentor do Brasil!

(LIMA, Jorge de. **Poesia completa**. Org. Alexei Bueno. Rio de Janeiro: Nova Aguilar, 1997. p. 211.)

(E) No cimento de Brasília se resguardam
maneiras de casa antiga de fazenda,
de copiar, de casa-grande de engenho,
enfim, das casaronas de alma fêmea.

(MELO NETO, João Cabral. **Obra completa**. Rio de Janeiro: Nova Aguilar, 1994. p. 343.)

7. (EXAME 2006)

INDICADORES DE FRACASSO ESCOLAR NO BRASIL

ATÉ OS ANOS 90	DADOS DE 2002
Mais da metade (52%) dos que iniciavam não conseguiam concluir o Ensino Fundamental na idade correta.	Já está em 60% a taxa dos que concluem o Ensino Fundamental na idade certa.
Quando conseguiam, o tempo médio era de 12 anos.	Tempo médio atual é de 9.7 anos.
Por isso não iam para o Ensino Médio, iam direto para o mercado de trabalho.	Ensino Médio - 1 milhão de novos alunos por ano e idade média de ingresso caiu de 17 para 15, indicador indireto de que os concluintes do Fundamental estão indo para o Médio.
A escolaridade média da força de trabalho era de 5.3 anos.	A escolaridade média da força de trabalho subiu para 6.4 anos.
No Ensino Médio, o atendimento à população na série correta (35%) era metade do observado em países de desenvolvimento semelhante, como Argentina, Chile e México.	No Ensino Médio, o atendimento à população na série correta é de 45%.

Disponível em <http://revistaescola.abril.com.br/edicoes/0173/aberto/fala_exclusivo.pdf>.

Observando os dados fornecidos no quadro, percebe-se

(A) um avanço nos índices gerais da educação no País, graças ao investimento aplicado nas escolas.

(B) um crescimento do Ensino Médio, com índices superiores aos de países com desenvolvimento semelhante.

(C) um aumento da evasão escolar, devido à necessidade de inserção profissional no mercado de trabalho.

(D) um incremento do tempo médio de formação, sustentado pelo índice de aprovação no Ensino Fundamental.

(E) uma melhoria na qualificação da força de trabalho, incentivada pelo aumento da escolaridade média.

8. (EXAME 2006)

José Pancetti

O tema que domina os fragmentos poéticos abaixo é o mar. Identifique, entre eles, aquele que mais se aproxima do quadro de Pancetti.

(A) Os homens e as mulheres
adormecidos na praia
que nuvens procuram
agarrar?

(MELO NETO, João Cabral de. Marinha. **Os melhores poemas**. São Paulo: Global, 1985. p. 14.)

(B) Um barco singra o peito
rosado do mar.
A manhã sacode as ondas
e os coqueiros.

(ESPÍNOLA, Adriano. Pesca. **Beira-sol**. Rio de Janeiro: TopBooks, 1997. p. 13.)

(C) Na melancolia de teus olhos
Eu sinto a noite se inclinar
E ouço as cantigas antigas
Do mar.

(MORAES, Vinícius de. Mar. **Antologia poética**. 25 ed. Rio de Janeiro: José Olympio, 1984. p. 93.)

(D) E olhamos a ilha assinalada
pelo gosto de abril que o mar trazia
e galgamos nosso sono sobre a areia
num barco só de vento e maresia.

(SECCHIN, Antônio Carlos. A ilha. **Todos os ventos**. Rio de Janeiro: Nova Fronteira, 2002. p. 148.)

(E) As ondas vêm deitar-se no estertor da praia larga...
No vento a vir do mar ouvem-se avisos naufragados...
Cabeças coroadas de algas magras e de estrados...
Gargantas engolindo grossos goles de água amarga...

(BUENO, Alexei. Maresia. **Poesia reunida**. Rio de Janeiro: Nova Fronteira, 2003. p. 19.)

9. (EXAME 2006)

Observe as composições a seguir.

(CAULOS. **Só dói quando eu respiro.** Porto Alegre: L & PM, 2001.)

QUESTÃO DE PONTUAÇÃO

Todo mundo aceita que ao homem
cabe pontuar a própria vida:
que viva em ponto de exclamação
(dizem: tem alma dionisíaca);

viva em ponto de interrogação
(foi filosofia, ora é poesia);
viva equilibrando-se entre vírgulas
e sem pontuação (na política):

o homem só não aceita do homem
que use a só pontuação fatal:
que use, na frase que ele vive
o inevitável ponto final.

(MELO NETO, João Cabral de. **Museu de tudo e depois.** Rio de Janeiro: Nova Fronteira, 1988.)

Os dois textos acima relacionam a vida a sinais de pontuação, utilizando estes como metáforas do comportamento do ser humano e das suas atitudes.

A exata correspondência entre a estrofe da poesia e o quadro do texto "Uma Biografia" é

(A) a primeira estrofe e o quarto quadro.
(B) a segunda estrofe e o terceiro quadro.
(C) a segunda estrofe e o quarto quadro.
(D) a segunda estrofe e o quinto quadro.
(E) a terceira estrofe e o quinto quadro.

10. (EXAME 2007)

Cidadezinha qualquer

Casas entre bananeiras
mulheres entre laranjeiras
pomar amor cantar.

Um homem vai devagar.
Um cachorro vai devagar.
Um burro vai devagar.
Devagar... as janelas olham.

Eta vida besta, meu Deus.

ANDRADE, Carlos Drummond de. Alguma poesia. In: **Poesia completa**. Rio de Janeiro: Nova Aguilar, 2002, p. 23.

Cidadezinha cheia de graça...
Tão pequenina que até causa dó!
Com seus burricos a pastar na praça...
Sua igrejinha de uma torre só...

Nuvens que venham, nuvens e asas,
Não param nunca nem num segundo...
E fica a torre, sobre as velhas casas,
Fica cismando como é vasto o mundo!...

Eu que de longe venho perdido,
Sem pouso fixo (a triste sina!)
Ah, quem me dera ter lá nascido!

Lá toda a vida poder morar!
Cidadezinha... Tão pequenina
Que toda cabe num só olhar...

QUINTANA, Mário. A rua dos cataventos In: **Poesia completa**. Org. Tânia Franco Carvalhal. Rio de Janeiro: Nova Aguilar, 2006, p. 107.

Ao se escolher uma ilustração para esses poemas, qual das obras, abaixo, estaria de acordo com o tema neles dominante?

(A)

Di Cavalcanti

(B)

Tarsila do Amaral

(C)

Taunay

(D)

Manezinho Araújo

(E)

Guignard

11. (EXAME 2007)

Vamos supor que você recebeu de um amigo de infância e seu colega de escola um pedido, por escrito, vazado nos seguintes termos:

"Venho mui respeitosamente solicitar-lhe o empréstimo do seu livro de Redação para Concurso, para fins de consulta escolar."

Essa solicitação em tudo se assemelha à atitude de uma pessoa que

(A) comparece a um evento solene vestindo *smoking* completo e cartola.

(B) vai a um piquenique engravatado, vestindo terno completo, calçando sapatos de verniz.

(C) vai a uma cerimônia de posse usando um terno completo e calçando botas.

(D) frequenta um estádio de futebol usando sandálias de couro e bermudas de algodão.

(E) veste terno completo e usa gravata para proferir um conferência internacional.

12. (EXAME 2008)

O escritor Machado de Assis (1839-1908), cujo centenário de morte está sendo celebrado no presente ano, retratou na sua obra de ficção as grandes transformações políticas que aconteceram no Brasil nas últimas décadas do século XIX.

O fragmento do romance *Esaú e Jacó*, a seguir transcrito, reflete o clima político-social vivido naquela época.

Podia ter sido mais turbulento. Conspiração houve, decerto, mas uma barricada não faria mal. Seja como for, venceu-se a campanha. (...)

Deodoro é uma bela figura. (...)

Enquanto a cabeça de Paulo ia formulando essas ideias, a de Pedro ia pensando o contrário; chamava o movimento um crime.

— Um crime e um disparate, além de ingratidão; o imperador devia ter pegado os principais cabeças e mandá-los executar.

ASSIS, Machado de. Esaú e Jacó. In:_. **Obra completa**. Rio de Janeiro: Nova Aguilar, 1979. v. 1, cap. LXVII (Fragmento).

Os personagens a seguir estão presentes no imaginário brasileiro, como símbolos da Pátria.

I

Disponível em: <http://www.morcegolivre.vet.br/tiradentes_lj.html>.

II

ERMAKOFF, George. Rio de Janeiro, **1840-1900**: Uma crônica fotográfica. Rio de Janeiro: G. Ermakoff Casa Editorial, 2006. p.189.

III

ERMAKOFF, George. Rio de Janeiro, **1840-1900**: Uma crônica fotográfica. Rio de Janeiro: G. Ermakoff Casa Editorial, 2006. p.38.

IV

LAGO, Pedro Corrêa do; BANDEIRA, **Júlio. Debret e o Brasil**: obra completa 1816-1831. Rio de Janeiro: Capivara, 2007. p. 78.

V

LAGO, Pedro Corrêa do; BANDEIRA, Julio. **Debret e o Brasil**: Obra Completa 1816-1831. Rio de Janeiro: Capivara, 2007. p. 93.

Das imagens acima, as figuras referidas no fragmento do romance *Esaú e Jacó* são

(A) I e III
(B) I e V
(C) II e III
(D) II e IV
(E) II e V

13. (EXAME 2008)

Quando o homem não trata bem a natureza, a natureza não trata bem o homem.

Essa afirmativa reitera a necessária interação das diferentes espécies, representadas na imagem a seguir.

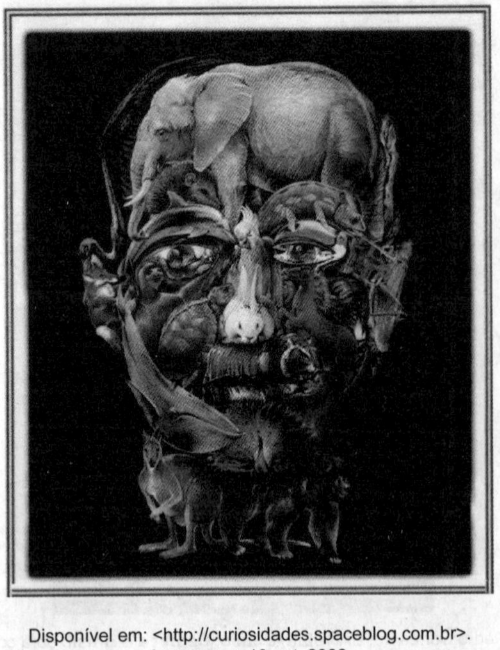

Disponível em: <http://curiosidades.spaceblog.com.br>. Acesso em: 10 out. 2008.

Depreende-se dessa imagem a

(A) atuação do homem na clonagem de animais pré-históricos.
(B) exclusão do homem na ameaça efetiva à sobrevivência do planeta.
(C) ingerência do homem na reprodução de espécies em cativeiro.
(D) mutação das espécies pela ação predatória do homem.
(E) responsabilidade do homem na manutenção da biodiversidade.

14. (EXAME 2008)

O filósofo alemão Friedrich Nietzsche (1844-1900), talvez o pensador moderno mais incômodo e provocativo, influenciou várias gerações e movimentos artísticos. O Expressionismo, que teve forte influência desse filósofo, contribuiu para o pensamento contrário ao racionalismo moderno e ao trabalho mecânico, através do embate entre a razão e a fantasia.

As obras desse movimento deixam de priorizar o padrão de beleza tradicional para enfocar a instabilidade da vida, marcada por angústia, dor, inadequação do artista diante da realidade. Das obras a seguir, a que reflete esse enfoque artístico é

(A)

Homem idoso na poltrona Rembrandt van Rijn - Louvre, Paris
Disponível em: <http://www.allposters.com/ gallery.asp?startat=/ getposter.aspolAPNum=1350898>.

(B)

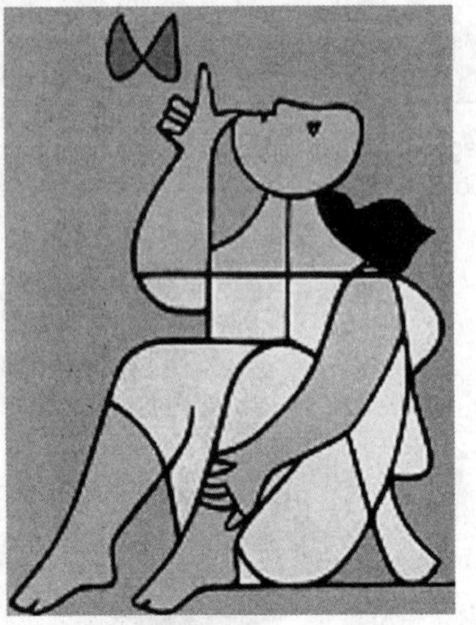

Figura e borboleta Milton Dacosta. Disponível em: <http://www.unesp.br/ouvidoria/ publicacoes/ed_0805.php>.

(C)

O grito - Edvard Munch - Museu Munch, Oslo. Disponível em: <http://members.cox.net/ claregerber2/The%20Scream2.jpg>.

(D)

Menino mordido por um lagarto Michelangelo Merisi (Caravaggio) – National Gallery, Londres Disponível em: <http://vr.theatre.ntu.edu.tw/artsfile/ artists/images/Caravaggio/Caravaggio024/File1.jpg>.

(E)

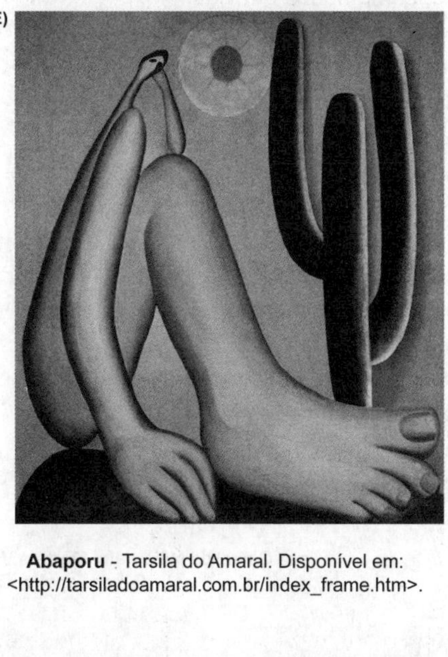

Abaporu - Tarsila do Amaral. Disponível em: <http://tarsiladoamaral.com.br/index_frame.htm>.

15. (EXAME 2009)

A urbanização no Brasil registrou marco histórico na década de 1970, quando o número de pessoas que viviam nas cidades ultrapassou o número daquelas que viviam no campo. No início deste século, em 2000, segundo dados do IBGE, mais de 80% da população brasileira já era urbana.

Considerando essas informações, estabeleça a relação entre as charges:

PORQUE

BARALDI, Márcio. <http://www.marciobaraldi.com.br/baraldi2/component/ joomgallery/?func=detail&id=178>. (Acessado em 5 out. 2009)

Com base nas informações dadas e na relação proposta entre essas charges, é CORRETO afirmar que

(A) a primeira charge é falsa, e a segunda é verdadeira.

(B) a primeira charge é verdadeira, e a segunda é falsa.

(C) as duas charges são falsas.

(D) as duas charges são verdadeiras, e a segunda explica a primeira.

(E) as duas charges são verdadeiras, mas a segunda não explica a primeira.

16. (EXAME 2009)

Leia o gráfico, em que é mostrada a evolução do número de trabalhadores de 10 a 14 anos, em algumas regiões metropolitanas brasileiras, em dado período:

Fonte: IBGE

<http://www1.folha/uol.com.br/folha/cotidiano/ult95u85799.shtml>, acessado em 2 out. 2009. (Adaptado)

Leia a charge:

<www.charges.com.br>, acessado em 15 set. 2009.

Há relação entre o que é mostrado no gráfico e na charge?

(A) Não, pois a faixa etária acima dos 18 anos é aquela responsável pela disseminação da violência urbana nas grandes cidades brasileiras.

(B) Não, pois o crescimento do número de crianças e adolescentes que trabalham diminui o risco de sua exposição aos perigos da rua.

(C) Sim, pois ambos se associam ao mesmo contexto de problemas socioeconômicos e culturais vigentes no país.

(D) Sim, pois o crescimento do trabalho infantil no Brasil faz crescer o número de crianças envolvidas com o crime organizado.

(E) Ambos abordam temas diferentes e não é possível se estabelecer relação mesmo que indireta entre eles.

17. (EXAME 2010)

Painel da série Retirantes, de Cândido Portinari.
Disponível em: <http://3.bp.blogspot.com>. Acesso em 24 ago. 2010.

Morte e Vida Severina

(trecho)

Aí ficarás para sempre,
livre do sol e da chuva,
criando tuas saúvas.
— Agora trabalharás
só para ti, não a meias,
como antes em terra alheia.
— Trabalharás uma terra
da qual, além de senhor,
serás homem de eito e trator.
— Trabalhando nessa terra,
tu sozinho tudo empreitas:
serás semente, adubo, colheita.
— Trabalharás numa terra
que também te abriga e te veste:
embora com o brim do Nordeste.
— Será de terra
tua derradeira camisa:
te veste, como nunca em vida.
— Será de terra
e tua melhor camisa:
te veste e ninguém cobiça.
— Terás de terra
completo agora o teu fato:
e pela primeira vez, sapato.
Como és homem,
a terra te dará chapéu:
fosses mulher, xale ou véu.
— Tua roupa melhor
será de terra e não de fazenda:
não se rasga nem se remenda.
— Tua roupa melhor
e te ficará bem cingida:
como roupa feita à medida.

João Cabral de Melo Neto. **Morte e Vida Severina.** Rio de Janeiro: Objetiva. 2008.

Analisando o painel de Portinari apresentado e o trecho destacado de Morte e Vida Severina, conclui-se que

(A) ambos revelam o trabalho dos homens na terra, com destaque para os produtos que nela podem ser cultivados.

(B) ambos mostram as possibilidades de desenvolvimento do homem que trabalha a terra, com destaque para um dos personagens.

(C) ambos mostram, figurativamente, o destino do sujeito sucumbido pela seca, com a diferença de que a cena de Portinari destaca o sofrimento dos que ficam.

(D) o poema revela a esperança, por meio de versos livres, assim como a cena de Portinari traz uma perspectiva próspera de futuro, por meio do gesto.

(E) o poema mostra um cenário próspero com elementos da natureza, como sol, chuva, insetos, e, por isso, mantém uma relação de oposição com a cena de Portinari.

18. (EXAME 2010)

Para preservar a língua, é preciso o cuidado de falar de acordo com a norma padrão. Uma dica para o bom desempenho linguístico é seguir o modelo de escrita dos clássicos. Isso não significa negar o papel da gramática normativa; trata-se apenas de ilustrar o modelo dado por ela. A escola é um lugar privilegiado de limpeza dos vícios de fala, pois oferece inúmeros recursos para o domínio da norma padrão e consequente distância da não padrão. Esse domínio é o que levará o sujeito a desempenhar competentemente as práticas sociais; trata-se do legado mais importante da humanidade.

PORQUE

A linguagem dá ao homem uma possibilidade de criar mundos, de criar realidades, de evocar realidades não presentes. E a língua é uma forma particular dessa faculdade [a linguagem] de criar mundos. A língua, nesse sentido, é a concretização de uma experiência histórica. Ela está radicalmente presa à sociedade.

XAVIER, A. C. & CORTEZ. s. (orgs.). **Conversas com Linguistas**: virtudes e controvérsias da Linguística. Rio de Janeiro: Parábola Editorial, p. 72-73. 2005 (com adaptações).

Analisando a relação proposta entre as duas asserções acima, assinale a opção correta.

(A) As duas asserções são proposições verdadeiras, e a segunda é uma justificativa correta da primeira.

(B) As duas asserções são proposições verdadeiras, mas a segunda não é uma justificativa correta da primeira.

(C) A primeira asserção é uma proposição verdadeira, e a segunda é uma proposição falsa.

(D) A primeira asserção é uma proposição falsa, a segunda é uma proposição verdadeira.

(E) As duas asserções são proposições falsas.

19. (EXAME 2011)

Com o advento da República, a discussão sobre a questão educacional torna-se pauta significativa nas esferas dos Poderes Executivo e Legislativo, tanto no âmbito Federal quanto no Estadual. Já na Primeira República, a expansão da demanda social se propaga com o movimento da escolarnovista; no período getulista, encontram-se as reformas de Francisco Campos e Gustavo Capanema; no momento de crítica e balanço do pós-1946, ocorre a promulgação da primeira Lei de Diretrizes e Bases da Educação Nacional, em 1961. É somente com a Constituição de 1988, no entanto, que os brasileiros têm assegurada a educação de forma universal, como um direito de todos, tendo em vista o pleno desenvolvimento da pessoa no que se refere a sua preparação para o exercício da cidadania e sua qualificação para o trabalho. O artigo 208 do texto constitucional prevê como dever do Estado a oferta da educação tanto a crianças como àqueles que não tiveram acesso ao ensino em idade própria à escolarização cabida.

Nesse contexto, avalie as seguintes asserções e a relação proposta entre elas.

A relação entre educação e cidadania se estabelece na busca da universalização da educação como uma das condições necessárias para a consolidação da democracia no Brasil.

PORQUE

Por meio da atuação de seus representantes nos Poderes Executivos e Legislativo, no decorrer do século XX, passou a ser garantido no Brasil o direito de acesso à educação, inclusive aos jovens e adultos que já estavam fora da idade escolar.

A respeito dessas asserções, assinale a opção correta.

(A) As duas são proposições verdadeiras, e a segunda é uma justificativa correta da primeira.

(B) As duas são proposições verdadeiras, mas a segunda não é uma justificativa correta da primeira.

(C) A primeira é uma proposição verdadeira, e a segunda, falsa.

(D) A primeira é uma proposição falsa, e a segunda, verdadeira.

(E) Tanto a primeira quanto a segunda asserções são proposições falsas.

20. (EXAME 2011)

A definição de desenvolvimento sustentável mais usualmente utilizada é a que procura atender às necessidades atuais sem comprometer a capacidade das gerações futuras. O mundo assiste a um questionamento crescente de paradigmas estabelecidos na economia e também na cultura política. A crise ambiental no planeta, quando traduzida na mudança climática, é uma ameaça real ao pleno desenvolvimento das potencialidades dos países.

O Brasil está em uma posição privilegiada para enfrentar os enormes desafios que se acumulam. Abriga elementos fundamentais para o desenvolvimento: parte significativa da biodiversidade e da água doce existentes no planeta; grande extensão de terras cultiváveis; diversidade étnica e cultural e rica variedade de reservas naturais.

O campo do desenvolvimento sustentável pode ser conceitualmente dividido em três componentes: sustentabilidade ambiental, sustentabilidade econômica e sustentabilidade sociopolítica.

Nesse contexto, o desenvolvimento sustentável pressupõe

(A) a preservação do equilíbrio global e do valor das reservas de capital natural, o que não justifica a desaceleração do desenvolvimento econômico e político de uma sociedade.

(B) a redefinição de critérios e instrumentos de avaliação de custo-benefício que reflitam os efeitos socioeconômicos e os valores reais do consumo e da preservação.

(C) o reconhecimento de que, apesar de os recursos naturais serem ilimitados, deve ser traçado um novo modelo de desenvolvimento econômico para a humanidade.

(D) a redução do consumo das reservas naturais com a consequente estagnação do desenvolvimento econômico e tecnológico.

(E) a distribuição homogênea das reservas naturais entre as nações e as regiões em nível global e regional.

Habilidade 03

ELABORAR SÍNTESES E EXTRAIR CONCLUSÕES

1. (EXAME 2004)

"Crime contra Índio Pataxó comove o país

(...) Em mais um triste "Dia do Índio", Galdino saiu à noite com outros indígenas para uma confraternização na Funai. Ao voltar, perdeu-se nas ruas de Brasília (...). Cansado, sentou-se num banco de parada de ônibus e adormeceu. Às 5 horas da manhã, Galdino acordou ardendo numa grande labareda de fogo. Um grupo "insuspeito" de cinco jovens de classe média alta, entre eles um menor de idade, (...) parou o veículo na avenida W/2 Sul e, enquanto um manteve-se ao volante, os outros quatro dirigiram-se até a avenida W/3 Sul, local onde se encontrava a vítima. Logo após jogar combustível, atearam fogo no corpo. Foram flagrados por outros jovens corajosos, ocupantes de veículos que passavam no local e prestaram socorro à vítima. Os criminosos foram presos e conduzidos à 1ª Delegacia de Polícia do DF onde confessaram o ato monstruoso. Aí, a estupefação: 'os jovens queriam apenas se divertir' e 'pensavam tratar-se de um mendigo, não de um índio', o homem a quem incendiaram. Levado ainda consciente para o Hospital Regional da Asa Norte – HRAN, Galdino, com 95% do corpo com queimaduras de 3º grau, faleceu às 2 horas da madrugada de hoje."

Conselho Indigenista Missionário - Cimi, Brasília-DF, 21 abr. 1997.

A notícia sobre o crime contra o índio Galdino leva a reflexões a respeito dos diferentes aspectos da formação dos jovens.

Com relação às questões éticas, pode-se afirmar que elas devem:

(A) manifestar os ideais de diversas classes econômicas.

(B) seguir as atividades permitidas aos grupos sociais.

(C) fornecer soluções por meio de força e autoridade.

(D) expressar os interesses particulares da juventude.

(E) estabelecer os rumos norteadores de comportamento.

2. (EXAME 2004)

Muitos países enfrentam sérios problemas com seu elevado crescimento populacional.

Em alguns destes países, foi proposta (e por vezes colocada em efeito) a proibição de as famílias terem mais de um filho.

Algumas vezes, no entanto, esta política teve consequências trágicas (por exemplo, em alguns países houve registros de famílias de camponeses abandonarem suas filhas recém-nascidas para terem uma outra chance de ter um filho do sexo masculino). Por essa razão, outras leis menos restritivas foram consideradas. Uma delas foi: as famílias teriam o direito a um segundo (e último) filho, caso o primeiro fosse do sexo feminino.

Suponha que esta última regra fosse seguida por todas as famílias de um certo país (isto é, sempre que o primeiro filho fosse do sexo feminino, fariam uma segunda e última tentativa para ter um menino). Suponha ainda que, em cada nascimento, sejam iguais as chances de nascer menino ou menina.

Examinando os registros de nascimento, após alguns anos de a política ter sido colocada em prática, seria esperado que:

(A) o número de nascimentos de meninos fosse aproximadamente o dobro do de meninas.

(B) em média, cada família tivesse 1,25 filhos.

(C) aproximadamente 25% das famílias não tivessem filhos do sexo masculino.

(D) aproximadamente 50% dos meninos fossem filhos únicos.

(E) aproximadamente 50% das famílias tivessem um filho de cada sexo.

3. (EXAME 2005)

Está em discussão, na sociedade brasileira, a possibilidade de uma reforma política e eleitoral. Fala-se, entre outras propostas, em financiamento público de campanhas, fidelidade partidária, lista eleitoral fechada e voto distrital. Os dispositivos ligados à obrigatoriedade de os candidatos fazerem declaração pública de bens e prestarem contas dos gastos devem ser aperfeiçoados, os órgãos públicos de fiscalização e controle podem ser equipados e reforçados.

Com base no exposto, mudanças na legislação eleitoral poderão representar, como principal aspecto, um reforço da

(A) política, porque garantirão a seleção de políticos experientes e idôneos.

(B) economia, porque incentivarão gastos das empresas públicas e privadas.

(C) moralidade, porque inviabilizarão candidaturas despreparadas intelectualmente.

(D) ética, porque facilitarão o combate à corrupção e o estímulo à transparência.

(E) cidadania, porque permitirão a ampliação do número de cidadãos com direito ao voto.

4. (EXAME 2006)

Samba do Approach

Venha provar meu brunch
Saiba que eu tenho approach
Na hora do lunch
Eu ando de ferryboat

Eu tenho savoir-faire
Meu temperamento é light
Minha casa é hi-tech
Toda hora rola um insight
Já fui fã do Jethro Tull
Hoje me amarro no Slash
Minha vida agora é cool
Meu passado é que foi trash

Fica ligada no link
Que eu vou confessar, my love
Depois do décimo drink
Só um bom e velho engov
Eu tirei o meu green card
E fui pra Miami Beach
Posso não ser pop star
Mas já sou um nouveau riche

Eu tenho sex-appeal
Saca só meu background
Veloz como Damon Hill
Tenaz como Fittipaldi
Não dispenso um happy end
Quero jogar no dream team
De dia um macho man
E de noite uma drag queen.

(Zeca Baleiro)

I. "(...) Assim, nenhum verbo importado é defectivo ou simplesmente irregular, e todos são da primeira conjugação e se conjugam como os verbos regulares da classe."

(POSSENTI, Sírio. **Revista Língua**. Ano I, n.3, 2006.)

II. "O estrangeirismo lexical é válido quando há incorporação de informação nova, que não existia em português."

(SECCHIN, Antonio Carlos. **Revista Língua**, Ano I, n.3, 2006.)

III. "O problema do empréstimo linguístico não se resolve com atitudes reacionárias, com estabelecer barreiras ou cordões de isolamento à entrada de palavras e expressões de outros idiomas. Resolve-se com o dinamismo cultural, com o gênio inventivo do povo. Povo que não forja cultura dispensa-se de criar palavras com energia irradiadora e tem de conformar-se, queiram ou não queiram os seus gramáticos, à condição de mero usuário de criações alheias."

(CUNHA, Celso. **A língua portuguesa e a realidade brasileira**. Rio de Janeiro: Tempo Brasileiro, 1972.)

IV. "Para cada palavra estrangeira que adotamos, deixa-se de criar ou desaparece uma já existente."

(PILLA, Éda Heloisa. **Os neologismos do português e a face social da língua**. Porto Alegre: AGE, 2002.)

O Samba do Approach, de autoria do maranhense Zeca Baleiro, ironiza a mania brasileira de ter especial apego a palavras e a modismos estrangeiros. As assertivas que se confirmam na letra da música são, apenas,

(A) I e II.

(B) I e III.

(C) II e III.

(D) II e IV.

(E) III e IV.

5. (EXAME 2007)

Revista **Isto É Independente**. São Paulo: Ed. Três [s.d.]

O alerta que a gravura acima pretende transmitir refere-se a uma situação que

(A) atinge circunstancialmente os habitantes da área rural do País.
(B) atinge, por sua gravidade, principalmente as crianças da área rural.
(C) preocupa no presente, com graves consequências para o futuro.
(D) preocupa no presente, sem possibilidade de ter consequências no futuro.
(E) preocupa, por sua gravidade, especialmente os que têm filhos.

6. (EXAME 2007)

Os ingredientes principais dos fertilizantes agrícolas são nitrogênio, fósforo e potássio (os dois últimos sob a forma dos óxidos P_2O_5 e K_2O, respectivamente). As percentagens das três substâncias estão geralmente presentes nos rótulos dos fertilizantes, sempre na ordem acima. Assim, um fertilizante que tem em seu rótulo a indicação 10–20–20 possui, em sua composição, 10% de nitrogênio, 20% de óxido de fósforo e 20% de óxido de potássio. Misturando-se 50 kg de um fertilizante 10–20–10 com 50 kg de um fertilizante 20–10–10, obtém-se um fertilizante cuja composição é

(A) 7,5–7,5–5.
(B) 10–10–10.
(C) 15–15–10.
(D) 20–20–15.
(E) 30–30–20.

7. (EXAME 2007)

Leia o esquema abaixo.

1. Coleta de plantas nativas, animais silvestres, micro-organismos e fungos da floresta Amazônica.
2. Saída da mercadoria do país, por portos e aeroportos, camuflada na bagagem de pessoas que se disfarçam de turistas, pesquisadores ou religiosos.
3. Venda dos produtos para laboratórios ou colecionadores que patenteiam as substâncias provenientes das plantas e dos animais.
4. Ausência de patente sobre esses recursos, o que deixa as comunidades indígenas e as populações tradicionais sem os benefícios dos *royalties*.
5. Prejuízo para o Brasil!

Com base na análise das informações acima, uma campanha publicitária contra a prática do conjunto de ações apresentadas no esquema poderia utilizar a seguinte chamada:

(A) Indústria farmacêutica internacional, fora!
(B) Mais respeito às comunidades indígenas!
(C) Pagamento de *royalties* é suficiente!
(D) Diga não à biopirataria, já!
(E) Biodiversidade, um mau negócio?

8. (EXAME 2007)

Entre 1508 e 1512, Michelangelo pintou o teto da Capela Sistina no Vaticano, um marco da civilização ocidental. Revolucionária, a obra chocou os mais conservadores, pela quantidade de corpos nus, possivelmente, resultado de seus secretos estudos de anatomia, uma vez que, no seu tempo, era necessária a autorização da Igreja para a dissecação de cadáveres.

Recentemente, perceberam-se algumas peças anatômicas camufladas entre as cenas que compõem o teto. Alguns pesquisadores conseguiram identificar uma grande quantidade de estruturas internas da anatomia humana, que teria sido a forma velada de como o artista "imortalizou a comunhão da arte com o conhecimento".

Uma das cenas mais conhecidas é "A criação de Adão". Para esses pesquisadores ela representaria o cérebro num corte sagital, como se pode observar nas figuras a seguir.

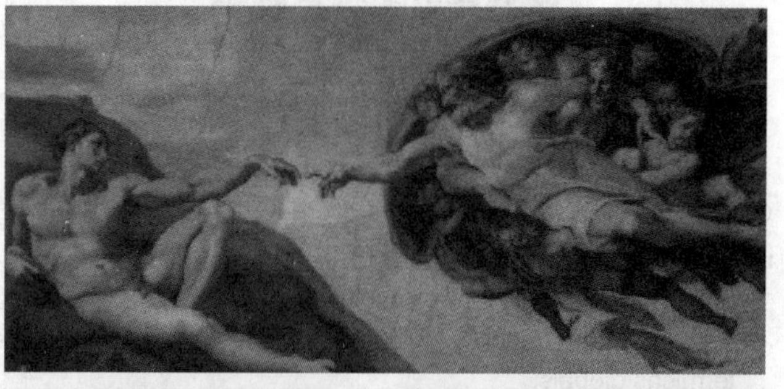

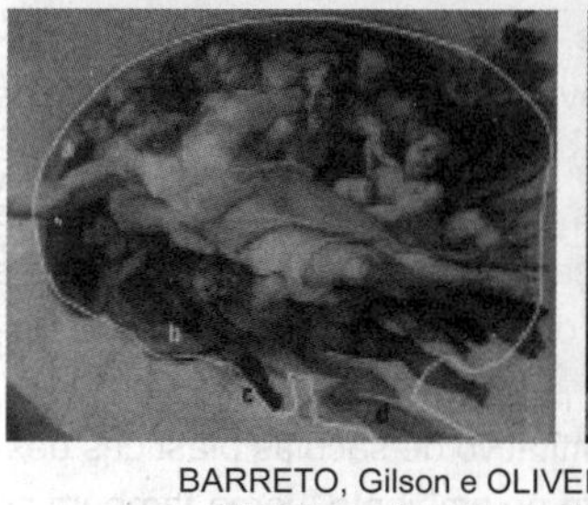

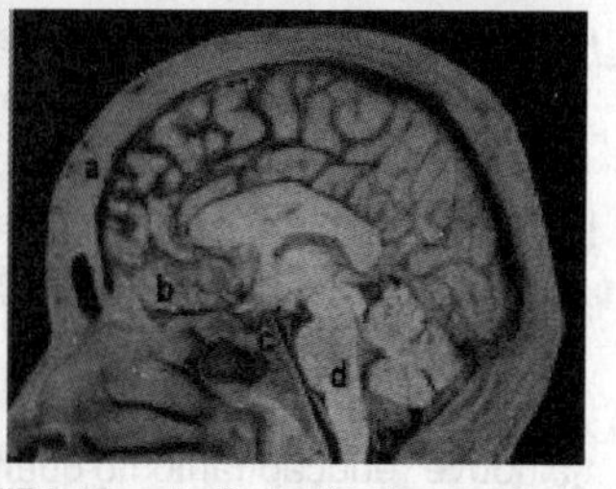

BARRETO, Gilson e OLIVEIRA, Marcelo G. de. **A arte secreta de Michelangelo** - Uma lição de anatomia na Capela Sistina. ARX.

Considerando essa hipótese, uma ampliação interpretativa dessa obra-prima de Michelangelo expressaria

(A) o Criador dando a consciência ao ser humano, manifestada pela função do cérebro.
(B) a separação entre o bem e o mal, apresentada em cada seção do cérebro.
(C) a evolução do cérebro humano, apoiada na teoria darwinista.
(D) a esperança no futuro da humanidade, revelada pelo conhecimento da mente.
(E) a diversidade humana, representada pelo cérebro e pela medula.

9. (EXAME 2008)

A exposição aos raios ultravioleta tipo B (UVB) causa queimaduras na pele, que podem ocasionar lesões graves ao longo do tempo. Por essa razão, recomenda-se a utilização de filtros solares, que deixam passar apenas uma certa fração desses raios, indicada pelo Fator de Proteção Solar (FPS).

Por exemplo, um protetor com FPS igual a 10 deixa passar apenas 1/10 (ou seja, retém 90%) dos raios UVB. Um protetor que retenha 95% dos raios UVB possui um FPS igual a

(A) 95 (B) 90 (C) 50 (D) 20 (E) 5

10. (EXAME 2009)

O Ministério do Meio Ambiente, em junho de 2009, lançou campanha para o consumo consciente de sacolas plásticas, que já atingem, aproximadamente, o número alarmante de 12 bilhões por ano no Brasil.

Veja o *slogan* dessa campanha:

O possível êxito dessa campanha ocorrerá porque

I. se cumpriu a meta de emissão zero de gás carbônico estabelecida pelo Programa das Nações Unidas para o Meio Ambiente, revertendo o atual quadro de elevação das médias térmicas globais.

II. deixaram de ser empregados, na confecção de sacolas plásticas, materiais oxibiodegradáveis e os chamados bioplásticos que, sob certas condições de luz e de calor, se fragmentam.

III. foram adotadas, por parcela da sociedade brasileira, ações comprometidas com mudanças em seu modo de produção e de consumo, atendendo aos objetivos preconizados pela sustentabilidade.

IV. houve redução tanto no quantitativo de sacolas plásticas descartadas indiscriminadamente no ambiente, como também no tempo de decomposição de resíduos acumulados em lixões e aterros sanitários.

Estão CORRETAS somente as afirmativas

(A) I e II.
(B) I e III.
(C) II e III.
(D) II e IV.
(E) III e IV.

11. (EXAME 2009)

Leia o trecho:

> O movimento antiglobalização apresenta-se, na virada deste novo milênio, como uma das principais novidades na arena política e no cenário da sociedade civil, dada a sua forma de articulação/atuação em redes com extensão global. Ele tem elaborado uma *nova gramática no repertório das demandas e dos conflitos sociais*, trazendo novamente as lutas sociais para o palco da cena pública, e a política para a dimensão, tanto na forma de operar, nas ruas, como no conteúdo do debate que trouxe à tona: o modo de vida capitalista ocidental moderno e seus efeitos destrutivos sobre a natureza (humana, animal e vegetal).

GOHN, 2003.

É INCORRETO afirmar que o movimento antiglobalização referido nesse trecho

(A) cria uma rede de resistência, expressa em atos de desobediência civil e propostas alternativas à forma atual da globalização, considerada como o principal fator da exclusão social existente.
(B) defende um outro tipo de globalização, baseado na solidariedade e no respeito às culturas, voltado para um novo tipo de modelo civilizatório, com desenvolvimento econômico, mas também com justiça e igualdade social.
(C) é composto por atores sociais tradicionais, veteranos nas lutas políticas, acostumados com o repertório de protestos políticos, envolvendo, especialmente, os trabalhadores sindicalizados e suas respectivas centrais sindicais.
(D) recusa as imposições de um mercado global, uno, voraz, além de contestar os valores impulsionadores da sociedade capitalista, alicerçada no lucro e no consumo de mercadorias supérfluas.
(E) utiliza-se de mídias, tradicionais e novas, de modo relevante para suas ações com o propósito de dar visibilidade e legitimidade mundiais ao divulgar a variedade de movimentos de sua agenda.

12. (EXAME 2009)

O Brasil tem assistido a um debate que coloca, frente a frente, como polos opostos, o desenvolvimento econômico e a conservação ambiental. Algumas iniciativas merecem considerações, porque podem agravar ou desencadear problemas ambientais de diferentes ordens de grandeza.

Entre essas iniciativas e suas consequências, é INCORRETO afirmar que

(A) a construção de obras previstas pelo PAC (Programa de Aceleração do Crescimento) tem levado à redução dos prazos necessários aos estudos de impacto ambiental, o que pode interferir na sustentabilidade do projeto.
(B) a construção de grandes centrais hidrelétricas nas bacias do Sudeste e do Sul gera mais impactos ambientais do que nos grandes rios da Amazônia, nos quais o volume de água, o relevo e a baixa densidade demográfica reduzem os custos da obra e o passivo ambiental.
(C) a exploração do petróleo encontrado na plataforma submarina pelo Brasil terá, ao lado dos impactos positivos na economia e na política, consequências ambientais negativas, se persistir o modelo atual de consumo de combustíveis fósseis.
(D) a preocupação mais voltada para a floresta e os povos amazônicos coloca em alerta os ambientalistas, ao deixar em segundo plano as ameaças aos demais biomas.
(E) os incentivos ao consumo, sobretudo aquele relacionado ao mercado automobilístico, para que o Brasil pudesse se livrar com mais rapidez da crise econômica, agravarão a poluição do ar e o intenso fluxo de veículos nas grandes cidades.

13. (EXAME 2010)

Conquistar um diploma de curso superior não garante às mulheres a equiparação salarial com os homens, como mostra o estudo “Mulher no mercado de trabalho: perguntas e respostas”, divulgado pelo Instituto Brasileiro de Geografia e Estatística (IBGE), nesta segunda-feira, quando se comemora o Dia Internacional da Mulher.

Segundo o trabalho, embasado na Pesquisa Mensal de Emprego de 2009, nos diversos grupamentos de atividade econômica, a escolaridade de nível superior não aproxima os rendimentos recebidos por homens e mulheres. Pelo contrário, a diferença acentua-se. No caso do comércio, por exemplo, a diferença de rendimento para profissionais com escolaridade de onze anos ou mais de estudo é de R$ 616,80 a mais para os homens. Quando a comparação é feita para o nível superior, a diferença é de R$ 1.653,70 para eles.

Disponível em: <http://oglobo.globo.com/economia/boachance/mat/2010/03/08>. Acesso em: 19 out. 2010 (com adaptações).

Considerando o tema abordado acima, analise as afirmações seguintes.

I. Quanto maior o nível de análise dos indicadores de gêneros, maior será a possibilidade de identificação da realidade vivida pelas mulheres no mundo do trabalho e da busca por uma política igualitária capaz de superar os desafios das representações de gênero.

II. Conhecer direitos e deveres, no local de trabalho e na vida cotidiana, é suficiente para garantir a alteração dos padrões de inserção das mulheres no mercado de trabalho.

III. No Brasil, a desigualdade social das minorias étnicas, de gênero e de idade não está apenas circunscrita pelas relações econômicas, mas abrange fatores de caráter histórico-cultural.

IV. Desde a aprovação da Constituição de 1988, tem havido incremento dos movimentos gerados no âmbito da sociedade para diminuir ou minimizar a violência e o preconceito contra a mulher, a criança, o idoso e o negro.

É correto apenas o que se afirma em

(A) I e II.
(B) II e IV.
(C) III e IV.
(D) I, II e III.
(E) I, II e IV.

14. (EXAME 2010)

O mapa abaixo representa as áreas populacionais sem acesso ao saneamento básico.

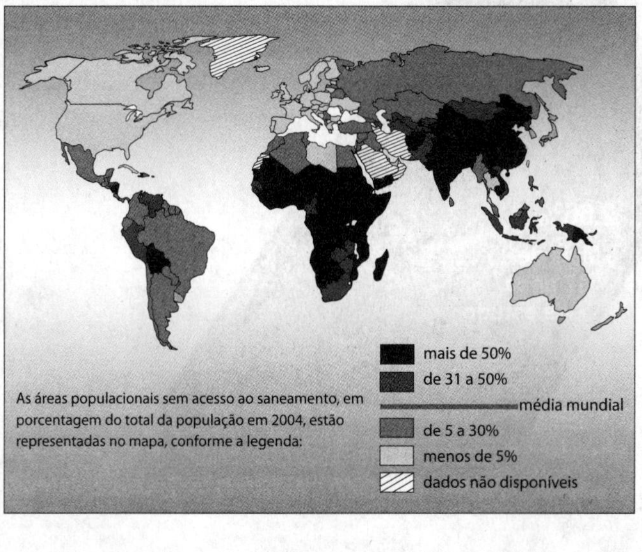

Considerando o mapa apresentado, analise as afirmações que se seguem.

I. A globalização é fenômeno que ocorre de maneira desigual entre os países, e o progresso social independe dos avanços econômicos.

II. Existe relação direta entre o crescimento da ocupação humana e o maior acesso ao saneamento básico.

III. Brasil, Rússia, Índia e China, países pertencentes ao bloco dos emergentes, possuem percentual da população com acesso ao saneamento básico abaixo da média mundial.

IV. O maior acesso ao saneamento básico ocorre, em geral, em países desenvolvidos.

V. Para se analisar o índice de desenvolvimento humano (IDH) de um país, deve-se diagnosticar suas condições básicas de infraestrutura, seu PIB per capita, a saúde e a educação.

É correto apenas o que se afirma em

(A) I e II.
(B) I e III.
(C) II e V.
(D) III e IV.
(E) IV e V.

15. (EXAME 2010)

Isótopos radioativos estão ajudando a diagnosticar as causas da poluição atmosférica. Podemos, com essa tecnologia, por exemplo, analisar o ar de uma região e determinar se um poluente vem da queima do petróleo ou da vegetação.

Outra utilização dos isótopos radioativos que pode, no futuro, diminuir a área de desmatamento para uso da agricultura é a irradiação nos alimentos. A técnica consiste em irradiar com isótopos radioativos para combater os micro-organismos que causam o apodrecimento dos vegetais e aumentar a longevidade dos alimentos, diminuindo o desperdício. A irradiação de produtos alimentícios já é uma realidade, pois grandes indústrias que vendem frutas ou suco utilizam essa técnica.

Na área médica, as soluções nucleares estão em ferramentas de diagnóstico, como a tomografia e a ressonância magnética, que conseguem apontar, sem intervenção cirúrgica, mudanças metabólicas em áreas do corpo. Os exames conseguem, inclusive, detectar tumores que ainda não causam sintomas, possibilitando um tratamento precoce do câncer e maior possibilidade de cura.

A notícia acima

(A) comenta os malefícios do uso de isótopos radioativos, relacionando-os às causas da poluição atmosférica.
(B) elenca possibilidades de uso de isótopos radioativos, evidenciando, assim, benefícios do avanço tecnológico.
(C) destaca os perigos da radiação para a saúde, alertando sobre os cuidados que devem ter a medicina e a agroindústria.
(D) propõe soluções nucleares como ferramentas de diagnóstico em doenças de animais, alertando para os malefícios que podem causar ao ser humano.
(E) explica cientificamente as várias técnicas de tratamento em que se utilizam isótopos radioativos para matar os micro-organismos que causam o apodrecimento dos vegetais.

16. (EXAME 2011)

Exclusão digital é um conceito que diz respeito às extensas camadas sociais que ficaram à margem do fenômeno da sociedade da informação e da extensão das redes digitais. O problema da exclusão digital se apresenta como um dos maiores desafios dos dias de hoje, com implicações diretas e indiretas sobre os mais variados aspectos da sociedade contemporânea.

Nessa nova sociedade, o conhecimento é essencial para aumentar a produtividade e a competição global. É fundamental para a invenção, para a inovação e para a geração de riqueza. As tecnologias de informação e comunicação (TICs) proveem uma fundação para a construção e aplicação do conhecimento nos setores públicos e privados. É nesse contexto que se aplica o termo exclusão digital, referente à falta de acesso às vantagens e aos benefícios trazidos por essas novas tecnologias, por motivos sociais, econômicos, políticos ou culturais.

Considerando as ideias do texto acima, avalie as afirmações a seguir.

I. Um mapeamento da exclusão digital no Brasil permite aos gestores de políticas públicas escolherem o público-alvo de possíveis ações de inclusão digital.

II. O uso das TICs pode cumprir um papel social, ao prover informações àqueles que tiveram esse direito negado ou negligenciado e, portanto, permitir maiores graus de mobilidade social e econômica.

III. O direito à informação diferencia-se dos direitos sociais, uma vez que esses estão focados nas relações entre os indivíduos e, aqueles, na relação entre o indivíduo e o conhecimento.

IV. O maior problema de acesso digital no Brasil está na deficitária tecnologia existente em território nacional, muito aquém da disponível na maior parte dos países do primeiro mundo.

É correto apenas o que se afirma em

(A) I e II.
(B) II e IV.
(C) III e IV.
(D) I, II e III.
(E) I, III e IV.

17. (EXAME 2011)

A educação é o Xis da questão

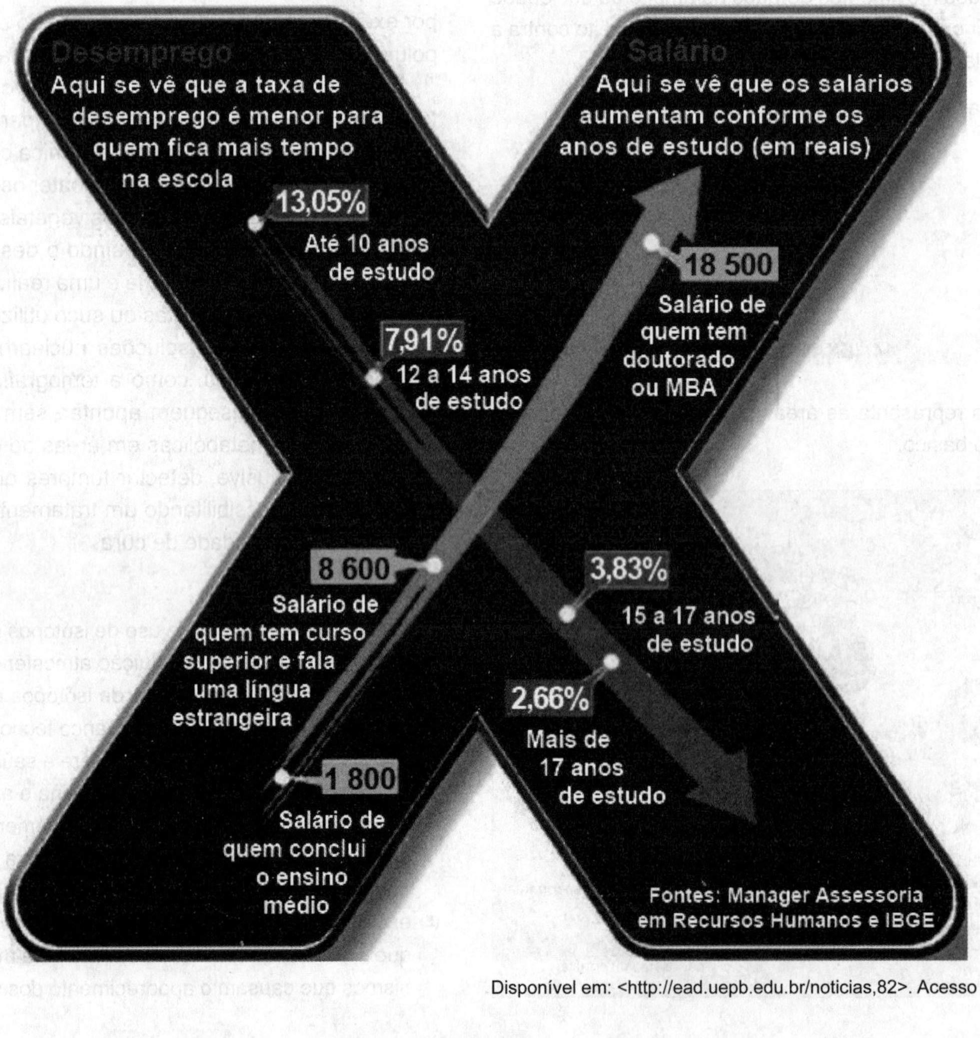

Disponível em: <http://ead.uepb.edu.br/noticias,82>. Acesso em: 24 ago. 2011.

A expressão "o Xis da questão" usada no título do infográfico diz respeito

(A) à quantidade de anos de estudos necessários para garantir um emprego estável com salário digno.

(B) às oportunidades de melhoria salarial que surgem à medida que aumenta o nível de escolaridade dos indivíduos.

(C) à influência que o ensino de língua estrangeira nas escolas tem exercido na vida profissional dos indivíduos.

(D) aos questionamentos que são feitos acerca da quantidade mínima de anos de estudo que os indivíduos precisam para ter boa educação.

(E) à redução da taxa de desemprego em razão da política atual de controle da evasão escolar e de aprovação automática de ano de acordo com a idade.

18. (EXAME 2011)

Em reportagem, Owen Jones, autor do livro **Chavs: a difamação da classe trabalhadora**, publicado no Reino Unido, comenta as recentes manifestações de rua em Londres e em outras principais cidades inglesas.

Jones prefere chamar atenção para as camadas sociais mais desfavorecidas do país, que desde o início dos distúrbios, ficaram conhecidas no mundo todo pelo apelido *chavs*, usado pelos britânicos para escarnecer dos hábitos de consumo da classe trabalhadora. Jones denuncia um sistemático abandono governamental dessa parcela da população: "Os políticos insistem em culpar os indivíduos pela desigualdade", diz. (...) "você não vai ver alguém assumir ser um *chav*, pois se trata de um insulto criado como forma de generalizar o comportamento das classes mais baixas. Meu medo não é o preconceito e, sim, a cortina de fumaça que ele oferece. Os distúrbios estão servindo como o argumento ideal para que se faça valer a ideologia de que os problemas sociais são resultados de defeitos individuais, não de falhas maiores. Trata-se de uma filosofia que tomou conta da sociedade britânica com a chegada de Margaret Thatcher ao poder, em 1979, e que basicamente funciona assim: você é culpado pela falta de oportunidades. (...) Os políticos insistem em culpar os indivíduos pela desigualdade".

Suplemento Prosa & Verso, **O Globo**, Rio de Janeiro, 20 ago. 2011, p. 6 (adaptado).

Considerando as ideias do texto, avalie as afirmações a seguir.

I. *Chavs* é um apelido que exalta hábitos de consumo de parcela da população britânica.

II. Os distúrbios ocorridos na Inglaterra serviram para atribuir deslizes de comportamento individual como causas de problemas sociais.

III. Indivíduos da classe trabalhadora britânica são responsabilizados pela falta de oportunidades decorrente da ausência de políticas públicas.

IV. As manifestações de rua na Inglaterra reivindicavam formas de inclusão nos padrões de consumo vigente.

É correto apenas o que se afirma em

(A) I e II.

(B) I e IV.

(C) II e III.

(D) I, III e IV.

(E) II, III e IV.

19. (EXAME 2012)

O Cerrado, que ocupa mais de 20% do território nacional, é o segundo maior bioma brasileiro, menor apenas que a Amazônia. Representa um dos *hotspots* para a conservação da biodiversidade mundial e é considerado uma das mais importantes fronteiras agrícolas do planeta.

Considerando a conservação da biodiversidade e a expansão da fronteira agrícola no Cerrado, avalie as afirmações a seguir.

I. O Cerrado apresenta taxas mais baixas de desmatamento e percentuais mais altos de áreas protegidas que os demais biomas brasileiros.

II. O uso do fogo é, ainda hoje, uma das práticas de conservação do solo recomendáveis para controle de pragas e estímulo à rebrota de capim em áreas de pastagens naturais ou artificiais do Cerrado.

III. Exploração excessiva, redução progressiva do *habitat* e presença de espécies invasoras estão entre os fatores que mais provocam o aumento da probabilidade de extinção das populações naturais do Cerrado.

IV. Elevação da renda, diversificação das economias e o consequente aumento da oferta de produtos agrícolas e da melhoria social das comunidades envolvidas estão entre os benefícios associados à expansão da agricultura no Cerrado.

É correto apenas o que se afirma em

(A) I.

(B) II.

(C) I e III.

(D) II e IV

(E) III e IV.

20. (EXAME 2012)

A floresta virgem é o produto de muitos milhões de anos que passaram desde a origem do nosso planeta. Se for abatida, pode crescer uma nova floresta, mas a continuidade é interrompida. A ruptura nos ciclos de vida natural de plantas e animais significa que a floresta nunca será aquilo que seria se as árvores não tivessem sido cortadas. A partir do momento em que a floresta é abatida ou inundada, a ligação com o passado perde-se para sempre. Trata-se de um custo que será suportado por todas as gerações que nos sucederem no planeta. É por isso que os ambientalistas têm razão quando se referem ao meio natural como um "legado mundial".

Mas, e as futuras gerações? Estarão elas preocupadas com essas questões amanhã? As crianças e os jovens, como indivíduos principais das futuras gerações, têm sido, cada vez mais, estimulados a apreciar ambientes fechados, onde podem relacionar-se com jogos de computadores, celulares e outros equipamentos interativos virtuais, desviando sua atenção de questões ambientais e do impacto disso em vidas no futuro, apesar dos esforços em contrário realizados por alguns setores. Observe-se que, se perguntarmos a uma criança ou a um jovem se eles desejam ficar dentro dos seus quartos, com computadores e jogos eletrônicos, ou passear em uma praça, não é improvável que escolham a primeira opção. Essas posições de jovens e crianças preocupam tanto quanto o descaso com o desmatamento de florestas hoje e seus efeitos amanhã.

SINGER, P. **Ética Prática**. 2. ed. Lisboa: Gradiva, 2002, p. 292 (adaptado).

É um título adequado ao texto apresentado acima:

(A) Computador: o legado mundial para as gerações futuras

(B) Uso de tecnologias pelos jovens: indiferença quanto à preservação das florestas

(C) Preferências atuais de lazer de jovens e crianças: preocupação dos ambientalistas

(D) Engajamento de crianças e jovens na preservação do legado natural: uma necessidade imediata

(E) Redução de investimentos no setor de comércio eletrônico: proteção das gerações futuras

21. (EXAME 2012)

É ou não ético roubar um remédio cujo preço é inacessível, a fim de salvar alguém, que, sem ele, morreria? Seria um erro pensar que, desde sempre, os homens têm as mesmas respostas para questões desse tipo. Com o passar do tempo, as sociedades mudam e também mudam os homens que as compõem. Na Grécia Antiga, por exemplo, a existência de escravos era perfeitamente legítima: as pessoas não eram consideradas iguais entre si, e o fato de umas não terem liberdade era considerado normal. Hoje em dia, ainda que nem sempre respeitados, os Direitos Humanos impedem que alguém ouse defender, explicitamente, a escravidão como algo legítimo.

MINISTÉRIO DA EDUCAÇÃO. Secretaria de Educação Fundamental. **Ética**. Brasília, 2012. Disponível em: <portal.mec.gov.br>. Acesso em: 16 jul. 2012 (adaptado).

Com relação a ética e cidadania, avalie as afirmações seguintes.

I. Toda pessoa tem direito ao respeito de seus semelhantes, a uma vida digna, a oportunidades de realizar seus projetos, mesmo que esteja cumprindo pena de privação de liberdade, por ter cometido delito criminal, com trâmite transitado e julgado.

II. Sem o estabelecimento de regras de conduta, não se constrói uma sociedade democrática, pluralista por definição, e não se conta com referenciais para se instaurar a cidadania como valor.

III. Segundo o princípio da dignidade humana, que é contrário ao preconceito, toda e qualquer pessoa é digna e merecedora de respeito, não importando, portanto, sexo, idade, cultura, raça, religião, classe social, grau de instrução e orientação sexual.

É correto o que se afirma em

(A) I, apenas.

(B) III, apenas.

(C) I e II, apenas.

(D) II e III, apenas.

(E) I, II e III.

22. (EXAME 2012)

A globalização é o estágio supremo da internacionalização. O processo de intercâmbio entre países, que marcou o desenvolvimento do capitalismo desde o período mercantil dos séculos 17 e 18, expande-se com a industrialização, ganha novas bases com a grande indústria nos fins do século 19 e, agora, adquire mais intensidade, mais amplitude e novas feições. O mundo inteiro torna-se envolvido em todo tipo de troca: técnica, comercial, financeira e cultural. A produção e a informação globalizadas permitem a emergência de lucro em escala mundial, buscado pelas firmas globais, que constituem o verdadeiro motor da atividade econômica.

SANTOS, M. **O país distorcido**. São Paulo: Publifolha, 2002 (adaptado).

No estágio atual do processo de globalização, pautado na integração dos mercados e na competitividade em escala mundial, as crises econômicas deixaram de ser problemas locais e passaram a afligir praticamente todo o mundo. A crise recente, iniciada em 2008, é um dos exemplos mais significativos da conexão e interligação entre os países, suas economias, políticas e cidadãos.

Considerando esse contexto, avalie as seguintes asserções e a relação proposta entre elas.

I. O processo de desregulação dos mercados financeiros norte-americano e europeu levou à formação de uma bolha de empréstimos especulativos e imobiliários, a qual, ao estourar em 2008, acarretou um efeito dominó de quebras nos mercados.

PORQUE

II. As políticas neoliberais marcam o enfraquecimento e a dissolução do poder dos Estados nacionais, bem como asseguram poder aos aglomerados financeiros que não atuam nos limites geográficos dos países de origem.

A respeito dessas asserções, assinale a opção correta.

(A) As asserções I e II são proposições verdadeiras, e a II é uma justificativa da I.

(B) As asserções I e II são proposições verdadeiras, mas a II não é uma justificativa da I.

(C) A asserção I é uma proposição verdadeira, e a II é uma proposição falsa.

(D) A asserção I é uma proposição falsa, e a II é uma proposição verdadeira.

(E) As asserções I e II são proposições falsas.

23. (EXAME 2012)

Legisladores do mundo se comprometem a alcançar os objetivos da Rio+20

Reunidos na cidade do Rio de Janeiro, 300 parlamentares de 85 países se comprometeram a ajudar seus governantes a alcançar os objetivos estabelecidos nas conferências Rio+20 e Rio 92, assim como a utilizar a legislação para promover um crescimento mais verde e socialmente inclusivo para todos.

Após três dias de encontros na Cúpula Mundial de Legisladores, promovida pela GLOBE International — uma rede internacional de parlamentares que discute ações legislativas em relação ao meio ambiente —, os participantes assinaram um protocolo que tem como objetivo sanar as falhas no processo da Rio 92.

Em discurso durante a sessão de encerramento do evento, o vice-presidente do Banco Mundial para a América Latina e o Caribe afirmou: "Esta Cúpula de Legisladores mostrou claramente que, apesar dos acordos globais serem úteis, não precisamos esperar. Podemos agir e avançar agora, porque as escolhas feitas hoje nas áreas de infraestrutura, energia e tecnologia determinarão o futuro".

Disponível em: <www.worldbank.org/pt/news/2012/06/20>. Acesso em: 22 jul. 2012 (adaptado).

O compromisso assumido pelos legisladores, explicitado no texto acima, é condizente com o fato de que

(A) os acordos internacionais relativos ao meio ambiente são autônomos, não exigindo de seus signatários a adoção de medidas internas de implementação para que sejam revestidos de exigibilidade pela comunidade internacional.

(B) a mera assinatura de chefes de Estado em acordos internacionais não garante a implementação interna dos termos de tais acordos, sendo imprescindível, para isso, a efetiva participação do Poder Legislativo de cada país.

(C) as metas estabelecidas na Conferência Rio 92 foram cumpridas devido à propositura de novas leis internas, incremento de verbas orçamentárias destinadas ao meio ambiente e monitoramento da implementação da agenda do Rio pelos respectivos governos signatários.

(D) a atuação dos parlamentos dos países signatários de acordos internacionais restringe-se aos mandatos de seus respectivos governos, não havendo relação de causalidade entre o compromisso de participação legislativa e o alcance dos objetivos definidos em tais convenções.

(E) a Lei de Mudança Climática aprovada recentemente no México não impacta o alcance de resultados dos compromissos assumidos por aquele país de reduzir as emissões de gases do efeito estufa, de evitar o desmatamento e de se adaptar aos impactos das mudanças climáticas.

QUESTÕES DISCURSIVA

1. (EXAME 2004) DISCURSIVA

Leia o e-mail de Elisa enviado para sua prima que mora na Itália e observe o gráfico.

Vivi durante anos alimentando os sonhos sobre o que faria após minha aposentadoria que deveria acontecer ainda este ano.

Um deles era aceitar o convite de passar uns meses aí com vocês, visto que os custos da viagem ficariam amenizados com a hospedagem oferecida e poderíamos aproveitar para conviver por um período mais longo.

Carla, imagine que completei os trinta anos de trabalho e não posso me aposentar porque não tenho a idade mínima para a aposentadoria. Desta forma, teremos, infelizmente, que adiar a ideia de nos encontrar no próximo ano.

Um grande abraço, Elisa.

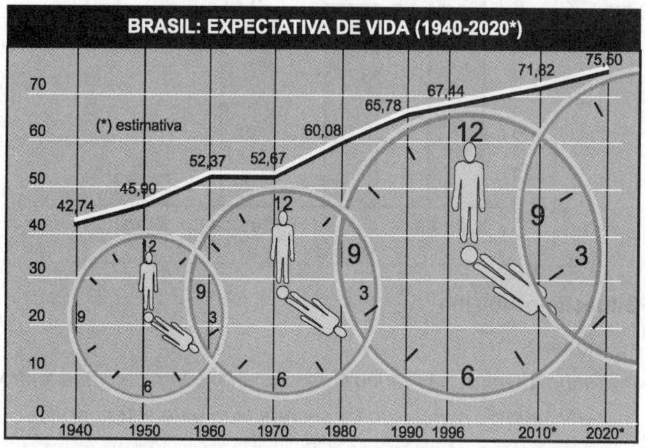

Fonte: **Brasil em números 1999**. Rio de Janeiro. IBGE, 2000.

Ainda que mudanças na dinâmica demográfica não expliquem todos os problemas dos sistemas de previdência social, apresente:

a) uma explicação sobre a relação existente entre o envelhecimento populacional de um país e a questão da previdência social;

b) uma situação, além da elevação da expectativa de vida, que possivelmente contribuiu para as mudanças nas regras de aposentadoria do Brasil nos últimos anos.

2. (EXAME 2005) DISCURSIVA

Nos dias atuais, as novas tecnologias se desenvolvem de forma acelerada e a Internet ganha papel importante na dinâmica do cotidiano das pessoas e da economia mundial. No entanto, as conquistas tecnológicas, ainda que representem avanços, promovem consequências ameaçadoras.

Leia os gráficos e a situação-problema expressa através de um diálogo entre uma mulher desempregada, à procura de uma vaga no mercado de trabalho, e um empregador.

Acesso à Internet

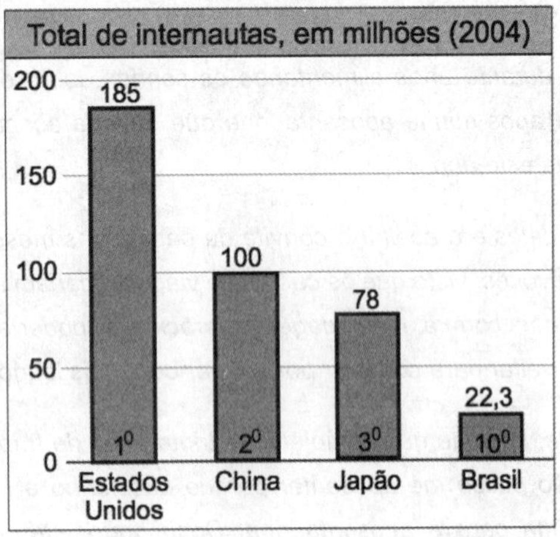

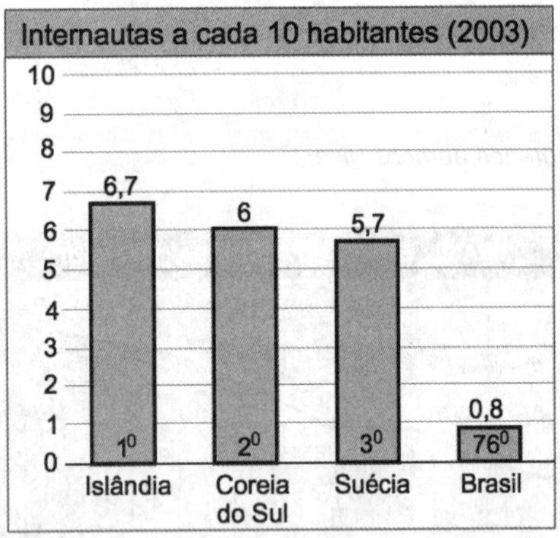

Situação-problema

- **mulher:**

– *Tenho 43 anos, não tenho curso superior completo, mas tenho certificado de conclusão de secretariado e de estenografia.*

- **empregador:**

– *Qual a abrangência de seu conhecimento sobre o uso de computadores? Quais as linguagens que você domina? Você sabe fazer uso da Internet?*

- **mulher:**

– *Não sei direito usar o computador. Sou de família pobre e, como preciso participar ativamente da despesa familiar, com dois filhos e uma mãe doente, não sobra dinheiro para comprar um.*

- **empregador:**

– *Muito bem, posso, quando houver uma vaga, oferecer um trabalho de recepcionista. Para trabalho imediato, posso oferecer uma vaga de copeira para servir cafezinho aos funcionários mais graduados.*

Apresente uma conclusão que pode ser extraída da análise

a) dos dois gráficos;

b) da situação-problema, em relação aos gráficos.

3. (EXAME 2006) DISCURSIVA

Sobre a implantação de "políticas afirmativas" relacionadas à adoção de "sistemas de cotas" por meio de Projetos de Lei em tramitação no Congresso Nacional, leia os dois textos a seguir.

Texto I

"Representantes do Movimento Negro Socialista entregaram ontem no Congresso um manifesto contra a votação dos projetos que propõem o estabelecimento de cotas para negros em Universidades Federais e a criação do Estatuto de Igualdade Racial.

As duas propostas estão prontas para serem votadas na Câmara, mas o movimento quer que os projetos sejam retirados da pauta. (...) Entre os integrantes do movimento estava a professora titular de Antropologia da Universidade Federal do Rio de Janeiro, Yvonne Maggie. 'É preciso fazer o debate. Por isso ter vindo aqui já foi um avanço', disse."

(**Folha de S.Paulo** – Cotidiano, 30 jun. 2006 com adaptação.)

Texto II

"Desde a última quinta-feira, quando um grupo de intelectuais entregou ao Congresso Nacional um manifesto contrário à adoção de cotas raciais no Brasil, a polêmica foi reacesa. (...) O diretor executivo da Educação e Cidadania de Afrodescendentes e Carentes (Educafro), frei David Raimundo dos Santos, acredita que hoje o quadro do país é injusto com os negros e defende a adoção do sistema de cotas."

(**Agência Estado-Brasil**, 03 jul. 2006.)

Ampliando ainda mais o debate sobre todas essas políticas afirmativas, há também os que adotam a posição de que o critério para cotas nas Universidades Públicas não deva ser restritivo, mas que considere também a condição social dos candidatos ao ingresso.

Analisando a polêmica sobre o sistema de cotas "raciais", identifique, no atual debate social,

a) um argumento coerente utilizado por aqueles que o criticam;

b) um argumento coerente utilizado por aqueles que o defendem.

Habilidade 04

CRITICAR, ARGUMENTAR, OPINAR, PROPOR SOLUÇÕES E FAZER ESCOLHAS

1. (EXAME 2007)

Desnutrição entre crianças quilombolas

"Cerca de três mil meninos e meninas com até 5 anos de idade, que vivem em 60 comunidades quilombolas em 22 Estados brasileiros, foram pesados e medidos. O objetivo era conhecer a situação nutricional dessas crianças.(...)

De acordo com o estudo,11,6% dos meninos e meninas que vivem nessas comunidades estão mais baixos do que deveriam, considerando-se a sua idade, índice que mede a desnutrição. No Brasil, estima-se uma população de 2 milhões de quilombolas.

A escolaridade materna influencia diretamente o índice de desnutrição. Segundo a pesquisa, 8,8% dos filhos de mães com mais de quatro anos de estudo estão desnutridos. Esse indicador sobe para 13,7% entre as crianças de mães com escolaridade menor que quatro anos.

A condição econômica também é determinante. Entre as crianças que vivem em famílias da classe E (57,5% das avaliadas), a desnutrição chega a 15,6%; e cai para 5,6% no grupo que vive na classe D, na qual estão 33,4% do total das pesquisadas.

Os resultados serão incorporados à política de nutrição do País. O Ministério de Desenvolvimento Social prevê ainda um estudo semelhante para as crianças indígenas."

BAVARESCO, Rafael. UNICEF/BRZ. **Boletim**, ano 3, n. 8, jun. 2007.

O boletim da UNICEF mostra a relação da desnutrição com o nível de escolaridade materna e a condição econômica da família. Para resolver essa grave questão de subnutrição infantil, algumas iniciativas são propostas:

I. distribuição de cestas básicas para as famílias com crianças em risco;
II. programas de educação que atendam a crianças e também a jovens e adultos;
III. hortas comunitárias, que ofereçam não só alimentação de qualidade, mas também renda para as famílias.

Das iniciativas propostas, pode-se afirmar que

(A) somente I é solução dos problemas a médio e longo prazo.
(B) somente II é solução dos problemas a curto prazo.
(C) somente III é solução dos problemas a curto prazo.
(D) I e II são soluções dos problemas a curto prazo.
(E) II e III são soluções dos problemas a médio e longo prazo.

2. (EXAME 2009)

Leia os gráficos:

**Gráfico I:
Domínio da leitura e escrita pelos brasileiros (em %)**

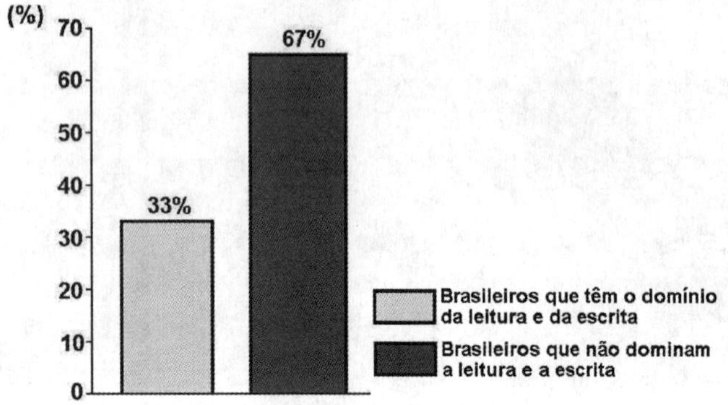

**Gráfico II:
Municípios brasileiros que possuem livrarias (em %)**

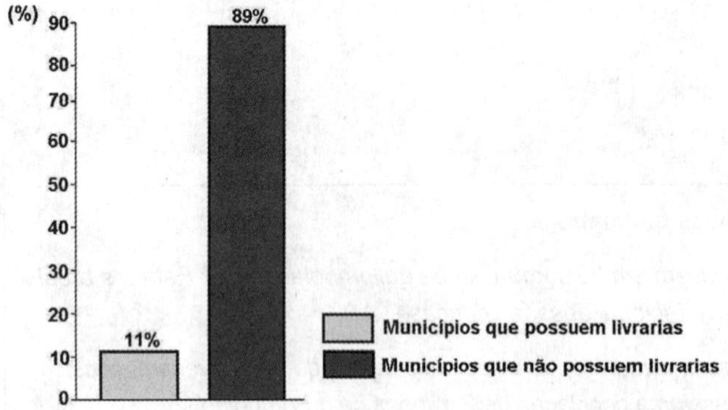

Indicador Nacional de Alfabetismo Funcional - INAF, 2005.

Relacione esses gráficos às seguintes informações:

O Ministério da Cultura divulgou, em 2008, que o Brasil não só produz mais da metade dos livros do continente americano, como também tem parque gráfico atualizado, excelente nível de produção editorial e grande quantidade de papel. Estima-se que 73% dos livros do país estejam nas mãos de 16% da população.

Para melhorar essa situação, é necessário que o Brasil adote políticas públicas capazes de conduzir o país à formação de uma sociedade leitora.

Qual das seguintes ações NÃO contribui para a formação de uma sociedade leitora?

(A) Desaceleração da distribuição de livros didáticos para os estudantes das escolas públicas, pelo MEC, porque isso enriquece editoras e livreiros.

(B) Exigência de acervo mínimo de livros, impressos e eletrônicos, com gêneros diversificados, para as bibliotecas escolares e comunitárias.

(C) Programas de formação continuada de professores, capacitando-os para criar um vínculo significativo entre o estudante e o texto.

(D) Programas, de iniciativa pública e privada, garantindo que os livros migrem das estantes para as mãos dos leitores.

(E) Uso da literatura como estratégia de motivação dos estudantes, contribuindo para uma leitura mais prazerosa.

QUESTÕES DISCURSIVA

1. (EXAME 2004) DISCURSIVAS

A Reprodução Clonal do Ser Humano

A reprodução clonal do ser humano acha-se no rol das coisas preocupantes da ciência juntamente com o controle do comportamento, a engenharia genética, o transplante de cabeças, a poesia de computador e o crescimento irrestrito das flores plásticas.

A reprodução clonal é a mais espantosa das perspectivas, pois acarreta a eliminação do sexo, trazendo como compensação a eliminação metafórica da morte. Quase não é consolo saber que a nossa reprodução clonal, idêntica a nós, continua a viver, principalmente quando essa vida incluirá, mais cedo ou mais tarde, o afastamento provável do eu real, então idoso. É difícil imaginar algo parecido à afeição ou ao respeito filial por um único e solteiro núcleo; mais difícil ainda é considerar o nosso novo eu autogerado como algo que não seja senão um total e desolado órfão. E isso para não mencionar o complexo relacionamento interpessoal inerente à autoeducação desde a infância, ao ensino da linguagem, ao estabelecimento da disciplina e das maneiras etc. Como se sentiria você caso se tornasse, por procuração, um incorrigível delinquente juvenil na idade de 55 anos?

As questões públicas são óbvias. Quem será selecionado e de acordo com que qualificações? Como enfrentar os riscos da tecnologia erroneamente usada, tais como uma reprodução clonal autodeterminada pelos ricos e poderosos, mas socialmente indesejáveis, ou a reprodução feita pelo Governo de massas dóceis e idiotas para realizarem o trabalho do mundo? Qual será, sobre os não reproduzidos clonalmente, o efeito de toda essa mesmice humana? Afinal, nós nos habituamos, no decorrer de milênios, ao permanente estímulo da singularidade; cada um de nós é totalmente diverso, em sentido fundamental, de todos os bilhões. A individualidade é um fato essencial da vida. A ideia da ausência de um eu humano, a mesmice, é aterrorizante quando a gente se põe a pensar no assunto.

(...)

Para fazer tudo bem direitinho, com esperanças de terminar com genuína duplicata de uma só pessoa, não há outra escolha. É preciso clonar o mundo inteiro, nada menos.

THOMAS, Lewis. **A medusa e a lesma.**
Rio de Janeiro: Nova Fronteira, 1980. p.59.

Em no máximo dez linhas, expresse a sua opinião em relação a uma – e somente uma – das questões propostas no terceiro parágrafo do texto.

2. (EXAME 2005) DISCURSIVA

(JB ECOLÓGICO. **JB**, Ano 4, n. 41, junho 2005, p. 21.)

> Agora é vero. Deu na imprensa internacional, com base científica e fotos de satélite: a continuar o ritmo atual da devastação e a incompetência política secular do Governo e do povo brasileiro em contê-la, a Amazônia desaparecerá em menos de 200 anos. A última grande floresta tropical e refrigerador natural do único mundo onde vivemos irá virar deserto.
>
> Internacionalização já! Ou não seremos mais nada. Nem brasileiros, nem terráqueos. Apenas uma lembrança vaga e infeliz de vida breve, vida louca, daqui a dois séculos.
>
> A quem possa interessar e ouvir, assinam essa declaração: todos os rios, os céus, as plantas, os animais, e os povos índios, caboclos e universais da Floresta Amazônica. Dia cinco de junho de 2005.
>
> Dia Mundial do Meio Ambiente e Dia Mundial da Esperança. A última.

(CONCOLOR, Felis. Amazônia? Internacionalização já! In: **JB ecológico**. Ano 4, n. 41, jun. 2005, p. 14-15. fragmento)

> A tese da internacionalização, ainda que circunstancialmente possa até ser mencionada por pessoas preocupadas com a região, longe está de ser solução para qualquer dos nossos problemas. Assim, escolher a Amazônia para demonstrar preocupação com o futuro da humanidade é louvável se assumido também, com todas as suas consequências, que o inaceitável processo de destruição das nossas florestas é o mesmo que produz e reproduz diariamente a pobreza e a desigualdade por todo o mundo.
>
> Se assim não for, e a prevalecer mera motivação "da propriedade", então seria justificável também propor devaneios como a internacionalização do Museu do Louvre ou, quem sabe, dos poços de petróleo ou ainda, e neste caso não totalmente desprovido de razão, do sistema financeiro mundial.

(JATENE, Simão. Preconceito e pretensão. In: **JB ecológico**. Ano 4, n. 42, jul. 2005, p. 46-47. fragmento)

A partir das ideias presentes nos textos acima, expresse a sua opinião, fundamentada em dois argumentos sobre **a melhor maneira de se preservar a maior floresta equatorial do planeta. (máximo de 10 linhas)**

3. (EXAME 2005) DISCURSIVA

Vilarejos que afundam devido ao derretimento da camada congelada do subsolo, uma explosão na quantidade de insetos, números recorde de incêndios florestais e cada vez menos gelo – esses são alguns dos sinais mais óbvios e assustadores de que o Alasca está ficando mais quente devido às mudanças climáticas, disseram cientistas.

As temperaturas atmosféricas no Estado norte-americano aumentaram entre 2ºC e 3ºC nas últimas cinco décadas, segundo a Avaliação do Impacto do Clima no Ártico, um estudo amplo realizado por pesquisadores de oito países.

(**Folha de S. Paulo**, 28 set. 2005)

O aquecimento global é um fenômeno cada vez mais evidente devido a inúmeros acontecimentos como os descritos no texto e que têm afetado toda a humanidade.

Apresente duas sugestões de providências a serem tomadas pelos governos que tenham como objetivo minimizar o processo de aquecimento global.

4. (EXAME 2006) DISCURSIVA

Leia com atenção os textos abaixo.

> Duas das feridas do Brasil de hoje, sobretudo nos grandes centros urbanos, são a banalidade do crime e a violência praticada no trânsito. Ao se clamar por solução, surge a pergunta: de quem é a responsabilidade?

> São cerca de 50 mil brasileiros assassinados a cada ano, número muito superior ao de civis mortos em países atravessados por guerras. Por que se mata tanto? Por que os governantes não se sensibilizam e só no discurso tratam a segurança como prioridade? Por que recorrer a chavões como endurecer as leis, quando já existe legislação contra a impunidade? Por que deixar tantos jovens morrerem, tantas mães chorarem a falta dos filhos?

(**O Globo**. Caderno Especial. 2 set. 2006.)

FIQUE VIVO

Diante de uma tragédia urbana, qualquer reação das pessoas diretamente envolvidas é permitida. Podem sofrer, revoltar-se, chorar, não fazer nada. Cabe a quem está de fora a atitude. Cabe à sociedade perceber que o drama que naquela hora é de três ou cinco famílias é, na verdade, de todos nós. E a nós não é reservado o direito da omissão. Não podemos seguir vendo a vida dos nossos jovens escorrer pelas mãos. Não podemos achar que evoluir é aceitar crianças de 11 anos consumindo bebidas alcoólicas e, mais tarde, juntando esse hábito ao de dirigir, sem a menor noção de responsabilidade. (...) Queremos diálogo com nossos meninos. Queremos campanhas que os alertem. Queremos leis que os protejam. Queremos mantê-los no mundo para o qual os trouxemos. Queremos – e precisamos – ficar vivos para que eles fiquem vivos.

(**O Dia**, Caderno Especial, Rio de Janeiro, 10 set. 2006.)

Com base nas ideias contidas nos textos acima, responda à seguinte pergunta, fundamentando o seu ponto de vista com argumentos.

Como o Brasil pode enfrentar a violência social e a violência no trânsito?

Observações:

- Seu texto deve ser dissertativo-argumentativo (não deve, portanto, ser escrito em forma de poema ou de narração).
- O seu ponto de vista deve estar apoiado em argumentos.
- Seu texto deve ser redigido na modalidade escrita padrão da Língua Portuguesa.
- O texto deve ter entre 8 e 12 linhas.

5. (EXAME 2007) DISCURSIVA

Leia, com atenção, os textos a seguir.

JB Ecológico. Nov. 2005

Revista **Veja**. 12 out. 2005.

"Amo as árvores, as pedras, os passarinhos. Acho medonho que a gente esteja contribuindo para destruir essas coisas."

"Quando uma árvore é cortada, ela renasce em outro lugar. Quando eu morrer, quero ir para esse lugar, onde as árvores vivem em paz."

Antônio Carlos Jobim. **JB Ecológico**. Ano 4, nº 41, jun. 2005, p.65.

Desmatamento cai e tem baixa recorde

O governo brasileiro estima que cerca de 9.600 km² da floresta amazônica desapareceram entre agosto de 2006 e agosto de 2007, uma área equivalente a cerca de 6,5 cidades de São Paulo.

Se confirmada a estimativa, a partir de análise de imagens no ano que vem, será o menor desmatamento registrado em um ano desde o início do monitoramento, em 1998, representando uma redução de cerca de 30% no índice registrado entre 2005 e 2006. (...)

Com a redução do desmatamento entre 2004 e 2006, "o Brasil deixou de emitir 410 milhões de toneladas de CO_2 (gás do efeito estufa). Também evitou o corte de 600 milhões de árvores e a morte de 20 mil aves e 700 mil primatas. Essa emissão representa quase 15% da redução firmada pelos países desenvolvidos para o período 2008-2012, no Protocolo de Kyoto." (...)

"O Brasil é um dos poucos países do mundo que tem a oportunidade de implementar um plano que protege a biodiversidade e, ao mesmo tempo, reduz muito rapidamente seu processo de aquecimento global."

SELIGMAN, Felipe. **Folha de S. Paulo.** Editoria de Ciência, 11 ago. 2007 (Adaptado).

Soja ameaça a tendência de queda, diz ONG

Mesmo se dizendo otimista com a queda no desmatamento, Paulo Moutinho, do IPAM (Instituto de Pesquisa Ambiental da Amazônia), afirma que é preciso esperar a consolidação dessa tendência em 2008 para a "comemoração definitiva".

"Que caiu, caiu. Mas, com a recuperação nítida do preço das commodities, como a soja, é preciso ver se essa queda acentuada vai continuar", disse o pesquisador à Folha.

"O momento é de aprofundar o combate ao desmatamento", disse Paulo Adário, coordenador de campanha do Greenpeace.

Só a queda dos preços e a ação da União não explicam o bom resultado atual, diz Moutinho.

"Estados como Mato Grosso e Amazonas estão fazendo esforços particulares. E parece que a ficha dos produtores caiu. O desmatamento, no médio prazo, acaba encarecendo os produtos deles."

GERAQUE, Eduardo. **Folha de S. Paulo.** Editoria de Ciência. 11 ago. 2007 (Adaptado)

A partir da leitura dos textos motivadores, redija uma proposta, fundamentada em dois argumentos, sobre o seguinte tema:

EM DEFESA DO MEIO AMBIENTE

Procure utilizar os conhecimentos adquiridos, ao longo de sua formação, sobre o tema proposto.

Observações

- Seu texto deve ser dissertativo-argumentativo (não deve, portanto, ser escrito em forma de poema ou de narração).
- A sua proposta deve estar apoiada em, pelo menos, dois argumentos.
- O texto deve ter entre 8 e 12 linhas.
- O texto deve ser redigido na modalidade escrita padrão da Língua Portuguesa.
- Os textos motivadores não devem ser copiados.

6. (EXAME 2007) DISCURSIVA

Sobre o papel desempenhado pela mídia nas sociedades de regime democrático, há várias tendências de avaliação com posições distintas. Vejamos duas delas:

Posição I: A mídia é encarada como um mecanismo em que grupos ou classes dominantes são capazes de difundir ideias que promovem seus próprios interesses e que servem, assim, para manter o *status quo*. Desta forma, os contornos ideológicos da ordem hegemônica são fixados, e se reduzem os espaços de circulação de ideias alternativas e contestadoras.

Posição II: A mídia vem cumprindo seu papel de guardiã da ética, protetora do decoro e do Estado de Direito. Assim, os órgãos midiáticos vêm prestando um grande serviço às sociedades, com neutralidade ideológica, com fidelidade à verdade factual, com espírito crítico e com fiscalização do poder onde quer que ele se manifeste.

Leia o texto a seguir, sobre o papel da mídia nas sociedades democráticas da atualidade – exemplo do jornalismo.

"Quando os jornalistas são questionados, eles respondem de fato: 'nenhuma pressão é feita sobre mim, escrevo o que quero'. E isso é verdade. Apenas deveríamos acrescentar que, se eles assumissem posições contrárias às normas dominantes, não escreveriam mais seus editoriais. Não se trata de uma regra absoluta, é claro. Eu mesmo sou publicado na mídia norte-americana. Os Estados Unidos não são um país totalitário. (...) Com certo exagero, nos países totalitários, o Estado decide a linha a ser seguida e todos devem-se conformar. As sociedades democráticas funcionam de outra forma: a linha jamais é anunciada como tal; ela é subliminar. Realizamos, de certa forma, uma 'lavagem cerebral em liberdade'. Na grande mídia, mesmo os debates mais apaixonados se situam na esfera dos parâmetros implicitamente consentidos – o que mantém na marginalidade muitos pontos de vista contrários."

Revista Le Monde Diplomatique Brasil, ago. 2007 - texto de entrevista com Noam Chomsky.

Sobre o papel desempenhado pela mídia na atualidade, faça, em no máximo, 6 linhas, o que se pede:

a) escolha entre as posições I e II a que apresenta o ponto de vista mais próximo do pensamento de Noam Chomsky e explique a relação entre o texto e a posição escolhida;

b) apresente uma argumentação coerente para defender seu posicionamento pessoal quanto ao fato de a mídia ser ou não livre.

7. (EXAME 2008) DISCURSIVA

DIREITOS HUMANOS EM QUESTÃO

O caráter universalizante dos direitos do homem (...) não é da ordem do saber teórico, mas do operatório ou prático: eles são invocados para agir, desde o princípio, em qualquer situação dada.

François JULIEN, filósofo e sociólogo.

Neste ano, em que são comemorados os 60 anos da Declaração Universal dos Direitos Humanos, novas perspectivas e concepções incorporam-se à agenda pública brasileira. Uma das novas perspectivas em foco é a visão mais integrada dos direitos econômicos, sociais, civis, políticos e, mais recentemente, ambientais, ou seja, trata-se da integralidade ou indivisibilidade dos direitos humanos. Dentre as novas concepções de direitos, destacam-se:

- a habitação como **moradia digna** e não apenas como necessidade de abrigo e proteção;
- a segurança como **bem-estar** e não apenas como necessidade de vigilância e punição;
- o trabalho como **ação para a vida** e não apenas como necessidade de emprego e renda.

Tendo em vista o exposto acima, selecione **uma** das concepções destacadas e esclareça por que ela representa um avanço para o exercício pleno da cidadania, na perspectiva da integralidade dos direitos humanos.

Seu texto deve ter entre **8** e **10** linhas.

LE MONDE Diplomatique Brasil. Ano 2, n. 7, fev. 2008, p. 31.

8. (EXAME 2008) DISCURSIVA

Revista Veja, 20 ago. 2008. p. 72-73.

Alunos dão nota 7,1 para ensino médio

Apesar das várias avaliações que mostram que o ensino médio está muito aquém do desejado, os alunos, ao analisarem a formação que receberam, têm outro diagnóstico. No questionário socioeconômico que responderam no Enem (Exame Nacional do Ensino Médio) do ano passado, eles deram para seus colégios nota média 7,1. Essa boa avaliação varia pouco conforme o desempenho do aluno. Entre os que foram mal no exame, a média é de 7,2; entre aqueles que foram bem, ela fica em 7,1.

GOIS, Antonio. **Folha de S.Paulo**, 11 jun. 2008 (Fragmento).

Entre os piores também em matemática e leitura

O Brasil teve o quarto pior desempenho, entre 57 países e territórios, no maior teste mundial de matemática, o Programa Internacional de Avaliação de Alunos (Pisa) de 2006. Os estudantes brasileiros de escolas públicas e particulares ficaram na 54ª posição, à frente apenas de Tunísia, Qatar e Quirguistão. Na prova de leitura, que mede a compreensão de textos, o país foi o oitavo pior, entre 56 nações.

Os resultados completos do Pisa 2006, que avalia jovens de 15 anos, foram anunciados ontem pela Organização para a Cooperação e o Desenvolvimento (OCDE), entidade que reúne países adeptos da economia de mercado, a maioria do mundo desenvolvido.

WEBER, Demétrio. Jornal **O Globo**, 5 dez. 2007, p. 14 (Fragmento).

Ensino fundamental atinge meta de 2009

O aumento das médias dos alunos, especialmente em matemática, e a diminuição da reprovação fizeram com que, de 2005 para 2007, o país melhorasse os indicadores de qualidade da educação. O avanço foi mais visível no ensino fundamental. No ensino médio, praticamente não houve melhoria. Numa escala de zero a dez, o ensino fundamental em seus anos iniciais (da primeira à quarta série) teve nota 4,2 em 2007. Em 2005, a nota fora 3,8. Nos anos finais (quinta a oitava), a alta foi de 3,5 para 3,8. No ensino médio, de 3,4 para 3,5. Embora tenha comemorado o aumento da nota, ela ainda foi considerada "pior do que regular" pelo ministro da Educação, Fernando Haddad.

GOIS, Antonio e PINHO, Angela. **Folha de S.Paulo**, 12 jun. 2008 (Fragmento).

A partir da leitura dos fragmentos motivadores reproduzidos, redija um texto dissertativo (fundamentado em pelo menos **dois** argumentos), sobre o seguinte tema:

A CONTRADIÇÃO ENTRE OS RESULTADOS DE AVALIAÇÕES OFICIAIS E A OPINIÃO EMITIDA PELOS PROFESSORES, PAIS E ALUNOS SOBRE A EDUCAÇÃO BRASILEIRA.

No desenvolvimento do tema proposto, utilize os conhecimentos adquiridos ao longo de sua formação.

Observações

- Seu texto deve ser de cunho dissertativo-argumentativo (não deve, portanto, ser escrito em forma de poema, de narração etc.).
- Seu ponto de vista deve estar apoiado em pelo menos **dois** argumentos.
- O texto deve ter entre **8** e **10** linhas.
- O texto deve ser redigido na modalidade padrão da Língua Portuguesa.
- Seu texto não deve conter fragmentos dos textos motivadores.

9. (EXAME 2009) DISCURSIVA

O Ministério da Educação (MEC) criou o Índice Geral de Cursos – IGC, que é o resultado das notas atribuídas a cada instituição de Ensino Superior pelo MEC, considerando-se a qualidade dos cursos de graduação de cada uma delas. O IGC tem como função orientar o público sobre a qualidade do ensino oferecido em cada instituição.

Segundo o sítio do Ministério da Educação, as instituições recebem uma nota de 1 a 5, considerando:

I. o resultado dos estudantes no Enade; e

II. variáveis de insumo, tais como:
- corpo docente (formação acadêmica, jornada e condições de trabalho);
- infraestrutura da instituição (instalações físicas, biblioteca, salas de aula, laboratórios);
- programa pedagógico.

Com base nessas informações, considere a situação a seguir e faça o que se pede:

Um universitário que frequenta um curso de graduação em uma escola Y consulta o sítio do MEC e verifica que seu curso recebeu IGC 2,0. No mesmo endereço, ele consulta os critérios empregados pelo Ministério para o cálculo desse índice.

a) Leia esta afirmativa: (Valor: 4 pontos)

O critério corpo docente é o que contribuiu de forma determinante para a obtenção do IGC 2,0, da escola Y.

Assinale com um X, no espaço indicado, se você concorda ou não com essa afirmativa.

☐ Sim, concordo. ☐ Não concordo.

Apresente dois argumentos que deem suporte à sua resposta.

Argumento 1: ______________________________

Argumento 2: ______________________________

b) Proponha duas ações para que os atores envolvidos no curso de graduação da escola Y devem empreender com vistas à melhoria da qualidade de ensino e consequente elevação do IGC na próxima avaliação a ser realizada pelo MEC. (Valor: 6 pontos)

10. (EXAME 2009) DISCURSIVA

Leia o trecho:

> Quais as possibilidades, no Brasil atual, de a cidadania se enraizar nas práticas sociais? Essa é uma questão que supõe discutir as possibilidades, os impasses e os dilemas da construção da cidadania, tendo como foco a dinâmica da sociedade. Antes de mais nada, é preciso dizer que tomar a sociedade como foco de discussão significa um modo determinado de problematizar a questão dos direitos. Os direitos são aqui tomados como práticas, discursos e valores que afetam o modo como as desigualdades e diferenças são figuradas no cenário público, como interesses se expressam e os conflitos se realizam.

TELLES, 2006. (Adaptado)

Na abordagem salientada nesse trecho, qual direito social você destacaria para diminuir as desigualdades de renda familiar no Brasil? Apresente dois argumentos que deem suporte à sua resposta.

11. (EXAME 2010) DISCURSIVA

As seguintes acepções dos termos democracia e ética foram extraídas do Dicionário Houaiss da Língua Portuguesa.

democracia. POL. **1** governo do povo; governo em que o povo exerce a soberania **2** sistema político cujas ações atendem aos interesses populares **3** governo no qual o povo toma as decisões importantes a respeito das políticas públicas, não de forma ocasional ou circunstancial, mas segundo princípios permanentes de legalidade **4** sistema político comprometido com a igualdade ou com a distribuição equitativa de poder entre todos os cidadãos **5** governo que acata a vontade da maioria da população, embora respeitando os direitos e a livre expressão das minorias

ética. 1 parte da filosofia responsável pela investigação dos princípios que motivam, distorcem, disciplinam ou orientam o comportamento humano, refletindo esp. a respeito da essência das normas, valores, prescrições e exortações presentes em qualquer realidade social **2** p.ext. conjunto de regras e preceitos de ordem valorativa e moral de um individuo, de um grupo social ou de uma sociedade

Dicionário Houaiss da Língua Portuguesa. Rio de Janeiro: Objetiva, 2001.

Considerando as acepções acima, elabore um texto dissertativo, com até 15 linhas, acerca do seguinte tema:

COMPORTAMENTO ÉTICO NAS SOCIEDADES DEMOCRÁTICAS.

Em seu texto, aborde os seguintes aspectos:

a) conceito de sociedade democrática; **(valor: 4,0 pontos)**

b) evidências de um comportamento não ético de um indivíduo; **(valor: 3,0 pontos)**

c) exemplo de um comportamento ético de um futuro profissional comprometido com a cidadania **(valor: 3,0 pontos)**

12. (EXAME 2010) DISCURSIVA

Para a versão atual do Plano Nacional de Educação (PNE), em vigor desde 2001 e com encerramento previsto para 2010, a esmagadora maioria dos municípios e estados não aprovou uma legislação que garantisse recursos para cumprir suas metas. A seguir, apresentam-se alguns indicativos do PNE 2001.

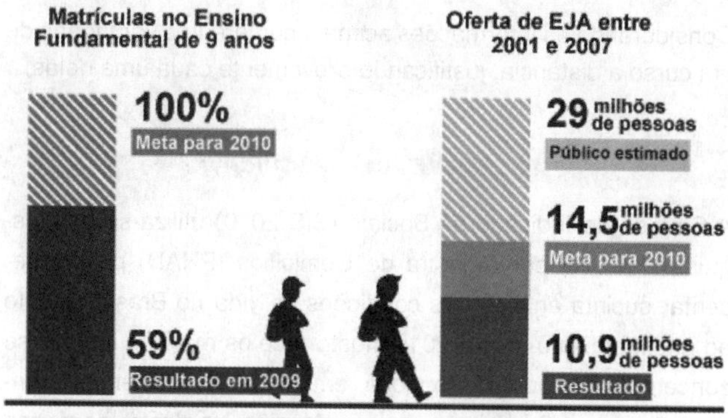

Entre 2001 e 2007, 10,9 milhões de pessoas fizeram parte de turmas de Educação de Jovens e Adultos (EJA). Parece muito, mas representa apenas um terço dos mais de 29 milhões de pessoas que não chegaram à 4ª série e seriam o público-alvo dessa faixa de ensino. A inclusão da EJA no Fundo de Manutenção e Desenvolvimento da Educação Básica e de Valorização dos Profissionais da Educação (FUNDEB) representou uma fonte de recursos para ampliar a oferta, mas não atacou a evasão, hoje em alarmantes 43%.

Disponível em: <http://revistaescola.abril.com.br/politicas-publicas>. Acesso em: 31 ago. 2010 (com adaptações).

Com base nos dados do texto acima e tendo em vista que novas diretrizes darão origem ao PNE de 2011 – documento que organiza prioridades e propõe metas a serem alcançadas nos dez anos seguintes –, redija um único texto argumentativo em, no máximo, 15 linhas, acerca da seguinte assertiva:

O DESAFIO, HOJE, NÃO É SÓ MATRICULAR, MAS MANTER OS ALUNOS DA EDUCAÇÃO DE JOVENS E ADULTOS NA ESCOLA, DIMINUINDO A REPETÊNCIA E O ABANDONO.

Em seu texto, contemple os seguintes aspectos:

a) a associação entre escola e trabalho na vida dos estudantes da EJA; (valor: 5,0 pontos)

b) uma proposta de ação que garanta a qualidade do ensino e da aprendizagem e diminua a repetência e a evasão. (valor: 5,0 pontos)

13. (EXAME 2011) DISCURSIVA

A Educação a Distância (EaD) é a modalidade de ensino que permite que a comunicação e a construção do conhecimento entre os usuários envolvidos possam acontecer em locais e tempos distintos. São necessárias tecnologias cada vez mais sofisticadas para essa modalidade de ensino não presencial, com vistas à crescente necessidade de uma pedagogia que se desenvolva por meio de novas relações de ensino-aprendizagem.

O Censo da Educação Superior de 2009, realizado pelo MEC/INEP, aponta para o aumento expressivo do número de matrículas nessa modalidade. Entre 2004 e 2009, a participação da EaD na Educação Superior passou de 1,4% para 14,1%, totalizando 838 mil matrículas, das quais 50% em cursos de licenciatura. Levantamentos apontam ainda que 37% dos estudantes de EaD estão na pós-graduação e que 42% estão fora do seu estado de origem.

Considerando as informações acima, enumere três vantagens de um curso a distância, justificando brevemente cada uma delas.

14. (EXAME 2011) DISCURSIVA

A Síntese de Indicadores Sociais (SIS 2010) utiliza-se da Pesquisa Nacional por Amostra de Domicílios (PNAD) para apresentar sucinta análise das condições de vida no Brasil. Quanto ao analfabetismo, a SIS 2010 mostra que os maiores índices se concentram na população idosa, em camadas de menores rendimentos e predominantemente na região Nordeste, conforme dados do texto a seguir.

A taxa de analfabetismo referente a pessoas de 15 anos ou mais de idade baixou de 13,3% em 1999 para 9,7% em 2009. Em números absolutos, o contingente era de 14,1 milhões de pessoas analfabetas. Dessas, 42,6% tinham mais de 60 anos, 52,2% residiam no Nordeste e 16,4% viviam com ½ salário-mínimo de renda familiar *per capita*. Os maiores decréscimos no analfabetismo por grupos etários entre 1999 a 2009 ocorreram na faixa dos 15 a 24 anos. Nesse grupo, as mulheres eram mais alfabetizadas, mas a população masculina apresentou queda um pouco mais acentuada dos índices de analfabetismo, que passou de 13,5% para 6,3%, contra 6,9% para 3,0% para as mulheres.

SIS 2010: Mulheres mais escolarizadas são mães mais tarde e têm menos filhos. Disponível em: <www.ibge.gov.br/home/presidencia/noticias>. Acesso em: 25 ago. 2011 (adaptado).

População analfabeta com idade superior a 15 anos

ano	porcentagem
2000	13,6
2001	12,4
2002	11,8
2003	11,6
2004	11,2
2005	10,7
2006	10,2
2007	9,9
2008	10,0
2009	9,7

Fonte: IBGE

Com base nos dados apresentados, redija um texto dissertativo acerca da importância de políticas e programas educacionais para a erradicação do analfabetismo e para a empregabilidade, considerando as disparidades sociais e as dificuldades de obtenção de emprego provocadas pelo analfabetismo. Em seu texto, apresente uma proposta para a superação do analfabetismo e para o aumento da empregabilidade.

15. (EXAME 2012) DISCURSIVA

As vendas de automóveis de passeio e de veículos comerciais leves alcançaram 340 706 unidades em junho de 2012, alta de 18,75%, em relação a junho de 2011, e de 24,18%, em relação a maio de 2012, segundo informou, nesta terça-feira, a Federação Nacional de Distribuição de Veículos Automotores (Fenabrave). Segundo a entidade, este é o melhor mês de junho da história do setor automobilístico.

Disponível em: <http://br.financas.yahoo.com>. Acesso em: 3 jul. 2012 (adaptado).

Na capital paulista, o trânsito lento se estendeu por 295 km às 19h e superou a marca de 293 km, registrada no dia 10 de junho de 2009. Na cidade de São Paulo, registrou-se, na tarde desta sexta-feira, o maior congestionamento da história, segundo a Companhia de Engenharia de Tráfego (CET). Às 19 h, eram 295 km de trânsito lento nas vias monitoradas pela empresa. O índice superou o registrado no dia 10 de junho de 2009, quando a CET anotou, às 19 h, 293 km de congestionamento.

Disponível em: <http://noticias.terra.com.br>. Acesso em: 03 jul. 2012 (adaptado).

O governo brasileiro, diante da crise econômica mundial, decidiu estimular a venda de automóveis e, para tal, reduziu o imposto sobre produtos industrializados (IPI). Há, no entanto, paralelamente a essa decisão, a preocupação constante com o desenvolvimento sustentável, por meio do qual se busca a promoção de crescimento econômico capaz de incorporar as dimensões socioambientais.

Considerando que os textos acima têm caráter unicamente motivador, redija um texto dissertativo sobre sistema de transporte urbano sustentável, contemplando os seguintes aspectos:

a) conceito de desenvolvimento sustentável; **(valor: 3,0 pontos)**

b) conflito entre o estímulo à compra de veículos automotores e a promoção da sustentabilidade; **(valor: 4,0 pontos)**

c) ações de fomento ao transporte urbano sustentável no Brasil. **(valor: 3,0 pontos)**

16. (EXAME 2012) DISCURSIVA

A Organização Mundial da Saúde (OMS) define violência como o uso de força física ou poder, por ameaça ou na prática, contra si próprio, outra pessoa ou contra um grupo ou comunidade, que resulte ou possa resultar em sofrimento, morte, dano psicológico, desenvolvimento prejudicado ou privação. Essa definição agrega a intencionalidade à prática do ato violento propriamente dito, desconsiderando o efeito produzido.

DAHLBERG, L. L.; KRUG, E. G. **Violência:** um problema global de saúde pública. Disponível em: <http://www.scielo.br>. Acesso em: 18 jul. 2012 (adaptado).

CABRAL, I. Disponível em: <http://www.ivancabral.com>. Acesso em: 18 jul. 2012.

Disponível em: <http://www.pedagogiaaopedaletra.com.br>. Acesso em: 18 jul. 2012.

A partir da análise das charges acima e da definição de violência formulada pela OMS, redija um texto dissertativo a respeito da violência na atualidade. Em sua abordagem, deverão ser contemplados os seguintes aspectos:

a) tecnologia e violência; **(valor: 3,0 pontos)**

b) causas e consequências da violência na escola; **(valor: 3,0 pontos)**

c) proposta de solução para o problema da violência na escola. **(valor: 4,0 pontos)**

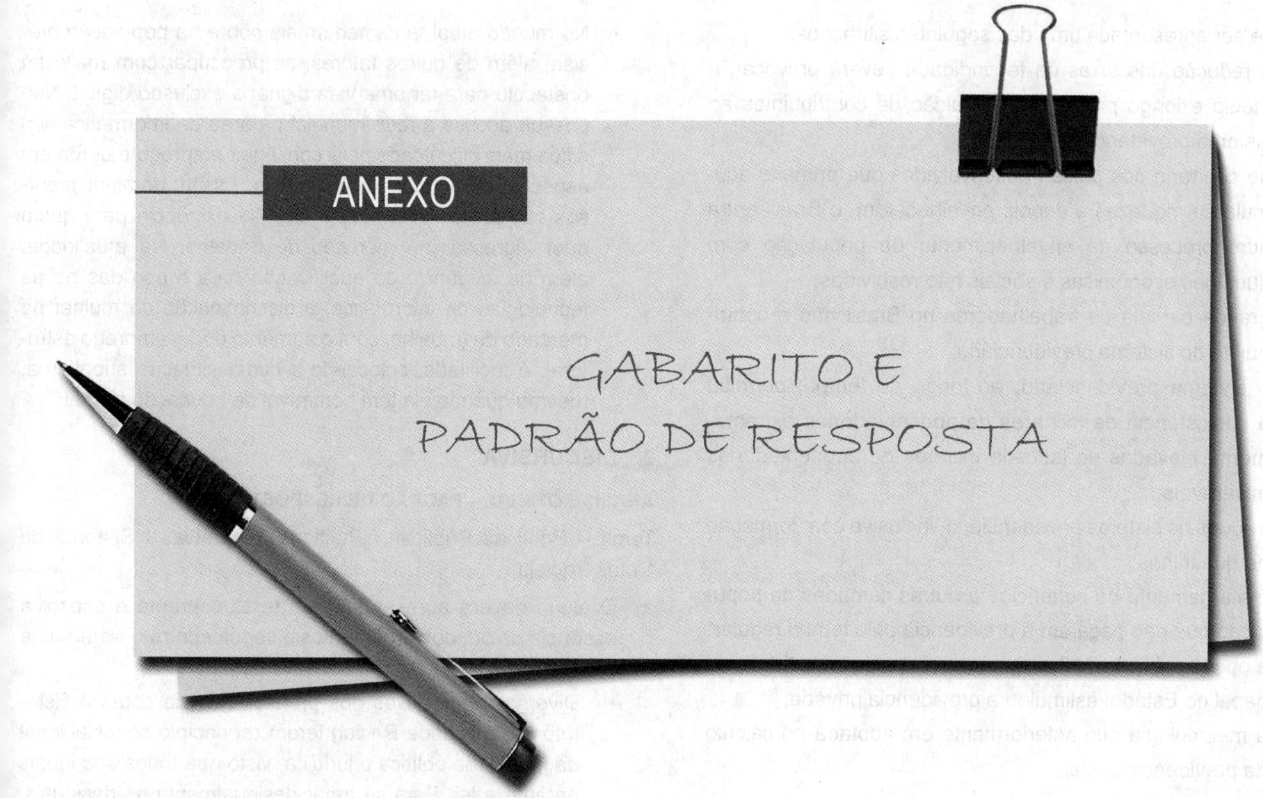

HABILIDADE 01 – INTERPRETAR, COMPREENDER E ANALISAR TEXTOS, CHARGES, FIGURAS, FOTOS, GRÁFICOS E TABELAS

1. E	10. C	19. C
2. A	11. D	20. A
3. A	12. A	21. D
4. C	13. D	22. E
5. A	14. B	23. C
6. C	15. D	24. D
7. A	16. B	25. A
8. D	17. A	26. D
9. D	18. A	

HABILIDADE 02 – ESTABELECER COMPARAÇÕES, CONTEXTUALIZAÇÕES, RELAÇÕES, CONTRASTES E RECONHECER DIFERENTES MANIFESTAÇÕES ARTÍSTICAS

1. D	8. B	15. E
2. C	9. E	16. C
3. B	10. E	17. C
4. E	11. B	18. D
5. E	12. C	19. A
6. B	13. E	20. B
7. E	14. C	

HABILIDADE 03 – ELABORAR SÍNTESES E EXTRAIR CONCLUSÕES

1. E	9. D	17. B
2. C	10. E	18. E
3. D	11. C	19. E
4. C	12. B	20. D
5. C	13. E	21. E
6. C	14. E	22. C
7. D	15. B	23. B
8. A	16. A	

QUESTÕES DISCURSIVA

1. DISCURSIVA

ANÁLISE OFICIAL – PADRÃO DE RESPOSTA

a) O envelhecimento da população, resultado de um processo de aumento da participação dos idosos no conjunto total da população, se, por um lado, é um dado positivo porque expressa o aumento da expectativa de vida das pessoas, por outro, implica um ônus maior para os sistemas previdenciários e de saúde, pois os governos têm que pagar por mais tempo os benefícios/direitos de aposentadoria e arcar com assistência médica e hospitalar de um número maior de idosos (a elevação da expectativa de vida do brasileiro prolonga o tempo de recebimento dos benefícios da aposentadoria). Isso implica a necessidade de medidas eficazes por parte da previdência social que possam garantir aposentadoria e assistência médica satisfatória.

b) Pode ser apresentada uma das seguintes situações:

- a redução das taxas de fecundidade deverá provocar, a médio e longo prazos, a diminuição de contribuintes ao sistema previdenciário;
- ao contrário dos países desenvolvidos que primeiro acumularam riquezas e depois envelheceram, o Brasil entra num processo de envelhecimento da população com questões econômicas e sociais não resolvidas;
- grande parcela de trabalhadores no Brasil não é contribuinte do sistema previdenciário;
- o sistema previdenciário, ao longo do tempo, permitiu a coexistência de milhares de aposentadorias extremamente elevadas ao lado de milhões de aposentadorias miseráveis;
- fraudes no sistema previdenciário, inclusive com formação de quadrilhas;
- o alargamento de benefícios a outras camadas da população que não pagaram a previdência pelo tempo regular;
- a opção política neoliberal, com a proposta de redução do papel do Estado, estimulou a previdência privada;
- a metodologia que anteriormente era adotada no cálculo da previdência social.

2. DISCURSIVA

ANÁLISE OFICIAL – PADRÃO DE RESPOSTA

a) Poderá ser apresentada uma das conclusões:

- O Brasil, que é uma das nações mais populosas do mundo, tem um número absoluto de internautas alto, correspondendo a 22,3 milhões em 2004, o que coloca o país na 10ª posição no *ranking* mundial. Porém, isso representa uma pequena parcela da população, pois, para cada 10 habitantes, em 2003, havia menos de 1 internauta.
- O Brasil reflete um panorama global de desigualdade no acesso às novas tecnologias de informática, como o uso da internet, o que caracteriza um índice considerável de exclusão digital: em números absolutos somos o 10º país com maior quantidade de internautas, mas em números relativos o quadro muda, visto que mais de 80% dos brasileiros ainda não têm acesso à Internet.
- leitura comparativa dos países que aparecem no gráfico, levando em conta os valores absolutos e relativo/tamanho da população.

b) Poderá ser apresentada uma das conclusões:

- Com a introdução das novas tecnologias de informática, o desemprego estrutural é uma realidade no Brasil e no mundo, reduzindo os postos de trabalho e de tarefas no mundo do trabalho e exigindo pessoas preparadas para o uso dessas novas tecnologias.
- A pequena oferta de trabalho pelo desemprego estrutural gera o deslocamento de pessoas com bom nível de educação formal, mas sem preparo para o uso das novas tecnologias de informática, para atividades que exigem baixa qualificação profissional.
- No mundo atual, a camada mais pobre da população precisa, além de outros fatores, se preocupar com mais um obstáculo para ter uma vida digna: a exclusão digital. Não possuir acesso à rede mundial na área de informática significa mais dificuldade para conseguir emprego e perda em aspectos primordiais da cidadania. Assim, dominar recursos básicos de informática torna-se exigência para quem quer ingressar no mercado de trabalho. Na atualidade, além da exigência de qualificação para o uso das novas tecnologias de informática, a discriminação da mulher no mercado de trabalho, com o aumento dodesemprego estrutural, é facilitada, colocando-a numa situação subalterna, mesmo quando ela tem bom nível de educação formal.

3. DISCURSIVA

ANÁLISE OFICIAL – PADRÃO DE RESPOSTA

Tema – Políticas Públicas / Políticas Afirmativas / Sistema de Cotas "raciais

a) O aluno deverá apresentar, num texto coerente e coeso, a essência de um dos argumentos a seguir contra o sistema de cotas.

- Diversos dispositivos dos projetos (Lei de cotas e Estatuto da Igualdade Racial) ferem o princípio constitucional da igualdade política e jurídica, visto que todos são iguais perante a lei. Para se tratar desigualmente os desiguais, é preciso um fundamento razoável e um fim legítimo e não um fundamento que envolve a diferença baseada, somente, na cor da pele.
- Implantar uma classificação racial oficial dos cidadãos brasileiros, estabelecer cotas raciais no serviço público e criar privilégios nas relações comerciais entre poder público e empresas privadas que utilizem cotas raciais na contratação de funcionários é um equívoco. Sendo aprovado tal estatuto, o País passará a definir os direitos das pessoas com base na tonalidade da pele e a História já condenou veementemente essas tentativas.
- Políticas dirigidas a grupos "raciais estanques em nome da justiça social não eliminam o racismo e podem produzir efeito contrário; dando-se respaldo legal ao conceito de "raça, no sentido proposto, é possível o acirramento da intolerância.
- A adoção de identidades étnicas e culturais não deve ser imposta pelo Estado. A autorização da inclusão de dados referentes ao quesito raça/cor em instrumentos de coleta de dados em fichas de instituições de ensino e nas de atendimento em hospitais, por exemplo, pode gerar ainda mais preconceito.
- O sistema de cotas valorizaria excessivamente a raça, e o que existe, na verdade, é a raça humana. Além disso, há dificuldade para definir quem é negro porque no País domina a miscigenação.
- O acesso à Universidade deve basear-se em um único critério: o de mérito. Não sendo assim, a qualidade acadêmica pode ficar ameaçada por alunos despreparados. Nesse sentido, a principal luta é a de reivindicar propostas que incluam maiores investimentos na educação básica.
- O acesso à Universidade Pública que não esteja unicamente vinculado ao mérito acadêmico pode provocar a falência do ensino público e gratuito, favorecendo as faculdades da rede privada de ensino superior.

b) O aluno deverá apresentar, num texto coerente e coeso, a essência de um dos argumentos a seguir a favor do sistema de cotas.

- É preciso avaliar sobre que "igualdade se está tratando quando se diz que ela está ameaçada com os projetos em questão. Há necessidade de diferenciar a igualdade formal (do ordenamento jurídico e da estrutura estatal) da igualdade material (igualdade de fato na vida econômica). Ao longo da História, manteve-se a centralização política e a exclusão de grande parte da população brasileira na maioria dos direitos, perpetuando-se o mando sobre uma enorme massa de população.
É preciso, então, fazer uma reparação.
- Não se pode ocultar a diversidade e as especificidades sociopolíticas e culturais do povo brasileiro.
- O princípio da igualdade assume hoje um significado complexo que deve envolver o princípio da igualdade na lei, perante a lei e em suas dimensões formais e materiais. A cota não tira direitos, mas rediscute a distribuição dos bens escassos da nação até que a distribuição igualitária dos serviços públicos seja alcançada.
- Não se pode negar a dimensão racial como uma categoria de análise das relações sociais brasileiras. A acusação de que a defesa do sistema de cotas promove a criação de grupos sociais estanques não procede; é injusta e equivocada. Admitir as diferenças não significa utilizá-las para inferiorizar um povo, uma pessoa pertencente a um determinado grupo social.
- A utilização das expressões "raça e "racismo pelos que defendem o sistema de cotas está relacionada ao entendimento informal, e nunca como purismo biológico; trata-se de um conceito político aplicado ao processo social construído sobre diferenças humanas, portanto, um construto em que grupos sociais se identificam e são identificados.
- Na luta por ações afirmativas e pelo Estatuto da Igualdade Racial se defende muito mais do que o aumento de vagas para o trabalho e o ensino; defende-se um projeto político contra a opressão e a favor do respeito às diferenças.
- Dizer que é difícil definir quem é negro é uma hipocrisia, pois não faltam agentes sociais versados em identificar negros e discriminá-los.
- As Universidades Públicas no Brasil sempre operaram num velado sistema de cotas para brancos afortunados, visto que a metodologia dos vestibulares acaba por beneficiar os alunos egressos das escolas particulares e dos cursinhos caros.
- Pesquisas revelam que, para as Universidades que já adotaram o sistema de cotas, não há diferenças de rendimento entre alunos cotistas e não cotistas; os números revelam, inclusive, que no quesito frequência os cotistas estão em vantagem (são mais assíduos).

HABILIDADE 04 – CRITICAR, ARGUMENTAR, OPINAR, PROPOR SOLUÇÕES E FAZER ESCOLHAS

1. E
2. A

QUESTÕES DISCURSIVA

1. DISCURSIVA

ANÁLISE OFICIAL – PADRÃO DE RESPOSTA

O estudante poderá focalizar uma das seguintes questões:

- qualificação para o processo de seleção clonal;
- autodeterminação pelos ricos e poderosos da reprodução de indivíduos socialmente indesejáveis;
- riscos de tecnologia, erroneamente usada pelo Governo, de massas dóceis e idiotas para realizar trabalhos do mundo;
- efeito de toda a mesmice humana sobre os não reproduzidos clonalmente;
- estímulo à singularidade que acompanha o homem há milênios;
- individualidade como fato essencial da vida;
- aterrorizante ausência de um eu-humano, a mesmice.

Na análise das respostas, serão considerados os seguintes aspectos:

- adequação ao tema
- coerência
- coesão textual
- correção gramatical do texto

2. DISCURSIVA

ANÁLISE OFICIAL – PADRÃO DE RESPOSTA

O candidato deverá, em no máximo 10 linhas, apresentar uma proposta de preservação da Floresta Amazônica, fundamentada em dois argumentos coerentes com a proposta e coerentes entre si, no padrão formal culto da língua.

O aluno poderá utilizar os textos apresentados, articulando-os para elaborar sua resposta, ou utilizálos como estímulo para responder à questão.

No desenvolvimento do tema o candidato deverá fornecer uma proposta que garanta, pelo menos uma das três possibilidades: a proteção, ou a recuperação, ou a sustentabilidade da Floresta Amazônica.

Algumas possibilidades de encaminhamento do tema:

1) Articulação entre o aspecto ecológico e econômico da preservação da Amazônia.

2) A Amazônia é uma das nossas principais riquezas naturais. Os países ricos acabaram com as suas florestas e agora querem preservar a nossa a qualquer custo. Internacionalizar a Floresta Amazônica é romper com a soberania nacional, uma vez que ela é parte integrante do território brasileiro.

3) A Floresta Amazônica é tão importante para o Brasil quanto para o mundo e, como o nosso país não tem conseguido preservá-la, a internacionalização tornou-se uma necessidade.

4) Para preservar a floresta amazônica deve-se adotar uma política de autossustentabilidade que valorize, ao mesmo tempo a produção para a sobrevivência e a geração de riquezas sem destruir as árvores.

5) Na política de valorização da Amazônia, deve-se reflorestar o que tiver sido destruído, sobretudo a vegetação dos mananciais hídricos.

6) Criar condições para que a população da floresta possa sobreviver dignamente com os recursos oferecidos pela região.

7) Propor políticas ambientais, numa parceria público-privada, para aproveitar o potencial da região.

8) Despertar a consciência ecológica na população local, para ela aprender a defender o seu próprio patrimônio/desenvolver o turismo ecológico.

9) Promover, em todo o País, campanhas em defesa da Floresta Amazônica.

10) Criar incentivos financeiros para aqueles que cumprirem a legislação ambiental.

3. DISCURSIVA

ANÁLISE OFICIAL – PADRÃO DE RESPOSTA

Uma sugestão que pode ser feita é a repressão ao desmatamento, especialmente àquele feito através das queimadas, garantindo que as florestas mantenham ou ampliem suas dimensões atuais para restabelecer a emissão de oxigênio na atmosfera e garantir o equilíbrio do regime de chuvas.

A outra é o controle da emissão de gases poluentes de automóveis e indústrias, especialmente os de origem fóssil, com o objetivo de minimizar o efeito estufa, um dos fatores que contribuem para o aquecimento global.

4. DISCURSIVA

ANÁLISE OFICIAL – PADRÃO DE RESPOSTA

O aluno deverá apresentar proposta de como o País poderá enfrentar a violência social e a violência no trânsito, sobretudo nos grandes centros urbanos, responsáveis pela morte de milhares de jovens. O texto, desenvolvido entre oito e doze linhas, deve estar fundamentado em argumentos e ser redigido na modalidade escrita padrão da Língua Portuguesa.

Conteúdo informativo dos dois textos:

Texto 1 "Por quê?: O número de brasileiros, sobretudo de jovens, assassinados anualmente é superior ao de vários países em guerra, pouco sendo feito, na prática, para impedir essa tragédia.

Texto 2 "Fique vivo: O que a sociedade pode fazer para evitar que jovens morram de acidentes de trânsito? Ela deve oferecer leis que os protejam, campanhas que os alertem através do diálogo para criar noção de responsabilidade.

Para o desenvolvimento do tema, poderão ser consideradas as abordagens a seguir.

1) A **violência social,** responsável pela morte de muitos jovens, é fruto de vários fatores: a miséria, o desnível econômico numa sociedade de consumo, a baixa escolaridade, a desorganização familiar, a ausência do poder público em comunidades que carecem de projetos que valorizem a cidadania através de atividades esportivas, culturais e educativas.

Aspectos que podem ser focalizados no encaminhamento do tema:

- investimento na educação de tempo integral em que à atividade educativa se agregue a esportiva/cultural;
- acesso dos jovens das periferias das grandes cidades ao mercado de trabalho através de projetos de redução do desnível socioeconômico;
- combate à violência e repressão ao crime organizado com investimento financeiro na formação, no salário e no aparelhamento das polícias;
- rigor no cumprimento da legislação contra o crime com o controle externo do Judiciário.

2) A **violência no trânsito,** responsável pela morte de muitos jovens, é, em grande parte, consequência tanto do consumo excessivo do álcool quanto da alta velocidade. A glamorização de bebidas alcoólicas e de carros velozes tem levado adolescentes a dirigirem embriagados e em excesso de velocidade. A legislação vigente deve ser revista para que as penas sejam mais rigorosas. Além disso, é necessário promover campanhas educativas, melhorar a fiscalização do trânsito, e conscientizar a todos da tragédia que é a morte dos jovens que transformam a bebida e o automóvel em armas contra a própria vida.

Aspectos que podem ser focalizados no encaminhamento do tema:

- proibiçã o de propaganda de bebida alcoólica nos veículos de comunicação;
- obrigatoriedade de os fabricantes de veículos divulgarem os perigos da alta velocidade nos carros mais potentes;
- inserção, nos critérios para tirar carteira de motorista, de leitura de material educativo sobre as graves consequências de dirigir alcoolizado;
- campanhas conjuntas dos governos e da sociedade civil que alertem os jovens para dirigir com responsabilidade;
- legislação mais rigorosa sobre os crimes de dirigir embriagado e em alta velocidade.

5. DISCURSIVA

ANÁLISE OFICIAL – PADRÃO DE RESPOSTA

O estudante deverá apresentar uma proposta de defesa do meio ambiente, fundamentada em dois argumentos. O texto, desenvolvido entre oito e doze linhas, deve ser redigido na modalidade escrita padrão da Língua Portuguesa. Conteúdo informativo dos textos:

1) Desmatamento cai e tem baixa recorde Análise de imagens vem comprovando a redução do desmatamento no Brasil. Com isso, o país protege a sua biodiversidade, adequando-se às metas do Protocolo de Kyoto.

2) Soja ameaça a tendência de queda, diz ONG A confirmação da tendência de queda no desmatamento depende dos dados referentes a 2008. A elevação do preço da soja no mercado internacional pode comprometer a consolidação da tendência de queda do desmatamento. Os produtores de soja compreendem que a redução do desmatamento pode levar à valorização do seu produto.

Possibilidades de encaminhamento do tema:

1) Medidas governamentais para a redução do desmatamento.

2) Contribuição do Brasil em defesa da biodiversidade.

3) Cumprimento das metas do Protocolo que Kyoto.

4) Tomada de consciência da necessidade de preservação do meio ambiente.

5) Implementação de ações individuais e coletivas visando à salvação do meio ambiente.

6) Participação da sociedade em movimentos ecológicos.

7) Estimulo à educação ambiental promovida pela sociedade civil e pelos governos.

8) Elaboração de programas em defesa do meio ambiente veiculados pela mídia.

9) Preservação do meio ambiente compatível com o progresso econômico e social.

10) Necessidade de conscientização dos grandes produtores rurais de que a preservação do meio ambiente favorece o agronegócio.

6. DISCURSIVA

ANÁLISE OFICIAL – PADRÃO DE RESPOSTA

a) Posição I
Explicação – O estudante deverá, no seu texto (com o máximo de 6 linhas, de forma coerente, com boa organização textual e com pertinência ao tema e coesão), elaborar uma explicação envolvendo, do ponto de vista do conteúdo, a relação entre os elementos da coluna da esquerda (posição I) com os elementos da coluna da direita (texto de Noam Chomsky).

b) Resposta mais livre do estudante com a elaboração de um texto (com o máximo de 6 linhas, de forma coerente, com boa organização textual e com pertinência ao tema) que expresse seu posicionamento quanto ao fato de a mídia ser ou não livre e que apresente argumentos para caracterizar a dependência ou a independência da produção midiática.

7. DISCURSIVA

ANÁLISE OFICIAL – PADRÃO DE RESPOSTA QUESTÃO 9

A concepção que foi destacada nos três itens corresponde à ultrapassagem da mera noção de necessidade humana básica para aquela de direito humano, como um princípio de ação, na medida em que não se trata de reconhecer apenas uma carência a ser suprida, mas a possibilidade de exigência da dignidade e qualidade de vida, através da efetivação do direito (à habitação/à segurança/ao trabalho). Assim, o trabalho como ação qualificada está em correspondência com a possibilidade de uma moradia adequada, dentro de uma ambiência de bem-estar cidadão, numa perspectiva integrada, isto é, remetendo-se esses direitos uns aos outros.

8. DISCURSIVA

ANÁLISE OFICIAL – PADRÃO DE RESPOSTA

Com base nos dados veiculados pelos textos motivadores versando sobre o fraco desempenho dos alunos nas avaliações internacionais (PISA) e a opinião favorável dos professores quanto à sua preparação para o desempenho docente, dos pais em relação ao que auferem das escolas onde seus filhos estudam e dos próprios discentes que consideram o ensino recebido como de boa qualidade, espera-se que seja apontada a contradição existente entre esses pontos de vista e os dados oficiais.

Assim, o estudante deve produzir um texto dissertativo, fundamentado em argumentos (texto opinativo), no padrão escrito formal da Língua Portuguesa, sobre a contradição aludida (opinião dos pais, professores e alunos *vs* dados oficiais) e as suas causas.

9. DISCURSIVA

ANULADA

10. DISCURSIVA

ANÁLISE OFICIAL – PADRÃO DE RESPOSTA

O estudante poderá propor:

- **Acesso à educação pública, gratuita e de qualidade**, o que favorece ao cidadão ocupar postos de trabalho que exigem maior qualificação e, consequentemente, maior remuneração;
- **Permanência do estudante na escola, em todos os níveis escolares – da educação infantil a educação superior** – o que possibilita o cidadão se qualificar profissionalmente e ter acesso a melhores condições de trabalho e remuneração e, consequentemente, de vida;
- **Condições dignas de trabalho, com remuneração que garanta qualidade de vida do indivíduo**, fruto de reivindicação daquele que tem condições de trabalhar com qualidade, como consequência de seu preparo cultural e profissional;
- **Assistência à saúde, em seu contexto mais amplo**, o que favorece uma renda familiar não comprometida com a suspensão de enfermidades e, até mesmo, caracterizada pela redução de gastos com portadores de necessidades especiais;
- **Ser proprietário do imóvel em que se reside**, o que se reduz os gastos com aluguel e promove o equilíbrio financeiro familiar.

11. DISCURSIVA

ANÁLISE OFICIAL – PADRÃO DE RESPOSTA

O aluno deverá explicitar as características de uma sociedade democrática: representatividade do povo no poder, regulação por meio de leis, igualdade de direitos e de deveres. (Valor: 4,0 pontos)

O aluno deverá caracterizar comportamento não ético como aquele que fere a igualdade de direitos e de deveres, buscando apenas o benefício pessoal em detrimento dos objetivos da sociedade como um todo. (Valor: 3,0 pontos)

O aluno deverá ilustrar sua argumentação com dois exemplos de comportamentos éticos. (Valor: 3,0 pontos)

12. DISCURSIVA

ANÁLISE OFICIAL – PADRÃO DE RESPOSTA

Espera-se que a resposta a essa questão seja um único texto, contendo os aspectos solicitados.

O estudante deverá comentar o texto-base, que mostra os números da evasão escolar na EJA.

Ele deverá considerar, em seu texto, a responsabilidade dos governos em relação à educação de jovens e adultos, que precisam conciliar o estudo e o trabalho em seu dia a dia.

Por fim, espera-se que o texto apresente alguma sugestão de ação para garantir a qualidade do ensino e a aprendizagem desses alunos, mantendo-os na escola e diminuindo, portanto, o índice de evasão nesse nível de ensino.

13. DISCURSIVA

ANÁLISE OFICIAL – PADRÃO DE RESPOSTA

O estudante deve ser capaz de apontar algumas vantagens dentre as seguintes, quanto à modalidade EaD:

(i) flexibilidade de horário e de local, pois o aluno estabelece o seu ritmo de estudo;

(ii) valor do curso, em geral, é mais baixo que do ensino presencial;

(iii) capilaridade ou possibilidade de acesso em locais não atendidos pelo ensino presencial;

(iv) democratização de acesso à educação, pois atende a um público maior e mais variado que os cursos presenciais; além de contribuir para o desenvolvimento local e regional;

(v) troca de experiência e conhecimento entre os participantes, sobretudo quando dificilmente de forma presencial isso seria possível (exemplo, de pontos geográficos longínquos);

(vi) incentivo à educação permanente em virtude da significativa diversidade de cursos e de níveis de ensino;

(vii) inclusão digital, permitindo a familiarização com as mais diversas tecnologias;

(viii) aperfeiçoamento/formação pessoal e profissional de pessoas que, por distintos motivos, não poderiam frequentar as escolas regulares;

(ix) formação/qualificação/habilitação de professores, suprindo demandas em vastas áreas do país;

(x) inclusão de pessoas com comprometimento motor reduzindo os deslocamentos diários.

14. DISCURSIVA

ANÁLISE OFICIAL – PADRÃO DE RESPOSTA

O estudante deve abordar em seu texto:

- identificação e análise das desigualdades sociais acentuadas pelo analfabetismo, demonstrando capacidade de examinar e interpretar criticamente o quadro atual da educação com ênfase no analfabetismo;
- abordagem do analfabetismo numa perspectiva crítica, participativa, apontando agentes sociais e alternativas que viabilizem a realização de esforços parasua superação, estabelecendo relação entre o analfabetismo e a dificuldade para a obtenção de emprego;
- indicação de avanços e deficiências de políticas e de programas de erradicação do analfabetismo, assinalando iniciativas realizadas ao longo do período tratado e seus resultados, expressando que estas ações, embora importantes para a eliminação do analfabetismo, ainda se mostram insuficientes.

15. DISCURSIVA

ANÁLISE OFICIAL – PADRÃO DE RESPOSTA

O estudante deve redigir texto dissertativo, abordando os seguintes tópicos:

a) A ideia de que desenvolvimento sustentável pode ser entendido como proposta ou processo que atende às necessidades das gerações presentes sem comprometer capacidade similar das gerações futuras.

b) A redução do IPI para a compra de automóveis incentiva a utilização de veículos movidos a combustíveis fósseis num cenário de baixa mobilidade urbana nas cidades brasileiras. Mais automóveis nas cidades gera mobilidade deficitária e mais consumo de combustíveis fósseis, pois os motores ficam mais tempo acionados. O aumento da queima de combustíveis nestes motores gera maiores quantidades de emissões de gases poluentes, como os gases de efeito estufa, o monóxido de carbono, os óxidos de enxofre e os particulados. Como consequência, o ar atmosférico das cidades se torna mais poluído.

c) São ações de fomento:
Concessão de subsídios governamentais ao transporte coletivo em detrimento do transporte particular, como exemplo a redução de IPI para a fabricação de equipamentos de transporte coletivo como ônibus, vagões de metrôs, trólebus e barcas públicas.
Concessão de subsídios governamentais para a manufatura e venda de veículos de transporte movidos a combustíveis limpos ou mais sustentáveis, como os veículos a energia solar, gás natural, energia elétrica, hidrogênio, biodiesel, dentre outros.
Incentivo ao uso de bicicletas e da caminhada, como a construção de ciclovias e de passeios seguros, amplos e agradáveis.

16. DISCURSIVA

ANÁLISE OFICIAL – PADRÃO DE RESPOSTA

O estudante deverá redigir texto dissertativo, abordando os seguintes aspectos:

a) Comentários gerais a respeito da violência na atualidade, considerando o papel de tecnologias no estímulo ou combate à violência.

b) Aspectos relacionados à educação escolar e a violência, apontando suas causas e consequências.

c) Ações/soluções para a violência na escola. Exemplos: atualização dos profissionais da educação, conscientização da comunidade escolar sobre o assunto, desenvolvimento de políticas públicas ligadas ao combate à violência.

Capítulo III

Questões de Componente Específico de Enfermagem

1) Conteúdos e Habilidades objetos de perguntas nas questões de Componente Específico.

As questões de Componente Específico são criadas de acordo com o curso de graduação do estudante.

Essas questões, que representam ¾ (três quartos) da prova e são em número de 30, podem trazer, em Enfermagem, dentre outros, os seguintes **Conteúdos**:

I. Bases Biológicas, Humanas e Sociais:

a) bases moleculares e celulares dos processos normais e alterados, da estrutura e função dos tecidos, órgãos, sistemas e aparelhos, aplicados às situações decorrentes do processo saúde-doença no desenvolvimento da prática assistencial de enfermagem;

b) bases humanas e sociais relacionadas ao indivíduo/sociedade e a contribuição dos determinantes sociais, culturais, psicológicos, ecológicos, éticos e legais, nos níveis individual e coletivo no processo saúde-doença.

II. Instrumentalização Técnica e Metodológica da Ciência de Enfermagem:

a) exercício profissional: história da enfermagem, legislação, associações e entidades de classe, ética e bioética em enfermagem;

b) semiologia e Semiotécnica nas diversas fases do ciclo vital;

c) epidemiologia e diagnóstico situacional;

d) processo de investigação em saúde/enfermagem: metodologia científica;

e) biossegurança;

III. Enfermagem na atenção em saúde:

a) atenção em saúde coletiva à criança, ao adolescente, à mulher, ao homem, ao idoso, à família, ao trabalhador e às pessoas em situações de vulnerabilidades;

b) sistematização da Assistência de Enfermagem para o cuidado à criança, ao adolescente, à mulher, ao homem, ao idoso, à família, ao trabalhador e às pessoas em situações de vulnerabilidades, nos diversos níveis de complexidade de atenção;

IV. Gestão e Políticas de Saúde e de Enfermagem:

a) SUS;

b) políticas Públicas de Saúde (Rede Cegonha, Atenção Psicossocial e Dependência Química, Urgência e Emergência, Pactos pela Saúde);

c) estratégia de Saúde da Família;

d) política Nacional de Humanização;

e) programas de Avaliação da Qualidade dos Serviços de Saúde;

f) gestão do processo de trabalho em equipes de saúde/enfermagem;

g) gestão do sistema e de organizações de saúde;

h) gerência de serviços em saúde e do cuidado de enfermagem;

V. Educação em Enfermagem

a) ações de educação em saúde para a criança, o adolescente, a mulher, o homem, o idoso, a família, o trabalhador e as pessoas em situações de vulnerabilidades;

b) metodologias de ensino-aprendizagem;

c) tecnologia da Informação e Comunicação aplicadas à Educação;

d) educação permanente.

O objetivo aqui é avaliar junto ao estudante a compreensão dos conteúdos programáticos mínimos a serem vistos no curso de graduação, de forma avançada. Também é avaliado o nível de atualização com relação à realidade brasileira e mundial e às questões jurídicas de maior relevância.

Avalia-se aqui também *competências* e *habilidades*. A ideia é verificar se o estudante desenvolveu as principais **Habilidades** para o profissional de Enfermagem, que são as seguintes:

a) Analisar sócio-historicamente a enfermagem, a sociedade e as políticas públicas de saúde;

b) Analisar a evolução do processo de trabalho em enfermagem e as políticas de gestão;

c) Intervir no processo saúde-doença, considerando os determinantes biológicos, sociais, culturais, econômicos e políticos;

d) Atuar no processo de cuidar em enfermagem, em conformidade com a Lei do Exercício Profissional (Lei 7.498 de 25/06/1986), com o Código de Ética dos Profissionais de Enfermagem (Resolução COFEN 311/2007), com a Sistematização da Assistência de Enfermagem (Resolução COFEN 358/2009) e com os princípios e as diretrizes do SUS;

e) Prestar cuidado de enfermagem, na perspectiva da integralidade e da humanização à criança, ao adolescente, à mulher, ao homem, ao idoso, à família, ao trabalhador, às pessoas em situações de vulnerabilidades, na rede de atenção à saúde;

f) Gerenciar o processo de cuidar em enfermagem, em nível individual e coletivo;

g) Desenvolver a gestão do sistema e das organizações de saúde em consonância com os princípios organizativos do SUS;

h) Desenvolver ações de promoção em saúde individual e coletiva nos diversos níveis de atenção;

i) Promover ações de educação permanente, básica e profissionalizante em enfermagem;

j) Realizar pesquisas no processo de construção do conhecimento;

Com relação às questões de Componente Específico optamos por classificá-las pelos Conteúdos enunciados no início deste item.

2) Questões de Componente Específico classificadas por Conteúdos.

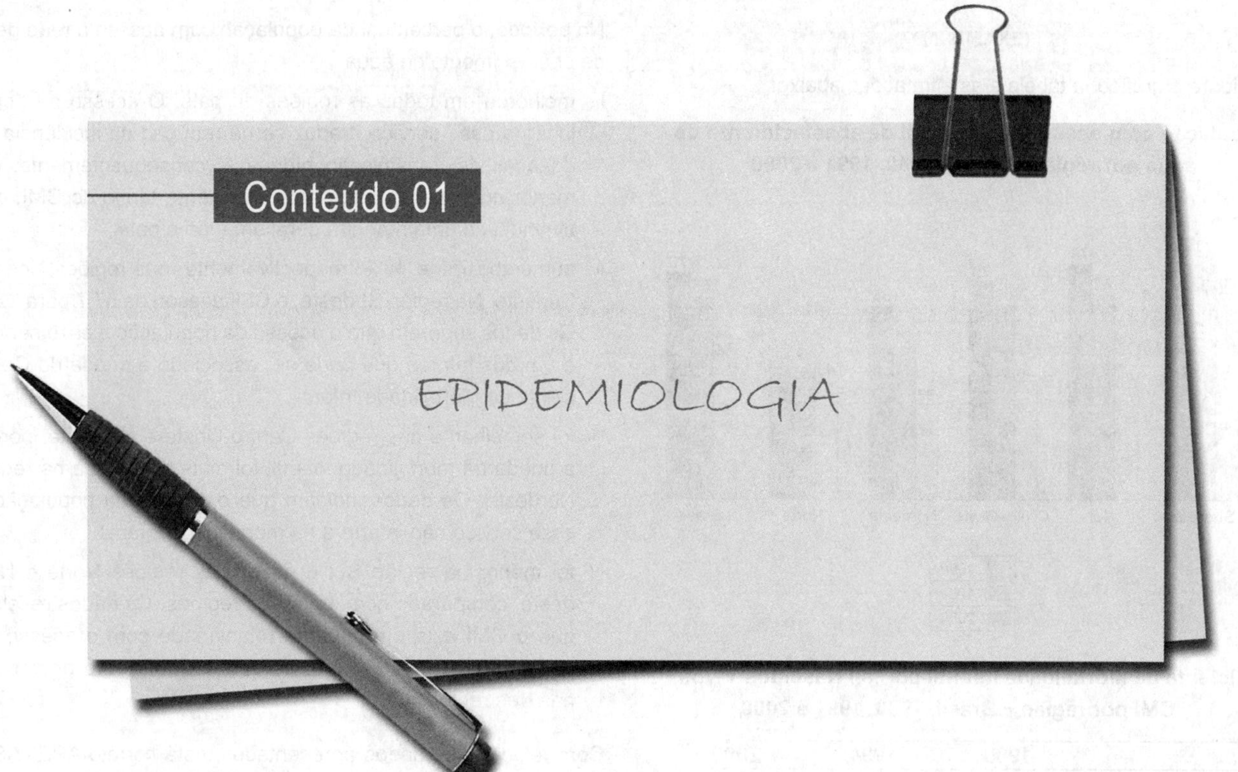

Conteúdo 01

EPIDEMIOLOGIA

1. (EXAME 2010)

Taxa de incidência/100.000 hab de TB*. Brasil e UF, 2007.

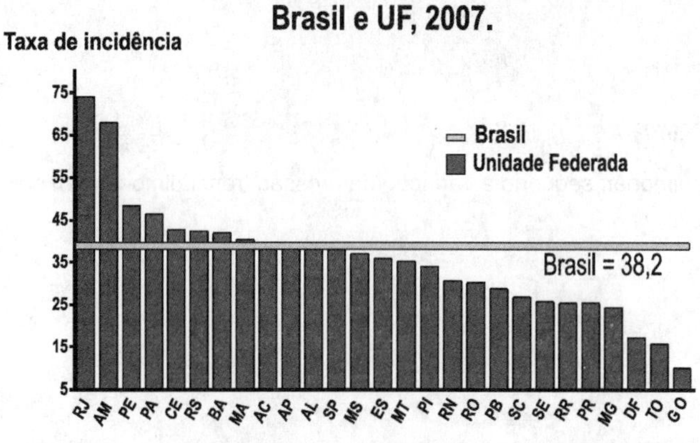

BRASIL, Ministério da Saúde. **Manual técnico para controle da tuberculose**: caderno de atenção básica. Brasília, 2002.

O gráfico acima revela que a tuberculose continua sendo um preocupante problema de saúde no Brasil, exigindo o desenvolvimento de estratégias para o seu controle. Considerando que os casos bacilíferos são a principal fonte de disseminação da doença, para tentar interromper sua cadeia de transmissão, é fundamental a

(A) realização de prova tuberculínica cutânea em todas as pessoas com casos suspeitos e em seus comunicantes.

(B) percepção de que existem pessoas expostas aos bacilos que não desenvolvem a doença, mas a transmitem por meio de materiais de uso comum.

(C) busca ativa de sintomático respiratório, isto é, de indivíduos com tosse por tempo igual ou superior a seis semanas.

(D) compreensão de que o conceito de contato abrange os familiares que convivem no mesmo ambiente domiciliar com o caso índice no momento do diagnóstico da tuberculose.

(E) descoberta precoce de caso novo por meio da busca ativa do sintomático respiratório na população com tosse há mais de três semanas.

2. (EXAME 2010)

A dengue é uma doença febril aguda, de etiologia virai, de evolução benigna na forma clássica e grave quando se apresenta na forma hemorrágica. É uma importante arbovirose (doença transmitida por artrópodes) que afeta o homem e constitui sério problema de saúde pública, especialmente nos países tropicais, inclusive no Brasil. O principal vetor da dengue é o mosquito *Aedes aegypti.*

No que tange à suscetibilidade e imunidade à dengue, assinale a opção **incorreta**.

(A) A suscetibilidade ao vírus da dengue é universal.

(B) A imunidade não é permanente para um mesmo sorotipo.

(C) A resposta primária se dá em pessoas não expostas anteriormente ao flavivírus, e o título de anticorpos se eleva lentamente.

(D) A resposta secundária se dá em pessoas com infecção aguda por dengue, mas que tiveram infecção prévia por flavivírus, e o título de anticorpos se eleva rapidamente em níveis altos.

(E) A suscetibilidade à febre hemorrágica da dengue não está totalmente esclarecida.

3. (EXAME 2007)

Considere o gráfico, a tabela e as afirmações abaixo:

População com acesso a rede geral de abastecimento de água por região – Brasil, 1980, 1991 e 2000

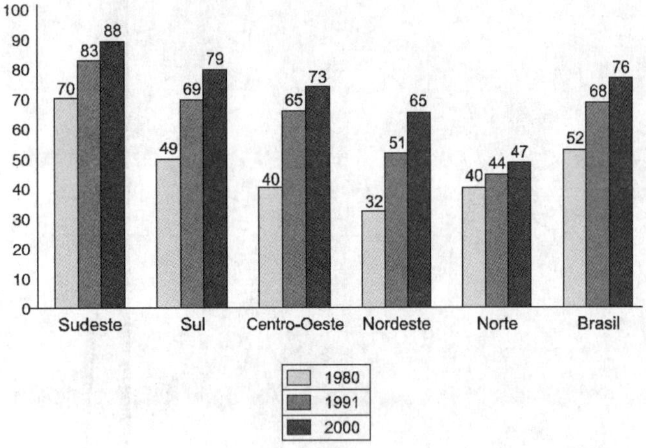

Coeficiente de Mortalidade Infantil por mil Nascidos Vivos – CMI por região – Brasil, 1980, 1991 e 2000

	1980	1991	2000
Sudeste	57,7	31,8	22,2
Sul	46	27,5	20,5
Centro-Oeste	47,9	32,5	23,3
Nordeste	97,1	71,6	45,2
Norte	61	44	30,9
Brasil	**69,1**	**45,1**	**30,1**

Fonte: IBGE, Censos Demográficos

No período, o percentual da população com acesso a rede geral de abastecimento de água

I. melhorou em todas as regiões do país. O acesso da população a esse serviço, traduz-se na redução da incidência de doenças de transmissão hídrica e, consequentemente, em menor número de óbitos no componente tardio do CMI, que diminuiu de uma maneira geral em todo o país.

II. aumentou 7% e 18%, respectivamente, nas regiões Norte e Sudeste. Na região Sudeste, o CMI passou de 57,7 para 22,2. Os dados sugerem que o acesso da população a esse serviço é um dos fatores que pode ser associado à queda do Coeficiente de Mortalidade Infantil.

III. foi semelhante nas regiões Centro-Oeste e Nordeste, porém a queda da mortalidade infantil foi mais acentuada na região Nordeste. Os dados indicam que o acesso da população a esse serviço não interfere na mortalidade infantil.

IV. foi menor na região Sul e maior nas regiões Norte e Nordeste, comparado com as outras regiões. Os dados revelam que o CMI está diretamente relacionado com o acesso da população a esse serviço, porque o Coeficiente decresceu nas três regiões.

Com relação aos dados apresentados, está correto APENAS o que se afirma em

(A) IV.
(B) III e IV.
(C) II.
(D) I e II.
(E) I.

4. (EXAME 2007)

O gráfico apresenta a relação da variação do volume do parênquima pulmonar, segundo a variação da pressão transpulmonar, em dois grupos de pacientes, conforme descrito na legenda.

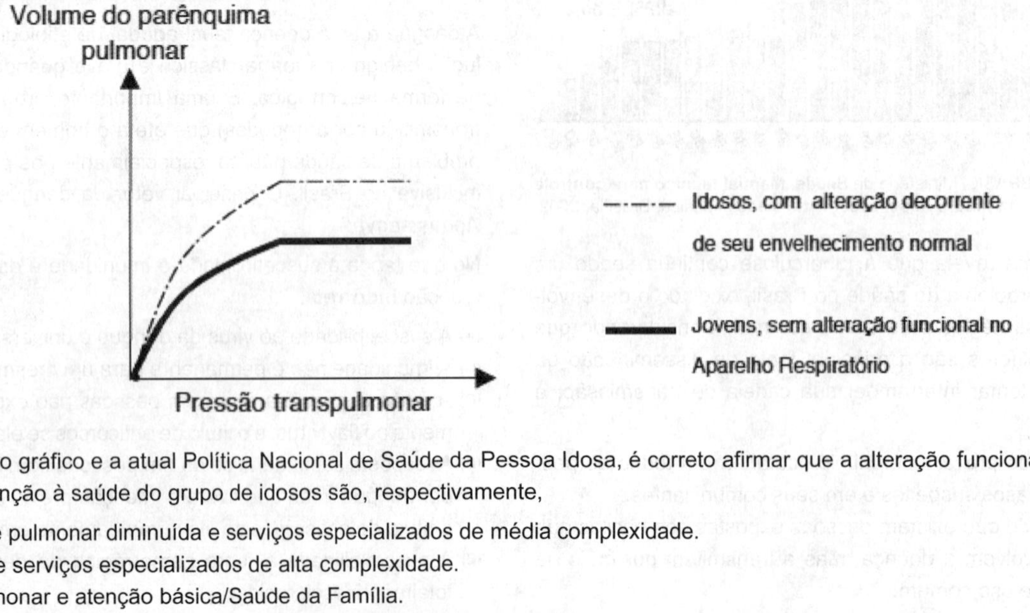

Considerando o gráfico e a atual Política Nacional de Saúde da Pessoa Idosa, é correto afirmar que a alteração funcional e a porta de entrada da atenção à saúde do grupo de idosos são, respectivamente,

(A) elasticidade pulmonar diminuída e serviços especializados de média complexidade.
(B) fragilidade e serviços especializados de alta complexidade.
(C) fibrose pulmonar e atenção básica/Saúde da Família.
(D) atelectasia pulmonar e serviços especializados de alta complexidade.
(E) complacência pulmonar aumentada e atenção básica/Saúde da Família.

5. (EXAME 2004)

A violência vem sendo abordada como um complexo fenômeno biopsicossocial e um problema de saúde pública. O crescente interesse em profissionais da área de saúde na investigação deste fenômeno está diretamente relacionado às sérias e profundas repercussões para a saúde, com destaques epidemiológicos para o aumento de casos envolvendo crianças, adolescentes, mulheres e idosos.

Considerando os diferentes grupos humanos, como a violência pode ser classificada?

(A) Sexual, física e afetiva.
(B) Estrutural, afetiva e sexual.
(C) Estrutural, conjuntural e institucional.
(D) Física, institucional e policial.
(E) Social, policial e conjuntural.

6. (EXAME 2004)

Mariana, 14 anos, vive em uma área sem risco para febre amarela. Foi com sua mãe à Unidade Básica de Saúde para vacinar-se, por recomendação da escola. Levou consigo o seguinte cartão de vacinação:

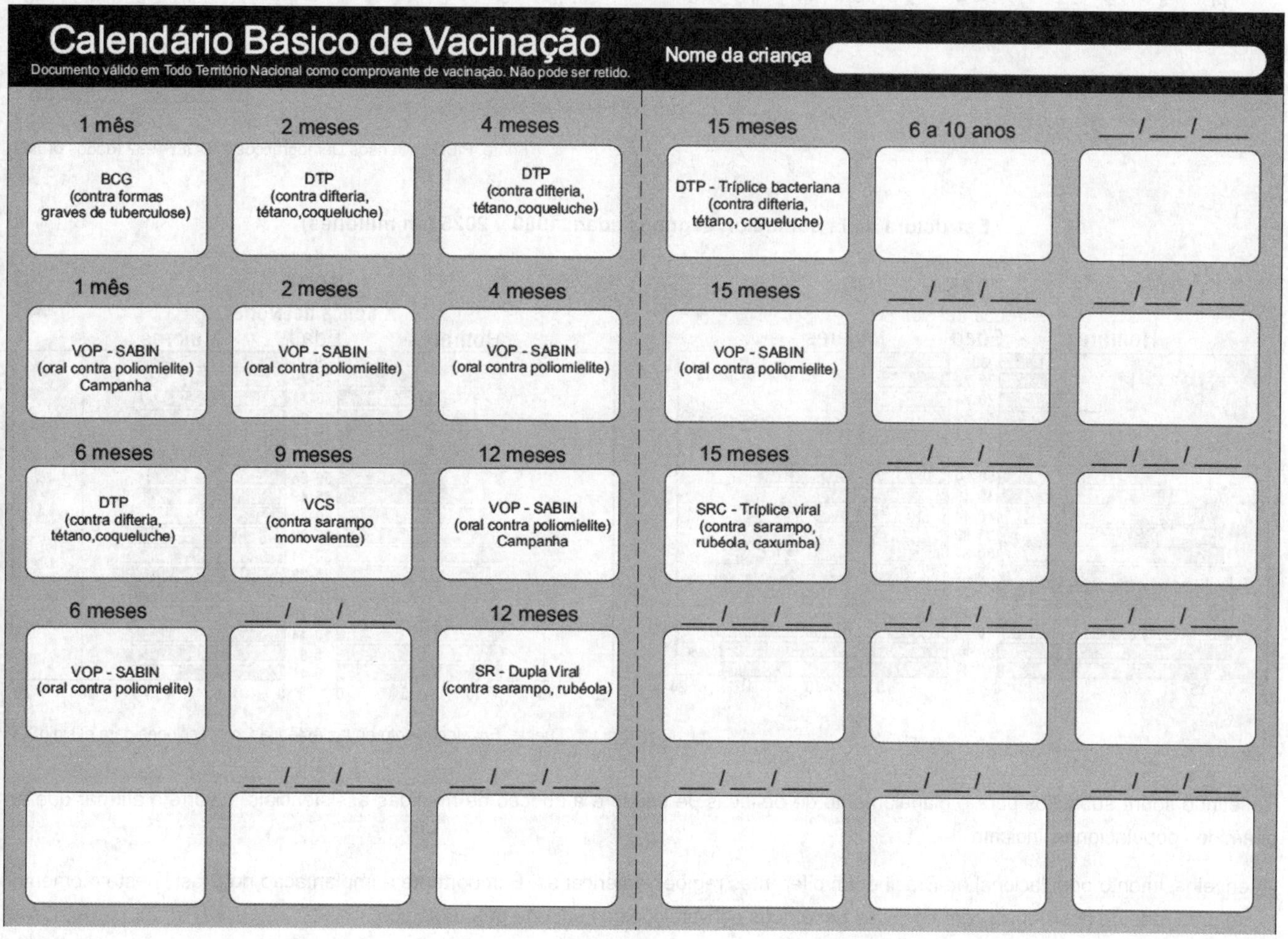

Calendário Básico de Vacinação

Documento válido em Todo Território Nacional como comprovante de vacinação. Não pode ser retido.

Nome da criança

1 mês: BCG (contra formas graves de tuberculose)	2 meses: DTP (contra difteria, tétano,coqueluche)	4 meses: DTP (contra difteria, tétano,coqueluche)	15 meses: DTP - Tríplice bacteriana (contra difteria, tétano, coqueluche)	6 a 10 anos	___/___/___
1 mês: VOP - SABIN (oral contra poliomielite) Campanha	2 meses: VOP - SABIN (oral contra poliomielite)	4 meses: VOP - SABIN (oral contra poliomielite)	15 meses: VOP - SABIN (oral contra poliomielite)	___/___/___	___/___/___
6 meses: DTP (contra difteria, tétano,coqueluche)	9 meses: VCS (contra sarampo monovalente)	12 meses: VOP - SABIN (oral contra poliomielite) Campanha	15 meses: SRC - Tríplice viral (contra sarampo, rubéola, caxumba)	___/___/___	___/___/___
6 meses: VOP - SABIN (oral contra poliomielite)	___/___/___	12 meses: SR - Dupla Viral (contra sarampo, rubéola)	___/___/___	___/___/___	___/___/___
	___/___/___	___/___/___	___/___/___	___/___/___	___/___/___

Que esquema vacinal a enfermeira deve recomendar para ela?

(A) Aplicar a dose de reforço da DTa (difteria e tétano-duplo tipo adulto) e agendar a próxima para 10 anos; fazer o reforço da BCG; iniciar o esquema básico da Hep.b (proteção da hepatite B).
(B) Reiniciar o esquema básico DT (difteria e tétano-duplo tipo adulto) em dose única e agendar o reforço para 10 anos; iniciar o esquema básico da Hep.b (proteção da hepatite B) em três doses e não vacinar para BCG.
(C) Fazer o reforço de DTa (difteria e tétano-duplo tipo adulto) e da vacina de Hep.b (proteção da hepatite B) e iniciar o esquema de BCG.
(D) Fazer o reforço da DTa (difteria e tétano-duplo tipo adulto) em três doses e reforço do BCG; iniciar o esquema básico da Hep.b (proteção da hepatite B) em três doses.
(E) Fazer a vacina da Hep.b (proteção da hepatite B) em dose única; agendar para 30 dias a vacinação de BCG e agendar o retorno para o reforço da DTa (difteria e tétano-duplo tipo adulto) para os 15 anos de idade.

7. (EXAME 2003)

Considere os gráficos abaixo.

Pirâmides Populacionais – Brasil – anos censitários – 1950 e 1996

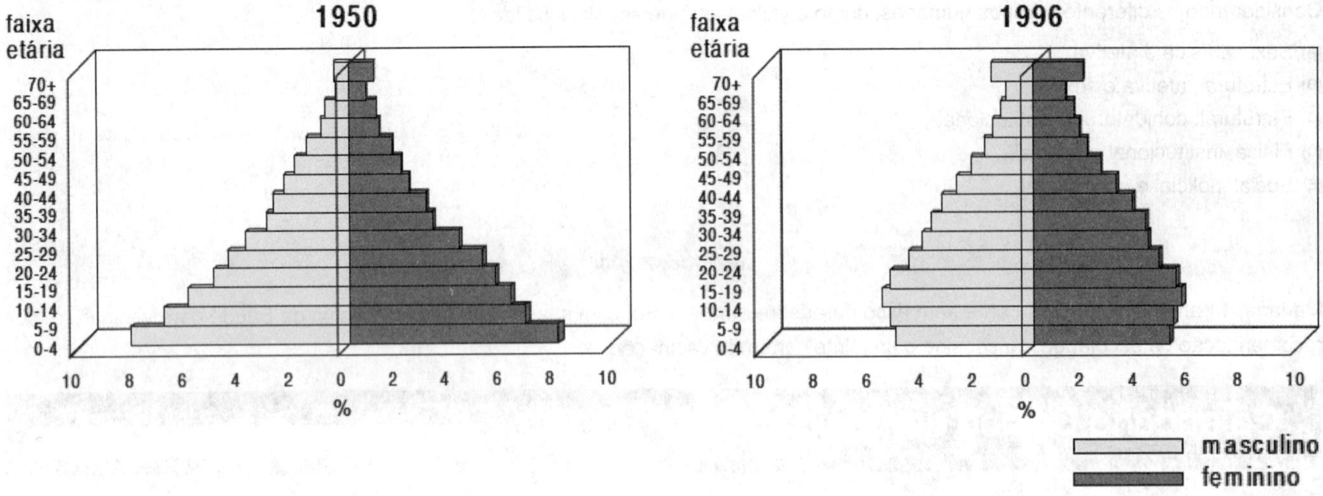

Fonte: FIBGE, Censos Demográficos e IBGE, 1997 (dados brutos)

Estructura de la población según la edad: 1980 y 2025 (en millones)

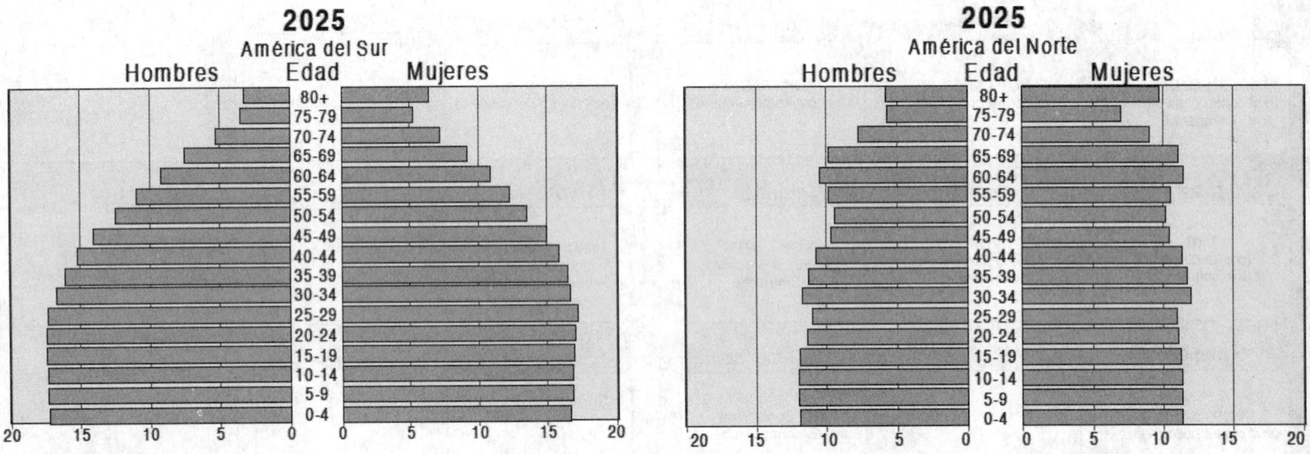

Fuente: Envejecimiento en las Américas, proyecciones para el siglo XXI

Refletindo sobre subsídios para o planejamento de políticas de saúde e a adoção de medidas assistenciais, é correto afirmar que as pirâmides populacionais indicam

(A) envelhecimento populacional no Brasil e em diferentes regiões americanas. É importante a implantação no Brasil, neste momento, de uma rede de assistência com hospitais geriátricos e instituições de suporte gerontológico.

(B) envelhecimento populacional no Brasil com uma tendência de progressivo aumento da esperança de vida aos 60 anos, em ambos os sexos, semelhante às projeções para as diferentes regiões americanas. Há necessidade de elaboração de políticas públicas para idosos.

(C) perspectiva de envelhecimento populacional no Brasil e nas Américas e submortalidade masculina. Há necessidade de projetos intersetoriais de controle de câncer ginecológico e de incentivo à natalidade.

(D) mortalidade em jovens no Brasil menor do que em regiões americanas e crescimento ascendente do número de idosos vivendo sozinhos. Há necessidade de criação progressiva de centros dias em todas as áreas com predomínio de idosos.

(E) envelhecimento populacional, predominantemente de mulheres, no Brasil e nas Américas. Há necessidade de criação pelo poder público de cursos de capacitação de cuidadores domiciliares para que paulatinamente sejam incorporados às equipes de saúde da rede de atenção básica.

8. (EXAME 2003)

Estima-se que nada menos de 200 milhões de pessoas no planeta sofram de osteoporose, epidemia de manifestação lenta e silenciosa que acarreta altos índices de incapacidade, comprometendo a qualidade de vida, especialmente dos idosos. Este problema, considerado um desafio em termos de saúde pública mundial, pode ser prevenido por meio de ações que visem a

(A) manutenção óssea por meio da suplementação de cálcio, de vitamina D e de atividade física moderada, regular e contínua.
(B) mudança no estilo de vida de forma a evitar a lactose, as proteínas animais, o tabagismo, a obesidade e o uso de cafeína.
(C) correção dos fatores predisponentes como os decorrentes de patologias cardiorrespiratórias, os relacionados à menacme e ao uso de corticoides.
(D) reposição de substâncias como fitoestrógenos na pós-menopausa, de andrógenos na andropausa e de calcitonina a partir dos 40 anos.
(E) erradicação de hábitos impróprios à saúde, como o uso de cigarros e de gorduras animais, especialmente as dos peixes.

9. (EXAME 2002)

Considere os gráficos abaixo.

Taxas médias da mortalidade por causas externas (por 100.000 hab.) segundo sexo. Brasil e regiões – triênios 1979-1995

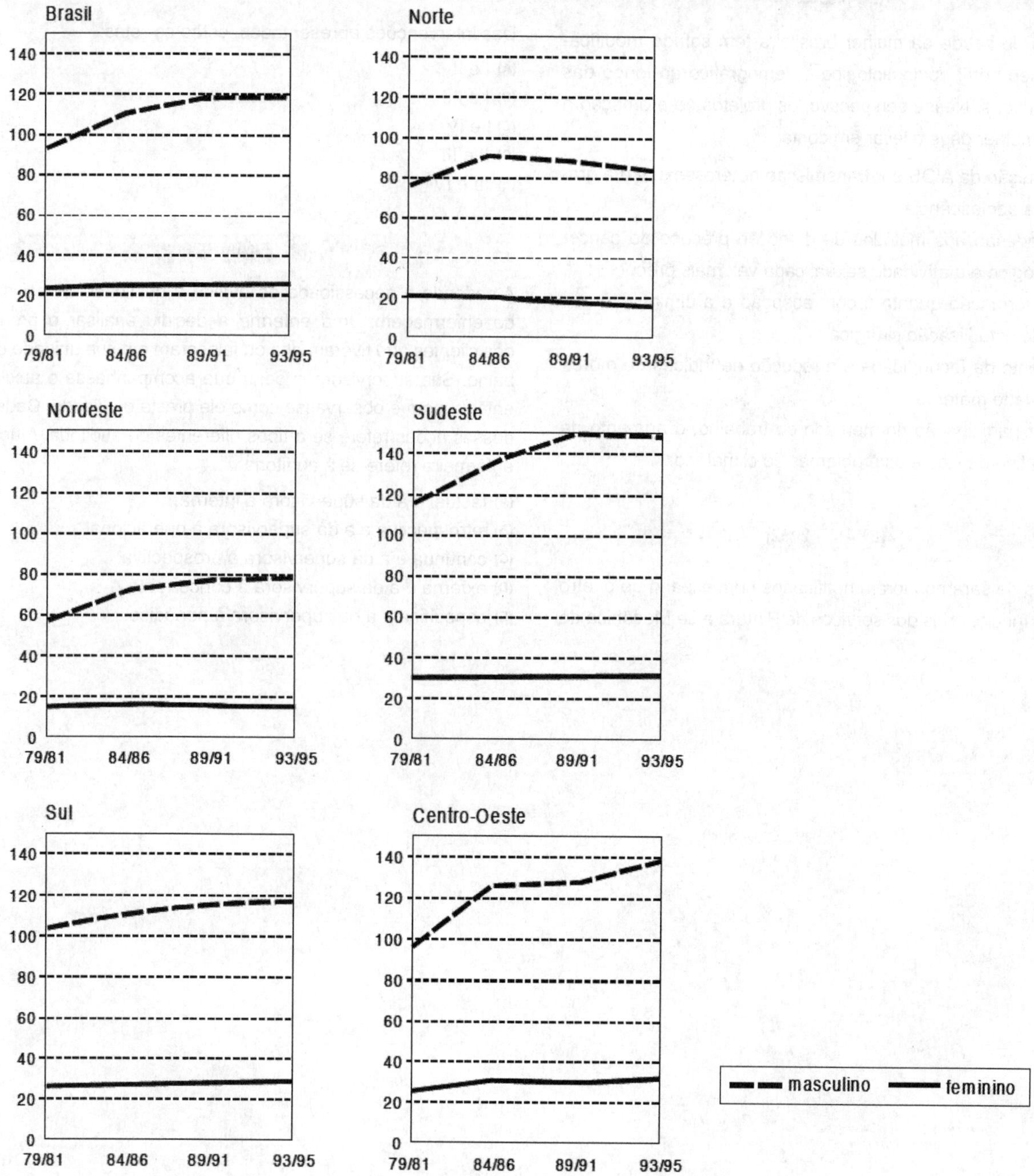

MELLO JORGE, M.H.P. & GOTLIEB, S.L.D. **As condições de Saúde no Brasil**. Rio de Janeiro: FIOCRUZ, 2000, p. 141.

Analisando os dados, verifica-se que as taxas de mortalidade por causas externas na região

(A) norte são superiores às taxas brasileiras indicando a necessidade de ações de promoção à saúde.
(B) nordeste são inferiores às taxas brasileiras dispensando a intervenção direta do setor de saúde.
(C) sudeste são mais altas se comparadas às outras regiões indicando a necessidade de medidas intersetoriais para melhoria desse quadro.
(D) sul estão em declínio, como resultado do aumento de segurança pública e das ações do serviço de resgate.
(E) centro-oeste estão estáveis, com níveis semelhantes ao das outras regiões, exigindo do setor saúde uma estrutura regionalizada de serviços de urgência.

10. (EXAME 2002)

A situação de saúde da mulher brasileira tem sofrido modificações em seu perfil epidemiológico e demográfico ao longo das últimas décadas. Nessa perspectiva, os projetos de promoção à saúde da mulher devem levar em conta

(A) a diminuição da AIDS por transmissão heterossexual e a gravidez na adolescência.
(B) a alta adesão aos métodos de detecção precoce do câncer ginecológico e a atividade sexual cada vez mais precoce.
(C) a desinformação quanto à contracepção e a diminuição nas taxas de esterilização cirúrgica.
(D) o aumento da fecundidade e a redução de índices de morbimortalidade materna.
(E) a maior participação no mercado de trabalho, o aumento da expectativa de vida e os problemas do climatério.

11. (EXAME 2002)

Três casos de sarampo foram notificados num espaço de quatro dias entre funcionários dos serviços de Pintura e de Mecânica de uma oficina, que residiam em um mesmo bairro de um município vizinho. O Serviço de Saúde da empresa, em conjunto com a Unidade Básica de Saúde do município, definiram as seguintes intervenções:

I. promover a vacinação de bloqueio para os funcionários da oficina a fim de diminuir a possibilidade de ocorrência de novos casos.
II. dar licença-saúde aos três casos por quarenta e cinco dias porque o sarampo em adulto configura uma situação de alto risco, dadas as possibilidades de ocorrência de complicações pulmonares na evolução clínica.
III. administrar gamaglobulina para os contatos familiares com menos de dez anos a despeito de vacinação prévia.
IV. promover a vacinação de bloqueio no bairro de residência dos três casos notificados e manter a vigilância para detecção de casos novos.

Das intervenções apresentadas, estão corretas:

(A) I e II
(B) I e III
(C) I e IV
(D) II e III
(E) III e IV

12. (EXAME 2002)

Atendendo à necessidade de avaliar a qualidade de assistência de enfermagem, uma enfermeira decidiu analisar o prontuário dos clientes que tiveram alta ou faleceram em sua unidade de trabalho. Sua supervisora sugeriu que acompanhasse o auxiliar de enfermagem e observasse como ele presta o cuidado. Cada uma dessas ações refere-se a tipos diferentes de auditoria. A ação da enfermeira refere-se à auditoria

(A) factual e a da supervisora à interna.
(B) retrospectiva e a da supervisora à operacional.
(C) contínua e a da supervisora à prospectiva.
(D) externa e a da supervisora à concorrente.
(E) específica e a da supervisora à periódica.

Conteúdo 02

SAÚDE DA FAMÍLIA

1. (EXAME 2010)

A Estratégia de Saúde da Família (ESF) vislumbra a transformação do modelo assistencial em curso no país. A política de Saúde Mental também objetiva a transformação do modelo, e uma de suas estratégias constitui-se nos Centros de Atenção Psicossocial (CAPS). Os CAPS e a ESF são processos simultâneos, porém ainda pouco articulados. As práticas de Saúde Mental e de ESF assemelham-se quando

(A) adotam a abordagem individual.

(B) dão ênfase aos deveres dos usuários.

(C) reconhecem as pessoas por seus quadros patológicos.

(D) elegem o território como o lócus de coprodução de saúde.

(E) visam aumentar a autonomia do profissional frente às condições de trabalho.

2. (EXAME 2010)

Margarida tem 75 anos de idade, mora sozinha, é portadora de hipertensão arterial e faz uso de anti-hipertensivo diariamente, às 22 horas. Relata levantar várias vezes durante a noite para urinar, e que, às vezes, ao se levantar da cama, sente tonturas. Nega limitações ou dificuldades na marcha.

Após coletar esses dados durante a consulta de enfermagem realizada na visita domiciliar, e objetivando minimizar riscos de queda e injúrias, o enfermeiro deve orientar a idosa a

I. contratar um acompanhante/cuidador, usar fraldas durante a noite, diminuir ingesta hídrica após as 18 horas, manter uma luz acessa durante a noite, usar uma bengala para apoio ao levantar-se, ir ao banheiro antes de dormir e evitar micções durante a noite. Se for necessário levantar-se, solicitar ajuda do acompanhante/cuidador.

II. manter durante a noite iluminação suficiente para orientar o trajeto ao banheiro e, se possível, ter a cama próxima ao interruptor de luz. Restringir o uso de tapetes, permanecer sentada por alguns minutos antes de levantar-se da cama, usar calçado antiderrapante e não permitir animais domésticos dentro de casa, principalmente durante a noite.

III. evitar levantar-se durante a noite para urinar, ir ao banheiro antes de se deitar, não usar chinelos para caminhar até o banheiro, ingerir líquidos até, no máximo, as 18 horas, identificar alguém de seu convívio social para dormir em sua casa, restringir o uso de medicamentos diuréticos, solicitando ao médico a troca do anti-hipertensivo diurético para inibidor da ECA.

IV. usar anti-hipertensivo diurético pela manhã, instalar barras de apoio nas paredes próximas à cama, no trajeto até o banheiro, próximo ao vaso sanitário e chuveiro, ter interruptor de luz próximo à cabeceira da cama, fazer caminhadas diárias para fortalecer a musculatura dos membros inferiores, observar sempre as condições das calçadas e usar sapatos com solado antiderrapante.

V. providenciar bengala e solicitar orientação do seu uso a um fisioterapeuta, adquirir sapatos com alça de fixação no calcanhar, iniciar atividade para fortalecimento muscular, interromper uso de anti-hipertensivo diurético, providenciar um acompanhante/cuidador para período noturno, procurar médico e solicitar exame de densitometria óssea, e providenciar uma campainha no quarto.

É correto apenas o que se afirma em

(A) I e II.

(B) I e III.

(C) II e IV.
(D) III e V.
(E) IV e V.

3. (EXAME 2010)

A Sra. AMB, com 72 anos de idade, viúva e aposentada, reside com um filho casado, a nora e dois netos adolescentes. Deambula com dificuldade devido a artrose nos joelhos e recusa uso de meio compensatório (bengala). Ela comparece sozinha ao Centro de Saúde da Família (CSF) para as consultas e outros procedimentos necessários à manutenção de sua saúde. Tem limitação cognitiva e visual para entender as condutas terapêuticas prescritas. A estrutura física da residência potencializa o risco de quedas e outros acidentes.

Considerando que o art 3°, inciso I, da Lei n° 8842/1994, determina que "a família, a sociedade e o estado têm o dever de assegurar ao idoso todos os direitos da cidadania, garantindo sua participação na comunidade, defendendo sua dignidade, bem-estar e o direito à vida", avalie as afirmativas abaixo.

I. A Sra. AMB apresenta risco potencial de quedas em decorrência da limitação física e visual, agravado pelas barreiras arquitetônicas e por se deslocar sem acompanhante e sem bengala.
II. Para a promoção da saúde e do bem-estar da Sra. AMB, o enfermeiro deve orientar a família acerca da aquisição de cadeiras de rodas e de dispositivos auditivos, além de evitar deslocamentos fora de sua residência.
III. A Equipe de Saúde da Família do CSF deve solicitar o acompanhamento de familiares para a Sra. AMB quando do deslocamento fora do domicílio, principalmente durante seu tratamento no CSF.
IV. Na visita domiciliária, o enfermeiro deve capacitar a família da Sra. AMB para a promoção da segurança no domicílio, tendo em vista os fatores ambientais favoráveis à ocorrência de quedas e de outros acidentes.
V. Para a promoção da segurança ambiental e atendimento adequado e seguro, a Sra. AMB deve residir em instituição asilar.

É correto apenas o que se afirma em

(A) I, II e V.
(B) I, III e IV.
(C) I, III e V.
(D) II, III e IV.
(E) II, IV e V.

4. (EXAME 2007)

Joana, terceira filha de mãe fumante crônica, nasceu de parto cesariana, com idade gestacional de 36 semanas, pesando 1800 gramas e com insuficiência respiratória moderada. Segundo a Norma de Atenção Humanizada do Recém-Nascido (RN) de baixo peso: Método Mãe-Canguru (Portaria 693/2002), qual é a conduta correta da enfermeira no seu plano de assistência?

(A) Garantir a aplicação do método, após decisão consensual entre mãe, familiares e profissionais de saúde; e capacitar a família para reconhecer situações de risco do RN, nos primeiros 15 dias.
(B) Ensinar à mãe e à família os cuidados com o RN e assegurar à puérpera visita irrestrita no berçário; iniciar a segunda etapa do programa, caso a criança atinja ganho ponderal de 10 gramas/dia.
(C) Incentivar contato pele a pele entre a mãe e a criança, imediatamente após o parto, orientando a colocação do RN sobre o tórax da mãe para incentivar o aleitamento materno e estreitar o vínculo afetivo.
(D) Orientar a mãe e a família sobre as condições de saúde do RN, estimular livre e precoce acesso dos pais à Unidade Neonatal e propiciar o contato tátil sempre que possível, acompanhado pela equipe nos primeiros cinco dias.
(E) Iniciar as medidas para estímulo à amamentação, os cuidados com as mamas, a ordenha manual e a armanezagem e administração do leite ao RN.

5. (EXAME 2004)

O enfermeiro tem um papel essencial na recuperação e reabilitação da saúde dos clientes com hanseníase. Assim sendo, que ações ele pode desenvolver no cuidado a essas pessoas?

(A) Realizar avaliação do cliente em seus aspectos biológicos, culturais e sociais; prescrever medicamentos normatizados e desenvolver atividades de educação em saúde.
(B) Estabelecer o diagnóstico da doença; promover a cidadania e prescrever medicamentos para essas manifestações de doença.
(C) Gerenciar as ações da assistência de enfermagem; promover a cidadania e prescrever medicamentos.
(D) Dar suporte psicossocial; trabalhar com os estigmas da doença e administrar medicamentos prescritos pelo médico.
(E) Dar suporte psicossocial, cultural e biológico; promover a cidadania e encaminhar ao médico para o tratamento medicamentoso.

6. (EXAME 2004)

O Programa Saúde da Família (PSF) requer um trabalho interdisciplinar para lidar com a complexidade da saúde. Partindo dessa premissa, a equipe básica do programa pode ser constituída por:

I. enfermeiro;
II. auxiliares de enfermagem;
III. médico;
IV. agentes comunitários;
V. assistente social.

Devem fazer parte efetivamente da equipe os profissionais indicados nos itens

(A) I e III, apenas.
(B) II e IV, apenas.
(C) I, II e III, apenas.
(D) I, II, III e IV, apenas.
(E) I, II, III, IV e V.

7. (EXAME 2003)

Ao realizar visita domiciliária, uma enfermeira percebeu sinais de presença de roedores em moradias próximas a um córrego. Foi procurada por uma mulher cujo filho de um ano de idade apresentava mordedura de rato nos dedos do pé direito. No dia anterior a enfermeira já havia atendido, na Unidade de Saúde da Família, outra criança procedente dessa área, também com mordedura de rato. A conduta com a criança e a coletividade compreende

(A) aplicar vacina contra raiva na criança, orientar a vizinhança a depositar o lixo distante do chão em horário próximo ao da coleta pública e fazer coleta seletiva para diminuir o volume do lixo exposto.

(B) encaminhá-los para tratamento profilático de leptospirose, orientar as famílias vizinhas para não deixarem alimentos e água limpa acessíveis aos ratos e, no caso de enchente, usarem botas e lavarem utensílios domésticos com cloro.

(C) evitar manuseio do local ferido, encaminhar a criança para avaliação médica, orientar as famílias vizinhas a tamparem o lixo, os alimentos e a comida dos animais domésticos e desratizarem os domicílios.

(D) lavar a ferida com água e sabão e observar sua evolução, comunicar ao serviço de controle de zoonoses, que procederá a desratização e orientar a comunidade sobre medidas que dificultem a reprodução e sobrevivência dos roedores.

(E) aplicar vacina contra tétano, notificar o serviço de vigilância epidemiológica para proceder à investigação do caso, e distribuir veneno para que a comunidade mantenha o córrego desratizado.

8. (EXAME 2003)

Uma família composta por uma mulher de 21 anos, desempregada, com três filhos, em idade pré-escolar, de pais diferentes, recebeu visita da equipe do Programa de Saúde da Família (PSF). A equipe discutiu a situação da família e informou à mãe de que seriam encaminhados à sociedade Amigos do Bairro para obtenção de cestas básicas, à creche municipal para matrícula das crianças e à Frente de Trabalho da Prefeitura visando um emprego para ela. Decorridos três meses, a equipe constatou que a mãe não estava levando as crianças à creche, tinha abandonado o emprego e, somente, continuava retirando a cesta básica. A baixa adesão da mulher à assistência implementada pode ser atribuída à

(A) falta de avaliação da equipe quanto às condições de moradia e escolaridade da mulher.

(B) falta de gratificação pela equipe, às respostas imediatas da mãe à intervenção.

(C) intervenção da equipe ter ultrapassado os limites de sua competência.

(D) descontinuidade da assistência pela equipe e pela sociedade Amigos do Bairro.

(E) forma como a assistência foi construída sem respeitar o usuário como pessoa autônoma.

9. (EXAME 2003)

O Programa de Saúde da Família (PSF) prioriza as ações de prevenção, promoção e recuperação da saúde das pessoas, de forma integral e contínua. A equipe de saúde em visita domiciliar a uma das famílias entrevistou N.B., mulher de 46 anos, balconista, que fez o seguinte relato:

- a filha de 22 anos que esteve internada na unidade de psiquiatria do Hospital Geral por apresentar episódio depressivo está frequentando o Hospital Dia. No entanto, tem dificuldade de levá-la e retirá-la diariamente devido ao seu horário de trabalho e o custo do ônibus.
- o marido está com 52 anos, desempregado, é usuário de álcool e volta tarde e embriagado para casa, o que ocasiona brigas e agressões. N.B. mostra alguns hematomas resultado destas agressões.
- sente-se desesperançosa com relação ao futuro da filha, cansada em ter que trabalhar para manter as despesas da casa e lutar contra as adversidades, pensa, muitas vezes, em acabar com a própria vida para livrar-se deste fardo.

Sob o enfoque da saúde mental, as intervenções da equipe têm como AÇÃO EMERGENCIAL

(A) fazer reunião familiar e buscar encontrar alternativas de solução dos problemas.

(B) avaliar o potencial suicida de N.B., assisti-la e, se necessário, encaminhá-la ao ambulatório de saúde mental.

(C) entrevistar o marido e encaminhá-lo ao serviço de saúde mental para desintoxição alcoólica e reabilitação.

(D) encaminhar N.B. ao serviço social para obter recursos que subsidiem o acompanhamento da filha.

(E) orientar N.B. a procurar a delegacia da mulher no próximo episódio de agressão.

10. (EXAME 2002)

Uma senhora, que mora em uma área rural com dificuldades de acessar a Unidade de Saúde, vai mudar para uma região endêmica de febre amarela. Ao procurar a Unidade de Saúde verificou-se que sua filha de 11 meses de idade, nascida em 09/07/01, apresentava coriza, baixo peso e os seguintes dados na carteira de vacinação:

Dose	BCG id	Sabin	DTP	Hib	Hepatite B	Sarampo
1ª	10/08/01	17/11/01	17/11/01	17/11/01	10/08/01	10/04/02
2ª		24/01/02	24/01/02	24/01/02	24/01/02	
3ª		02/05/02	02/05/02	02/05/02	02/05/02	

Considerando as normas do Programa Nacional de Imunização, o enfermeiro deve

(A) aplicar a vacina contra febre amarela, anotar na carteira de vacinação as datas para receber o reforço da Sabin e DPT e a tríplice viral.

(B) aplicar os reforços das vacinas BCG id e tríplice viral e recomendar a vacina contra febre amarela para 15 dias antes da mudança da família para outra cidade.

(C) orientar a mãe para aguardar a melhora do quadro de coriza e posteriormente aplicar a vacina contra febre amarela.

(D) aplicar a vacina contra febre amarela e deixar o reforço da BCG id para os 15 meses de idade, uma vez que a criança apresenta baixo peso.

(E) priorizar a aplicação da vacina contra febre amarela e agendar na carteira de vacinação a dose de reforço da vacina contra sarampo para 30 dias após esta aplicação.

11. (EXAME 2002)

As equipes do Programa de Saúde da Família têm condições privilegiadas de detectar situações de risco relacionadas ao ambiente e promover ações individuais e coletivas para o controle dos possíveis agravos. Frente à situação de risco, há coerência entre os agravos à saúde e a conduta da equipe em:

	Situação de risco	Possíveis agravos à saúde	Conduta da equipe
(A)	Poluição dos alimentos	Doenças diarréicas, dermatites, intoxicações e câncer.	Orientar as pessoas para lavar os alimentos e suspender o consumo de alimentos com agrotóxicos.
(B)	Excretas e resíduos domésticos	Doenças diarréicas e outras transmitidas porvetores e infecções.	Orientar as pessoas para lavar os alimentos e suspender o consumo de alimentos com agrotóxicos.
(C)	Habitação insalubre	Infecções respiratórias agudas, doenças transmitidas por vetores e intoxicações.	Estimular o contato da população com o movimento por moradia. Orientar a umidificação do(s) quarto(s) e isolamento das pessoas com infecção respiratória.
(D)	Poluição do ar	Infecções respiratórias agudas, intoxicações, câncer e doenças crônico-respiratórias.	Promover o envolvimento da comunidade com a discussão das fontes de poluição do ar, mais especificamente as locais.
(E)	Poluição da água ou deficiência no gerenciamento da água	Doenças diarréicas, infecções, doenças transmitidas por vetores e intoxicações.	Indicar a fervura da água para beber por 2 minutos e usar a água de córregos e rios para lavagem de utensílios domésticos.

12. (EXAME 2002)

O Programa de Saúde da Família é uma estratégia do processo de reorganização da atenção básica de saúde envolvendo, segundo proposta do Ministério da Saúde (1998), o trabalho de uma equipe que

(A) pode ser limitada ao agente comunitário de saúde e ao médico, nos municípios que não dispõem de grande número de profissionais de saúde.

(B) tem a enfermeira como responsável técnica pelos agentes comunitários de saúde e supervisora dos auxiliares de enfermagem.

(C) substitui o trabalho dos profissionais do Sistema Único de Saúde para favorecer o fomento de movimentos sociais por melhores condições de vida.

(D) estabelece, a partir do cadastro das famílias de seu território, o número de médicos especialistas que devem compor a equipe de atenção básica.

(E) tem no agente comunitário de saúde o "elo de ligação" da equipe com a comunidade, devendo este ser residente na sua área de atuação.

QUESTÕES DISCURSIVAS

1. (EXAME 2010) DISCURSIVA

A Estratégia da Saúde da Família (ESF) é prioritária para a reorganização da atenção básica no Brasil, de acordo com os princípios doutrinários e organizativos do SUS. A operacionalização dessa estratégia pressupõe a responsabilização sanitária de uma equipe multiprofissional sobre uma determinada população residente em um território, com ênfase na promoção da saúde e na participação popular. A enfermagem é uma categoria profissional pertencente à equipe mínima da ESF.

BRASIL, Ministério da Saúde. Secretaria de Atenção à Saúde. Departamento de Atenção Básica. **Política nacional de atenção básica**. Brasília: Ministério da Saúde, 2006.

Considerando as premissas apresentadas, redija um texto dissertativo acerca do processo de trabalho da enfermagem na Estratégia da Saúde da Família, dando continuidade à situação descrita a seguir. (valor: 10,0 pontos)

Maria, enfermeira, residente em um município de pequeno porte, foi convidada para ser enfermeira da equipe do Centro de Saúde da Família que será implantado em um bairro periférico desse município.

2. (EXAME 2004) DISCURSIVA

A enfermeira Marta, do Programa de Saúde da Família (PSF), realizou uma visita domiciliar na zona rural e constatou que a constelação familiar era formada por cinco pessoas (um casal e três filhos). Observou que a comunidade rural onde vivem apresenta precárias condições de vida, tais como falta de saneamento básico e de tratamento de lixo, ausência de aparelhos culturais e habitação insalubre. Ao avaliar o pai, Senhor João (38 anos), constatou que apresentava tosse produtiva por quatro semanas, febre vespertina, perda de peso, sudorese noturna e dispneia. Ele relatou que teve tuberculose na juventude. Com base no caso, indique duas ações em nível individual e duas em nível coletivo, para a assistência a essa família, justificando a sua tomada de decisão. **(valor: 10,0 pontos)**

3. (EXAME 2003) DISCURSIVA

David, 23 anos, motorista de ônibus, vive há 4 anos com Flávia, 19 anos, recepcionista, e com a filha Sheila, 11 meses. No 3º mês de tratamento de tuberculose pulmonar, em uma Unidade de Saúde da Família, David recebeu o resultado positivo do teste ELISA para o HIV. Recusando-se a acreditar no diagnóstico por "não sentir nada", não sabe o que dizer à esposa. A enfermeira explicou-lhe a diferença entre a infecção pelo HIV e a Aids e as possibilidades de controle da doença com medicamentos específicos.

a) Explique a influência da infeção pelo HIV na manifestação da tuberculose. **(5 pontos)**

b) Cite uma intervenção a ser implementada pela equipe a cada um dos membros dessa família. **(15 pontos)**

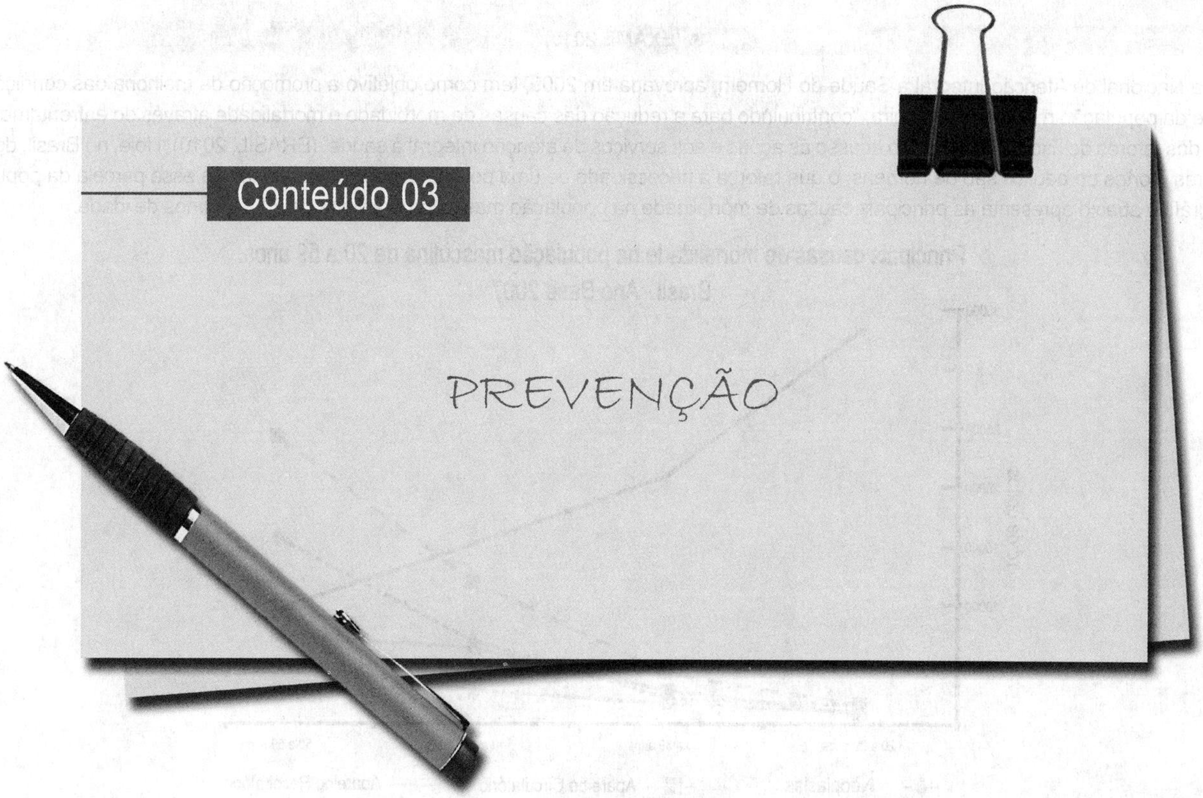

1. (EXAME 2010)

Avalie as asserções a seguir. As parasitoses intestinais provocadas por protozoários e helmintos são infestações que podem desencadear alterações no estado físico, psicossomático e social, interferindo diretamente na qualidade de vida de seus portadores, principalmente em crianças.

PORQUE

A disseminação das parasitoses também pode ocorrer por meio do contato interpessoal com pessoas infectadas que habitam a mesma residência, principalmente em moradias menores que favorecem o confinamento, reforçando a importância da investigação parasitária na população materno-infantil.

Analisando a relação proposta entre as duas asserções acima, assinale a opção correta.

(A) As duas asserções são proposições verdadeiras, e a segunda é uma justificativa correta da primeira.

(B) As duas asserções são proposições verdadeiras, mas a segunda não é uma justificativa correta da primeira.

(C) primeira asserção é uma proposição verdadeira, e a segunda é uma proposição falsa

(D) primeira asserção é uma proposição falsa, e a segunda é uma proposição verdadeira.

(E) As duas asserções são proposições falsas.

2. (EXAME 2010)

O território de Laranjeiras, situado em um município de pequeno porte, tem apresentado, nos últimos anos, alta incidência e prevalência de casos de violência. Estudos realizados pelo Núcleo de Prevenção às Violências e de Promoção da Saúde, de uma instituição local, revelam que 78% dos casos são registrados na faixa etária de 10 a 17 anos. A gestão municipal, em uma reunião colegiada, elaborou um plano de gestão integrada para enfrentamento da situação. A educação em saúde foi uma das estratégias apontadas para que a equipe de saúde da família enfrentasse o problema.

Nessa situação, é **incorreto** a equipe de saúde da família considerar que a educação em saúde

(A) é uma estratégia de promoção da saúde.

(B) relaciona-se à história, à cultura e aos costumes da comunidade.

(C) busca apoderar a comunidade para o processo de mudança.

(D) visa à participação ativa dos sujeitos, acontecendo em diversos espaços.

(E) objetiva transmitir conhecimentos universalmente aceitos por meio de palestras, vídeos, panfletos, entre outros meios.

3. (EXAME 2010)

A Política Nacional de Atenção Integral à Saúde do Homem, aprovada em 2009, tem como objetivo a promoção da melhoria das condições de saúde da população masculina brasileira, "contribuindo para a redução das causas de morbidade e mortalidade através do enfrentamento racional dos fatores de risco e facilitando o acesso às ações e aos serviços de atenção integral à saúde" (BRASIL, 2010). Hoje, no Brasil, duas a cada três mortes de adultos são de homens, o que reforça a necessidade de uma política específica de atenção a essa parcela da população. O gráfico abaixo apresenta as principais causas de mortalidade na população masculina brasileira de 20 a 59 anos de idade.

Principais causas de mortalidade na população masculina de 20 a 59 anos. Brasil - Ano Base 2007

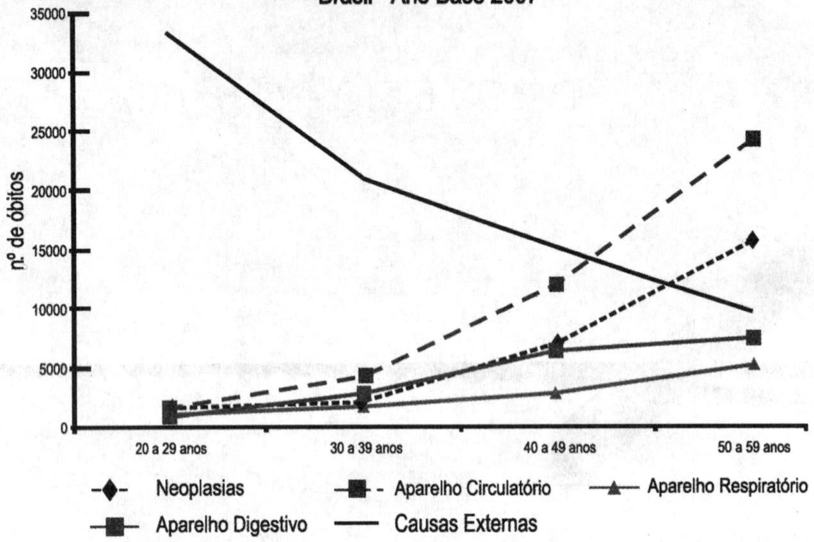

MS/SVS/DASIS — SIM.Brasil, 2010.

Com base no gráfico, conclui-se que

(A) há relação inversa entre a mortalidade por causas externas e a mortalidade devida a doenças do aparelho circulatório nos extremos de idade: 20-29 anos e 50-59 anos de idade.

(B) as curvas de mortalidade por neoplasias, doenças do aparelho digestivo e do aparelho respiratório têm pouca variação entre si na vida adulta.

(C) a mortalidade por neoplasias entra em ascensão a partir dos 39 anos de idade e estabiliza na faixa etária de 50 a 59 anos de idade.

(D) as doenças do aparelho circulatório são responsáveis por grande parte da mortalidade durante toda a vida adulta.

(E) causas externas e doenças do aparelho circulatório assumem curvas semelhantes após os 40 anos de idade.

4. (EXAME 2010)

O Programa de Controle Médico de Saúde Ocupacional (PCMSO) é uma diretriz para orientar o empresariado no estabelecimento de um plano de saúde ocupacional para o trabalhador.

Em muitas atividades, há risco aumentado de aquisição e de transmissão de doenças infecciosas no ambiente de trabalho. É importante a educação em relação ao emprego correto das técnicas de proteção individual, assim como a indicação correta da vacinação adequada, preferencialmente ao ingresso do profissional em sua atividade.

BALLALAI, I; MIGOWSKI, E. **Imunização e prevenção nas empresas**: um guia de orientação para a saúde dos negócios e do trabalhador. Rio de Janeiro, 2006.

São vacinas recomendadas para todos os profissionais de saúde pelo calendário de vacinação ocupacional da Sociedade Brasileira de Imunizações:

(A) pneumocócica, meningocócica C conjugada e tríplice virai.

(B) tríplice virai, hepatite A e B e cólera (oral).

(C) febre amarela, meningocócica C conjugada e difteria, coqueluche e tétano.

(D) hepatite A e B, meningocócica C conjugada e tríplice viral.

(E) raiva, meningocócica C conjugada e tríplice viral.

Instruções: Considere o caso para responder às duas questões a seguir.

Alice tem 28 anos e chegou ao Pronto Socorro com seu filho Mateus de um ano e três meses, com história de duas internações hospitalares por pneumonia. A criança frequenta uma creche municipal e há dois dias apresenta diarreia, febre intermitente, bradipneia, vômito e perda de peso. Foi encaminhada pela Unidade Básica de Saúde com tratamento do Plano C para desidratação, já tendo recebido uma dose de antitérmico e recebendo soro de reidratação oral 15 mL/kg/hora por sonda nasogástrica. Após alguns exames clínicos e laboratoriais, Alice foi informada de que Mateus está com tuberculose pulmonar. Ao ser esclarecida de que o diagnóstico havia sido confirmado pela identificação do Bacilo de Kock no lavado gástrico, Alice mostrou-se convencida de que Mateus contraiu tuberculose há uma semana, através do leite materno de uma conhecida que o amamentou uma única vez. Alice foi orientada sobre a fisiopatologia, o tratamento e a prevenção da doença de Mateus.

5. (EXAME 2007)

Considerando o pensamento do educador Paulo Freire, essa ação educativa teve qual abordagem e objetivo?

(A) Biologicista, com informações a respeito do modo de transmissão da doença para corrigir a convicção de Alice em relação ao meio pelo qual Mateus foi infectado.

(B) Dialógica, com a transformação dos saberes existentes, ajudando Alice a compreender por si mesma o modo de transmissão da tuberculose.

(C) Higienista, com a instituição de medidas de precaução para interromper a cadeia de transmissão da doença na família e na comunidade.

(D) Construtivista, com a demonstração à Alice de seu desconhecimento e a este atribuindo como uma das causas do adoecimento de Mateus, visando ao aprimoramento de sua conduta.

(E) Paternalista, com a inclusão de Alice num programa de apoio econômico, garantindo seus direitos e a construção de sua cidadania.

6. (EXAME 2007)

Considere as ações a serem recomendadas pelas enfermeiras que atenderam Mateus no PS e na UBS:

I. Puncionar veia periférica em Mateus para instalar a hidratação na fase de expansão, colocar coletor de urina, iniciar balanço hídrico e inserir a mãe como uma unidade de cuidado.

II. Instalar cateter de oxigênio nasal FiO2 2 Litros/minuto, fazer controle da saturação de oxigênio, manter Mateus em quarto com pressão negativa e promover atividades para fortalecer vínculo mãe e criança.

III. Notificar o caso à Vigilância Epidemiológica do município, identificar sintomáticos respiratórios entre os comunicantes adultos e verificar a situação vacinal das crianças da creche e da família de Mateus.

IV. Realizar desinfecção da creche, manter o ambiente ventilado, restringir o uso dos brinquedos de pano e de pelúcia e realizar visita domiciliar supervisionando as condições de higiene e iluminação natural da casa de Mateus.

Estão corretas APENAS as ações apresentadas em

(A) I e III.

(B) I e II.

(C) II e III.

(D) II e IV.

(E) III e IV.

7. (EXAME 2007)

Reginaldo, 46 anos, portador de doença renal crônica, vai iniciar hemodiálise três vezes por semana enquanto aguarda a chamada para se submeter a transplante renal. Ele foi encaminhado para receber o esquema de vacinação contra hepatite B, na Unidade Básica de Saúde próxima de sua residência, onde recebeu a primeira dose de 2 mL de vacina por via intramuscular profunda. A segunda dose foi administrada após intervalo de 30 dias, tendo sido agendada a terceira dose para 180 dias após a primeira, data em que Reginaldo se encontrava internado no hospital devido a uma intercorrência gastrintestinal. Sessenta dias após a data agendada compareceu à UBS e solicitou o reinício do esquema de vacinação porque havia ultrapassado os prazos estipulados no calendário. Qual a conduta e a orientação corretas a serem oferecidas a Reginaldo?

(A) Reiniciar o esquema de três doses conforme solicitado pelo cliente porque a interrupção do esquema anula os anticorpos anteriormente produzidos.

(B) Dar continuidade ao esquema administrando a terceira dose e agendando a quarta dose, prevista para pacientes de grupos de risco, porque os pacientes nesta condição têm menor produção de anticorpos.

(C) Reiniciar o esquema e acrescentar uma quarta dose, seis meses após a terceira, porque na repetição do esquema o organismo demora mais tempo para desenvolver a memória celular contra a hepatite.

(D) Encerrar o esquema de vacinação administrando a terceira dose porque a ampliação do intervalo entre as doses supre a necessidade da quarta dose, se cumpridos os prazos iniciais.

(E) Substituir a vacinação por imunoglobulina específica uma vez que o esquema não pode ser reiniciado nem completado porque o paciente não é mais virgem da estimulação pelo antígeno.

8. (EXAME 2007)

O Centro Dia de Convivência de Idosos Vida Feliz com capacidade para atender 20 idosos, em cada período, teve aumento de procura por parte dos familiares de idosos que apresentam sequelas de acidente vascular encefálico (AVE). A equipe de saúde do Vida Feliz reuniu-se para planejar as ações necessárias para acolher esta demanda e optou por utilizar como instrumento a metodologia do Planejamento Estratégico Situacional (PES). Considerando o PES, está corretamente correlacionado o momento com a respectiva ação a ser implementada pela equipe em:

	Momento	Ação
A	Reflexivo	refletir sobre a dificuldade dos cuidadores
	Ativo	propor a intervenção nas sequelas do AVE
	Estratégico	possibilitar o estabelecimento de um plano de ação
	Tático-operacional	implementar as ações que foram propostas

	Explicativo	explicar a realidade do aumento da demanda
B	Normativo	conceber um plano de ação para intervir nas sequelas do AVE
	Estratégico	estabelecer o plano de ação
	Tático-operacional	implementar as ações que foram propostas

	Explicativo	explicar a realidade do aumento da demanda
C	Reflexivo	refletir sobre a dificuldade dos cuidadores
	Ativo	Ativo propor a intervenção nas sequelas do AVE
	Estratégico	possibilitar o estabelecimento de um plano de ação

	Ativo	propor a intervenção nas sequelas do AVE
D	Normativo	conceber um plano de ação para intervir nas sequelas do AVE
	Estratégico	possibilitar o estabelecimento de um plano de ação
	Ação	implementar as estratégias propostas

	Reflexivo	refletir sobre a dificuldade dos cuidadores
E	Normativo	conceber um plano de ação para intervir nas sequelas do AVE
	Estratégico	possibilitar o estabelecimento de um plano de ação
	Ativo	propor a intervenção nas sequelas de AVE

9. (EXAME 2004)

A violência familiar infringe os direitos da criança e do adolescente, definidos pela Constituição Federal do Brasil (1988) e pelo Estatuto da Criança e do Adolescente (Lei 8.069/1990). A esse respeito, que ações de interesse coletivo, relacionadas à prevenção da violência na infância e juventude, a enfermagem pode desenvolver?

(A) Realizar atividades de prevenção da violência contra a criança e adolescente e promover ações educativas.

(B) Identificar grupos em situação de vulnerabilidade aos maus tratos físicos e emocionais, através de investigações científicas interdisciplinares.

(C) Identificar crianças e adolescentes com sinais de maus tratos e intervir junto à mãe, orientando-a para formação de vínculos.

(D) Intervir sobre o despreparo dos pais para assumir a função materna e paterna, como fator desencadeador isolado da violência familiar.

(E) Desenvolver ações de promoção e consolidação de vínculos, intervindo junto à família e à escola.

10. (EXAME 2004)

Sr. Roberto, 50 anos, pai de três rapazes, viúvo, servidor público, analista de sistemas, procurou o serviço de saúde do trabalho reclamando de "aperto no peito". Na consulta de enfermagem, verificou-se que ele era fumante e sedentário, apresentava processos familiares alterados e estava insatisfeito com o seu salário e o excesso de peso. Diante desse diagnóstico, concluiu-se que o estilo de vida do cliente era de risco para sua saúde mental e então elaborou-se um plano de autocuidado. O que o(a) enfermeiro(a) deve incluir nesse plano?

(A) Prescrever orientações para evitar o fumo, encaminhar para a orientação nutricional e recomendar atividade física.

(B) Negociar com ele práticas de redução do fumo e estabelecimento de um programa de atividades físicas e recreativas e encaminhá-lo para a reeducação alimentar.

(C) Orientar para a busca do apoio dos filhos e de orientação sexual e recomendar que faça dieta sem sal e hipocalórica, deambule diariamente e reduza o tabagismo.

(D) Recomendar que realize atividades recreativas, observe dieta hipocalórica, evite o fumo e busque relacionamentos amorosos.

(E) Recomendar que realize atividades físicas e recreativas, observe dieta para reduzir hipertensão e obesidade e busque satisfação sexual.

11. (EXAME 2004)

Dona Amélia, 72 anos, disse para o enfermeiro Luís que a sua hipertensão arterial foi "castigo divino" (*sic*), mas que tem esperança de ficar curada. O enfermeiro a esclareceu sobre as formas de surgimento dessa condição e as possibilidades de tratamento terapêutico que, de acordo com avaliação médica, o serviço de saúde tem a oferecer. Reconhecendo que D. Amélia possui conhecimentos limitados sobre essa condição, que características das doenças crônicas devem fundamentar a abordagem do enfermeiro?

(A) Longo curso clínico, degeneração tissular, cura e reabilitação, transmissibilidade em alguns casos.

(B) Presença de determinados micro-organismos, transmissibilidade, curto curso clínico e irreversibilidade.

(C) Presença de determinados micro-organismos, transmissibilidade, longo curso clínico e irreversibilidade.

(D) Ausência de micro-organismos no modelo epidemiológico, não transmissibilidade, longo curso clínico e irreversibilidade.

(E) Ausência de micro-organismos no modelo epidemiológico, transmissibilidade em alguns casos, longo curso clínico e irreversibilidade.

12. (EXAME 2003)

Luana de 18 anos trouxe o seu filho Diego de sete dias na primeira consulta de puericultura. A enfermeira, ao remover a roupa da criança para iniciar o exame físico, viu que o abdômen estava enfaixado para segurar uma moeda colocada sobre a cicatriz umbilical. A mãe revelou receber orientação da sogra quanto aos cuidados higiênicos do bebê. Ao inspecioná-lo, constatou epitelização incompleta sobre o anel umbilical, presença de tecido de granulação mole e vascular vermelho escuro com secreção seropurulenta. A intervenção de enfermagem é orientar a mãe a

(A) limpar o local com soro fisiológico a 0,9% morno, passar álcool 70%, manter o local ventilado, trocar fraldas com frequência e deixar de seguir orientação de pessoas leigas.

(B) retirar o enfaixamento do abdômen, limpar o local com água morna, passar mercúrio cromo e marcar retorno em sete dias.

(C) parar de usar o enfaixamento, limpar o local com água morna e sabonete neutro, aplicar bastão de nitrato de prata sobre o granuloma e convidar a sogra a participar da consulta.

(D) retirar a faixa, encorajar o papel materno, fazer curativo local com pomada antibacteriana após rigorosa limpeza com soro fisiológico a 0,9% e requisitar a participação do pai.

(E) remover a faixa, fazer limpeza local com água morna e sabonete neutro, encaminhar ao pediatra para descartar a suspeita de pólipo umbilical e orientar os familiares.

13. (EXAME 2003)

Ações educativas voltadas à prevenção das complicações do *Diabetes Mellitus* constituem uma das atividades dos enfermeiros, em qualquer nível de atenção à saúde. Considerando que as amputações das extremidades dos membros inferiores podem ser prevenidas, a enfermeira deve orientar o cliente sobre os seguintes cuidados:

I. usar sapatos confortáveis; utilizar meias de algo

II. inspecionar os pés diariamente; usar espelho para ver a parte inferior dos dedos e testar a água do banho com o pé.

III. lavar os pés com água morna e sabão neutro; secar cuidadosamente os espaços entre os dedos; não utilizar medidas caseiras para tratar joanetes e calos.

IV. evitar calçados mal ajustados; não andar descalço; pedir ajuda de familiar ou amigo para inspecionar os pés, caso não consiga fazê-lo sozinho.

Está correto o que se afirma em

(A) I e II.

(B) I e III.

(C) I, II e III.

(D) I, III e IV.

(E) II e IV.

14. (EXAME 2002)

A ocorrência de acidentes domésticos na infância e na adolescência está relacionada, além das condições ambientais, à faixa etária e à fase de desenvolvimento. Nas ações de prevenção, a enfermeira deve considerar que há maior prevalência de acidentes por

(A) intoxicação, entre o nascimento e os 4 meses de idade, porque nesta fase a criança é capaz de coordenar a mão e o olho, tem reflexo de preensão voluntária e manipula objetos.

(B) afogamento, entre os 7 e 10 anos de idade, porque nesta fase a criança se distrai facilmente com o ambiente, não teme ações motoras grosseiras e experimenta coisas novas.

(C) asfixia, entre os 3 e 6 anos de idade, porque nesta fase a criança é capaz de abrir portas, janelas e incapaz de perceber a profundidade espacial.

(D) queimaduras, entre os 12 e 36 meses de idade, porque nesta fase a criança é capaz de alcançar alturas mais elevadas, puxar objetos e explorar orifícios e aberturas.

(E) envenenamento, entre os 13 e 18 anos de idade, porque nesta fase o adolescente tem sensação de indestrutibilidade, necessidade de independência e de liberdade e tenta feitos perigosos.

15. (EXAME 2002)

Paciente do sexo feminino, 32 anos, hipertensa, em acompanhamento ambulatorial há 6 meses, mantendo 170 x 120 mmHg de pressão arterial, com baixa adesão à dieta hipossódica. A conduta de enfermagem envolve

(A) avaliar a compreensão das medidas dietéticas; investigar os motivos da baixa adesão; encaminhar ao grupo de convivência/autoajuda.

(B) recomendar a medição diária da pressão arterial e do peso corporal; reorientar dieta hipossódica; encaminhar ao psicólogo.

(C) indicar o respouso relativo; avaliar a presença de edema em membros inferiores; encaminhar à assistente social.

(D) estimular o aumento da ingestão de líquidos; reorientar as medidas dietéticas; encaminhar à nutricionista para avaliação.

(E) orientar o controle diário de volume urinário e de pressão arterial; avaliar a compreensão de medidas dietéticas e agendar retorno semanal.

QUESTÕES DISCURSIVAS

1. (EXAME 2010) DISCURSIVA

"O enfermeiro que se propõe a trabalhar na coletividade tem a missão de manter e promover a saúde"

FIGUEIREDO, N. M.A. , 2005.

Com base nesse princípio, a enfermeira Márcia convocou outras enfermeiras, Cristina e Rosa, para uma reunião, com o objetivo de, juntas, discutirem o que se espera de um cuidado coletivo para a comunidade assistida. Considerando esse objetivo, resolva os itens a seguir.

a) Apresente e fundamente três temas que deveriam ser discutidos pelas enfermeiras na reunião para alcançar o cuidado coletivo. **(valor: 5,0 pontos)**

b) Conceitue cuidado coletivo. **(valor: 5,0 pontos)**

2. (EXAME 2004) DISCURSIVA

“No panorama mundial, a Doença de Alzheimer configura-se como uma importante doença crônico-degenerativa, levando à demência, perda de memória progressiva, ausência de controle urinário e intestinal, entre outras manifestações que comprometem a qualidade de vida dos idosos. No entanto, a vida ativa, a triagem regular de saúde, os padrões alimentares e estilo de vida podem contribuir para minimizar essas e outras complicações, com a participação de enfermeiros e outros profissionais de saúde.”

A Senhora Maria José (68 anos), esposa do senhor João (82 anos), preocupada com esta notícia, publicada em uma revista, solicitou mais informações sobre o assunto no Grupo Educativo para Idosos da instituição que frequenta, já que percebeu mudança de comportamento do marido semelhante à descrita na reportagem. Diante desta situação, qual é a abordagem educativa a ser conduzida pelo enfermeiro? **(valor: 10,0 pontos)**

Conteúdo 04

POLÍTICAS DE SAÚDE

1. (EXAME 2010)

O gráfico a seguir apresenta evolução anual do número de centros de atenção psicossocial (CAPS) no Brasil.

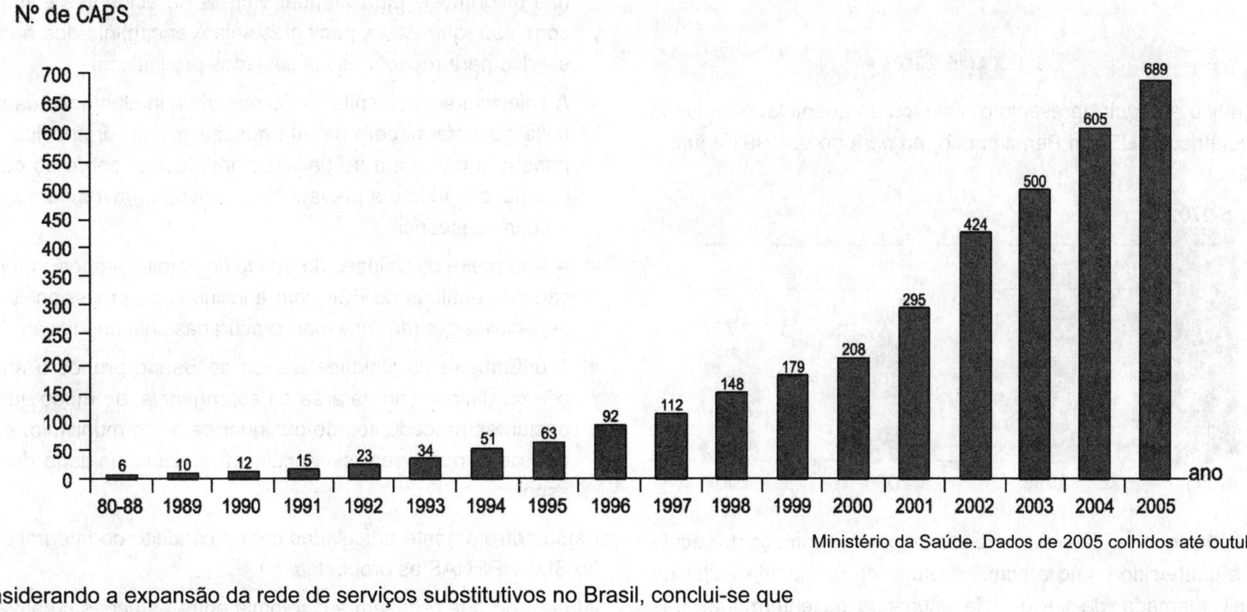

Ministério da Saúde. Dados de 2005 colhidos até outubro.

Considerando a expansão da rede de serviços substitutivos no Brasil, conclui-se que

(A) a expansão do número de CAPS foi importante para a reforma psiquiátrica, mas ainda há dificuldades nos fluxos de usuários entre atenção básica e atenção especializada.

(B) o aumento do número de CAPS é importante para que as famílias sem condições de cuidar dos usuários com transtornos mentais possam ter uma instituição responsável por eles.

(C) os CAPS, como porta de entrada dos usuários com transtornos mentais para o sistema de saúde, devem atuar na lógica de reinserção social e cuidado interdisciplinar.

(D) o aumento do número de CAPS no país é incoerente com os princípios da reforma psiquiátrica, que busca diminuir o número de instituições que cuidam das pessoas com transtornos mentais.

(E) a inserção social dos usuários dos CAPS se dá no interior do próprio sistema de saúde, por meio de atividades educativas e lúdicas.

2. (EXAME 2010)

O acúmulo técnico-político dos três níveis de gestão do SUS, na implantação do Programa de Agentes Comunitários de Saúde (PACS) e da Estratégia de Saúde da Família (ESF), elementos essenciais para a reorientação do modelo de atenção, tem possibilitado a identificação de um conjunto de questões relativas às bases conceituais e operacionais do que se tem denominado atenção básica à saúde no Brasil, e de suas relações com os demais níveis do sistema. Essa discussão fundamenta-se nos eixos transversais da universalidade, da integralidade e da equidade, em um contexto de descentralização e controle social da gestão, princípios assistenciais e organizativos do SUS, consignados na legislação constitucional e infraconstitucional.

Considerando o texto como referência inicial, assinale a opção correta acerca da atenção básica em saúde.

(A) O Programa Saúde da Família é a estratégia prioritária para a reorganização da atenção básica, por ser um atendimento prestado por equipes especialistas que se responsabilizam pelas famílias cadastradas em sua área.

(B) A equipe mínima para a ESF é composta por um médico de família, um enfermeiro, um auxiliar de enfermagem, um dentista, agentes comunitários de saúde, um auxiliar e um técnico em higiene dental.

(C) A atenção básica em saúde é considerada a porta de entrada para o SUS por cuidar apenas da promoção da saúde e da prevenção primária.

(D) Cada equipe da ESF é responsável pelo acompanhamento de 3 mil pessoas ou 500 famílias de determinada área.

(E) O PACS substitui a ESF em municípios com menos de 50 mil habitantes.

3. (EXAME 2010)

O gráfico a seguir apresenta o histórico da quantidade de leitos psiquiátricos/SUS em Pernambuco, no período de 1991 a junho de 2009.

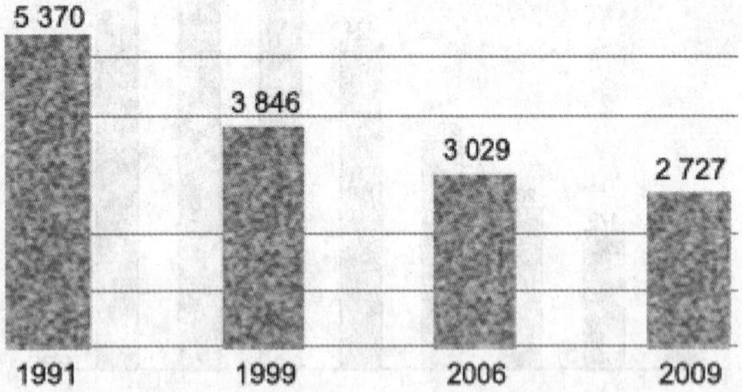

O período que vai da independência do país ao começo do século XX é conhecido como a primeira etapa da psiquiatria asilar do Brasil, mamada, de início, pela ocupação de enfermarias das Santas Casas pelos doentes mentais. (...) Assim como aconteceu nos outros hospícios, o Hospital da Tamarineira [em Pernambuco] (...) em pouco tempo excedeu sua capacidade de internos numa clara demonstração de falta de eficácia dos métodos de tratamento utilizados. Num cenário de mudanças políticas, a partir dos anos 30, foi iniciada a redução do número de internos.

FAGUNDES, V. L. D., BASTOS, O., VASCONCELOS, M. G.L. e LIMA FILHO, I. de A. Atenção à Saúde Mental em Pernambuco: Perspectiva Histórica e Atual. *In*: **Neurobiologia**, 73 (1) jan./mar. 2010 (com adaptações).

Considerando as informações apresentadas e a operacionalização da Política Nacional de Saúde Mental, conclui-se que

(A) a redução do número de leitos psiquiátricos ocorreu porque só era possível ofertar uma assistência de qualidade ao usuário caso fosse emitida autorização de internamento hospitalar (AIH).

(B) a redução do número de leitos psiquiátricos no Brasil é, atualmente, um grande problema que dificulta o atendimento aos usuários de acordo com os princípios da Reforma Psiquiátrica.

(C) o internamento psiquiátrico involuntário deve ser realizado como uma forma de assegurar ao usuário com transtorno mental o tratamento adequado, já que ele não pode tomar decisões.

(D) a criação de uma rede substitutiva de serviços de saúde mental acompanhou a desinstitucionalização dos pacientes com transtornos mentais no Brasil.

(E) a redução de leitos psiquiátricos foi considerada positiva pela sociedade, porque foi acompanhada da expansão de vagas para pacientes portadores de patologias de maior gravidade no Brasil.

4. (EXAME 2007)

O diretor do Distrito de Saúde "Salveiros", após avaliar o Sistema Único de Saúde, concluiu que este não está atendendo satisfatoriamente o princípio básico da integralidade e solicitou que os enfermeiros gerentes das unidades de saúde da região apresentassem propostas para reversão dessa situação. Foram apresentadas as seguintes propostas:

I. A enfermeira do Pronto Socorro sugeriu que o PS tenha vacinas disponíveis para atender vítimas de acidentes evitando, com isso, que esses pacientes sejam encaminhados a outro serviço para receber esses cuidados profiláticos.

II. A enfermeira do Hospital Geral sugeriu a implantação da consulta de enfermagem na alta hospitalar com protocolos próprios que garantam ao paciente orientações sobre os cuidados necessários e a prevenção de novos agravos no período de convalescença.

III. A enfermeira da Unidade de Saúde da Família propôs a ampliação das equipes do PSF com a inclusão de profissionais das especialidades médicas mais procuradas pela população.

IV. A enfermeira da Unidade Básica de Saúde propôs a anulação da delimitação da área de abrangência, de modo que os pacientes procedentes de qualquer parte do município, e até fora dele, pudessem se vincular a qualquer unidade de sua escolha.

Estão corretamente articuladas com o conceito de integralidade do SUS APENAS as propostas

(A) I e II porque reduzem a dicotomia entre as ações curativas e preventivas nos serviços de saúde.

(B) III e IV porque oferecem mais serviços e a um maior número de pessoas.

(C) I e III porque os usuários atendidos por médicos especialistas na rede básica necessitarão, cada vez menos, de Pronto Socorro.

(D) III e IV porque preveem o atendimento da população holisticamente.

(E) I e II porque não falam dos direitos do cidadão brasileiro e sim da ampliação de serviços.

Utilize o texto abaixo para responder às duas questões seguintes.

A reorganização do processo de trabalho em enfermagem passa pela qualificação da força de trabalho, pela integração dos profissionais e o resgate do sentido de trabalho na perspectiva interdisciplinar. Inclui, ainda, a abertura de espaços democráticos, de discussão e de decisão com o usuário, visando a ampliar escutas e trocas.

5. (EXAME 2004)

Com que princípios definidos pelo Sistema Único de Saúde (Lei nº 8.080/90) esse texto se relaciona?

(A) Garantia de acesso e acomodação do usuário.
(B) Integralidade na assistência e treinamento profissional em serviço.
(C) Participação de trabalhadores e usuários na gestão e integralidade da assistência.
(D) Acomodação do usuário e treinamento profissional em serviço.
(E) Gestão de qualidade total e garantia de acesso.

6. (EXAME 2004)

Com base no texto acima, em que modelo de assistência a enfermagem deve centrar suas práticas cuidativas e educativas?

(A) Humanista.
(B) Biologicista.
(C) Flexneriano
(D) Tecnicista.
(E) Teologicista.

7. (EXAME 2003)

No Brasil, em consequência do modelo de desenvolvimento capitalista, as mudanças nos processos de produção e no espaço geossocial favoreceram o aumento das doenças transmissíveis, de forma tal que velhas doenças voltaram a fazer parte do cenário epidemiológico. A dengue tornou-se endêmica nas regiões sudeste e nordeste no final da década de 80 e nas regiões centro-oeste e norte na década de 90, refletindo a disseminação do *Aedes aegypti* para todo o território nacional. A baixa efetividade das estratégias propostas para o controle da doença deve-se a

I. dificuldades de adesão da população às medidas de controle.
II. resistência do vetor aos pesticidas disponíveis.
III. descontinuidade das medidas de controle.
IV. alcance limitado das medidas de controle sobre as condições de vida.

Está correto o que se afirma em

(A) I e II.
(B) I, II e III.
(C) I, III e IV.
(D) II e III.
(E) II e IV.

8. (EXAME 2003)

No Brasil, as diretrizes políticas da área da Saúde Mental fundamentam-se em princípios do Sistema Único de Saúde e orientam

(A) a participação da comunidade em campanhas que esclareçam o público da dificuldade de estabelecer o diagnóstico de transtorno mental e da eficácia do tratamento. Essas campanhas visam impedir a discriminação da pessoa com transtorno mental.
(B) o estabelecimento de condições que assegurem o acesso igualitário às ações e aos serviços de promoção, assistência e reabilitação, sem excluir do Estado, dos profissionais de saúde, das famílias, das empresas e da sociedade, o dever da assistência.
(C) a descentralização da assistência aos pacientes com transtorno mental, visando à redução expressiva de gastos pelo Estado, para que as ações de saúde mental e de reabilitação sejam mais eficientes.
(D) o acesso diferenciado à assistência aos pacientes que são retirados dos hospitais e assistidos em ambulatórios, sem considerá-los portadores de transtorno mental grave, acolhendo-os e incluindo-os no convívio social.
(E) o desenvolvimento de ações predominantemente intra-hospitalares que visam tratar os danos do transtorno mental por meio de programas de humanização.

9. (EXAME 2003)

O Brasil, segundo país do mundo em número de casos de hanseníase, é um dos signatários do acordo internacional para a eliminação dessa doença. Para isso, a descentralização é uma estratégia considerada importante para o alcance dessa meta. Considerando esse quadro, a equipe de saúde de um município pequeno, 25 mil habitantes, com baixa prevalência de casos de hanseníase, duas Unidades Básicas de Saúde e um Pronto Socorro, deve

(A) buscar novos casos, valorizando a queixa ou observação de presença de manchas hipocrômicas que justificam o encaminhamento do paciente a um serviço de referência especializado que possua recursos tecnológicos apropriados para a execução do diagnóstico, dada a sua complexidade.
(B) realizar anualmente campanhas educativas em consonância com as campanhas ministeriais, uma vez que os municípios dispõem de orçamento específico para isso, aplicando na ocasião o teste de Mitsuda e de histamina em grupos populacionais institucionalizados.
(C) supervisionar o tratamento ambulatorial, principalmente dos pacientes da forma Virchowiana – fonte de infecção da doença – para que não abandonem a poliquimioterapia, não venham a ter sequelas e se tornem o mais cedo possível tuberculoides, interrompendo a cadeia de transmissão.
(D) encaminhar para serviço especializado os contatos intradomiciliares para aplicação da vacina BCG-ID respeitando a descentralização dos serviços e orientá-los sobre cuidados com aeração do domicílio uma vez que o bacilo de Hansen permanece viável no meio ambiente por até 9 dias.
(E) proceder a busca ativa de casos testando a sensibilidade térmica, táctil e dolorosa nos locais com mancha, capacitar os profissionais para identificação de sinais da doença e encaminhar para os serviços de referência os casos de reação hansênica para acompanhamento por especialista.

10. (EXAME 2002)

A Lei nº 8.080/90, que regula no território nacional as ações e serviços de saúde, em seu artigo 3º estabelece que a saúde tem "como fatores determinantes e condicionantes, entre outros, a alimentação, a moradia, o saneamento básico, o meio ambiente, o trabalho, a renda, a educação, o transporte, o lazer e o acesso aos bens e serviços essenciais...", o que expressa uma compreensão de saúde e doença ancorada na concepção da

(A) unicausalidade.
(B) história natural da doença.

(C) multicausalidade.
(D) determinação social.
(E) teoria miasmática.

11. (EXAME 2002)

A participação popular é um dos princípios do Sistema Único de Saúde. A Lei nº 8.142/90 prevê essa participação em todas as esferas de governo, nas seguintes instâncias: Conferência de Saúde e Conselhos de Saúde. O Conselho Municipal de Saúde

(A) tem caráter consultivo. Pode contar com a participação de enfermeiras como representantes dos prestadores de serviço público, em número paritário e equivalente ao dos representantes dos usuários e dos serviços privados.
(B) tem caráter deliberativo. Atua na formulação de estratégias e no controle da execução da política de saúde no município e é formado por representantes dos usuários em número equivalente ao dos representantes de outros segmentos.
(C) deve permitir a democratização da saúde. Tem o secretário municipal de saúde como presidente nato, que não poderá delegar esta função a representantes de usuários.
(D) deve zelar pela proteção dos trabalhadores da saúde. É composto, de forma majoritária, por representantes dos usuários que devem reivindicar assistência médica com qualidade a toda comunidade.
(E) propicia a cogestão de serviços entre a população e o governo. Tem contado em sua formação com enfermeiras para desenvolver assessoria técnica de enfermagem aos usuários.

12. (EXAME 2002)

O Processo de Trabalho em Enfermagem é constituído pelos subprocessos: Administrar, Assistir, Ensinar e Pesquisar. Cada um deles possui seus próprios objetos, finalidade, instrumentos, métodos, produtos e agentes. O subprocesso de trabalho Administrar tem como

(A) agentes: o médico, o enfermeiro e o técnico de enfermagem.
(B) finalidade: coordenar a assistência de enfermagem.
(C) instrumentos: os recursos físicos, materiais e humanos para o cuidado.
(D) métodos: as teorias de ensino-aprendizagem empregadas para treinar a equipe de enfermagem.
(E) produtos: a promoção, a manutenção e a recuperação da saúde dos clientes.

QUESTÃO DISCURSIVA

1. (EXAME 2007) DISCURSIVA

Na reunião do conselho gestor da Unidade de Saúde da Família São Leopoldo de um município de pequeno porte um representante dos usuários trouxe a seguinte situação para discussão:

"Meu vizinho usa cadeiras de rodas há 10 anos. Pensava que boa parte de seus problemas estavam resolvidos uma vez que, após muita luta, a prefeitura arrumou transporte especial para deficientes físicos. Assim ele não dependeria tanto da ajuda de seu filho para algumas atividades. Porém, tentou colher sangue na UBS e quase não conseguiu por dois motivos:

– os horários do transporte são poucos e não compatíveis com o horário da coleta de sangue. Ele chegou atrasado 30 minutos, o que se repetirá todas as vezes que ele e outros deficientes estiverem nessa situação; e

– a porta da sala de coleta é muito estreita e a cadeira não passou. Só conseguiu colher o sangue porque a auxiliar de enfermagem foi muito atenciosa e colheu o sangue fora do horário e no corredor, recomendando que da próxima vez ele chegue mais cedo. Ele agradece muito a auxiliar mas gostaria de uma solução mais definitiva para este e outros casos semelhantes."

Um representante dos trabalhadores explicou que: *"este não era um problema do Conselho. O número de cadeirantes é muito pequeno na área e afinal o cliente já havia sido atendido. Além disso, os exames são feitos em um laboratório regional e o horário de coleta é definido pelo serviço encarregado de recolher o material em várias unidades."*

Outro usuário discorda afirmando que: "*o Conselho tem sim muito a ver com isso, porque foi criado no SUS para atender as reclamações da população. Não podemos abrir mão dessa vitória, antes não tínhamos Conselho agora temos!*"

a) Tendo como base as competências de um conselho gestor, a afirmação "*... este não era um problema do Conselho*" é correta? Justifique sua resposta. **(valor: 5,0 pontos)**

b) Apresente uma proposta de encaminhamento que a enfermeira da UBS poderia adotar para atender a solicitação de "*uma solução mais definitiva para este e outros casos semelhantes*". Justifique sua proposta, tomando como referência as atuais políticas públicas de saúde e alicerçando-se em um dos conceitos a seguir:

- intersetorialidade
- acessibilidade **(valor: 5,0 pontos)**

Conteúdo 05

TÉCNICA DE ENFERMAGEM

1. (EXAME 2010)

Um paciente com infarto agudo do miocárdio, também portador de DPOC, foi internado em dínica médica com história de pneumonia, apresentando hipertermia (38 °C), taquipneico e sinais de insuficiência respiratória. Considerando esse caso, avalie os procedimentos listados a seguir.

I. A remoção de secreção das vias aéreas é importante, pois secreções retidas interferem com a troca gasosa.

II. A frequência cardíaca do paciente com pneumonia diminui devido à sobrecarga imposta pelo trabalho ventilatório e pela hipertermia.

III. A umidificação e a fluidificação da árvore brônquica ajudam a liquefazer as secreções e aliviam a irritação traqueobrônquica.

IV. Se o paciente com pneumonia não conseguir tossir para eliminar secreções, ele deve ser encorajado a repousar, até que se sinta em condições de mudar de decúbito e tossir.

V. A oxigenioterapia em baixo fluxo é fundamental para o paciente com DPOC, pois aumenta o nível de P02.

São cuidados de enfermagem adequados ao caso apresentado apenas os descritos em

(A) II e V
(B) I, II e V
(C) I, III, IV
(D) II, III e IV
(E) I, III, IV e V

2. (EXAME 2010)

A esclerose múltipla é uma doença autoimune, crônica, que afeta o sistema nervoso central provocando dificuldades motoras e sensitivas, comprometendo a qualidade de vida de seus portadores. Os sintomas caracterizam-se por distúrbios visuais, perda de sensibilidade dos membros inferiores, fadiga, disfunções motoras e dor. A patologia é um processo inflamatório que causa uma lesão nos axônios neuronais e produz uma esclerose em vários locais do sistema nervoso central, conforme ilustra a figura abaixo.

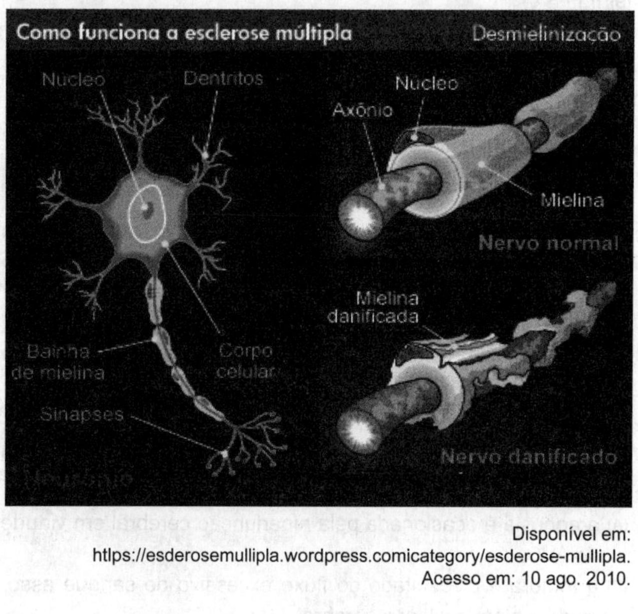

Disponível em: https://esderosemullipla.wordpress.comicategory/esderose-mullipla. Acesso em: 10 ago. 2010.

Nesse contexto, qual a importância da bainha de mielina na função neurológica?

(A) Proteger as fibras nervosas contra agressões físicas químicas e biológicas.

(B) Retardar a propagação dos impulsos através dos neurônios cerebrais motores.

(C) Dar consistência à fibra nervosa para que não seja comprimida por músculos.

(D) Isolar a fibra nervosa e permitir a condução saltatória dos potenciais de ação.

(E) Promover o transporte axonal que ocorre em vários pontos do sistema nervoso central.

3. (EXAME 2010)

A paciente R.G., com 35 anos de idade, do sexo feminino, com IMC = 32, 120 kg, será submetida à gastroplastia por videocirurgia, admitida na unidade de CMC. Durante a aplicação do histórico de enfermagem, o enfermeiro responsável pela admissão levantou os seguintes problemas: assadura em região suprapúbica, devido à prega formada pela barriga; abertura pequena de boca; pescoço curto; sudorese intensa em mãos e região axilar; uso de *piercing* em narina direita; uso de prótese dentária na arcada superior; limitação com relação à flexão de joelhos.

Nessa situação, avalie os seguintes procedimentos.

I. Comunicar ao enfermeiro do CC a respeito da sudorese intensa.

II. Solicitar visita pré-operatória do anestesista.

III. Retirar *piercing* da narina direita.

IV. Encaminhar a paciente para o CC, sem retirar a prótese dentária.

V. Comunicar ao enfermeiro do CC acerca da limitação de flexão de joelhos.

VI. Realizar higiene íntima devido à assadura.

São procedimentos adequados em um plano de cuidado pré-operatório apenas os descritos em

(A) I, IV e VI.

(B) II,III e V.

(C) I, II, III e V.

(D) I, IV, V e VI.

(E) II, III, IV e VI.

4. (EXAME 2010)

Pedro, com 45 anos de idade, pedreiro e hipertenso, nunca procurou tratamento clínico. Deu entrada na unidade de pronto atendimento em crise hipertensiva, com pressão arterial (PA) de 220 x 150 mmhg. Apresenta tontura, hemiplegia direita, agnosia, apraxia e afasia, sinais e sintomas característicos de acidente vascular cerebral (AVC).

Após os procedimentos para a estabilidade do quadro clínico, os acadêmicos de enfermagem resolveram investigar o que está ocorrendo. Seria correto eles constatarem que

(A) a agnosia é ocasionada pela hiperfunção cerebral em virtude do AVC.

(B) a tontura é o resultado do fluxo excessivo de sangue associado à hipoventilação cerebral.

(C) a apraxia é a capacidade de executar movimentos propositais em áreas do corpo não afetadas, sendo de natureza transitória.

(D) a hemiplegia direita foi gerada em razão do comprometimento do lado direito do cérebro, isso porque fibras nervosas cruzam o trato piramidal quando elas passam do cérebro para a medula espinhal.

(E) a hipertensão arterial é um fator de risco para o AVC e que, associado às alterações degenerativas do sistema vascular de natureza aterosclerótica, ocasiona a isquemia ou a hemorragia cerebral.

5. (EXAME 2007)

Ana, 55 anos, após herniorrafia inguinal, ficou cerca de 12 horas sem urinar e começou a apresentar eliminação frequente de pequena quantidade de urina, além de bexiga palpável e sensação de desconforto em abdome inferior. Considerando esse quadro clínico, a enfermeira da unidade cirúrgica prescreve:

I. Favorecer a micção, permitindo a paciente urinar sentada.

II. Estimular a micção por meio do barulho, visão da água corrente e irrigação do períneo com água morna.

III. Realizar cateterização vesical de alívio.

IV. Manter uso contínuo de fralda.

No caso de Ana, a prescrição contida no item

(A) I é contraindicada no 1º pós-operatório.

(B) II não se aplica a esse quadro clínico.

(C) III deve ser precedida das prescrições contidas nos itens I e II.

(D) III deve ser realizada apenas por prescrição médica.

(E) IV deve ser precedida da prescrição contida no item I.

6. (EXAME 2007)

Sara, 42 anos, foi submetida à craniotomia para clipagem de aneurisma cerebelar esquerdo. Após a cirurgia, os sinais vitais estavam estáveis e ela se recuperava bem da anestesia geral. No quarto dia, Sara apresentou um quadro de cefaleia, confusão e perda de força em mão direita. Seu nível de consciência deteriorou de forma acentuada e ela foi entubada e encaminhada à unidade de cuidados intensivos. No momento encontra-se em ventilação mecânica, em jejum, SNG aberta, sonda vesical e cateter central. Dentre as intervenções de enfermagem, qual é a indicada para Sara?

(A) Promover aspiração endotraqueal em horários fixos.

(B) Manter a cabeceira elevada a 30° e alinhamento mentoesternal.

(C) Fechar SNG, se apresentar desequilíbrio hidroeletrolítico.

(D) Manter decúbito lateral com flexão de quadril superior a 90º.

(E) Realizar limpeza da incisão cirúrgica com clorexidina.

7. (EXAME 2007)

A questão contém duas afirmações. Assinale a alternativa correta de acordo com a seguinte chave:

(A) as duas afirmações são verdadeiras e a segunda justifica a primeira.

(B) as duas afirmações são verdadeiras e a segunda não justifica a primeira.

(C) a primeira afirmação é verdadeira e a segunda afirmação é falsa.

(D) a primeira afirmação é falsa e a segunda afirmação é verdadeira.

(E) as duas afirmações são falsas.

Lucas, quatro anos, foi admitido no Pronto-Socorro Pediátrico apresentando frequência respiratória de 55 incursões por minuto, temperatura de 38,8 ºC, tosse intermitente e queixa de dor torácica à direita agravada pela inspiração profunda e que irradia para o abdome. Dentre os cuidados, a enfermeira colocou a criança em decúbito lateral direito e instalou uma tenda com oxigênio fria

PORQUE

a imobilização do tórax afetado reduz o atrito pleural, minimizando o desconforto, e a umidificação hidrata as vias aéreas, criando uma atmosfera que impede a redução de temperatura.

8. (EXAME 2007)

João, dependente de drogas e contaminado pelo vírus HIV, é atendido pela enfermeira do ambulatório de saúde mental. Durante a consulta, revela que é enfermeiro da terapia intensiva da instituição e frequentemente injeta metade da droga prescrita aos pacientes (opiácio) em si próprio. Considerando a situação descrita e os aspectos éticos e legais, preconiza-se que a enfermeira

I. esteja comprometida com a assistência de enfermagem a João, sem discriminação de qualquer natureza, abstendo-se de revelar esses informes confidenciais a pessoas que não estejam obrigadas ao sigilo.

II. assuma a assistência a João, cidadão pleno de direitos e deveres, e reflita que ele está sendo atendido como paciente e, como tal, independentemente de sua patologia, tem direito ao sigilo de suas informações e de seu diagnóstico.

III. garanta a assistência a João e comunique o caso à diretoria de enfermagem, considerando que ele pode cometer danos à própria vida, à de terceiros e ao patrimônio da empresa, por integrar o quadro funcional do hospital.

IV. comprometa-se com a assistência a João, mesmo sendo dilemática a situação, porém o denuncie ao Conselho Regional de Enfermagem, visando a cumprir os preceitos éticos e legais da profissão.

Está correto APENAS o que se afirma em

(A) III e IV.
(B) II e IV.
(C) II e III.
(D) I e II.
(E) I e III.

9. (EXAME 2004)

A pessoa idosa com hipóxia vive com inadequada oxigenação das células devido à deficiência no fornecimento ou no uso de oxigênio a nível celular, representando uma ameaça à vida. Sempre que diante de uma pessoa nesta situação, que sinais e sintomas o(a) enfermeiro(a) deve identificar prontamente?

I. Apreensão, aumento da pressão arterial e da frequência cardíaca.

II. Dor torácica, zumbido, diminuição da capacidade de concentração.

III. Cianose, aumento da frequência e da profundidade dos movimentos respiratórios.

IV. Desequilíbrio eletrolítico, crises convulsivas, diminuição do nível de consciência.

Estão corretos apenas os sinais e sintomas

(A) I e II.
(B) I e III.
(C) III e IV.
(D) I, II e IV.
(E) I, III e IV.

10. (EXAME 2003)

Homem hígido, 40 anos, internado na Unidade de Recuperação Pós-Anestésica após cirurgia eletiva de colecistectomia, encontra-se consciente, inquieto, com temperatura de 37,7ºC, frequência cardíaca de 110 batimentos por minuto, frequência respiratória de 22 movimentos por minuto e pressão arterial de 146 x 80 mmHg. A diurese vinha se mantendo em 40 mL/h e a glicemia, ao término da cirurgia, era de 130 mg/dL.

Para o planejamento da assistência de enfermagem, a análise dos dados sugere

(A) complicação infecciosa, pois a temperatura e a frequência cardíaca estão elevadas.
(B) descompensação hemodinâmica pela presença de oligúria e hipertensão arterial.
(C) falência renal aguda devido à hipertensão, taquicardia e baixo débito urinário.
(D) alterações decorrentes de respostas orgânicas ao trauma anestésico-cirúrgico.
(E) complicação endócrina, pois a glicemia está acima dos níveis normais.

Atenção: Considere o caso abaixo para responder às duas questões a seguir.

Homem de 35 anos, vítima de atropelamento por motocicleta, foi admitido no Pronto-Socorro de um hospital de referência para atendimento de trauma.

11. (EXAME 2003)

Ao realizar o exame físico, a enfermeira constatou a presença de anisocoria, sinal clínico caracterizado por

(A) diplopia.
(B) oscilação do globo ocular.
(C) diminuição do campo visual.
(D) desigualdade do diâmetro pupilar.
(E) nistagmo.

12. (EXAME 2003)

A enfermeira prosseguiu o exame neurológico da vítima aplicando a Escala de Coma de Glasgow. A finalidade e os parâmetros de avaliação da escala são, respectivamente,

(A) dimensionar a lesão cerebral; abertura ocular, reflexo fotomotor e resposta verbal.
(B) verificar hematoma intracraniano; midríase, resposta verbal e resposta motora.
(C) avaliar o nível de consciência; abertura ocular, resposta verbal e resposta motora.
(D) diagnosticar trauma crânio-encefálico; midríase, otorragia e resposta motora.
(E) avaliar integridade da circulação cerebral; diplopia, otorragia e resposta motora.

13. (EXAME 2003)

Há coerência entre a situação, o achado e a conduta de enfermagem em:

	Situação	Achado	Conduta de Enfermagem
(A)	Primigesta, 15 anos, 24ª semana de gravidez, terceira consulta no pré-natal	Hemoglobina=11,6 g/dL	Recomendar suplementação ou dieta rica em ferro por se tratar de anemia fisiológica
(B)	Mulher, 20 anos, vida sexual ativa, mais de 10 parceiros nos últimos 6 meses	FTA-abs positivo	Tranquilizar a mulher por se constatar ausência de sífilis
(C)	Mulher, 30 anos, fumante, multípara, companheiro com várias parceiras	Papanicolaou mostra alterações celulares reativas (Classe II)	Encaminhar para colposcopia e biópsia pela suspeita de câncer cérvicouterino
(D)	Multípara, 30 anos, baixa estatura, obesa, 30ª semana de gravidez, quarta consulta no pré-natal	Glicemia em jejum = 106 mg/dL	Manter dieta equilibrada por se descartar diabetes gestacional
(E)	Tercigesta, 40 anos, 36ª semana de gravidez, um filho vivo, dois abortos, possui animais domésticos	Sorologia da toxoplasmose = IgG reagente, IgM não reagente	Encaminhar ao pré-natal de risco pela confirmação da toxoplasmose

Atenção: Considere o caso abaixo para responder às duas questões seguintes.

J.P.C., homem, 68 anos, casado, portador de câncer de próstata, com quadro de obstrução intestinal decorrente de compressão provocada pelo tumor, foi submetido a colostomia sigmoidal. À avaliação clínica, quatro horas após a cirurgia, encontrava-se sonolento, extubado, recebendo oxigenoterapia por meio de máscara facial, com parâmetros vitais dentro da normalidade. Apresentava-se com sonda nasogástrica aberta, sonda vesical de demora, cateter venoso central em veia jugular direita, curativo oclusivo na incisão cirúrgica abdominal e colostomia no quadrante inferior esquerdo, aberta em bolsa coletora.

14. (EXAME 2003)

No pós-operatório imediato de J.P.C. foram adotadas as seguintes condutas:

I. avaliar nível de consciência; monitorar sinais vitais e débito urinário a cada hora; observar padrão respiratório; administrar oxigênio umidificado; avaliar as condições do estoma e observar a presença de sangramento; manter a permeabilidade do cateter venoso central.

II. avaliar nível de consciência; controlar sinais vitais e débito urinário a cada hora; fazer balanço hídrico; aliviar a dor; avaliar as condições do estoma quanto a coloração e protusão; evitar perda de calor; verificar a aderência do sistema coletor instalado no transoperatório.

III. observar sinais de agitação; controlar sinais vitais a cada seis horas; manter a nebulização com fluxo de oxigênio prescrito; proteger o paciente contra a perda de calor; estimular o paciente a olhar e tocar o estoma; observar as condições do estoma quanto a coloração e protusão.

IV. observar sinais de agitação; controlar pressão arterial, frequências cardíaca e respiratória a cada quatro horas; mobilizar a sonda nasogástrica; observar e avaliar o estoma para identificação de complicações como isquemia, necrose e retração; trocar o sistema coletor, no mínimo, a cada seis horas.

V. monitorar alterações do nível de consciência; controlar sinais vitais e diurese a cada hora; fazer balanço hídrico; aliviar a dor; observar e monitorar o estoma quanto ao aparecimento de isquemia, necrose e retração; controlar a quantidade e características do efluente do estoma.

Das condutas apresentadas, estão corretas

(A) I, II e III.
(B) I, II e V.
(C) I, III e IV.
(D) II, III e IV.
(E) II, IV e V.

15. (EXAME 2003)

No 1º pós-operatório, foi prescrito a J.P.C. uma solução de SG 5% - 500 mL com KCℓ 19,1% - 10 mL, para correr em 24 horas. Considerando que a Unidade só dispõe de ampola de KCℓ a 10% - 10 mL, o volume de KCℓ, em mililitro (mL), a ser adicionado à solução de glicose e a velocidade de infusão, em microgotas por minuto (mcg/min) são, respectivamente,

(A) 21,2 mL - 21 mcg/min.
(B) 21,2 mL - 14 mcg/min.
(C) 19,1 mL - 21 mcg/min.
(D) 19,1 mL - 14 mcg/min.
(E) 10,0 mL - 21 mcg/min.

16. (EXAME 2003)

Homem de 83 anos, internado há quatro dias com diagnóstico médico de bronquite crônica, apresenta expectoração espessa, de difícil eliminação. Ao fazer a ausculta, durante o exame físico, a enfermeira identificou estertores, roncos, sibilos e murmúrios vesiculares diminuídos em bases pulmonares. Nesta situação, a conduta de enfermagem inclui

(A) indicar oxigênio complementar para melhorar as condições respiratórias.

(B) evitar manobras que estimulem a tosse devido à fragilidade alveolar apresentada pelos idosos.

(C) realizar drenagem postural e tapotagem visando ao desaparecimento dos sibilos.

(D) manter o paciente em repouso no leito para evitar a piora da função respiratória.

(E) instituir manobras que facilitem a remoção de secreções e contribuam para a diminuição de estertores e roncos.

17. (EXAME 2003)

João, 4 anos, foi internado provindo de Unidade Básica de Saúde; a mãe, que o acompanha, refere febre não medida há dois dias e recusa de alimentação por mais de 10 horas. Apresenta-se prostrado, frequência respiratória de 45 movimentos por minuto, com tiragens intercostais, estertores no pulmão direito e temperatura de 37,8 ºC. Há duas horas, recebeu na Unidade Básica paracetamol gotas e a primeira dose de amoxicilina suspensão. No atendimento imediato, a enfermeira deve

(A) posicionar a criança em decúbito elevado a 45 graus, administrar oxigênio por cateter nasal e instalar acesso venoso para iniciar a hidratação.

(B) manter a criança em decúbito elevado a 45 graus, passar sonda nasogástrica para administração hídrica e encorajar a permanência da mãe.

(C) providenciar inalação com broncodilatador, puncionar veia central da criança para antibioticoterapia e colocá-la em tenda de oxigênio.

(D) posicionar a criança em decúbito elevado a 30 graus, instalar nebulização contínua e puncionar veia periférica para administrar antitérmico.

(E) administrar a segunda dose do antibiótico e outra dose do antitérmico e manter a criança em repouso no leito, em tenda úmida.

18. (EXAME 2003)

No ambulatório de uma empresa, após avaliação diagnóstica do perfil dos trabalhadores, foram destacados dois grupos como prioritários para assistência:

Grupo A – homens, maioria acima dos 35 anos, executivos submetidos a constante pressão no trabalho, sedentários e não gostam de frequentar a sala de ginástica existente na empresa.

Grupo B – homens e mulheres, com queixa frequente de dores de cabeça e nas costas e problemas de convivência com colegas e direção. Usam computador a maior parte do dia e não gostam de frequentar a sala de ginástica da empresa.

Considerando essa situação, é INCORRETO afirmar que os profissionais do ambulatório dessa empresa devem

(A) estar habilitados a reconhecer sinais e sintomas de infarto, ter previsto recursos de transporte rápido para um serviço de referência e, para o grupo B, providenciar avaliação ergonômica dos equipamentos de trabalho.

(B) incentivar os dois grupos a realizarem atividades físicas no próprio espaço e período de trabalho, como subir escadas, evitar o uso de elevadores, proposta semelhante à do programa "Agita Mundo", e sugerir a realização de ginástica laboral.

(C) relacionar, nos dois grupos, a queixa de dor torácica intensa irradiada para MSE, que persista após a administração de vasodilatador, à ocorrência de angina e não de infarto do miocárdio.

(D) programar atividades diárias de relaxamento para o grupo A e orientar o B sobre os cuidados com o uso de antiinflamatórios, investigando antecedentes de úlcera gástrica e sangramento digestivo.

(E) verificar pressão arterial em qualquer atendimento dos dois grupos, independente da queixa apresentada, e investigar no grupo A a automedicação com analgésicos, discutindo os riscos dessa conduta.

19. (EXAME 2003)

O processo de trabalho é o modo como o homem produz e reproduz sua existência. A enfermagem como trabalho, no modelo clínico de assistência, tem como resultado histórico e social o administrar, cujos instrumentos são:

(A) a organização e o controle do processo de trabalho.

(B) o cuidar e a recuperação do indivíduo.

(C) a força de trabalho em enfermagem e as normas e rotinas.

(D) a hospitalização e a enfermagem clínica.

(E) o controle da doença e os indicadores de mortalidade

20. (EXAME 2002)

Na administração de medicamentos, a ação farmacológica, a via de administração, o volume e o tempo de infusão são diferentes em recém-nascidos, lactentes, pré-escolares e adultos devido às peculiaridades anatômicas e fisiológicas. Em crianças

(A) a produção de enzimas carreadoras é pequena, o que leva ao acúmulo de drogas nos rins, diminuindo sua metabolização e eliminação.

(B) a composição muscular e de gordura são menores, a quantidade de água extracelular é maior e os sistemas enzimático, renal e hematoencefálico são imaturos.

(C) o esvaziamento gástrico é lento, o que acarreta secreções mais ácidas, o trato gastrintestinal é menor e o peristaltismo regular.

(D) o sistema cardiovascular é pouco desenvolvido e, consequentemente, menos sujeito às alterações vasculares decorrentes de fatores ambientais.

(E) a superfície em relação à massa corporal é menor e a perda de água e a capacidade de absorção pela pele são menores.

21. (EXAME 2002)

O envelhecimento provoca alterações no ser humano que afetam as funções da pele de: proteção, regulação de temperatura, sensibilidade e excreção. Dentre essas mudanças, está EXCLUÍDA a possibilidade de

(A) o colágeno tornar-se mais macio e aumentado.

(B) a gordura subcutânea diminuir especialmente nas extremidades.

(C) o suprimento sanguíneo sofrer decréscimo.

(D) a epiderme e a derme tornarem-se mais delgadas.

(E) as glândulas sebáceas e sudoríparas diminuírem a atividade.

22. (EXAME 2002)

A Escola Anna Nery foi adotada como modelo para as demais escolas formadoras de enfermeiras com a promulgação do Decreto nº 20.109/31. Tal fato causou

(A) a exclusão das freiras católicas das atividades de ensino de enfermagem.

(B) a inclusão das parteiras como praticantes socialmente reconhecidas da arte de partejar.

(C) o fortalecimento do modelo francês de assistência de enfermagem psiquiátrica.

(D) a propagação do modelo anglo-americano de enfermagem para todo o país.

(E) o enfraquecimento do sindicato dos enfermeiros práticos.

23. (EXAME 2002)

A medida indireta da pressão arterial é feita com estetoscópio e com esfigmomanômetro, periodicamente testado e calibrado. Considera-se adequado o procedimento em que

(A) a largura da bolsa de borracha do manguito corresponda a 60% da circunferência do braço e seu comprimento envolva pelo menos 40% do braço.

(B) o paciente não tenha praticado exercícios físicos, ingerido bebidas alcoólicas, café, alimentos ou fumado até 30 minutos antes da medida.

(C) o valor registrado da pressão sistólica corresponda ao momento do desaparecimento do som de Korotkoff, exceto em pacientes cardiopatas.

(D) o paciente seja informado sobre os valores obtidos, desde que os níveis pressóricos estejam anormais.

(E) a segunda medida seja feita imediatamente após a primeira, desde que o paciente esteja em repouso.

24. (EXAME 2002)

Paciente do sexo masculino, 46 anos, internado no 1º dia pós-operatório de hemicolectomia. Ao planejar a assistência de enfermagem, inclui-se a observação dos sons intestinais e de qualquer desconforto, dor ou distensão abdominal, para investigar a presença de

(A) reflexo de vômito.

(B) evisceração das alças intestinais.

(C) deiscência de sutura.

(D) íleoparalítico.

(E) infecção hospitalar.

25. (EXAME 2002)

Adulto com anemia por deficiência de ferro desenvolveu intolerância à terapia por via oral e tem prescrição médica para receber o medicamento por via parenteral. Ao administrar a injeção, a conduta correta da enfermeira é

(A) fazer a injeção na região do deltóide, profundamente.

(B) massagear o local, vigorosamente, após a administração da injeção.

(C) fazer a injeção na região dorsoglútea, profundamente, usando a técnica em “z”.

(D) instruir o paciente para permanecer em repouso após a injeção.

(E) diluir o medicamento antes de administrá-lo.

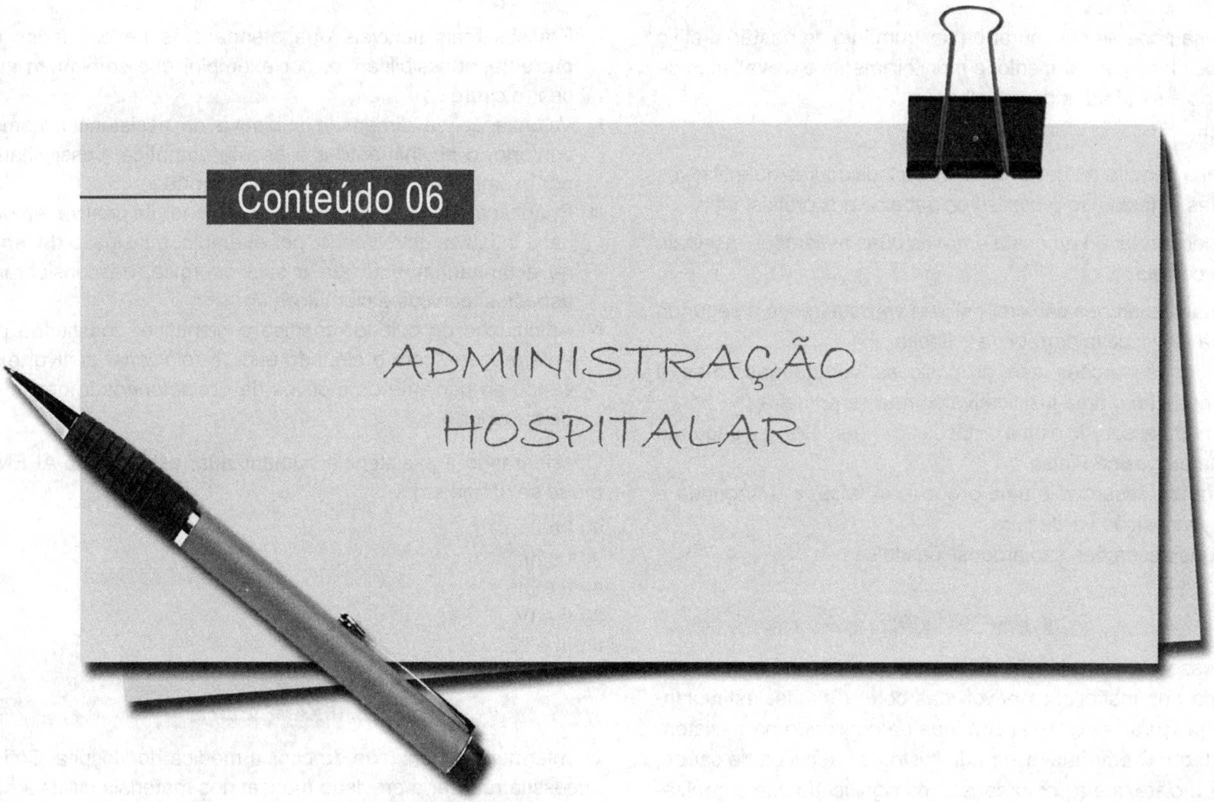

Conteúdo 06

ADMINISTRAÇÃO HOSPITALAR

1. (EXAME 2010)

O enfermeiro D.B., responsável pela Central de Material e Esterilização (CME), realizará um treinamento com sua equipe sobre biossegurança na CME. Quais os sete principais temas que ele deverá abordar com a equipe que atua nessa unidade?

(A) Ergonomia; Equipamento de proteção individual (EPI); Descarte de materiais; Laser; Riscos elétricos e de incêndio; Líquidos voláteis; Estresse e Burnout.

(B) Ergonomia; Equipamento de proteção individual (EPI); Descarte de materiais; Preparação para situação de emergências e catástrofes; Riscos elétricos e de incêndio; Líquidos voláteis; Estresse e Burnout.

(C) Ergonomia; Equipamento de proteção individual (EPI); Descarte de materiais; Preparação para situação de emergências e catástrofes; Riscos elétricos e de incêndio; Raio-X; Estresse e Burnout.

(D) Quimioterápicos; Equipamento de proteção individual (EPI); Descarte de materiais; Preparação para situação de emergências e catástrofes; Riscos elétricos e de incêndio; Raio-X; Estresse e Burnout.

(E) Quimioterápicos; Equipamento de proteção individual (EPI); Laser; Preparação para situação de emergências e catástrofes; Riscos elétricos e de incêndio; Raio-X; Estresse e Burnout.

2. (EXAME 2010)

O conhecimento do enfermeiro com relação aos resíduos sólidos de saúde faz parte de sua atuação profissional. A Norma Regulamentadora n° 32 (NR-32) dedicou especial atenção ao tratamento dos resíduos, por suas implicações na biossegurança pessoal e no meio ambiente. É importante ressaltar que a NR-32 não desobriga o cumprimento da Resolução ANVISA RDC n° 306, de 7 de dezembro de 2004, e da Resolução CONAMA n° 358, de 29 de abril de 2005. Essas resoluções dispõem acerca do o Plano de Gerenciamento de Resíduos de Serviços de Saúde (PGRSS) e da necessidade da designação de profissional com registro ativo junto ao seu conselho de classe.

Com base nessas legislações, qual das opções a seguir apresenta procedimento **inadequado** em relação aos resíduos?

(A) Os recipientes existentes em sala de cirurgia e de parto não necessitam de tampa para vedação.

(B) Para recipientes destinados à coleta de material perfurocortantes, o limite máximo de enchimento deve estar localizado 5 cm abaixo do bocal.

(C) O recipiente para acondicionamento de perfurocortante deve ser mantido em suporte exclusivo e em altura que permita a visualização da abertura para descarte.

(D) O transporte manual do recipiente de segregação deve ser realizado de forma que não exista contato do mesmo com outras partes do corpo, sendo vedado o arrasto.

(E) Sempre que o transporte do recipiente de segregação possa comprometer a segurança e a saúde do trabalhador, devem ser improvisados por ele meios mais apropriados para não comprometer sua integridade física.

3. (EXAME 2010)

Maria, enfermeira de hospital de grande porte, apoiada pela administração, entrou em contato com a coordenadora do curso de graduação em Enfermagem e propôs que se incentivassem os alunos a realizar os trabalhos de conclusão de curso envolvendo o centro cirúrgico do hospital referido, uma vez que os índices de infecção hospitalar eram crescentes. Diante desse caso, avalie as asserções a seguir.

A pesquisa pode se configurar em instrumento de gestão efetivo para subsidiar o planejamento, o monitoramento e a avaliação de processos e resultados de trabalho.

PORQUE

A pesquisa permite ao gestor o acesso a indicadores quantitativos suficientes à gestão do processo de trabalho dos profissionais.

Analisando a relação proposta entre as duas asserções, assinale a opção correta.

(A) As duas asserções são proposições verdadeiras, e a segunda é uma justificativa correta da primeira.
(B) As duas asserções são proposições verdadeiras, mas a segunda não é uma justificativa correta da primeira.
(C) A primeira asserção é uma proposição verdadeira, e a segunda é uma proposição falsa.
(D) A primeira asserção é uma proposição falsa, e a segunda é uma proposição verdadeira.
(E) As duas asserções são proposições falsas.

4. (EXAME 2010)

O processo de acreditação hospitalar propõe a participação voluntária das instituições envolvidas com a saúde, estimulando-as a procurar a melhoria contínua da qualidade da assistência prestada. O enfermeiro, ao administrar os serviços de saúde, deve ter a clareza e a compreensão do significado das organizações, refletindo acerca da sua prática, na busca da excelência do atendimento a ser prestado ao cliente.

PORQUE

A organização de saúde que detém o *status* de "Acreditado" demonstra credibilidade perante seus usuários e a comunidade em geral, já que a acreditação hospitalar é um método de avaliação de todos os recursos disponíveis da organização de saúde. É um processo voluntário, periódico e reservado, que tem por objetivo garantir a qualidade da assistência por meio de padrões definidos.

Analisando a relação proposta entre as duas asserções acima, assinale a opção correta.

(A) As duas asserções são proposições verdadeiras, e a segunda é uma justificativa correta da primeira.
(B) As duas asserções são proposições verdadeiras, mas a segunda não é uma justificativa correta da primeira.
(C) A primeira asserção é uma proposição verdadeira, e a segunda é uma proposição falsa.
(D) A primeira asserção é uma proposição falsa, e a segunda é uma proposição verdadeira.
(E) As duas asserções são proposições falsas.

5. (EXAME 2007)

Considere os fragmentos do discurso de um paciente: "*... a caminho do centro cirúrgico, a maca atravessa corredores gelados, porém o frio dentro de mim não tem a ver com a temperatura do dia. Entre o apartamento e a mesa de operação tenho um longo caminho... Luto contra cada instante, tenho que chegar intacto à mesa. Preciso vencer alguns metros de corredores. Conto a possibilidade de vida por metros. Não sinto dor, indisposição, náuseas, eu poderia ter caminhado, ir batendo um papo...*".

(Brandão apud Jouclas et al, 1998, p. 46)

Essa narrativa revela a assistência em grande parte dos hospitais no país. Mas, existem iniciativas no âmbito da assistência humanizada que preconizam:

I. Práticas mais flexíveis que atendam às necessidades dos pacientes, possibilitando, por exemplo, que caminhem até o centro cirúrgico.
II. Valorização da dimensão subjetiva da assistência, como o conforto, o acolhimento e a escuta empática, possibilitando, por exemplo, várias opções de transporte.
III. Priorização do cuidado interativo, da energia criativa, emocional e intuitiva, envolvendo, por exemplo, a inclusão da família no acompanhamento até a sala cirúrgica, desconsiderando aspectos técnicos e científicos.
IV. Articulação do cuidado técnico e científico, constituído pela enfermagem, com o cuidado ético e relacional efetivo, explicando ao paciente os motivos da obrigatoriedade desse tipo de transporte.

Considerando a assistência humanizada, está correto APENAS o que se afirma em

(A) I e II.
(B) I e III.
(C) II e III.
(D) II e IV.
(E) III e IV.

6. (EXAME 2007)

O enfermeiro da unidade de clínica médica do Hospital Cotinha necessita realizar a previsão mensal dos materiais utilizados em sua unidade. Considerando que o consumo de equipos de soro nos últimos 3 meses foi de 330 unidades e o estoque de segurança de 20%, qual é a cota mensal adequada de equipos de soro para prover essa demanda?

(A) 396
(B) 300
(C) 132
(D) 110
(E) 100

7. (EXAME 2007)

Nadir, enfermeira auditora da Secretaria Municipal de Saúde de Castro Alves, analisou o consumo de hipoclorito de sódio 1% utilizado na desinfecção de artigos de inaloterapia das Unidades Básicas de Saúde e apresentou em reunião técnica o gráfico abaixo.

Média mensal de consumo de hipoclorito de sódio 1% e consumo mínimo mensal esperado das UBS do município de Castro Alves, janeiro – junho de 2007

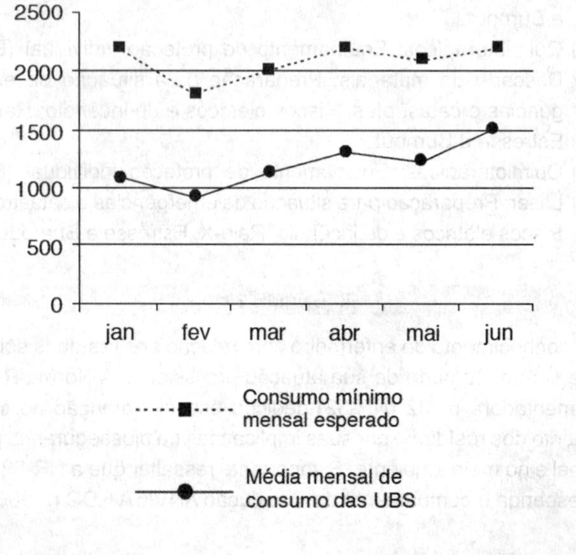

Considerando o gráfico e que não houve mudança na quantidade de inalações realizadas no período de análise, é correto afirmar:

(A) A média mensal de consumo foi inferior ao esperado, portanto, há risco de disseminação de microrganismos patogênicos entre os usuários do serviço.

(B) Os dados não podem ser utilizados isoladamente, sendo necessário verificar a ocorrência de casos de doença respiratória nos usuários para estabelecer o grau de risco decorrente da provável baixa concentração do cloro.

(C) A média mensal de consumo foi menor que o esperado, mas não oferece risco de infecção respiratória aos usuários das unidades, porque nelas não há circulação de microrganismos altamente patogênicos.

(D) Os traçados das duas médias de consumo de hipoclorito se mantêm paralelos sugerindo que o padrão de desinfecção vem se mantendo sem o comprometimento da biossegurança.

(E) O consumo médio mensal de hipoclorito está abaixo do esperado porque algumas unidades estariam utilizando concentrações de cloro menores, compensando com a imersão do material por mais tempo, sem oferecer, entretanto, risco aos usuários.

8. (EXAME 2003)

Dentre as diretrizes e exigências metodológicas para a elaboração do trabalho científico, considera-se que

(A) a introdução do projeto de pesquisa deve conter a descrição do problema, a metodologia e a relevância do estudo.

(B) os objetivos devem ser apresentados de forma ampla, se o objeto do estudo não estiver descrito na introdução.

(C) a necessidade de realização da investigação deve estar explicitada na metodologia para orientar a escolha dos instrumentos de coleta de dados.

(D) a apreciação pelo Comitê de Ética em Pesquisa dos projetos que envolvam seres humanos é dispensável quando não realizados procedimentos invasivos.

(E) a metodologia deve abranger o tipo de pesquisa a ser desenvolvida, os métodos e as técnicas a serem adotados.

9. (EXAME 2003)

Em um hospital de pequeno porte, face à insuficiência de recursos humanos da enfermagem, a diretora do Serviço de Enfermagem definiu que a responsabilidade dos turnos diurnos seria dos enfermeiros e a do plantão noturno dos técnicos de enfermagem. De acordo com os preceitos da Lei nº 7498/86, que instituiu a categorização dos profissionais da área de enfermagem em enfermeiros, técnicos de enfermagem e auxiliares de enfermagem e definiu as respectivas atribuições, essa decisão gerencial é

(A) legal porque assegura a garantia de continuidade da assistência de enfermagem.

(B) ilegal porque revela a não colaboração do enfermeiro para a atividade noturna.

(C) ilegal porque a supervisão não é competência do técnico de enfermagem na ausência do enfermeiro.

(D) legal porque o técnico de enfermagem tem atribuição de supervisão.

(E) legal porque houve a capacitação do técnico de enfermagem para o exercício desta atividade.

10. (EXAME 2003)

Em um hospital geral de médio porte a clínica cirúrgica tem 40 leitos, com taxa de ocupação de 80%, para o atendimento de pacientes com complexidade assistencial intensiva (Resolução COFEN - 189/1996). Compete ao enfermeiro gerente da unidade estabelecer a escala de distribuição de pessoal de enfermagem, considerando que

(A) o dimensionamento de pessoal necessário depende do modelo assistencial preconizado.

(B) para proporcionar folgas nos finais de semana é necessário dois turnos de 12 horas de trabalho cada um.

(C) para melhor rodízio dos turnos é necessário a redução da permanência dos pacientes internados.

(D) os diferentes turnos de trabalho devem ser adequados aos aspectos sociais da equipe.

(E) para atender a complexidade assistencial referida é necessário um auxiliar de enfermagem por leito ocupado nas 24 horas.

11. (EXAME 2003)

A enfermeira gerente do centro cirúrgico de um hospital geral refere que três, dos quatro monitores de oximetria, foram encaminhados à manutenção após serem conectados à rede elétrica de 220 V, pois a voltagem do equipamento estava regulada para 110 V. Nesta situação, considerando a importância deste recurso material para a qualidade da assistência prestada ao paciente cirúrgico, a enfermeira deve

(A) solicitar ao serviço de manutenção que após o reparo mude a voltagem do equipamento para 220 V.

(B) prever um número maior de equipamentos pois ocorrências como esta são esperadas.

(C) centralizar, após reparo, os equipamentos na sua sala para serem usados somente quando necessários.

(D) capacitar o pessoal de enfermagem para o manuseio correto do equipamento.

(E) solicitar a manutenção preventiva dos equipamentos de oximetria da unidade.

12. (EXAME 2003)

Paciente B.S., sexo feminino, portadora de miocardiopatia, internada na unidade de clínica médica, apresentou parada cardiorrespiratória. No momento do atendimento, o carrinho de emergência não tinha disponível ambu adulto e pilhas para laringoscópio. A enfermeira solicitou ao auxiliar de enfermagem que fosse à unidade mais próxima providenciar o material necessário. Até que o material estivesse disponível para o uso em B.S., passaram-se dez minutos.

Com base nessa situação a enfermeira deve

(A) retirar as pilhas do laringoscópio e reservá-las para evitar o desgaste.

(B) realizar protocolo de conferência do carrinho de emergência da unidade.

(C) solicitar a inclusão de ambus e pilhas reservas no carrinho de emergência.

(D) punir o auxiliar de enfermagem pela demora em providenciar o material necessário.

(E) implementar um meio de comunicação mais rápido com as outras unidades.

13. (EXAME 2003)

Dois casos de intoxicação por solvente orgânico (benzina) foram diagnosticados em auxiliares de enfermagem que trabalham em Central de Material e Esterilização de um hospital de ensino. O enfermeiro gerente da unidade propôs as seguintes intervenções:

I. suspender as atividades da Central de Material e Esterilização para esclarecer a causa da intoxicação.
II. encaminhar todos os funcionários da unidade para avaliação do serviço de saúde da instituição.
III. realizar programas de atualização em riscos ocupacionais e medidas de biossegurança.
IV. notificar os casos ao Ministério de Saúde e solicitar a retirada de circulação do lote desse produto.

Das intervenções apresentadas estão corretas

(A) I e II.
(B) I e III.
(C) I e IV.
(D) II e III.
(E) III e IV.

14. (EXAME 2002)

Considere a figura abaixo:

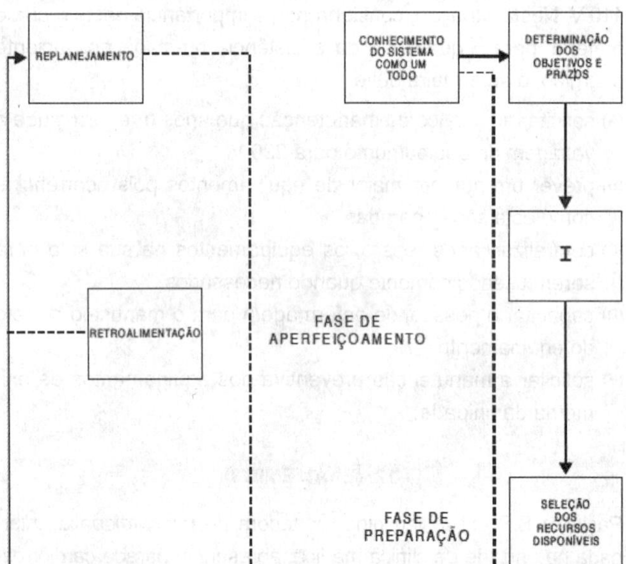

Fonte: KURCGANT, P. **Administração em Enfermagem**. São Paulo: EPU, 1991, p. 43.

Ao associar os elementos do planejamento normativo com a sistematização da assistência de enfermagem, os números **I** e **II**, respectivamente, corresponderão às fases:

(A) diagnóstico e plano assistencial.
(B) exame físico e prognóstico.
(C) prognóstico e evolução.
(D) prescrição e evolução.
(E) histórico e prescrição.

15. (EXAME 2002)

O diretor do Ambulatório de Especialidades fez o seguinte comunicado à enfermeira: – “Uma psicóloga foi contratada para atender na unidade, como não há salas disponíveis, requisito o consultório em que você atende os clientes da Pediatria e recomendo que realize suas consultas na sala de aferição de peso e altura, aproveitando este momento para dar suas orientações.” Considerando a importância da intervenção da enfermeira e da manutenção da integração da equipe de saúde para o atendimento das necessidades da clientela, a enfermeira deve

(A) pedir demissão e procurar um emprego onde seu trabalho seja valorizado.
(B) atender ao solicitado e mudar seu material para a sala que lhe foi indicada.
(C) suspender o atendimento e apelar da decisão ao Conselho Gestor do Ambulatório.
(D) sugerir que a psicóloga atenda na sala de aferição de peso e altura.
(E) propor o uso compartilhado da sala, em horários diferentes de atendimento.

QUESTÕES DISCURSIVAS

1. (EXAME 2007) DISCURSIVA

O município Esperança recebeu da Secretaria de Estado da Saúde o Hospital Casa, que possui 150 leitos ativos para atendimento de média complexidade, com a proposição de ser submetido ao processo de Acreditação Hospitalar da Organização Nacional de Acreditação (ONA), ligada ao Ministério da Saúde. A enfermeira Florence Néri, gerente do Serviço de Enfermagem (SE), reuniu-se com a equipe de enfermagem do hospital com a finalidade de estabelecer padrões de qualidade para as unidades do SE. Para se adequarem aos parâmetros da Acreditação Hospitalar, deverão estabelecer no Hospital Casa padrões específicos para o serviço.

Apresente para o SE dois padrões de qualidade referentes a estrutura, dois referentes a processo e dois referentes a resultado. (valor: 10,0 pontos)

2. (EXAME 2004) DISCURSIVA

Na unidade de clínica médica, um auxiliar de enfermagem em período de experiência (treinamento) administrou um analgésico de via intramuscular por via intravenosa. O enfermeiro responsável pela unidade tomou as providências relacionadas à problemática clínica do cliente. Com fundamento nas quatro fases do processo administrativo, que decisões devem ser tomadas? **(valor: 10,0 pontos)**

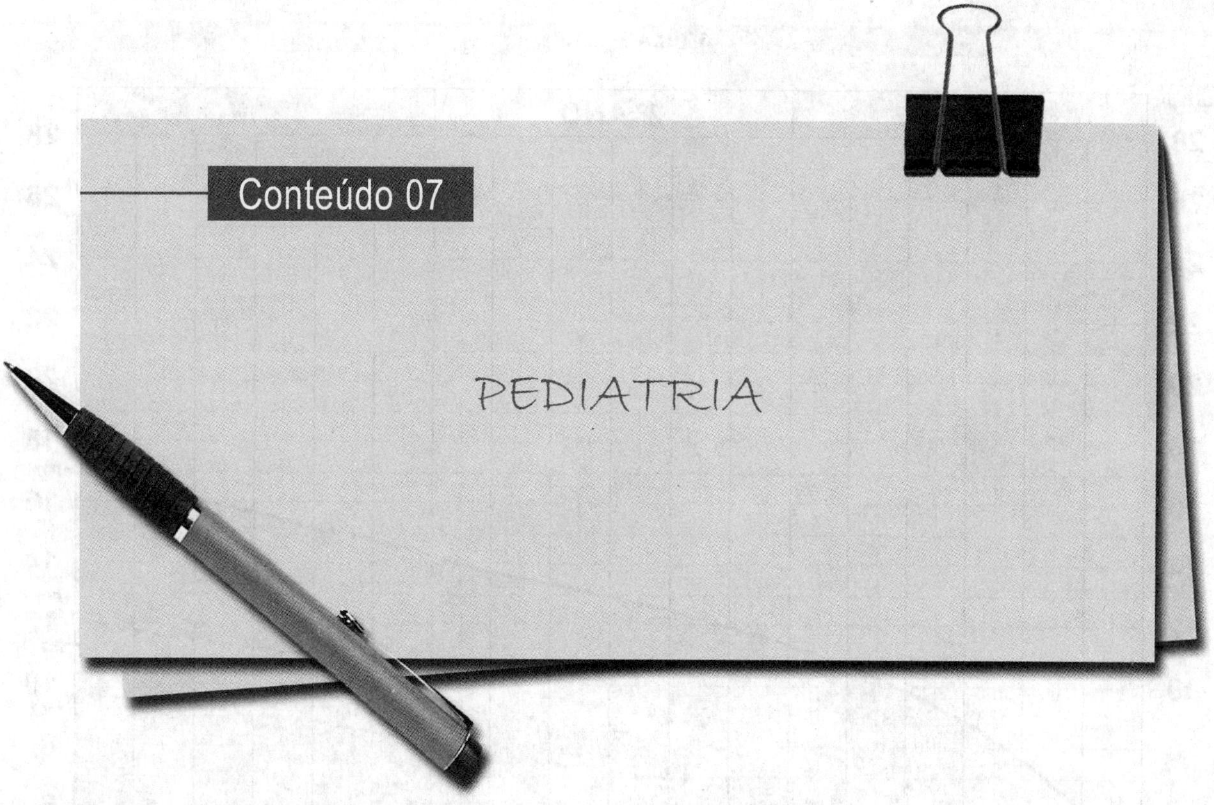

Conteúdo 07

PEDIATRIA

1. (EXAME 2010)

Um paciente, de 2 meses de idade é prematuro em UTI neonatal, com cateter venoso central, 1 via em jugular D e SNE para receber leite materno. Ambas as administrações estavam sendo realizadas por uma mesma bomba de infusão. Às 12 h, foi inserido o leite materno na bomba de infusão para administração pela SNE pelo enfermeiro do plantão da manhã e, às 13 h, o enfermeiro do plantão da tarde desligou o equipamento ao término da infusão e detectou que o leite materno havia sido conectado na via da infusão endovenosa.

O equívoco na conexão pode ter sido ocasionado por fator

I. técnico, pela semelhança e compatibilidade entre os conectores.
II. organizacional, pela utilização de bombas de infusão diferentes para administração de soluções intravenosas e dietas enterais.
III. humano, devido ao acúmulo de tarefas, levando à não interrupção de atividades, à desatenção e à falta de descanso.

É correto o que se afirma em

(A) I, apenas.
(B) II, apenas
(C) I e III, apenas.
(D) II e III, apenas.
(E) I, II e III

2. (EXAME 2010)

Uma criança de um ano e meio de idade é levada pela mãe ao Centro de Saúde da Família, com sintomas de gripe. A mãe relata que a criança vem há 2 dias com esse quadro e não está aceitando a alimentação. Após avaliação clínica, é levantada uma forte hipótese diagnóstica de síndrome respiratória secundária à infecção pelo vírus *Influenza* A (H1 N1).

Nesse caso, uma conduta imediata seria

(A) iniciar medicação após prescrição, identificar comunicantes e referenciar a criança a uma unidade hospitalar.
(B) aguardar confirmação laboratorial da presença do vírus *Influenza* A e, então, notificar o caso.
(C) orientar a mãe a administrar soro oral para que a criança não se desidrate e solicitar que retorne em menos de 24 horas para reavaliação do caso.
(D) coletar material já na unidade do primeiro atendimento e encaminhá-lo para o laboratório mais próximo para garantir agilidade no diagnóstico.
(E) garantir acompanhamento da criança na atenção básica, responsável por acompanhar casos de baixa complexidade, por meio da visita diária do agente comunitário de saúde.

3. (EXAME 2010)

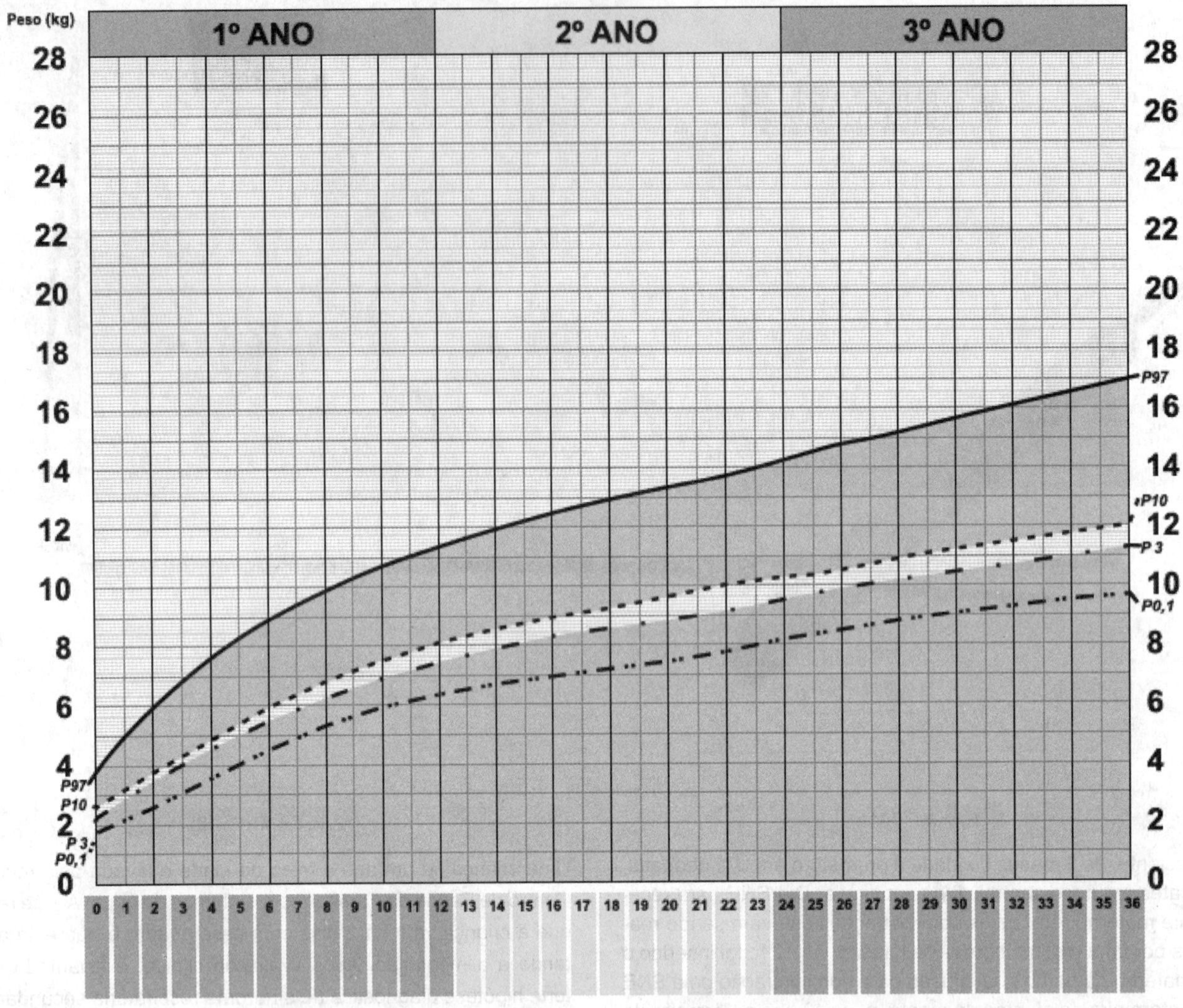

BRASIL. Ministério da Saúde. Secretaria de Políticas de Saúde. Departamento de Atenção Básica. **Saúde da criança**: acompanhamento do crescimento e desenvolvimento infantil. Brasilia: Ministério da Saúde, 2002.

André, com 10 meses de idade, é levado pelos pais à unidade de saúde para acompanhamento de puericultura. A criança nasceu a termo, parto vaginal, com 2 800 g e medindo 49 cm. As vacinas estão atualizadas. Recebeu exclusivamente leite materno até o sexto mês de vida e continua em aleitamento. Seu peso atual é 7 500 g, o que localiza sua curva entre os percentuais 10 e 3. Os pais informam que André ganhou menos peso, depois que passou a frequentar a creche, onde está em período de adaptação.

Diante dessa situação, qual das descrições a seguir reflete comportamento mais adequado de uma enfermeira considerando a atenção à saúde da criança?

(A) André situa-se na faixa de normalidade nutricional (entre percentuais P97 e P3) na curva peso/idade. A enfermeira reforça orientações básicas e agenda retorno conforme o calendário mínimo de consulta ou de acordo com a rotina da unidade.

(B) A criança está em risco nutricional. A enfermeira investiga possíveis fatores relacionados à desaceleração do crescimento e orienta os pais no sentido de corrigi-los; orienta alimentação especial para ganho de peso e agenda retorno em 15 dias.

(C) Apesar do risco nutricional, a criança é eutrófica. A partir disso, a enfermeira investiga possíveis causas da desaceleração do crescimento e orienta os pais a respeito da alimentação complementar e manutenção do aleitamento materno, agendando retorno em 30 dias.

(D) A desaceleração do crescimento está relacionada à adaptação da criança à creche. A enfermeira reforça orientações a respeito da alimentação complementar e agenda retorno de acordo com o calendário mínimo de consultas.

(E) A enfermeira encaminha André para consulta com o pediatra, pois a desaceleração do crescimento é acontecimento importante que necessita de intervenção imediata, e agenda retorno para acompanhamento em 30 dias.

Considere as informações abaixo para responder às quatro questões seguintes.

Tamires, 18 meses de idade, filha de Maria e Jonas, foi levada por seus pais à consulta de enfermagem com a enfermeira Angélica no serviço de puericultura. Nasceu com 38 semanas de gestação, de parto normal, peso 3.200g, estatura 46 cm; Apgar 9 e 10. O calendário vacinal está em dia. Foi amamentada exclusivamente até os 6 meses e continua em aleitamento materno complementar. Faz a refeição junto com a família. Mantém indicadores de desenvolvimento compatíveis com a idade. É desejo da família manter o aleitamento até os 2 anos. O gráfico peso-idade do Cartão da Criança é apresentado a seguir.

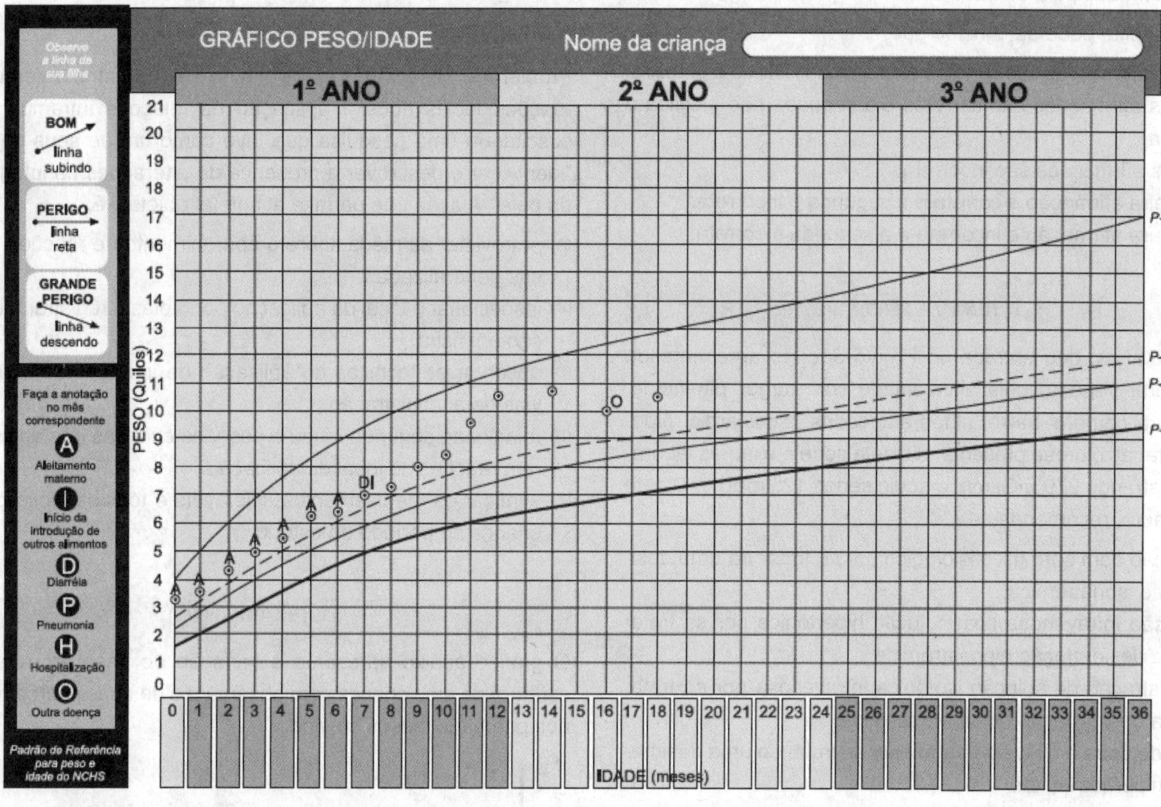

Considerando o gráfico e as informações acima, analise as afirmações apresentadas a seguir.

4. (EXAME 2004)

A enfermeira deve elogiar os pais, tendo em vista o bom ganho de peso nos cinco primeiros meses

PORQUE

o gráfico apresenta um traçado ascendente predominante.

A esse respeito, pode-se concluir que

(A) as duas afirmações são corretas e a segunda justifica a primeira.
(B) as duas afirmações são corretas e a segunda não justifica a primeira.
(C) as duas afirmações são incorretas.
(D) a primeira afirmação é correta e a segunda é incorreta.
(E) a primeira afirmação é incorreta e a segunda é correta.

5. (EXAME 2004)

A enfermeira deve advertir os pais de que o peso não evoluiu adequadamente, como esperado para o sexo e faixa etária, entre os percentis 10 e 97 (P_{10} e P_{97}),

PORQUE

o gráfico apresenta traçado estável entre cinco e seis meses (perigo), e traçado descendente entre 14 e 16 meses (grande perigo).

A esse respeito, pode-se concluir que

(A) as duas afirmações são corretas e a segunda justifica a primeira.
(B) as duas afirmações são corretas e a segunda não justifica a primeira.
(C) as duas afirmações são incorretas.
(D) a primeira afirmação é correta e a segunda é incorreta.
(E) a primeira afirmação é incorreta e a segunda é correta.

6. (EXAME 2004)

A enfermeira deve perguntar aos pais a que se deve a variação no peso da criança entre cinco e sete meses

PORQUE

a introdução de novos alimentos no período de desmame a partir do 5º mês provocou desaceleração no ganho ponderal da criança.

A esse respeito, pode-se concluir que

(A) as duas afirmações são corretas e a segunda justifica a primeira.
(B) as duas afirmações são corretas e a segunda não justifica a primeira.
(C) as duas afirmações são incorretas.
(D) a primeira afirmação é correta e a segunda é incorreta.
(E) a primeira afirmação é incorreta e a segunda é correta.

7. (EXAME 2004)

Até os seis meses de idade, período da amamentação exclusiva, a criança apresentou somente um problema de saúde

PORQUE

a família compareceu com assiduidade às consultas de puericultura programadas pela unidade, o que é digno de elogio.

A esse respeito, pode-se concluir que

(A) as duas afirmações são corretas e a segunda justifica a primeira.
(B) as duas afirmações são corretas e a segunda não justifica a primeira.
(C) as duas afirmações são incorretas.
(D) a primeira afirmação é correta e a segunda é incorreta.
(E) a primeira afirmação é incorreta e a segunda é correta.

8. (EXAME 2003)

Daniele, 2 anos, deu entrada no Pronto-Socorro apresentando mucosa oral viscosa, pele acinzentada com turgor diminuído, temperatura corporal baixa, olhos afundados, taquicardia, hipotensão arterial, diurese presente, discreta sede e exames laboratoriais mostrando 270 mOsm/L e sódio sérico 125 mEq/L. Diante desse quadro, recomenda-se

(A) reposição com soro glicofisiológico por se tratar de uma desidratação isonatrêmica.
(B) expansão intravenosa com solução hipertônica por se tratar de uma desidratação hiponatrêmica.
(C) administração de solução isotônica intravenosa por se tratar de uma desidratação hiperpotassêmica.
(D) oferta de água em livre demanda por se tratar de uma desidratação hipernatrêmica.
(E) reposição com soro hidratante oral por se tratar de uma desidratação hiposmolar.

9. (EXAME 2002)

Criança de 12 meses deu entrada no pronto-socorro. A mãe relata que há dois dias ela evacua em abundância, de 5 a 6 vezes ao dia, independentemente das refeições. Ao exame físico, apresentou irritação, tenesmo, olhos fundos, boca e língua secas, sede, retorno do turgor da pele em 3 segundos, temperatura axilar de 37,9 °C e moderada dermatite perianal. Neste quadro, a conduta de enfermagem compreende

(A) pesar a criança; administrar soro de reidratação oral, adequar o volume e a frequência conforme a aceitação; interromper a alimentação até o desaparecimento de sinais de desidratação; tratar a dermatite com óxido de zinco; orientar a mãe quanto à reidratação, higiene ambiental e alimentar.
(B) pesar a criança; administrar soro de reidratação oral e hidratação intravenosa; suspender a alimentação por 24 horas; tratar a dermatite com nistatina e óxido de zinco; administrar antitérmico e antiemético; orientar a mãe quanto à internação da criança.
(C) administrar o soro de reidratação por sonda nasogástrica e, após cessar o vômito, passar para via oral até o desaparecimento de sinais de desidratação; tratar a dermatite; orientar a mãe quanto às condições de saneamento.
(D) administrar o soro de reidratação oral 30 minutos após a ingestão do antiemético; lavar a região perianal com água e sabonete comum a cada evacuação; dar banho morno; orientar a mãe sobre os sinais de agravo do quadro diarréico.
(E) pesar a criança; administrar o soro de hidratação intravenosa reparativa; passar sonda nasogástrica para aliviar o vômito; orientar a mãe quanto à higienização das fraldas e a necessidade de consultas periódicas.

10. (EXAME 2002)

Problemas observados na Unidade de Pediatria referentes a reações locais após a aplicação de injeções intramusculares suscitaram uma pesquisa que teve como um de seus objetivos "identificar e descrever a presença de alterações na integridade da pele". A ação que permite atingir tal objetivo é:

(A) entrevistar as mães sobre o aparecimento de reações adversas generalizadas.
(B) inspecionar o local da aplicação por 3 dias e registrar a descrição em ficha.
(C) observar as técnicas de aplicação de injeção nas diferentes vias de administração.
(D) relacionar, segundo idade e peso, as crianças que apresentarem reações no local de aplicação.
(E) verificar os medicamentos, injetáveis e tópicos, aplicados na criança no período do estudo.

11. (EXAME 2002)

O gráfico abaixo apresenta a variação de peso em relação à estatura de uma criança com observação de duas intercorrências nos primeiros meses de vida.

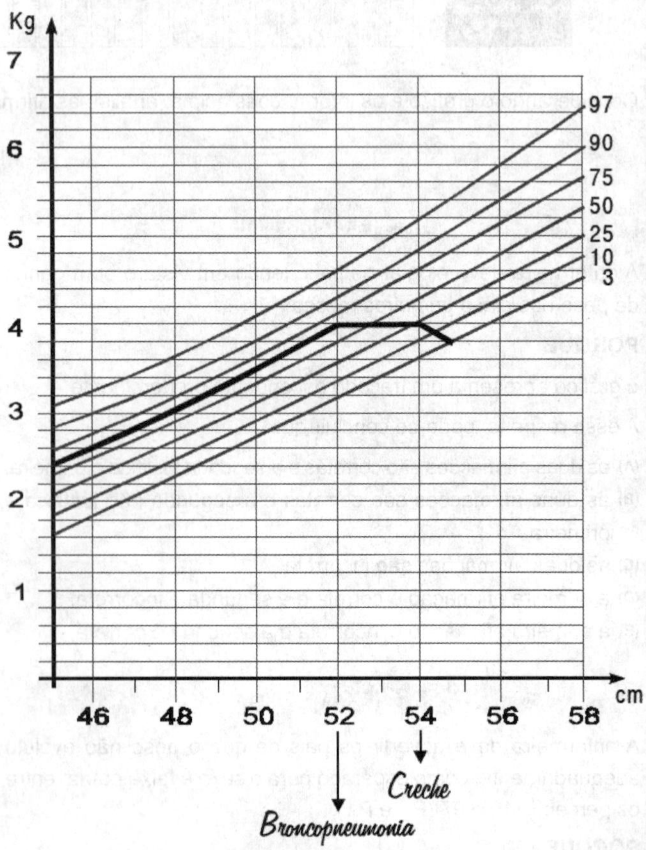

(Adaptado: SOURCE: Developed by the National Center for Health Statiscs in collaboration with the **National Center for Chronic Disease Prevention and Health Promotion** (2000)

A curva ponderal representada permite afirmar:

(A) peso adequado ao nascimento, estabilidade seguida de declínio; há necessidade de intervenção para a recuperação do peso.
(B) declínio importante provavelmente relacionado ao ingresso da criança na creche; após a adaptação, a recuperação do peso será automática.
(C) caso com alto risco de comprometimento do crescimento e agravo no estado de desnutrição; iniciar esquema alimentar rico em proteínas.
(D) caso crônico de defasagem no crescimento, podendo afetar o desenvolvimento, se a curva se mantiver neste canal; é um caso de difícil intervenção.
(E) ganho de peso satisfatório apesar de se manter no canal crítico; não há necessidade de intervenção para ganho de peso.

12. (EXAME 2002)

Criança de 12 meses de idade, em consulta de puericultura, apresentou desnutrição energético-protéica moderada e palidez palmar leve. Foi trazida pela avó, que diz ser a cuidadora principal da criança. Seus pais se separaram há 6 meses e a mãe, que na época amamentava e iniciava a dieta para desmame, passou a trabalhar de segunda a sábado como diarista, para a manutenção da família.

O plano de assistência de enfermagem envolve

(A) orientar quanto ao reaproveitamento dos alimentos; monitorar ganho de peso semanal, no ambulatório, até completar 18 meses de idade; fortalecer o vínculo materno.
(B) fornecer cesta básica de alimentos e medicamentos para corrigir a carência de ferro; preencher o cartão de curva de crescimento e desenvolvimento; dar apoio emocional à família; fazer acompanhamento domiciliário.
(C) fazer o encaminhamento hospitalar da criança para correção dos distúrbios hidroeletrolíticos; iniciar dietoterapia progressiva; orientar estimulação programada e recreação; fornecer ferro para a criança.
(D) investigar a história familiar; iniciar a reeducação alimentar e administração de ferro; marcar retorno ambulatorial até a adequação da curva de crescimento.
(E) fornecer leite e cesta básica de alimentos até a recuperação do peso da criança; orientar dieta rica em carboidratos, vitaminas e sais minerais; monitorar quinzenalmente a curva de crescimento.

13. (EXAME 2002)

Menino de 4 anos de idade foi internado às 17 horas acompanhado pela mãe, para ser submetido à cirurgia eletiva de herniorrafia. No preparo pré-operatório, considere as seguintes condutas de enfermagem:

I. aplicar o brinquedo terapêutico para explicar a cirurgia, o funcionamento do centro cirúrgico e o pós-operatório.
II. verificar os sinais vitais antes de encaminhá-lo ao centro cirúrgico, como parte dos procedimentos protocolares ou de rotina.
III. evitar o contato com outras crianças internadas.
V. fazer a higiene corporal antes de encaminhá-lo ao centro cirúrgico.
VI. envolver a região inguinal com campo cirúrgico, após o banho.

Estão corretas as condutas:

(A) I, II e III
(B) I, II e IV
(C) I, III e V
(D) II, III e IV
(E) III, IV e V

QUESTÕES DISCURSIVAS

1. (EXAME 2004) DISCURSIVA

Menino com 01 ano e 3 meses, crescimento e desenvolvimento adequados à idade, foi atendido na consulta de enfermagem de uma Unidade Básica de Saúde, levado por seus pais. O enfermeiro que os atendeu constatou, na primeira avaliação, agitação, palidez, cianose, esforço respiratório, obstrução nasal e abdome globoso. FR: 58 i.p.m., Tax: 38,5 °C, FC: 80 b.p.m. A mãe referiu que a criança estava com dificuldades para se alimentar.

Diante da situação, que ações de enfermagem devem ser priorizadas na elaboração do plano assistencial? Justifique-as. **(valor: 10,0 pontos)**

2. (EXAME 2003) DISCURSIVA

Mateus de 3 anos, primeiro filho, tem uma irmã de 2 anos, eutrófica. Foi internado com quadro de desnutrição protéicoenergética. A mãe é manicure, o pai pedreiro e observa-se que o casal tem visível preferência pela segunda filha. Mateus apresenta retardo no desenvolvimento nas áreas motora, social e de linguagem, além das alterações decorrentes do seu quadro atual. Tem muito medo da hospitalização e dos procedimentos hospitalares, atípicos a sua vivência. Face a situação apresentada, a enfermeira estabeleceu condutas voltadas para:

a) atender às alterações fisiológicas da criança.
b) dar apoio emocional à criança.
c) abordar a dinâmica familiar.

Descreva três ações para cada uma das condutas estabelecidas pela enfermeira. (20 pontos)

1. (EXAME 2010)

Carolina, adolescente de 15 anos de idade, preocupada com atraso menstrual de sete dias, buscou atendimento em uma unidade de saúde. Na consulta de enfermagem, relatou atividade sexual nos dois últimos meses, com dois parceiros, sem uso de preservativo e de anticoncepcional.

A conduta adequada do enfermeiro frente a essa situação é

(A) orientar Carolina para observar os sinais de gravidez, os sinais e sintomas de doenças sexualmente transmissíveis e agendar consulta pré-natal.

(B) encaminhar Carolina para exame laboratorial de gravidez, orientar acerca dos sinais e sintomas de doenças sexualmente transmissíveis e agendar consulta pré-natal.

(C) registrar a queixa de Carolina no prontuário, encaminhar para consulta pré-natal e grupo de gestantes adolescentes na unidade de saúde.

(D) investigar sinais de gravidez no exame físico, encaminhar Carolina para a realização de exame laboratorial para gravidez e orientar a respeito dos riscos de contaminação de doenças sexualmente transmissíveis.

(E) realizar exame físico em Carolina para investigar os sinais gravídicos, orientar a respeito dos riscos de doenças sexualmente transmissíveis e agendar consulta pré-natal.

2. (EXAME 2007)

A Política Nacional de Atenção Integral à Saúde da Mulher apresenta objetivos, metas, ações e estratégias para atingir os princípios de humanização e de qualidade da atenção. Dentre outros, pode-se citar: "a capacitação técnica dos profissionais de saúde e funcionários dos serviços envolvidos nas ações de saúde para uso da tecnologia adequada, acolhimento humanizado e práticas educativas voltadas à usuária e à comunidade" (Brasil, 2004). É relevante para essa capacitação considerar que:

I. a redução da morbimortalidade pelo câncer de mama requer do enfermeiro domínio da técnica do exame clínico e conhecimentos para incentivar a realização do autoexame pelas mulheres; ação de eficácia cientificamente comprovada na prevenção primária da doença.

II. a vulnerabilidade para o câncer de colo de útero pode ser representada pela falta de conhecimento, portanto, não basta ao enfermeiro incrementar a oferta de colpocitologia oncótica na rede básica, é preciso sensibilizar e mobilizar a população feminina para a prática do autocuidado e do sexo seguro.

III. a assistência em planejamento familiar demanda fornecimento de anticoncepcionais e acompanhamento das usuárias, além de promoção de ações de educação em saúde e aconselhamento sobre concepção e anticoncepção, visando à escolha livre e informada das opções disponíveis tanto para os homens quanto para as mulheres.

IV. a redução da vulnerabilidade aos agravos à saúde sexual e reprodutiva das adolescentes requer desenvolvimento de ações educativas que abordem a sexualidade na perspectiva de gênero, classe e diferença social, de modo que a informação resulte em comportamento adolescente socialmente desejável.

Está correto APENAS o que se afirma em

(A) I e II.
(B) I e IV.
(C) II e III.
(D) II e IV.
(E) III e IV.

3. (EXAME 2004)

Senhora Josefina, 46 anos, operadora de *telemarketing* (renda familiar R$1.500,00), 2º grau completo, mãe de dois filhos (Joana de 06 anos e Marcelo de 04 anos), menarca aos 13 anos, ciclo menstrual regular, faz uso de contraceptivo injetável. Ela retornou à consulta de enfermagem de seguimento com a enfermeira Gláucia, de uma unidade de saúde, e relatou dificuldades na vida sexual com interferência no casamento e presença de um caroço na mama direita ao realizar o autoexame. Diante do caso, são possíveis fatores que aumentam o risco do câncer de mama e devem ser ampliados no histórico de enfermagem:

I. primeira gestação tardia, menarca precoce, menopausa precoce, vida familiar;
II. história familiar e saúde pregressa, tabagismo, doença mamária benigna e vida sexual;
III. exposição à radiação, menopausa tardia, menarca precoce e vida social;
IV. dieta rica em gorduras, etilismo, uso prolongado de anticoncepcionais, relação conjugal.

Estão corretos apenas os fatores

(A) I e II.
(B) I e III.
(C) I e IV.
(D) II e III.
(E) II e IV.

4. (EXAME 2004)

Uma senhora de 65 anos, vida sexual ativa, com antecedentes familiares de câncer de colo de útero (mãe faleceu devido a complicações metastásicas), nunca realizou o Exame de Papanicolau. Sabendo-se que tal neoplasia é uma doença de ação gradativa que se inicia com alterações neoplásicas intraepiteliais (NIC), as quais podem evoluir para um processo invasivo em um período médio de 10 a 20 anos, a orientação quanto à periodicidade do exame deve ser:

(A) sempre que surgir sintomalogia ginecológica.
(B) semestral, independente de sintomatologia ginecológica.
(C) em 1 ano, após 2 exames semestrais com resultados negativos.
(D) em 2 anos, após 2 exames anuais com resultados negativos.
(E) em 3 anos, após 2 exames anuais consecutivos com resultados negativos.

5. (EXAME 2004)

A violência contra a mulher se caracteriza, incontestavelmente, como uma violência de gênero, que se manifesta sob várias formas, trazendo:

I. dores crônicas e distúrbios gastrointestinais;
II. distúrbios emocionais e mentais;
III. gravidez indesejada e aborto;
IV. DSTs/HIV/AIDS e distúrbios sociais;
V. doença inflamatória pélvica e abuso de drogas.

Quais dessas consequências afetam a saúde da mulher?

(A) I e III, somente.
(B) I e V, somente.
(C) II e IV, somente.
(D) III e V, somente.
(E) I, II, III, IV e V.

6. (EXAME 2003)

Mulher de 40 anos, em controle de *Diabetes Mellitus* no ambulatório de Especialidade, ao apresentar edema de MMII e amenorreia há quatro meses, foi encaminhada para consulta com ginecologista na Unidade Básica de Saúde X, mais próxima de sua residência. Nessa unidade ela não foi atendida, por possuir um recém-adquirido plano privado de assistência médica. A mulher procurou então o ambulatório da maternidade do município vizinho, distante 47 km de sua residência, onde foi prontamente atendida, diagnosticando-se gestação de sete meses. Na análise dessa situação, constata-se que NÃO foi contemplado o Princípio do SUS da

(A) universalidade de acesso.
(B) integralidade.
(C) regionalização.
(D) resolubilidade.
(E) descentralização.

7. (EXAME 2003)

Ana, 32 anos, submetida a mastectomia total radical direita há 3 dias, encontra-se em alta hospitalar, em bom estado geral, devendo sair com um dreno de portovac em região axilar. A enfermeira deve orientá-la a

(A) realizar curativos oclusivos diários em local de inserção do dreno e na incisão cirúrgica até a completa cicatrização e aplicar sobre o local creme de lanolina a fim de prevenir ressequidão e retração cicatricial.
(B) utilizar de forma permanente tipoia para o membro superior homolateral à mastectomia e evitar por seis meses movimentos bruscos ou procedimentos invasivos que possam traumatizar o membro.
(C) observar a drenagem do portovac até que o volume succionado não exceda 200 ml em 8 horas e realizar curativos compressivos a fim de prevenir infecção e linfedema da região axilar.
(D) participar de grupos de convivência com outras mulheres mastectomizadas e manter o membro superior homolateral em posição supina de forma a ocorrer drenagem da linfa acumulada e prevenir infecção.
(E) realizar mensalmente autoexame da mama contralateral e prevenir de forma definitiva lesões e excesso de carga no membro superior homolateral a fim de evitar o aparecimento de infecções ou de linfedema.

8. (EXAME 2002)

O exame citopatológico para detecção precoce do câncer cervicouterino deve ser realizado contendo, no esfregaço, material

(A) da bolsa retrouterina, sendo contraindicado em mulheres com antecedentes de neoplasia intraepitelial cervical.
(B) da fúrcula vaginal, sendo indicado para mulheres com vida sexual inativa ou com antecedentes de herpes vírus tipo 2.
(C) do fundo de saco de Douglas, sendo contraindicado em gestantes com história de carências nutricionais.
(D) do intróito vaginal, sendo contraindicado em mulheres com suspeita de infecção pelo vírus do papiloma humano.
(E) da junção escamocolunar da ectocérvice, sendo indicado para mulheres na faixa etária de 25 a 60 anos.

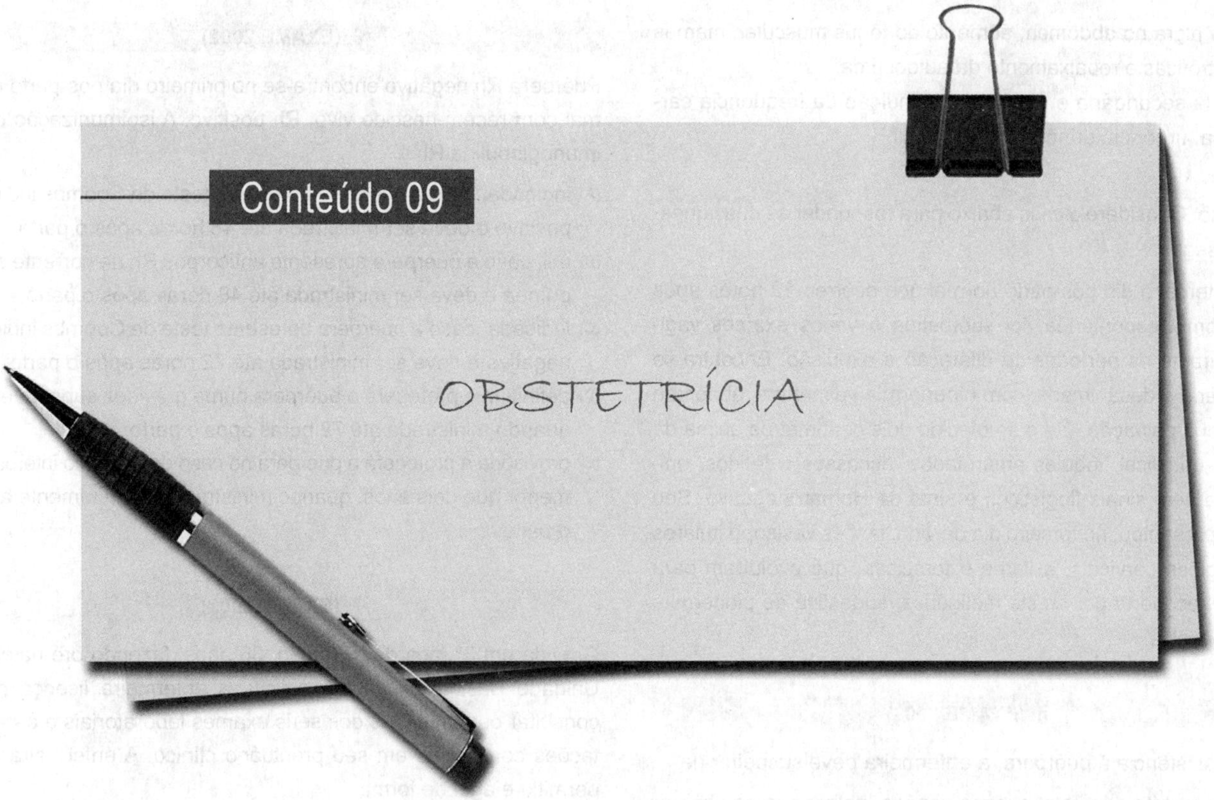

1. (EXAME 2007)

Paula, 16 anos, iniciou o atendimento pré-natal na Unidade Básica de Saúde (UBS) após teste de gravidez positivo. Depois de algum tempo, a agente comunitária, responsável pela área em que se situa a residência de Paula, procurou a enfermeira da UBS dizendo que a adolescente *"não havia realizado nenhum dos exames solicitados; tinha tentado interromper a gestação e, apesar de não estar passando bem, não procurou o hospital por medo de ser presa."* A enfermeira, então, decidiu realizar visita domiciliar, encontrando a gestante descorada, sem perdas vaginais, com epistaxe e sangramento gengival, ambos de moderada intensidade. Para a assistência à adolescente, a enfermeira corretamente suspeita de

(A) ameaça de abortamento, o que requer guia da UBS para o encaminhamento de Paula a ambulatório médico especializado de referência na área da saúde da mulher.

(B) infecção polimicrobiana associada a abortamento infectado, o que requer utilização do sistema regional de urgência e emergência para o encaminhamento de Paula a hospital de média complexidade.

(C) processo inflamatório decorrente de abortamento completo, o que requer o acompanhamento de Paula pela UBS e pelo serviço de referência para educação em saúde de adolescentes.

(D) processo infeccioso decorrente de abortamento incompleto e inevitável, o que requer guia da UBS para o encaminhamento de Paula a hospital de referência para procedimentos de baixa complexidade.

(E) distúrbio de coagulação associado a abortamento retido, o que requer utilização do sistema regional de urgência e emergência para o encaminhamento de Paula a hospital de média complexidade.

2. (EXAME 2004)

Dona Marta, casada, 30 anos, em tratamento de tuberculose, descobre que está grávida. Na consulta de enfermagem no pré-natal, relata ao enfermeiro sua preocupação com a medicação e a gravidez, pensando que o remédio pode causar problema para o bebê. Diante disso, que intervenção de enfermagem é adequada à situação?

(A) Encaminhar ao médico para avaliar a medicação e o risco gestacional.

(B) Proporcionar apoio emocional e monitorar o uso da medicação pelo menos nos 3 primeiros meses.

(C) Substituir o esquema de tratamento por outro mais apropriado à gestação e à amamentação.

(D) Orientar para observar possíveis reações e providenciar a busca ativa.

(E) Orientar sobre a medicação, pois não existe contraindicação na gravidez, e providenciar a busca ativa.

3. (EXAME 2003)

Ao assistir uma primigesta que se encontra na 25ª semana de gravidez, espera-se encontrar os seguintes dados no histórico de enfermagem:

(A) estrias nas mamas, contrações de Braxton Hicks, hiperpigmentação da pele e instabilidade emocional.

(B) tato mais aguçado, despigmentação da mucosa vaginal, síndrome da hipotensão supina e aumento da libido.

(C) leucorreia, útero pouco acima da sínfise púbica, hipertensão ortostática e desejos incoercíveis.

(D) linha nigra no abdômen, aumento do tônus muscular, mamas hipotróficas e rebaixamento da autoestima.

(E) aréola secundária e cloasma, diminuição da frequência cardíaca, urgência urinária e choro fácil.

Atenção: Considere o caso abaixo para responder às duas questões a seguir.

Paula, terceiro dia pós-parto normal que ocorreu 12 horas após amniotomia espontânea, foi submetida a vários exames vaginais durante os períodos de dilatação e expulsão. Encontra-se descorada e desanimada, com hipertermia vespertina, abdômen sensível à palpação, útero amolecido dois centímetros acima da cicatriz umbilical, lóquios amarelados, escassos e fétidos, episiorrafia sem sinais flogísticos e sinal de Homan negativo. Seu bebê apresentou, no terceiro dia de vida, lesões vesicopustulares nas regiões cervicais, axilares e torácicas, que evoluíram para erosão recoberta por crosta melicérica, sugestiva de piodermite estafilocócica.

4. (EXAME 2003)

Para assistência à puérpera, a enfermeira deve suspeitar de

(A) endometrite e instalar acesso venoso, colher exames hematológicos e de cultura de secreções, monitorar sinais vitais com maior frequência, atenuar a dor e aumentar a ingesta hídrica.

(B) processo de apojadura e proporcionar apoio emocional para o enfrentamento do desânimo, encorajar a deambulação, recomendar ordenha artificial e banhos de assento com solução antisséptica.

(C) tromboflebite em membros inferiores e indicar repouso absoluto no leito, monitar o padrão respiratório com maior frequência e recomendar a higiene de regiões perineal e perianal.

(D) hipotonia uterina e ensinar a massagem abdominal para estimular a contratilidade, orientar quanto à alimentação rica em ferro, fibras e proteínas, proceder à higiene da região perineal e atenuar a dor.

(E) tromboflebite séptica pélvica e proceder à reposição de líquidos por via oral ou parenteral, implementar medidas de prevenção de infecção cruzada e estimular o enfrentamento do desânimo.

5. (EXAME 2003)

Para o recém-nascido, a intervenção de enfermagem consiste em

(A) limpar as lesões com água morna e sabonete e isolar o neonato da mãe.

(B) lavar as lesões com água boricada 2% a 3% e interditar o berçário por 20 dias.

(C) aplicar nas lesões pomada à base de penicilina e notificar o Centro de Controle de Infecção Hospitalar.

(D) remover as crostas e passar digluconato de clorexidina nas lesões e observar a ocorrência de novos casos de piodermite no berçário.

(E) aplicar nas lesões compressas de permanganato de potássio na diluição (1/40 000) e isolar o neonato com a mãe.

6. (EXAME 2002)

Puérpera Rh negativo encontra-se no primeiro dia pós-parto normal com recém-nascido vivo, Rh positivo. A isoimunização com imunoglobulina Rh é

(A) indicada, caso a puérpera apresente teste de Coombs indireto positivo e deve ser ministrada até 48 horas após o parto.

(B) útil, caso a puérpera apresente anticorpos Rh na corrente sanguínea e deve ser ministrada até 48 horas após o parto.

(C) indicada, caso a puérpera apresente teste de Coombs indireto negativo e deve ser ministrada até 72 horas após o parto.

(D) definitiva e protegerá a puérpera numa gravidez subsequente, quando ministrada até 72 horas após o parto.

(E) provisória e protegerá a puérpera no caso de intervalo interpartal menor que dois anos, quando ministrada imediatamente após o parto.

7. (EXAME 2002)

Grávida em 3º mês de gestação, 36 anos, fazendo pré-natal na Unidade Básica de Saúde, solicita à enfermeira licença para consultar os resultados dos seus exames laboratoriais e as anotações constantes em seu prontuário clínico. A enfermeira não permitiu e agiu de forma

(A) ética, porque a usuária não compreenderia a linguagem utilizada pelos profissionais de saúde.

(B) ética, porque o prontuário é um documento sigiloso do serviço de saúde.

(C) não ética, porque a enfermeira não discutiu com a equipe de saúde antes de tomar a decisão.

(D) ética, porque a gestante poderia se prejudicar ao interpretar equivocadamente as anotações.

(E) não ética, porque o prontuário é um documento do usuário e ele tem direito de acessá-lo a qualquer momento.

8. (EXAME 2002)

Puérpera, quarto período do parto, queixa-se de cólicas, frio e cansaço. Seu parto foi normal e prolongado, com episiotomia médio-lateral direita sob anestesia local e dequitação espontânea. O recém-nascido está vivo e é macrossômico. Levando-se em conta o período, as condições da puérpera e do parto, a prescrição de enfermagem abrange

(A) avaliação frequente das condições uterinas, do sangramento vaginal, da distensão vesical, das condições perineais e dos parâmetros vitais.

(B) observação de sinais flogísticos, inspeção do curativo cirúrgico e das mamas, verificação dos sinais vitais e posicionamento em decúbito ventral.

(C) realização dos procedimentos prescritos pelo médico, atenção às queixas e solicitações e observação da apojadura.

(D) inspeção dos lóquios, administração dos analgésicos prescritos, observação de sinais flogísticos e inspeção do ingurgitamento mamário.

(E) promoção de atendimento que leve em conta os sentimentos e necessidades emocionais, avaliação dos lóquios e do ingurgitamento mamário.

QUESTÕES DISCURSIVAS

1. (EXAME 2010) DISCURSIVA

Ana, com 33 semanas de gestação, participa do grupo em uma unidade de saúde. Durante as atividades, nesta semana, as gestantes disseram que gostariam de discutir as dificuldades das mães no aleitamento materno. A enfermeira iniciou a atividade utilizando as imagens a seguir com intuito de provocar a discussão do grupo.

ALVES, C. R. L. e MOULIN, Z. S. **Saúde da criança e do adolescente**: crescimento, desenvolvimento e alimentação. Belo Horizonte: Coopmed, 2008.

Com base nas informações e na tirinha utilizada pela enfermeira, resolva os itens a seguir.

a) Para realizar orientações, a enfermeira deve considerar a demanda dos participantes na atividade? Justifique sua resposta. **(valor: 5,0 pontos)**

b) Comente acerca da contribuição da atividade de educação em saúde, no pré-natal, para a mulher no pós-parto. **(valor: 2,5 pontos)**

c) Discorra sobre a contribuição da atividade de educação em saúde, no pré-natal, para a criança nos primeiros dias de vida. **(valor: 2,5 pontos)**

2. (EXAME 2007) DISCURSIVA

Lídia, uma estudante do ensino médio, engravidou sem ter planejado. O pai do bebê, Tiago, tem 20 anos, não estuda e não tem residência fixa, pois foi colocado para fora de casa quando seu pai descobriu que usava drogas. Os pais de Lídia estão respaldando-a financeiramente e, por não aceitarem a situação, pediram à jovem que fosse morar em uma pensão. Apesar de o namoro continuar e de Tiago estar procurando um emprego, dizendo-se "*limpo*" das drogas, ele não assume a paternidade, afirmando que Lídia "*nunca foi muito confiável*". Os resultados dos exames laboratoriais de Lídia no primeiro trimestre da gestação mostraram VDRL e FTA-abs positivos, além de colpocitologia oncótica com microbiologia sugestiva de *Chlamydia sp.*

a) Apresente três ações destinadas a monitorar o tratamento do casal. **(valor: 5,0 pontos)**

b) Lídia poderá amamentar o bebê? Fundamente sua resposta. **(valor: 5,0 pontos)**

3.(EXAME 2004) DISCURSIVA

Joana, 15 anos, gesta III, para II (primeiro filho, com 2 anos e o outro com 7 meses), aborto I (provocado), solteira e sem parceiro fixo, veio à Unidade Básica de Saúde (UBS) para inscrever-se no Programa de Planejamento Familiar. Procurou a enfermeira que a acompanhou no último pré-natal, pedindo esclarecimentos quanto ao uso da camisinha.

Com base no caso e considerando as dimensões sociais, políticas, legais e familiares, como a enfermeira pode intervir? **(valor: 10,0 pontos)**

4. (EXAME 2003) DISCURSIVA

Lúcia, 15 anos, estudante, grávida de 32 semanas, frequenta o pré-natal multiprofissional no PSF de sua região desde a 14ª semana, tendo realizado três consultas e faltado a outras duas. Por volta da 20ª semana fez todos os exames solicitados, tendo sido constatada amebíase, anemia leve e infecção urinária. Fez tratamento com antibiótico por sete dias e com sulfato ferroso por 6 semanas, abandonando o uso por queixar-se de diarréia e azia. Já realizou duas ultra-sonografias (22ª e 32ª semana) que indicaram anexos normais e feto pequeno para a idade gestacional. Seu histórico mostra que é fumante há dois anos (em média 10 cigarros/dia); que normalmente acorda às 13 h, não toma café da manhã, almoça às 15 h e lancha quando chega da escola às 23 h; mora com a mãe, que trabalha como diarista e é responsável pelo sustento da gestante e de outros quatro irmãos menores. Lúcia não participou de nenhuma das atividades educativas do programa, mostrando-se reticente quando orientada pela enfermeira a modificar seus hábitos de vida e saúde. Em sua ficha perinatal verifica-se que não recebeu nenhuma vacina; que o nomograma mostra curva descendente; que houve aparecimento de edema moderado em membros inferiores na última consulta; e que sua pressão arterial variou de 100 • 60 mmHg no início da gravidez para 130 • 76 mmHg na última consulta. Ao analisar esse histórico e constatar nova falta ao pré-natal, a enfermeira da unidade decidiu realizar visita domiciliária.

a) Indique e justifique três fatores de risco que fizeram com que a enfermeira decidisse pela visita. **(10 pontos)**

b) Proponha três ações de enfermagem durante a visita domiciliária da enfermeira. **(10 pontos)**

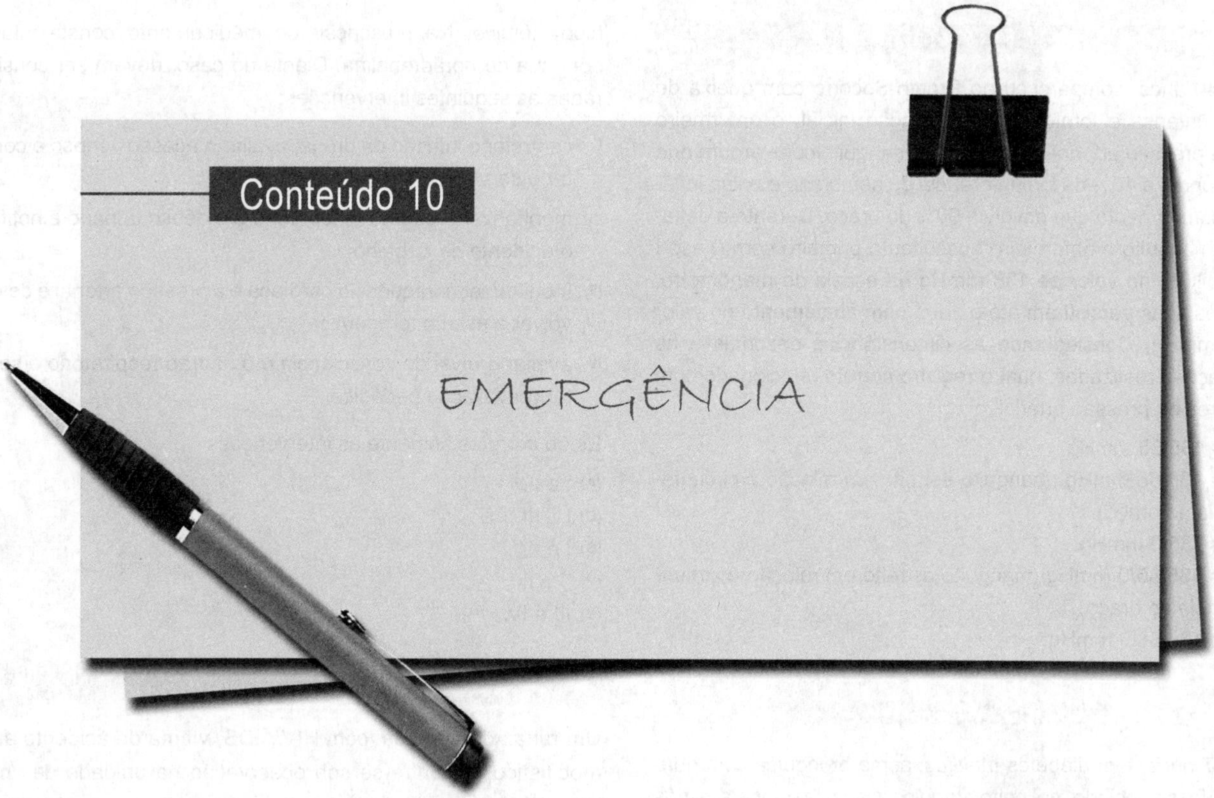

1. (EXAME 2007)

Antonio de Pádua, 25 anos de idade, foi levado à Unidade Básica de Saúde por um colega. Antonio trabalha há 90 dias em uma construção civil, apresenta-se hoje com febre e exantema maculopapular, acompanhado de linfadenopatia retroauricular, não relata história de vacinação contra rubéola. Reside em alojamento da empresa com outros 10 trabalhadores, visitou a esposa e as filhas no município vizinho há 30 dias. O caso foi notificado como suspeita de rubéola. A enfermeira da UBS fez algumas considerações para orientar as medidas de controle e prevenção. Qual a alternativa que apresenta a justificativa e a decisão corretas?

	Justificativa	**Decisão**
(A)	A maioria dos casos de rubéola são subclínicos, portanto, é pouco importante a busca de fonte de infecção e a observação dos contatos. O período de incubação da doença é de 14 dias.	Colher sangue para sorologia dos colegas de alojamento após 14 dias do início do caso índice, independentemente da presença de sintomas.
(B)	A articulação entre os municípios é uma atribuição da esfera estadual. As medidas de controle dependem da intensidade dos sintomas apresentados.	Elaborar e encaminhar proposta de intervenção específica para o caso ao serviço de vigilância epidemiológica estadual que solicitará ao município vizinho a execução das ações de proteção da família.
(C)	O O Brasil tem como meta a eliminação da rubéola até o ano de 2010 e o Ministério da Saúde planeja a campanha de eliminação da rubéola para 2008.	Aproveitar a oportunidade e realizar campanha educativa e vacinação indiscriminada com dupla viral independentemente do seu estado vacinal e da idade de todos os comunicantes.
(D)	O período de transmissibilidade da rubéola é de 5 a 7 dias antes e 7 dias após o início do exantema. O modo de transmissão é respiratório.	Recomendar que Antonio evite contato com pessoas sem a doença por 7 dias para reduzir o risco de transmissão viral, e iniciar ações de vigilância descartando a possibilidade de a família ser a fonte de infecção.
(E)	A rubéola é benigna em homens. Acima de dois casos notificados considera-se a existência de um surto, o que implica maior risco de ocorrência da Síndrome da Rubéola Congênita.	Recomendar a vacinação das filhas e da esposa em até 72 horas e aguardar a ocorrência de mais casos para desencadear a vacinação dos colegas de alojamento.

2. (EXAME 2007)

Mário, 40 anos, compareceu ao Pronto-Socorro com queixa de cefaleia intensa e fotofobia. Na avaliação inicial, o enfermeiro mediu a pressão arterial utilizando um manguito com largura que correspondia a 40% da circunferência de seu braço e bolsa inflável de comprimento que envolvia 90% do braço. Durante a deflação do manguito o enfermeiro auscultou o primeiro som (Fase I de Korotkoff) no valor de 138 mmHg na escala do manômetro, porém os sons persistiram até o zero, com abafamento no valor de 88 mmHg. Considerando as circunstâncias descritas e as observações realizadas, qual o registro correto relacionado com os valores da pressão arterial?

(A) PA = 135/85 mmHg.
(B) PA = 138/88 mmHg (manguito estreito em relação à circunferência do braço).
(C) PA = 135/0 mmHg.
(D) PA = 135/85/0 mmHg (manguito estreito em relação à circunferência do braço).
(E) PA = 138/88/0 mmHg.

3. (EXAME 2004)

Noel, 17 anos, tem diabetes *mellitus*, asma brônquica com quadro de tosse, chiado no peito, taquicardia e taquipneia. Após consulta médica no ambulatório de adolescentes de um Hospital Universitário, é encaminhado, com seus pais, à sala de procedimentos de enfermagem com a seguinte prescrição médica:

Fenoterol 5 gotas
Soro fisiológico 3 ml } inalação 4/4 horas.

Metilprednisolona 250 mg IV 8/8 horas.

O que o enfermeiro Pedro, preocupado com os diagnósticos associados de Noel e com os efeitos dos medicamentos, deve incluir na prescrição de enfermagem?

(A) Controle da frequência respiratória, da cardíaca e da diurese.
(B) Aferição da pressão arterial, da frequência respiratória e da cardíaca.
(C) Investigação das condições nutricionais, sociais e econômicas.
(D) Avaliação da glicemia e do nível de conhecimento dos pais sobre a diabetes e a asma.
(E) Avaliação do nível de consciência, das condições econômicas e da escolaridade dos pais.

4. (EXAME 2004)

O Senhor Mário, 40 anos, solteiro, sem familiares próximos, trabalhador da construção civil, sofreu um acidente de trabalho que o levou a um quadro hemorrágico. Está internado em uma unidade de cuidados intermediários, com diagnóstico de choque hipovolêmico. Na prescrição de medicamento consta infusão contínua de noradrenalina. Diante do caso, devem ser consideradas as seguintes intervenções:

I. controlar a infusão da droga, avaliar o acesso venoso e contatar o serviço social;
II. monitorizar o padrão respiratório e o débito urinário e notificar o acidente de trabalho;
III. monitorizar a frequência cardíaca e a pressão arterial e desenvolver a escuta terapêutica;
IV. avaliar o nível de consciência e o padrão respiratório e solicitar reavaliação periódica.

Estão corretas somente as intervenções

(A) I e II.
(B) I e III.
(C) I e IV.
(D) II e III.
(E) III e IV.

5. (EXAME 2004)

Um rapaz de 28 anos, com HIV/AIDS, vítima de acidente automobilístico, encontra-se sob observação na unidade de emergência após avaliação e intervenção médica para fratura de fêmur direito (aparelho gessado), acompanhado de sua esposa. No registro de enfermagem consta: "10:00 - Pressão arterial 150 x 100mmHg, frequência respiratória 36 i.p.m., frequência cardíaca 90 b.p.m.; apresenta-se lúcido, orientado no tempo e no espaço; suor profuso; rigidez corporal; pupilas dilatadas e esforço respiratório. Foi administrada a medicação prescrita (analgésico do tipo anti-inflamatório não esteroidal e opioide). Relata dor persistente". Diante do caso, devem ser consideradas as seguintes intervenções:

I. solicitar reavaliação médica, pois apresenta midríase e aumento da tensão muscular, um sinal de dor aguda;
II. reposicionar o paciente no leito em Posição de Fowler modificada, pois apresenta dispneia, um sintoma de descompensação cardiorrespiratória;
III. investigar a temperatura e coloração da extremidade do membro inferior direito, pois sinaliza compressão nervosa pelo aparelho gessado.

A sequência correta das intervenções a serem adotadas é:

(A) I, II e III.
(B) I, III e II.
(C) II, I e III.
(D) II, III e I.
(E) III, I e II.

6. (EXAME 2003)

Uma pessoa vítima de queda foi admitida em um Hospital Geral para correção cirúrgica de fratura em membro superior esquerdo e investigação de fratura de costela. No 5º pós-operatório, após a realização de Raios X de controle, foi diagnosticada tuberculose pulmonar, considerada bacilífera após pesquisa de BAAR +++. Dentre as ações de vigilância epidemiológica adotadas, incluem-se

	No âmbito intra-hospitalar	No âmbito extra-hospitalar
(A)	Notificação do caso	Instituição de quimioprofilaxia para todos os familiares
(B)	Instituição de tratamento, com esquema tríplice, para o paciente	Controle dos comunicantes domiciliares
(C)	Transferência do paciente para a unidade de isolamento	Vacinação com BCG-ID dos familiares < 15 anos
(D)	Adoção de precauções por contato	Realização de teste tuberculínico para os comunicantes do local de trabalho do paciente
(E)	Instituição de quimioprofilaxia para a equipe	Visita aos familiares e ao local de trabalho

7. (EXAME 2002)

Paciente de 25 anos está hospitalizado com trauma cranioencefálico decorrente de acidente automobilístico. Não responde aos estímulos verbais ou dolorosos. Na fase de coleta de dados de enfermagem é prioritária, entre outras, a observação

(A) do aumento do pulso.
(B) da eliminação urinária.
(C) das alterações nas pupilas.
(D) da respiração superficial e regular.
(E) da hiperemia reativa na pele da região dos calcâneos.

QUESTÃO DISCURSIVA

1. (EXAME 2007) DISCURSIVA

João, 23 anos, é motociclista e trabalha realizando entregas rápidas de documentos. Hoje, quando conduzia sua motocicleta teve uma colisão e foi ejetado do veículo em que viajava a 70 Km/hora. No momento dessa ocorrência, ele usava capacete. Estava lúcido na cena, mas o nível de consciência declinou até a chegada no hospital. O serviço de Atendimento Pré-hospitalar transportou João até o hospital e na chegada ele já se encontrava com colar cervical, em prancha longa, com acesso venoso recebendo solução salina isotônica e 3 L/min de oxigênio por cateter nasal. Na avaliação primária da vítima, seguindo a ordem de prioridades conhecida como ABCDE, a enfermeira do Pronto-Socorro identificou:

FR = 30 movimentos respiratórios/min;

PA = 96/58 mmHg;

FC = 130 batimentos/min;

Escore da Escala de Coma de Glasgow = 9.

Observou, também, tiragem, presença de restos alimentares na boca da vítima e cianose de extremidades.

Diante desta situação, cite três condutas prioritárias que devem ser realizadas imediatamente pelo enfermeiro. (valor: 10,0 pontos)

Capítulo IV

Questões de componente específico de Fisioterapia

1) Conteúdos e Habilidades objetos de perguntas nas questões de Componente Específico.

As questões de Componente Específico são criadas de acordo com o curso de graduação do estudante.

Essas questões, que representam ¾ (três quartos) da prova e são em número de 30, podem trazer, em Fisioterapia, dentre outros, os seguintes **Conteúdos:**

I. Ciências Biológicas e da Saúde: incluem-se os conteúdos de bases moleculares e celulares, estrutura e função dos tecidos, órgãos e sistemas fisiológicos e processos patológicos;

II. Ciências Sociais e Humanas: abrange o estudo do homem e de suas relações sociais, do processo saúde-doença nas suas múltiplas determinações, contemplando a integração dos aspectos psicossociais, culturais, filosóficos, antropológicos e epidemiológicos norteados pelos princípios éticos, bem como educação, trabalho, gestão e políticas de saúde;

III. Conhecimentos Biotecnológicos: abrange conhecimentos que favoreçam o acompanhamento dos avanços biotecnológicos utilizados nas ações fisioterapêuticas que permitam incorporar as inovações tecnológicas inerentes à pesquisa e prática profissional;

IV. Conhecimentos Específicos da Fisioterapia:

a) conhecimentos em deontologia, história, ética, bioética, bem como aspectos filosóficos e metodológicos da Fisioterapia em seus diferentes níveis de intervenção;

b) conhecimentos da função e disfunção do movimento humano, da semiologia e dos métodos diagnósticos, preventivos e terapêuticos nas diferentes áreas de atuação e especialidades, nos distintos níveis de atenção, com abordagem integral e humanista;

c) conhecimentos da intervenção fisioterapêutica nas diferentes etapas do ciclo de vida.

O objetivo aqui é avaliar junto ao estudante a compreensão dos conteúdos programáticos mínimos a serem vistos no curso de graduação, de forma avançada. Também é avaliado o nível de atualização com relação à realidade brasileira e mundial e às questões jurídicas de maior relevância.

Avalia-se aqui também competências e habilidades. A ideia é verificar se o estudante desenvolveu as principais Habilidades para o profissional de Fisioterapia, que são as seguintes:

I. Respeito e aplicação dos princípios éticos, bioéticos e deontológicos:

a) compreensão do desenvolvimento histórico e social da profissão, nos aspectos filosóficos, dos fundamentos e conceitos assim como dos métodos e técnicas da Fisioterapia;

b) encaminhamento de pacientes, quando necessário, mantendo a atuação de forma inter e transdisciplinar com confidencialidade das informações;

c) conhecimento deontológico para a atuação profissional e sua relação com as outras profissões.

II. Atuação em todos os níveis de atenção à saúde:

a) conhecimento histórico da política de saúde brasileira, dos múltiplos determinantes do processo saúde-doença, do perfil epidemiológico de saúde e a compreensão dos princípios e diretrizes do atual sistema de saúde;

b) reconhecimento da saúde como direito e condição digna de vida, contribuindo para a manutenção e melhoria da saúde, do bem-estar e da qualidade de vida das pessoas, das famílias e da comunidade nos níveis primário, secundário e terciário;

c) ampla participação como agente de educação em saúde, no trabalho em equipe, de forma a garantir a integralidade da assistência no sistema regionalizado e hierarquizado, de referência e contra-referência.

III. Aplicação dos conhecimentos técnico-científicos nos diferentes ciclos da vida:

a) conhecimento das ciências biológicas, da saúde e do processo fisiológico e fisiopatológico, para a compreensão das situações de saúde e doença que influenciam no desempenho funcional humano;

b) avaliação global do indivíduo e da coletividade para a elaboração do diagnóstico cinético-funcional nas diferentes áreas de atuação da Fisioterapia;

c) elaboração do plano de intervenção por meio do estabelecimento de objetivos, eleição e aplicação de condutas e recursos fisioterapêuticos, baseados nas indicações e contra-indicações para a manutenção, desenvolvimento ou recuperação da funcionalidade do indivíduo e da coletividade, nas diferentes áreas de atuação da Fisioterapia;

d) reavaliação e reorientação contínua da intervenção fisioterapêutica;
e) orientação aos usuários e cuidadores em relação à atenção com a saúde e a adesão ao tratamento;
f) demonstração de raciocínio crítico, criatividade e atitude investigativa para o embasamento das atividades profissionais.

IV. Gestão em saúde:

a) elaboração, acesso e seleção de estudos científicos, utilizando tecnologias da informação como auxílio na conduta profissional;
b) planejamento, organização e gerenciamento de serviços públicos ou privados de saúde (coordenação, assessoramento, consultoria e auditoria no âmbito de sua competência profissional), nos diferentes níveis de atenção de acordo com os modelos de intervenção, de forma articulada ao contexto social;
c) elaboração, execução e divulgação de trabalhos acadêmicos com observância aos princípios éticos, bioéticos e aos métodos científicos;
d) elaboração, organização e manutenção dos registros da prática profissional para fins de avaliação, acompanhamento e aprimoramento;
e) emissão de laudos, pareceres, atestados e relatórios fisioterapêuticos;
f) acesso às informações de pacientes e aos indicadores de saúde em bases de dados para acompanhamento e estudos.

Com relação às questões de Componente Específico optamos por classificá-las pelos Conteúdos enunciados no início deste item.

2) Questões de Componente Específico classificadas por Conteúdos.

Conteúdo 01

CIÊNCIAS BIOLÓGICAS E DA SAÚDE

1. (EXAME 2010)

O tecido conjuntivo forma uma rede contínua responsável pelas relações espaciais entre as células, os tecidos e os órgãos do corpo. Os constituintes do tecido conjuntivo são quase sempre os mesmos: fibras (colágenas, elásticas e reticulares); substância fundamental amorfa ou matriz extracelular, e células. As características do tecido conjuntivo dependerão da função de cada região. A combinação de proporções específicas dos constituintes resulta em tipos de tecido conjuntivo estruturalmente diferentes, com propriedades mecânicas próprias: o frouxo ou areolar e o denso. São os estresses mecânicos da atividade motora normal que determinam a constituição do tecido conjuntivo.

A partir das informações acima, avalie as afirmações a seguir.

I. O tecido conjuntivo frouxo adapta-se com o encurtamento e contração de suas fibras caso não haja movimento adequado, como no caso de uma imobilização.

II. As cicatrizes são formadas por tecido denso e sem orientação, se não forem submetidas a estímulos mecânicos.

III. As fáscias musculares estão em continuidade com os tendões e aponeuroses musculares, formando um sistema interligado, adaptado à transmissão de tensões mecânicas.

IV. As diversas fases do processo de reparo do tecido conjuntivo não interferem na redução do risco de recidiva das lesões musculoesqueléticas.

V. O tecido conjuntivo pode apresentar maior proporção de fibras e se tornar denso se houver necessidade de resistência. Se a resistência é requerida em direção preferencial, haverá orientação das fibras colágenas segundo esta orientação.

É correto apenas o que se afirma em

(A) I, II, III e IV.
(B) I, II, III e V.
(C) I, II, IV e V.
(D) I, III, IV e V.
(E) II, III, IV e V.

2. (EXAME 2010)

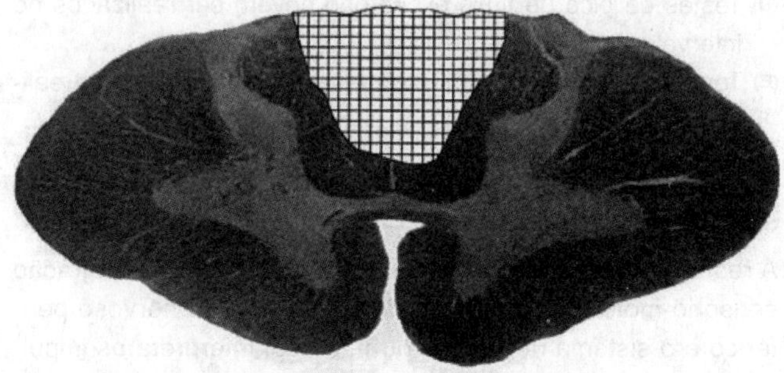

LANGONE, F.; MARQUES, M. J. **Atlas seccional da medula espinhal e do encéfalo humanos. Campinas**: UNICAMP, 1999.

Na figura acima, observa-se um corte transverso do segmento cervical da medula espinhal. No caso de um paciente com meningeoma na parte posterior da medula espinhal e perda de função na área hachurada representada na figura, os sintomas apresentados seriam

(A) *déficit* na propriocepção e estereognosia.
(B) baixa sensibilidade vibratória, ataxia e paralisia.
(C) ataxia e diminuição na sensibilidade à dor e à temperatura.

(D) diminuição na sensibilidade à dor e à temperatura e paralisia flácida.

(E) paralisia espástica abaixo do segmento e diminuição da propriocepção.

3. (EXAME 2010)

O encurtamento dos músculos respiratórios determina o deslocamento das estruturas da parede torácica, ou a variação do volume pulmonar, em diferentes níveis de intensidade. Os níveis sistematizados de mensuração dos volumes e capacidades ventilatórias estão exemplificados na figura a seguir, sendo que as grandezas funcionais para cada medida de volume/capacidade devem ser expressas em litros (L) nas condições de temperatura corporal, pressão atmosférica e saturação de vapor de água padrão (BTPS).

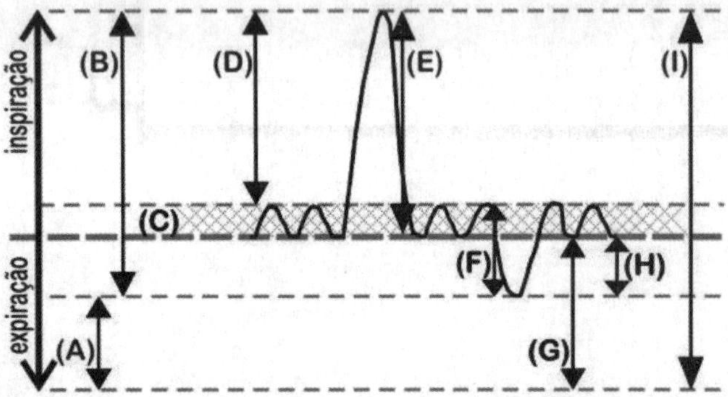

Com base nas informações e na figura apresentadas, assinale a alternativa correta.

(A) Testes de pressão expiratória máxima que não queiram incluir o componente elástico pulmonar devem ser realizados no intervalo "B".

(B) Testes de pressão inspiratória máxima que não queiram incluir o componente elástico da parede torácica devem ser realizados no intervalo "E".

(C) Testes espirométricos devem ser realizados no intervalo "I".

(D) Testes de pico de fluxo expiratório devem ser realizados no intervalo "D".

(E) Testes de volumetria para volumes correntes devem ser realizados no intervalo "H".

4. (EXAME 2007)

A resposta motora humana é elaborada através da integração sensório-motora entre as estruturas do sistema nervoso periférico e o sistema nervoso central, o qual interpreta os impulsos sensoriais aferentes e elabora um sinal motor adequado para a atividade motora desejada. A quantidade de força e a precisão de uma contração muscular estão baseadas numa ordem de recrutamento das fibras musculares, que obedece a critérios de ativação.

Com o auxílio dessas informações, é possível afirmar que cada unidade motora

(A) é inervada por apenas um neurônio, e o recrutamento das unidades motoras é determinado pelo tamanho dos motoneurônios, sendo que unidades motoras com motoneurônios menores são recrutadas em primeiro lugar.

(B) é inervada por apenas um neurônio, e o princípio de recrutamento obedece ao tipo de tarefa a ser realizada, sendo que unidades motoras maiores são recrutadas em primeiro lugar.

(C) é inervada por apenas um neurônio, e a ordem de recrutamento obedece a padrões específicos de acordo com o tamanho das fibras musculares, sendo que fibras musculares maiores são ativadas em primeiro lugar.

(D) possui vários motoneurônios, e a ordem de recrutamento depende do tamanho da velocidade de condução, sendo que unidades motoras maiores são recrutadas em primeiro lugar.

(E) tem um número próprio de motoneurônios de acordo com as tarefas desempenhadas pelo músculo, sendo que unidades motoras com maior número de motoneurônios são ativadas em primeiro lugar.

5. (EXAME 2007)

Os processos de reabilitação de lesões musculoesqueléticas devem basear-se, principalmente,nas respostas fisiológicas dos tecidos após a lesão. Assim, o Fisioterapeuta precisa entender o processo de cicatrização para poder supervisionar e intervir eficientemente nesse processo.

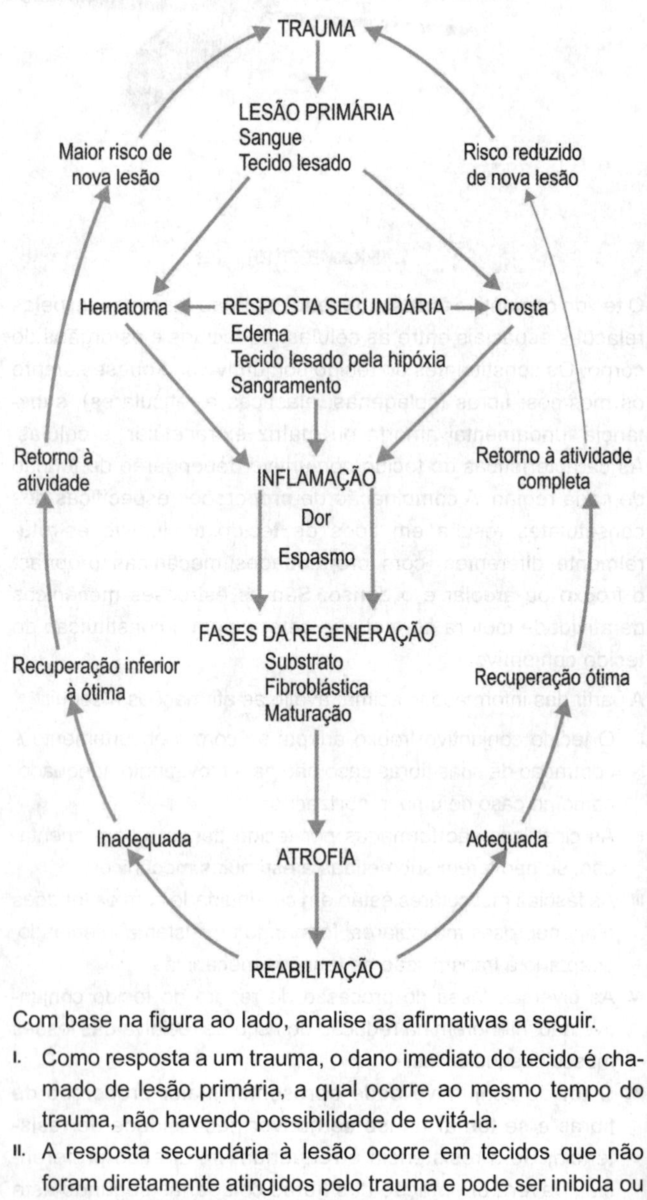

Com base na figura ao lado, analise as afirmativas a seguir.

I. Como resposta a um trauma, o dano imediato do tecido é chamado de lesão primária, a qual ocorre ao mesmo tempo do trauma, não havendo possibilidade de evitá-la.

II. A resposta secundária à lesão ocorre em tecidos que não foram diretamente atingidos pelo trauma e pode ser inibida ou minimizada pela ação do Fisioterapeuta.

III. A resposta inflamatória segue-se às lesões primária e secundária nas quais se pode observar, em graus diferentes, os sinais inflamatórios de calor, rubor, tumor, dor e impotência funcional.

IV. O ciclo de dor e espasmo muscular atua como reação de proteção a danos maiores, e a atuação do Fisioterapeuta é de fundamental importância para a quebra desse ciclo.

V. As diversas fases do processo de reparo não interferem na redução do risco de recidiva das lesões musculoesqueléticas.

Estão corretas, apenas, as afirmações

(A) I, II e III.
(B) I, III e IV.
(C) II, III e V.
(D) I, II, III e IV.
(E) I, II, III e V.

6. (EXAME 2004)

Com relação à mecânica da respiração, assinale a opção correta.

(A) Após a inspiração forçada, a expiração torna-se um processo passivo.
(B) A inspiração é um processo inicialmente ativo e, depois, passivo.
(C) A contração dos músculos inspiratórios provoca redução da pressão intrapleural na base dos pulmões.
(D) A pressão negativa, ao final da inspiração, provoca o início da expiração.
(E) Os alvéolos não colabam durante a expiração devido à manutenção de alta tensão superficial garantida pelo surfactante.

7. (EXAME 2004)

A relação comprimento-tensão no músculo cardíaco é semelhante à que se verifica no músculo esquelético. A força de contração do músculo cardíaco depende da pré-carga e da pós-carga. O débito cardíaco é regulado pela atividade muscular e pela atividade simpática. Com o auxílio dessas informações, julgue os itens que se seguem.

I. Durante o exercício físico, ocorre aumento da pós-carga, o que resulta em maior estiramento muscular e melhora do bombeamento cardíaco.

II. No coração, o comprimento das fibras musculares é proporcional ao volume diastólico final.

III. O aumento da rigidez ventricular produzido por necrose do tecido miocárdico aumenta a complacência ventricular e a tensão muscular.

IV. Pacientes com coração transplantado são capazes de aumentar o débito cardíaco durante exercício físico.

V. Durante exercício muscular, há aumento do débito cardíaco devido à elevação dos níveis de norepinefrina.

Estão certos apenas os itens

(A) I, II e III.
(B) I, II e IV.
(C) I, III e V.
(D) II, IV e V.
(E) III, IV e V.

QUESTÕES DISCURSIVAS

1. (EXAME 2007) DISCURSIVA

A inflamação é uma resposta a uma agressão que pode ser representada por qualquer agente,seja químico, físico ou biológico.

A resposta é totalmente inespecífica, mas é sempre a mesma, independente do agente que a provoca.

a) Tomando como base os sinais flogísticos que acompanham a resposta do processo inflamatório, descreva os eventos da fase aguda responsáveis pelo edema (tumefação). **(valor: 4,0 pontos)**

b) Quais são as primeiras células que chegam ao processo inflamatório? **(valor: 2,0 pontos)**

c) De que modo o Fisioterapeuta pode intervir em um edema, na fase aguda e na fase crônica? **(valor: 4,0 pontos)**

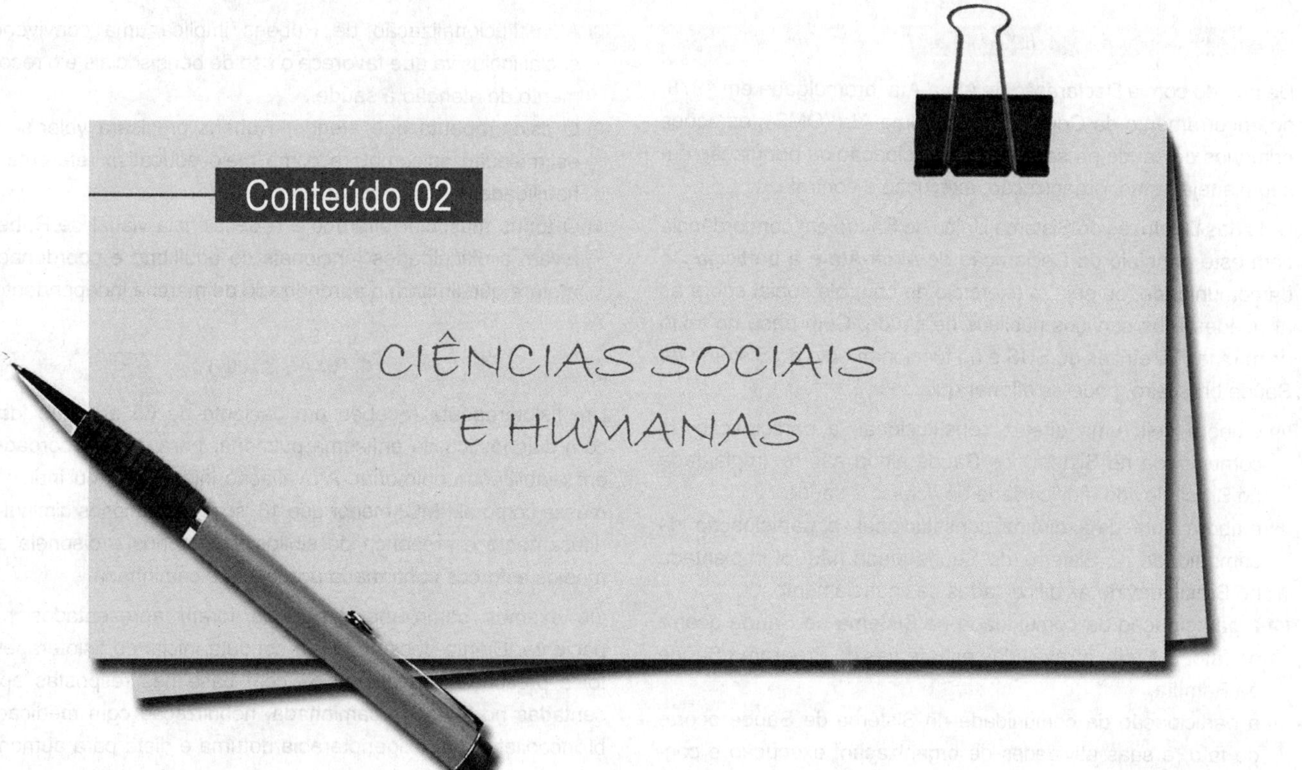

1. (EXAME 2010)

A fisioterapia baseada em evidências, que teve origem em cursos como medicina e farmácia, vem crescendo e se consolidando nos vários campos de trabalho do fisioterapeuta. Nesse sentido, quando se usa a expressão "baseada em evidências" significa dizer que

(A) a conduta fisioterapêutica tem que ser fundamentada em experiências compartilhadas entre terapeuta e paciente.

(B) o profissional deve concentrar seus tratamentos nas evidências que vem dando certo no âmbito do seu consultório.

(C) o contexto gerado na avaliação e no atendimento deve centrar-se nas melhores constatações feitas ao longo da experiência profissional.

(D) o fisioterapeuta traça estratégias de avaliação e tratamento segundo as evidências que observa com resultados favoráveis na sua rotina de trabalho.

(E) o tratamento e os procedimentos da avaliação fisioterapêutica devem ser fundamentados em artigos científicos validados e com bom nível de evidência.

2. (EXAME 2010)

Quando um indivíduo tem sua rotina alterada por condições que afetam sua saúde, essas atividades e a participação do indivíduo no âmbito social são bastante modificadas. As condições de saúde são influenciadas pelas estruturas e funções do corpo, assim como pelo nível de atividade funcional do indivíduo e sua participação na sociedade. O fisioterapeuta deve ter conhecimento acerca dos modelos de saúde hierarquizados. O pensar desse profissional deve ser voltado para uma visão global na avaliação e no tratamento. O modelo da Classificação Internacional de Funcionalidade (CIF) considera os fatores

(A) sociais e econômicos.

(B) ambientais e pessoais.

(C) individuais e alimentares.

(D) coletivos e organizacionais.

(E) psicológicos e integracionistas.

3. (EXAME 2007)

A História Natural da Doença é o conjunto de processos interativos que afetam desde o aparecimento da doença até o resultado final. Com base nessa informação, analise as afirmações a seguir.

Uma fratura de quadril em um idoso tem etiologia multifatorial, e suas consequências no estado de saúde dependerão das condições clínicas preexistentes no momento da fratura e dos níveis secundário e terciário de atenção à saúde existentes na comunidade onde vive o idoso.

PORQUE

O homem participa em todas as etapas do processo da *História Natural da Doença*, sendo gerador das condições favoráveis ao aparecimento de estímulos patológicos e vítima do contexto de agressão à saúde por ele favorecido.

Analisando as afirmações acima, conclui-se que

(A) as duas afirmações são verdadeiras, e a segunda justifica a primeira.

(B) as duas afirmações são verdadeiras, e a segunda não justifica a primeira.

(C) a primeira afirmação é verdadeira, e a segunda é falsa.

(D) a primeira afirmação é falsa, e a segunda é verdadeira.

(E) as duas afirmações são falsas.

4. (EXAME 2007)

De acordo com a Declaração de Alma-Ata, promulgada em 1978, no encerramento da Conferência de Alma-Ata (OMS), as ações primárias de saúde pressupõem a participação da população em seu planejamento, organização, execução e controle.

Uma das Diretrizes do Sistema Único de Saúde em concordância com este princípio da Declaração de Alma-Ata é a participação da comunidade, ou seja, o exercício do controle social sobre as atividades e os serviços públicos de saúde. Com base no texto acima, nas Diretrizes do SUS e no funcionamento do Sistema de Saúde brasileiro, pode-se afirmar que

(A) embora seja uma diretriz constitucional, a participação da comunidade no Sistema de Saúde ainda não foi implantada no Brasil devido à dificuldade de acesso à saúde.

(B) embora seja uma diretriz constitucional, a participação da comunidade no Sistema de Saúde ainda não foi implantada no Brasil, devido às dificuldades de financiamento.

(C) a participação da comunidade no Sistema de Saúde ocorre de fato, e é feita através das estratégias do Programa Saúde da Família.

(D) a participação da comunidade no Sistema de Saúde ocorre de fato, e suas atividades de organização, execução e controle são direcionadas apenas para as ações de promoção da saúde.

(E) a participação da comunidade ocorre de fato, e é feita por meio das Conferências e Conselhos de Saúde, nos níveis nacional, estaduais, municipais e distritais.

5. (EXAME 2004)

Do ponto de vista epistemológico, a inclusão precisa ser considerada como um processo vasto, abrangente, complexo, devendo expressar, para diferentes categorias — não só para os deficientes, mas também para minorias sociais e étnicas, idosos, inadaptados, desempregados — a reconstrução ou o refazimento do vínculo social rompido, (...); de excluído não só da participação de bens, mas da partilha com o outro.

M. L. P. Guhur. **Dialética inclusão–exclusão. In: Revista Brasileira de Educação Especial**, v. 9, nº 1. Marília (SP): ABPEE/FFC — UNESP, 2003, p. 52 (com adaptações).

Rubens, uma criança institucionalizada, de 8 anos de idade, é portador de múltipla deficiência — visão subnormal, corrigida com o uso de óculos, e diplegia espástica, que o torna dependente de cadeira de rodas. Ele realiza marcha com apoio em curtas distâncias e frequenta a 4ª série do ensino fundamental em escola regular pública.

À luz do texto acima, de M. L. P. Guhur, e a respeito do caso descrito, assinale a opção **incorreta** considerando a atuação adequada de um fisioterapeuta que trabalha com intervenção interdisciplinar voltada para pessoas com necessidades especiais.

(A) O fisioterapeuta contribuirá para a inclusão escolar de Rubens ao trabalhar de forma interdisciplinar com os professores da escola, por meio de orientações acerca de ergonomia, postura, posicionamento e movimentos ativos adequados para esse aluno.

(B) O processo de inclusão de Rubens na escola pública deve contar com a participação ativa da equipe de saúde.

(C) A institucionalização de Rubens implica uma convivência social inclusiva que favorece o uso de bens sociais e o recebimento de atenção à saúde.

(D) O fisioterapeuta que atender Rubens precisará valer-se da estimulação psicomotora como meio educativo referente às habilidades de locomoção da criança.

(E) O tônus muscular alterado e a deficiência visual de Rubens levam a dificuldades funcionais de equilíbrio e coordenação motora que limitam o aprendizado de marcha independente.

6. (EXAME 2004)

Um fisioterapeuta recebeu um paciente de 65 anos de idade com diagnóstico de enfisema pulmonar para iniciar abordagem em reabilitação pulmonar. A avaliação inicial mostrou índice de massa corporal (IMC) menor que 18, sons respiratórios diminuí-do difusamente e presença de sibilos expiratórios e dispneia aos médios esforços confirmada por teste de caminhada.

Os exames complementares não foram apresentados pelo paciente. Diante desse caso, a conduta inicial do fisioterapeuta foi a prescrição de exercícios com base nas respostas apresentadas no teste de caminhada, nebulização com medicação broncodilatadora, oxigenoterapia noturna e dieta para aumentar o aporte calórico.

Considerando que a reabilitação pulmonar é uma terapia que tem como objetivo maximizar a independência funcional do indivíduo e proporcionar sessões educativas a pacientes e familiares, conclui-se que, na situação acima descrita, a estratégia adotada pelo fisioterapeuta

(A) foi adequada, pois visa regular a demanda de oxigênio e melhorar a tolerância ao esforço.

(B) é típica de atenção primária à saúde, pois aborda a gênese da patologia.

(C) foi inadequada, porque a droga broncodilatadora não tem indicação nesse caso.

(D) foi inadequada, porque não respeita os princípios éticos humanos e profissionais.

(E) foi inadequada, porque o fisioterapeuta utilizou um teste de avaliação cuja aplicação extrapola sua competência profissional.

QUESTÕES DISCURSIVAS

1. (EXAME 2010) DISCURSIVA

A Política Nacional de Atenção Integral à Saúde do Homem é desenvolvida pelo Ministério da Saúde, em parceria com gestores do SUS, sociedades científicas, sociedade civil organizada, pesquisadores, acadêmicos e agências de cooperação internacional.

A pluralidade das instituições envolvidas nessa construção é um convite e um desafio à consideração da saúde do homem brasileiro, nas suas idiossincrasias e similaridades, nos 5.561 municípios, 26 estados e no Distrito Federal.

Nesse sentido, a política traduz um longo anseio da sociedade ao reconhecer que os agravos do sexo masculino constituem verdadeiros problemas de saúde pública.

Um dos principais objetivos dessa Política é promover ações de saúde que contribuam, significativamente, para a compreensão da realidade singular masculina, nos seus diversos contextos socioculturais e político-econômicos. Outro é o respeito aos diferentes níveis de desenvolvimento e organização dos sistemas locais de saúde e tipos de gestão. Esse conjunto possibilita o aumento da expectativa de vida e a redução dos índices de morbimortalidade por causas previsíveis e evitáveis nessa população.

Para isso, a Política Nacional de Atenção Integral à Saúde do Homem está alinhada com a Política Nacional de Atenção Básica — porta de entrada do Sistema Único de Saúde — com as estratégias de humanização, e em consonância com os princípios do SUS, fortalecendo ações e serviços em redes e cuidados da saúde.

MINISTÉRIO DA SAÚDE. **Política Nacional de Atenção Integral à Saúde do Homem**. Brasília: Secretaria de Atenção à Saúde, 2008 (com adaptações).

Considerando as ideias do texto acima, redija um texto dissertativo acerca do tema:

A saúde do homem e suas interfaces com a sociedade moderna.

Aborde em seu texto os seguintes aspectos:

a) o atendimento ao homem na atenção primária à saúde; **(valor: 5,0 pontos)**

b) a relação entre homem, trabalho e doença. **(valor: 5,0 pontos)**

2. (EXAME 2004) DISCURSIVA

O gráfico ao lado demonstra os possíveis padrões de progressão das doenças durante o ciclo da vida. Há as doenças agudas, de evolução clínica variada, que podem ter remissão rápida de sintomas ou evoluir para o óbito, e doenças crônicas, que têm períodos de agudização e remissão de sintomas, geram grandes limitações funcionais e incapacidades e têm evolução lenta e letal. Hoje, devido à longevidade da população, à evolução tecnológica na área da saúde e às melhores condições de acesso a bens de consumo, as doenças mais prevalentes são aquelas de evolução crônica, como as doenças cardiovasculares, que têm grande impacto sobre a vida das pessoas e da coletividade e resultam em ônus significativo para o sistema de saúde.

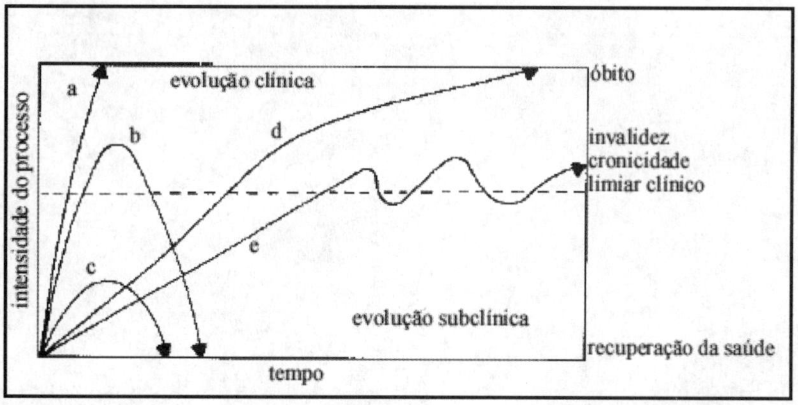

Maurício Gomes Pereira. **Epidemiologia – teoria e prática**. Rio de Janeiro: Guanabara Koogan, 1995, p. 31 (com adaptações).

O gráfico acima demonstra os possíveis padrões de progressão das doenças durante o ciclo da vida. Há as doenças agudas, de evolução clínica variada, que podem ter remissão rápida de sintomas ou evoluir para o óbito, e doenças crônicas, que têm períodos de agudização e remissão de sintomas, geram grandes limitações funcionais e incapacidades e têm evolução lenta e letal.

Hoje, devido à longevidade da população, à evolução tecnológica na área da saúde e às melhores condições de acesso a bens de consumo, as doenças mais prevalentes são aquelas de evolução crônica, como as doenças cardiovasculares, que têm grande impacto sobre a vida das pessoas e da coletividade e resultam em ônus significativo para o sistema de saúde.

Considerando as informações acima como motivadoras,

a) apresente as principais consequências das doenças cardiovasculares para órgãos e sistemas corporais; **(valor: 4,0 pontos)**

b) descreva como o fisioterapeuta pode atuar de forma a prevenir o aparecimento das doenças cardiovasculares, levando em conta as habilidades e competências desse profissional e sua integração em uma equipe de saúde. **(valor: 6,0 pontos)**

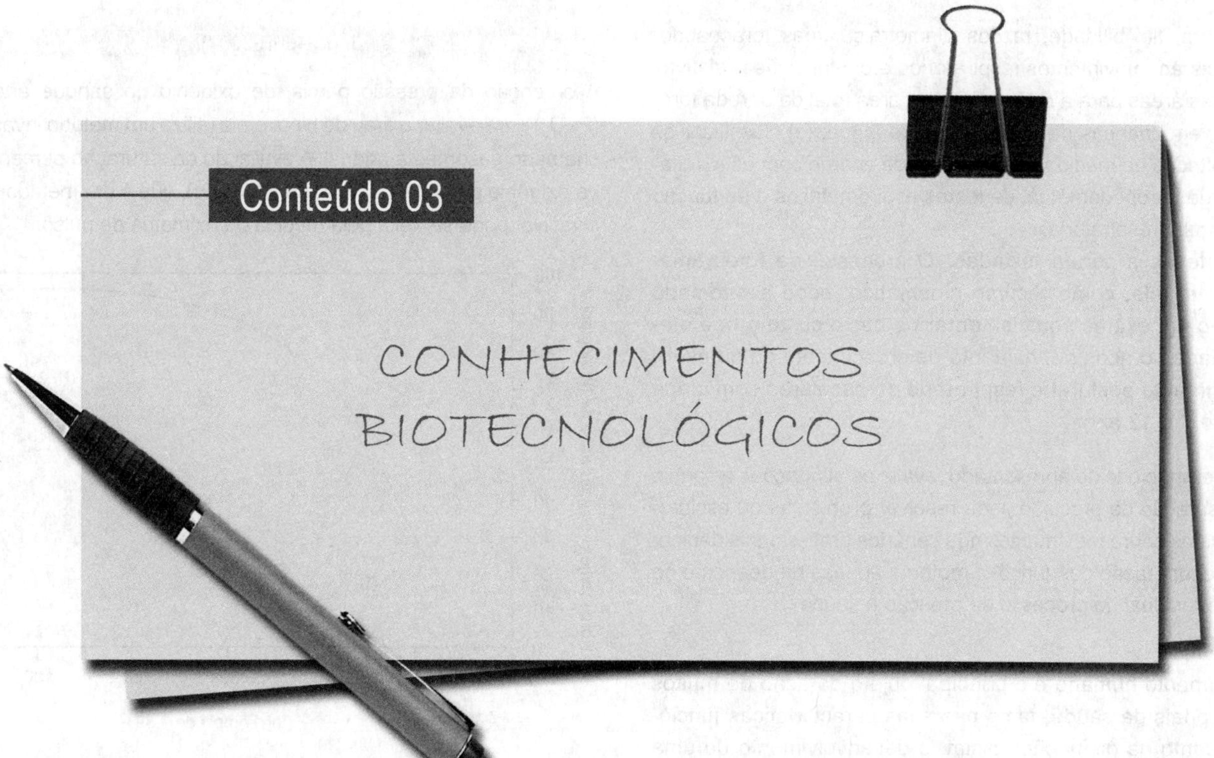

Conteúdo 03

CONHECIMENTOS BIOTECNOLÓGICOS

1. (EXAME 2010)

O treinamento de movimentos em frente a um espelho é utilizado para diferentes recursos em cinesioterapia, por diferentes especialidades, seja durante a terapia sob orientação do fisioterapeuta, seja como orientação dos cuidadores para realização de exercícios no domicílio. Esse tipo de treinamento auxilia na correção dos movimentos pela via visual, especialmente nos casos em que o aprender e o reaprender movimentos funcionais estejam dificultados e(ou) impedidos pela doença de base. A adoção desse tipo de treinamento motor funcional justifica-se, em termos fisiológicos, pelo fato de incluir

(A) homúnculo motor no aprendizado do engrama sensorial.

(B) arquivamento de padrões motores pelo homúnculo motor.

(C) aprendizado de padrões motores pela área cortical pré-motora.

(D) arquivamento de padrões motores pela área cortical motora primária.

(E) engrama sensorial no aprendizado motor e reconhecimento de padrões motores já aprendidos.

2. (EXAME 2010)

A goniometria é uma das técnicas mais usuais para mensuração da amplitude de movimento (ADM) articular. Durante a mensuração, o fisioterapeuta deve observar: a) posição do paciente, b) amplitude normal de movimento articular, c) posição do pivô, d) posição do braço fixo, e) posição do braço móvel. Com base na sequência metodológica apresentada para a medição do movimento de flexão do cotovelo, assinale a alternativa correta.

(A) Decúbito dorsal (supinação), 120° a 130° de ADM, epicôndilo medial do úmero, face medial do braço ao longo de seu eixo longitudinal e face medial do antebraço, ao longo de seu eixo longitudinal.

(B) Decúbito ventral (pronação), 120° a 130° de ADM, epicôndilo lateral do úmero, face lateral do braço, ao longo de seu eixo longitudinal e face lateral do antebraço, ao longo de seu eixo longitudinal.

(C) Decúbito ventral (pronação), 140° a 160° de ADM, epicôndilo medial do úmero, face medial do braço, ao longo de seu eixo longitudinal e face medial do antebraço, ao longo de seu eixo longitudinal.

(D) Decúbito dorsal, 140° a 160° de ADM, epicôndilo lateral do úmero, face lateral do braço, ao longo de seu eixo longitudinal e face lateral do antebraço, ao longo de seu eixo longitudinal.

(E) Decúbito dorsal, 120° a 160° de ADM, epicôndilo lateral do úmero, face medial do braço, ao longo de seu eixo longitudinal e face medial do antebraço, ao longo de seu eixo longitudinal.

3. (EXAME 2010)

Um projeto de pesquisa foi apresentado como proposta para o desenvolvimento de uma nova tecnologia em instrumentação de medida de movimento humano de baixo custo. Os objetivos desse projeto foram definidos como se segue:

- Geral: Desenvolver tabelas com valores de referência para avaliações cinemáticas e da função muscular respiratória em crianças de 7 a 12 anos de idade.
- Específicos: (a) validar um processo de fotogrametria a partir da correlação de seus resultados com método padrão ouro para estudo da biomecânica postural e respiratória; (b) utilizar o processo de fotogrametria para medidas da geometria da

postura, flexibilidade, razões diametrais, áreas toracoabdominais em movimentos respiratórios e contribuições relativas destas áreas para a composição da área total da parede torácica, em crianças de 7 a 12 anos de idade; (c) classificar os resultados de medidas cinemáticas de acordo com os resultados de baropodometria, de testes espirométricos e de função muscular respiratória.

- Hipóteses a serem testadas: O processo de fotogrametria em tela, como recurso cinemático, pode ser tomado como um exame complementar de baixo custo e boa efetividade no acompanhamento do crescimento e do desenvolvimento postural e respiratório de escolares com idade entre 7 e 12 anos.

Considerando o texto apresentado, avalie as afirmações a seguir. A mensuração de precisão pode resolver problemas ou esclarecer dúvidas sobre movimentos nos cenários profissionais dedicados à recuperação das funções motoras apenas na doença e no período residual do processo de atenção à saúde

PORQUE

O movimento humano é o principal objeto da ação de muitos profissionais da saúde, tanto nas suas características funcionais quanto na disfunção; assim, o desenvolvimento de uma instrumentação que viabilize mensuração de modo preciso e dinâmico apresenta-se como potencial recurso no estabelecimento de novas evidências, aumentando a qualidade do atendimento prestado, inclusive nos serviços públicos de atenção à saúde.

(A) As duas afirmações são verdadeiras, e a segunda justifica a primeira.
(B) As duas afirmações são verdadeiras, mas a segunda não justifica a primeira.
(C) A primeira afirmação é verdadeira, e a segunda é falsa.
(D) A primeira afirmação é falsa, e a segunda é verdadeira.
(E) As duas afirmações são falsas.

4. (EXAME 2007)

A "Teoria das Comportas" vem sendo utilizada ao longo dos anos para explicar a ação do TENS no controle da dor.

A esse respeito, analise as afirmações a seguir. A "Teoria das Comportas", sozinha, não consegue esclarecer os mecanismos de analgesia da Estimulação Elétrica Transcutânea Nervosa (TENS).

PORQUE

Tem sido observado que frequências altas na programação do TENS causam analgesia por mecanismo diferente, como, por exemplo, a produção de opiáceos endógenos.

Analisando as afirmações acima, conclui-se que

(A) as duas afirmações são verdadeiras, e a segunda justifica a primeira.
(B) as duas afirmações são verdadeiras, e a segunda não justifica a primeira.
(C) a primeira afirmação é verdadeira, e a segunda é falsa.
(D) a primeira afirmação é falsa, e a segunda é verdadeira.
(E) as duas afirmações são falsas.

5. (EXAME 2007)

A obtenção da pressão parcial de oxigênio no sangue arterial (PaO_2) para avaliar o grau de hipoxemia utiliza um método invasivo chamado gasometria arterial. A avaliação da saturação percentual de oxigênio da hemoglobina arterial (SpO_2), que é um método não invasivo, pode ser feita pela medida de oximetria de pulso.

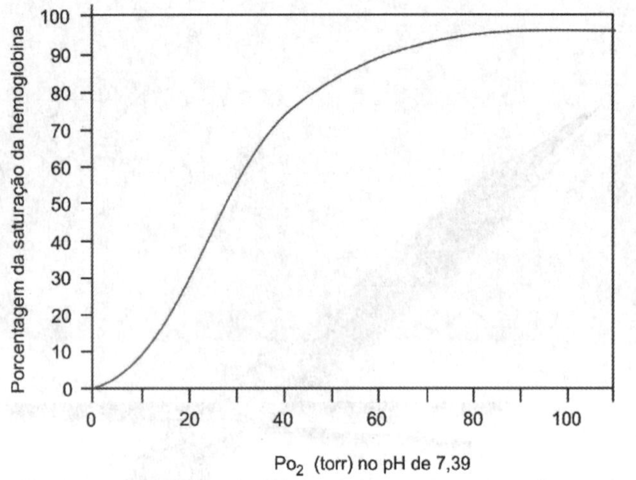

Analisando o gráfico acima e considerando como hipoxemia o valor de 60 mmHg de PaO_2, o valor da SpO_2 obtido deverá ser de, aproximadamente,

(A) 95%
(B) 90%
(C) 75%
(D) 65%
(E) 60%

6. (EXAME 2004)

Antônio, com 58 anos de idade, diabético, sedentário e com sobrepeso de grau 1 de acordo com classificação da Organização Mundial de Saúde (OMS), sofreu, há 4 meses, amputação transfemoral cirúrgica, por causa vascular, de terço médio da coxa direita. Chegou ao setor de fisioterapia realizando marcha de 3 pontos com muletas axilares. O coto de amputação apresenta boa contração da musculatura residual, amplitude de movimento normal para todos os movimentos de quadril e ausência de edema. A força muscular está normal para membros superiores, membro inferior esquerdo e musculatura proximal do quadril direito. O paciente está motivado para o processo de treinamento da marcha, apresentando boas condições cardiopulmonares e visuais.

Diante do quadro clínico apresentado, é adequado indicar

(A) a prótese de encaixe quadrilátero, que assegura melhor controle adutor e maior apoio anteroposterior do coto de amputação.
(B) o sistema de suspensão da prótese de sucção, por permitir melhor adaptação para o nível de amputação descrito.
(C) o uso de próteses *stubbies* na fase inicial do treinamento de marcha.
(D) o treinamento de marcha iniciado com o joelho protético travado e o uso bilateral de muletas, devido ao sobrepeso.
(E) o uso de um mecanismo do tipo "trava com carga" no joelho protético, para garantir a Antônio maior segurança na marcha.

7. (EXAME 2004)

Na avaliação cinético-funcional de Pedro, paciente com 42 anos de idade, com sequela de entorse do tornozelo direito, de grau II, em fase crônica, identificou-se pequeno edema residual na face lateral do tornozelo e dor no ligamento talofibular anterior, tanto na palpação quanto na fase de pré-impulsão da marcha. Verificou-se, ainda, força muscular de grau 4, segundo a escala de Oxford, para os músculos fibulares e tibial anterior, que se apresentavam ligeiramente encurtados. A crioterapia por imersão foi um dos métodos de tratamento indicados.

Com relação ao quadro clínico acima e à modalidade terapêutica indicada para Pedro, julgue os itens a seguir.

I. A velocidade de condução dos nervos motores é diminuída pelo frio, devido ao aumento do limiar dos nervos à estimulação, não sendo contraindicado o exercício terapêutico.
II. Apesar da presença de rigidez articular induzida pelo resfriamento do tecido, a criocinética trará grande benefício à recuperação precoce de Pedro.
III. Visando evitar nova lesão, o exercício terapêutico deverá ser realizado por Pedro quando não mais houver efeito analgésico da crioterapia.
IV. A associação da crioterapia com as técnicas de compressão e elevação traria maiores benefícios a Pedro.
V. O efeito analgésico da crioterapia ajudará na instituição precoce do exercício ativo e do alongamento muscular.

Estão certos apenas os itens

(A) I, II e III.
(B) I, II e V.
(C) I, III e IV.
(D) II, IV e V.
(E) III, IV e V.

QUESTÕES DISCURSIVAS

1. (EXAME 2010) DISCURSIVA

A diferença no comportamento de diversos tipos de fibras nervosas diante de um estímulo elétrico externo pode ser observada em um gráfico de intensidade-duração do pulso elétrico. A figura apresentada a seguir mostra um gráfico de intensidade-duração em que se explicita a voltagem necessária para se produzir determinada resposta (dolorosa, motora ou sensorial), ao serem utilizados pulsos elétricos de diferentes durações.

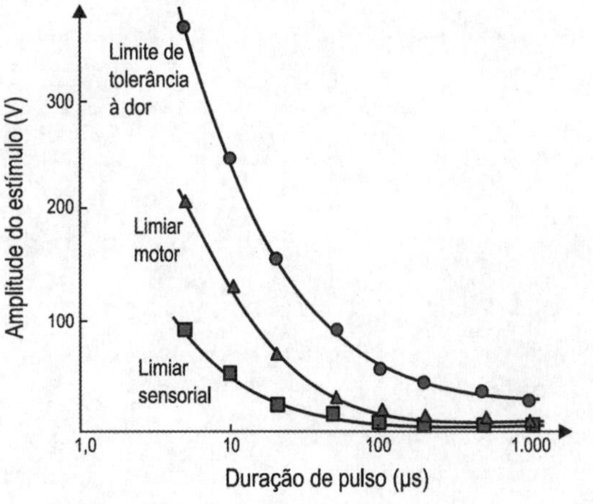

ROBERTSON, V.; WARD, A., LOW, J. e REED, A. **Eletroterapia explicada**: princípios e práticas. Rio de Janeiro: Elsevier, 2009.

A partir dessas informações, elabore um texto, com até 15 linhas, justificando as razões para as diferenças entre os limiares para as respostas dolorosa, motora e sensorial, mostradas no gráfico, independentemente da duração de pulso. (valor: 10,0 pontos)

2. (EXAME 2007) DISCURSIVA

A utilização da pressão positiva expiratória final (PEEP) consiste em uma opção terapêutica frequentemente utilizada em ventilação mecânica e em respiração espontânea. Com base nessa informação,

a) cite dois efeitos benéficos da pressão positiva expiratória final no sistema respiratório; **(valor: 4,0 pontos)**

b) cite dois efeitos indesejáveis da pressão positiva expiratória final no sistema cardiovascular; **(valor: 4,0 pontos)**

c) cite duas patologias em que a pressão positiva em respiração espontânea é utilizada. **(valor: 2,0 pontos)**

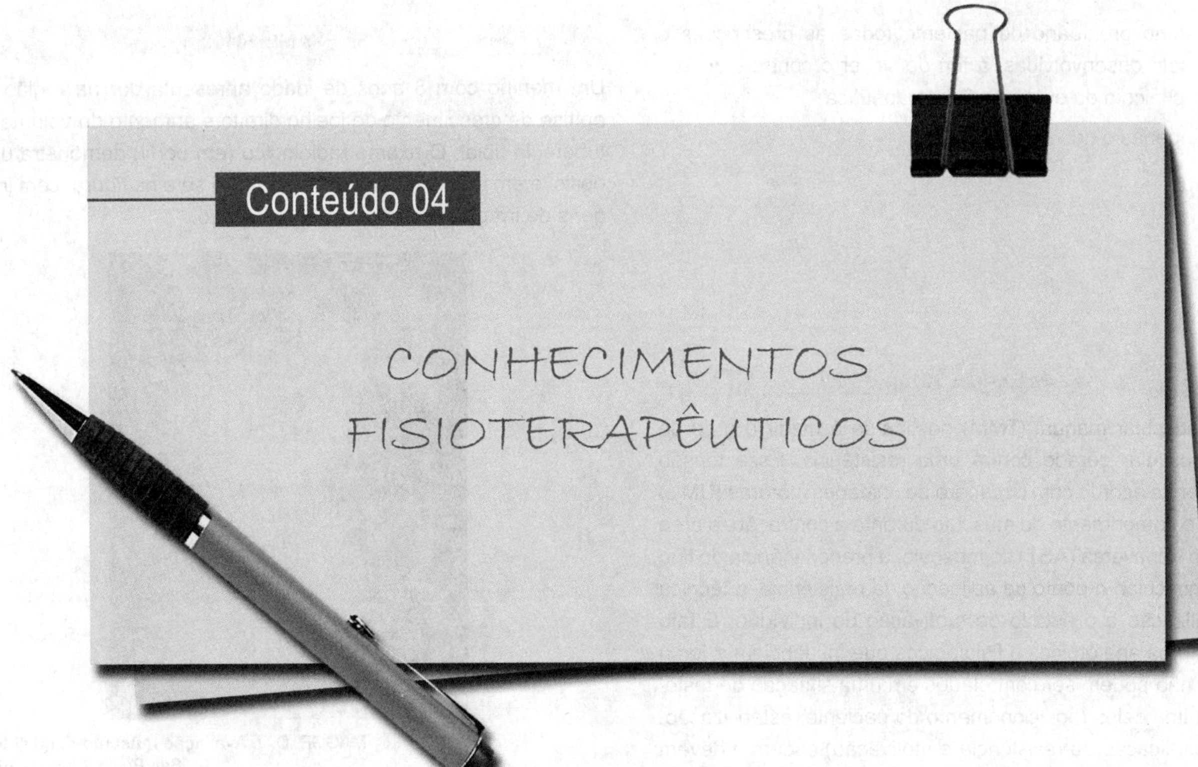

Conteúdo 04

CONHECIMENTOS FISIOTERAPÊUTICOS

1. (EXAME 2010)

A bioética, que a alguns desavisados parecia tratar-se de uma nova versão da ética médica tradicional e hipocrática, ampliou seu espectro para muito além dos limites tradicionais que tratam dos problemas deontológicos decorrentes das relações entre os profissionais de saúde com seus pacientes

PORQUE

O neologismo ganhou notoriedade mundial, afirmando-se na prática por: multiplicação de comitês bioéticos por todo o mundo, organização de novas disciplinas especializadas nas universidades e criação de revistas científicas.

GARRAFA, V. Reflexões bioéticas sobre ciência, saúde e cidadania. **Bioética**. v. 7, n.1, p. 13-20, 1999.

Analisando essas afirmações, assinale a opção correta.

(A) As duas afirmações são verdadeiras, e a segunda justifica a primeira.

(B) As duas afirmações são verdadeiras, mas a segunda não justifica a primeira.

(C) A primeira afirmação é verdadeira, e a segunda é falsa.

(D) A primeira afirmação é falsa, e a segunda é verdadeira.

(E) As duas afirmações são falsas.

2. (EXAME 2010)

João, aluno do último semestre do curso de fisioterapia, está realizando o seu trabalho de conclusão de curso (TCC) e decidiu fazer uma pesquisa experimental usando dados de crianças com problemas respiratórios atendidas na clínica de fisioterapia da faculdade. Para evitar as faltas dos pacientes, pois alguns moram longe e não têm dinheiro para a passagem de ônibus, o aluno remunerou alguns deles para garantir o cumprimento do cronograma proposto pelo orientador da pesquisa.

Com base na situação hipotética apresentada, João, com essa atitude, não seguiu as diretrizes e normas regulamentadoras de pesquisas estabelecidas no(a)

(A) Código de Ética do Fisioterapeuta.

(B) Resolução nº 196/96 do Conselho Nacional de Saúde.

(C) Constituição da República Federativa do Brasil de 1988.

(D) Estatuto da Criança e do Adolescente.

(E) Declaração de Helsinque.

3. (EXAME 2010)

Cabe ao fisioterapeuta, quanto à sua atuação em centros de reabilitação e respeitando sua deontologia profissional,

I. avaliar o estado funcional do cliente, a partir da identidade da doença clínica intercorrente, de exames laboratoriais e de imagens, da anamnese funcional e do antagonismo das estruturas anatômicas envolvidas.

II. participar das reuniões de estudos e das discussões de casos, de forma ativa e contributiva, assim como desenvolver atividades, de forma harmônica, na equipe multidisciplinar de saúde.

III. integrara equipe multidisciplinar, com participação plena na atenção de saúde prestada a cada cliente, na integração das ações multiprofissionalizadas, na sua resolutividade e, principalmente, na deliberação da internação do cliente.

IV. zelar pela autonomia científica de cada um dos membros da equipe, abdicando da isonomia nas relações profissionais entre os profissionais da área da saúde.

V. registrar no prontuário do paciente todas as prescrições e ações nele desenvolvidas, a fim de se ter o controle de seu quadro clínico e da evolução fisioterapêutica.

É correto apenas o que se afirma em

(A) I e II.
(B) I e III.
(C) II e V.
(D) III e IV.
(E) IV e V.

4. (EXAME 2010)

O teste muscular manual (TMM) destina-se a medir o grau de tensão muscular gerado contra uma resistência. Essa tensão pode variar de acordo com o número de unidades motoras (UM's) ativadas, o comprimento do músculo durante a contração, a área de secção transversa (AST) do músculo, a predominância do tipo de fibra muscular, o ponto de aplicação da resistência, a técnica de estabilização e o estado de motivação do indivíduo. É fato que os fatores anatômicos e fisiológicos que influenciam a força muscular não podem ser controlados em uma situação de teste, porém muitos deles (posicionamento do paciente, estabilização, ponto de aplicação da resistência e motivação) podem e devem ser controlados. Esses fatores devem ser padronizados para cada teste muscular a fim de manter-se a consistência e aprimorar a validade e a confiabilidade do TMM.

HISLOP, H. J.; MONTGOMERY, J. **Provas de função muscular: técnicas de** exame manual. 8. ed. Rio de Janeiro: Elsevier, 2008 (adaptado).

A partir do texto e com relação ao TMM dos isquiotibiais (semitendinoso, semimembranoso e bíceps femoral), após a demonstração do movimento a ser executado, o paciente deve

(A) postar-se na posição de decúbito ventral; realizar o movimento de flexão do joelho apenas contra a ação da gravidade enquanto o examinador estabiliza o quadril para evitar a semiflexão ao mesmo tempo em que observa se o paciente realizou a amplitude parcial de movimento para atribuir ao TMM o grau 2.
(B) ficar na posição de decúbito dorsal; realizar o movimento de flexão do joelho seguida de uma resistência moderada, por parte do examinador, na parte distai da perna do paciente tentando estendê-la, ao mesmo tempo em que estabiliza o quadril para evitar a semiflexão do mesmo para atribuir ao TMM o grau 5.
(C) manter a posição de decúbito dorsal; realizar o movimento de flexão do joelho apenas contra a ação da gravidade enquanto o examinador estabiliza o quadril para evitar a semiflexão, ao mesmo tempo em que se observa se o paciente realizou a amplitude completa de movimento para atribuir ao TMM o grau 3.
(D) adotar a posição de decúbito ventral; realizar o movimento de flexão do joelho seguida de uma resistência moderada, por parte do examinador, na parte distai da perna do paciente tentando estendê-la, ao mesmo tempo em que estabiliza o quadril para evitar a semiflexão do mesmo para atribuir ao TMM o grau 3.
(E) adotar a posição de decúbito dorsal; realizar o movimento de flexão do joelho seguida de uma resistência moderada, por parte do examinador, na parte distai da perna do paciente tentando estendê-la, ao mesmo tempo em que estabiliza o quadril para evitar a semiflexão do mesmo para atribuir ao TMM o grau 4.

5. (EXAME 2010)

Um menino com 8 anos de idade apresenta dor na região da epífise de crescimento do joelho direito e aumento do volume do tubérculo tibial. O exame radiológico (em perfil) demonstra uma epifisite em toda a região, apontada pela seta na figura, com imagens de irregularidade do contorno ósseo.

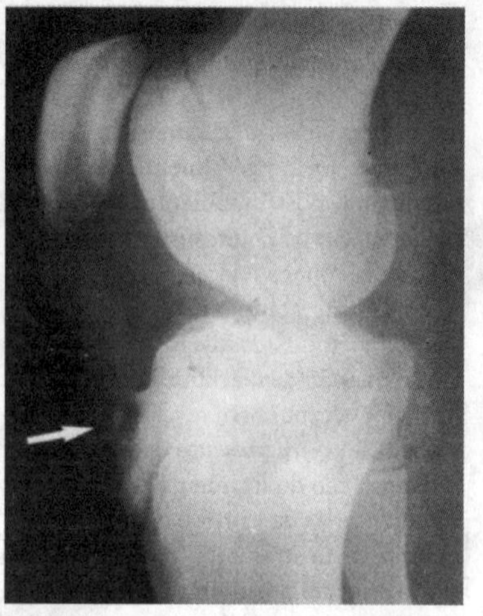

MAGGE, D. J. **Avaliação músculo-esquelética**. São Paulo: Manole, 2005.

Com base na situação e na análise radiográfica apresentada, a tarefa para a qual existe restrição de movimentos desse menino é

(A) subir e descer escadas.
(B) andar de bicicleta em superfície plana.
(C) nadar (modalidade Crawl).
(D) deambular em superfície plana.
(E) permanecer sentado em frente ao computador.

6. (EXAME 2010)

O gerente de uma empresa, no ato da visita de um fisioterapeuta contratado como consultor, mostrou os computadores, as mesas, a disposição física das salas, os locais de recreação e lazer, os banheiros e o estacionamento adaptado. Após a visita, o fisioterapeuta foi questionado acerca da prestação de serviços também na área de ergonomia e ginástica laboral, além da consultoria permanente. Nesse contexto, pelo código de ética e pelas habilidades e competências inerentes à profissão, cabe ao fisioterapeuta

(A) a exclusividade em orientar ou prescrever ginástica laborai dentro das empresas.
(B) orientar quanto à confecção dos móveis da empresa e à construção física do mobiliário.
(C) sugerir, em caso de necessidade, adaptação ao espaço físico dentro das empresas, assim como a orientação da ginástica laboral.
(D) orientara gerência da empresa a procurar profissional competente nesse tipo de consultoria, pois ele não recebe, em sua formação acadêmica, informações sobre como atuar em âmbito empresarial.
(E) realizar consultorias quanto ao espaço físico e orientação da ginástica laboral apenas na ausência de arquitetos e(ou) terapeutas ocupacionais, visto que esses profissionais são os mais indicados para realizar esse tipo de trabalho.

7. (EXAME 2010)

O ciclo da marcha humana pode ser dividido em uma fase de apoio, que se inicia com o apoio de calcanhar, e uma fase de oscilação, que se inicia com a retirada e elevação dos dedos do pé, do solo. A fase de apoio pode ainda ser subdividida em contato inicial, reação à carga, apoio médio, apoio terminal e pré-oscilação, enquanto que a fase de oscilação é composta pelas subfases oscilação inicial, média e final.

PERRY, J. **Análise da marcha**: marcha normal. vol. 1, 1. ed., Barueri: Manole, 2004.

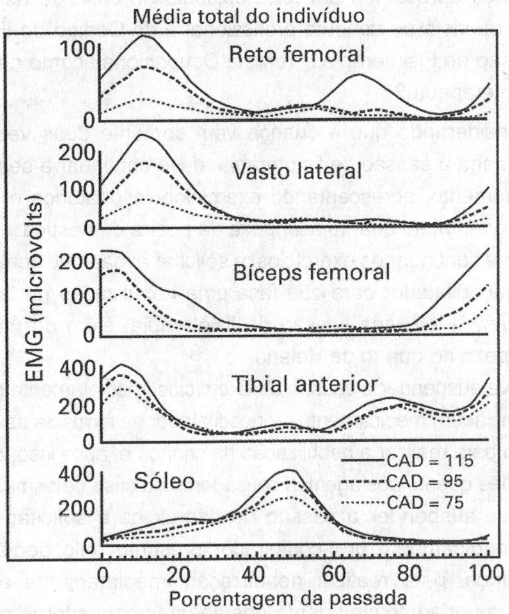

A figura acima mostra registros eletromiográficos associados a três diferentes cadências de marchas, mas que apresentam a mesma forma de onda. A partir do texto apresentado e com base na figura, a subfase de pré-oscilação ocorre aproximadamente no meio da passada e pode ser caracterizada pelo pico de atividade do músculo

CARR, J.; SHEPHERD, R. **Reabilitação neurológica**: otimizando o desempenho motor. Barueri: Manole, 2010.

(A) reto femoral.
(B) vasto lateral.
(C) bíceps femoral.
(D) tibial anterior.
(E) sóleo.

8. (EXAME 2010)

Uma empresa, após tomar conhecimento de queixas de lombalgia e dorsalgia da maior parte dos funcionários de um setor, contratou um serviço de fisioterapia. O fisioterapeuta responsável traçou um plano de ação que envolveu duas etapas para cada funcionário do referido setor: 1ª) anamnese e exame físico; 2ª) avaliação da postura e da flexibilidade. Na segunda etapa, o fisioterapeuta optou por utilizar equipamentos que disponibilizassem dados quantitativos objetivos acerca dos movimentos analisados. Com isso, o fisioterapeuta apresentou à empresa as evidências visuais e quantitativas das alterações cinético-funcionais presentes em cada funcionário do setor, e traçou o perfil de cada um deles. Tais evidências seriam o princípio norteador do trabalho fisioterapêutico a ser desenvolvido por ele junto aos funcionários e também caberia a ele acompanhar a evolução das disfunções detectadas na avaliação inicial e revisar, periodicamente, o plano de intervenção adotado.

Com base na situação hipotética apresentada, os recursos de avaliação e diagnóstico utilizados na segunda etapa do plano de trabalho seriam

I. avaliação postural por medidas em imagens fotográficas ou fotogrametria.
II. avaliação postural por plataforma de força.
III. teste do Banco de Wells.
IV. flexiteste.

É correto apenas o que se afirma em

(A) I e II.
(B) I e III.
(C) I e IV.
(D) II e III.
(E) III e IV.

9. (EXAME 2010)

O treinamento de resistência aeróbia é fundamental para o aperfeiçoamento das funções cardiorrespiratórias e pode ser aplicado de forma contínua ou intervalada. De acordo com o tempo de realização, o treinamento contínuo pode ser executado em períodos de curta (até 10 min), média (de 10 a 30 min) e longa (acima de 30 min) duração. O treinamento aeróbio intervalado deve ser individualizado, estabelecendo-se a duração total do esforço físico, do nível de intensidade, do número de repetições para cada intensidade e da duração de cada intensidade. Assim, o fisioterapeuta, antes de iniciar o tratamento de resistência aeróbia, deve levar em consideração algumas variáveis, além da estratificação de risco cardiovascular, tais como: idade, frequência cardíaca máxima (FC Máx) e consumo de oxigênio máximo (VO_2 Máx).

Determinação da Frequência Cardíaca de Treinamento (FCT), segundo a faixa etária

VO_2 Máx. %	30	40	50	60	70	80	90	100
Idade / FC Máx. %	51	58	64	72	79	86	92	100
20	104 / 26	116 / 29	126 / 32	144 / 36	160 / 40	172 / 43	184 / 46	200 / 50
30	100 / 25	112 / 28	124 / 31	140 / 35	152 / 38	164 / 41	176 / 44	192 / 48
40	96 / 24	108 / 27	120 / 30	132 / 33	148 / 37	159 / 40	168 / 42	185 / 46
50	92 / 23	104 / 26	116 / 29	128 / 32	140 / 35	152 / 38	164 / 41	176 / 44
60	88 / 22	100 / 25	112 / 28	124 / 31	136 / 34	148 / 37	160 / 40	172 / 43
70	84 / 21	96 / 24	104 / 26	116 / 29	128 / 32	140 / 35	148 / 37	164 / 41

Modificado por Fox

Nota: Correspondência entre os valores percentuais do consumo máximo de oxigênio e da frequência cardíaca máxima sugerida para indivíduos normais e cardiopatas. Para cada faixa etária observa-se o valor mínimo do consumo máximo de oxigênio (ml. kg/min) e da frequência cardíaca (bpm em 15_s), de acordo com a faixa escolhida para o treinamento.

I Consenso Nacional de Reabilitação Cardiovascular: fase crônica. Arquivos Brasileiros de Cardiologia. 1997, v. 69, n. 4, p. 267-291.

Com base no quadro apresentado, assinale a alternativa que apresenta a estratificação de risco cardiovascular e faixa etária correta para treinamento, levando-se em consideração VO_2 Máx e FC Máx (%) de treinamento.

(A) Em indivíduo de 30 anos de idade, saudável e sedentário, com orientação clínica para realizar exercício físico, deve utilizar uma faixa de 90% do consumo máximo de oxigênio ou 92% da frequência cardíaca máxima, encontram-se valores de 176 bpm ou 44 batimentos/15 s.

(B) Em indivíduo de 40 anos de idade, saudável e sedentário, com orientação para realizar exercício físico na faixa de 50% do consumo máximo de oxigênio ou 64% da frequência cardíaca máxima, encontram-se valores de 128 bpm ou 32 batimentos/15 s.

(C) Em indivíduo de 50 anos de idade, saudável e sedentário, com orientação para iniciar a prática do exercício físico na faixa de 60% do consumo máximo de oxigênio ou 72% da frequência cardíaca máxima, encontram-se valores de 128 bpm ou 32 batimentos/15 s.

(D) Em indivíduo de 60 anos de idade, apresentando sinais de isquemia miocárdica ao ECG de esforço físico, com orientação para realizar exercício na faixa aproximada de 30% do consumo máximo de oxigênio ou 51% da frequência cardíaca máxima, encontram-se valores de 100 bpm ou 25 batimentos/15 s.

(E) Em indivíduo de 70 anos de idade, saudável e ativo, que já realiza exercícios físicos regularmente com orientação para realizar exercício na faixa aproximada de 100% do consumo máximo de oxigênio ou 100% da frequência cardíaca máxima, encontram-se valores de 164 bpm ou 41 batimentos/15 s.

10. (EXAME 2007)

Um Fisioterapeuta, que realizava atendimento na enfermaria, é chamado com urgência ao ambulatório do hospital para atender a um adolescente com Distrofia Muscular de Duchenne, que se apresenta com intensa dispneia, devido a hipersecreção. Após realizar a avaliação completa do paciente, o profissional prescreve um tratamento baseado em drenagem postural, tapotagem e aspiração, com o objetivo de desobstruir as vias aéreas desse paciente. Por estar de plantão na enfermaria e não poder abandonar o posto, o Fisioterapeuta solicita que o atendente de enfermagem do ambulatório realize o atendimento. Com base no Código de Ética Profissional, pode-se concluir que a atitude do Fisioterapeuta está

(A) correta, pois ele está sobrecarregado e, dessa forma, nenhum paciente ficará sem atendimento.

(B) correta, ao escolher o atendente para fazer o atendimento em seu lugar, pois o mesmo está familiarizado com as técnicas.

(C) correta, pois escolheu as melhores técnicas para desobstrução das vias aéreas.

(D) errada, pois deveria delegar suas funções, somente, para um enfermeiro que possua titulação de nível superior.

(E) errada, pois o Fisioterapeuta não deve delegar suas funções a outros profissionais.

11. (EXAME 2007)

Helena é uma criança de três anos com diagnóstico de paralisia cerebral. Seu pai é pedreiro e sua mãe deixou o emprego de faxineira para se dedicar ao tratamento da filha, que vem sendo atendida em uma instituição beneficente de reabilitação há dois anos. A criança é asmática, apresenta suspeita de retardo mental e atraso do desenvolvimento motor caracterizado por uma diplegia e uma hipertonia moderada dos membros inferiores. Esta semana, durante a sessão de fisioterapia, onde são realizados exercícios de alongamento e técnicas de aprendizagem motora, a criança apresentou um forte episódio de crise de asma. Do ponto de vista de conduta profissional e do Código de Ética da profissão de Fisioterapia e Terapia Ocupacional, como deve agir o Fisioterapeuta?

(A) Considerando que a criança vem somente duas vezes por semana à sessão de fisioterapia, deve continuar a sessão de tratamento, acrescentando exercícios respiratórios e reforço da orientação quanto à limpeza da poeira doméstica.

(B) Deve continuar os exercícios, e solicitar à mãe que compre um broncodilatador para que faça uma nebulização na farmácia antes da próxima sessão de fisioterapia, além de uma boa limpeza no quarto de Helena.

(C) Deve suspender a sessão de exercícios imediatamente e providenciar um medicamento broncodilatador na farmácia da instituição para realizar a nebulização na criança e, após isso, orientar a mãe quanto aos agentes causadores da crise de asma.

(D) Deve suspender a sessão de exercícios e solicitar à mãe o medicamento broncodilatador prescrito pelo pediatra da criança, para realizar nebulização imediatamente e reforçar as orientações quanto aos agentes causadores da crise asmática.

(E) Deve continuar o tratamento acrescentando exercícios respiratórios à sua conduta e, após a sessão, providenciar o encaminhamento da criança a um pronto-socorro médico e advertir a mãe quanto à necessidade de limpeza doméstica adequada.

12. (EXAME 2007)

Um grupo de Fisioterapeutas foi convidado a realizar, com os funcionários de uma das agências de um grande Banco, um trabalho de orientação de saúde voltada para a prevenção de algias e afecções da coluna vertebral. No planejamento das estratégias de orientação de saúde, os Fisioterapeutas deverão incluir

I. noções básicas de anatomia e biomecânica da coluna vertebral;
II. informações quanto à importância da prática de atividade física regular;
III. indicação de tratamentos específicos para as afecções e algias detectadas;
IV. informações sobre posturas adequadas a serem adotadas no ambiente de trabalho e no dia a dia.

Estão corretas as ações

(A) I, II e III, apenas.
(B) I, II e IV, apenas.
(C) I, III e IV, apenas.
(D) II, III e IV, apenas.
(E) I, II, III e IV.

13. (EXAME 2007)

Um Fisioterapeuta da equipe do PSF de uma cidade de porte médio do interior identificou, numa visita domiciliar, uma paciente de 78 anos com história de queda na semana anterior, acamada, com sinais e sintomas de fratura do quadril direito, queixa de dor local à palpação e à movimentação passiva. Apesar de um quadro de fragilidade física, caracterizado por perda de peso não intencional, fadiga autorrelatada e diminuição da força de preensão da mão dominante, a paciente apresentava condições cognitivas preservadas. Dadas as condições apresentadas pela paciente, quais as condutas do Fisioterapeuta mais plausíveis e recomendadas?

(A) Orientar os familiares da paciente sobre posicionamento no leito, colocação de compressas úmidas quentes no local da dor e exercícios passivos nos membros inferiores.

(B) Incentivar a compra de uma cadeira de rodas enquanto espera o resultado da aplicação do programa de exercícios terapêuticos.

(C) Encaminhar o caso para o serviço de assistência social do município, uma vez que se trata de um caso de negligência por parte da família.

(D) Estabelecer um protocolo de exercícios terapêuticos baseado em movimentos passivos e ativo-assistidos para ser realizado diariamente durante 30 dias.

(E) Solicitar uma avaliação do paciente por parte dos outros profissionais da equipe para tomada de decisão sobre os procedimentos do caso clínico da paciente.

14. (EXAME 2007)

Um paciente de 35 anos é encaminhado por um perito do INSS para o setor de fisioterapia apresentando história de dor na região lombossacra e parestesia de membro inferior direito. A carta de encaminhamento do perito solicita um relatório fisioterapêutico sobre as condições cinético-funcionais do paciente. Durante a avaliação, o paciente reclama que não consegue trabalhar há mais de um ano e que a única alternativa para sua situação é ser aposentado por invalidez. Ao exame físico, o Fisioterapeuta não constata alterações clínicas que possam estar desencadeando as dores relatadas. Ao realizar o teste da elevação da perna retificada, o paciente informa que não consegue realizar a elevação. O Fisioterapeuta decide aplicar o Teste de Hoover, ilustrado na figura abaixo.

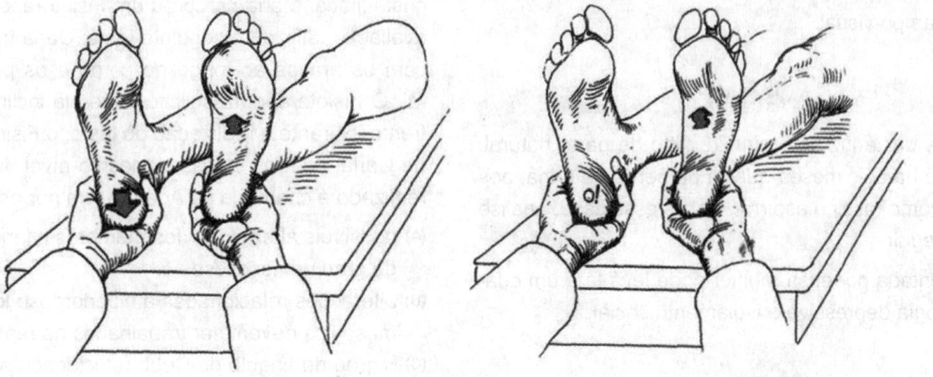

HOPPENFELD, Stanley. **Propedêutica ortopédica:** coluna e extremidades. Rio de Janeiro: Atheneu, 2001.

Com o auxílio das informações contidas no caso clínico e na figura acima, pode-se concluir que o teste representado

(A) é utilizado para tensionar as estruturas da medula espinal.

(B) destina-se a elevar a pressão intratecal.

(C) tem por finalidade determinar se o paciente está simulando ao afirmar que não pode elevar a perna.

(D) tem como objetivo testar o encurtamento dos músculos isquiotibiais.

(E) visa a comprimir o disco intervertebral pelas vértebras.

15. (EXAME 2007)

Paralisia Cerebral (PC) é um grupo de desordens do desenvolvimento do movimento e da postura, devido à lesão não progressiva no encéfalo imaturo, com etiologia e quadro clínicos diversos. Na PC, as desordens motoras estão frequentemente associadas às alterações sensoriais, cognitiva, comunicativa, perceptiva e/ou comportamental. Com o auxílio desta definição, julgue as afirmações que se seguem.

I. A lesão que causa a PC poderá ocorrer no período pré-, peri- ou pós-natal até os 2 – 3 anos de vida.

II. Devido à diversidade da etiologia, as manifestações clínicas da PC não são facilmente observadas.

III. O diagnóstico da PC é baseado em alterações predominantemente motoras.

IV. Devido ao caráter predominantemente motor, raramente são encontrados distúrbios sensoriais associados ao quadro de PC.

V. Tanto a lesão no encéfalo quanto os sinais e sintomas característicos da PC não são progressivos.

Estão corretas, apenas, as afirmações

(A) I e II.

(B) I e III.

(C) I e V.

(D) II e IV.

(E) III e V.

16. (EXAME 2007)

Os nervos cranianos contêm fibras sensitivas e/ou motoras que emergem através de forames ou fissuras situadas no crânio. São em número de 12 pares, identificados de I a XII.

O Nervo Facial (NC VII) possui importante função motora e sensitiva da face, assim como participa na inervação parassimpática. Entre outros sinais, uma lesão periférica próxima à origem desse nervo fará com que o paciente apresente quadro clínico de

(A) paralisia motora dos músculos faciais das partes superiores e inferiores no lado ipsilateral da lesão e perda do paladar nos dois terços anteriores da língua.
(B) paralisia motora dos músculos faciais da parte inferior do lado ipsilateral da lesão e incapacidade de olhar para baixo quando o olho é aduzido.
(C) paralisia motora dos músculos faciais da parte superior do lado contralateral da lesão e perda da audição unilateral progressiva.
(D) paralisia motora dos músculos faciais das partes superiores e inferiores no lado contralateral da lesão, acompanhada de ptose e pupila dilatada.
(E) paralisia dos músculos faciais da parte superior do lado homolateral da lesão, acompanhada de perda da constrição pupilar e defeitos no campo visual.

17. (EXAME 2007)

Uma mulher, após dar à luz seu primeiro filho de parto natural, vem apresentando há seis meses queixa de perda de urina, aos médios esforços como tossir e espirrar. Sobre esse caso, analise as afirmações a seguir.

A situação apresentada por essa mulher pode levá-la a um quadro de sintomatologia depressiva e isolamento social.

PORQUE

A incontinência urinária pode ser resultante de lesão da fáscia e do estiramento da musculatura perineal em decorrência de dificuldades durante o parto natural e da elevada prevalência da depressão pós-parto em mulheres puérperas.

Com base na leitura acima, conclui-se que

(A) as duas afirmações são verdadeiras, e a segunda justifica a primeira.
(B) as duas afirmações são verdadeiras, e a segunda não justifica a primeira.
(C) a primeira afirmação é verdadeira, e a segunda é falsa.
(D) a primeira afirmação é falsa, e a segunda é verdadeira.
(E) as duas afirmações são falsas.

18. (EXAME 2007)

Paciente de 5 anos de idade apresenta diagnóstico de mielomeningocele, nível lombar alto. Nesse caso, qual o procedimento fisioterapêutico mais adequado?

(A) Fortalecer a musculatura dos membros superiores e inferiores e do tronco; prevenir deformidades de membros inferiores e do tronco; realizar o treino de ortostatismo no parapodium e a deambulação fazendo uso de órtese longa bilateral com cinto pélvico e auxílio de andador ou muletas.
(B) Fortalecer a musculatura dos membros superiores e inferiores e do tronco; prevenir deformidades de membros inferiores e do tronco; realizar o treino de ortostatismo no parapodium e a deambulação fazendo uso de goteiras suropodálicas.
(C) Direcionar a terapia para o fortalecimento da musculatura dos membros superiores e do tronco; prevenir deformidades de membros inferiores através de alongamentos passivos; preparar o paciente para fazer uso de cadeiras de rodas.
(D) Direcionar a terapia para o fortalecimento da musculatura dos membros superiores e do tronco; prevenir deformidades; estimular o ortostatismo somente com o uso do parapodium e realizar alongamentos passivos.
(E) Direcionar a terapia para o fortalecimento e o alongamento da musculatura de membros inferiores; prevenir deformidades de membros inferiores fazendo uso de goteiras suropodálicas e estimular o ortostatismo.

19. (EXAME 2007)

Maria tem uma filha de 12 anos chamada Carla e, nos últimos meses, tem ficado muito preocupada, pois Carla tem apresentado um crescimento muito rápido e alteração na coluna vertebral. Tais alterações caracterizam-se principalmente por desvio lateral da coluna dorsal, assimetria na altura dos ombros e na crista ilíaca. Maria procurou um Fisioterapeuta que, durante sua avaliação, utilizou o seguinte teste: Carla foi posicionada em pé, com os braços ao longo do corpo e os pés em posição natural. O Fisioterapeuta solicitou que ela inclinasse o corpo para a frente. Durante a realização do teste, o Fisioterapeuta ficou atrás de Carla, com os olhos no mesmo nível das vértebras. O teste realizado é chamado de Adam e tem por objetivo identificar

(A) possíveis alterações dos membros inferiores e a mensuração do grau de escoliose.
(B) alterações relacionadas à hiperlordose lombar e indicar quais músculos devem ser trabalhados na reabilitação.
(C) o grau do ângulo de Cobb relacionado à escoliose toracodorsal e de rotação vertebral.
(D) a ocorrência de gibosidades (um lado mais alto que o outro no tronco), indicando uma possível escoliose.
(E) a ocorrência de cifose torácica e rotação vertebral de origem idiopática.

20. (EXAME 2007)

Paciente de 38 anos, ao realizar uma sessão de exercícios, apresentou elevação de frequência cardíaca de 120 bpm para 160 bpm. A esse respeito, analise o gráfico a seguir.

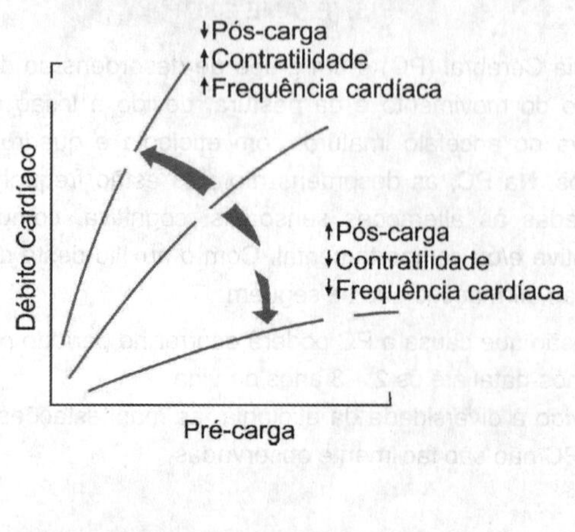

Avaliando o gráfico, pode-se afirmar que o aumento da frequência cardíaca

(A) aumenta a pós-carga.
(B) diminui a pré-carga.
(C) não altera o débito cardíaco.
(D) diminui o débito cardíaco.
(E) aumenta o débito cardíaco.

21. (EXAME 2007)

A coronariopatia é o transtorno da função cardíaca devido ao desequilíbrio entre a função miocárdica e a capacidade dos vasos coronarianos em suprir o fluxo suficiente para a função normal. Com base nessa informação, analise as afirmações a seguir.

Na coronariopatia, *a* indicação da reabilitação para coronariopatas torna-se inquestionável diante das evidências científicas que têm *recomendação grau A e evidência de nível 1.*

PORQUE

Na reabilitação hospitalar – fase 1 – a equipe de profissionais é composta por médico, fisioterapeuta, enfermeiro, nutricionista e psicólogo, o que possibilita a melhor reabilitação para o coronariopata.

Analisando as afirmações acima, conclui-se que

(A) as duas afirmações são verdadeiras, e a segunda justifica a primeira.
(B) as duas afirmações são verdadeiras, e a segunda não justifica a primeira.
(C) a primeira afirmação é verdadeira, e a segunda é falsa.
(D) a primeira afirmação é falsa, e a segunda é verdadeira.
(E) as duas afirmações são falsas.

22. (EXAME 2007)

Sr. João, 72 anos, viúvo, com sobrepeso, possui sinais radiológicos de lesões articulares indicativos de osteoartrose moderada no joelho direito, acompanhada de sintomatologia caracterizada por rigidez articular e dor localizada, que piora com atividade física e diminui com repouso. Na avaliação clínica, verificou-se ainda hipotrofia do quadríceps direito, crepitação, redução da amplitude articular e da percepção cinestésica, o que está promovendo insegurança para realizar atividades da vida diária. Considerando a fisiopatologia da osteoartrose e o quadro clínico desse paciente, são pertinentes as seguintes condutas de tratamento fisioterapêutico:

I. fortalecimento da musculatura proximal através de exercícios isométricos e isotônicos; alongamento do quadríceps e dos isquiotibiais; recomendação de uso de bengala no lado contralateral à articulação afetada;
II. uso de termoterapia na modalidade de calor profundo no joelho afetado; uso de órteses de imobilização articular em períodos agudos da doença; exercícios isométricos para o quadríceps;
III. prescrição de exercícios de baixo impacto como a hidroginástica; recomendação de uso de calçados com solado adequado para absorção de impacto; uso de órteses para correção ou suporte biomecânico;
IV. orientações ao paciente e à sua família sobre a evolução da osteoartrose e encaminhamento do paciente a uma nutricionista para controle do peso corporal; recomendação do uso de correntes analgésicas como alternativa para alívio da dor articular;
V. recomendação de uso de órtese de suporte (bengala) homolateral à articulação afetada; utilização de técnicas de fortalecimento muscular do quadríceps baseadas em exercícios resistidos; uso de eletroterapia para alívio da sintomatologia dolorosa.

Estão certas, apenas, as condutas

(A) I e III.
(B) II e III.
(C) I, II e IV.
(D) I, III e IV.
(E) II, III e V.

23. (EXAME 2007)

Dirceu, 45 anos, é portador de hipertensão arterial. Faz uso regular de medicamento anti-hipertensivo, segue dieta apropriada e participa de um grupo de hipertensos, com o qual são realizadas técnicas cinesioterapêuticas indicadas para auxiliar no controle da pressão arterial. No quadro relatado desse paciente, as atividades cinesioterapêuticas realizadas se enquadram no(s) nível(eis) de prevenção

(A) primária, somente.
(B) secundária, somente.
(C) terciária, somente.
(D) primária e terciária, somente.
(E) secundária e terciária, somente.

24. (EXAME 2007)

As quedas nos idosos são mais comuns nos indivíduos que apresentam mobilidade ao lado de instabilidade e têm sido consideradas como um sério problema de saúde pública relacionado a essa população. Sendo assim, a abordagem da fisioterapia na prevenção das quedas nos idosos torna-se fundamental para a garantia de sua saúde e autonomia.

A etiologia das quedas é multifatorial e um programa fisioterapêutico preventivo deverá envolver diversas estratégias, entre elas uma avaliação cuidadosa e uma intervenção eficaz. No que se refere à intervenção fisioterapêutica voltada especificamente para evitar que as quedas aconteçam, o programa deve incluir:

I. fortalecimento dos membros superiores, porque são elementos essenciais para o equilíbrio durante a marcha e sua fraqueza pode ocasionar as quedas;
II. fortalecimento dos membros inferiores, porque a diminuição de sua força muscular, própria do processo de envelhecimento, reduz a capacidade para resistir às quedas;
III. treinamento de técnicas de levantamento, para evitar que o idoso permaneça por longo tempo no chão se sofrer uma queda quando estiver sozinho;
IV. treinamento de equilíbrio, com a utilização de técnicas específicas, para melhorar a capacidade postural do idoso reduzindo o risco de quedas;
V. verificação dos medicamentos utilizados pelo idoso e suspensão ou substituição daqueles que podem ser os responsáveis pelas alterações que o levam às quedas.

Estão corretas, apenas, as afirmações

(A) I e III.
(B) II e IV.
(C) I, II e III.
(D) I, III e V.
(E) II, IV e V.

25. (EXAME 2004)

<table>
<tr><th colspan="2">período pré-patológico</th><th colspan="5">período patológico</th></tr>
<tr><td colspan="2">interação entre os agentes mórbidos, o hospedeiro humano e os fatores ambientais</td><td>alterações precoces →</td><td>primeiros sintomas →</td><td>doença avançada →</td><td>convalescença</td><td>morte
invalidez
cronicidade
limiar clínico</td></tr>
<tr><td colspan="2">fase de suscetibilidade</td><td>fase patológica pré-clínica</td><td colspan="2">fase clínica</td><td colspan="2">fase residual</td></tr>
<tr><td>promoção da saúde</td><td>proteção específica</td><td>diagnóstico e tratamento precoce</td><td colspan="2">limitação do dano</td><td colspan="2">reabilitação</td></tr>
<tr><td colspan="2">prevenção primária</td><td colspan="3">prevenção secundária</td><td colspan="2">prevenção terciária</td></tr>
<tr><td>1.º nível</td><td>2.º nível</td><td>3.º nível</td><td colspan="2">4.º nível</td><td colspan="2">5.º nível</td></tr>
</table>

Maurício Gomes Pereira. Epidemiologia – teoria e prática. Rio de Janeiro: Guanabara Koogan, 1995, p. 35 (com adaptações).

Considerando a tabela acima, julgue os itens a seguir.

I. O tratamento com uso de órtese e mobilização passiva articular de um paciente com 3 meses de idade que apresente artrogripose múltipla congênita é classificado como uma medida de prevenção secundária de limitação do dano.

II. Ao se realizar intervenção fisioterapêutica em um paciente com diagnóstico de artritereumatoide em período de exacerbação, pretende-se uma prevenção secundária de limitação de dano de 4º nível de ação de saúde.

III. A intervenção ergonômica em postos de trabalho e a implementação de ginástica laboraldiária são consideradas medidas de proteção específica de 2º nível de ação de saúde.

IV. Para um paciente cadeirante, a implementação de medidas periódicas de descompressãoglútea corresponde a uma ação de saúde de 5º nível na fase residual.

V. No caso de paciente com pé diabético, a avaliação periódica da sensibilidade cutâneaplantar, para o controle de surgimento de úlceras, é uma importante medida de prevenção secundária na fase clínica da doença.

Estão certos apenas os itens

(A) I e II.
(B) I e IV.
(C) II e V.
(D) III e IV.
(E) III e V.

26. (EXAME 2004)

Para o desempenho funcional normal, além de força e resistência à fadiga, é necessário mobilidade dos tecidos moles e articulares. Se houver alteração da mobilidade, ocorrerão encurtamentos adaptativos de tecidos moles e articulações. Nesse caso, para se restaurar a flexibilidade por meio de exercício terapêutico especificamente voltado para os músculos, é preciso considerar

(A) as propriedades neurofisiológicas como a função dos fusos musculares e dos órgãos tendinosos de Golgi, o processo de relaxamento e as propriedades elásticas.
(B) a contagem do número total de sarcômeros em uma única miofibrila que pode facilitar a mobilidade.
(C) a relação entre o número total de sarcômeros em série e o número total de sarcômeros em paralelo.
(D) a contagem do número de órgãos tendinosos de Golgi bem como o de fusos musculares que influenciam a resposta do músculo ao exercício.
(E) as propriedades biomecânicas, a capacidade de tensão máxima de relaxamento tecidual e a resiliência

27. (EXAME 2004)

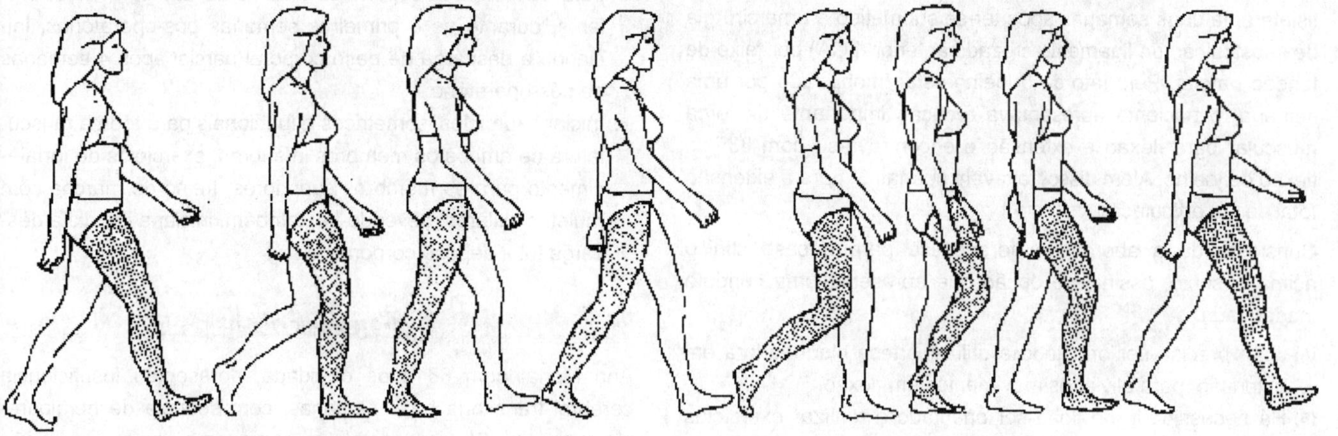

Jessica Rose e James G. Gamble. **Marcha humana**. 2ª ed. São Paulo: Editorial Premier, 1998, p. 25 (com adaptações).

No ciclo da marcha normal, conforme ilustrado acima,

(A) o músculo glúteo máximo exerce importante papel na fase de impulsão da marcha devido à sua função extensora de quadril e de alinhamento coxofemoral.

(B) o pico de contração do glúteo médio, que está em sincronia com os músculos vasto medial, vasto intermédio, vasto lateral e glúteo máximo, impede o abaixamento da pelve oposta.

(C) o grupo flexo-extensor de joelho atua em sinergismo de cocontração durante toda a fase de balanço para evitar uma extensão abrupta do joelho causada pela inércia.

(D) os músculos adutores do quadril apresentam um pico de atividade de contração durante a fase final de balanço, alinhando a projeção do segmento.

(E) os músculos eretores espinhais apresentam pico de atividade de contração durante toda a fase de balanço, mantendo o controle pélvico e suas oscilações nas diversas fases da marcha.

28. (EXAME 2004)

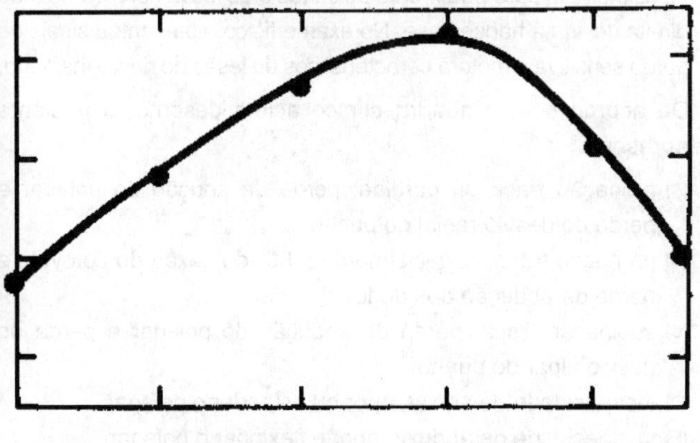

L. Don Lenhmkuhl e Laura K. Smith. **Cinesiologia clínica**. 4ª ed. São Paulo: Manole, 1989, p. 142 (com adaptações).

Considerando a relação comprimento versus tensão muscular e o gráfico acima, que mostra a curva de torque isométrico para a flexão do cotovelo, julgue os seguintes itens.

I. Um paciente com grau 3 de força muscular (escala de Oxford) terá menor torque isométrico e menor insuficiência ativa muscular ao final do movimento.

II. O exercício terapêutico para fortalecimento dos músculos flexores de cotovelo deverá ser realizado até 90º de flexão do cotovelo, para maximizar o torque do movimento.

III. Durante a avaliação da força muscular dos flexores de cotovelo, à medida que ocorre a insuficiência ativa muscular, há uma compensação da perda de tensão, pelo aumento do braço de alavanca até 90º de flexão.

IV. Pretende-se, ao final de um tratamento de força muscular dos flexores de cotovelo, que o torque isométrico no final do movimento seja igual ou maior que o torque gerado a 90º de flexão.

V. O exercício terapêutico de flexão do cotovelo iniciado a 0º/180º de extensão permite iniciar o movimento com menor insuficiência ativa, menor torque isométrico e maior tensão inicial.

Estão certos apenas os itens

(A) I e II.

(B) I e IV.

(C) II e III.

(D) III e V.

(E) IV e V.

29. (EXAME 2004)

João, um jovem com 21 anos de idade, procurou o serviço de fisioterapia duas semanas após ter-se submetido a uma cirurgia de substituição de ligamento cruzado anterior (LCA) por feixe de tendão patelar. Pelo fato de o joelho estar imobilizado por uma semana, o paciente apresentava redução importante da força muscular para flexão e extensão e encontrava-se com 33º de flexão de joelho. Além disso, faltavam apenas 3º para a extensão total dessa articulação.

Considerando a abordagem terapêutica para o caso clínico acima descrito, assinale a opção que apresenta uma conduta inadequada.

(A) João precisa ser orientado a utilizar órtese bloqueadora em extensão, para aliviar os movimentos em flexão.

(B) Há necessidade de João ser orientado a realizar exercícios em cadeia cinética aberta, para se favorecer o estresse ligamentar, durante o período de quatro a seis semanas após a operação, e, com isso, estimular-se o reparo tendíneo.

(C) Durante as contrações isométricas em extensão ativa do joelho, o uso de um manguito de esfigmomanômetro colocado na região posterior do joelho de João proporcionará *feedback* importante.

(D) A estimulação elétrica é um recurso valioso para o caso de João, pois contribui para a facilitação precoce do recrutamento quadricipital e ajuda a promover maior mobilidade patelar e a prevenir a síndrome infrapatelar.

(E) Os exercícios de cadeia cinética fechada permitem progressão do fortalecimento muscular, sem prejuízos do enxerto, graças às forças de compressão da articulação tibiofemoral e à co-contração de outros músculos que irão ajudar a controlar o movimento no quadril, no joelho e no tornozelo de João.

30. (EXAME 2004)

Uma paciente com 24 anos de idade, vítima de acidente automobilístico com fratura cominutiva exposta da tíbia direita, deu entrada no hospital e foi tratada cirurgicamente com fixador externo do tipo Ilizarov.

Em face desse quadro clínico, assinale a opção correspondente à intervenção fisioterapêutica mais apropriada para o período pós-operatório imediato dessa paciente.

(A) Iniciar exercícios de contrações isométricas para a musculatura anterior da coxa, de acordo com a tolerância da paciente, e, visando-se ao treino de uso de muletas axilares, exercícios de fortalecimento para os membros superiores, aguardando-se seis semanas para iniciar a descarga total do peso corporal sobre o membro operado.

(B) Instituir medidas para o controle da dor e de edema, iniciar exercícios isométricos para a musculatura do membro inferior operado e exercícios de fortalecimento para os membros superiores, visando-se ao treino de uso de muletas axilares, e aguardar seis semanas para iniciar a descarga do peso corporal total sobre o membro operado.

(C) Iniciar exercícios de fortalecimento para os membros superiores, visando-se ao treino com muletas axilares, mas somente iniciar os exercícios terapêuticos para a musculatura do joelho e do quadril e a descarga de peso corporal parcial sobre o membro operado após o controle da dor.

(D) Fazer exercícios isométricos e funcionais para toda a musculatura dos membros inferiores, exercícios de fortalecimento para os membros superiores e treino do uso de muletas axilares, durante as 8 primeiras semanas pós-operatórias, iniciando a descarga de peso corporal parcial após 4 semanas de pós-operatório.

(E) Iniciar exercícios isométricos e funcionais para toda a musculatura de ambos os membros inferiores, exercícios de fortalecimento para os membros superiores, treino de marcha com muletas axilares, devendo-se, também, iniciar a imediata descarga total depeso corporal.

31. (EXAME 2004)

Ana Maria, com 66 anos de idade, apresentou insuficiência cerebral transitória há 8 semanas, com sequela de hemiparesia esquerda. Em exame realizado, constatou-se que a função da extremidade superior esquerda era viável em sinergia com alguma habilidade motora fina. Por meio de teste muscular manual, observou-se *deficit* nos dorsiflexores e eversores do tornozelo, porém com boa estabilidade e função da musculatura da coxa e do quadril.

Para Ana Maria, deve-se evitar o(a)

(A) eletroestimulação nos dorsiflexores e eversores com frequências tetânicas para provocar contração mantida.

(B) contração voluntária máxima associada a eletroestimulação.

(C) eletroestimulação nos dorsiflexores e eversores com frequências superiores a 100 Hz.

(D) eletroestimulação funcional associada a palmilha de liga/desliga como substituta ortótica temporária.

(E) treino de marcha associado ao processo de eletroestimulação dos dorsiflexores e dos eversores, como facilitadores da recuperação funcional.

32. (EXAME 2004)

Uma mulher com 36 anos de idade foi encaminhada a uma clínica de fisioterapia para tratamento de sequela de lesão nervosa na mão direita devida a hanseníase. No exame físico, apresentou sinais de perda sensitiva e motora característicos de lesão do nervo mediano.

De acordo com o quadro clínico acima descrito, a paciente apresenta

(A) pronação fraca ou perdida, perda da adução do polegar e perda do desvio radial do punho.

(B) pronação fraca, especialmente a 90º de flexão do cotovelo e perda da abdução dos dedos da mão.

(C) supinação fraca, perda de abdução do polegar e perda do desvio ulnar do punho.

(D) incapacidade de aduzir, opor ou estender o polegar.

(E) incapacidade de abduzir, opor e flexionar o polegar.

33. (EXAME 2004)

Em casos de mulheres que apresentam incontinência urinária pós-menopausa com sintoma de urge-incontinência, o fisioterapeuta deve

(A) avaliar a função da musculatura do assoalho pélvico e orientar a paciente a interromper o fluxo urinário diversas vezes para exercitar essa musculatura, visando ao fortalecimento desta e ao restabelecimento do padrão miccional.

(B) estimular a paciente a usar um protetor higiênico absorvente enquanto a terapêutica medicamentosa não produz seu efeito ótimo e, logo após, iniciar a reabilitação dos músculos do assoalho pélvico, associando-a à estimulação elétrica transvaginal por, no mínimo, 12 semanas, além de treinamento vesical.

(C) submeter a paciente a protocolo que inclua procedimentos de educação relativos a aspectos comportamentais da incontinência, exercícios terapêuticos para a musculatura do assoalho pélvico associados à estimulação transvaginal e treinamento vesical.

(D) submeter a paciente ao teste do protetor (*pad test*) de 24 horas, por ser este o método mais fidedigno para o diagnóstico de cura da incontinência urinária e para a verificação dos efeitos da intervenção fisioterapêutica.

(E) considerar que a incontinência urinária em mulheres após a menopausa é uma consequência natural da baixa de estrogênio e do processo da senescência, razão por que o objetivo da intervenção da fisioterapia deve ser paliativo e coadjuvante do tratamento medicamentoso.

34. (EXAME 2004)

Isabela, 16 anos de idade, com 20 semanas de uma gravidez de risco e história pregressa de abuso sexual paterno dirigiu-se à unidade básica de saúde para sua consulta pré-natal. Como a jovem apresentava queixas importantes de dor lombar, ela foi referenciada para a fisioterapia.

Nessa situação, o fisioterapeuta que atender Isabela deve, prioritariamente,

(A) indicar exercícios aquáticos, pois qualquer outra forma de exercícios terapêuticos está contra-indicada devido à gravidez de risco.

(B) induzir Isabela a denunciar o abuso sexual e dar suporte psicológico para a jovem.

(C) instituir medidas analgésicas por meio de diatermia para alívio da dor lombar.

(D) instituir medidas terapêuticas para alívio da dor lombar, utilizando modalidades analgésicas associadas a exercícios terapêuticos visando ao preparo para o parto.

(E) indicar repouso absoluto com o objetivo de minimizar a dor lombar e só indicar algum procedimento com exercícios terapêuticos após o controle da dor.

35. (EXAME 2004)

Acerca das técnicas utilizadas pela fisioterapia respiratória em pediatria, assinale a opção **incorreta**.

(A) As vibrações são mais efetivas na remoção de secreções quando a frequência respiratória está elevada.

(B) A percussão torácica é bem tolerada e efetiva na criança jovem.

(C) A drenagem postural é realizada com as mesmas posturas utilizadas para adultos, devendo-se tomar cuidado, no entanto, com a presença de refluxo gastroesofágico.

(D) A aspiração nasofaríngea deve ser evitada, se a criança foi extubada recentemente.

(E) A tosse pode ser desencadeada em crianças com idade inferior a 18 meses por estímulo da fúrcula.

QUESTÕES DISCURSIVAS

1. (EXAME 2007) DISCURSIVA

Antônio, 45 anos, trabalhador rural de uma plantação de cana-de-açúcar, não possui "carteira assinada" e, durante sua rotina diária de trabalho, sofreu um corte profundo na região dopunho, provocado por seu facão. Procurou o hospital público da região, mas não conseguiu atendimento. Seus patrões, então, o encaminharam a um pronto-socorro particular, onde o plantonista realizou a sutura dos tecidos cutâneos e subcutâneos e recomendou queprocurasse um ortopedista especializado em mão. Antônio fez várias tentativas e, como não conseguiu agendar o atendimento especializado no Sistema de Saúde Público, procurou um Fisioterapeuta, relatando que há 30 dias havia sofrido o acidente supracitado e estava impossibilitado de realizar alguns movimentos, tendo perdido a sensibilidade da mão.

Ao exame físico, o Fisioterapeuta detectou alteração tátil, térmica e dolorosa do lado externo da palma da mão (superfície palmar do polegar, indicador médio e metade do dedo anular). Constatou incapacidade do movimento de oposição do polegar e deformidade em hiperextensão das articulações metacarpofalangianas dos dedos indicador e médio, bem como alterações tróficas da pele. O Fisioterapeuta utilizou exame de eletrodiagnóstico e identificou que os músculos responsáveis por tais movimentos não eram faradizáveis, havendo aumento na reobase e cronaxia, o que caracteriza lesão nervosa. Mediante os resultados obtidos na avaliação, o Fisioterapeuta concluiu tratar-se de uma lesão nervosa e reencaminhou Antônio a um Centro de Especialidades Médicas, vinculado ao Sistema Único de Saúde (SUS), para possível reparação cirúrgica do nervo.

Considerando as informações apresentadas no caso em foco,

a) identifique, de forma objetiva, o tipo de lesão nervosa apresentada pelo paciente; **(valor: 1,0 ponto)**

b) supondo que o médico opte pela cirurgia, indique três objetivos de tratamento fisioterapêutico e duas orientações para a fase pré-cirúrgica; **(valor: 5,0 pontos)**

c) em relação às dificuldades encontradas por Antônio para conseguir atendimento especializado, qual o princípio doutrinário do Sistema Único de Saúde que não foi cumprido? Justifique. **(valor: 4,0 pontos)**

2. (EXAME 2007) DISCURSIVA

Um Fisioterapeuta da equipe do Programa Saúde da Família faz visita domiciliar ao paciente Celso, de 59 anos, acometido de AVE hemorrágico há 4 anos, com quadro de hemiplegia à direita, sem comunicação verbal, sem condições de locomoção e com frequentes episódios de broncoaspiração. Verificou que o paciente encontra-se, apesar de asseado e posicionado de forma confortável, com infecção respiratória e com risco de úlcera de decúbito. A cuidadora de Celso é sua esposa, de 54 anos, intensivamente aos cuidados com o marido. A família, atualmente, vive apenas da renda do benefício de Celso, e a cuidadora relatou, ainda, que a maior parte de seu dia a dia está voltada para a assistência ao marido, sentindo muita falta de momentos de descanso e lazer. Com base no caso relatado, responda aos itens a seguir.

a) Indique quatro objetivos da abordagem do Fisioterapeuta com Celso. **(valor: 4,0 pontos)**

b) A abordagem do Fisioterapeuta deve incluir atividades com a esposa de Celso? Justifique sua resposta. **(valor: 3,0 pontos)**

c) Indique três procedimentos que podem ser realizados para evitar o surgimento de úlceras de decúbito em Celso. **(valor: 3,0 pontos)**

3. (EXAME 2004) DISCURSIVA

Marcelo, atleta profissional com 28 anos de idade, praticante de basquete, foi encaminhado para tratamento fisioterapêutico para recuperação de lesão de estiramento parcial de ligamento colateral lateral à direita, após entorse de joelho sofrida durante uma partida em uma competição da qual seu time está participando. Considerando os importantes aspectos a serem observados em relação ao caso de Marcelo,

a) descreva as condições resultantes de uma lesão prévia que podem predispor esse atleta a uma nova lesão; **(valor: 5,0 pontos)**

b) descreva a aplicação da progressão terapêutica no planejamento da sequência de recuperação após o traumatismo do joelho. **(valor: 5,0 pontos)**

4. (EXAME 2004) DISCURSIVA

Mariana, com 66 anos de idade, foi submetida a laparotomia com incisão paramediana esquerda sob anestesia geral. Na avaliação pré-operatória, ela apresentava: índice de massa corporal (IMC) igual a 32; pressão arterial = 120 mmHg × 85 mmHg; frequência cardíaca = 78 bpm; frequência respiratória = 18 irpm; SpO_2 = 91%; sons pulmonares reduzidos nas bases, sem ruídos adventícios; tosse esporádica, com eliminação de secreção mucoide; disfagia; inapetência e dor epigástrica acentuada. A radiologia de tórax mostrava ligeiro abaixamento da cúpula diafragmática e redução da densidade óssea.

A espirometria pré-operatória de Mariana evidenciou os resultados abaixo.

índice	previsto	observado	pós-broncodilatador
VEF_1 (l)	2,86	1,20	1,40
CVF (l)	4,11	2,90	3,60
VEF_1/CVF (%)	70	41	
CPT (l)	7,0	7,2	
VR (l)	2,5	4,4	

No pós-operatório (PO), a paciente evoluía bem clinicamente, apenas com dor na região da ferida cirúrgica. A radiologia de tórax no primeiro dia PO mostrou densidades lineares nos campos pulmonares inferiores, indicadoras de redução de volume. No 3º dia PO, a paciente apresentou quadro de dispneia aos mínimos esforços, tosse frequente com expectoração de secreção mucopurulenta, temperatura de 37,5 ºC, SpO_2 = 88% e redução difusa dos sons pulmonares, com estertores e sibilos dispersos. Foi coletado material para exame de escarro e sangue. A gasometria revelou pH = 7,32, $PaCO_2$ = 60 mmHg, PaO_2 = 51 mmHg, BE = +2 e HCO_3 = 23 mEq/L. Após 1 hora de oxigenoterapia por máscara facial a 5 L/min, os resultados foram pH = 7,28, PaCO2 = 76 mmHg, PaO_2 = 70 mmHg, BE = +2, HCO_3 = 23 mEq/L e SpO_2 = 91%. A radiologia de tórax mostrou opacidade e consolidação não uniforme disseminada.

Com base nessa situação,

a) descreva os problemas identificados na paciente no 3º dia PO que determinarão a conduta fisioterapêutica; **(valor: 3,0 pontos)**

b) cite as técnicas de desobstrução contraindicadas para o quadro apresentado no 3º dia PO, justificando sua resposta; **(valor: 2,0 pontos)**

c) cite as técnicas fisioterapêuticas indicadas para o quadro apresentado por Mariana no 3º dia PO. **(valor: 5,0 pontos)**

Capítulo V

Questões de componente específico de Fonoaudiologia

1) Conteúdos e Habilidades objetos de perguntas nas questões de Componente Específico.

As questões de Componente Específico são criadas de acordo com o curso de graduação do estudante.

Essas questões, que representam ¾ (três quartos) da prova e são em número de 30, podem trazer, em Fonoaudiologia, dentre outros, os seguintes **Conteúdos**:

a) Processos biológicos normais e alterados, estruturas e funções de órgãos e sistemas, relacionados ao campo fonoaudiológico;

b) Processos psico-socio-culturais, linguísticos e educacionais que auxiliam a compreensão do desenvolvimento da comunicação humana e das alterações fonoaudiológicas;

c) Ontogênese e desenvolvimento da audição, fala, linguagem (oral e escrita), motricidade orofacial e voz;

d) Concepções de linguagem que orientam diferentes propostas de atuação fonoaudiológica;

e) Princípios, métodos e procedimentos de aprimoramento, avaliação, diagnóstico e tratamento das alterações relacionadas a todas as áreas da Fonoaudiologia;

f) Sistema Único de Saúde (SUS), nas suas dimensões política, conceitual e técnica, nos três níveis de atenção à saúde em Fonoaudiologia;

g) Propostas Educacionais Brasileiras nas suas dimensões política, conceitual e técnica, considerando as interfaces com a Fonoaudiologia;

h) Princípios e práticas da inclusão nas diferentes esferas sociais, com base nas políticas públicas vigentes;

i) Princípios, métodos e procedimentos científicos de pesquisa;

j) Ética, bioética e biossegurança em Fonoaudiologia;

k) Fundamentos e procedimentos para a utilização de recursos tecnológicos em Fonoaudiologia.

O objetivo aqui é avaliar junto ao estudante a compreensão dos conteúdos programáticos mínimos a serem vistos no curso de graduação, de forma avançada. Também é avaliado o nível de atualização com relação à realidade brasileira e mundial e às questões jurídicas de maior relevância.

Avalia-se aqui também *competências* e *habilidades*. A ideia é verificar se o estudante desenvolveu as principais **Habilidades** para o profissional de Fonoaudiologia, que são as seguintes:

I. Competências e habilidades gerais para:

a) interpretação e elaboração textual (coesão e coerência), bem como utilização dos aspectos gramaticais da língua portuguesa;

b) analisar criticamente a realidade bio-psico-social e ambiental, considerando evidências científicas;

c) dominar métodos e técnicas para o desenvolvimento de ações de promoção da saúde, prevenção de agravos e controle de danos no campo da Fonoaudiologia;

d) dominar métodos e técnicas de avaliação, diagnóstico e intervenção fonoaudiológica;

e) raciocinar clinicamente, de forma holística, sobre as questões fonoaudiológicas;

f) administrar situações novas, desconhecidas e inesperadas no contexto profissional;

g) utilizar procedimentos de metodologia científica na articulação, sistematização e produção de conhecimentos que subsidiem a prática profissional;

h) elaborar, avaliar, gerenciar e implementar projetos de investigação e prestação de serviços no campo fonoaudiológico;

i) intervir nos processos do campo fonoaudiológico, considerando os determinantes biológicos, sociais, culturais, econômicos, ambientais e políticos dos sujeitos sob seus cuidados;

j) compreender, analisar e solucionar situações problema em equipes multiprofissionais nos campos da Saúde e da Educação;

k) atuar segundo os princípios da ética, bioética e biossegurança.

II. Competências e habilidades específicas para:

a) analisar a constituição humana nos diferentes ciclos da vida, como condição para a compreensão da gênese e do desenvolvimento da comunicação, bem como de alterações nesses processos;

b) avaliar os processos envolvidos na comunicação humana e diagnosticar distúrbios em todas as áreas da Fonoaudiologia, estabelecendo encaminhamentos, quando necessário;

c) elaborar plano terapêutico, considerando o processo de avaliação e diagnóstico, e estabelecendo condutas de orientação e encaminhamento, quando necessário;

d) estabelecer prognóstico de alterações fonoaudiológicas, durante todo o processo de tratamento;

e) estabelecer procedimentos de aprimoramento em todas as áreas da Fonoaudiologia;

f) identificar determinantes de alterações fonoaudiológicas relacionados às condições de vida e trabalho, visando à redução de riscos, à prevenção de agravos e ao controle de danos;

g) desenvolver e avaliar ações fonoaudiológicas no campo da Saúde, de forma articulada à realidade sócio-sanitária e às políticas públicas;

h) desenvolver e avaliar ações fonoaudiológicas no campo da Educação, de forma articulada à realidade educacional brasileira e às políticas públicas;

i) desenvolver ações de planejamento, gestão e avaliação de serviços de Saúde/Educação relacionados ao campo fonoaudiológico;

j) propor, desenvolver e avaliar projetos e programas em áreas afins à Fonoaudiologia;

k) utilizar metodologia científica para investigar questões e selecionar métodos e procedimentos pertinentes ao campo fonoaudiológico.

Com relação às questões de Componente Específico optamos por classificá-las pelos Conteúdos enunciados no início deste item.

2) Questões de Componente Específico classificadas por Conteúdos.

Conteúdo 01

PROCESSOS BIOLÓGICOS NORMAIS E ALTERADOS, ESTRUTURAS E FUNÇÕES DE ÓRGÃOS E SISTEMAS, RELACIONADOS AO CAMPO FONOAUDIOLÓGICO

1. (EXAME 2010)

O Sr. Antônio, com 82 anos de idade, ensino médio completo, funcionário público aposentado, com diagnóstico de demência de Alzheimer leve a moderada, comparece a um ambulatório de fonoaudiologia acompanhado por sua filha, Ana, 52 anos de idade, que exerce o papel de cuidadora informal do mesmo, e apresenta, durante a anamnese, os relatos seguintes.

"O médico já me informou que, com a evolução da doença, a tendência é que estes problemas de fala que ele vem apresentando piorem, e isto tem me estressado muito. Ele tem muita dificuldade de achar uma palavra. Muitas vezes diz outra relacionada, ou então ele, por exemplo, em vez de dizer caneta, diz: Aquela coisa de escrever! Muitas vezes, ele não entende o que eu falo, ou entende só uma parte do que eu falei. Ele parece conversar normalmente, mas se a gente prestar atenção, muita coisa que ele fala é sem nexo, sem sentido. Ele costumava ler e escrever, mas não consegue mais fazer isso como antes. Troca palavras, pula letras, tem muita dificuldade. Às vezes, eu fico com vergonha, porque, algumas vezes, quando ele está conversando com alguém, ele ignora a pessoa, interrompe a conversa no meio e até fala sozinho".

Considerando o caso apresentado, avalie as afirmações que se seguem.

I. As alterações, tanto de linguagem oral quanto de escrita, presentes na demência e relatadas pela cuidadora, têm relação com outras alterações cognitivas e comportamentais também encontradas na demência.

II. Uma das atuações do fonoaudiólogo junto a essa cuidadora é o de procurar minimizar seu estresse, no sentido de realizar orientações sobre estratégias facilitadoras da comunicação com o pai com demência.

III. Há necessidade de se realizar intervenção fonoaudiológica com o idoso, já que, diante da característica progressiva da afasia, dislexia e agrafia, a estimulação visa não só à estabilização do quadro, como também ao reestabelecimento das habilidades perdidas.

IV. Os relatos da cuidadora sobre as manifestações do idoso são indicativos de algumas alterações que, provavelmente, serão verificadas na avaliação clínica da linguagem. Na ordem em que foram apresentadas, são elas: anomia/parafasia semântica/paráfrase; alteração da compreensão oral; alteração discursiva; dislexia/agrafia; alteração pragmática da linguagem.

É correto apenas o que se afirma em

(A) I e III.

(B) I e IV.

(C) II e III.

(D) I, II e IV.

(E) II, III e IV.

2. (EXAME 2007)

Vítima de maus tratos e abandono, Gustavo, com 5 anos de idade, vive em um abrigo. Um médico pediatra cuidou de dificuldades respiratórias, de perfuração da membrana timpânica e da saúde geral da criança. Após alta médica, Gustavo foi encaminhado para Unidade Básica de Saúde (UBS) para avaliação fonoaudiológica. Nessa avaliação, a terapeuta observou que Gustavo frequentemente pedindo a ela que repetisse o que era dito. Sua fala restringia-se a palavras isoladas. Também foi observado que Gustavo tinha dificuldades de mastigação, apresentava baba constante, além de dificuldades emocionais e cognitivas, ilustradas no desenho abaixo, de sua autoria.

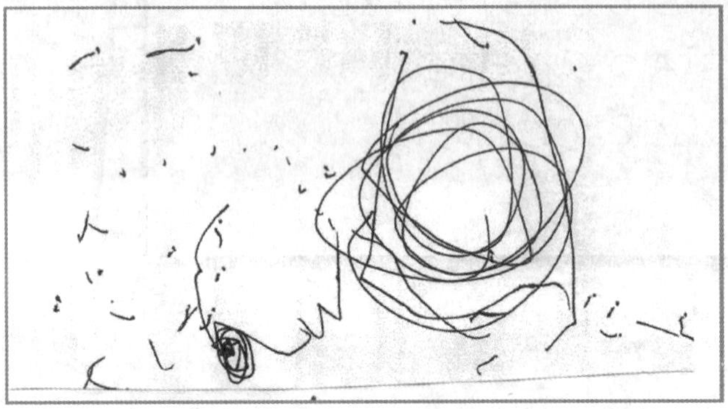

Nesse quadro hipotético, a conduta fonoaudiológica indicada incluiria

I. encaminhar a criança para acompanhamento psicológico e aguardar melhora nos aspectos cognitivo e emocional para, posteriormente, iniciar o trabalho fonoaudiológico.

II. iniciar o processo terapêutico visando ao desenvolvimento linguístico e social e à adequação da motricidade orofacial da criança.

III. atuar, em conjunto com os funcionários do abrigo, no atendimento aos aspectos de linguagem, alimentação e interação socialdas crianças que ali vivem.

Assinale a opção correta

(A) Apenas um item está certo.

(B) Apenas os itens I e II estão certos.

(C) Apenas os itens I e III estão certos.

(D) Apenas os itens II e III estão certos.

(E) Todos os itens estão certos.

3. (EXAME 2007)

Isadora, 6 anos de idade, foi levada a uma fonoaudióloga em função de sua professora queixar-se que a menina apresentava "trocas na fala". Segundo o seu pai, Isadora é comunicativa, mas, às vezes, é agressiva com os colegas da escola. Quanto aos hábitos alimentares, o pai informou que ela come de tudo, mas prefere os alimentos servidos na merenda escolar, como macarrão e gelatina. Relatou também que dorme com a boca aberta e baba no travesseiro. Na avaliação de linguagem, a fonoaudióloga observou adequação dos níveis sintático-semântico e pragmático-discursivo e ensurdecimento sistemático de fonemas sonoros no nível fonético-fonológico. Isadora não demonstrou ter consciência dessas trocas. Durante a avaliação, ela produziu o desenho de tema livre mostrado abaixo, solicitado pela fonoaudióloga, e contou uma história sobre ele, transcrita ortograficamente pela fonoaudióloga, que utilizou "ss" para indicar o ensurdecimento do fonema /z/.

Transcrição ortográfica da produção da criança

"*— A rainha foi para o paile com a princessa. Elas foram com o rei e o príncipe. O festito da princessa era ponito, toto rossa*".

Nesse caso hipotético, constituiria conduta fonoaudiológica adequada:

I. encaminhar Isadora para avaliação otorrinolaringológica e audiológica para esclarecimento diagnóstico e conduta, para verificação de respiração e de aspectos auditivos.

II. avaliar o desenho e orientar a escola em relação à agressividade da criança, não havendo necessidade de encaminhamento psicológico.

III. atuar de modo integrado com a escola e a família em relação à linguagem, incentivando Isadora a mudar gradualmente os hábitos alimentares, especialmente na escola.

IV. trabalhar a motricidade orofacial e o nível fonético-fonológico diante do ensurdecimento de fonemas, pois há adequação dos demais níveis de linguagem.

V. reforçar a atitude dos pais quanto a pedirem que Isadora repita a palavra correta ao falar errado para que ela se torne consciente do problema.

Estão certos apenas os itens

(A) I, II e V

(B) I, III e IV.

(C) I, IV e V.

(D) II, III e IV.

(E) II, III e V.

4. (EXAME 2007)

Lucas é o primeiro filho de Judite e Antônio, um casal que vive em um município com pouco mais de 10.000 habitantes, a 200 km da capital do estado e com elevada taxa de natalidade. O pré-natal de Judite foi todo realizado na maternidade do município, que está preparada apenas para a realização de partos naturais. Os casos que necessitam de intervenção cirúrgica (cesariana) são levados para um município vizinho, distante cerca de 40 km, em ambulância da prefeitura. Judite relata que a gravidez foi tranquila, porém, por volta do 6º mês de gestação, começou a sentir contrações esporádicas, tendo o médico, então, prescrito um remédio para "segurar o bebê", segundo ela. Ao completar 38 semanas de gestação, a medicação foi suspensa e as contrações voltaram aos poucos. Perto de completar 41 semanas, Judite foi à maternidade apresentando fortes contrações. Foi atendida por enfermeiros que suspeitaram de sofrimento fetal. Judite foi levada, ao município vizinho, onde foi submetida a uma cesariana.

Lucas nasceu com 3.090 g e 49 cm, e necessitou de cuidados neonatais especiais, pois houve eliminação de mecônio (fezes) intraútero e ele apresentava sinais de desconforto respiratório. Após receberem os primeiros cuidados, Lucas e Judite foram transferidos para um Hospital de Referência em Saúde Materno-Infantil na capital do estado. Como Lucas teve uma grave infecção, ficando vários dias na UTI neonatal, foi medicado com antibióticos, entre outros cuidados. Na UTI neonatal, Lucas foi alimentado por meio de sonda nasoenteral e Judite afirmou que seu leite "estava secando". A fonoaudióloga que compõe a equipe neonatal foi chamada para acompanhar o caso.

O caso de Lucas evidencia problemas enfrentados pela população brasileira em decorrência de assistência inadequada nos diferentes níveis de atenção à saúde, causada por falta de profissionais e pela carência de infraestrutura e de recursos tecnológicos, especialmente em municípios distantes das capitais. Pensando em soluções que visem à regionalização dos cuidados neonatais e à minimização dos agravos e considerando a elevada taxa de natalidade do município onde a família vive, o Conselho Municipal de Saúde decidiu implementar, na Unidade Básica de Saúde, um Programa de Atendimento à Gestante, com a participação de diversos profissionais. Nesse contexto, julgue se cada item a seguir corresponde a uma ação adequada para um fonoaudiólogo inserido nessa equipe.

I. Desenvolver ações voltadas ao incentivo do aleitamento materno, em função de sua importância para o desenvolvimento global do bebê, especialmente nos aspectos nutricional, afetivo, motor oral e de linguagem, bem como para a relação entre mãe e bebê.

II. Desenvolver estratégias de educação em saúde, com vistas à preparação da mulher para que ela possa compreender o que se passa com o seu organismo durante a gestação, no parto e no pós-parto, para que ela possa identificar riscos, prevenir alterações e manter a sua saúde e a do bebê.

III. Utilizar princípios e tecnologias apropriadas para os cuidados essenciais do recém-nascido com vistas à redução da morbidade e da mortalidade neonatais, especialmente no que concerne às técnicas de manuseio, reanimação, termorregulação, uso de incubadora, fototerapia, alimentação por gavagem, entre outros.

Com referência aos itens acima, assinale a opção correta.

(A) Apenas um item está certo.
(B) Apenas os itens I e II estão certos.
(C) Apenas os itens I e III estão certos.
(D) Apenas os itens II e III estão certos.
(E) Todos os itens estão certos.

5. (EXAME 2007)

Apesar de todo ser humano ter o direito de envelhecer com dignidade, o passar do tempo faz com que as condições físicas e intelectuais do indivíduo se deteriorem, aumentando a sua dependência física e a sua tendência para o isolamento e a depressão, o que pode ser agravado pelo sofrimento de doenças, pela perda de bens materiais e pelo falecimento de entes queridos. Os desafios trazidos pelo envelhecimento da população têm diversas dimensões e dificuldades, mas nada é mais justo do que garantir ao idoso a sua efetiva integração na comunidade à qual pertence. Tendo em vista o aumento da população idosa no mundo e, principalmente, no estado do Rio de Janeiro, a Assessoria de Prevenção de Acidentes e Violência (APAV), em parceria com a Assessoria de Saúde do Idoso (ASI), elaborou o *folder* mostrado abaixo, relativo a prevenção de acidentes, nas esferas domiciliar e extradomiciliar.

Internet: <www.saude.rj.gov.br>. Acesso em 12/10/2007 (com adaptações).

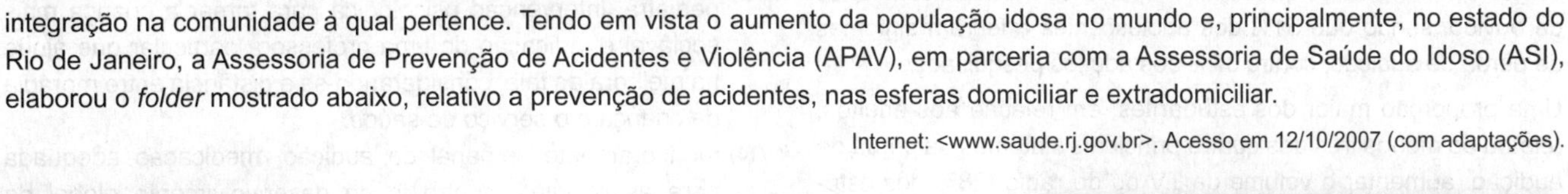

Considerando o texto da campanha voltada ao idoso, assinale a opção correta acerca da contribuição da Fonoaudiologia para um envelhecimento saudável.

(A) O envelhecimento populacional é, hoje, um proeminente fenômeno mundial, e o fonoaudiólogo tem papel importante na atuação em alterações de audição, entre outras, a qual, associada a problemas de visão, acentua o desequilíbrio e torna o idoso dependente de terceiros.

(B) O maior problema do idoso é o isolamento social — que provoca solidão, insônia e depressão —, em cujo acompanhamento multidisciplinar a atuação fonoaudiológica com e na linguagem exerce baixo impacto.

(C) A disfagia apresenta alto risco para a população idosa. Nessa situação, as condutas terapêuticas são comprovadamente pouco eficazes para o acesso nutricional, em função da irreversibilidade do processo de envelhecimento.

(D) Cerca de 650 mil idosos são incorporados à sociedade brasileira, a cada ano, o que implica a demanda por ações de cunho essencialmente político para melhoria da qualidade de vida, já que as ações reabilitadoras têm pouca eficiência na terceira idade.

(E) A queda nas taxas de fecundidade e mortalidade infantil, a melhoria nas condições de saneamento e infraestrutura básica e os avanços da medicina e da tecnologia são os principais determinantes do processo de envelhecimento no Brasil, aspectos em que a Fonoaudiologia não interfere, o que faz que sua contribuição seja apenas paliativa.

6. (EXAME 2007)

Fones de ouvido podem causar perda de audição, diz estudo da BBC, em Londres

Uma pesquisa americana sobre o uso de dispositivos musicais eletrônicos com fones de ouvido, como tocadores de MP3 ou de CDs, mostra que mais da metade dos estudantes do ensino médio que usam esses aparelhos apresentam algum sintoma de perda de audição.

A pesquisa, divulgada pela Associação Americana de Fala, Linguagem e Audição (ASHA, na sigla em inglês), ouviu 301 adolescentes e 1.000 adultos que utilizam aparelhos musicais com fones de ouvido, sendo que 51% dos adolescentes referiram sintomas de perda de audição, contra 37% dos adultos pesquisados.

Uma proporção maior dos estudantes, em relação aos adultos, relatou ao menos três dos quatro principais sintomas da perda de audição: aumentar o volume da TV ou do rádio (28% dos estudantes contra 26% dos adultos), dizer "O que?" ou "Âh?" durante conversas normais (29% contra 21%) e escutar zumbidos ou campainhas (17% contra 12%).

BBC - Brasil. Internet: <www.uol.com.br> (com adaptações).

Considerando o texto acima, assinale a opção correta quanto aos resultados referentes aos jovens.

(A) Não se pode afirmar que os jovens tenham perdas auditivas, uma vez que todos os sintomas relatados na notícia são típicos dessa faixa etária, em função das mudanças hormonais que ocorrem na mesma, que resultam em menor atenção aos sons.

(B) Os aparelhos musicais mencionados são um risco permanente para a audição em qualquer situação, pois os alto-falantes encontrados nos fones são colocados dentro da concha da orelha, resultando em uma proximidade perigosa com a membrana timpânica.

(C) Programas de conservação auditiva para os jovens na escola não são eficazes, pois esses programas são destinados especificamente à população de trabalhadores expostos ao ruído ocupacional, dentro de ambientes controlados, e os adolescentes utilizam seus aparelhos em situações variadas.

(D) Provavelmente os adolescentes estão utilizando seus aparelhos em volume intenso e por longos períodos, desenvolvendo perdas auditivas neurossensoriais em agudos, acompanhadas de zumbidos, por exposição a altas intensidades sonoras.

(E) No grupo de usuários de dispositivos musicais eletrônicos, a prevalência de perdas auditivas pode ser estabelecida utilizando-se a imitância acústica em triagens auditivas nas escolas de Ensino Básico.

7. (EXAME 2007)

Diego nasceu com uma fissura transforame unilateral à esquerda e, por causa disso, necessitou passar por várias intervenções cirúrgicas para seu fechamento completo. O avô paterno de Diego também apresenta o mesmo problema. Hoje, Diego tem 4 anos de idade e mora com a família em uma fazenda a 200 km de distância da cidade. Ele apresenta dores de ouvido repetidas, que são cuidadas, devido à distância da cidade, com remédios caseiros. Há uma semana, Diego reclamou de dor de ouvido e os remédios da mãe não ajudaram a eliminá-la. O pai levou a criança à UBS para consulta com o pediatra, que, notando problema na fala, a encaminhou para a fonoaudióloga. A avaliação fonoaudiológica mostrou alteração de fala com presença de trocas, omissões e distorções de fonemas, hipernasalidade de grau moderado, alteração de mordida e preferência por alimentação pastosa. Também constatou-se o fato de a criança ser muito retraída.

Nessa situação hipotética, seria correto que o plano de atendimento multiprofissional previsse

(A) mudança da família para a cidade, de modo a proporcionar à criança condições de realizar o tratamento para eliminação de todos os problemas decorrentes da fissura, como avaliação otorrinolaringológica e atendimento fonoaudiológico pelo Sistema Único de Saúde (SUS).

(B) acompanhamento do desenvolvimento global da criança pelo pediatra, intervenção psicológica para tornar a criança mais sociável e indicação de uma professora particular que ajude na melhora da fala, considerando-se a distância entre moradia da criança e o serviço de saúde.

(C) monitoramento semanal da audição, medicação adequada para as otalgias, contro le do desenvolvimento global da criança e reafirmação do uso de alimentação pastosa, uma vez que Diego não consegue se alimentar de sólidos.

(D) avaliação auditiva, orientação familiar sobre estratégias de desenvolvimento da audição, fala e voz e de manutenção da consistência alimentar usual e inserção da criança na escola.

(E) planejamento conjunto para o atendimento da criança, definindo-se prioridades e metas a serem atingidas, de modo a inserir de forma sistemática a criança e sua família nos serviços de saúde prestados pelo SUS.

8. (EXAME 2007)

Cinira, aos 27 anos de idade, teve um aneurisma e precisou ser operada. Permaneceu em coma por alguns dias e, como sequela, apresentou afasia global e hemiparesia leve à direita, porém manteve-se independente para as atividades de vida diária.

A mãe relata que Cinira iniciou atendimento fonoaudiológico individual em um ambulatório de especialidades. Segundo a mãe, Cinira mostrava-se muito deprimida e nervosa. Durante o atendimento, constatou-se que Cinira apresentava dificuldades na oralidade, expressas pelo uso de palavras isoladas, gestos e mímicas, além de estereotipias verbais, como *"ai, meu Deus"*. Na linguagem escrita, seu desempenho era inconsistente, embora tivesse formação universitária. Após um ano de terapia fonoaudiológica, Cinira descrevia fatos e situações do cotidiano, porém, necessitava do *prompting* (pistas auditivas e visuais) para eliciar a fala e manifestava tendência a se manter isolada. Diante desse contexto, a fonoaudióloga optou pelo atendimento terapêutico em grupo com mais 3 sujeitos afásicos. No grupo, iniciou-se um trabalho com Comunicação Suplementar e Alternativa (CSA), pois, ao ver a prancha de comunicação de outro paciente, ela demonstrou grande interesse. A mudança na forma de atendimento mostrou-se benéfica para ela, que, após a introdução da CSA, passou a utilizar mais a oralidade, a apresentar maior organização de linguagem e mudanças na escrita. Passou a fazer comentários e a demonstrar compreensão de alguns dos textos lidos (revistas, matérias de jornais, receitas culinárias, músicas etc.).

A partir do relato hipotético acerca do atendimento terapêutico de Cinira, é correto afirmar que

(A) a qualidade de vida do sujeito, após o episódio neurológico, é proporcional à intensidade do impacto da afasia sobre ele, o que não compromete a evolução da terapia fonoaudiológica, como se observa no caso de Cinira.

(B) a opção da fonoaudióloga de mudar Cinira para o grupo te rapêutico fonoaudiológico justif ica-se pela necessidade de dar conta da demanda de afásicos da sua lista de espera, como comumente ocorre nos atendimentos na área de Saúde Pública, não havendo justificativa terapêutica para essa mudança.

(C) a fonoaudióloga não deveria utilizar recursos da CSA com Cinira, pois a paciente, mesmo utilizando apenas palavras isoladas, éfalante, e a literatura especializada indica que o uso da CSA inibe a fala e só é recomendável para pessoas não oralizadas.

(D) há referências na literatura de trabalhos em grupo com afásicos desde o período pós-guerra mundial, e tais referências evidenciam o quanto essa forma de trabalho favorece a interação verbal e social, conforme ocorreu com Cinira no grupo terapêutico fonoaudiológico.

(E) as variações no desempenho de escrita de Cinira não decorrem do modo como ela reage à sua afasia e lida com essa situação.

9. (EXAME 2004)

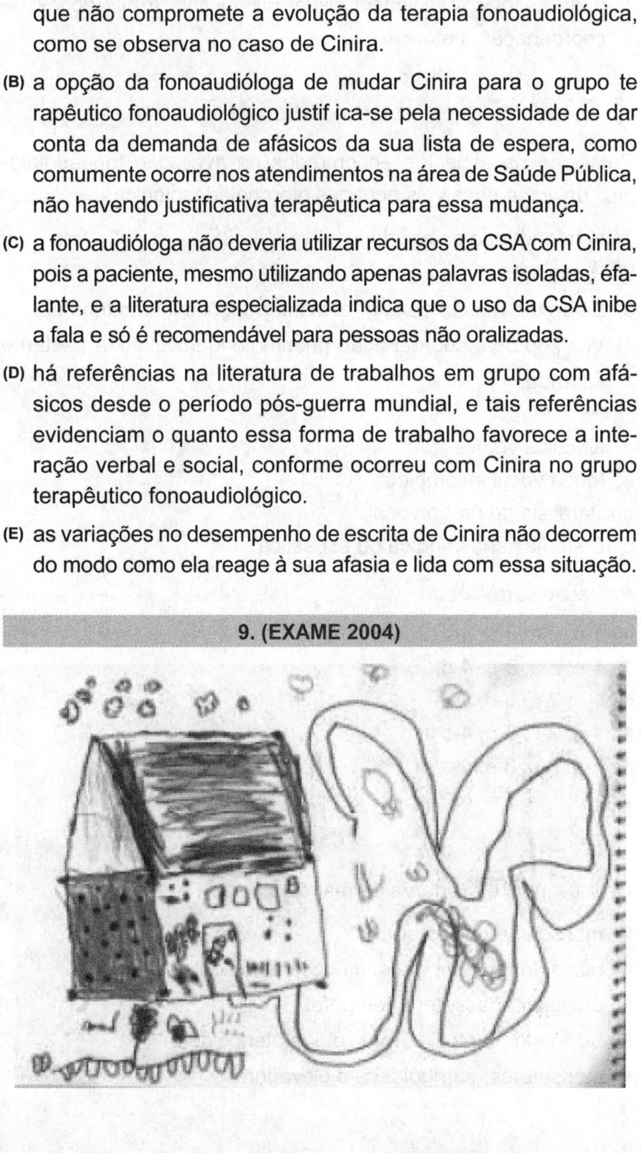

Gabriela, autora do desenho ao lado, com 4 anos de idade, começou a falar as primeiras palavras por volta de 2 anos e 2 meses de idade. A mãe relata que a menina aparentemente escuta bem, mas, às vezes, parece distraída e demora para responder quando é chamada. Gabriela toma mamadeira em posição deitada e tem o hábito de sucção digital.

Na avaliação de linguagem, a criança apresenta bom repertório verbal e conceitos adequados para a idade. No nível fonético-fonológico,constataram-se trocas sistemáticas de: /g/→/k/; /s/→/f/; /v/→/f/; /r/→/l/; produziu o seguinte discurso: "Tem que prender os carneirinhos, senão eles saem. Os cavalos estão caindo toda hora. Tá molengo. Nossa, quanto cavalo! Caiu! Todos cavalos tá molengo! Tá caindo! Tem mais cavalo. O cavalo derrubou a casa dele."

Em relação à motricidade oral, apresentou língua, lábios e bochechas hipofuncionantes, porém com boa mobilidade. A avaliação otorrinolaringológica indicou presença de líquido nas orelhas médias em ambos os lados.

Em relação ao caso apresentado no texto, assinale a opção que contemple os resultados obtidos em uma avaliação audiológica que confirmariam os achados otorrinolaringológicos.

(A) presença concomitante de curva timpanométrica do tipo A (Jerger), reflexos acústicos presentes e audiometria lúdica com limiares auditivos normais

(B) presença concomitante de curva timpanométrica do tipo A (Jerger), reflexos acústicos ausentes e audiometria lúdica com perda auditiva condutiva moderada

(C) presença concomitante de curva timpanométrica do tipo B (Jerger), reflexos acústicos presentes e audiometria lúdica com limiares auditivos normais

(D) presença concomitante de curva timpanométrica do tipo B (Jerger), reflexos acústicos ausentes e audiometria lúdica com perda auditiva condutiva leve

(E) presença concomitante de curva timpanométrica do tipo C (Jerger), reflexos acústicos presentes e audiometria lúdica com perda auditiva neurossensorial leve

Texto para responder as duas questões seguintes

Durante a entrevista com a mãe de uma criança de 6 anos de idade, com paralisia cerebral e que frequenta escola regular, o fonoaudiólogo escuta o seguinte depoimento:

Pedro gosta de comer de tudo, mas não consegue mastigar direito e pega a colher com dificuldade. Então, eu dou o alimento batido no liquidificador. Ele baba muito. Dou a mamadeira sempre engrossada, pois tenho medo que ele perca peso. Ele fala com dificuldade e não para quieto em sala de aula. O que eu quero saber mesmo, é se ele vai falar como as outras crianças."

10. (EXAME 2004)

Diante da situação descrita no texto, julgue os procedimentos a seguir.

I. Deve-se enfatizar o treino motor oral para adequação da fala e das funções estomatognáticas, acolhendo-se, desse modo, a angústia da mãe em relação ao falar. Apesar de Pedro comer de tudo, não se deve retirar a mamadeira, para evitar que a criança perca peso.

II. É indicado para favorecer o controle de baba de Pedro o trabalho com as funções de sucção, deglutição, mastigação e respiração associado à adequação da tonicidade, mobilidade e sensibilidade dos órgãos fonoarticulatórios.

III. A conduta terapêutica deve abranger a adequação do sistema sensório-motor oral, incluindo controle de baba e introdução de alimentos sólidos, o favorecimento da linguagem e de uma comunicação mais eficaz, além da orientação acerca do manuseio de Pedro em casa.

IV. Para maior benefício de Pedro pressupõe-se uma intervenção integrada com outros profissionais, como médicos, terapeuta ocupacional e fisioterapeuta.

Estão certos apenas os procedimentos

(A) I e II.
(B) I e III.
(C) III e IV.
(D) I, II e IV.
(E) II, III e IV.

11. (EXAME 2004)

Ainda considerando o caso de Pedro, apresentado no texto, assinale a opção correta em relação ao processo deinclusão.

(A) A escola deve se preparar para receber Pedro de acordo com as condições específicas desse aluno, adaptando o espaço físico e orientando a equipe e demais alunos.
(B) A escola precisa receber orientação do fonoaudiólogo no que se refere às questões de letramento, pois esse é o único aspecto a ser trabalhado na escola por esse profissional.
(C) A escola deve obrigatoriamente contratar uma equipe multidisciplinar, para atuar nas questões de postura, linguagem e alimentação de Pedro.
(D) A escola precisa providenciar vídeos de desenhos infantis para manter Pedro controlado durante a situação de alimentação, uma vez que ele não para quieto.
(E) A escola deve, necessariamente, contratar um fonoaudiólogo para realizar terapia no ambiente escolar, especialmente no que diz respeito à alimentação de Pedro.

12. (EXAME 2003)

Leo, um menino de 2 anos e 6 meses, foi levado pela mãe a um serviço de Fonoaudiologia em função da diferença do desenvolvimento de sua fala, quando comparado aos irmãos mais velhos na mesma idade. Após as primeiras entrevistas com os responsáveis, o fonoaudiólogo pondera sobre o que observou e sugere procedimentos facilitadores para o desenvolvimento da criança, considerando que a linguagem

(A) é moldada pelos pais, através de reforços sistemáticos, aproximando-se cada vez mais do modelo adulto. Tem como base o ambiente estimulador.
(B) é processada em diferentes situações e modificada para novas situações, com diferentes estilos e ritmos de desenvolvimento.Tem como base a combinatória entre hereditariedade e ambiente.
(C) é uma habilidade complexa, regida por princípios operantes fundamentais que garantem seu desenvolvimento natural. Tem como base as condições inatas da criança.
(D) é processada em unidades de produção de complexidade crescente de acordo com a Língua. Tem como base o código ao qual a criança está exposta.
(E) é moldada pelo impacto acústico do código linguístico. Tem como base a audição normal.

13. (EXAME 2003)

Distúrbios de leitura e escrita ou transtornos de aprendizagem da leitura e escrita são diagnosticados quando, em atividades de leitura e de escrita, o sujeito mostra-se abaixo do esperado para a média da população de sua idade e escolaridade. As manifestações são variadas em graus e severidade e devem ser diferenciadas de

(A) falta de oportunidade escolar; alterações específicas no domínio do léxico.
(B) variações normais do rendimento escolar; transtorno do aprendizado da matemática e alterações motoras.
(C) falta de oportunidade escolar; distúrbios de memória; transtorno de aprendizado da matemática e alterações de coordenação motora.
(D) variações normais do rendimento escolar; falta de oportunidade escolar; transtorno adquirido de linguagem e alteração visual.
(E) variações normais do rendimento escolar; falta de oportunidade escolar; deficiência visual ou auditiva e alterações de coordenação motora.

14. (EXAME 2003)

Relacione os aspectos encontrados na avaliação fonoaudiológica da voz e possíveis achados otorrinolaringológicos.

1. Voz tendendo ao agudo.
2. Rouquidão.
3. Esforço e tensão ao falar com interrupções intermitentes.
4. Voz soprosa, coordenação pneumofonoarticulatória bastante alterada.

a. Nódulos vocais.
b. Muda vocal incompleta.
c. Paralisia de prega vocal.
d. Disfonia espasmódica ou espástica.

A relação correta é

(A) 1-c; 2-d; 3-a; 4-b
(B) 1-c; 2-a; 3-b; 4-d
(C) 1-b; 2-a; 3-d; 4-c
(D) 1-d; 2-c; 3-a; 4-d
(E) 1-b; 2-a; 3-c; 4-d

15. (EXAME 2003)

Os músculos elevadores da mandíbula são

(A) masseter e temporal.
(B) masseteres, temporais, pterigóideos mediais e laterais.
(C) orbicular, masseter e temporal.
(D) bucinador, orbicular, masseter e pterigóideo.
(E) masseteres, pterigóideos e elevadores.

16. (EXAME 2003)

O fonoaudiólogo atua diretamente na reabilitação da(s) seguinte(s) fase(s) da deglutição:

(A) oral.
(B) oral e faringogástrica.
(C) oral, faríngea e esofágica.
(D) oral e esofágica.
(E) oral e brônquica.

17. (EXAME 2003)

A fala, quando alterada por problemas que afetam as estruturas envolvidas na articulação, deve ser trabalhada em relação

(A) à aquisição de linguagem.
(B) aos aspectos musculares.
(C) às trocas surdas-sonoras.
(D) aos fonemas linguodentais.
(E) à interação mãe-criança.

18. (EXAME 2003)

Os fatores que influenciam favoravelmente a reabilitação da deglutição são

(A) oclusão normal e amígdalas normais.
(B) idade adequada e adenoides normais.
(C) digestão adequada e oclusão normal.
(D) respiração nasal e lábios evertidos.
(E) ATM normal e fala sem alterações.

19. (EXAME 2003)

Uma criança do sexo masculino, de 8 anos de idade, com queixa de desatenção, de dificuldades escolares e de trocas de letras na escrita, foi encaminhada para avaliação audiológica. Os resultados revelaram: Limiares tonais dentro dos limites da normalidade em ambos os lados, índice de reconhecimento de fala compatível com a curva audiométrica, curva timpanométrica normal bilateralmente, alteração no teste de reconhecimento de dissílabos em tarefa dicótica (SSW), alteração no teste de reconhecimento de fala no ruído (F/R), alteração no teste de reconhecimento de sentenças com mensagem competitiva (PSI).

Tais resultados sugerem

(A) perfuração da membrana timpânica.
(B) comprometimento das células ciliadas internas.
(C) fixação da cadeia ossicular.
(D) alteração do processamento auditivo.
(E) síndrome vestibular periférica.

20. (EXAME 2003)

A audiometria tonal é realizada por via aérea com estímulos apresentados por fones auriculares e, se necessário, é complementada por via óssea com estímulos apresentados por vibrador. A combinação entre as duas medidas permite a determinação da configuração audiométrica, representada abaixo pelos audiogramas (limiares da orelha direita) A1, A2, A3 e A4.

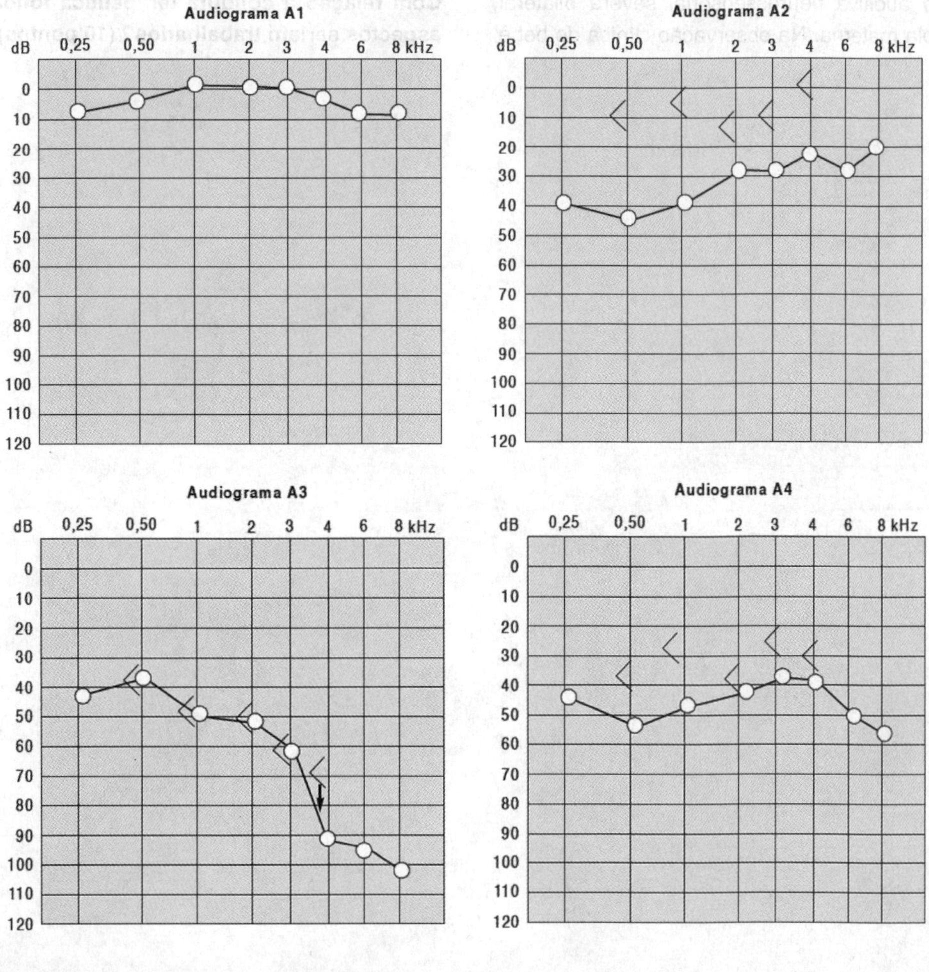

Os audiogramas acima A1, A2, A3 e A4, representam, respectivamente, configuração audiométrica

(A) Neurossensorial, Condutiva, Normal e Mista.
(B) Neurossensorial, Condutiva, Mista e Normal.
(C) Normal, Mista, Neurossensorial e Condutiva.
(D) Normal, Neurossensorial; Mista e Condutiva.
(E) Normal, Condutiva, Neurossensorial e Mista.

21. (EXAME 2003)

Os 250 funcionários de uma empresa metalúrgica foram submetidos à avaliação audiológica. Ao fazer o levantamento dos resultados, a equipe de Fonoaudiologia responsável pela avaliação constatou

(A) baixa ocorrência de limiares em nível de intensidade abaixo de 30 dBNA nas frequências de 250, 500 e 1.000 Hz.
(B)) alta ocorrência de limiares em nível de intensidade elevado nas frequências acima de 3.000 Hz.
(C) alta ocorrência de alterações timpanométricas.
(D) baixa ocorrência de queixa de zumbido.
(E) alta ocorrência de resultados audiométricos compatíveis com perda neurossensorial profunda.

QUESTÕES DISCURSIVAS

1. (EXAME 2003) DISCURSIVA

Uma criança com 8 meses de idade foi submetida à avaliação audiológica aos 7 meses, em outra instituição, sendo diagnosticada a deficiência auditiva neurossensorial severa bilateral, decorrente de rubéola materna. Na observação clínica do bebê, sem prótese auditiva ou aparelho de amplificação sonora individual, constatou-se que apresentava balbucio constante e respostas de atenção para o nome, principalmente quando o estímulo era apresentado do lado direito. Os pais estavam bastante preocupados com o possível diagnóstico de surdez, pois nunca tinham pensado nesse assunto antes e não tinham qualquer informação sobre o que significa ter um filho com esse problema. Segundo a mãe, a criança está apresentando reações para o barulho da porta, quando o pai chega em casa, às vezes cessa a atividade quando os pais a chamam.

a) Qual seria sua conduta se você atendesse esta criança na Clínica-Escola de seu Curso? **(4 pontos)**

b) Justifique sua posição fundamentando-a teoricamente. **(6 pontos)**

2. (EXAME 2003) DISCURSIVA

Considere um paciente do sexo masculino, com 8 anos de idade. Em entrevista, os pais referem-se a voz rouca há dois anos, com uso vocal em intensidade aumentada, tanto na escola, onde é líder em atividades esportivas, como em casa. Também observam presença de pigarro, fadiga vocal e piora na qualidade da voz ao final do dia. Ao exame otorrinolaringológico foi constatada presença de nódulos vocais bilaterais, com fenda triangular médio-posterior e quadro alérgico controlado. Por ocasião da avaliação fonoaudiológica, dentre outros aspectos, foram observados: qualidade vocal rouca-soprosa, quebra frequente de sonoridade, tempos de fonação reduzidos e respiração oral.

Com relação a conduta terapêutica fonoaudiológica, quais aspectos seriam trabalhados? (10 pontos)

Conteúdo 02

PROCESSOS PSICOSSOCIOCULTURAIS, LINGUÍSTICOS E EDUCACIONAIS QUE AUXILIAM A COMPREENSÃO DO DESENVOLVIMENTO DA COMUNICAÇÃO HUMANA E DAS ALTERAÇÕES FONOAUDIOLÓGICAS

1. (EXAME 2010)

liar o valor preditivo do protocolo *Clinicai Risk index for Babies* (CRIB) para prever a mortalidade de recém-nascidos admitidos nas unidades de terapia intensiva, comparando-se esse escore com o peso de nascimento (PN) e a idade gestacional (IG). O escore do CRIB envolve a análise das variáveis PN, IG, má-formação congênita e índices do estado fisiológico.

Participaram do estudo 100 recém-nascidos, sendo que o peso médio, em gramas, foi de 1120 ± 250 e a idade gestacional média, em semanas, foi de 30 ± 2. Ao analisarem a mortalidade geral de RN no período do estudo, os pesquisadores detectaram o disposto no gráfico abaixo.

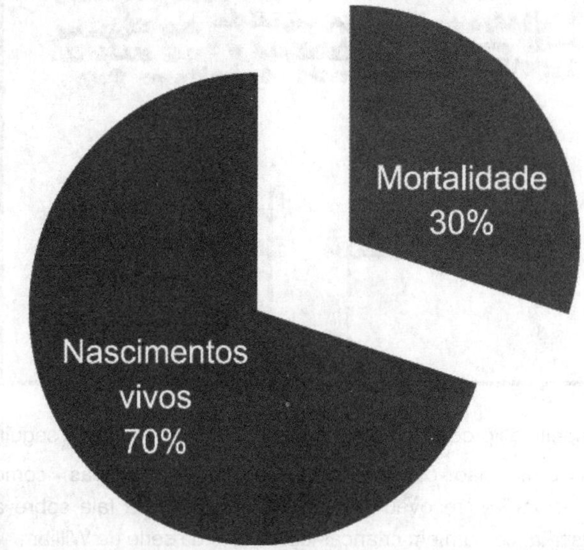

Ao compararem o escore CRIB com as variáveis PN e IG, os pesquisadores encontraram os resultados descritos no quadro a seguir, sendo considerados estatisticamente significantes os valores assinalados com asterisco, como valores de interrelação preditiva de óbito de RN quando comparados com o CRIB.

Variável	N	Mortalidade neonatal (%)
Peso ao nascer (g)		
menor que 750	17	66*
750-999	13	60*
1000-1249	30	30
1250-1499	40	0
Total	100	
Idade gestacional		
23-28	30	60*
29-32	57	20
33-36	17	15
Total	100	

Com base nesses dados, conclui-se que

(A) a idade gestacional variou entre 27 e 33 semanas.

(B) o peso ao nascer dos RN variou entre 850 g e 1400 g.

(C) a maioria dos RN do município foi a óbito no período do estudo.

(D) a maioria dos RN com peso até 999 g apresentou correlação positiva com o CRIB.

(E) a maioria dos RN com idade gestacional até 32 semanas apresentou correlação positiva com o CRIB.

2. (EXAME 2010)

Um fonoaudiólogo que trabalha em um serviço de audiologia ambulatorial recebe o seguinte encaminhamento advindo de uma fonoaudióloga de unidade básica de saúde:

A Sr. José, 75 anos de idade, metalúrgico aposentado, tem diagnóstico médico de hipertensão arterial sistêmica e diabetes *mellitus* e participa de um grupo de promoção à saúde da comunicação e deglutição. O referido paciente tem se queixado de dificuldade auditiva, também percebida por mim e pelos demais participantes do grupo, o que tem causado interferência na sua convivência social. Solicito avaliação audiológica e conduta.

O exame audiológico evidenciou presbiacusia, com indicação para uso de aparelho de amplificação sonora individual, associado ao treino individual de habilidades auditivas para melhor reabilitação audiológica. A continuidade no grupo foi considerada benéfica por todos os envolvidos (tanto profissionais quanto demais pacientes), inclusive como apoio ao treino das habilidades auditivas.

A partir dessas informações, avalie as asserções abaixo.

A referência do Sr. José, da UBS para o ambulatório, deverá ser seguida de referência do ambulatório para indicação e adaptação do aparelho auditivo e, então, de contrarreferência para o treino das habilidades auditivas em ambulatório e em grupo na UBS.

PORQUE

Os níveis de atenção envolvidos nessas ações são o primário, secundário, terciário, secundário e primário, respectivamente.

Analisando a relação proposta entre as duas asserções acima, assinale a alternativa correta.

(A) As duas asserções são proposições verdadeiras, e a segunda é uma justificativa correta da primeira.

(B) As duas asserções são proposições verdadeiras, mas a segunda não é uma justificativa correta da primeira.

(C) A primeira asserção é uma proposição verdadeira, e a segunda é uma proposição falsa.

(D) A primeira asserção é uma proposição falsa, e a segunda é uma proposição verdadeira.

(E) As duas asserções são proposições falsas.

3. (EXAME 2007)

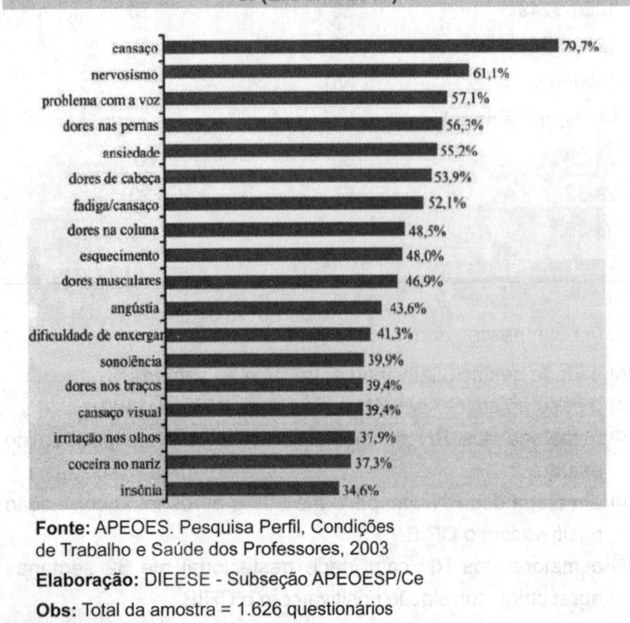

Fonte: APEOES. Pesquisa Perfil, Condições de Trabalho e Saúde dos Professores, 2003

Elaboração: DIEESE - Subseção APEOESP/Ce

Obs: Total da amostra = 1.626 questionários

O gráfico acima mostra que os distúrbios de voz são parte integrante dos sintomas mais citados por professores da rede estadual de São Paulo, o que confirma os achados de outras pesquisas que demonstram a existência de riscos ocupacionais na instituição escolar. Assinale a alternativa abaixo na qual a recomendação fonoaudiológica seria mais efetiva na redução do índice referente a "problema com a voz", mostrado no gráfico.

(A) Propor aos órgãos públicos a redução da carga de trabalho do professor, de modo a evitar o mau uso da voz.

(B) Colaborar para a implementação de ações coordenadas entre secretarias (Saúde, Educação, Obras etc.) para o planejamento de espaço físico e fluxo de atividades na escola, visando propiciar ambientes saudáveis para a voz do professor.

(C) Promover a instalação de equipes de saúde nas escolas, com vistas a recomendar remanejamento de função de professores com distúrbios da voz e estudo dos demais sintomas relacionados no gráfico.

(D) Propor a inclusão do distúrbio de voz como item eliminatório nos concursos para seleção de professores em escolas públicas.

(E) Estabelecer terapia fonoaudiológica obrigatória para todo professor que apresentar um período de rouquidão de três dias no período de um ano.

4. (EXAME 2007)

William, 8 anos de idade, aluno da 2ª série de uma escola particular, foi encaminhado para avaliação fonoaudiológica por apresentar dificuldades de escrita. Conforme solicitação do fonoaudiólogo, a criança produziu espontaneamente o texto abaixo.

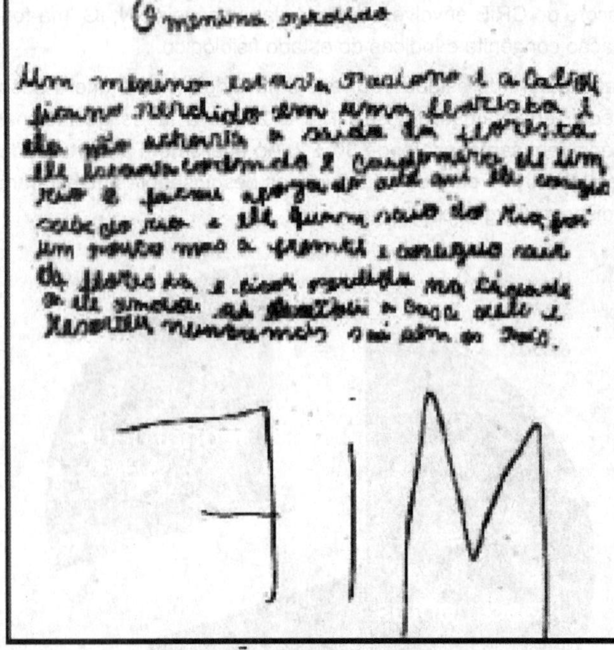

A respeito da produção escrita de William, julgue os itens a seguir.

I. A forma não convencional de algumas palavras, como "pasiano" e "resoveu", deve-se à influência da fala sobre a escrita, comum em crianças da idade e da série de William.

II. O texto possui sérios problemas de estruturação, pois não apresenta os elementos constitutivos essenciais da narrativa, ou seja, começo, meio e fim.

III. Apesar da ausência de sinais de pontuação e dos problemas gramaticais e ortográficos, a manutenção da temática proposta assegura a coerência textual.

IV. A grafia nãoconvencional de algumas palavras do texto é indicativo seguro de que a criança apresenta desvios fonético-fonológicos.

Estão certos apenas os itens

(A) I e II.

(B) I e III.

(C) II e IV.

(D) I, III e IV

(E) II, III e IV.

5. (EXAME 2007)

"De ne-ne-nervoso, estou até fi-fi-ficando gago" é uma frase do samba "Gago Apaixonado", composto por Noel Rosa, que marcou época e ainda hoje é cantado por aí. De maneira bem humorada, o autor remete a um problema de fala que tem atormentado crianças e adultos. São inúmeros os exemplos de pessoas gagas ao longo dos séculos. No passado, a gagueira era entendida como um fenômeno de natureza psicológica que não tinha tratamento. Manifestava-se na infância e acompanhava o indivíduo até a morte. Em muitos momentos, transformava-se em motivo de chacota, o que perpetuava a dificuldade e aumentava o constrangimento. Gagueira tem cura. Quanto mais precoce o tratamento, melhores serão os resultados.

Internet: <www.drauziovarella.ig.com.br>. Acesso em 27/9/2007 (com adaptações).

A partir do texto acima, extraído de uma entrevista com uma fonoaudióloga, julgue os itens a seguir.

I. Independentemente da abordagem teórica que se siga, considera-se que a ideia do senso comum de que a gagueira tem origem psicológica, advinda de algum susto, trauma na infância, perda ou nascimento de familiares, não tem comprovação científica.

II. Todas as teorias que buscam explicar o surgimento da gagueira são unânimes em afirmar que a gagueira é um distúrbio da infância, que tende a melhorar na adolescência e a se resolver espontaneamente na idade adulta.

III. Como a gagueira é uma alteração da comunicação que, além das manifestações de disfluência, envolve componentes emocionais, seu tratamento pode consistir de uma intervenção multidisciplinar, incluindo geralmente o psicólogo e o fonoaudiólogo.

Assinale a opção correta.

(A) Apenas um item está certo.

(B) Apenas os itens I e II estão certos.

(C) Apenas os itens I e III estão certos.

(D) Apenas os itens II e III estão certos.

(E) Todos os itens estão certos.

6. (EXAME 2007)

Matheus, um jovem surdo de 16 anos de idade, pretende começar a trabalhar quando completar 18 anos. Ele estuda em uma escola com proposta de educação inclusiva.

Nessa situação, assinale a opção correta quanto à atuação do fonoaudiólogo que integra a equipe multidisciplinar dessa escola no sentido de viabilizar os planos de Matheus.

(A) Orientar Matheus a escolher profissões que não dependam da comunicação, pois, como surdo, ele tem limitações permanentes que o impedem de se comunicar.

(B) Abster-se dessa questão de inserção profissional do jovem, uma vez que o fonoaudiólogo inserido na equipe escolar deve se restringir às questões educacionais.

(C) Propor um programa intensivo de treinamento dos padrões de fala e de leitura orofacial, pois ser oralizado é uma das exigências para que Matheus consiga colocação de trabalho.

(D) Propor, conjuntamente com os demais profissionais, a partir da história de vida do jovem, demanda da família e possibilidades de trabalho, estratégias comunicativas e de experiências sociais no contexto da escola.

(E) Requisitar do psicólogo que integra a equipe multidisciplinar que realize um teste de orientação vocacional com Matheus e, a partir dos resultados desse teste, selecionar, por Matheus, as empresas em ele possa trabalhar.

7. (EXAME 2007)

Um fonoaudiólogo foi contratado para trabalhar em uma Unidade Básica de Saúde (UBS) por 20 horas semanais. Recebeu, logo no primeiro dia, uma lista de espera de 80 pessoas, entre crianças e adultos, encaminhados para avaliação fonoaudiológica por outros profissionais da unidade. Além disso, a chefe da UBS apresentou a demanda das escolas da área de abrangência, que várias vezes haviam solicitado a presença de um fonoaudiólogo em função da grande incidência de crianças com problemas de fala e de escrita. Havia também queixa das funcionárias da recepção de não terem clareza acerca do papel do fonoaudiólogo na unidade.

Diante dessa situação hipotética, assinale a opção que apresenta as ações prioritárias do fonoaudiólogo nesse momento inicial de organização do seu serviço na UBS.

(A) Realizar atendimento terapêutico individual com as crianças da lista de espera, para agilizar o atendimento e poder dar conta da demanda das escolas.

(B) Priorizar triagens fonoaudiológicas nas escolas para ter mais pacientes e, consequentemente, maior opção para a formação de grupos terapêuticos na UBS e na escola.

(C) Convocar as pessoas da lista de espera interessadas no atendimento fonoaudiológico para acolhimento inicial e dividi-las em grupos, independentemente das necessidades dos sujeitos.

(D) Treinar os funcionários, uma vez que eles são a porta de entrada do serviço, a realizar a triagem dos pacientes de fonoaudiologia para diminuir a lista de espera.

(E) Distribuir a sua carga horária de modo a cobrir a demanda de pacientes com atendimentos em grupos criteriosamente estabelecidos, de acordo com a necessidade dos pacientes, desenvolver ações educativas na unidade e promover ações extramuros para atender as escolas.

8. (EXAME 2007)

Os fonoaudiólogos do Programa de Triagem Auditiva Neonatal de uma maternidade pública realizaram uma pesquisa para levantar a prevalência de alterações auditivas em neonatos sem risco para perda auditiva. O trabalho foi submetido ao Comitê de Ética em Pesquisa do hospital e aprovado, e todos os procedimentos éticos previstos pela Resolução 196/96 do CONEP foram seguidos.

Durante dois anos, foram avaliados 2.500 neonatos, entre os quais 175 não passaram na triagem com o teste de otoemissões acústicas (OEA). Dos 175, 28 não passaram quando submetidos novamente a esse teste e foram, então, encaminhados para o exame de Potencial Evocado Auditivo de Tronco Encefálico (PEATE / BERA). Nesse último grupo, foram detectadas 15 crianças com surdez neurossensorial bilateral.

A respeito dos cuidados metodológicos que precisam ser tomados em pesquisas como a apresentada na situação acima, julgue os itens a seguir.

I. Solicitar autorização da chefia da Maternidade e anuência dos pais dos neonatos por meio do Termo de Consentimento Livre e Esclarecido.
II. Realizar medidas de proteção e confiabilidade dos dados por meio da garantia do sigilo da identidade dos sujeitos e dos resultados obtidos na pesquisa.
III. Cobrar das famílias uma taxa correspondente aos procedimentos do exame, para realização da pesquisa.

Assinale a opção correta, relativa aos itens acima.

(A) Apenas um item está certo.
(B) Apenas os itens I e II estão certos.
(C) Apenas os itens I e III estão certos.
(D) Apenas os itens II e III estão certos.
(E) Todos os itens estão certos.

Texto para responder as duas questões seguintes

Um hospital atende convênios e pacientes particulares em uma cidade com 100.000 habitantes. Nesse hospital, há uma maternidade que registra uma média de 200 nascimentos/mês e possui uma UTI neonatal com 5 leitos. Um grupo de fonoaudiólogos procura a direção da maternidade para propor o desenvolvimento de um Programa de Triagem Auditiva Neonatal e de avaliação clínica de recém-nascidos no que se refere à alimentação.

9. (EXAME 2004)

Com base na situação descrita no texto, julgue a validade dos argumentos favoráveis ao Programa de Triagem Auditiva.

I. Se forem usadas emissões otoacústicas (ou otoemissões acústicas) na triagem, é possível, logo após a triagem, com 24 horas de vida da criança, fornecer aos pais um diagnóstico conclusivo de perda auditiva.
II. Os fonoaudiólogos podem desenvolver sozinhos o programa, não havendo necessidade do envolvimento da equipe médica, de enfermagem e de outros profissionais do hospital, o que reduz os custos.
III. Atualmente, busca-se o diagnóstico das alterações auditivas antes dos 3 meses de vida da criança, pois se sabe que, se a intervenção multidisciplinar for iniciada antes dos 6 meses de idade, é possível que a criança tenha desenvolvimento de linguagem similar ao de crianças com audição normal.
IV. As crianças que passarem na triagem auditiva e apresentarem indicadores de risco auditivo precisam ser monitoradas por um fonoaudiólogo nos dois primeiros anos de vida, devido ao risco de perdas auditivas progressivas ou tardias.
V. O ideal é que a triagem auditiva seja feita em todos os bebês nascidos na maternidade (triagem universal), pois, se somente aqueles que estiverem na UTI forem triados, há risco de se perder parte das crianças com problemas auditivos.

São válidos apenas os argumentos

(A) I, II e III.
(B) I, II e IV.
(C) I, III e V.
(D) II, IV e V.
(E) III, IV e V.

10. (EXAME 2004)

Considerando ainda a situação descrita no texto, assinale a opção que contemple aspectos importantes na avaliação fonoaudiológica clínica de recém-nascidos prematuros, de baixo peso, com malformações ou com alterações neurológicas na unidade de neonatalogia.

(A) Observar a sucção em seio materno, quando possível, e o sistema sensório-motor oral na fase de pós-alimentação.
(B) Avaliar o sistema sensório-motor oral na fase de pré-alimentação, bem como observar a passagem do leite pela sonda orogástrica ou nasogástrica, realizando estímulo de sucção não nutritiva, caso o recém-nascido não esteja sugando o seio materno.
(C) Avaliar o sistema sensório-motor oral após a alimentação do recém-nascido, pois ele estará saciado e mais tranquilo e, portanto, dará melhores respostas de sucção.
(D) Avaliar o sistema sensório-motor oral nas fases pré e pós-alimentação, pois não há participação ativa do recém-nascido quando o leite está sendo introduzido pela sonda.
(E) Avaliar o sistema sensório-motor oral do recém-nascido apenas durante a alimentação no seio materno ou no momento da passagem do leite pela sonda, pois não é permitido que o recém-nascido seja manipulado em uma UTI pediátrica.

11. (EXAME 2004)

Na história da fonoaudiologia no Brasil verifica-se que, após a Segunda Guerra Mundial, a profissão começou a se inserir de forma mais atuante na área da saúde. Até então, o fonoaudiólogo era considerado um profissional da área da educação, que trabalhava nas escolas para corrigir as impurezas da língua, sendo esta, fator de unidade nacional. Atualmente, a fonoaudiologia é uma profissão regulamentada que vem expandindo suas áreas de atuação.

Com relação a esse tema, julgue os itens subsequentes.

I. A fonoaudiologia foi sempre considerada uma ciência e a implantação dos primeiros cursos acadêmicos no Brasil ocorreu na década de 20 do século passado.

II. A regulamentação da profissão ocorreu na década de 80 do século passado e, desde então, houve um movimento crescente de inserção dos fonoaudiólogos nos serviços públicos de saúde.

III. A incorporação gradual do fonoaudiólogo nos serviços públicos tem provocado mudanças na forma de atuação desse profissional.

Assinale a opção correta.

(A) Apenas o item I está certo.
(B) Apenas o item II está certo.
(C) Apenas os itens I e III estão certos.
(D) Apenas os itens II e III estão certos.
(E) Todos os itens estão certos.

12. (EXAME 2004)

Uma maternidade realiza ações de promoção da saúde em fonoaudiologia com recém-nascidos. Os aspectos abordados estão relacionados a temas como aleitamento materno, desenvolvimento motor e de linguagem. O atendimento ambulatorial é realizado nos grupos de pré-natal e de puericultura, e o atendimento na enfermaria ocorre nos leitos de puerpério normal.

Com base na situação descrita, assinale a opção correta.

(A) O fonoaudiólogo deve atuar no pré-natal, puericultura e enfermarias, abordando conteúdos dos temas apresentados na situação acima e inserindo aspectos do desenvolvimento auditivo e sensório-motor oral.
(B) A ação de promoção de saúde é inadequada no pré-natal, pois a gestante tem que ser orientada apenas sobre a gravidez. Após o parto é que devem ser abordados temas como crescimento e desenvolvimento do recém-nascido.
(C) A mãe hospitalizada não pode ser interrompida por profissionais para orientá-la quanto aos cuidados e à vigilância do recém-nascido, uma vez que o ambiente hospitalar não é apropriado para ações de educação em saúde e, sim, de assistência à saúde.
(D) Na perspectiva da atenção integral, o fonoaudiólogo abordará exclusivamente conteúdos relacionados ao desenvolvimento da linguagem, considerando que as outras alterações prevalentes nos primeiros anos de vida serão superadas com o crescimento.
(E) Ações de reabilitação serão privilegiadas, pois, no âmbito hospitalar, somente essas são de competência do fonoaudiólogo.

13. (EXAME 2004)

Um centro de reabilitação oferece atendimento a jovens com necessidades especiais, sendo que o corpo de profissionais é composto por neurologista, psicólogo, otorrinolaringologista, assistente social, 2 fonoaudiólogos, 2 fisioterapeutas e 2 terapeutas ocupacionais. A instituição recebeu um caso de Síndrome de Down, Lucas, de 13 anos de idade. Na entrevista inicial do setor de fonoaudiologia, a mãe queixou-se que seu filho ainda fala errado, não está alfabetizado, não come direito, apresenta ronco noturno e problemas frequentes de ouvido.

A respeito da situação apresentada no texto, julgue as afirmações relativas à atuação fonoaudiológica no âmbito de uma equipe interdisciplinar.

I. O diagnóstico definitivo da criança só será fechado após as avaliações das diferentes áreas e reunião entre os membros da equipe.

II. De acordo com o Código de Ética da profissão, os dois fonoaudiólogos desse centro não poderão atender Lucas sem o consentimento de ambas as partes.

III. Na atuação interdisciplinar, pressupõe-se que as ações de planejamento, terapia e orientação de Lucas sejam discutidas em equipe.

Assinale a opção correta.

(A) Apenas a afirmação I está certa.
(B) Apenas a afirmação II está certa.
(C) Apenas as afirmações I e III estão certas.
(D) Apenas as afirmações II e III estão certas.
(E) Todas as afirmações estão certas.

14. (EXAME 2003)

João tem 9 anos e cursa a 3ª série do primeiro grau em escola regular. Em uma amostra de sua escrita observa-se alterações como CAZA (casa); CAVIFETE (canivete) e COMETO (comendo). Estes exemplos são indícios de alteração

(A) Gráfica, do tipo supressão de elementos, sugerindo encaminhamento para avaliação audiológica e de processamento auditivo.
(B) Ortográfica, do tipo processamento semântico, sugerindo encaminhamento para avaliação visual.
(C) Ortográfica, do tipo processamento fonológico, sugerindo encaminhamento para avaliação audiológica e de processamento auditivo.
(D) Semântica, do tipo omissão, sugerindo encaminhamento para avaliação visual.
(E) Gráfica, do tipo inserção, sugerindo encaminhamento para avaliação visual.

Instruções: As questões abaixo contêm duas afirmações. Assinale,

(A) se as duas são verdadeiras e a segunda não justifica a primeira.
(B) se as duas são verdadeiras e a segunda justifica a primeira.
(C) se as duas são falsas.
(D) se a primeira é verdadeira e a segunda é falsa.
(E) se a primeira é falsa e a segunda é verdadeira.

15. (EXAME 2003)

Há evidências de que atrasos no desenvolvimento da linguagem podem ocorrer em associação aos distúrbios de aprendizagem da leitura e da escrita

PORQUE

crianças nascidas pré-termo são consideras de risco para o desenvolvimento da linguagem e do aprendizado da leitura e da escrita.

16. (EXAME 2003)

O vocabulário expressivo é indício do desenvolvimento da linguagem

PORQUE

autistas não falam.

17. (EXAME 2003)

A noção de "fatores de risco" para a linguagem pressupõe a interação de elementos intrínsecos e extrínsecos ao indivíduo, tais como

(A) habilidades motoras, inteligência e memória do indivíduo e as oportunidades de escolarização.

(B) habilidades auditivas e visuais do indivíduo e as condições emocionais dos educadores.

(C) condições sociais e culturais de inserção do indivíduo e suas condições biológicas, emocionais e cognitivas.

(D) aspectos sócioeconômicos do meio, dinâmica relacional da família e condições audiológicas do indivíduo.

(E) condições de escolarização e capacidade de acolhimento da mãe e condições de inteligência do indivíduo.

18. (EXAME 2003)

O fonoaudiólogo atuando em serviço ambulatorial de acompanhamento do estado nutricional de crianças desnutridas, com idades variando entra 12 e 36 meses, considera relevante para a prevenção de distúrbios da linguagem

I. avaliação individual triagem de comportamentos comunicativos receptivos e expressivos da linguagem verbal.

II. divulgação de informações sobre o desenvolvimento da linguagem e de situações facilitadoras deste desenvolvimento, aos pais e profissionais.

III. intervenção em grupo de terapia com todas as crianças do programa.

IV. intervenção individual ou em grupo, para as crianças com indícios de desvios de linguagem receptiva ou expressiva.

SOMENTE é correto o que se afirma em

(A) I, II e III

(B) I, II e IV

(C) I, III e IV

(D) II, III e IV

(E) I, II, III e IV

19. (EXAME 2003)

O procedimento fonoaudiológico frente a preocupação de um casal que relata "gagueira" em seu filho de 3 anos e 7 meses é

(A) caracterizar os fatores causadores da fala gaga e encaminhar a criança para a avaliação psicológica.

(B) recorrer a referenciais de desenvolvimento descritivos de disfluência típica da primeira infância e pedir retorno aos 5 anos.

(C) orientar a família para a adoção de comportamento de desviar a atenção e não responder ao filho.

(D) sugerir aos pais que norteiem o comportamento do filho por meio de ensinamentos para alterar o ritmo da respiração, antes de falar.

(E) caracterizar inicialmente a evolução da criança, incluindo os comportamentos considerados pelos pais como sendo de fala gaga.

QUESTÕES DISCURSIVAS

1. (EXAME 2004) DISCURSIVA

Laura é fonoaudióloga de uma unidade básica de saúde de uma cidade com aproximadamente 25.000 habitantes. O foco do seu trabalho são atendimentos clínicos individuais de 60 usuários/mês, o que resultou em uma lista de espera de cerca de 180 pessoas de diferentes faixas etárias. Como ela é a única fonoaudióloga que trabalha para a prefeitura, não consegue atender essa demanda. Para reduzir a lista de espera e aumentar a cobertura de ação para toda a comunidade da cidade, Laura precisou rever sua forma de atuar e tomar algumas iniciativas.

Considerando a situação apresentada acima, descreva três alternativas de solução para o problema de Laura.
(valor: 10,0 pontos)

2. (EXAME 2003) DISCURSIVA

Ao passar em concurso público de vagas para fonoaudiólogos na Secretaria Municipal de Educação, a nova equipe defrontou-se com a demanda da região de 6 escolas de Educação Infantil, com cerca de 40 crianças em cada escola.

Face ao encontrado, descreva e justifique duas ações fonoaudiológicas voltadas ao desenvolvimento de comunicação dessas crianças.

(10 pontos)

Conteúdo 03

ONTOGÊNESE E DESENVOLVIMENTO DA AUDIÇÃO, VOZ, FALA, LINGUAGEM (ORAL E ESCRITA) E MOTRICIDADE OROFACIAL

1. (EXAME 2007)

Os estudantes do curso de fonoaudiologia de uma universidade começaram uma intervenção fonoaudiológica em uma creche com 218 crianças de faixa etária entre 6 meses e 5 anos e 11 meses, em um bairro de classe baixa. Logo no início do trabalho, detectaram dificuldades de compreensão da fala de muitas crianças, bem como problemas respiratórios e de gagueira, questões que exigiram da equipe supervisora e dos estagiários o estabelecimento de um plano de atuação para a creche.

Considerando essa situação hipotética e o art. 29 da Lei de Diretrizes e Bases da Educação Nacional (LDB) — segundo o qual a educação infantil, primeira etapa da educação básica, tem como finalidade o desenvolvimento integral da criança até seis anos de idade, em seus aspectos físico, psicológico, intelectual e social, complementando a ação da família e da comunidade —, julgue se os itens a seguir apresentam ações educativas adequadas à proposta de intervenção fonoaudiológica nessa creche.

I. Realizar avaliação fonoaudiológica individual em todas as crianças, na própria creche, utilizando protocolos validados.
II. Propor grupos de discussão acerca de temas de fonoaudiologia envolvendo educadores e funcionários da creche.
III. Atuar com grupos de atendimento terapêutico fonoaudiológico, na creche, para tratar das alterações de fala.
IV. Trabalhar com grupos de pais, para troca de informações e discussão de questões fonoaudiológicas.
V. Estabelecer prognóstico, realizar acompanhamento terapêutico na creche e encaminhar as crianças a outros profissionais, quando necessário.

Estão certos apenas os itens

(A) I e III.
(B) I e V.
(C) II e IV.
(D) II e V.
(E) III e IV.

2. (EXAME 2007)

Lucas é o primeiro filho de Judite e Antônio, um casal que vive em um município com pouco mais de 10.000 habitantes, a 200 km da capital do estado e com elevada taxa de natalidade. O pré-natal de Judite foi todo realizado na maternidade do município, que está preparada apenas para a realização de partos naturais. Os casos que necessitam de intervenção cirúrgica (cesariana) são levados para um município vizinho, distante cerca de 40 km, em ambulância da prefeitura. Judite relata que a gravidez foi tranquila, porém, por volta do 6º mês de gestação, começou a sentir contrações esporádicas, tendo o médico, então, prescrito um remédio para "segurar o bebê", segundo ela. Ao completar 38 semanas de gestação, a medicação foi suspensa e as contrações voltaram aos poucos. Perto de completar 41 semanas, Judite foi à maternidade apresentando fortes contrações. Foi atendida por enfermeiros que suspeitaram de sofrimento fetal. Judite foi levada, ao município vizinho, onde foi submetida a uma cesariana.

Lucas nasceu com 3.090 g e 49 cm, e necessitou de cuidados neonatais especiais, pois houve eliminação de mecônio (fezes) intraútero e ele apresentava sinais de desconforto respiratório. Após receberem os primeiros cuidados, Lucas e Judite foram transferidos para um Hospital de Referência em Saúde Materno-Infantil na capital do estado. Como Lucas teve uma grave infecção, ficando vários dias na UTI neonatal, foi medicado com antibióticos, entre outros cuidados. Na UTI neonatal, Lucas foi alimentado por meio de sonda nasoenteral e Judite afirmou que seu leite "estava secando". A fonoaudióloga que compõe a equipe neonatal foi chamada para acompanhar o caso.

Assinale, entre as opções a seguir, a conduta fonoaudiológica pertinente ao trabalho com esse recém-nascido.

(A) Aguardar a alta do médico neonatologista para iniciar a intervenção fonoaudiológica, devido ao comprometimento do quadro geral de Lucas.

(B) Avaliar as funções orais visando à mudança da forma de alimentação, realizar triagem auditiva e incentivar a amamentação materna e o vínculo entre mãe e bebê.

(C) Orientar a mãe a utilizar o banco de leite do hospital em função da grave infecção de Lucas, garantindo-se, assim, uma alimentação mais saudável para ele.

(D) Realizar intervenção fonoaudiológica posteriormente, pois Lucas não é prematuro, apresenta peso adequado e conseguirá utilizar as funções orais plenamente tão logo tenha alta da internação hospitalar.

(E) Prescrever a imediata remoção da sonda nasoenteral, uma vez que o uso dessa sonda leva à diminuição do leite materno.

3. (EXAME 2003)

As vozes de homens e mulheres no decorrer da vida podem se diferenciar quanto a frequência fundamental,

EXCETO

(A) nos bebês, que apresentam uma mesma frequência fundamental, sendo difícil reconhecer o sexo pela voz.

(B) na infância, quando a frequência de ambos os sexos ainda se apresenta muito próxima.

(C) na fase adulta, quando há diferença entre as vozes masculinas e femininas.

(D) nos idosos, quando há tendência das vozes se assemelharem pois, em função das mudanças hormonais, a voz do homem tende a ficar mais aguda e da mulher, mais grave.

(E) na adolescência, quando apenas os meninos passam por um agravamento de suas vozes.

Conteúdo 04

CONCEPÇÕES DE LINGUAGEM QUE ORIENTAM DIFERENTES PROPOSTAS DE ATUAÇÃO FONOAUDIOLÓGICA

1. (EXAME 2010)

Solange é mãe de um menino de 3 anos e 3 meses. Em uma viagem de férias com amigos e outras crianças, ficou preocupada com a fala do seu filho, pois achou que ele falava muito pouco em relação às outras crianças da mesma faixa etária e observou que as pessoas tinham dificuldade para entender o que ele dizia. Ao retornar da viagem, Solange resolveu procurar um fonoaudiálogo para avaliar a criança e orientá-la.

Considerando o relato acima, indique a atitude correta do fonoaudiálogo na consulta inicial.

(A) Ao ouvir a queixa da mãe, o fonoaudiálogo explicou que é por volta dos 6 a 7 anos de idade que a criança completa o ciclo de aquisição da linguagem e que, por essa razão, não havia motivos para preocupações, nem a necessidade de avaliações específicas, sendo necessária apenas uma maior estimulação em casa.

(B) Ao ouvir a queixa da mãe, o fonoaudiálogo explicou que o principal parâmetro para se investigar o desenvolvimento da linguagem infantil é o vocabulário, mas como a criança apresenta um vocabulário restrito, talvez não fosse possível avaliá-lo, sendo necessário aguardar alguns meses para novas tentativas.

(C) Ao ouvira queixa da mãe, o fonoaudiálogo explicou que o desenvolvimento da linguagem pode ser avaliado por meio de dois processos, que são a compreensão e a produção. Dessa forma, com o vocabulário reduzido, o problema estaria na produção que seria avaliada por intermédio da observação e da análise dos sistemas fonético, fonológico e do vocabulário.

(D) Ao ouvir a queixa da mãe, o fonoaudiálogo explicou que a linguagem se processa por meio de duas funções, que são a compreensão e a produção. Assim, é natural que a produção da fala se mantenha incompleta até os 6 ou 7 anos de idade. No entanto, seria importante investigar se a compreensão estaria comprometida e encaminhar a criança para uma avaliação audiológica.

(E) Ao ouvir a queixa da mãe, o fonoaudiálogo explicou que o desenvolvimento da linguagem se processa em diferentes níveis: o fonético, o fonológico, o morfossintático, o semântico, o lexical e o pragmático. Sendo assim, seria importante investigar como esses aspectos linguísticos estão operando na linguagem da criança, e quais exames complementares poderiam ser solicitados.

2. (EXAME 2010)

Pedro é um menino de 5 anos de idade que apresenta queixa de perda auditiva, percebida pelos pais aproximadamente aos 2 anos de idade. Nos exames realizados, a audiometria mostrou perda auditiva neurossensorial bilateral, timpanometria com curva tipo A e reflexo estapediano ausente. No exame físico, apresentou as seguintes características: deslocamento lateral do canto medial e do ponto lacrimal inferior, raiz nasal proeminente e alargada, hiperplasia da porção medial dos supercílios, mecha branca frontal e heterocromia total ou parcial da íris.

De qual síndrome são as características apresentadas e qual deve ser o encaminhamento no caso?

(A) Síndrome de Usher. O paciente deve ser encaminhado à avaliação oftalmológica para adaptação de Aparelho de Amplificação Sonora Individual (AASI) e para realização de terapia fonoaudiológica.

(B) Síndrome de Treacher Collins. O paciente deve ser encaminhado para uma avaliação ortodôntica para adaptação de Aparelho de Amplificação Sonora Individual (AASI) e para realização de terapia fonoaudiológica.

(C) Síndrome de Alport. O paciente deve ser encaminhado para avaliação renal para adaptação de Aparelho de Amplificação Sonora Individual (AASI) e para realização de terapia fonoaudiológica.

(D) Síndrome de Waardenburg. O paciente deve ser encaminhado para uma avaliação vestibular, adaptação de Aparelho de Amplificação Sonora Individual (AASI) e terapia fonoaudiológica.

(E) Síndrome da Rubéola Congênita. O paciente deve ser encaminhado para uma avaliação oftalmológica, cardíaca, para adaptação de Aparelho de Amplificação Sonora Individual (AASI) e terapia Fonoaudiológica.

3. (EXAME 2010)

Cristina é fonoaudióloga e iniciou um projeto de estimulação da linguagem oral e escrita na educação infantil do município onde trabalha. As atividades envolveram roda de história, elaboração de livros de história a partir dos desenhos infantis, dramatização, utilização de brincadeiras de roda, entre outras. As estratégias desenvolvidas tiveram como foco

(A) a inclusão.

(B) a promoção da saúde.

(C) a terapia fonoaudiológica.

(D) a capacitação do professor.

(E) o diagnóstico fonoaudiológico.

Conteúdo 05

PRINCÍPIOS, MÉTODOS E PROCEDIMENTOS DE APRIMORAMENTO, AVALIAÇÃO, DIAGNÓSTICO E TRATAMENTO DAS ALTERAÇÕES DA AUDIÇÃO, VOZ, FALA, LINGUAGEM (ORAL E ESCRITA) E MOTRICIDADE OROFACIAL

1. (EXAME 2010)

No filme de ficção científica Avatar, pesquisadores criaram híbridos humanos *Na'vi* geneticamente modificados. Jake Sully, personagem principal e cadeirante, entra para o programa Avatar e transforma-se em um condutor humano ligado a um avatar e, dessa forma, possui novamente a habilidade de andar. A figura abaixo ilustra o avatar de Jake.

Disponível em: <htlp://cinema.uol.com.brávatar/2009/12/11/u1t9783u3.jhtm>. Acesso em: 21 ago. 2010.

Caso o avatar de Jake fosse a uma avaliação fonoaudiológica, entre as características antropomórficas apresentadas abaixo, quais deveriam ser anotadas?

I. hipertelorismo ocular
II. ponte nasal baixa
III. baixa implantação de orelha
IV. proeminência de osso zigomático
V. braquicefalia

Deveriam ser anotadas apenas as características

(A) I, II e IV.
(B) I, II e V.
(C) I, III e V.
(D) III, IV e V.
(E) II, III, IV e V.

2. (EXAME 2010)

Com o objetivo de divulgar ações promotoras de saúde, a fonoaudióloga Marta criou um *blog* com informações úteis aos pais quanto ao desenvolvimento de seus filhos. Para dirimir suas dúvidas, disponibilizou um espaço para perguntas, tendo uma internauta lhe enviado o texto transcrito abaixo.

"Prezada fonoaudióloga,

Meu nome é Verônica e estou preocupada com meu bebê Vítor, que está atualmente com seis meses de vida. Vítor tem chorado muito nestes três últimos dias. Procurei o pediatra, que me informou que seu estado de saúde é perfeito, mas tem ficado muito irritado, está babando mais do que o de costume e sua gengiva está inchada. Gostaria de saber se pode ser seu dentinho nascendo e se posso dar chupeta para acalmá-lo".

Considerando a erupção dos primeiros dentes decíduos e o uso de chupeta, analise as afirmações abaixo.

I. As alterações oclusais advindas do uso de chupeta dependem da frequência, intensidade e duração.

II. A dentição decídua ocorre aos três meses de vida e, em virtude do atraso na erupção dentária de Vítor, recomenda-se consulta com odontopediatra.

III. Crianças amamentadas no peito materno por mais tempo (1 a 2 anos) têm chances menores de apresentarem hábitos orais deletérios e alterações oclusais.

IV. Os incisivos centrais laterais são, na maioria das crianças, os primeiros dentes decíduos à erupção.

São corretas apenas as afirmações

(A) I e II.
(B) I e III.
(C) III e IV.
(D) I, II e IV.
(E) II, III e IV.

3. (EXAME 2010)

Em uma criança de quatro meses de idade, foram verificados os seguintes achados: emissões otoacústicas ausentes, potenciais evocados auditivos de tronco encefálico para diques presentes, com tempo de latência absoluta aumentado para todas as ondas e interpicos I-III, I-V e III-V normais. As figuras abaixo ilustram essa situação.

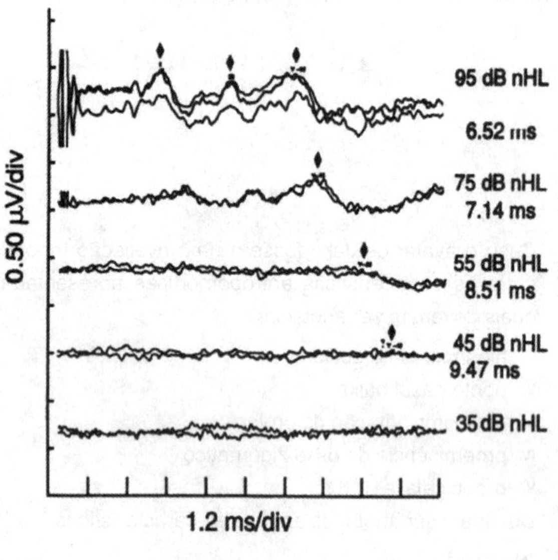

Onda 1: 2,44 ms
Onda III: 4,57 ms
Onda V: 6,52 ms
I-III: 2,13 ms
III-V: 1,95 ms
I-V: 4,08 ms

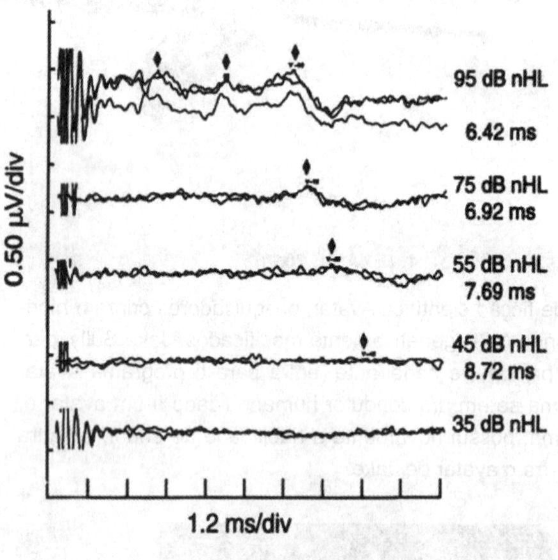

Onda 1: 2,29 ms
Onda III: 4,48 ms
Onda V: 6,42 ms
I-III: 2,09 ms
III-V: 2,04 ms
I-V: 4,13 ms

Os achados apresentados indicam

(A) neuropatia auditiva, com ausência de nível mínimo de resposta e presença de microfonismo coclear.
(B) provável problema condutivo bilateral, com nível mínimo de resposta em 45 dB para as duas orelhas.
(C) perda auditiva neurossensorial moderada, com nível mínimo de resposta em 45 dB para as duas orelhas.
(D) perda auditiva neurossensorial profunda, com nível mínimo de resposta em 95 dB para as duas orelhas.
(E) audição normal, pois o processo maturacional pode justificar o aumento das latências absolutas.

4. (EXAME 2010)

Carolina, 26 anos de idade, professora do primeiro ciclo da educação básica da rede privada de ensino, procurou o serviço de fonoaudiologia da sua cidade devido a quadro alérgico de repetição e consequente sintomatologia de rouquidão e fadiga vocal, com duração de cerca de um mês. O exame videoestroboscópico indicou fenda glótica triangular, e foi feito encaminhamento para fonoterapia. Na anamnese fonoaudiológica, detectou-se que a paciente é fumante, bebe socialmente, é alérgica a poeira, ingere com frequência chocolate e café, além de água gelada logo após a ingestão de bebidas quentes. Apresenta tosse constante, pigarreia com frequência e fica rouca com facilidade. Tem fadiga vocal no final do dia de trabalho.

Diante desse quadro clínico, avalie as seguintes condutas do fonoaudiólogo.

I. Estabelecer uma programação fonoterápica que introduza a necessidade de mudança de hábitos em relação ao uso da voz, de modo que o prognóstico do caso seja favorável, assim como a melhora global da paciente.

II. Orientar quanto à ingestão de bebidas quentes antes da entrada em sala de aula, com o objetivo de aquecimento das pregas vocais para o adequado uso da voz profissional.

III. Utilizar a técnica de fonação inspirada, visando ao fechamento da fenda glótica triangular médio-posterior, pois ocorre o predomínio voluntário da ação muscular fonatória.

IV. Orientar quanto à redução da ingestão de chocolates, leites e derivados e choques térmicos, de modo a diminuir a produção de muco e, consequentemente, a melhora do seu quadro vocal global.

V. Empregar a técnica de ataques vocais bruscos para que haja um efetivo fechamento da fenda glótica triangular médio-posterior, pois isso ajuda na construção de um novo referencial de imagem corporal e vocal.

Apresentam reais aplicações clínicas para o quadro de fenda glótica triangular médio-posterior, evidenciado no exame de Carolina, apenas as condutas

(A) I, II e IV.
(B) I, II e V.
(C) I, III e IV.
(D) II, III e V.
(E) III, IV e V.

5. (EXAME 2010)

Paulo, de seis anos de idade, com queixa materna de bronquite e respiração oral, apresenta história pregressa de adenoamigdalectomia e rinite alérgica inflamatória. A avaliação fonoaudiológica constatou lábios abertos em posição habitual de repouso, grossos, flácidos e eversão do lábio inferior; língua anteriorizada em posição habitual, com dorso elevado, ponta baixa e tensão diminuída; bochechas assimétricas, com boa mobilidade e flácidas; mordida cruzada à esquerda; respiração oronasal, sendo que, pela utilização de espelho de *Glatzel*, observou-se ausência de saída de ar pela narina esquerda, mesmo após limpeza nasal; mastigação preferencialmente à direita, rápida e com movimentos verticais de mandíbula; deglutição com projeção anteriorizada de língua e contração de lábios e de mentual.

Como conduta terapêutica fonoaudiológica para esse caso, seria recomendável

I. a conscientização quanto ao tipo respiratório.
II. o encaminhamento para avaliação e conduta interdisciplinar.
III. a realização de exercícios isotônicos, para o fortalecimento do tônus da musculatura orofacial.
IV. a orientação à família quanto aos aspectos ambientais relativas à rinite alérgica.
V. a realização de técnicas de massagens para relaxar o músculo mentual.

É correto apenas o que se afirma em

(A) I, II e III.
(B) I, III e V.
(C) I, IV e V.
(D) II, III e IV.
(E) II, IV e V.

6. (EXAME 2010)

Na criança portadora de paralisia cerebral, alguns aspectos mais gerais relacionados à postura corporal e ao desenvolvimento motor necessitam ser observados pelo fonoaudiólogo, uma vez que esses aspectos irão influenciar significativamente o processo terapêutico.

Considerando essa situação, avalie as afirmações abaixo.

I. A permanência de reflexos primitivos ou anormais corporais irá prejudicar o movimento de rotação corporal, que permite, por exemplo, a utilização dos membros superiores em experiências de explorações do ambiente, as quais, por sua vez, podem trazer prejuízos ao desenvolvimento da linguagem, cognição e fala.

II. A persistência de padrões primitivos ou anormais nos órgãos fonoarticulatórios poderá prejudicar as funções de alimentação e coordenação fonoarticulatória, a qual, por sua vez, poderá prejudicar o desenvolvimento da fala.

III. A presença de alteração de tono em membros inferiores não é um elemento significativo para o fonoaudiólogo, uma vez que o êxito do seu trabalho dependerá da obtenção de um bom padrão de tono muscular nas estruturas do sistema estomatognático, que são responsáveis pelas funções orais.

IV. Tendo em vista as dificuldades relacionadas à postura corporal e ao desenvolvimento motor global, o fonoaudiólogo necessitará aguardar a evolução do desenvolvimento neuropsicomotor da criança para iniciar o trabalho voltado para o desenvolvimento das funções orais.

É correto apenas o que se afirma em

(A) I e II.
(B) I e III.
(C) III e IV.
(D) I, II e IV.
(E) II, III e IV.

7. (EXAME 2010)

Uma paciente do sexo feminino, 27 anos de idade, portadora de deficiência auditiva neurossensorial bilateral de grau profundo, decorrente de surdez súbita aos 5 anos de idade, apresenta linguagem oral fluente, utiliza leitura orofacial e faz uso de aparelho de amplificação sonora individual em ambos os ouvidos. Refere que faz aproveitamento da audição com AASI apenas para sons muitos intensos. Tem queixa de zumbido e de localização de fonte sonora e adequada expectativa sobre reabilitação para ouvir sons de fala.

Audiometria em Campo com AASI:

	500	1000	2000	4000	Hz
OD	70	85	90	90	dB
OE	80	90	85	80	dB

TPF (Teste de Percepção de Fala) com AASI

Discriminação de sons do Ling e nome OD e OE= 40%

Lista de sentenças do dia a dia: OD = 30%

OE = 30%

Conjunto fechado: identificação da extensão vocabular = OD e OE=80%

A partir dos estudos apresentados acima, a melhor conduta de intervenção que permita a reabilitação auditiva da paciente é

(A) encaminhá-la para adaptação de arco vibrador ósseo.

(B) encaminhá-la para rotina de implante de tronco cerebral.

(C) encaminhá-la para rotina de implante coclear bilateral.

(D) encaminhá-la para adaptação de aparelho auditivo unilateral.

(E) adaptá-la a novo aparelho de amplificação sonora individual bilateral.

8. (EXAME 2007)

Rubens, fonoaudiólogo de uma instituição especializada, recebeu Rafael, uma criança de 2 anos de idade, com surdo-cegueira. A família de Rafael reside em região rural, distante de centro urbano, em condições socioeconômicas precárias, sendo os pais analfabetos. Segundo a mãe, o menino consegue sentar e engatinhar, embora se choque com objetos no chão da casa, e não emite sons, com exceção de gritos e choro em situações desconfortáveis. A base de sua alimentação é mamadeira e papinhas, e Rafael passa muito tempo no berço, pois a mãe tem medo de que ele se machuque. A mãe relata ainda não saber se houve intercorrências na gravidez e não entender o que ocorreu para que ele tenha nascido com tantos problemas.

Diante dessa situação, assinale a opção correta quanto às condutas fonoaudiológicas iniciais para o caso.

(A) Orientar a família a procurar avaliação médica em otorrinolaringologia, neurologia e oftalmologia para diagnóstico, e aguardar que Rafael complete 3 anos de idade, quando a criança apresentará maior compreensão de linguagem, para o início da reabilitação.

(B) Encaminhar Rafael para avaliação nas áreas de pedagogia, terapia ocupacional, fisioterapia e psicologia especializadas em surdo-cegueira e, devido à sua pouca idade, propor orientação fonoaudiológica aos pais a cada 3 meses.

(C) Realizar avaliação audiológica e indicar prótese auditiva, pois, em função do local de moradia, a família não terá condições de seguir acompanhamento terapêutico.

(D) Priorizar avaliação pedagógica e inserção da criança em uma creche da rede pública, diante das condições socioeconômicas da família, com objetivo de oferecer a Rafael a oportunidade de escolarização que os pais não tiveram, além de promover sua socialização.

(E) Atuar de forma multidisciplinar e orientar a família em relação ao desenvolvimento global de Rafael, especialmente nos aspectos de estimulação de audição, linguagem, alimentação e socialização.

9. (EXAME 2004)

Durante um acompanhamento fonoaudiológico foi constatada, em avaliações subsequentes, mudança no padrão vocal de um rapaz de 15 anos. A frequência fundamental modificou-se, ao longo de 6 meses, de 235 Hz para 115 Hz. Na situação descrita acima, desconsiderando-se outras variáveis, a mudança de frequência seria percebida como uma voz mais

(A) aguda.

(B) forte.

(C) fraca.

(D) grave.

(E) soprosa.

10. (EXAME 2004)

João, 38 anos de idade, foi encaminhado pelo médico do trabalho para realização de audiometria tonal liminar, com queixas de zumbido bilateral muito intenso. Na anamnese, João relatou que vem trabalhando em uma tecelagem há 17 anos, em diversas posições próximas às máquinas, e que, nos últimos 4 anos, encontra-se no posto de supervisor dos operadores dos teares. Informou, ainda, que a empresa implementou um programa de conservação auditiva há 2 anos. A partir de então, João passou a utilizar protetor auricular permanentemente durante o horário de trabalho e a realizar avaliações audiológicas periódicas. João refere não conhecer pessoas próximas na sua família que tenham apresentado problemas auditivos antes dos 50 anos de idade.

Nessa situação, se João apresentar perda auditiva induzida por exposição ao ruído ocupacional, é provável que sua audiometria seja semelhante a

(A)

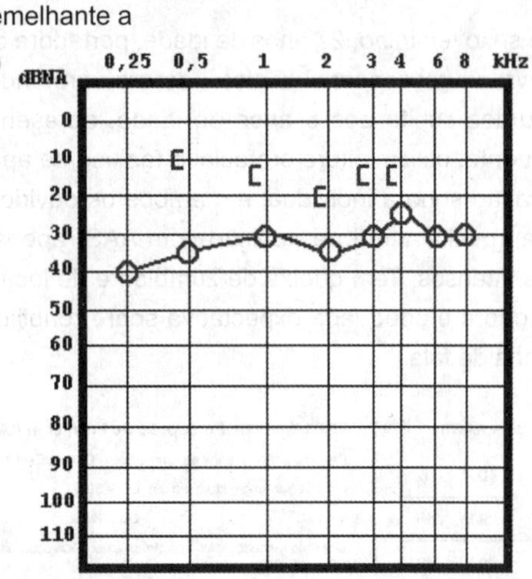

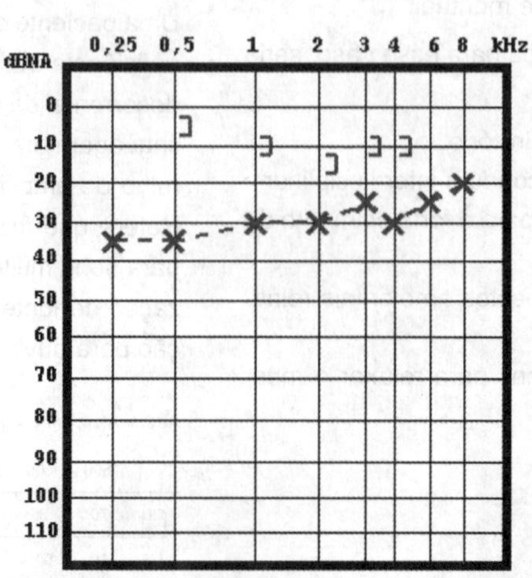

(B)

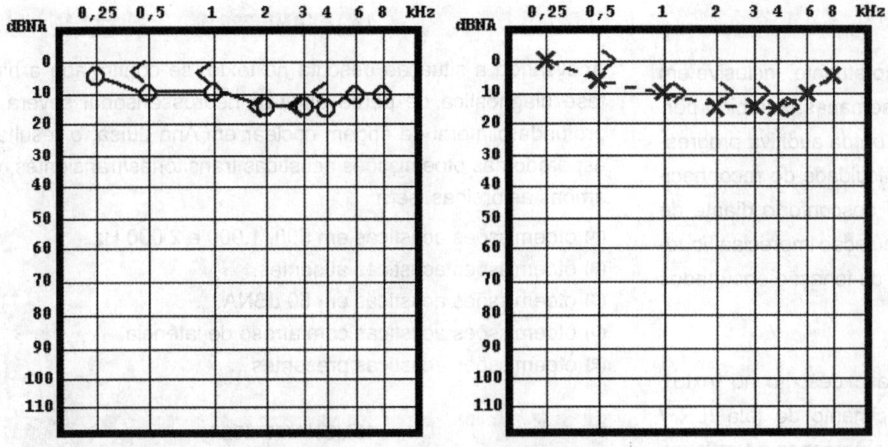
dBNA
0,25 0,5 1 2 3 4 6 8 kHz
0 10 20 30 40 50 60 70 80 90 100 110

(C)

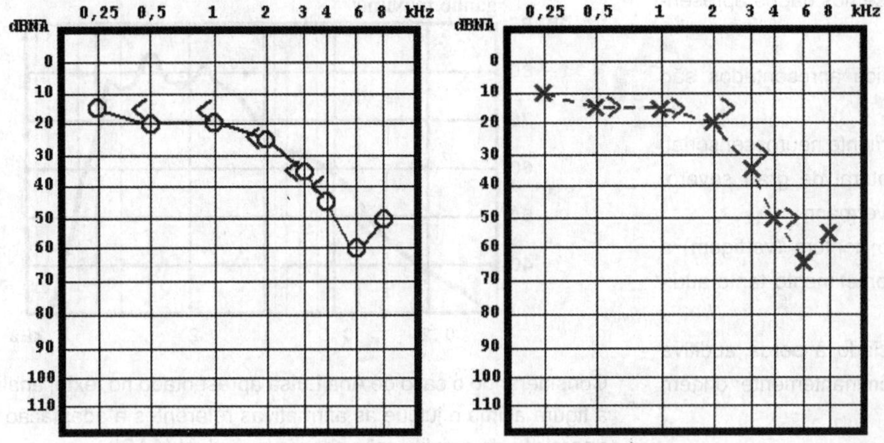
dBNA
0,25 0,5 1 2 3 4 6 8 kHz
0 10 20 30 40 50 60 70 80 90 100 110

(D)

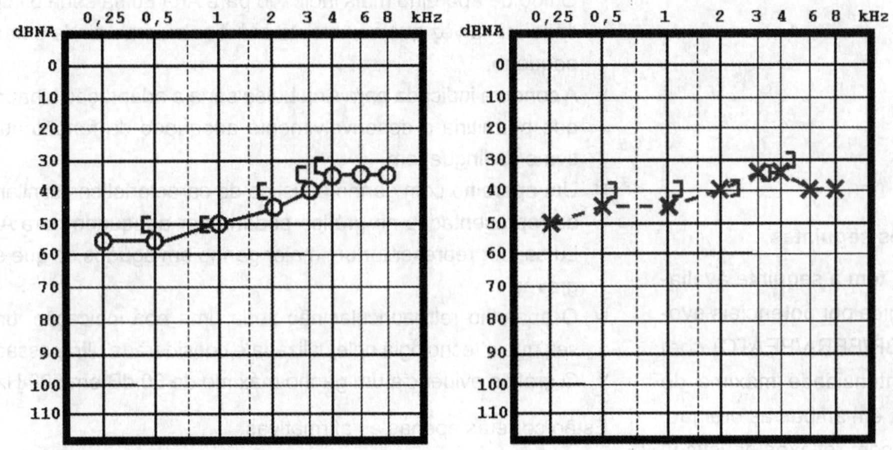
dBNA
0,25 0,5 1 2 3 4 6 8 kHz
0 10 20 30 40 50 60 70 80 90 100 110

(E)

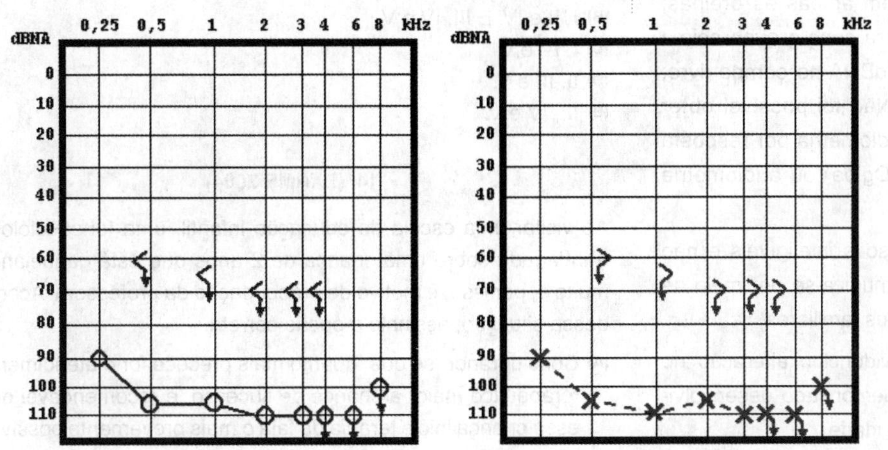
dBNA
0,25 0,5 1 2 3 4 6 8 kHz
0 10 20 30 40 50 60 70 80 90 100 110

11. (EXAME 2004)

Antônio, 65 anos de idade, advogado atuante, inclusive em audiências públicas, apresenta, há três semanas, zumbido permanente e episódios de vertigem. Relata perda auditiva progressiva há aproximadamente cinco anos, dificuldade de reconhecimento de fala em ambientes ruidosos e desconforto diante de sons intensos. Além disso, apresenta articulação imprecisa, *loudness* reduzida, valores de tempo máximo de fonação encurtados e gestualidade excessiva.

Na avaliação audiológica de Antônio (caso descrito no texto), foram constatados limiares de reconhecimento de fala (LRF/SRT) em 40 dBNA, timpanometria tipo A e presença de reflexos acústicos em ambas as orelhas. Com base nos dados apresentados, julgue as afirmativas abaixo.

I. Os resultados da avaliação audiológica apresentados são coerentes com as queixas do paciente.
II. A perda auditiva de Antônio é provavelmente neurossensorial.
III. Antônio apresenta perda auditiva bilateral de grau severo, segundo a classificação de Davis e Silvermann.
IV. A presença concomitante de zumbido, tontura (vertigem) e perda auditiva sugere provável comprometimento tanto auditivo como vestibular.
V. O desconforto a sons intensos associado à perda auditiva sugere que o problema tenha predominantemente origem retrococlear.

Estão corretas apenas as afirmativas

(A) I, II e III.
(B) I, II e IV.
(C) I, IV e V.
(D) II, III e V.
(E) III, IV e V.

Texto para responder as duas questões seguintes.

Ana Luísa, 2 anos e 6 meses de idade, tem a seguinte avaliação audiológica: avaliação eletrofisiológica por potenciais evocados auditivos de tronco cerebral (ABR/BERA/PEATC) com ausência de respostas ao clique na intensidade máxima do equipamento (equivalente a 100 dBNA), em ambas as orelhas; curvas timpanométricas tipo A (Jerger) com reflexos acústicos contralaterais e ipsilaterais ausentes, em ambas as orelhas; respostas do tipo localização lateral para sons graves acima de 70 dBA e à voz amplificada em 70 dBNA no campo livre; ausência de reflexo cócleo-palpebral. Não foi possível obter condicionamento para realização de audiometria por resposta de orientação condicionada (Suzuki e Ogiba) ou audiometria de reforço visual.

Segundo a mãe, Ana Luísa não emite sons inteligíveis e não compreende ordens verbais simples; comunica-se por meio de gestos e apresenta boa interação com seus familiares.

A avaliação otorrinolaringológica não evidenciou alteração no exame físico e a avaliação neurológica demonstrou desenvolvimento neuropsicomotor adequado para a idade.

12. (EXAME 2004)

Analisando a situação descrita no texto, se confirmada a hipótese diagnóstica de perda auditiva neurossensorial severa ou profunda bilateral de origem coclear em Ana Luísa, o resultado esperado nas otoemissões acústicas transitórias/transientes, em ambas as orelhas, será

(A) otoemissões acústicas em 500, 1.000 e 2.000 Hz.
(B) otoemissões acústicas ausentes.
(C) otoemissões acústicas em 60 dBNA.
(D) otoemissões acústicas com atraso de latência.
(E) otoemissões acústicas presentes.

13. (EXAME 2004)

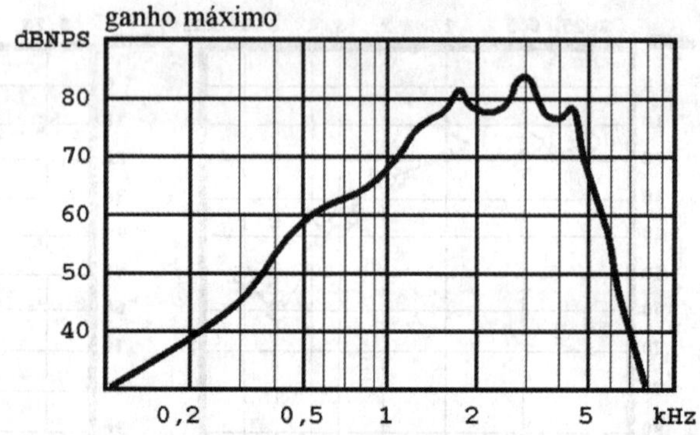

Considerando o caso de Ana Luísa apresentado no texto, analise a figura acima e julgue as afirmativas referentes à adaptação de aparelhos de amplificação sonora individual (AASI).

I. O tipo de aparelho mais indicado para Ana Luísa seria o intracanal, uma vez que seu meato acústico externo ainda é muito pequeno.
II. A conduta indicada para Ana Luísa seria a adaptação binaural, que permitiria o desenvolvimento adequado da função auditiva e da linguagem.
III. Um aparelho com ganho acústico de características similares às representadas no gráfico poderia ser adequado para Ana Luísa, por representar um maior ganho em agudos do que em graves.
IV. O aparelho retroauricular não seria uma boa indicação, uma vez que a tecnologia nele utilizada é considerada ultrapassada.
V. O gráfico evidencia um ganho máximo de 60 dB em 500 Hz.

Estão corretas apenas as afirmativas

(A) I, II e III. D II, III e V.
(B) I, II e IV. E III, IV e V.
(C) I, IV e V.
(D) II, III e V.
(E) III, IV e V.

14. (EXAME 2004)

Ao visitar uma escola de educação infantil, uma fonoaudióloga é indagada sobre uma criança de 2 anos que está gaguejando muito e, por isso, é motivo de preocupação da professora. Acerca dessa situação, assinale a opção correta.

(A) Considerando-se que, quanto mais precoce for o atendimento terapêutico maior a chance de sucesso, é recomendável que essa criança inicie terapia de fala o mais brevemente possível.

(B) A gagueira nessa idade é considerada uma disfluência natural de fala, ou gagueira fisiológica, não havendo necessidade de qualquer orientação por parte do fonoaudiólogo.

(C) Recomenda-se não interromper a fala da criança, mas sim, prestar atenção ao conteúdo da fala e não à sua forma.

(D) Em razão da faixa etária dessa criança é desnecessário orientar os educadores e os familiares em relação a como lidar com essa situação.

(E) Pedir à criança que fale devagar e respire antes de falar são consideradas atitudes benéficas nesses casos.

15. (EXAME 2004)

Por orientação da diretora de sua escola, Selma, professora de ensino médio, procurou um fonoaudiólogo. Ela afirma que sua voz some frequentemente e que, às vezes, ao falar ao telefone, é confundida com uma voz masculina. Relata também rouquidão, dor de garganta e cansaço ao falar. Apesar das queixas, gosta de sua voz rouca e grave, acrescentando que não quer fazer terapia fonoaudiológica. Finaliza contando que só foi à consulta porque a diretora assim lhe ordenou e ela ficou com medo de perder seu emprego.

Diante da situação exposta, assinale a opção que corresponde à conduta fonoaudiológica correta.

(A) O fonoaudiólogo deve procurar conscientizar essa professora quanto à necessidade e aos benefícios do tratamento fonoaudiológico e esclarecê-la quanto aos prejuízos e consequências prováveis, no caso de ela optar por não cuidar de sua voz.

(B) Como Selma comentou que gosta da sua voz e não quer ser atendida, o profissional fica impedido de tomar qualquer atitude.

(C) Selma pode ser orientada a manter sua voz "rouca e grave", uma vez que, nos dias de hoje, esse tipo de voz é valorizada por ser considerada sensual.

(D) O fonoaudiólogo deve encaminhar Selma para o médico otorrinolaringologista e iniciar a terapia, mesmo que ela não queira, para evitar que essa professora perca o emprego.

(E) Selma deve ser encaminhada a um médico otorrinolaringologista para realizar cirurgia de laringe, uma vez que não está motivada para a terapia fonoaudiológica e não pode deixar de cuidar da sua voz, seu instrumento de trabalho.

Texto para responder as duas questões seguintes

Aline, 9 anos de idade, cursa a 3ª série do ensino fundamental e foi encaminhada para avaliação fonoaudiológica em razão de queixas de desatenção e dificuldade de aquisição de leitura e escrita. O histórico de desenvolvimento é aparentemente normal, sem doenças importantes nem internações, mas com presença de otites médias de repetição nos primeiros 4 anos de vida. As avaliações otorrinolaringológica, neurológica e audiológica básica não evidenciaram alterações.

Em relação à linguagem oral, observou-se dificuldade de compreensão oral de histórias e de ordens. Quanto à leitura e escrita, verificou-se que a criança apresentou leitura lentificada e silabada, com alterações na compreensão; erros ortográficos decorrentes da não percepção do traço de sonoridade e dificuldades para realizar atividades de segmentação e soletração. Os resultados da avaliação do processamento auditivo demonstraram alterações importantes.

16. (EXAME 2004)

Na situação relatada no texto, constata-se que Aline apresenta

(A) alteração de leitura e escrita, necessitando de terapia fonoaudiológica nesse aspecto, associada a treinamento em processamento auditivo.

(B) alteração de leitura e escrita, porém, como seu principal problema relaciona-se ao processamento auditivo, não se justifica a indicação de terapia em leitura e escrita.

(C) alterações de linguagem oral que precisam ser trabalhadas antes da terapia em leitura e escrita.

(D) alterações de processamento auditivo, as quais não influenciam o distúrbio de leitura e escrita, uma vez que Aline apresenta alterações para sons não verbais.

(E) alteração de processamento auditivo decorrente de histórico de otite média e provável quadro de déficit cognitivo.

17. (EXAME 2004)

Considerando o caso de Aline (texto) e a avaliação do processamento auditivo, assinale a opção correta.

(A) Em todos os testes que Aline realizou, foi sempre avaliada uma orelha de cada vez, apresentando-se mais de um estímulo simultaneamente a essa orelha.

(B) Durante a avaliação foram aplicados testes em que estímulos de fala eram alterados, por exemplo, pela presença de mensagens competitivas, de forma a exigir o máximo das habilidades de escuta e, assim, evidenciarem-se dificuldades.

(C) Testes não verbais não puderam ser aplicados para avaliar aspectos do processamento auditivo de Aline, uma vez que esse processamento é uma função exclusivamente verbal.

(D) Testes convencionais de processamento auditivo não avaliaram habilidades de escuta de Aline tais como a capacidade de separar informações vindas das duas orelhas (separação binaural) e a de preencher falhas na informação (fechamento auditivo).

(E) Um diagnóstico preciso de alteração do processamento auditivo de Aline poderia ser feito por meio de um único teste, desde que escolhido adequadamente, com base nos dados da anamnese e da avaliação fonoaudiológica prévia.

18. (EXAME 2004)

Um centro de reabilitação oferece atendimento a jovens com necessidades especiais, sendo que o corpo de profissionais é composto por neurologista, psicólogo, otorrinolaringologista, assistente social, 2 fonoaudiólogos, 2 fisioterapeutas e 2 terapeutas ocupacionais. A instituição recebeu um caso de Síndrome de Down, Lucas, de 13 anos de idade. Na entrevista inicial do setor de fonoaudiologia, a mãe queixou-se que seu filho ainda fala errado, não está alfabetizado, não come direito, apresenta ronco noturno e problemas frequentes de ouvido.

Em relação à queixa da mãe de Lucas descrita no texto, assinale a opção correta quanto às condutas do fonoaudiólogo.

(A) Na orientação familiar de Lucas, a prioridade é quanto ao falar "errado", pois esse aspecto impedirá sua alfabetização.

(B) É importante avaliar as condições de alimentação de Lucas, porém nenhuma atitude poderá ser tomada devido às suas dificuldades com o signo linguístico.

(C) É fundamental enfatizar no planejamento fonoaudiológico as alterações de motricidade oral, uma vez que Lucas tem disfunção temporomandibular devido ao ronco noturno.

(D) Trabalhar com a narrativa de Lucas será pouco produtivo em função de seu prejuízo cognitivo.

(E) É necessário encaminhamento para avaliação otorrinolaringológica para investigação das condições respiratórias e otológicas.

19. (EXAME 2003)

A partir da avaliação fonoaudiológica e avaliações multiprofissionais de exclusão, o diagnóstico fonoaudiológico de Lucas (4 anos e 2 meses) foi de Atraso na Aquisição da Linguagem ou Retardo de Linguagem, sem alteração sensorial, motora ou mental.

A terapia fonoaudiológica individual proposta para Lucas será de atuação direta com a criança, em sessões voltadas

(A) à ampliação dos processos fonológicos defasados de acordo com a idade. Atuação indireta em parceria com a escola para treino da percepção auditiva.

(B) ao treino do vocabulário e uso de estruturas frasais complexas. Atuação indireta em parcerias com a escola especial para a utilização do vocabulário trabalhado nas sessões.

(C) ao o treino de situações. Atuação indireta em parcerias com a família e a escola especial para o treinamento de eventos similares aos criados nas sessões.

(D) à ampliação de suas possibilidades de comunicação, por meio de atividade lúdica. Atuação indireta, em parcerias com a família e escola para a valorização da comunicação em atividades reais.

(E) à ampliação de suas habilidades de atenção, percepção e memória em atividade lúdica. Atuação indireta em parceria com a escola para a inserção de Lucas em atividades sociais.

20. (EXAME 2003)

Na avaliação do desenvolvimento da linguagem o fonoaudiólogo considera

I. os comportamentos aprendidos a partir de estímulos oferecidos e reforçados pelo meio.

II. os comportamentos comunicativos da criança em diferentes contextos e sua atividade lúdica no momento da avaliação e ao longo do desenvolvimento.

III. amostras da comunicação verbal receptiva e expressiva, caracterização das semelhanças com padrões universais e desenvolvimento normal e a avaliação da audição.

IV. a história relatada de antecedentes familiares de distúrbios da audição.

SOMENTE é correto o que se afirma em

(A) I

(B) III

(C) IV

(D) I e IV

(E) II e III

21. (EXAME 2003)

Antônio tem 9 anos e frequenta a 3ª série de escola regular. Sua leitura é lenta, sem respeito à pontuação e com falhas de compreensão. Sua audição é normal e as avaliações multiprofissionais com médicos e psicólogos evidenciaram ausência de enfermidades neurológicas, otológicas e de alteração intelectual. A intervenção fonoaudiológica, planejada para Antônio, tem como objetivo geral

(A) o treinamento auditivo para as palavras com desvios ortográficos.

(B) a leitura e compreensão de textos com diferentes características e aplicações.

(C) o aumento da velocidade de percepção visual dos grafemas.

(D) o desenvolvimento de memória de trabalho.

(E) o treinamento das habilidades de percepção visual e auditiva.

22. (EXAME 2003)

A atuação fonoaudiológica de caráter preventivo de prejuízos de linguagem com população adulta tem, como principais objetivos:

(A) promover a saúde da comunicação e minimizar os sinais de envelhecimento.

(B) manter a qualidade da articulação da fala e valorizar a utilização das pausas e entoação.

(C) partilhar experiências sociais e implementar atividades de linguagem com o grupo de idosos.

(D) minimizar o isolamento decorrente de prejuízos sensoriais e estimular a melhora da qualidade vocal.

(E) capacitar profissionais para a atenção e proteção da saúde da comunicação humana e promover a pesquisa na área.

23. (EXAME 2003)

Um paciente de 73 anos, apresentando câncer de laringe teve que ser submetido a uma cirurgia de ressecção completa da mesma. As possibilidades de atuação fonoaudiológica com esse paciente são:

(A) terapia com exercícios corporais, fonoarticulatórios e de treinamento de voz esofágica.

(B) apenas orientação ao paciente e familiares quanto consequências impostas pela cirurgia.

(C) terapia com exercícios de tosse e empuxo.

(D) terapia com sons vibratórios, nasais e fricativos.

(E) exercícios respiratórios e de deglutinação.

24. (EXAME 2003)

Considere as afirmações.

I. Os sons fricativos auxiliam na suavização do ataque vocal brusco e aumentam os tempos máximos de fonação.

II. Os sons vibrantes auxiliam no aquecimento vocal e reduzem o esforço fonatório.

III. O som basal auxilia na diminuição da contração do diafragma.

IV. Os sons hiperagudos auxiliam no aumento da percepção da voz.

SOMENTE é correto o que se afirma em

(A) I e II

(B) I e III

(C) I, II e III

(D) I, II e IV

(E) II, III e IV

25. (EXAME 2003)

Considere as afirmações abaixo.

I. Alterações de deglutição podem desencadear alterações de voz pela modificação do posicionamento da laringe, decorrente da má posição de língua.
II. Relação s/z é inferior para o sexo feminino.
III. As alterações na voz por interferência hormonal ocorrem após a menstruação, gravidez e período de menopausa.
IV. A frequência de uma emissão depende do comprimento da prega vocal, assim como de sua tensão e da massa envolvida na vibração e a intensidade depende da resistência glótica.

SOMENTE é correto o que se afirma em

(A) I e II
(B) I e IV
(C) II e III
(D) II e IV
(E) II, III e IV

26. (EXAME 2003)

Considere uma paciente do sexo feminino, com 50 anos, professora de ensino fundamental, com diagnóstico otorrinolaringológico de Edema de Reinke e desvio de septo acentuado.

Selecione as possíveis situações apresentadas na avaliação fonoaudiológica.

I. Voz grave e variação quanto à intensidade vocal.
II. Relato de distúrbio hormonal iniciado há dois anos e hábito de fumar há 20 anos.
III. Padrão respiratório inferior, e com coordenação pneumofonoarticulatória.
IV. Presença de rouquidão e ressonância laringofaríngea.

SOMENTE é correto o que se afirma em

(A) I e III
(B) I, II e III
(C) I, II e IV
(D) II, III e IV
(E) I, II, III e IV

27. (EXAME 2003)

Os chamados profissionais da voz necessitam de um trabalho fonoaudiológico que atenda suas necessidades, considerando as questões de prevenção de alterações vocais e aperfeiçoamento da comunicação.

Considere as afirmações abaixo.

I. Além de sentir alterações vocais é comum os operadores de *telemarketing* se queixarem de alterações auditivas, em função do uso não orientado dos *head-fones*.
II. O trabalho com a expressividade, evidenciando o quanto um mesmo texto pode evocar diferentes efeitos de sentido no ouvinte, apenas com a modificação dos aspectos suprassegmentais, deve ser abordado com todos os profissionais de voz falada.
III. A expressividade corporal deve ser trabalhada e pode auxiliar na melhor definição da entonação, mesmo daqueles que não são vistos pelo interlocutor, como radialistas e operadores de *telemarketing*.
IV. Exercícios de dicção, com articulação exagerada ou auxílio de rolha, devem ser praticados por todos os chamados profissionais da voz.

SOMENTE é correto o que se afirma em

(A) II
(B) IV
(C) I e II
(D) II e IV
(E) I, II e III

28. (EXAME 2003)

Na abordagem aurioral a participação da família

(A) somente é necessária quando a criança for ainda muito pequena.
(B) é considerada somente quando a criança apresentar problemas de comportamento.
(C) não deve ser considerada pois o terapeuta deve assumir a responsabilidade do tratamento.
(D) exerce um papel fundamental na rehabilitação da criança deficiente auditiva.
(E) é considerada quando os pais manifestarem o desejo de participar da terapia.

29. (EXAME 2003)

A principal característica da abordagem unissensorial é

(A) o uso do implante coclear como dispositivo eletrônico.
(B) o uso da audição e de pistas visuais para a aquisição da linguagem oral.
(C) o uso exclusivo da via auditiva para a aquisição da linguagem oral.
(D) o uso exclusivo da leitura orofacial.
(E) a terapia centrada na família.

30. (EXAME 2003)

Uma senhora de 41 anos foi encaminhada pelo médico otorrinolaringologista para avaliação audiológica, com queixa de perda de audição progressiva em ambas as orelhas. Refere que a avó materna apresenta perda auditiva, que aumentou com o avanço da idade. Nega hipertensão arterial, diabetes ou outras doenças metabólicas. Nega outras doenças graves. Internações apenas para parto (dois filhos adolescentes). Nega acidentes. Quanto às queixas otológicas: nega otalgias ou otorreia; nega cirurgias otológicas; refere diminuição de audição progressiva em ambas as orelhas há alguns anos; refere zumbido grave em ambas as orelhas; nega tonturas. Otoscopia normal. Solicita repetições e aumento do volume da TV e rádio. Nega incômodo com som muito alto.

Os achados audiológicos mais prováveis incluem perda auditiva

(A) neurossensorial bilateral, Índice de Reconhecimento de Fala (IRF) acima de 80% bilateralmente, timpanometria com curva rebaixada (Curva As) e ausência de reflexos acústicos bilateralmente.

(B) condutiva bilateral, IRF acima de 80% bilateralmente, timpanometria com curva rebaixada (Curva As) e ausência de reflexos acústicos bilateralmente.

(C) condutiva bilateral, IRF acima de 80% bilateralmente, timpanometria com curva normal (Curva A) e presença de reflexos acústicos bilateralmente.

(D) neurosensorial bilateral, IRF abaixo de 40% bilateralmente, timpanometria com curva deslocada (Curva C) e ausência de reflexos acústicos bilateralmente.

(E) condutiva bilateral, IRF acima de 80% bilateralmente, timpanometria com curva plana (Tipo B) e presença de reflexos acústicos bilateralmente.

31. (EXAME 2003)

Um rapaz de 28 anos foi realizar uma audiometria de controle para ingresso no mercado de trabalho. Os resultados iniciais da audiometria tonal revelaram assimetria entre os limiares tonais dos dois lados. A condição a ser empregada para evitar a participação da melhor orelha, quando a pior orelha estiver sendo avaliada, é

(A) Mascaramento auditivo.

(B) Atenuação interaural.

(C) Audição Binaural.

(D) Fusão Binaural.

(E) Separação Binaural.

32. (EXAME 2003)

Dados os seguintes achados:

Paciente do sexo masculino, 6 anos. Mãe acha que a criança não está ouvindo bem há 6 meses, logo após episódio de caxumba. Não refere dor ou purgação de ouvido. Resultado da Audiometria: audio normal à esquerda, perda neurossensorial profunda à direita, Índice de Reconhecimento de Fala normal à esquerda e ausente à direita.

Os prováveis achados imitanciométricos e de emissões otoacústicas por estímulos transientes (EOAT) são

(A) curva timpanométrica plana bilateralmente, reflexos acústicos ausentes bilateralmente, EOAT presentes bilateralmente.

(B) curva timpanométrica normal bilateralmente; reflexos acústicos presentes bilateralmente, EOAT presentes bilateralmete.

(C) curva timpanométrica normal bilateralmente, reflexos presentes quando os estímulos foram apresentados pela aferência esquerda e ausentes pela aferência direita; EOAT presentes na orelha esquerda e ausentes na orelha direita.

(D) curva timpanométrica normal a esquerda e plana à direita, reflexos presentes quando os estímulos foram apresentados pela aferência direita e ausentes pela aferência esquerda, EOAT presentes na orelha esquerda e ausentes na orelha direita.

(E) curva timpanométrica normal bilateralmente; reflexos presentes quando os estímulos foram apresentados pela aferência direita e ausentes pela aferência esquerda; EOAT ausentes bilateralmente.

QUESTÕES DISCURSIVAS

1. (EXAME 2010) DISCURSIVA

A avaliação fonoaudiológica de José, menino de 11 anos de idade, não evidenciou alterações craniofaciais, dentárias e(ou) corporais. No entanto, o paciente apresenta distorção de /s/ e /z/ (ceceio lateral) relacionada a alterações nos órgãos fonoarticulatórios, tais como flacidez da musculatura da língua, hipofunção dos músculos elevadores da mandíbula e propriocepção perioral e da boca alterada. Para o tratamento desse paciente, redija um texto, com até 15 linhas, propondo quatro diferentes estratégias terapêuticas que abordem, respectivamente, as pistas auditiva, tátil, cinestésica e a produção fonética. **(valor: 10,0 pontos)**

2. (EXAME 2004) DISCURSIVA

Luís, 9 anos de idade, apresenta alterações de fala e de motricidade oral. É respirador bucal e não gosta de alimentos do tipo carne, maçã e cenoura, preferindo macarrão e batata frita. Frequenta escola regular, porém não gosta de escrever e tem dificuldades de escrita. A mãe obriga Luís a fazer a lição de casa e o pai costuma pedir para que a criança repita corretamente quando ela fala errado, o que a irrita. Além disso, a mãe se queixa que a criança cai muito e esbarra nos móveis e que também não enxerga direito as tarefas que a professora escreve no quadro.

Analise os dados apresentados acima e redija um texto argumentativo referente aos encaminhamentos e à orientação familiar para o caso. **(valor: 10,0 pontos)**

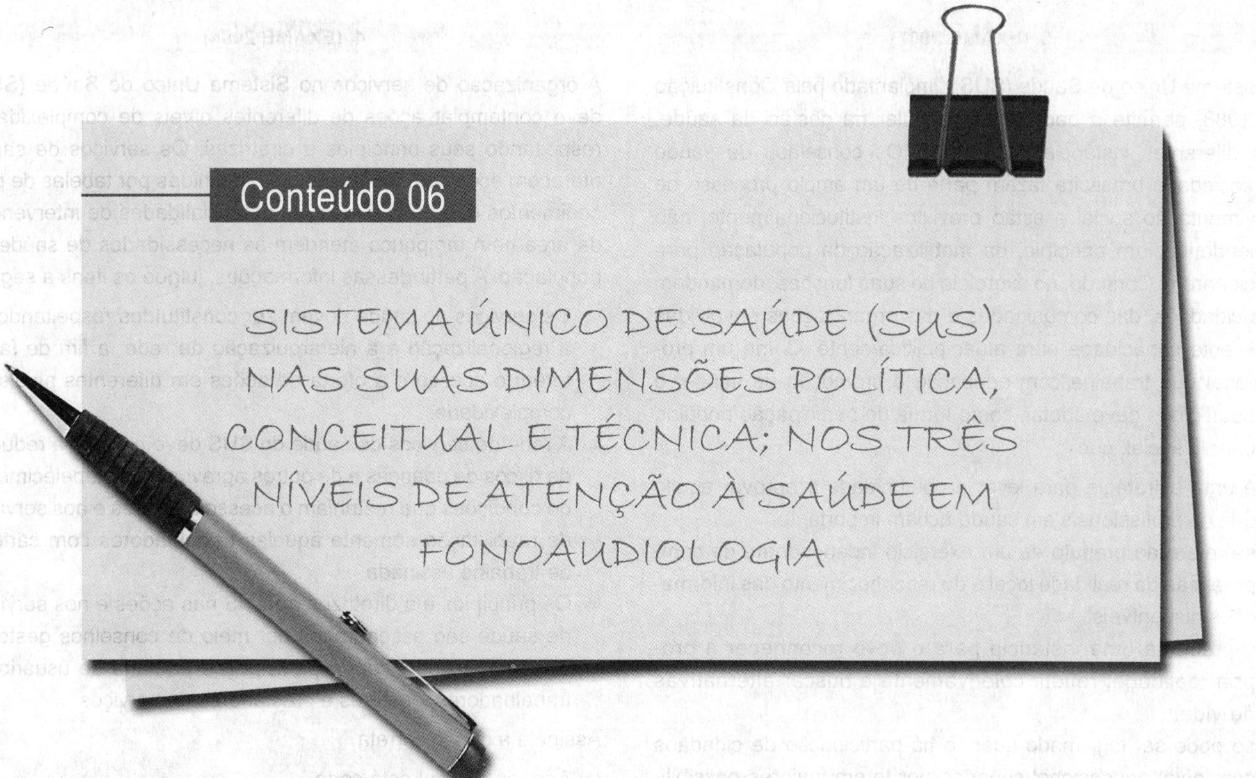

Conteúdo 06

SISTEMA ÚNICO DE SAÚDE (SUS) NAS SUAS DIMENSÕES POLÍTICA, CONCEITUAL E TÉCNICA; NOS TRÊS NÍVEIS DE ATENÇÃO À SAÚDE EM FONOAUDIOLOGIA

1. (EXAME 2010)

Entre os critérios para se garantir a qualidade de atenção em saúde, tem-se a acessibilidade aos serviços e ações em saúde. Na prática fonoaudiológica, a acessibilidade ainda carece de atenção, como pode ser observado no depoimento apresentado a seguir.

Eu não sabia que era o fonoaudiólogo quem cuidava deste problema; quem me indicou foi o otorrino (...) demorei porque eu não tinha informação que tinha de graça esse tratamento. Só achava particular; procurei umas três, não tive condições, era muito caro, aí eu fiquei desesperada; tinha que fazer, era obrigatório, eu não ficava boa!" (Usuário 11/ demora de 7 anos após a detecção da necessidade de fonoaudiologia).

BAZZO, L. M. F., NORONHA, C. V. Acesso aos serviços fonoaudiológicos no Sistema Único de Saúde (SUS) em Salvador (BA): uma batalha a ser vencida no cotidiano. In: **Revista Baiana de Saúde Pública**, v. 33, n. 4, 2009, p. 628-641.

Quais seriam as propostas de ação para se aumentar a acessibilidade de usuários tais como o mencionado acima?

I. Criar demandas que considerem as possibilidades de atendimento nos serviços de saúde.
II. Incrementara oferta de serviços fonoaudiológicos na rede pública de saúde.
III. Fortalecer a comunicação em rede, qualificando a regionalização e a referência aos serviços de saúde.
IV. Atribuir a distintos serviços fonoaudiológicos a responsabilidade de atendimento por áreas de especialização.
V. Implementar ações de educação em saúde para ampliar o conhecimento dos usuários e profissionais em relação à fonoaudiologia.

São corretas apenas as propostas

(A) I, II e IV.
(B) I, III e V.
(C) I, IV e V.
(D) II, III e IV.
(E) II, III e V.

2. (EXAME 2010)

As Redes Estaduais de Serviço de Saúde Auditiva ampliaram o acesso da população à reabilitação auditiva e a inclusão da saúde da pessoa com deficiência auditiva é uma das prioridades da área da saúde.

PORQUE

A Política Nacional de Atenção à Saúde Auditiva e as normas que a complementam estabelecem diretrizes nacionais, financiamento específico e instrumentos de gestão para que a reabilitação das pessoas com deficiência auditiva no SUS se torne realidade, objetivando o desenvolvimento das potencialidades dessas pessoas e possibilitando sua inclusão social.

Analisando a relação proposta entres as duas asserções acima, assinale a opção correta.

(A) As duas são proposições verdadeiras, e a segunda é uma justificativa correta da primeira.
(B) As duas asserções são proposições verdadeiras, mas a segunda não é uma justificativa correta da primeira.
(C) A primeira asserção é uma proposição verdadeira, e a segunda é uma proposição falsa.
(D) A primeira asserção é uma preposição falsa, e a segunda é uma proposição verdadeira.
(E) As duas asserções são proposições falsas.

3. (EXAME 2007)

O Sistema Único de Saúde (SUS), implantado pela Constituição de 1988, permite a participação popular na gestão da saúde, nas diferentes instâncias decisórias. Os conselhos de saúde na sociedade brasileira fazem parte de um amplo processo de movimentação social e estão previstos institucionalmente, não dependendo, em princípio, da mobilização da população para funcionarem. Contudo, no exercício de suas funções, demandam dos cidadãos, das comunidades e das organizações envolvidas crescente capacidade para atuar politicamente. Como um profissional que trabalha com educação e promoção da saúde, o fonoaudiólogo deve adotar, como forma de participação popular, o controle social, que

(A) é uma estratégia para levar a comunidade a aprovar aquilo que os profissionais em saúde acham importante.

(B) se refere ao produto de um exercício independente da compreensão da realidade local e do reconhecimento das informações disponíveis.

(C) representa uma instância para o povo reconhecer a própria realidade, refletir coletivamente e buscar alternativas de vida.

(D) só pode ser legitimado quando há participação de cidadãos com nível educacional superior, por terem maiores possibilidades de decisão.

(E) exige dos integrantes dos movimentos sociais que fiquem à disposição dos profissionais de saúde nas tentativas de resolução dos problemas locais.

4. (EXAME 2004)

A organização de serviços no Sistema Único de Saúde (SUS) deve contemplar ações de diferentes níveis de complexidade, respeitando seus princípios e diretrizes. Os serviços de saúde oferecem ações em fonoaudiologia, definidas por tabelas de procedimentos que não refletem as potencialidades de intervenção da área nem tampouco atendem às necessidades de saúde da população. A partir dessas informações, julgue os itens a seguir.

I. Os serviços de saúde devem ser constituídos respeitando-se a regionalização e a hierarquização da rede, a fim de facilitarem o acesso e a oferta de ações em diferentes níveis de complexidade.

II. A rede de serviços de saúde do SUS deve garantir a redução de riscos de doenças e de outros agravos e o estabelecimento de condições que restrinjam o acesso às ações e aos serviços de reabilitação somente àqueles trabalhadores com carteira de trabalho assinada.

III. Os princípios e a diretrizes do SUS nas ações e nos serviços de saúde são assegurados por meio de conselhos gestores descentralizados, com a participação paritária de usuários e trabalhadores, gestores e prestadores de serviços.

Assinale a opção correta.

(A) Apenas o item I está certo.

(B) Apenas o item II está certo.

(C) Apenas os itens I e III estão certos.

(D) Apenas os itens II e III estão certos.

(E) Todos os itens estão certos.

Conteúdo 07

PROPOSTAS EDUCACIONAIS BRASILEIRAS NAS SUAS DIMENSÕES POLÍTICA, CONCEITUAL E TÉCNICA, CONSIDERANDO AS INTERFACES COM A FONOAUDIOLOGIA

1. (EXAME 2010)

Em uma cidade com aproximadamente 50.000 habitantes, foram contratadas por concurso público três fonoaudiólogas. Uma delas é especialista em voz e será a coordenadora do projeto de trabalho fonoaudiológico na cidade. A segunda fonoaudióloga é especialista em audição, e a terceira acabou de se formar e apresenta o perfil generalista, tal com indicado pelas Diretrizes Curriculares Nacionais em Fonoaudiologia. O planejamento da proposta de trabalho deve levar em conta, prioritariamente, que

(A) as ações de fonoaudiologia na cidade deverão ser realizadas a partir da especialidade de cada profissional contratado.

(B) os profissionais deverão ser divididos de acordo com o nível de complexidade da atenção existente na cidade, o que dispensa a necessidade de articulação entre eles.

(C) os profissionais deverão se dividir, em termos de trabalho, por área, de acordo com as especificidades das secretarias municipais, dando prioridade à secretaria de educação e saúde.

(D) os profissionais deverão estabelecer plano de trabalho a partir das necessidades locais e da organização do sistema de saúde, além de estabelecer proposta de hierarquização do sistema.

(E) o planejamento das ações deverá atenderá demanda da atenção básica, sendo que os profissionais deverão realizar o atendimento da população nas unidades básicas de saúde.

2. (EXAME 2010)

Atualmente, as propostas de atuação da fonoaudiologia em ambiente escolar estão voltadas para um modelo com ênfase na promoção da saúde. Embora ainda haja uma diversidade de interpretações, esse modelo contribui para a organização dos serviços, a valorização dos papéis desempenhados pelos educadores e familiares e, fundamentalmente, para a formação continuada de educadores. Dentro desse modelo, é possível elaborar e executar ações que: a) promovam o desenvolvimento infantil; b) auxiliem escolares com dificuldades no processo de aprendizagem; e c) em casos especiais ou extremos, encaminhem esses alunos para atendimento especializado.

Considerando, respectivamente, essas três instâncias de atuação, assinale a alternativa que contém três ações relacionadas à atuação fonoaudiológica dentro de uma perspectiva de promoção da saúde.

(A) Realização de triagens para detecção de riscos para alterações fonoaudiológicas; elaboração e execução de estratégias terapêuticas voltadas para aspectos de voz e motricidade orofacial; encaminhamento de crianças de risco para avaliação fonoaudiológica.

(B) Elaboração de grupos de orientações para familiares e educadores; planejamento e execução de atividades de letramento fora da sala de aula regular; encaminhamento de crianças com erros ortográficos para atendimento clínico fonoaudiológico e psicopedagógico.

(C) Orientação de educadores em relação às possibilidades de adaptações de atividades pedagógicas; planejamento e execução de oficinas de leitura e de escrita em horários distintos ao de sala de aula regular; encaminhamento de alunos com distúrbios da comunicação para atendimento clínico fonoaudiológico.

(D) Promoção de *screenings* para identificação de alterações fonoaudiológicas; fornecimento de atendimento clínico voltado para os desvios fonológicos; encaminhamento de alunos respiradores orais para avaliação multiprofissional (fonoaudiologia, otorrinolaringologia, ortodontia).

(E) Confecção de minicursos para educadores que os auxiliem em sua formação continuada; promoção de atendimento clínico voltado para os escolares com distúrbios de fluência; encaminhamento de escolares com leitura silabada para atendimento clínico fonoaudiológico.

3. (EXAME 2010)

As ações fonoaudiológicas desenvolvidas em ambiente escolar sempre foram divergentes, predominando propostas voltadas para a detecção de alterações fonoaudiológicas, com o emprego de triagens. No entanto, as propostas atuais da Fonoaudiologia escolar-educacional dão lugar a uma atuação voltada para a promoção de saúde, a fim de estabelecerem consonância com os projetos escolares. Considerando a promoção de saúde como ações educacionais voltadas principalmente para a formação do professor, o ideal é que

(A) o fonoaudiólogo forneça assessoria temporária à equipe escolar, participando de discussões acerca do desenvolvimento e do desempenho escolar dos alunos, bem como da saúde vocal do educador, propondo ações cuja execução seja feita pelo próprio fonoaudiólogo.

(B) o fonoaudiólogo participe da construção do projeto político pedagógico, propondo ações que instrumentalizem o educador em sua atuação com alunos que possuem dificuldades na comunicação oral e escrita, bem como em relação aos aspectos de saúde vocal desse profissional.

(C) o fonoaudiólogo faça parte da equipe escolar, propondo ações que articulem a educação e a saúde em prol da saúde vocal do professor e do desempenho escolar do aluno, ressaltando-se que essas propostas sejam executadas em ambiente clínico.

(D) o fonoaudiólogo proponha ações terapêuticas que levem em consideração aspectos da comunicação oral e escrita dos alunos, bem como aspectos de motricidade orofacial e voz.

(E) o fonoaudiólogo participe da equipe pedagógica escolar, propondo atividades que auxiliem o educador a não adquirir riscos em relação à sua saúde vocal e a lidar com questões do desempenho escolar de seus alunos.

QUESTÕES DISCURSIVAS

1. (EXAME 2010) DISCURSIVA

Disponível em: <http://www.flickr.com/photos/manoelnetto/3440337450>. Acesso em: 25 out. 2010

Considerando a figura acima, que representa uma cidade de pequeno porte, redija um texto dissertativo, com até 15 linhas, que aborde, necessariamente, quatro dos seis aspectos apresentados a seguir, correlacionado-os ao processo de comunicação humana na atenção básica. (valor: 10,0 pontos)

- território
- estratégia de saúde da família
- determinante saúde/doença
- equipamentos sociais
- trabalho em equipe
- integração ensino-serviço

2. (EXAME 2007) DISCURSIVA

Kelly e João foram aprovados em um concurso público para o cargo de fonoaudiólogo em uma cidade de 17.000 habitantes, cuja economia básica é a indústria metalúrgica. O município conta com um hospital, 3 Unidades Básicas de Saúde e um Centro de Referência da Saúde do Trabalhador, 3 creches e 8 escolas nas redes municipal e estadual de ensino. Outros profissionais, como psicólogos, fisioterapeutas, médicos, enfermeiros e odontólogos, também foram contratados. O secretário municipal de saúde avalia que a situação da saúde é precária e quer oferecer um serviço de qualidade à população, subsidiado pelos princípios do Sistema Único de Saúde. Para tanto, fez uma reunião conjunta com todos os profissionais recém-contratados para esclarecer que, até o momento, não havia estudo de identificação das demandas da população e solicitou aos mesmos que elaborassem um plano de ação para atenção integral e promoção da saúde dos munícipes. Descreva quatro propostas na área de Fonoaudiologia, duas para a área de saúde e duas para a área de educação, que sejam viáveis para Kelly e João executarem e que possam integrar o plano de ação solicitado, considerando os recursos existentes e as condições socioeconômicas da cidade.

(valor: 10,0 pontos — 2,5 pontos por proposta)

Conteúdo 08

PRINCÍPIOS E PRÁTICAS DA INCLUSÃO NAS DIFERENTES ESFERAS SOCIAIS COM BASE NAS POLÍTICAS PÚBLICAS VIGENTES

1. (EXAME 2010)

A portaria do Ministério da Saúde nº 154, de 24/2/2008, criou os Núcleos de Apoio à Saúde da Família (NASF). O objetivo da portaria é ampliar a abrangência e o escopo das ações da atenção básica, bem como sua resolutividade, apoiando a inserção da Estratégia da Saúde da Família (ESF) na rede de serviços e o processo de territorialização e regionalização a partir da atenção básica. Tendo em mente esses aspectos, o foco do papel do fonoaudiólogo no NASF deve se voltar para

I. a realização de ações intersetoriais.

II. a participação da construção de projeto terapêutico singular.

III. o exercício do papel de apoio matricial, dando suporte às ações de atenção básica.

IV. a realização de ações voltadas à integralidade do cuidado na alta complexidade.

V. a realização de triagem fonoaudiológica e encaminhamento para atendimento fonoaudiológico hospitalar.

São corretas nesse contexto apenas as afirmações

(A) I, II e III.
(B) I, III e IV.
(C) I, IV e V.
(D) II, III e V.
(E) II, IV e V.

2. (EXAME 2007)

Uma empresa de prestação de serviços na área de manejo de materiais tóxicos segue a política nacional para integração de pessoas portadoras de deficiência. Osmar, funcionário contratado por essa empresa por possuir as qualificações técnicas necessárias para nela atuar, apresenta a avaliação audiológica representada nos gráficos abaixo.

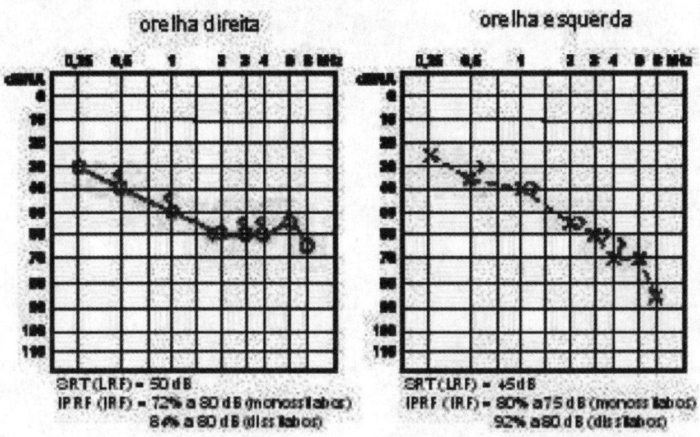

Durante as atividades de campo, o funcionário, mesmo utilizando próteses auditivas bem adaptadas, em ambas as orelhas, não consegue se comunicar com os demais membros da equipe em função das máscaras utilizadas nesse tipo de serviço.

Diante desse problema, foi solicitada uma orientação fonoaudiológica para que o funcionário pudesse se comunicar com a equipe nas atividades de campo, considerando que todos devem utilizar os equipamentos de proteção individual recomendados, incluindo as máscaras citadas.

No caso hipotético descrito acima, o fonoaudiólogo consultado deveria recomendar

(A) a utilização de recursos visuais ou gestuais pela equipe durante o trabalho, pois Osmar apresenta dificuldade de compreensão da fala sem leitura orofacial, mesmo com próteses auditivas bem adaptadas.

(B) a reavaliação e a troca das próteses auditivas de Osmar, pois, com certeza, em função das dificuldades apresentadas, as mesmas não se encontram com o máximo rendimento possível. C a abolição do uso das máscaras pela equipe, pois Osmar não pode compreender totalmente a fala sem a leitura orofacial, mesmo com próteses auditivas bem adaptadas.

(D) a demissão do funcionário, pois não há possibilidade de comunicação para Osmar na função descrita.

(E) a mudança nos contratos da empresa, para que deixe de assumir serviços que exijam o uso de máscaras, porque, tendo admitido Osmar como funcionário, ela se torna responsável pelo seu bem-estar.

3. (EXAME 2004)

Jéssica, 17 anos de idade, foi acometida por um acidente vascular cerebral, há 3 meses, apresentando hemiplegia direita e sequela na fala e nas funções de sucção, mastigação e deglutição. Apresenta dificuldade de marcha, especialmente para subir e descer degraus. Após 15 dias de internação, recebeu alta hospitalar. Reside com a mãe e a irmã mais velha em localidade de difícil acesso para transporte coletivo, porém coberta pelo Programa de Saúde da Família.

Assinale a opção que apresenta a conduta ou o encaminhamento apropriado ao caso descrito acima, de acordo com as diretrizes do Sistema Único de Saúde.

(A) Jéssica foi encaminhada para re-hospitalização, uma vez que o quadro clínico precisa de cuidados de maior complexidade, com monitoramento em unidade de terapia intensiva.

(B) Jéssica foi encaminhada para o agente comunitário de saúde, que orientou a família em relação aos cuidados com manuseio, higiene e alimentação, considerando que ela é uma paciente sem possibilidades terapêuticas.

(C) A conduta proposta foi assistência domiciliar, em razão das condições da paciente, sendo delimitadas ações dos profissionais de saúde e da família, pois é fundamental o envolvimento de sua mãe e de sua irmã nos cuidados diários.

(D) Jéssica foi encaminhada para um Centro de Reabilitação, deixando-se de considerar a dificuldade de locomoção e o local de moradia.

(E) As sequelas de Jéssica não justificam intervenção fonoaudiológica.

Conteúdo 09

PRINCÍPIOS, MÉTODOS E PROCEDIMENTOS CIENTÍFICOS DE PESQUISA

1. (EXAME 2010)

Os procedimentos de pesquisa, em maior ou menor grau, sempre expõem os sujeitos da pesquisa a possíveis riscos e danos. Cabe ao pesquisador responsável identificar a melhor metodologia de realização do trabalho científico para que esses aspectos sejam minimizados, ressaltando-se que riscos e danos não se referem apenas a questões físicas, mas também psicológicas, emocionais e até sociais. Nessa perspectiva, avalie as asserções seguintes.

Um procedimento de pesquisa de baixo risco pode causar um grande dano e um procedimento de alto risco pode não causar dano algum.

PORQUE

O risco se refere à probabilidade e o dano está relacionado a sequelas ou resultados não desejados, causados por determinado procedimento.

Acerca dessas asserções, assinale a opção correta.

(A) As duas asserções são proposições verdadeiras, e a segunda é uma justificativa correta da primeira.

(B) As duas asserções são proposições verdadeiras, mas a segunda não é uma justificativa correta da primeira.

(C) A primeira asserção é uma proposição verdadeira, e a segunda é uma proposição falsa.

(D) A primeira asserção é uma preposição falsa, e a segunda é uma proposição verdadeira.

(E) As duas asserções são proposições falsas.

2. (EXAME 2010)

Celeste, interessada em enviar o resumo de seu artigo a uma revista científica, sintetizou os principais dados de seu trabalho, mas não sabia como estruturá-lo. Com o intuito de organizar seu resumo, colocou os dados conforme a distribuição abaixo.

Item I – Apesar de a prevalência de Síndrome de Apneia Obstrutiva do Sono (SAOS) ter sido inferior à observada em outros estudos com motoristas, essa prevalência é superior à da população em geral. As características do trabalho, entre as quais o vínculo de trabalho, estão associadas à SAOS. Esses dados evidenciam a relevância de se levar em consideração a atividade de trabalho em estudos que investiguem fatores associados à SAOS.

Item II – A população desse estudo constituiu-se de motoristas de caminhão de duas filiais de uma empresa transportadora (n = 209), com idade média de 38,8 anos, sendo 98,5% do sexo masculino. O índice de massa corpórea, em kg/m2, foi de 26,5 ± 4,4. Os participantes responderam a questionários sobre dados sóciodemográficos, atividade física e SAOS. A prevalência de SAOS foi estimada por meio do Questionário de Berlim e sua associação com os fatores estudados foi verificada pela análise de regressão univariada e multivariada.

Item III – Em estudos com motoristas profissionais, tem-se observado uma prevalência de SAOS mais elevada que aquela da população em geral.

Item IV – Estimar a prevalência da síndrome da apneia obstrutiva do sono (SAOS) e verificar os fatores associados à chance de desenvolver SAOS em motoristas de caminhão.

Item V – A prevalência de SAOS na população foi de 11,5%. Dos 209 motoristas, 72(34,5%) referiram dormir ao volante enquanto dirigiam ao menos uma vez e 81 (38,7%) referiram roncar durante o sono. As variáveis estatisticamente significativas associadas à SAOS foram vínculo empregatício informal (OR = 0,27; p = 0,01), índice de massa corpórea 2:25 kg/m2 (OR = 13,64; p = 0,01) e qualidade do sono ruim (OR = 3,00; p = 0,02).

LEMOS, L. C. *et al.* Síndrome da apneia obstrutiva do sono em motoristas de caminhão. **J. Bras. Pneumologia**, v. 35, n. 6, p. 500-506, 2009.

Quais seriam as correspondências corretas para que o resumo de Celeste fosse considerado bem elaborado?

(A) Introdução (item I), objetivo (item II), método (item V), resultados (item III) e conclusão (item IV).

(B) Introdução (item IV), objetivo (item V), método (item I), resultados (item II) e conclusão (item III).

(C) Introdução (item II), objetivo (item III), método (item IV), resultados (item I) e conclusão (item V).

(D) Introdução (item III), objetivo (item IV), método (item II), resultados (item V) e conclusão (item I).

(E) Introdução (item V), objetivo (item I), método (item III), resultados (item IV) e conclusão (item II).

QUESTÕES DISCURSIVAS

1. (EXAME 2004) DISCURSIVA

Paulo, fonoaudiólogo, pretende fazer uma pesquisa sobre os procedimentos clínicos adotados em terapia de linguagem com pacientes autistas. Para a coleta de dados, serão realizadas entrevistas com fonoaudiólogos que atuam em diferentes linhas teóricas.

Descreva **quatro** itens que devem constar no **Termo de Consentimento Livre e Esclarecido** que Paulo deverá apresentar aos fonoaudiólogos participantes de sua pesquisa. (valor de cada item: 2,5 pontos)

2. (EXAME 2003) DISCURSIVA

Você e seu professor estão elaborando um projeto de pesquisa com base nos prontuários de sua clínica-escola, buscando estudar os aspectos de fala das crianças atendidas no ano de 2002.

Elabore um resumo dessa pesquisa contendo: Introdução com Justificativa, Objetivos e Metodologia (participantes, material e procedimentos). (10 pontos)

Conteúdo 10

ÉTICA, BIOÉTICA E BIOSSEGURANÇA EM FONOAUDIOLOGIA

1. (EXAME 2010)

Cláudia está elaborando seu trabalho de conclusão de curso em fonoaudiologia, que terá como objetivo analisar a inserção de fonoaudiólogos recém-formados no mundo do trabalho. O contato com os profissionais será feito por meio eletrônico e eles serão solicitados a responder um questionário. Nessa situação, Cláudia

(A) não precisa encaminhar o projeto ao Comitê de Ética em Pesquisa, porque não terá contato pessoal com os participantes da pesquisa.

(B) não precisa encaminhar o projeto ao Comitê de Ética em Pesquisa, se todos os profissionais que quiserem participar assinarem um Termo de Consentimento Livre e Esclarecido.

(C) não precisa encaminhar o projeto ao Comitê de Ética em Pesquisa, porque a coleta de dados será realizada por meio de resposta a questionário via Internet.

(D) precisa encaminhar o projeto ao Comitê de Ética em Pesquisa, se optar pela não utilização do Termo de Consentimento Livre e Esclarecido.

(E) precisa encaminhar o projeto ao Comitê de Ética em Pesquisa, porque o trabalho envolve procedimentos de pesquisa com seres humanos.

2. (EXAME 2010)

Pedro, recém-admitido em uma equipe de fonoaudiologia hospitalar, segue todas as medidas de biossegurança preconizadas no Manual de Biossegurança elaborado pelo Conselho Federal e pelos Conselhos Regionais de Fonoaudiologia.

Acerca dessa situação, avalie as asserções abaixo.

As medidas de biossegurança preconizadas, que incluem a imunização, a higienização das mãos, o uso de equipamento de proteção individual, a desinfecção de artigos e ambientes e o gerenciamento de resíduos de serviços de saúde — descarte de perfurocortantes — visam ao controle de infecção na prática profissional de Pedro.

PORQUE

Pedro atua em ambiente hospitalar, no qual as medidas de biossegurança são preconizadas, diferentemente dos demais ambientes de atuação, a exemplo do domiciliar, ambulatorial e comunitário.

Analisando a relação proposta entre as duas asserções acima, assinale a opção correta.

(A) As duas asserções são verdadeiras, e a segunda é uma justificativa correta da primeira.

(B) As duas asserções são verdadeiras, mas a segunda não é justificativa correta da primeira.

(C) A primeira asserção é verdadeira, e a segunda é falsa.
(D) A primeira asserção é falsa, e a segunda é verdadeira.
(E) As duas asserções são falsas.

Texto para responder as duas questões seguintes.

Renata, fonoaudióloga formada há 18 anos, com larga experiência em neurologia e gerenciamento de diferentes serviços públicos e privados, foi convidada para organizar o Setor de Fonoaudiologia de um hospital de referência em neurologia, que é responsável pelo atendimento de pacientes de diferentes faixas etárias. Sob sua chefia imediata respondem 3 fonoaudiólogos, 2 estagiários de fonoaudiologia, uma auxiliar de enfermagem e um auxiliar administrativo. O setor possui um arquivo próprio com os prontuários dos pacientes. Para a organização do mesmo, Renata realizou reuniões com o grupo visando à integração da equipe, ao diagnóstico da situação e à discussão acerca da organização do serviço.

3. (EXAME 2007)

Considere que um dos primeiros temas abordados em reunião por Renata e sua equipe tenha sido as questões éticas relativas aos prontuários dos pacientes. A partir da situação hipotética proposta acima e com referência às recomendações a serem feitas, segundo o Código de Ética da Fonoaudiologia para garantia do sigilo, julgue os itens a seguir.

I. Os prontuários devem permanecer em arquivo próprio, em espaço reservado, fechados a chave e com acesso restrito aos profissionais do setor. Para tanto, o controle de retirada/devolução dos prontuários deverá ser feito pelo auxiliar administrativo.

II. Os estagiários que compõem a equipe poderão retirar os prontuários do hospital para estudo de caso, devendo devolvê-los em perfeito estado de conservação e com a máxima brevidade possível.

II. A equipe, inclusive os estagiários, deve ser orientada para que todos guardem sigilo sobre fatos que tenham ocorrido com os pacientes e(ou) com os outros profissionais durante as intervenções.

Assinale a opção correta.

(A) Apenas um item está certo.
(B) Apenas os itens I e II estão certos.
(C) Apenas os itens I e III estão certos.
(D) Apenas os itens II e III estão certos.
(E) Todos os itens estão certos.

4. (EXAME 2007)

Para a gestão do serviço, Renata deve observar disposições do Código de Ética da Fonoaudiologia. Com referência às providências a serem tomadas pelo fonoaudiólogo nessa situação hipotética, julgue os itens a seguir.

I. Renata deve exercer a atividade de forma plena, utilizando os conhecimentos e recursos necessários para promover o bem-estar do cliente e da comunidade. Nesse sentido, sua larga experiência em outros serviços poderá ser importante para garantir o bom funcionamento do setor.

II. Resguardada pela sua posição de chefia, Renata pode alterar a conduta fonoaudiológica de seus colegas caso não concorde com ela.

III. Quando estiver ausente por compromissos administrativos, Renata deve solicitar que os fonoaudiólogos da equipe assinem em seu lugar os procedimentos de sua responsabilidade.

IV. Para preservar os pacientes sob sua responsabilidade, Renata deve impedir que os colegas utilizem as instalações e demais recursos do setor que está sob sua chefia para o desenvolvimento de pesquisas, mesmos as aprovadas pelo Comitê de Ética do Hospital.

Assinale a opção correta.

(A) Apenas um item está certo.
(B) Apenas os itens I e II estão certos.
(C) Apenas os itens I e IV estão certos.
(D) Apenas os itens II e III estão certos.
(E) Apenas os itens III e IV estão certos.

QUESTÃO DISCURSIVA

1. (EXAME 2007) DISCURSIVA

Maria, uma fonoaudióloga recém-graduada, enfrenta dificuldades para se experiência, pediu a um parente médico, que é diretor de um hospital público, para realizar um estágio não remunerado. O hospital não possuía serviço de fonoaudiologia, mas Maria achou que seria uma boa oportunidade para conhecer profissionais de áreas afins e, quem sabe, conseguir ser, posteriormente, efetivada como fonoaudióloga do hospital.

Diante da situação hipotética apresentada, faça o que se pede a seguir.

a) Analise a conduta ético-profissional de Maria no que diz respeito à forma de acesso ao hospital por indicação de parente. Justifique sua resposta. **(valor: 5,0 pontos)**

b) Considere que Maria comece a trabalhar no hospital, atendendo pacientes no ambulatório e no leito. Nessa situação indique duas medidas de precaução padrão em biossegurança que ela deve seguir. **(valor: 5,0 pontos)**

Conteúdo 11

FUNDAMENTOS E PROCEDIMENTOS PARA A UTILIZAÇÃO DE RECURSOS TECNOLÓGICOS EM FONOAUDIOLOGIA

1. (EXAME 2003)

As principais características eletroacústicas dos aparelhos de amplificação sonora individuais (AASI) são

(A) ganho acústico, saída máxima e resposta de frequência.

(B) saída máxima, tonalidade e corte de picos.

(C) ganho acústico, potência e tonalidade.

(D) tonalidade, resposta de frequência e ganho acústico.

(E) microfone, receptor e potenciômetro.

2. (EXAME 2003)

Quando um paciente apresenta um audiograma tipo rampa ao ser testado um AASI ou prótese auditiva, é solicitado molde com ventilação.

Neste caso a ventilação permite

(A) aumento da amplificação das frequências médias.

(B) redução da amplificação de alta frequência.

(C) aumento da amplificação de baixa frequência.

(D) aumento da amplificação de alta frequência.

(E) redução da amplificação de baixa frequência.

3. (EXAME 2003)

A timpanometria é a medida da mobilidade do sistema tímpano-ossicular, quando submetido à variação de pressão. A mobilidade é estimada indiretamente, pela introdução de pressão no meato acústico externo nas seguintes condições:

Máxima pressão positiva (1), pressão próxima à zero (2) e máxima pressão negativa (3), resultando em um traçado do tipo:

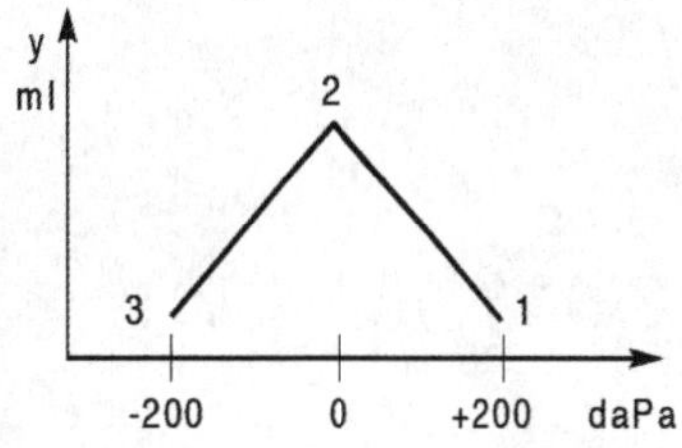

Pode-se dizer que nos pontos 1, 2 e 3, respectivamente,

(A) não há aceitação de energia no ponto 2.

(B) a aceitação de energia acústica é mínima no ponto 2 e máxima nos pontos 1 e 3.

(C) a aceitação de energia acústica é máxima no ponto 2 e mínima nos pontos 1 e 3.

(D) a aceitação de energia é máxima no ponto 1.

(E) não há variação na aceitação de energia nos três pontos.

Conteúdo 12

TEMAS COMBINADOS E OUTROS TEMAS

QUESTÕES DISCURSIVAS

1. (EXAME 2010) DISCURSIVA

Suponha que você enviou seu currículo ao coordenador de um curso de jornalismo de sua cidade, com o objetivo de lecionar a disciplina Aprimoramento da Expressividade para os alunos do respectivo curso. O coordenador do curso agendou uma entrevista, solicitando a você que levasse uma proposta de conteúdo programático, acrescentando os recursos necessários para sua implementação.

Considerando a solicitação acima, redija um texto dissertativo, com até 15 linhas, acerca da proposta apresentada, contemplando os conteúdos e os aspectos relacionados aos recursos vocais, não verbais e verbais. (valor: 10,0 pontos)

Capítulo VI

Questões de componente específico de Biomedicina

1) Conteúdos e Habilidades objetos de perguntas nas questões de Componente Específico.

As questões de Componente Específico são criadas de acordo com o curso de graduação do estudante.

Essas questões, que representam ¾ (três quartos) da prova e são em número de 30, podem trazer, em Biomedicina, dentre outros, os seguintes **Conteúdos**:

I. Ciências Exatas aplicadas à Biomedicina - abordagens, processos e métodos físicos, químicos, matemáticos, estatísticos e de bioinformática como suporte à Biomedicina;

II. Ciências Biológicas e da Saúde - bases estruturais, moleculares e celulares dos processos fisiológicos e patológicos, bem como processos bioquímicos, biofísicos, parasitológicos, microbiológicos, imunológicos e genéticos no processo saúde-doença;

III. Ciências Humanas e Sociais aplicadas à Biomedicina - as diversas dimensões da relação indivíduo/sociedade, envolvendo a ética, filosofia, sociologia, antropologia, políticas públicas, gestão administrativa e deontologia;

IV. Ciências da Biomedicina - processos relacionados à saúde, doença e meio ambiente, com ênfase nos processos laboratoriais (biotecnologia, análises clínicas, bromatológicas, ambientais, toxicológicas, citopatológicas, histoquímicas e genéticas), metodologia científica, procedimentos biomédicos, saúde pública, gestão, auditoria, consultoria e controle de qualidade.

O objetivo aqui é avaliar junto ao estudante a compreensão dos conteúdos programáticos mínimos a serem vistos no curso de graduação, de forma avançada. Também é avaliado o nível de atualização com relação à realidade brasileira e mundial e às questões jurídicas de maior relevância.

Avalia-se aqui também *competências* e *habilidades*. A ideia é verificar se o estudante desenvolveu as principais **Habilidades** para o profissional de Biomedicina, que são as seguintes:

I. Desenvolver ações de prevenção, promoção, proteção e reabilitação da saúde, tanto em nível individual quanto coletivo;

II. Tomar decisões para as quais deve possuir competências e habilidades para avaliar, sistematizar e decidir as condutas mais adequadas, baseadas em evidências científicas;

III. Emitir laudos, pareceres, atestados, relatórios e responsabilizar-se tecnicamente dentro dos padrões de qualidade e normas de biossegurança;

IV. Conhecer métodos e técnicas de investigação, incluindo as de bioinformática, e elaboração de trabalhos acadêmicos e científicos;

V. Realizar e interpretar análises clínico-laboratoriais incluindo patologia clínica, análises bromatológicas, ambientais, de banco de sangue, citopatológicas, histoquímicas, de biologia molecular, citogenéticas e toxicológicas, dentro de padrões de controle de qualidade e de biossegurança;

VI. Realizar procedimentos para fins de análises laboratoriais, acupuntura, biomedicina estética, imagenologia, reprodução humana, circulação extracorpórea e ciências forenses, para os quais esteja legalmente habilitado;

VII. Atuar na pesquisa, desenvolvimento, seleção, produção e controle de qualidade de produtos obtidos por biotecnologia;

VIII. Gerenciar, assessorar cientificamente e auditar laboratórios, indústrias, hospitais e demais instituições públicas ou privadas relacionadas à atuação profissional do biomédico;

IX. Atuar na seleção, desenvolvimento e controle de qualidade de metodologias, reagentes e equipamentos;

X. Assimilar as constantes mudanças conceituais e evolução tecnológica apresentadas no contexto mundial;

XI. Avaliar e responder com ética e senso crítico as informações que estão sendo oferecidas durante a graduação e no exercício profissional;

XII. Atuar de forma inter, multi e transdisciplinar, baseado na convicção científica, na cidadania e na ética, possibilitando uma atuação profissional crítica e consciente, dirigida para a solução de problemas e melhoria da qualidade de vida;

XIII. Exercer o papel de educador gerando e transmitindo novos conhecimentos para a formação de profissionais e para a sociedade;

XIV. Atuar eticamente, respeitando a regulamentação do profissional biomédico e as demais legislações em vigor.

Com relação às questões de Componente Específico optamos por classificá-las pelos Conteúdos enunciados no início deste item.

2) Questões de Componente Específico classificadas por Conteúdos.

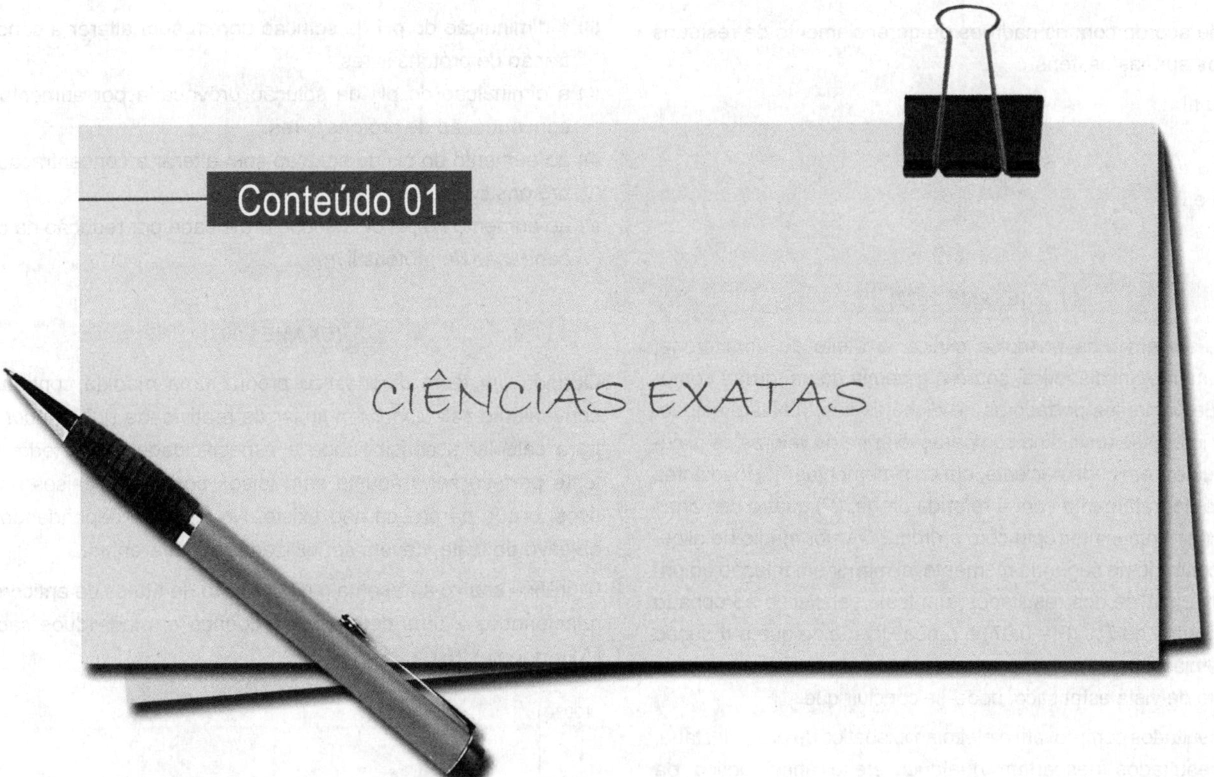

Conteúdo 01

CIÊNCIAS EXATAS

1. (EXAME 2010)

Para apresentarem gráficos dados referentes à distribuição de frequências de um grupo de medições, pode-se aplicar um modelo semelhante ao estabelecido na figura abaixo, na qual o pesquisador verifica a variação de anticorpos em relação a uma coorte populacional específica.

Variação dos títulos de anticorpos para doença X em área endêmica

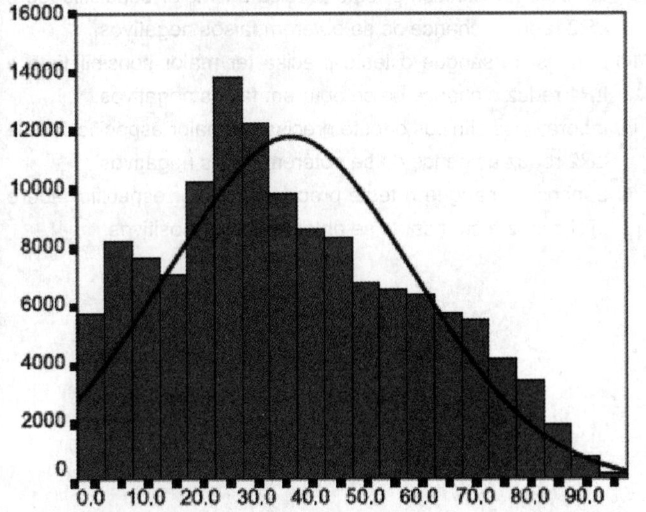

Disponível em: <http://tecnologiaegestao.wordpress.com/2010/05/13> Acesso em: 25 ago. 2010 (adaptado).

Essa representação gráfica é um modelo de

(A) gráfico de setores, que demonstra a variação de anticorpos na abscissa Y e de população na ordenada X.

(B) histograma, que demonstra variações de anticorpos na abscissa X e de população na ordenada Y.

(C) gráfico de tendência central, que demonstra variações de anticorpos na abscissa X e de população na ordenada Y.

(D) gráfico de dispersão, que demonstra a tendência central das médias de concentração dos valores de anticorpos na população.

(E) gráfico de linhas, que demonstra a tendência central baseada na mediana das concentrações de anticorpos na população.

2. (EXAME 2010)

Um dos grandes problemas ecológicos na atualidade é o lançamento ao ambiente de produtos químicos perigosos de forma inadequada, resultando tanto em risco ao ambiente quanto em risco à saúde pública. As propriedades que conferem periculosidade aos resíduos químicos apresentam quatro parâmetros definidos por lei: inflamabilidade, toxicidade, corrosividade e reatividade. Considerando tais parâmetros, o gerenciamento de resíduos químicos inclui

I. manuseio dos produtos químicos voláteis em fluxos laminares.

II. redução de resíduos gerados, por meio do planejamento na aquisição de produtos químicos.

III. descarte de resíduos químicos perigosos em aterros industriais ou por Incineração.

IV. acondicionamento correto do produto desde a rotulagem dos frascos de reagentes até a sua estocagem e manipulação.

V. desativação dos resíduos químicos por diluição em água, tomando o cuidado ao manusear ácidos fortes que devem receber quantidades crescentes de água para sua total desativação.

Estão de acordo com os padrões de gerenciamento de resíduos químicos apenas os itens

(A) I, II e III.
(B) I, III e V.
(C) I, IV e V.
(D) II, III e IV.
(E) II, IV e V.

3. (EXAME 2007)

Estudou-se, em uma pesquisa clínica, o efeito de uma droga, supostamente antidiabética, sobre a glicemia de um grupo homogêneo de pacientes portadores de diabetes tipo II. Neste estudo, o maior interesse residia na comparação entre os valores de glicemia medidos, em cada paciente, em dois momentos: 1º) logo antes do início do tratamento com a referida droga; 2º) quatro semanas após tratamento ininterrupto com a droga. O valor médio de glicemia encontrado no segundo momento foi menor em relação ao primeiro. Na análise dos resultados, um teste estatístico apropriado revelou que é de 7% (P = 0,07) a probabilidade de que a redução da glicemia observada após o tratamento seja devida ao acaso. Do ponto de vista estatístico, pode-se concluir que

(A) os resultados comprovam o efeito antidiabético da droga testada.
(B) os resultados descartam qualquer efeito antidiabético da droga testada.
(C) a droga possui um efeito antidiabético estatisticamente significativo se previamente tiver sido adotado um nível de significância (alfa) de 5%.
(D) a droga possui um efeito antidiabético estatisticamente significativo se previamente tiver sido adotado um nível de significância (alfa) de 10%.
(E) o resultado do estudo é inconclusivo, independentemente do nível de significância (alfa) previamente adotado.

4. (EXAME 2007)

Analise a seguinte reação química:

$$CO_2 + H_2O \rightleftharpoons H_2CO_3 \rightleftharpoons HCO_3^- + H^+$$

Em uma atmosfera controlada pode-se modificar a concentração de gás carbônico. Assim, pela exposição de uma solução contendo fenolftaleína (corante indicador de pH) a um aumento de CO_2 atmosférico percebe-se claramente uma mudança na coloração da solução que passa de violeta para alaranjada. Essa mudança é devida

(A) ao aumento do pH da solução provocado por um aumento na concentração de prótons livres.
(B) à diminuição do pH da solução porém sem alterar a concentração de prótons livres.
(C) à diminuição do pH da solução provocada por aumento na concentração de prótons livres.
(D) ao aumento do pH da solução sem alterar a concentração de prótons livres.
(E) ao aumento do pH da solução provocado por redução na concentração de prótons livres.

5. (EXAME 2007)

Quando um teste diagnóstico produz uma medida contínua é conveniente selecionar um limiar de reatividade (LR, ou *cut off*) para calcular a sensibilidade e especificidade do método. Um teste perfeito seria aquele sem falsos positivos e falsos negativos, o que na prática não existe. No entanto, dependendo do objetivo do teste, devem ser utilizados LR diferentes.

O gráfico abaixo apresenta a distribuição de títulos de anticorpos relacionados a uma determinada doença em indivíduos sadios (A) e doentes (B).

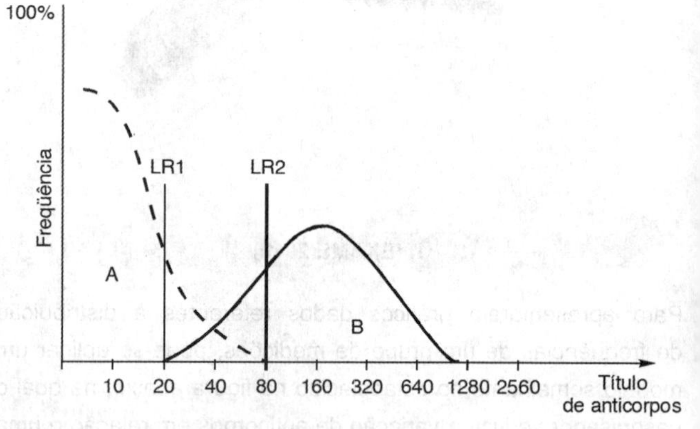

Em bancos de sangue o melhor teste é aquele que apresenta o LR 1 e em laboratórios clínicos aquele com LR 2, porque em

(A) bancos de sangue o teste precisa ter maior sensibilidade e LR1 reduz a chance de se obterem falsos positivos.
(B) laboratórios clínicos o teste precisa ter maior sensibilidade e LR2 reduz a chance de se obterem falsos negativos.
(C) bancos de sangue o teste precisa ter maior sensibilidade e LR1 reduz a chance de se obterem falsos negativos.
(D) laboratórios clínicos o teste precisa ter maior especificidade e LR2 reduz a chance de se obterem falsos negativos.
(E) bancos de sangue o teste precisa ter maior especificidade e LR1 reduz a chance de se obterem falsos positivos.

Conteúdo 02

CIÊNCIAS BIOLÓGICAS E DA SAÚDE

1. (EXAME 2010)

Fungos do gênero *Malassezia* estão relacionados ao desenvolvimento de dermatomicose caracterizada pelo aparecimento de manchas de coloração variável, bem delimitadas, localizadas principalmente na parte superior do tórax e braços (pitiríase versicolor). Antigamente, as leveduras do gênero *Malassezia* não eram cultiváveis em meios de cultura artificiais. Atualmente, sabe-se que esses microrganismos são dependentes nutricionais de um suplemento que deve ser adicionado à formulação de meios de cultura convencionais. Nesse sentido, para o cultivo de uma amostra biológica com suspeita de *Malassezia* SP, o meio de cultura deve ser suplementado com

(A) fonte lipídica.
(B) fonte de nitrogênio.
(C) sangue de carneiro.
(D) proteínas a base de soja.
(E) fator V e fator X derivados da hemoglobina.

2. (EXAME 2007)

Antes de comercializar um novo medicamento ou vacina, o produto deverá ser submetido à pesquisa clínica que inclui as etapas pré-clínica e clínica. Na fase pré-clínica são realizados estudos para determinar os efeitos tóxicos, a farmacodinâmica e a farmacocinética dessa nova substância. Como deve ser avaliada a toxicidade de novos medicamentos de ação sistêmica?

(A) Ensaios com macacos, pois estes são animais evolutivamente mais próximos aos humanos.
(B) Estudos exclusivamente *in vitro*, pois na atualidade o uso de animais em laboratório está proibido.
(C) Ensaios exclusivamente com humanos que concordam em participar dos protocolos de pesquisa clínica.
(D) Testes *in vitro* que substituem com 100% de segurança todos os ensaios de toxicidade em animais.
(E) Ensaios *in vivo* e *in vitro*, sendo sugerida a utilização de testes em duas espécies de animais, uma não roedora.

3. (EXAME 2007)

Durante muito tempo verificou-se que os RNAs sintetizados nos núcleos de células humanas eram maiores do que os RNAs mensageiros encontrados nos citoplasmas das células. Hoje está claro que os RNAs mensageiros transcritos são processados, gerando RNAs menores. Durante esse processamento ocorre

(A) modificação nas extremidades dos RNAs, com a retirada de éxons, gerando moléculas menores formadas pelos íntrons.
(B) eliminação de sequências internas dos RNAs, os íntrons, gerando moléculas menores formadas pelos éxons.
(C) modificação das sequências internas, os íntrons, por nucleases codificadas pelos éxons, gerando moléculas menores.
(D) eliminação de sequências internas dos RNAs, os íntrons, que deverão se ligar aos éxons posteriormente, gerando moléculas menores.
(E) expressão de moléculas menores, os íntrons, por meio de sequências promotoras conhecidas como éxons.

4. (EXAME 2007)

A síndrome respiratória aguda severa (SARS) é causada por um coronavírus, cujo genoma é de RNA simples-fita e tem cerca de 30.000 bases. Tornou-se necessária a obtenção de uma técnica rápida para diagnóstico, o que pôde ser feito por RT-PCR (*Polymerase Chain Reaction* com transcriptase reversa). Para isso, pode ser utilizado um dos genes desse vírus, como por exemplo aquele que codifica a glicoproteína S do envelope. O esquema abaixo indica sequências de regiões desse gene, a partir das quais foram desenhados os iniciadores I e II (16 nucleotídeos indicados pelo tamanho da seta) utilizados na PCR após a reação com a transcriptase reversa.

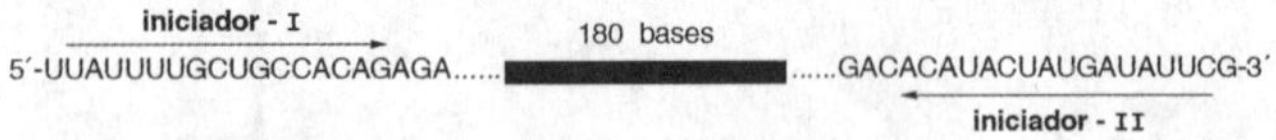

(A) **Iniciador-I** 5'-TATTTGCTGCCACAG-3' e **Iniciador-II** 5'-ACATACTATGATAAAC-3'

(B) **Iniciador-I** 5'-TATTTGCTGCCACAG-3' e **Iniciador-II** 5'-TGTATGATACTATAAG-3'

(C) **Iniciador-I** 5'-TATTTGCTGCCACAG-3' e **Iniciador-II** 5'-GAATATCATAGTATGT-3'

(D) **Iniciador-I** 5'-CTGTGGCAGCAAAATA-3' e **Iniciador-II** 5'-TGTATGATACTATAAG-3'

(E) **Iniciador-I** 5'-CTGTGGCAGCAAAATA-3' e **Iniciador-II** 5'-ACATACTATGATATTC-3'

5. (EXAME 2007)

O gráfico abaixo ilustra o efeito de três fármacos sobre a função contrátil de um músculo liso.

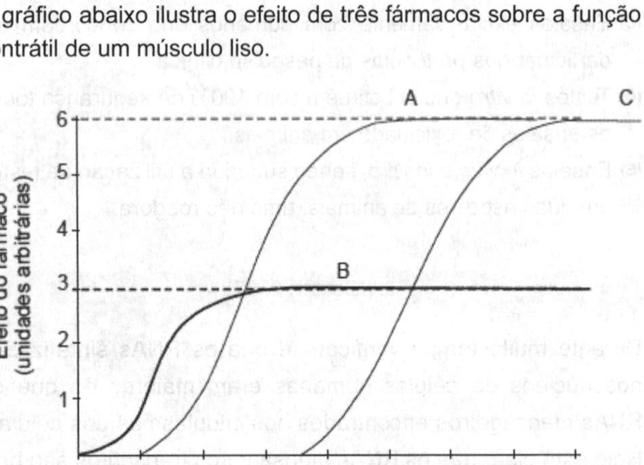

Com base no gráfico, analise as proposições abaixo.

I. Os fármacos A e C são mais potentes do que o fármaco B.

II. A EC50 do fármaco B é menor do que as dos fármacos A e C.

III. O fármaco B apresenta eficácia máxima menor do que os fármacos A e C.

Está correto o que se afirma SOMENTE em

(A) I.

(B) II.

(C) I e II.

(D) I e III.

(E) II e III.

Instruções: Utilize a chave abaixo para responder às duas questões de seguintes que contêm, cada uma, duas afirmações.

É correto afirmar que

(A) as duas afirmações são verdadeiras e a segunda justifica a primeira.

(B) as duas afirmações são verdadeiras e a segunda não justifica a primeira.

(C) a primeira afirmação é verdadeira e a segunda é falsa.

(D) a primeira afirmação é falsa e a segunda é verdadeira.

(E) as duas afirmações são falsas.

6. (EXAME 2007)

I. Reação leucemoide se caracteriza pela elevação muito acentuada dos leucócitos (mais de 30.000/mm3), mas não é confundida com leucemia

PORQUE

II. na leucemia ocorre a presença de paramieloblastos ou paralinfoblastos, o que não ocorre na reação leucemoide.

7. (EXAME 2007)

I. Para o controle do uso terapêutico de anticoagulantes orais o exame mais indicado é a dosagem do fibrinogênio

PORQUE

II. os cumarínicos são anticoagulantes orais que agem inibindo a síntese de fatores da coagulação dependentes de vitamina K (II, VII, IX e X), além das proteínas C e S.

8. (EXAME 2007)

A paracoccidioidomicose é a micose sistêmica mais importante da América Latina, sendo que 80% dos pacientes com esta micose são diagnosticados no Brasil. O exame direto e o cultivo do material clínico são fundamentais para o diagnóstico da doença. A identificação desse fungo é caracterizada pela presença de

(A) leveduras e hifas no exame direto do material clínico, crescimento de leveduras multibrotantes durante o cultivo a 37 ºC e fungos filamentosos à temperatura ambiente.

(B) hifas septadas no exame direto do material clínico, crescimento de fungos filamentosos durante o cultivo a 37 ºC e leveduras multibrotantes à temperatura ambiente.

(C) leveduras multibrotantes no exame direto do material clínico e crescimento de leveduras e hifas durante o cultivo a 37 ºC e à temperatura ambiente.

(D) hifas cenocíticas e leveduras multibrotantes (não septadas) no exame direto do material clínico e cultura negativa nas temperaturas ambiente e a 37 ºC.

(E) leveduras multibrotantes no exame direto do material clínico, crescimento de leveduras durante o cultivo a 37 ºC e de fungos filamentosos à temperatura ambiente.

1. (EXAME 2010)

No Brasil, as pesquisas que envolvem seres humanos são regulamentadas por resolução específica do Conselho Nacional de Saúde (CNS), que apresenta particularidades inovadoras e pioneiras. Trata-se de um documento que não tem características de código, decreto, lei, regimento ou estatuto e não se aplica diretamente ao pesquisador. Sua essência e sua forma remetem a uma reflexão de natureza ética, além do simples respeito a valores morais ou enunciados deontológicos.

PORQUE

A resolução do CNS é essencialmente voltada para a proteção do sujeito da pesquisa, enfatizando o respeito à dignidade do ser humano e ou da coletividade, assegurando o direito à privacidade, à confidencialidade, ao sigilo e à não estigmatização (de qualquer natureza ou tipo). Ao mesmo tempo, possibilita às pessoas ou às populações em condições de vulnerabilidade a liberdade à autodeterminação.

HOSSNE, W.S. Pesquisa Envolvendo Seres Humanos. **Medicina**, 99:14-7, 1998 (com adaptações).

Analisando a relação proposta entre as duas asserções acima, assinale a alternativa correta.

(A) As duas asserções são proposições verdadeiras, e a segunda é uma justificativa correta da primeira.

(B) As duas asserções são proposições verdadeiras, mas a segunda não é uma justificativa correta da primeira.

(C) A primeira asserção é uma proposição verdadeira, e a segunda é uma proposição falsa.

(D) A primeira asserção é uma proposição falsa, e a segunda é uma proposição verdadeira.

(E) As duas asserções são proposições falsas.

QUESTÃO DISCURSIVA

1. (EXAME 2010) DISCURSIVA

Nos dias de hoje, observa-se crescente preocupação com a identificação e a rotulagem de determinados materiais, tais como alimentos e subprodutos que contenham organismos geneticamente modificados (OGMs), mais pela ótica do direito do consumidor final à informação do que por uma preocupação mais específica quanto à segurança. Há que se considerar os requisitos técnicos que devem ser cumpridos pelos centros responsáveis pelo armazenamento, manutenção e distribuição de material biológico, bem como a necessidade de que os métodos e processos de medição associados às atividades de manipulação e produção sejam estabelecidos com rigor técnico.

BRASIL. Ministério da Ciência e Tecnologia. **Sistema de Avaliação da Conformidade de Material Biológico**. Brasília, SENAI/DN, 2002, p. 11 (com adaptações).

Tendo como referência o texto acima, faça o que se pede nos itens a seguir.

a) Em relação a possíveis impactos ambientais e efeitos sobre seres vivos, quais motivos justificam a preocupação da população com a segurança na produção e distribuição de OGMs? **(valor: 5,0 pontos)**

b) Quais os possíveis benefícios que a utilização de OGMs pode trazer à população humana? **(valor: 5,0 pontos)**

Conteúdo 04

CIÊNCIAS DA BIOMEDICINA

1. (EXAME 2010)

Alguns nematelmintos, como, por exemplo, os *Strongyloides stercoralis*, apresentam ciclo pulmonar. Tosse, dispneia e eosinofilia são sintomas associados a essa parasitose. Em casos assim, além dos exames coproscópicos, é indicada também dosagem

(A) de IgE e eosinófilos devido a resposta TH2 e pesquisa de larvas na secreção brônquica.

(B) de IgA e infiltrado celular composto por macrófagos devido a resposta TH2 e pesquisa de larvas na secreção brônquica.

(C) de IgM e eosinófilos, devido a resposta TH1 e pesquisa de larvas na secreção brônquica.

(D) de IgG e eosinófilos devido a resposta TH1 e pesquisa de larvas na secreção brônquica.

(E) de IgE e eosinófilos devido a resposta celular independente e pesquisa de ovos no tecido hepático.

2. (EXAME 2010)

As citocinas são proteínas regulatórias produzidas e secretadas por vários tipos celulares. Entre elas, destacam-se os interferons (IFN-α, IFN-β e IFN-γ). A clonagem dos genes que codificam os três tipos de interferons possibilitou a produção dessas citocinas pelas indústrias de biotecnologia, o que reduziu substancialmente os custos de produção e tem possibilitado o uso clínico dessas citocinas em várias doenças. Considerando as células produtoras, as ações dos interferons e as possibilidades de uso clínico dessas citocinas, avalie as afirmativas a seguir.

I. Os interferons são produzidos por macrófagos, induzem a diminuição da expressão de moléculas de MHC 1 e MCH II, aumentam a atividade das células NK e podem ser empregados como tratamento das hepatites.

II. IFN-α, IFN-β e IFN-γ são secretados por macrófagos e células Th1, induzem o estado antiviral em células nucleadas e podem ser usados clinicamente nas doenças granulomatosas crônicas.

III. IFN-α, IFN-β e IFN-γ são secretados por diferentes tipos celulares e aumentam a expressão de moléculas de MHC I, sendo que IFN-α pode ser utilizado para o tratamento de vários tipos de neoplasias malignas.

IV. O IFN-γ é secretado por células Th1, melhora a capacidade das células fagocíticas na eliminação de patógenos e pode ser utilizado no tratamento da doença granulomatosa crônica.

É correto apenas o que se afirma em

(A) I e II.

(B) I e III.

(C) I e IV.

(D) II e IV.

(E) III e IV.

3. (EXAME 2010)

A compreensão da fisiologia da excreção da bilirrubina pelo fígado e a utilização de alguns testes simples tornam possível o diagnóstico diferencial das icterícias. As causas de icterícia podem ser pré-hepáticas, intra-hepáticas e pós-hepáticas.

O quadro a seguir contém dados acerca das alterações dos níveis de bilirrubina no plasma sanguíneo e da presença ou ausência de bilirrubina e urobilinogênio na urina dos indivíduos 1, 2 e 3 ictéricos.

	Indivíduos Ictéricos		
	1	2	3
Bilirrubina total	↑	↑	↑
Bilirrubina indireta (não conjugada)	↑	N ou ↑	N
Bilirrubina direta (conjugada)	N	↑	↑
Bilirrubina na urina	ausente	presente	presente
Urobilinogênio na urina	presente	presente	ausente

(N) valores normais (↑) valores aumentados

Os resultados apresentados no quadro acima permitem concluir, em relação à causa da icterícia, que

(A) o indivíduo 3 apresenta causa intra-hepática, pois o urobilinogênio não está sendo sintetizado no fígado.

(B) o indivíduo 1 apresenta causa intra-hepática, pois o fígado não produz bilirrubina para ser excretada na urina.

(C) o indivíduo 2 apresenta causa pós-hepática, pois a bilirrubina e o urobilinogênio estão presentes na urina.

(D) o indivíduo 3 apresenta causa pós-hepática, pois a bilirrubina conjugada está aumentada, o que indica que não é excretada na bile.

(E) o indivíduo 2 apresenta causa pré-hepática, pois a bilirrubina conjugada está aumentada e o urobilinogênio é sintetizado no fígado.

4. (EXAME 2010)

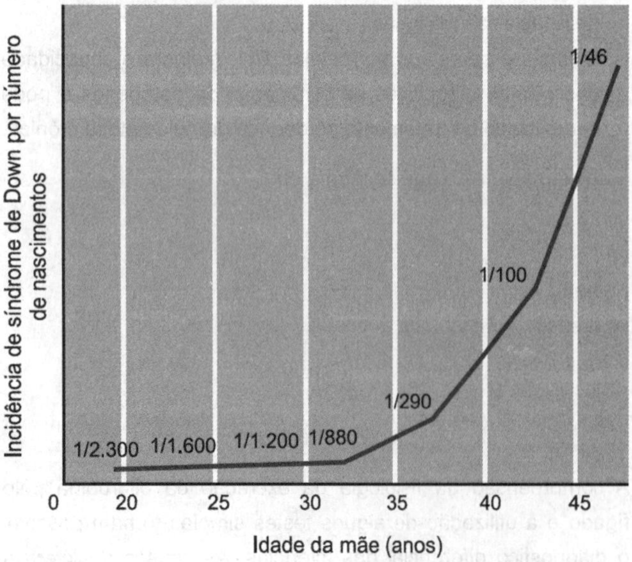

GRIFFITHS *et al.* **Introdução à genética**. 8. ed. Guanabara Koogan, 2005.

O gráfico acima reflete a incidência de uma das aneuploidias mais frequentes entre os seres humanos, que determina a ocorrência da síndrome de Down. Os portadores dessa síndrome possuem células que contêm uma alteração no número de cromossomos, decorrente de um erro durante o processo de meiose. Na atualidade, muitos casais buscam clínicas de aconselhamento genético com o intuito de conhecer o padrão cromossômico de seus filhos, antes do nascimento, com base nos resultados obtidos por modernas técnicas de análise cromossômica.

A partir dessas informações, assinale a alternativa correta.

(A) A avaliação dos cromossomos fetais por exames específicos em células obtidas por amniocentese, cordocentese ou punção de vilosidades coriônicas pode revelar a trissomia do cromossomo 21 e é recurso a ser sugerido pelos médicos geneticistas a mulheres com idade avançada que sintam necessidade desse tipo de avaliação pré-natal de seus filhos, mas não a mulheres jovens, que não apresentam fenômenos de não disjunção.

(B) A avaliação dos cromossomos fetais por exames específicos em células obtidas por amniocentese, cordocentese ou punção de vilosidades coriônicas pode revelar a trissomia do cromossomo 21 e é recurso a ser sugerido pelos médicos geneticistas a mulheres jovens ou com idade avançada que sintam necessidade desse tipo de avaliação pré-natal de seus filhos.

(C) A segregação cromossômica anormal observada na síndrome de Down é influenciada positivamente pela idade avançada da mãe, mas, nessas mulheres, são observados outros fatores de risco para a síndrome que já se encontram bem estabelecidos, como o metabolismo anormal do folato e a mutação 677 (C→T) no gene da metilenotetrahidrofolato redutase. A somatória desses dois fatores é condição necessária para a ocorrência da alteração cromossômica.

(D) A segregação cromossômica anormal observada na síndrome de Down não é influenciada positivamente pela idade avançada da mãe, pois outros fatores de risco para a síndrome que já se encontram bem estabelecidos, como o metabolismo anormal do folato e a mutação 677 (C→T) no gene da metilenotetrahidrofolato redutase, são fundamentais na indução do erro meiótico que determina a alteração cromossômica.

(E) A avaliação dos cromossomos fetais para revelar a trissomia do cromossomo 21 por exames específicos em células obtidas por amniocentese, cordocentese ou punção de vilosidades coriônicas requer a análise simultânea do metabolismo do folato, pois a alteração dessa via metabólica é determinante da não disjunção cromossômica.

5. (EXAME 2010)

Os lisossomos estão presentes em praticamente todas as células eucariontes, sua origem é o complexo de Golgi e eles são dotados de vários tipos diferentes de enzimas digestivas. Uma das principais características dessa organela é a autofagia, processo em que há autodigestão celular. Em algumas situações, quando um organismo é privado de alimento e as reservas de seu corpo se esgotam, as células passam a digerir partes de si mesmas como estratégia de sobrevivência.

Considerando as diferentes atividades celulares em que estão envolvidos os lisossomos, avalie as afirmativas a seguir.

I. A autofagia não é um evento essencial à sobrevida da célula, uma vez que a clasmocitose tem papel similar, como, por exemplo, a função de descartar organelas desgastadas e inviáveis fisiologicamente para o meio exterior, por meio de um vacúolo residual.

II. A atividade enzimática lisossomal é essencial para a célula, pois permite o reaproveitamento de moléculas para as atividades biossintéticas e impede o acúmulo prejudicial de substâncias, como, por exemplo, na deficiência de glicosidase lisossomal que resulta no acúmulo de glicogênio na célula, causando a doença de Pompe.

III. Alguns lisossomos são especializados na degradação de proteínas citosólicas, carboidratos e lipídios que, quando danificados, desestruturados ou oxidados são catabolizados no duto central do proteossoma e nos peroxissomos.

IV. Alguns lisossomos são altamente especializados, em função do tipo de enzimas que contêm, como, por exemplo, os peroxissomos. Esse tipo de lisossomos elimina agentes químicos tóxicos ao metabolismo celular (certas drogas e medicamentos, o etanol, o peróxido de hidrogênio, o urato, os D-aminoácidos etc.), além de construir uma forma de defesa imune inespecífica ao destruir certos microrganismos.

É correto apenas o que se afirma em

(A) I e II.
(B) I e III.
(C) II e IV.
(D) I, III e IV.
(E) II, III e IV.

6. (EXAME 2010)

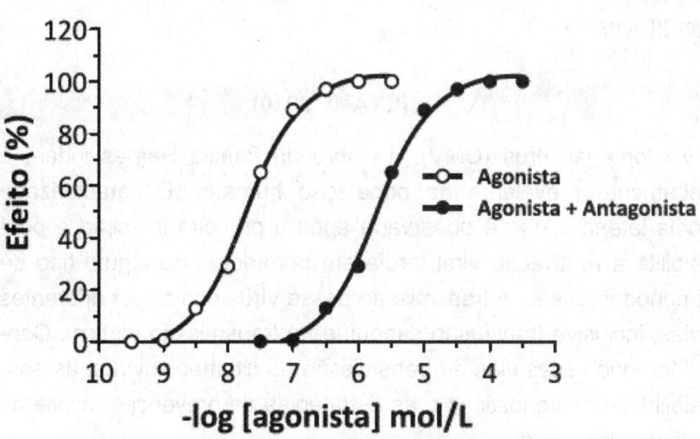

O gráfico acima mostra a curva concentração-resposta de um agonista (Agonista) e a curva concentração-resposta do mesmo agonista na presença de um antagonista (Agonista + Antagonista), referente a comportamentos observados em condições ideais, em um mesmo tecido.

Nessa situação, o antagonismo é do tipo

(A) não competitivo reversível, pois, com o aumento da concentração do agonista, obtém-se o efeito máximo.
(B) não competitivo irreversível, pois, com o aumento da concentração do agonista, obtém-se o efeito máximo.
(C) competitivo reversível, pois, com o aumento da concentração do agonista, obtém-se o efeito máximo.
(D) competitivo irreversível, pois, mesmo com o aumento da concentração do agonista, não se obtém o efeito máximo.
(E) não competitivo reversível, pois, mesmo com o aumento da concentração do agonista, não se obtém o efeito máximo.

7. (EXAME 2010)

Segundo dados de 2008 da Organização Mundial de Saúde, as anemias carenciais constituem um problema mundial de saúde pública. São frequentes em países em desenvolvimento, onde a alimentação é inadequada e caracterizada pela falta de nutrientes e vitaminas essenciais. Por meio da análise do esfregaço de sangue corado, é possível obter informações acerca da morfologia, do tamanho e da coloração dos eritrócitos, sendo o comprometimento dos mesmos indicado como consequência da falta desses nutrientes.

Dessa forma, a anemia carencial mais prevalente nos dias atuais é causada pela deficiência de

(A) ferro, e pode ser diagnosticada pela presença de hemácias microcíticas e hipocrômicas no esfregaço de sangue.
(B) folatos, e pode ser diagnosticada pela presença de hemácias macrocíticas e normocrômicas no esfregaço de sangue.
(C) glicose-6-fosfato-desidrogenase, e pode ser diagnosticada por meio do esfregaço sanguíneo corado pela presença de hemácias normocíticas, hipocrômicas, além do corpúsculo de Heinz.
(D) vitamina B-12, e pode ser diagnosticada por meio do esfregaço sanguíneo, pela presença de hemácias macrocíticas e hipocrômicas.
(E) vitamina C, que compromete a absorção de diversos nutrientes, resultando na presença de hemácias macrocíticas e hipocrômicas.

8. (EXAME 2010)

A hemoglobina glicada é um conjunto de substâncias formado a partir de reações entre a hemoglobina "A" (HbA) e alguns açúcares, sendo que a fração A1c, ligada especificamente com a glicose, representa 80% da hemoglobina A1 total. **PORQUE** A quantidade de glicose ligada à hemoglobina é diretamente proporcional à concentração média de glicose no sangue que permanece associada de forma irreversível à cadeia alfa da hemoglobina, por meio de reação mediada por um sistema enzimático, permitindo uma avaliação do controle glicêmico médio no período entre 90 a 120 dias que precedem o exame.

Acerca dessas asserções, assinale a opção correta.

(A) As duas asserções são proposições verdadeiras, e a segunda é uma justificativa correta da primeira.
(B) As duas asserções são proposições verdadeiras, mas a segunda não é uma justificativa correta da primeira.
(C) A primeira asserção é uma proposição verdadeira, e a segunda é uma proposição falsa.
(D) A primeira asserção é uma proposição falsa, e a segunda é uma proposição verdadeira.
(E) As duas asserções são proposições falsas.

9. (EXAME 2010)

O exame microscópico do sedimento urinário pode contribuir para o diagnóstico de várias doenças do trato genitourinário e sua realização requer habilidades específicas resultantes da formação e do exercício profissional do analista laboratorial. As imagens nas figuras a seguir representam a visão microscópica do sedimento urinário.

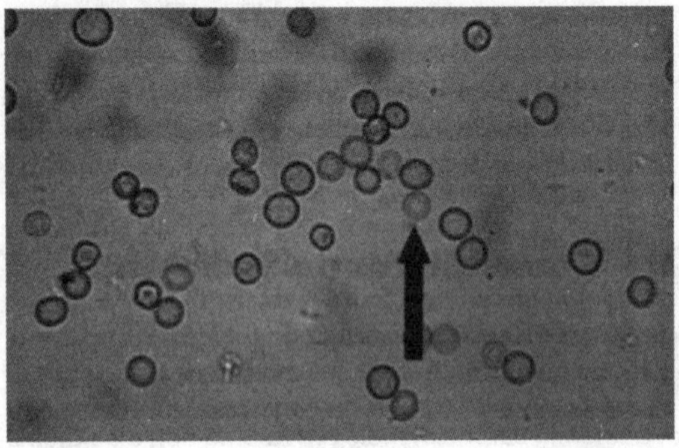

Figura 1

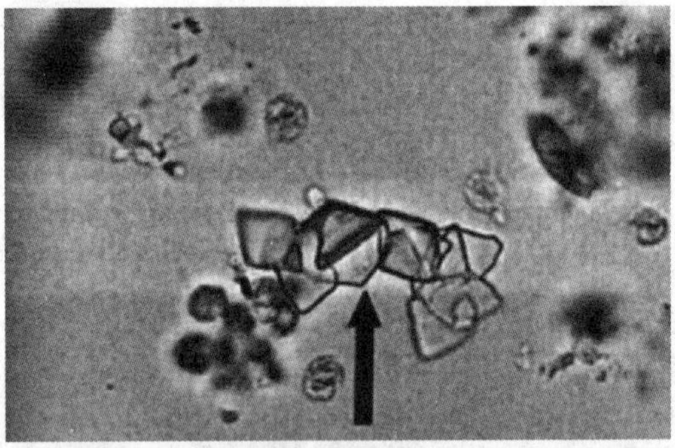

Figura 2

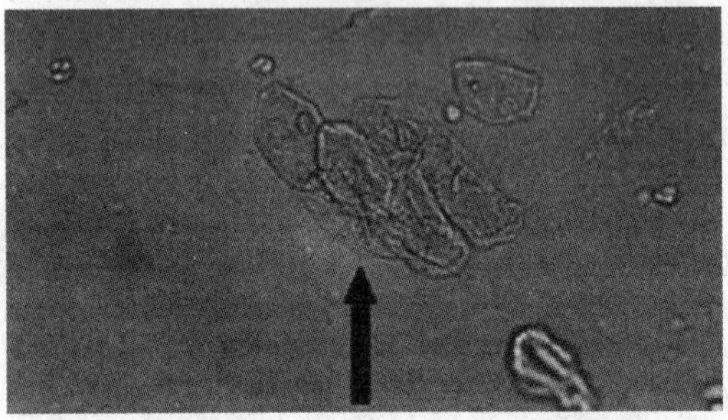

Figura 3

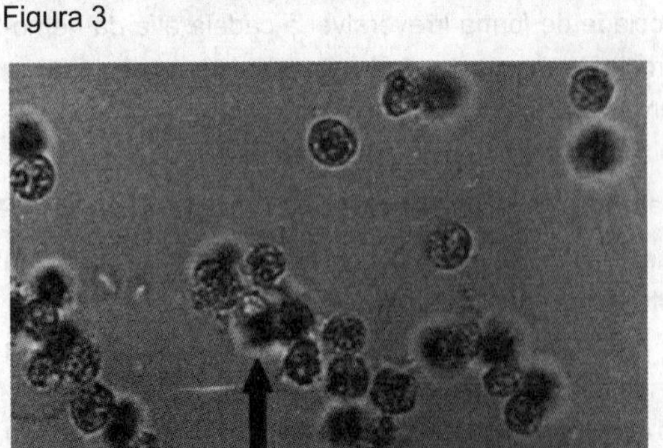

Figura 4

STRASINGER, S.K. **Urinálise e fluidos corporais.** Livraria Médica Paulista, 5' ed. 2009.

Em ordem crescente e de acordo com a indicação das setas, as figuras de 1 a 4 correspondem a

(A) hemácias, cristais de ácido úrico, células tubulares, leucócitos.

(B) hemácias, cristais de ácido úrico, células epiteliais, leucócitos.

(C) leucócitos, cristais de ácido úrico, células epiteliais, hemácias.

(D) hemácias, cristais de oxalato de cálcio, células tubulares, leucócitos.

(E) leucócitos, cristais de oxalato de cálcio, células tubulares, hemácias.

10. (EXAME 2010)

As células do epitélio escamoso encontradas no esfregaço vaginal são divididas em três tipos: superficiais, intermediárias e parabasais. Essas células possuem desenvolvimento hormônio-dependente e, desse modo, o aspecto do esfregaço vaginal apresenta alterações cíclicas em consonância com os ciclos menstrual e ovariano. Considerando o processo de maturação das células do epitélio escamoso e sua correlação com os hormônios sexuais femininos, analise as afirmações que se seguem. I. Os estrógenos induzem à maturação completa das células do epitélio escamoso, resultando no predomínio de células intermediárias e parabasais no esfregaço vaginal. II. Em condições de baixa produção de estrógenos, observa-se predomínio de células parabasais no esfregaço vaginal. III. Logo após o nascimento, o esfregaço vaginal da lactante apresenta aspecto idêntico ao observado no esfregaço materno, caracterizado pelo predomínio de células intermediárias e superficiais. IV. O predomínio de células superficiais no esfregaço cérvico-vaginal é observado durante a gestação e na fase progestacional do ciclo menstrual.

É correto apenas o que se afirma em

(A) I e II.

(B) I e III.

(C) II e III.

(D) II e IV.

(E) III e IV.

11. (EXAME 2010)

O citomegalovírus (CMV), membro da família Herpesviridae, é altamente prevalente na população humana. É caracterizado pela latência, que é observada após a primeira infecção e possibilita a reativação viral tardia em portadores de algum tipo de imunodepressão. A transmissão desse vírus ocorre por diferentes vias, inclusive transfusão sanguínea e transmissão vertical. Considerando essas vias de transmissão do citomegalovírus, as possibilidades diagnósticas e as estratégias de prevenção, avalie as afirmativas a seguir.

I. A pesquisa de anticorpos anticitomegalovírus da classe IgM em neonatos é uma boa estratégia diagnóstica para a determinação da infecção congênita, embora seja menos sensível que o isolamento do vírus em líquidos corporais nas duas primeiras semanas de vida.

II. A presença de anticorpos maternos anticitomegalovírus da classe IgG antes da concepção previne a transmissão da doença ao feto, pois essa imunoglobulina atravessa a placenta.

III. A leucorredução é uma estratégia que previne a transmissão de CMV por transfusão sanguínea em recém-nascidos com peso inferior a 1200 g.

IV. A sorologia para CMV é obrigatória em transfusão de recém-nascidos caso seja transfundido sangue desleucocitado.

É correto apenas o que se afirma em

(A) I e II.
(B) I e III.
(C) I e IV.
(D) II e III.
(E) III e IV.

12. (EXAME 2010)

A rubéola é uma doença de pouca gravidade que, frequentemente, evolui com sintomas inespecíficos, dificultando o diagnóstico em bases clínicas. Por essa razão, é necessária a confirmação laboratorial. Os métodos sorológicos são os procedimentos mais úteis para o diagnóstico da infecção pelo vírus da rubéola, seja em mulheres seja em recém-natos e lactantes. Entre esses métodos, os ensaios imunoenzimáticos (ELISA) para detectar anticorpos IgM e IgG antirrubéola e os testes de avidez para IgG antirrubéola são os mais utilizados na atualidade.

Considerando os possíveis resultados da sorologia para rubéola, avalie as afirmativas a seguir.

I. A detecção de IgM contra rubéola no soro de recém-nascidos indica proteção transplacentária.
II. A presença de IgG específica antivírus da rubéola, com alta avidez, em amostra de soro da paciente demonstra imunidade para a rubéola.
III. A infecção aguda de rubéola é diagnosticada pela presença de IgM específica antivírus da rubéola numa amostra de soro da paciente.
IV. Títulos de anticorpos IgG específicos antivírus da rubéola, independentemente da avidez, progressivamente aumentados nos lactantes indicam proteção a infecção.
V. A infecção aguda de rubéola é diagnosticada pelo aumento dos títulos de IgG específica antivírus da rubéola, com baixa avidez, em amostras consecutivas de soro da mesma paciente.

É correto apenas o que se afirma em

(A) I e II.
(B) I e V.
(C) I, III e IV.
(D) II, III e IV.
(E) II, III e V.

13. (EXAME 2010)

O controle das epidemias é embasado em medidas que visam conter o fluxo e a dinâmica de doenças transmissíveis ou não. Conhecer a característica da epidemia é papel do biomédico ou de outros profissionais da área que estejam atuando em serviços de vigilância em saúde.

Considerando as características das epidemias, assinale a opção correta.

(A) Em uma epidemia explosiva, não se registra a ocorrência de casos simultâneos, mas a cura das pessoas pode ocorrer ao mesmo tempo com a redução do período pré-patente.
(B) Em uma epidemia explosiva, registra-se a ocorrência de casos simultâneos, e a cura das pessoas não ocorre ao mesmo tempo.
(C) Em casos de epidemia progressiva de uma doença transmissível, não se sabe o número total de casos entre os infectados assintomáticos, e a cura das pessoas não é simultânea.
(D) Em casos de epidemia progressiva de uma doença transmissível, é possível prever o número total de casos entre os infectados assintomáticos, e a cura das pessoas ocorre ao mesmo tempo.
(E) Uma epidemia explosiva não apresenta número de casos simultâneos, e a cura das pessoas infectadas não é simultânea devido à variação do período pré-patente.

14. (EXAME 2007)

Um paciente portador de diabetes do tipo II, sob tratamento médico, realizou os exames laboratoriais periódicos de acompanhamento. Constatou-se uma glicemia de jejum no limite inferior da normalidade, mas os valores de glicose incorporada à hemoglobina (hemoglobina glicada) revelaram-se significativamente acima do percentual recomendado.

Essas observações permitem concluir que

(A) o paciente deve ter sofrido um episódio hiperglicêmico nas últimas 24 horas.
(B) o paciente deve ter sofrido um episódio hipoglicêmico nas últimas 24 horas.
(C) o sequestro de glicose pela hemoglobina deve estar provocando episódios frequentes de hipoglicemia.
(D) o paciente deve ter apresentado episódios frequentes de hiperglicemia nos últimos 60 a 90 dias.
(E) não há qualquer relação entre o nível de hemoglobina glicada e a evolução da curva glicêmica.

15. (EXAME 2007)

A geração de novas células nervosas é muito intensa durante o desenvolvimento embrionário, caindo drasticamente nas fases finais da ontogênese e após o nascimento. No entanto, em algumas regiões do sistema nervoso, a neurogênese continua durante toda a vida, assim como os processos de morte celular por apoptose. Esses processos podem ser manipulados para melhorar a qualidade de vida de pacientes com distúrbios neurológicos. No sistema nervoso de um indivíduo que melhora a sua condição geral por meio de exercícios físico e mental, observa-se

(A) aumento da apoptose e aumento da neurogênese.
(B) supressão total da apoptose e da neurogênese.
(C) redução da apoptose e redução da neurogênese.
(D) aumento da apoptose e redução da neurogênese.
(E) redução da apoptose e aumento da neurogênese.

16. (EXAME 2007)

O sistema de grupo sanguíneo *Rhesus* é um dos mais importantes depois do sistema ABO e é indicado pela presença (Rh positivo) ou ausência (Rh negativo) do antígeno D. Entretanto, foram descritos eritrócitos que expressam poucos antígenos D e são designados como D fraco (ou D^u). Um indivíduo portador do D fraco pode aparecer como Rh negativo em testes quando as amostras são tipadas apenas com antissoro contra o antígeno D.

É correto afirmar que

(A) o D fraco é expresso em outras células do sistema sanguíneo, como linfócitos e macrófagos.

(B) um indivíduo D fraco somente poderá doar sangue para outro indivíduo D fraco.

(C) o D fraco não pode ser detectado por métodos imunológicos e sua identificação só pode ser feita por PCR.

(D) um indivíduo D fraco, por expressar menos sítios antigênicos, poderá doar sangue para indivíduos Rh negativo.

(E) o D fraco pode ser detectado com o teste da antiglobulina indireta, indicando tratar-se de um indivíduo Rh positivo.

17. (EXAME 2007)

Recentemente, foram descritos casos no norte do país de pacientes que contraíram a Doença de Chagas pela ingestão de derivados de açaí, sendo que alguns morreram. Curiosamente, esse não era o padrão conhecido de contágio pelo *Trypanosoma cruzi*, o que chamou a atenção das autoridades sanitárias e população em geral. Qual pode ter sido a causa dessas infecções?

(A) O protozoário causador dessa doença encontra-se livre nas plantas, mas ainda não tinha sido detectado no açaí.

(B) O vetor infectado, um inseto da família *Triatomideae*, provavelmente encontrava-se no açaí que foi processado.

(C) A bactéria causadora da doença é resistente aos antibióticos disponíveis e foi detectada no suco do açaí.

(D) A Doença de Chagas tem uma evolução rápida, facilitando sua transmissão pelo mosquito *Anopheles*.

(E) O suco de açaí é um alimento muito rico em nutrientes, constituindo um meio ótimo para multiplicação desse fungo.

18. (EXAME 2007)

A resistência microbiana aos antibióticos tem recebido cada vez mais a atenção do Sistema Público de Saúde devido aos altos índices presentes nos hospitais brasileiros. A determinação da sensibilidade de bactérias aos antimicrobianos é uma das principais funções do microbiologista clínico. Vários tipos de exames podem ser solicitados ao laboratório para auxiliar a escolha terapêutica, a saber:

I. Antibiograma de difusão em disco.

II. Concentração mínima inibitória do antibiótico.

III. Poder bactericida do soro do paciente, durante tratamento.

Analise a situação clínica de cada um dos pacientes abaixo.

1) Paciente com osteomielite crônica fazendo uso de antibióticos nefrotóxicos.

2) Paciente ambulatorial, mulher jovem, com sua 1ª infecção urinária.

3) Paciente com infecção hospitalar por bactéria multirresistente.

O teste laboratorial **mais** adequado para cada situação clínica é:

(A) I (1), II (2), III (3).

(B) I (1), II (3), III (2).

(C) I (2), II (3), III (1).

(D) I (3), II (1), III (2).

(E) I (3), II (2), III (1).

19. (EXAME 2007)

A teníase, que no ser humano é provocada pelos cestoides *Taenia saginata* e *Taenia solium*, é caracterizada por dor abdominal, anorexia e outras manifestações gastrointestinais, sem provocar consequências mais sérias. Esta parasitose, quando produzida por *Taenia solium*, pode conduzir à cisticercose humana, cuja localização cerebral é a sua manifestação mais grave, podendo levar o indivíduo à morte.

Analise as proposições abaixo.

I. O ser humano adquire teníase quando ingere carne suína crua ou parcialmente cozida, contendo cisticercos.

II. Os suínos adquirem cisticercose quando ingerem ovos de *Taenia solium*, presentes no ambiente.

III. O ser humano adquire cisticercose quando ingere carne suína crua ou parcialmente cozida, contendo cisticercos.

Está correto o que se afirma SOMENTE em

(A) I.

(B) II.

(C) I e II.

(D) I e III.

(E) II e III.

20. (EXAME 2007)

No gráfico abaixo está representada a evolução de uma infecção com o vírus da hepatite B, assim como a resposta imune (anti-HBc, IgM e IgG) a essa infecção.

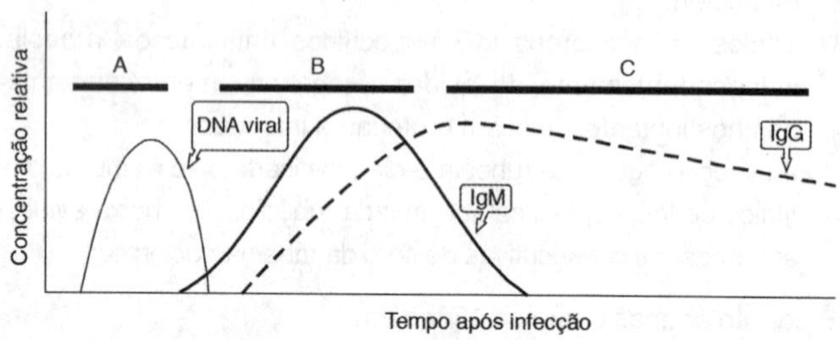

Considerando um indivíduo doador de sangue, potencialmente será seu sangue fonte inadvertida de contaminação. Pode-se afirmar corretamente que

(A) na etapa A há risco para transmissão do vírus, mas este pode ser detectado com métodos que identificam antígenos virais.

(B) na etapa B observa-se a geração de anticorpos de memória, IgM, que não podem ser identificados em ensaios imunológicos.

(C) ensaios imunológicos podem detectar facilmente a presença de partículas de vírus na etapa C, sendo estes considerados de referência.

(D) os anticorpos gerados tardiamente após a infecção (IgG, etapa C) penetram no hepatócito, destruindo completamente os vírus.

(E) a chamada janela imunológica corresponde a uma etapa tardia após a infecção, na qual não se podem detectar anticorpos contra o vírus da hepatite B.

QUESTÕES DISCURSIVAS

1. (EXAME 2010) DISCURSIVA

A deficiência de ferro é a causa mais comum de anemia e, em geral, o diagnóstico laboratorial é feito sem grandes dificuldades. A interpretação dos resultados, no entanto, deve ser feita cuidadosamente, tendo-se em mente as limitações e interferentes de cada reação. Confirmado o diagnóstico, inicia-se o tratamento e a investigação das causas da anemia. A figura a seguir indica a correlação das principais alterações laboratoriais no decorrer das fases evolutivas da de privação de ferro.

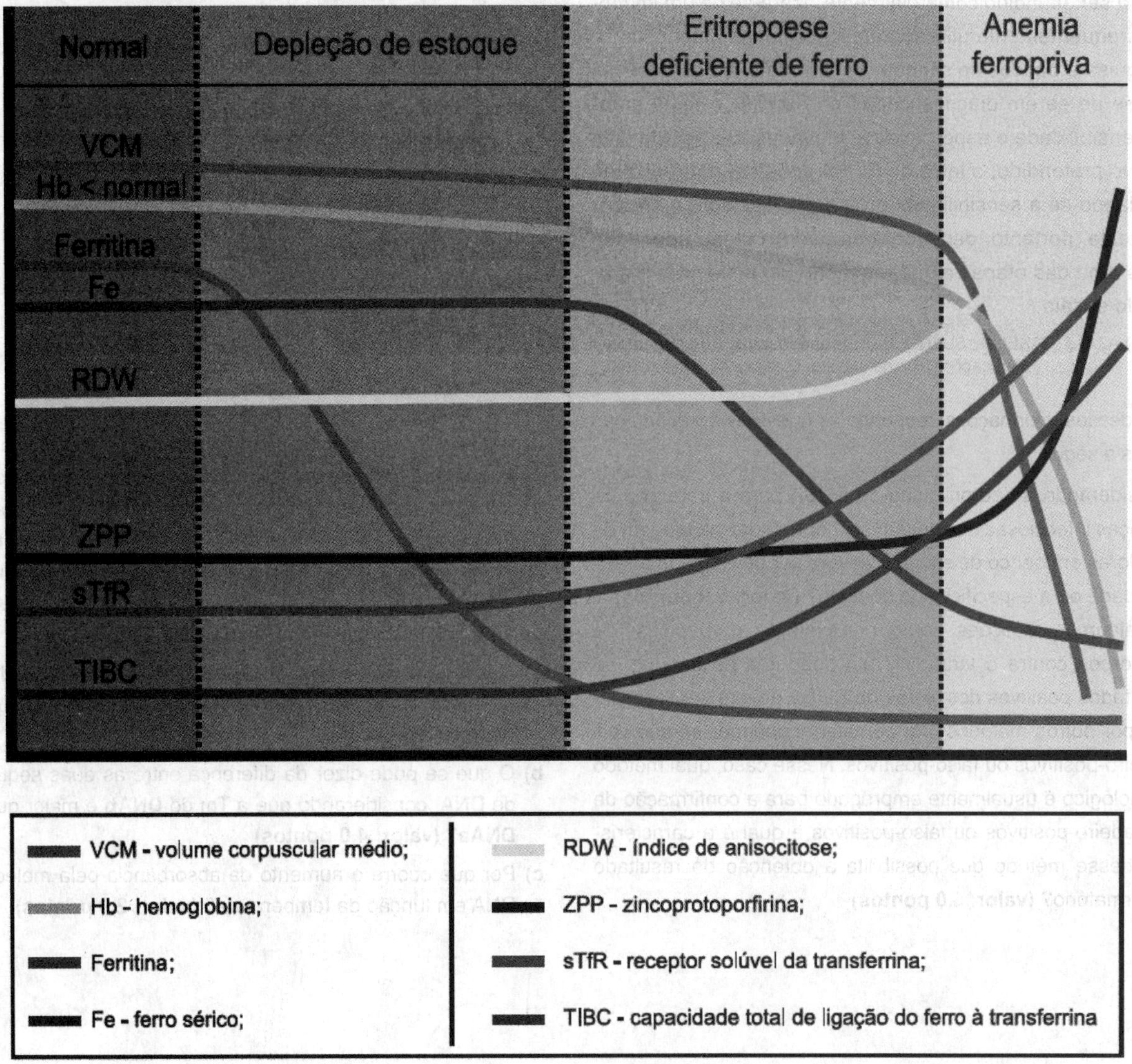

GROTTO, Helena Z. W. Fisiologia e metabolismo do ferro. **Rev. Bras. Hematol. Hemoter.**, São Paulo, 2010.

A partir das informações apresentadas, redija um texto dissertativo que contemple as respostas às questões a seguir.

a) Quais as alterações laboratoriais verificadas nas fases de depleção de estoque e eritropoese deficiente de ferro? Justifique sua resposta. **(valor: 6,0 pontos)**

b) Como o quadro de anemia ferropriva pode ser revertido? **(valor: 4,0 pontos)**

2. (EXAME 2010) DISCURSIVA

O diagnóstico preciso de doenças infecciosas e parasitárias necessário para a solução de diversos casos clínicos e prevenção de doenças transmitidas por transfusão sanguínea teve um grande impulso por volta dos anos 70 e a partir de 1985, quando foi desenvolvido o teste de ELISA (*enzyme linked immunosorbent assay/ensaio imunoenzimático*) e esse passou a ser difundido comercialmente. Trata-se de um imunoensaio frequentemente utilizado em laboratórios diagnósticos, de pesquisa e bancos de sangue. Para a maioria das doenças passíveis de serem diagnosticadas por ELISA, o teste apresenta sensibilidade e especificidade elevadas. De acordo com o objetivo pretendido, o teste de ELISA pode ser padronizado, privilegiando-se a sensibilidade ou a especificidade. A eficiência do teste, portanto, dependerá da padronização adequada de cada uma das etapas e dos reagentes do teste para o propósito do ensaio.

VAZA. J.; TAKEI, K.; BUENO, E.C.; **Imunoensaios, Fundamentos e Aplicações**. Rio de Janeiro: Guanabara Koogan, 2007.

A partir dessas informações, responda às questões apresentadas nos itens a seguir.

a) Considerando a padronização do ELISA para a detecção de doenças infecciosas que devem ser controladas na triagem de doadores em banco de sangue, deverá ser privilegiada a sensibilidade ou a especificidade do teste? **(valor: 5,0 pontos)**

b) Em algumas situações, como, por exemplo, na pesquisa de anticorpos contra o vírus HIV em doadores de sangue, os resultados positivos dos testes de ELISA devem ser reavaliados por outros métodos que permitam confirmar se são verdadeiro-positivos ou falso-positivos. Nesse caso, qual método imunológico é usualmente empregado para a confirmação de verdadeiro-positivos ou falso-positivos e qual é a característica desse método que possibilita a obtenção do resultado confirmatório? **(valor: 5,0 pontos)**

3. (EXAME 2007) DISCURSIVA

Duas amostras de DNA (**a** e **b**) de diferentes procedências foram analisadas quanto à absorção de luz ultravioleta (260 nm), em diferentes temperaturas. Os dados estão apresentados no gráfico abaixo.

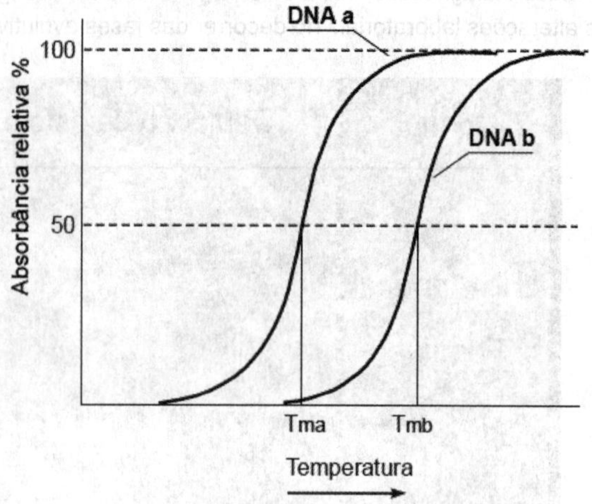

Como pode ser visto, ocorre um aumento sigmoidal da absorção da luz UV a partir de determinada temperatura, sendo que a temperatura onde se verifica uma absorbância relativa de 50% é conhecida como Tm (temperatura de *melting*, ou temperatura de fusão). Este valor de Tm é muito útil em vários procedimentos que empregam a molécula de DNA e é específico dependendo da sequência da molécula. Claramente, a molécula **DNAb** tem uma Tm maior do que a molécula **DNAa**.

a) Que fenômeno ocorre com a molécula de DNA quando ela é aquecida em solução a temperaturas superiores a sua Tm? **(valor: 4,0 pontos)**

b) O que se pode dizer da diferença entre as duas sequências de DNA, considerando que a Tm do **DNAb** é maior que a do **DNAa**? **(valor: 4,0 pontos)**

c) Por que ocorre o aumento da absorbância pela molécula de DNA em função da temperatura? **(valor: 2,0 pontos)**

Capítulo VII

Questões de componente específico de Farmácia

1) Conteúdos e Habilidades objetos de perguntas nas questões de Componente Específico.

As questões de Componente Específico são criadas de acordo com o curso de graduação do estudante. Essas questões, que representam ¾ (três quartos) da prova e são em número de 30, podem trazer, em Farmácia, dentre outros, os seguintes **Conteúdos**:

a) Ciências Exatas – incluem-se os processos, as abordagens e os métodos físicos, químicos, matemáticos e estatísticos como suporte às Ciências Farmacêuticas;

b) Ciências Biológicas e da Saúde – incluem-se os conteúdos teóricos e práticos das bases moleculares e celulares dos processos fisiopatológicos, da estrutura e função dos tecidos, órgãos, sistemas e aparelhos, bem como processos bioquímicos, microbiológicos, parasitológicos, imunológicos, de genética molecular e de bioinformática em todo o desenvolvimento do processo saúde-doença;

c) Ciências Humanas e Sociais – incluem-se os conteúdos referentes às diversas dimensões da relação indivíduo/sociedade, contribuindo para a compreensão dos determinantes sociais, culturais, comportamentais, psicológicos, ecológicos, éticos, legais e conteúdos envolvendo a comunicação, a economia e gestão administrativa, tanto individual quanto coletivo, como suporte à atividade farmacêutica;

d) Ciências Farmacêuticas – incluem-se os conteúdos teóricos e práticos relacionados à metodologia científica, pesquisa, desenvolvimento e inovação, produção e garantia da qualidade de matérias primas, insumos e produtos farmacêuticos; estudo dos medicamentos no que se refere à farmacologia, farmacodinâmica, farmacocinética, biodisponibilidade, emprego terapêutico e farmacoepidemiologia, visando garantir as boas práticas de dispensação e a utilização racional de medicamentos; assistência e atenção farmacêuticas; diagnóstico clínico laboratorial e terapêutico; bromatologia; biossegurança; toxicologia; química farmacêutica e medicinal; farmacognosia; farmácia magistral alopática e homeopática; farmácia hospitalar; hemocomponentes e hemoderivados.

e) Legislação sanitária e profissional – incluem-se os conteúdos referentes à regulamentação da atuação das empresas e dos profissionais farmacêuticos sob o ponto de vista do controle sanitário e do código de ética e demais legislações pertinentes.

O objetivo aqui é avaliar junto ao estudante a compreensão dos conteúdos programáticos mínimos a serem vistos no curso de graduação, de forma avançada. Também é avaliado o nível de atualização com relação à realidade brasileira e mundial e às questões jurídicas de maior relevância.

Avalia-se aqui também *competências* e *habilidades*. A ideia é verificar se o estudante desenvolveu as principais **Habilidades** para o profissional de Farmácia, que são as seguintes:

I. Competências e habilidades gerais:

a) Atenção à saúde: os profissionais de saúde, dentro de seu âmbito profissional, devem estar aptos a desenvolver ações de prevenção de enfermidades, promoção, proteção e reabilitação da saúde tanto em nível individual quanto coletivo. Cada profissional deve assegurar que sua prática seja realizada de forma integrada e contínua com as demais instâncias do sistema de saúde, sendo capaz de pensar criticamente, de analisar os problemas da sociedade e de procurar soluções para os mesmos. Os profissionais devem realizar seus serviços dentro dos mais altos padrões de qualidade e dos princípios da ética/bioética, tendo em conta que a responsabilidade da atenção à saúde não se encerra com o ato técnico, mas sim, com a resolução do problema de saúde, tanto em nível individual como coletivo;

b) Tomada de decisões: o trabalho dos profissionais de saúde deve estar fundamentado na capacidade de tomar decisões visando o uso apropriado, eficácia e custo-efetividade, da força de trabalho, de medicamentos, de equipamentos, de procedimentos e de práticas. Para este fim, os mesmos devem possuir competências e habilidades para avaliar, sistematizar e decidir as condutas mais adequadas, baseadas em evidências científicas;

c) Comunicação: os profissionais de saúde devem ser acessíveis e devem manter a confidencialidade das informações a eles confiadas, na interação com outros profissionais de saúde e o público em geral.

A comunicação envolve comunicação verbal, não verbal e habilidades de escrita e leitura; o domínio de, pelo menos, uma língua estrangeira e de tecnologias de comunicação e informação;

d) Liderança: no trabalho em equipe multiprofissional, os profissionais de saúde deverão estar aptos a assumirem posições de liderança, sempre tendo em vista o bem estar da comunidade. A liderança envolve compromisso, responsabilidade, empatia, habilidade para tomada de decisões, comunicação e gerenciamento de forma efetiva e eficaz;

e) Administração e gerenciamento: os profissionais devem estar aptos a tomar iniciativas, fazer o gerenciamento e administração tanto da força de trabalho, dos recursos físicos e materiais e de informação, da mesma forma que devem estar aptos a serem empreendedores, gestores, empregadores ou lideranças na equipe de saúde;

f) Educação permanente: os profissionais devem ser capazes de aprender continuamente, tanto na sua formação, quanto na sua prática. Desta forma, os profissionais de saúde devem aprender a aprender e ter responsabilidade e compromisso com a sua educação e o treinamento/estágios das futuras gerações de profissionais, mas proporcionando condições para que haja benefício mútuo entre os futuros profissionais e os profissionais dos serviços, inclusive, estimulando e desenvolvendo a mobilidade acadêmico-profissional, a formação e a cooperação através de redes nacionais e internacionais.

II. Competências e habilidades específicas:

a) respeitar os princípios éticos inerentes ao exercício profissional;

b) atuar em todos os níveis de atenção à saúde, integrando-se em programas de prevenção de enfermidades, promoção, manutenção, proteção e recuperação da saúde, comprometidos com o ser humano, respeitando-o e valorizando-o;

c) atuar de forma multiprofissional, interdisciplinar e transdisciplinar com máxima produtividade na promoção da saúde baseado na convicção científica, de cidadania e de ética;

d) reconhecer a saúde e condições dignas de vida como direitos e atuar de forma a garantir a integralidade da assistência, entendida como conjunto articulado e contínuo das ações e serviços preventivos e curativos, individuais e coletivos, exigidos para cada caso em todos os níveis de complexidade do sistema;

e) compreender métodos e técnicas de investigação e elaboração de trabalhos acadêmicos e científicos;

f) atuar na pesquisa e desenvolvimento de fármacos, medicamentos, produtos de origem vegetal, correlatos, insumos, tecnologias de diagnóstico, saneantes e cosméticos;

g) atuar na seleção, produção, garantia de qualidade, armazenamento, transporte e/ou distribuição de fármacos, medicamentos, correlatos, insumos, tecnologias de diagnóstico, saneantes e cosméticos em qualquer escala;

h) atuar na pesquisa, desenvolvimento e inovação, seleção, produção e garantia de qualidade de produtos farmacêuticos obtidos por biotecnologia e nanotecnologia;

i) atuar na pesquisa, desenvolvimento e inovação, seleção, produção e garantia de qualidade de hemocomponentes e hemoderivados, incluindo realização, interpretação de exames e responsabilidade técnica pelos serviços de hemoterapia;

j) atuar no desenvolvimento de metodologias e seleção de reativos, reagentes e equipamentos de uso farmacêutico;

k) atuar na pesquisa, desenvolvimento e inovação, seleção, produção e garantia de qualidade de alimentos;

l) atuar na avaliação toxicológica de medicamentos, cosméticos, produtos de origem vegetal, saneantes e alimentos;

m) atuar em vigilância sanitária, órgãos de regulamentação e fiscalização do exercício profissional;

n) atuar nas análises clínico-laboratoriais, incluindo as etapas pré-analíticas, analíticas, interpretação, emissão de laudos e pareceres, e, responsabilizar-se tecnicamente dentro dos padrões de qualidade e normas de segurança;

o) avaliar as interações medicamentosas e com alimentos, bem como suas interferências nas análises laboratoriais;

p) atuar na implementação e operacionalização de centros de informação de medicamentos e toxicológicos;

q) atuar na dispensação de medicamentos e produtos para a saúde;

r) atuar na promoção e gerenciamento do uso racional de medicamentos em todos os níveis do sistema de saúde;

s) desenvolver ações nos campos de assistência farmacêutica, atenção farmacêutica, farmácia clínica, farmacovigilância, farmacoeconomia e pesquisa clínica;

t) participar na formulação, implementação e avaliação de políticas de medicamentos e de assistência farmacêutica;

u) desenvolver atividades de garantia da qualidade de medicamentos, fitoterápicos, cosméticos, alimentos, tecnologias de diagnóstico, processos e serviços onde atue o farmacêutico;

v) realizar análises físico-químicas, parasitológicas, microbiológicas e toxicológicas de interesse para a saúde e o meio-ambiente, incluídas as análises de água, ar e efluentes;

w) atuar na gestão de serviços farmacêuticos, públicos ou privados.

Com relação às questões de Componente Específico optamos por classificá-las pelos Conteúdos enunciados no início deste item.

2) Questões de Componente Específico classificadas por Conteúdos.

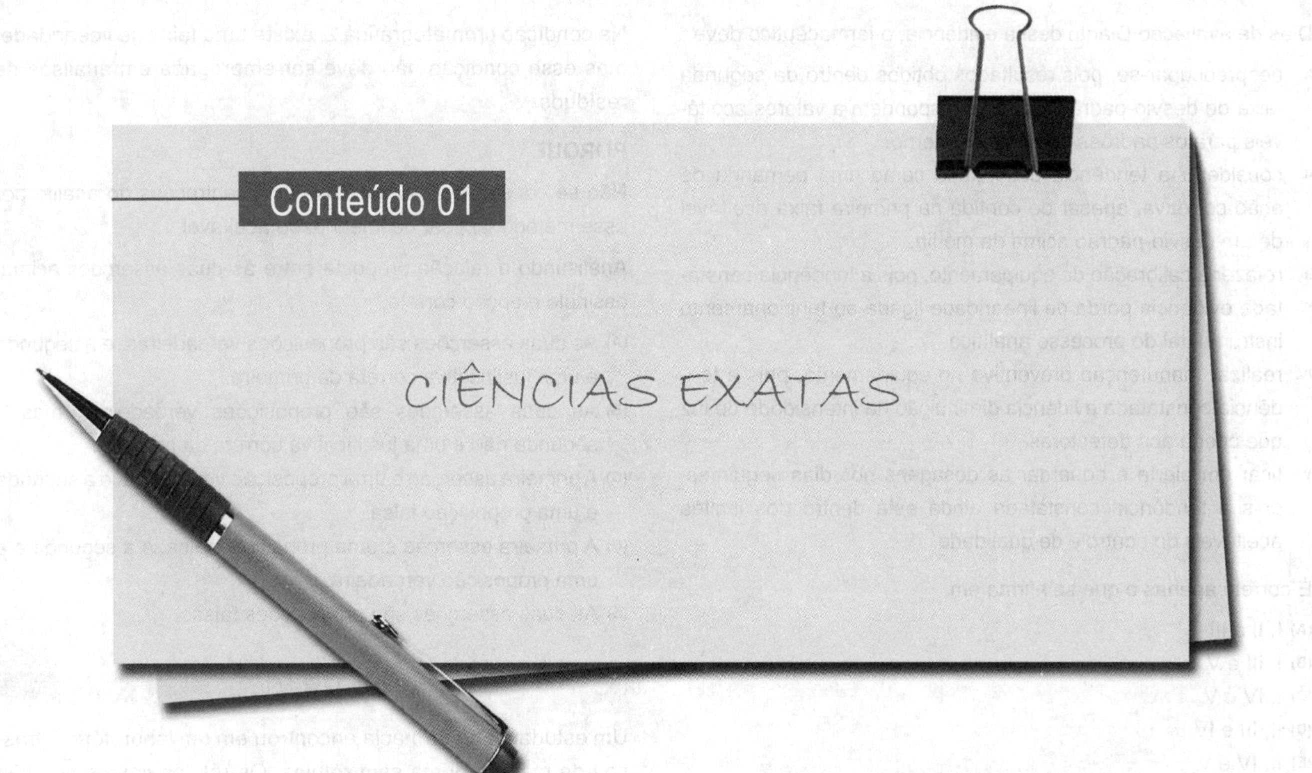

1. (EXAME 2010)

Uma solução aquosa S precisa ser conservada a -20 °C, após ser fracionada em doses de 10 g e acondicionada hermeticamente fechada em frasco-ampola. A escolha da embalagem será determinada pela variação de seu volume no gradiente de temperatura que vai desde o ambiente de produção à temperatura de um congelador a -20 °C. O gráfico abaixo ilustra o comportamento do volume de 10 g da solução **S**, em três embalagens (A, B e C), com capacidade de 12 mL cada uma, durante o resfriamento.

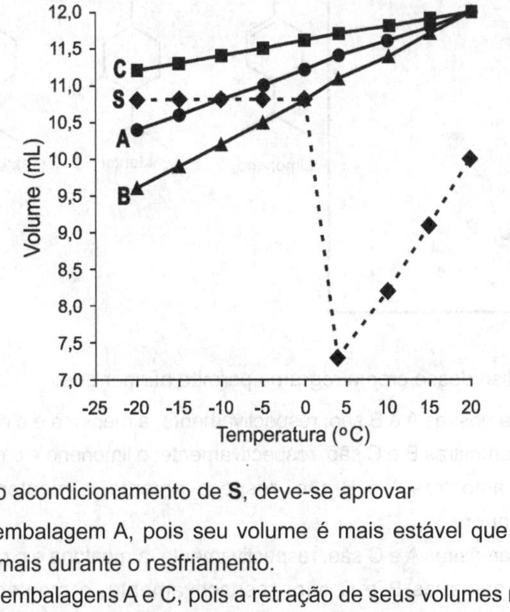

Para o acondicionamento de **S**, deve-se aprovar

(A) a embalagem A, pois seu volume é mais estável que o das demais durante o resfriamento.

(B) as embalagens A e C, pois a retração de seus volumes resiste à expansão da solução S, sem que elas se quebrem.

(C) as embalagens A e B, pois seu volume é mais estável que o das demais durante o resfriamento.

(D) a embalagem C, pois a retração de seu volume resiste à expansão da solução S, sem que C se quebre.

(E) a embalagem B, pois a retração de seu volume resiste à expansão da solução S, sem que B se quebre.

2. (EXAME 2010)

Em uma rotina diária de controle de qualidade interno de um laboratório de análises clínicas, o farmacêutico constatou, por meio do diagrama de *Levey-Jennings*, apresentado a seguir, que o padrão de glicose para avaliações em espectrofotometria de absorção, cuja concentração era de 80 mg/dL com um desvio-padrão de 4 mg/dL, entrou na faixa de resultados do segundo desvio padrão, antecedida por uma tendência crescente de resultados a partir do nono dia de avaliação. Média +3DP

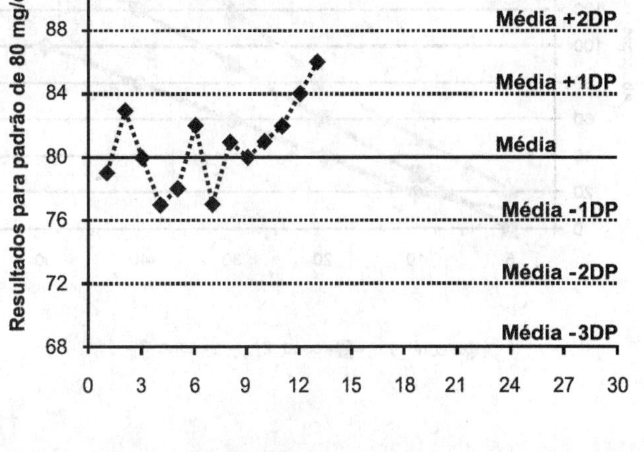

Dias de avaliação Diante dessa evidência, o farmacêutico deve

I. despreocupar-se, pois resultados obtidos dentro da segunda faixa de desvio-padrão ainda correspondem a valores aceitáveis para os padrões do controle interno.

II. considerar a tendência constatada como uma demanda de ação corretiva, apesar de contida na primeira faixa aceitável de um desvio-padrão acima da média.

III. refazer a calibração do equipamento, pois a tendência constatada evidencia perda de linearidade ligada ao funcionamento instrumental do processo analítico.

IV. realizar manutenção preventiva no equipamento, pois a tendência constatada evidencia diminuição da intensidade de luz que chega aos detectores.

V. ficar em alerta e aguardar as dosagens nos dias seguintes, pois a tendência constatada ainda está dentro dos limites aceitáveis do controle de qualidade.

É correto apenas o que se afirma em

(A) I, II e III.
(B) I, III e V.
(C) I, IV e V.
(D) II, III e IV.
(E) II, IV e V.

3. (EXAME 2010)

No desenvolvimento de métodos analíticos, a etapa de validação requer a investigação da faixa de linearidade de acordo com o objetivo da análise. Além da linearidade, são determinadas a precisão, a exatidão, a especificidade/sensibilidade, a estabilidade das amostras nas condições de análise e a guarda e robustez. No desenvolvimento de um método de cromatografia líquida com detecção no ultravioleta (CLAE-UV), destinado à análise de resíduos, foram investigadas diferentes condições cromatográficas (cond_1, cond_2 e cond_3). Réplicas de amostras com concentrações conhecidas foram submetidas às análises nessas diferentes condições. Os valores de absorção no UV versus as concentrações nominais (conhecidas) estão apresentadas no gráfico seguinte.

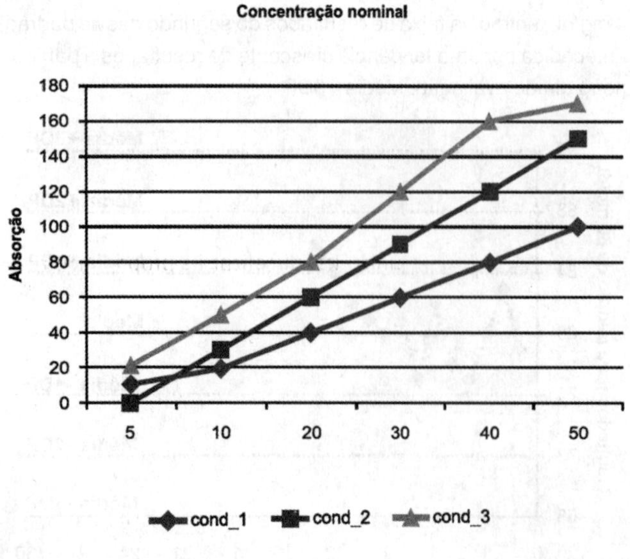

Na condição cromatográfica 2, existe uma faixa de linearidade, mas essa condição não deve ser empregada em análises de resíduos.

PORQUE

Não se consegue detectar baixas concentrações do analito por esse método, apesar da linearidade aceitável.

Analisando a relação proposta entre as duas asserções acima, assinale a opção correta.

(A) As duas asserções são proposições verdadeiras, e a segunda é uma justificativa correta da primeira.
(B) As duas asserções são proposições verdadeiras, mas a segunda não é uma justificativa correta da primeira.
(C) A primeira asserção é uma proposição verdadeira, e a segunda é uma proposição falsa.
(D) A primeira asserção é uma proposição falsa, e a segunda é a uma proposição verdadeira.
(E) As duas asserções são proposições falsas.

4. (EXAME 2010)

Um estudante de farmácia encontrou em um laboratório 3 frascos de matéria-prima sem rótulos. Os rótulos caídos no chão diziam que em um frasco havia mentol, em outro limoneno e o terceiro mentona. O aluno decidiu então fazer uma placa de cromatografia em camada fina para tentar descobrir qual substância estava em cada frasco. Como fase estacionária foi usada placa de sílica e a fase móvel escolhida foi tolueno com acetato de etila (93:7). Após eluir a placa, esta foi revelada com o reagente vanilina sulfúrica.

WAGNER H.; BLADT S. **Plant drug analysis:** a thin layer chromatography atlas. Berlim: Springer Verlag, 1996 (com adaptações).

A figura abaixo apresenta o resultado da cromatografia, assim como as estruturas moleculares das substâncias em questão.

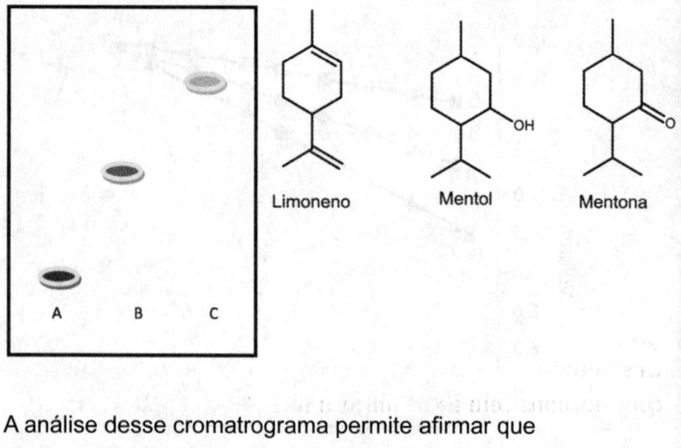

A análise desse cromatrograma permite afirmar que

(A) as amostras A e B são, respectivamente, a mentona e o mentol.
(B) as amostras B e C são, respectivamente, o limoneno e o mentol.
(C) as amostras A e B são, respectivamente, a mentona e o limoneno.
(D) as amostras A e C são, respectivamente, a mentona e o mentol.
(E) as amostras B e C são, respectivamente, a mentona e o limoneno.

5. (EXAME 2007)

Pela RDC 67, de 08/10/2007, todas as farmácias com manipulação devem garantir a qualidade físico-química e microbiológica da sua água potável. Esta será o ponto de partida para a obtenção da água purificada, a ser utilizada em todas as preparações farmacêuticas. Para melhorar a qualidade da água potável podem ser realizados alguns pré-tratamentos, além de um tratamento posterior de purificação, de forma a se obter a água purificada. Este método será escolhido pelo Farmacêutico responsável, de acordo com suas necessidades. Uma combinação possível das etapas de pré-tratamento e tratamento, respectivamente, é

(A) filtração e abrandamento.
(B) filtração e osmose reversa.
(C) troca iônica e destilação.
(D) destilação e troca iônica.
(E) destilação e osmose reversa.

6. (EXAME 2007)

Ácidos cinâmicos hidroxilados, como o ácido 4-cumárico e o ácido ferúlico, são importantes agentes antioxidantes. Eles podem ser obtidos por degradação enzimática de ligninas de madeira e o curso do processo pode ser monitorado por cromatografia líquida de alta eficiência (CLAE), usando coluna de fase reversa (octadecilsilano) de forma a garantir a qualidade dos mesmos. Durante o teste de um novo processo, visando à obtenção seletiva de ácido ferúlico, foi obtido o cromatograma 1 após algumas horas de reação, e as concentrações correspondentes aos ácidos ferúlico e 4-cumárico calculadas a partir da área de cada um dos picos marcados. Em seguida, esta mesma amostra foi coinjetada com uma mistura de padrões destes dois ácidos nas concentrações de 0,0625 mM (cromatograma 2).

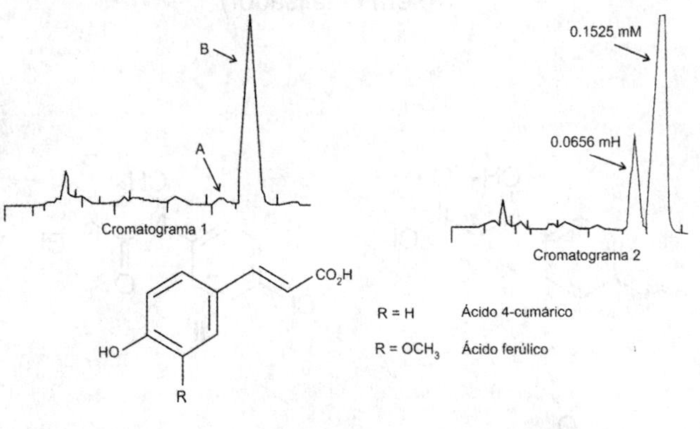

Observando os cromatogramas e as estruturas dos ácidos em questão, considere as afirmações abaixo.

I. O pico majoritário, de maior tempo de retenção, corresponde ao ácido ferúlico, devido à sua maior interação com a fase estacionária.
II. A formação de ligação hidrogênio intramolecular leva a uma diminuição da interação do ácido ferúlico com a fase estacionária, aumentando seu tempo de retenção.
III. A concentração de ácido 4-cumárico na amostra injetada é de 0,003 mM.
IV. A coinjeção com padrões é uma técnica que assegura a identidade dos compostos nas análises por CLAE.

Estão corretas, apenas, as afirmações

(A) I e III.
(B) II e IV.
(C) I, II e IV.
(D) I, III e IV.
(E) II, III e IV.

7. (EXAME 2007)

A linezolida (1) é um agente antibacteriano inibidor da biossíntese de proteínas, pertecente à classe química das oxazolidinonas. A equipe de desenvolvimento de fármacos de uma grande empresa farmacêutica, visando a desenvolver novos análogos dessa família de compostos, propôs as estruturas 2-4 para desenvolvimento. A rota de síntese desses compostos encontra-se descrita abaixo.

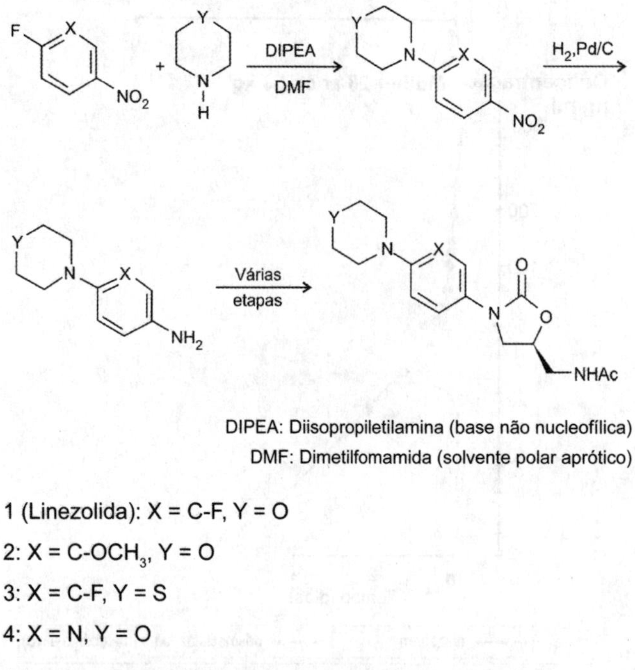

DIPEA: Diisopropiletilamina (base não nucleofílica)
DMF: Dimetilfomamida (solvente polar aprótico)

1 (Linezolida): X = C-F, Y = O
2: X = C-OCH_3, Y = O
3: X = C-F, Y = S
4: X = N, Y = O

Com base nessas informações, pode-se afirmar que são candidatos promissores a análogos da linezolida o composto:

I. **2**, já que o grupo metoxila irá mimetizar as propriedades eletrônicas do átomo de flúor de 1, favorecendo também a etapa de síntese de substituição nucleofílica aromática;
II. **3**, sendo que o átomo de enxofre, devido à sua maior lipofilicidade, deverá proporcionar maior absorção entérica de 3 em relação a 1;
III. **4**, já que o anel piridínico irá mimetizar as propriedades eletrônicas do anel benzênico de 1, favorecendo também a etapa de síntese de substituição nucleofílica aromática.

Está(ão) correta(s), apenas, a(s) afirmação(ões)

(A) I.
(B) II.
(C) III.
(D) I e II.
(E) II e III.

8. (EXAME 2007)

Analise as informações apresentadas no gráfico abaixo, sobre a cinética plasmática do diazepam na mulher obesa e na de peso normal.

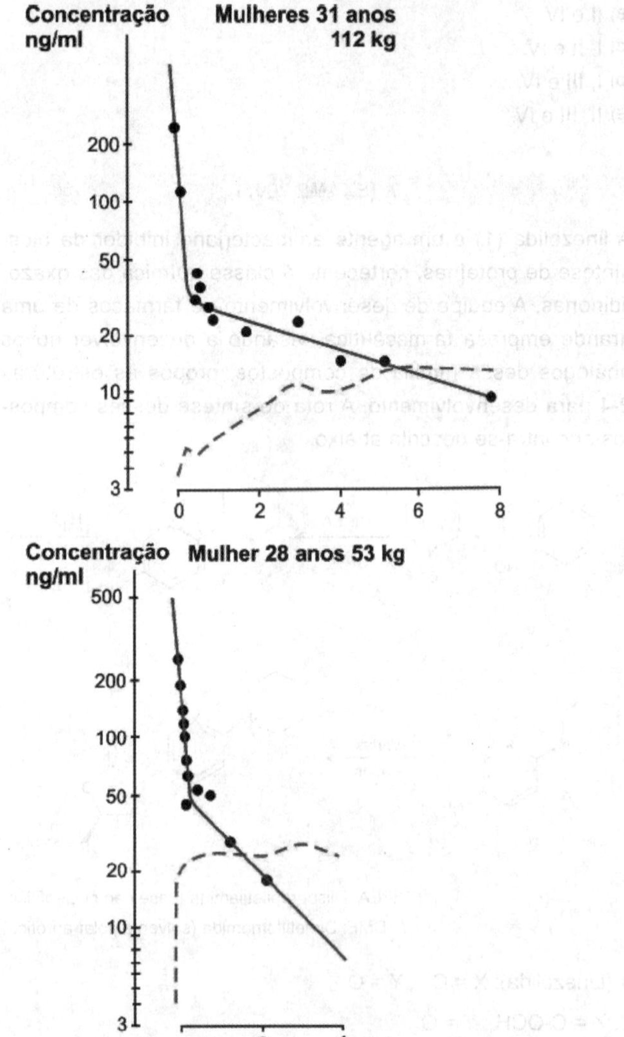

Pode-se observar no gráfico que a meia-vida de eliminação do diazepam na mulher obesa, quando comparada à meia-vida de eliminação do mesmo medicamento na mulher de peso normal, é cerca de

(A) duas vezes menor, o que demonstra que o medicamento tende a acumular-se mais no indivíduo com peso normal.

(B) duas vezes maior, pois esse medicamento é altamente hidrossolúvel, apresentando afinidade maior pela água, sendo eliminado mais rápido pelos rins.

(C) duas vezes maior, pois esse medicamento é altamente lipossolúvel e tende a acumular-se no tecido adiposo, aumentando a distribuição do medicamento e, consequentemente, a meia-vida de eliminação no indivíduo obeso.

(D) quatro vezes menor, pois o diazepam, por ser lipossolúvel, demanda maior tempo de metabolização hepática.

(E) quatro vezes maior, pois esse medicamento é altamente lipossolúvel e tende a acumular-se no tecido adiposo, aumentando a distribuição do medicamento e, consequentemente, a meia-vida de eliminação no indivíduo obeso.

9. (EXAME 2004)

Estão representadas abaixo as estruturas químicas do paracetamol e do ácido acetilsalicílico, fármacos utilizados como analgésicos.

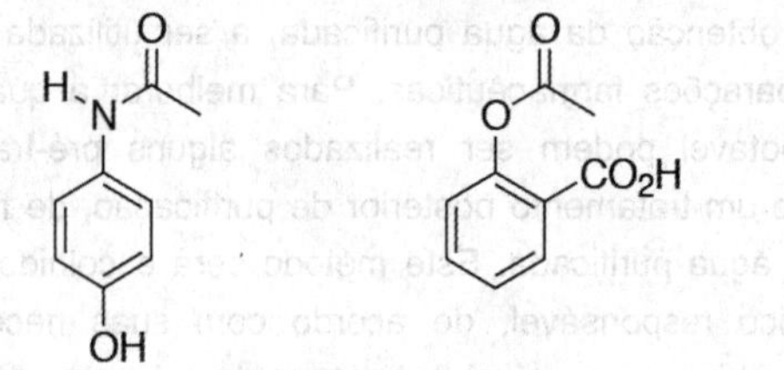

paracetamol ácido acetilsalicílico

Quando estas substâncias são submetidas às condições de hidrólise, espera-se que

(A) ambas tenham a mesma reatividade.

(B) o paracetamol seja mais reativo.

(C) o ácido acetilsalicílico seja mais reativo.

(D) ocorra substituição eletrofílica aromática.

(E) não haja reação de hidrólise.

10. (EXAME 2004)

Os benzodiazepínicos são fármacos depressores do sistema nervoso central. Existem representantes desta classe que podem ser utilizados como anticonvulsivantes, anestésicos, hipnóticos e ansiolíticos. Uma das etapas da síntese clássica de benzodiazepínicos envolve a reação de anilinas substituídas com cloreto de á-cloroacetila, conforme o esquema abaixo.

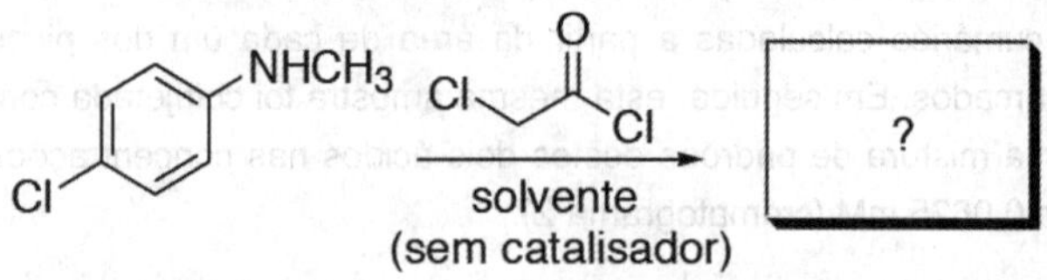

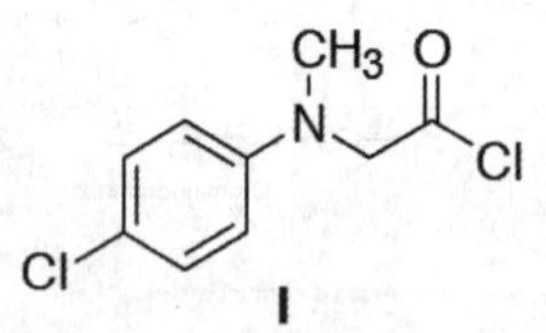

I

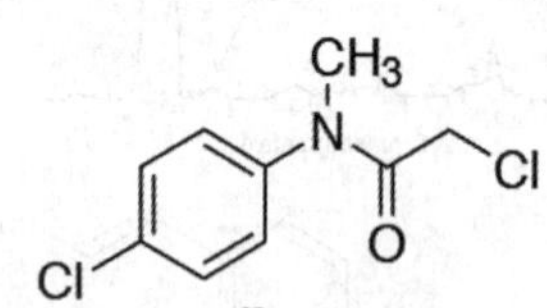

II

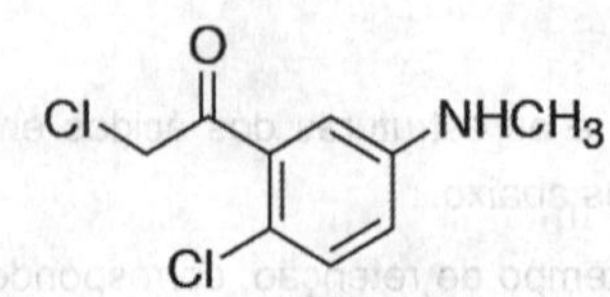

III

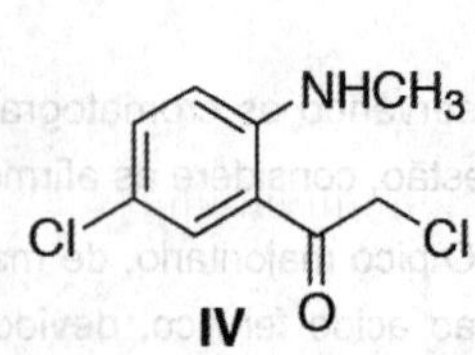

IV

Analisando os produtos acima, podemos afirmar que o produto principal formado nessa etapa é

(A) o produto I, formado por uma reação de substituição nucleofílica em carbono sp^3.

(B) o produto II, formado por uma reação de substituição nucleofílica em carbono sp^2.

(C) o produto III, formado por uma reação de substituição eletrofílica aromática (Acilação de Friedel-Crafts).

(D) o produto IV, que é isômero de III, porém deve predominar porque o grupo amino é orto-orientador.

(E) uma mistura dos produtos III e IV.

11. (EXAME 2004)

A água é o mais importante dos solventes farmacêuticos. Para ser utilizada nas formulações injetáveis, podem ser adotados diferentes métodos de purificação e produção, a partir dos quais se obtém água com diferentes graus de pureza. A esse respeito, analise as afirmativas abaixo.

I. A água deionizada é obtida por troca iônica, não sendo estéril, e, portanto, não devendo ser utilizada na preparação de injetáveis.

II. A água destilada é estéril e pode ser utilizada na manipulação de medicamentos injetáveis.

III. A água estéril para injeção é isenta de pirogênios e não pode conter nenhum agente antimicrobiano.

IV. A água bacteriostática para injeção é estéril e pode conter um ou mais agentes antimicrobianos.

Estão corretas apenas as afirmações

(A) I, II e III.

(B) I, II e IV.

(C) I, III e IV.

(D) II, III e IV.

(E) I, II, III e IV.

12. (EXAME 2004)

Considere a fórmula da emulsão apresentada abaixo.

Componente	Quantidade	EHL (Equlíbrio hidrófilo-lipófilo)
Óleo vegetal A	15g	12
Álcool cetílico	7g	13
Cera de abelha	8g	10
Propilparabeno	0,1g	–
Mistura de agentes emulsionantes	6g	–
Glicerina	4g	–
Metilparabeno	0,1g	–
Água dest. q.s.p.	100g	–

EHL dos agentes emulsionantes disponíveis

Agente emulsivo	EHL
X	15
Y	8

Que tipo de emulsão está sendo trabalhada (O/A ou A/O) e qual a quantidade, em g, dos agentes emulsivos X e Y, necessária para estabilizar a emulsão acima?

	Emulsão	X	Y
(A)	O/A	3,35g	2,65g
(B)	O/A	3,00g	3,00g
(C)	O/A	2,75g	3,25g
(D)	A/O	4,25g	1,75g
(E)	A/O	2,50g	5,50g

13. (EXAME 2003)

Uma empresa terá que desenvolver, para fins diagnósticos,um produto que contenha dois corantes que, em um a única etapa, core tanto o núcleo quanto o citoplasma celular. Baseando-se nessa premissa, a composição desse produto deverá conter

(A) um corante ácido e outro básico, ambos hidrofílicose não ionizáveis.

(B) corantes ácidos, sendo um hidrofílico e outro lipofílico.

(C) corantes ácidos, ambos lipofílicos e não ionizáveis.

(D) corantes ácidos hidrofílicos, ambos não ionizáveis.

(E) um corante ácido e outro básico, ambos ionizáveis.

14. (EXAME 2003)

Considere que a escolha de métodos utilizados no controle de microrganismos depende do número de microrganismos que podem permanecer viáveis e do tipo de material a ser controlado. Os materiais: plástico descartável, gaze, soro e óleo, respectivamente, são esterilizados em

(A) óxido de etileno, calor seco, autoclave e membrana filtrante.

(B) autoclave, calor seco, óxido de etileno e membrana filtrante.

(C) óxido de etileno, autoclave, calor seco e membrana filtrante.

(D) autoclave, calor seco, membrana filtrante e óxido de etileno.

(E) óxido de etileno, autoclave, membrana filtrante e calor seco.

15. (EXAME 2003)

No processo de obtenção de um fármaco por síntese química podem resultar produtos estereoisoméricos, sendo que, normalmente, apenas um isômero tem a atividade farmacológica desejada.

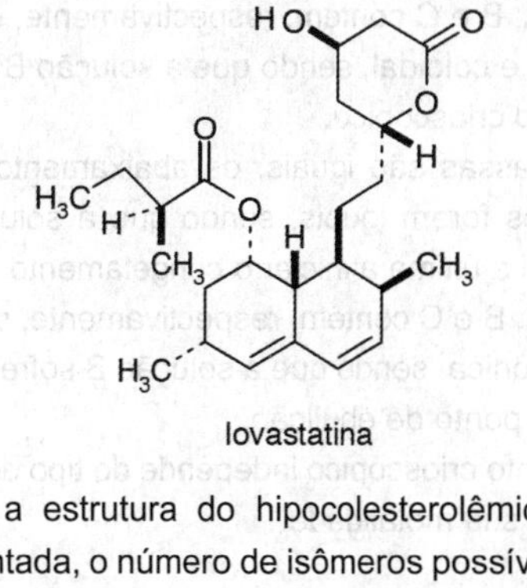

lovastatina

Considerando a estrutura do hipocolesterolêmico lovastatina, acima representada, o número de isômeros possíveis produzidos pela síntese desse fármaco é

(A) 256

(B) 128

(C) 64

(D) 16

(E) 8

16. (EXAME 2003)

O esquema abaixo representa a obtenção de precursor de hormônios esteroides.

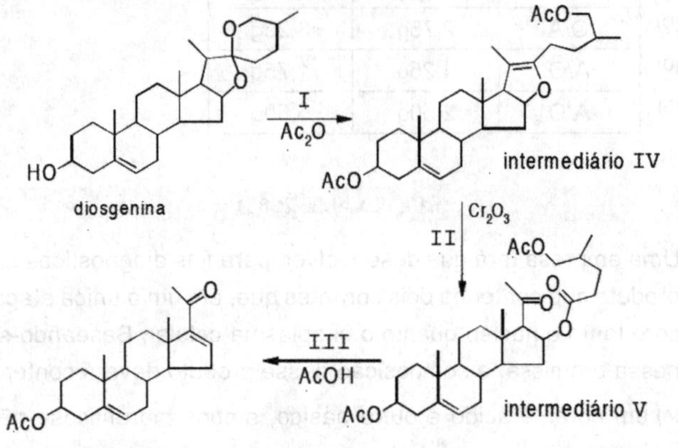

acetato de 16-desidropregnenolona

O processo envolvido é

(A) síntese por biotransformação, com reação de oxidação em II, resultando o intermediário V.

(B) síntese química, com reação de redução em III, resultando o acetato de 16-desidropregnenolona.

(C) extração química, com reação de degradação em I, resultando o intermediário IV.

(D) semissíntese química, com reação de eliminação em III, resultando o acetato de 16-desidropregnenolona.

(E) semissíntese por biotransformação, com reação de adição em I, resultando o intermediário IV.

17. (EXAME 2003)

Três frascos de vidro A, B e C contêm, respectivamente, soluções aquosas de 0,001 mol de sacarose por litro, 0,001 mol de cloreto de sódio por litro e 0,001 mol de hemoglobina por litro. Ao armazenar as soluções, a -40 °C, observou-se que, em uma delas, o aparecimento de cristais de gelo foi mais demorado. Baseando-se nas propriedades descritas, pode-se afirmar que

(A) os frascos A, B e C contêm, respectivamente, soluções iônica, coloidal e molecular, sendo que a solução B sofreu o maior abaixamento crioscópico.

(B) os frascos A, B e C contêm, respectivamente, soluções molecular, iônica e coloidal, sendo que a solução B sofreu o maior abaixamento crioscópico.

(C) como as massas são iguais, os abaixamentos crioscópicos das soluções foram iguais, sendo que a solução A, por ser isotônica, foi a última a iniciar o congelamento.

(D) os frascos A, B e C contêm, respectivamente, soluções molar, iônica e isotônica, sendo que a solução B sofreu o maior abaixamento do ponto de ebulição.

(E) o abaixamento crioscópico independe do tipo de solução, mas depende da sua molalidade.

18. (EXAME 2003)

Uma amostra padrão está sendo utilizada para testar os equipamentos e métodos de análise de um laboratório que pretende ser credenciado como "Laboratório de Referência". A amostra em solução aquosa tem a seguinte composição:

Cu^{2+}	20 ppb
Ácido benzóico	0,1 ppm
Fe^{2+}	120 ppm
Ácido ascórbico	20 mg/100 mL solução
Proteína	7% p/v

Com base nessas informações,

(A) a técnica de absorção atômica é adequada para efetuar a determinação quantitativa de todas as espécies químicas presentes na solução.

(B) para a análise do ácido ascórbico em amostras líquidas, pode-se utilizar a cromatografia em camada delgada, pelo seu baixo custo e rapidez na obtenção dos resultados.

(C) antes da determinação do cobre e do ferro é conveniente submeter a amostra ao processo de digestão para eliminação dos compostos orgânicos, que poderiam complexar os íons metálicos, interferindo no resultado da análise.

(D) a determinação da proteína após digestão ácida catalisada pelo sulfato de cobre é realizada por espectrofotometria de fluorescência.

(E) a técnica de cromatografia líquida de alta eficiência (CLAE), por ser capaz de separar e detectar quantidades pequenas de muitas substâncias, permite a quantificação simultânea dos diferentes componentes da formulação.

19. (EXAME 2003)

Os planos de amostragem, no controle estatístico de qualidade, são utilizados em várias fases do processo de manufatura para discriminar as partidas de Nível de Qualidade Aceitável (NQA) e Nível de Qualidade Inaceitável (NQI). O desempenho destes planos e os riscos associados à amostragem estão apresentados nas Curvas Características de Operação Ideal, em I, e de Operação Real, em II.

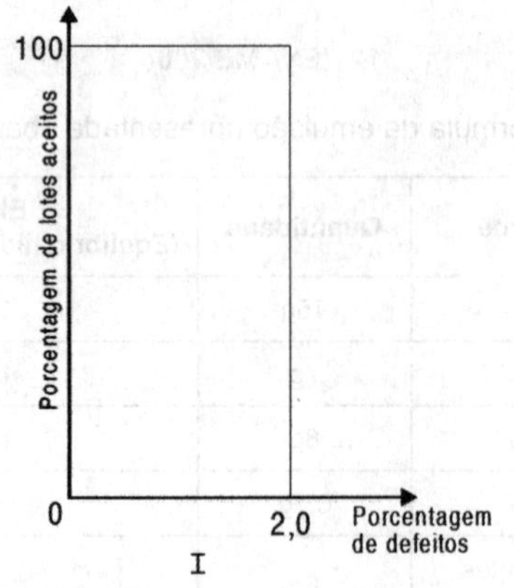

I

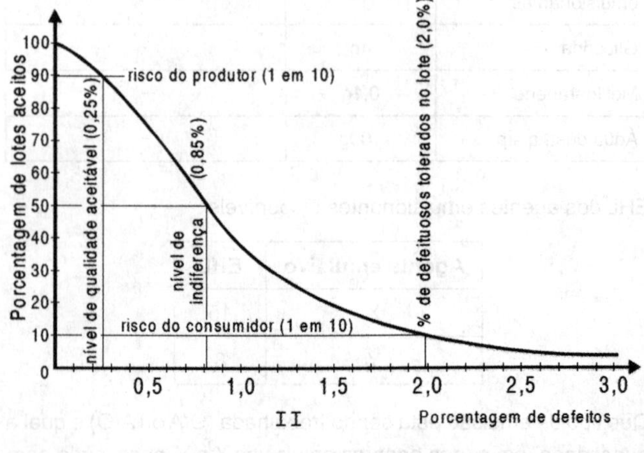

II

Adaptado de Colin F. Palmer. **Controle total de qualidade**. São Paulo: Edgard Blucher. Edgard Blucher. p. 68.

Analisando-se as Figuras I e II, pode-se afirmar que

(A) I apresenta riscos ao consumidor e ao produtor, separando as partidas de NQI.
(B) II apresenta riscos ao consumidor e ao produtor, dependendo de amostra otimista ou pessimista, respectivamente.
(C) I utiliza número reduzido de amostras, determinando o NQA e o NQI.
(D) II realiza inspeção 100%, determinando o NQA e o NQI.
(E) I corresponde à inspeção por amostragem, separando as partidas de NQA.

20. (EXAME 2003)

Considere a seguinte fórmula:

Fármaco A................................ 10,0 mg
Fármaco B................................ 400,0 mg
Corante.................................... 1,0 mg
Lactose.................................... q.s.p. 1 cápsula

Dados:
Peso médio das cápsulas vazias: 120 mg
Peso médio das cápsulas preenchidas totalmente com:
Lactose = 620 mg
Fármaco A = 320 mg
Fármaco B = 620 mg
Corante = 620 mg

A quantidade de lactose necessária para preparar uma cápsula e a função do corante na fórmula são, respectivamente,

(A) 74,0 mg e visualizar a homogeneidade da mistura.
(B) 89,0 mg e identificar a dissolução do fármaco A.
(C) 89,0 mg e visualizar a homogeneidade da mistura.
(D) 209,0 mg e visualizar a homogeneidade da mistura.
(E) 74,0 mg e identificar a dissolução do fármaco A.

21. (EXAME 2003)

O captopril, anti-hipertensivo inibidor da enzima conversora de angiotensina (ECA), é exemplo de planejamento de fármaco dirigido ao sítio ativo. A figura abaixo mostra os compostos sintetizados e as respectivas atividades, expressas em IC_{50}, até se obter o captopril.

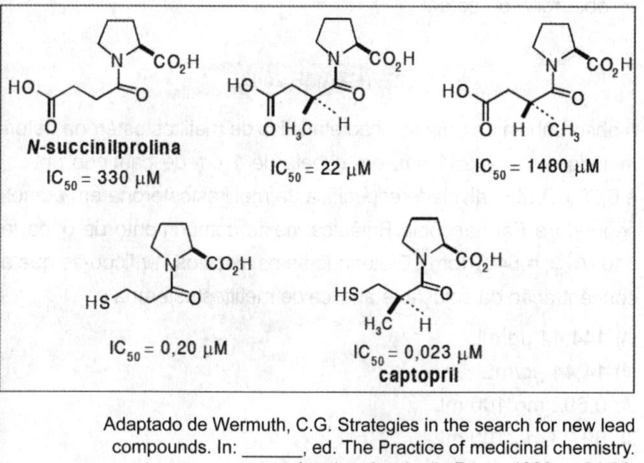

Adaptado de Wermuth, C.G. Strategies in the search for new lead compounds. In: ______, ed. The Practice of medicinal chemistry. London: Academia Press, 1996. p. 94-95.

A análise da figura permite concluir que a atividade inibidora da ECA é favorecida

(A) pela ausência de grupo metila em alfa à carbonila, com maior interação com sítio hidrofóbico, e pela presença de grupo sulfidrila, que melhor coordena com o zinco da enzima.
(B) pela presença tanto de grupo metila em alfa à carbonila, com interação inespecífica com sítio hidrofóbico, quanto de grupo sulfidrila, que melhor coordena com o zinco da enzima.
(C) pela presença tanto de grupo metila em alfa à carbonila, com interação inespecífica com sítio hidrofóbico, quanto de grupo carboxila terminal, que melhor coordena com o zinco da enzima.
(D) pela presença tanto de grupo metila em alfa à carbonila, que interage estereoespecificamente com sítio hidrofóbico, quanto de grupo sulfidrila, que melhor coordena com o zinco da enzima.
(E) pela presença de grupo carboxila terminal, que melhor interage com o zinco da enzima, e pela ausência de grupo metila em alfa à carbonila, que aumenta a ligação ao sítio hidrofóbico.

22. (EXAME 2003)

Os extratos obtidos de raízes de *Valeriana officinalis L.* e de folhas de *Pilocarpus microphyllus Stapt.* contêm os princípios ativos ácido valerênico e pilocarpina, respectivamente. Para promover a concentração dos princípios ativos nestes extratos utiliza-se a partição no sistema água-éter etílico. Com base nas estruturas abaixo:

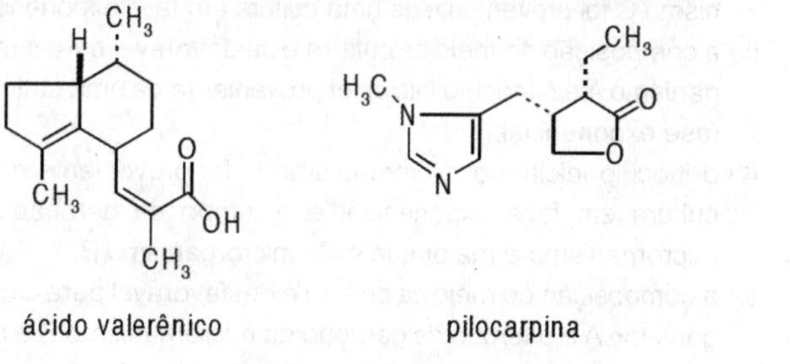

Pode-se afirmar que, em pH 11,

(A) a pilocarpina e o ácido valerênico se decompõem.
(B) a pilocarpina está mais solubilizada na fase aquosa e o ácido valerênico, mais na fase etérea.
(C) o ácido valerênico e a pilocarpina estão mais solubilizados na fase aquosa.
(D) o ácido valerênico e a pilocarpina estão mais solubilizados na fase etérea.
(E) o ácido valerênico está mais solubilizado na fase aquosa e a pilocarpina, mais na fase etérea.

23. (EXAME 2002)

Uma das formas de tratamento para alcoólatras que visa à redução de ingestão de bebidas alcóolicas é a administração de dissulfiram. Os sintomas aversivos decorrentes do tratamento, dentre eles, náuseas, tontura e vômitos intensos, devem-se à atuação do fármaco no metabolismo do álcool produzindo acúmulo de

(A) acetaldeído, devido à inibição da aldeído desidrogenase.
(B) álcool, devido à inibição da álcool desidrogenase.
(C) acetaldeído, devido à inibição da álcool desidrogenase.
(D) álcool, devido à ativação da aldeído desidrogenase.
(E) acetaldeído, devido à ativação da álcool desidrogenase.

24. (EXAME 2002)

Visando a obtenção da melhor expressão de uma substância a partir de microrganismos geneticamente modificados, uma indústria farmacêutica desenvolveu projeto piloto para a seleção do melhor meio de cultura. Microrganismos aeróbios facultativos foram semeados nas mesmas condições de temperatura. Em um dos meios de crescimento, três clones distintos, A, B e C, forneceram as curvas representadas no gráfico abaixo.

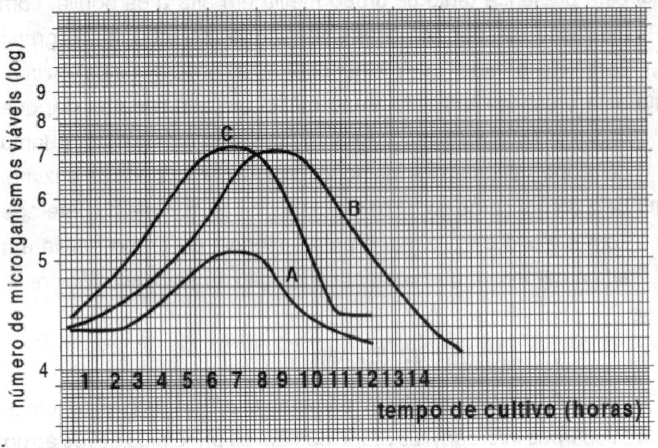

Com base nessas informações, provavelmente,

(A) a composição do meio de cultura é desfavorável para o microrganismo A e o inóculo inicial para o crescimento do microrganismo C foi proveniente de uma cultura em fase exponencial.

(B) a composição do meio de cultura é desfavorável para o microrganismo A e o inóculo inicial foi proveniente de uma cultura em fase exponencial.

(C) o inóculo inicial do microrganismo C foi proveniente de uma cultura em fase exponencial e o tempo de geração deste microrganismo é maior que o do microrganismo B.

(D) a composição do meio de cultura é desfavorável para o microrganismo A e o tempo de geração do microrganismo B é menor que o do microrganismo C.

(E) o inóculo inicial dos microrganismos A e C foi proveniente de uma cultura em fase exponencial.

25. (EXAME 2002)

Os fármacos, com centros estereogênicos (quirais), obtidos por síntese, em geral, são misturas racêmicas. A diferença de atividade farmacológica entre os enantiômeros pode ser observada no ibuprofeno, cujo isômero *S* é um analgésico/anti-inflamatório e o isômero *R* é farmacologicamente inativo e, ainda, retarda o início de ação da forma ativa.

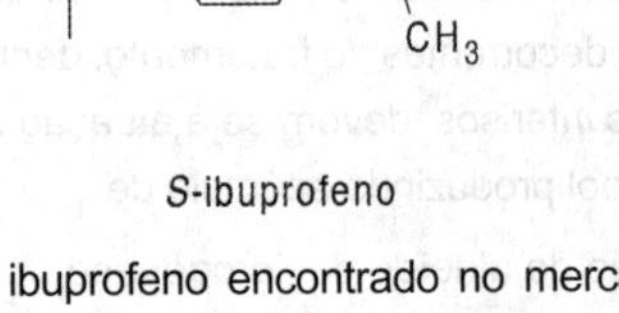

S-ibuprofeno

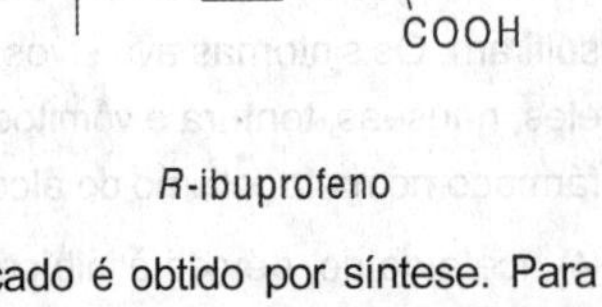

R-ibuprofeno

O ibuprofeno encontrado no mercado é obtido por síntese. Para aumentar a seletividade e eficácia do fármaco, o procedimento ainda não usual, embora recomendável, é separar a mistura racêmica do ibuprofeno em seus constituintes (enantiômeros *S* e *R*), por meio de uma reação, com um reagente adequado opticamente ativo *S*:

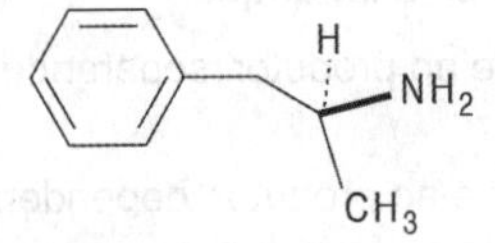

S-reagente 1

ou

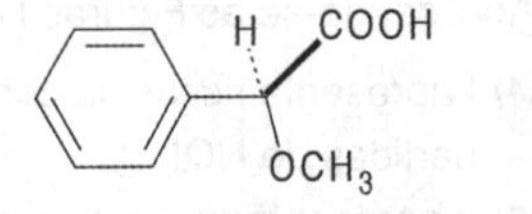

S-reagente 2

Desta reação obtêm-se os derivados com as configurações *S,S* e *R,S*, assim descritas:

S e *R* ibuprofeno+*S* reagenteo → *S,S*–derivado+*R,S*–derivado
(equação I)

Tais derivados, por apresentarem propriedades físicas distintas, são separados e por hidrólise regeneram os enantiômeros *S* e *R* do ibuprofeno separados.

S,S–derivado → *S*–ibuprofeno + *S*–reagente
(equação II)

O reagente de configuração *S* adequado para a reação da equação I e os isômeros *S,S* e *R,S* são conhecidos como

(A) *S*-reagente 2 e mistura racêmica.

(B) *S*-reagente 2 e diastereoisômeros.

(C) *S*-reagente 2 + *S*-reagente 1 e mesos.

(D) *S*-reagente 1 e mistura racêmica.

(E) *S*-reagente 1 e diastereoisômeros.

26. (EXAME 2002)

Considerando que o processo de dissolução de um fármaco em determinado solvente é dependente da temperatura e do comportamento térmico da mistura, pode-se afirmar que

(A) o aumento da temperatura favorece a solubilização do fármaco quando o processo de mistura for acompanhado de absorção de calor.

(B) o aumento da temperatura durante a preparação de soluções desfavorece a solubilização do fármaco quando há absorção de calor.

(C) o aumento da temperatura favorece a solubilização do fármaco quando o processo de mistura for acompanhado de liberação de calor.

(D) a diminuição da temperatura durante a preparação de soluções desfavorece a solubilização do fármaco quando há liberação de calor.

(E) a diminuição da temperatura favorece a solubilização do fármaco quando o processo de mistura for acompanhado de absorção de calor.

27. (EXAME 2002)

A absorbância de uma solução etanólica de metiltestosterona determinada em λ = 241 nm, em cubeta de 1 cm de caminho óptico, é 0,780. A absortividade específica da metiltestosterona em etanol, segundo a Farmacopeia Britânica, neste comprimento de onda, é 540 ($A^{1\%}_{1cm}$ = 540) 1cm). Efetuando-se os cálculos verificou-se que a concentração da solução etanólica de metiltestosterona é

(A) 144,44 µg/mL

(B) 14,44 µg/mL

(C) 0,692 mg/100 mL

(D) 69,23 mg/100 mL

(E) 1,44 g/mL

28. (EXAME 2002)

A figura abaixo representa a curva de titulação potenciométrica do cetoconazol e sua respectiva primeira derivada.

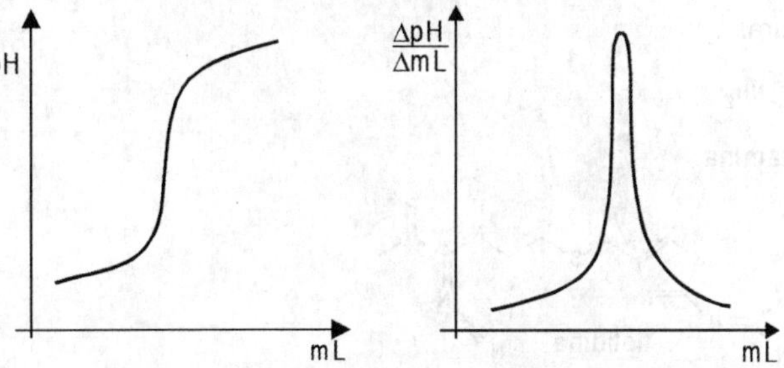

A derivação de curvas é uma transformação matemática empregada em diversos métodos analíticos e adotada pela Farmacopeia Brasileira para

(A) evitar o emprego de solução de referência.
(B) permitir a leitura de soluções diluídas.
(C) permitir a construção de curvas de calibração de soluções diluídas.
(D) proporcionar perfil característico evidenciando o ponto de equivalência.
(E) permitir a construção de curvas de calibração de soluções concentradas.

29. (EXAME 2002)

Os resultados da análise de 2 lotes de comprimidos quanto à frequência de peso estão representadas nas curvas **I** e **II**.

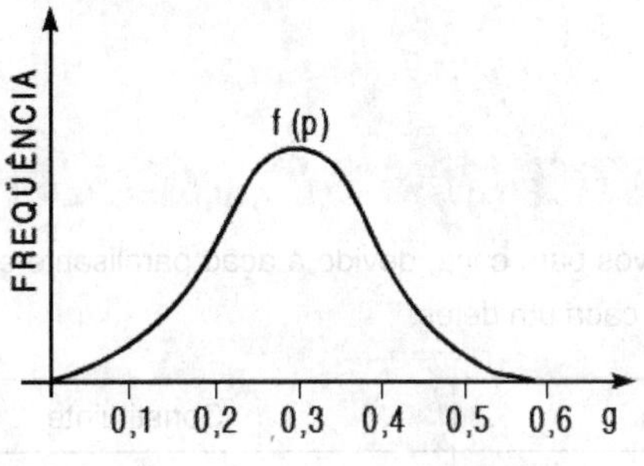

I

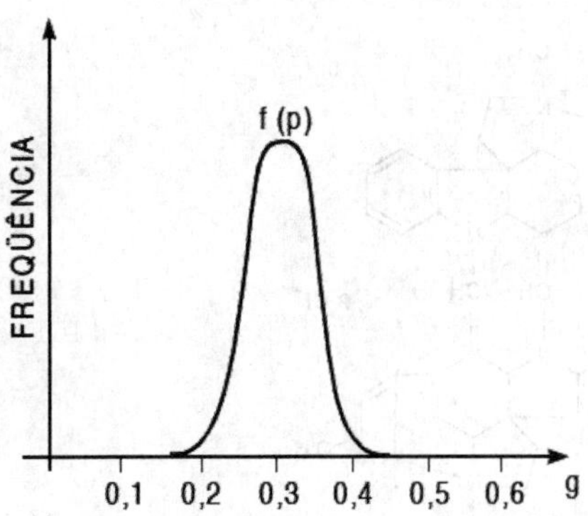

Considerando-se os dois parâmetros envolvidos, a média (μ), que corresponde ao valor do peso de comprimidos (p) para o qual a f (p) é máxima, e o desvio padrão (σ) que é a distância (em abcissas) entre o ponto de ordenada máxima e o ponto de inversão da curva, pode-se afirmar que os comprimidos do lote da

(A) curva I apresentam desvio padrão e frequência de valor médio menores que os do lote da curva II.
(B) curva II apresentam desvio padrão menor e frequência de valor médio maior que os do lote da curva I.
(C) curva I apresentam frequência de valor médio igual e desvio padrão diferente que os do lote da curva II.
(D) curva II apresentam desvio padrão e frequência de valor médio menores que os do lote da curva I.
(E) curva I apresentam frequência de valor médio diferente e desvio padrão igual aos do lote da curva II.

30. (EXAME 2002)

Um anti-infeccioso de natureza fracamente ácida, pKa 10,4, é empregado no tratamento de infecções do trato urinário e das decorrentes de queimaduras. O risco desse fármaco cristalizar-se na urina provocando insuficiência renal é maior em pacientes com pH urinário de 5,4 do que em pacientes com pH 6,4. Tal risco ocorre porque, nessas condições, o anti-infeccioso encontra-se na urina, predominantemente, na forma

(A) molecular, mais hidrofílica e solúvel do que a iônica.
(B) molecular, mais lipofílica do que a iônica e pouco solúvel.
(C) molecular, mais hidrofílica do que a iônica e insolúvel.
(D) iônica, mais hidrofílica e solúvel do que a molecular.
(E) iônica, mais lipofílica do que a molecular e insolúvel.

31. (EXAME 2002)

Um paciente chegou à farmácia com a prescrição de dois medicamentos: um contendo tetraciclina e outro à base de gel de hidróxido de alumínio. Provavelmente, este último foi incluído para evitar os efeitos gástricos do antibiótico. O farmacêutico conversou com o médico, alertando-o sobre a associação desses medicamentos pela incompatibilidade

(A) química, devido à ação quelante da tetraciclina, resultando em quelato insolúvel com o alumínio do antiácido, não absorvível, diminuindo a eficácia do antibiótico.
(B) farmacológica, devido à competição pelo mesmo sítio de ação, diminuindo a eficácia do antibiótico.
(C) química, devido ao aumento do pH causado pelo hidróxido de alumínio, degradando a tetraciclina e diminuindo sua eficácia.
(D) farmacológica, devido ao aumento da concentração plasmática da tetraciclina, atingindo níveis tóxicos, pela ação do gel de hidróxido de alumínio.
(E) química, devido à epimerização da tetraciclina no meio básico do hidróxido de alumínio, diminuindo a eficácia do antibiótico.

32. (EXAME 2002)

A introdução de anti-histamínicos H2 (anti-H2), na década de 70, do século XX, foi um marco na terapêutica de úlceras gástricas e fundamentou-se no modo de interação da histamina com o receptor H2, por meio de pesquisa multidisciplinar e multinacional. Alguns anti-H2, como a cimetidina, o primeiro fármaco dessa classe terapêutica, conservam o núcleo imidazólico da histamina. Outros sofreram diferentes modificações, incluindo as do núcleo, conforme mostra a figura.

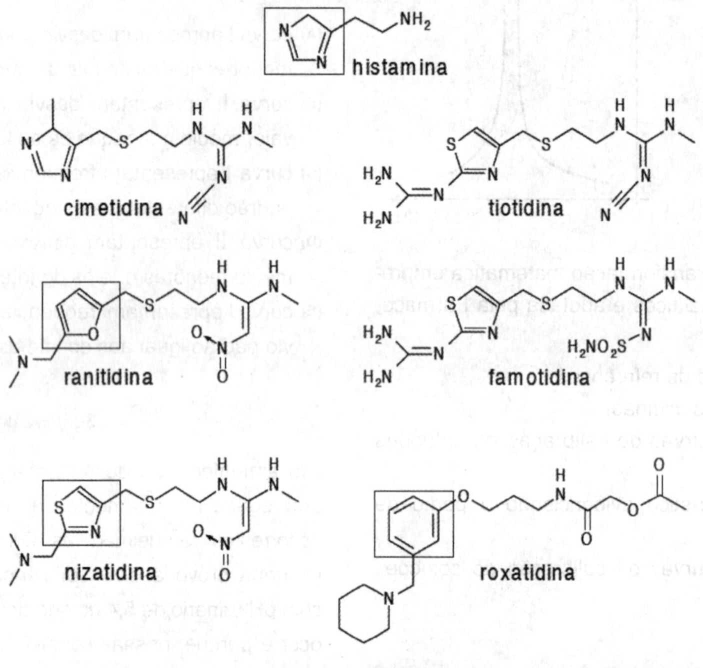

Analisando-se as alterações efetuadas nos núcleos, o processo de modificação molecular utilizado é

(A) rearranjo de núcleo.
(B) bioisosterismo.
(C) ciclização da cadeia lateral.
(D) homologia.
(E) vinilogia.

33. (EXAME 2002)

Os curares de tubo e de cabaça da América do Sul são empregados pelos nativos para caça, devido à ação paralisante e não nociva aos seres humanos. O quadro abaixo apresenta as principais características de cada um deles.

Curare	Origem	Espécie Utilizada	Constituinte
de tubo	Brasil e Peru	Chondrodendron sp (Menispermaceae)	(+)–tubocurarina (alcaloide bisbenzil-isoquinolínico)
de cabaça	Guianas, Venezuela e Colômbia	Strychnos sp (Loganiaceae)	toxiferina I (alcaloide bisindólico)

As estruturas correspondentes aos constituintes são:

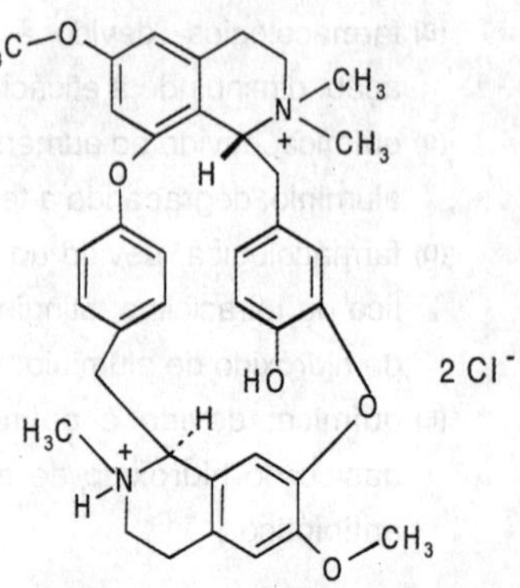

cloridrato de (+)–tubocurarina

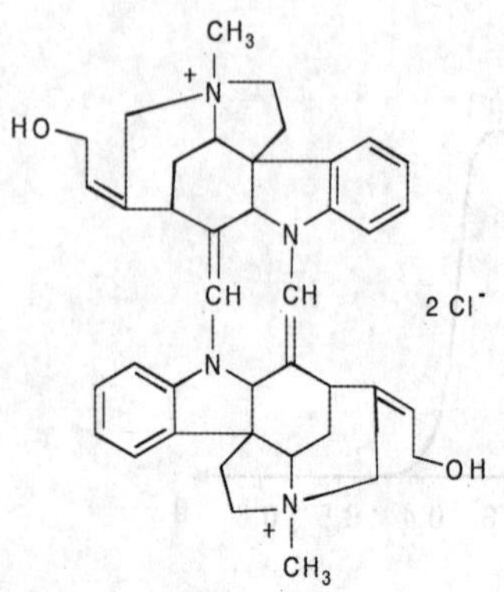

cloridrato de toxiferina I

O farmacêutico pretende caracterizar esses princípios ativos, em amostras recebidas da Amazônia, e efetuar modificações na estrutura. A classe química a ser identificada e a parte essencial do grupo farmacofórico a ser mantido para preservar a interação com o receptor nicotínico da acetilcolina são, respectivamente,

(A) taninos e anel indólico.
(B) flavonoides e anel isoquinolínico.
(C) alcaloides e nitrogênios quaternários.
(D) terpenos e grupo alcóolico.
(E) glicosídios e grupo alcóolico.

34. (EXAME 2001)

A atividade farmacológica, em geral, sofre influência da estereoisomeria. Isômeros (R) podem ser mais ativos que os (S) e vice-versa, ou ainda, possuírem atividades farmacológicas distintas. A síntese de um fármaco com a estereoisomeria definida pode envolver a reação de inversão de Walden (⇄ 2 ou 3 ⇄ 4), como o exemplo abaixo, que ocorre segundo o mecanismo de reação do tipo

$HOOCCH_2CHClCOOH$
ácido (S)–clorossuccínico (1)

Ag_2O, H_2O ; KOH / PCl_5

$HOOCCH_2CHOHCOOH$
ácido (S)–málico (4)

$HOOCCH_2CHOHCOOH$
ácido (R)–málico (2)

PCl_5 / KOH ; Ag_2O, H_2O

$HOOCCH_2CHClCOOH$
ácido (R)–clorossuccínico (3)

(A) eliminação–adição.
(B) substituição nucleofílica intramolecular.
(C) substituição nucleofílica de 1ª ordem.
(D) substituição nucleofílica de 2ª ordem.
(E) substituição eletrofílica.

35. (EXAME 2001)

O paclitaxel, cuja estrutura química encontra-se representada abaixo, é utilizado no tratamento de câncer de ovário e de mama.

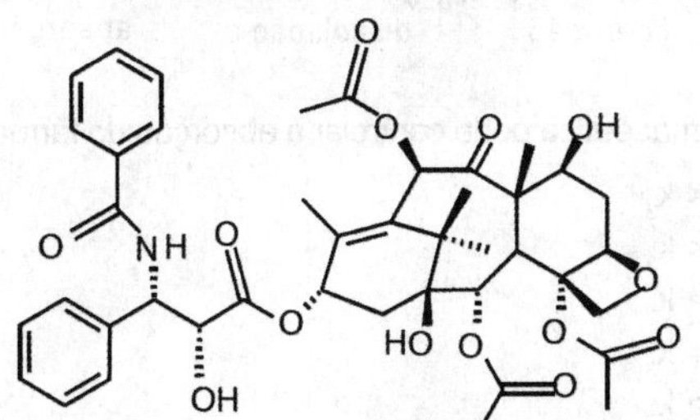

paclitaxel

O composto possui um núcleo diterpênico, substituído por várias funções oxigenadas. O número de grupos ésteres derivados de álcoois secundários, no núcleo diterpênico, é

(A) 2
(B) 3
(C) 4
(D) 6
(E) 7

36. (EXAME 2001)

O acoplamento de reações enzimáticas termodinamicamente desfavoráveis com outras favoráveis é muito utilizado para o estabelecimento de métodos de ensaios enzimáticos. Neste caso, considerando:

- a formação de glicose–6–fosfato (glicose–6P) a partir de glicose e fosfato (Pi) não é favorecida e tem uma energia livre padrão ($\Delta G^{0'}$) = + 13,8 kJ.mol^{-1} (Reação I):

$$\text{I. Glicose + Pi} \rightleftharpoons \text{Glicose–6P} + H_2O$$

- a hidrólise de ATP é favorecida e possui $\Delta G^{0'}$ = – 30,5 kJ.mol^{-1} (Reação II):

$$\text{II. ATP} + H_2O \rightleftharpoons \text{ADP + Pi}$$

- o acoplamento das Reações I e II leva à síntese de glicose–6P (Reação III):

$$\text{III. Glicose + ATP} \rightleftharpoons \text{Glicose–6P + ADP}$$

- $\Delta G^{0'} = -2{,}3\ RT \log K_{eq}$ e
- R = 8,3 x 10^{-3} kJ.mol^{-1}

O $\Delta G^{0'}$ e a constante de equilíbrio da Reação III (K_{eq}) a 298ºK, respectivamente, são

(A) + 44,3 kJ.mol^{-1} ; 1,66 x 10^{-8}
(B) – 44,3 kJ.mol^{-1} ; 6,00 x 10^{7}
(C) + 16,7 kJ.mol^{-1} ; 1,17 x 10^{-3}
(D) – 16,7 kJ.mol^{-1} ; 8,54 x 10^{2}
(E) – 16,7 kJ.mol^{-1} ; 8,54 x 10^{-2}

37. (EXAME 2001)

Para se fazer o ensaio de atividade de uma enzima é necessário manter o pH do meio constante através de um tampão. Tomando-se como exemplo a histidina, cuja fórmula e gráfico de titulação estão apresentados abaixo,

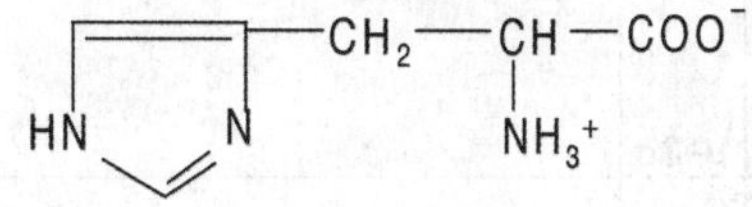

histidina

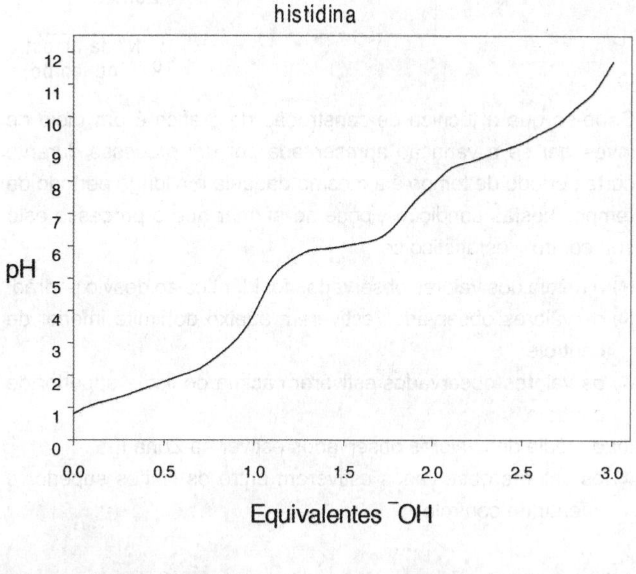

pode-se afirmar que as regiões de tamponamento e os pKs dos grupos dissociáveis, respectivamente, são

(A) 2 regiões / $pK_1 = 6{,}0$, $pK_2 = 9{,}3$
(B) 2 regiões / $pK_1 = 4{,}0$, $pK_2 = 8{,}0$
(C) 3 regiões / $pK_1 = 1{,}8$, $pK_2 = 6{,}0$, $pK_3 = 9{,}3$
(D) 3 regiões / $pK_1 = 1{,}8$, $pK_2 = 7{,}0$, $pK_3 = 12{,}0$
(E) 3 regiões / $pK_1 = 4{,}0$, $pK_2 = 8{,}0$, $pK_3 = 11{,}0$

38. (EXAME 2001)

A absorbância de uma amostra, contendo uma proteína e um fármaco, determinada em cela de 1 cm de caminho óptico, é 0,525 a 280nm e 0,75 a 260nm. Os dados do quadro abaixo referem-se aos coeficientes de absortividade molar (e)da proteína e do fármaco a 260 e 280nm.

	ε_{260} ($M^{-1}.cm^{-1}$)	ε_{280} ($M^{-1}.cm^{-1}$)
Proteína	$2{,}0 \times 10^4$	$3{,}0 \times 10^4$
Fármaco	$1{,}5 \times 10^4$	$2{,}5 \times 10^3$

As concentrações da proteína e do fármaco são, respectivamente,

(A) $1{,}5 \times 10^{-5}$M e $3{,}0 \times 10^{-5}$M
(B) $3{,}0 \times 10^{-5}$M e $1{,}5 \times 10^{-5}$M
(C) $3{,}0 \times 10^{-5}$M e $2{,}0 \times 10^{-5}$M
(D) $1{,}5 \times 10^{-6}$M e $2{,}5 \times 10^{-6}$M
(E) $2{,}0 \times 10^{-6}$M e $3{,}0 \times 10^{-6}$M

39. (EXAME 2001)

A figura abaixo representa o esquema geral de um gráfico de controle de processos.

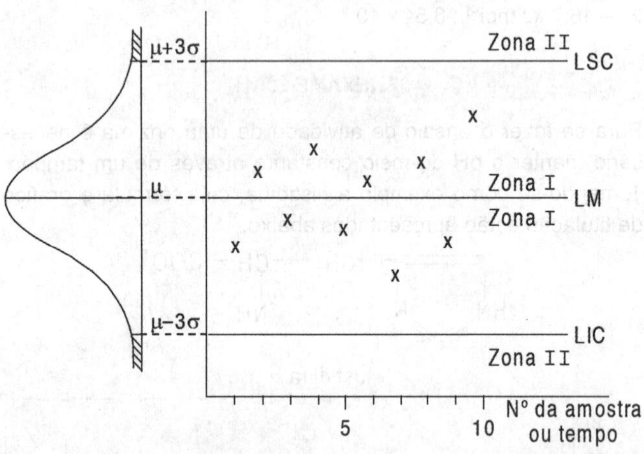

Sabe-se que a técnica de construção do gráfico é um meio de investigar se a variação apresentada por um processo durante curto período de tempo é a mesma daquela em longo período de tempo. Nestas condições, pode-se afirmar que o processo está sob controle estatístico se

(A) a média dos valores observados for idêntica ao desvio padrão.
(B) os valores observados estiverem abaixo do limite inferior de controle.
(C) os valores observados estiverem acima do limite superior de controle.
(D) a média dos valores observados estiver na Zona II.
(E) os valores observados estiverem entre os limites superior e inferior de controle.

40. (EXAME 2001)

Considere a fórmula de emulsão O/A e os quadros I e II apresentados abaixo:

Óleo vegetal A..................22 g
Óleo vegetal B....................8 g
Óleo mineral.......................20 g
Agente emulsivo..................5 g
Fase aquosa q.s.p..........100 g

EHL exigido dos componentes oleosos

Componente oleoso	Para emulsão O/A
Óleo vegetal A	12
Óleo vegetal B	11
Óleo mineral	10

Quadro I

Valores de EHL dos emulsivos

Emulsivo	EHL
Y	16,0
Z	6,0

Quadro II

Sabendo-se que do Quadro I obtém-se o valor de EHL exigido da fórmula, as proporções necessárias dos emulsivos Y e Z para a estabilização da emulsão óleo em água são, respectivamente,

(A) 11,04% e 88,96%
(B) 39,60% e 60,40%
(C) 49,60% e 50,40%
(D) 50,40% e 49,60%
(E) 60,40% e 39,60%

41. (EXAME 2001)

A partir da matriz polimérica hidrossolúvel, no sistema de liberação de fármacos representado no esquema abaixo,

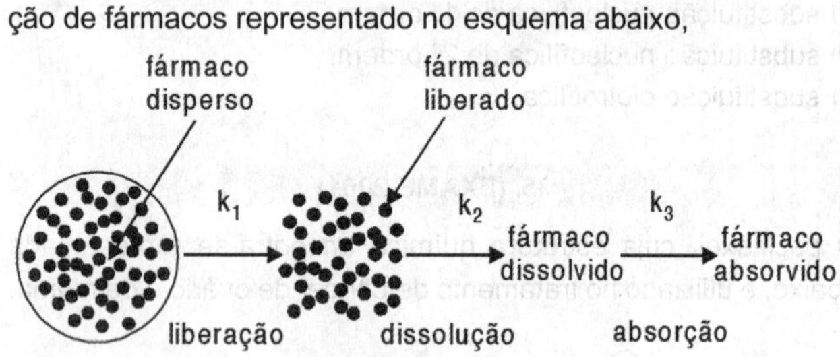

a forma farmacêutica pode controlar a absorção do fármaco quando

(A) $k_1 < k_2 < k_3$
(B) $k_2 < k_1 < k_3$
(C) $k_1 > k_2 > k_3$
(D) $k_1 = k_2 = k_3$
(E) $k_1 = k_2 > k_3$

42. (EXAME 2001)

Nas suspensões farmacêuticas, um dos problemas da estabilidade física do sistema disperso relaciona-se à dificuldade em manter as partículas em suspensão. A velocidade de sedimentação das partículas pode ser diminuída quando

(A) aumenta-se o raio das partículas dispersas e diminui-se a viscosidade do meio dispersante.

(B) aumenta-se o raio das partículas dispersas e mantém-se constante a viscosidade do meio dispersante.
(C) aumenta-se a viscosidade do meio dispersante e diminui-se o raio das partículas dispersas.
(D) diminui-se a viscosidade do meio dispersante e mantém-se constante o raio das partículas dispersas.
(E) mantêm-se constantes o raio das partículas dispersas e a viscosidade do meio dispersante.

43. (EXAME 2001)

A modificação molecular, que compreende vários processos, originou a maioria dos fármacos disponíveis na terapêutica. Nos exemplos abaixo,

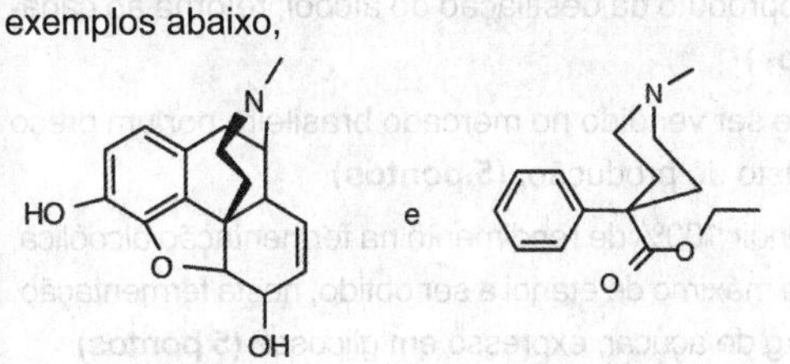
I

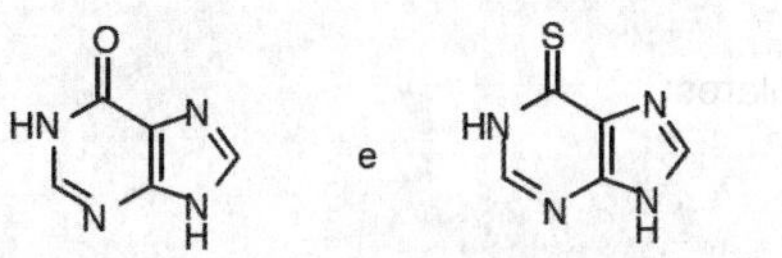
II

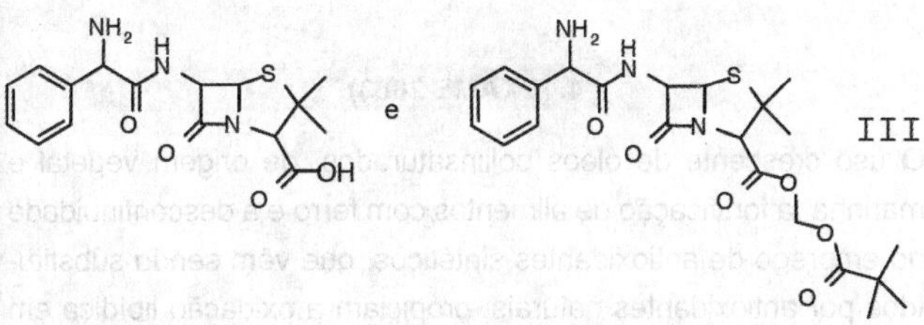
III

os processos utilizados em I, II e III são, respectivamente,

(A) latenciação, hibridação molecular e duplicação molecular.
(B) bioisosterismo, simplificação molecular e adição molecular.
(C) simplificação molecular, bioisosterismo e latenciação.
(D) adição molecular, latenciação e bioisosterismo.
(E) hibridação molecular, bioisosterismo e adição molecular.

44. (EXAME 2001)

Fármacos interagem com receptores por meio de diferentes ligações químicas. A combinação de ligações hidrofóbicas, de hidrogênio, Van der Walls e covalente permite propor o tipo de complexo formado entre fármaco e receptor. O tipo do complexo resultante e exemplos de fármacos que interagem dessa forma são, respectivamente,

(A) irreversível; alquilantes antineoplásicos e antibióticos betalactâmicos.
(B) reversível; alquilantes antineoplásicos e anestésicos locais.
(C) irreversível; alquilantes antineoplásicos e anestésicos locais.
(D) reversível; antibióticos betalactâmicos e anestésicos locais.
(E) irreversível; antibióticos betalactâmicos e anestésicos locais.

45. (EXAME 2001)

Fitoterápicos podem ser caracterizados por testes de coloração, precipitação ou desprendimento de gases de seus constituintes químicos bioativos. Aqueles que contém a emetina, alcaloide extraído de *Cephaelis ipecacuanha* (*Psicotria ipecacuanha*), são utilizados no tratamento de disenteria amebiana. A emetina é extraída por solventes orgânicos em

(A) meio ácido, desprendendo CO_2 com solução de $NaHCO_3$.
(B) meio neutro, precipitando com solução de 2,4-dinitrofenilidrazina.
(C) meio ácido, resultando em coloração roxa com solução de $FeCl_3$.
(D) meio alcalino, precipitando com Reagente de Dragendorff.
(E) meio neutro, precipitando com solução de gelatina.

QUESTÕES DISCURSIVAS

1. (EXAME 2004) DISCURSIVA

O ácido fosfórico e seus derivados têm aplicação na formação de soluções tampão, desativantes de metais catalisadores de processos de auto-oxidação e na conservação de vários produtos provenientes da indústria alimentícia. Em meio aquoso, o ácido fosfórico se dissocia, apresentando os seguintes valores de pKa: $pK_1 = 2,15$; $pK_2 = 6,82$ e $pK_3 = 12,38$ (lembre-se que pKas indicam valores de pH onde um ácido alcança sua meia-dissociação). As equações abaixo mostram as estruturas dos compostos correspondentes às três dissociações do ácido fosfórico, com as respectivas constantes de dissociação.

(equação I)

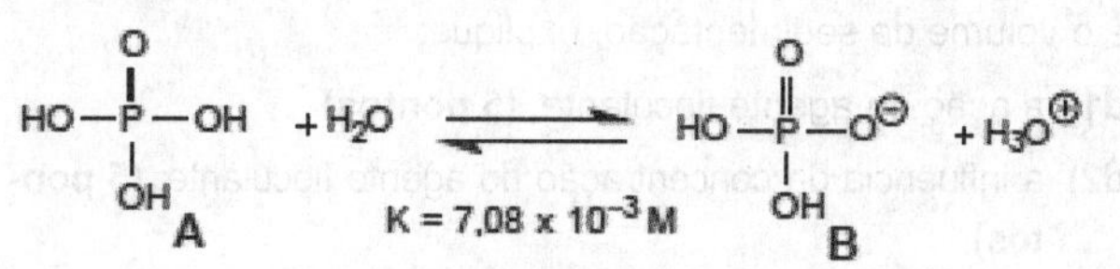

(equação II)

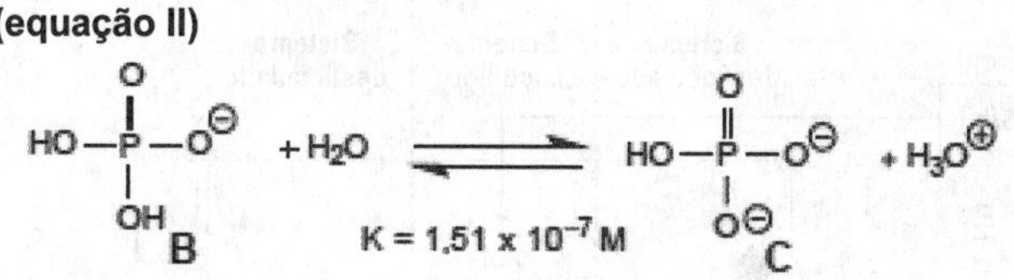

(equação III)

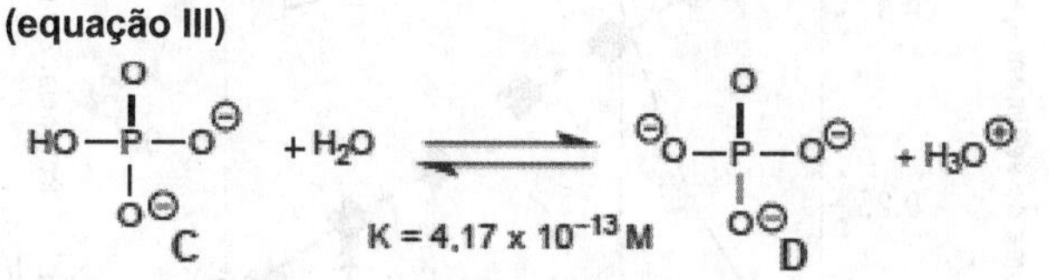

a) Tendo em vista os valores de pKa acima, indique qual das espécies (A, B, C, ou D) seria a principal em pH fisiológico (~ 7,0), justificando sua resposta. **(valor: 2,0 pontos)**

b) Considerando-se ainda os valores de pKa, notam-se variações crescentes nos valores de DpKa entre as equações I, II e III, o que pode ser qualitativamente entendido como uma "resistência" do ácido fosfórico a novas dissociações, após a primeira dissociação (equação I). Qual a razão dessas variações crescentes nos valores de DpKa? **(valor: 3,0 pontos)**

c) A composição formal de uma solução tampão é 0,12 mol/L de K_2HPO_4 mais 0,08 mol/L de KH_2PO_4. Utilizando a Equação de Henderson-Hasselbach, apresentada abaixo, e considerando os valores de constante de dissociação e pKas fornecidos acima, calcule o pH desta solução.

$$pH = pKa + \log\left(\frac{[A^-]}{[HA]}\right) \quad \text{Equação de Henderson-Hasselbach}$$

(valor: 5,0 pontos)

2. (EXAME 2003) DISCURSIVA

A forma farmacêutica suspensão caracteriza-se por ser um sistema heterogêneo e termodinamicamente instável. A estabilidade física deste sistema é parâmetro importante para garantir que as partículas fiquem suspensas no meio por um tempo adequado.

a) Cite, pelo menos, três razões para o emprego da forma farmacêutica suspensão. Explique cada uma delas. **(5 pontos)**

b) Analisando-se a figura abaixo, qual é a preparação que apresenta maior estabilidade física? Justifique sua escolha. **(5 pontos)**

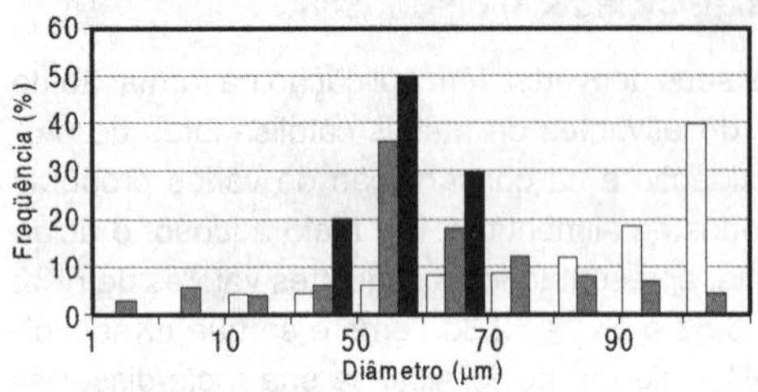

c) Qual é a consequência da adição de carboximetilcelulose sódica na estabilidade física da suspensão? Por que? **(5 pontos)**

d) Analisando-se a figura abaixo e considerando o potencial Zeta e o volume de sedimentação, explique:

d1) a ação do agente floculante. **(5 pontos)**

d2) a influência da concentração do agente floculante. **(5 pontos)**

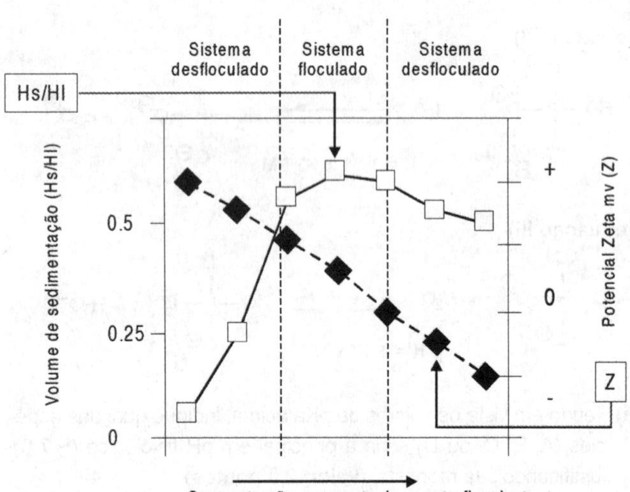

3. (EXAME 2003) DISCURSIVA

Frequentemente, no Brasil, os preços de mercado do litro de álcool combustível e do quilograma de açúcar de cana se aproximam. Na fermentação alcoólica, 1 kg de açúcar rende menos do que 1 L de álcool, sugerindo que a fermentação alcoólica é prejuízo à indústria alcooleira, especialmente nos períodos em que os preços dos dois produtos se aproximam. Justifique a partir dos conhecimentos fundamentais do processo e do uso de produtos obtidos da fermentação alcoólica, bem como de noções básicas de política governamental, por que a produção do álcool no Brasil é lucrativa, com base nas seguintes afirmações:

a) O álcool é obtido a partir do caldo de cana e não do açúcar. **(5 pontos)**

b) As usinas de álcool processam centenas de toneladas de cana diariamente. **(5 pontos)**

c) O processo de fermentação alcoólica gera álcool e muito bagaço de cana, que é transformado em energia. A vinhaça, que é um subproduto da destilação do álcool, retorna ao canavial. **(5 pontos)**

d) O álcool pode ser vendido no mercado brasileiro por um preço inferior ao custo de produção. **(5 pontos)**

e) Se a usina atingir 100% de rendimento na fermentação alcoólica, qual o volume máximo de etanol a ser obtido, nesta fermentação, a partir de 1 kg de açúcar, expresso em glicose? **(5 pontos)**

Dados:
Massas moleculares:
Glicose = 180
Etanol = 46
Densidade do etanol = 0,8 g/mL

4. (EXAME 2003)

O uso crescente de óleos poliinsaturados, de origem vegetal e marinha, a fortificação de alimentos com ferro e a descontinuidade no emprego de antioxidantes sintéticos, que vêm sendo substituídos por antioxidantes naturais, propiciam a oxidação lipídica em alimentos de determinados setores das indústrias alimentícias.

a) Cite, pelo menos, 3 consequências da oxidação lipídica em alimentos e descreva o processo geral da autoxidação, explicando as suas fases. **(10 pontos)**

b) Descreva os possíveis mecanismos envolvidos com a inibição da oxidação lipídica pela ação do alfa-tocoferol, do ácido ascórbico, de compostos polifenólicos e do citrato de sódio. **(10 pontos)**

c) Indique, pelo menos, 4 condições ambientais que interferem na velocidade da oxidação lipídica. Justifique a sua resposta. **(5 pontos)**

5. (EXAME 2001)

A farinha de trigo, utilizada na fabricação do pão, pode ser substituída parcialmente pela farinha de soja.

Justifique a diferença das texturas das massas obtidas quando se utilizam diferentes proporções das farinhas, considerando a composição e a função do glúten no processo da fabricação do pão. **(Valor: 25 pontos)**

Conteúdo 02

CIÊNCIAS BIOLÓGICAS E DA SAÚDE

1. (EXAME 2010)

Fenilcetonúria (FNC) é um erro inato do metabolismo, de herança autossômica recessiva, cujo defeito incide no metabolismo de aminoácido. Esta aminoacidopatia é uma doença grave que, se não for diagnosticada e tratada precocemente, leva a um profundo e progressivo atraso mental e psicomotor. Uma criança de 4 meses, do sexo masculino, filha de pais morenos e saudáveis, tinha cabelos amarelados, pele clara e extremamente seca. Deu entrada no setor de emergência pediátrica com quadro convulsivo sem etiologia definida. A mãe relata que o filho chora muito, fica constantemente irritado e vem apresentando uma urina de odor acentuado, semelhante a "cheiro de rato". Após exame clínico, ficou constatado que a criança apresentava retardamento mental. Exames laboratoriais de sangue revelaram que a dosagem sérica de fenilalanina era superior a 10 mg/ dL (valor normal: 1,2 mg/dL a 3,4 mg/dL) e que a urina apresentava forte cheiro cetônico e reagia com cloreto férrico adquirindo cor azul-esverdeada.

Com base nesse texto, é correto concluir que

(A) o odor forte da urina deve-se à formação de corpos cetônicos, como o fenilacetato, que é produzido pela descarboxilação do fenilpiruvato.

(B) o processo patológico é causado pela elevada concentração de fenilalanina, que está correlacionada com o aumento da atividade da enzima fenilalanina hidroxilase.

(C) o nível elevado de fenilalanina direciona o metabolismo deste aminoácido para a formação de alanina por ação da enzima aminotransferase, usando o piruvato proveniente do ciclo de Krebs, o que leva à formação de fenilpiruvato.

(D) o excesso de fenilalanina ativa competitivamente a enzima tirosina hidroxilase, acarretando a diminuição da conversão de tirosina em melanina, o que explicaria a despigmentação de pele e cabelo observada na criança.

(E) o nível reduzido de conversão de fenilalanina em tirosina pela enzima fenilalanina hidroxilase resulta no comprometimento da conversão de tirosina (DOPA) pela enzima tirosina hidroxilase, que, por sua vez, diminui a formação de dopamina, o que explicaria o quadro neurológico apresentado.

2. (EXAME 2010)

Mudanças de hábitos da população humana, guerras e transformações sociais têm sido associadas ao aparecimento de doenças zoonóticas emergentes e reemergentes. A prevenção de doenças parasitárias requer uma abordagem multidisciplinar e integrativa de toda a equipe de saúde. Por isso, modificações ambientais e ecológicas precisam ser implementadas para reduzir não só a carga parasitária, mas também o risco de transmissão. A cooperação internacional com recursos financeiros alocados especialmente para a prevenção primária, visando à promoção da saúde, aliada à contribuição das autoridades nacionais, é fundamental para o controle das zoonoses e redução de surtos.

CHOMEL, B.B. Control and prevention of emerging parasitic zoonoses. **International journal for parasitology**. Maio, 2008.

Considerando o exposto, julgue os itens a seguir acerca das doenças parasitárias.

I. De acordo com a Organização Mundial de Saúde, malária e esquistossomose são exemplos das doenças parasitárias mais prevalentes no mundo.

II. Higiene pessoal, saneamento básico e controle de qualidade da água e dos alimentos são medidas isoladas que não reduzem a carga parasitária ambiental.

III. A criação de um comitê local com articulação multisetorial e interdisciplinar para controlar uma doença específica não é uma medida eficaz para reduzir taxas de prevalência. Para isso, são necessárias ações mais amplas.

IV. É dever dos governantes assegurar a saúde da população por meio da participação na organização, na gestão e no controle dos serviços e das ações de saúde.

V. A educação em saúde e a implementação de cuidados de prevenção primários não afetam as taxas de morbimortalidade das doenças emergentes e reemergentes.

É correto apenas o que se afirma em

(A) I e II.
(B) I e IV.
(C) II e III.
(D) II, III e V.
(E) III, IV e V.

3. (EXAME 2007)

As endonucleases de restrição são enzimas que reconhecem uma sequência específica de nucleotídeos do DNA e o digerem (cortam) num ponto determinado. O emprego dessas enzimas no diagnóstico de doenças infecciosas, neoplásicas e hereditárias vem crescendo dia a dia, e está preconizado em alguns programas de saúde pública do Governo Federal.

O esquema abaixo mostra a sequência de bases reconhecida pela enzima Dde I, seu ponto de corte (representado pela seta) e dois fragmentos de DNA a serem examinados.

CT ↓ NAG – seqüência reconhecida pela Dde I. (N = nucleotídeo qualquer)

Fragmento A = ... ACT CCT GAG GAG ... + Dde I

Fragmento S = ... ACT CCT GTG GAG ... + Dde I

Considerando a especificidade da enzima e os fragmentos em estudo, e sabendo que o fragmento "A" é o normal e o fragmento "S" representa uma mutação, qual a representação do resultado da corrida eletroforética dos fragmentos resultantes da digestão do DNA de um indivíduo normal e de um homozigoto doente?

(A) Normal = 1 banda; doente = 1 banda.
(B) Normal = 1 banda; doente = 2 bandas.
(C) Normal = 2 bandas; doente = 1 banda.
(D) Normal = 2 bandas; doente = 2 bandas.
(E) Não é possível diferenciar a mutação nestes fragmentos.

4. (EXAME 2007)

Atualmente, um fator que tem dificultado a utilização racional dos medicamentos no país é a questão da judicialização da saúde, em que os magistrados obrigam o Estado a adquirir medicamentos, essenciais ou não, os quais geralmente não estão disponíveis em todos os municípios brasileiros. A maioria das ações judiciais é proveniente de pacientes oriundos do sistema privado de saúde. A esse respeito, analise as afirmações a seguir.

A sentença judicial, nesses casos, está baseada nos princípios da universalidade e integralidade previstos nas Leis Orgânicas do SUS.

PORQUE

Segundo os princípios éticos/doutrinários do SUS e a Constituição Federal de 1988, todo cidadão brasileiro, ou que está em território nacional, tem direito à assistência integral à saúde, inclusive com o fornecimento de medicamentos para a manutenção de sua saúde ou remissão dos sintomas de uma patologia.

Analisando as informações acima, conclui-se que

(A) as duas afirmações são verdadeiras, e a segunda justifica a primeira.
(B) as duas afirmações são verdadeiras, e a segunda não justifica a primeira.
(C) a primeira afirmação é verdadeira, e a segunda é falsa.
(D) a segunda afirmação é verdadeira, e a primeira é falsa.
(E) as duas afirmações são falsas.

5. (EXAME 2007)

Uma das causas mais comuns de diarreia em crianças é a infecção por *Escherichia coli*, que pode ocorrer em berçários, creches, escolas e instituições de atendimento infantil, sendo frequentemente responsável por surtos endêmicos. A atenção à saúde da criança inclui medidas para o diagnóstico e a prevenção das doenças frequentes nessa faixa etária. A(s) recomendação(ões) principal(is) para a prevenção da diarreia por *Escherichia coli* em berçários é(são):

(A) evitar as temperaturas elevadas, se possível, mantendo o ambiente refrigerado.
(B) usar a antibioticoterapia em todos os funcionários que lidam com as crianças.
(C) usar a antibioticoterapia profilática em todas as crianças em caso de infecção.
(D) usar somente leite em pó na alimentação das crianças a fim de evitar a contaminação via leite materno.
(E) lavar rigorosamente as mãos e fazer o isolamento dos pacientes com diarreia.

6. (EXAME 2007)

A seleção dos medicamentos a serem padronizados pelo serviço público é um dos processos mais importantes do ciclo da Assistência Farmacêutica, pois essa fase deve ser baseada em estudos epidemiológicos e farmacoeconômicos, evitando as pressões mercadológicas, além de considerar a eficácia terapêutica e a segurança do fármaco. Baseando-se no texto anterior, assinale a afirmativa correta em relação aos processos de padronização e seleção dos medicamentos para uso no SUS.

(A) Deverão obedecer a um requisito fundamental, o menor preço, para que seja atendida uma parcela maior da população, independente da eficácia clínica, reações adversas e situação de registro junto à ANVISA.
(B) Devem ser realizados por uma Comissão de Farmácia e Terapêutica em conjunto com o gestor municipal da Assistência Farmacêutica, com base nos critérios de medicamentos essenciais da OMS, não sendo permitido que o município padronize medicamentos disponíveis nas Farmácias Populares do Governo Federal.

(C) Devem ser realizados sem a interferência da indústria farmacêutica, que fica também impedida de participar dos processos de licitação e aquisição dos medicamentos pelo gestor municipal.

(D) Devem ser realizados pelo gestor municipal, em conjunto com a Comissão de Farmácia e Terapêutica, selecionando-se aquele medicamento seguro, eficaz, de qualidade comprovada, com preços acessíveis e que satisfaça as necessidades de saúde da maioria da população, atendendo ao conceito de medicamentos essenciais da OMS.

(E) Não podem levar em consideração apenas o custo do medicamento, cabendo ao gestor, preferencialmente, optar pelo fármaco mais inovador disponível no mercado, pois geralmente esse medicamento apresenta maior eficácia clínica e segurança.

7. (EXAME 2007)

A reologia consiste no estudo do escoamento ou deformação de um material quando submetido a uma tensão. Estudos reológicos são importantes na pesquisa, no desenvolvimento, na seleção, na produção e no controle de qualidade de produtos farmacêuticos. Nesse sentido, considere os dois reogramas a seguir.

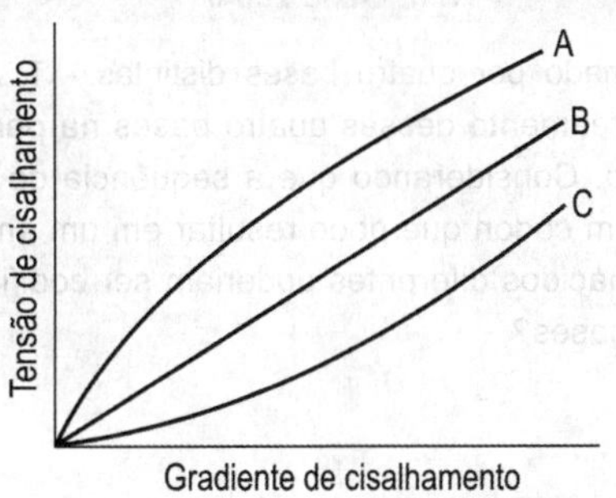

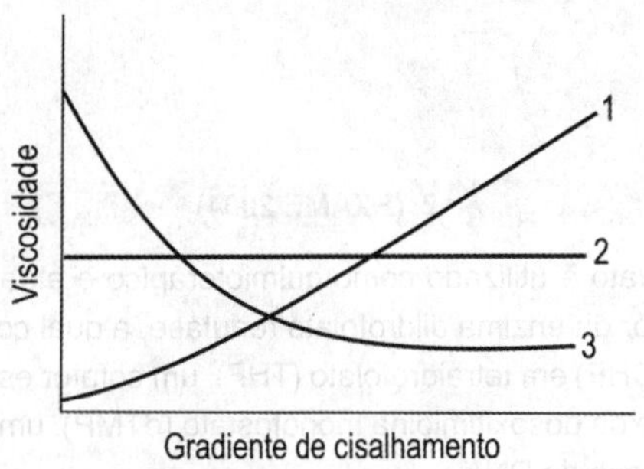

Em relação ao comportamento de fluxo, é correto interpretar que o material representado, no primeiro reograma, pela

(A) curva A tem comportamento de fluxo pseudoplástico, desejável em preparações injetáveis, estando relacionado com a viscosidade representada pela curva 3 do segundo reograma.

(B) curva B tem comportamento de fluxo dilatante, estando relacionado com a viscosidade representada pela curva 1 do segundo reograma.

(C) curva B tem comportamento de fluxo dilatante, importante em xampus e condicionadores, estando relacionado com a viscosidade representada pela curva 1 do segundo reograma.

(D) curva C tem comportamento de fluxo pseudoplástico, característico em suspensões farmacêuticas, estando relacionado com a viscosidade representada pela curva 2 do segundo reograma.

(E) curva C tem comportamento de fluxo dilatante, desejável em pomadas, estando relacionado com a viscosidade representada pela curva 3 do segundo reograma.

8. (EXAME 2007)

O gráfico apresenta a correlação entre concentração plasmática (ug/mL) e dose prescrita de lamotrigina (mg/kg/dia), medicamento antiepiléptico de segunda geração utilizado para o tratamento de crises convulsivas em pacientes portadores de epilepsia refratária. Por apresentar intervalo terapêutico estreito, situado entre 1 e 4 ug/mL, os indivíduos que utilizam esse fármaco devem ser monitorados constantemente, para impedir possíveis episódios de reações adversas e intoxicações que interferem negativamente no controle da patologia. Atualmente, alguns hospitais da rede pública desenvolvem a monitorização terapêutica de usuários que utilizam essa classe de medicamentos, obtendo resultados como os do gráfico.

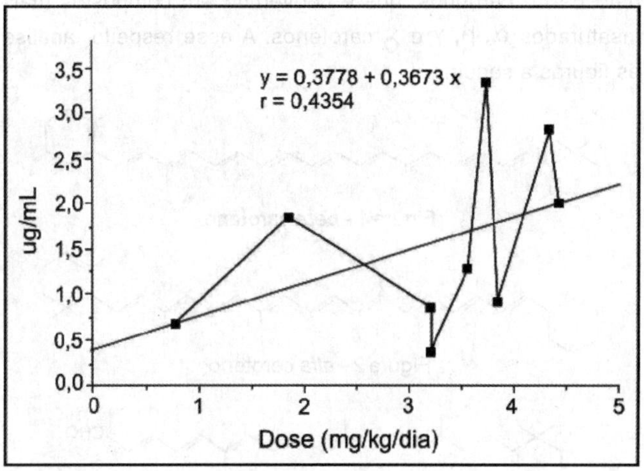

Observando tais dados, qual a conclusão correta?

(A) Só um indivíduo usa dose de lamotrigina inferior a 1,0 mg/kg/dia, no qual a concentração plasmática do fármaco também é a menor, situando-se abaixo do intervalo terapêutico, o que deve levar o Farmacêutico a sugerir aumento de dose para racionalizar a terapêutica.

(B) Três pacientes usam doses situadas entre 3,5 e 4,0 mg/kg/dia, nos quais a concentração plasmática do fármaco apresenta diferença significativa, o que pode ser explicado pelo fato de a meia-vida de eliminação da lamotrigina ser menor em indivíduos obesos e idosos.

(C) Quatro usuários têm concentração plasmática de lamotrigina abaixo do intervalo terapêutico, o que faz crer que não são aderentes ou são pessoas idosas, com alterações fisiológicas que modificam a metabolização e a eliminação dos fármacos.

(D) Alguns pacientes que recebem doses bastante próximas (entre 3,5 e 4,0 mg/kg/dia) têm concentrações plasmáticas distintas, o que pode ser explicado por problemas de adesão ao tratamento ou variações fisiopatológicas individuais, como a obesidade, que aumenta a meia-vida de eliminação da lamotrigina.

(E) Os nove pacientes apresentam linearidade, quando observada a correlação entre concentração plasmática e dose do medicamento, demonstrando que, quanto maior a dose prescrita de lamotrigina, maior a concentração plasmática do fármaco.

9. (EXAME 2007)

Em termos epidemiológicos, a ingestão inadequada de alimentos que são fonte de vitamina A é o principal fator etiológico de hipovitaminose A, causando lesões oculares (xeroftalmia) e cegueira, baixa resistência às infecções e esterilidade masculina. Este tem sido um problema de saúde em muitas áreas endêmicas no mundo, principalmente em populações carentes de países em desenvolvimento, como o Brasil. Cerca de 50% da ingestão média total de vitamina A na América do Sul provêm de fontes vegetais (provitamina A, carotenoides). A vitamina A, também conhecida como retinol, é um álcool primário, polietilênico e lipossolúvel, que apresenta grande capacidade reativa. O seu precursor comum, o fitoeno, é um hidrocarboneto de 40 carbonos, que é convertido em compostos mais insaturados α, β, γ e δ carotenos. A esse respeito, analise as figuras a seguir.

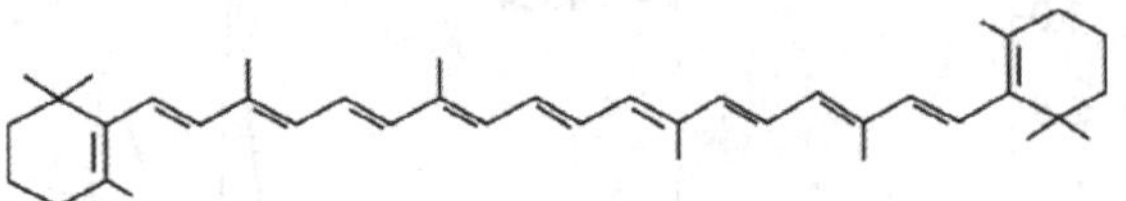

Figura 1 - *beta* caroteno

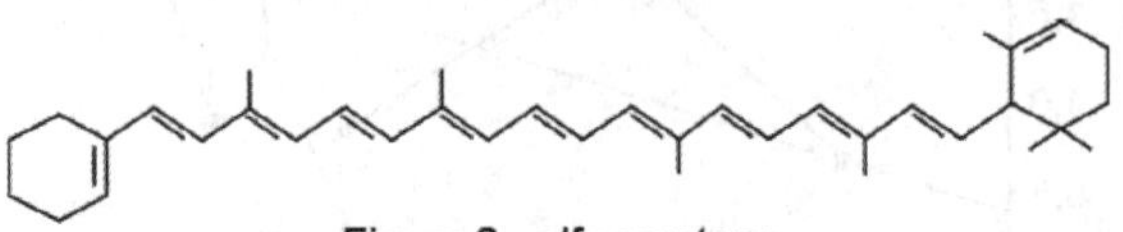

Figura 2 - *alfa* caroteno

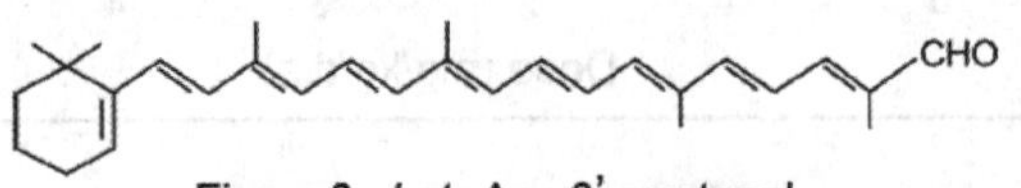

Figura 3 - *beta* Apo 8' carotenal

Com relação às estruturas acima, considere as seguintes afirmações:

I. são precursores da vitamina A os carotenoides que contêm o anel de beta-ionona, sendo que o beta caroteno é o que exibe maior atividade de vitamina A;

II. todos os carotenoides são precursores da vitamina A, sendo que os três carotenos representados acima são os que exibem maior atividade de vitamina A;

III. os carotenoides acima estão presentes em frutas e hortaliças e sua separação pode-se dar por cromatografia líquida-sólida em coluna aberta, ocorrendo em função da polaridade da fase estacionária, que geralmente é mais polar (óxido de magnésio:hiflosupercel) do que a fase móvel (éter etílico e acetona);

IV. carotenoides compostos somente de carbono e hidrogênio são chamados de carotenos e os carotenoides oxidados, as xantofilas, apresentam grupos substituintes com oxigênio, como hidroxilas, grupos ceto e epóxi.

Estão corretas as afirmações

(A) II e IV, apenas.
(B) I, II e III, apenas.
(C) I, III e IV, apenas.
(D) II, III e IV, apenas.
(E) I, II, III e IV.

10. (EXAME 2004)

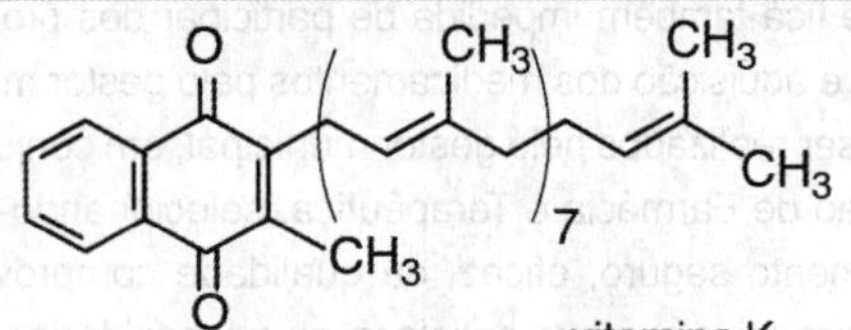

vitamina K_2

A vitamina K, representada acima, é um importante cofator para enzimas que carboxilam resíduos glutamatos em proteínas. Os resíduos g-carboxiglutamatos gerados em estruturas proteicas são potenciais quelantes para Ca^{2+} e estão envolvidos no processo de coagulação sanguínea.

Diante do exposto, a que categoria pertence a vitamina K_2?

(A) Ácido nucleico.
(B) Ácido graxo.
(C) Éter aromático.
(D) Fosfolipídeos.
(E) 1,4-naftoquinona.

11. (EXAME 2004)

O DNA é formado por quatro bases distintas - T, A, C, G - havendo o pareamento dessas quatro bases na parte central do biopolímero. Considerando que a sequência de cada três bases forma um códon que pode resultar em um aminoácido, quantos aminoácidos diferentes poderiam ser codificados por essas quatro bases?

(A) 12
(B) 27
(C) 64
(D) 81
(E) 336

12. (EXAME 2004)

O metotrexato é utilizado como quimioterápico e atua como um forte inibidor da enzima diidrofolato redutase, a qual converte diidrofolato (DHF) em tetraidrofolato (THF), um cofator essencial na biossíntese da desoxitimidina monofosfato (dTMP), um precursor na biossíntese do DNA.

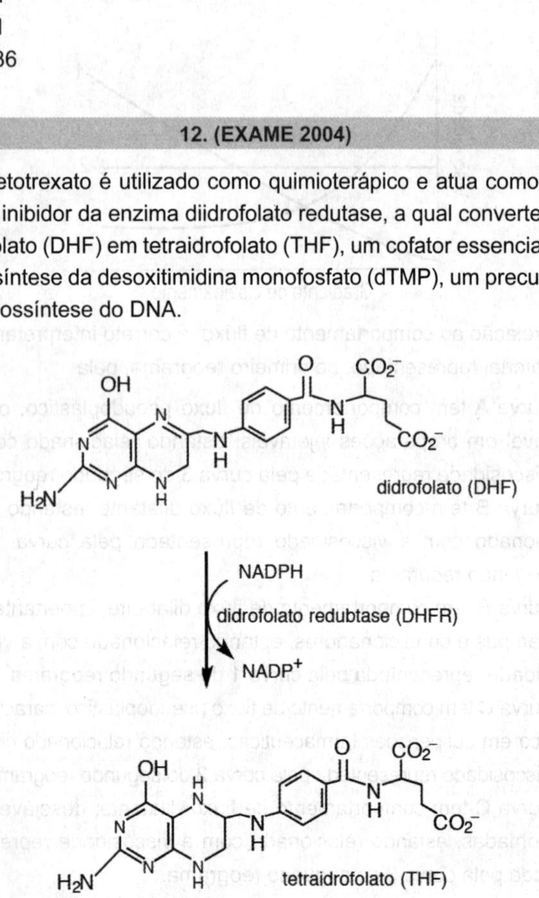

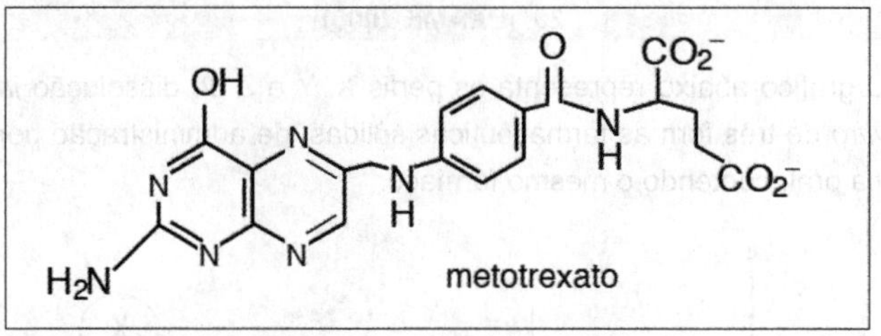

As células cancerosas, estando em um estado de divisão celular mais acentuado, são mais sensíveis à deficiência da dTMP. Assim, o metotrexato, quando aplicado na dose apropriada, causa a morte das células cancerosas.

Analisando-se o esquema acima e a estrutura do metotrexato, podemos concluir que

(A) o sistema aminopteridina do metotrexato é reduzido pela enzima di-idrofolato redutase, gerando um composto inativo.

(B) o metotrexato apresenta características estruturais muito semelhantes às do di-idrofolato, atuando como um ativador competitivo da diidrofolato redutase.

(C) o metotrexato complexa-se irreversivelmente com o cofator NADPH, impedindo a ação do di-idrofolato redutase.

(D) o di-idrofolato redutase é incapaz de reduzir o sistema aminopte-ridina devido a seu caráter aromático.

(E) os sistemas aromáticos, como os pirazínicos, são bastante instáveis, facilitando a redução pelo DHFR.

13. (EXAME 2004)

Pacientes diagnosticados com Diabetes *Mellitus* do tipo 1 utilizam o hormônio insulina para controlar a glicemia. Esse controle é fundamental para a sobrevivência desses pacientes que, após o diagnóstico, passam a utilizá-la durante toda sua vida. Existem insulinas comercialmente disponíveis de várias espécies, como as insulinas bovina, suína e humana. Em relação à insulina, afirma-se que:

I. a insulina comercial pode ser sintetizada por reações peptídicas seguidas de purificação do produto final;

II. as de origem bovina ou suína podem ser purificadas do fígado desses animais;

III. a humana é obtida utilizando-se técnicas de DNA recombinante em que o gene da proinsulina é inserido em E. coli ou em leveduras;

IV. as de origem animal apresentam maior antigenicidade quando comparadas com a insulina humana.

Estão corretas apenas as afirmações

(A) I e IV.

(B) II e III.

(C) II e IV.

(D) III e IV.

(E) I, II e III.

14. (EXAME 2004)

A toxina botulínica é um dos mais potentes venenos conhecidos. Um de seus sorotipos (tipo A) vem sendo utilizado com sucesso no tratamento de certos espasmos musculares e de hiperidrose, além de ter uso cosmético, segundo a mídia. Alguns dos efeitos indesejados da aplicação local da toxina botulínica são: dificuldade em falar e engolir (disfagia), secura na boca e garganta, ptose e visão alterada. Esses sintomas podem ser observados também no botulismo devido à ingestão de alimentos contaminados com toxina botulínica. No botulismo, os sintomas acima são acrescidos de fraqueza muscular generalizada, podendo ocorrer paralisia muscular do tipo flácida, além de retenção urinária e hipotensão sem taquicardia reflexa.

Em relação aos sintomas acima, a toxina botulínica

(A) inativa a transmissão sináptica em gânglios simpático e parassimpático, mas não impede a transmissão na junção neuromuscular esquelética.

(B) altera a função do sistema nervoso autônomo ao inibir a atividade da colinesterase.

(C) impede a recaptação de noradrenalina, prevalecendo, consequentemente, ações simpáticas em vários órgãos.

(D) impede a transmissão nervosa neuromuscular, mas não altera o sistema parassimpático, apenas o sistema simpático.

(E) impede a exocitose de vesículas sinápticas em terminações sinápticas que liberam acetilcolina na periferia.

15. (EXAME 2003)

O conceito, *um gene uma proteína*, permanece válido, porém, tem sido ampliado em decorrência de estudos moleculares. Nos organismos multicelulares, embora as células possuam o mesmo genoma, nem todos os genes estão ativos. O conhecimento dos processos de transmissão, controle e expressão da informação genética é essencial para as áreas farmacêutica e biotecnológica, visando ao desenvolvimento de novas moléculas bioativas, especialmente em doenças decorrentes de alterações na expressão gênica.

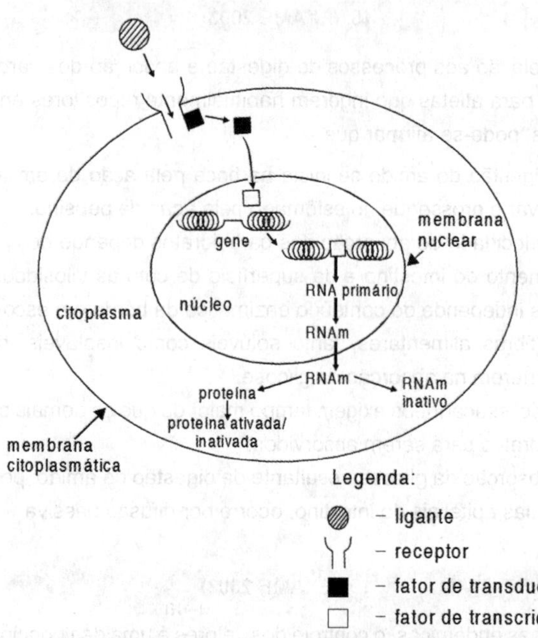

Com base nas informações e no esquema, pode-se afirmar que

(A) a expressão gênica pode ser controlada nas etapas transcricional e pós-transcricional.

(B) a transcrição, envolvendo a ligação do fator de transcrição à região codificadora do gene, é a etapa final do controle da expressão gênica.

(C) a expressão gênica é controlada pela constante de dissociação RNAm – RNA inativo.

(D) a etapa pós-transcricional não é mais controlada após a produção de RNAm e de seu transporte para o citoplasma.

(E) a expressão gênica não é mais controlada após a interação ligante-receptor.

16. (EXAME 2003)

A aflatoxina B_1, ao ser biotransformada pelas enzimas microssomais hepáticas, forma

(A) álcoois, que se ligam aos sítios proteicos.

(B) epóxidos, que dão origem a adutos de DNA.

(C) aldeidos, que se ligam à membrana proteica.

(D) cetonas, que reagem com o DNA.

(E) ácidos, que formam adutos em receptores enzimáticos.

17. (EXAME 2003)

O Paraquat® é um herbicida não seletivo, de contato, que apresenta grupo amônio quaternário e estrutura bipiridínica altamente polar. Sua toxicidade, relacionada ao mecanismo bioquímico de peroxidação lipídica em membranas celulares, é devida à formação de

(A) enzima superóxido dismutase.

(B) ligação enzimática irreversível.

(C) radicais livres.

(D) lipídios insaturados.

(E) ácidos graxos.

18. (EXAME 2003)

Com relação aos processos de digestão e absorção dos carboidratos para atletas que ingerem habitualmente repositores energéticos, pode-se afirmar que

(A) a digestão do amido se inicia na boca pela ação da amilase salivar e prossegue no estômago pela ação da pepsina.

(B) a velocidade de absorção dos carboidratos depende do comprimento do intestino e da superfície de com as vilosidades, mas independe do conteúdo enzimático da borda em escova.

(C) as fibras alimentares, tanto solúveis como insolúveis, não interferem na absorção da glicose.

(D) os polissacarídeos exigem tempo maior do que os demais carboidratos para serem absorvidos.

(E) a absorção da glicose, resultante da digestão do amido, pelas células epiteliais do intestino, ocorre por difusão passiva.

19. (EXAME 2003)

Em áreas endêmicas, o controle dos vetores é uma das principais estratégias para a erradicação das doenças parasitárias. Doença de Chagas, malária, leishmaniose e filariose são transmitidas por hospedeiros intermediários cujas formas parasitárias infectantes associam-se, respectivamente, a

(A) epimastigota, esporozoíto, promastigota e larva infectante.

(B) epimastigota, oocisto, cercária e microfilária.

(C) promastigota, esporozoíto, amastigota e microfilária.

(D) tripomastigota, trofozoíto, promastigota e larva infectante.

(E) epimastigota, oocisto, microfilária e cercária.

20. (EXAME 2003)

O gráfico abaixo representa os perfis X, Y e Z de dissolução *in vitro* de três formas farmacêuticas sólidas, de administração por via oral, contendo o mesmo fármaco.

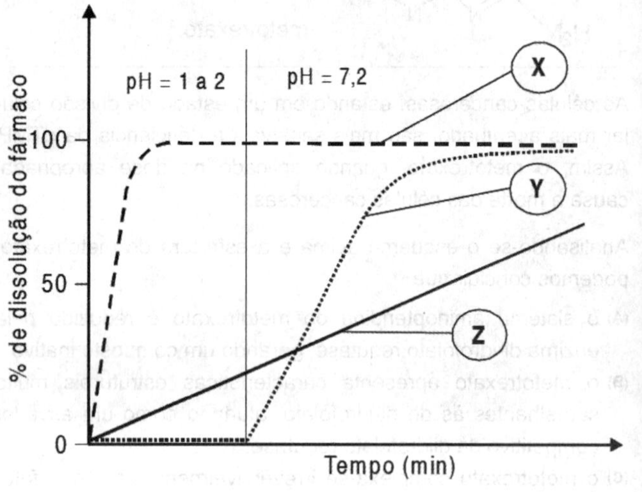

Dado: Fármaco solúvel nos valores de pH apresentados no gráfico.

A análise dessas informações permite afirmar que

(A) o perfil X representa uma forma farmacêutica com revestimento gastrorresistente, devido à dissolução total do fármaco em meio ácido.

(B) o perfil Y representa uma forma farmacêutica de dissolução imediata, que não se desintegra em meio ácido.

(C) o perfil Z representa uma forma farmacêutica de liberação sustentada, devido à velocidade de liberação do fármaco ser constante.

(D) os perfis X e Y representam formas farmacêuticas de dissolução lenta, pois apresentam dissolução do fármaco em meio ácido e neutro, respectivamente.

(E) os perfis Y e Z representam formas farmacêuticas de liberação controlada, pois impedem a dissolução do fármaco em meio ácido.

21. (EXAME 2003)

Medicamentos injetáveis para administração por via intramuscular, que contêm a associação do hormônio folículo estimulante e do hormônio luteinizante, são indicados para a indução da ovulação em pacientes com infertilidade anovulatória. Estes hormônios, moléculas altamente hidrossolúveis e instáveis em meio aquoso, têm como forma de veiculação mais adequada, para garantir sua estabilidade, a preparação

(A) estéril, na forma farmacêutica solução, empregando etanol como veículo.

(B) extemporânea, na forma farmacêutica pó liofilizado, e estéril, a ser reconstituído com água para injeção estéril.

(C) estéril, na forma farmacêutica suspensão aquosa.

(D) extemporânea, na forma farmacêutica pó liofilizado, e estéril, a ser reconstituído com veículo oleoso estéril.

(E) estéril, na forma farmacêutica solução, empregando veículo oleoso.

22. (EXAME 2003)

O composto, cuja estrutura encontra-se abaixo,

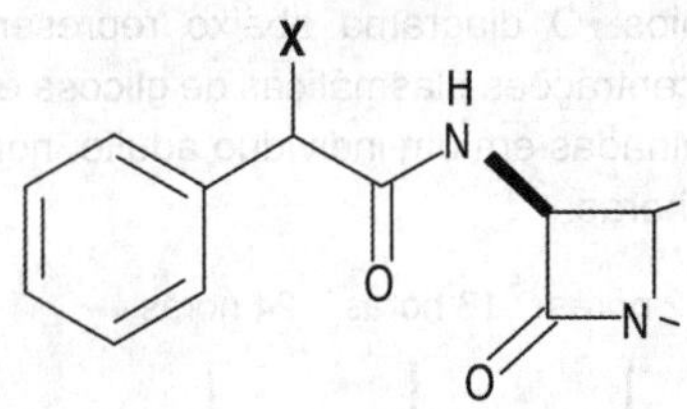

foi obtido por modificação molecular e corresponde à penicilina com amplo espectro de ação e administrada por via oral. O grupo X, que também permite a ação nas bactérias Gram-negativas e impede o ataque do anel betalactâmico, em meio ácido, respectivamente, é

(A) polar e doador de elétrons, para atravessar as porinase desativar o grupo carbonila.

(B) polar e aceptor de elétrons, para atravessar asporinas e desativar o grupo carbonila.

(C) polar e aceptor de elétrons, para atravessar as porinase ativar o grupo carbonila.

(D) apolar e aceptor de elétrons, para bloquear as porinase desativar o grupo carbonila.

(E) apolar e doador de elétrons, para atravessar as porinase desativar o grupo carbonila.

23. (EXAME 2003)

As estruturas dos compostos II obtidos a partir da modificação molecular de I encontram-se abaixo.

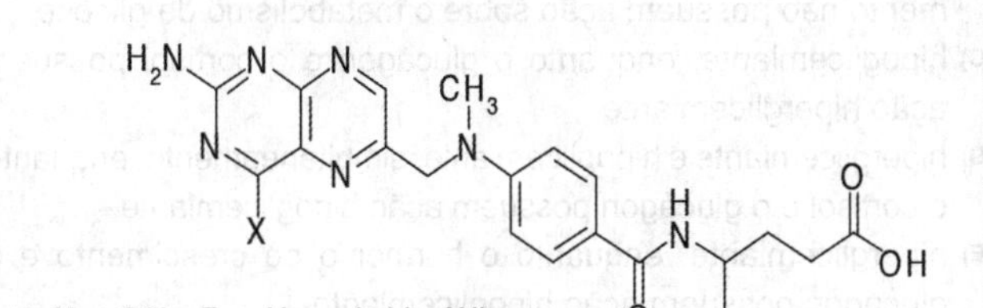

I. X = OH R = H ácido fólico

II. X = NH_2 R = CH_3 metotrexato

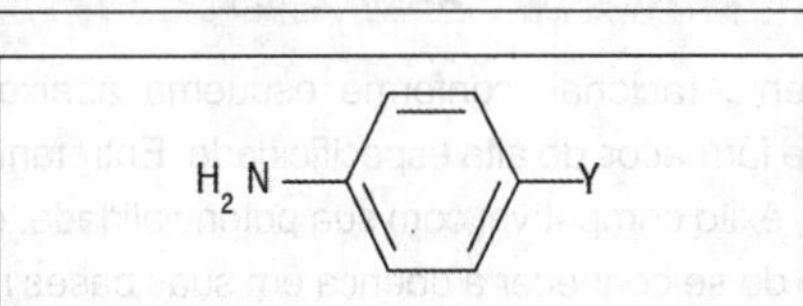

I. Y = —COOH ácido *p*-aminobenzóico

II. Y = sulfadiazina

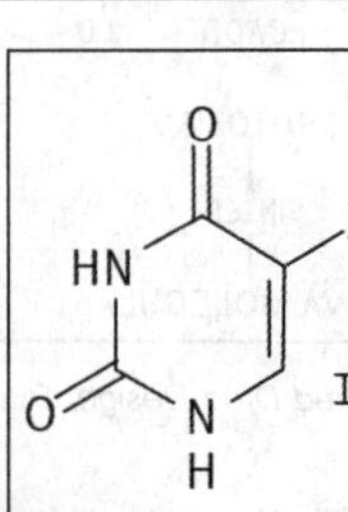

I. X = O uracil

II. X = S fluoruracil

Os compostos II apresentam, em comum, o mecanismo de ação de antagonismo

(A) fisiológico, por meio da aplicação do bioisosterismo às aminas biógenas.

(B) farmacológico, por meio da aplicação da latenciação às aminas biógenas.

(C) metabólico, por meio da aplicação da latenciação aos respectivos metabólitos essenciais.

(D) farmacológico, por meio da aplicação do bioisosterismo aos respectivos metabólitos essenciais.

(E) metabólico, por meio da aplicação do bioisosterismo aos respectivos metabólitos essenciais.

24. (EXAME 2002)

Os meios de comunicação pouco destaque têm dado aos riscos inerentes ao processo de clonagem, bem como aos aspectos éticos nele envolvidos. Só recentemente tornou-se público que, antes do aparecimento de Dolly, o primeiro mamífero clonado, ocorreram 277 experimentos mal sucedidos. Os experimentos de clonagem em mamíferos, para fins terapêuticos e/ou reprodutivos, basearam-se nos experimentos de clonagem em anfíbios realizados por Gurdon. Nos organismos multicelulares, o crescimento depende dos processos de proliferação e de diferenciação celular, que têm início em etapas precoces da morfogênese (fase da gástrula) quando surgem células pluripotentes (células-tronco), capazes de se autorrenovarem e/ou de originarem diferentes tipos celulares, desencadeando, assim, a organogênese. Esses processos dependem de eventos bioquímicos que, em última análise, resultam em mecanismos de ativação e/ou repressão gênica que não estão, ainda, totalmente esclarecidos. O esquema abaixo reproduz o experimento de Gurdon.

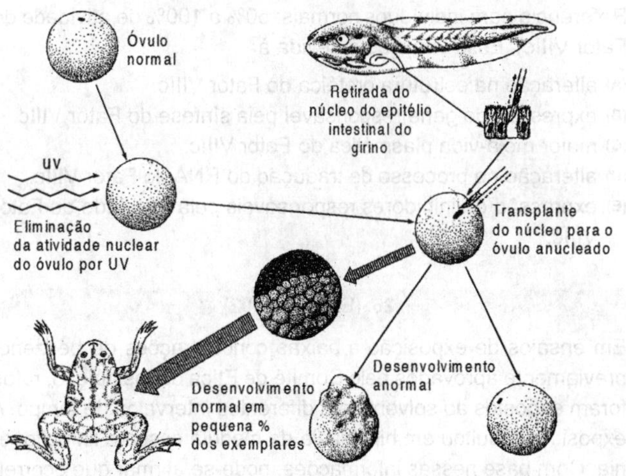

Esquema de transplante nuclear. Nesse experimento, um óvulo de rã foi irradiado com ultravioleta para destruir seu núcleo e, em seguida, por meio de uma micropipeta, um núcleo de célula epitelial do intestino de girino foi enxertado no óvulo irradiado. Este óvulo, ativado pela punção da micropipeta, iniciou seu desenvolvimento e, em alguns casos, produziu uma rã normal.

(Esquema adaptado de: Junqueira, L.C., Carneiro, J. **Biologia celular e molecular**, 5. ed., Rio de Janeiro: Guanabara Koogan, 1991)

Considerando essas informações e o experimento de Gurdon, pode-se afirmar que, em mamíferos normais,

(A) a proliferação e a diferenciação ocorrem em qualquer tipo celular, independentemente do seu grau de maturação, pois, são processos controlados por fatores intracelulares restritos ao núcleo. As condições técnicas e as do meio, durante o processo de clonagem, modificam a expressão gênica.

(B) a diferenciação depende do genoma, ocorrendo em qualquer tipo celular, independentemente do seu grau de maturação. Os fatores ambientais, portanto, podem, durante o processo de clonagem, modificar a expressão gênica.

(C) a proliferação não está restrita às células-tronco, pois, no processo de clonagem de anfíbios utilizou-se o núcleo de uma célula especializada. As condições experimentais, portanto, não modificam a expressão gênica.

(D) todas as células, independentemente do seu grau de maturação, contêm o mesmo genoma. A proliferação e a diferenciação são processos controlados por fatores intra e extracelulares, assim é possível que as condições experimentais do processo de clonagem modifiquem a expressão gênica.

(E) a proliferação e a diferenciação ocorrem em qualquer tipo celular, independentemente do seu grau de maturação, pois, são processos controlados por fatores nucleares. No processo de clonagem, a manipulação e o meio externo não modificam a expressão gênica, pois, as condições experimentais são rigorosamente controladas.

25. (EXAME 2002)

A Hemofilia A ou Hemofilia Clássica é uma coagulopatia congênita, de caráter recessivo e ligado ao cromossomo X, decorrente do comprometimento do Fator VIIIc do Sistema da Coagulação. As manifestações hemorrágicas podem ter intensidade variável em indivíduos de uma mesma família. A atividade plasmática do Fator VIIIc é um dos exames laboratoriais utilizados para a confirmação desse tipo de hemofilia. Em homens hemofílicos, de uma mesma família, essa atividade pode variar de 1% a 15% (Valor de Referência para indivíduos normais: 50% a 100% de atividade do Fator VIIIc). Essa variação é devida à

(A) alteração na estrutura protéica do Fator VIIIc.

(B) expressão do gene responsável pela síntese do Fator VIIIc.

(C) maior meia-vida plasmática do Fator VIIIc.

(D) alteração no processo de tradução do RNA do Fator VIIIc.

(E) expressão de inibidores responsáveis pela atividade do Fator VIIIc.

26. (EXAME 2002)

Em ensaios de exposição a baixas concentrações de benzeno, previamente aprovados pelo Comitê de Ética da Instituição, ratos foram expostos ao solvente em diferentes intervalos de tempo. A exposição resultou em hipoplasia da medula óssea e linfocitopenia. Com base nessas informações, pode-se afirmar que ocorreu

(A) diminuição da produção de imunoglobulinas e aumento da população de células *T-helper*.

(B) diminuição da produção de imunoglobulinas e aumento da população de células T-supressoras.

(C) aumento das populações de células T-supressoras e células *T-helper*.

(D) diminuição da produção de imunoglobulinas e diminuição da produção de Complemento.

(E) diminuição da produção de Complemento e aumento da população de células T-supressoras.

27. (EXAME 2002)

Em seres humanos, a homeostasia da glicose é controlada por vários hormônios. O diagrama abaixo representa, hipoteticamente, as concentrações plasmáticas de glicose e de alguns hormônios determinadas em um indivíduo adulto, normal, durante o período de 24 horas.

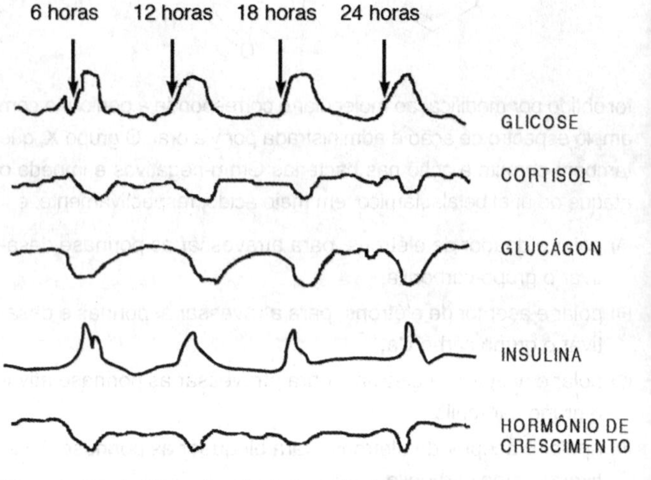

Obs.: as setas indicam o horário de ingestão de alimentos

(Adaptado de: Baynes, J., Dominiczak, M.H. **Bioquímica médica.** São Paulo: Ed. Manole, 2000)

Analisando-se o diagrama, pode-se afirmar que a insulina possui ação

(A) hiperglicemiante, enquanto o hormônio de crescimento e o cortisol possuem ação hipoglicemiante.

(B) hipoglicemiante, enquanto o cortisol e o hormônio de crescimento não possuem ação sobre o metabolismo da glicose.

(C) hipoglicemiante, enquanto o glucágon e o cortisol possuem ação hiperglicemiante.

(D) hiperglicemiante e hipoglicemiante, simultaneamente, enquanto o cortisol e o glucágon possuem ação hipoglicemiante.

(E) hiperglicemiante, enquanto o hormônio de crescimento e o glucágon possuem ação hipoglicemiante.

28. (EXAME 2002)

O planejamento racional, conforme esquema abaixo, permite a introdução de fármacos de alta especificidade. Entretanto, não apresenta, ainda, êxito compatível com sua potencialidade, em razão da necessidade de se conhecer a doença em suas bases moleculares.

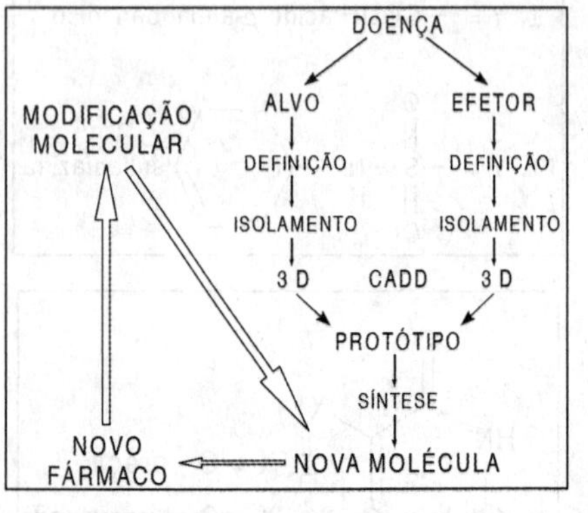

3D Tridimensional; CADD *Computer Assisted Drug Design.* Planejamento de fármacos com auxílio de computador

(Adaptado de: Perun, T.J., Propst, C.L. **Computer-aided drug design:** methods and applications. New York: Marcel Dekker, 1989)

O sequenciamento dos genomas humano, de microrganismos e de parasitos poderá contribuir com esse planejamento por meio de

(A) aprimoramento da modificação molecular de novas estruturas.
(B) aprimoramento dos processos de síntese da nova molécula.
(C) compreensão das doenças de forma direta, pelo reconhecimento dos genes envolvidos.
(D) compreensão das doenças do ponto de vista molecular, pela elucidação dos respectivos proteomas.
(E) otimização do protótipo molecular originário do estudo 3D.

29. (EXAME 2001)

A informação genética encontra-se, em grande parte, armazenada no DNA nuclear. O desenvolvimento de técnicas de biotecnologia possibilitou a produção de insumos biológicos. A produção desses insumos através de técnicas de biologia molecular é viável, desde que

(A) a bactéria possua um gene semelhante ao que será introduzido, o que permite a síntese da proteína desejada.
(B) todos os genes da bactéria sejam modificados, podendo produzir a proteína desejada.
(C) se transfira todo o material nuclear da célula doadora para a célula replicante, permitindo apenas a produção da proteína desejada.
(D) se introduzam, em bactérias, gene(s) ou sequências específicas de DNA, que possam induzir a produção da proteína desejada.
(E) a bactéria apresente alta taxa de replicação e, no meio de cultura, o substrato precursor do insumo desejado esteja disponível.

30. (EXAME 2001)

Quanto à digestão, absorção e utilização das proteínas, pode-se afirmar que

(A) a digestão das proteínas inicia-se na boca.
(B) os di e tripeptídeos são digeridos formando aminoácidos na bordadura em escova das células da mucosa.
(C) a pepsina e a tripsina são enzimas responsáveis pela digestão de proteínas no intestino delgado.
(D) a quimiotripsina e as carboxipeptidases são enzimas que iniciam a digestão das proteínas no estômago.
(E) as aminopeptidases e as dipeptidases iniciam a digestão das proteínas durante a trituração dos alimentos.

31. (EXAME 2001)

A diferença do mecanismo de ação (toxicodinâmica) entre os asfixiantes químicos monóxido de carbono (CO) e ácido cianídrico (HCN) é que o

(A) CO impede a chegada de O_2 aos tecidos pela formação de carboxiemoglobina, enquanto que o HCN apenas causa diluição de O_2 na atmosfera.
(B) HCN impede a chegada de O_2 aos tecidos, enquanto que o CO impede o aproveitamento de O_2 pelas células por meio da inibição da citocromo oxidase.
(C) HCN impede o aproveitamento de O_2 por causar metaemoglobinemia (conversão do Fe^{2+} em Fe^{3+}), enquanto que o CO liga-se à hemoglobina impedindo o transporte de O_2.
(D) CO causa apenas uma diluição do O_2 na atmosfera, enquanto que o HCN impede o aproveitamento de O_2 pela célula por meio da inibição da citocromo oxidase.
(E) HCN impede o aproveitamento de O_2 pela célula por meio da inibição da citocromo oxidase, enquanto que o CO impede a chegada de O_2 aos tecidos pela formação de carboxiemoglobina.

QUESTÕES DISCURSIVAS

1. (EXAME 2003) DISCURSIVA

O processo de retrogradação do amido, que limita a vida de prateleira de pães e outros produtos de confeitaria, molhos e pudins, resulta no chamado *envelhecimento*, também, conhecido por *staling*.

a) A partir da gelificação do amido, explique a retrogradação e a sinerese. **(10 pontos)**

b) Sabendo-se que o amido é formado por amilopectina e amilose, qual dessas duas moléculas é mais suscetível à retrogradação? Justifique. **(5 pontos)**

c) Como seria possível retardar o processo de retrogradação do amido? **(10 pontos)**

2. (EXAME 2003) DISCURSIVA

A atividade enzimática no leite é variável e depende do tratamento térmico a que o leite é submetido. Algumas das enzimas presentes resistem à pasteurização enquanto que outras não. A atividade de certas enzimas pode ser utilizada como indicador para avaliar a eficiência da pasteurização do leite, efetuada a 62 ºC, por 30 minutos.

Com base nessas informações e na figura abaixo:

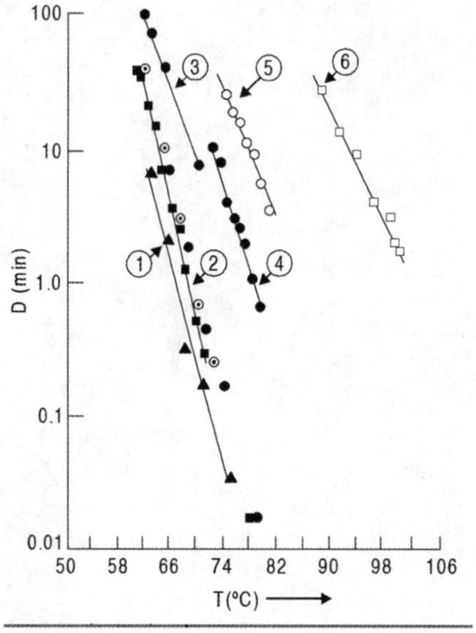

Legenda:
1 - Lipase
2 - Fosfatase alcalina
3 - Catalase
4.- Xantinoxidase
5 - Peroxidase
6 - Fosfatase ácida

Belitz, H.D.; Grosch, M. Food Chemistry. Weinheim: Springer Verlag. p. 992.

Dados:

Valor D = tempo, em minutos, necessário para inativar 90% da atividade enzimática

a) Explique o objetivo da pasteurização do leite. **(10 pontos)**

b) Quais as enzimas que podem servir de indicadores para medir a eficiência da pasteurização? Justifique. **(10 pontos)**

c) Após processo de pasteurização do leite, a 62ºC, por 30 minutos, quais das enzimas estão ainda ativas? **(5 pontos)**

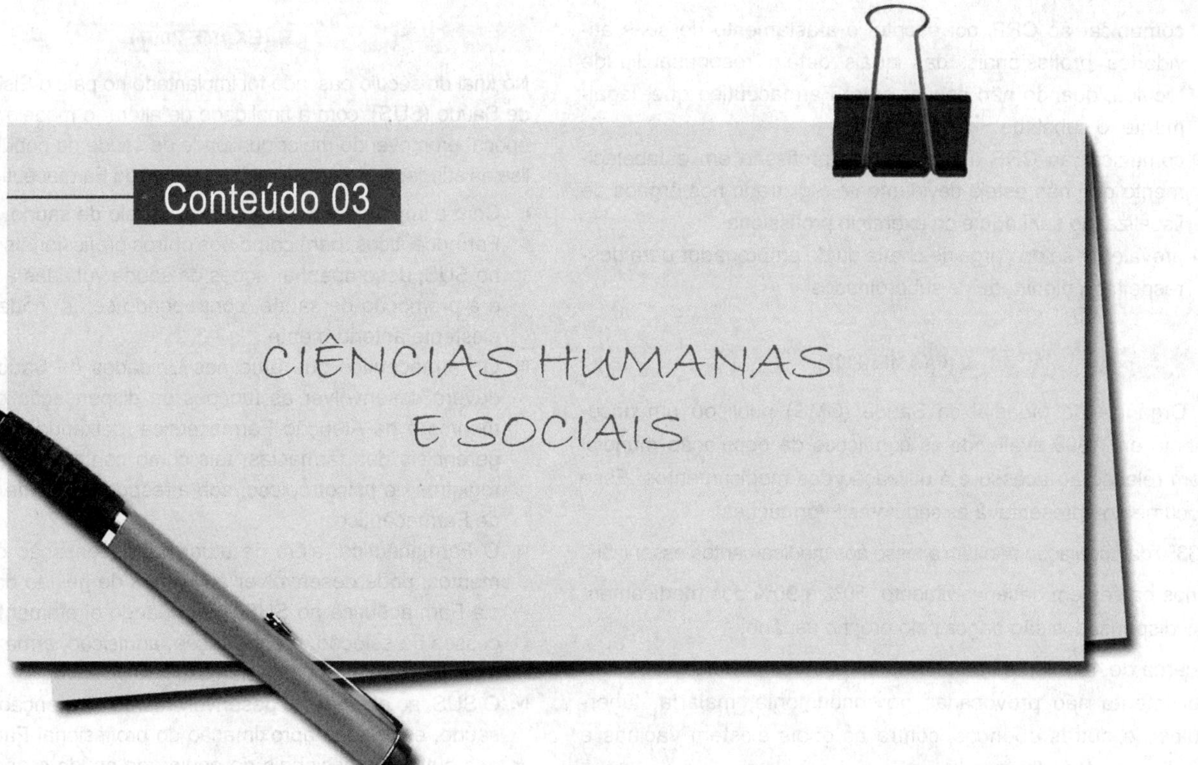

1. (EXAME 2010)

Reconhecer a saúde como um direito é uma conduta indissociável do direito a condições dignas de vida. Isso significa assumir um olhar integral sobre o ser humano, detentor natural dessa dignidade, que o capacita ao voluntariado e a atitudes altruístas em relação aos seus semelhantes. Portanto, dentro dos princípios éticos de respeito à vida, é fundamental que o ser humano

(A) seja impedido de realizar doação voluntária de órgãos, ainda que não perca qualidade de vida, para zelar pela integridade do seu corpo.
(B) receba a justa remuneração quando fizer doação de sangue ou de medula óssea, uma vez que se tornam passíveis de venda a seus receptores.
(C) possa participar de maneira livre e esclarecida como voluntário sadio na fase clínica do desenvolvimento de novos fármacos.
(D) assuma integralmente os riscos de sua participação livre e esclarecida no desenvolvimento de vacinas com agentes infectantes atenuados.
(E) seja indenizado, quando não recuperar sua saúde, ao participar de maneira livre e esclarecida de estudos multicêntricos de desenvolvimento de novos fármacos.

2. (EXAME 2010)

No Brasil, o número de idosos (> 60 anos de idade) passou de 7 milhões em 1975 para 14 milhões em 2002 (um aumento de 100% em quarenta anos) e estima-se que alcançará 32 milhões em 2020.

LIMA-COSTA, M. F.; VERAS, R. **Caderno Saúde Pública**, v.19, n.3, p. 700-701, 2003 (com adaptações).

Em função desta perspectiva, a política nacional de medicamentos precisará considerar a modificação etária da população para prever o consumo de medicamentos empregados no tratamento de

(A) doenças epidêmicas como a influenza A (H1N1).
(B) tuberculose e hanseníase.
(C) poliomielite e sarampo.
(D) dengue e febre amarela.
(E) doenças cardiovasculares e diabetes.

3. (EXAME 2007)

O farmacêutico Epaminondas trabalha em uma instituição com carga horária de 40 horas semanais, entretanto, aceitou a responsabilidade técnica por uma drogaria cujo dono lhe comunicou que não precisaria ir lá todos os dias, pois ele próprio sabia preencher o livro e dar atenção à clientela. Os dias se passaram... até que a drogaria recebeu a fiscalização do Conselho Regional de Farmácia (CRF) e, como Epaminondas não estava presente dentro do horário declarado ao CRF, a fiscalização preencheu o termo de visita, anotando as irregularidades observadas. As ausências se repetiram e levaram Epaminondas à Comissão de Ética do CRF. Diante do exposto e do conhecimento da Resolução 417/2004, o artigo que o Farmacêutico Epaminondas infringiu foi

(A) comunicar às autoridades sanitárias e profissionais, com discrição e fundamento, fatos que caracterizaram infringência ao Código de Ética e às normas que regulam o exercício das atividades farmacêuticas.
(B) comunicar ao CRF e às autoridades sanitárias a recusa ou a demissão de cargo, função ou emprego, motivada pela necessidade de preservar os legítimos interesses da profissão, da sociedade ou da saúde pública.

(C) comunicar ao CRF, por escrito, o afastamento de suas atividades profissionais, das quais detém responsabilidade técnica, quando não houver outro Farmacêutico que, legalmente, o substitua.

(D) comunicar ao CRF o exercício da profissão em estabelecimento que não esteja devidamente registrado nos órgãos de fiscalização sanitária e do exercício profissional.

(E) prevalecer-se do cargo de chefia ou de empregador para desrespeitar a dignidade de subordinados.

4. (EXAME 2007)

A Organização Mundial da Saúde (OMS) publicou um documento em 1998 avaliando as condições da população mundial com relação ao acesso e à utilização dos medicamentos. Esse documento apresentava as seguintes informações:

- 33% da população não têm acesso aos medicamentos essenciais;
- nos países em desenvolvimento, 50% a 90% dos medicamentos dispensados são pagos pelo próprio usuário;
- cerca de 40 milhões de mortes anuais nos países em desenvolvimento são provocadas por pneumonia, malária, tuberculose e outras doenças, contra as quais existem vacinas e medicamentos eficazes;
- 75% dos antibióticos são prescritos inadequadamente;
- apenas 50% dos pacientes são aderentes ao tratamento;
- 10% a 20% dos medicamentos comercializados são reprovados em provas de controle de qualidade.

Analisando as informações acima, e utilizando seus conhecimentos sobre a política de acesso a medicamentos nos diversos países, assinale a afirmativa correta.

(A) A racionalidade e a gestão de recursos financeiros nos sistemas de saúde são preocupações predominantes nos países em desenvolvimento, principalmente na América Latina, pois nesses países a demanda é crescente e os recursos são sempre finitos.

(B) O desenvolvimento de uma Atenção Farmacêutica de qualidade, com profissionais farmacêuticos preparados para o serviço público de saúde, pode melhorar todos os parâmetros apresentados acima, melhorando também a qualidade de saúde de toda a população mundial.

(C) A implantação e a implementação dos medicamentos genéricos podem contribuir para a redução dos preços e favorecer o acesso aos medicamentos, inclusive pela população de renda familiar baixa, geralmente excluída do Sistema de Saúde.

(D) Os países menos desenvolvidos, além de aumentar e racionalizar os recursos, precisam investir em treinamento e reciclagem dos profissionais de saúde, implementando Políticas Nacionais de Medicamentos que garantam produção, acesso, seleção, aquisição a preços acessíveis e utilização racional dos medicamentos.

(E) Os resultados apresentados demonstram que os países necessitam aumentar os investimentos em saúde, aplicando esses montantes basicamente na aquisição de medicamentos de qualidade e segurança comprovadas e favorecendo o acesso da população a eles.

5. (EXAME 2007)

No final do século passado foi implantado no país o Sistema Único de Saúde (SUS), com a finalidade de alterar o modelo existente à época, promovendo maior qualidade de saúde da população. Analise as afirmações a seguir, sobre o papel do Farmacêutico no SUS.

I. Com a implantação desse novo modelo de saúde, coube aos Farmacêuticos, bem como aos outros profissionais que atuam no SUS, desempenhar ações de saúde voltadas à prevenção e à promoção de saúde, contrapondo-se ao modelo curativo existente anteriormente.

II. O Farmacêutico que atua nas Unidades de Saúde do SUS deverá desenvolver as funções de dispensação de medicamentos e de Atenção Farmacêutica, deixando as atividades gerenciais das farmácias, tais como controle de estoques e registros de psicotrópicos, sob a responsabilidade do Auxiliar de Farmacêutico.

III. O Farmacêutico, além de atuar na dispensação de medicamentos, pode desenvolver atividades de gestão da Assistência Farmacêutica no SUS, participando diretamente dos processos de seleção, programação, aquisição, armazenamento e distribuição de medicamentos.

IV. O SUS, ao estimular o desenvolvimento da atenção primária à saúde, estimula a aproximação do profissional Farmacêutico aos outros profissionais da equipe de saúde e aos usuários, favorecendo a formação do profissional Farmacêutico mais especializado em detrimento do perfil generalista.

Estão corretas, somente, as afirmações

(A) I e II.
(B) I e III.
(C) I e IV.
(D) II e III.
(E) II e IV.

6. (EXAME 2004)

As tabelas abaixo apresentam o coeficiente de mortalidade em menores de 5 anos por doenças diarréicas e por infecção respiratória aguda, por Região do Brasil, entre os anos de 1994 e 1999*.

Doença Diarréica Aguda

Ano	Região Norte	Região Nordeste	Região Sudeste	Região Sul	Região Centro-Oeste	Total
1994	10,2	13,9	6,1	6,9	7,7	9,2
1995	9,2	13,0	5,4	5,8	6,8	8,3
1996	7,8	10,9	4,5	4,6	6,2	6,9
1997	7,1	9,3	3,2	3,8	5,2	5,7
1998	7,6	11,9	3,3	4,2	5,0	6,8
1999	5,3	9,7	2,7	3,2	4,2	5,5

www.datasus.gov.br citado por Rouquayrol e Almeida Filho, 2003
* coeficiente por 100.000 hab.

Doença Respiratória Aguda

	Região Norte	Região Nordeste	Região Sudeste	Região Sul	Região Centro-Oeste	Total
1994	8,0	8,2	10,8	10,8	9,1	9,6
1995	8,5	8,1	10,5	10,7	8,1	9,4
1996	7,2	6,3	9,0	9,5	7,5	8,0
1997	5,9	5,7	7,7	7,6	7,1	6,9
1998	5,9	6,3	7,9	8,2	6,1	7,1
1999	6,8	5,8	7,0	6,4	5,8	6,4

www.datasus.gov.br citado por Rouquayrol e Almeida Filho, 2003
* coeficiente por 100.000 hab.

A partir dos dados apresentados e das características das várias regiões brasileiras, conclui-se que

(A) as mortes por infecção respiratória no Sul e Sudeste podem ser atribuídas à não resolubilidade dos problemas nos sistemas de saúde, onde a demanda é maior que a oferta.
(B) as mortes devido a doenças diarreicas são bem mais numerosas nas Regiões Norte e Nordeste e estão relacionadas com a má distribuição de renda, desnutrição e condições ambientais inadequadas.
(C) as Regiões Sul e Sudeste, em comparação com Norte e Nordeste, apresentam maiores problemas de saneamento básico e piores condições de vida, em decorrência da crescente aglomeração urbana, o que se reflete diretamente nos coeficientes apresentados.
(D) as Regiões Norte e Nordeste, em comparação com Sul e Sudeste, têm menos casos de morte por infecção respiratória aguda, já que existe um maior controle dos níveis de poluição do ar.
(E) existe uma tendência no decréscimo dos dois coeficientes, no tempo, evidenciando melhora na qualidade de vida das famílias, com melhor distribuição da renda e crescimento organizado das cidades.

7. (EXAME 2004)

A Constituição de 1988 incorporou mudanças no papel do Estado e alterou profundamente o arcabouço jurídico institucional do sistema público de saúde, criando novas relações entre diferentes esferas do governo, novos papéis do setor, dando origem, enfim, ao Sistema Único de Saúde.

Carvalho, B.G., Martin, G.B., Cordoni-Júnior, L. A organização do sistema de saúde no Brasil. In: Andrade, S.M., Soares, D.A. e Cordoni-Júnior, L. (Org.). **Bases da Saúde Coletiva**. Londrina: Ed. UEL, 2001. p.40.

Com relação ao Sistema Único de Saúde (SUS), qual das assertivas abaixo está correta?

(A) A participação da comunidade no SUS está regulamentada pela Lei 8142/90, que assegura a existência de instâncias colegiadas como conferências e conselhos de saúde nas esferas federal e estadual.
(B) As ações básicas de assistência à saúde se limitam à oferta de consulta médica em clínica geral e em ginecologia/obstetrícia, além de atendimento de enfermagem e odontologia.
(C) As necessidades básicas de saúde, no que diz respeito às demandas sanitárias (saneamento básico, desenvolvimento nutricional, vacinação), estão sendo bem atendidas pelo SUS, o que resolve boa parte dos problemas de saúde existentes.
(D) O modelo de atenção à saúde implementado busca a integralidade, mas sofre da desarticulação entre ações de promoção, prevenção, cura e reabilitação.
(E) O acesso da população aos medicamentos essenciais distribuídos no SUS tem proporcionado mudanças importantes no perfil de morbimortalidade no país.

8. (EXAME 2004)

A assistência farmacêutica, dentre outras atribuições, visa à seleção das opções farmacêuticas mais eficientes, considerando a relação custo/benefício e o uso racional dos medicamentos, ao vincular este custo com segurança, eficácia e qualidade das diferentes terapias medicamentosas aplicadas na prática clínica. Tais objetivos, que se referem à política de medicamentos a ser adotada no sistema público de saúde, caracterizam a

(A) farmacoepidemiologia.
(B) farmacoeconomia.
(C) farmacovigilância.
(D) farmácia clínica.
(E) vigilância epidemiológica.

9. (EXAME 2004)

Um grupo de pesquisadores estudou a prevalência de hipertensão arterial na população de maiores de 40 anos de um município. Foi aplicado um questionário com perguntas fechadas sobre: características demográficas, socioeconômicas e de hábitos de vida. Foram também realizadas medidas de pressão arterial, de peso e de altura. Além da avaliação da prevalência de hipertensão arterial, procedeu-se à análise da associação das variáveis investigadas com a presença da hipertensão arterial referida. Os resultados estão na tabela abaixo.

		HIPERTENSOS		
		SIM	NÃO	TOTAL
OBESOS (IMC > 30 Kg/m²)	SIM	78	82	160
	NÃO	236	871	1107
	TOTAL	314	953	1267

MEDRONHO,R. *et al.* **Epidemiologia**. S.P.: Atheneu, 2003 (adaptação)

A partir deste estudo, que medida pode ser calculada para a avaliação da associação entre obesidade (índice de massa corporal maior do que 30 Kg/m²) e presença de hipertensão?

(A) Razão de Chances.
(B) Risco Relativo.
(C) Risco Absoluto.
(D) Risco Absoluto Populacional.
(E) % de Risco Absoluto Populacional.

10. (EXAME 2003)

A Organização Mundial da Saúde estima que, mundialmente, cerca de 800 milhões de pessoas apresentam algum tipo de desnutrição. Sabe-se que há estreita associação entre doenças infecciosas e desnutrição, sendo que esta, além de ser considerada problema social, também é de saúde pública. Diante dessa constatação, pesquisadores têm avaliado as causas envolvidas na imunodepressão devida à desnutrição. As figuras abaixo representam as concentrações de imunoglobulina G e de citocina Fator de Necrose Tumoral alfa (TNFα), em crianças desnutridas e normais.

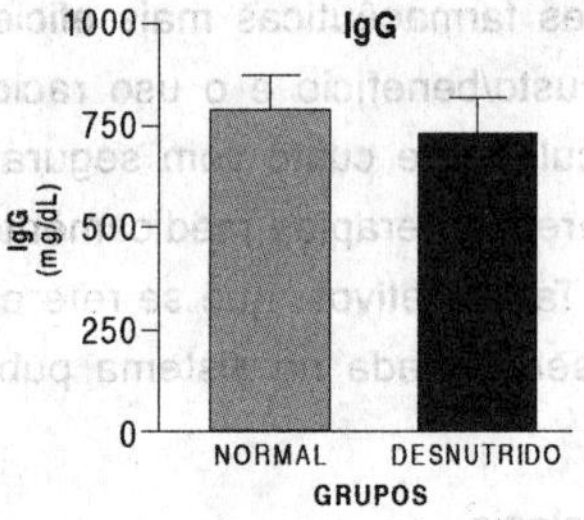

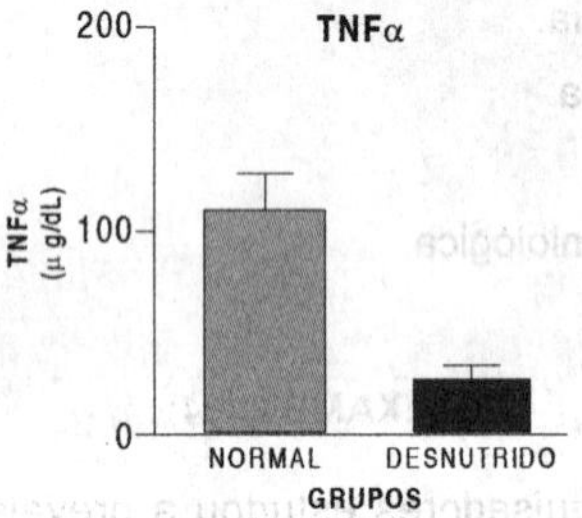

Da análise dos dados, vale dizer que a desnutrição pode modificar

(A) distintos aspectos funcionais dos linfócitos B.

(B) distintamente as populações celulares T e B.

(C) aspectos funcionais dos linfócitos T e da via do Complemento.

(D) distintamente os linfócitos B e a via do Complemento.

(E) aspectos funcionais quantitativos dos linfócitos T.

11. (EXAME 2003)

Analisando-se as figuras:

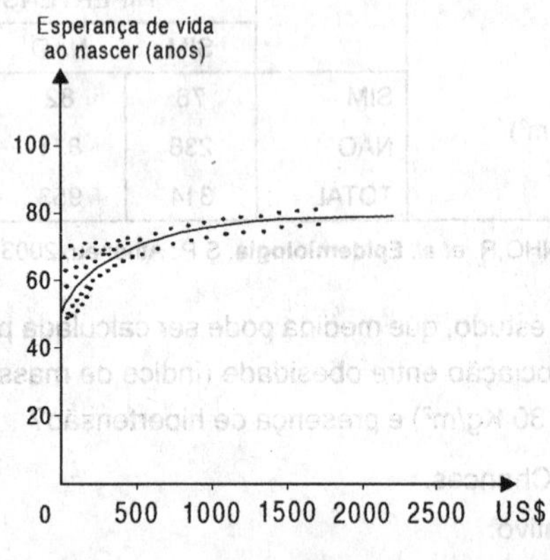

Piola, S.F.; Vianna, S.M. **Economia da saúde**: conceitos e contribuição para a gestão da saúde. 3 ed. Brasília: IPEA, 2002. Relatório do Banco Mundial.

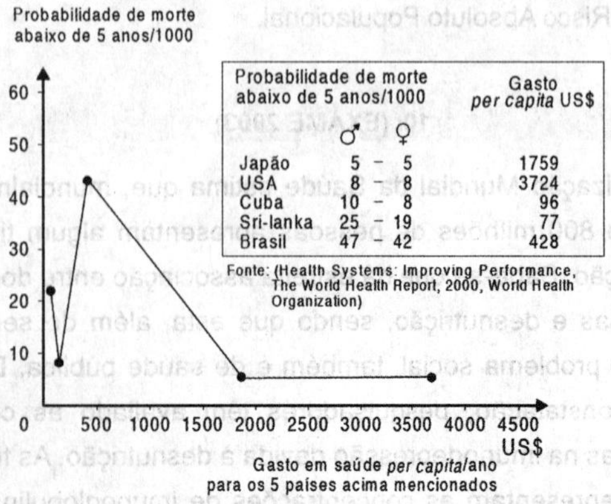

Pode-se afirmar que

(A) o efeito do gasto *per capita*/ano com saúde sobre a esperança de vida é constante.

(B) países que têm maior gasto *per capita*/ano com saúde apresentam melhores indicadores de saúde.

(C) a probabilidade de morte abaixo de 5 anos apresenta proporcionalidade inversa com o gasto *percapita*/ano com saúde.

(D) a esperança de vida ao nascer e a probabilidade de morte abaixo de 5 anos independem do gasto *per capita*/ano com saúde.

(E) os indicadores de saúde nem sempre melhoram à medida que se aumentam os gastos *per capita*/ano com saúde.

12. (EXAME 2002)

Na área farmacêutica, ainda que nenhuma empresa controle grande parcela do mercado do conjunto de medicamentos, quando estes são analisados por especialidades terapêuticas, observa-se que a oferta no mercado relevante está altamente concentrada e poucas empresas controlam a produção de medicamentos por classe terapêutica. Como o setor depende de altos investimentos em pesquisa e desenvolvimento, as empresas buscam barreiras institucionais, como marcas e principalmente patentes, para obterem o retorno sobre tais investimentos. Os consumidores finais, além de não decidirem sobre o que devem consumir, sabem muito pouco sobre a segurança, eficácia, qualidade e custo dos medicamentos. Por outro lado, os médicos, farmacêuticos e pacientes dependem, inicialmente, das informações fornecidas pelo fabricante quanto a eficácia, contra-indicações e efeitos colaterais do produto. Observa-se que os interesses são contrapostos, visto que quem paga o produto farmacêutico quer minimizar custos; quem consome quer o melhor, embora não saiba decidir; quem decide é influenciado pela oferta e quem produz o medicamento procura induzir maior consumo. Assim, os mercados farmacêuticos caracterizam-se pela existência de falhas que restringem a concorrência e atribuem forte poder às empresas produtoras na fixação de seus preços.

(Adaptado de: Rego, E.C.J. Políticas de regulação do mercado de medicamentos: a experiência internacional. **Revista do BNDES**. Rio de Janeiro, v. 7, n. 14, p. 367-400, 2000)

A partir da análise do texto, como o mercado farmacêutico

(A) é diferente dos demais mercados, seus preços são fixados independentemente da concorrência, devido à proteção de marcas e patentes. As ações desse mercado devem ser determinadas pelas políticas públicas adotadas pelo Estado.

(B) depende de altos investimentos em pesquisa e desenvolvimento, deve ser protegido pelo Estado por meio de marcas e patentes, as quais restringirão a concorrência.

(C) não se destina ao consumidor final, que não decide a compra, o Estado deve conceder privilégios aos fabricantes, para quesejam garantidas a segurança, eficiência e organização dos produtos farmacêuticos.

(D) é muito pulverizado, nenhuma empresa controla grande parcela do mercado. Este mercado caracterizase como os demais, em termos de produtos em geral, e não deve ter interferência do Estado.

(E) é dominado por grandes empresas, geralmente transnacionais, o Estado deve assumir todas as ações de produção, controle e distribuição dos produtos farmacêuticos.

13. (EXAME 2001)

"Desde a aprovação da lei brasileira de Patentes no Congresso, em 1996, os Estados Unidos da América patentearam 510 medicamentos, mais da metade das patentes existentes no País. Dessas, 376 foram de remédios. O segundo lugar no setor ficou para outro país desenvolvido: a Alemanha, que registrou 159 produtos, a maioria remédios. Apenas 36 patentes brasileiras foram registradas nesse período. Imaginava-se que a lei daria aos laboratórios estrangeiros a segurança jurídica necessária para fabricar novos remédios no Brasil, mas estudos mostraram tendência diversa: as importações no setor explodiram (...). Só entre 94 e 97, as compras triplicaram, enquanto as exportações aumentaram apenas 35%. O resultado foi um déficit de U$ 1 bilhão na balança comercial brasileira apenas no setor farmacêutico (...). O levantamento confirma ainda que a lei não fez os investimentos aumentarem."

(Adaptado de: Souza, M. Estudo indica que lei brasileira de patentes beneficiou EUA. **O Estado de S. Paulo**, 1º Cad., p.A13, 12 abr. 2001)

Sobre este texto, é correto afirmar que

(A) o desenvolvimento da indústria farmacêutica brasileira foi expressivo após a aprovação da Lei das Patentes, pois aumentou o volume de importação.
(B) os investimentos no setor farmacêutico não aumentaram após a aprovação da Lei das Patentes no Brasil.
(C) a balança comercial no setor farmacêutico, no período de 94 a 97, foi favorável ao Brasil, pois houve um déficit de U$ 1 bilhão.
(D) com a Lei das Patentes, os laboratórios estrangeiros tiveram segurança para produzir novos remédios no Brasil.
(E) somente os Estados Unidos e a Alemanha registraram patentes de remédios após a aprovação da Lei das Patentes.

14. (EXAME 2001)

"Marketing é o conjunto de atividades relacionadas com o fluxo de mercadorias e serviços do produtor até o consumidor final" (American Marketing Association). Com base nesta definição, uma empresa farmacêutica programou o lançamento de um produto farmacêutico não genérico, destacando as seguintes etapas:

I. Treinamento de seus propagandistas quanto às vantagens do produto farmacêutico não genérico em relação aos produtos farmacêuticos similares existentes no mercado.
II. Convite a médicos "formadores de opinião" para um encontro internacional patrocinado pela empresa.
III. Visita a 2.500 médicos, levando-lhes trabalhos científicos que comprovem a ação farmacológica e as vantagens do produto.
IV. Entrega de plano de descontos e de promoção para as distribuidoras.
V. Treinamento de balconistas e atendentes de grandes redes de farmácias e drogarias.

Ao analisar as etapas do planejamento de *marketing*, pode-se afirmar que o plano

(A) não atende ao conceito de *marketing* definido.
(B) está correto do ponto de vista ético, pois atende ao público-alvo (médicos) e evita a comunicação com o paciente.
(C) está correto do ponto de vista conceitual, porém não é aceitável do ponto de vista ético.
(D) não pode ser aplicado a produtos farmacêuticos, pois induz ao consumo indiscriminado de medicamentos.
(E) estaria correto do ponto de vista ético se a empresa treinasse o farmacêutico e, este, o balconista/atendente.

QUESTÃO DISCURSIVA

1. (EXAME 2004) DISCURSIVA

Uma determinada criança vinha sofrendo com episódios repetidos de diarreia que, apesar de tratados, a tinham deixado debilitada. No último episódio, ela faleceu, embora tenha sido devidamente medicada. Era de uma família muito pobre, com pai doente e a mãe trabalhando fora vários dias por semana. A alimentação básica da criança era o leite fornecido na mamadeira. O leite era preparado (com adição de farináceos e açúcar) no início do dia e deixado em uma panela. Após cada mamada, a sobra do leite da mamadeira era misturada com o restante que estava na panela e apenas era levemente esquentado antes da nova mamada. Não havia geladeira na casa.

VASCONCELOS, Eymard Mourão. **Educação popular como instrumento de reorientação das estratégias de controle das doenças infecciosas e parasitárias.** Cadernos de Saúde Pública 1998, 14, Sup. 2: 39-57. (adaptado)

a) Apresente uma razão que explique porque o tratamento falhou. **(valor: 2,0 pontos)**
b) Identifique dois fatores que podem ter contribuído para o agravamento do quadro clínico da criança. **(valor: 4,0 pontos)**
c) Indique dois procedimentos que a equipe de saúde poderia ter usado para modificar essa situação. **(valor: 4,0 pontos)**

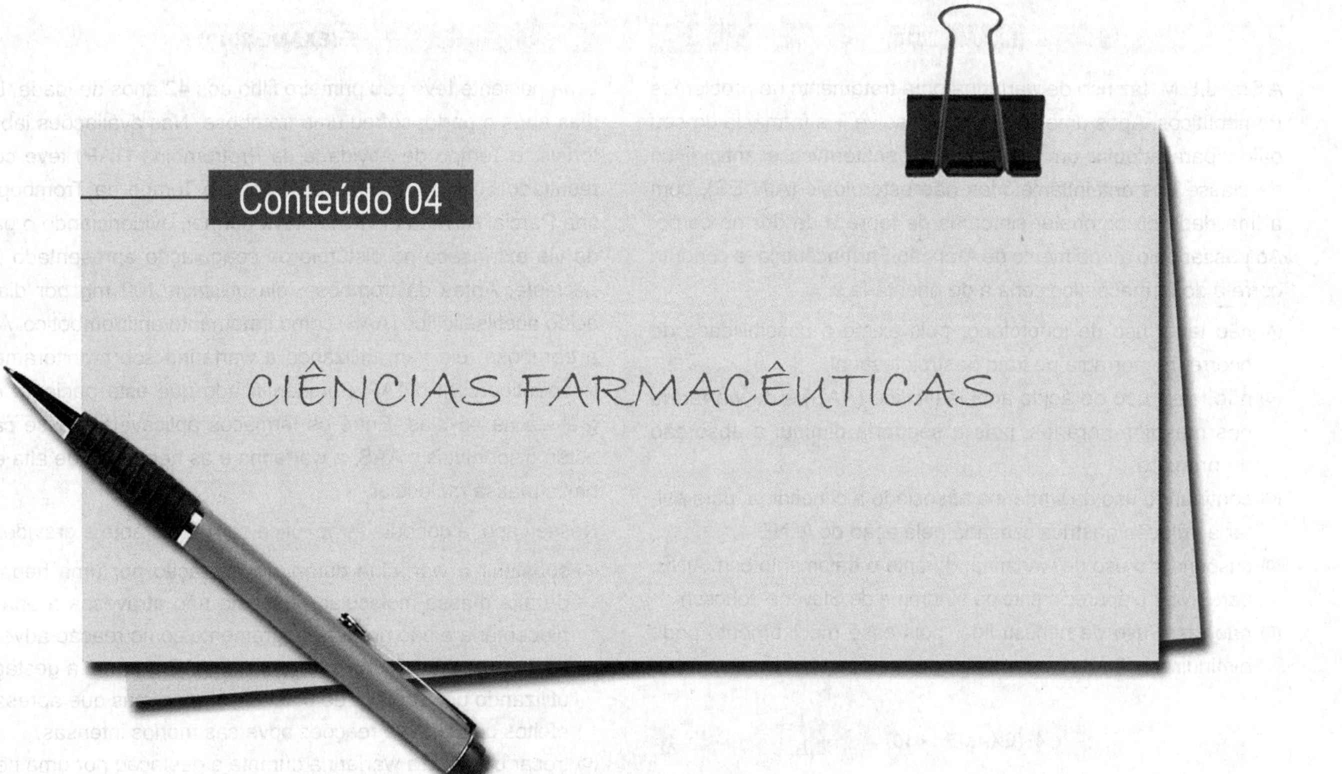

1. (EXAME 2010)

A triagem neonatal, também conhecida como o "Teste do Pezinho", foi incorporada ao SUS (Portaria GM/ MS nº 22) como uma legislação que determina a obrigatoriedade do teste em todos os recém-nascidos vivos e inclui a avaliação para fenilcetonúria. Um recém-nato submetido a esse teste, realizado por Cromatografia Líquida de Alta Eficiência acoplada à Espectrometria de Massas em Sequência (LC-MS/MS) apresentou um resultado em que as concentrações de fenilalanina estão acima da taxa de normalidade. Esse resultado indica

(A) uma deficiência associada à enzima fenilalanina hidroxilase.

(B) uma falha metabólica envolvendo a biosíntese de fenilalanina.

(C) que o excesso de tirosina será um risco constante na vida desse indivíduo.

(D) um resultado duvidoso, pois o método analítico, apesar de excelente para análises de formulações medicamentosas, não tem poder discriminatório adequado aos testes de deficiências metabólicas.

(E) que o recém-nato ainda não apresenta enzimas do sistema de efluxo de glicoproteína-P, capaz de extrair a fenilalanina do interior citoplasmático e jogá-la na circulação, onde é quantificada.

2. (EXAME 2010)

A Assistência Farmacêutica (AF) representa um dos mais importantes setores nos Sistemas de Saúde Estaduais e Municipais. Tendo em vista que as necessidades de medicamentos da população vêm crescendo no Brasil, o papel do farmacêutico é fundamental para que exista um gerenciamento eficaz que garanta medicamentos disponíveis em quantidade, qualidade e velocidade de distribuição adequadas às necessidades da população.

PORQUE

O gerenciamento farmacêutico deve estar alicerçado nas pessoas envolvidas, já que comumente o setor possui recursos limitados. As experiências, as habilidades e as atitudes são fundamentais no planejamento e na capacidade de reorganizar a estrutura e o conjunto de ações que podem aperfeiçoar esses serviços. Entre as atividades que podem ser desenvolvidas no aprimoramento da AF, destacam-se a capacitação de todos os envolvidos nesse setor, o estabelecimento das relações de medicamentos essenciais, com base na Relação Nacional de Medicamentos Essenciais (RENAME) ou em protocolos homologados, nas esferas municipais e estaduais, e a integralidade dos serviços em saúde.

Acerca dessas asserções, assinale a opção correta.

(A) As duas asserções são proposições verdadeiras, e a segunda é uma justificativa correta da primeira.

(B) As duas asserções são proposições verdadeiras, mas a segunda não é uma justificativa correta da primeira.

(C) A primeira asserção é uma proposição verdadeira, e a segunda é uma proposição falsa.

(D) A primeira asserção é uma proposição falsa, e a segunda é uma proposição verdadeira.

(E) As duas asserções são proposições falsas.

3. (EXAME 2010)

A Sra. J.S.M. faz uso de warfarina para tratamento de problemas trombolíticos. Após uma forte gripe, resolve ir à farmácia do seu bairro para adquirir um medicamento antitérmico e antipirético da classe dos anti-inflamatórios não esteroidais (AIN ES), com a finalidade de combater sintomas de febre e de dor no corpo. Ao passar pelo atendimento de Atenção Farmacêutica, a conduta correta do farmacêutico seria a de orientá-la a

(A) não fazer uso de ibuprofeno, pois existe a possibilidade de ocorrer hemorragia no trato gastrointestinal.

(B) não fazer uso do ácido acetilsalicílico (AAS) e da warfarina nos mesmos horários, pois a segunda diminui a absorção do primeiro.

(C) continuar o uso da warfarina associado a cimetidina, para evitar a irritação gástrica causada pela ação do Al NE.

(D) suspender o uso de warfarina, durante o tratamento com AINE, para evitar o aparecimento da síndrome de Stevens-Johnson.

(E) não fazer uso de nimesu lida, pois esse medicamento pode diminuir a ação da warfarina.

4. (EXAME 2010)

Atualmente, uma terapia alternativa ao tratamento clássico da asma persistente moderada é a utilização do omalizumab (fármaco produzido por processo biotecnológico que atua na IgE). Essa proposta terapêutica ainda apresenta grandes contestações na literatura, implicando a não inclusão desse fármaco no elenco terapêutico do Sistema Público de Saúde. O acesso a este medicamento, na rede pública, passou a ser alcançado por meio de ações judiciais, prática esta que no Brasil, em 2008, custou aos cofres públicos R$ 52 milhões com a compra de medicamentos. No Estado de São Paulo, em 2007, o valor foi de R$ 25 milhões/mês. A Política Nacional de Medicamentos (PNM) considera como aspectos fundamentais nos tratamentos com medicamentos: segurança, eficácia, disponibilidade e custo, e, ainda, garantia à população do acesso aos medicamentos padronizados.

Disponível em: <www.centrodametropole.org.br>. Acesso em: 23 ago. 2010 (com adaptações).

Com base nas informações apresentadas, o melhor arsenal medicamentoso para o tratamento da asma *persistente moderada* que atenda à PNM é

(A) a associação antileucotrienos, formoterol e budesonida, que mesmo com valor elevado utiliza um número maior de fármacos no tratamento.

(B) o antileucotrieno (montelucaste), que possui custo elevado, mas na literatura apresenta maior aceitação que o omalizumab.

(C) a associação de um broncodilatador e um corticosteroide inalado, que, além de preço baixo, demonstra eficácia no tratamento.

(D) o omalizumab, que é essencial ao tratamento e independentemente do seu custo deve ser incluído como um dos medicamentos no programa da asma.

(E) a associação de dois corticosteroides por via oral e inalável, pelo fato de possuírem preços acessíveis e fácil acesso.

5. (EXAME 2010)

Uma paciente teve seu primeiro filho aos 42 anos de idade. Dois dias após o parto, sofreu uma trombose. Nas avaliações laboratoriais, o Tempo de Atividade da Protrombina (TAP) teve como resultado 60% do máximo possível e o Tempo da Tromboplastina Parcial Ativada (TTPa) estava normal, evidenciando o papel da via extrínseca no distúrbio de coagulação apresentado pela paciente. Antes da trombose, ela utilizava 100 mg por dia de ácido acetilsalicílico (AAS) como tratamento antitrombótico. Após a trombose, ela vem utilizando a warfarina sob monitoramento terapêutico com o TAP. Foi identificado que esta paciente está grávida há 45 dias. Entre os fármacos aplicáveis a esse caso, estão disponíveis o AAS, a warfarina e as heparinas de alta e de baixa massa molecular.

Nesse caso, a conduta terapêutica correta durante a gravidez é

(A) substituir a warfarina durante a gestação por uma heparina de alta massa molecular, pois esta não atravessa a barreira placentária e não produz sangramento como reação adversa.

(B) suspender a warfarina e retornar ao AAS durante a gestação, utilizando um fármaco de potência menor, mas que apresenta efeitos colaterais e reações adversas menos intensas.

(C) trocar o AAS e a warfarina durante a gestação por uma heparina de baixa massa molecular, que não atravessa a placenta nem produz sangramentos como reações adversas.

(D) manter a paciente sem tratamento antitrombótico até o fim da gestação para proteger a mãe e o bebê das reações adversas desse medicamento.

(E) manter a warfarina até o final da gestação, pois o risco de uma nova trombose pode ser letal ou para a mãe ou para o embrião ou para ambos.

6. (EXAME 2010)

A assistência farmacêutica é o conjunto de ações voltadas à promoção e à recuperação da saúde, tanto individual, quanto coletiva, tendo o medicamento como insumo principal e visando ao seu acesso e ao seu uso racional. Nesse contexto, faz parte da assistência farmacêutica

I. a seleção de medicamentos baseada na eficácia terapêutica e na garantia de padrões de qualidade, independentemente da regularidade de fornecimento.

II. a produção de insumos e medicamentos com controle de qualidade rigoroso dos processos, dos insumos e dos produtos.

III. a prescrição de medicamentos centrada no diagnóstico preciso da doença, necessário para a racionalização do consumo de medicamentos.

IV. a distribuição dos medicamentos, considerando-se critérios regionais de necessidades.

V. a dispensação do medicamento, prescrito por profissional habilitado, tornando-se desnecessárias outras orientações.

É correto apenas o que se afirma em

(A) I, II e III.

(B) I, II e V.

(C) I, IV e V.

(D) II, III e IV.

(E) III, IV e V.

7. (EXAME 2010)

As coletas de sangue destinadas à determinação de glicemia demandam uma atenção especial, pois as hemácias continuam consumindo a glicose disponível. Na validação da técnica de coleta de sangue, apresentada no gráfico abaixo, foram avaliados três procedimentos: **A** — sem anticoagulante, **B** — com anticoagulante inibidor da enolase e **C** — com gel separador. Os valores de glicemia foram determinados nas amostras sem hemólise, seguidamente, após estocagem antes da centrifugação do sangue, que foi feita em intervalos crescentes de 30 minutos para separação do soro ou do plasma.

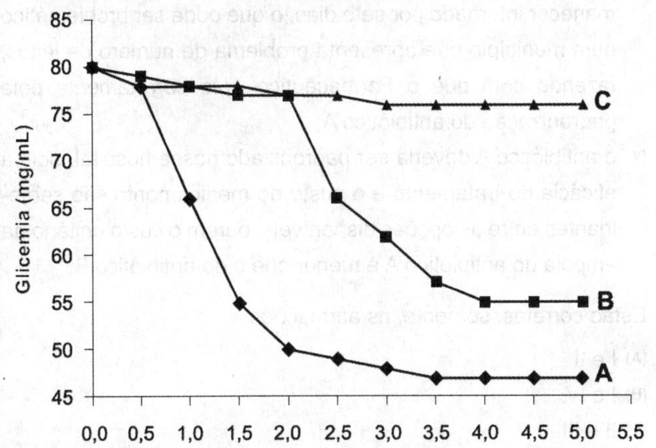

Diante desses resultados, o farmacêutico responsável pelo setor de Bioquímica Clínica concluiu ser possível

I. investir na utilização do gel separador nas coletas, pois com ele não houve perdas expressivas de glicemia por um período de até 5 horas de estocagem, permitindo um maior tempo de deslocamento para as amostras coletadas.
II. diminuir o custo operacional, padronizando as coletas sem anticoagulante e separação do soro em até 2 horas de estocagem, pois neste intervalo a queda da glicemia foi similar nos três procedimentos.
III. realizar as coletas com o anticoagulante inibidor da enolase, pois ele permitiu prolongar a estocagem por até 4 horas sem perdas expressivas de glicemia, ampliando o tempo possível de descolamento das amostras após a coleta.
IV. padronizar as coletas sem anticoagulante, limitando o deslocamento dos coletores para no máximo 30 minutos até que o soro fosse separado, pois neste tempo a queda da glicemia é similar nos três procedimentos.
V. utilizar amostras de sangue coletado sem anticoagulante, desde que o soro fosse separado em até duas horas após a coleta se corrigisse o resultado da glicemia por um fator de correção.

São corretas apenas as conclusões

(A) I e II.
(B) I e IV.
(C) II e III.
(D) III e V.
(E) IV e V.

8. (EXAME 2010)

Uma indústria farmacêutica implantou um sistema de gestão da qualidade e identificou um lote inteiro de comprimidos com uma dosagem 25% menor que o valor estabelecido em seu projeto. Esse fato se caracteriza como uma não conformidade e assume importância fundamental na relação da organização com o cliente. Diante desse problema, o farmacêutico que atua como gerente de qualidade deverá

I. realizar análises críticas do caso para identificar a origem de uma não conformidade com esta gravidade.
II. gerar registros de acompanhamento do produto não conforme, sem segregá-lo, para evitar instabilidade desnecessária na indústria e em sua imagem comercial.
III. trabalhar o produto não conforme, por ações corretivas, tentando adequá-lo às especificações de seu projeto.
IV. conservar o produto não conforme segregado na empresa, mesmo que as ações corretivas aplicadas não consigam resolver sua não conformidade.

São corretas apenas as condutas

(A) I e II.
(B) I e III.
(C) II e IV.
(D) I, III e IV.
(E) II,III e IV.

9. (EXAME 2010)

Um paciente usuário de glibenclamida, uma semana após entrar em tratamento para tuberculose com esquema RIP (rifampicina+isoniazida+pirazinamida), começa a apresentar um quadro clínico típico de altas concentrações de glicose no sangue. Suspeita-se de que esse seja um caso de interação medicamentosa, pois a glibenclamida é substrato de CYP3A4 e a rifampicina é indutor do CYP3A4. Uma análise completa dessa situação leva à conclusão de que

(A) o sistema RIP pode induzir a produção de glicose mantida sob reserva no fígado.
(B) as enzimas dos sistemas CYP são passíveis de indução enzimática promovida por fármacos.
(C) a administração da glibenclamida no mesmo horário da medicação RIP deve ser evitada para esse paciente.
(D) o esquema RIP promove interações apenas no tratamento da síndrome de imunodeficiência adquirida (SIDA ou AIDS).
(E) a hipótese de interação não tem fundamento, pois os processos enzimáticos são imediatos e, no caso, se manifestaram uma semana após o início do tratamento.

10. (EXAME 2010)

Um analista de uma indústria produtora de fitoterápicos fez a análise de um lote de boldo-do-chile (*Peumus boldus*) comprado na forma de droga vegetal pulverizada. Segundo a Instrução Normativa nº 5, de 11 de dezembro de 2008, que determina a lista de medicamentos fitoterápicos de registro simplificado, deve-se detectar e dosar a substância boldina nas amostras dos medicamentos.

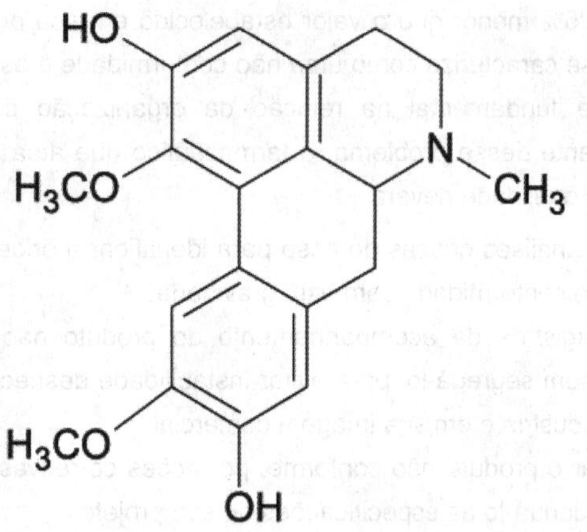

Estrutura da boldina

Considerando o exposto acima, avalie as afirmativas a seguir.

I. A boldina é considerada um marcador, sendo sua presença necessária para se atestar a qualidade da droga vegetal.

II. A boldina é um alcaloide e, por isso, sua análise qualitativa pode ser feita por cromatografia em camada fina, utilizando-se o reagente de *dragendorff* como revelador.

III. A análise da amostra de boldo se baseia na detecção e dosagem da boldina, descartando a análise macroscópica e/ou microscópica, uma vez que a amostra encontra-se na forma pulverizada.

Nessa situação, é correto o que se afirma em

(A) III, apenas.
(B) I e II, apenas.
(C) I e III, apenas.
(D) II e III, apenas.
(E) I, II e III.

11. (EXAME 2007)

Um Farmacêutico hospitalar, que acumula a função de gestor da Assistência Farmacêutica do Hospital, tem autonomia para padronizar, em conjunto com a Comissão de Farmácia & Terapêutica do hospital, o medicamento que considerar mais eficaz para determinado tratamento. O processo de seleção dos medicamentos deverá basear-se em estudos científicos de eficácia clínica e segurança, bem como em levantamentos epidemiológicos e econômicos, ponderando sobre o custo final do tratamento farmacológico a ser padronizado e considerando, inclusive, a dispensação e a administração do medicamento. Nesse contexto, analise a tabela abaixo que apresenta um estudo de seleção de dois antibióticos.

Item de Custo	Antibiótico A	Antibiótico B
Eficácia do Tratamento	90%	90%
Tempo de Internação	5 dias	7 dias
Tempo do Tratamento	5 dias	7 dias
Preço de cada ampola	R$ 40,00	R$ 50,00
Posologia	1 ampola cada 4 horas	1 ampola cada 12 horas
Custo de Internação	R$ 100,00 / dia	R$ 100,00 / dia
Custos da Aplicação	R$ 10,00 cada aplicação	R$ 10,00 cada aplicação

Tendo em vista os dados apresentados na tabela acima, pode-se concluir que:

I. o medicamento a ser padronizado deve ser o antibiótico A, pois apresenta menor custo da ampola e menor tempo de tratamento e de internação, proporcionando um custo final inferior, quando comparado ao antibiótico B;

II. apesar de o custo da ampola do antibiótico B ser maior que o do antibiótico A, o Farmacêutico hospitalar pode optar por padronizá-lo, pois ele representará, no custo final do tratamento, uma economia de R$ 460,00 por paciente para o hospital;

III. embora a opção mais econômica seja a padronização do antibiótico B, para utilizar esse medicamento o paciente deve permanecer internado por sete dias, o que pode ser problemático num município que apresenta problema de número de leitos, fazendo com que o Farmacêutico opte corretamente pela padronização do antibiótico A;

IV. o antibiótico A deveria ser padronizado nesse hospital, pois a eficácia do tratamento e o custo do medicamento são semelhantes entre as opções disponíveis, porém o custo unitário da ampola do antibiótico A é menor que o do antibiótico B.

Estão corretas, somente, as afirmações

(A) I e II.
(B) I e IV.
(C) II e III.
(D) II e IV.
(E) III e IV.

12. (EXAME 2007)

Os ácidos orgânicos presentes em alimentos influenciam o sabor, o odor, a cor, a estabilidade e a manutenção da qualidade. A quantificação desses ácidos permite, por exemplo, verificar o valor nutritivo do alimento, sua deterioração por bactéria, a pureza e qualidade de produtos fermentados, etc. Sobre esse tema, considere as afirmativas abaixo.

I. A titulação com indicador é a análise mais comum que determina, quantitativamente, a acidez total por titulação, não sendo eficiente para amostras coloridas.

II. A acidez titulável é a quantidade de ácido de uma amostra que reage com uma base de concentração conhecida usando a fenolftaleína como indicador.

III. Titulação com potenciômetro é usada quando não é possível visualizar o ponto de viragem de amostras coloridas com fenolftaleína como indicador, como no suco de uva.

IV. A reação de NaOH com ácido forma íon hidroxila, cuja concentração será maior que o íon H+ no ponto de equivalência, logo a solução resultante será básica.

São corretas as afirmações

(A) I e II, apenas.
(B) I e IV, apenas.
(C) I, II e III, apenas.
(D) II, III e IV, apenas.
(E) I, II, III e IV.

13. (EXAME 2007)

O gráfico abaixo mostra quatro estágios (A, B, C e D) de um processo ou situação estatisticamente controlada por um Farmacêutico. Para cada estágio, o nível de qualidade é refletido pelo valor médio X e a variabilidade inerente é demonstrada pela faixa R do gráfico.

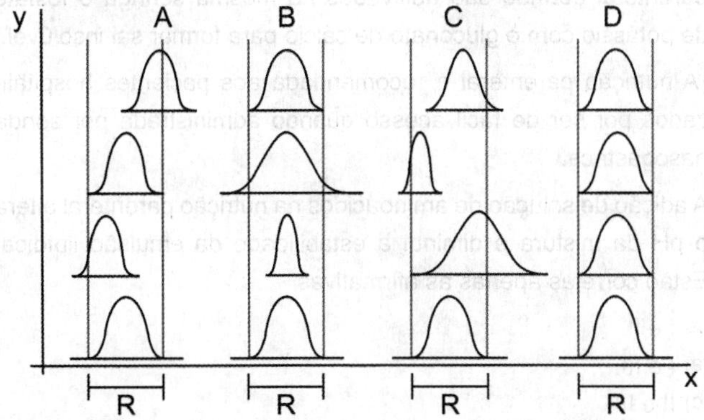

Considerando as condições ilustradas, pode-se concluir que

(A) no estágio A, a variabilidade inerente permanece essencialmente constante, mas o nível de qualidade desvia de tempos em tempos.

(B) no estágio B, o processo ocorre sob condição ideal de controle de qualidade.

(C) no estágio B, ambos os níveis – qualidade e variabilidade inerente – sofrem oscilações.

(D) no estágio C, o nível de qualidade permanece essencialmente constante, mas a variabilidade se altera de tempos em tempos.

(E) nos estágios C e D, a falta de controle pode ser claramente observada.

14. (EXAME 2007)

A tabela abaixo mostra os resultados da avaliação leucocitária, durante os primeiros sete dias de internação, em UTI, de um paciente após uma grande cirurgia abdominal.

Dia	Leucócitos ($x10^3/mm^3$)	Neutrófilos (%)	Linfócitos (%)	Monócitos (%)
1	18,0	60	35	5
3	26,0	79	15	6
5	35,0	85	7	8
7	42,0	90	5	5

Após a avaliação dos resultados e da periodicidade dos exames realizados, qual deve ser a recomendação do Farmacêutico responsável pelo laboratório, como participante da equipe multiprofissional de atenção ao paciente?

(A) Não há necessidade de mudar a periodicidade dos exames, pois os resultados indicam uma diminuição do processo inflamatório.

(B) Não é necessária a realização de outros exames, pois a diminuição gradativa do percentual de linfócitos indica a presença de uma infecção de origem viral.

(C) Não é necessária a realização de outros exames, pois o aumento do número de leucócitos corresponde a uma reação de recuperação na qual os neutrófilos estariam envolvidos no processo de cicatrização.

(D) Seria recomendável o exame diário devido ao aumento do número de leucócitos associado ao aumento do percentual de neutrófilos, o que indica uma infecção de origem bacteriana em evolução.

(E) Devem ser feitos outros exames, pois os valores apresentados não são suficientes para qualquer conclusão acerca da evolução do paciente.

15. (EXAME 2007)

A capsaicina é uma amida lipofílica encontrada em pimentas do gênero *Capsicum*, sendo responsável pela ardência quando se emprega este tempero em alimentos. Ela também vem sendo empregada para o tratamento de dores crônicas, por promover a dessensibilização de fibras sensoriais.

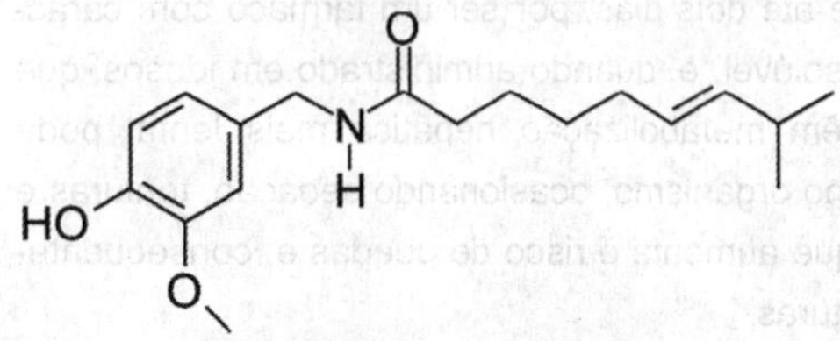

Capsaicina

Considerando a sua estrutura, pode-se afirmar que a capsaicina:

I. pode ser isolada de extratos brutos de *Capsicum* empregando solventes orgânicos de baixa polaridade, como o n-hexano, e por soluções aquosas ácidas, devido à basicidade do átomo de nitrogênio presente na estrutura;

II. pode ser isolada de extratos brutos de *Capsicum* empregando soluções aquosas básicas, devido à acidez do grupo fenólico presente na estrutura;

III. somente poderá ser veiculada em formas farmacêuticas contendo veículos hidrofóbicos devido à sua lipofilicidade.

Está(ão) correta(s), somente, a(s) afirmação(ões)

(A) I.

(B) II.

(C) III.

(D) I e II.

(E) II e III.

16. (EXAME 2007)

Um paciente do sexo masculino, 71 anos, 66 kg, sem história familiar de hipertensão arterial sistêmica e diabetes *mellitus* tipo 2, mas diagnosticado portador de dislipidemia e depressão, procurou ajuda no Serviço de Informação de Medicamentos e de Atenção Farmacêutica da Unidade Básica de Saúde. O farmacêutico observou que o usuário utilizava corretamente os seguintes medicamentos prescritos: diazepam: 10 mg/di; bezafibrato: 400 mg/dia, sinvastatina: 20 mg/dia; AAS: 100 mg/dia. Além disso, o Farmacêutico verificou que o paciente apresentava os seguintes resultados bioquímicos: colesterol: 190 mg/dL (valor de referência até 200 mg/dL); triglicérides: 145 mg/dL (valor de referência até 150 mg/dL); glicemia de jejum: 98 mg/dL (valor de referência até 100 mg/dL); hemoglobina glicosilada: 6,7% (valor de referência até 7%).

Analisando os medicamentos prescritos e os resultados bioquímicos do usuário, o farmacêutico deverá

(A) comunicar ao Médico e ao paciente os riscos da interação medicamentosa entre o bezafibrato e a sinvastatina, pois, quando administrados concomitantemente, aumentam o risco do aparecimento de miopatias, câibras musculares e convulsões tônico-clônicas generalizadas.

(B) comunicar ao Médico que o AAS, quando utilizado de maneira crônica, pode desencadear o aparecimento de lesão renal e úlceras gástricas, não devendo, portanto, ser prescrito para idosos, principalmente quando portadores de hipertensão arterial sistêmica, diabetes *mellitus* tipo 2 ou dislipidemias.

(C) informar ao Médico que o diazepam apresenta meia-vida de eliminação de até dois dias, por ser um fármaco com característica lipossolúvel, e, quando administrado em idosos, que geralmente têm metabolização hepática mais lenta, pode acumular-se no organismo, ocasionando sedação, tonturas e vertigens, o que aumenta o risco de quedas e, consequentemente, de fraturas.

(D) sugerir ao Médico que a sinvastatina deve ser substituída pela atorvastatina, que não tem interação com o bezafibrato, pois o usuário apresenta resultados laboratoriais satisfatórios e os medicamentos e as doses prescritas são pertinentes ao tratamento das patologias.

(E) alertar o paciente de que, para obter melhor eficiência clínica da sinvastatina, esta deverá ser utilizada no período da noite, após o jantar, pois apresenta como mecanismo de ação principal a inibição competitiva da enzima HMG-CoA redutase que participa da etapa inicial da biossíntese do colesterol, favorecendo a redução do LDL-colesterol exógeno.

17. (EXAME 2004)

Constituem responsabilidades e atribuições do farmacêutico, de acordo com a legislação vigente:

I. substituir o medicamento prescrito pelo medicamento genérico correspondente, em qualquer situação, desde que solicitado pelo consumidor;

II. fracionar medicamentos no estabelecimento farmacêutico, quando solicitado pelos consumidores, preservando a qualidade e eficácia originais dos produtos;

III. supervisionar a dispensação e assegurar as condições adequadas de conservação dos medicamentos;

IV. informar de forma clara e compreensiva ao paciente o benefício do tratamento e o modo correto de administração dos medicamentos, alertando para possíveis reações adversas.

Estão corretas apenas as responsabilidades

(A) I e II.

(B) I e III.

(C) II e III.

(D) II e IV.

(E) III e IV.

18. (EXAME 2004)

Analise as afirmativas sobre Terapia Nutricional Parenteral abaixo.

A nutrição parenteral pode ser administrada por via venosa central utilizando-se as veias subclávia, cava superior e jugular interna.

Incompatibilidades químicas podem ser observadas na nutrição parenteral quando são aditivadas na mesma seringa o fosfato de potássio com o gluconato de cálcio para formar sal insolúvel.

A nutrição parenteral é recomendada aos pacientes hospitalizados por ser de fácil acesso quando administrada por sonda nasogástrica.

A adição de solução de aminoácidos na nutrição parenteral altera o pH da mistura e diminui a estabilidade da emulsão lipídica.

Estão corretas apenas as afirmativas

(A) I e II.

(B) I e III.

(C) II e III.

(D) I, II e III.

(E) I, II, III e IV.

19. (EXAME 2004)

O uso do ácido acetilsalicílico é contraindicado no tratamento da dengue

PORQUE

o AAS pode ocasionar dengue hemorrágica em indivíduo já infectado anteriormente.

A esse respeito, pode-se concluir que

(A) as duas afirmações são verdadeiras e a segunda justifica a primeira.

(B) as duas afirmações são verdadeiras e a segunda não justifica a primeira.

(C) as duas afirmações são falsas.

(D) a primeira afirmação é verdadeira e a segunda é falsa.

(E) a primeira afirmação é falsa e a segunda é verdadeira.

20. (EXAME 2004)

O tratamento do complexo Teníase-Cisticercose em que são observados casos graves de neurocisticercose, caracterizados por hidrocefalia, meningite e demência, entre outros, pode ser feito com praziquantel

PORQUE

o praziquantel é um fármaco de amplo espectro que aumenta a permeabilidade da membrana celular do helminto ao cálcio, o que ocasiona contração da musculatura, paralisia e morte do verme.

A esse respeito, pode-se concluir que

(A) as duas afirmações são verdadeiras e a segunda justifica a primeira.

(B) as duas afirmações são verdadeiras e a segunda não justifica a primeira.

(C) as duas afirmações são falsas.

(D) a primeira afirmação é verdadeira e a segunda é falsa.

(E) a primeira afirmação é falsa e a segunda é verdadeira.

21. (EXAME 2004)

Como divulgado recentemente pela mídia (O Globo, 28/09/2004), o governo britânico informou que alguns países, entre eles o Brasil, importaram hemoderivados na década de 90 que poderiam ter sido contaminados com componentes obtidos de doadores diagnosticados com a nova variante da Doença de Creutzfeldt-Jakob. Essa doença infecciosa é um grande problema de saúde no Reino Unido e parece ter sido originada pelo consumo de carne bovina de animais diagnosticados com encefalopatia espongiforme bovina (mal da vaca louca). Qual o agente infeccioso responsável por encefalopatias espongiformes transmissíveis, como a Doença de Creutzfeldt-Jakob?

(A) Retrovírus.
(B) Nematoide.
(C) Fosfolipídios.
(D) Proteína alterada.
(E) Bactéria anaeróbica.

22. (EXAME 2004)

O gerente do programa de assistência farmacêutica de um determinado município brasileiro, desejando iniciar o planejamento de medicamentos para o programa de saúde mental, levantou os seguintes dados:

- a população do município, segundo dados do DATASUS relativos a 2003, é de 97.948 habitantes;
- há 1,5% de prevalência das doenças mentais na área;
- o município conta com 4 unidades de saúde responsáveis pelo acompanhamento dos doentes de saúde mental, sendo que o número total de pacientes cadastrados no programa até o momento é de 1300 pessoas;
- 20% dos pacientes cadastrados utilizam o medicamento fenobarbital 100 mg, 2 vezes ao dia;
- 40% utilizam o medicamento fenitoína 100 mg, 3 vezes ao dia, associado à carbamazepina 200 mg, 2 vezes ao dia;
- 20% utilizam o medicamento clonazepam 0,5 mg, 3 vezes ao dia;
- o restante utiliza o medicamento ácido valproico 500 mg, 2 vezes ao dia. Numa proposta de programação dos medicamentos para um período de 12 meses, quais as quantidades de comprimidos dos medicamentos deste programa a serem adquiridas?

	Fenobarbital	Feniloína	Carbama-zepina	Clonazepan	Ácido valproico
(A)	15 600	46 800	31 200	23 400	15 600
(B)	26 000	46 800	31 200	23 400	15 600
(C)	26 000	52 000	26 000	26 000	26 000
(D)	187 200	561 600	187 200	280 800	374 400
(E)	187 200	561 600	374 400	280 800	187 200

23. (EXAME 2004)

Os hemoderivados são proteínas extraídas do plasma humano por processos físico-químicos industrializados e utilizados como medicamentos. Sobre o assunto, considere as afirmações abaixo.

I. A coleta do sangue e produção dos hemoderivados ocorre nos vários hemocentros do país.

II. A bolsa de sangue coletada passa por testagem visando a identificar doenças como hepatite B/C, HTLV I/II, sífilis e Doença de Chagas.

III. A seleção do plasma a ser fracionado obedece a critérios como o de congelamento até 12 horas, entre 10 °C e 0 °C, após a coleta de sangue.

IV. A partir do plasma podem ser obtidos: concentrados de fator VIII e IX, complexo protrombínico, imunoglobulinas e albumina.

São corretas somente as afirmações

(A) I e II.
(B) I e III.
(C) II e III.
(D) II e IV.
(E) III e IV.

24. (EXAME 2004)

O farmacêutico hospitalar recebeu a prescrição contendo os seguintes medicamentos: espironolactona, captopril e penicilina, para a administração de 8 em 8 horas. No aviamento da prescrição, o farmacêutico observou algumas possíveis interações medicamentosas, que poderiam ocasionar reações adversas graves no paciente. De forma a otimizar a farmacoterapia, o farmacêutico deve alertar o médico de que

(A) a administração de espironolactona e captopril deve ser evitada porque, sendo o captopril um inibidor da enzima conversora da angiotensina (IECA), pode reduzir os níveis de aldosterona, levando à retenção de potássio.
(B) a administração de penicilina concomitante à espironolactona deve ser evitada porque, além de interferir na dosagem plasmática da penicilina, ocasiona nefro e hepatotoxicidade.
(C) a administração da penicilina deverá ocorrer em intervalos maiores em relação ao captopril e à espironolactona, para que não haja risco de interações medicamentosas no paciente.
(D) o captropril deve ser administrado isoladamente ou em associação com diuréticos poupadores de potássio, como os diuréticos tiazídicos e inibidores da ECA.
(E) o uso concomitante da espironolactona e do captopril pode produzir grande diminuição nos níveis séricos de potássio, cloreto e sódio, quando comparados à monoterapia

25. (EXAME 2004)

A senhora M., 65 anos, procurou um estabelecimento farmacêutico reclamando de dor de cabeça e solicitando um medicamento para aliviar a dor. Ao ser questionada pelo farmacêutico, ela relatou que "suas veias pulsavam na cabeça", e informou que seu médico orientou-a a evitar bebidas alcoólicas, já que ela fazia uso de medicamentos para o tratamento de depressão. Na investigação realizada pelo farmacêutico constatou-se que, ao participar de uma reunião social, a senhora M. ingeriu cerveja sem álcool e sentiu-se mal. A pressão arterial da senhora M. foi aferida na ocasião e encontrava-se no valor de 190/100 mmHg. Para o tratamento da depressão foi-lhe prescrito pelo médico tranilcipromida, em substituição aos medicamentos de primeira escolha.

Tendo em vista as informações acima, o farmacêutico deve

(A) contatar o médico da senhora M. solicitando a prescrição de um anti-hipertensivo e orientá-la a interromper o tratamento com antidepressivo.

(B) suspeitar que a senhora M. teve uma reação característica de interação entre medicamento e alimento e encaminhá-la ao serviço de saúde.

(C) sugerir que a senhora M. tome um analgésico não opioide e repouse.

(D) sugerir que a senhora M. repouse para diminuir a sintomatologia da cefaleia, efeito esperado para certos antidepressivos.

(E) informar ao médico da senhora M. que a tranilcipromida apresentou efeitos colaterais inesperados e solicitar a substituição do antidepressivo.

26. (EXAME 2003)

As curvas X, Y e Z abaixo representam os perfis de concentração plasmática de um mesmo fármaco incorporado em três diferentes formas farmacêuticas, após a administração em dose única por via oral.

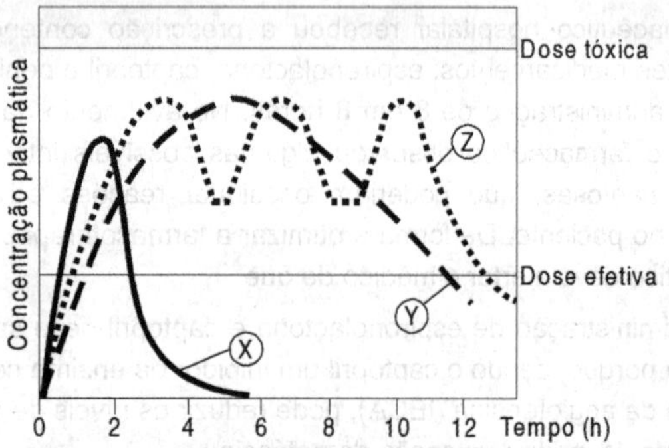

Pode-se afirmar que os perfis

(A) X corresponde a um comprimido convencional e Y a um medicamento de liberação repetida.

(B) X corresponde a um medicamento de liberação sustentada e Z a um medicamento de liberação repetida.

(C) Y corresponde a um comprimido convencional e Z a um medicamento de liberação modificada.

(D) Y e Z correspondem a medicamentos de liberação modificada.

(E) X e Z correspondem a medicamentos de liberação repetida.

27. (EXAME 2003)

Um paciente asmático faz uso de teofilina mantendo os sintomas da doença sob controle, sem apresentar reações adversas. Há 4 semanas iniciou um tratamento com cimetidina e, três semanas após o início deste tratamento, começou a apresentar nervosismo e episódios de taquicardia. Nesse caso, a

(A) teofilina promoveu aumento do fluxo sanguíneo na parede intestinal, aumentando a velocidade de absorção da cimetidina e sua concentração plasmática.

(B) teofilina inibiu a secreção urinária da cimetidina, diminuindo sua velocidade de eliminação, com consequente aumento da concentração plasmática.

(C) cimetidina elevou o pH gástrico, aumentando a absorção e, consequentemente, a concentração plasmática de teofilina.

(D) cimetidina passou a competir com a teofilina pelos sítios de ligação das proteínas plasmáticas, deslocando-a e aumentando sua fração livre no plasma.

(E) cimetidina inibiu a biotransformação da teofilina, diminuindo sua velocidade de eliminação, com consequente aumento da concentração plasmática.

28. (EXAME 2003)

No desenvolvimento de um novo fármaco anti-hipertensivo foram obtidos os compostos X e Y, submetidos a ensaios para determinação das relações entre dose administrada e concentração plasmática. Os resultados estão representados a seguir.

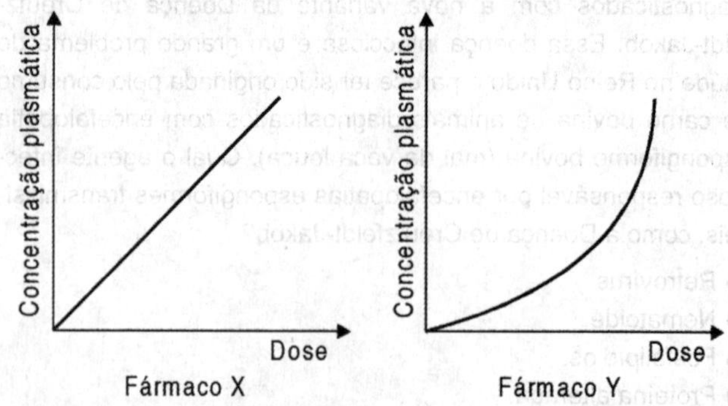

Nas doses empregadas nesses ensaios, os compostos X e Y apresentam, respectivamente,

(A) processo de absorção não sujeito à saturação e processo de absorção sujeito à saturação.

(B) processo de eliminação não sujeito à saturação e processo de eliminação sujeito à saturação.

(C) baixa taxa de ligação às proteínas plasmáticas e alta taxa de ligação às proteínas plasmáticas.

(D) absorção por difusão passiva e absorção por transporte ativo.

(E) eliminação por secreção renal e eliminação por biotransformação hepática.

29. (EXAME 2003)

O esquema I representa uma situação hipotética na qual um indivíduo está ingerindo apenas o fármaco A. O esquema II representa a situação na qual o mesmo indivíduo passou a ingerir concomitantemente o fármaco B.

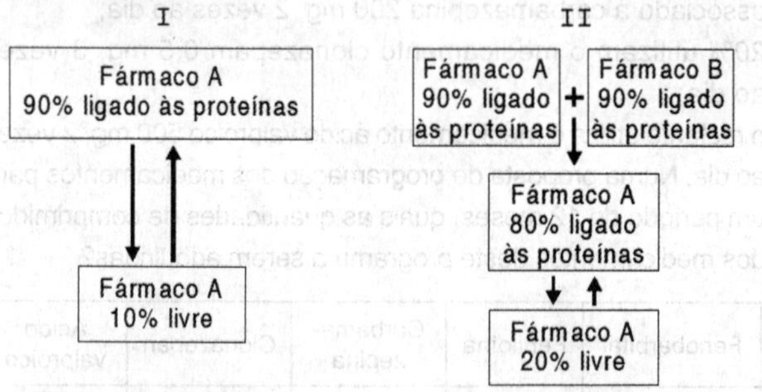

Pela análise dos esquemas I e II, pode-se concluir que existe

(A) competição entre os fármacos A e B pela ligação às proteínas plasmáticas, com aumento da fração livre de A no sangue, sendo A = anticoagulante oral e B sulfonamida de baixo pKa.

(B) antagonismo de ação do fármaco B com o fármaco A, sendo A = anticoagulante oral e B = sulfonamida de baixo pKa.

(C) competição entre os fármacos A e B pela ligação às proteínas plasmáticas, com aumento da fração livre de A no sangue, sendo A = sulfonamida de baixo pKa e B = anticoagulante oral.

(D) antagonismo de ação do fármaco B com o fármaco A, sendo A = sulfonamida e B = anticoagulante oral.

(E) competição entre os fármacos A e B pela ligação às proteínas plasmáticas, com aumento da fração livre de A no sangue, sendo A = anticoagulante oral e B = sulfonamida de alto pKa.

30. (EXAME 2003)

Um paciente adulto internado está sendo tratado com cefuroxima, hidróxido de alumínio e diclofenaco potássico, todos administrados por via oral. Sabendo-se que este paciente apresenta insuficiência renal, com depuração de creatinina inferior a 10 mL/min, sendo o valor normal da depuração de creatinina de 85 a 125 mL/min/1,73 m², pode-se dizer que

(A) a dose de diclofenaco potássico deve ser reduzida em relação à dose usual para pacientes adultos.

(B) as doses de cefuroxima e de hidróxido de alumínio não devem ser administradas nos mesmos horários.

(C) a dose de cefuroxima deve ser reduzida em relação à dose usual para pacientes adultos.

(D) as doses de cefuroxima e de diclofenaco potássico não devem ser administradas nos mesmos horários.

(E) a dose de cefuroxima deve ser aumentada em relação à dose usual para pacientes adultos.

31. (EXAME 2003)

Na antibioticoterapia é frequente a utilização de associação de antibióticos. Os gráficos 1, 2 e 3 representam os efeitos que podem resultar da interação entre os antibióticos A e B.

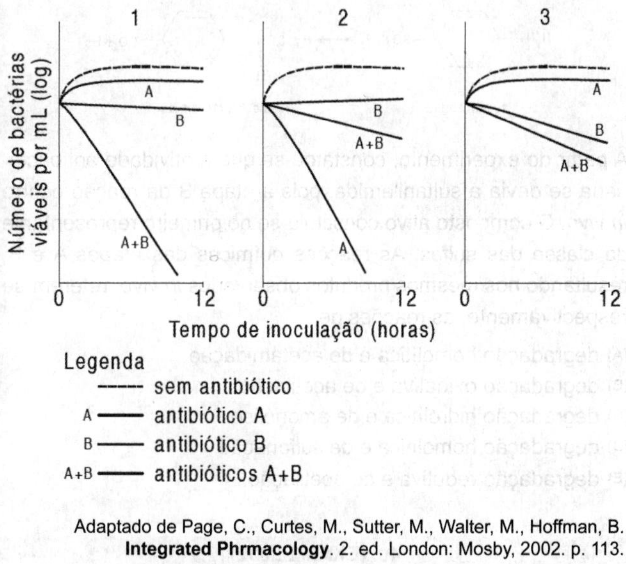

Adaptado de Page, C., Curtes, M., Sutter, M., Walter, M., Hoffman, B. **Integrated Phrmacology**. 2. ed. London: Mosby, 2002. p. 113.

Tendo em vista a antibioticoterapia, a associação racional mais eficaz é representada pelo gráfico

(A) 3, pois se observa sinergismo entre A e B, com efeito maior da associação do que o dos fármacos isoladamente.

(B) 3, pois se observa sinergismo entre A e B, com as curvas de A e B e da associação paralelas entre si.

(C) 2, pois se observa sinergismo entre A e B, com efeito maior de A do que de B.

(D) 1, pois se observa sinergismo entre A e B, com efeito menor da associação do que o dos fármacos isoladamente.

(E) 1, pois se observa sinergismo entre A e B, com efeito maior da associação do que o dos fármacos isoladamente.

32. (EXAME 2003)

Alguns fármacos atuam como agonistas e podem ser classificados em:

	TOTAL	PARCIAL
A	não apresenta afinidade intrínseca	age em sítios do receptor, diferentes do sítio de ligação do agonista total
B	não apresenta afinidade intrínseca máxima	é menos potente que o agonista total no mesmo receptor
C	bloqueia o sítio de ligação do agonista parcial	aumenta a potência aparente de um agonista total por ação no mesmo receptor
D	apresenta afinidade intrínseca máxima	reduz a potência aparente de um agonista total por ação no mesmo receptor
E	bloqueia o sítio de ligação do agonista parcial	reduz o efeito máximo produzido pela sua associação com o agonista total no mesmo receptor

33. (EXAME 2003)

Dentre os procedimentos farmacêuticos abaixo, é específico da farmácia hospitalar:

(A) dispensação de produtos obtidos por manipulação que não estejam disponíveis no mercado.

(B) orientação aos pacientes sobre o uso correto dos medicamentos.

(C) fracionamento de especialidades farmacêuticas prescritas para o atendimento das necessidades dos pacientes.

(D) dispensação dos medicamentos prescritos ou substituição pelos genéricos correspondentes.

(E) realização da anamnese farmacêutica para monitorar a ocorrência de reações adversas.

34. (EXAME 2003)

Tendo em vista os indicadores de toxicidade, é possível dizer que

I. DL50, dose que mata 50% dos animais de experimentação, é obtida a partir de ensaios de toxicidade oral ou dérmica aguda.

II. CL50, concentração de substância que pode ser ingerida em até 50% da dieta, é decorrente de ensaios de toxicidade aguda.

III. IDA, concentração de substância que pode ser ingerida diariamente, por toda a vida, sem que se observem efeitos nocivos, é obtida a partir do NOEL dividido por fatores de incerteza.

IV. NOEL, concentração máxima de resíduo, é decorrente de ensaios toxicológicos.

Estão corretas APENAS as afirmações

(A) I, II e III.

(B) I, III e IV.

(C) I e III.

(D) II e IV.

(E) III e IV.

35. (EXAME 2003)

Os resultados da avaliação dos Indicadores Biológicos de Exposição (IBE), em trabalhadores de indústrias de baterias, indicam

(A) ácido transmucônico, devido à presença de metilisobutilcetona.
(B) proteínas de baixo peso molecular, devido à presença de cádmio.
(C) ácido delta-aminolevulínico na urina, devido à presença de mercúrio.
(D) 2,4-hexanodiona, devido à presença de níquel.
(E) ácido tiotiazolidin-4-carboxílico (TTCA), devido à presença de sulfeto de carbono.

36. (EXAME 2003)

Considere a seguinte ficha de controle de estoque de uma farmácia.

Espécie – Medicamento (para cada apresentação da especialidade farmacêutica) Unidade – Caixa									
	ENTRADA			**SAÍDA**			**SALDO**		
Ano 2002	**Q**	**Valor unitário R$**	**Valor total R$**	**Q**	**Valor unitário R$**	**Valor total R$**	**Q**	**Valor unitário R$**	**Valor total R$**
01/09	10	10,00	100,00	–	–	–	10	10,00	100,00
02/09	10	15,00	150,00	–	–	–	10 + 10 20	10,00 15,00	100,00+ 150,00 250,00
03/09	–	–	–	5	15,00	75,00	10 + 5 15	10,00 15,00	100,00+ 75,00 175,00
04/09	–	–	–	5 + 5 10	15,00 10,00	75,00 50,00 125,00	5	10,00	50,00
05/09	15	18,00	270,00	–	–	–	5 + 15 20	10,00 18,00	50,00+ 270,00 320,00
06/09	–	–	–	5	18,00	90,00	5 + 10 15	10,00 18,00	50,00+ 180,00 230,00
Soma	**35**	**–**	**520,00**	**20**	**–**	**290,00**	**15**	**–**	**230,00**

Legenda: **Q** = Quantidade O método empregado para a avaliação dos inventários dessa farmácia é conhecido por

(A) PEPS (o primeiro que entra é o primeiro que sai), que valoriza o estoque e o produto vendido pelas últimas e primeiras entradas remanescentes, respectivamente.
(B) PREÇO ESPECÍFICO, em que o controle é realizado por unidade, que valoriza o estoque e o produto vendido a preço específico.
(C) PREÇO MÉDIO (média ponderada móvel das compras), que valoriza o estoque e o produto vendido pelo preço médio apurado.
(D) UEPS (o último que entra é o primeiro que sai), que valoriza o estoque e o produto vendido pelas primeiras e últimas entradas remanescentes, respectivamente.
(E) REPOSIÇÃO (preço corrente de mercado), que valoriza o estoque e o produto vendido pelo preço médio da próxima compra.

37. (EXAME 2002)

Um trabalhador rural intoxicou-se ao aplicar inseticida organofosforado paration metílico, de forma inadequada e sem proteção. Apresentou, dentre outros efeitos, aumento de salivação, lacrimejamento, sudorese e bradicardia. Este quadroclínico é decorrente, especificamente, da ligação do paration metílico com

(A) as prostaglandinas.
(B) as hidroxilases.
(C) as hexoquinases.
(D) as acetilcolinesterases.
(E) os neurotransmissores.

38. (EXAME 2002)

O provável mecanismo de ação da cloroquina é a interação com a ferriprotoporfirina IX. O fármaco atua em formas sanguíneas do *Plasmodium*, impedindo a sua saída do vacúolo intra-eritrocitário. Com o objetivo de obter fármaco de ação análoga, deve-se levar em conta que o quimioterápico potencial atue em

(A) oocistos e esquizontes.
(B) oocistos e esporozoítos.
(C) esporozoítos e merozoítos.
(D) esporozoítos e trofozoítos.
(E) trofozoítos e esquizontes.

39. (EXAME 2002)

Gerhard Domagk pesquisou corantes azoicos em determinada indústria alemã e descobriu a atividade antiestafilocócica *in vivo* do *Prontosil rubrum*. Estudou o mecanismo de tal ação ministrando *Prontosil rubrum* a animais e isolou o produto de biotransformação *N*-acetilsulfanilamida, como mostra o esquema abaixo.

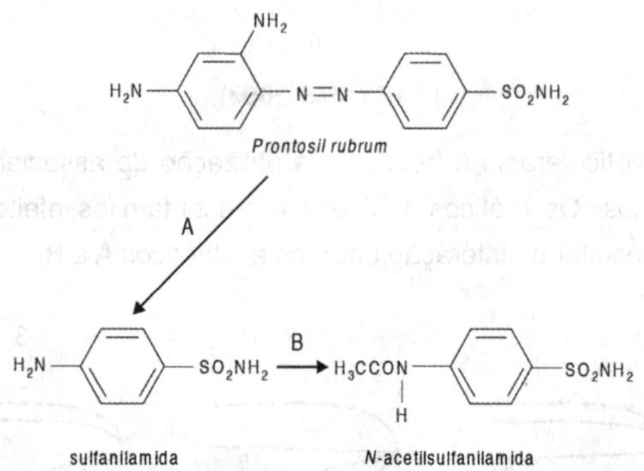

A partir do experimento, constatou-se que a atividade antibacteriana se devia à sulfanilamida, pois a etapa B da reação ocorre *in vivo*. O composto ativo constituiu-se no primeiro representante da classe das sulfas. As reações químicas das etapas A e B, resultando nos mesmos produtos observados *in vivo*, referem-se respectivamente, às reações de

(A) degradação homolítica e de acetamidação.
(B) degradação oxidativa e de acetilação.
(C) degradação hidrolítica e de amonólise.
(D) degradação homolítica e de sulfonação.
(E) degradação redutiva e de acetilação.

40. (EXAME 2002)

O xarope simples (solução contendo 85% de sacarose) apresenta propriedade conservante devido à presença de alta concentração do açúcar. Na prática farmacêutica surgem algumas dificuldades quando se utiliza esse xarope como veículo, pois a incorporação de matérias primas pode diminuir a concentração de açúcar do xarope medicamentoso acarretando a perda da eficácia do açúcar como conservante. Diante disso, pode-se afirmar que a incorporação de conservante à formulação de xarope é necessária para

(A) impedir a decomposição da sacarose em frutose e glicose.
(B) impedir a formação de açúcar invertido.
(C) impedir a decomposição do fármaco.
(D) diminuir a precipitação da sacarose.
(E) prevenir contaminação microbiana durante o uso dessa preparação pelo paciente.

41. (EXAME 2002)

A luz e a temperatura podem influenciar a estabilidade dos fármacos. Considerando-se estes fatores,

(A) a luz e a diminuição da temperatura aumentam a estabilidade de fármacos, assim, as soluções devem ser preparadas a baixas temperaturas e acondicionadas em frascos de vidro âmbar.

(B) todas as soluções devem ser acondicionadas em frasco âmbar garantindo, assim, a estabilidade da preparação farmacêutica.

(C) a luz e o aumento da temperatura nem sempre tornam o fármaco instável, por isso, a escolha do frasco para acondicionar preparações farmacêuticas deve obedecer critérios que garantam a estabilidade do produto.

(D) todas as soluções devem ser acondicionadas em frasco incolor para garantir a estabilidade da preparação farmacêutica.

(E) o aumento da temperatura durante a preparação de soluções torna o fármaco instável, por isso, a escolha do frasco para acondicionar preparações farmacêuticas deve obedecer critérios que garantam a estabilidade do produto.

42. (EXAME 2002)

As curvas A, B e C representam o perfil da concentração plasmática de um fármaco, obtida após a administração em dose única.

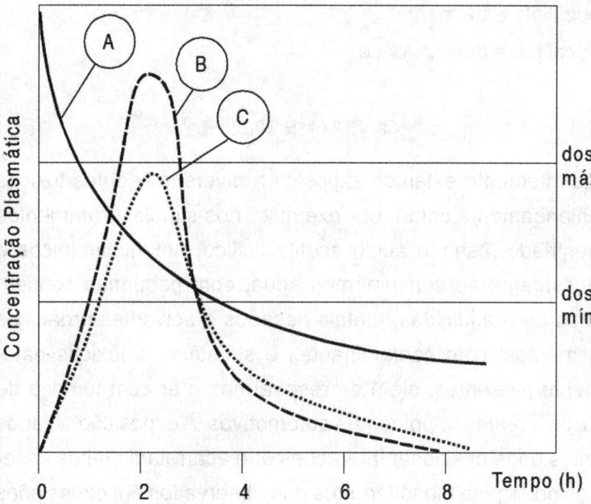

Em relação às vias de administração,

(A) a curva C é típica de um medicamento administrado por via endovenosa.

(B) a curva B é típica de um medicamento administrado por via endovenosa.

(C) a curva A indica que o medicamento foi administrado por via oral.

(D) as curvas B e C são típicas de medicamentos administrados por via oral.

(E) as curvas A e B são típicas de medicamentos administrados por via endovenosa.

43. (EXAME 2002)

Analisando-se as fórmulas I e II:

I		II	
vitamina A	0,021 g	vitamina A	0,021 g
óleo de amêndoas	5,00 g	α-tocoferol	0,010 g
trietanolamina	2,00 g	talco	8,00 g
glicerina	8,00 g	lanolina anidra	28,50 g
Nipagin®	0,10 g	vaselina	19,24 g
água destilada	60,00 mL		

Em relação à penetração cutânea,

(A) as fórmulas I e II, na forma de creme, são semelhantes.

(B) as fórmulas I e II, na forma de creme, são distintas.

(C) a fórmula I, na forma de pomada, é maior que a fórmula II, na forma de creme.

(D) a fórmula I, na forma de creme, é maior que a fórmula II, na forma de pomada.

(E) a fórmula II, na forma de pomada, é maior que a fórmula I, na forma de creme.

44. (EXAME 2002)

O idoso, em geral, faz uso de diversos medicamentos concomitantemente e merece ampla atenção farmacêutica, no que diz respeito às possíveis interações. O potencial para interações é da ordem de 100% quando o número de medicamentos prescritos é de, no mínimo, oito. Anti-inflamatórios não esteroides com anti-hipertensivos β-bloqueadores costumam ser consumidos por idosos e o farmacêutico deve alertá-los porque

(A) a inibição da síntese de prostaglandinas provocada pelos anti-inflamatórios tende a elevar a pressão arterial, reduzindo a eficácia do anti-hipertensivo.

(B) ocorre competição pelos sítios receptores causando, consequentemente, antagonismo entre os fármacos e redução da ação do anti-inflamatório.

(C) a inibição da síntese de prostaglandinas provocada pelo anti-hipertensivo diminui a eficácia do anti-inflamatório.

(D) ocorre competição pelos sítios receptores causando, consequentemente, antagonismo e aumento da ação do β-bloqueador.

(E) a inibição da síntese de prostaglandinas provocada pelos anti-inflamatórios tende a diminuir a pressão arterial, aumentando os níveis dos anti-hipertensivos acima dos tóxicos.

45. (EXAME 2002)

Diversas associações medicamentosas encontram-se disponíveis no mercado farmacêutico, muitas delas consideradas inadequadas. Analisando-se as seguintes associações:

I. tetraciclina + sulfa
II. carbidopa + levodopa
III. trimetoprima + sulfametoxazol
IV. anfepramona + diazepam + furosemida + levotiroxina
V. etinilestradiol + norgestrel
VI. bromazepam + sulpirida

é atribuição do farmacêutico alertar o paciente e/ou o médico quanto à inadequação, de apenas,

(A) III, IV e V.

(B) II, IV e VI.

(C) I, II e IV.

(D) I, II e VI.

(E) I, IV e VI.

46. (EXAME 2002)

Mulher, 68 anos de idade, com linfoma não Hodgkin, foi tratada com a seguinte associação: metotrexato com folinato de cálcio, bleomicina, doxorrubicina, ciclofosfamida, vincristina e dexametasona. Folinato de cálcio foi administrado junto ao antineoplásico porque

(A) compensa o efeito da ativação da di-idrofolato redutase pelo metotrexato, aumentando a toxicidade deste fármaco para as células malignas.

(B) aumenta a inibição da di-idrofolato redutase pelo metotrexato, aumentando a atividade antineoplásica deste fármaco.

(C) compensa o efeito da inibição da di-idrofolato redutase pelo metotrexato, aumentando a atividade antineoplásica deste fármaco.

(D) aumenta a inibição da di-idrofolato redutase pelo metotrexato, diminuindo a toxicidade deste fármaco para as células normais.

(E) compensa o efeito da inibição da di-idrofolato redutase pelo metotrexato, diminuindo a toxicidade deste fármaco para as células normais.

47. (EXAME 2002)

Mulher, 62 anos de idade, tem crises asmáticas e responde bem à teofilina, apresenta tosse crônica e dificuldade de respiração. Na ausência de um antibiograma, seu médico suspeita de infecção respiratória e pensa em prescrever quimioterápico de largo espectro, que inclui *Haemophilus influenzae*, *Streptococcus pneumoniae* e *Pseudomonas aeruginosa*. Diante desse caso, solicita ao farmacêutico que recomende um dos seguintes fármacos:

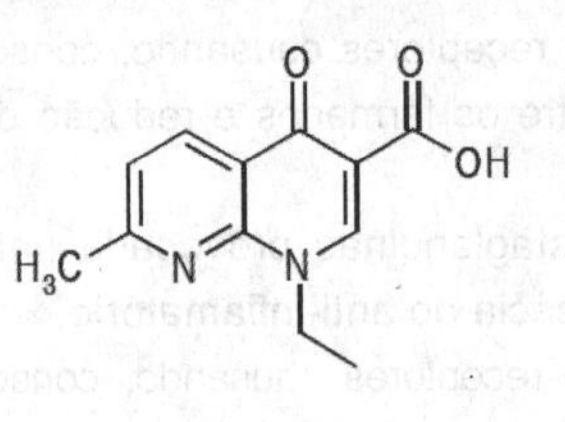

I

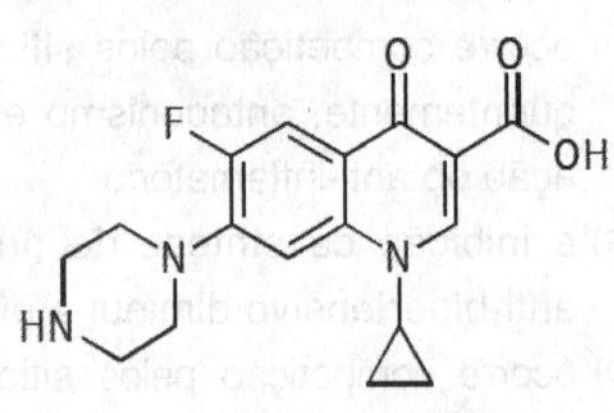

II

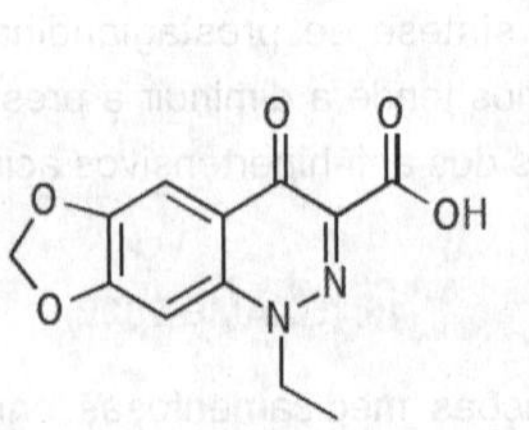

III

Com base nas relações entre a estrutura química e a atividade dessa classe terapêutica, o melhor fármaco é

(A) III, porque, apesar do espectro estreito, é mais hidrofílico e atinge altas concentrações nos pulmões.

(B) II, porque, além do amplo espectro, é mais lipofílico e atinge altas concentrações nos pulmões.

(C) II, porque, além do amplo espectro, apresenta alta hidrofilicidade e atinge altas concentrações nos pulmões.

(D) I, porque, além do amplo espectro, apresenta alta hidrofilicidade e atinge altas concentrações nos pulmões.

(E) I, porque, além do amplo espectro, é mais lipofílico e atinge altas concentrações nos pulmões.

48. (EXAME 2002)

Ao analisar uma fórmula indicada como descongestionante nasal e carminativo, encontraram-se cineol e mentol em teores que indicam constituintes principais de dois óleos voláteis.

Com base nos dados da tabela,

Espécie Vegetal	Nome Popular	Parte Utilizada	Rendimento do Óleo (%)	Constituinte Principal (%)	Emprego
Pimpinella anisum	erva-doce	frutos	2,5 a 5	85	carminativo
Menta x piperita	menta	folhas	1,2	44	carminativo
Thymus vulgaris	tomilho	folhas	1,2	64	expectorante
Eucalyptus globulus	eucalipto	folhas	0,8 a 2	70	infecções das vias respiratórias
Myristica fragrans	noz-moscada	semente	5 a 15	70	carminativo

que contém informações sobre alguns óleos com indicação de uso análogo, pode-se afirmar que os óleos da fórmula são extraídos do

(A) tomilho e da erva-doce.

(B) eucalipto e da noz-moscada.

(C) tomilho e da noz-moscada.

(D) eucalipto e da menta.

(E) eucalipto e da erva-doce.

49. (EXAME 2002)

Frequentemente estamos expostos a diversos agentes tóxicos simultaneamente como, por exemplo, nos simples tratamentos de resfriado, usando ácido acetilsalicílico, anti-histamínicos e antitussígeno; ao consumirmos água, com pequenas concentrações de praguicidas, metais pesados e solventes orgânicos e, alimentos, com contaminantes e substâncias tóxicas naturalmente presentes, além de respirarmos o ar com fumaça de cigarros e resíduos poluentes automotivos. A exposição a vários agentes pode ocasionar interações que acarretam efeitos específicos no organismo, diferentes dos observados em exposições individuais.

As afirmações abaixo:

I. A exposição simultânea ao radônio e ao cigarro aumenta significativamente o risco de câncer de pulmão.

II. A exposição simultânea do tetracloreto de carbono e isopropanol aumenta a hepatotoxicidade causada pelo primeiro.

III. A exposição simultânea do mercúrio com dimercaprol reduz a toxicidade do mercúrio por reação de quelação.

IV. A ingestão simultânea de álcool com medicamentos ansiolíticos deprime mais acentuadamente o sistema nervoso central do que a ingestão individual.

Relacionam-se, respectivamente, às seguintes interações:

(A) adição, antagonismo, sinergismo e potenciação.
(B) potenciação, sinergismo, antagonismo e adição.
(C) adição, potenciação, sinergismo e antagonismo.
(D) potenciação, adição, antagonismo e sinergismo.
(E) sinergismo, potenciação, antagonismo e adição.

50. (EXAME 2002)

Atualmente, não só no Brasil como em outros países do mundo, observam-se vários casos de contaminação ambiental, em decorrência da intensa atividade industrial ocorrida nas décadas de 50 a 70 do século XX, e do uso indiscriminado de compostos químicos. A imprensa leiga anuncia esses casos sem levar em consideração, muitas vezes, conceitos básicos de Toxicologia, que poderiam auxiliar a população quando, por exemplo, da construção de moradias em locais usados anteriormente como lixões, e de zonas residenciais e rurais contaminadas por poluentes orgânicos persistentes (POPs). As afirmações abaixo reproduzem alguns desses conceitos, extraídos de entrevistas, transmitidas pela mídia.

I. "A dose ou a concentração, e a solubilidade do toxicante são fatores importantes ao se avaliar o risco de exposição pela população".
II. "As condições da exposição desempenham um papel fundamental na determinação do risco à saúde e ao meio ambiente causado por agentes químicos".
III. "O risco de aparecimento de um efeito nocivo, após a exposição a um agente químico, relaciona-se às características físico-químicas, ao tempo, à frequência e à via de exposição, mas, pouco relaciona-se à espécie e ao sexo".
IV. "A segurança ou o risco no uso de um composto químico depende exclusivamente da toxicidade desse composto. E esta toxicidade é que deverá ser analisada".
V. "Tanto o risco quanto a segurança de um toxicante estão relacionados à dose, à via de exposição, ao metabolismo, à suscetibilidade que cada indivíduo apresenta, sem deixar de mencionar o tempo de exposição".

Estão corretas apenas

(A) I, III e IV.
(B) I, II e V.
(C) I, II e IV.
(D) II, III e V.
(E) II, III e IV.

51. (EXAME 2001)

Um farmacêutico sintetizou um fármaco que, ao ser ministrado ao indivíduo, provocou redução do gradiente de pH na mitocôndria. Esta redução teve como consequência

(A) aumento da degradação de ácidos graxos.
(B) aumento da síntese proteica.
(C) aumento da síntese de glicerol–3–fosfato.
(D) aumento da síntese de ácidos nucleicos.
(E) estímulo da via das pentoses.

52. (EXAME 2001)

Um indivíduo obeso, em terapia com medicamento que dificulta a absorção de lipídios, ingeriu uma dieta rica em proteínas e normal em lipídios e carboidratos. Nesta situação, deve ocorrer

(A) diminuição da excreção de ureia.
(B) balanço nitrogenado positivo.
(C) aumento da síntese de lipídios.
(D) aumento da excreção de corpos cetônicos.
(E) aumento da gliconeogênese.

53. (EXAME 2001)

Os testes de esterilidade são realizados em produtos farmacêuticos para avaliar

(A) a redução do grau de contaminação.
(B) a presença de pirogênio.
(C) a presença de micro-organismos patogênicos.
(D) a ausência de micro-organismos viáveis.
(E) o grau de esterilidade atingida.

54. (EXAME 2001)

O farmacêutico responsável pela produção de vacinas utiliza adjuvantes no preparo destas. Neste caso, o melhor adjuvante a ser empregado é aquele que libera o imunógeno

(A) lentamente e relaciona-se quimicamente com o antígeno.
(B) rapidamente e não se relaciona quimicamente com o antígeno.
(C) rapidamente e relaciona-se quimicamente com o antígeno.
(D) rapidamente e melhora a apresentação do antígeno ao macrófago.
(E) lentamente e melhora a apresentação do antígeno ao macrófago.

55. (EXAME 2001)

Ao assumir um cargo de assessor na Secretaria de Saúde de um Município, o farmacêutico deparou-se com altos índices de esquistossomose na população. Após análise das amostras colhidas em diferentes lagoas da região, detectou-se um foco positivo, caracterizado pela presença de

(A) planorbídeos infestados com ovos de verme.
(B) vermes adultos nas águas da lagoa.
(C) planorbídeos infestados com cercárias.
(D) planorbídeos infestados com verme adulto.
(E) planorbídeos nas águas da lagoa.

56. (EXAME 2001)

Um laboratório farmacêutico se propõe a sintetizar um fármaco com atividade no processo patológico representado pelo esquema I.

ESQUEMA I

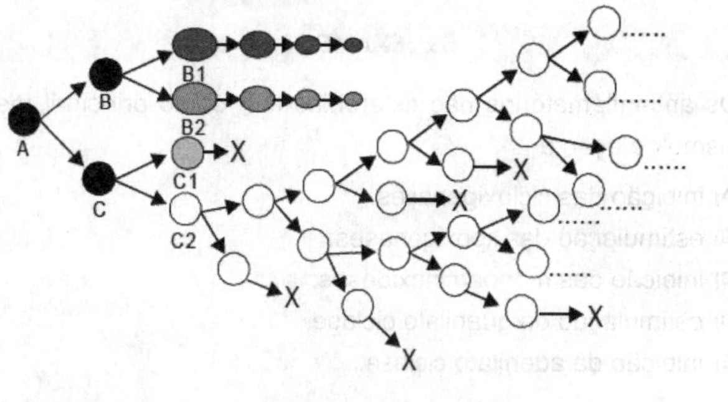

O esquema II representa uma população celular normal em que a célula A origina duas populações celulares distintas (B e C).

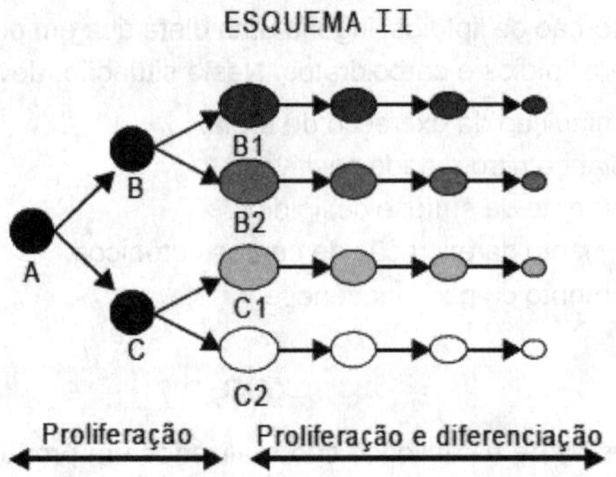

Analisando os esquemas, a atividade farmacológica do fármaco capaz de atuar no processo representado no esquema I é

(A) anti-inflamatória.
(B) antioxidante.
(C) anestésica.
(D) antidepressiva.
(E) antineoplásica.

57. (EXAME 2001)

Considere um fármaco suscetível de oxidação, catalisada por metais ionizados, e facilmente contaminável por fungos quando em solução aquosa. Para transformá-lo em medicamento, garantindo-se a integridade em solução aquosa, os adjuvantes farmacotécnicos adequados devem ser

(A) EDTA, antioxidante e corante.
(B) antioxidante, quelante e conservante.
(C) metilparabeno, oxidante e quelante.
(D) quelante, corante e metilparabeno.
(E) oxidante, metilparabeno e corante.

58. (EXAME 2001)

Para se propor estratégias que modifiquem a velocidade de absorção de medicamentos a serem administrados por via subcutânea, o farmacêutico pode, na formulação daqueles medicamentos,

(A) adicionar vasoconstritor para acelerar a absorção.
(B) utilizar solução oleosa para retardar a absorção.
(C) formar complexos moleculares insolúveis para acelerar a absorção.
(D) adicionar vasodilatador para retardar a absorção.
(E) utilizar soluções mais viscosas para acelerar a absorção.

59. (EXAME 2001)

Os anti-inflamatórios não esteroides têm como principal mecanismo de ação a

(A) inibição das cicloxigenases.
(B) estimulação das lipoxigenases.
(C) inibição das monoaminoxidases.
(D) estimulação da guanilato ciclase.
(E) inibição da adenilato ciclase.

60. (EXAME 2001)

Uma criança intoxicou-se após ingerir uma planta que contém atropina, cujos efeitos farmacológicos, dentre outros, são

(A) miose, bradicardia e pele seca.
(B) hipotensão, salivação e cólicas abdominais.
(C) hipertensão, diarreia e visão turva.
(D) alucinações, dor epigástrica e irritabilidade.
(E) midríase, taquicardia e boca seca.

61. (EXAME 2001)

Um lavrador apresentou sintomas de intoxicação por inseticidas organofosforados que provocam acúmulo de

(A) epinefrina por estimulação da glândula suprarrenal.
(B) óxido nítrico por inibição de sua difusão.
(C) acetilcolina por inibição das colinesterases.
(D) norepinefrina por inibição dos receptores adrenérgicos $alfa_2$.
(E) ácido gama-aminobutírico por inibição dos receptores $gama_A$.

62. (EXAME 2001)

As interações entre fármacos e receptores no organismo humano, provocando o efeito farmacológico, estão relacionadas a

(A) fase de exposição em que se estuda a interação entre o fármaco e o organismo vivo.
(B) farmacocinética em que se estuda a absorção, distribuição e eliminação de fármacos no organismo.
(C) fase clínica em que se estudam as características da absorção de fármacos no organismo.
(D) farmacodinâmica em que se estudam os efeitos bioquímicos e fisiológicos dos fármacos e seus mecanismos de ação.
(E) toxicodinâmica em que se estuda a absorção do fármaco e contaminantes no organismo vivo.

63. (EXAME 2001)

Agentes antimicrobianos, tais como tetraciclinas, são compostos amplamente utilizados na prática veterinária e humana por inibirem

(A) o crescimento de bactérias e particularmente fungos, interferindo com os ribossomos desses organismos.
(B) a síntese de proteínas em fungos alterando a ligação ribossômica.
(C) o crescimento de bactérias e fungos, alterando a síntese de macromoléculas celulares no microssomo.
(D) a síntese protéica da membrana celular das bactérias alterando a subunidade 50S dos ribossomos.
(E) o crescimento de bactérias através da inativação da síntese proteica ligando-se, especificamente, às subunidades 30S dos ribossomos.

64. (EXAME 2001)

Ao interagir com receptores, os fármacos/ligantes podem manifestar alguns efeitos agonistas e antagonistas, de acordo com a afinidade e a atividade intrínseca.

I.

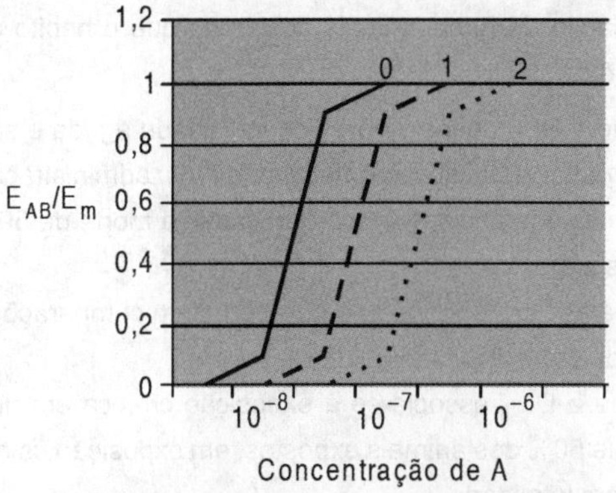

II.

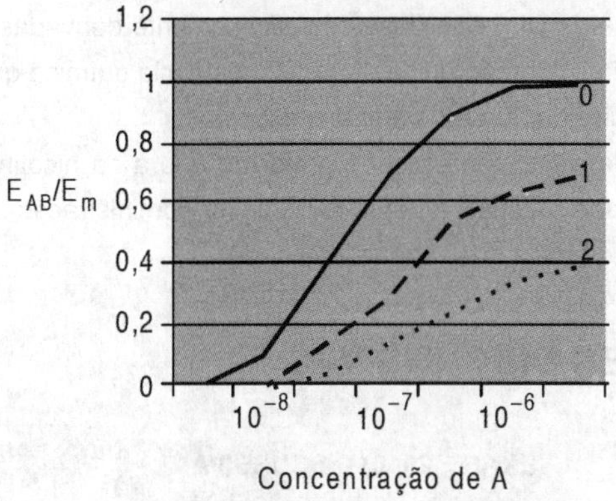

III.

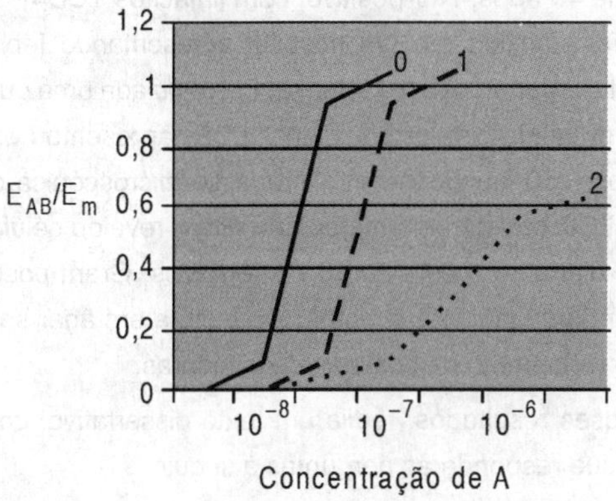

(Adaptado de: Mutschler, E.; Derendorf, H. **Drug actions:** basic principles and therapeutic aspects. Stuttgart : Medpharm, 1995. p. 53)

Considere:

E_{AB}/E_m = Efeito de A associado a B (E_{AB}) em relação ao Efeito Máximo (E_m)

0: curva concentração – efeito de A na ausência de B

1: curva concentração – efeito de A na presença de B

2: curva concentração – efeito de A na presença de 3 vezes a quantidade de B utilizada em 1

Os gráficos I, II e III apresentam, respectivamente, Antagonismos

(A) não-competitivo, competitivo e misto.
(B) competitivo, não-competitivo e misto.
(C) misto, competitivo e não-competitivo.
(D) não-competitivo, misto e competitivo.
(E) competitivo, misto e não-competitivo.

65. (EXAME 2001)

As propriedades físico-químicas interferem na atividade de fármacos, sendo a classificação estrutural dependente da interação entre eles.

I.

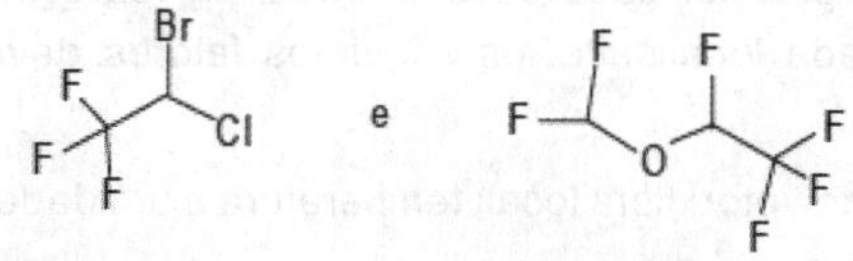

MAC_{50} = 0,7% de 1 atm MAC_{50} = 1,15% de 1 atm

MAC_{50} concentração alveolar mínima necessária efeito anestésico geral em 50% dos pacientes

II.

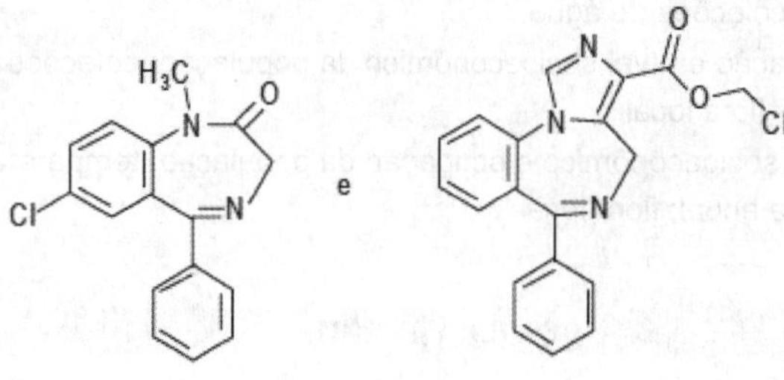

IC_{50} = 45 nM agonista IC_{50} = 7,2 nM antagonista

IC_{50} concentração da substância necessária para produzir interação com 50% dos receptores

Nos exemplos acima, as modificações moleculares provocaram alterações no coeficiente de partição e na atividade biológica porém, os fármacos envolvidos em I e II podem ser estruturalmente classificados, respectivamente, em

(A) específico, pois as modificações moleculares interferem apenas na interação com a biofase; inespecífico, pois aquelas interferem na interação com macromolécula específica.
(B) inespecífico, pois as modificações moleculares interferem apenas na interação com a biofase; específico, pois aquelas interferem na interação com macromolécula específica.
(C) ambos específicos, pois as modificações moleculares interferem na interação com macromolécula específica.
(D) ambos inespecíficos, pois as modificações moleculares interferem apenas na interação com a biofase.
(E) específico, pois as modificações moleculares interferem na interação com macromolécula específica; inespecífico, pois aquelas interferem apenas na interação com a biofase.

66. (EXAME 2001)

Seis horas após ingestão de um doce proveniente de uma padaria, um indivíduo apresentou mal-estar, dor de cabeça, cólicas abdominais e diarreia. Posteriormente, foi diagnosticada uma intoxicação por *Staphylococcus aureus*. Do ponto de vista de saúde coletiva, um procedimento DESNECESSÁRIO para o episódio é

(A) pesquisar o foco de infecção.
(B) identificar o tipo de enterotoxina produzida pela bactéria.
(C) verificar as condições higiênico-sanitárias da padaria.
(D) verificar a temperatura do balcão de armazenamento dos doces.
(E) pesquisar a produção de coagulose pelo micro-organismo.

67. (EXAME 2001)

No planejamento de estudos epidemiológicos, analíticos ou experimentais, é indispensável a consideração de fatores que se relacionem com as variáveis do projeto. Em estudo para se determinar a probabilidade de ocorrência da febre amarela, em determinada localidade, os seguintes fatores devem ser considerados:

(A) presença do vetor; flora local; temperatura e umidade média anual.

(B) presença do vetor; temperatura média anual; sexo e idade da população.

(C) presença do vetor; sexo e nível socioeconômico da população; coleções de água.

(D) ocupação e nível socioeconômico da população; coleções de água; flora local.

(E) nível socioeconômico e ocupação da população; temperatura média anual; flora local.

68. (EXAME 2001)

Na instalação de um laboratório de biossegurança máxima para manipulação de agentes infecciosos (classe de biossegurança 4), é imprescindível:

	Pressão Atmosférica	Equipamento	Uso de
(A)	positiva	filtros de ar	máscaras e luvas cirúrgicas
(B)	negativa	filtros de ar	roupas especiais
(C)	positiva	fluxo laminar horizontal	roupas especiais
(D)	negativa	fluxo laminar horizontal	máscaras e luvas cirúrgicas
(E)	positiva	fluxo laminar vertical	aventais

69. (EXAME 2001)

Considerando o quadro abaixo:

Fitoconstituintes	Fármacos	Espécies Vegetais
10-desacetilbacatina III	docetaxel	Taxus bacata
hecogenina	progesterona	Agave sisalana
podofilotoxina	etoposídeo	Podophyllun peltatum
escopolamina	N-butilescopolamina	Datura stramonium
Catarantina e vindolina	vimblastina	Catharantus roseus

Pode-se afirmar que os

(A) fitoconstituintes não podem ser utilizados como fármacos.

(B) fármacos ocorrem nas espécies vegetais.

(C) fármacos são produtos de degradação dos fitoconstituintes.

(D) fitoconstituintes são obtidos a partir dos fármacos.

(E) fármacos são sintetizados a partir dos fitoconstituintes.

70. (EXAME 2001)

Levando-se em consideração as DL_{50} (dose letal 50%) em ratos machos, via oral, para os compostos químicos etanol (7 000 mg/kg peso corpóreo) e nicotina (60 mg/kg peso corpóreo), pode-se inferir que o hábito de fumar é mais nocivo do que o hábito de beber? Por quê?

(A) Não. Porque a DL_{50} define valores de toxicidade aguda e são doses derivadas estatisticamente a partir da administração única de uma substância química que cause a morte de 50% dos animais expostos.

(B) Sim. Porque as DL_{50} são valores que permitem comparações de toxicidade crônica.

(C) Não. Porque a DL_{50} associa-se à exposição crônica em que se avalia que 50% dos animais expostos, em exposição única, apresentaram letalidade.

(D) Sim. Porque as DL_{50} são doses estatisticamente derivadas a partir da administração única de uma substância química que cause a morte de 50% dos animais expostos.

(E) Sim. Porque a DL_{50} do etanol é maior do que a da nicotina, dado derivado estatisticamente a partir da administração da substância química que produz letalidade.

QUESTÕES DISCURSIVAS

1. (EXAME 2010) DISCURSIVA

Um paciente de 43 anos, HIV-positivo, com linfácitos TCD4 <80 células/mm^3, foi admitido em um hospital apresentando febre, confusão mental e dor de cabeça intensa. Foi realizada uma punção lombar e o líquido cefalorraquidiano (LCR) apresentou discreta leucocitose (50 leucócitos/mL). A análise microscópica do sedimento do LCR corado pelo método de Gram revelou células esféricas com diâmetro médio de 10 micrômetros, Gram positivas, reproduzindo-se por brotamentos, e a cultura em ágar sangue permitiu o isolamento de colônias de leveduras.

Com base nesses resultados, redija um texto dissertativo, com até 15 linhas, que responda às perguntas a seguir.

a) Qual o agente etiológico mais provável no caso? **(valor: 3,0 pontos)**

b) Como esse agente pode ser adquirido? **(valor: 3,0 pontos)**

c) Quais testes laboratoriais poderiam confirmar essa hipótese? **(valor: 4,0 pontos)**

2. (EXAME 2010) DISCURSIVA

O processo de desenvolvimento de fármacos envolve várias etapas e uma equipe multiprofissional. Inicia-se com a identificação do alvo terapêutico e a seleção do composto protótipo, seguindo para a síntese de análogos estruturais, os estudos de relação estrutura-atividade, a modelagem molecular, a otimização da interação com o receptor, os bioensaios, os estudos de biodisponibilidade e os estudos de toxicidade. O esquema abaixo resume essas etapas.

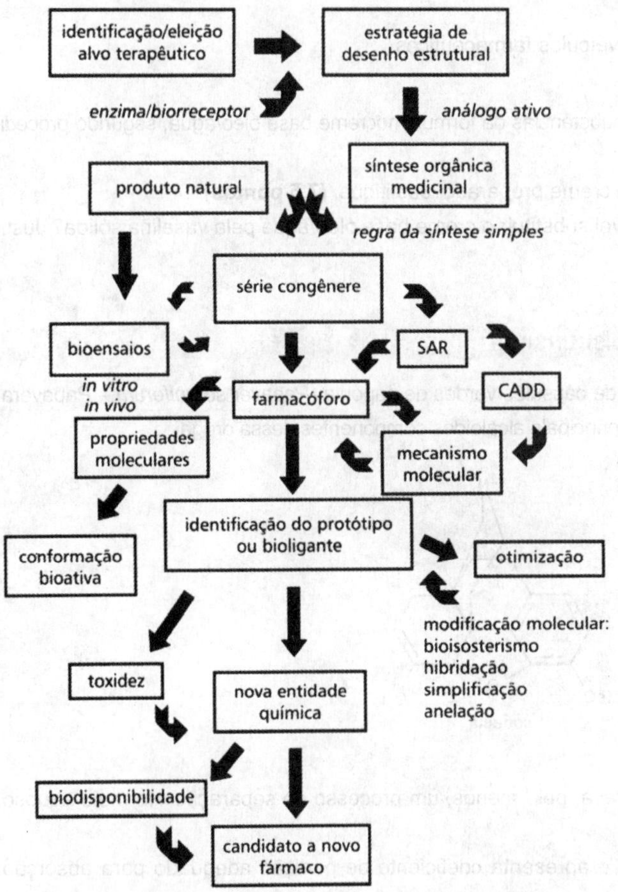

Etapas de desenvolvimento de fármacos. Acrônimos: SAR: *Strucutre Activity Relationship* (Relação Estrutura Atividade). CADD: *Computer Aided Drug. Design* (Desenvolvimento de Fármacos com Auxílio do Computador). BARREIRO, E. J.; FRAGA, C. A. M. **Química medicinal**: as bases moleculares da ação dos fármacos. 1. ed., Porto Alegre: Artmed, 2001.

Tendo como referência as informações apresentadas, elabore um texto dissertativo, com até 15 linhas, acerca do desenvolvimento de fármacos, abrangendo os itens a seguir:

a) eleição do alvo terapêutico; **(valor: 2,5 pontos)**

b) quatro das principais fontes de compostos protótipos; **(valor: 2,0 pontos)**

c) procedimentos para os estudos clínicos; **(valor: 3,5 pontos)**

d) requisitos relacionados ao processo de inovação terapêutica, considerando que são necessários três requisitos fundamentais para a obtenção da patente. **(valor: 2,0 pontos)**

3. (EXAME 2007) DISCURSIVA

Um usuário do sexo masculino, com 46 anos, 1,60 m e 89,6 kg, foi atendido por um Médico endocrinologista numa Unidade Básica Distrital de Saúde do SUS. Durante a consulta médica, o profissional analisou e interpretou os exames laboratoriais, fornecendo o diagnóstico de diabetes *mellitus* tipo 2 ao paciente. Nesse momento, o Médico solicitou a presença do Farmacêutico para discutirem sobre a melhor opção terapêutica para esse usuário. Dessa forma, analise os dados laboratoriais abaixo e auxilie na escolha do fármaco.

- Glicemia de jejum: 198 mg/dL (valor de referência até 100 mg/dL).
- Hemoglobina glicosilada: 11% (valor de referência até 7%).
- Insulina: 45 μUI/mL (valor de referência até 26 μUI/mL).

Sabe-se que o cálculo do valor de HOMA (resistência à insulina) e do IMC (índice de massa corporal) são fundamentais para a escolha do tratamento farmacológico mais apropriado. O IMC pode ser calculado pela razão do peso (kg) sobre o quadrado da altura, e a resistência à insulina é avaliada através da seguinte fórmula:

HOMA = glicemia de jejum (mg/dL) / 18 x insulina (μUI/mL) / 22,5

Para interpretação dos cálculos de IMC e HOMA, você deve utilizar os seguintes parâmetros:

- HOMA: > 3,5 diagnóstico de resistência à insulina.
- IMC: > 30 kg/m2 paciente considerado obeso.

A partir dos dados acima,

a) calcule os valores de IMC e HOMA do indivíduo, realizando uma interpretação dos resultados encontrados; **(valor: 2,0 pontos)**

b) indique, dentre os medicamentos disponíveis no município (insulina, glibenclamida e metformina), aquele que constitui a escolha mais racional para esse usuário. Justifique a escolha baseando-se no mecanismo de ação do medicamento e nas características clínicas, laboratoriais e antropométricas do paciente; **(valor: 4,0 pontos)**

c) relacione as principais orientações que devem ser fornecidas ao paciente para a utilização correta do fármaco, durante a dispensação. **(valor: 4,0 pontos)**

4. (EXAME 2004) DISCURSIVA

A paciente M.A.R., 71 anos, portadora de problemas cardíacos e hipertensão arterial sistêmica, foi a uma drogaria comprar medicamentos prescritos por seu médico. Posteriormente, sua vizinha, que tinha as mesmas doenças, lhe cedeu mais alguns medicamentos, além dos que M.A.R. estava tomando. Após alguns dias, M.A.R. notou modificações na diurese e problemas gastrointestinais. Retornou ao seu médico, que suspendeu os medicamentos sugeridos pela vizinha e, além de solicitar exames laboratoriais para avaliar a função renal, reforçou a necessidade de a paciente seguir adequadamente a prescrição e de pedir orientações ao farmacêutico da drogaria sobre a ingestão e aquisição de medicamentos genéricos.

a) Explique uma alteração farmacocinética que ocorreu em M.A.R. **(valor: 4,0 pontos)**

b) Aponte uma consequência da polifarmacoterapia em pacientes idosos como M.A.R. **(valor: 3,0 pontos)**

c) Indique uma estratégia que pode ser adotada para minimizar a problemática da automedicação em idosos. **(valor: 3,0 pontos)**

5. (EXAME 2003) DISCURSIVA

Foi solicitado ao farmacêutico o preparo da fórmula dermatológica, abaixo descrita, contendo hidroquinona para o tratamento de melasmas (hiperpigmentação em áreas demarcadas da pele).

<u>Uso externo</u>	p/p
Hidroquinona	2,0%
Metabissulfito de sódio	0,5%
Ácido etilenodiaminotetracético (EDTA)	0,2%
Água destilada	q.s.
Creme base óleo/água q.s.p.	50 g
Aplicar à noite nas áreas hiperpigmentadas.	

Dados:

A hidroquinona é hidrossolúvel e facilmente oxidada em excipientes e veículos farmacêuticos.

a) Qual a função de cada componente da fórmula? **(5 pontos)**

b) Descreva e justifique a técnica de incorporação das quatro primeiras substâncias da fórmula nocreme base óleo/água, segundo procedimentos farmacotécnicos adequados. **(7,5 pontos)**

c) Qual o material de acondicionamento mais indicado para envasar o creme preparado?Justifique. **(7,5 pontos)**

d) Mantendo-se os quatro primeiros componentes da fórmula, é possível substituir o creme base óleo/água pela vaselina sólida? Justifique. **(5 pontos)**

6. (EXAME 2003) DISCURSIVA

O ópio constitui-se no exsudato leitoso, secado ao ar, obtido por excisão de cápsulas verdes de papoula (*Papaver somniferum* – Papaveraceae). Morfina e codeína, cujas estruturas se encontram a seguir, são os principais alcaloides componentes dessa droga.

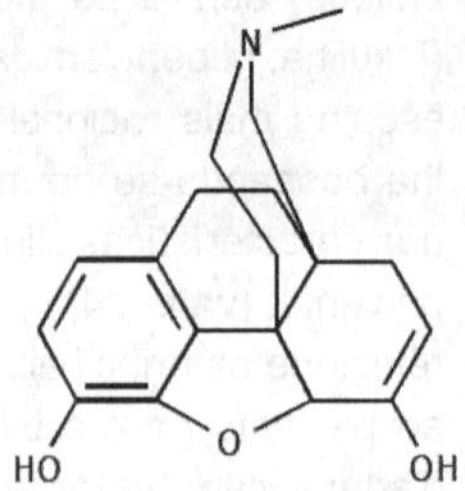

morfina

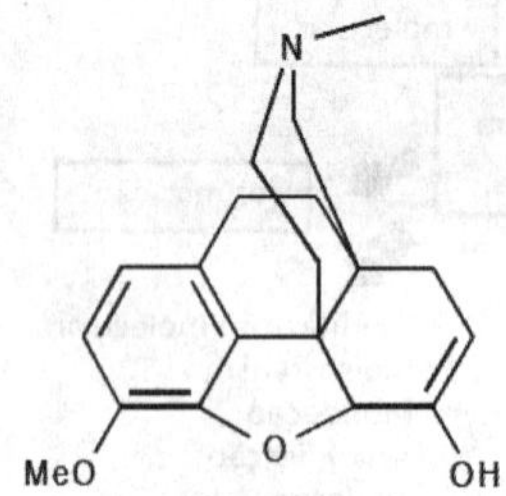

codeína

a) Caracterize o ópio por meio de análise microscópica. **(5 pontos)**

b) Com base nas estruturas químicas da morfina e da codeína, descreva, pelo menos, um processo de separação em meio aquoso, para esses alcalóides. Justifique-o. **(5 pontos)**

c) Considerando-se que a morfina é estável no trato gastrointestinal e apresenta coeficiente de partição adequado para absorção, explique a razão de a biodisponibilidade ser 25%, quando administrada por via oral. **(7,5 pontos)**

d) Explique como, a partir da estrutura da morfina, pode ser obtido um antagonista, a ser utilizado na reversão da depressão respiratória. **(7,5 pontos)**

7. (EXAME 2003) DISCURSIVA

De acordo com as normas preconizadas pela ANVISA e pelas ISO, os laboratórios de controle de qualidade das diferentes áreas farmacêuticas devem utilizar metodologias validadas, visando à garantia de Qualidade.

O quadro abaixo apresenta as características de validação recomendadas pelas Farmacopéias, pelo FDA (*Food and Drug Administration*) e pelo ICH (*International Conference on Harmonization*) para os vários tipos de testes:

Atributos analíticos	Identificação	Teste para impurezas		Potência	Testes específicos
		Determinação quantitativa	Limite		
Exatidão	–	+	–	+	+
Repetibilidade	–	+	–	+	+
Precisão intermediária	–	+	–	+	+
Especificidade	+	+	+	+	+
Limite de detecção	–	–	+	–	–
Limite de quantificação	–	+	–	–	–
Linearidade	–	+	–	+	–
Alcance ou intervalo	–	+	–	+	–
Robustez	–	+	–	+	+
Adequabilidade do sistema	–	–	–	+	+

Legenda:

(+) recomendado

(–) não necessariamente recomendado

Com base nas afirmações e nos dados apresentados:

a) Explique o procedimento empregado para a determinação da linearidade de um método analítico. **(10 pontos)**

b) Como são determinados os limites de detecção e de quantificação de um método analítico? **(5 pontos)**

c) Como é realizado o teste de recuperação para comprovar a exatidão do método analítico? **(5 pontos)**

d) Como é determinada a precisão de um método analítico? **(5 pontos)**

8. (EXAME 2003) DISCURSIVA

A salsicha é uma emulsão de carne de animais de açougue obtida pela adição de ingredientes, em seguida, embutida e, finalmente, submetida a cozimento.

Considere a formulação representativa da salsicha:

Componente	(%)
Carne	77,75
Toucinho	8,89
Gelo picado	10,00
Nitrito/nitrato de sódio	0,25
Condimento	1,05
Sal	1,58
Polifosfatos	0,48

a) Justifique as funções do gelo, do nitrato/nitrito e do polifosfato na formulação de salsichas. **(15 pontos)**

b) Descreva as duas etapas envolvidas na transformação da cor vermelho púrpura da mioglobina, para a cor rósea, característica da salsicha. Justifique-as. **(10 pontos)**

9. (EXAME 2003) DISCURSIVA

O Brasil continua empregando o mercúrio na extração do ouro, contaminando a atmosfera e os rios, enquanto que os países desenvolvidos já adotaram rigorosas medidas restritivas ao uso desse metal. Considerando-se que o mercúrio lançado nos rios contamina os peixes:

a) Qual é o efeito nocivo associado à ingestão constante de peixes com teor de mercúrio superior a 0,5 mg/kg, sabendo-se que essa é a concentração máxima recomendada pela Organização Mundial da Saúde? Justifique. **(5 pontos)**

b) Cite, pelo menos, duas técnicas de identificação e quantificação que podem ser usadas na análise do mercúrio total e do metilmercúrio em peixes. **(5 pontos)**

c) Quais os dois sistemas de qualidade empregados em laboratórios de análises toxicológicas para que os resultados dos ensaios apresentem maior confiabilidade? **(5 pontos)**

d) Cite, pelo menos, 4 parâmetros envolvidos na padronização e validação dos métodos de análise de compostos de mercúrio. **(10 pontos)**

10. (EXAME 2003) DISCURSIVA

Um laboratório clínico realizou exames de glicemia, urina tipo I, hemograma e velocidade de hemossedimentação de um paciente do sexo masculino, 55 anos. Nas requisições dos exames, o médico informou que o paciente apresentava quadro febril, com hipótese de leucemia, a esclarecer. Os resultados obtidos para glicemia e urina tipo I encontravam-se dentro dos valores de referência. Abaixo, transcreve-se o resultado do hemograma e da velocidade de hemossedimentação

HEMOGRAMA		VALOR DE REFERÊNCIA *
Eritrócitos	4.500.000/mm³	4.600.000 - 6.200.000/mm³
Hemoglobina	13,0 g/dL	14,0-17,0 g/dL
Volume hematócrito	38%	40-54%
VCM	84 fL	82-92 fL
HCM	28 pμ	27-32 pμ
CHCM	34 g/dL	32-36 g/dL
Plaquetas	800.000/mm³	200.000 - 400.000/mm³
Leucócitos totais	54.000/mm³	5.000 - 10.000/mm³
Contagem diferencial	%	%
Mieloblastos	1	0
Promielócitos neutrófilos	5	0
Mielócitos neutrófilos	10	0
Metamielócitos neutrófilos	12	0
Bastonetes neutrófilos	15	2-4
Segmentados neutrófilos	42	54-62
Eosinófilos	6	1-4
Basófilos	4	0-1
Linfócitos	4	22-33
Monócitos	1	3-7
Velocidade de hemossedimentação: 32 mm/h		(Método de Wintrobe: 6 mm/h)

Observação: Foram encontrados 2 eritroblastos ortocromáticos/100 leucócitos.
*Adulto, sexo masculino

Adaptado de Williams; Wilkins. Clinical hematology. 10. ed.

Considerando-se as informações, relacione e justifique, pelo menos, 6 exames que o laboratório poderia realizar para esclarecer o caso. **(25 pontos)**

11. (EXAME 2003) DISCURSIVA

A infecção pelo vírus da hepatite B (HBV) pode apresentar formas assintomáticas, sintomáticas e graves, como as hepatites fulminantes. A probabilidade de a doença evoluir para o estágio de portador crônico é inversamente proporcional à idade do paciente. Mencione:

a) Pelo menos três exames de sangue, necessariamente indicativos de hepatite viral aguda, fornecendo a denominação e a interpretação dos resultados de cada exame. **(10 pontos)**

b) Os marcadores sorológicos, especificando o tipo do marcador e a interpretação dos resultados. **(15 pontos)**

12. (EXAME 2003) DISCURSIVA

Mulher com 25 anos de idade apresentando lesões na região genital foi a um laboratório clínico com requisição médica para a pesquisa de sífilis e HPV. Descreva os métodos laboratoriais, recomendados pelo NCCLS 2002, que devem subsidiar o diagnóstico para as doenças abaixo, abrangendo os itens apresentados.

sífilis primária: denominação dos métodos;
fundamentos e metodologia, com ênfase na coleta e no processamento do material clínico. **(7,5 pontos)**

sífilis secundária: denominação dos métodos;
fundamentos e metodologia, contemplando os tipos de reagente;
fatores interferentes das reações e controle de qualidade. **(10 pontos)**

HPV: denominação dos métodos;
fundamentos e metodologia, com ênfase nos tipos de reagente, na coleta e no processamento do material clínico. **(7,5 pontos)**

Instruções: Para responder às questões de números 13 e 14, considere a Lei nº 9.787, de 10/02/1999, publicada no Diário Oficial da União, em 11/02/1999, que estabelece o medicamento genérico e dispõe sobre sua utilização; a Resolução 391, de 09/08/1999, publicada no Diário Oficial da União, em 19/11/1999, pela Agência Nacional de Vigilância Sanitária, que aprova o Regulamento Técnico para Medicamentos Genéricos e o Anexo -Regulamento Técnico para Medicamentos Genéricos.

13. (EXAME 2001) DISCURSIVA

Um paciente dirige-se à farmácia com uma receita médica. Como o farmacêutico pode proceder para dispensar o medicamento? **(Valor: 25 pontos)**

14. (EXAME 2001) DISCURSIVA

a) Defina Medicamento de Referência. **(Valor: 10 pontos)**

b) Por que razão os estudos de bioequivalência não são exigidos para medicamentos administrados por via intravenosa? **(Valor: 15 pontos)**

15. (EXAME 2001) DISCURSIVA

As diálises peritoneais, administradas em pacientes em hospitais, têm sido causa de infecções. As análises das soluções determinaram a presença de pirogênio.

a) Quais as consequências para um paciente que recebe formulações medicamentosas injetáveis contaminadas com pirogênio? **(Valor: 10 pontos)**

b) Como é realizada a pesquisa do pirogênio em medicamentos? **(Valor: 15 pontos)**

16. (EXAME 2001) DISCURSIVA

Uma solução de glicose a 5% para administração parenteral é preparada com finalidade de reidratação em área hospitalar. A natureza de uma solução glicosada deve seguir as seguintes condições: límpida; constituição química constante e estável; estéril e apirogênica.

a) Quais as operações unitárias envolvidas na obtenção da água para injetáveis e da solução final, prevendo total garantia da qualidade do produto? **(Valor: 15 pontos)**

b) Quais os parâmetros físicos que devem ser controlados durante a esterilização? **(Valor: 10 pontos)**

17. (EXAME 2001) DISCURSIVA

Amostras de uma formulação farmacêutica foram mantidas em estufa à temperatura de 40°C e umidade relativa (UR) de 75%, durante 6 meses, e analisadas em tempos predeterminados. Os resultados obtidos foram os seguintes:

% (potência)	Tempo (dias)
100,0	0
94,4	5
89,0	10
84,0	15
70,6	30
49,9	60
35,2	90
24,9	120
12,4	180

Analisando estes dados, responda:

a) Qual o objetivo deste estudo? **(Valor: 5 pontos)**

b) O que é prazo de validade? **(Valor: 5 pontos)**

c) Qual é o prazo de validade desta formulação? **(Valor: 5 pontos)**

d) Como é possível estimar que esta reação se processe seguindo cinética de zero ordem ou 1a ordem? **(Valor: 5 pontos)**

e) Em que etapa da produção farmacêutica deve-se realizar este estudo? **(Valor: 5 pontos)**

18. (EXAME 2001) DISCURSIVA

Considere a medida da atividade de R-amino oxidase (RAO) através da reação acoplada com a enzima indicadora glutamato desidrogenase (GDH), segundo o esquema abaixo e os dados apresentados nos quadros I e II.

$$\text{R-amina} + O_2 \xrightarrow{\text{RAO}} R + H_2O_2 + NH_3$$

$$NH_3 + \text{oxoglutarato} + \text{NADH} \xrightarrow{\text{GDH}} \text{glutamato} + \text{NAD}$$

Efeito do pH sobre as atividades da RAO e da GDH

pH	VRAO (abs/min)	VGDH (abs/min)
6,0	0,070	0,050
6,5	0,13	0,085
7,0	0,19	0,12
7,5	0,25	0,18
8,0	0,30	0,25
8,5	0,33	0,20
9,0	0,29	0,15
9,5	0,21	0,080
10,0	0,015	0,010

Efeito da mistura de ADP e FAD em diferentes concentrações sobre a atividade das enzimas RAO e GDH

	Velocidade da reação (abs/min)							
	ADP (mM)							
	0		0,01		0,1		1,0	
FAD (mM)	RAO	GDH	RAO	GDH	RAO	GDH	RAO	GDH
0	0,3	0,3	0,2	0,4	0,1	0,9	0,01	1,4
0,01	0,8	0,3	0,8	0,4	0,6	1,0	0,5	1,4
0,1	1,0	0,3	1,0	0,4	1,0	1,0	1,0	1,4
1,0	1,3	0,3	1,3	0,4	1,3	1,0	1,3	1,4

(Adaptados de: Home, D.J.; Peck, H. **Resolución de problemas de bioquímica analítica.** Zaragoza : Editorial Aeribia S.A., 1994. p.115)

Com base no quadro I, observa-se que as enzimas em questão possuem atividade ótima em pHs diferentes.

a) Qual é o pH do meio reacional mais recomendado para a medida da RAO, neste sistema, de reações acopladas? **(Valor: 5 pontos)**

b) Calcule a percentagem da atividade apresentada pela enzima menos favorecida no pH selecionado. **(Valor: 5 pontos)**

c) Como proceder para que o sistema de reações acopladas não seja limitado pela atividade da enzima menos favorecida pelo pH reacional? **(Valor: 5 pontos)**

d) Com base no quadro II, indique os pares corretos enzima/cofator. **(Valor: 5 pontos)**

e) Em quais concentrações dos cofatores a RAO e a GDH apresentam maior atividade? **(Valor: 5 pontos)**

19. (EXAME 2001) DISCURSIVA

A empresa "Geleia e Cia" solicitou que determinada assessoria solucionasse o problema referente aos frascos de geleia de morango que, embora sem alteração aparente, alguns dias após a produção, apresentaram pH abaixo do normal.

No dia da produção deste lote, a "Geleia e Cia" constatou falhas no fornecimento de gás, acarretando em tratamento dos frascos abaixo do esperado.

a) Qual grupo de micro-organismos causou a redução do pH? Justifique. **(Valor: 10 pontos)**

b) Por que a geléia de morango propiciou o desenvolvimento daquele grupo de micro-organismos? **(Valor: 15 pontos)**

20. (EXAME 2001) DISCURSIVA

Durante o processamento de uma proteína vegetal (pH = 6,3) enlatada, os ingredientes desidratados utilizados são: proteína texturizada de soja granulada, glúten de trigo, farinha de soja e condimentos em pó, e óleo vegetal incorporado à mistura final. A hidratação individual da proteína de soja e do glúten de trigo é realizada a quente. O glúten reidratado sofre cozimento antes da mistura final da massa, para conferir a textura desejada.

a) Quais as operações unitárias necessárias para a obtenção de uma massa úmida (60% m/m), homogênea, estéril em latas de 400g? **(Valor: 15 pontos)**

b) Na esterilização final, quais os parâmetros físicos que devem ser controlados para conferir esterilidade e manutenção da textura com mínimo escurecimento do produto? **(Valor: 10 pontos)**

21. (EXAME 2001) DISCURSIVA

A glicose isomerase (GI) é uma enzima que catalisa a isomerização da glicose (G) em frutose (F), segundo o esquema:

$$G \rightleftarrows F$$

Esta enzima, na forma imobilizada, vem sendo usada desde a década de setenta para a produção industrial do xarope de frutose, a partir da glicose proveniente da hidrólise enzimática (alfa-amilase bacteriana estabilizada por Ca^{+2}) de matérias-primas amiláceas. Em consequência, países pobres em cana-de-açúcar e ricos em fontes de amido passaram a produzir e dispor de um produto de índice de dulçor igual ou superior ao dulçor da sacarose.

Considere a figura abaixo que representa apenas um esboço da variação da atividade aparente (v_{ap}) de um reator tipo coluna em função do tempo em presença de concentrações diferentes de Mg^{+2} e Ca^{+2} e o quadro que apresenta as concentrações de íons Mg^{+2} e Ca^{+2} adicionados no fluxo de alimentação da coluna.

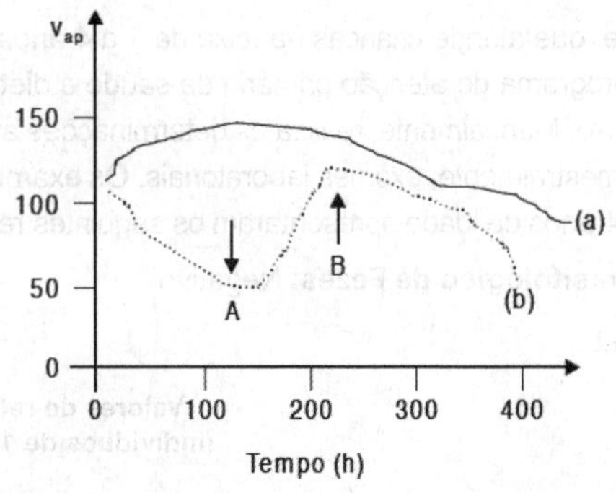

Esboço da atividade da G I imobilizada em função do tempo

(a) ensaio controle (ausência de Ca^{+2})

(b) ensaio feito na presença e na ausência de Ca^{+2}

(Adaptado de: Godfrey, T.; West, S. **Industrial enzymology.** 2ª ed., New York : Stockton Press, 1996. p. 522)

Períodos de Alimentação	Mg+2	Ca+2
0 - 120 h	4 x 10–3M	2,5 x 10–3M
* 120 - 200 h	8 x 10–3M	–
** 200 - 300 h	8 x 10–3M	2,5 x 10–3M

* instante em que se interrompeu a adição de Ca^{+2} no fluxo de alimentação do reator (ponto A)

** instante em que se retomou a adição de Ca^{+2} no fluxo de alimentação (ponto B)

a) Quais são os papéis desempenhados pelos íons Mg^{+2} e Ca^{+2} na reação catalisada pela GI? **(Valor: 5 pontos)**

b) Considere que a glicose a ser isomerizada provenha da hidrólise do amido da mandioca com alfa-amilase bacteriana estabilizada com Ca^{+2}. Neste caso, é necessário um pré-tratamento da solução de glicose, antes de ser introduzida no reator? Se pertinente, indique um tipo de pré-tratamento. **(Valor: 5 pontos)**

c) Em que consiste a imobilização? Cite uma vantagem e uma desvantagem de imobilização de enzimas. **(Valor: 10 pontos)**

d) O processo de isomerização da glicose considerado é do tipo descontínuo, contínuo ou descontínuo-alimentado? **(Valor: 5 pontos)**

22. (EXAME 2001) DISCURSIVA

Adolescente de 12 anos de idade, sob dieta alimentar e com histórico familiar de hipertensão e acidente vascular, teve os seguintes resultados em seus exames laboratoriais:

Resultados	Resultados Valores de referência (indivíduos de 2 a 19 anos)	
• Colesterol: 310 mg/dL	valores desejáveis:	menor que 170 mg/dL
	valores limítrofes:	170 a 199 mg/dL
	valores aumentados:	acima de 200 mg/dL
• Triglicérides: 85 mg/dL	valores aumentados:	acima de 130 mg/dL

a) É provável que estes resultados estejam associados à dieta? Justifique. **(Valor: 5 pontos)**

b) Justifique os exames que devem ser solicitados para esclarecer este caso. **(Valor: 10 pontos)**

c) Como garantir a qualidade dos exames laboratoriais? **(Valor: 10 pontos)**

23. (EXAME 2001) DISCURSIVA

Uma creche, que atende crianças na faixa de 1 a 4 anos de idade, adota um programa de atenção primária de saúde e dieta enriquecida com ferro. Mensalmente, realiza as determinações antropométricas e, semestralmente, exames laboratoriais. Os exames de uma criança de 4 anos de idade apresentaram os seguintes resultados:

Exame Parasitológico de Fezes: Negativo

Hemograma:

Resultados	Valores de referência (indivíduos de 1 a 5 anos)
• Eritrócitos: 4 000 000/mm^3	3 800 000 a 5 200 000/mm^3
• Hemoglobina: 10,1 g/dL	10,3 a 13,5 g/dL
• Hematócrito: 28%	32 a 40%
• Leucócitos: 7 500/mm^3	5 000 a 10 000/mm^3
neutrófilos segmentados = 35%	
eosinófilos = 2%	
basófilos = 0%	
linfócitos = 60%	
monócitos = 3%	

Série Eritrocitária:

Foram observadas frequentes células com anisocitose, microcitose e hemácias em alvo. Observou-se, ainda, hipocromia acentuada e discreta policromasia.

a) Quais as possíveis hipóteses fisiopatológicas deste quadro? **(Valor: 10 pontos)**

b) Justifique os exames laboratoriais que devem ser realizados para esclarecer tais hipóteses. **(Valor: 15 pontos)**

24. (EXAME 2001) DISCURSIVA

Considere as informações apresentadas abaixo. Casos clínicos e micro-organismos isolados:

a) *Staphylococcus aureus* isolado de fístula de paciente com osteomielite crônica e que estava fazendo uso de antibióticos nefrotóxicos.

b) *Escherichia coli* isolada da urina de paciente com 18 anos com infecção urinária sem complicações.

c) *Pseudomonas aeruginosa*, multirresistente, isolada de lavado brônquico de paciente com pneumonia por infecção hospitalar.

Provas laboratoriais:

I. Antibiograma pelo método de Kirby-Bauer (difusão em ágar).
II. Determinação do poder bactericida do soro.
III. Determinação do sinergismo entre os fármacos.

Analise os casos clínicos e escolha a prova laboratorial mais adequada, a fim de auxiliar o médico no estabelecimento da melhor estratégia terapêutica. Justifique a sua resposta. **(Valor: 25 pontos)**

25. (EXAME 2001) DISCURSIVA

O gráfico abaixo representa as curvas de distribuição de títulos de soros reagentes, encontradas em populações, apresentando ou não determinada doença.

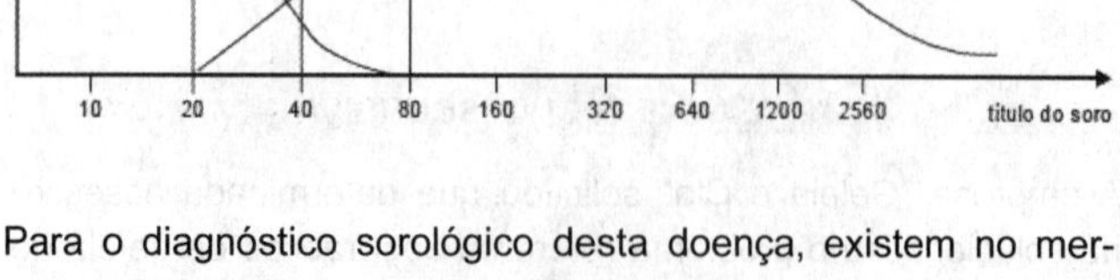

Para o diagnóstico sorológico desta doença, existem no mercado três *kits*: X, Y e Z, cujos cortes (*cut off*) estão assinalados pelas linhas A, B e C, respectivamente. Qual destes *kits* deve ser empregado para as situações: testes em laboratório clínico, bancos de sangue e estudos epidemiológicos para avaliar o efeito de uma campanha de vacinação? Justifique cada escolha.

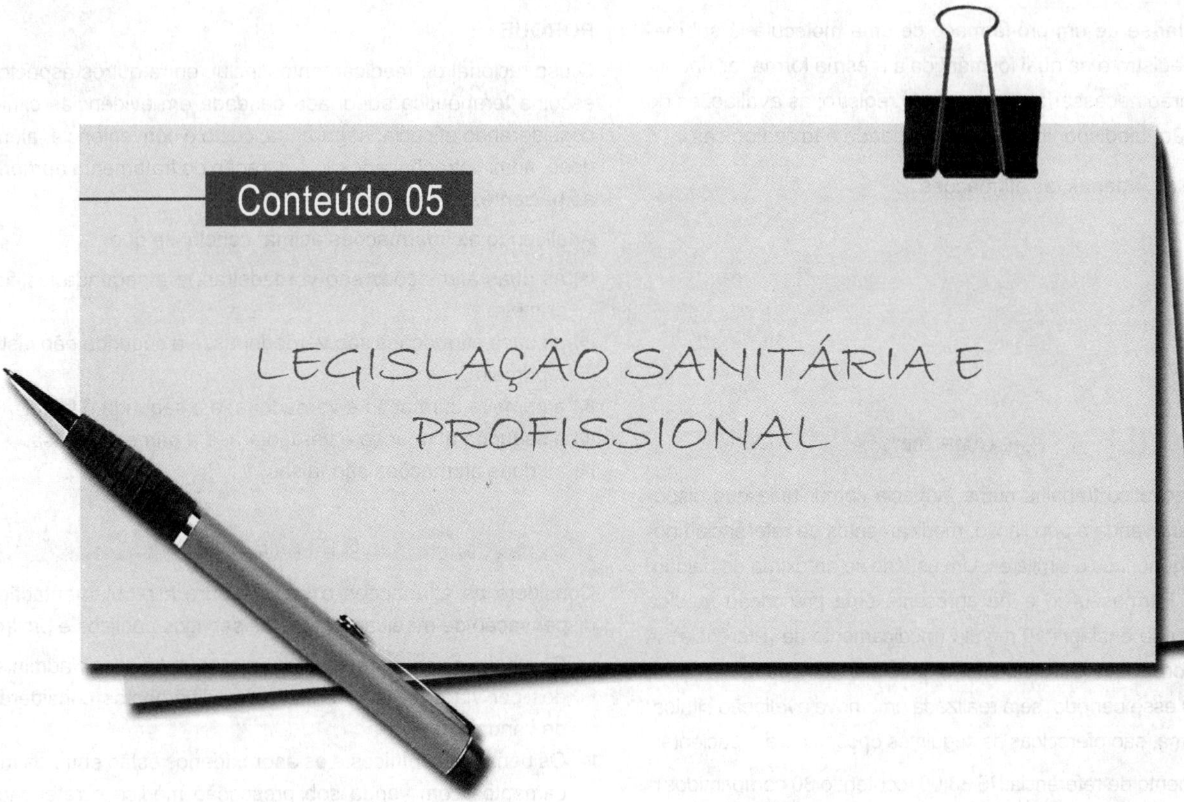

1. (EXAME 2010)

O controle de medicamentos, drogas, insumos farmacêuticos e correlatos, cosméticos e saneantes é de responsabilidade da Agência Nacional de Vigilância Sanitária (ANVISA) estabelecida pela Lei nº 6360 de 23/09/1976. Compete à ANVISA, por meio de sua diretoria colegiada, estabelecer os critérios mínimos exigidos para o exercício da atividade de manipulação das preparações magistrais e oficinais pelas farmácias. A Resolução de Diretoria Colegiada (RDC nº 67, de 08/10/2007), que dispõe sobre as boas práticas de manipulação de preparações magistrais e oficinais para uso humano, estabelece o Regulamento Técnico (RT) e as boas práticas de manipulação em farmácias (BPMF). Um grupo de fármacos que recebe especial atenção no RT são as substâncias de baixo índice terapêutico (SBIT), pois apresentam estreita margem de segurança (a dose terapêutica é próxima da tóxica).

A análise do texto proposto indica que as SBITs necessitam de atenção especial do farmacêutico e de condições especiais à sua manipulação e dispensação. Assinale a opção que indica as condições previstas na RDC nº 67 para o atendimento de uma prescrição medicamentosa contendo uma SBIT.

(A) Quando a prescrição apresentar concentração superior aos limites farmacológicos, incompatibilidade ou interações potencialmente perigosas, a RDC nº 67 indica que o farmacêutico deve solicitar a confirmação, por escrito, do profissional prescritor e, na ausência ou negativa de confirmação, a receita somente poderá ser aviada mediante uma autorização do paciente.

(B) As manipulações magistrais e oficinais com SBITs devem ser atendidas mediante os requisitos mínimos descritos na RDC nº 67, baseados na Portaria nº 344 de 12/05/1998, que são: a identificação do emitente e do usuário, o nome da substância com a dosagem, a data da emissão e a assinatura do prescritor.

(C) A manipulação e a dispensação de substâncias e medicamentos sujeitos a controle especial devem ser realizadas no mesmo estabelecimento, sendo vedada a captação de prescrições oriundas de qualquer outro estabelecimento, ainda que da mesma empresa.

(D) A documentação e (ou) registros das preparações magistrais e oficinais manipuladas contendo substâncias sob controle especial devem ser arquivados, pelo período de um ano, podendo ser mantidos por meio eletrônico.

(E) A farmácia que manipula tais substâncias deve estar adequada ao Regulamento Técnico e ao Anexo 11 da RDC nº 67, estando facultado à farmácia em questão atender ou não ao Anexo I da referida Resolução.

2. (EXAME 2007)

Uma indústria detentora da patente de um anti-inflamatório desenvolveu recentemente um pró-fármaco a partir da molécula do anti-inflamatório anteriormente patenteado. Sabendo que, por definição, um pró-fármaco é um composto que requer biotransformação metabólica depois da administração, para produzir o composto farmacologicamente ativo desejado é preciso considerar que

I. para garantir a inovação e os direitos sobre o produto, a indústria precisará patentear o desenvolvimento do pró-fármaco;

II. para fins de registro junto ao Ministério da Saúde a forma farmacêutica contendo o pró-farmaco terá de ser submetida a todas as etapas de registro de um novo medicamento lançado no mercado;

III. dependendo da velocidade metabólica de conversão de um pró-fármaco em fármaco ativo, ela pode ser útil para proporcionar liberação prolongada, aumentando a sua atividade terapêutica;

IV. por tratar-se de um pró-fármaco de uma molécula já submetida a registro e na qual foi mantida a mesma forma farmacêutica, serão necessárias, para fins de registro, as avaliações de liberação, biodisponibilidade, estabilidade e toxicológicas.

São corretas, apenas, as afirmações

(A) I e III.

(B) I e IV.

(C) II e III.

(D) I, II e IV.

(E) I, III e IV.

3. (EXAME 2007)

Um Farmacêutico trabalha numa farmácia comunitária que disponibiliza, para venda à população, medicamentos de referência (inovadores), genéricos e similares. Um usuário se aproxima do balcão, procura o Farmacêutico e lhe apresenta uma prescrição médica de maleato de enalapril 10 mg/dia (medicamento de referência). A receita informa que o tratamento foi prescrito por apenas 30 dias, pois, após esse período, será realizada uma nova avaliação clínica. Dessa forma, são oferecidas as seguintes opções para o paciente:

- Medicamento de referência R$ 38,00 (contendo 30 comprimidos);

- Medicamento genérico R$ 18,00 (contendo 30 comprimidos).

O usuário assusta-se com a diferença de preços entre os dois e questiona sobre a qualidade dos medicamentos. Além disso, fica em dúvida se a substituição do medicamento é legal frente ao Conselho Federal de Farmácia e à Agência Nacional de Vigilância Sanitária (ANVISA).

O Farmacêutico informa ao usuário que poderá realizar a intercambialidade do medicamento, atendendo às exigências legais da Resolução 135 de 29/05/2003, quando, na receita, de próprio punho, o prescritor

(A) não informar nenhuma restrição à substituição desse medicamento de referência por um genérico ou similar.

(B) não informar nenhuma restrição à substituição desse medicamento de referência por um genérico.

(C) informar que autoriza a substituição desse medicamento de referência por um genérico.

(D) informar que o medicamento genérico deve ter sido submetido a testes de bioequivalência e biodisponibilidade.

(E) informar que o medicamento genérico deve ter sido devidamente aprovado pela ANVISA.

4. (EXAME 2007)

Analise as afirmações abaixo, sobre a utilização racional de medicamentos.

A farmacoepidemiologia, área do conhecimento composta principalmente por duas vertentes que se complementam (farmacovigilância e estudos de utilização de medicamentos), tendo como objetivo principal analisar e avaliar o impacto dos medicamentos sobre as populações humanas, é ferramenta fundamental para aprimorar a utilização racional dos medicamentos.

PORQUE

O uso racional de medicamentos inclui, entre outros aspectos, a escolha terapêutica adequada baseada em evidências clínicas, considerando eficácia, segurança, custo e conveniência, além de dose, administração, adesão e duração do tratamento apropriado ao paciente.

Analisando as informações acima, conclui-se que

(A) as duas afirmações são verdadeiras, e a segunda justifica a primeira.

(B) as duas afirmações são verdadeiras, e a segunda não justifica a primeira.

(C) a primeira afirmação é verdadeira, e a segunda é falsa.

(D) a segunda afirmação é verdadeira, e a primeira é falsa.

(E) as duas afirmações são falsas.

5. (EXAME 2004)

Considere as afirmações a seguir sobre a regulamentação da dispensação de medicamentos nos serviços públicos e privados.

I. Os analgésicos, os antipiréticos e os antibióticos administrados por via oral estão entre os medicamentos considerados de venda livre.

II. Os benzodiazepínicos e os anorexígenos estão entre os medicamentos com venda sob prescrição médica e retenção da receita.

III. O uso de medicamento contendo a substância misoprostol fica restrito a estabelecimentos hospitalares.

IV. As substâncias retinoicas podem ser vendidas sem a apresentação de receita médica.

Estão corretas somente as afirmações

(A) I e II.

(B) I e III.

(C) II e III.

(D) II e IV.

(E) III e IV.

6. (EXAME 2004)

A RDC nº 17/ANVISA de 12 de janeiro de 2001, que dispõe sobre registro de medicamentos fitoterápicos, define o conceito de fitoterápicos e medicamentos como se segue.

« Medicamento – produto farmacêutico, tecnicamente obtido ou elaborado, com finalidade profilática, curativa, paliativa ou para fins de diagnóstico.

Fitoterápico – medicamento obtido empregando-se exclusivamente matérias-primas ativas vegetais. É caracterizado pelo conhecimento da eficácia e dos riscos de seu uso, assim como pela reprodutibilidade e constância da sua qualidade. Não se considera medicamento fitoterápico aquele que, na sua composição, inclua substâncias ativas isoladas, de qualquer origem, nem as associações destas com extratos vegetais. »

De acordo com os conceitos acima e a legislação vigente, pode(m) ser considerado(s) como medicamento(s) fitoterápico(s) apenas

(A) Tintura de própolis.

(B) Chá de erva-cidreira (*Melissa oficinalis*) em saquinhos.

(C) Pomada preparada com ureia e tintura de camomila (*Matricaria chamomilla*).

(D) Comprimidos de ginseng (*Panax ginseng*) e cafeína.
(E) Cápsulas do pó moído das cascas de cáscara-sagrada (*Rhamnus purshiana*).

7. (EXAME 2003)

Um indivíduo dirige-se à farmácia para adquirir comprimidos de ibuprofeno, anti-inflamatório de venda livre, com a finalidade de combater sintomas de gripe. Perguntado pelo farmacêutico sobre o uso de outros medicamentos, informa que faz uso contínuo de medicamento à base de varfarina. Neste caso, o farmacêutico deve orientar ao indivíduo

(A) a não fazer uso do ibuprofeno, pois existe a possibilidade de ocorrer hemorragia no trato gastrointestinal.
(B) a não fazer uso do ibuprofeno e da varfarina nos mesmos horários, pois a segunda diminui a absorção do primeiro.
(C) a adquirir e fazer uso de comprimidos de ranitidina, para evitar a irritação gástrica causada pelo ibuprofeno.
(D) a suspender o uso de varfarina durante o tratamento com ibuprofeno, para evitar o aparecimento da síndrome de Stevens-Johnson.
(E) a não fazer uso do ibuprofeno, pois este medicamento pode diminuir a ação da varfarina.

8. (EXAME 2003)

A flor de camomila [*Matricaria chamomilla* L. (Asteraceae)], após tratamento adequado, transforma-se em droga empregada para distúrbios digestivos cuja característica macroscópica apresenta

(A) flor: em verticilastro e em espiga terminal curta e frouxa; cálice tubuloso, pubescente e azulada.
(B) botão floral: pardo escuro, pétalas imbricadas de forma globosa e circundadas por sépalas.
(C) flor: apétala, esverdeada, masculina com receptáculo convexo em panículas e feminino com cálice gamossépalo em forma de saco.
(D) capítulo cônico: flor marginal feminino, ligulada e branca; flor interna hermafrodita, numerosa, tubulosa e amarelada.
(E) flor com pétala: elíptica, textura delicada, superfície lisa e avermelhada, com base escura.

9. (EXAME 2003)

Considere a Portaria 344, do Ministério da Saúde, de 12/05/1998, atualizada com as RDCs nº 98, de 20/11/2000; nº 178, de 17/05/2002 e nº 18 de 28/01/2003, e seus anexos, que trata de produtos farmacêuticos sujeitos ao regime especial de controle.

O farmacêutico, na farmácia pública, deve dispensar os medicamentos à base de

(A) entorpecentes (lista A1) com notificação de receita retida na farmácia, sendo que a receita é devolvida ao paciente.
(B) psicotrópicos (lista B1) com notificação de receita e receita, sendo que ambas são retidas na farmácia.
(C) outros produtos sujeitos ao regime especial (lista C1) com notificação de receita e receita, sendo queambas são devolvidas ao paciente.
(D) antirretrovirais (C4) com notificação de receita retida na farmácia, sendo que a receita é devolvida ao paciente.
(E) anabolizantes (lista C5) com notificação de receita e receita, sendo que ambas são retidas na farmácia.

10. (EXAME 2003)

Dentre as alternativas abaixo, aquela que trata, especificamente, do âmbito profissional farmacêutico é:

(A) "dispõe sobre a vigilância sanitária a que ficam sujeitos os medicamentos, as drogas, os insumos farmacêuticos e correlatos, cosméticos, saneantes e outros produtos e dá outras providências". (Lei nº 6.360/76, Decreto nº 79.094/77)
(B) "dispõe sobre o controle sanitário do comércio de drogas, medicamentos, insumos farmacêuticos e correlatos e dá outras providências". (Lei nº 5.991/73, Decreto nº 74.170/74)
(C) "cria o Conselho Federal e os Conselhos Regionais de Farmácia e dá outras providências". (Lei nº 3.820/60, Decreto nº 85.878/81)
(D) "configura infrações à legislação sanitária federal, estabelece sanções respectivas e dá outras providências". (Lei nº 6.437/77)
(E) "dispõe sobre as medidas de prevenção e repressão ao tráfico ilícito e uso indevido de substâncias entorpecentes ou que determinam dependência física ou psíquica e dá outras providências". (Lei nº 6.368/76, Decreto nº 78.992/76)

11. (EXAME 2002)

Ao longo dos séculos, diversas plantas têm sido utilizadas para o tratamento de doenças. O registro de produtos fitoterápicos é normatizado pela ANVISA (Agência Nacional de Vigilância Sanitária) na Resolução RDC no 17, 24/02/2000, que exige, dentre outros, identificação da espécie utilizada, protocolo detalhado do(s) método(s) de preparação e obtenção, e resultados dos ensaios farmacológicos e toxicológicos que comprovem a eficácia e o baixo risco do medicamento. Desconsiderando as bases da biofarmacotécnica, da legislação vigente e do Código de Ética, o farmacêutico produziu um fitoterápico à base do extrato alcóolico das folhas de uma planta, cujo uso é consagrado na "medicina popular" como "calmante", quando preparadas na forma de chá. Visto que o farmacêutico estava comercializando o fitoterápico sem o devido registro na ANVISA, foi autuado e está respondendo juridicamente a processos. Várias pessoas, das que fizeram uso contínuo desse extrato alcóolico, apresentaram icterícia, edema e anúria. Diante dessas informações, pode-se sugerir que essa preparação apresentou ação

(A) hepatotóxica e cardiotônica em decorrência de modificações qualitativas e/ou quantitativas nos fitoconstituintes.
(B) hepatotóxica e nefrotóxica em decorrência de modificações qualitativas e/ou quantitativas nos fitoconstituintes.
(C) hepatotóxica e hemostática em decorrência de modificações qualitativas e/ou quantitativas nos fitoconstituintes.
(D) nefrotóxica e hemostática em decorrência das modificações causadas pelo teor alcóolico nos fitoconstituintes.
(E) nefrotóxica e cardiotônica em decorrência da concentração alcóolica e de modificações nos fitoconstituintes.

12. (EXAME 2002)

"A Atenção Farmacêutica é um conceito de prática profissional no qual o paciente é o principal beneficiário das ações do Farmacêutico. A atenção é o compêndio de atitudes, dos comportamentos, dos compromissos, das inquietudes, de valores éticos, das funções, dos conhecimentos, das responsabilidades e das habilidades do Farmacêutico na prestação da farmacoterapia, com o objetivo de alcançar resultados terapêuticos definidos na saúde e na qualidade de vida do paciente".

(Adaptado de: **Conselho Federal de Farmácia**. Resolução 357, de 20/04/2001. Anexo I – Boas práticas em farmácia, Capítulo I – Das disposições preliminares, Artigo 6.22)

De acordo com a prática acima, o farmacêutico é responsável por

(A) avaliar farmacologicamente as prescrições dos medicamentos manipulados e, em função disto, fazer as correções necessárias.

(B) consultar o médico quando receber uma receita ilegível ou em código.

(C) notificar às autoridades competentes a ocorrência de reações adversas e interações medicamentosas, por meio de fichas apropriadas.

(D) aconselhar e prescrever medicamentos nos limites da atenção primária à saúde.

(E) dispensar medicamentos pelo sistema de autoatendimento, exceto os medicamentos sob regime especial de controle.

13. (EXAME 2002)

Após a experiência mal-sucedida com a talidomida, os órgãos responsáveis pelo registro de produtos farmacêuticos passaram a exigir maior rigor nos estudos que definem o grau de segurança dos produtos. O aparecimento da focomelia (malformação dos membros superiores) teria sido evitado nas crianças nascidas de mães que tomaram o medicamento contendo a talidomida, se estudos prévios de teratogenicidade fossem exigidos no momento do registro do produto. Na legislação vigente, os efeitos mutagênicos que causam a teratogenicidade são detectados na etapa de estudos

(A) pré-clínicos.

(B) clínicos Fase I.

(C) clínicos Fase II.

(D) clínicos Fase III.

(E) clínicos Fase IV.

14. (EXAME 2002)

Os antibióticos de uso comum em terapêuticas humana e veterinária são adicionados indevidamente à ração animal (aves, bovinos, suínos), favorecendo o crescimento, apesar de serem proibidos. Esta adição indevida constitui um grande problema em Saúde Pública, porque o uso de produtos derivados desses animais pode

(A) favorecer o desenvolvimento no organismo humano, de microrganismos patogênicos resistentes devido à exposição constante a doses subterapêuticas dos antibióticos residuais.

(B) provocar intoxicações agudas no organismo humano, devido à exposição constante a doses subterapêuticas dos antibióticos residuais.

(C) acelerar o processo de deterioração, devido ao aparecimento de produtos de degradação dos antibióticos.

(D) provocar intoxicações agudas no organismo humano, devido ao acúmulo dos antibióticos.

(E) favorecer o desenvolvimento, no organismo humano, de microrganismos resistentes, devido à exposição a altas doses dos antibióticos.

15. (EXAME 2002)

Fortes, em **Ética e saúde**, define autonomia como autodeterminação, autogoverno, o poder da pessoa humana de tomar decisões que afetem sua vida, sua saúde, sua integridade físico-psíquica, suas relações sociais. Refere-se à capacidade do ser humano de decidir o que é "bom", o que é seu "bem-estar", de acordo com seus valores, expectativas, necessidades, prioridades e crenças próprias.

Considerando o caso:

Em um hospital-dia, especializado nos cuidados com pacientes que sofrem de transtornos mentais, a equipe de enfermagem encontra-se diante de um usuário do serviço, de 25 anos, cujo diagnóstico médico é psicose maníacodepressiva. O paciente recusa-se a receber os medicamentos a ele prescritos e quer deixar a unidade (alta a pedido) alegando que, nas outras ocasiões em que recebeu a mesma medicação, apresentou sintomas gastrintestinais fortes que muito o incomodaram. A enfermagem alertou a queixa do paciente ao médico. Este responsável duvida da veracidade da queixa e reafirma a necessidade da dispensação do medicamento ao paciente.

(Adaptado de: Fontes, P.A.C. **Ética e saúde**: questões éticas, deontológicas e legais, tomada de decisões, autonomia e direitos do paciente, estudos de casos. São Paulo: EPU, 1998)

e o conceito de autonomia, este paciente, no hospital-dia,

(A) deve ser retido, respeitando-se a sua decisão ao não tomar o medicamento prescrito pelo médico.

(B) deve ser retido e receber a medicação prescrita pelo médico, independentemente de sua vontade.

(C) não deve ser retido, nem receber a medicação prescrita pelo médico, se não for esta a vontade dele.

(D) não deve ser retido, mas receber a medicação prescrita pelo médico, independentemente de sua vontade.

(E) só poderá sair e não tomar a medicação prescrita pelo médico, diante da concordância de um familiar responsável.

16. (EXAME 2001)

Considerando-se a legislação sanitária vigente no Brasil, pode-se afirmar que

(A) a farmácia pode manipular fórmulas farmacêuticas de sais, sob regime especial de controle, independente da autorização especial do Ministério da Saúde.

(B) droga é um produto tecnicamente obtido ou elaborado com finalidades profilática, curativa, paliativa ou de diagnóstico.

(C) o funcionamento do Posto de Medicamentos e Unidade Volante depende da responsabilidade técnica exercida por profissional habilitado.

(D) a manutenção do serviço de aplicação de injeções é facultativa às farmácias e drogarias.

(E) a venda de medicamentos não homeopáticos em suas embalagens originais é vedada à farmácia homeopática.

QUESTÕES DISCURSIVAS

1. (EXAME 2001) DISCURSIVA

Conforme a Resolução RDC nº 17, de 24/02/2000, publicada no Diário Oficial da União, em 25/02/2000, para o registro de fitoterápico novo é necessário relatório técnico com informações gerais, entre outras, sobre:

I. Natureza da matéria-prima: planta fresca, droga vegetal, derivados da matéria-prima vegetal (extratos, tinturas, óleos, ceras, sucos e outros), testes qualitativos e quantitativos dos princípios ativos e/ou marcadores, quando conhecidos;

II. Medicamento: testes toxicológicos e clínicos, dentre outros.

A *Ginkgo biloba* é exemplo de planta medicinal, com composição e atividade farmacológica bem definidas. Os conteúdos dos extratos simples e purificado (EGb 761) da droga, constam do quadro apresentado abaixo.

COMPOSTOS	EXTRATO SIMPLES (%)	EXTRATO PURIFICADO EGb 761
flavonoides	4	24%
biflavonoides	2	0,1%
lactonas sesquiterpênicas	0,2	6%
ácido gincólico	1,5	< 5 ppm
ácidos orgânicos	2,5	9%

a) Para registrar um extrato de *Ginkgo biloba*, no Brasil, quais os procedimentos necessários? **(Valor: 15 pontos)**

b) No extrato purificado, as substâncias alergênicas são extraídas e as farmacologicamente úteis são enriquecidas. Qual a consequência deste fato na atividade farmacológica e toxicológica nos dois extratos? **(Valor: 5 pontos)**

c) A quercetina, cuja estrutura está representada abaixo,

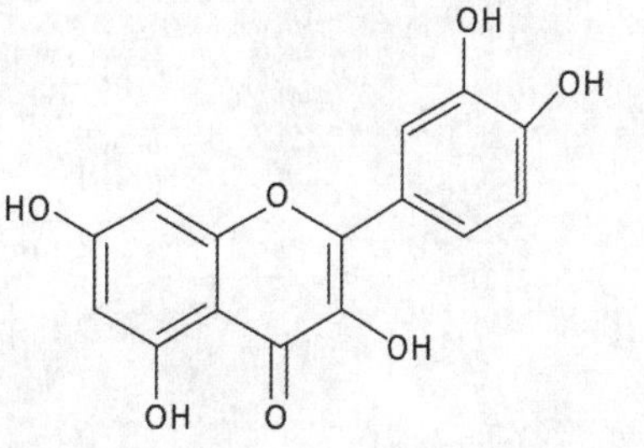

é um dos flavonoides mais abundantes no extrato e apresenta baixa biodisponibilidade por via oral.

Qual a modificação molecular que pode ser feita para aumentar a biodisponibilidade, sabendo-se que logP $\simeq$ – 0,90? **(Valor: 5 pontos)**

2. (EXAME 2001) DISCURSIVA

A um paciente com problema de coagulação (trombose) e artrite reumatoide, o médico prescreveu o anticoagulante varfarina e o antiinflamatório fenilbutazona. O quadro clínico foi controlado de forma satisfatória mas, recentemente, o paciente começou a queixar-se de dores nas articulações. O médico aumentou a dose de anti-inflamatório e o paciente passou a apresentar hemorragias.

a) Sabendo-se que a varfarina e a fenilbutazona ligam-se a proteínas plasmáticas, qual a razão para o aparecimento das hemorragias? **(Valor: 15 pontos)**

b) As hemorragias do paciente foram controladas pela redução da dose de varfarina mas, após algum tempo, com a manutenção da dose alta de fenilbutazona, constatou-se o aparecimento de úlcera péptica. Explique o aparecimento dessa úlcera. **(Valor: 5 pontos)**

c) Considerando o mecanismo de aparecimento dessa úlcera péptica, qual o medicamento que o médico poderia ter associado como coadjuvante do tratamento, a fim de preveni-la? Justifique o uso de tal medicamento. **(Valor: 5 pontos)**

Conteúdo 06

TEMAS COMBINADOS E OUTROS TEMAS

1. (EXAME 2010)

O farmacêutico que trabalha em uma farmácia de manipulação realizou os seguintes ensaios de qualidade em um produto de tintura capilar:

- características organolépticas (aspecto, cor e odor);
- pH, densidade e viscosidade; • teor de ativos (amônia e resorcinol);
- estudos de estabilidade preliminar, acelerada e de prateleira.

O lote-piloto foi aprovado na maioria dos testes realizados, exceto no teste de pH (muito alcalino) e no teste de teor de ativos, que revelou o teor de amônia superior ao permitido pela legislação vigente. O farmacêutico imediatamente reprovou o lote-piloto e determinou o aperfeiçoamento da fórmula para corrigir os problemas, submetendo a nova formulação a todos os testes preconizados pela Farmacopeia Brasileira, obtendo, assim, aprovação em todos os requisitos.

O farmacêutico responsável pelo controle de qualidade, de acordo com as boas práticas de fabricação, deve

I. assegurar que os ensaios necessários e relevantes sejam executados e que o produto não seja disponibilizado para uso e venda até que cumpra as exigências da qualidade preestabelecida.

II. participar da elaboração, atualização e revisão de especificações e métodos analíticos para matérias-primas, materiais de embalagem, produtos em processo e produtos acabados, bem como dos procedimentos relacionados à área produtiva que garantam a qualidade dos produtos.

III. aprovar os produtos acabados, mantendo registros completos dos ensaios e resultados de cada lote de material analisado, de forma a emitir um laudo analítico sempre que necessário.

IV. encaminhar para o setor responsável as reclamações e devoluções dos produtos acabados e acompanhar a investigação dos resultados fora de especificação, de acordo com os procedimentos internos definidos pela instituição e em conformidade com as normas de boas práticas de fabricação.

É correto apenas o que se afirma em

(A) I e II.
(B) I e IV.
(C) II e III.
(D) II e IV.
(E) III e IV.

2. (EXAME 2003)

A Organização Mundial da Saúde fez um alerta mundial devido à ocorrência de um surto de Síndrome Respiratória Aguda Grave (SRAG), que é uma doença com disseminação rápida e ação infecciosa grave e alta. Até março de 2003, 150 casos, sendo que 4 deles são óbitos, foram registrados em Hong-Kong, Vietnã, Tailândia, Singapura, Filipinas, Indonésia, China e Canadá. Os países envolvidos têm adotado diferentes procedimentos sanitários ao controle do surto epidêmico.

Adaptado de www. anvisa.gov.br. Acessado em: 19/03/2003

Tendo em vista essas informações, o controle dessa síndrome pode ser prejudicado

(A) pelo tratamento preventivo com antibióticos e antivirais de todos os indivíduos procedentes de áreas afetadas pela doença.
(B) pela identificação do agente etiológico, visando ao desenvolvimento de métodos de diagnóstico.

(C) pela notificação dos casos suspeitos às autoridades sanitárias nos países.

(D) pela desinfecção de aeronaves e embarcações que tenham transportado passageiros com suspeita da doença.

(E) pela definição de unidades de referência para encaminhamento dos casos suspeitos.

QUESTÕES DISCURSIVAS

1. (EXAME 2007) DISCURSIVA

A RDC 67, de 08/10/2007, no item Controle de Qualidade dos Medicamentos Manipulados, diz que: "A farmácia pode manipular e manter estoque mínimo de preparações oficinais (...), desde que garanta a qualidade das preparações". Desta forma, a Farmácia Joãozinho produz 6.000 cápsulas de minoxidil de 5 mg. Seu teor é determinado por espectrofotometria no ultravioleta, utilizando a curva de calibração abaixo, cujo coeficiente de correlação determinado foi r=0,99265. Após uma cápsula ser diluída em balão volumétrico de 100,0 ml, deste foi retirada uma alíquota de 3,0 ml para balão volumétrico de 10,0 ml e, deste último, foi realizada a leitura no espectrofotômetro, obtendo-se 0,602 de absorbância.

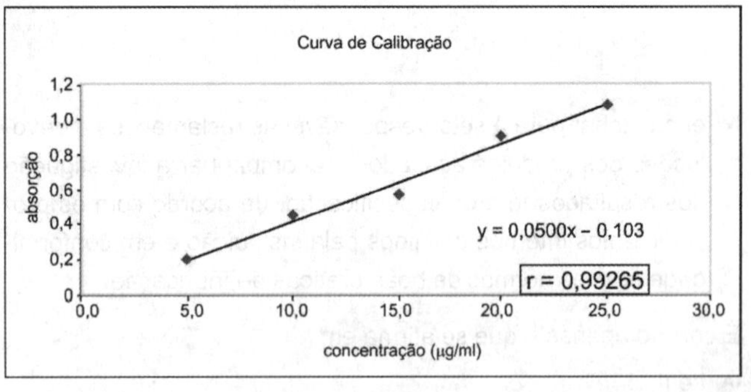

Responda às perguntas a seguir, considerando a forma farmacêutica, sua dosagem e a Resolução em vigor.

a) Qual a principal análise requerida para esta cápsula? Por quê? **(valor: 2,0 pontos)**

b) Qual a melhor concentração a ser escolhida para a amostra, analisando o gráfico da curva de calibração? **(valor: 2,0 pontos)**

c) O coeficiente de correlação obtido está apropriado para a utilização da curva? Explique. **(valor: 2,0 pontos)**

d) Qual a massa de minoxidil presente em uma cápsula? (Apresente todos os passos para chegar à resposta) **(valor: 4,0 pontos)**

2. (EXAME 2007) DISCURSIVA

Um paciente do sexo masculino, 30 anos, residente em região carente de saneamento básico, soropositivo para o HIV, procurou o serviço de emergência de um Hospital da rede pública apresentando tosse produtiva e relatando febre diária nos últimos cinco dias. O paciente apresentava-se desnutrido e desidratado, estando bastante debilitado. A investigação laboratorial apresentou resultado positivo para tuberculose.

Firmado o diagnóstico, o tratamento foi iniciado pelo esquema básico e, em algumas semanas, houve melhora considerável do quadro clínico. Com isso, o paciente retornou ao trabalho, abandonando o tratamento.

a) De que modo a infecção pelo HIV e as condições de pobreza podem ter contribuído para a situação desse paciente e para o aumento dos casos de tuberculose no País? **(valor: 3,0 pontos)**

b) Indique três métodos laboratoriais que podem ter sido usados para possibilitar o diagnóstico da tuberculose o mais precocemente possível. **(valor: 3,0 pontos)**

c) Qual a principal consequência da interrupção do tratamento no caso de tuberculose relatado e como pode ser evitada? **(valor: 4,0 pontos)**

3. (EXAME 2004) DISCURSIVA

Algumas mutações genéticas podem conferir vantagens adaptativas a certos indivíduos em certas populações. Um caso em questão é a anemia falciforme. Esta é uma doença causada por uma alteração de um aminoácido da cadeia beta da hemoglobina (substituição de um resíduo glutamato por valina, resultando na hemoglobina S, ou HbS). Indivíduos homozigotos apresentam sintomas severos para esta doença, enquanto heterozigotos (40% de hemoglobina S) levam uma vida quase normal. Heterozigotos para anemia falciforme, quando em áreas endêmicas de malária, apresentam uma vantagem adaptativa por serem mais resistentes a essa parasitose. Considere alguns aspectos relevantes dessa doença:

I. a residência do plasmódio no interior dos eritrócitos causa uma queda no valor do pH do meio intracelular em torno de 0,4 unidades;

II. a diminuição do valor de pH altera a afinidade da hemoglobina por O_2 de acordo com a equação:
$Hb + O_2 \rightleftharpoons HbO_2 + H^+$ (Efeito Bohr);

III. a hemoglobina S polimeriza quando na forma desoxihemoglobina;

IV. as alterações morfológicas nos eritrócitos reduzem seu tempo de vida médio na circulação;

V. a polimerização da hemoglobina S pode levar à lise de eritrócitos;

VI. a pressão parcial de O_2 (pO_2) no pulmão (pressão arterial) equivale a ~100 torr, e a pO_2 nos tecidos equivale a ~30 torr (pressão venosa).

Considerando essas informações, responda às questões a seguir.

a) Qual a relação entre as pressões parciais de oxigênio, arteriais e venosas, e a proporção entre oxi e desoxiemoglobina? **(valor: 4,0 pontos)**

b) Correlacione os aspectos de variações de pH com a polimerização da hemoglobina S. **(valor: 4,0 pontos)**

c) Por que indivíduos heterozigotos para a anemia falciforme apresentam maior resistência à malária? **(valor: 2,0 pontos)**

4. (EXAME 2003) DISCURSIVA

Em decorrência da comercialização de um produto farmacêutico novo, o Ministério da Saúde constatou, em um determinado grupo populacional, reação adversa grave não esperada, suspendendo não só a comercialização como o registro do produto.

a) Explique, pelo menos, 4 limitações dos ensaios clínicos Fase **III** na detecção de reações adversas graves não esperadas. **(20 pontos)**

b) Qual o procedimento adotado para a obtenção de informações sobre reações adversas a medicamentos, depois da autorização de comercialização de um novo fármaco? Justifique sua resposta. **(5 pontos)**

5. (EXAME 2003) DISCURSIVA

Sócios farmacêuticos pretendem implantar uma rede de farmácias de acordo com o seguinte projeto: Centralizar na farmácia matriz as atividades de:

- controlar a qualidade das matérias-primas e materiais de embalagem utilizando-se, também, de um convênio com laboratório habilitado;
- comprar especialidades farmacêuticas, produtos de higiene e toucador e produtos dietéticos e distribui-las às farmácias da rede, para comercialização;
- manipular fórmulas magistrais e oficinais visando ao atendimento das receitas médicas captadas nas filiais;
- armazenar, por um período de até quinze dias, produtos magistrais e oficinais atendendo às filiais;
- fracionar especialidades farmacêuticas prescritas para atender às necessidades dos pacientes, inclusive às contidas nas receitas médicas captadas e encaminhadas pelas filiais;
- manipular fórmulas para terceiros com a finalidade de ocupar a capacidade ociosa eventual;
- manipular fórmulas magistrais para pacientes hospitalizados, quando excepcionalmente solicitadas pela unidade hospitalar;
- prestar assistência e atenção farmacêutica, devido à presença do farmacêutico em período de funcionamento da farmácia matriz;
- prestar serviços especiais de medir pressão, fazer inalações e aplicar injeções.

Identifique e justifique, no mínimo, 5 aspectos deste projeto que NÃO estão em conformidade com a Lei nº 5.991/1973; Norma RDC 33 de 19/04/2000 e Retificação D.O.U. de 06/06/2001 como a Resolução nº 328 de 22/07/1999. (25 pontos)

Capítulo VIII

Questões de componente específico de Nutrição

1) Conteúdos e Habilidades objetos de perguntas nas questões de Componente Específico.

As questões de Componente Específico são criadas de acordo com o curso de graduação do estudante.

Essas questões, que representam ¾ (três quartos) da prova e são em número de 30, podem trazer, em Nutrição, dentre outros, os seguintes **Conteúdos**:

I. Alimentos:
   a) Composição e bioquímica de alimentos;
   b) Biodisponibilidade de nutrientes e propriedades de compostos bioativos;
   c) Técnica dietética;
   d) Controle de qualidade e higiênico-sanitária dos alimentos;
   e) Fortificação de alimentos e suplementação nutricional;
   f) Tecnologia e análise sensorial de alimentos;
   g) Alimentos para fins especiais;
   h) Cadeia produtiva de alimentos e sustentabilidade.

II. Alimentação e Nutrição nos Ciclos da Vida:
   a) Necessidades e recomendações nutricionais nos diferentes ciclos de vida;
   b) Avaliação do estado nutricional;
   c) Avaliação do consumo alimentar;
   d) Planejamento e prescrição de planos alimentares;
   e) Bioquímica nutricional;
   f) Educação alimentar e nutricional;
   g) Determinantes psicológicos, sociológicos e antropológicos do comportamento alimentar.

III. Alimentação Coletiva:
   a) Planejamento físico e funcional de Unidades de Alimentação e Nutrição (UAN);
   b) Planejamento e avaliação de cardápios para coletividades sadias e enfermas;
   c) Gestão de recursos humanos;
   d) Controle de qualidade na produção de refeições;
   e) Saúde e segurança no trabalho.

IV. Saúde Coletiva:
   a) Vigilância sanitária dos alimentos;
   b) Epidemiologia nutricional;
   c) Indicadores culturais, sociais e econômicos do processo saúde-doença;
   d) Segurança alimentar e nutricional;
   e) Determinantes sociais do processo saúde-doença;
   f) Políticas Nacionais de Alimentação e Nutrição e Políticas de Saúde;
   g) Vigilância alimentar e nutricional;
   h) Ações do nutricionista no Sistema Único de Saúde (SUS).

V. Nutrição Clínica:
   a) Fisiopatologia da nutrição;
   b) Bioquímica nutricional;
   c) Dietoterapia nas diferentes patologias dos ciclos da vida;
   d) Avaliação do estado nutricional nas situações patológicas.

O objetivo aqui é avaliar junto ao estudante a compreensão dos conteúdos programáticos mínimos a serem vistos no curso de graduação, de forma avançada. Também é avaliado o nível de atualização com relação à realidade brasileira e mundial e às questões jurídicas de maior relevância.

Avalia-se aqui também *competências* e *habilidades*. A ideia é verificar se o estudante desenvolveu as principais **Habilidades** para o profissional de Nutrição, que são as seguintes:

I. Competências gerais:

a) Desenvolver ações de prevenção, promoção, proteção e reabilitação da saúde, em nível individual e coletivo, assegurando que a sua prática seja realizada de forma integrada e contínua com as demais instâncias do sistema de saúde, sendo capaz de pensar criticamente, analisando os problemas da sociedade e procurando suas soluções;

b) Avaliar, sistematizar e elaborar as condutas nutricionais mais adequadas, pautadas em evidências científicas;

c) Ser capaz de se comunicar de forma adequada com o indivíduo, com a família, comunidade e equipe multiprofissional;

d) Assumir funções de liderança, gestão e desenvolver ações empreendedoras;

II. Competências específicas:

a) Aplicar, na atenção dietética, conhecimentos sobre a composição, propriedades, transformações e aproveitamento dos alimentos pelo organismo humano e a ação dos compostos bioativos;

b) Planejar, executar e avaliar políticas e programas de educação alimentar e nutricional e vigilância alimentar, nutricional e sanitária, em âmbito institucional, local, regional e nacional;

c) Avaliar, diagnosticar e monitorar o estado nutricional de indivíduos e coletividades;

d) Prescrever e avaliar dietas e suplementos dietéticos para indivíduos sadios e enfermos;

e) Planejar, gerenciar e avaliar unidades de alimentação e nutrição, visando à promoção, manutenção e recuperação da saúde de indivíduos e coletividades sadias e enfermas;

f) Realizar diagnósticos e intervenções na área de alimentação e nutrição, considerando o contexto sócio cultural e econômico que determina a disponibilidade e o consumo dos alimentos pelo indivíduo e pela população;

g) Reconhecer a saúde e a alimentação como um direito em todos os níveis de complexidade do sistema de saúde, na perspectiva da intersetorialidade;

h) Atuar no controle de qualidade de alimentos e no desenvolvimento de fórmulas e produtos alimentares.

Com relação às questões de Componente Específico optamos por classificá-las pelos Conteúdos enunciados no início deste item.

2) Questões de Componente Específico classificadas por Conteúdos.

Conteúdo 01

COMPOSIÇÃO E BIOQUÍMICA DE ALIMENTOS

1. (EXAME 2010)

As fibras alimentares presentes na farinha integral dão aos pães maior valor nutritivo, mas alteram suas características, tornando a massa densa, firme e reduzida em volume devido

(A) ao aumento na formação do glúten e à redução no teor de minerais e gorduras.

(B) à redução na formação do glúten e à diminuição de sua propriedade de dextrinização.

(C) à redução na formação do glúten e à diminuição da capacidade de retenção de gases.

(D) ao aumento na formação do glúten e à diminuição da capacidade espessante.

(E) à indissolubilidade do glúten e ao enfraquecimento de sua capacidade espessante.

2. (EXAME 2010)

Suponha que um nutricionista tenha sido designado para desenvolver produto alimentício, caracterizado como pão fortificado, para o tratamento dietético de crianças com intolerância ao glúten. Para a confecção desse produto, a melhor escolha de ingredientes que inclua fontes de nutrientes essenciais e alimentos de melhor digestibilidade proteica é:

(A) farinha de cevada, como fonte de proteína; óleo de canola, como fonte de ácidos graxos essenciais; amido de milho, como fonte de carboidratos; água e fermento.

(B) ovos, como fonte animal de proteína; óleo de soja, como fonte de ácidos graxos essenciais; farinha de mandioca, como fonte de carboidratos; água e fermento.

(C) leite de vaca, como fonte de proteína; óleo de oliva, como fonte de ácidos graxos essenciais; fubá de milho, como fonte de carboidratos; água e fermento.

(D) farinha de soja, como fonte de proteína; margarina vegetal, como fonte de ácidos graxos essenciais; farinha de milho, como fonte de carboidratos; água e fermento.

(E) clara de ovo, como fonte de proteína; óleo de milho, como fonte de ácidos graxos essenciais; farinha de trigo integral, como fonte de carboidratos; água e fermento.

3. (EXAME 2007)

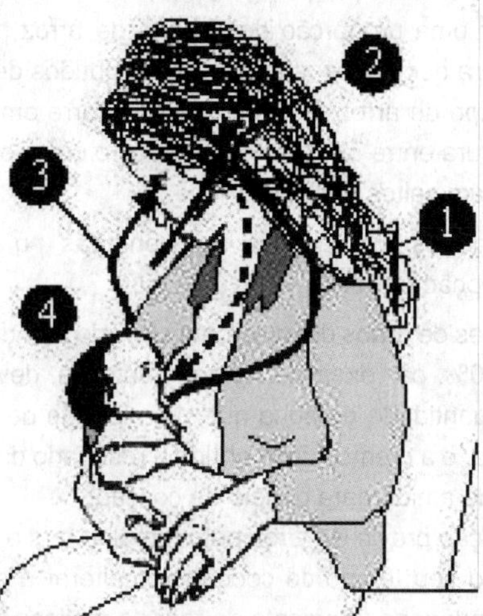

Reflexo da produção e da descida do leite

O aleitamento materno, processo que envolve fatores fisiológicos, ambientais e emocionais, é cercado de mitos e crenças que podem provocar práticas equivocadas e desmame precoce. Além disso, muitas mães não acreditam que são capazes de amamentar ou duvidam da qualidade do seu leite. A figura acima ilustra a fisiologia da lactação, identificando estímulos cerebrais (setas ❶,❷ e ❸) e respostas hormonais (seta ❹) correspondentes aos reflexos da produção e da descida do leite materno.

A partir dessas informações, assinale a opção correta acerca da lactação.

(A) O estímulo gerado pela sucção, indicada por ❶, é prescindível para uma lactação bem-sucedida, uma vez que são os hormônios prolactina e ocitocina, indicados por ❹, os responsáveis, respectivamente, pela produção e pela descida do leite materno.

(B) Estímulos auditivos e visuais, indicados, respectivamente, por ❷ e ❸, assim como sentimentos maternos de ansiedade, dor ou dúvidas, podem interferir no reflexo da descida do leite, diminuindo a produção de ocitocina.

(C) O esquema apresentado corresponde ao início do período de lactação, quando é produzido o colostro, pois, para a produção do leite maduro, há queda significativa da concentração dos hormônios envolvidos na lactação.

(D) O leite materno produzido pela lactante adolescente apresenta teor protéico mais baixo que o de uma lactante adulta, devido, principalmente, a diferenças na produção de hormônios, indicada por ❹.

(E) Do ponto de vista fisiológico, é aconselhável que a mãe amamente seu filho em intervalos regulares, para potencializar os estímulos indicados pelas setas ❷ e ❸ e manter uma boa produção de leite materno.

4. (EXAME 2007)

A gelatinização do amido é a reação química que caracteriza alguns atributos do arroz cozido, como a maciez e a textura. A maciez é inversamente relacionada ao teor de amilose. A textura, que é a resistência do grão cozido ao mastigamento, é afetada, entre outros fatores, pelas condições de cozimento — tempo e temperatura. O arroz do tipo agulhinha, com 15% a 17% de amilose, requer uma proporção de 1 parte de arroz para 2 partes de água, para que esses atributos sejam obtidos de forma ideal. Para esse tipo de arroz, a gelatinização ocorre em um intervalo de temperatura entre 55 ºC e 60 ºC. Após o cozimento, os grãos se apresentam soltos e macios.

Considerando as informações apresentadas no texto acima, assinale a opção correta.

(A) Variedades de grãos de arroz com elevado teor de amilose, de 25% a 30%, por exemplo, quando cozidas, devem absorver menor quantidade de água que a variedade de arroz do tipo agulhinha, e a cremosidade obtida é resultado da lixiviação de frações de amido para o meio de cocção.

(B) A hidratação prévia do arroz pelo remolho tem a vantagem de diminuir o seu tempo de cocção semalterar a sua maciez e textura, independentemente do teor de amilose.

(C) Na preparação de um arroz com reduzido teor de amilose, entre 10% e 12%, por exemplo, a razão entre as quantidades de arroz e de água a serem utilizadas deverá ser menor que uma parte de arroz para duas partes de água na obtenção dos referidos atributos, de forma ideal.

(D) Para quaisquer variedades de grãos de arroz, a água a ser adicionada à preparação deve ser quente, para reduzir o fenômeno da retrogradação.

(E) O processo de obtenção do arroz integral consiste na retirada da casca do grão, o que lhe conferemaior teor de amido e, consequentemente, de amilose, o que requer maior tempo de cocção, para a obtenção dos referidos atributos, de forma ideal.

5. (EXAME 2007)

Descrição: *pizza* de calabresa, muçarela e *champignon*, 460 g.

Ingredientes: farinha de trigo enriquecida com ferro e ácido fólico, calabresa, queijo muçarela, polpa de tomate, *champignon*, azeitonas pretas, gordura vegetal hidrogenada, fermento biológico, sal, açúcar, azeite de oliva e orégano. **Contém glúten.**

informação nutricional (porção de 77 g – 1 fatia)		
quantidade por porção		**%VD***
valor calórico	156,0 kcal	8
carboidratos	17,0 g	6
proteínas	9,0 g	12
gorduras totais	5,6 g	10
gorduras saturadas	1,8 g	8
gorduras *trans*	0,0 g	**
colesterol	8,3 g	3
fibra alimentar	0,8 g	3
sódio	756,0 mg	32

(*) valores diários de referência com base em uma dieta de 2.000 calorias
(**) valor não estabelecido

As informações acima foram retiradas do rótulo de um produto semipronto para o consumo, comercializado no mercado de alimentação. A partir dessas informações e considerando as funções nutricionais atribuídas aos ingredientes do produto, julgue os itens a seguir.

I. O consumo de glúten, proteína de alta digestibilidade encontrada na farinha de trigo, é recomendado para dieta de indivíduos portadores de doença celíaca.

II. A farinha de trigo enriquecida com ferro e ácido fólico atende à regulamentação brasileira que visa ao combate à anemia.

III; A gordura vegetal hidrogenada presente nos ingredientes indica que esse produto possui gordura *trans*, considerada fator de risco para doença coronariana.

IV. O consumo de uma porção do referido produto representa 8% das necessidades energéticas diárias de um indivíduo adulto, portanto, trata-se de alimento de baixa densidade energética.

V. Esse produto contém elevada densidade de sódio, nutriente de fácil absorção pelo organismo e deve ser consumido com moderação.

Estão certos apenas os itens

(A) I, II e III.

(B) I, II e IV.

(C) I, IV e V.

(D) II, III e V.

(E) III, IV e V.

6. (EXAME 2007)

Um jovem de 17 anos de idade foi encaminhado para internação no serviço de emergência de um hospital, com diagnóstico de crise aguda de doença inflamatória intestinal (DII). O paciente tem história recente de distensão e dores abdominais, fezes líquidas e receio de alimentar-se, em função do quadro álgico. O jovem encontra-se visivelmente emagrecido. O nutricionista responsável prescreveu dieta por via oral, com característica constipante.

Com relação às características que a dieta mencionada no texto deve apresentar para se adequar ao estado do referido paciente, julgue os itens que se seguem.

I. Na ocorrência de esteatorreia, a dieta deverá conter alimentos-fonte de ácidos graxos de cadeia média, que têm absorção facilitada, mesmo na deficiência de lipase pancreática.
II. A dieta deve ser isenta de lactose, para prevenir quadro de diarreia osmótica propiciado pela situação de má absorção e pelo achatamento das vilosidades.
III. A dieta de consistência líquida é inadequada, devido ao seu baixo teor de fibras solúveis e densidade energética insuficiente para satisfazer as necessidades do paciente.
IV. A suplementação de glutamina é indicada para esse paciente, por ser fonte energética preferencial dos enterócitos e imunomodulador, o que auxilia na recuperação da mucosa intestinal.

Estão certos apenas os itens

(A) I e II.
(B) II e III.
(C) III e IV.
(D) I, II e IV.
(E) I, III e IV.

7. (EXAME 2004)

Os glicídios presentes nos cereais, como o arroz, estão, em sua maior parte, na forma de amido. Quando sofre cocção em meio úmido a uma temperatura de 61 a 78 ºC, o arroz manifesta uma mudança típica, em função do teor de amido que contém. A mudança observada e o nome do processo que a determina, respectivamente, são:

(A) cor caramelo pela dextrinização do amido.
(B) cor leitosa pela decomposição do amido em lactose e glicose.
(C) consistência dura e resistente pela desidratação do amido.
(D) consistência gelatinosa pela gelatinização do amido.
(E) redução de volume pela desidratação do amido.

8. (EXAME 2004)

O colesterol é um dos principais formadores das placas de ateroma. Por este motivo, é considerado nocivo à saúde, mas possui, no entanto, funções fisiológicas importantes.

Quais são elas?

(A) Síntese de hormônios esteroides, formação de ácidos biliares, formação de membranas celulares.
(B) Síntese de hormônios esteroides, formação de ácidos biliares, lipogênese.
(C) Síntese de hormônios esteroides, formação de ácidos biliares, lipólise.
(D) Degradação celular, síntese de hormônios esteroides, formação de ácidos biliares.
(E) Síntese de glicogênio, síntese de proteína e energia celular.

QUESTÃO DISCURSIVA

1. (EXAME 2007) DISCURSIVA

Estou escrevendo, pra vocês, de Brasília. Vim participar de um simpósio sobre a epidemia da obesidade, que ameaça nossa população. Assim, este texto deixa de ser uma crônica e passa para a categoria de reportagem (...) Mas voltando ao tema, vocês poderiam perguntar o que está fazendo um desenhista de histórias em quadrinhos num encontro de médicos e cientistas que estudam o aumento do peso, da gordura e das consequentes moléstias cardiovasculares ou diabetes? E eu explico, com satisfação, que podemos colaborar para a conscientização do problema. E, mesmo, sugerir alternativas para que se evitem as causas da obesidade.

Como? Utilizando a força, o carisma, a simpatia dos nossos personagens em mensagens, dirigidas principalmente às crianças, para que dediquem mais do seu tempo ao exercício físico e para que se afastem de alimentos inadequados.

Naturalmente, temos um personagem ótimo para esse tipo de mensagem: a comilona Magali, que, a partir da orientação de médicos e especialistas em alimentação, pode passar a buscar qualidade e não, quantidade, às muitas refeições que tem ao dia. Mas, se ela não resistir, que venha, também, a quantidade... com qualidade...

Mauricio

Brasília, 11/10/2001.

O texto acima apresenta uma resposta do desenhista Maurício de Souza à situação epidemiológica vivenciada pela população brasileira. A leitura desse texto e a sua transposição para a prática do nutricionista no ambiente escolar permitem que sejam elaboradas propostas de ações, em consonância com a Portaria Interministerial nº 1.010/2006, que recomenda estratégias para a promoção da alimentação saudável nas escolas. Essas propostas devem ter como meta a mudança de atitudes para a prevenção do quadro apresentado. Nessa perspectiva, identifique duas ações primordiais para atuação do nutricionista no contexto da criança na escola e justifique a importância de cada uma dessas ações. **(valor = 10,0 pontos)**

Conteúdo 02

BIOQUÍMICA APLICADA À NUTRIÇÃO

1. (EXAME 2007)

No caso de uma gestante de 35 anos de idade, na 26ª semana de gestação, com diabetes gestacional, sem uso de medicação hipoglicemiante e que foi encaminhada ao ambulatório de nutrição, entre as opções a seguir, a melhor orientação a ser estabelecida pelo nutricionista é dieta

(A) hipoenergética, utilizando-se a técnica de contagem de carboidratos e permitindo-se ganho ponderal máximo de 100 g/semana.

(B) hipoenergética, com alimentos de baixo índice glicêmico, para evitar a microangiopatia fetal e a cetonúria pós-prandial.

(C) normoenergética, com o máximo de 30% de carboidratos totais e consumo preferencial de proteínas de alto valor biológico.

(D) balanceada, que permita ganho ponderal de 300 g/semana a 400 g/semana e fracionamento das refeições, para obter melhor controle da glicemia de jejum e pós-prandial.

(E) balanceada, isenta de carboidrato simples e com pelo menos 4 porções de frutas e 4 de hortaliças por dia.

2. (EXAME 2004)

Ao vermos um alimento, sentirmos seu cheiro ou imaginarmos uma refeição, se não estivermos saciados, haverá secreção de ácidos pelas células parietais no estômago

PORQUE

essas sensações provocam impulsos do nervo vago, que estimulam a gastrina, um hormônio estimulante das secreções e motilidade gástrica.

A esse respeito, pode-se concluir que

(A) as duas afirmações são verdadeiras e a segunda justifica a primeira.

(B) as duas afirmações são verdadeiras e a segunda não justifica a primeira.

(C) as duas afirmações são falsas.

(D) a primeira afirmação é verdadeira e a segunda é falsa.

(E) a primeira afirmação é falsa e a segunda é verdadeira.

3. (EXAME 2004)

A estrutura tridimensional de uma proteína é significante para sua função. A modificação de sua estrutura chama-se desnaturação. São fatores que podem desnaturar uma proteína:

(A) agitação mecânica e presença de ácidos graxos.

(B) agitação mecânica e presença de calciferol.

(C) extremos de temperatura e presença de glicose.

(D) extremos de temperatura e presença de aminoácidos.

(E) extremos de temperatura e presença de ácidos fortes.

4. (EXAME 2004)

De acordo com a *American Heart Association*, a homocisteína é considerada um marcador para eventos cardiovasculares, não sendo, no entanto, considerada fator de risco independente.

Qual o substrato que origina a homocisteína e quais são as vitaminas envolvidas no seu metabolismo?

(A) Glicose/vitaminas C, B6 e B12.

(B) Ácido palmítico/vitaminas C e B12 e ácido fólico.

(C) Ácido palmítico/vitaminas B12 e B1 e ácido fólico.

(D) Metionina/vitaminas C, B6 e B12.

(E) Metionina/vitaminas B6, B12 e ácido fólico.

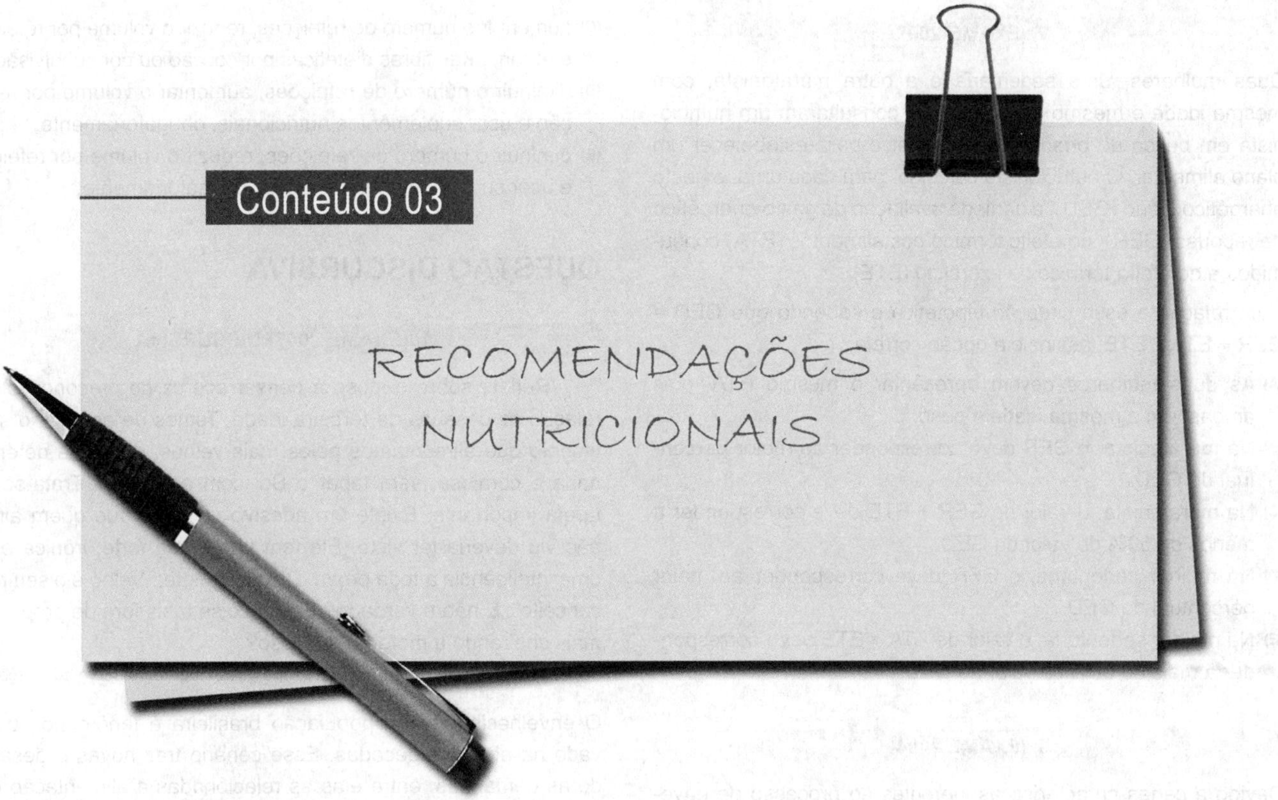

1. (EXAME 2007)

estágio de vida (idade)	valores de IDR (µg/dia)				
	EAR		RDA		UL
	homens	mulheres	homens	mulheres	homens e mulheres
1 a 3 anos	120	120	150	150	300
4 a 8 anos	160	160	200	200	400
9 a 13 anos	250	250	300	300	600
14 a 18 anos	330	330	400	400	800
19 a 30 anos	320	320	400	400	1.000
31 a 50 anos	320	320	400	400	1.000
51 a 70 anos	320	320	400	400	1.000
> 70 anos	320	320	400	400	1.000
gestação					
≤ 18 anos		520		600	800
19 a 50 anos		520		600	1.000
lactação					
≤ 18 anos		450		500	800
19 a 50 anos		450		500	1.000

Dietary Reference Intake (IOM, 2000).

A tabela acima indica a IDR de folato, por estágio de vida. A partir dessas informações e com relação à IDR de folato, assinale a opção correta.

(A) Durante a gravidez, as necessidades de folato variam de acordo com a idade da gestante.

(B) A partir de 19 anos de idade, deve-se consumir, em média, mais de 1.000 :g de folato, por dia.

(C) Para uma mulher de 68 anos de idade, recomenda-se a ingestão média de folato de 400 :g/dia.

(D) Durante a idade reprodutiva, a necessidade de folato é maior para a mulher que para o homem.

(E) Os valores de EAR e de RDA da tabela correspondem às necessidades de folato estabelecidas apartir de uma curva de regressão da UL.

2. (EXAME 2007)

Duas mulheres, uma sedentária e a outra maratonista, com mesma idade e mesmo peso corporal, consultaram um nutricionista em busca de orientação alimentar e para estabelecer um plano alimentar. O nutricionista calculou, para cada uma, o gasto energético diário (GED), a partir da avaliação do gasto energético de repouso (GER), do efeito térmico dos alimentos (ETA) consumidos e do efeito térmico do exercício (ETE).

Com relação a essa situação hipotética e sabendo que GED = GER + ETA + ETE, assinale a opção correta.

(A) As duas mulheres devem apresentar o mesmo ETA, pois ambas têm a mesma idade e peso.
(B) Na maratonista, o GER deve corresponder ao maior percentual do GED.
(C) Na maratonista, o valor de GER + ETE deve corresponder a menos de 50% do valor do GED.
(D) Na mulher sedentária, o GER deve corresponder ao maior percentual do GED.
(E) Na mulher sedentária, o valor de ETA + ETE deve corresponder a mais de 50% do valor do GED.

3. (EXAME 2004)

Devido a certas características inerentes ao processo de envelhecimento humano, algumas modificações na dieta poderão ser necessárias para que se atenda a essas especificidades, como por exemplo:

(A) aumentar o número de refeições, aumentar o volume por refeição e abrandar as fibras dietéticas por cocção ou por subdivisão.
(B) aumentar o número de refeições, reduzir o volume por refeição e usar suplementos nutricionais, obrigatoriamente.
(C) aumentar o número de refeições, reduzir o volume por refeição e abrandar as fibras dietéticas por cocção ou por subdivisão.
(D) diminuir o número de refeições, aumentar o volume por refeição e usar suplementos nutricionais, obrigatoriamente.
(E) diminuir o número de refeições, reduzir o volume por refeição e usar suplementos nutricionais, obrigatoriamente.

QUESTÃO DISCURSIVA

1. (EXAME 2007) DISCURSIVA

Refletir sobre o idoso é pensar acerca do preconceito em relação às pessoas da terceira idade. Temos de analisar o sentimento que alimentamos pelos mais velhos, de forma determinada e corajosa, sem tapar o Sol com a peneira. Trata-se de tarefa importante. Existe um adesivo de carro que quem ainda não viu deveria ter visto. Ele tem uma frase forte, irônica e de uma inteligência a toda prova. Diz o seguinte: "Velho é o seu preconceito". E não é verdade? Existe coisa mais fora de propósito, mais cheirando a mofo do que isso?

Internet: <www.ibge.gov.br/ibgeteen> (com adaptações).

O envelhecimento da população brasileira é fenômeno observado há algumas décadas. Esse cenário traz novas e desafiadoras demandas, entre elas as relacionadas à alimentação e à nutrição. Acerca do tema abordado no texto acima, responda as seguintes perguntas.

a) Considerando-se a composição corporal do idoso, por que o nutricionista deve sugerir ao idoso ingestão adequada de água? Justifique sua resposta. **(valor = 6,0 pontos)**

b) Que medidas dietéticas você, na condição de nutricionista, sugeriria para elevar o consumo de água de um idoso? **(valor = 4,0 pontos)**

Conteúdo 04

METABOLISMO ENERGÉTICO E DE NUTRIENTES

1. (EXAME 2007)

O método usual para a medição do gasto energético em indivíduos é a calorimetria indireta. Entre as técnicas de calorimetria indireta, a mais aplicada é a da câmara metabólica. Atualmente, a técnica da água duplamente marcada (ADM) também é utilizada. Entre as vantagens da ADM inclui-se

I. a medição com o indivíduo exercendo suas atividades cotidianas.
II. o cálculo preciso da produção de CO_2.
III. a obtenção de acurácia superior à da câmara metabólica.
IV. a aplicação em estudos epidemiológicos.
V. o desenvolvimento de estudos de baixo custo.

Estão certos apenas os itens

(A) I, II e III.
(B) I, II e IV.
(C) I, III e V.
(D) II, IV e V.
(E) III, IV e V.

2. (EXAME 2007)

Resultados de avaliação nutricional em pacientes internados com câncer mostram que grande parte deles apresentam-se desnutridos ou em risco nutricional. Acerca da relação entre desnutrição e câncer, analise as asserções a seguir.

Fatores anoréticos do tumor ou hospedeiro, dor, depressão, obstruções gastrointestinais e agressões terapêuticas provocam a diminuição da ingestão alimentar realizada por pacientes oncológicos

PORQUE

os pacientes com câncer em estágio avançado costumam apresentar intolerância à glicose, balanço nitrogrenado negativo e aumento da lipólise.

Assinale a opção correta a respeito dessas asserções.

(A) As duas asserções são proposições verdadeiras, e a segunda é uma justificativa correta da primeira.
(B) As duas asserções são proposições verdadeiras, mas a segunda não é uma justificativa correta da primeira.
(C) Tanto a primeira quanto a segunda asserções são proposições falsas.
(D) A primeira asserção é uma proposição verdadeira, e a segunda é uma proposição falsa.
(E) A primeira asserção é uma proposição falsa, e a segunda é uma proposição verdadeira.

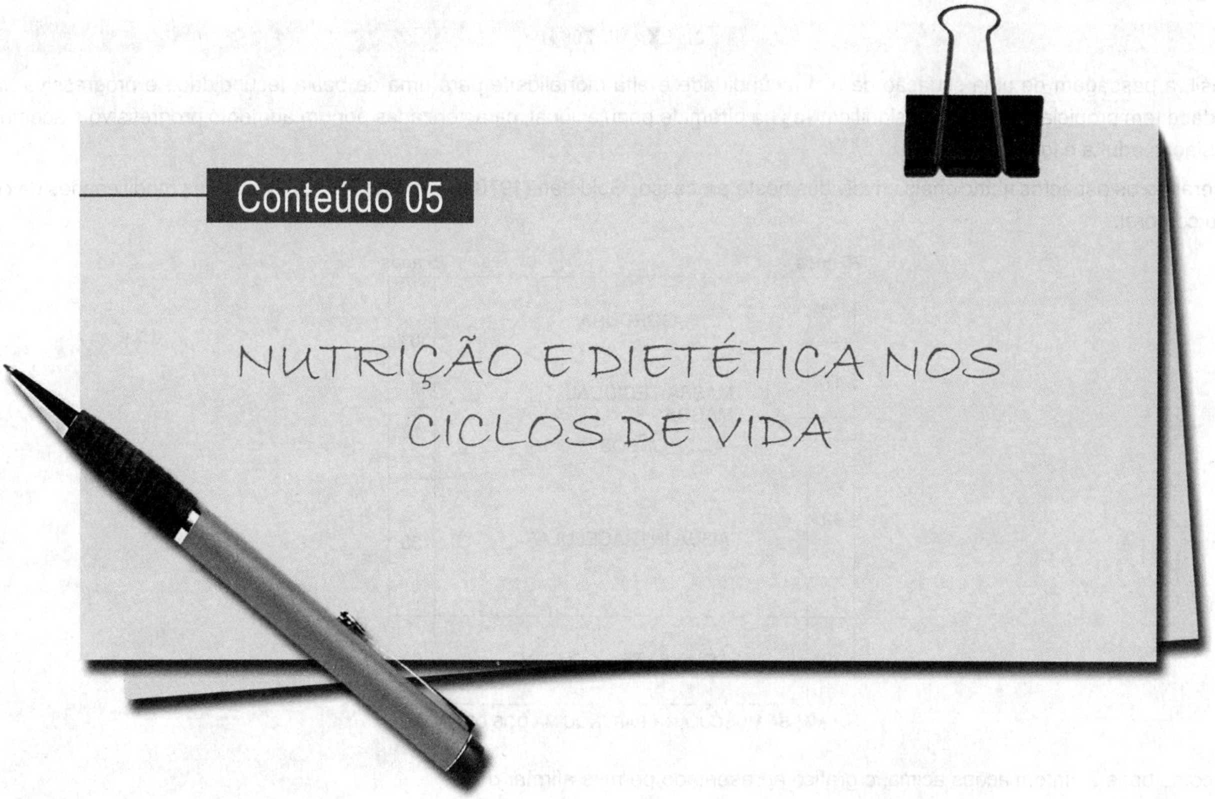

Conteúdo 05

NUTRIÇÃO E DIETÉTICA NOS CICLOS DE VIDA

1. (EXAME 2007)

Em uma unidade básica de saúde (UBS), foi realizado um levantamento com o objetivo de fornecer informações para a elaboração de um projeto de educação alimentar e nutricional para meninas adolescentes. O diagnóstico com as adolescentes mostrou a seguinte situação: 80% relatam já ter feito pelo menos em uma ocasião dieta para redução de peso; 50% delas não ingerem leite ou derivados, apesar de o considerarem um alimento bastante nutritivo; quanto ao desjejum, 40% delas não tomavam café da manhã.

Considerando o resultado desse diagnóstico, é correto afirmar que

(A) as adolescentes têm boa percepção quanto ao seu peso corporal, refletindo em sucessivas experiências de dieta.

(B) a condição socioeconômica da clientela avaliada sugere a adoção da teoria tecnicista de educação nutricional, como modelo de projeto a ser adotado na referida UBS.

(C) o comportamento alimentar identificado é característico de adolescentes, os quais são resistentes a mudanças, o que sugere o emprego de estratégia de negociação nas ações educativas.

(D) o projeto a ser elaborado na referida UBS é uma iniciativa experimental na área de educação e foge do modelo de assistência previsto no Sistema Único de Saúde.

(E) o diagnóstico identifica que as adolescentes se encontram no estágio de ação, segundo o modelo transteórico de mudança de comportamento.

2. (EXAME 2007)

1º depoimento:
"Quanto mais falam pra eu emagrecer, daí eu como mais. Meu pai falava tem que emagrecer. Aquilo dava um desespero, eu comia mais."

2º depoimento:
"Às vezes uma conversa é melhor que algo escrito no papel. Se a gente tá pensando no assunto, pode mudar."

3º depoimento:
"Dizem pra eu não ficar nervoso por ser gordo, que Deus me fez assim."

Érika M. Rodrigues e Maria Cristina F. Boog. *In*: **Cad. Saúde Pública**, maio/2006, p. 923-31 (com adaptações).

As falas apresentadas acima foram obtidas em um estudo de educação nutricional realizado com adolescentes obesos e em que foi adotado o método da problematização. Nessa pesquisa, a fala dos adolescentes emergiu trazendo temáticas que nem sempre estão contempladas em intervenções educativas nutricionais.

Nesse contexto, assinale a opção que apresenta associação correta entre depoimento e temática.

(A) 1º – estigma social; 2º – religiosidade; 3º – práticas alimentares

(B) 1º – contexto familiar; 2º – práticas alimentares; 3º – religiosidade

(C) 1º – práticas alimentares; 2º – profissionais de saúde; 3º – contexto familiar

(D) 1º – contexto familiar; 2º – profissionais de saúde; 3º – religiosidade

(E) 1º – religiosidade; 2º – contexto familiar; 3º – estigma Social

3. (EXAME 2004)

No Brasil, a passagem de uma situação de alta fecundidade e alta mortalidade para uma de baixa fecundidade e progressiva baixa mortalidade tem propiciado mudanças significativas na pirâmide populacional, caracterizadas por um aumento progressivo e acentuado da população adulta e idosa.

Considerando os aspectos nutricionais envolvidos neste processo, Goldman (1970) e Lohman (1996) avaliam as modificações da composição corporal:

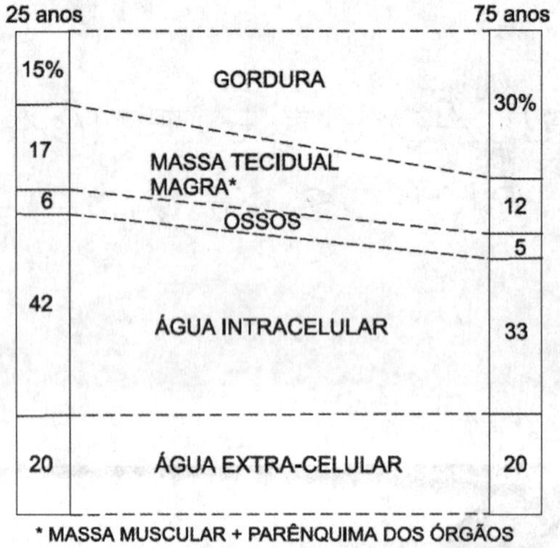

Tendo como base as informações acima, o gráfico apresentado permite afirmar que

(A) o idoso, graças à depleção de algumas variáveis fisiológicas, apresenta risco acentuado de desidratação, redução da densidade óssea e aumento da gordura corporal total.

(B) o processo de envelhecimento promove mudanças no peso, IMC, compartimentos corporais e na capacidade de absorção intestinal de vitaminas hidrossolúveis.

(C) o requerimento nutricional do idoso está associado à alta ingestão de proteínas, gorduras, cálcio, água e fibras.

(D) a avaliação nutricional do idoso deve privilegiar métodos que enfatizem os ganhos corporais, a exemplo da bioimpedância.

(E) a fragilidade biológica do idoso dá-se, dentre outros motivos, pela maior susceptibilidade a doenças infecciosas, desnutrição e hipertensão arterial.

Conteúdo 06

NUTRIÇÃO E ATIVIDADE FÍSICA

1. (EXAME 2010)

A prática esportiva ocasiona aumento das demandas orgânicas de energia e de nutrientes. Considerando que a maratona é uma modalidade esportiva de baixa intensidade e longa duração, avalie as afirmativas a seguir.

I. Recomenda-se o consumo de carboidratos de elevado índice glicêmico de 2 h a 4 h após a maratona, com o propósito de favorecer a ressíntese de glicogênio.

II. Em uma maratona, o organismo mobiliza preferencialmente, os carboidratos armazenados no fígado e nos músculos como substrato energético para o exercício.

III. Mulheres maratonistas têm menor capacidade de mobilizar ácidos graxos durante o esforço prolongado em razão dos diferentes níveis de estrogênio entre os sexos.

IV. Indivíduos treinados apresentam maior capacidade de poupar glicogênio muscular e utilizar ácidos graxos de cadeia longa, retardando a queda de desempenho e a fadiga muscular.

É correto apenas o que se afirma em

(A) I e II.
(B) I e IV.
(C) II e III.
(D) II e IV.
(E) III e IV.

2. (EXAME 2010)

Uma jovem de 22 anos de idade, com 58 kg de peso corporal e 1,70 m de altura, ingressou recentemente no time de handebol da sua universidade. Preocupada com sua alimentação e com seu desempenho físico nas competições, ela consultou um nutricionista com o objetivo de obter informações a respeito da relação entre o consumo de carboidratos e lipídios e a sua atividade esportiva.

Considerando a situação hipotética acima e a relação entre alimentação e desempenho físico, avalie as afirmativas a seguir.

I. É recomendável o consumo de alimentos ricos em carboidratos e lipídios próximo ao horário da atividade física, pois esses alimentos favorecem o depósito do glicogênio hepático, considerado fonte de glicose para o exercício.

II. A jovem apresenta estado nutricional adequado, segundo o índice de massa corporal e, por isso, deve ingerir alimentos ricos em gordura antes da atividade física, pois a gordura é fonte de energia para esportes de intensidade leve.

III. O consumo de bebidas energéticas com 6% a 8% da solução de carboidratos durante a atividade física é recomendável por permitir que carboidratos sejam enviados para os tecidos no momento em que a fadiga aparece.

IV. A ingestão de carboidratos durante a atividade física não previne a fadiga muscular, mas retarda o seu surgimento, melhorando também o desempenho da esportista pela manutenção da glicemia durante o exercício.

É correto apenas o que se afirma em

(A) I e II.
(B) I e III.
(C) I e IV.
(D) II e III.
(E) III e IV.

1. (EXAME 2004)

Paciente de 37 anos, do sexo masculino, procura nutricionista por ter engordado muito após o casamento, tendo parado nessa época de realizar atividade física. A avaliação física mostra obesidade do tipo abdominal, peso de 91 kg, altura de 1,73m, pressão arterial de 150 x 105 mmHg. A avaliação laboratorial mostra colesterol total de 250 mg/dl, triglicérides de 320 mg/dl, HDL-colesterol de 33 mg/dl e LDL-colesterol de 180 mg/dl, glicemia de 98 mg/dl, insulina elevada. Quais as bases fisiopatológicas do distúrbio apresentado por este paciente e qual o tratamento mais adequado para a correção deste distúrbio?

(A) Hipercolesterolemia primária, dieta com baixo colesterol.
(B) Hipercolesterolemia primária, dieta com baixo teor de gordura.
(C) Diabetes e hipercolesterolemia, tratamento com insulina.
(D) Resistência periférica à ação da insulina, dieta com baixo teor de colesterol e triglicérides.
(E) Resistência periférica à ação da insulina, dieta hipocalórica.

QUESTÕES DISCURSIVAS

1. (EXAME 2004) DISCURSIVA

As ingestões dietéticas de referência (IDR) foram desenvolvidas para ser utilizadas no planejamento e na avaliação de dietas de populações saudáveis visando a substituir as recomendações publicadas anteriormente. Um dos diferenciais das IDR frente a essas recomendações é a inclusão de um conceito de ingestão diária máxima de um nutriente isento de risco de efeito adverso à saúde. Segundo as IDR, o nível mais alto de ingestão diária de ácido ascórbico para adultos é 2000 mg.

a) Quais as doenças relacionadas à ingestão deficiente e à ingestão excessiva de ácido ascórbico? **(valor: 2,0 pontos)**

b) Cite três funções do ácido ascórbico no organismo humano. **(valor: 3,0 pontos)**

c) Estabeleça uma estratégia nutricional para assegurar uma ingestão adequada de ácido ascórbico para um indivíduo saudável. **(valor: 5,0 pontos)**

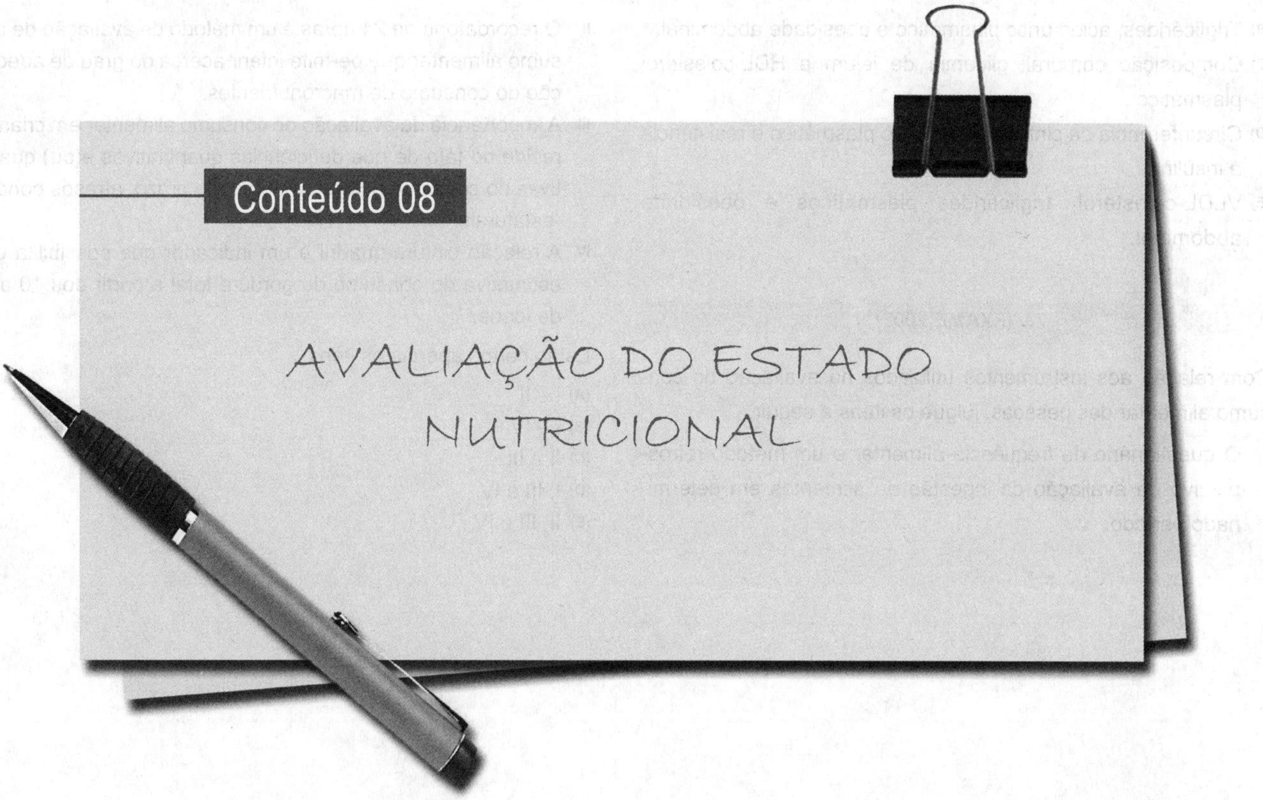

Conteúdo 08

AVALIAÇÃO DO ESTADO NUTRICIONAL

1. (EXAME 2010)

A cirurgia bariátrica tem sido utilizada como alternativa para o tratamento da obesidade mórbida e de enfermidades a ela associadas. Entretanto, a menor capacidade gástrica, consequente desse tipo de cirurgia, reduz a quantidade de nutrientes absorvidos e exige monitoramento do estado nutricional do paciente. Esse monitoramento deve ser realizado por meio de exames bioquímicos, para diagnóstico nutricional precoce e para a conduta nutricional mais adequada.

A tabela a seguir apresenta os dados bioquímicos de um paciente gastrectomizado.

metabólito	concentração	faixa de referência
albumina	3,5	> 3.5 g/L
transferrina	4	2,6 g/L a 4,3 g/L
hemoglobina	11,8	12,5 g/dL a 15,7 g/dL
ferritina	25	30,0 ng/dL a 300,0 ng/dL
proteína ligadora de retinol	30	37,0 mg/dL a 51 mg/dL

Os dados acima são compatíveis com

I. deficiência proteica aguda, que é detectada pela proteína ligadora de retinol.

II. deficiência de vitamina A, que é detectada pela proteína ligadora de retinol.

III. anemia por deficiência de ferro, que é detectada pela hemoglobina e ferritina.

IV. anemia por deficiência de ácido fálico, que é detectada pela hemoglobina e pela albumina.

V. anemia por deficiência de vitamina B12, que é detectada pela hemoglobina e pela transferrina.

É correto apenas o que se afirma em

(A) I e III.

(B) II e IV.

(C) IV e V.

(D) I, II e III.

(E) II, III e V.

2. (EXAME 2010)

A avaliação do estado nutricional, incluindo consumo alimentar, perfil bioquímico e antropometria, constitui importante instrumento da prática do profissional nutricionista. A síndrome metabólica é um transtorno complexo que promove alterações significativas no perfil bioquímico e antropométrico. Por isso, o nutricionista tem papel fundamental dentro de equipes multiprofissionais cujo objetivo é promover ações voltadas para prevenção e tratamento dessa síndrome.

Considerando essas informações e os parâmetros estabelecidos pela Diretriz Brasileira de Síndrome Metabólica, assinale a opção que apresenta três fatores bioquímicos e(ou) antropométricos que caracterizam o cuidado nutricional e prescrição dietética específica na síndrome metabólica.

(A) Obesidade abdominal, triglicérides plasmático e glicemia de jejum.

(B) Triglicérides, ácido úrico plasmático e obesidade abdominal.

(C) Composição corporal, glicemia de jejum e HDL-colesterol plasmático.

(D) Circunferência da cintura, ácido úrico plasmático e resistência à insulina.

(E) VLDL-colesterol, triglicérides plasmáticos e obesidade abdominal.

3. (EXAME 2007)

Com relação aos instrumentos utilizados na avaliação do consumo alimentar das pessoas, julgue os itens a seguir.

I. O questionário de frequência alimentar é um método retrospectivo de avaliação da ingestão de alimentos em determinado período.

II. O recordatório de 24 horas é um método de avaliação de consumo alimentar que permite inferir acerca do grau de adequação do consumo de macronutrientes.

III. A importância da avaliação do consumo alimentar em crianças reside no fato de que deficiências quantitativas e(ou) qualitativas do consumo acarretam, no curto prazo, atrasos pôndero-estaturais.

IV. A relação cintura-quadril é um indicador que possibilita uma estimativa do consumo de gordura total a partir dos 10 anos de idade.

Estão certos apenas os itens

(A) I e II.

(B) I e IV.

(C) II e III.

(D) I, III e IV.

(E) II, III e IV.

Conteúdo 09

DIETOTERAPIA

1. (EXAME 2010)

Com relação ao tratamento dietoterápico para pacientes portadores de pancreatite crônica, avalie as asserções a seguir.

A substituição de óleo de soja pelo triglicerídeo de cadeia média (TCM) é uma conduta adequada para pacientes portadores de pancreatite crônica.

PORQUE

Os triacilgliceróis de cadeia longa (TCL) presentes no óleo de soja, ao contrário do TCM, requerem as lipases pancreáticas para serem desdobrados e absorvidos no intestino delgado.

Acerca das asserções acima, assinale a opção correta.

(A) As duas asserções são proposições verdadeiras, e a segunda é uma justificativa correta da primeira.
(B) As duas asserções são proposições verdadeiras, mas a segunda não é uma justificativa correta da primeira.
(C) A primeira asserção é uma proposição verdadeira, e a segunda é uma proposição falsa.
(D) A primeira asserção é uma proposição falsa, e a segunda é uma proposição verdadeira.
(E) As duas asserções são proposições falsas.

2. (EXAME 2010)

Um homem de 55 anos de idade, com alto risco para doença arterial coronariana, compareceu ao ambulatório de nutrição para consulta. Para que sejam observadas as recomendações nutricionais para redução do colesterol plasmático total, esse paciente deve ser orientado a

(A) reduzir o consumo de gorduras totais e de açúcares simples e aumentar a ingestão de leite integral e frutas.
(B) aumentar o consumo de ácidos graxos monoinsaturados e de proteína vegetal e manter a ingestão de laticínios integrais.
(C) substituir as carnes por alimentos e laticínios integrais, aumentar o aporte de fibra dietética e reduzir a quantidade de frituras.
(D) retirar a gordura aparente das carnes, substituir os laticínios integrais por desnatados e reduzir a ingestão de gorduras vegetais hidrogenadas.
(E) aumentar a ingestão de alimentos que são fontes de ácidos graxos poli-insaturados, reduzir a quantidade de açúcares simples e diminuir o número de refeições por dia.

3. (EXAME 2010)

Um homem obeso, de 55 anos de idade, portador de diabetes tipo 2 e hipertensão arterial sistêmica, foi atendido no ambulatório da unidade básica de saúde do seu bairro, com a sua pressão arterial em 160 mmHg x 100 mmHg. Foram solicitados alguns exames, cujos resultados apresentaram glicemia de jejum de 170 mg/dL e colesterol total de 350 mg/dL. Considerando as condições de saúde desse indivíduo e os resultados dos seus exames clínicos laboratoriais, a dieta recomendada deve ser

(A) hipocolesterolêmica, hipoproteica e normocalórica.
(B) hipocolesterolêmica, hipocalêmica e hipocalórica.
(C) hipocolesterolêmica, hipossódica e hipocalórica.
(D) hipossódica, hipolipídica e normocalórica.
(E) hiperproteica, hipocalêmica, e hipocalórica.

4. (EXAME 2010)

O tratamento dietético é essencial na prevenção das complicações decorrentes da insuficiência renal crônica. Acerca da relação entre dieta e progressão da doença renal crônica, avalie as asserções a seguir.

A restrição proteica é a intervenção dietética mais indicada para os pacientes com insuficiência renal crônica em tratamento hemodialético.

PORQUE

A restrição proteica promove o aumento da uremia, redução na formação dos compostos nitrogenados tóxicos e dos níveis pressóricos, acidose e dislipidemias.

Acerca dessas asserções, assinale a opção correta.

(A) As duas asserções são proposições verdadeiras, e a segunda é uma justificativa correta da primeira.
(B) As duas asserções são proposições verdadeiras, mas a segunda não é uma justificativa correta da primeira.
(C) A primeira asserção é uma proposição verdadeira, e a segunda é uma proposição falsa.
(D) A primeira asserção é uma proposição falsa, e a segunda é uma proposição verdadeira.
(E) As duas asserções são proposições falsas.

5. (EXAME 2004)

Uma criança de 8 anos foi atendida no ambulatório de nutrição apresentando fraqueza, sonolência, mucosas hipocoradas e diagnóstico de anemia ferropriva. Sabe-se que a biodisponibilidade de ferro depende de alguns fatores. Uma refeição com melhor biodisponibilidade de ferro que deve ser dada a esse criança é:

(A) frango assado, arroz integral, feijão, cenoura e pudim de leite.
(B) bife acebolado, arroz, feijão, espinafre e suco de caju.
(C) carne moída, macarrão, queijo ralado, brócolis e sorvete.
(D) ovo frito, arroz, ervilha, beterraba e suco de laranja.
(E) peixe, purê de batatas, feijão, alface e banana.

6. (EXAME 2004)

MSC, sexo feminino, 49 anos, 84Kg e IMC = 32kg/m^2 relata ter grande apetite e muita dificuldade para emagrecer. Informa estar engordando desde a gravidez (20 anos), já fez a dieta das proteínas e utilizou em duas ocasiões moderadores do apetite. O recordatório de 24h evidencia um VET de 2700kcal (58% CHO, 33% gorduras e 9% proteínas), com evidência de um quase ausente consumo de frutas e verduras.

Veio à consulta nutricional com o objetivo de ser encaminhada para uma cirurgia bariátrica. A abordagem desta paciente deve incluir

(A) dieta de muito baixa caloria como medida drástica para a redução rápida e eficaz do peso corporal e encaminhamento ao médico.
(B) dieta com redução do consumo de alimentos de alta densidade calórica e redistribuição qualiquantitativa dos alimentos.
(C) dieta hipocalórica associada a medicação para redução do apetite no pré-operatório e atividade física aeróbica orientada por profissional graduado.
(D) perda de peso rápida, com a finalidade de promover a adesão da paciente ao tratamento, além de encaminhamento para apoio psicoterápico.
(E) orientações para perda de peso e encaminhamento para médico especialista em cirurgia para redução do estômago.

QUESTÕES DISCURSIVAS

1. (EXAME 2010) DISCURSIVA

A Ingestão Dietética de Referência (IDR) é composta por 4 valores de referência correspondentes às estimativas quantitativas da ingestão de nutrientes e estabelecidos para serem utilizados na avaliação e no planejamento de dietas de indivíduos saudáveis e de grupos populacionais, segundo ciclos de vida e gênero. Os 4 valores de referência para o consumo de nutrientes são: necessidade média estimada (EAR), ingestão dietética recomendada (RDA), ingestão adequada (AI) e nível de ingestão máximo tolerável (UL).

Considerando a utilização da IDR durante o acompanhamento nutricional de uma gestante, responda, em até 15 linhas, às questões a seguir.

a) Qual dos valores de referência citados acima deve ser utilizado para avaliar o consumo de nutrientes? Justifique sua resposta. **(valor: 2,0 pontos)**
b) Qual dos valores de referência citados acima deve ser utilizado para o planejamento da dieta de uma gestante? Justifique sua resposta. **(valor: 2,0 pontos)**
c) Sabendo que as recomendações nutricionais durante a gestação devem ser ajustadas ao estado fisiológico, que orientações devem ser dadas ã gestante sobre a importância do aumento do consumo de ferro e de ácido fálico durante a gravidez? **(valor: 3,0 pontos)**
d) Que orientações dietéticas um nutricionista deve dar à gestante para elevar o consumo de ferro e ácido fálico, levando em consideração a biodisponibilidade desses nutrientes, as fontes alimentares e a suplementação? **(valor: 3,0 pontos)**

2. (EXAME 2007) DISCURSIVA

Um homem de 50 anos de idade e portador de megaesôfago chagásico encontra-se internado em um hospital público de sua cidade. Na admissão, referiu ao médico dificuldade para engolir alimentos sólidos, pastosos e líquidos, o que caracterizou um quadro de disfagia grave. De acordo com o risco avaliado, a equipe multiprofissional decidiu por cirurgia e pela terapia nutricional por sonda nasogástrica, durante o período que precedesse a cirurgia no esôfago do paciente.

Com relação ao caso hipotético descrito acima, responda as perguntas apresentadas a seguir.

a) Quais as vantagens da adoção da terapia nutricional enteral em relação à terapia nutricional parenteral no que se refere a segurança e custo? **(valor = 4,0 pontos)**
b) Com relação à formulação da sonda nasogástrica, você optaria por uma formulação polimérica, oligomérica ou monomérica? Justifique sua resposta. **(valor = 6,0 pontos)**

3. (EXAME 2004) DISCURSIVA

O tratamento atual do diabete melito tipo 1 baseia-se em dados do estudo do DCCT (Diabetes Control Complication Trial), cujos resultados demonstraram que a utilização de múltiplas doses de insulina ao longo do dia melhora o controle glicêmico e previne complicações inerentes à doença. Para tanto, recomenda-se que os pacientes façam automonitorização ao longo do dia para determinação dos níveis glicêmicos. Identifique as vantagens desta automonitorização para o tratamento dietoterápico no diabete melito quanto aos aspectos:

a) ajuste das doses de insulina em relação à quantidade de carboidratos na dieta; **(valor: 4,0 pontos)**
b) conhecimento e valorização dos alimentos fontes de carboidratos-índice glicêmico; **(valor: 4,0 pontos)**
c) maior controle da doença, em geral. **(valor: 2,0 pontos)**

Conteúdo 10

DETERMINANTES PSICOSSOCIOCULTURAIS DO COMPORTAMENTO ALIMENTAR

1. (EXAME 2007)

Em estudo realizado com o objetivo de analisar a quantidade e a qualidade de produtos alimentícios veiculados por três redes de canal aberto da televisão brasileira, observou-se que, dos 5.338 anúncios transmitidos no período de acompanhamento, 1.395 (26%) eram anúncios de produtos alimentícios. A figura ao lado mostra o percentual desses 1.395 anúncios correspondente a cada grupo de alimentos.

S. S. Almeida *et al.* **Revista de Saúde Pública**, 2002, 36(3):353-5 (com adaptações).

Tendo as informações apresentadas no texto acima e no gráfico ao lado apenas como referência ini cial e considerando os fatores determinantes para a formação de hábitos alimentares, julgue os itens a seguir.

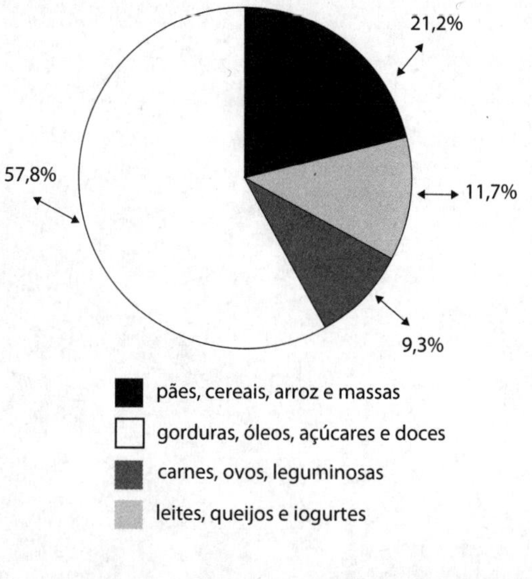

I. Existe correlação entre exposição à propaganda de alimentos veiculada na mídia televisiva e formação de hábitos alimentares.

II. Os resultados do estudo representam uma pirâmide alimentar invertida com relação à sua base, fenômeno típico de transição nutricional.

III. No Brasil, a inexistência de regulamentação de estratégias de propaganda e *marketing* de alimentos prejudica a promoção de hábitos alimentares saudáveis.

IV. Raízes, tubérculos e legumes pertencem ao mesmo grupo alimentar que responde, de acordo com a pesquisa, por 21,2% dos anúncios de produtos alimentícios transmitidos pelas três redes de canal aberto de televisão estudadas.

V. O fenômeno da globalização bem como a variedade e a disponibilidade de produtos alimentícios são fatores que influenciam a formação do padrão alimentar contemporâneo.

Estão certos apenas os itens

(A) I, II e III.
(B) I, II e V.
(C) I, III e IV.
(D) II, IV e V.
(E) III, IV e V.

Conteúdo 11

EPIDEMIOLOGIA NUTRICIONAL

1. (EXAME 2010)

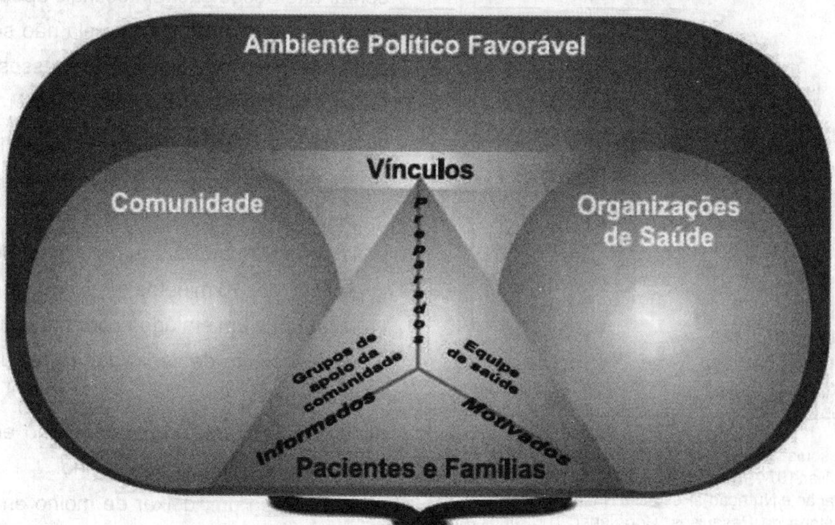

ORGANIZAÇÃO MUNDIAL DA SAÚDE. **Cuidados inovadores para condições crônicas**: componentes estruturais de ação. Relatório mundial. Organização Mundial da Saúde: Brasília, 2003.

A figura acima apresenta um modelo de enfrentamento das doenças crônicas não transmissíveis (DCNT), em que a qualidade de vida do paciente e a de sua família têm papel preponderante: o paciente não é um participante passivo no tratamento; pelo contrário, é considerado um 'produtor de saúde'. Considerando as informações acima e a inserção das ações de nutrição nos Núcleos de Apoio à Saúde da Família (NASF), avalie as afirmativas a seguir.

I. As evidências sobre câncer justificam a recomendação de não consumir bebidas alcoólicas. Outras evidências sugerem que quantidades moderadas de bebidas alcoólicas provavelmente reduzem o risco de doença cardíaca coronariana.

II. O apoio matricial preconizado pelo NASF deve incluir um conjunto de profissionais que não têm, necessariamente, relação direta e cotidiana com o usuário, mas cujas tarefas servirão de apoio às equipes de referência.

III. A abordagem da hipertensão arterial pelo nutricionista deve incluir um projeto terapêutico singular em que o diagnóstico e a proposição de metas, bem como a divisão de responsabilidades entre a equipe e a reavaliação, sejam contemplados.

IV. A evolução da dieta do brasileiro nos últimos 30 anos evidencia um padrão alimentar inadequado à manutenção da saúde, com dieta rica em gorduras e pobre em micronutrientes e fibras, o que resulta no aumento das DCNT associadas à obesidade.

V. A ingestão de frutas, verduras e legumes é fator protetor na prevenção da obesidade, uma vez que esses alimentos possuem maior densidade energética e causam maior saciedade.

É correto o que se afirma em

(A) I, II e V, apenas.
(B) I, III e IV, apenas.
(C) II, III, IV e V, apenas.
(D) I, II, III e IV, apenas.
(E) I, II, III, IV e V.

2. (EXAME 2007)

A figura abaixo indica a evolução do perfil antropométrico-nutricional da população adulta brasileira, comparando-se estimativas da Pesquisa de Orçamentos Familiares (POF) de 2002-2003 com a Pesquisa Nacional de Saúde e Nutrição (PNSN) de 1989 e o Estudo Nacional de Despesa Familiar (ENDEF) de 1974-1975.

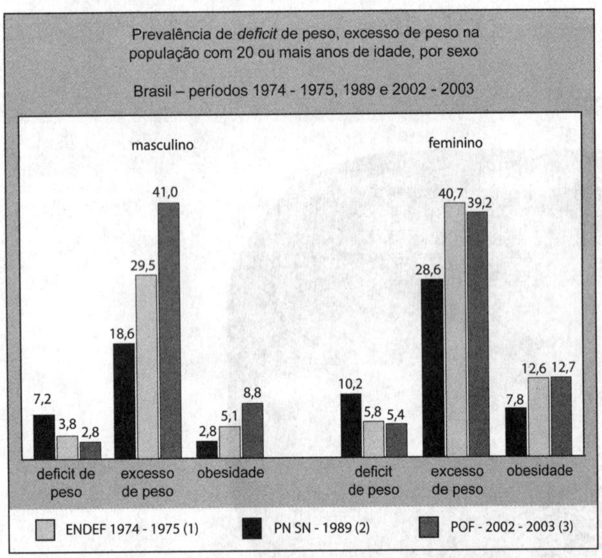

Fontes: IBGE, Diretoria de Pesquisas, coordenação de índice de Preços, Estudo Nacional da Despesa Familiar 1974 - 1975; IBGE em convênio com o INAN (Instituto Nacional de Alimentação e Nutrição). Pesquisa Nacional sobre Saúde e Nutrição 1989 - IBGE, Diretoria de Pesquisas, Coordenação de Índice de Preços, Pesquisa de Orámentos Familiares 2002 - 2003.

Com relação aos dados apresentados na figura e às possíveis inferências a partir deles, assinale a opção correta.

(A) Observa-se que, nos anos avaliados na pesquisa, tanto para homens quanto para mulheres, houve aumento no excesso de peso, como consequência, provavelmente, da implantação de programas sociais de transferência de renda.

(B) De acordo com as pesquisas, entre os anos avaliados, houve declínio dos *deficits* ponderais tanto para homens quanto para mulheres.

(C) Independentemente de os homens apresentarem mais fatores obesogênicos, no período avaliado, as mulheres apresentaram maior crescimento relativo tanto do excesso de peso quanto da obesidade.

(D) O aumento do excesso de peso e da obesidade observado entre as mulheres é distinto nos dois períodos demarcados pelas três pesquisas, sendo maior entre as décadas de 70 e 80 em virtude das maiores reduções de *deficit* de peso nesse mesmo período.

(E) A comparação entre os dados obtidos nos três estudos fica comprometida pelo fato de apenas o ENDEF e a PNSN serem estudos de representatividade nacional.

3. (EXAME 2004)

Uma mulher procura o nutricionista de uma Unidade de Alimentação e Nutrição relatando que seus familiares costumam apresentar alterações gastrointestinais após ingerirem salada de hortaliças e legumes crus e que ela não sabe como deve proceder para higienizar de forma correta esses alimentos. A orientação adequada é

(A) lavar um a um em água corrente, deixar de molho em solução contendo ácido acético por 15 minutos e enxaguar em água potável.

(B) lavar um a um em água corrente, deixar de molho em ácido acético por 10 minutos e enxaguar se achar necessário.

(C) lavar um a um em água corrente, deixar de molho em solução de hipoclorito de sódio por 15 minutos e enxaguar em água potável.

(D) lavar um a um, deixar de molho em hipoclorito de sódio e enxaguar se achar necessário.

(E) lavar um a um, deixar de molho em solução iodada e enxaguar abundantemente em água potável.

Conteúdo 12

MÉTODOS E TÉCNICAS DE EDUCAÇÃO EM SAÚDE

1. (EXAME 2010)

Um nutricionista foi contratado para compor a equipe de um Núcleo de Apoio ã Saúde da Família (NASF) que agrega 15 equipes da Estratégia Saúde da Família (ESF). Esse profissional, visando à realização de um diagnóstico das condições de insegurança alimentar dos grupos vulneráveis identificados no território de ação, utilizará dados dos Sistemas de Informação em Saúde (SIS). Nessa situação, é indicador dos SIS útil para o diagnóstico pretendido

I. a prevalência de baixo peso entre crianças menores de 5 anos de idade, adolescentes e idosos.
II. a prevalência de excesso de peso entre crianças, adolescentes e idosos.
III. o percentual de crianças entre seis e 23 meses de idade com dieta diversificada.
IV. a cobertura de suplementação de vitamina A entre gestantes.
V. a cobertura de suplementação de ferro entre puérperas.

São indicadores úteis apenas os apresentados em

(A) I, II e III.
(B) I, II e V.
(C) I, III e IV.
(D) II, IV e V.
(E) III, IV e V.

Conteúdo 13

TÉCNICA DIETÉTICA

QUESTÃO DISCURSIVA

1. (EXAME 2007) DISCURSIVA

Uma fábrica de peças eletrônicas possui uma UAN que serve diariamente almoço com cardápio de padrão médio para os seus 100 empregados. O serviço de alimentação é de gestão própria, cujo responsável é também o chefe de cozinha, com larga experiência em restaurante comercial. Entretanto, em recente auditoria, verificou-se que a UAN apresentava custo elevado. Para sanar essa situação, contratou-se nutricionista para, entre outras tarefas, elaborar a lista de compras de gêneros alimentícios necessários ao funcionamento dessa UAN. Na elaboração dessa lista, vários fatores devem ser considerados, tais como o consumo *per capita* de cada alimento pronto (PC), o peso líquido (PL) e o peso bruto (PB) dos alimentos, o fator de correção (FC) e o fator de conversão ou índice de cocção (IC), para o cálculo da quantidade de cada gênero alimentício a ser adquirido, visando a uma melhor relação entre custo e benefício.

A partir dessas informações e na condição de nutricionista contratado para trabalhar na referida UAN, faça o que se pede a seguir.

a) A partir de PC, PL e PB, defina FC e IC e explique a importância e a utilidade desses fatores no planejamento do cardápio de uma UAN. **(valor = 6,0 pontos)**

b) Considere que a referida UAN, da qual você é nutricionista, sirva, uma vez por semana, a preparação de bife de alcatra na chapa, com FC = 1,1, IC = 0,7 e PC = 100 g. Nesse caso, determine, **em quilogramas**, a quantidade de alcatra a ser adquirida para quatro semanas de funcionamento da UAN. Apresente, necessariamente, o passo a passo para a determinação da quantidade solicitada e apresente o seu resultado na forma de inteiro, arredondando para cima o valor encontrado. **(valor = 4,0 pontos)**

Conteúdo 14

QUALIDADE NUTRICIONAL, HIGIÊNICO-SANITÁRIA, TECNOLÓGICA E SENSORIAL DE ALIMENTOS

1. (EXAME 2007)

Uma UAN utiliza o sistema de autosserviço no processo de distribuição das refeições. O cardápio oferece diversos molhos que podem ser acrescentados a pratos frios e quentes. Esperando garantir a qualidade higiênico-sanitária dos molhos, o nutricionista dessa UAN optou por usar recipientes de menor dimensão, de modo a se fazer a reposição contínua dos alimentos durante o período de distribuição.

Considerando que, além da referida medida adotada pelo nutricionista, outros procedimentos retardam o crescimento microbiano em preparações durante a distribuição de refeições em UANs, assinale a opção correta acerca desses procedimentos.

(A) O emprego da temperatura adequada na fase de preparo dos molhos quentes impede o crescimento microbiano durante a fase de distribuição.

(B) A disposição dos molhos nas mesas do refeitório garante a qualidade desses molhos durante operíodo de distribuição.

(C) Durante a distribuição, é adequado que os molhos frios sejam mantidos em balcões refrigerados, com temperatura abaixo de 10 ºC.

(D) Durante a distribuição, os molhos quentes devem ser mantidos em balcões térmicos em temperaturaacima de 90 ºC.

(E) Durante o período de distribuição, o reabastecimento dos molhos frios por um mesmo copeiro evita acontaminação cruzada.

2. (EXAME 2007)

Avalie as asserções a seguir. A análise microbiológica de alimentos realizada em UANs tem, isoladamente, eficácia limitada para a garantia da qualidade do alimento

PORQUE

a segurança dos alimentos é garantida principalmente pelo controle de sua origem e de seu processo e pela aplicação de boas práticas de higiene durante a produção, o processamento, a manipulação, a distribuição, o armazenamento, a comercialização, a preparação e o uso, em combinação com a aplicação do sistema de análise de perigos e pontos críticos de controle (APPCC).

A respeito dessas assertivas, assinale a opção correta.

(A) As duas asserções são proposições verdadeiras, e a segunda é uma justificativa correta da primeira.

(B) As duas asserções são proposições verdadeiras, mas a segunda não é uma justificativa correta da primeira.

(C) Tanto a primeira quanto a segunda asserções são proposições falsas.

(D) A primeira asserção é uma proposição verdadeira, e a segunda é uma proposição falsa.

(E) A primeira asserção é uma proposição falsa, e a segunda é uma proposição verdadeira.

3. (EXAME 2004)

Um grupo de pessoas apresentou sintomas de vômito e náuseas 2 horas após se alimentar em uma Unidade de Alimentação e Nutrição. No ambulatório de atendimento da empresa foi detectado que o único alimento ingerido em comum foi o arroz cozido e que este havia sido preparado de véspera. O provável agente causador da doença transmitida pelo alimento foi:

(A) *Salmonella sp.*

(B) *Clostridium botulinum.*

(C) *Staphylococcus aureus.*

(D) *Bacillus cereus.*

(E) *Listeria monocitogenes.*

Conteúdo 15

PLANEJAMENTO E GERENCIAMENTO DE UNIDADES DE ALIMENTAÇÃO E NUTRIÇÃO (UAN)

1. (EXAME 2010)

Em estudo realizado para analisar o percentual de resto-ingestão de Unidade de Alimentação e Nutrição (UAN) de um hospital de especialidade cardiológica, quantificou-se o peso dos restos alimentares do almoço e jantar da dieta geral, totalizando 514 observações referentes a 142 pacientes. A figura a seguir mostra as taxas percentuais de resto-ingestão encontradas.

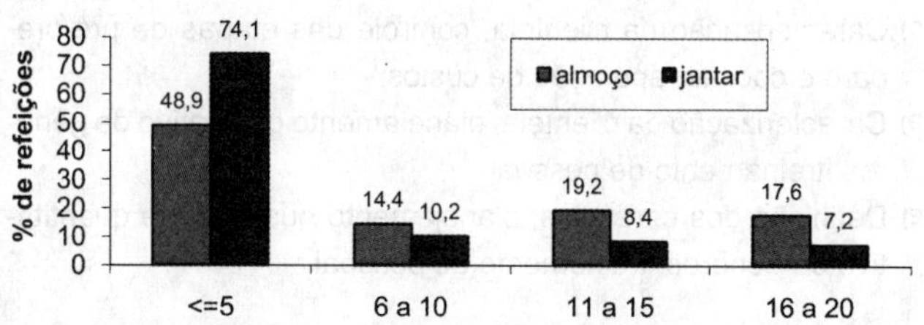

FREIRE, R.B. M. Análise da utilização do cálculo percentual de restos alimentares de pacientes, nos controles técnico-administrativo e econômico-financeiro de uma Unidade de Nutrição e Dietética. **Cadernos Centro Universitário São Camilo**, v. 9, n. 3, Jul.-Set. 2003, p. 98-111.

A partir das informações apresentadas no texto e na figura acima, e considerando que o controle de resto-ingestão é um dos indicadores da qualidade de dietas, avalie os itens que se seguem.

I. Na UAN Hospitalar, há excesso de desperdício com alimentação.
II. O porcionamento deve ser revisado, pois as porções estão acima do necessário.
III. Os cardápios foram bem planejados em relação ã seleção dos alimentos.
IV. A execução das preparações dos cardápios foi realizada adequadamente.

Estão corretos apenas os itens

(A) I e II.
(B) II e III.
(C) III e IV.
(D) I, II e IV.
(E) I, III e IV.

2. (EXAME 2004)

Para melhor adequação do ambiente e das instalações físicas de um restaurante comercial, a fim de garantir conforto, segurança e funcionalidade para a produção de refeições atendendo aos padrões qualitativos desejáveis, as Normas Regulamentadoras exigem:

(A) iluminação natural; temperatura de 15 °C; vestiário com 1 chuveiro para cada 20 funcionários; bancadas de trabalho com altura de 1,2 m na área de produção; portas com 1,2 m x 2 m.
(B) piso antiderrapante; nível de ruído de 70 decibéis; temperatura de 15 °C na área de produção de refeições; tubulações embutidas; vestiários separados por sexo.
(C) nível de ruído de 70 decibéis; tubulações embutidas; calçados antiderrapantes; distância de pelo menos 1 m entre os equipamentos; umidade relativa de 40%.
(D) temperatura de 30 °C na área da produção de refeições; portas de separação de subáreas de 2,5 m x 1,5 m; vestiários separados por sexo, com 1 chuveiro para cada 20 funcionários e água quente.
(E) temperatura de 23 °C na área de produção de refeições; lâmpadas proporcionando iluminação suficiente de acordo com a área física; vestiários separados por sexo com lavatório de 1 torneira para cada 20 funcionários.

3. (EXAME 2004)

Em diferentes Unidades de Alimentação e Nutrição (UAN) que oferecem cardápio de padrão médio obtiveram-se os resultados do consumo de materiais classificados segundo o método da curva ABC apresentados nas opções abaixo. Identifique a UAN que apresenta um perfil de distribuição mais equilibrado frente aos percentuais recomendados, assim como o critério de seleção dos gêneros para a composição dos cardápios.

(A) Primeiros itens da classificação: contrafilé, café, arroz, filé de frango; Materiais A – 5% do total de itens, correspondendo a 68% da verba aplicada; Materiais B – 15% do total de itens, correspondendo a 20% da verba aplicada; Materiais C – 80% do total de itens, correspondendo a 12% da verba aplicada.

(B) Primeiros itens da classificação: patinho, filé de frango, café, pão francês; Materiais A – 12% do total de itens, correspondendo a 61% da verba aplicada; Materiais B – 28% do total de itens, correspondendo a 30% da verba aplicada; Materiais C – 60% do total de itens, correspondendo a 9% da verba aplicada.

(C) Primeiros itens da classificação: filet mignon, creme de leite, queijo mussarela, café; Materiais A – 10% do total de itens, correspondendo a 72% da verba aplicada; Materiais B – 35% do total de itens, correspondendo a 23% da verba aplicada; Materiais C – 55% do total de itens, correspondendo a 10% da verba aplicada.

(D) Primeiros itens da classificação: lagarto, pão francês, queijo mussarela, açúcar refinado; Materiais A – 25%do total de itens, correspondendo a 70% da verba aplicada; Materiais B – 10% do total de itens, correspondendo a 10% da verba aplicada; Materiais C – 65% do total de itens, correspondendo a 20% da verba aplicada.

(E) Primeiros itens da classificação: frango inteiro, lagarto, patinho, presunto; Materiais A – 30% do total de itens, correspondendo a 20 % da verba aplicada; Materiais B – 10% do total de itens, correspondendo a 60% da verba aplicada; Materiais C – 60% do total de itens, correspondendo a 20% da verba aplicada.

4. (EXAME 2004)

Em uma empresa que possui um quadro de 420 funcionários, o Índice de Utilização da UAN é de 90%. Sabendo-se que o horário de distribuição é das 11 às 13 horas, o Tempo Médio (TM) é de 30 minutos e o refeitório dispõe de mesas retangulares de 6 lugares, indique, respectivamente, o Índice de Rotação (IR) desta UAN, o número de funcionários atendidos por turno e o número de mesas existentes.

(A) IR = 6; 76 funcionários; 12 mesas

(B) IR = 6; 63 funcionários, 11 mesas.

(C) IR = 5; 95 funcionários; 15 mesas.

(D) IR = 4; 95 funcionários; 16 mesas

(E) IR = 4; 63 funcionários; 11 mesas.

5. (EXAME 2004)

O custo direto da refeição servida numa unidade de alimentação considera os elementos constitutivos. Na unidade de alimentação X, valores *per capita* tais como: manutenção de equipamentos = R$ 0,12; aluguel do imóvel = R$ 0,08; gêneros alimentícios = R$ 2,70; mão de obra da UAN = R$ 0,70; energia elétrica = R$ 0,08; descartáveis = R$ 0,20; material de limpeza = R$ 0,15 podem perfazer o custo direto de

(A) R$ 3,13

(B) R$ 3,75

(C) R$ 3,87

(D) R$ 3,95

(E) R$ 4,03

6. (EXAME 2004)

As atividades realizadas em UAN podem ser classificadas como sendo anteriores à produção (planejamento), durante a produção (comando e coordenação) e posteriores à produção (controle). Assinale a opção que apresenta as atividades que caracterizam, respectivamente, cada uma das etapas, segundo esta classificação.

(A) Registro do número de refeições servidas, avaliação das sobras, estabelecimento do padrão dos cardápios.

(B) Supervisão da técnica de pré-preparo, avaliação de custo, apuração numérica do volume de vendas.

(C) Caracterização da clientela, controle das etapas de pré-preparo e cocção, apuração de custos.

(D) Caracterização da clientela, planejamento qualitativo de gêneros, treinamento de pessoal.

(E) Definição dos cardápios, planejamento qualitativo e quantitativo de gêneros, treinamento de pessoal.

Conteúdo 16

BIOÉTICA E ÉTICA PROFISSIONAL

1. (EXAME 2007)

Considere que tenha sido solicitado a um grupo de alunos de nutrição, como trabalho de uma disciplina do último semestre de uma faculdade, o desenvolvimento de um projeto de pesquisa cujo objetivo seja realizar uma avaliação antropométrica de crianças de 0 a 6 anos de idade atendidas em uma creche pública. Nessa situação e com relação a projetos de pesquisa dessa natureza, é correto afirmar que

(A) a submissão do referido projeto a um comitê de ética em pesquisa é opcional, uma vez que a antropometria é considerada procedimento não invasivo e o projeto de pesquisa tem cunho acadêmico.

(B) o professor da disciplina deverá assumir a autoria principal da pesquisa, pelo fato de que projeto desse tipo deve ser desenvolvido sob a responsabilidade de profissional formado na área de nutrição.

(C) a produção de conhecimento sobre alimentação e nutrição e a busca de aperfeiçoamento técnico-científico estão previstas no Código de Ética do nutricionista, o que poderia justificar o treinamento de alunos de nutrição em atividades de pesquisa.

(D) informações obtidas nesse tipo de projeto devem ser confidenciais, o que justifica o impedimento do acesso a essas informações por parte dos pais dos alunos e dos responsáveis pela creche.

(E) é necessário, para a realização da pesquisa, termo de consentimento livre e esclarecido, que, no caso em questão, deve ser assinado pelo responsável pela creche ou por seu diretor.

Conteúdo 17

SOCIOLOGIA E ANTROPOLOGIA DA ALIMENTAÇÃO

1. (EXAME 2007)

Texto I

Já nas primeiras horas de vida, o mundo entra pela boca. Junto com o leite, o bebê recebe o calor, o toque e o cheiro de quem o alimenta. Sente, ainda que de forma sutil, a presença — ou a falta — do afeto. E, depois das primeiras mamadas, a fome jamais será apenas de alimento. Ao longo da existência, as relações continuam permeadas pelos significados simbólicos que a comida assume na vida de cada um, seja na recusa do anoréxico, seja na voracidade do bulímico, seja na relação de amor e ódio dos obesos com os alimentos.

LEAL, Gláucia. *In*: **Mente e cérebro**. Edição especial nº 11, p. 41 (com adaptações).

Texto II

Combinação tipicamente nacional, a dupla feijão e arroz foi citada, mas não o suficiente para integrar a lista dos 15 alimentos que deveriam estar no cardápio do brasileiro pelo menos uma vez por semana. A seleção foi o resultado de pesquisa realizada com especialistas — médicos, nutricionistas e nutrólogos.

MANTOVANI, Flávia e DÁVILA, Marcos. *In*: **Folha de S. Paulo**, 13/10/2005 (com adaptações).

Considerando os textos I e II acima, assinale a opção correta.

(A) Ao afirmar que, "depois das primeiras mamadas, a fome jamais será apenas de alimento", o texto I se refere a aspectos das dimensões sociais e antropológicas que influenciam a alimentação.

(B) A ingestão do leite pelo bebê, referida no texto I, constitui comportamento não automático relacionado à vida e que envolve respiração, digestão e alimentação.

(C) A busca pela modernidade alimentar, que se traduz pela praticidade e rapidez de refeições compostas de alimentos prontos e pela garantia de alimentação saudável e variada, justifica, com relação ao feijão e ao arroz, o resultado da pesquisa referida no texto II.

(D) Especialistas apresentam preocupação com as quantidades de arroz e feijão consumidas pelos brasileiros, como pode ser inferido do texto II.

(E) O resultado da pesquisa mencionado no texto II é consequência do que se denomina atualmente prática reconstruída e confirma a ideia de que um bom almoço se compõe de arroz, feijão, carne e salada.

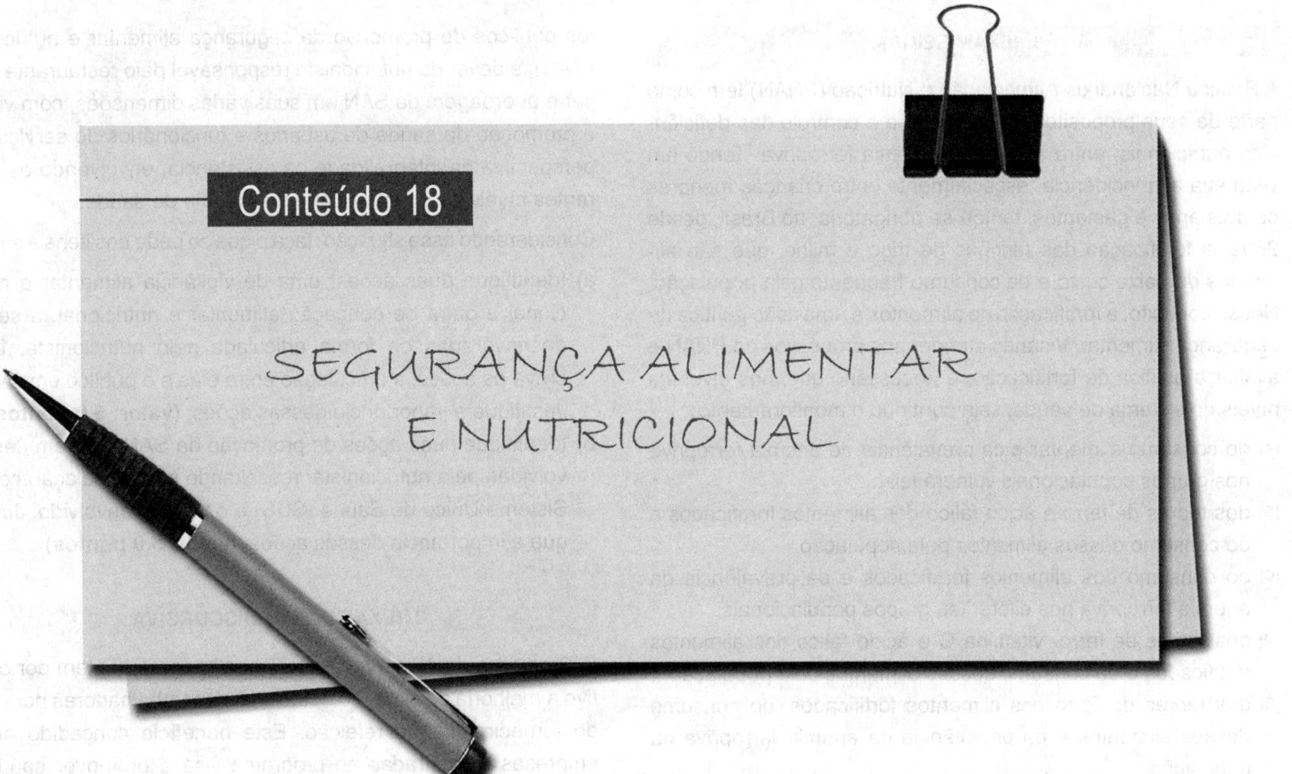

Conteúdo 18

SEGURANÇA ALIMENTAR E NUTRICIONAL

1. (EXAME 2010)

Estudo acerca da tendência histórica de redução da desnutrição no Brasil, entre 1974 e 2007, conclui que o desenvolvimento socioeconômico, unido a políticas públicas favoráveis à equidade, encaminharam para um quadro de melhorias na condição de vida e na redução da desnutrição infantil.

MONTEIRO, C.A.M. BENICIO, M.H.D. CONDE, W.L. KONNO, S. *et al.* **Narrowing socioeconomic inequality In child stunting**: the Brazilian experience. Buli. World Organ, 2010, p. 88305-311 (traduzido).

A partir do texto acima e considerando o contexto da segurança alimentar e nutricional, avalie as afirmativas abaixo.

I. Promover a saúde e a alimentação adequada e saudável; fortalecer os instrumentos de controle social, de vigilância nutricional e de fiscalização de alimentos; monitorar a propaganda e rotulagem são medidas capazes de contribuir para a continuação da evolução favorável do cenário apresentado no texto acima.

II. Entende-se por alimentação saudável aquela que é de fácil acesso, em quantidade suficiente e de modo permanente, conforme explicitado no direito humano ã alimentação adequada segundo o qual todas as pessoas devem estar livres da fome e da má nutrição.

III. A vulnerabilidade à fome ou a exposição à insegurança alimentar e nutricional torna-se mais aguda quando a análise se baseia nos indicadores indiretos do estado nutricional, uma vez que assim se abrange um contingente mais amplo e diversificado da população em situação de risco.

IV. Aquilo que se come e bebe não é somente uma questão de escolha individual. A pobreza, a exclusão social e a qualidade da informação disponível frustram, ou pelo menos restringem, a escolha de uma alimentação adequada e saudável.

É correto apenas o que se afirma em

(A) I e II.
(B) II e III.
(C) III e IV.
(D) I, II e IV.
(E) I, III e IV.

2. (EXAME 2010)

O leite [similar] é caro, mas pode ser pago pelo Sistema Único de Saúde (SUS). Estima-se que entre 7% e 9% das crianças com até 3 anos tenham alergia ao leite de vaca. A substituição é custosa: uma única lata do similar, suficiente para três dias, fica entre 110 e 400 reais.

Veja, edição 2177, 11 ago. 2010 (adaptado).

Um nutricionista leu essa notícia e considerou que a divulgação da mesma repercute positivamente nas ações de atenção dietética, pois a notícia veiculada cumpriu o papel de

(A) mostrar aos consumidores o quanto é dispendioso substituir o leite de vaca por similares.
(B) informar aos cidadãos seus direitos relativos ao atendimento ã saúde.
(C) apresentar dados estatísticos referentes a uma enfermidade pouco conhecida pela população.
(D) tratar o assunto de forma clara e objetiva para que os leitores saibam da existência da enfermidade.
(E) informar aos profissionais da saúde que existe uma grande parcela da população com alergia ao leite de vaca.

3. (EXAME 2010)

A Política Nacional de Alimentação e Nutrição (PNAN) tem como parte de seus propósitos a prevenção e o controle das deficiências nutricionais, entre as quais a anemia ferropriva. Tendo em vista sua alta incidência, especialmente entre crianças menores de dois anos e gestantes, tornou-se obrigatória, no Brasil, desde 2002, a fortificação das farinhas de trigo e milho, que são alimentos de baixo custo e de consumo frequente pela população. Nesse contexto, a fortificação de alimentos é uma ação política de segurança alimentar. Visando atender aos propósitos da PNAN e avaliar a política de fortificação, é necessário que, nos diversos níveis do sistema de saúde, seja contínuo o monitoramento

(A) do consumo alimentar e da prevalência de anemia ferropriva nos grupos populacionais vulneráveis.

(B) dos teores de ferro e ácido fálico dos alimentos fortificados e do consumo desses alimentos pela população.

(C) do consumo dos alimentos fortificados e da prevalência da anemia ferropriva nos diferentes grupos populacionais.

(D) dos teores de ferro, vitamina C e ácido fálico dos alimentos fortificados e do consumo desses alimentos pela população.

(E) dos teores de ferro nos alimentos fortificados, do consumo desses alimentos e da prevalência da anemia ferropriva na população.

QUESTÕES DISCURSIVAS

1. (EXAME 2010) DISCURSIVA

Uma cidade de porte médio, com 200 mil habitantes, implantou um restaurante popular (RP) no maior bairro do município, onde vivem 50 mil pessoas das classes D e E. Os usuários do RP são trabalhadores da agroindústria, da construção civil e do comércio das imediações. Considerando que os RPs são equipamentos públicos de promoção da segurança alimentar e nutricional (SAN), é dever do nutricionista responsável pelo restaurante aplicar a abordagem da SAN em suas várias dimensões, com vistas à promoção da saúde de usuários e funcionários do serviço, na perspectiva da integralidade da assistência, envolvendo os diferentes níveis de complexidade do sistema de saúde.

Considerando essa situação, faça o que se pede nos itens a seguir.

a) Identifique duas ações, uma de vigilância alimentar e nutricional e outra de educação alimentar e nutricional, a serem desenvolvidas de forma articulada pelo nutricionista. Descreva as ações, a articulação entre elas e o público envolvido. Justifique a importância dessas ações; **(valor: 5,0 pontos)**

b) Identifique duas ações de promoção da SAN a serem desenvolvidas pelo nutricionista, ressaltando sua articulação com o Sistema Único de Saúde (SUS) e o público envolvido. Justifique a importância dessas ações. **(valor: 5,0 pontos)**

2. (EXAME 2004) DISCURSIVA

O Programa de Alimentação do Trabalhador (PAT) tem por objetivo a melhoria da situação nutricional dos trabalhadores por meio do fornecimento de refeição. Este benefício concedido pelas empresas cadastradas no programa visa a promover saúde e prevenir doenças profissionais. De acordo com as necessidades nutricionais das diferentes clientelas atendidas pelo sistema de refeições coletivas, frente às recomendações previstas pelo programa, analise criticamente os seguintes aspectos:

a) cardápios para uma grande refeição devem conter um mínimo de 1.400 Kcal e 6% Ndpcal; **(valor: 3,0 pontos)**

b) tíquetes refeição ou tíquetes alimentação como modalidades previstas pelo programa; **(valor: 3,0 pontos)**

c) avaliação do impacto do PAT, a partir da Constituição da Comissão Tripartite. **(valor: 4,0 pontos)**

Conteúdo 19

VIGILÂNCIA ALIMENTAR E NUTRICIONAL

1. (EXAME 2007)

Atualmente, no Brasil, o ganho de peso e a obesidade representam uma ameaça crescente à saúde, constituindo um desafio para os profissionais da área. Para a prevenção e o controle desse problema, necessita-se de uma abordagem integrada que contemple os vários fatores envolvidos na gênese da obesidade. O diagrama ao lado explicita os diferentes níveis de determinação da obesidade. Tendo-se como base esse diagrama, é correto inferir que

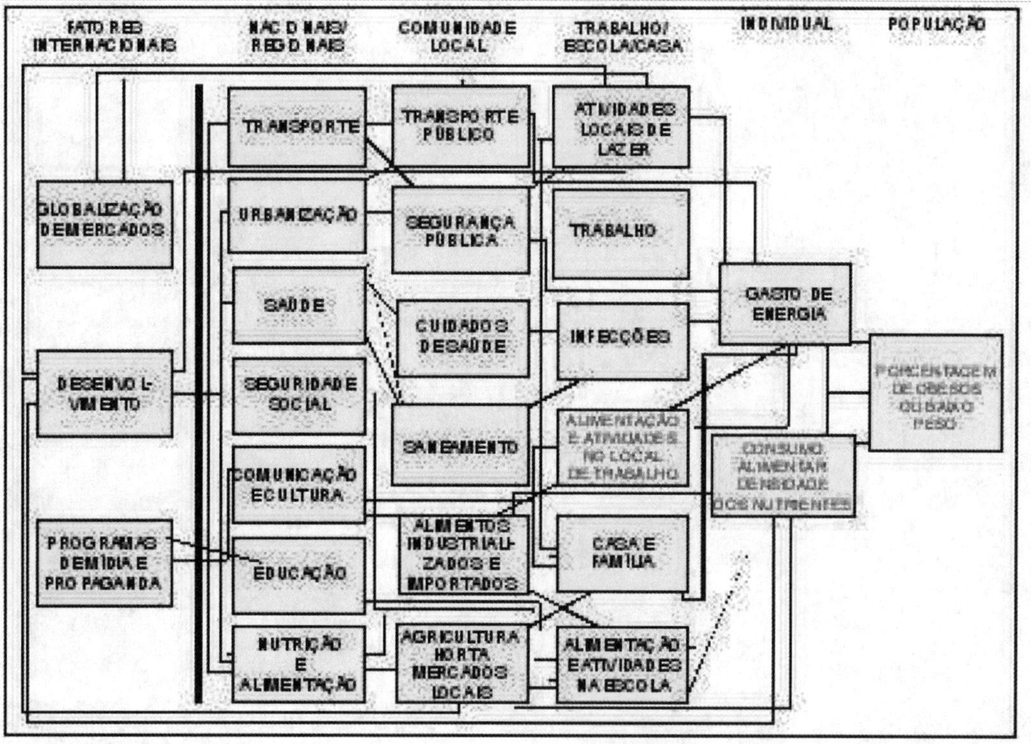

Cadernos de atenção básica – obesidade, p. 18 (com adaptações).

(A) a forma hierárquica é a que permite melhor avaliar os fatores relacionados a prevenção e controle do ganho de peso e da obesidade.

(B) existe uma rede de fatores que expressam as múltiplas interações entre saúde, mercado global de alimentos, mídia, processos de urbanização, perfil de educação e acesso aos transportes e ao lazer.

(C) é preciso interromper o processo de globalização para que seja possível controlar a epidemia da obesidade.

(D) abordagens de prevenção e controle da obesidade bem-sucedidas, tanto no âmbito individual quantono coletivo, devem ser focalizadas em estratégias comportamentais.

(E) o consumo de alimentos com elevada densidade energética representa, segundo o diagrama, oprincipal fator relacionado à obesidade na população.

2. (EXAME 2004)

Segundo a Resolução 200/98, do Conselho Federal de Nutricionistas, cabe ao nutricionista, como componente de uma equipe multiprofissional:

I. consulta de nutrição, incluindo avaliação da situação alimentar e nutricional;

II. ações terapêuticas farmacológicas e não farmacológicas que tenham como finalidade a promoção da saúde individual e em grupo;

III. participação em ações de planejamento, implementação, execução e avaliação de políticas, programas, cursos, pesquisas e eventos no âmbito do setor saúde;

IV participação no planejamento e execução de atividades que visem à formação continuada de recursos humanos em saúde.

Estão corretas as condições

(A) I e II, apenas.

(B) I e III, apenas.

(C) I e IV, apenas.

(D) I, III e IV, apenas.

(E) I, II, III e IV.

Conteúdo 20

EDUCAÇÃO ALIMENTAR E NUTRICIONAL

1. (EXAME 2010)

O nutricionista de um programa de alimentação escolar de um município verificou, em entrevista com um grupo de estudantes de uma escola pública, um elevado consumo de refrigerantes, salgadinhos, biscoitos recheados e frituras, e um baixo consumo de produtos lácteos, frutas e verduras, o que deixou evidente a necessidade de implementação de estratégias de educação nutricional para o grupo. Na mesma entrevista, foi também constatado que os estudantes não tinham a intenção de mudar seu comportamento alimentar, pois consideravam adequados, práticos e saborosos os alimentos que consumiam com maior frequência. Além disso, não identificavam risco em sua prática alimentar. Considerando o modelo dos estágios de mudança de comportamento e a situação hipotética acima, conclui-se que essas crianças estão no estágio de

(A) pré-contemplação.
(B) contemplação.
(C) preparação.
(D) manutenção.
(E) ação.

2. (EXAME 2010)

A promoção da saúde do escolar pode ocorrer no ambiente da sala de aula e em outros espaços da escola e da comunidade. Por isso, ao verificar o baixo consumo de hortaliças entre os seus alunos, uma escola desenvolveu um programa de educação nutricional, que incluía a implantação de uma horta escolar cultivada por educadores e alunos na própria escola. Uma justificativa pedagógica plausível para a inserção dessa atividade, que objetiva a melhoria dos hábitos alimentares dos alunos, é

(A) a inclusão de conteúdos relacionados à produção de alimentos em larga escala na disciplina de ciências.
(B) o fortalecimento do vínculo aluno-professor na realização de um trabalho coletivo que permita experiência lúdica.
(C) a capacitação das merendeiras na montagem de cardápios conforme a disponibilidade de hortaliças.
(D) o aumento da oferta de alimentos para as famílias das crianças, uma vez que a horta pode ser reproduzida nos domicílios.
(E) o despertar, nos alunos, da necessidade de mudança no comportamento alimentar pela atividade prática vivenciada.

3. (EXAME 2004)

Embora a decisão de amamentar ou não o filho seja da própria mãe, esta, por sua vez, sofre influências de uma série de fatores. Portanto, a promoção do aleitamento materno deve incluir diferentes ações. Com base nesse pressuposto, são feitas as afirmativas a seguir.

I. Compete ao profissional da saúde o papel de liderança na promoção do aleitamento materno e todas as categorias devem estar envolvidas nas diversas atividades.
II. É recomendada a inclusão do tópico "Aleitamento Materno" nos currículos escolares não só dos cursos da área de saúde, como também no ensino fundamental.
III. A falta de experiência anterior com a prática da amamentação, desmame precoce do filho anterior, baixa escolaridade, mãe adolescente, trabalho fora do lar e residência em zona rural são situações consideradas de risco para não amamentar.
IV. Cabe ao município criar um centro de referência para lactação e grupos de apoio na comunidade que sirvam de suporte para as mães durante o aleitamento.

Estão corretas as afirmações

(A) I e IV, apenas.
(B) II e III, apenas.
(C) I, II e IV, apenas.
(D) II, III e IV, apenas.
(E) I, II, III e IV.

Capítulo IX

Questões de componente específico de Educação Física

1) Conteúdos e Habilidades objetos de perguntas nas questões de Componente Específico.

As questões de Componente Específico são criadas de acordo com o curso de graduação do estudante.

Essas questões, que representam ¾ (três quartos) da prova e são em número de 30, podem trazer, em Educação Física, dentre outros, os seguintes **Conteúdos**:

a) Dimensão sócio-antropológica: conhecimentos filosóficos, antropológicos, sociológicos e históricos que enfocam aspectos éticos, culturais, estéticos e epistemológicos inerentes à área.

b) Dimensão biodinâmica: conhecimentos sobre o ser humano nos aspectos morfológicos, fisiológicos, biomecânicos, bioquímicos e suas aplicações na área.

c) Dimensão comportamental: conhecimentos sobre mecanismos e processos do desenvolvimento humano, contemplando aspectos motores, aquisição de habilidades e fatores psicológicos intervenientes.

d) Dimensão científica e tecnológica: conhecimentos sobre procedimentos éticos, métodos e técnicas de estudo e pesquisa que fundamentam a intervenção profissional.

e) Dimensão pedagógica e técnico-funcional aplicada: conhecimentos sobre os processos de ensino-aprendizagem das atividades específicas (esporte, ginástica, jogo, dança, lutas/artes marciais, recreação, dentre outros) relacionados com as áreas de intervenção do profissional de Educação Física (atividade física/exercício físico, saúde, lazer e esportes);

f) Dimensão de Gestão e Empreendedorismo da atividade física/exercício físico, esporte e lazer: conhecimentos sobre os fundamentos de gerenciamento, organização de eventos, gestão de pessoal e *marketing*.

O objetivo aqui é avaliar junto ao estudante a compreensão dos conteúdos programáticos mínimos a serem vistos no curso de graduação, de forma avançada. Também é avaliado o nível de atualização com relação à realidade brasileira e mundial e às questões jurídicas de maior relevância.

Avalia-se aqui também *competências* e *habilidades*. A ideia é verificar se o estudante desenvolveu as principais **Habilidades** para o profissional de Educação Física, que são as seguintes:

a) Domínio de conhecimentos (conceituais, procedimentais e atitudinais) específicos da área e aqueles advindos das ciências e áreas afins, orientados por valores sociais, morais e éticos.

b) Capacidade de pesquisar, conhecer, compreender, analisar, avaliar a realidade social para nela intervir científica e profissionalmente, por meio das manifestações do movimento humano, expressas nas diferentes formas e modalidades do exercício físico/atividade física, da ginástica, do jogo, do esporte, da luta/arte marcial e da dança;

c) Capacidade de acompanhar as transformações acadêmico-científicas da área e de áreas afins mediante a análise crítica da literatura especializada e uso da tecnologia da informação e comunicação com o propósito de contínua atualização e produção acadêmico-profissional;

d) Domínio da leitura e da escrita como instrumentos de desenvolvimento profissional contínuo;

e) Domínio dos conhecimentos técnico-científicos para intervir nos campos da saúde (nos níveis primário, secundário e terciário), da formação cultural, da gestão de empreendimentos, do esporte, do lazer e recreação e da atividade física/exercício físico em geral, de forma individual e multiprofissional;

f) Capacidade de diagnosticar os interesses, as expectativas e as necessidades dos indivíduos (crianças, jovens, adultos, idosos, pessoas com deficiências, de grupos e comunidades especiais) de modo a planejar, prescrever, ensinar, orientar, assessorar, supervisionar, controlar e avaliar projetos e programas de exercícios físicos/atividades físicas, esportivas e de lazer;

g) Capacidade de conhecer, dominar, produzir, selecionar e avaliar diferentes metodologias (técnicas, instrumentos, equipamentos, procedimentos) para a produção de conhecimento e a intervenção profissional;

h) Domínio de conhecimentos para participar, assessorar, coordenar, liderar e gerenciar equipes multiprofissionais para definição e operacionalização de políticas públicas e institucionais próprias da área e áreas afins, adotando atitude de flexibilidade e disponibilidade para mudanças, inovações e empreendedorismo.

Com relação às questões de Componente Específico optamos por classificá-las pelos Conteúdos enunciados no início deste item.

2) Questões de Componente Específico classificadas por Conteúdos.

Conteúdo 01

DIMENSÃO SOCIOANTROPOLÓGICA

1. (EXAME 2010)

Disponível em: <http://www.bbc.co.uk/portuguese/especial/images/1327_ olimpiadafina1/113199_grecia14.jpg>. Acesso em: 26 ago. 2010.

A figura acima ilustra o momento em que o brasileiro Wanderlei Cordeiro de Lima foi abordado em sua prova nas Olimpíadas de 2004 em Atenas. A sua reação à atitude do agressor lhe rendeu a medalha "Barão de Coubertain" pelo mérito olímpico. Entre as características que compõem o "espírito olímpico", o atleta brasileiro foi recompensado por continuar a prova, mesmo perdendo o primeiro lugar.

Outras características que compõem o "espírito olímpico" devem ser estimuladas pela intervenção do profissional de educação física preocupado com a formação moral de seus atletas. Essas características incluem

(A) primazia pela vitória, patriotismo e *fair play* ou jogo limpo.

(B) patriotismo, primazia pela vitória e respeito total ao árbitro e suas decisões.

(C) desejo de igualdade entre as equipes e os participantes, *fair play* ou jogo limpo e primazia pela vitória.

(D) respeito total ao árbitro e suas decisões, desejo de igualdade entre as equipes e os participantes e patriotismo.

(E) *fair play* ou jogo limpo, respeito total ao árbitro e suas decisões e desejo de igualdade entre as equipes e os participantes.

2. (EXAME 2010)

Os Núcleos de Apoio à Saúde da Família ($NASF_s$) foram criados por meio da Portaria nº 154, de 24/1/2008, que faz a seguinte referência à Política Nacional de Promoção da Saúde:

A Política Nacional de Promoção da Saúde compreende que as práticas corporais são expressões individuais e coletivas do movimento corporal advindo do conhecimento e da experiência em torno do jogo, da dança, do esporte, da luta, da ginástica. São possibilidades de organização, escolhas nos modos de relacionar-se com o corpo e de movimentar-se, que sejam compreendidas como benéficas à saúde de sujeitos e coletividades, incluindo as práticas de caminhadas e orientação para a realização de exercícios, e as práticas lúdicas, esportivas e terapêuticas, como a capoeira, as danças, o Tai Chi Chuan, o Lien Chi, o Lian Gong, o Tui-ná, a Shantala, o Do-in, o Shiatsu, a Yoga, entre outras.

Ministério da Saúde. Portaria ri, 154, de 24 de janeiro de 2008. Disponível em: <http://dtr2004.saude.gov.br/dab/docs/legislacao/portaria154_24_01_08.pdf>. Acesso em: 25 ago. 2010 (adaptado).

Considerando as propostas para a Política Nacional de Promoção da Saúde, analise as afirmações que se seguem.

I. Os NASFs incluem o profissional de educação física em equipes multidisciplinares para atuação no Sistema Único de Saúde (SUS).

II. Os profissionais de educação física atuam por meio das atividades físicas e corporais, buscando a promoção de saúde em suas várias dimensões.

III. As práticas terapêuticas previstas para a atuação do profissional de educação física nos NASFs são todas oriundas da medicina tradicional chinesa.

IV. As atividades dos profissionais de educação física nos NASFs devem ser adequadas à clientela em relação a suas necessidades, faixa etária, gênero e nível sociocultural, de acordo com os aspectos da saúde social, psicológica e biológica.

É correto o que se afirma em

(A) I e II, apenas.
(B) I e III, apenas.
(C) I, II e IV, apenas.
(D) II, III e IV, apenas.
(E) I, II, III e IV.

3. (EXAME 2010)

A implementação da educação para o lazer na comunidade inclui o processo de desenvolvimento comunitário. Comunidade é definida como lugar geográfico e agregado de interesses, que tem afinidade e interconexão mútuas. O desenvolvimento comunitário refere-se a um processo que utiliza o ensino formal, o informal e o não formal, bem como a liderança para aumentar a qualidade de vida dos indivíduos e dos grupos que vivem na comunidade.

Carta internacional de Educação para o lazer.
Associação Mundial de Recreação e Lazer
(World Leisure and Recreation Association) — WLRA, 2002.

A partir dessa citação, analise as afirmações que se seguem.

I. A educação para o lazer deve estimular a organização autogerida de comunidades, com o objetivo de desenvolver a capacidade de pessoas ou grupos e melhorar sua qualidade de vida.

II. Projetos de lazer devem trabalhar com grupos comunitários existentes, para minimizarem as barreiras e otimizarem o acesso aos serviços de lazer.

III. Liderança e orientação permanentes do profissional de educação física são necessárias para que grupos comunitários se capacitem para propor formas que atendam aos seus interesses de lazer.

IV. As políticas de lazer comunitárias devem estimular a abrangência, respeitando a existência de grupos multiculturais, raciais, sexuais, etários e de habilidades na sociedade.

Em relação à educação para o lazer na comunidade e à participação do profissional de educação física nesse processo, é correto o que se afirma em

(A) I e II, apenas.
(B) I, II e III, apenas.
(C) I, II e IV, apenas.
(D) II, III e IV, apenas.
(E) I, II, III e IV.

4. (EXAME 2010)

Os $NASF_s$ têm os objetivos de ampliar a abrangência e o escopo das ações da atenção básica no setor da saúde e de incrementar a estratégia de Saúde da Família na rede de serviços oferecidos pelo governo à população. O compromisso dos $NASF_s$ está embasado em ações de promoção da saúde destinadas a garantir condições de bem-estar físico, mental e social às populações. Considerando o exposto, que ações poderão ser planejadas e desenvolvidas pelo profissional de educação física que atuará nos $NASF_s$?

I. Incentivar a criação de espaços que possibilitem a inclusão social.

II. Desenvolver atividades físicas e práticas corporais nas comunidades.

III. Avaliar fisicamente cada equipe multiprofissional que atue nos $NASF_s$.

IV. Proporcionar educação permanente em atividades físicas/práticas corporais, nutrição e saúde.

Estão corretas apenas as ações

(A) I e III.
(B) I e IV.
(C) II e III.
(D) I, II e IV.
(E) II, III e IV.

5. (EXAME 2010)

Antes de sua *performance* de esqui no último dia dos Jogos Olímpicos de Inverno em Salt Lake City, o esquiador escocês Alain Baxter utilizou a versão norte-americana de um *spray* descongestionante nasal da Vick, que, diferentemente da versão britânica, continha lev-meta-anfetamina. Como resultado de seu teste positivo, a ele foi negada a única medalha em esqui já ganha por um britânico na história dos Jogos Olímpicos. Ele apelou ao Tribunal de Arbitragem Esportiva (TAS) do Comitê Olímpico Internacional (C01), que ouviu o caso nos Jogos Olímpicos de Inverno em Salt Lake City em outubro de 2002 e que o absolveu de tentar trapacear. Todavia, seu resultado não foi restituído, nem sua medalha de bronze.

TOJAL & BARBOSA. **A ética e a bioética na preparação e na intervenção do profissional de educação física**. 2006, p. 85.

Considerando a situação relatada, quais orientações um profissional de educação física deve dar aos praticantes de esporte de alto rendimento no que se refere ao assunto do *doping*?

(A) O atleta sempre é responsável pelas substâncias químicas que ingere; exames *antidoping* podem não diferenciar uma simples medicação de uma substância ingerida para melhorar a *performance*; existe uma lista de substâncias proibidas que não podem ser ingeridas, mesmo que em quantidade mínima.

(B) O atleta sempre é responsável pelas substâncias químicas que ingere; exames *antidoping* diferenciam uma simples medicação de uma substância ingerida para melhorar a *performance*; existe uma lista de substâncias proibidas que podem, entretanto, ser ingeridas, desde que em quantidade mínima.

(C) O atleta sempre é responsável pelas substâncias químicas que ingere; exames *antidoping* só conseguem diferenciar medicações simples em relação àquelas substâncias ingeridas para melhorar a *performance*; existe uma lista de substâncias proibidas que não podem ser ingeridas, mesmo que em quantidade mínima.

(D) O treinador sempre é responsável pelas substâncias químicas que seus atletas ingerem; exames *antidoping* podem não diferenciar uma simples medicação de uma substância ingerida para melhorar a *performance*; existe uma lista de substâncias proibidas que não podem ser ingeridas, mesmo que em quantidade mínima.

(E) O treinador sempre é responsável pelas substâncias químicas que seus atletas ingerem; exames *antidoping* só conseguem diferenciar medicações simples em relação àquelas substâncias ingeridas para melhorar a *performance*; existe uma lista de substâncias proibidas que não podem ser ingeridas, mesmo que em quantidade mínima.

6. (EXAME 2010)

A Conferência Internacional sobre os Sete Saberes, promovida pela UNESCO no ano de 2010, no Brasil, tratou da religação de saberes fundamentais para a Educação e de sua necessária vivência nos mais diversos ambientes socioculturais. Trata-se de: (a) cegueiras do conhecimento; (b) conhecimento pertinente; (c) condição humana; (d) identidade terrena; (e) enfrentar incertezas; (f) compreensão humana; (g) ética do gênero humano. No âmbito da Educação Física, há conteúdos culturais que favorecem as vivências de indeterminalidade e de imprevisibilidade, independentemente da ação direta do profissional, uma vez que a auto-organização vivencial desses conteúdos culturais mobiliza tal experiencialidade.

Considerando a prática do *skate* de rua, analise o contexto abaixo.

Observando-se a prática do *skate* de rua por um grupo de jovens esportistas em condições de autoaprendizagem vivencial, percebe-se que eles incorporam o erro como fonte de aprendizagem, respeitam a sua vez para realizar as manobras, não demonstram discriminação de gênero, mostram-se colaborativos quando os colegas têm dificuldades para realizar as manobras, proporcionando-lhes "dicas" facilitadoras para o bom desempenho, valorizam e incentivam mutuamente as manobras dos colegas e evitam colocar em risco os transeuntes. O contexto acima representado prioriza a aprendizagem vivencial sobre qual saber?

(A) Cegueiras do conhecimento.
(B) Ética do gênero humano.
(C) Enfrentar as incertezas.
(D) Compreensão humana.
(E) Identidade terrena.

7. (EXAME 2007)

Internet: <blog.cancaonova.com>.

As brincadeiras de mau gosto que comumente ocorrem no âmbito da educação física e do esporte expressam, na atualidade, um fenômeno social denominado *bullying,* que vem-se expandindo rapidamente nas escolas, nos locais de trabalho, na vizinhança, nos espaços de lazer, entre outros. Trata-se de um conjunto de ações agressivas, intencionais e repetitivas (físicas ou psicológicas) cujo objetivo é intimidar, constranger, ridicularizar um indivíduo ou grupo incapaz de se defender. Impõe-se ao profissional de educação física saber identificar o fenômeno *bullying*, diferenciá-lo das brincadeiras próprias da idade da turma com que trabalha bem como preveni-lo por meio de estratégias adequadas do *saber conviver.* Entre os comportamentos considerados *bullying*, incluem-se

I. fazer sistematicamente comentários depreciativos sobre o desempenho de um colega nas aulas de futebol, apelidando-o pejorativamente.
II. tomar o lanche do colega, frequentemente, na hora do intervalo, fazendo que essa atitude pareça ser da iniciativa desse colega.
III. dar tapinhas nas costas do colega ao cumprimentá-lo, sempre com expressão de entusiasmo.
IV. grafitar as paredes dos ambientes esportivos com comentários ofensivos aos colegas e aos profissionais de educação física.

Estão certos apenas os itens

(A) I e III.
(B) I e IV.
(C) II e III.
(D) I, II e IV.
(E) II, III e IV.

8. (EXAME 2007)

Recentes estudos de educação ambiental evidenciam a necessidade de experiência humana direta com a natureza para que ocorra uma efetiva mudança de atitude ambiental. Nesse sentido, o Programa Nacional de Educação Ambiental (PNEA) sugere a intervenção, de forma equilibrada, das múltiplas dimensões da sustentabilidade ambiental para a proteção, recuperação e melhoria das condições ambientais e da qualidade de vida no país. Nesse contexto, qual das opções abaixo deveria ser privilegiada por um profissional da educação física ao atuar em equipes multidisciplinares de educação ambiental, em sua especificidade de ação a respeito do corpo e por meio dele?

(A) A promoção de eventos coletivos de atividades corporais em parques públicos, animados por equipamentos eletrônicos de alta potência, em que sejam incentivadas atitudes de contemplação da natureza.
(B) A organização de eventos internacionais, para desenvolver o sentimento de cidadania planetária.
(C) A mobilização de grandes grupos de pessoas com estratégias de animação sociocultural nos centros urbanos para apoiar movimentos ecológicos.
(D) A realização de palestras sobre a temática da natureza que contribuam para o desenvolvimento da consciência ecológica.
(E) A promoção de vivências ecossensoriais que despertem emoções e permitam a construção do sentimento de solidariedade ecológica.

9. (EXAME 2007)

Uma secretaria de esporte e lazer pretende realizar, em caráter experimental, em uma cidade do interior próxima a uma reserva indígena, os I Jogos da Juventude e da Cidadania. Para conceber esse evento, com uma perspectiva ética de valorização do ser humano, do multiculturalismo e do exercício de cidadania, foi constituída uma comissão multidisciplinar.

Com base nessa situação hipotética, a fim de concretizar essa perspectiva sociofilosófica para o esporte, seria correto que essa comissão

I. apoiasse a produção de vídeos das equipes participantes que divulgassem as trajetórias de construção da cultura corporal esportiva que vivenciam.
II. premiasse a participação de torcidas organizadas que se apresentem originalmente caracterizadas, tematizando a cultura local com *fair play*.
III. promovesse uma grande festa na abertura do evento esportivo com a apresentação de uma banda internacional como principal espetáculo artístico.
IV. realizasse uma competição esportiva paralela com a tribo indígena que vive próxima à cidade, para atender ao princípio de inclusão social e de identidade cultural.

Estão certos apenas os itens

(A) I e II.
(B) I e IV.
(C) II e III.
(D) I, III e IV.
(E) II, III e IV.

10. (EXAME 2007)

São princípios norteadores da Política Nacional de Esporte e Lazer: reversão do quadro atual de injustiça, exclusão e vulnerabilidade social; esporte e lazer como direitos de cada um e dever do Estado; universalização e inclusão social; democratização da gestão e da participação. Supondo-se que um profissional de educação física tenha sido convidado para apresentar um projeto de lazer com base nesses princípios norteadores, julgue os itens a seguir quanto aos objetivos que devem ser formulados nesse projeto para atender a esses princípios.

I. Fomentar a ressignificação dos espaços de lazer para atender aos mais diversos interesses dos participantes, respeitando a identidade da cultura local e regional.
II. Promover atividades recreativas, artísticas e esportivas entre gerações, visando desenvolver uma cultura de solidariedade humana por meio das vivências de lazer.
III. Privilegiar o talento esportivo individual com premiações que contribuam para a participação dos atletas em competições nacionais e internacionais.
IV. Incentivar a realização de torneios, festivais e competições esportivas, estimulando a participação dos atletas federados, organizados por faixa etária.
V. Articular ações culturais para públicos diferenciados, utilizando metodologias participativas e inclusivas de planejamento e de gestão do lazer.

Estão certos apenas os itens

(A) I, II e V.
(D) II, III e IV.
(B) I, III e IV.
(E) II, IV e V.
(C) I, III e V.

11. (EXAME 2004)

Existe uma discussão acumulada sobre o estatuto epistemológico da Educação Física referente ao espaço ocupado no conjunto das diversas áreas do conhecimento.

Neste sentido, a Educação Física é

(A) uma prática eminentemente lúdica, pois está baseada no jogo e na competição.
(B) uma prática social, pois promove, sobretudo, a intervenção em grupos sociais.
(C) uma ciência exata, dada a possibilidade de aferir com precisão os seus resultados.
(D) uma ciência natural, considerando que sua atuação sistemática é sobre o corpo humano.
(E) uma ciência biológica, pois sua preocupação restringe-se a questões relativas à saúde.

12. (EXAME 2004)

A abordagem sobre as questões relativas à saúde no campo da Educação Física, hegemonicamente, tem atuado como uma intervenção medicalizante. Contudo, nos últimos anos, tem sido verificada a emergência de novos enfoques que enfatizam a saúde como

(A) resultado de alterações psicológicas.
(B) resultado de alterações fisiológicas.
(C) resultado das condições de vida.
(D) resultado do total de atividade física realizada.
(E) oposição à doença.

13. (EXAME 2004)

Observando o cotidiano dos grandes centros urbanos, constata-se a presença de milhares de pessoas que empregam em suas tarefas diárias uma alta quantidade de esforço físico. Em especial, pode-se destacar o trabalho de um operário da construção civil que sobe em andaimes levando materiais, o de um jovem que empurra um carrinho de feira em meio ao trânsito intenso ou de um carregador de caminhão de refrigerantes.

A observação acima pode ser relacionada ao campo de conhecimento específico da Educação Física quando se verifica que

(A) toda atividade física tem relação direta com a boa qualidade de vida.
(B) todo exercício físico regular tem relação direta com a saúde.
(C) capacidades físicas podem ser adquiridas pelas pessoas, independente de uma intervenção profissional específica.
(D) a Educação Física se baseia em teorias que explicam que, mesmo sob quaisquer condições de trabalho, a atividade física é importante.
(E) o esforço físico feito em qualquer atividade compensa os problemas periféricos.

14. (EXAME 2004)

"O 'Segundo Tempo' é uma grande parceria envolvendo os Ministérios da Educação, Desenvolvimento Social e Combate à Fome, Justiça e Defesa, Municípios, Estados, SESC, SESI, SES, Clubes Sociais e Organizações Não Governamentais, com o objetivo de facilitar o acesso à prática esportiva dos alunos matriculados no ensino fundamental e médio das escolas públicas, principalmente em áreas com vulnerabilidade social.

O aluno tem todo o incentivo para praticar três modalidades esportivas fora de seu horário normal de estudo. Ele recebe uniforme, material esportivo e reforço alimentar, além de atividades complementares, como de saúde, cultura e reforço escolar. O "Segundo Tempo" beneficia 500.000 alunos em 1.800 núcleos que envolvem o trabalho de 8.500 profissionais, entre professores de Educação Física, estagiários e agentes comunitários. Está implementado em 550 municípios de todas as unidades da federação. O Presidente autorizou ampliação do atendimento, neste ano, para 1.000.000 de alunos." (Programa Segundo Tempo – ME)

A respeito desse Projeto, que faz parte da política pública relacionada à cultura esportiva e de lazer no Brasil, pode-se afirmar que

(A) se apoia em dados científicos que demonstram que todo bom aluno é potencialmente um bom atleta e todo bom atleta se transforma em um bom aluno.

(B) se caracteriza como uma alternativa à Educação Física escolar.

(C) se baseia em avaliações positivas de políticas de esportes educacionais desenvolvidas pelos governos a partir do Decreto 60.450/71.

(D) se baseia em estudos que comprovam cientificamente que o esporte escolar anula a vulnerabilidade social.

(E) mostra que o ensino do esporte não é uma ação exclusivamente relacionada ao projeto político pedagógico das escolas.

15. (EXAME 2004)

"Nunca se falou tanto em corpo como neste tempo que tanto o profana. Nas fábricas, o corpo do operário atrela-se ao ritmo da máquina, como Chaplin critica em 'Tempos Modernos'. Por que os agricultores, que fazem tantos trabalhos físicos, não possuem corpos atléticos? Seus corpos, em geral, são duros, rígidos, contraídos, porque usados apenas como ferramentas e não como expressão do ser que somos nessa indivisível unidade corpo-espírito."

Frei Betto. **Jornal do Brasil**, 14 jun. 2001

O culto ao corpo é uma expressão que denota algo acompanhando o homem na sua trajetória histórica. Entre outros espaços de aula, o ambiente das academias de ginástica está entre aqueles em que este fenômeno se manifesta com mais intensidade. Nele, o professor de Educação Física deve incentivar o treinamento físico e os cuidados estéticos. Não pode, entretanto, desprezar possíveis exageros incompatíveis com o bem-estar físico e emocional de seus alunos. Com base no texto, pode-se afirmar que, para cumprir seus papel na sociedade, o profissional de Educação Física deve

(A) orientar o aluno quanto às inter-relações dos problemas sociais com a prática de exercícios físicos, pois, neste caso, o corpo deixa de ser compreendido como músculos, ossos e órgãos.

(B) orientar o aluno para que ele atinja um padrão de beleza compatível com a sociedade em que ele vive.

(C) orientar os alunos para obter um corpo com alto índice de massa corporal magra, pois isso previne doenças cardiovasculares.

(D) demonstrar ao aluno a importância dos exercícios físicos para acabar com as lesões ocupacionais.

(E) demonstrar ao aluno que os exercícios físicos irão levá-lo a atingir os padrões estéticos que deseja.

16. (EXAME 2004)

Um professor de Educação Física explicita preocupações acerca do esporte na escola:

"Os rumos pedagógicos em relação a ele (esporte) não devem estar ligados à transformação do Brasil em uma nação olímpica, mas sim permitir a todos os escolares a realização de atividades corporais e o conhecimento de um bem cultural construído pela humanidade ao longo do tempo. Um desses propósitos deve o ser o da análise de como o esporte em nosso país vem sendo coisificado por empresários de crianças, por 'peneiras' excludentes em todas as regiões do país [...] e até a inclusão nas mentes infantis da ascensão social via esporte".

José Ricardo da Silva Ramos. **Jornal do Brasil**, 17 out. 2001

A partir desse texto, pode-se afirmar, quanto à prática da Educação Física e do Esporte na escola, que

(A) a escola não é espaço exclusivamente para instrução escolar, pois deve proporcionar uma formação geral contemplando elementos como a cidadania e o autoconhecimento da condição sociocultural do aluno na sociedade.

(B) a escola deve proporcionar uma formação esportiva e cultural condizente com a promoção de uma saúde produtiva para que os alunos possam se inserir no mercado de trabalho.

(C) a escola tem o papel de descobrir talentos e incentivar vocações em todas as áreas, inclusive na Educação Física e no Esporte, provendo o nascimento de futuros ídolos nacionais.

(D) os profissionais das diversas áreas participam intensamente do processo de construção de uma Educação Física para além do esporte de performance e profissionalizante, inclusive em suas especificidades.

(E) é função social da escola oferecer a prática de atividades físicas e esportivas para formação de atletas de alto nível, promovendo a mobilidade social.

17. (EXAME 2004)

Paulo é formado em Educação Física e tem uma academia só com salas de ginástica localizada, onde ministra aulas. Maria, sua aluna, frequentemente queixa-se de dores nos joelhos. Após avaliação clínica, nada é detectado, apenas a necessidade de fortalecimento do músculo vasto medial. Considerando que a ética profissional e o conhecimento técnico-biológico são fundamentais ao professor de Educação Física, em conjunto com o conhecimento pedagógico, psicológico e filosófico, para resguardar a integridade física de Maria cabe ao professor Paulo:

(A) encaminhá-la para fazer musculação em uma academia que utilize aparelhos como a cadeira extensora, especialmente nos últimos graus do movimento de extensão do joelho, no sentido de fortalecer a parte anterior da coxa e, especificamente, o músculo vasto medial.

(B) encaminhá-la para fazer musculação em uma academia que utilize aparelhos como a cadeira extensora, especialmente nos primeiros graus do movimento de extensão do joelho, no sentido de fortalecer a parte posterior da coxa e, especificamente, o músculo vasto medial.

(C) encaminhá-la para fazer musculação em uma academia que utilize aparelhos como a mesa flexora, especialmente nos últimos graus do movimento de flexão do joelho, no sentido de fortalecer a parte posterior da coxa e, consequentemente, o músculo vasto medial.

(D) encaminhá-la para praticar esportes de pouco impacto na articulação afetada, como a natação e o voleibol, em uma academia que ofereça essas modalidades.

(E) mantê-la na ginástica, enfatizando movimentos como o agachamento a 90 graus e o "Jairzinho", para reforçar o quadríceps e, consequentemente, o músculo vasto medial.

QUESTÕES DISCURSIVAS

1. (EXAME 2010) DISCURSIVA

Os próximos jogos olímpicos, a serem realizados em Londres, em 2012, marcarão o centenário da famosa Ode ao Esporte, de Pierre de Coubertin, que valoriza a ética e a estética da vivência esportiva. São nove proposições que, se articuladas, poderiam promover o maior espetáculo esportivo do planeta: 1. Essência da vida; 2. Beleza; 3. Justiça; 4. Ousadia; 5. Honra; 6. Alegria; 7. Fecundidade; 8. Progresso; 9. Paz. Essas proposições direcionaram o espírito olímpico a partir das concepções positivistas daquele contexto histórico.

COUBERTIN, P. The philosophical foundation of modern olympism [Les assesses philosophiques dei' Olympisme moderne], in: Le Sport Suisse. Vol. 31, 1935. *In:* MULLER, N. (ed.) Olympism, **selected writings, Pierre de Coubertin 1863-1937**. Lausanne: International Olympic Committee.

Como integrante de uma equipe esportiva, cabe ao profissional de educação física trabalhar conteúdos atitudinais relativos aos aspectos éticos e estéticos do espírito olímpico. Tomando como referência essas ideias, redija um texto dissertativo que contemple os tópicos apresentados a seguir, no contexto socioesportivo.

a) Origem dos jogos e atualização do conceito de espírito olímpico feito por Coubertin. **(valor: 5,0 pontos)**

b) Tradição da "Ode" de Coubertin e o esporte contemporâneo. **(valor: 5,0 pontos)**

2. (EXAME 2007) DISCURSIVA

Um profissional de educação física apresentou aos alunos de sua turma a obra reproduzida ao lado, datada do século XVI, que representa o universo lúdico infantil em uma cena cotidiana: jogos e brincadeiras dos habitantes de uma aldeia ocupada por brincantes.

Pieter Brueghel. **Juegos de niños**, 1560.

Considerando a cena retratada, e na condição de um dos alunos da turma mencionada, faça o que se pede nos itens a seguir.

a) Caracterize a situação atual de utilização de espaços públicos por crianças e jovens, comparando-a com a cena mostrada acima e citando três aspectos que influenciaram a construção dessa situação. **(valor: 6,0 pontos)**

b) Descreva uma forma adequada de intervenção social, por meio da prática de jogos, visando à formação cultural das pessoas. **(valor: 4,0 pontos)**

3. (EXAME 2004) DISCURSIVA

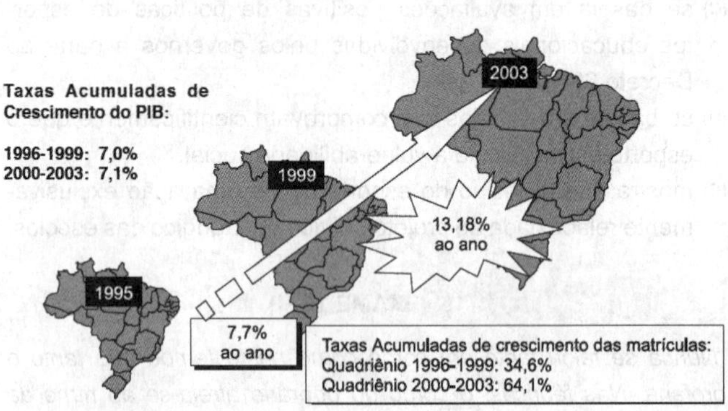

Os dados do Censo do Ensino Superior, recentemente divulgados, mostram que, nos dois últimos quadriênios, a taxa de expansão das matrículas no ensino superior superou largamente a taxa de crescimento do Produto Interno Bruto. Além disso, superou também:

- a taxa de crescimento populacional;
- a taxa de crescimento da população jovem; e
- a taxa de crescimento da Economia.

Ainda conforme o último Censo, dentre os cursos da área de Saúde, o de Educação Física foi o que teve o maior número de matrículas (116.621) e o maior número de concluintes (14.560). Analise esses dados, apontando duas possíveis causas que expliquem o quadro existente e duas prováveis consequências dessa situação para a inserção do formado em Educação Física no mundo do trabalho. **(valor: 10,0 pontos)**

Conteúdo 02

DIMENSÃO BIODINÂMICA

1. (EXAME 2010)

Ceschini e Lima (2005), em pesquisa realizada com 6 362 empregados de 14 indústrias de São Paulo, Curitiba e Rio de Janeiro, relativa ao perfil de vida ativo de cada funcionário, obtiveram os seguintes dados:

50,7%	sedentários
38,6%	moderadamente ativos
8,6%	ativos
2,1%	muito ativos

CESCHINI F. L.; LIMA V. **Nível de atividade física em trabalhadores do setor administrativo e fabril**: uma análise de acordo com o gênero, setor de trabalho e participação em programa de ginástica laborai. 9° Congresso paulista de educação física, Jundiaí, p. 149-52, 2005 (adaptado).

Considerando o nível de sedentarismo apresentado na pesquisa, na intervenção para promover um estilo de vida ativo dos indivíduos fora do local de trabalho, um profissional de educação física deve

I. possibilitar a compreensão dos conceitos básicos relacionados à saúde e à aptidão física.

II. elaborar palestras que estimulem a prática de atividades físicas fora do local de trabalho.

III. aplicar periodicamente uma bateria de testes físicos, com o objetivo de medir, avaliar e classificar os empregados, conforme o desempenho físico.

IV. organizar eventos esportivos com o intuito de medir e desempenho dos empregados prática esportiva.

É correto apenas o que se afirma em

(A) I e II.

(B) I e III.

(C) I, II e IV.

(D) II, III e IV.

(E) III e IV.

2. (EXAME 2007)

Cinco profissionais de educação física foram contratados para atuar em uma instituição recentemente inaugurada. Uma das atividades combinadas com a direção da instituição foi a implantação de uma bateria de avaliação física de caráter antropométrico para o estudo do crescimento dos 60 adolescentes da entidade. Nessa avaliação, a periodicidade deveria ser estabelecida pelos profissionais e, além do peso corporal e da estatura dos adolescentes, duas outras variáveis antropométricas deveriam ser mensuradas e anotadas.

Com relação a essa situação hipotética, assinale a opção em que são corretamente apresentadas a periodicidade que deve ser estabelecida para a avaliação em apreço e duas variáveis que devem compor a bateria, cada uma com o respectivo instrumento/procedimento de mensuração.

(A) trimestralmente; diâmetros ósseos, por meio de um paquímetro; e perímetros musculares, por meio de uma fita métrica.

(B) semestralmente; força muscular, por meio de um dinamômetro; e relação cintura/quadril, por meio de um compasso.

(C) anualmente; flexibilidade, por meio de uma régua; e resistência, por meio de um teste de esforço na bicicleta ergométrica.

(D) semestralmente; equilíbrio dinâmico, por meio de um teste de andar sobre a trave; e coordenação motora geral, por meio de atividades bimanuais.

(E) trimestralmente; maturação sexual, por meio de raios X da mão; potência aeróbica, por meio de um teste de corrida de 12 minutos.

Conteúdo 03

DIMENSÃO COMPORTAMENTAL

1. (EXAME 2010)

Ana Maria, profissional de educação física, trabalha em uma academia que oferece aulas de ginástica localizada. Uma de suas turmas é composta por alunos iniciantes e, para atendê-los de maneira eficiente e segura, são utilizados alguns princípios do treinamento desportivo, adaptados à ginástica localizada.

Com base nessa situação, a profissional deve priorizar, em seu planejamento, os princípios

I. da variabilidade, pois evita a monotonia e possibilita a variação de grupamentos musculares a cada aula.

II. da individualidade biológica, pois permite maior adequação dos exercícios, de acordo com os objetivos de cada aluno.

III. da sobrecarga, pois permite o equilíbrio entre a carga aplicada e o tempo de recuperação, possibilitando uma descompensação.

IV. da adaptação, pois o trabalho deve iniciar com a utilização de cargas mais baixas de exercícios a serem gradativamente aumentadas.

É correto o que se afirma em

(A) I e II, apenas.
(B) I e III, apenas.
(C) II e IV, apenas.
(D) I, II e IV, apenas.
(E) I, II, III e IV.

2. (EXAME 2007)

Em uma competição de judô, o profissional de educação física surpreendeu-se com os resultados de sua equipe, pois praticantes bem sucedidos nos treinamentos técnicos apresentaram baixo rendimento nas lutas e alguns foram eliminados precocemente. Pouco adiantou o incentivo da torcida com seus gritos e palavras de ordem. Nessa situação, para aumentar o rendimento da equipe, qual é a forma adequada de intervenção desse profissional?

(A) Reforçar o treinamento dos fundamentos técnicos, aumentando tanto a complexidade dos movimentos quanto o número de repetições executadas.

(B) Substituir o modelo de treinamento de forma que todas as habilidades sejam executadas somente em situações equivalentes à de competição.

(C) Aumentar a exigência da preparação física, garantindo, com isso, que a equipe estará em condições psicológicas para render o melhor possível.

(D) Treinar habilidades táticas de combate por meio de situações problematizadoras nas quais os atletas tenham de tomar decisões acerca de quando fazer o quê.

(E) Evitar a manifestação de torcida durante os treinos, favorecendo o exercício da concentração e a manutenção de um ambiente com a menor ansiedade possível.

3. (EXAME 2007)

Analise as asserções a seguir.

Ao ensinar um novo passo do frevo, um profissional de educação física capaz de gerir situações didáticas eficazes deve excluir a utilização dos praticantes mais habilidosos como modelo a ser observado

PORQUE

o uso do modelo pode tanto implicar a imposição de um padrão técnico de movimento como oferecer uma noção geral a partir da qual se constrói um projeto pessoal de movimento.

Internet: <www.canalkids.com.br>.

Assinale a opção correta acerca dessas afirmações.

(A) As duas asserções são proposições falsas.
(B) A primeira asserção é uma proposição verdadeira, e a segunda é uma proposição falsa.
(C) A primeira asserção é uma proposição falsa, e a segunda é uma proposição verdadeira.
(D) As duas asserções são proposições verdadeiras, mas a segunda não é uma justificativa correta da primeira.
(E) As duas asserções são proposições verdadeiras, e a segunda é uma justificativa correta da primeira.

4. (EXAME 2004)

No Norte e Nordeste do Brasil, predominantemente no Maranhão, vive um grupo étnico, os índios Canela, que de tempos em tempos participam de jogos de esforços físicos, entre os quais destaca-se a corrida de toras. Nela, os índios carregam coletivamente uma tora de madeira, correndo por um percurso determinado. A tora passa de mão em mão e todos os participantes atingem a chegada ao mesmo tempo. Praticam, também, o futebol convencional. Entretanto, quando um dos participantes faz gol, todos os outros comemoram a façanha, independente da equipe que a realizou.

O caso acima relatado sugere uma relação de produção incomum no esporte convencional, pois se baseia essencialmente em

(A) competição e solidariedade.
(B) cooperação e solidariedade.
(C) cooperação e competição.
(D) trabalho e exploração.
(E) exploração e competição.

Analise o texto abaixo e responda às duas questões seguintes.

Nos últimos Jogos Paraolímpicos, o Brasil se destacou na obtenção de um grande número de medalhas. No entanto, é sabido que, no Brasil, para as pessoas portadoras de deficiência física, o acesso aos bens culturais, como a prática esportiva, ainda deixa a desejar. Faltam espaços adequados, profissionais interessados, recursos materiais, etc. Apesar disso, nos últimos anos, na área de formação profissional em Educação Física tem aumentado o interesse pelo assunto, e a produção acadêmica é significativa.

Neste termos, responda às questões a seguir, sobre o trabalho com pessoas portadoras de deficiência física, considerando a especificidade do profissional de Educação Física.

5. (EXAME 2004)

No caso das pessoas portadoras de deficiência visual, que se utilizam de artifícios como bolas com guizos, perfumes, bengalas, sinais sonoros e guias, o uso desses artifícios no processo de ensino e treinamento esportivo visa ao desenvolvimento das seguintes habilidades:

(A) agilidade e força.
(B) orientação e mobilidade.
(C) destreza e orientação.
(D) equilíbrio e mobilidade.
(E) força e equilíbrio.

6. (EXAME 2004)

Do ponto de vista morfofuncional, é objetivo específico da Educação Física para pessoas portadoras de paraplegia traumática:

(A) recuperar os movimentos dos membros inferiores com esperanças de futura locomoção.
(B) dar formação atlética para auxiliar a cura da depressão, frequente nesse tipo de situação.
(C) fortalecer os membros inferiores para receber próteses, se necessário.
(D) criar mecanismos físicos e psicológicos para acabar com a rejeição social dos paraplégicos.
(E) exercitar as potencialidades musculoesqueléticas para compensar o aumento da inatividade locomotora.

Conteúdo 04

DIMENSÃO DAS MANIFESTAÇÕES E EXPRESSÕES DO MOVIMENTO HUMANO

1. (EXAME 2010)

Para Roger Caillois, os jogos podem ser classificados em quatro modalidades: competitivos (*agon*), aleatórios (sorte), dramáticos (*mimesis*) e de êxtase (*ilinx*). Um programa de esporte e lazer comunitário deve ampliar e diversificar a oferta de atividades ludorrecreativas que denotem correspondência com as necessidades e os interesses da população envolvida.

CAILLOIS, R. **Os jogos e os homens**. Lisboa: Portugal, 1990.

Identifique as atividades que podem ser classificadas conforme alguma das modalidades de jogos apresentadas por esse autor.

I. bingo
II. danças circulares
III. passeio de bicicleta
IV. brincadeiras de pegar
V. corrida em volta da praça

2. (EXAME 2010)

Analise as asserções a seguir. Em um ambiente de trabalho em que empregados exercem atividades que provocam dores articulares intensas, o profissional de educação física deve orientar a adoção de posturas corporais adequadas, a prática da ginástica compensatória, o respeito pelas horas estabelecidas na jornada de trabalho de cada um dos trabalhadores e a prática de exercícios físicos regulares.

PORQUE

As doenças crônico-degenerativas, as doenças psicossomáticas e as psicocinéticas são essencialmente oriundas do trabalho excessivo e repetitivo. Acerca dessas asserções, assinale a opção correta.

(A) As duas asserções são proposições verdadeiras, e a segunda é uma justificativa correta da primeira.
(B) As duas asserções são proposições verdadeiras, mas a segunda não é uma justificativa correta da primeira.
(C) A primeira asserção é uma proposição verdadeira, e a segunda é uma proposição falsa.
(D) A primeira asserção é uma proposição falsa, e a segunda é uma proposição verdadeira.
(E) As duas asserções são proposições falsas.

3. (EXAME 2007)

Um profissional de educação física está interessado em pesquisar variáveis relacionadas com a adesão a um programa orientado de atividades corporais, que foi oferecido uma única vez e que visava contribuir para a modificação do estilo de vida das pessoas, de acordo com as orientações da Organização Mundial da Saúde (OMS). Ao refletir acerca das variáveis a serem consideradas em um projeto de pesquisa científica de natureza exploratória acerca do que motivou a adesão ao programa, esse profissional verifica a necessidade de entrar em contato com as pessoas que fazem parte de uma amostra dos que se evadiram do programa e de incluir na avaliação variáveis psicossociais que estejam relacionadas com a otimização dos resultados obtidos.

Considerando as orientações técnicas e metodológicas para a realização desse estudo científico hipotético, qual seria o procedimento adequado desse profissional?

(A) Formulação de uma situação-problema que inclua as variáveis mencionadas, o que requer conhecimento anterior sobre o assunto e escolha de um referencial teórico que dê suporte à conceituação dessas variáveis.

(B) Escolha de indicadores dirigidos para a mensuração dos efeitos orgânicos obtidos por aqueles que participaram de todas as atividades do programa.

(C) Definição dos critérios a serem utilizados para a composição da amostra nesse estudo, o que requer o emprego de estratégias que garantam a generalização dos resultados.

(D) Levantamento bibliográfico de estudos sobre o tema em questão, o que torna desnecessárias as informações acerca do contexto institucional no qual o programa é desenvolvido.

(E) Publicação, em uma revista científica da área, do estudo com as variáveis apresentadas, para que este tenha relevância social.

Leia atentamente o texto abaixo e responda às duas questões seguintes.

"Quando o iniciante ouve o berimbau, assiste ao jogo, presencia sua primeira roda, fica deslumbrado. Sente algo no coração e, intuitivamente, compreende o que é o jogo da capoeira. Se acreditasse firmemente nesta primeira intuição, tudo estaria bem. Mas breve – na prática – esta revelação vai ser obscurecida: o iniciante procura uma academia, entra em contato com outros alunos, com capoeiristas mais adiantados, e se coloca sob a tutela de um professor. Na humildade e no desamparo de quem nada conhece, ele se esquece daquela primeira visão, e no inter-relacionamento com colegas e professor aparecem todos os aspectos – positivos e, também, negativos – do ser humano e da sociedade em que vivemos. O iniciante sofre, sente-se impotente, não aceita e não compreende porque algo maravilhoso como a capoeira – ao ser veiculado, ensinado e praticado – contém as mesmas mazelas e mesquinharias que afligem o resto da humanidade."

CAPOEIRA, Nestor. **Os fundamentos da malícia**. Rio de Janeiro: Record, 1992, p. 123.

4. (EXAME 2004)

A prática pedagógica acima descrita apresenta sérias limitações, ainda hegemônicas na Educação Física brasileira, que precisam ser superadas. Para isso, sugere-se direcionar a prática pedagógica:

I. ao ensino das competências técnicas, vinculadas à educação de resultados, conforme o planejamento do professor;

II. em consonância com a aquisição de habilidades relacionadas ao desempenho;

III. ao cotidiano, trabalhando, a partir do conhecido, as possibilidades de aprendizagem da cultura corporal;

IV. ao contexto histórico e social de cada conteúdo e às possibilidades expressivas, criticas e criativas.

Estão corretos somente os itens

(A) I e II.
(B) II e III.
(C) III e IV.
(D) I, II e III.
(E) I, III e IV.

5. (EXAME 2004)

O relato de Nestor Capoeira remete a uma prática pedagógica da Educação Física, na escola e fora dela, que se apresenta distante da realidade concreta, descolada das situações da vida e alheia à possibilidade de oportunizar aprendizagens significativas e prazerosas. Nesse tipo de prática pedagógica,

I. o professor age como um mediador das relações sociais no espaço de aprendizagem;

II. o aluno é o receptor do processo de ensino, tendo como parâmetro a hierarquia do saber e do fazer;

III. a relação ensino-aprendizagem baseia-se na transmissão e assimilação;

IV. o ambiente de aprendizagem é lúdico e desafiador.

Estão corretas somente as características

(A) I e II.
(B) II e III.
(C) II e IV.
(D) I, II e III.
(E) I, III e IV.

QUESTÃO DISCURSIVA

1. (EXAME 2007) DISCURSIVA

O profissional de educação física enfrenta um grande desafio cultural quando, inserido nas mais diferentes instituições sociais, tem de desenvolver seu trabalho com grupos de adultos provenientes da classe trabalhadora. Estes, em sua maioria, pais e mães de família excluídos do acesso aos bens culturais da sociedade em que vivem, procuram praticar esporte, ginástica ou dança no seu tempo livre como uma forma de lazer e de melhoria da qualidade de vida. Cabe, então, ao profissional de educação física propor vivências corporais que lhes possibilitem adotar um estilo de vida ativo e saudável.

Acerca desse tema e considerando que o profissional de educação física citado tenha como objetivo "Promover a formação de um estilo de vida ativo e saudável", faça o que se pede a seguir.

a) Descreva uma atividade corporal e a respectiva metodologia que permitam alcançar esse objetivo na situação em apreço.

b) Justifique a metodologia empregada no alcance do objetivo proposto. **(valor: 5,0 pontos)**

Conteúdo 05

DIMENSÃO ÉTICA, CIENTÍFICA E TECNOLÓGICA

1. (EXAME 2010)

O profissional de educação física, visando aprimorar os saltos de seus atletas para melhorar-lhes o desempenho, faz uso dos estudos da biomecânica. Nessa perspectiva, analise a figura a seguir.

Disponível em: <http://demotu.org/x/salto/fundamentos.html>. Acesso em : 20 ago. 2010.

Considerando que o objetivo do salto em distância é o deslocamento máximo do centro de gravidade (CG) em uma dada direção (horizontal), após análise da figura, conclui-se que o que caracteriza a *performance* (máxima distância) atingida no salto é a distância

(A) que o CG viaja enquanto o atleta está no ar.

(B) entre a borda frontal da tábua de impulsão e a máxima altura atingida pelo saltador durante o salto.

(C) entre o CG na máxima altura alcançada e o instante de aterrissagem no solo.

(D) entre a borda frontal da tábua de impulsão e o CG do atleta no momento da saída da tábua.

(E) entre o CG do atleta na máxima altura atingida e o tempo de voo.

2. (EXAME 2010)

Um profissional de educação física sabia que o cerebelo exerce uma influência reguladora sobre a atividade muscular, que ele recebe impulsos originados em receptores das articulações, tendões, músculos, pele e também de órgãos terminais do sistema visual, auditivo e vestibular e que esses impulsos não são conscientes, mas são estímulos essenciais para o controle do movimento. Como o profissional de educação física percebeu que um de seus clientes apresentava dificuldade de equilíbrio e de manutenção da postura durante as atividades, passou a indagar-se sobre que partes do cerebelo (vestibular, espinhal e cerebral) são responsáveis pelas funções de equilibrar e manter a postura dos indivíduos e que poderiam estar afetando o desempenho de seu cliente.

Considerando as funções das partes do cerebelo, avalie as afirmações a seguir.

I. A manutenção do equilíbrio e da postura se faz basicamente pelo cerebelo vestibular.

II. O cerebelo vestibular promove a contração dos músculos axiais e proximais dos membros, mantendo o equilíbrio e a postura normal.

III. A participação do cerebelo na manutenção do equilíbrio corporal e postura corporal se faz por intermédio do tracto espinocerebral.

IV. A manutenção do equilíbrio e da postura se faz basicamente pelo cerebelo espinhal, cerebelo cerebral e pela zona medial.

V. A influência é transmitida aos neurônios motores pelos tractos vestibuloespinhal e reticuloespinhal.

É correto apenas o que se afirma em

(A) I, II e IV.
(B) I, II e V.
(C) I, III e V.
(D) II, III e IV.
(E) III, IV e V.

3. (EXAME 2010)

Considere que um profissional de educação física tenha de descrever para os seus alunos os movimentos corporais realizados nos diferentes esportes. Para que melhor compreendam o tema, ele emprega um dos métodos universalmente utilizados, embasado em três dimensões e conhecido como Sistema de Planos e Eixos, conforme figura abaixo. O movimento em um plano sempre ocorre sobre um eixo que fica perpendicular a esse plano.

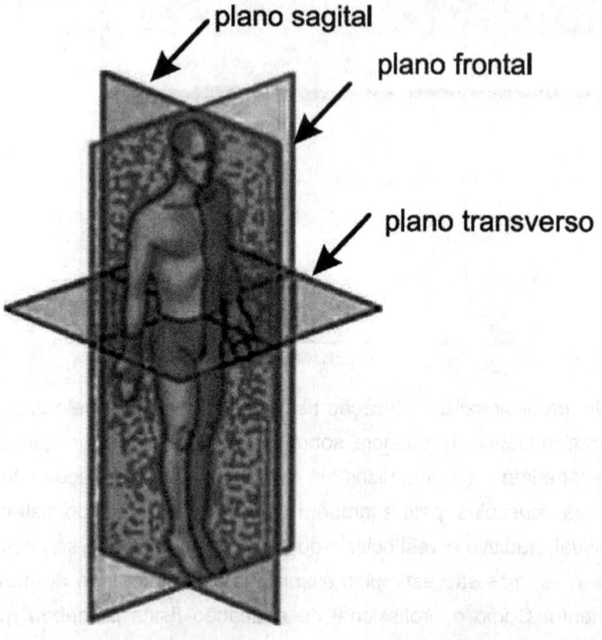

Disponível em: <http://biofisicahumana.blogspot.com/2009/10/biomecanica.html>. Acesso em: 24 ago. 2010.

Considerando a situação descrita, avalie as afirmações a seguir.

I. O movimento de flexão horizontal do braço no arremesso do handebol ocorre no plano sagital.
II. Os movimentos de adução e abdução de braços no nado de peito ocorrem no plano sagital.
III. Os movimentos de adução e abdução de braços no nado borboleta ocorrem no plano frontal.
IV. Os movimentos de flexão e extensão de pernas no ciclismo ocorrem no plano sagital.
V. Os movimentos de rotação na pirueta da ginástica rítmica ocorrem no plano transverso.

Estão corretas apenas as afirmações

(A) I, II e IV.
(B) I, II e V.
(C) I, III, e V.
(D) II, III e IV.
(E) III, IV e V.

4. (EXAME 2010)

Em antropologia, entende-se por técnicas do corpo as maneiras pelas quais os humanos, de sociedade a sociedade, de uma forma tradicional, sabem servir-se de seu corpo. Essas técnicas variam conforme idade, gênero, rendimento e adaptabilidades. Nesse sentido, o corpo é a nossa primeira e mais importante ferramenta, porém o refinamento dessas técnicas ocorre nas fronteiras entre as ciências, por meio de interfaces com a biomecânica, a cinesiologia, a fisiologia, a nutrição, entre outras, o que implica a construção de um saber complexo.

Ao planejar, prescrever, orientar e supervisionar atividades físicas e(ou) esportivas sob a perspectiva da abordagem do pensamento complexo, o profissional de educação física que trate desse aspecto deve

(A) integrar equipes disciplinares em busca do atendimento de seu público-alvo.
(B) buscar a construção de um saber transdisciplinar que integre os conhecimentos e os profissionais de outras áreas disciplinares.
(C) assessorar a construção de um saber multidisciplinar que consiga atender com eficiência às expectativas daqueles sob seu atendimento.
(D) assegurar seu profissionalismo exclusivamente em sua área específica, como postura ética e eficaz, garantidora da estética da educação física ante as demais áreas do saber.
(E) construir um saber interdisciplinar que seja capaz de dar conta das necessidades e abordagens teóricas existentes nas fronteiras entre as ciências, sempre de modo ético e responsável.

5. (EXAME 2010)

Natanael, dono de uma pequena academia, recebeu a visita de um representante comercial da empresa *Physical Education Measurements*, oferecendo-lhe a instalação e a manutenção de um *software* de avaliação física para acompanhamento dos clientes. Apesar de o preço ser razoável, Natanael está com dúvidas sobre a qualidade dos testes utilizados para alimentar o programa.

Quais são os critérios de um bom teste sobre os quais Natanael deve se basear para decidir acerca da compra do referido *software*?

(A) Confiabilidade, fidedignidade e estabilidade.
(B) Fidedignidade, validade e objetividade.
(C) Reprodutibilidade, confiabilidade e objetividade.
(D) Flexibilidade, economia e confiabilidade.
(E) Objetividade, aplicabilidade e validade.

6. (EXAME 2010)

A postura, ou alinhamento corporal, refere-se à posição do corpo, parado ou em movimento, e envolve o estado de equilíbrio das diversas partes corporais sob a ação da gravidade (...) Bons hábitos posturais conduzem a boa aparência, eficiência mecânica nos movimentos e menor risco de lesões, sendo dependentes da força e da flexibilidade, aliadas à prática consciente e inconsciente que produzem esses hábitos.

NANAS, M. V. **Atividade física, saúde e qualidade de vida**: conceitos e sugestões para um estilo de vida ativo. Londrina: Midiograf, p. 68-69, 2001 (adaptado).

Diversos estudos demonstram que o avanço tecnológico decorrente do uso de computadores tem contribuído para o aumento de lombalgias, seja no ambiente de trabalho, seja no ambiente doméstico. Nessa perspectiva, entre as orientações que devem ser transmitidas por profissionais de educação física aos usuários de computador, incluem-se

I. manter a região lombar apoiada no encosto da cadeira.
II. posicionar os joelhos e o quadril mantendo ângulo de 45°, quando sentado.
III. sustentar a cabeça e o pescoço em posição reta e manter ombros e braços relaxados.
IV. ajustar o topo da tela ao nível dos olhos e posicionar-se a um comprimento de braço de distância do teclado do computador.

É correto o que se afirma em

(A) I e II, apenas.
(B) I e III, apenas.
(C) II e IV, apenas.
(D) I, III e IV, apenas.
(E) I, II, III e IV.

7. (EXAME 2007)

As mudanças climáticas em nosso país têm causado o aumento da temperatura e a diminuição da umidade relativa do ar; com isso, a prática da atividade física em ambientes abertos pode aumentar o risco de desidratação e de irritações respiratórias, além de levar o indivíduo ao desinteresse pela atividade devido ao desconforto causado por essa situação. Para manter o interesse e o conforto dos praticantes durante o exercício e, ao mesmo tempo, favorecer o controle dos alunos e o bom andamento de uma atividade com uma hora de duração, qual é a estratégia adequada a ser adotada pelo profissional de educação física?

(A) Permitir a hidratação todas as vezes que a pessoa sentir sede.
(B) Cancelar ou suspender as aulas todas as vezes que o desconforto de alguns for muito acentuado.
(C) Fazer a hidratação coletivamente, antes do início da atividade e algumas vezes no seu decorrer, nos momentos de pausa.
(D) Fazer a hidratação individualmente, durante a atividade e no seu término, que poderá ser antecipado em 10 minutos.
(E) Fazer a hidratação coletivamente, antes do início da atividade e no final dela.

8. (EXAME 2004)

Níveis elevados de força e de potência são impossíveis se a criança não tiver alcançado a maturidade neurológica

PORQUE

a mielinização de uma grande parte dos nervos motores é incompleta até a maturidade sexual e, deste modo, o controle neurológico fica limitado até esse momento.

A esse respeito, pode-se concluir que

(A) as duas afirmações são verdadeiras e a segunda justifica a primeira.
(B) as duas afirmações são verdadeiras e a segunda não justifica a primeira.
(C) as duas afirmações são falsas.
(D) a primeira afirmação é verdadeira e a segunda é falsa.
(E) a primeira afirmação é falsa e a segunda é verdadeira.

9. (EXAME 2004)

A determinação da via energética predominante de uma atividade física contribui para o planejamento do treinamento físico. No gráfico abaixo estão apresentadas as vias energéticas predominantes e o tempo (duração) de uma atividade.

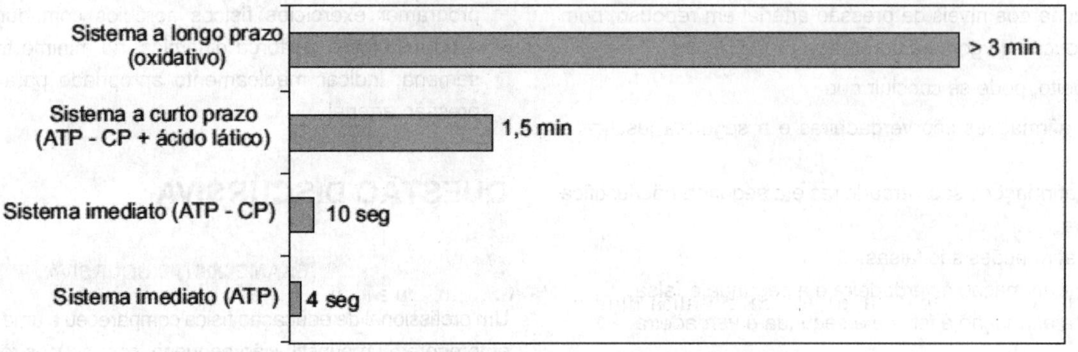

Assinale a opção que apresenta corretamente a via energética predominante em cada uma das modalidades esportivas indicadas, considerando a duração e a intensidade dos gestos técnicos respectivos.

(A) No saque do tênis é o ATP, pois apresenta alta intensidade e curta duração.
(B) No salto em altura é o sistema aeróbio, pois apresenta alta intensidade e curta duração.
(C) No arremesso de peso é o ATP + ácido lático, pois apresenta alta intensidade e longa duração.
(D) Na corrida de 800 metros é o ATP, pois apresenta baixa intensidade e longa duração.
(E) Na corrida de maratona é ATP-CP, pois apresenta baixa intensidade e curta duração.

10. (EXAME 2004)

Ao elaborar passos para a aprendizagem de determinado gesto esportivo, o professor só permite que seu aluno avance quando executa o movimento anterior da forma desejada. Ao proceder dessa forma, esse professor está adotando teorias da aprendizagem apoiadas

(A) no cognitivismo.
(B) no comportamentalismo.
(C) na fenomenologia.
(D) na dialética.
(E) na resolução de problemas.

11. (EXAME 2004)

Quando o praticante de exercício físico apresenta elevação da frequência cardíaca de repouso, perda brusca de peso, falta de apetite e queixas de fadiga devem-se reduzir as cargas de treinamento

PORQUE

este é um quadro típico de supercompensação e a redução das cargas de treinamento provocaria maior catabolismo no indivíduo.

A esse respeito, pode-se concluir que

(A) as duas afirmações são verdadeiras e a segunda justifica a primeira.
(B) as duas afirmações são verdadeiras e a segunda não justifica a primeira.
(C) as duas afirmações são falsas.
(D) a primeira afirmação é verdadeira e a segunda é falsa.
(E) a primeira afirmação é falsa e a segunda é verdadeira.

12. (EXAME 2004)

Embora o exercício aeróbio seja importante para a prevenção de doenças cardiovasculares, o treinamento de força também pode contribuir para esta prevenção

PORQUE

existem estudos que mostram que o exercício de força pode ajudar na redução dos níveis de pressão arterial em repouso, bem como na redução da gordura corporal.

A esse respeito, pode-se concluir que

(A) as duas afirmações são verdadeiras e a segunda justifica a primeira.
(B) as duas afirmações são verdadeiras e a segunda não justifica a primeira.
(C) as duas afirmações são falsas.
(D) a primeira afirmação é verdadeira e a segunda é falsa.
(E) a primeira afirmação é falsa e a segunda é verdadeira.

13. (EXAME 2004)

Um dos problemas do treinamento físico, seja com atletas ou não atletas, é a composição dos treinos combinando diferentes componentes da aptidão física. Assim, frequentemente, muitos sujeitos vêm desempenhando exercícios de força e *endurance* simultaneamente, embora estes esforços exijam adaptações específicas. As explicações para as "hipóteses crônicas" e as "hipóteses agudas" do treinamento concorrente entre força e *endurance* são, respectivamente,

(A) redução da atividade eletromiográfica e depleção dos substratos energéticos (ATP, fosfocreatina e glicogênio muscular).
(B) transformação no tipo de fibra muscular e alterações endócrinas.
(C) aumento da atividade e quantidade de enzimas do sistema aeróbio e acumulação de metabólitos (ácido lático e fosfato inorgânico).
(D) depleção dos substratos energéticos (ATP, fosfocreatina e glicogênio muscular) e acumulação de metabólitos (ácido lático e fosfato inorgânico).
(E) depleção dos substratos energéticos (ATP, fosfocreatina e glicogênio muscular) e alterações endócrinas.

14. (EXAME 2004)

Indivíduo sedentário, 42 anos, com 24% de gordura corporal, índice de massa corporal (IMC) de 28, pressão arterial em repouso com valores de 144/90 mmHg, resposta hipertensiva ao esforço, VO_2máx de 34 ml/kg/min, manifestação de angina *pectoris* e não fumante. Para atender a esse aluno, o profissional de Educação Física deve

(A) dar orientação alimentar para redução do excesso de peso e da hipertensão; recomendar exercícios aeróbios três vezes na semana; indicar exames complementares para aprofundar o histórico dos problemas cardiovasculares.
(B) confirmar o estado de obesidade moderada; recomendar qualquer atividade física no mínimo três vezes na semana durante 30 minutos; orientar para os riscos do tabagismo.
(C) atentar para a ineficácia da medida de IMC; fornecer orientação alimentar para redução da pressão arterial; recomendar exercícios aeróbios de baixa intensidade no mínimo três vezes na semana.
(D) atentar para o alto risco de doenças cardiovasculares; programar exercícios físicos aeróbios com duração entre 20 a 60 minutos e de força dinâmica, no mínimo três vezes na semana; recomendar a procura de outros profissionais da saúde.
(E) investigar possíveis causas de problemas cardiovasculares; programar exercícios físicos aeróbios com duração de 20 a 60 minutos e de força dinâmica, no mínimo três vezes na semana; indicar medicamento apropriado para redução da pressão arterial.

QUESTÃO DISCURSIVA

1. (EXAME 2007) DISCURSIVA

Um profissional de educação física compareceu a uma entrevista de emprego em uma instituição pequena, com poucos recursos e que presta atendimento a pessoas portadoras de necessidades especiais. Entre as estratégias de seleção, foi-lhe solicitado que descrevesse uma atividade adequada às necessidades especiais típicas de pessoas com paraplegia, incluindo, necessariamente, nessa descrição: **objetivo, recursos materiais e desenvolvimento.**

Supondo-se na condição desse profissional, elabore sua resposta ao que foi solicitado.

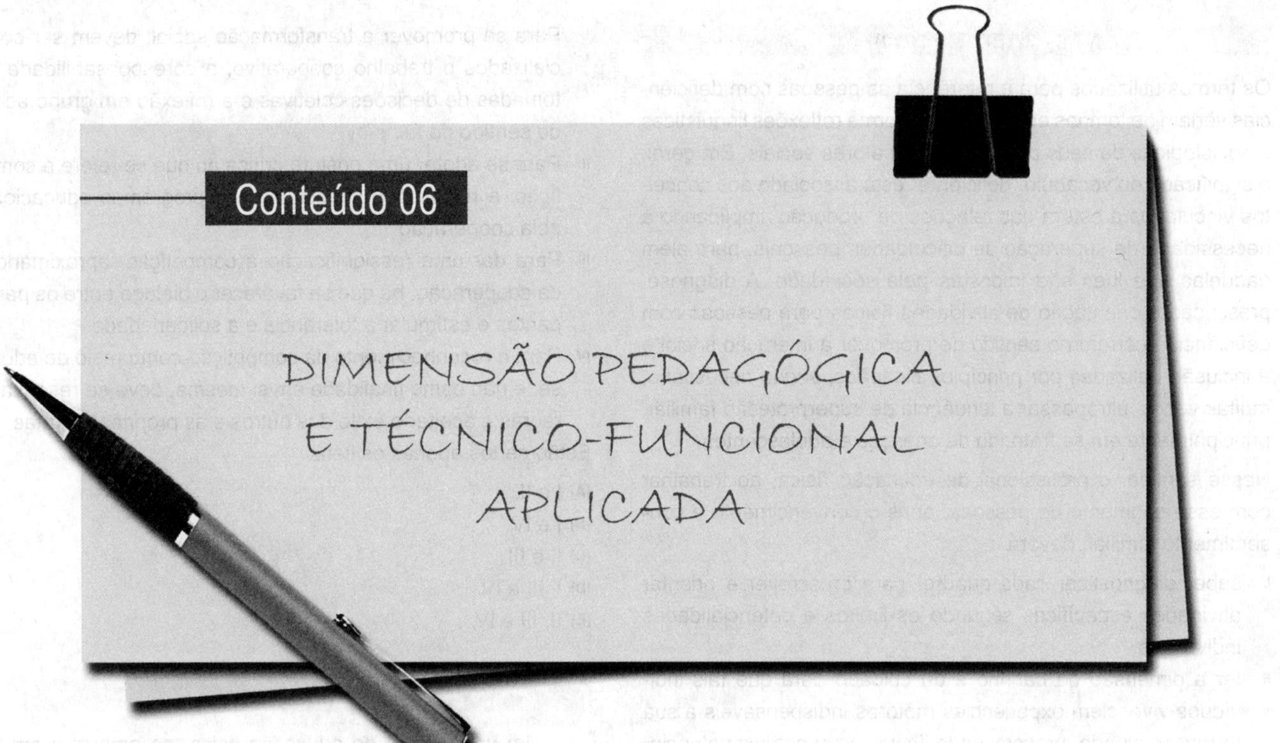

Conteúdo 06

DIMENSÃO PEDAGÓGICA E TÉCNICO-FUNCIONAL APLICADA

1. (EXAME 2010)

Um profissional de educação física é coordenador técnico de um centro de atividades físicas em uma empresa industrial de pequeno porte. Segundo os resultados das avaliações físico-funcionais, 40% dos empregados apresentaram queixas relacionadas a lombalgias e cansaço nos membros inferiores. Esses resultados demonstram, ainda, que os referidos empregados atuam na área administrativa e trabalham, na maior parte do tempo, sentados, além de serem sedentários. Incumbido de elaborar, para a área de medicina do trabalho, uma síntese dos resultados dessas avaliações e propostas de ações preventivas, o profissional precisa

I. apresentar detalhadamente os resultados das avaliações de cada empregado da empresa.
II. apresentar os resultados globais das avaliações com um tratamento estatístico adequado.
III. buscar referências na literatura científica sobre o problema em empresas do mesmo segmento.
IV. propor obrigatoriedade para todos os empregados frequentarem o estúdio regularmente.
V. buscar dados atualizados sobre os custos desses acometimentos em empresas semelhantes.

Tomando como base essa situação hipotética, assinale a alternativa que congrega as decisões que aumentariam a credibilidade das informações apresentadas pelo profissional.

(A) I, II e III.
(B) I, II e IV.
(C) I, IV e V.
(D) II, III e V.
(E) III, IV e V.

2. (EXAME 2010)

O conjunto de ações de um profissional de educação física deve contemplar as particularidades de sua clientela de modo a fazer com que, além de motivada e participativa, tenha a percepção dos valores relacionados à saúde envolvidos, criando neles uma sensação de que há algo a fazer (...). Com isso, e considerando o papel da educação física no âmbito da terceira idade enquanto fator gerador de mudanças de atitude, é fundamental propiciar aos idosos o acesso a experiências que os levem a empreender mudanças em suas vidas.

FARIAS, E. A Educação Física como Veículo de Acesso à Saúde. *In:* VARGAS, A.; PIMENTEL, F.; LAMES, C. **Questões do esporte**. Rio de Janeiro: LECSU, 2008, p. 73-74.

Com base nas assertivas contidas no fragmento acima, conclui-se que, para contribuir com a melhoria do estilo de vida, ao planejar programas de atividades/exercícios físicos orientados a idosos, deve-se ter como intenção pedagógica promover o aumento de

I. massa magra e a redução da gordura corporal.
II. nível de aptidão física e da hipertrofia muscular.
III. interesse por diversificados hábitos e práticas saudáveis.
IV. participação em novos grupos sociais, acompanhada de práticas saudáveis.

É correto apenas o que se afirma em

(A) I e II.
(B) I e III.
(C) III, IV.
(D) I, II e IV.
(E) II, III e IV.

3. (EXAME 2010)

Os termos utilizados para a referência às pessoas com deficiências variam de tempos em tempos conforme reflexões linguisticas e sociológicas de seus protagonistas e atores sociais. Em geral, o significado do vocábulo “deficiente” está associado aos conceitos vinculados à esfera das relações de produção, implicando a necessidade de superação de dificuldades pessoais, para além daquelas que lhes são impostas pela sociedade. A diagnose, prescrição e orientação de atividades físicas para pessoas com deficiência ocorrem no sentido de promover a interação social e a inclusão balizadas por princípios cidadãos, sendo necessário, muitas vezes, ultrapassar a tendência de superproteção familiar, principalmente em se tratando de crianças e adolescentes.

Nesse sentido, o profissional de educação física, ao trabalhar com esse segmento de pessoas, após o convencimento e consentimento familiar, deverá

I. saber diagnosticar cada quadro, para prescrever e orientar atividades específicas segundo os limites e potencialidades individuais.

II. ter a dimensão do carinho e do cuidado para que tais indivíduos vivenciem experiências motoras indispensáveis à sua formação cidadã, prescrevendo limites às eventuais potencialidades.

III. ter a consciência dos direitos e deveres das pessoas deficientes, condição que consubstancia a construção de uma sociedade democrática de direito.

IV. considerar a existência de necessidade de superação e, portanto, de fazer com que cada indivíduo ultrapasse os seus limites, posto ser esta uma forma incontestável de reconhecimento social.

São corretas apenas as afirmações

(A) I e II.
(B) I e III.
(C) III e IV.
(D) I, II e IV.
(E) II, III, e IV.

4. (EXAME 2007)

A competição esportiva implica contradições. Por um lado, representa um estímulo à superação, favorece o esforço contínuo, a perseverança, a melhora da satisfação pessoal e o controle emocional, beneficia a motivação dos praticantes e as relações pessoais. Por outro lado, pode provocar rivalidade, hierarquia, seleção e exclusão, gerar estereótipos e favorecer o individualismo entre os participantes. Acerca do dilema do profissional de educação física em sua intervenção, no que tange à competição, julgue os itens que se seguem.

I. Para se promover a transformação social, devem ser potencializados o trabalho cooperativo, a coresponsabilidade nas tomadas de decisões coletivas e a reflexão em grupo acerca do sentido do *fair play*.

II. Para se adotar uma postura crítica no que se refere à competição, é necessário substituí-la nos programas educacionais pela cooperação.

III. Para dar uma ressignificação à competição, aproximando-a da cooperação, há que se favorecer o diálogo entre os participantes e estimular a tolerância e a solidariedade.

IV. Para o reconhecimento da competição como meio de educar-se, e não como finalidade em si mesma, deve-se respeitar as regras e aceitar o êxito dos outros e as próprias derrotas.

Estão certos apenas os itens

(A) I e II.
(B) I e IV.
(C) II e III.
(D) I, III e IV.
(E) II, III e IV.

5. (EXAME 2007)

Um profissional de educação física, no ambiente em que trabalha, diagnostica o grande interesse dos jovens pelas práticas corporais divulgadas na mídia impressa e nos programas de televisão que indicam dietas, medicamentos, cremes, peças de vestuário, calçados e aparelhos de musculação de última geração, que prometem que a pessoa atinja, em tempo reduzido, um corpo nos padrões divulgados como ideais pela mídia.

O profissional, então, sente-se desafiado a satisfazer essa demanda e, ao mesmo tempo, promover a capacidade crítica desses jovens.

Considerando-se as alternativas do fazer pedagógico diante do desafio dessa situação hipotética, como o profissional de educação física pode favorecer o desenvolvimento da crítica dos jovens às relações ideológicas entre corpo, subjetividade e cultura de consumo?

(A) Comparando as principais vantagens dos métodos de emagrecimento comumente divulgados nas revistas de grande circulação.
(B) Identificando as barreiras que impedem os jovens de experimentar as práticas corporais que sempre aparecem na televisão.
(C) Comentando as características de novos equipamentos esportivos destacadas pelas propagandas para a prática de exercícios.
(D) Reconhecendo os conflitos de interesse existentes dentro do grupo em relação ao corpo e verificando a melhor maneira de harmonizá-los.
(E) Debatendo vantagens e desvantagens das atividades corporais associadas com o conhecimento de si e de sua realidade social.

6. (EXAME 2007)

Um profissional de educação física, tendo sido designado para atuar em uma instituição, verificou que, no bairro em que esta se localiza, viviam pessoas de diferentes culturas e orientações religiosas. Ao desenvolver um conteúdo de atividade corporal em que posições invertidas e rolamentos eram auxiliados pelo contato físico de companheiros, alguns participantes se negaram a aderir à atividade por não admitirem tocar ou serem tocados pelos parceiros.

Diante dessa situação hipotética, que procedimento deveria ser adotado pelo referido profissional?

(A) Argumentar com os alunos que o contato físico é indispensável para a realização desses movimentos com segurança e que o corpo representa uma linguagem universal de comunicação; em seguida, cobrar a participação de todos na atividade.

(B) Mudar a atividade, escolhendo outra em que o toque surja disfarçadamente, para mostrar aos participantes que aquele espaço de atividades é um laboratório de relacionamento social que ocasiona choques culturais nem sempre relevantes.

(C) Exigir a participação de todos na atividade que consta do planejamento, para reforçar a posição de que o ambiente esportivo deve ser um espaço isento de crenças e preconceitos vinculados ao corpo.

(D) Elogiar a disposição de cooperar dos alunos que fazem a segurança na atividade, esperando que esse comportamento resolva o problema da autoexclusão.

(E) Mudar a atividade, escolhendo outra que facilite a integração e a tolerância a diferenças, pautando a intervenção em uma postura de respeito à diversidade de costumes e valores.

7. (EXAME 2007)

Em artigo científico em que divulgou os resultados de um programa nacional de avaliação do desenvolvimento de crianças e jovens, o coordenador de uma equipe de profissionais de educação física fez uma análise das implicações dos resultados da pesquisa para a prática profissional.

Com base nessa situação hipotética, julgue se os itens a seguir, que correspondem a possíveis ações dos membros da equipe de profissionais citada, estão de acordo com os princípios gerais do desenvolvimento motor.

I. Ampliar o acesso das crianças e dos jovens às atividades corporais, já que parte dos *deficits* no desenvolvimento está relacionada com a insuficiência de estímulos oferecidos pelo ambiente.

II. Oferecer atividades corporais diversificadas e variadas, uma vez que crianças que apresentam *deficits* em algumas habilidades podem não apresentá-los em outras.

III. Evitar intervenções especializadas, pois, nas fases iniciais, as crianças apresentam pequenas diferenças entre si e suas habilidades motoras básicas seguem um padrão maturacional definido.

IV. Concentrar a atuação nas atividades já aprendidas, haja vista que o ritmo das aquisições motoras diminui após os 18 anos, e que as pessoas, após certa idade, perdem a capacidade de desenvolver novas habilidades corporais.

Estão certos apenas os itens

(A) I e II.

(B) I e IV.

(C) II e III.

(D) I, III e IV.

(E) II, III e IV.

8. (EXAME 2007)

Analise as asserções a seguir, relativas a postura corporal.

A avaliação da postura corporal deve levar em consideração a influência dos padrões estéticos determinados pela cultura

PORQUE

os critérios utilizados para definição de uma boa postura corporal são padronizados de acordo com os princípios cinesiológicos e devem ser aplicados a todos indistintamente.

Assinale a opção correta acerca dessas afirmações.

(A) As duas asserções são proposições falsas.

(B) A primeira asserção é uma proposição verdadeira, e a segunda é uma proposição falsa.

(C) A primeira asserção é uma proposição falsa, e a segunda é uma proposição verdadeira.

(D) As duas asserções são proposições verdadeiras, mas a segunda não é uma justificativa correta da primeira.

(E) As duas asserções são proposições verdadeiras, e a segunda é uma justificativa correta da primeira.

9. (EXAME 2007)

Na 57ª Assembleia da Organização Mundial da Saúde (OMS), realizada em 2004, foi aprovado o documento **Estratégia global em alimentação saudável, atividade física e saúde**. Nos princípios para a ação estabelecidos nesse documento, estão definidas as responsabilidades dos governos dos estados membros em relação às políticas multissetoriais para promover a atividade física, entre elas as de formular e rever políticas públicas que garantam a integração da atividade física na vida cotidiana, com vistas a impulsionar a mudança nos setores relacionados com transporte, segurança, trabalho, saúde e educação.

Para cumprir as orientações da OMS mencionadas acima, subscritas pelo governo brasileiro, um profissional de educação física que atue como um gestor de políticas públicas deve contatar

I. os responsáveis pelas políticas de transporte, no sentido de proporcionar incentivos para o uso de meios de locomoção não motorizados.

II. os responsáveis pelas políticas de trabalho, para favorecer a realização de atividades físicas e de lazer associadas ao ambiente laboral.

III. as lideranças comunitárias, para discutir condições de segurança e melhorar a aceitação de atividades ao ar livre que concretizem o conceito de esporte para todos.

IV. o responsável pelas políticas de turismo, para incentivar a comercialização de pacotes voltados para a prática de esportes de aventura.

Estão certos apenas os itens

(A) I e III.

(B) I e IV.

(C) II e IV.

(D) I, II e III.

(E) II, III e IV.

10. (EXAME 2007)

Considere-se que um profissional de educação física esteja comprometido com o resgate de jogos populares e que reconheça o significado de tais atividades para a formação do ser humano. Esse profissional, para sistematizar práticas pedagógicas que valorizam a tradição e a cultura local, faz reflexões acerca da intervenção docente, investigando o contexto educativo. Nesse sentido, que atividade, entre as apresentadas nas opções abaixo, favorece a consolidação da identidade cultural e o enriquecimento do repertório de movimentos de crianças e jovens?

(A) Organizar campeonatos de jogos populares, premiando com medalhas e troféus aqueles que apresentaram melhor desempenho.

(B) Pesquisar jogos típicos de outros cenários culturais e diagnosticar convergências e divergências entre eles e os da cultura local.

(C) Fazer um levantamento do interesse dos alunos por uma prática corporal específica para adotá-la como a atividade a ser desenvolvida durante o semestre.

(D) Pesquisar jogos entre membros idosos da comunidade e organizar essa memória lúdica em festivais de vivência desses jogos tradicionais.

(E) Incentivar a prática do xadrez entre pais, avós e jovens com vistas a reforçar o elo de tradição entre famílias.

11. (EXAME 2007)

Considerando o planejamento educacional como uma ferramenta estratégica para subsidiar a busca de alternativas para a solução dos problemas vivenciados na intervenção do profissional de educação física que trabalha com uma turma de atividades esportivas, assinale a opção correta.

(A) Se o profissional pretende favorecer a aprendizagem dos participantes, deve evitar conciliar dois objetivos antagônicos: a diversificação das possibilidades gerais de movimento e a oportunidade de aperfeiçoamento das habilidades específicas.

(B) Se o profissional tem por objetivo contribuir para a ressignificação dos conhecimentos por parte dos participantes, ele deve utilizar uma concepção educativa com foco no processo ensino-aprendizagem.

(C) Se o profissional não dispõe de recursos materiais adequados, ele deve substituir as aulas práticas por teóricas, aguardando até que as condições precárias de trabalho sejam modificadas.

(D) Se o profissional assume, nos objetivos, o compromisso com a formação de atitudes, ele deve enfatizar a transmissão de conteúdos informativos acerca das qualidades corporais e a utilização de testes que indiquem a melhoria da aptidão física.

(E) Se o profissional assume uma postura de diretividade pedagógica na definição dos objetivos, ele deve ouvir os interesses dos participantes e atendê-los plenamente.

12. (EXAME 2007)

Uma organização não governamental que atua junto a uma comunidade em estado de vulnerabilidade social e econômica recebeu doações para a criação de projeto de iniciação esportiva de crianças e jovens como forma de desenvolvimento social, de melhoria da qualidade de vida e de diminuição dos índices de violência física e simbólica. Essa educação pelo esporte, que visa à formação cidadã de seus participantes, implicou a instituição de um grupo multidisciplinar de atuação, formado por profissionais de educação física, nutrição, fisioterapia, psicologia e serviço social. Nessa situação, qual deve ser a ação principal do profissional de educação física que desempenhe o papel de coordenador desse projeto?

(A) Estabelecer índices de rendimento atlético como condição essencial para permanência dos participantes no projeto.

(B) Produzir conhecimento útil por meio de pesquisas científicas para tomar decisões relativas à manutenção do projeto e a eventuais reformulações deste.

(C) Treinar, em competições, as equipes esportivas representantes do projeto para garantir resultados esportivos satisfatórios.

(D) Articular os saberes produzidos pela equipe multiprofissional para integrar a formação esportiva à formação da cidadania.

(E) Ministrar sessões de práticas esportivas para diminuir a violência e favorecer o desenvolvimento dos jovens como cidadãos.

13. (EXAME 2007)

Analise as asserções a seguir, relativas a atividades físicas executadas por idosos. O uso de uma tabela de percepção subjetiva de esforço por idosos ativos com uma experiência esportiva anterior é essencial para diminuir o risco de fadiga precoce

PORQUE

o idoso, com o auxílio de recursos que ampliem a percepção do próprio corpo, desenvolve estratégias de autocontrole da intensidade de uma atividade física aeróbica.

Assinale a opção correta acerca dessas afirmações.

(A) As duas asserções são falsas.

(B) A primeira asserção é uma proposição verdadeira, e a segunda é uma proposição é falsa.

(C) A primeira asserção é uma proposição falsa, e a segunda é uma proposição verdadeira.

(D) As duas asserções são proposições verdadeiras, mas a segunda não é uma justificativa correta da primeira.

(E) As duas asserções são verdadeiras, e a segunda é uma justificativa correta da primeira.

14. (EXAME 2004)

Um professor irá treinar todos os seus alunos, de 15 anos de idade, para participarem de uma competição estudantil de atletismo. Numa de suas aulas ele programou que as atividades principais serão: jogos de estafeta durante 20 minutos e, posteriormente, um treinamento sob a forma intervalada, onde os alunos correrão dez vezes a distância de 50 m para aproximadamente 90% do tempo máximo individual, com um intervalo entre as repetições de 40 segundos. A aula conduzida desse modo poderá preparar os alunos que correrão as provas de

(A) 5000 m, uma vez que, na totalidade, a aula trabalha prioritariamente o sistema aeróbio.

(B) 3000 m com obstáculos, pois nas estafetas poderão ser trabalhados os saltos dos obstáculos.

(C) 800 m, pois esta prova é mais adequada a adolescentes.

(D) 400 m, pois a aula trabalha prioritariamente o sistema anaeróbio lático.

(E) 100 m rasos, pois a aula trabalha prioritariamente o sistema anaeróbio alático.

15. (EXAME 2004)

Milton Santos, ao se referir às relações entre o lazer e o trabalho no mundo atual, comenta que:

"As pessoas não se divertem, são objetos de diversão. É preciso resgatar o lazer criativo e popular, que gera solidariedade e trabalho [...]. A diversão é produzida, reproduzida, e as pessoas são convocadas a consumi-la. Houve uma domesticação do gosto, impondo ou reforçando imagens de um mundo ou do outro. Esse 'lazer industrializado' faz com que as pessoas não vejam o mundo real, mas o mundo como dizem que é."

Com base no texto acima, propor uma prática que concorde com esta reflexão significa:

I. tornar obrigatórias as atividades esportivas e/ou de ginástica laboral dentro das empresas de indústria e comércio;

II. propor políticas públicas para promoção do lazer em suas múltiplas possibilidades (autonomia, instalações, tempo livre);

III. racionalizar o custo de produtos de entretenimento e lazer para que a população possa consumi-los;

IV. possibilitar a criação de atividades para promoção de práticas culturais regionais.

Estão corretas somente as afirmativas

(A) I e II.

(B) I e IV.

(C) II e III.

(D) II e IV.

(E) III e IV.

16. (EXAME 2004)

As lutas são um conteúdo da Educação Física a ser desenvolvido pelos professores nas suas atividades em diferentes locais, como academias, clubes, escolas, etc. Embora não sejam um objeto de estudo exclusivo da Educação Física, têm sido elemento constante de tal campo de atuação. Por outro lado, as lutas têm sido alvo de severas críticas, especialmente em virtude do desenvolvimento dos chamados *pit boys* (rapazes que se utilizam do aspecto físico e técnico das artes marciais para praticarem atos de violência). Neste sentido, aulas e treinamentos podem ser um espaço de contribuição para formação educacional e físico-técnica do aluno, cabendo ao professor

(A) estimular a tolerância e a convivência, mantendo a exclusividade do direito de ministrar aulas de artes marciais.

(B) permitir à população, embora restritamente, conforme o desempenho atlético, o acesso às aulas de artes marciais.

(C) traçar um perfil sociométrico e psicológico de seus alunos para aferir a possibilidade de um deles tornar-se um *pit boy*.

(D) facilitar a inserção social da população, estimulando-a a praticar artes marciais para aprender a se defender quando sofrer um ato de violência.

(E) facilitar a inserção social dos excluídos, inclusive os que têm comportamento agressivo, e utilizar suas aulas para estimular, além do desempenho atlético, a sociabilidade.

17. (EXAME 2004)

Ao matricular-se nas aulas de alongamento de um projeto social da prefeitura de sua cidade, Ana, de 45 anos, foi submetida a um processo de avaliação inicial. Este procedimento busca investigar

(A) a presença de fatores de risco cardiovasculares e realizar a montagem dos treinos.

(B) a presença de fatores de risco para doenças hipocinéticas e identificar o estado atual da condição física do indivíduo.

(C) a presença de fatores de risco para doenças hipocinéticas e realizar a montagem dos treinos.

(D) a presença de obesidade e verificar os objetivos da aluna no que se refere aos padrões estéticos.

(E) o valor do VO_2 máx., limiar anaeróbio e frequencia cardíaca máxima, além de realizar a montagem dos treinos.

Considere o enunciado abaixo para responder às duas questões seguintes.

De acordo com os Parâmetros Curriculares Nacionais, Terceiro e Quarto Ciclos do Ensino Fundamental, qual a atitude que o Professor de Educação Física deve tomar quando em suas aulas identifica alunos portadores de necessidades especiais?

18. (EXAME 2004)

Garantidas as condições de segurança, o professor deve fazer adaptações e criar situações de modo a possibilitar a participação de todos os alunos

PORQUE

é necessário incluí-los em turmas especiais, organizadas considerando as várias deficiências, nas quais possam ser mais bem atendidos.

A esse respeito, pode-se concluir que

(A) as duas afirmações são verdadeiras e a segunda justifica a primeira.

(B) as duas afirmações são verdadeiras e a segunda não justifica a primeira.

(C) as duas afirmações são falsas.

(D) a primeira afirmação é verdadeira e a segunda é falsa.

(E) a primeira afirmação é falsa e a segunda é verdadeira.

19. (EXAME 2004)

Os alunos portadores de necessidades especiais devem ser dispensados das aulas de Educação Física

PORQUE

é mais seguro encaminhá-los a instituições especializadas para que sejam atendidos por professores adequadamente preparados para lidar com cada tipo de deficiência.

A esse respeito, pode-se concluir que

(A) as duas afirmações são verdadeiras e a segunda justifica a primeira.

(B) as duas afirmações são verdadeiras e a segunda não justifica a primeira.

(C) as duas afirmações são falsas.

(D) a primeira afirmação é verdadeira e a segunda é falsa.

(E) a primeira afirmação é falsa e a segunda é verdadeira.

20. (EXAME 2004)

De acordo com Vygotsky (1984), *"as maiores aquisições de uma criança são conseguidas no brinquedo, aquisições que no futuro tornar-se-ão seu nível básico de ação real e de moralidade"* (p. 14).

Seguindo a perspectiva desenvolvida por Vygotsky, deve-se considerar jogo como atividade que:

I. responde à demanda da sociedade em que vivem as crianças e da qual devem chegar a ser membros ativos;

II. utiliza uma série de faculdades como a percepção, a memória, o pensamento e a imaginação;

III. é imaginária e criada pela criança ao brincar;

IV. possui sentidos e significados fixos.

Estão corretos somente os itens

(A) I e II.

(B) II e III.

(C) II e IV.

(D) I, II e III.

(E) I, III e IV.

21. (EXAME 2004)

Um professor de Educação Física de uma turma de Ensino Médio encontra-se diante de um problema de avaliação. Seus alunos apresentam diferentes níveis de desempenho físico-técnico nas atividades realizadas durante o bimestre. Diante de tal situação, cabe ao professor, pedagogicamente,

(A) aplicar testes padronizados, pois assim estaria demonstrando uma postura objetiva, ou seja, de neutralidade, em que todos receberiam o mesmo tratamento.

(B) considerar o ponto de partida de cada um no início do bimestre, sem desprezar os avanços daqueles que já começaram com desempenho mais elevado.

(C) avaliar teoricamente, através de provas escritas/orais, porém sem considerar tal procedimento na média final, pois os conteúdos desenvolvidos tiveram caráter físico-esportivo.

(D) considerar a frequencia às aulas como o único parâmetro avaliativo, em se tratando de uma disciplina que não pode ser ministrada a distância.

(E) valorizar o empenho nas aulas, cultivando o individualismo e a competitividade, pois a Educação Física não pode contrariar os valores dominantes da sociedade.

QUESTÕES DISCURSIVAS

1. (EXAME 2010) DISCURSIVA

Suponha que um grupo de pessoas idosas busque programas de atividades físicas para melhorar sua qualidade de vida e seu bem-estar. Elas aderem ao Projeto Vida Saudável e são submetidos a um processo de avaliação, para posterior prescrição dos exercícios.

Na qualidade de profissional responsável pelas atividades do Projeto, redija um texto dissertativo acerca da metodologia que você adotaria para a prescrição dos exercícios, descrevendo os seguintes aspectos:

a) um procedimento de avaliação funcional; **(valor: 5,0 pontos)**

b) um procedimento de prescrição de exercício físico. **(valor: 5,0 pontos)**

2. (EXAME 2010) DISCURSIVA

Relatos de dores na coluna lombar têm sido cada vez mais frequentes entre praticantes e não praticantes de exercícios físicos regulares. Segundo estudos da Universidade de West Virginia, nos Estados Unidos da América, e do Instituto de Ciências Biomédicas, da Universidade de São Paulo, realizar exercícios físicos pelo menos duas vezes por semana contribui para amenizar dores na região lombar.

Considerando as ideias expressas acima, redija um texto dissertativo que contemple os seguintes aspectos:

a) as possíveis causas de dores nas costas; **(valor: 5,0 pontos)**

b) os cuidados que devem ser tomados em relação à prescrição de exercícios físicos para pessoas que apresentem queixa de dor lombar. **(valor: 5,0 pontos)**

3. (EXAME 2007) DISCURSIVA

O Dia Mundial Sem Carro mobiliza, neste ano, cerca de 1,8 mil cidades em todo o mundo, segundo a organização não governamental Instituto da Mobilidade Sustentável Rua Viva, que coordena, no Brasil, a 7ª Jornada Na Cidade Sem Meu Carro, promovida pelo Ministério das Cidades.

Dia Mundial sem Carro mobiliza 1,8 mil cidades

O Brasil está engajado desde 2001 na campanha, iniciada um ano antes a partir da preocupação de países europeus com a qualidade de vida e os problemas ambientais gerados pelo crescimento da utilização de automóveis.

Folha de S. Paulo *online*. Internet: <www.tools.folha.com.br> (com adaptações).

Na hipótese de difusão da concepção do Dia Mundial Sem Carro em outras cidades brasileiras, a realização de um programa cultural intitulado Cidade Sem Carro exigirá dos profissionais de educação física uma intervenção criticamente situada para dinamizar os espaços urbanos disponibilizados para a população. Nessa perspectiva, proponha uma atividade da cultura corporal, focalizando os seguintes aspectos:

- o caráter inclusivo dessa atividade, para que possa ser realizada com a população em geral;
- a relação da atividade proposta com os princípios da qualidade de vida e da sustentabilidade socioambiental. **(valor: 10 pontos)**

Capítulo X

Questões de componente específico de Tecnologia em Gestão Hospitalar

1) Conteúdos e Habilidades objetos de perguntas nas questões de Componente Específico.

As questões de Componente Específico são criadas de acordo com o curso de graduação do estudante.

Essas questões, que representam ¾ (três quartos) da prova e são em número de 30, podem trazer, em Tecnologia em Gestão Hospitalar, dentre outros, os seguintes **Conteúdos**:

a) Planejamento, organização e gestão de processos: cenários e ambiente de negócios em saúde, mudança organizacional, modelo de gestão de organizações de saúde, indicadores de eficiência, eficácia e efetividade da gestão, gestão de pessoas, de recursos financeiros, físicos e materiais, sistema de informação e visão sistêmica em saúde.

b) Organização e controle de processos de compras, custos, áreas de apoio e logística: custos em saúde, orçamento, logística em saúde, controle de estoques, hotelaria hospitalar, serviço de nutrição e dietética, dispensário de medicamentos (farmácia) e noções básicas de contabilidade aplicada á gestão.

c) Supervisão de contratos e convênios: gestão de contratos, compras e desenvolvimento de

d) fornecedores, técnicas de negociação.

e) Gerenciamento da qualidade da prestação de serviços de saúde: ambiente hospitalar, certificações dos serviços de saúde, indicadores de qualidade.

f) Políticas e Legislação pertinente ao Sistema de Saúde: Constituição Federal de 1988, Direitos do Consumidor, ANVISA, ANS, Lei 8080/90, Lei 8142/90, Normas Operacionais Básicas (NOB), Normas Operacionais de Assistência a Saúde (NOAS), Pacto pela Saúde.

g) Bioética e Humanização em saúde: princípios da Bioética e da Humanização no sistema de saúde, Programa Humaniza SUS, Política Nacional de Humanização.

h) Saúde e Meio Ambiente: Biossegurança e Noções de Epidemiologia.

O objetivo aqui é avaliar junto ao estudante a compreensão dos conteúdos programáticos mínimos a serem vistos no curso de graduação, de forma avançada. Também é avaliado o nível de atualização com relação à realidade brasileira e mundial e às questões jurídicas de maior relevância.

Avalia-se aqui também *competências* e *habilidades*. A ideia é verificar se o estudante desenvolveu as principais **Habilidades** para o profissional de Tecnologia em Gestão Hospitalar, que são as seguintes:

a) Planejar, organizar e gerenciar processos de trabalho em saúde, envolvendo a área de gestão de pessoas, materiais, estrutura, equipamentos, sistemas de informação e recursos financeiros;

b) Organizar e controlar processos de compras e custos, áreas de apoio e logística hospitalar;

c) Acompanhar e supervisionar contratos e convênios;

d) Gerenciar a qualidade e viabilidade dos serviços prestados em organizações de saúde;

e) Conhecer a legislação pertinente ao Sistema de Saúde;

f) Conhecer e implementar Políticas de Saúde;

g) Compreender os processos de humanização e responsabilidade social;

h) Utilizar e avaliar indicadores de desempenho na gestão de organizações de saúde.

Vejamos agora as questões de Componente Específico de Tecnologia em Gestão Hospitalar.

2) Questões de Componente Específico.

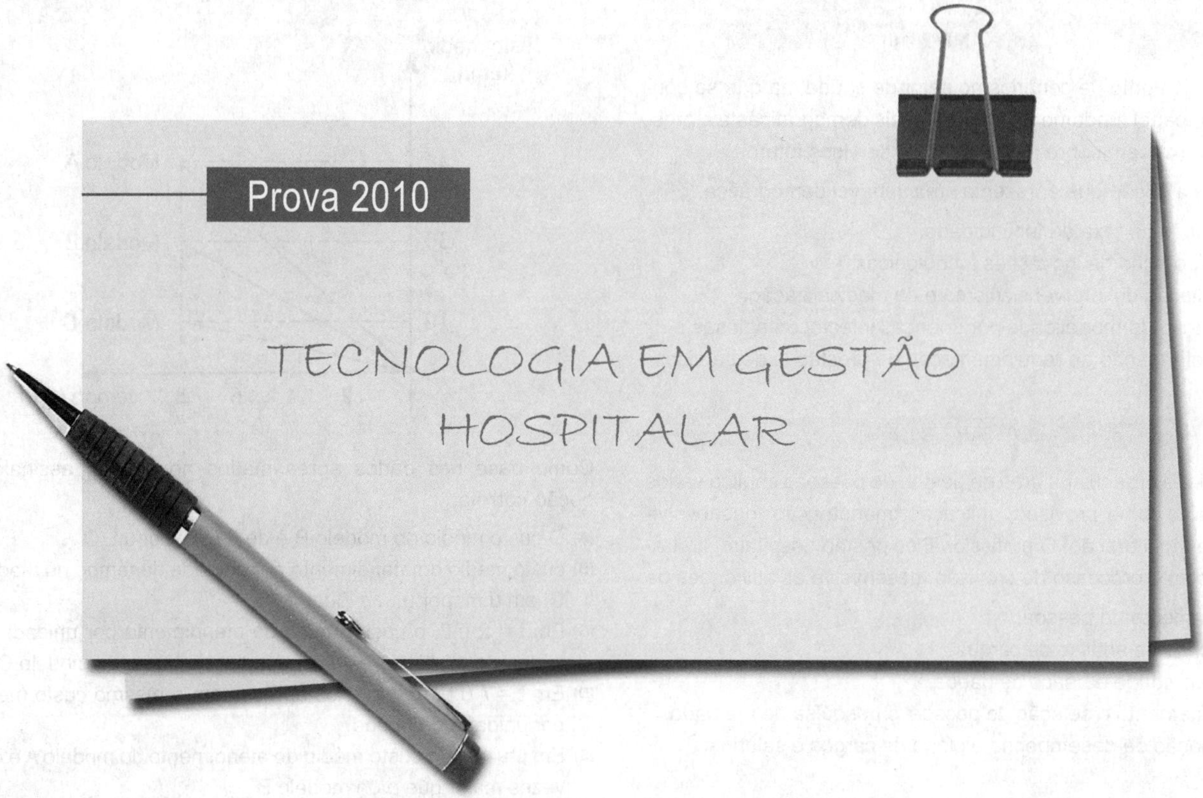

1. (EXAME 2010)

Um grupo empresarial decidiu investir na área da saúde e planeja construir um hospital modelo. Com esse objetivo, foi elaborado o quadro abaixo, com o fluxo de caixa para os cinco primeiros anos do empreendimento.

ano	obra	equipamento (em R$)	projeto de assessoria (em R$)	terreno/outras despesas (em R$)	total de investimentos (em R$)	superávit (em R$)	saldo de caixa (em R$)
-1	15 560	2 320	3 612	3 211	24 703		-24 703
0	12 370	3 580		2 564	18 514		-43 217
1		10 429		1 245	11 674	3 588	-51 303
2						16 976	-34 327
3						26 543	-7 784
4						37 965	30 181
5						42 778	72 959
Total	27 930	16 329	3 612	7 020	54 891	127 850	72 959

Com base nos valores apresentados na tabela, a taxa de retorno do investimento do grupo, em

(A) 18 068.

(B) 54 891.

(C) 69 347.

(D) 72 959.

(E) 127 850.

2. (EXAME 2010)

No planejamento de cenários no setor de saúde, há que se considerar o papel fundamental das variáveis demográficas e a pressão que exercem sobre a prestação de serviços futuros.

Assinale a opção que apresenta uma variável demográfica.

(A) Redução da taxa de fecundidade.
(B) Incorporação de inovações tecnológicas.
(C) Ampliação do intervencionismo e da medicalização.
(D) Redução da mortalidade por doenças infectocontagiosas.
(E) Transformação na regulamentação de prestação de serviços.

3. (EXAME 2010)

Gerenciar e organizar a área de gestão de pessoas implica vários processos, como provisão, aplicação, manutenção, desenvolvimento e monitoração. O profissional de gestão hospitalar, ao trabalhar com o processo de provisão, desenvolve as atividades de

(A) treinamento de pessoal.
(B) descrição e análise de cargos.
(C) produtividade e banco de dados.
(D) recrutamento e seleção de pessoal e pesquisa de mercado.
(E) avaliação de desempenho e plano de cargos e salários.

4. (EXAME 2010)

A direção de um hospital quer introduzir tecnologias de ponta em todos os setores e, para isso, recorre à gestão da comunicação interna. Considerando esse cenário, avalie as afirmativas que se seguem.

I. As mudanças tecnológicas têm impacto sobre as estruturas hierárquicas, os processos de trabalho e os relacionamentos entre os funcionários, e dependem da eficácia na gestão da comunicação interna.
II. A aquisição de novas tecnologias requer uma análise das capacidades cognitivas das equipes de trabalho para que sejam determinadas as estratégias de gestão da comunicação.
III. A aquisição de novas tecnologias está condicionada à modificação na gestão da comunicação entre os funcionários de um mesmo departamento e ã manutenção dos estilos interdepartamentais.
IV. A eficácia da gestão da comunicação interna garante a eficiência nas ações propostas pelo planejamento estratégico, bem como o cumprimento dos prazos.
V. As novas tecnologias geram mudanças nos conceitos de trabalho que serão absorvidas mais rapidamente pelos funcionários que estão há mais tempo na organização.

É correto apenas o que se afirma em

(A) I e II.
(B) I e V.
(C) II e IV.
(D) III e IV.
(E) III e V.

5. (EXAME 2010)

O gráfico abaixo mostra os custos médios de três modelos diferentes de atendimento de certa especialidade, propostos por uma empresa de consultoria em gestão hospitalar. As curvas de custo médio apresentam comportamento linear em função do tempo de atendimento (u.m. - unidades de moeda; u.t. - unidades de tempo).

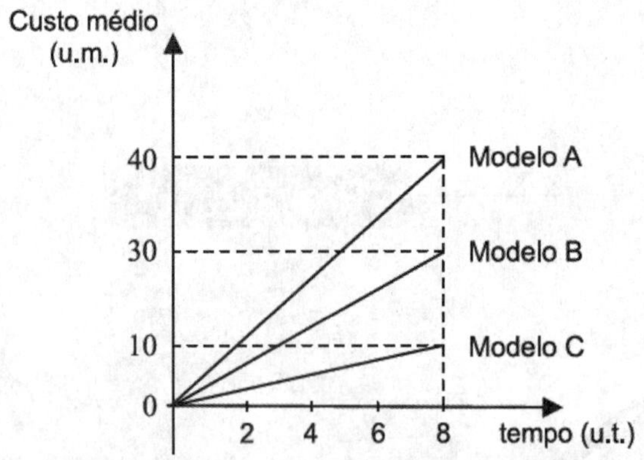

Como base nos dados apresentados no gráfico, assinale a opção correta.

(A) O custo médio do modelo B é de 6 u.m. por u.t. O
(B) custo médio do atendimento por unidade de tempo no modelo C, em u.m. por u.t., é igual a 10.
(C) Em t = 2 u.t., o custo médio do atendimento por unidade de tempo do modelo A é 4 vezes maior do que o do modelo C.
(D) Em t = 7 u.t., os modelos apresentam o mesmo custo médio por unidade de tempo.
(E) Em t = 4 u.t., o custo médio do atendimento do modelo A é dez vezes maior que o do modelo B.

6. (EXAME 2010)

Os estoques das farmácias hospitalares abrigam grande diversidade de produtos, e cada medicamento possui características gerenciais específicas. A demanda por esses produtos é caracterizada por sua alta imprevisibilidade, combinada com o fato de alguns medicamentos serem imprescindíveis, o que torna o gerenciamento desse tipo de estoque uma operação complexa. Nesse contexto, o gestor hospitalar pode

(A) manter os estoques em nível máximo de consumo, de forma a minimizar problemas com a falta de medicamentos críticos.
(B) recorrer a procedimentos de compra adotando a gestão *just in time*, com o objetivo de manter estoque zero e baixar os custos.
(C) manter os estoques em nível mínimo de consumo para todos os medicamentos, para garantir a melhor gestão dos custos.
(D) realizar a padronização dos medicamentos em grupos, levando em conta o custo e a natureza do consumo, com base na gestão *activity based cost*.
(E) recorrer ã especialização do estoque segundo a gestão *supply chain* management, já que os medicamentos não são padronizáveis.

7. (EXAME 2010)

O gestor de uma rede de hospitais afirmou, em reunião administrativa, que a crise econômica mundial não provocou impactos significativos nas finanças dos hospitais da rede no ano de 2009. Para justificar sua análise, elencou três ações realizadas em sua gestão.

I. Estudo prévio da funcionalidade dos equipamentos e do custo/benefício de novas aquisições.
II. Aquisição de novos equipamentos, em substituição àqueles atualmente sem custo de manutenção.
III. Centralização das compras junto a poucos fornecedores, ampliando o poder de negociação da rede.

Quanto à melhoria do processo de compras nessa rede de hospitais, é correto apenas o que se afirma em

(A) I.
(B) II.
(C) III.
(D) I e III.
(E) II e III.

8. (EXAME 2010)

As novas tecnologias fomentam mudanças nas organizações de todos os setores. Essa realidade impõe formas diferentes de gerir os profissionais, visto que, ao se implantarem tecnologias recentes, até as funções mais simples podem parecer complexas aos funcionários acostumados a procedimentos anteriores. Considerando esse contexto, o diretor de uma organização envolvida em processo de aquisição tecnológica deve

I. analisar as competências requeridas pelas novas tecnologias e relacioná-las ao planejamento e desenvolvimento de pessoal.
II. analisar as competências requeridas pelas novas tecnologias e relacioná-las aos processo de seleção de pessoal.
III. adquirir novas tecnologias e avaliar o desempenho das equipes com o objetivo de identificar os mais aptos.
IV. analisar as competências que os funcionários possuem e adquirir as tecnologias inter-relacionadas a essa realidade.

É correto apenas o que se afirma em

(A) I e II.
(B) I e III.
(C) II e III.
(D) II e IV.
(E) III e IV.

9. (EXAME 2010)

De acordo com a Lei n.° 8 080/1990, o art. 33, § 1°, dos recursos financeiros do SUS, na esfera federal, originários da Seguridade Social e de outros orçamentos da União, são administrados pelo(a)

(A) Conselho Nacional de Secretários da Saúde, por meio do Congresso Nacional.
(B) Sistema Único de Saúde, por meio do Fundo Nacional da Saúde.
(C) Congresso Nacional, por meio do Fundo Nacional da Saúde.
(D) Ministério da Saúde, por meio do Fundo Nacional da Saúde.
(E) Conferência da Saúde, por meio do Congresso Nacional.

10. (EXAME 2010)

Amarildo. **Direito à saúde**. Disponível em: <http://miriamsalles.info/wp/?p=3715>. Acesso em: 24 ago. 2010.

A charge de Amarildo destaca um direito do consumidor do sistema de saúde que está relacionado à possibilidade de

(A) obter atendimento ambulatorial e exames em tempo razoável.
(B) ser identificado pelo nome e não de modo genérico ou desrespeitoso.
(C) tomar decisões relacionadas à sua saúde com base em informações adequadas.
(D) escolher o profissional ou o serviço para promoção e recuperação da saúde.
(E) acessar gratuitamente medicamentos para tratar e restabelecer sua saúde.

11. (EXAME 2010)

A direção de um hospital privado implantou um sistema de prescrição de medicamentos que integra a farmácia hospitalar com o atendimento ao paciente nas enfermarias. O sistema funciona a partir do momento em que o médico prescreve o medicamento, que segue para o paciente já embalado na dose correta, evitando desperdícios e possibilitando melhor controle dos estoques. Inicialmente, houve resistência à mudança no processo, mas a direção do hospital manteve-se firme na decisão de implantar o sistema em função da melhoria do fluxo financeiro.

Nessa situação, entre as diversas dificuldades decorrentes da implantação deste sistema, encontram-se

I. resistência às mudanças, o que requer o convencimento dos usuários quanto às funcionalidades oferecidas.
II. integração de sistemas, envolvendo rotinas de prescrição, farmácia, enfermagem e estoques.
III. mudança na área de hotelaria hospitalar devido à forma como os medicamentos agora são ministrados pelo pessoal de enfermagem.
IV. adequação do sistema de fornecimento e compras, o qual passou a funcionar segundo a metodologia *just-in-time*.

É correto o que se afirma em

(A) I e II, apenas.
(B) III e IV, apenas.
(C) I, II e IV, apenas.
(D) II, III e IV, apenas.
(E) I, II, III e IV.

12. (EXAME 2010)

A Portaria MTE n.° 485/2005 versa sobre a NR 32, cujo objeto é segurança e saúde no trabalho em serviços de saúde. A norma considera o risco biológico como sendo a exposição ocupacional a agentes biológicos, que podem ser

I. microrganismos geneticamente modificados.
II. microrganismos não geneticamente modificados.
III. culturas de células.
IV. parasitas.

São agentes citados na referida Portaria

(A) I e II, apenas.
(B) II e III, apenas.
(C) I, III e IV, apenas.
(D) I, II e IV, apenas.
(E) I, II, III e IV.

13. (EXAME 2010)

Entre os desafios da saúde no Brasil, destaca-se a humanização da assistência. Assim, o Programa Humaniza SUS tem como principio norteador

I. desenvolver um conjunto de indicadores de resultado e sistema de incentivo ao tratamento humanizado.
II. estimular com recursos financeiros o máximo de produção realizada pelos operadores da saúde.
III. fortalecer o trabalho em equipe multiprofissional, estimulando a transdisciplinaridade e a grupalidade.
IV. atuar em rede com alta conectividade, de modo cooperativo e solidário, em conformidade com as diretrizes do SUS.

São princípios norteadores do Programa Humaniza SUS apenas os apresentados em

(A) I e II.
(B) I e III.
(C) I e IV.
(D) II e III.
(E) III e IV.

14. (EXAME 2010)

A humanização no ambiente hospitalar não se concretiza se estiver centrada unicamente em fatores motivacionais externos ou no usuário. Um programa de humanização deve ser assumido como um processo de construção participativa que requer respeito e valorização do ser humano. Assim, a humanização exige que o processo seja

I. centrado inicialmente no trabalhador, mediante problematização coletiva da realidade concreta e da construção de relações dialógicas, horizontais e reflexivas.
II. construído pela composição de um espaço de troca entre todos os atores sociais que interagem no mesmo ambiente de trabalho, suprimindo a hierarquia de poder.
III. efetuado segundo normas rigidas de procedimentos e com previsão de punições no caso de não cumprimento dessas normas.
IV. embasado na centralização do poder e realizado por meio da determinação de procedimentos que garantam a postura humanizada junto ao paciente em atendimento.

É correto apenas o que se afirma em

(A) I e II.
(B) I e III.
(C) II e III.
(D) II e IV.
(E) III e IV.

15. (EXAME 2010)

Determinado hospital é muito atuante no que se refere à comissão interna de prevenção de acidentes (CIPA) e tem como princípio seguir rigorosamente as determinações da legislação trabalhista e das normas regulamentadoras. Nesse hospital, há uma enfermeira que vem se negando a usar luvas em suas tarefas diárias, mesmo na manipulação de materiais infectados, alegando que as luvas atrapalham o seu trabalho. Por se recusar a usar esse equipamento de proteção individual (EPI), a enfremeira recebeu uma advertência e, posteriormente uma suspensão por três dias, o que não alterou seu comportamento.

Nessa situação hipotética e de acordo com a legislação vigente, a enfermeira está sujeita a

(A) mudança de função.
(B) demissão por justa causa.
(C) outra suspensão, agora de trinta dias.
(D) punição determinada por decisão democrática da CIPA.
(E) punição determinando sua participação em um novo curso obrigatório de treinamento em EPI's.

16. (EXAME 2010)

A tabela a seguir apresenta dados referentes à situação de morbidade hospitalar nas regiões brasileiras, segundo estatísticas atuais do Ministério da Saúde.

Morbidade Hospitalar do SUS – por local de internação – Brasil

Região	Internações
Total	**918 080**
Região Norte	74 595
Região Nordeste	256 174
Região Sudeste	356 790
Região Sul	156 677
Região Centro-Oeste	73 844

MINISTÉRIO DA SAÚDE. Sistema de Informações Hospitalares do SUS (SIHSUS) - DATASUS. Morbidade Hospitalar do SUS - por local de internação. Disponível em: <http://tabnet.datasus.gov.bricgi>. Acesso em: 29 ago. 2010.

Considerando os dados apresentados, avalie as afirmativas que se seguem.

I. As regiões Norte e Centro-Oeste juntas possuem dados de internação próximos em valor aos da região Sul.
II. A região Sudeste apresenta mais de um terço das internações e, quando somada à região Sul, alcança mais da metade das internações.
III. A região Sudeste, por possuir maior poder econômico, faz mais internações.
IV. A falta de uma política nacional de saúde faz com que o número de internações não seja homogêneo entre as diversas regiões do país.

É correto o que se afirma em

(A) I e II, apenas.
(B) I e III, apenas.
(C) I, III e IV, apenas.
(D) II, III e IV, apenas.
(E) I, II, III e IV.

QUESTÕES DISCURSIVAS

1. (EXAME 2010) DISCURSIVA

O quadro a seguir representa uma avaliação de três projetos em relação a sua previsão e realização. A coluna "previsto" refere-se ao orçamento alocado, e a coluna "realizado" pode ser analisada como os custos previstos *versus* gastos, ou produto/serviço entregue, a partir da realização do projeto.

PROJETO	PREVISTO	REALIZADO
A	100	120
B	100	100
C	100	80

Considerando as informações acima, resolva os itens a seguir.

a) Compare o previsto com o realizado nos três projetos, sob as óticas de custos/gastos e de produto/serviço entregue; **(valor: 6,0 pontos)**

b) Indique o melhor projeto do ponto de vista de custos e o melhor projeto do ponto de vista produto/serviço entregue, justificando sua resposta. **(valor: 4,0 pontos)**

2. (EXAME 2010) DISCURSIVA

O Conselho Nacional de Meio Ambiente (CONAMA) estabeleceu parâmetros para o amplo gerenciamento de resíduos na Resolução n.° 385/2005. Entre outros assuntos, a resolução disciplina sobre estabelecimentos de saúde, veterinárias, estabelecimentos para comercialização de fármacos humanos e animais, funerárias e necrotérios.

Entretanto, os resíduos domiciliares (como lenços e fraldas descartáveis, fezes de animais domésticos, absorventes higiênicos e alimentos perecíveis) contêm, em média, mais microrganismos com potencial patogênico para humanos que os resíduos dos serviços de saúde.

Por isso, alguns críticos afirmam que a Resolução n.° 385/2005 é falha por estar associada somente ã preocupação com grandes riscos, sem especificar o tratamento dos resíduos domésticos. Para esses críticos, as medidas de biossegurança são extremamente falhas em nosso país por não se aplicarem adequadamente a toda a sociedade.

GARCIA, L.P.; ZANETTI-RAMOS, B. G. Gerenciamento dos resíduos de serviços de saúde: uma questão de biossegurança. *In* **Cad. Saúde Pública**, Rio de Janeiro, 20(3):744-752, mai-jun, 2004 (com adaptações).

Considerando as informações acima, redija um texto, com até 15 linhas, abordando os seguintes aspectos:

a) a eficácia das medidas de biossegurança nacional; **(valor: 5,0 pontos)**

b) as críticas referentes ao tratamento de resíduos domésticos no Brasil. **(valor: 5,0 pontos)**

Capítulo XI

Questões de componente específico de Tecnologia em Radiologia

1) Conteúdos e Habilidades objetos de perguntas nas questões de Componente Específico.

As questões de Componente Específico são criadas de acordo com o curso de graduação do estudante.

Essas questões, que representam ¾ (três quartos) da prova e são em número de 30, podem trazer, em Tecnologia em Radiologia, dentre outros, os seguintes **Conteúdos**:

1. Física das Radiações
   a) Átomo
   b) Tipos de radiação
   c) Raios X
   d) Produção de raios X
   e) Fatores que influenciam a produção de raios X
   f) Radioatividade
   g) Elementos radioativos
   h) Decaimento e meia-vidas (física, biológica e efetiva)
   i) Interação da radiação com a matéria
   j) Detectores de radiação
2. Radiobiologia
   a) Radiobiologia celular e molecular
   b) Efeitos imediatos e tardios das radiações ionizantes
3. Proteção Radiológica
   a) Grandezas e unidades dosimétricas
   b) Princípios da Proteção Radiológica
   c) Proteção do paciente, trabalhador e individuo do público
   d) Especificidades da proteção radiológica em pacientes pediátricos e gestantes
   e) Monitoração individual e ambiental
   f) Gestão de Rejeitos Radioativos
   g) Legislação
4. Programas de Garantia de Qualidade
   a) Protocolos de testes de controle de qualidade em:
      1) Radiodiagnóstico
      2) Radioterapia
      3) Medicina Nuclear
5. Radiografia convencional, digital e computadorizada
   a) Equipamentos e suas especificidades
   b) Formação da imagem
   c) Técnicas, protocolos e posicionamentos
   d) Meios de contraste, suas aplicações e reações adversas
6. Radiologia odontológica (Intra e Extra oral)
   a) Equipamentos e suas especificidades
   b) Técnicas, protocolos e posicionamentos
7. Mamografia convencional, digital e computadorizada
   a) Equipamentos e suas especificidades
   b) Formação da imagem
   c) Técnicas, protocolos e posicionamentos

8. Tomografia computadorizada
   a) Equipamentos e suas especificidades
   b) Formação da imagem
   c) Técnicas, protocolos e posicionamentos
   d) Meios de contraste, suas aplicações e reações adversas
   e) Processamento digital de imagens
9. Radiologia Intervencionista
   a) Fluoroscopia
   b) Equipamentos e suas especificidades
   c) Meios de contraste aplicações e reações adversas
   d) Processamento digital de imagens
   e) Formação da imagem
   f) Técnicas, protocolos e posicionamentos
10. Densitometria Óssea
    a) Equipamentos e suas especificidades
    b) Técnicas, protocolos e posicionamentos
11. Ultrassonografia
    a) Equipamentos e suas especificidades
    b) Princípios físicos
    c) Formação da imagem
12. Ressonância magnética
    a) Equipamentos e suas especificidades
    b) Formação da imagem
    c) Técnicas, protocolos e posicionamentos
    d) Segurança em Campos Magnéticos Intensos
    e) Meios de contraste aplicações e reações adversas
13. Medicina Nuclear
    a) Radiofármacos
    b) Equipamentos e suas especificidades
    c) Técnicas, protocolos e procedimentos
14. Radioterapia
    a) Fontes radioativas
    b) Equipamentos e suas especificidades
    c) Técnicas, protocolos e procedimentos
15. Anatomia e Fisiologia Humana
    a) Cabeça e pescoço
    b) Sistema músculo-esquelético
    c) Sistema digestório
    d) Sistema circulatório
    e) Sistema nervoso
    f) Sistema urinário
    g) Sistema cardiovascular
    h) Sistema respiratório
    i) Sistema linfático
    j) Sistema reprodutor feminino e mama
    k) Sistema reprodutor masculino

16. Radiologia Industrial
    a) Equipamentos e suas especificidades
    b) Ensaios não destrutivos
    c) Técnicas e procedimentos
17. Gestão de Serviços Radiológicos
18. Informática Aplicada
    a) Programas de gerenciamento da informação hospitalar (RIS)
    b) Sistemas de arquivamento e comunicação de imagens digitais.
    c) Processamento de Imagens Digitais

O objetivo aqui é avaliar junto ao estudante a compreensão dos conteúdos programáticos mínimos a serem vistos no curso de graduação, de forma avançada. Também é avaliado o nível de atualização com relação à realidade brasileira e mundial e às questões jurídicas de maior relevância.

Avalia-se aqui também *competências* e *habilidades*. A ideia é verificar se o estudante desenvolveu as principais **Habilidades** para o profissional de Tecnologia em Radiologia, que são as seguintes:

1. Aplicar o conhecimento científico de física das radiações nas atividades profissionais nas diversas modalidades da radiologia;
2. Aplicar os conceitos de radiobiologia, segurança e proteção radiológica no desenvolvimento das atividades profissionais;
3. Atender a legislação vigente e as recomendações de proteção radiológica relativas ao exercício da profissão;
4. Aplicar os conceitos de biossegurança na prática profissional;
5. Aplicar os conceitos de segurança em ressonância magnética;
6. Realizar a gerência de rejeitos radioativos em serviços de saúde;
7. Compreender os princípios de funcionamento dos equipamentos radiológicos e estar apto a assimilar a constante evolução das tecnologias;
8. Compreender, planejar, executar e promover o desenvolvimento dos protocolos e das técnicas radiológicas adequadamente para atender as necessidades específicas em radiodiagnóstico, radioterapia, medicina nuclear e radiologia industrial;
9. Aplicar os conhecimentos de anatomia, fisiologia e patologia nas diversas modalidades da radiologia;
10. Compreender a aplicabilidade dos meios de contrastes e seus mecanismos de ação;
11. Compreender a aplicabilidade dos radiofármacos e seus mecanismos de ação;
12. Compreender os princípios de funcionamento dos instrumentos de medida das radiações e suas aplicações em proteção radiológica e no controle de qualidade;
13. Utilizar instrumentos de medidas das radiações em proteção radiológica;
14. Planejar, implementar e aplicar programas de garantia de qualidade;
15. Interagir em equipes multidisciplinares utilizando raciocínio lógico, análise crítica e conduta ética e humanista no exercício profissional;
16. Atuar no controle de qualidade e no processo de otimização das técnicas radiológicas, visando a proteção do paciente, do público e dos profissionais;
17. Respeitar os princípios éticos e bioéticos inerentes ao exercício profissional;
18. Utilizar os sistemas de gerenciamento de informação hospitalar e radiologia digitais ;
19. Conhecer e aplicar os princípios de gestão nos serviços de radiologia;
20. Conhecer as diretrizes básicas do sistema de saúde coletiva brasileira.

Com relação às questões de Componente Específico optamos por classificá-las pelos Conteúdos enunciados no início deste item.

2) Questões de Componente Específico classificadas por Conteúdos.

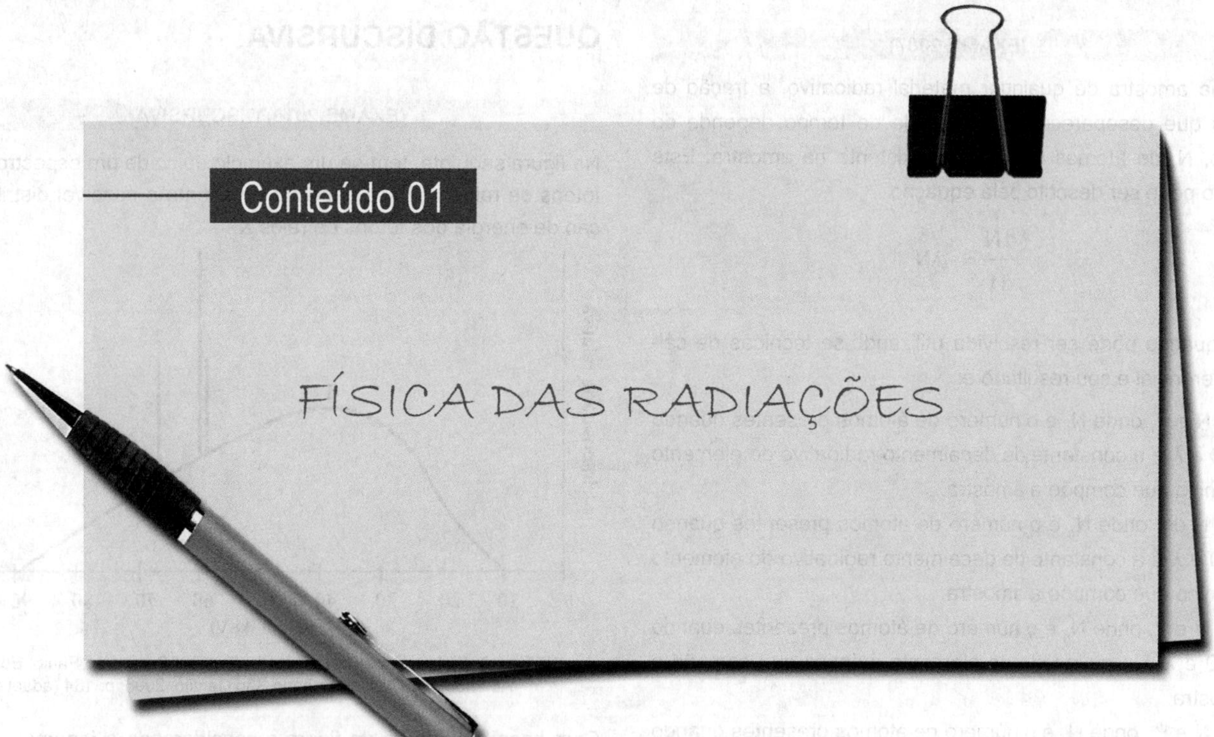

Conteúdo 01

FÍSICA DAS RADIAÇÕES

1. (EXAME 2010)

As experiências em física nuclear dependem praticamente da detecção das radiações nucleares. Nos detectores tipo pulso, quando uma partícula alfa, por exemplo, interage com o gás no interior do detector, ocorre ionização no interior e, consequentemente, a formação de pares de íons. Uma tensão aplicada no sistema pode produzir um pulso elétrico e, por consequência, a corrente será medida. O gráfico abaixo apresenta as regiões de operação para detectores a gás usados em controle de qualidade e em física das radiações em geral.

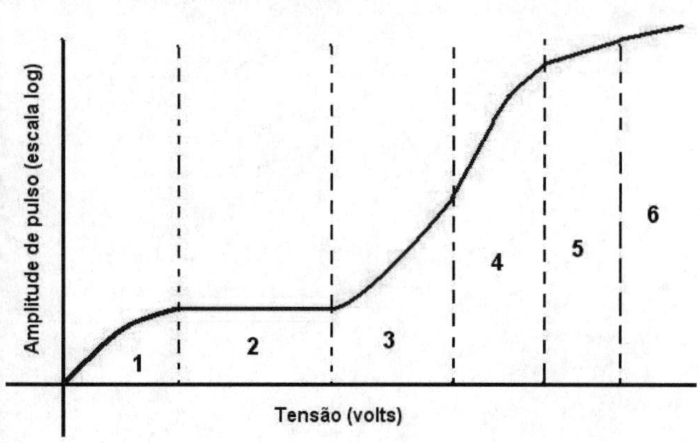

Considerando as características dos detectores de radiação e as informações do gráfico, avalie as afirmações que se seguem.

I. O contador proporcional funciona na região 3.
II. O detector Geiger-Müller funciona na região 1.
III. A câmara de ionização utiliza faixa de tensão na região 2.
IV. Ocorre descarga contínua na região 4.
V. A região 2 é a de recombinação.

É correto apenas o que se afirma em

(A) I e III.
(B) I e IV.
(C) II e III.
(D) II e V.
(E) IV e V.

2. (EXAME 2007)

Considere as afirmativas abaixo quanto à utilização das grades antiespalhamento em um equipamento de raios X convencional.

I. Melhoram a qualidade da imagem porque atenuam os elétrons produzidos pelo efeito fotoelétrico.
II. Atenuam os fótons produzidos por efeito Compton.
III. Exige que se aumente a intensidade da radiação emitida pelo equipamento.
IV. Aumentam o contraste na imagem por atenuarem os fótons de raios X característicos mais do que os fótons devidos ao *Bremsstrahlung*.

Está correto o que se afirma APENAS em:

(A) I, II e III.
(B) I e IV.
(C) II e IV.
(D) II e III.
(E) III e IV.

3. (EXAME 2007)

Em uma amostra de qualquer material radioativo, a fração de átomos que desaparecem por unidade de tempo depende do número, N, de átomos do material existente na amostra. Este conceito pode ser descrito pela equação

$$\frac{dN}{dt} = -\lambda N$$

Esta equação pode ser resolvida utilizando-se técnicas de cálculo diferencial e seu resultado é:

(A) $N = N_0 e^{-\lambda t}$, onde N_0 é o número de átomos presentes quando $t = 0$ e λ é a constante de decaimento radioativo do elemento químico que compõe a amostra.

(B) $N = N_0 e^{\lambda t}$, onde N_0 é o número de átomos presentes quando $t = 0$ e λ é a constante de decaimento radioativo do elemento químico que compõe a amostra.

(C) $N = N_0 e^{-\lambda t}$, onde N_0 é o número de átomos presentes quando $t = 0$ e λ é a meia-vida do elemento químico que compõe a amostra.

(D) $N = N_0 e^{-t/\lambda}$, onde N_0 é o número de átomos presentes quando t = meia-vida e λ é a constante de decaimento radioativo do elemento químico que compõe a amostra.

(E) $N = N_0 e^{-\lambda t}$, onde N_0 é o número de átomos presentes quando $t = \infty$ e λ é a constante de decaimento radioativo do elemento químico que compõe a amostra.

QUESTÃO DISCURSIVA

1. (EXAME 2010) DISCURSIVA

Na figura seguinte, tem-se um exemplo típico de um espectro de fótons de raios X. Esse espectro apresenta a possível distribuição de energia dos fótons de raios X.

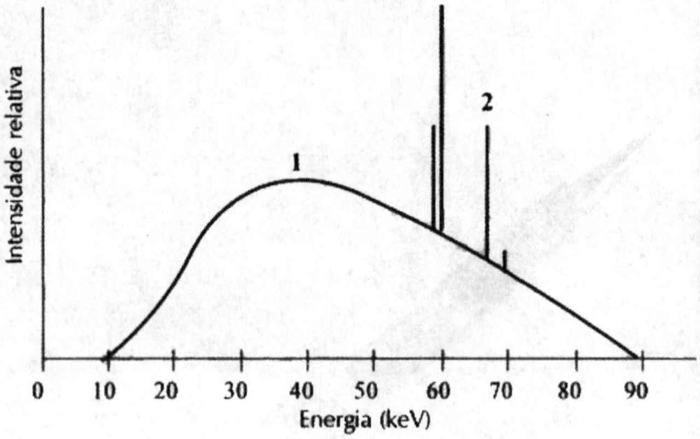

BITELLI, T. **Física e dosimetria das radiações**. 2. ed. São Paulo: Editora Atheneu; Centro Universitário São Camilo: 2006, p. 134 (adaptado).

Com base nos dados da figura e considerando o fenômeno de produção de raios X, responda às perguntas que se seguem.

a) Qual o tipo de radiação indicada pelo número 1? Justifique sua resposta. **(valor: 5,0 pontos)**

b) Qual o tipo de radiação indicada pelo número 2? Justifique sua resposta. **(valor: 5,0 pontos)**

Conteúdo 02

RADIOBIOLOGIA

1. (EXAME 2007)

Os efeitos biológicos das radiações ionizantes podem ser divididos em efeitos agudos, ou de curto prazo, e efeitos tardios, ou de longo prazo. Os efeitos tardios, por sua vez, podem ser classificados como efeitos genéticos ou somáticos.

Analise as afirmativas abaixo.

I. Os efeitos genéticos ocorrem nos descendentes do indivíduo irradiado.

II. Os efeitos somáticos afetam tanto o indivíduo exposto quanto seus descendentes.

III. São efeitos somáticos importantes que ocorrem em seres humanos: o aumento da incidência de câncer, anormalidades no desenvolvimento do embrião e indução de catarata.

IV. Para a redução da probabilidade de ocorrência de efeitos agudos, o sistema de limitação de doses individuais estabelecido no Brasil define valores de dose efetiva anual de 20 mSv em qualquer período de 5 anos consecutivos, não podendo exceder 50 mSv em nenhum ano.

Está correto o que se afirma APENAS em

(A) I e II.

(B) II e III.

(C) I e III.

(D) I, II e IV.

(E) III e IV.

Conteúdo 03

PROTEÇÃO RADIOLÓGICA

1. (EXAME 2007)

Considere o croqui de uma pequena clínica radiológica e avalie as afirmativas abaixo.

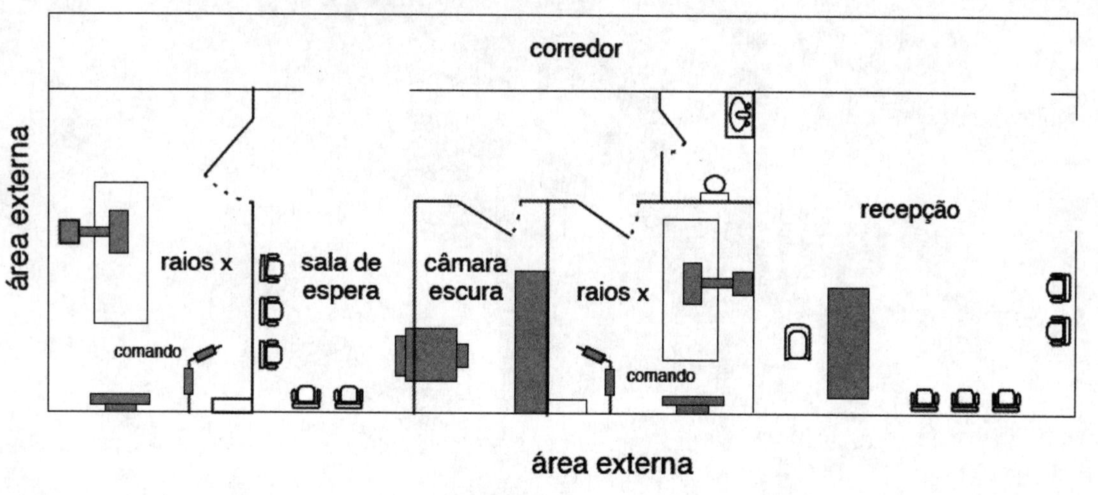

I. Para a realização de monitoração ambiental (levantamento radiométrico), deve-se considerar que esta sala de espera apresente nível de equivalente de dose ambiente de até 5 mSv/semana

PORQUE

II. uma área livre pode ser ocupada por pacientes, acompanhantes e trabalhadores que não são monitorados individualmente.

(A) As duas afirmações são verdadeiras e a segunda justifica a primeira.
(B) As duas afirmações são verdadeiras, mas a segunda não justifica a primeira.
(C) A primeira afirmação é verdadeira e a segunda é falsa.
(D) A primeira afirmação é falsa e a segunda é verdadeira.
(E) As duas afirmações são falsas.

QUESTÃO DISCURSIVA

1. (EXAME 2007) DISCURSIVA

Controle de exposição médica de modo a evitar exposição inadvertida em pacientes grávidas, incluindo avisos de advertência como: "Mulheres grávidas ou com suspeita de gravidez: Favor informarem ao médico ou ao técnico antes do exame". Que ações o tecnólogo deve realizar antes de executar A legislação nacional indica que os serviços de radiodiagnóstico devem implantar sistemas de um exame radiológico na região abdominal de uma paciente em idade fértil? **(valor: 10,0 pontos)**

1. (EXAME 2007)

O gráfico abaixo apresenta três curvas H&D hipotéticas de três diferentes sistemas para imagens radiológicas.

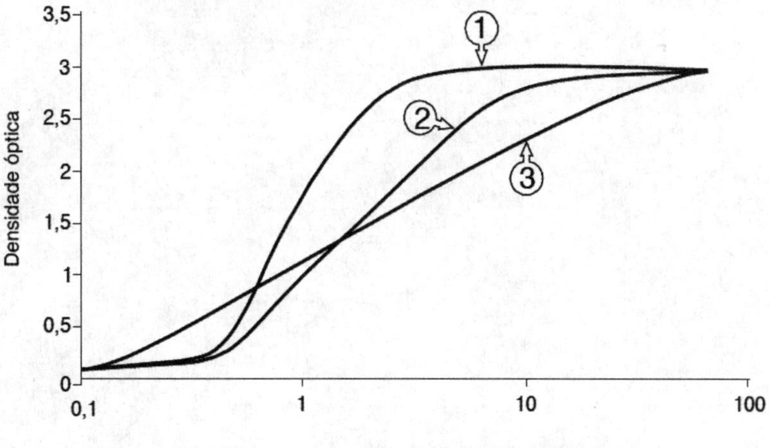

Pela análise destas curvas pode-se concluir que

(A) o sistema 1 proporciona um contraste radiográfico menor que o sistema 2.

(B) imagens obtidas com o sistema 3 terão seu contraste reduzido devido ao alto valor de base mais véu.

(C) existe uma relação linear entre a densidade óptica e a exposição relativa no caso do sistema 3, enquanto para os sistemas 1 e 2 esta relação é logarítmica.

(D) somente a curva 1 corresponde a uma resposta típica de sistemas tela-filme convencionais.

(E) a curva 3 corresponde a resposta típica de sistemas radiológicos digitais.

Conteúdo 05

EQUIPAMENTOS E TÉCNICAS RADIOLÓGICAS

1. (EXAME 2010)

Um derrame pleural na região pulmonar esquerda ocasionado por trauma pode levar a acúmulo de substância sanguinolenta, denominado de hemotórax, o que é demonstrado por meio de níveis líquidos em radiografia com o paciente posicionado em decúbito lateral.

Para aquisição da melhor imagem radiográfica nesse exame específico, o tecnólogo em radiologia deve posicionar o paciente adequadamente em

(A) decúbito lateral verdadeiro direito em incidência anteroposterior.
(B) decúbito lateral verdadeiro esquerdo em incidência anteroposterior.
(C) ortostase em incidência posteroanterior, com angulação no aparelho.
(D) decúbito lateral esquerdo com rotação anterior do tórax em incidência posteroanterior.
(E) decúbito lateral esquerdo com rotação posterior do tórax em incidência posteroanterior.

2. (EXAME 2010)

A magnificação do objeto radiografado é um efeito geralmente indesejado. Entretanto, essa distorção por ampliação pode ser intencional para ajudar o diagnóstico. O aumento da distância objeto-filme auxilia no diagnóstico quando o paciente é posicionado para incidências

(A) oblíquas anteriores de tórax.
(B) oblíquas anteriores de abdome.
(C) oblíquas anteriores de coluna lombar.
(D) oblíquas anteriores de coluna cervical.
(E) oblíquas anteriores de coluna torácica.

3. (EXAME 2010)

O exame de tomografia computadorizada de crânio fornece informações detalhadas sobre traumas ósseos, acidentes vasculares cerebrais, tumores de cérebro e alterações no sistema vascular. Acerca do protocolo de exame de tomografia computadorizada para crânio, avalie as afirmações que se seguem.

I. Os limites são definidos pelo forame magno até o limite superior do crânio.
II. Os pacientes devem ser posicionados em decúbito ventral e o gantry deve ser inclinado.
III. O campo de visão (FOV) deve ser definido em aproximadamente 250 mm.

Estão corretas as afirmativas

(A) I, apenas.
(B) I e II, apenas.
(C) I e III, apenas.
(D) II e III, apenas.
(E) I, II e III.

4. (EXAME 2010)

Uma dificuldade referente ao uso da medicina nuclear é a logística na distribuição dos radionuclídeos pelos fabricantes, já que esses materiais devem apresentar meia-vida apropriada para serem entregues de forma comercial em hospitais e clínicas que realizam exames. Para amenizar essa dificuldade, utilizam os chamados geradores de radionuclídeos (RN) portáteis. O RN mais apropriado para a medicina nuclear é aquele com

(A) meia-vida do RN pai curta.
(B) meia-vida do RN filho longa.

(C) meia-vida do RN filho curta e do RN pai longa.
(D) meias-vidas curtas tanto do RN pai quanto do RN filho.
(E) meias-vidas longas tanto do RN pai quanto do RN filho.

5. (EXAME 2010)

A figura abaixo mostra a porcentagem de dose profunda (PDP) em função da profundidade para dois aceleradores lineares de energias de fótons diferentes. A figura mostra que para o acelerador de 6MV a PDP não é máxima na pele, mas a aproximadamente 2,5cm.

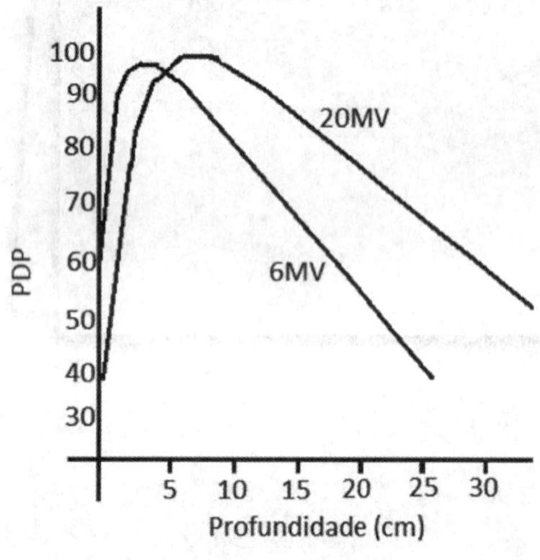

Nos protocolos e procedimentos radioterapêuticos, utiliza-se um acessório colocado na pele do paciente para que a dose máxima não fique na profundidade de 2,5 cm, mas na superfície da pele do paciente. Esse acessório é conhecido por

(A) filtro.
(B) bólus.
(C) colimador.
(D) filtro em cunha.
(E) filtro achatador.

6. (EXAME 2010)

Revista Brasileira de Física Médica, 2009, 3(1), p. 117-29.

No processo de formação de imagem na ressonância magnética, são definidas duas constantes: T1 e T2. Na figura acima, pode-se observar uma imagem turbo *spin* eco ponderada em T2 e uma ampliação em que a resolução de contraste foi obtida devido às diferenças nos tempos T2 entre os tecidos envolvidos. Considerando as constantes citadas, avalie as afirmações a seguir.

I. A constante T1 está relacionada ao tempo de retorno da magnetização para o eixo longitudinal e é influenciada pela interação dos spins com a rede.

II. A constante T1 está relacionada com o tempo de relaxação do momento magnético dos núcleos dos átomos de carbono para o primeiro pulso de radiofrequência.

III. A constante T2 faz referência ã redução da magnetização no plano transversal e é influenciada pela interação *spin-spin* (dipolo-dipolo).

IV. A constante T2 está relacionada com o tempo de relaxação do momento magnético dos núcleos dos átomos de carbono para o segundo pulso de radiofrequência.

É correto apenas o que se afirma em

(A) I e II.
(B) I e III.
(C) I e IV.
(D) II e III.
(E) II e IV.

7. (EXAME 2010)

O contraste em ressonância magnética (RM) é o resultado da interação de diferentes fatores, incluindo a densidade dos prótons do átomo de hidrogênio, a susceptibilidade magnética e o fluxo dos líquidos corporais. A RM tem vantagens em outras áreas, mas com respeito às partes moles, a relação entre a densidade de prótons e a densidade de elétrons varia na ordem de apenas 10%.

Para melhorar a imagem em RM, utilizam-se contrastes compostos de substâncias

(A) diamagnéticas, paramagnéticas e ferromagnéticas.
(B) iodomagnéticas, submagnéticas e paramagnéticas.
(C) paramagnéticas, iodomagnéticas e bariomagnéticas.
(D) ferromagnéticas, bariomagnéticas e submagnéticas.
(E) subparamagnéticas, ferromagnéticas, iodomagnéticas.

8. (EXAME 2010)

O cateterismo cardíaco é um exame de grande eficiência para diagnóstico de obstruções de artérias coronárias. Entretanto, além de possibilitar a ocorrência de complicações sérias, esse exame pode resultar em grande desconforto para o paciente. O advento da tecnologia dos tomógrafos de multicorte reduziu sobremaneira o tempo de exame. Aliada às reconstruções de imagens estáticas do coração, essa tecnologia deu á angiotomografia papel importante no diagnóstico de cardiopatias como estreitamento do calibre das artérias.

Para a execução dos protocolos de exame adequados em angiotomografia, o tecnólogo em radiologia deve ter conhecimento anatômico das artérias que nutrem o coração, que são denominadas

(A) coronária direita, braquial e basilar.
(B) subclávia direita, circunflexa direita e artéria pulmonar.
(C) braquial esquerda, carótida comum interna e carótida comum externa.
(D) braquicefálica, subclávia esquerda e carótida comum esquerda.
(E) circunflexa, coronária e artéria descendente anterior esquerda.

9. (EXAME 2007)

Considere dois equipamentos de raios X convencionais similares que se diferenciam apenas na filtração adicional. O equipamento A possui 1,5 mm Al e o equipamento B, 3,5 mm Al. Para a produção de uma imagem em 80 kVp e 60 mAs, com as mesmas condições técnicas nos dois equipamentos, pode-se afirmar que a

(A) imagem produzida pelo equipamento A possui menos contraste do que a imagem produzida pelo equipamento B.
(B) dose na entrada da pele fornecida pelo equipamento A é muito menor que a fornecida pelo equipamento B.
(C) densidade óptica na imagem produzida pelo equipamento A é menor que na imagem produzida pelo equipamento B.
(D) camada semiredutora no equipamento A é maior do que no equipamento B.
(E) energia média do feixe produzido pelo equipamento A é menor que a do feixe produzido pelo equipamento B.

10. (EXAME 2007)

Em mamografia, o modo de magnificação

(A) produz um aumento da razão sinal/ruído da área de interesse em relação à imagem não magnificada.
(B) utiliza grades antiespalhamento para compensar a camada de ar existente entre objeto e receptor de imagem.
(C) diminui a distância objeto-receptor de imagem para gerar uma ampliação da mesma na imagem.
(D) utiliza foco-fino devido ao aumento da distância foco-receptor de imagem.
(E) utiliza tamanho de ponto focal maior para ampliar os detalhes na imagem.

11. (EXAME 2007)

I. A utilização do controle automático da exposição (AEC) é essencial para a obtenção da imagem mamográfica de boa qualidade por meio da redução do tempo de exposição e do controle do contraste

PORQUE

II. a qualidade da imagem é influenciada pela composição dos tecidos mamários e a espessura das mamas.

É correto afirmar que

(A) As duas afirmações são verdadeiras e a segunda justifica a primeira.
(B) As duas afirmações são verdadeiras, mas a segunda não justifica a primeira.
(C) A primeira afirmação é verdadeira e a segunda é falsa.
(D) A primeira afirmação é falsa e a segunda é verdadeira.
(E) As duas afirmações são falsas.

12. (EXAME 2007)

Nos exames radiológicos dinâmicos, o tempo de fluoroscopia pode se prolongar e a dose absorvida na pele do paciente, bem como a dose efetiva dos indivíduos ocupacionalmente expostos (IOEs), podem gerar riscos. Considere as afirmativas abaixo.

I. Aumentar a tensão (kVp), evitar ampliar a imagem e utilizar a maior distância foco-paciente possível.
II. Delimitar o campo de raios X, reduzir a tensão e angular o feixe de incidência da radiação.
III. Evitar incidências oblíquas, utilizar a menor distância entre paciente e intensificador de imagem e minimizar o tamanho de campo por meio de colimador.

Para a redução dos riscos de ambos, pacientes e IOEs, é correto o que se afirma APENAS em

(A) I.
(B) II.
(C) III.
(D) I e II.
(E) II e III.

13. (EXAME 2007)

Com relação à realização de TC das mastoides em equipamentos helicoidais não *multi-slice*, pode-se afirmar:

I. O exame completo de TC das mastoides deve incluir aquisições nos planos axial e coronal com cortes de 1 a 2 mm no primeiro e de 5 mm no segundo

PORQUE

II. O nervo facial e os ossículos da orelha média são mais bem visualizados no plano axial e o plano coronal se reserva à avaliação dos condutos auditivos interno e externo, não necessitando de cortes finos, reduzindo assim a dose absorvida pelo paciente.

(A) As duas afirmações são verdadeiras e a segunda justifica a primeira.
(B) As duas afirmações são verdadeiras, mas a segunda não justifica a primeira.
(C) A primeira afirmação é verdadeira e a segunda é falsa.
(D) A primeira afirmação é falsa e a segunda é verdadeira.
(E) As duas afirmações são falsas.

14. (EXAME 2007)

Paciente adulto com suspeita de sinusite maxilar, chega ao Setor de Radiologia para realização de exame de raios X dos seios da face com três incidências, não tendo sido especificadas quais delas. Qual seria seu protocolo de avaliação e em qual das incidências os seios maxilares teriam melhor avaliação?

(A) Protocolo: Rheese, Caldwell e submentovertical. Melhor incidência: Submentovertical.
(B) Protocolo: Waters, Caldwell, Perfil. Melhor incidência: Caldwell.
(C) Protocolo: Hirtz, Caldwell e Rheese. Melhor incidência: Rheese.
(D) Protocolo: Caldwell, Perfil e Waters. Melhor incidência: Waters.
(E) Protocolo: Perfil, Hirtz e Waters. Melhor incidência: Perfil.

15. (EXAME 2007)

Com relação aos meios de contraste utilizados em Radiologia e Diagnóstico por Imagem, as associações entre o meio de contraste e o exame a ser realizado é:

(A) Contraste iodado não iônico – AngioRM dos membros inferiores; Sulfato de bário – Trânsito duplo contraste; Contraste iodado iônico - Sialografia; Gadolínio - RM das órbitas.

(B) Contraste iodado não iônico – Dacriocistografia; Sulfato de bário – E.E.D.; Contraste iodado iônico – Cisternografia cerebral; Gadolínio – RM de crânio.

(C) Contraste iodado não iônico – AngioRM torácica; Sulfato de bário - Fistulografia óssea; Contraste iodado iônico – Mielografia; Gadolínio – TC de crânio em paciente alérgico a Iodo.

(D) Contraste iodado não iônico – Cisternografia cerebral; Sulfato de bário – transito intestinal; Contraste iodado iônico – Mielografia; Gadolínio – RM de crânio.

(E) Contraste iodado não iônico – Mielografia; Sulfato de bário – Enema opaco; Contraste iodado iônico – Dacriocistografia; Gadolínio – AngioRM renal.

QUESTÕES DISCURSIVAS

1. (EXAME 2010) DISCURSIVA

A mamografia possibilita a visualização de tecidos com densidades muito próximas e estruturas com dimensões semelhantes a grãos de areia. Contudo, essas características, para serem visualizadas com alto contraste, requerem o ajuste de parâmetros essenciais no equipamento de mamografia e no sistema de processamento, para que se possa obter uma boa imagem radiográfica.

Considerando a qualidade da imagem em mamografia, redija um texto dissertativo de até 15 linhas, acerca da importância dos seguintes aspectos para o exame:

a) utilização do controle automático de exposição; (CAE ou *AEC -Automatic Exposure Control*); **(valor: 2,5 pontos)**

b) uso da bandeja de compressão; **(valor: 2,5 pontos)**

c) qualidade do filme dedicado à mamografia. **(valor: 5,0 pontos)**

2. (EXAME 2010) DISCURSIVA

A varredura de abdome e pelve por tomografia computadorizada (TC) promove informações detalhadas sobre tecidos moles e tecidos ósseos do abdome. Esses exames são indicados para detectar alterações dos órgãos abdominais e pélvicos, diagnosticar a presença de afecções abdominais e patologias gastrintestinais, avaliar danos causados por traumas nos tecidos moles e ósseos do abdome, detectar alterações em artérias e veias abdominais e analisar metástases.

A varredura abdominal em TC exige, entretanto, maior preparo que as realizadas em outras regiões do corpo humano, exigindo especial atenção ao preparo prévio do paciente e a utilização de meios de contraste.

MOURA"0, A. P. **Tomografia computadorizada**: tecnologias e aplicações. São Caetano do Sul: Difusão, 2007 (adaptado).

Considerando a ideia central desenvolvida no fragmento acima, redija um texto dissertativo, com até 15 linhas, acerca do tema:

Varredura abdominal por tomografia computadorizada: protocolos de exame.

Em seu texto, aborde os seguintes aspectos:

a) posicionamento do paciente; **(valor: 3,0 pontos)**

b) protocolos de varredura (exame); **(valor: 4,0 pontos)**

c) fases do exame. **(valor: 3,0 pontos)**

Conteúdo 06

ANATOMIA E FISIOLOGIA HUMANA

1. (EXAME 2010)

O comprimento vertical do pulmão direito geralmente é mais curto que o do pulmão esquerdo, e essa diferença ocorre em razão

(A) da necessidade de espaço para a veia cava inferior.

(B) do grande espaço ocupado pelo coração, que empurra a base do pulmão direito.

(C) do grande espaço ocupado pelas glândulas tireoide, paratireoides e o timo, que empurram o ápice do pulmão direito.

(D) do grande espaço ocupado pelo rim direito, localizado no quadrante superior direito do abdômen, que empurra a base do pulmão direito.

(E) do grande espaço ocupado pelo fígado, localizado no quadrante superior direito do abdômen, que empurra o hemidiafragma direito contra o pulmão direito.

2. (EXAME 2007)

O conhecimento da anatomia do tórax é essencial para a realização adequada do exame de raios X de tórax PA e Perfil.

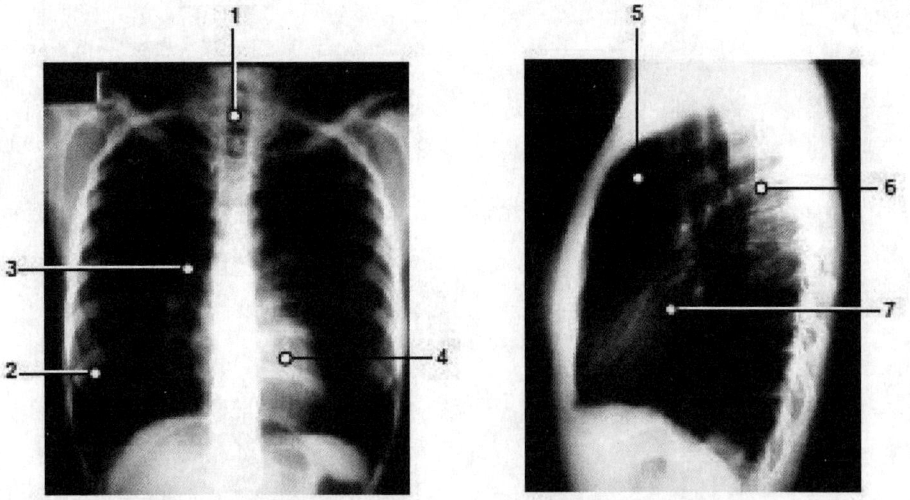

Com relação às imagens, é correto afirmar:

(A) a estrutura assinalada em 1 é a aorta e na técnica correta é possível visualizá-la por transparência.
(B) os números 5, 6 e 7 marcam, respectivamente, o espaço retroesternal, a escápula e o ventrículo direito.
(C) o átrio esquerdo está projetado em 7 e os ventrículos em 4.
(D) as veias pulmonares, representadas em 3, devem ser visualizadas bilateralmente na técnica correta.
(E) a sombra mamária representada em 2 não deve ser visualizada no exame em PA.

Conteúdo 07

BIOSSEGURANÇA EM SERVIÇOS DE SAÚDE

1. (EXAME 2007)

Considere as afirmativas abaixo.

I. Para evitar contaminação de doenças de transmissão aérea, tais como tuberculose pulmonar e laríngea, *H. influenzae* tipo b, sarampo, varicela, herpes zoster, coqueluche, caxumba e rubéola, devem-se utilizar máscaras com filtro especial (N95).

II. A especificação de cores para o acondicionamento de resíduos devem atender ao disposto em norma ABNT, a saber:
a. Vermelho → Plástico
b. Verde → Vidro
c. Azul → Papel
d. Amarelo → Metal
e. Branco → Risco biológico
f. Lilás → Resíduo radioativo

III. O quarto destinado à internação de paciente para administração de radiofármacos deve possuir blindagem, paredes e pisos com cantos vivos revestidos de papel e que permitam sua descontaminação, sanitário privativo, biombo de plástico junto ao leito, sinalização externa da presença de radiação ionizante e acesso controlado.

Está correto o que se afirma APENAS em

(A) I.
(B) II.
(C) III.
(D) I e II.
(E) II e III.

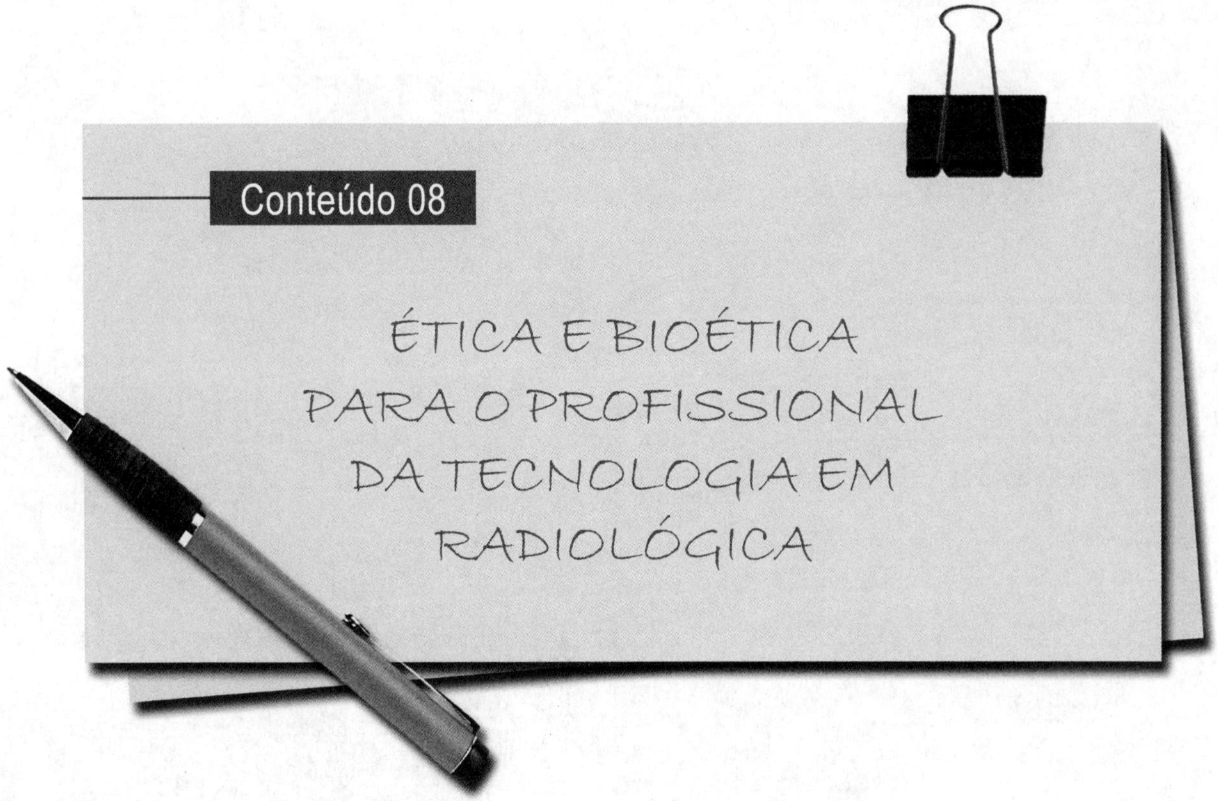

Conteúdo 08

ÉTICA E BIOÉTICA PARA O PROFISSIONAL DA TECNOLOGIA EM RADIOLÓGICA

1. (EXAME 2010)

Qual dos itens a seguir está em desacordo com o código de ética dos profissionais das técnicas radiológicas, no que diz respeito às responsabilidades e aos deveres profissionais?

(A) Assumir, civil e penalmente, responsabilidade por atos profissionais danosos ao cliente/paciente que tenham como causa imperícia, imprudência, negligência ou omissão.

(B) Ao desempenhar as atividades profissionais, deixar à escolha do cliente/paciente a utilização dos equipamentos de proteção contra radiações ionizantes.

(C) Preservar, em sua conduta, a honra, a nobreza e a dignidade da profissão, zelando por seu caráter de essencialidade e indispensabilidade, por sua reputação pessoal e profissional.

(D) Assumir a responsabilidade profissional de seus atos, não atribuindo injustamente seus insucessos a terceiros ou a circunstâncias ocasionais, devendo primar pela qualidade do trabalho.

(E) Reconhecer possibilidades e limitações no desempenho de suas funções profissionais e só executar técnicas radiológicas, radioterápicas, nuclear e industrial mediante requisição ou solicitação de especialista.

QUESTÃO DISCURSIVA

1. (EXAME 2007) DISCURSIVA

Considere as afirmativas abaixo sobre Bioética.

I. Nos casos em que são pedidos exames radiológicos com alterações nas técnicas normalmente aplicadas, essa mudança deve ser autorizada somente pelo médico responsável do serviço, uma vez que o tecnólogo em radiologia somente pode deliberar sobre o assunto em casos de pesquisa clínica, sem necessidade de registro formal das alterações.

II. O tecnólogo em radiologia interage, num departamento de Diagnóstico, com médicos, biomédicos, enfermeiros, engenheiros e pacientes. Suas atividades devem ser limitadas a aplicar as técnicas radiológicas referentes ao protocolo a ser utilizado. A verificação da condição do paciente, através de questionamento ou observação é de responsabilidade da equipe médica e da enfermagem.

III. Quando da manipulação de pacientes com algum tipo de enfermidade transmissível por via oral ou contato, o tecnólogo deve fazê-lo utilizando os protetores individuais e solicitar a seus colegas que também o façam com os mesmos equipamentos de segurança, independentemente da urgência no atendimento.

IV. O tecnólogo em radiologia deve sempre utilizar protetores plumbíferos e dosímetros pessoais durante suas atividades. Deve também oferecer equipamentos de proteção aos acompanhantes de pacientes, quando estes necessitarem estar presentes nas salas de exames.

Quais afirmativas estão corretas e quais incorretas? Justifique. **(valor: 10,0 pontos)**

Conteúdo 09

MARCO REGULATÓRIO DAS PRÁTICAS DO TECNÓLOGO EM RADIOLOGIA

1. (EXAME 2010)

Segundo a Portaria n.° 453/1998, publicada pela Agência Nacional de Vigilância Sanitária (ANVISA), a exposição médica deve resultar em beneficio real para a saúde do indivíduo e(ou) para sociedade, tendo em conta a totalidade dos benefícios potenciais referentes a diagnóstico ou terapêutica que dela decorram, em comparação com o prejuízo que possa ser causado pela radiação ao indivíduo. O princípio que norteia a Portaria 453/1998 no que diz respeito à exposição médica está relacionado com os fundamentos da proteção radiológica e é denominado princípio da

(A) justificação da prática.
(B) exposição ocupacional.
(C) prevenção de acidentes.
(D) limitação de doses individuais.
(E) otimização da proteção radiológica.

2. (EXAME 2010)

No item de licenciamento de instalações de radiodiagnóstico, a Portaria n.° 453/1998 da ANVISA, estabelece que o memorial descritivo de proteção radiológica deve conter relatório de levantamento radiométrico, que comprove a conformidade com os níveis de restrição de dose estipulados na própria portaria. No caso de uma sala de raios X comum, o instrumento de medida das radiações a ser utilizado para que os valores de dose de radiação sejam corretos é

(A) o contador cintilador.
(B) a câmara de cintilação.
(C) a câmara de ionização.
(D) o contador proporcional.
(E) o contador Geiger-Müller.

3. (EXAME 2010)

A Norma Reguladora sobre Segurança e Saúde no Trabalho em Serviços de Saúde é a NR 32, editada pelo Ministério do Trabalho e Emprego. Ela tem por finalidade estabelecer as diretrizes básicas para a implementação de medidas de proteção à segurança e á saúde dos trabalhadores dos serviços de saúde, bem como daqueles que exercem atividades de promoção e assistência à saúde em geral.

Segundo a NR 32, a trabalhadora que realiza atividades em áreas onde existam fontes de radiações ionizantes deve

(A) usar luvas e lavar as mãos antes e depois do procedimento.
(B) implementar medidas de proteção coletiva relacionadas aos riscos radiológicos.
(C) estar credenciada junto ao sindicato dos trabalhadores em radiologia em serviços de saúde.
(D) estar sob monitoração individual de dose de radiação ionizante, nos casos em que a exposição seja ocupacional.
(E) estar liberada para o trabalho, se gestante, após autorização por escrito do médico responsável pelo Programa de Controle Médico de Saúde Ocupacional (PCMSO), considerando as informações contidas no Programa de Prevenção de Riscos Ambientais (PPRA).

Conteúdo 10

SAÚDE COLETIVA

1. (EXAME 2010)

De acordo com o Ministério da Saúde, os serviços de saúde devem ser organizados em níveis de complexidade tecnológica crescente, dispostos em uma área geográfica delimitada e segundo a definição da população a ser atendida.

Considerando as orientações do Ministério da Saúde, avalie as afirmações que se seguem.

I. Os serviços de radiodiagnóstico estão incluídos no nível atenção básica do SUS.
II. Os serviços de radiodiagnóstico com tomografia computadorizada estão incluídos no nível de média complexidade do SUS.
III. Os serviços de radioterapia estão incluídos no nível de alta complexidade do SUS.

É correto o que se afirma em

(A) I, apenas.
(B) II, apenas.
(C) I e II, apenas.
(D) II e III, apenas.
(E) I, II e III.

Conteúdo 11

TEMAS COMBINADOS E OUTROS TEMAS

1. (EXAME 2010)

Para a realização de exame radiográfico que evidencie fraturas orbitárias, processos neoplásicos e corpos estranhos no olho, podem ser realizadas incidências denominadas de parietoacantal. Acerca dessas incidências, avalie as afirmações que se seguem.

I. Para a incidência parietoacantal, também denominada de método de Waters, o paciente deve ser posicionado com a cabeça ajustada até que a linha mentomeatal esteja perpendicular ao plano da imagem do receptor e a linha orbitomeatal forme um ângulo de 37° com a mesa/superfície do Bucky.

II. A incidência parietoacantal pode ser modificada e receber o nome de Waters modificada, caso em que o paciente deve ser posicionado com a cabeça ajustada até que a linha mentomeatal esteja perpendicular ao plano da imagem do recepto e angulando-se a linha orbitomeatal em 25° com a mesa/Bucky.

III. A incidência de Waters modificada deve ser realizada quando há necessidade de visualização das paredes orbitárias inferiores e de menor distorção das orlas orbitárias.

Está correto o que se afirma em

(A) I, apenas.
(B) I e II, apenas.
(C) I e III, apenas.
(D) II e III, apenas.
(E) I,II e III.

2. (EXAME 2007)

Paciente do sexo feminino, de 31 anos de idade, apresentando cefaleia e amenorreia há 6 meses, com teste para gravidez negativo. Foi requisitado exame de RM do crânio com especial atenção para a sela turca. Abaixo temos uma imagem de cada sequência realizada.

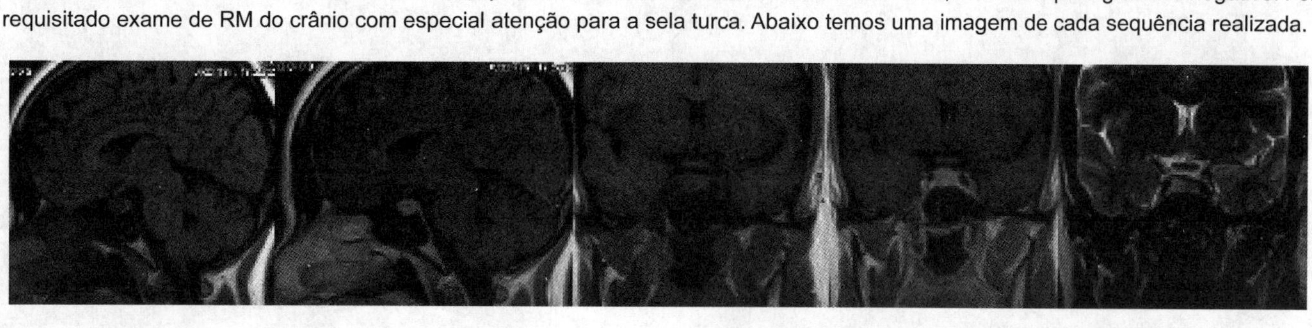

No pedido de exame a suspeita diagnóstica era de microadenoma. Com relação ao exame realizado, as sequências apresentadas foram

(A) sagital TSE-T1, sagital TSE-T1 pós-contraste, coronal TSE-T1, coronal TSE-T1 pós-contraste e coronal TSE-T2, não tendo sido realizada a sequência dinâmica T1 pós-contraste, necessária para a suspeita diagnóstica.

(B) sagital TSE-T1, sagital TSE-T2 pós-contraste, coronal TSE-T1, coronal TSE-T2 pós-contraste e coronal TSE-T1, não tendo sido realizada a sequência Flair, necessária para a suspeita diagnóstica.

(C) axial TSE-T1, axial TSE-T1 pós-contraste, coronal TSE-T1, coronal TSE-T1 pós-contraste e coronal TSE-T2. O protocolo está completo e correto.

(D) sagital TSE-T1, sagital TSE-T2 pós-contraste, coronal TSE-T1, coronal TSE-T2 pós-contraste e coronal T1, não tendo sido realizadas as sequências Flair e CISS-3D, necessárias para a suspeita diagnóstica.

(E) coronal TSE-T1, coronal TSE-T1 pós-contraste, sagital TSE-T1, sagital TSE-T1 pós-contraste e sagital TSE-T2. O protocolo está completo e correto.

QUESTÃO DISCURSIVA

1. (EXAME 2007) DISCURSIVA

Considere as imagens abaixo.

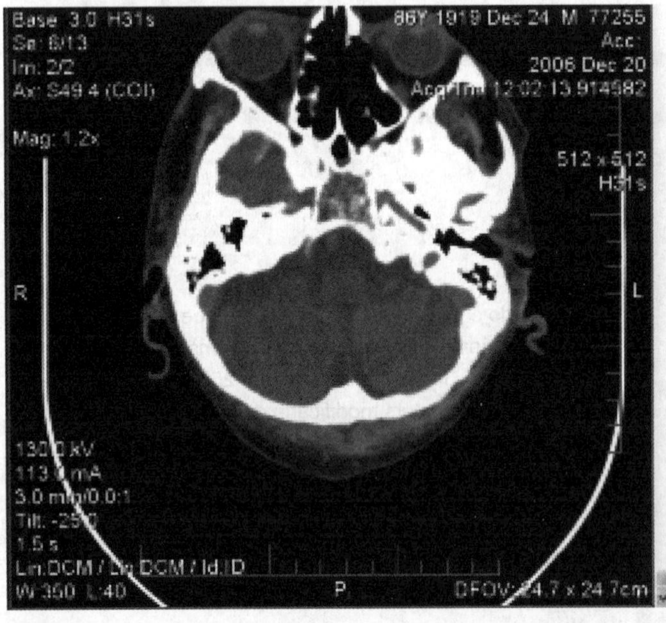

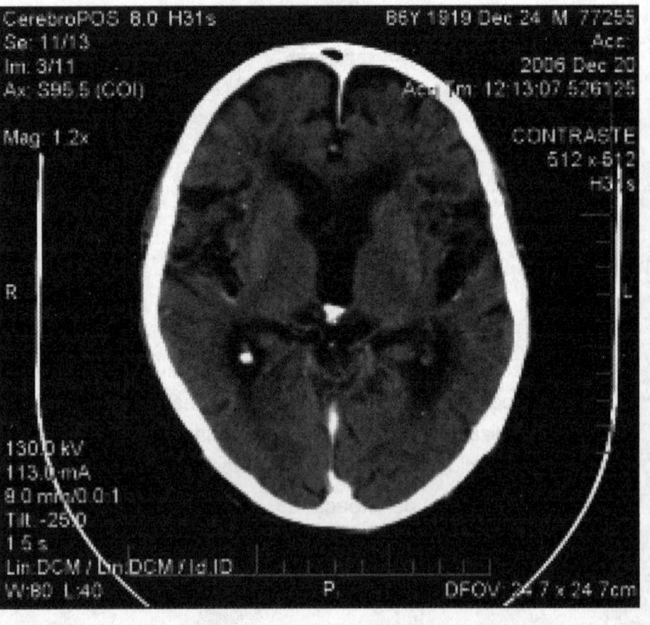

Em relação às aquisições de imagens de TC acima, em paciente de 86 anos, diabético e com suspeita de tumor cerebral responda:

a) Que cuidados devem ser tomados em relação a interações medicamentosas, antes da realização do exame de TC? **(valor: 2,0 pontos)**

b) A aquisição de imagem na fossa posterior foi realizada de forma correta quanto ao posicionamento e espessura de corte? Justifique. **(valor: 4,0 pontos)**

c) Para análise do encéfalo, as janelas de documentação de imagem, com relação à largura e centro, foram realizadas corretamente na fossa posterior e nos cortes supratentoriais? Justifique. **(valor: 4,0 pontos)**

Capítulo XII

Questões de componente específico de Medicina Veterinária

1) Conteúdos e Habilidades objetos de perguntas nas questões de Componente Específico.

As questões de Componente Específico são criadas de acordo com o curso de graduação do estudante.

Essas questões, que representam ¾ (três quartos) da prova e são em número de 30, podem trazer, em Veterinária, dentre outros, os seguintes **Conteúdos**:

a) Conteúdos de bases moleculares e celulares inerentes à morfofisiologia, genética, bioquímica, biofísica, microbiologia, imunologia, parasitologia e farmacologia, aplicados à compreensão dos processos normais e alterados da estrutura e função dos tecidos, órgãos, sistemas e aparelhos;

b) Conteúdos referentes às diversas dimensões da relação indivíduo/sociedade, contribuindo para a compreensão dos determinantes sociais, culturais, comportamentais, psicológicos, ambientais, éticos e legais;

c) Conteúdos envolvendo comunicação, difusão de conhecimentos, informática, economia e gestão administrativa;

d) Conteúdos inter-relacionados nas áreas de saúde animal, clínica e cirurgia veterinária, zootecnia, produção e reprodução animal, medicina veterinária preventiva, saúde pública e inspeção e tecnologia de produtos de origem animal, a saber:

- Clínica Médica-veterinária: abordando conhecimentos de patologia, clínica, cirurgia e reprodução nos aspectos semiológicos e laboratoriais, visando identificar a etiologia, compreender a patogenia, diagnosticando e executando os tratamentos médicos ou procedimentos cirúrgicos das enfermidades de diferentes naturezas;
- Zootecnia, Produção e Reprodução Animal: abordando exploração, gerenciamento e administração de sistemas produtivos sustentáveis de criação, envolvendo manejo, nutrição, alimentação e biotécnicas da reprodução, em consonância com os conceitos de bem-estar animal;
- Inspeção e Tecnologia dos Produtos de Origem Animal: abordando classificação, processamento, padronização, conservação e inspeção higiênica, sanitária e tecnológica dos produtos de origem animal e dos seus derivados;
- Medicina Veterinária Preventiva e Saúde Pública: abordando o planejamento em saúde animal, saúde ambiental e saúde pública, abrangendo epidemiologia, controle e profilaxia das enfermidades infectocontagiosas, parasitárias e zoonóticas, defesa e vigilância sanitária, saneamento ambiental, bioterismo, produção e controle de insumos biológicos.

O objetivo aqui é avaliar junto ao estudante a compreensão dos conteúdos programáticos mínimos a serem vistos no curso de graduação, de forma avançada. Também é avaliado o nível de atualização com relação à realidade brasileira e mundial e às questões jurídicas de maior relevância.

Avalia-se aqui também *competências* e *habilidades*. A ideia é verificar se o estudante desenvolveu as principais **Habilidades** para o profissional de Veterinária, que são as seguintes:

I. Competências e habilidades gerais para:

a) compreender a realidade histórica, política, econômica e sociocultural, sendo capaz de atuar como agente transformador da sociedade;

b) assimilar as mudanças conceituais e tecnológicas nos diferentes contextos;

c) desenvolver ações de prevenção, proteção e reabilitação da saúde animal, de forma integrada e contínua, incluindo aquelas ambientadas no sistema de saúde pública;

d) demonstrar capacidade de tomar decisões, com base em evidências científicas, otimizando os recursos disponíveis;

e) redigir e interpretar textos em língua portuguesa;

f) ser capaz de interpretar textos em língua inglesa;

g) ter conhecimento das novas tecnologias de comunicação e informação;

h) respeitar os princípios éticos inerentes ao exercício profissional;

i) relacionar-se com os diversos segmentos sociais e atuar em equipes multidisciplinares, visando o bem-estar social;

j) conhecer métodos e técnicas de investigação e elaboração de trabalhos acadêmicos e científicos;

k) ter visão holística e crítica.

II. Competências e Habilidades Específicas para:

a) interpretar sinais clínicos, exames laboratoriais e alterações morfofuncionais;
b) identificar e classificar os fatores etiológicos e compreender a patogenia das doenças que acometemos animais;
c) instituir diagnóstico, prognóstico, tratamento e medidas profiláticas, individuais e populacionais;
d) elaborar, executar e gerenciar projetos ambientais, agroindustriais e do agronegócio;
e) desenvolver, programar, orientar e aplicar técnicas de criação, manejo, nutrição, alimentação, melhoramento genético, produção e reprodução em consonância com os conceitos de bem-estar animal;
f) planejar, executar, gerenciar e avaliar programas de saúde animal, saúde ambiental, saúde pública;
g) planejar, executar, gerenciar e avaliar processos em tecnologia de produtos de origem animal;
h) executar a inspeção higiênica, sanitária e tecnológica de produtos de origem animal;
i) planejar, executar, gerenciar e avaliar ações de defesa, vigilância sanitária e epidemiológica;
j) planejar, executar, gerenciar e avaliar projetos nas áreas de biotecnologia, medicamentos e alimentos;
k) realizar perícias, elaborar e interpretar laudos técnicos em todos os campos de conhecimento da Medicina Veterinária.

Com relação às questões de Componente Específico optamos por classificá-las pelos Conteúdos enunciados no início deste item.

2) Questões de Componente Específico classificadas por Conteúdos.

Conteúdo 01

BASES MOLECULARES E CELULARES DOS PROCESSOS NORMAIS E ALTERADOS, ESTRUTURA E FUNÇÃO DOS TECIDOS, ÓRGÃOS, SISTEMAS E APARELHOS, BEM COMO PROCESSOS BIOQUÍMICOS, BIOFÍSICOS, MICROBIOLÓGICOS, IMUNOLÓGICOS, PARASITOLÓGICOS, GENÉTICA MOLECULAR E BIOINFORMÁTICA EM TODO DESENVOLVIMENTO DO PROCESSO SAÚDE-DOENÇA.

1. (EXAME 2010)

Nos animais de produção, o sexo é determinado pelo gameta masculino. A possibilidade de se selecionar espermatozóides carreando o cromossomo X ou Y atende a interesses econômicos, dependendo da espécie em questão. Mais de 80% das vacas leiteiras em algumas regiões do país são inseminadas artificialmente. Assim, é fundamental a utilização de sêmen sexado para atender à demanda de fêmeas nas propriedades. A principal tecnologia utilizada é a citometria de fluxo, com a aplicação de um marcador fluorescente nos espermatozóides. O marcador é ativado e a intensidade da resposta está diretamente relacionada ã quantidade de DNA no espermatozóide, quando os

(A) espermatozóides vivos respondem com maior intensidade, pois o corante fixa-se na membrana espermática íntegra.

(B) espermatozóides mortos respondem com menor intensidade, pois o corante atravessa a membrana espermática.

(C) espermatozóides, carreando o cromossomo X, respondem com maior intensidade porque possuem mais DNA.

(D) espermatozóides, carreando o cromossomo X, respondem com menor intensidade porque possuem menos DNA.

(E) espermatozóides, carreando o cromossomo Y, respondem com maior intensidade porque possuem mais DNA.

2. (EXAME 2003)

Considere uma reação de imunodifusão em gel de ágar (IDGA) para o sorodiagnóstico da leucose bovina, cujos resultados encontram-se abaixo esquematizados:

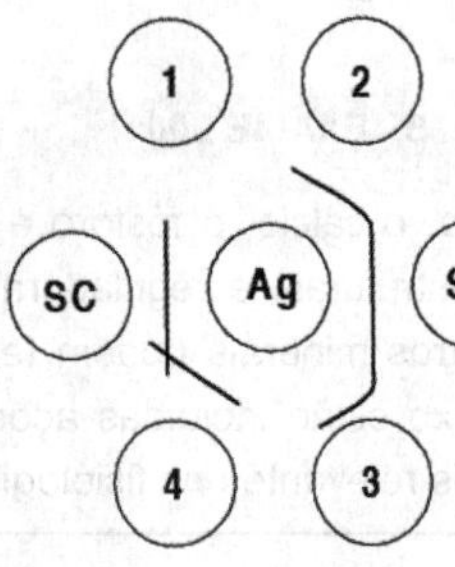

Onde:

1, 2, 3 e 4 = soros testados

Ag = antígeno precipitante

SC = soro controle positivo

Com base nesses resultados, os soros de números **1**, **2**, **3** e **4** exibiram, respectivamente, reação

(A) positiva, negativa, fraca positiva e inespecífica.

(B) negativa, fraca positiva, positiva e inespecífica.

(C) negativa, positiva, fraca positiva e inespecífica.

(D) negativa, inespecífica, fraca positiva e positiva.

(E) inespecífica, positiva, negativa e fraca positiva.

3. (EXAME 2002)

No ciclo de Krebs, também chamado de ciclo dos ácidos tricarboxílicos ou do ácido cítrico, há geração de ATP, com consumo de oxigênio no processo. Num súbito estado de anaerobiose, como acontece na intoxicação pelo cianeto, ou de bloqueio de atividade de certas enzimas do supracitado ciclo, como é constatado na intoxicação por amônia, o mecanismo que as células do organismo utilizam para a imediata geração de ATP é a

(A) glicólise anaeróbica, a partir do glicogênio, obtendo como produto final o ácido láctico.
(B) glicólise anaeróbica, a partir do acetato, obtendo como produto final o ácido ascórbico.
(C) lipólise, obtendo como produto final corpos cetônicos.
(D) lipólise, obtendo como produto final ácidos graxos livres.
(E) lipólise, obtendo como produto final ácido ascórbico.

4. (EXAME 2002)

Endogamia é um sistema de acasalamento no qual os animais envolvidos são mais aparentados entre si do que a média de parentesco da população. As conseqüências da endogamia são:

(A) melhores resultados quando são acasalados indivíduos menos aparentados entre si do que a média de parentesco da população como um todo.
(B) diminuição da proporção de pares de genes homozigotos e aumento dos pares heterozigotos. A endogamia por si só altera a freqüência gênica.
(C) diminuição da proporção de pares de genes homozigotos e aumento dos pares heterozigotos. A endogamia por si só não altera a freqüência gênica.
(D) aumento da proporção de pares de genes homozigotos e diminuição dos pares heterozigotos. A endogamia por si só altera a freqüência gênica.
(E) aumento da proporção de pares de genes homozigotos e diminuição dos pares heterozigotos. A endogamia por si só não altera a freqüência gênica.

5. (EXAME 2001)

No metabolismo ósseo, o cálcio, o fósforo e a vitamina D têm importantes funções estruturais e reguladoras. Entretanto, nas patologias ósseas, outros minerais podem ter papel preponderante. No quadro abaixo estão incluídas ações metabólicas de três elementos minerais relevantes na fisiologia óssea.

Elementos minerais	Ações metabólicas
I	está envolvido na síntese de ácido condroitinsulfúrico, na formação da matriz cartilaginosa, como ativador de glicosiltransferases, particularmente a galactotransferase.
II	atua na polimerização do colágeno, na formação da matriz óssea, como constituinte da metaloenzima lisil oxidase responsável pelas hidroxilações de resíduos de lisina no colágeno para a formação de desmosina.
III	substitui grupos hidroxilas na molécula de hidroxiapatita originando cristais de apatita mais volumosos e com geometria específica que desorganizam a estrutura cristalina óssea, dificultando os processos normais de remodelagem óssea e comprometendo a mobilização do Ca e do P depositados nos ossos.

Os elementos I, II e III são, respectivamente,

(A) cobre, flúor e manganês.
(B) manganês, cobre e flúor.
(C) manganês, cobre e magnésio.
(D) magnésio, zinco e flúor.
(E) magnésio, zinco e manganês.

6. (EXAME 2000)

Os desinfetantes são um importante aliado no controle de agentes patogênicos desde a fazenda até a comercialização dos alimentos de origem animal. Dentre os princípios ativos disponíveis, o cloro e seus derivados destacam-se pela sua ação algicida, protozoocida, fungicida, viricida e bactericida. Admite-se que o mecanismo de ação mais provável do cloro é a

(A) coagulação das proteínas celulares solúveis e redução da tensão superficial dos agentes patogênicos.
(B) interação com ácidos graxos insaturados alterando as propriedades dos lipídios na estabilização de membranas.
(C) inibição de sistemas enzimáticos vitais para o metabolismo bacteriano, através da oxidação dos grupos sulfidrílicos (-SH) dos aminoácidos sulfurados.
(D) alquilação de grupos amina de proteínas e do nitrogênio do anel das bases pirimídicas dos ácidos nucléicos das células dos agentes patogênicos.
(E) inibição da formação de metionina e ação tóxica direta sobre o agente patogênico.

7. (EXAME 2000)

O esquema abaixo representa um corte transversal de um órgão com importantes funções endócrinas.

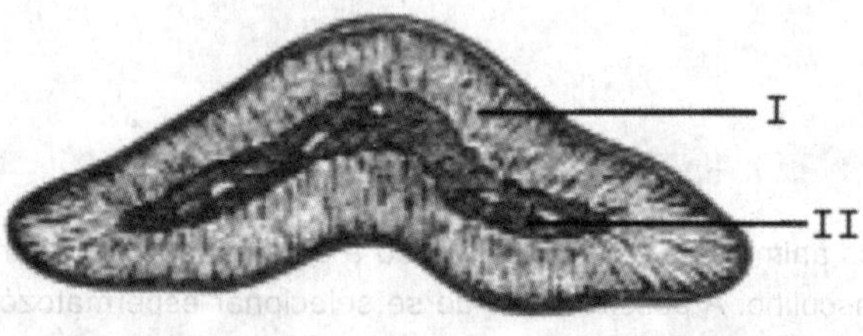

O órgão e os principais produtos do metabolismo das regiões I e II são, respectivamente,

(A) adrenal; esteróides e catecolaminas.
(B) adrenal; epinefrina e aldosterona.
(C) pâncreas; insulina e enzimas digestivas.
(D) tireóide; glucagon e tiroxina.
(E) pâncreas; enzimas digestivas e insulina.

8. (EXAME 2000)

Na biotransformação de fármacos no organismo, é importante a atividade catalizada pelos sistemas microssomais (hidrólise, redução e oxidação), que atuam em conjunto com os chamados sistemas não microssomais, responsáveis, predominantemente, pelas reações de síntese ou conjugação (metilações, sulfatações, acetilações, etc). Tais reações genericamente descritas como processo de biotransformação de xenobióticos ocorrem principalmente

(A) nos rins, e visam a ativar o medicamento para obtenção de máximo efeito farmacológico.
(B) nos rins, e visam à obtenção de moléculas mais hidrossolúveis para facilitar a excreção dos produtos.
(C) no fígado, e visam à obtenção de moléculas mais lipossolúveis para facilitar a excreção dos produtos.
(D) no fígado e nos rins, e visam a ativar o medicamento para obtenção de máximo efeito farmacológico.
(E) no fígado, e visam à obtenção de moléculas mais hidrossolúveis para facilitar a excreção dos produtos.

9. (EXAME 2000)

Na figura representam-se estruturas de uma bactéria que contêm antígenos importantes na imunização ativa de animais suscetíveis.

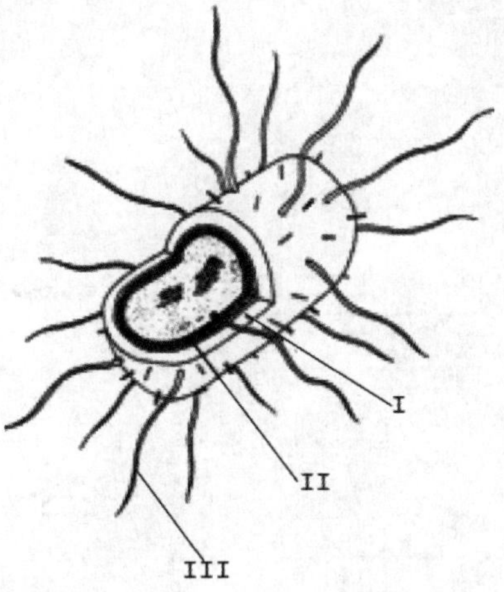

Associe os antígenos correspondentes às estruturas I, II e III

(A) K (parede celular), O (cápsula) e H (pêlo).
(B) K (cápsula), O (parede celular) e H (flagelo).
(C) O (cápsula), H (parede celular) e K (flagelo).
(D) O (parede celular); H (cápsula) e K (flagelo).
(E) K (cápsula), O (parede celular) e H (pêlo).

10. (EXAME 2000)

O conteúdo em energia dos alimentos não é inteiramente aproveitado no metabolismo animal, uma vez que numerosos fatores afetam a eficiência de uso desta energia pelo organismo. Desta forma, ao avaliar um alimento como fonte de energia, é necessário lançar mão de ensaios biológicos para medir as perdas de energia ocorridas ao longo das diversas etapas que envolvem sua assimilação pelos animais. Assim, considere um ensaio delineado para estudar um alimento contendo energia bruta = 5 000 Kcal/kg para suínos em crescimento. Os animais receberam 500 g do alimento por dia, e eliminaram diariamente 500 Kcal pelas fezes e 100 Kcal pela urina.

Os valores, em Kcal/kg, de energia digestível (ED) e energia metabolizável (EM) para o alimento em questão são, respectivamente,

(A) 1 900 e 2 000
(B) 2 000 e 1 900
(C) 3 800 e 4 000
(D) 4 000 e 3 800
(E) 5 000 e 5 000

11. (EXAME 2000)

A tabela abaixo apresenta a concentração, digestibilidade e valor biológico da lisina de uma amostra de farelo de soja submetida a quatro níveis crescentes de temperatura (adequada, superaquecimento grau I, grau II e grau III).

Temperatura de processamento	Concentração relativa	Digestibilidade relativa	Valor Biológico relativo
adequada	100	100	100
superaquecimento grau I	95	82	100
superaquecimento grau II	85	66	91
superaquecimento grau III	76	38	89

A acentuada diminuição, principalmente da digestibilidade da lisina, pelo processamento envolve

(A) reação de desaminação dos aminoácidos, principalmente lisina, com perda de nitrogênio pela urina na forma de uréia e aproveitamento da cadeia carbônica como fonte de energia, conferindo odor amoniacal ao produto.
(B) formação de compostos biologicamente não disponíveis pela combinação de grupamentos amina de aminoácidos, principalmente da lisina, com grupamentos aldeído dos carboidratos, que conferem coloração amarronzada ao produto.
(C) formação de compostos biologicamente não disponíveis de pontes bissulfídricas formadas pela combinação das moléculas de enxofre dos aminoácidos sulfurados, principalmente a lisina, conferindo coloração esbranquiçada ao produto.
(D) formação de compostos biologicamente não disponíveis pela reação de grupamentos amina de um aminoácido, principalmente a lisina, com o grupamento carboxila do aminoácido adjacente da cadeia polipeptídica da proteína, conferindo coloração amarelada ao produto.
(E) destruição das enzimas proteolíticas encontradas no produto que ajudam na digestão das proteínas no duodeno.

Conteúdo 02

RELAÇÃO INDIVÍDUO/SOCIEDADE, CONTRIBUINDO PARA A COMPREENSÃO DOS DETERMINANTES SOCIAIS, CULTURAIS, COMPORTAMENTAIS, PSICOLÓGICOS, ECOLÓGICOS, ÉTICOS E LEGAIS E CONTEÚDOS ENVOLVENDO A COMUNICAÇÃO, A INFORMÁTICA, A ECONOMIA E GESTÃO ADMINISTRATIVA EM NÍVEL INDIVIDUAL E COLETIVO

1. (EXAME 2004)

Atualmente, a sociedade tem participado de freqüentes discussões sobre a produção de vegetais transgênicos. Essa biotécnica permite a introdução de novas variações genéticas. Além disso, em animais, apresenta uso potencial na indústria farmacêutica e na produção de modelos para compreensão de desenvolvimento de doenças. Em projetos de desenvolvimento de animais transgênicos, estes são produzidos a partir da

(A) transferência nuclear.

(B) clonagem de células germinativas.

(C) introdução de um segmento gênico, composto pelo RNA.

(D) introdução em seu genoma de um DNA estranho, integrado de forma estável e que se transmite à descendência.

(E) introdução de uma molécula híbrida, composta por DNA e RNA, que se perpetua nos indivíduos.

2. (EXAME 2003)

A crescente preocupação com a biossegurança, a bioética e o caráter humanitário das relações com os animais têm-se traduzido por exigências no comércio internacional de carnes. Considerando o aspecto humanitário, para os animais destinados ao abate recomenda-se proporcionar conforto e bem-estar animal durante todo o pré-abate, evitando abusos e maus tratos, além

(A) de promover a substituição dos antibióticos por medicamentos homeopáticos.

(B) da exigência da produção orgânica em toda a cadeia.

(C) da utilização de um método adequado para a obtenção de estado de inconsciência antes do abate.

(D) da utilização de hormônios, promotores de crescimento e antibióticos.

(E) da proibição da utilização da cama de frango e de farinhas de carne, ossos e sangue na alimentação dos animais.

Conteúdo 03

ZOOTECNIA E PRODUÇÃO ANIMAL - ENVOLVENDO SISTEMAS ECOLOGICAMENTE SUSTENTÁVEIS DE CRIAÇÃO, MANEJO, NUTRIÇÃO, BIOTÉCNICAS DA REPRODUÇÃO, EXPLORAÇÃO ECONÔMICA, GERENCIAMENTO E ADMINISTRAÇÃO DE SISTEMAS PRODUTIVOS, INCLUINDO AGRONEGÓCIOS

1. (EXAME 2010)

Suponha que você tenha sido contratado por uma empresa de consultoria para dar assistência a um pecuarista. Chegando ao local, o proprietário diz que quer investir em bovinocultura de corte autossustentável, com vistas a reduzir os impactos ambientais. A propriedade possui 50 vacas SRD, e o pecuarista diz que pretende transferir embriões utilizando bezerras boas para serem as futuras matrizes. Isso seria mais barato que comprar novilhas de melhor qualidade. Até essas bezerras entrarem na idade reprodutiva, ele quer engordar mais animais no restante da propriedade. Você diz ao proprietário que a ideia inicial é boa, mas que não há sustentabilidade se ele continuar com o manejo extensivo. Então, com vistas ao manejo pecuário sustentável, qual das seguintes opções contempla uma proposta ecológica e economicamente viável.

(A) Inseminar as vacas SRD e melhorar o plantel aos poucos, evitando muito trânsito de animais.

(B) Construir um confinamento para garrotes e machos castrados, mantendo vacas receptoras e bezerros no pasto.

(C) Procurar concentrar os animais em um local da fazenda e destinar o restante ao reflorestamento, comprando a alimentação.

(D) Construir um sistema de confinamento para a etapa final do pastejo rotacionado, destinando os dejetos para um biodigestor produzir adubo e gás.

(E) Construir um sistema de pastejo rotacionado para a criação e acabar com o confinamento dos animais para abate, complementando com a compra de alimentação.

2. (EXAME 2010)

As tecnologias surgidas após a Segunda Guerra Mundial fizeram com que os países mais desenvolvidos conquistassem o mercado mundial de alimentos. Para tanto, foram necessárias a criação e a aplicação de novos métodos de produção que pudessem suprir a necessidade da população mundial, que se reerguia economicamente e socialmente após os terríveis anos de guerra. Devido à "linha de produção" que passou a ser adotada nesse período, teve origem, nos sistemas de criação de animais, o termo "pecuária industrial", que se caracteriza

I. pela busca de maior quantidade de carne produzida ao menor custo possível.
II. pelas baixas densidades de lotação e(ou) mão de obra familiar.
III. pelas altas taxas de crescimento e mecanização.
IV. pela grande necessidade de mão de obra.

É correto apenas o que se afirma em

(A) I e II.
(B) I e III.
(C) I e IV.
(D) II e III.
(E) III e IV.

3. (EXAME 2010)

No sistema de produção de leite, embora a vaca seja o principal foco, é importante considerar o custo de criação das bezerras. Os gastos se concentram na alimentação, alojamento e medicamentos. A antecipação da desmama reduz o custo de produção e é almejada pelos produtores. Para conseguir o desenvolvimento do ambiente ruminal adequado à desmama precoce, a bezerra deve

(A) ingerir mais leite e evitar a fibra, porque o leite possui maior digestibilidade.

(B) ingerir mais leite para acelerar o crescimento e o desenvolvimento do rúmen.

(C) ingerir leite para o crescimento, concentrado para a papilação e fibra para o ambiente ruminai.

(D) ingerir somente concentrado, pois fornece mais energia para o crescimento e desenvolvimento do rúmen.

(E) ingerir leite, porque é mais palatável e concentrado, que é fonte de energia para a fermentação ruminai.

4. (EXAME 2010)

Nos sistemas de produção de bovinos de corte, o sucesso da utilização de inseminação artificial na estação de monta (EM) depende, além da qualidade do sêmen, do treinamento do inseminador, da correta observação do estro e da seleção e manejo das fêmeas que serão inseminadas. Nas condições extensivas de manejo praticadas no Brasil, e considerando como meta prioritária a homogeneização de lotes de bezerras para recria e a obtenção de maior peso à desmama dos bezerros para engorda, a época mais favorável para a EM é durante o verão, com duração curta para padronização da estação de parição, evitando que o período de anestro pós-parto interfira na EM seguinte.

Nesse contexto, a utilização de um programa de sincronização de estros em vacas cíclicas com substâncias análogas da Prostaglandina F2alfa (PGF2a) constitui ferramenta útil de manejo reprodutivo, mas a taxa de sincronização está condicionada, em parte, à

(A) ocorrência prévia de episódios de hormônio luteinizante (LH).

(B) preexistência de folículos recrutados e do número de pulsos do LH.

(C) manifestação do estro em resposta às elevadas concentrações de FSH.

(D) condição de desenvolvimento folicular no dia da administração de PGF2a.

(E) concentração circulante de hormônio folículo estimulante (FSH) durante o início da onda de crescimento folicular.

5. (EXAME 2010)

A região brasileira que teve, relativamente, o maior aumento na produção de frango nos últimos anos foi a região Centro-Oeste. De acordo com Girotto e Mieli (2004), a evolução da produção brasileira não tem apresentado os mesmos índices de desenvolvimento em todas as regiões. A região Sul do país, pioneira na produção integrada, tem aumentado continuamente sua participação, enquanto a região Norte tem apresentado pequena evolução dos volumes produzidos. Um ponto a destacar é que na região Sul predominam pequenas propriedades agrícolas, compatíveis com a produção de frango. Em todas as regiões, a alimentação dos animais é baseada em milho e farelo de soja.

GIROTTO, A. F.; MIELI, M. **Situação atual e tendências para a avicultura de corte nos próximos anos.** EMBRAPA, 2004. Disponível em: <http://www.aviculturaindustrial.com.br>. Acesso em: 20 ago. 2010. (com adaptações)

O que explica o alto crescimento da produção avícola na região Centro-Oeste brasileira?

(A) A determinação da legislação ambiental, que não mais permite a implantação de novas granjas na região Sul.

(B) A produção em abundância de milho e soja, que são os principais ingredientes da alimentação das aves.

(C) A presença de grandes centros de consumo e a facilidade de escoamento da produção até outros grandes mercados consumidores.

(D) A presença de grandes integrações nessa região, que deslocaram seus centros de produção devido ã escassez de mão de obra especializada.

(E) A proximidade dessa região com os mercados do Norte e Nordeste, tradicionalmente consumidores de carne de frango.

6. (EXAME 2007)

A diversificada tecnologia envolvendo o manejo avícola é um dos pilares à obtenção dos expressivos índices de produtividade deste importante setor do agronegócio. Um exemplo é o preparo do ambiente e dos equipamentos visando à chegada das aves, uma vez que ambos devem estar limpos, desinfetados e montados. As campânulas deverão ser ligadas a fim de que a temperatura atinja o nível desejado (29 a 31 °C) algumas horas antes da chegada das aves. Além da utilização de termômetros espalhados por todo o aviário, o próprio comportamento da ave é um indicador de temperatura adequada. A distribuição indicativa de conforto térmico das aves dentro do círculo de proteção corresponde a:

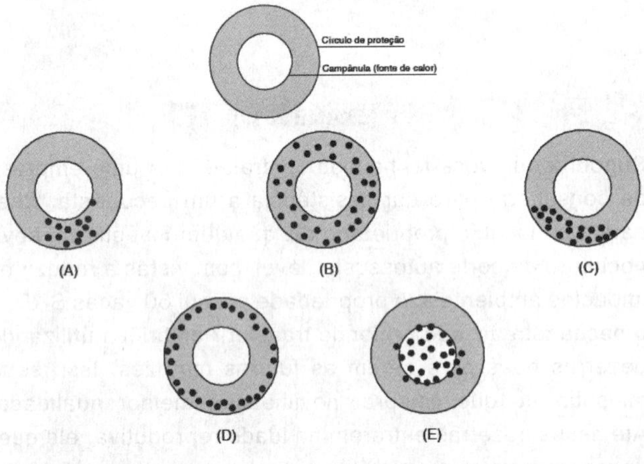

7. (EXAME 2007)

"A economia brasileira tem passado por rápidas transformações nos últimos anos. Nesse contexto, ganham espaço novas concepções, ações e atitudes, em que produtividade, custo e eficiência se impõem como regras básicas de sobrevivência em um mercado cada vez mais competitivo e globalizado. O agronegócio tem tido importante papel na balança comercial do país, considerando que um em cada três reais gerados pela economia brasileira tem origem neste setor." A conscientização dos médicos veterinários, pesquisadores e produtores rurais envolvidos na economia nacional nesse sistema, bem como o ajuste para este novo cenário é primordial para a competitividade da atividade. Como os maiores crescimentos na cadeia produtiva da carne ocorreram nos insumos e no setor primário, o planejamento na propriedade rural passa a ser uma ferramenta fundamental e, portanto, necessária para o sucesso da atividade. Diante do exposto, em termos de administração do agronegócio e os diversos fatores envolvidos, é correto deduzir:

(A) O planejamento estratégico adequadamente executado em uma propriedade produtora de carne redundará no abate precoce dos animais, com aumento de produtividade e do capital de giro e diminuição do tempo de permanência do animal nas pastagens, resultados estes mais diretamente ligados à adequação do manejo reprodutivo do que à execução de um planejamento nutricional.

(B) O aumento na produtividade é um caminho necessário para manter o sistema de produção com boas taxas de rentabilidade. Entretanto, este aumento deve ser lento, de modo a impedir excesso de produção e conseqüente queda nos preços dos produtos, independentemente da capacidade de consumo.

(C) A abertura de novos mercados internacionais é importante para elevar a exportação brasileira de produtos de origem animal. Todavia, o seu crescimento deve ser regulado essencialmente pela demanda interna, uma vez que a grande maioria das barreiras sanitárias impostas ao país já foi superada.

(D) Considerando as etapas do planejamento estratégico, ao se proceder à análise interna da empresa, é irrelevante a busca de informações da flutuação do mercado no cenário nacional e mundial, informações estas relativas às oportunidades, restrições e ameaças, haja vista que não influenciam no aumento ou diminuição da rentabilidade da atividade.

(E) O planejamento estratégico é elaborado para que o empresário possa visualizar sua atuação futura e as seguintes etapas são importantes para o seu estabelecimento: determinação dos objetivos, análise do ambiente externo, análise interna da empresa, geração e avaliação das metas e estratégias definidas.

8. (EXAME 2007)

Atualmente, a discussão sobre dejetos e resíduos ligados às diversas atividades produtivas tem sido freqüente e atingido diferentes setores. Na avicultura e na suinocultura, o descarte de animais mortos, entre outros materiais, também tem merecido análise criteriosa. Considerando os diversos sistemas propostos para o destino final dos animais mortos, a compostagem vem, gradativamente, sendo utilizada por muitas empresas, pois, por meio da ação de microrganismos termofílicos, degrada-se a matéria orgânica obtendo-se material semelhante ao húmus. Se a cama e as carcaças estiverem contaminadas com agentes patogênicos, estes serão destruídos, reduzindo-se assim a possibilidade de disseminação de doenças. Pode-se associar ao método de compostagem as seguintes características:

I. Evita o problema de contaminação de lençóis de água, que pode ocorrer quando ascarcaças são enterradas.
II. Suprime o custo com combustível, além de evitar a poluição do ar quando se utiliza a incineração.
III. Em algumas situações, é adicionada fonte extra de carbono.
IV. Na presença de agentes patogênicos, o método é viável, pois os microrganismos são inativados pela temperatura atingida no processo.
V. Método prático e de custo reduzido.
VI. Evita o transporte das carcaças e cama para fora do criatório.
VII. É acompanhada da retirada ou deslocamento de todos os equipamentos envolvendo a criação animal.

São vantagens do processo de compostagem aquelas que constam APENAS em

(A) I, II, III, V e VI.
(B) I, II, IV, V e VI.
(C) I, III, IV, V e VII.
(D) II, III, V, VI e VII.
(E) II, IV, V, VI e VII.

9. (EXAME 2004)

O teste de *performance* é um método de seleção em que os animais são avaliados pelo próprio desempenho. É indicado para características de herdabilidade alta ou moderada, onde o desempenho individual do animal indica, com relativa precisão, o seu valor genético. Pode ser conduzido a pasto ou em confinamento. Se você foi contratado por um grupo de produtores de bovino de corte para orientá-los na montagem de um teste de *performance*, deve considerar que este teste

(A) tem como desvantagem alongar o intervalo entre gerações em relação ao teste de progênie.
(B) é indicado para a seleção de reprodutores quando visa à melhoria das características de carcaça.
(C) tem como principal desvantagem o elevado custo, quando comparado a qualquer outro método de seleção.
(D) tem como vantagem não haver necessidade de correções para efeitos residuais de fazenda, idades ou outros efeitos de meio.
(E) não deve selecionar animais avaliados pelo desempenho em confinamento, se estes forem produzir progênies que serão criadas a pasto.

10. (EXAME 2003)

Suponha um experimento que comparou concentrações crescentes de dois diferentes suplementos alimentares no ganho de peso de lotes de frangos submetidos a idênticas condições de manejo. Ao final, para surpresa dos pesquisadores, ambos os tratamentos apresentaram mesmos valores para a análise de regressão linear, respectivamente, **r = 0,815** e **r^2 = 0,66**, e mesma significância no teste *t*. Ao analisarem os gráficos obtidos para cada tratamento, depararam-se com as figuras representadas em **I** e **II**.

Fig. I

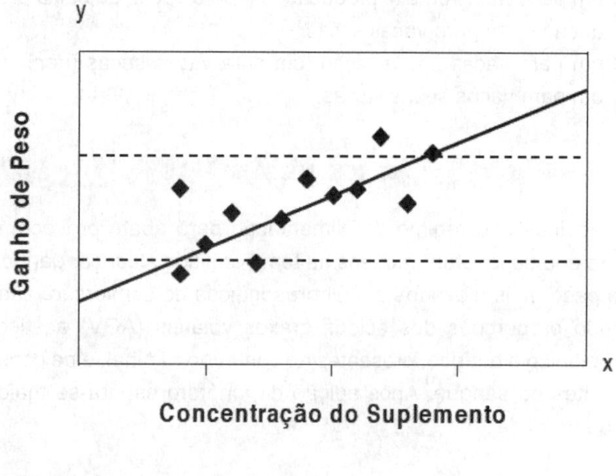

Fig. II

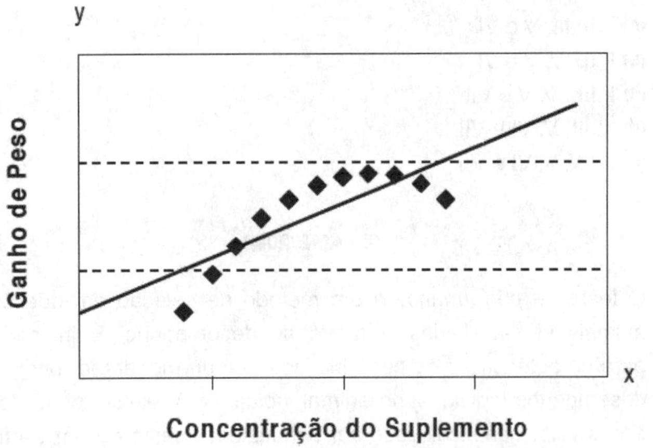

Na análise conjunta dos resultados e das representações gráficas,

(A) a figura **I** explica corretamente os resultados obtidos, mostrando uma relação linear entre concentração e ganho de peso.
(B) a figura **I** explica corretamente os resultados obtidos, mostrando uma função quadrática entre concentração e ganho de peso.
(C) as figuras **I** e **II** explicam corretamente os resultados obtidos, mostrando relações lineares entre concentração e ganho de peso.
(D) as figuras **I** e **II** explicam corretamente os resultados obtidos, mostrando funções quadráticas entre concentração e ganho de peso.
(E) a figura **II** explica corretamente os resultados obtidos, mostrando uma relação linear entre concentração e ganho de peso.

11. (EXAME 2003)

Um criador de bovinos de leite, com um plantel de 250 vacas cuja média diária de produção é de 16 kg de leite/vaca/dia, com intervalo médio de 12 meses entre partos, opta por instalar um sistema de confinamento, empregando o processo de curral a céu aberto. Para um bom manejo das fêmeas, o número mínimo de currais recomendados é

(A) um único para todas as vacas.
(B) um para vacas em lactação e um para vacas secas.
(C) um para vacas de alta produção e um para vacas de baixa produção e vacas secas.
(D) um para vacas de alta produção, um para vacas de baixa produção e um para vacas secas.
(E) um para vacas em lactação, um para vacas secas prenhes, um para vacas secas vazias.

12. (EXAME 2003)

Em ovinos sob regime de alimentação para abate precoce, o emprego do ionóforo monensina tem permitido alcançar ganhos de peso mais elevados e melhores índices de conversão, alterando proporções dos ácidos graxos voláteis (AGV) acético, propiônico e butírico, presentes no conteúdo ruminal, e de constituintes do sangue. Após adição do ionóforo espera-se maior proporção de

(A) propionato/acetato no conteúdo do rúmen e maior teor de glicose no sangue.
(B) propionato/acetato no conteúdo do rúmen e maior teor de ácido acético no sangue.
(C) acetato/propionato no conteúdo do rúmen e maior teor de glicose no sangue.
(D) acetato/propionato no conteúdo do rúmen e maior teor de ácido acético no sangue.
(E) acetato/bultirato no conteúdo do rúmen e maior teor de ácido acético no sangue.

13. (EXAME 2003)

Galinhas poedeiras, adequadamente alimentadas, quando em fase de postura, apresentam variação na ingestão de alimentos devido à alteração das necessidades nutricionais decorrentes da formação do ovo, exigindo assim maior suprimento de

(A) xantofila.
(B) selênio.
(C) cálcio.
(D) metionina.
(E) sódio.

14. (EXAME 2003)

Em um projeto de exploração de vacas com produção média de 12 kg de leite por dia, foi proposta a utilização de pasto de capim elefante Napier (*Penisetum purpureum*) e dois tipos de silagens, a serem empregados em dois períodos distintos do ano.

As silagens apresentaram os seguintes valores em suas concentrações de ácidos:

- Silagem I: teores elevados de ácido acético e baixos de ácidos butírico e láctico.
- Silagem II: teores elevados de ácido láctico e baixos de ácidos acético e butírico.

Os períodos são caracterizados por:

1. chuvas, temperatura ambiente elevada e dias longos.
2. seca, temperatura ambiente baixa e dias curtos.

A proposta que melhor associa produtividade com economia, considerando o emprego da forragem o ano todo ou em período específico, é

(A) pasto durante as chuvas e silagem I na seca.
(B) pasto durante as chuvas e silagem II na seca.
(C) pasto de capim o ano todo.
(D) silagem I o ano todo.
(E) silagem II o ano todo.

15. (EXAME 2003)

O médico veterinário responsável pelo manejo e alimentação de um rebanho de bovinos calculou a quantidade e o custo da ração a ser fornecida para um lote de animais, em início de confinamento. Considerando apenas as exigências de 1,004 kg/dia em proteína, foi estipulada a oferta de 2,5 kg/animal/dia de uma mistura de concentrados (farelo de soja e milho em grão) e mais 0,1 kg de uréia, em complementação ao volumoso. A parte volumosa da ração apresentou custo de R$ 0,94 animal/dia.

Alimento	%PB	R$ (kg)	Kg/dia	PB (kg/dia)	R$
Farelo de soja	46,0%	0,75	0,363	0,167	0,27
Milho/grãos	8,0%	0,30	2,137	0,171	0,64
Uréia	262,5%*	0,80	0,1	0,262*	0,08
Volumoso	-	-	-	0,404	0,94
TOTAL	-	-	-	1,004	1,93

* equivalente protéico

Em uma segunda opção, foram mantidas as quantidades do volumoso mas retirada a uréia, o que exigiu o reajuste das quantidades de farelo de soja e milho, dentro do total de 2,5 kg de mistura concentrada. A alteração provocou aumento no custo total da ração/animal/dia de:

(A) 0,0% a 2,5%
(B) 2,6% a 5,0%
(C) 5,1% a 7,5%
(D) 7,6% a 10,0%
(E) 10,1% a 12,5%

16. (EXAME 2002)

A avaliação do desempenho de um lote de suínos está representada na distribuição normal ou curva de Gauss abaixo.

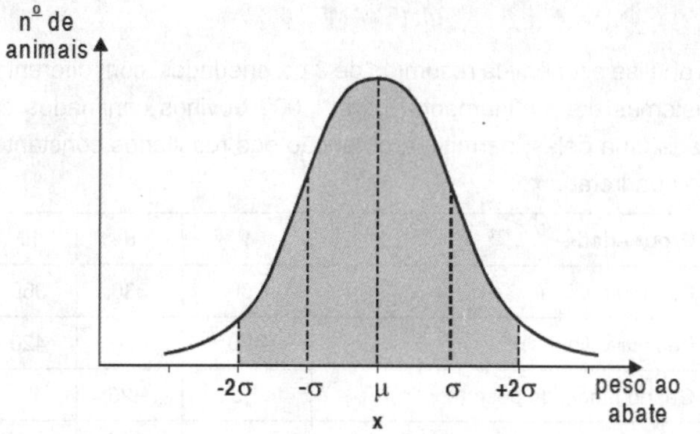

Admitindo que os parâmetros populacionais m e s do referido lote sejam conhecidos e iguais a 78,4 kg e 6,8 kg, respectivamente, o percentual de animais deste lote que estaria com peso entre 64,8 e 92 kg representa, aproximadamente:

(A) 68%
(B) 75%
(C) 90%
(D) 95%
(E) 99%

17. (EXAME 2002)

Vastas áreas do território nacional apresentam pastagens com baixos teores de fósforo. Poderá ocorrer carência deste macroelemento se não houver suplementação mineral em quantidade suficiente e com boa qualidade. Bovinos com hipofosforose apresentam, além de emagrecimento, os seguintes sinais clínicos:

(A) osteodistrofia, laminite e infertilidade.
(B) osteofagia, infertilidade e laminite.
(C) anemia, infertilidade e discromia do pelame negro.
(D) infertilidade, osteodistrofia e abortamento.
(E) hiporexia, osteodistrofia e osteofagia

18. (EXAME 2002)

Um médico veterinário pretende instituir, em uma granja comercial de suínos, um programa de inseminação artificial utilizando sêmen resfriado. A fim de obter resultados satisfatórios, deverá observar:

	Temperatura de conservação do sêmen	Volume a ser utilizado	Nº de espermatozóides viáveis na dose inseminante	Momento adequado para aplicação do sêmen
(A)	15 a 18 °C	80 a 100 mL	2 a 3 bilhões	24 a 48 horas antes da ovulação.
(B)	15 a 18 °C	80 a 100 mL	50 milhões	48 a 72 horas antes da ovulação
(C)	15 a 18 °C	10 a 20 mL	2 a 3 milhões	12 a 24 horas após a ovulação
(D)	5 a 7 °C	20 a 50 mL	500 milhões	24 a 48 horas antes da ovulação
(E)	5 a 7 °C	80 a 100 mL	500 mil	48 a 72 horas antes da ovulação

19. (EXAME 2002)

Um médico veterinário pretende instituir em uma propriedade rural um programa de colheita e transferência de embriões bovinos. Na condução deste programa deverá considerar que

(A) os hormônios utilizados para provocar o estro e a superovulação da doadora são, respectivamente, LH e estrógeno.
(B) o cio base determina o dia de início do tratamento superovulatório da doadora, após a observação de pelo menos dois ciclos estrais regulares.
(C) os hormônios utilizados para a sincronização da receptora e da doadora são a gonadotrofina coriônica humana HCG e a progesterona, utilizados no 1º dia do tratamento superovulatório.
(D) o melhor momento para a transferência dos embriões é quando as receptoras ovulam três dias antes ou três dias após a ovulação da doadora.
(E) o melhor momento para a realização da colheita dos embriões é o nono dia após o cio da doadora em tratamento superovulatório.

20. (EXAME 2002)

Na avicultura, a aplicação de vacinas por aspersão constitui procedimento de elevada praticidade, rapidez e baixo custo operacional, características de grande importância para os índices de lucratividade da granja. Para que o veterinário possa orientar uma adequada vacinação por aspersão, é fundamental considerar que as vacinas administradas por essa via contêm

(A) agentes inativados que devem manter sua integridade durante a aplicação.
(B) agentes atenuados que devem manter sua viabilidade durante a aplicação.
(C) subunidades virais que devem manter sua integridade durante a aplicação.
(D) adjuvantes imunológicos oleosos que devem permanecer estáveis durante a aplicação.
(E) adjuvantes imunológicos aquosos que devem permanecer estáveis durante a aplicação.

21. (EXAME 2002)

A entressafra da produção de carne bovina no Brasil deve-se à estacionalidade de produção das pastagens, ocasionada por fatores climáticos como temperatura, umidade e comprimento dos dias, considerados isoladamente ou em seu conjunto. Assim,

(A) a curva de produção das pastagens tropicais e subtropicais apresenta uma inflexão negativa nos meses mais quentes do ano. Essa deficiência de alimentação resulta no emagrecimento dos animais por carência notadamente protéica, vindo a energética em segundo plano.

(B) ao longo do ciclo produtivo de pastagens tropicais o que se observa é o alto consumo de matéria seca decorrente de sua limitada digestibilidade, principalmente no período da estiagem.

(C) as espécies forrageiras de clima temperado apresentam evidente superioridade no potencial de produção sobre as de clima tropical, sendo que este fato deve-se a sua maior eficiência fotossintética.

(D) o uso de pastagens naturais representa a principal fonte de alimento concentrado para os animais. No entanto, durante o inverno, estas ficam seriamente comprometidas, tanto em termos quantitativos quanto qualitativos.

(E) a maior produção por animal está diretamente relacionada com elevadas porcentagens de folhas, de proteína e de matéria seca digestível da planta forrageira além da quantidade de matéria seca ingerida.

22. (EXAME 2002)

A maior dificuldade para a adequada nutrição do leitão, durante a lactação, reside no desconhecimento da quantidade de leite que a matriz produz. Para atender as exigências nutricionais de uma leitegada com dez leitões, a matriz deve produzir aproximadamente 6,5 litros de leite/dia ao final da primeira semana e 11 litros de leite/dia ao final da terceira semana de lactação, fato não observado em condições normais de criação. Desta maneira, o procedimento mais adequado para alimentar os leitões é fornecer

(A) ração pré-inicial peletizada, a partir do sétimo dia de vida.

(B) ração inicial peletizada, a partir do momento da desmama.

(C) ração pré-inicial peletizada, a partir do primeiro dia de vida.

(D) ração pré-inicial farelada, a partir do primeiro dia de vida.

(E) a mesma ração farelada recebida pela matriz, desde o nascimento, para prevenção de anemia ferropriva.

23. (EXAME 2002)

A figura abaixo representa o comportamento de variáveis (curvas X, Y e Z) durante o período normal de lactação de bovinos.

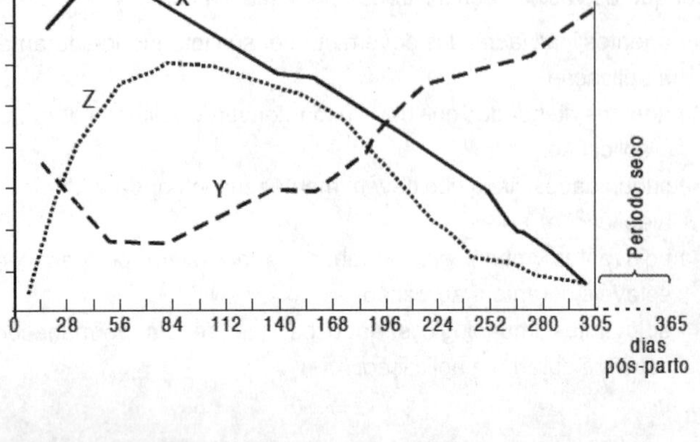

Está representada na curva

(A) X a variação do peso vivo da vaca leiteira. O animal ganha peso nas primeiras semanas após o parto mas, devido a incapacidade de consumo para atender às necessidades de manutenção e produção, perde peso progressivamente durante o restante do período de lactação.

(B) Y a variação da ingestão de matéria seca pela vaca leiteira. O animal apresenta decréscimo no consumo nas primeiras semanas após o parto, devido à utilização das reservas adquiridas no período de gestação e posterior acréscimo durante o restante do período de lactação.

(C) X a variação da produção da vaca leiteira. O animal aumenta inicialmente sua produção nas primeiras semanas, cresce até atingir sua capacidade máxima cerca de 1-2 meses após o parto para, em seguida, exibir queda contínua até o final do período.

(D) Z a variação da produção da vaca leiteira. O animal tem sua produção aumentada significativamente até atingir sua capacidade máxima cerca de 3-4 meses após o parto para, em seguida, exibir queda contínua até o final do período.

(E) Y a variação da produção da vaca leiteira. O animal diminui a produção logo após o parto, em seguida há aumento progressivo devido a vaca conseguir alcançar seu máximo consumo de forragem cerca de 3-4 meses após o parto.

24. (EXAME 2002)

A análise econômica resumida de 3 propriedades, com diferentes sistemas de confinamento, para 1 000 bovinos confinados em cada uma delas, permitiu a obtenção dos resultados constantes no quadro abaixo:

Propriedade	I	II	III
Peso vivo inicial	300	330	360
Peso vivo final	420	400	420
Ganho médio de peso (kg/dia)	1,5	1,25	1,0
Número de dias	80	56	60

Considerando-se que o custo de confinamento (animal/dia) é da ordem de R$ 3,00 e que o preço de venda da arroba é R$ 40,00, a ordem crescente de rentabilidade para as 3 propriedades é:

(A) I, III e II

(B) II, I e III

(C) II, III e I

(D) III, I e II

(E) III, II e I

25. (EXAME 2002)

Uma forma de o médico veterinário orientar um proprietário rural, que possui pequeno percentual de fêmeas com alto potencial genético, a aumentar o número de descendentes de cada uma dessas fêmeas por ano é a

(A) utilização de touros andrologicamente testados e submetidos ao teste de progênie.

(B) utilização da inseminação artificial exclusivamente com sêmen de touros submetidos ao teste de progênie.

(C) associação das técnicas de inseminação artificial e de transferência de embriões.

(D) utilização de marcadores moleculares na busca de *locus* de características genéticas quantitativas.
(E) utilização de programas de sincronização de cio e inseminação artificial em tempo fixo.

26. (EXAME 2000)

Considere dois grupos de frangos de corte criados em uma granja no sul de Minas Gerais, comparáveis em todos os aspectos, exceto pela linhagem.

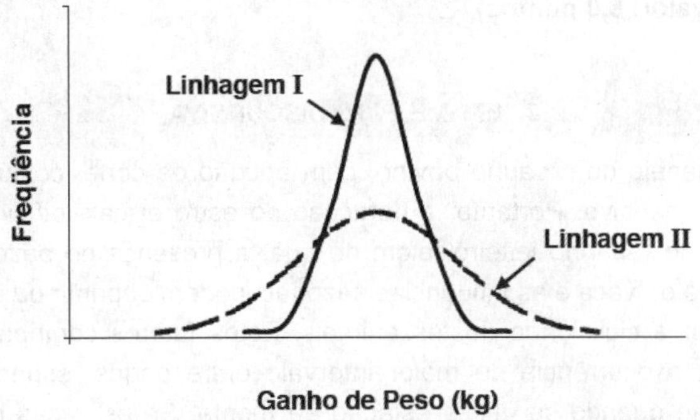

O gráfico ilustra o ganho de peso dessas populações e permite afirmar que

(A) a média aritmética e a variância da Linhagem I são superiores às da Linhagem II.
(B) a média aritmética da Linhagem I é superior à da Linhagem II e as variâncias são iguais.
(C) as médias aritméticas são iguais e a variância da Linhagem I é superior à da Linhagem II.
(D) as médias aritméticas são iguais e a variância da Linhagem I é inferior à da Linhagem II.
(E) a média aritmética e a variância da Linhagem I são inferiores às da Linhagem II.

27. (EXAME 2000)

A comercialização de sêmen congelado de suíno por centrais de inseminação artificial é praticamente nula, quando comparada a de bovinos. Tal fato decorre de

(A) falhas na detecção do cio em porcas, em virtude do anestro lactacional mais proeminente nessa espécie.
(B) baixa concentração de espermatozóides no sêmen suíno, impedindo alcançar dose mínima inseminante recomendada pelo Ministério da Agricultura.
(C) difícil congelação do sêmen suíno, em virtude da diminuição da sua fertilidade, ocasionada pelo glicerol.
(D) dificuldade de deposição do sêmen no útero das porcas, em virtude do formato anatômico em sacarolhas da cérvix suína.
(E) possibilidade de disseminação de doenças sexualmente transmissíveis, como peste suína clássica, doença de Aujeszky e campilobacteriose.

28. (EXAME 2000)

O mel é um produto de origem animal produzido a partir do néctar das flores e secreções das partes vivas de plantas transformados por combinação com substâncias próprias das abelhas melíferas, armazenado e maturado nos favos das colméias. Seu acondicionamento em ambientes com boas condições de aeração e temperaturas amenas são fatores importantes para a sua conservabilidade, avaliada na rotina de inspeção, pela

(A) quantificação da sacarose que tende a aumentar naturalmente com o envelhecimento do produto.
(B) identificação de substâncias albuminóides (proteínas e seus precursores), derivadas da ação gradativa do ácido tânico.
(C) relação sacarose/frutose, sendo maior a concentração de sacarose nos méis recém-colhidos em relação àqueles mais envelhecidos.
(D) quantificação de substâncias albuminóides (proteínas e seus precursores) oriundas da ação de enzimas presentes no mel.
(E) quantificação do hidroximetilfurfural (HMF), aldeído presente em quantidades mínimas no mel recentemente colhido.

29. (EXAME 2000)

A suplementação dietética com fontes de cobalto e de enxofre é necessária nas espécies animais ..... para garantir adequado suprimento metabólico de ..... . Para completar corretamente o texto acima, as lacunas devem ser preenchidas, respectivamente, por

(A) ruminantes - vitamina B_{12} e aminoácidos
(B) ruminantes e não ruminantes - tiamina e aminoácidos
(C) não ruminantes - vitamina B_{12} e aminoácidos
(D) ruminantes - tiamina e metionina
(E) não ruminantes - tiamina e metionina

30. (EXAME 2000)

Considere o silo tipo trincheira ilustrado abaixo com área de secção transversal igual a 10 m² e 36 m de comprimento. Seu cliente deseja construir um conjunto de silos iguais a este para alimentar um plantel de 200 vacas, ao longo dos 6 meses de seca que caracterizam o clima da região. O fazendeiro dispõe-se a ensilar milho, com densidade igual a 500 kg/m³ e oferecer às vacas 30 kg/dia de silagem, esvaziando o silo através da extração de fatias homogêneas, transversais, com 30 cm de espessura.

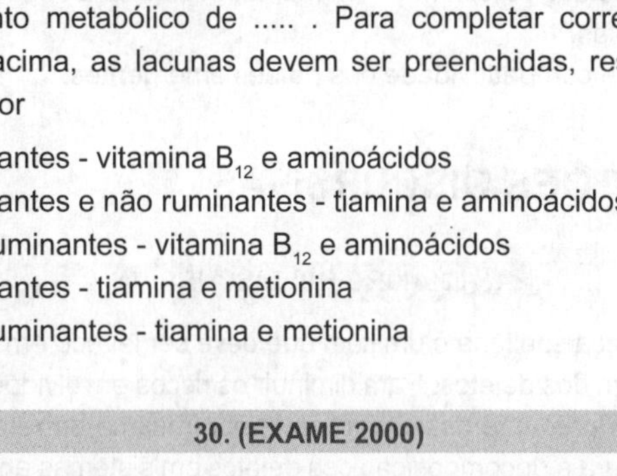

Nestas condições, uma fatia será suficiente para alimentar ...... vacas e serão consumidas ...... fatias por dia. Serão necessários ...... dias para esvaziar um silo, e serão necessários ...... silos para alimentar todo o plantel durante a seca.

Para completar corretamente o texto acima, as lacunas devem ser preenchidas, respectivamente, por

(A) 200 - 2 - 120 - 2
(B) 100 - 2 - 60 - 3
(C) 50 - 4 - 30 - 6
(D) 25 - 8 - 15 - 12
(E) 40 - 4 - 60 – 6

31. (EXAME 2000)

A reunião de 1999 da Organização Mundial do Comércio (OMC), em Seattle, Estados Unidos, foi realizada sob intensa pressão da sociedade, com manifestantes ocupando as ruas da cidade para registrar seu protesto contra a pauta de negociações da OMC. A organização não conseguiu completar suas discussões e estabelecer as normas tarifárias que orientarão o comércio em ambiente francamente globalizado dos próximos anos. O fracasso das negociações foi resultado, principalmente, de

(A) imposição de barreiras comerciais não alfandegárias pelos países emergentes.

(B) grande demanda de financiamentos internacionais para subsidiar a produção agrícola de países pobres.

(C) dificuldade dos países emergentes em controlar problemas sanitários dos rebanhos, como por exemplo, a febre aftosa.

(D) decisão dos países ricos em manter subsídios a seus produtos agrícolas.

(E) falta de competitividade dos países emergentes.

QUESTÕES DISCURSIVAS

1. (EXAME 2010) DISCURSIVA

A segurança sanitária é um item que deve ser levado em conta na reciclagem dos dejetos. Para diminuir os riscos envolvidos na reciclagem, é prudente assegurar um tempo mínimo de retenção de 30 dias para a decomposição dos dejetos em sistemas anaeróbios ativos, antes de utilizá-los como fertilizante. O reaproveitamento dos dejetos como fertilizante na propriedade requer área disponível e distanciamento dos corpos d'água (rio, córrego, açude, nascentes, lagoa). Os dejetos de suínos são um composto multinutriente, cujos elementos estão em quantidades desproporcionais em relação aos assimilados pelas plantas. Quando os dejetos são aplicados ao solo com base na demanda total das plantas de qualquer um dos elementos N-P-K, os demais geralmente estarão em excesso. Com o acúmulo de nutrientes no solo, surge o risco de fitotoxicidade às plantas e de perdas de nutrientes por erosão e lixiviação, que poderão causar a poluição das águas e do solo, cuja gravidade será tanto maior quanto menos se observar o princípio do balanço de nutrientes e as boas práticas agronômicas.

FÁVERO, J. A.(org). **Produção de Suínos**. EMBRAPA Sistemas de Produção, 2003.

A tabela abaixo mostra o volume de dejetos produzidos na suinocultura, de acordo com o tipo de granja.

Volume de dejetos produzidos, de acordo com o tipo de granja.

Tipo de granja	Nível de diluição		
	Pouca	Média	Muita
Ciclo Completo (litros/matriz)	100	150	200
Unidade Produtora de Leitões (litros/matriz)	60	90	120
Unidade Terminadora (litros/animal)	7,5	11,2	15

PERDOMO *et al.* (1999), citado por Diesel, R. *et al.* **Coletânea de tecnologias sobre dejetos suínos**. *In:* Boletim Informativo de Pesquisa - Embrapa Suínos e Aves e Extensão - EMATER/RS. Ano 10, n .°14, ago. 2002.

Com base nas informações e nos dados apresentados, resolva os itens a seguir.

a) Calcule o volume de dejetos produzidos em uma granja de ciclo completo, com capacidade de 100 matrizes, no período de um ano, com nível médio de diluição dos dejetos. **(valor: 2,0 pontos)**

b) Proponha quatro soluções para os problemas apresentados, justificando cada uma delas, tendo em vista a diminuição dos impactos ambientais dos dejetos suínos lançados ao solo. **(valor: 8,0 pontos)**

2. (EXAME 2007) DISCURSIVA

O manejo do rebanho bovino, com aptidão de corte, costuma ser extensivo. Portanto, a detecção do estro é mais difícil do que no rebanho leiteiro, além do que, a presença do bezerro ao pé da vaca e as influências sazonais podem deprimir ou bloquear a ciclicidade destes animais. Estes fatores contribuem para a ocorrência de maior intervalo entre partos, especialmente quando se utiliza estação de monta. Se as vacas não retornarem à atividade ovariana dentro da estação de monta, deixarão de conceber e serão descartadas. Com o intuito de melhorar este panorama, muitas propriedades optam por utilizar a inseminação artificial (IA), mas nem sempre obtêm os resultados esperados.

Tendo em vista o panorama descrito, responda:

a) Qual é o principal fator que contribui para o insucesso da IA em vacas cíclicas? **(valor: 3,0 pontos)**

b) Que técnica de controle reprodutivo pode ser associada à IA para melhorar sua eficiência? **(valor: 3,0 pontos)**

c) Cite pelo menos três vantagens que a IA pode trazer para a criação de vacas de corte, em relação à monta natural. **(valor: 4,0 pontos)**

3. (EXAME 2004) DISCURSIVA

Nos programas de melhoramento genético e nos catálogos de touros, a cada ano, vem-se atribuindo maior importância à utilização da Diferença Esperada na Progênie (DEP). Entre as DEP, encontram-se as relativas ao perímetro testicular, que têm sido freqüentemente utilizadas. Ao orientar os produtores na aquisição de sêmem de um determinado touro, que explicações o Médico Veterinário deve fornecer sobre:

a) o significado das DEP para a produção animal; **(valor: 4,0 pontos)**

b) a inclusão da DEP para perímetro testicular nos programas de melhoramento genético. **(valor: 6,0 pontos)**

Conteúdo 04

INSPEÇÃO E TECNOLOGIA DOS PRODUTOS DE ORIGEM ANIMAL - INCLUINDO CLASSIFICAÇÃO, PROCESSAMENTO, PADRONIZAÇÃO, CONSERVAÇÃO E INSPEÇÃO HIGIÊNICA E SANITÁRIA DOS PRODUTOS DE ORIGEM ANIMAL E DOS SEUS DERIVADOS

1. (EXAME 2010)

O Regulamento de Inspeção Industrial e Sanitária de Produtos de Origem Animal (RIISPOA), em seu artigo 110, preconiza:

Art. 110 - É proibida a matança de qualquer animal que não tenha permanecido pelo menos 24 (vinte e quatro) horas em descanso, jejum e dieta hídrica nos depósitos do estabelecimento.

§ 1° - O período de repouso pode ser reduzido, quando o tempo de viagem não for superior a 2 (duas) horas e os animais procedam de campos próximos, mercados ou feiras, sob controle sanitário permanente; o repouso, porém, em hipótese alguma, deve ser inferior a 6 (seis) horas.

O jejum alimentar e a dieta hídrica aos quais os animais de abate são submetidos têm a finalidade de

(A) evitar que o sangue deslocado para o trato gastrointestinal no processo da digestão minimize os processos de sangria, propiciando, assim, uma morte mais rápida ao animal.

(B) evitar custos maiores para a indústria durante o abate dos animais, tais como o custo de ração, a mão de obra e a limpeza dos currais de espera.

(C) evitar a contaminação das carcaças no momento da esfola e e visceração, caso ocorram acidentes e perfuração das alças intestinais.

(D) tornar o abate um processo menos traumático, pois o jejum tranquiliza o animal, cumprindo, assim, um protocolo de abate humanitário e atendendo às recomendações dos principais países importadores da carne brasileira.

(E) proporcionar aos animais a recuperação dos estoques de glicogênio perdidos com o estresse de viagem e (ou) transporte, o qual permitirá que, após o abate, nos processos de armazenagem das carcaças, ocorra adequado abaixamento de pH, propiciando melhor qualidade da carne.

2. (EXAME 2010)

Instrução Normativa n.° 51, de 18 de setembro de 2002.

O Ministro de Estado da Agricultura, Pecuária e Abastecimento, no uso da atribuição que lhe confere o art. 87, Parágrafo único, inciso II, da Constituição, e considerando a necessidade de aperfeiçoamento e modernização da legislação sanitária federal sobre a produção de leite, resolve:

Art. 1° Aprovar os regulamentos técnicos de produção, identidade e qualidade do leite tipo A, do leite tipo B, do leite tipo C, do leite Pasteurizado e do leite cru refrigerado e o regulamento técnico da coleta de leite cru refrigerado e seu transporte a granel, em conformidade com os anexos a esta Instrução Normativa.

De acordo com a referida normativa,

I. entende-se por leite, sem outra especificação, o produto oriundo da ordenha completa e ininterrupta, em condições de higiene, de vacas, búfalas e cabras sadias, bem alimentadas e descansadas.

II. entende-se por leite pasteurizado tipo A o leite classificado quanto ao teor de gordura em integral, padronizado, semidesnatado ou desnatado, produzido, beneficiado e envasado em estabelecimento denominado granja leiteira, observadas as prescrições contidas no presente regulamento técnico.

III. o leite a ser pasteurizado, nos casos dos leites tipos B e C, pode sofrer desnate e padroniza-ção na propriedade rural e, na indústria, imedia-tamente após a pasteurização, o produto assim processado deve apresentar teste qualitativo negativo para fosfatase alcalina, teste positivo para peroxidase e enumeração de coliformes a 30/35 °C (dezoito/vinte graus Celsius) menor do que 0,3 NMP/mL (zero vírgula três Número Mais Provável / mililitro) da amostra.

De acordo com a normativa n.° 51, é correto o que se afirma em

(A) I, apenas.
(B) II, apenas.
(C) I e III, apenas.
(D) II e III, apenas.
(E) I, II e III.

3. (EXAME 2007)

A sustentabilidade dos sistemas atuais de produção de aves e suínos traduz-se, entre outras, em demanda de produtores e consumidores, havendo preocupação com os possíveis efeitos ambientais da excreção excessiva de nitrogênio, fósforo e microelementos que podem ocorrer nesses sistemas. O total de fósforo excretado por suínos e aves anualmente, nos Estados Unidos, é de 320.000 toneladas, correspondendo a um terço de todo o fósforo excretado pelas várias espécies animais. Considerando as necessidades do sistema de produção dos suínos e os efeitos ambientais deletérios das excretas animais, é correto concluir:

(A) Os aditivos nutricionais, como aminoácidos, fitase e minerais orgânicos, são elementos que permitem o balanceamento das rações de forma adequada, garantindo o aporte de nutrientes exigidos pelos suínos, sem prejuízo ao desempenho zootécnico, reduzindo o excesso de nutrientes excretados para o meio ambiente.
(B) Os suínos, como os ruminantes, não aproveitando eficientemente o fósforo dos vegetais por não sintetizarem a enzima fitase, obtêm vantagens nutricionais quando esta enzima é adicionada à ração, pois trata-se de uma substância capaz de catabolizar o fitato, disponibilizando o fósforo e outros minerais para o metabolismo.
(C) O fosfato pode ser considerado um poluente ambiental, pois, em contato com as águas superficiais, inibe o crescimento das algas, causando o fenômeno de eutrofização, que resulta em quantidades excessivas de oxigênio, criando um meio inadequado para os peixes e outros animais aquáticos.
(D) O modo de ação da fitase é a catálise do ácido fítico, liberando o fósforo. A ação desta enzima pode variar com a idade dos animais, mas, nos suínos, independe do pH gástrico, da temperatura do alimento e do tempo de conservação do produto e do alimento que contém a enzima.
(E) O emprego de complexos multienzimáticos, cada vez mais usuais no mercado, tem apresentado bons resultados na redução de fatores antinutricionais encontrados em cereais de alta viscosidade (trigo, centeio e cevada). Entretanto, a adição de enzimas não altera a disponibilidade de nutrientes das dietas com cereais de baixa viscosidade (milho, sorgo e soja).

4. (EXAME 2007)

A defumação é uma técnica de aplicação de calor e fumaça que visa conferir propriedades organolépticas especiais e contribuir para a conservação dos alimentos. A fumaça de certas madeiras contém diversas substâncias, como cresóis, fenóis, guaiacóis, álcoois etílico e metílico, aldeído fórmico, ácidos acético e fórmico, as quais têm ação bactericida. Na aplicação desse processo, deve-se evitar madeiras resinosas, pois estas podem conferir gosto e cheiro desagradáveis ao produto. Emprega-se a defumação em carnes (como presunto e lombo), embutidos (como lingüiças e paio) e pescados, geralmente, após um tratamento prévio de cura, visando também obter

(A) efeito desidratante discreto; substâncias oxidantes que evitam a rancificação; superfície do produto impregnada de substâncias produzidas por microrganismos que favorecem a maturação do produto e ação amaciadora pelo aumento da atividade enzimática.
(B) desidratação intensa que auxilia na conservação do produto; substâncias oxidantes que evitam a rancificação; superfície do produto impregnada de substâncias antimicrobianas e ação amaciadora pelo aumento da atividade enzimática.
(C) efeito desidratante discreto; substâncias oxidantes que evitam a rancificação; propriedades organolépticas especiais em conseqüência da presença de microrganismos na superfície do produto e ação regeneradora e amaciadora pelo aumento da atividade enzimática.
(D) desidratação intensa que auxilia na conservação do produto; substâncias antioxidantes que evitam a rancificação e superfície do produto impregnada de substâncias produzidas por microrganismos que favorecem a maturação do produto.
(E) efeito desidratante discreto; substâncias antioxidantes que evitam a rancificação; superfície do produto impregnada de substâncias antimicrobianas e ação amaciadora pelo aumento da atividade enzimática.

5. (EXAME 2004)

A figura abaixo representa uma curva de crescimento de microrganismos nos alimentos em condições favoráveis para o seu desenvolvimento. Considere as contagens microbianas periódicas e a representação logarítmica do número de microrganismos viáveis por mililitro na ordenada e a unidade de tempo, na abscissa.

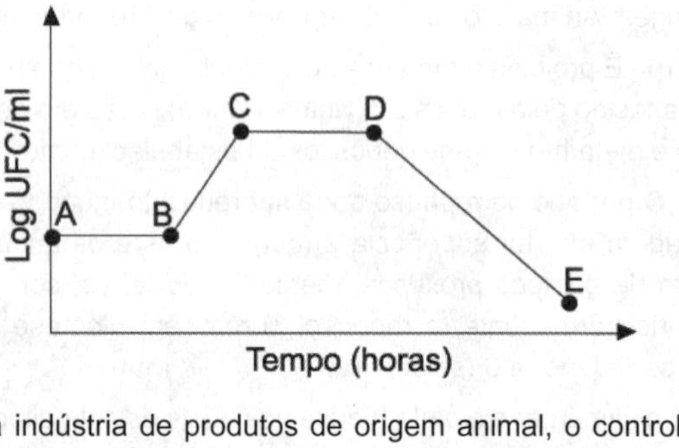

Em uma indústria de produtos de origem animal, o controle de qualidade microbiológico deve ser feito no sentido de

(A) diminuir a contaminação inicial e aumentar, o máximo possível, o tempo da fase lag (A-B), também chamada fase de adaptação, a fim de ampliar o prazo de vida comercial do produto.
(B) aumentar a inclinação da fase de crescimento, também chamada de fase log ou fase exponencial (B-C), com o objetivo de diminuir o crescimento dos microrganismos presentes.
(C) tornar o mais rápido possível o desencadeamento da fase de declínio ou morte celular, abreviando, assim, a deterioração do produto.
(D) evitar o prolongamento da fase estacionária (C-D), quando a quantidade de nutrientes aumenta e há aumento da concentração dos produtos tóxicos, o que causa um aumento no crescimento bacteriano.
(E) evitar a multiplicação microbiana, tentando diminuir o tempo de duplicação e, conseqüentemente, aumentando a fase log (B-C) e diminuindo a fase lag (A-B).

6. (EXAME 2004)

A carne bovina refrigerada, empacotada a vácuo ou em embalagem semipermeável, pode apresentar coloração amarronzada ou mesmo escurecida e ser rejeitada pelo consumidor devido ao seu aspecto. Este fenômeno pode ser explicado pelo fato de o ferro, presente na mioglobina, se oxidar dando origem à metamioglobina, que tem coloração escura. Para melhorar a aceitação destes cortes por parte do consumidor, sem, entretanto, comprometer a qualidade ou o prazo de vida comercial do produto, o responsável técnico de uma empresa que realiza cortes de carne bovina e os embala para posterior comercialização deve recomendar

(A) melhorar ou mesmo implantar as boas práticas de fabricação e, posteriormente, de implementação do programa de análise de perigos e pontos críticos de controle (APPCC).

(B) embalar a carne em bandejas de poliestireno celular rígido envolvido em película permeável e posterior congelamento a, no mínimo, -18 °C.

(C) embalar a carne em atmosfera modificada contendo uma mistura gasosa de oxigênio, nitrogênio e dióxido de carbono e manter a cadeia de frio em, no máximo, +7 °C.

(D) procurar melhorar a logística de distribuição e alocação dos produtos nas gôndolas de comercialização, permitindo assim maior distribuição do frio.

(E) utilizar, em concentrações adequadas, o aditivo sulfito de sódio, com o objetivo de manter a coloração atraente da carne, com posterior embalagem asséptica com membranas permeáveis.

7. (EXAME 2004)

Em um processo de matança de suínos, o auxiliar de inspeção, na inspeção *post-mortem*, encontrou uma carcaça acometida por uma infecção intensa por *Cysticercus cellulosae*. Assumindo o procedimento correto, este auxiliar desviou a carcaça para o departamento de inspeção final para uma análise mais criteriosa do Médico Veterinário, sendo a ele atribuída a responsabilidade de julgamento e destino da referida carcaça. O procedimento correto do Médico Veterinário responsável deve ser

(A) a condenação total.

(B) a salga do tecido muscular e fabricação de banha com o tecido adiposo.

(C) o congelamento do tecido muscular e fabricação de banha com o tecido adiposo.

(D) o aproveitamento condicional, com exceção do tecido muscular, que pode ser destinado ao consumo normal.

(E) o aproveitamento de tecidos adiposos procedentes de carcaças para o fabrico de banha, rejeitando-se as demais partes do animal.

8. (EXAME 2003)

A desossa é exigência para exportação de carnes a países livres da febre aftosa. Tal procedimento baseia-se no fato de que

(A) elevados títulos do vírus são observados na medula óssea, devido ao tropismo do agente por este tecido.

(B) elevada taxa de mutação do vírus é observada na medula óssea, gerando amostras mais resistentes.

(C) a inativação do vírus pela irradiação no país importador é dificultada quando o mesmo encontrase protegido no interior da medula óssea.

(D) a inativação do vírus pela cocção é dificultada quando o mesmo encontra-se protegido no interior da medula óssea.

(E) o processo de maturação não baixa o pH da medula óssea a valores obtidos na carne, mantendo o vírus ativo.

9. (EXAME 2003)

A cadeia produtiva da carne bovina vem sofrendo rápidas transformações, ganhando eficiência e oferecendo comodidades. A introdução da carne desossada, com cortes embalados a vácuo, e a tendência da comercialização em supermercados, numa relação direta produto – consumidor são fatos que demandam atenção. A cor vermelho púrpura ou castanho-escura dos cortes embalados, diferente dos expostos em açougue, tem se constituído em fator de desagrado e repulsa para parte significativa dos consumidores. No processo educativo se deveria enfatizar que essa cor é determinada pela

(A) denaturação da mioglobina, caracterizando uma reação irreversível.

(B) oxidação da mioglobina, caracterizando uma reação irreversível.

(C) transformação da mioglobina em nitroso-hemocromo, provocada pelos sais de cura.

(D) alteração de cor da mioglobina na ausência de oxigênio, sendo reversível quando exposta ao ar.

(E) alteração na hemoglobina, na ausência de oxigênio, sendo reversível quando exposta ao ar.

10. (EXAME 2003)

Testes realizados numa amostra de leite cru resfriado, colhida do tanque do produtor, apresentaram, entre outros, os seguintes resultados: acidez = 13,0°Dornic, gordura = 3,1% (Gerber), cloretos = positivo (prova qualitativa), álcool = sensibilidade, com formação de grumos. Ao exame microscópico do esfregaço evidenciou-se a presença de aglomerados bacterianos (figura), juntamente com grande quantidade de células somáticas, principalmente neutrófilos.

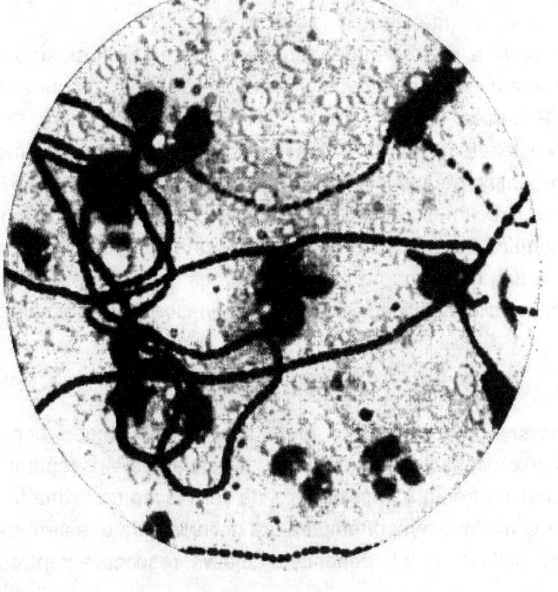

Esses dados são sugestivos de

(A) mistura do leite normal com grande quantidade de colostro.

(B) que os animais encontram-se em fase final do período de lactação.

(C) excessiva contaminação bacteriana durante a obtenção do leite.

(D) presença de colostro associada a fraude por adição de água.

(E) existência de mastite em quantidade significativa de animais dessa propriedade.

11. (EXAME 2003)

Nas transações internacionais, o processo de globalização substituiu as velhas barreiras geográficas e de divisas pelo surgimento de conglomerados e blocos com zonas de livre comércio. Por outro lado, intensificaram-se exigências zoosanitárias e de segurança alimentar para os não integrantes de um mesmo bloco. Além dos controles sanitários tradicionais, a mais recente exigência para a exportação de carne bovina brasileira é a implantação

(A) da rastreabilidade, representada pelo SISBOV – Sistema Brasileiro de Identificação de Bovinos e Bubalinos.

(B) da obrigatoriedade da produção orgânica associada a exigências de bem-estar dos animais.

(C) do Sistema de Avaliação Higiênica (HAS – *Hygienic Assessment System)* no processo de obtenção de carnes.

(D) de um sistema adequado para a classificação, monitoração e tipificação de carcaças.

(E) de um sistema de pasteurização de carcaças ou o tratamento por radiação ionizante.

12. (EXAME 2002)

Uma elevada frequência de animais portadores de cisticercose foi detectada em um lote de suínos enviados para o abate por uma granja. Face ao prejuízo econômico e o fato de esta parasitose não ter sido anteriormente observada, o proprietário da granja procurou um médico veterinário para orientá-lo quanto à causa desta situação. O profissional esclareceu que, no complexo teníasecisticercose causado por *Taenia solium*,

(A) restos alimentares contendo cisticercos viáveis estão sendo indevidamente oferecidos aos animais.

(B) a água e os alimentos oferecidos aos animais estão sendo contaminados com ovos eliminados por humanos portadores de teníase.

(C) o estabelecimento da teníase nos animais levou ao aumento repentino de animais com cisticercose.

(D) o aparecimento abrupto da cisiticercose foi determinado pelo contato dos animais com humanos portadores de cisticercose.

(E) alguma mudança na higienização das instalações proporcionou maior viabilidade dos ovos eliminados pelos animais.

13. (EXAME 2002)

Alimentos de baixa acidez (pH $\geq \geq$ 4,5), enlatados, necessitam do processo de "esterilização comercial" para assegurar sua inocuidade frente à possibilidade de veiculação da toxina botulínica. O binômio tempo/temperatura definido para a "esterilização comercial" do produto depende e objetiva, respectivamente:

	Depende	Objetiva
(A)	da composição do alimento e do tamanho e forma do recipiente	destruição da forma vegetativa da bactéria
(B)	da composição do alimento	destruição da toxina eventualmente produzida
(C)	da composição do alimento e do tamanho do recipiente	destruição da toxina eventualmente produzida
(D)	da composição do alimento e do tamanho e da forma do recipiente	destruição de possíveis esporos da bactéria
(E)	do tamanho do recipiente	destruição da toxina eventualmente produzida

14. (EXAME 2002)

A eficiência da pasteurização rápida do leite, que utiliza a temperatura de 72 a 75 °C por 15 a 20 segundos, pode facilmente ser monitorada por meio da pesquisa da atividade de enzimas com diferentes sensibilidades térmicas. No leite corretamente pasteurizado a resposta a essa pesquisa é

(A) fosfatase negativa e peroxidase negativa.

(B) fosfatase positiva e peroxidase positiva.

(C) peroxidade negativa e redutase positiva.

(D) fosfatase positiva e peroxidase negativa.

(E) fosfatase negativa e peroxidase positiva.

QUESTÕES DISCURSIVAS

1. (EXAME 2010) DISCURSIVA

Em um matadouro de bovinos, o médico veterinário observa que diversas carcaças estão caquéticas. No exame de órgãos internos, os linfonodos mediastínicos e os pulmões apresentavam grandes nódulos caseosos localizados principalmente no lobo caudal, parecendo conter areia, pois a faca rangia ao corte das peças. Outros nódulos apresentavam-se como abscessos de pus espesso. Não foram observadas lesões nos demais órgãos, entretanto, o material purulento dos nódulos que foram cortados durante o exame escorreu sobre alguns órgãos internos, como fígado, baço e rúmen.

A partir da análise do caso apresentado, redija um texto dissertativo que contemple os seguintes aspectos:

a) Diagnóstico provável; **(valor 2,0 pontos)**

b) Modo de transmissão das lesões encontradas nas carcaças; **(valor 2,0 pontos)**

c) Destino das carcaças caquéticas; **(valor 3,0 pontos)**

d) Destino dos órgãos que entraram em contato com o líquido caseoso. **(valor 3,0 pontos)**

2. (EXAME 2007) DISCURSIVA

O leite, do ponto de vista biológico, pode ser considerado um dos alimentos mais completos por apresentar, entre outras características, altos teores de proteínas e sais minerais. Segundo o Regulamento de Inspeção Industrial e Sanitária de Produtos de Origem Animal -RIISPOA -"entende-se por leite, sem outra especificação, o produto oriundo da ordenha completa, ininterrupta, em condições de higiene, de vacas sadias, bem alimentadas e descansadas". Para fins de abastecimento público, o leite deve ser pasteurizado, termo dado em homenagem a Louis Pasteur, que pesquisou este processo, em meados do século XIX.

Com relação ao assunto em pauta, responda:

a) Em que consiste o processo de pasteurização do leite? **(valor: 2,5 pontos)**

b) Qual é o objetivo da pasteurização do leite? **(valor: 2,5 pontos)**

c) Quais os processos de pasteurização permitidos pelo Ministério da Agricultura, Pecuária e Abastecimento? **(valor: 2,5 pontos)**

d) Qual o processo de pasteurização mais empregado em laticínio de pequeno porte? **(valor: 2,5 pontos)**

3. (EXAME 2004) DISCURSIVA

Em um matadouro frigorífico, o exame *ante-mortem*, realizado somente pelo Médico Veterinário (Fiscal Sanitário), é de fundamental importância para a tomada de decisão em relação ao julgamento e destino das carcaças e, às vezes, do próprio animal, tendo em vista a preservação da saúde humana. Em um determinado dia, durante o exame, um Fiscal Sanitário se confrontou com diferentes situações. Descreva as medidas que devem ser tomadas diante de cada uma das seguintes situações:

a) um bovino morto nos currais do frigorífico; **(valor: 5,0 pontos)**

b) um bovino com uma perna fraturada. **(valor: 5,0 pontos)**

4. (EXAME 2003) DISCURSIVA

Na função de médico veterinário responsável pelo serviço de inspeção de um matadouro frigorífico de bovinos, habilitado para exportação e abatendo cerca de 1.200 animais por dia, você conta com uma equipe de 14 auxiliares (agentes) de inspeção.

Apresente:

a) Duas atribuições rotineiras desses auxiliares de inspeção. **(5 pontos)**

b) Os procedimentos para o exame pós-morte do conjunto formado:

- pela cabeça e língua; **(5 pontos)**
- pela traquéia, pulmões e coração. **(10 pontos)**

Conteúdo 05

CLÍNICA MÉDICA VETERINÁRIA - INCORPORANDO CONHECIMENTOS DE PATOLOGIA, CLÍNICA, CIRURGIA, E FISIOPATOLOGIA DA REPRODUÇÃO NOS ASPECTOS SEMIOLÓGICOS E LABORATORIAIS, VISANDO IDENTIFICAR A ETIOLOGIA, COMPREENDER A PATOGENIA, DIAGNOSTICANDO E EXECUTANDO OS TRATAMENTOS MÉDICOS OU PROCEDIMENTOS CIRÚRGICOS DAS ENFERMIDADES DE DIFERENTES NATUREZAS

1. (EXAME 2010)

Ao fazer a anamnese de um cão com polidipsia e poliúria, o dono relata que há uma semana alterou a alimentação do animal. Suspeitando que o animal esteja ingerindo mais sódio que o recomendado, foi solicitada comprovação pela bioquímica sérica, em que se observou a hipernatremia. Qual a descrição que melhor explica o efeito da ingestão de uma dieta hipernatrêmica sobre a ingestão de água e produção de urina?

(A) O excesso de sódio aumenta a secreção de aldosterona, provocando diurese.

(B) O excesso de sódio deprime a secreção de hormônio antidiurético (ADH) pelo hipotálamo, aumentando a diurese e, com isso, o animal ingere mais água.

(C) O excesso de sódio aumenta a secreção de ADH, provocando acúmulo de líquido no meio interno, com consequente diurese de pressão.

(D) O excesso de sódio cria um efeito osmótico no glomérulo renal, aumentando a filtração, e ocorre aumento da ingestão de água para compensara perda.

(E) O excesso de sódio diminui a secreção de renina pelo aparelho justaglomerular, aumentando a produção de urina, o que estimula a sede.

2. (EXAME 2010)

O impacto econômico da doença uterina na vaca de leite é resultado da infertilidade, redução na produção de leite, aumento do descarte involuntário e do custo de tratamento. Esse problema manifesta-se, geralmente, após o parto, como consequência de distocias, de retenção de envoltórios fetais, da baixa condição corporal ao parto e de problemas metabólicos.

Suponha que uma vaca da raça Girolando, de cinco anos de idade, foi atendida pelo médico veterinário 48 horas após o parto, por apresentar-se deitada, anoréxica e com descarga vulvar aquosa de coloração marrom avermelhada e fétida. Durante o exame clínico, constatou-se hipertermia, aumento das frequências respiratória e cardíaca e extremidades frias. Pela avaliação dos órgãos reprodutivos, por meio da palpação retal, verificou-se que o útero estava muito grande, com líquidos na cavidade abdominal e não era possível alcançar os ovários. Considerando essas informações, avalie as afirmações a seguir.

I. O diagnóstico de metrite puerperal aguda remete ao prognóstico reservado, principalmente pela extensão do comprometimento da mucosa uterina.

II. Os sinais de toxemia estão presentes em con-sequência da absorção dos produtos resultantes da rápida multiplicação microbiana e pelo pro-cesso de necrose dos envoltórios fetais.

III. Na metrite puerperal aguda, as medidas tera-pêuticas imediatas envolvem, necessariamen-te, a redução das concentrações circulantes de progesterona.

IV. Na metrite, a despeito do comprometimento do miométrio e por tratar-se de um processo agudo, os mecanismos de defesa uterinos não são prejudicados.

V. A severidade do processo inflamatório uterino durante a metrite puerperal aguda depende do microrganismo contaminante, especialmente quando ocorre sinergismo entre gêneros.

É correto apenas o que se afirma em

(A) I, II e IV.

(B) I, II e V.

(C) I, III e V.

(D) II, III e IV.

(E) III, IV e V.

3. (EXAME 2010)

Um cão, da raça pastor alemão, com 6 meses de idade, foi levado a uma clínica veterinária apresentando regurgitação de alimento não digerido (pH mais elevado que o conteúdo gástrico) após a ingestão. Esse evento tem se repetido nos últimos 5 meses, logo após o desmame. O animal ainda se apresentava caquético, com tosse intermitente, estertor úmido à ausculta pulmonar e pouca produção de fezes. Os sinais clínicos respiratórios foram considerados secundários, em decorrência de um problema maior. Suspeitando de uma afecção esofágica, o clínico realizou uma radiografia para confirmação, a qual indicou dilatação cranial na base do coração, que pode ser visualizada na figura

(A)

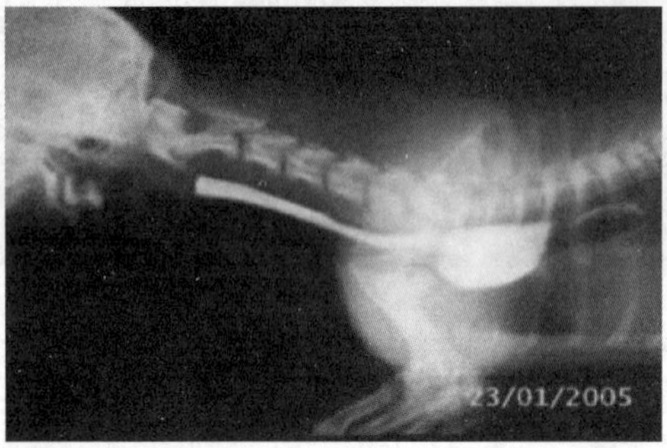

Disponível em: <http://www.vetcordis.com>. Acesso em: 26 ago. 2010

(B)

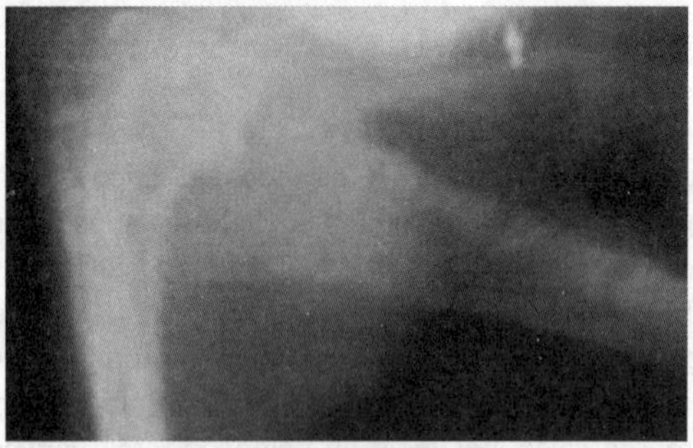

Disponível em: <http://bulfran.blogspot.com>. Acesso em: 26 ago. 2010

(C)

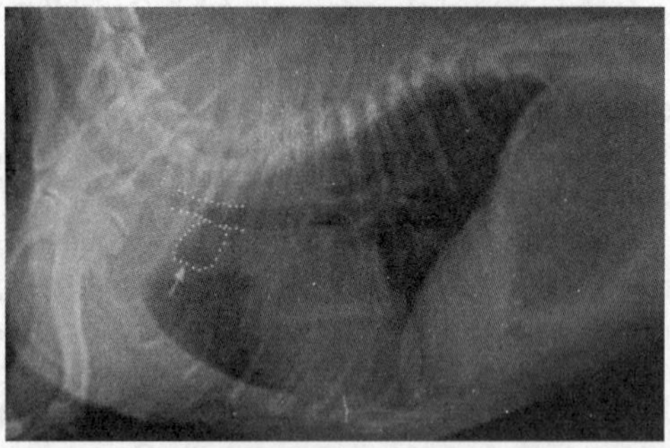

Disponível em: <htip://argos.portalveterinaria.com>. Acesso em: 26 ago. 2010

(D)

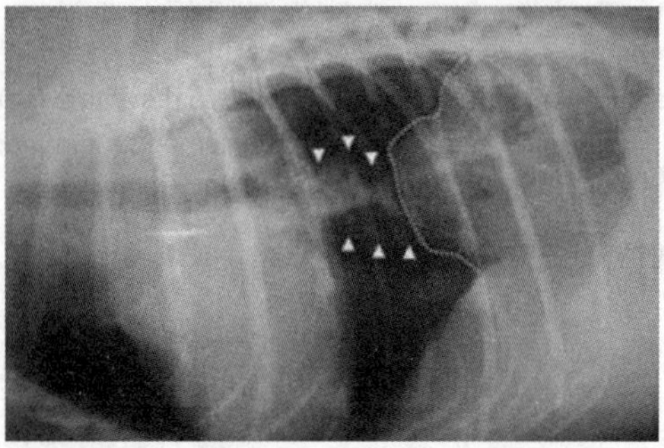

Disponível em: <http://www.scielo.br>. Acesso em: 26 ago. 2010

(E)

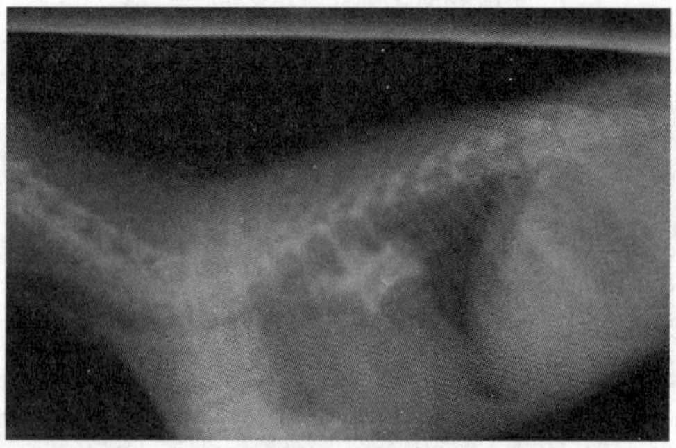

Disponível em: <http://www.editoraguara.com.br > Acesso em: 26 ago. 2010

4. (EXAME 2010)

Observe a fotomicrografia abaixo, obtida a partir da análise microscópica de um fragmento de fígado (coloração hematoxilina-eosina, 66X).

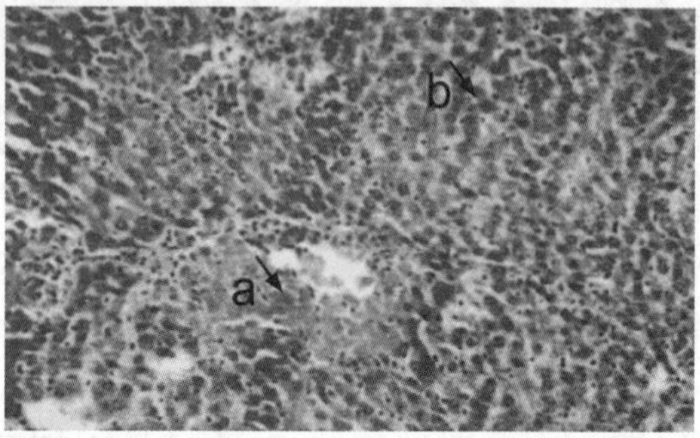

KARA et ai., 2008. **Biological Trace Elements Research**, v. 125, p. 236-244.

As alterações celulares indicadas pelas letras a e b correspondem, respectivamente, a

(A) necrose e picnose.
(B) necrose e caridise.
(C) degeneração celular e picnose.
(D) degeneração celular e caridise.
(E) degeneração celular e cariorrexia.

5. (EXAME 2010)

Em um hospital veterinário, um proprietário leva sua cadela da raça buldogue inglês para uma consulta, pois pretende utilizar o animal como reprodutor. O médico veterinário, ao examinar a paciente, coleta uma amostra da mucosa vaginal para exame citológico. Ao microscópio, o médico veterinário encontrou a predominância do seguinte tipo celular:

ENGLAND, G; CONCANNON, P.W. Determination of the optimal breeding time in the bitch: basic considerations. *In:* CONCANNON, P.W; ENGLAND, G; VERSTEGEN, J; LINDE-FORSBERG, C (orgs.). **Recent advances in small animal reproduction**. Ithaca, New York: International Veterinary Information Service, s/d. Disponível em: <www.ivis.org>. Acesso em 30 ago.2010.

Considerando o resultado da citologia vaginal, o médico veterinário deveria

(A) orientar o proprietário a acasalar urgentemente a fêmea, pois a citologia vaginal indica o estro.

(B) orientar o proprietário a esperar o próximo cio, pois o padrão celular é característico do metaestro.

(C) informar ao proprietário que a fêmea está prenhe, pois o tipo celular observado é indicativo de gestação na espécie canina.

(D) informar ao proprietário que vai prescrever tratamento para vaginite, pois se evidencia a presença de bactérias no esfregaço.

(E) recomendar ao proprietário escolher um reprodutor, pois a cadela está no proestro e, daqui a 10 dias, estará sexualmente receptiva.

6. (EXAME 2010)

O vólvulo gástrico acomete com frequência cães de grande porte em período pós-prandial. A flacidez de ligamentos gástricos associada ã ingestão de alimentos em grande quantidade e em curto espaço de tempo são fatores relacionados pela literatura como envolvidos na patogenia dessa síndrome aguda. O nível de gravidade dessa síndrome obriga o médico veterinário a intervir de modo emergencial, impedindo a morte iminente pela

(A) correção imediata do desequilíbrio ácido-base.

(B) correção imediata do equilíbrio hidroeletrolítico.

(C) administração imediata de antibióticos de largo espectro, prevenindo a peritonite.

(D) descompressão gástrica imediata através de punção, garantindo a função respiratória.

(E) redução imediata da temperatura corporal para preservar o SNC da bacteremia/toxemia secundária da obstrução do trato digestivo.

7. (EXAME 2010)

Uma gata de dois anos de idade, criada em um gatil municipal, apresentava prostração, letargia, anorexia, febre resistente à antibioticoterapia e aumento de volume abdominal. O exame radiográfico confirmou presença de líquido abdominal em quantidade maior que a fisiológica. O liquido foi analisado e revelou tratar-se de um exsudato séptico. A bioquímica sérica confirmou hipergamaglobulinemia policlonal e hiperproteinemia. Associando os achados clínicos e laboratoriais, o médico veterinário suspeitou de peritonite infecciosa felina e, para o diagnóstico definitivo, deveria solicitar

(A) ELISA.

(B) biópsia intestinal.

(C) titulação de anticorpos.

(D) reação em cadeia da polimerase de sangue total.

(E) imunofluorescência e imuno-histoquímica da efusão.

8. (EXAME 2010)

A associação entre antígenos vacinais e adjuvantes (sulfato de alumínio e adjuvante completo de Freund) em preparações de uso médico-veterinário tem como objetivo

(A) reduzir a atividade patogênica do agente infeccioso e estimular a imunidade adaptativa.

(B) reduzir a atividade pirogênica do agente infeccioso e estimular a imunidade inata.

(C) induzir a imunogenicidade por estimular receptores *Toll like* em células B imaturas.

(D) acelerar a migração de neutrófilos para o local administrado, favorecendo a antigenicidade.

(E) induzir a anergia, reduzindo o risco do aparecimento de sinais clínicos de autoimunidade.

9. (EXAME 2010)

Um pequeno produtor de leite adquiriu três fêmeas da raça holandesa, com idades de 6 meses, 18 meses e 4 anos, respectivamente. O proprietário informou que nenhum animal foi vacinado contra brucelose. Nesse caso, o médico veterinário deve orientar o proprietário a

I. imunizar a fêmea de 6 meses de idade com a vacina B19.

II. descartar do plantei os animais adultos considerados positivos no teste sorológico.

III. aguardar que a fêmea de 18 meses atinja 24 meses de idade para realizar o teste sorológico.

IV. vacinar a fêmea de 3 anos de idade, caso seja considerada negativa no teste sorológico.

Nessa situação, é correto apenas o que se afirma em

(A) I e II.

(B) I e III.

(C) II e III.

(D) II e IV.

(E) III e IV.

10. (EXAME 2010)

A mastite é uma afecção muito comum na produção de gado leiteiro. Entretanto, o problema pode ser minimizado com boas práticas de manejo. Uma dessas práticas visa permitir o tempo necessário para que o músculo esfíncter papilar se feche após a ordenha. Um bom manejo pode até, em certos casos, dispensar o uso do gel selante usado nos tetos. Sabendo que esse esfíncter, por ser um músculo liso, demora cerca de 15 a 20 minutos para se fechar completamente, e que este é o tempo em que as vacas precisam evitar o contato com o solo a fim de não haver contaminação, conclui-se que é mais recomendável

(A) não fornecer alimentação no cocho e colocar saliências na cama para evitar que as vacas se deitem após a ordenha.

(B) fornecer silagem na sala de espera para que não seja contaminada a sala de ordenha, e usar o gel selante mesmo assim.

(C) fornecer ração no cocho de ordenha e colocar saliências na cama para gerar desconforto na vaca, evitando que ela se deite durante o período de fechamento do esfíncter.

(D) fornecer silagem ou feno no cocho da sala de ordenha e afastar a área de cama o mais distante possível da sala de ordenha para que a vaca ande pelo tempo de fechamento do esfíncter.

(E) não fornecer alimentação no cocho de ordenha e instalar um fenil para as vacas que saírem da sala de ordenha para que fiquem em pé pelo tempo necessário do fechamento do esfíncter.

11. (EXAME 2007)

Analise a representação abaixo:

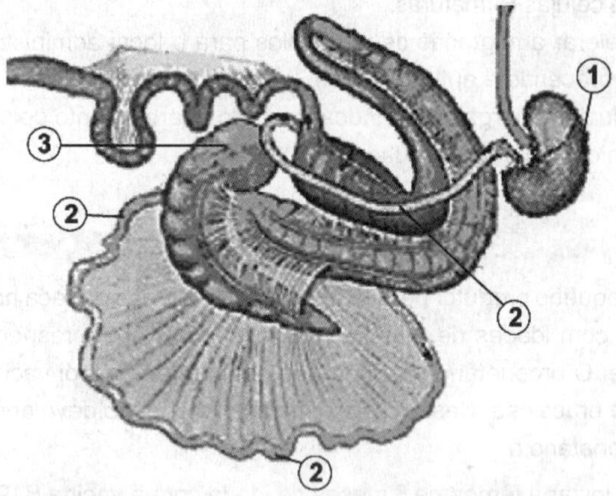

(POPESKO, P. **Atlas de Anatomia Topográfica dos Animais Domésticos.** São Paulo: Manole, 1998. 616 p.)

Para o tratamento da síndrome cólica do eqüino, é de grande importância o conhecimento anatômico do trato gastrintestinal, constituído pelo estômago (com capacidade de até 15 L), intestino delgado (com capacidade de até 68 L), ceco (com capacidade de até 36 L), cólon maior (com capacidade de até 86 L) e cólon menor (com capacidade de até 16 L). As estruturas indicadas pelos números 1, 2 e 3 representam, respectivamente,

(A) ceco, intestino delgado e estômago.
(B) ceco, cólon menor e cólon maior.
(C) estômago, intestino delgado e ceco.
(D) cólon menor, estômago e ceco.
(E) duodeno, jejuno e íleo.

12. (EXAME 2007)

Um médico veterinário é chamado a uma propriedade na qual se criam bovinos de corte e onde está ocorrendo mortalidade de dezenas de animais. Lá chegando, verificou que as condições higiênico-sanitárias da propriedade são péssimas, havendo várias carcaças de animais mortos há dias no pasto. Além disso, por meio da anamnese, foi informado de que os animais tinham sido alimentados com cama de frango e não recebiam suplemento mineral há meses. Durante o exame clínico dos bovinos, verificou que apresentavam ataxia, incoordenação, paralisia flácida, sendo que muitos deles estavam deitados, dependendo do estágio da enfermidade. A partir dos dados obtidos na anamnese e no exame clínico realizado, o médico veterinário suspeitou tratar-se de um surto de botulismo. Analisando as informações, é correto concluir:

(A) Embora as informações obtidas na anamnese bem como as alterações clínicas observadas indiquem tratar-se de botulismo, para estabelecer o diagnóstico definitivo desta enfermidade faz-se necessário realizar o isolamento de cepas toxigênicas e a identificação do subtipo envolvido, empregando a técnica de soroneutralização em camundongos ou cobaias.

(B) Embora as informações obtidas na anamnese indiquem tratar-se de botulismo, a necropsia deverá ser realizada com o objetivo de verificar a presença, na região do cerebelo, de necrose de liquefação produzida pela toxina botulínica.

(C) Considerando as alterações clínicas apresentadas pelos animais e as condições higiênico-sanitárias verificadas na propriedade, é indicado realizar diagnóstico diferencial com o carbúnculo sintomático. Para tanto, é necessário realizar a prova de imunofluorescência direta em tecido cerebral.

(D) Como o médico veterinário obteve informação de que os animais recebiam cama de frango, deve-se realizar diagnóstico diferencial com encefalopatia espongiforme (doença da "vaca louca"), por meio da prova de imunofluorescência direta em tecido cerebral, para excluir esta possibilidade.

(E) Com base nas alterações clínicas, associadas às informações obtidas pelo médico veterinário, seria importante realizar o diagnóstico diferencial com relação à carência de zinco, sendo, portanto, necessário realizar o exame de sangue para avaliar a concentração deste elemento.

13. (EXAME 2007)

Cadela Poodle, 12 anos de idade, apresenta, há seis meses, poliúria, polidipsia, emagrecimento progressivo e diminuição acentuada do apetite na última semana. Anteriormente, o animal apresentava sobrepeso e polifagia. Ao exame físico, observaram-se emagrecimento acentuado (caquexia) e diminuição da elasticidade da pele. Há suspeita diagnóstica de *diabetes mellitus*. Considerando a fisiopatologia, o achado clínico e os resultados dos exames laboratoriais relacionados à referida enfermidade, é correto afirmar:

(A) A polidipsia no *diabetes mellitus* ocorre devido a uma condição primária, sendo a poliúria secundária, pois o mecanismo da sede é ativado pela alta osmolalidade plasmática conferida pelo aumento das concentrações sangüíneas de glicose e de corpos cetônicos.

(B) A poliúria que se desenvolve no *diabetes mellitus* envolve a presença dos corpos cetônicos no sangue e, posteriormente, na urina, pois a cetonúria acarreta diurese osmótica.

(C) No referido caso clínico, a diminuição da elasticidade da pele, associada à caquexia, indica que o animal apresenta desidratação intensa e grave decorrente da poliúria, uma vez que o déficit circulante de insulina ocasiona lesão direta das células tubulares renais.

(D) O histórico de sobrepeso que a cadela apresentava indica que houve evolução concomitante com hipertireoidismo, doença endócrina freqüentemente associada ao *diabetes mellitus*, por causar resistência insulínica em função do aumento do cortisol sérico.

(E) Para a confirmação de *diabetes mellitus* no animal com poliúria e polidipsia é necessária a determinação da glicemia, com o paciente em jejum alimentar, sendo que os valores sangüíneos de glicose devem estar acima de 180 mg/dL, acompanhado de glicosúria.

14. (EXAME 2007)

Sabendo-se que a farmacocinética e a farmacodinâmica são inerentes a cada espécie animal, conclui-se que a extrapolação, tanto da indicação quanto da dose dos medicamentos de uma espécie animal para outra, pode acarretar grande risco para a saúde dos animais. Portanto, somente o médico veterinário está habilitado a prescrever medicamentos para animais.

Deve-se considerar que até mesmo aqueles medicamentos de livre comercialização podem promover efeitos indesejáveis, como é o caso do antiinflamatório não-esteroidal paraminofenol (acetaminofeno), que é seguro quando utilizado por seres humanos e cães; no entanto, se administrado aos gatos pode até mesmo causar óbito. Com relação à intoxicação causada por este medicamento em gatos, é correto afirmar que as principais alterações clínicas estão relacionadas

(A) aos distúrbios da coagulação, sendo que os gatos apresentam petéquias, hematomas e, dependendo da gravidade do quadro, hemorragias extensas; o tratamento adequado para esta intoxicação é a utilização das vitaminas K e do complexo B.

(B) à neurotoxicidade, sendo que os gatos apresentam ataxia, hiperexcitabilidade e convulsões que podem levar à morte; o tratamento adequado para esta intoxicação é a utilização de xilazina associada à atropina.

(C) ao comprometimento renal, sendo que os gatos apresentam prostração, anúria, edema facial e acidose metabólica, que poderá desencadear quadro convulsivo terminal; o tratamento adequado para esta intoxicação é a utilização de diuréticos poupadores de potássio, bem como o uso de bicarbonato de sódio e de benzodiazepínicos.

(D) à hepatotoxicidade e à meta-hemoglobinemia, sendo que os gatos apresentam icterícia, edema facial, cianose e dispnéia; o tratamento adequado para esta intoxicação é a utilização de N-acetilcisteína e cimetidina.

(E) à cardiotoxicidade, sendo que os gatos apresentam vômitos, hipotensão e arritmias cardíacas; o tratamento adequado é a utlização de digitálicos, como a digitoxina, e antiarrítmicos, como a lidocaína.

15. (EXAME 2007)

O complexo hiperplasia endometrial cística (HEC) das cadelas é uma condição grave em que o útero se enche de fluido, podendo levar à piometra decorrente de infecção bacteriana secundária. A toxemia resultante está associada às alterações clínicas características, principalmente sede excessiva, vômitos, inapetência, choque e óbito. Com relação ao assunto em tela, é correto complementar:

(A) A causa do complexo HEC-piometra está associada a um desequilíbrio hormonal progressivo relacionado à sensibilidade do útero canino à progesterona.

(B) Existem dois tipos principais de piometra, a aberta e a fechada. Na piometra aberta não há secreção vaginal e, geralmente, está relacionada a um quadro clínico mais agudo.

(C) Os períodos seqüenciais de dominância progesterônica, seguidos pela dominância prolongada do estrógeno, seja ele natural (metaestro) ou provocado pela administração de anticoncepcionais, leva ao desenvolvimento de HEC.

(D) A remoção cirúrgica do útero e dos ovários, mesmo após a reidratação adequada (fluidoterapia intravenosa), deve ser evitada como tratamento de eleição devido ao risco cirúrgico.

(E) A prostaglandina F2a, devido à sua ação luteolítica, aumenta as concentrações séricas de progesterona, sendo o tratamento de eleição, por não provocar efeitos colaterais.

16. (EXAME 2007)

Na exploração leiteira, o manejo nutricional deve ser balanceado, posto que a ingestão de alimentos ricos em proteínas pode causar problemas digestivos. Por outro lado, a gestação e a lactação podem causar desequilíbrio no metabolismo do cálcio, ocasionando, entre outras alterações, hipotonia intestinal. Considere que uma vaca leiteira, com seis anos de idade, no primeiro mês de lactação, apresentava diminuição do apetite, queda na produção leiteira e distensão abdominal observada no quadrante superior direito, cranial à fossa paralombar. Os exames laboratoriais deste animal indicaram alcalose metabólica, hipocloremia e hipocalemia. Após a análise do histórico e do exame físico, há suspeita de deslocamento do abomaso à direita. Frente a essas informações, a seqüência correta de exames e procedimentos a ser realizada é:

(A) eletrocardiografia; punção no ponto central da área distendida; percussão e auscultação na porção dorsal dos espaços intercostais entre a 9a e a 13a costelas direita; laparotomia exploratória à direita e palpação retal.

(B) eletrocardiografia; laparotomia exploratória à esquerda; palpação retal; percussão da fossa paralombar direita e punção no ponto central da área distendida.

(C) punção no ponto central da área distendida; percussão e auscultação na porção dorsal dos espaços intercostais entre 9a e a 13a costelas direita; laparotomia exploratória à direita e palpação retal.

(D) palpação retal; percussão e auscultação na porção dorsal dos espaços intercostais entre a 9a e a 13a costelas direita; punção no ponto central da área distendida e laparotomia exploratória à direita.

(E) percussão e auscultação na porção dorsal dos espaços intercostais entre a 9a e a 13a costelas direita; laparotomia exploratória à esquerda e palpação retal.

17. (EXAME 2004)

A displasia coxofemoral é uma doença articular transmitida hereditariamente, de caráter poligênico e multifatorial. Acomete principalmente cães de grande porte. As alterações dos componentes articulares (acetábulo, cabeça e colo de fêmur, ligamento redondo e cápsula articular) ocorrem durante o desenvolvimento dos animais. O diagnóstico é radiológico e utiliza-se a classificação em graus para melhor especificar as alterações: Grau A - articulações normais; Grau B - articulações próximas do normal; Grau C - displasia leve; Grau D - displasia moderada, e Grau E - displasia grave. Na radiografia de um cão com displasia coxofemoral Grau E, observa-se:

(A) Ângulo de Norberg de 88°, sub-luxação, remodelamento de colo femoral, desgaste da cabeça do fêmur e artrose.

(B) Ângulo de Norberg de 89°, espessamento do ligamento redondo, flacidez da cápsula articular, sub-luxação e artrose.

(C) Ângulo de Norberg de 103°, incongruência articular, remodelamento de colo femoral e espessamento do ligamento redondo.

(D) Ângulo de Norberg de 104°, espessamento do ligamento redondo e da cápsula articular, incongruência articular e artrose.

(E) Ângulo de Norberg de 105°, sub-luxação, desgaste da cabeça do fêmur e espessamento do ligamento redondo.

18. (EXAME 2004)

Um felino macho de 6 anos de idade, não castrado, branco, com 4 kg de peso, foi levado ao Médico Veterinário por apresentar lesões nodulares, erosivas, drenantes disseminadas na cabeça, membros e laterais do tórax. A proprietária informou ao clínico que o animal vai à rua com freqüência e tem contato com outros gatos. Relatou ainda que a doença teve aproximadamente dois meses de evolução e que vinha tratando o animal como se fossem ferimentos por trauma em brigas, mas com pouca resposta ao tratamento (antibióticos, antiinflamatórios e cremes cicatrizantes). Após um minucioso exame físico e citológico, o Médico Veterinário diagnosticou esporotricose. Com base nos dados acima, pode-se afirmar que a esporotricose

(A) é uma doença provocada pela bactéria Sporothrix schenkii.
(B) é uma zoonose causada pelo fungo *Sporothrix schenkii*.
(C) é uma zoonose causada pelo protozoário *Sporothrix schenkii*.
(D) é diagnosticada pelo cultivo do *Sporothrix schenkii* em ágar sangue.
(E) é diagnosticada somente pelo exame histopatológico corado pelo Método de Gram histológico.

19. (EXAME 2004)

Em uma propriedade de ovinos da raça Santa Inês, com extensas áreas de pastagens de *Brachiaria decumbens*, após as primeiras chuvas depois de longo período de seca, vários animais apresentaram edema de face e necrose da pele do focinho, principalmente nos animais despigmentados. Cerca de 30% dos animais apresentaram icterícia e houve vários óbitos. À necropsia observou-se lesão hepática grave, com fígado de cor amarelada. Os exames laboratoriais demonstraram aumento de bilirrubina total, aspartato amino transferase (AST) e, principalmente, gama glutamil transferase (GGT). Tendo em vista estes fatos, o Médico Veterinário deve suspeitar de fotossensibilização

(A) primária causada pela liberação de filoeritrina na corrente sangüínea.
(B) primária causada pela presença da esporidesmina em fungos que parasitam a *Brachiaria decumbens*.
(C) primária causada pela presença da saponinas na *Brachiaria decumbens*.
(D) hepatógena devido à presença de colangite e colângiohepatite e refluxo de filoeritrina para a circulação sistêmica.
(E) hepatógena causada pela presença de toxinas produzidas por certas bactérias ruminais.

20. (EXAME 2004)

Um criador de bovinos de leite de alta produção procurou o Hospital Veterinário informando que, logo após o parto, várias vacas apresentaram tremores musculares, queda em decúbito esternal em posição de auto-auscultação, vindo depois a apresentar decúbito lateral e óbito. Nos últimos dias, dois animais foram tratados com gluconato de cálcio intravenoso apresentando melhora imediata, suspeitando-se de hipocalcemia pós-parto. Para prevenção desse quadro no período final da gestação, deve-se

(A) aumentar a quantidade de cálcio na dieta.
(B) aumentar a quantidade de fósforo na dieta.
(C) aumentar a quantidade de minerais aniônicos (enxofre) na dieta.
(D) aumentar a quantidade de minerais catiônicos (potássio) na dieta.
(E) administrar altas doses de vitamina D por via intramuscular.

21. (EXAME 2004)

Um potro que se alimentava exclusivamente de farelo foi diagnosticado como portador de osteodistrofia fibrosa nutricional. Sabe-se que a enfermidade é comum em animais jovens, relacionada ao hiperparatireoidismo secundário em razão de dietas

(A) pobres em cálcio e ricas em fósforo.
(B) pobres em cálcio e ricas em magnésio.
(C) pobres em fósforo e ricas em magnésio.
(D) ricas em cálcio e pobres em magnésio.
(E) ricas em cálcio e pobres em fósforo.

22. (EXAME 2004)

Em uma propriedade para produção de vitelos, observou-se que vários animais entre 2 e 3 meses apresentavam: pêlo áspero e eriçado, retardo de crescimento e emaciação. Ao exame clínico demonstraram leve timpanismo ruminal com presença de líquido, sugerindo indigestão por disfunção da goteira esofágica. Diante deste quadro, pode-se afirmar que tal tipo de indigestão ocorre

(A) por acúmulo de leite no rúmen em lactentes, devido à oferta precoce de concentrado.
(B) por acúmulo de leite no rúmen em lactentes, devido à oferta precoce de feno ou outro tipo de forragem.
(C) por erros de manejo, sendo um deles a oferta de leite frio no balde, quando o bezerro não teria estímulo fisiológico da goteira esofágica.
(D) em animais muito debilitados, em que a goteira esofágica não tem força para se contrair.
(E) em bezerros lactentes, secundariamente às diarréias bacterianas ou virais.

23. (EXAME 2004)

Uma vaca holandesa de rebanho leiteiro de alta produção apresentou no pós-parto temperatura corporal de 41oC, depressão severa, corrimento vulvar purulento de odor fétido e decúbito esternal prolongado, levantando-se somente quando estimulada. O rebanho apresenta alto índice de metrite puerperal e retenção de placenta inclusive com óbito de animais. Apesar disto, o índice de parto é elevado e a taxa de aborto, baixa. Os exames de brucelose, tuberculose, tricomonose, vibriose, neosporose e leptospirose, realizados regularmente, não foram indicativos da presença destas doenças no rebanho. A alimentação era à base de silagem, feno, ração comercial e sal mineral preparado na propriedade. A conduta indicada seria tomar medidas profiláticas de emergência e tratar do animal doente com

(A) antibiótico local, corticóide intramuscular e gluconato de cálcio intravenoso e introduzir sal mineral comercial rico em fósforo.
(B) antibiótico local, antiinflamatório não esteróide intramuscular e gluconato de cálcio intravenoso e introduzir sal mineral comercial rico em fósforo.
(C) antibiótico local, antiinflamatório não esteróide intramuscular e gluconato de cálcio intravenoso e introduzir sal mineral comercial rico em vitamina E e selênio.
(D) antibiótico sistêmico, antiinflamatório não esteróide intramuscular, gluconato de cálcio intravenoso e introduzir sal mineral comercial rico em fósforo.
(E) antibiótico sistêmico, antiinflamatório não esteróide intramuscular e gluconato de cálcio intravenoso e introduzir sal mineral comercial rico em vitamina E e selênio.

24. (EXAME 2004)

O garrotilho é uma enfermidade causada pelo *Streptococcus equi*, bactéria Gram positiva, que acomete eqüídeos jovens que vivem em aglomeração. A enfermidade pode se disseminar por vários órgãos, entre eles os pulmões, rins e fígado, apresentando, como importantes características para o diagnóstico anatomopatológico,

(A) rinite purulenta e linfadenite purulenta.

(B) rinite fibrinosa e linfadenite eosinofílica.

(C) rinite granulomatosa e encefalite granulomatosa.

(D) encefalite purulenta e linfadenite granulomatosa.

(E) encefalite eosinofílica e linfadenite eosinofílica.

25. (EXAME 2004)

Em bovinos, é comum a utilização da uréia como aditivo alimentar. Este composto, além de apresentar custo reduzido, é compatível com a fisiologia digestiva desta espécie. Ao visitar uma propriedade de bovinos, o médico veterinário observa que é fornecida uréia aos animais, pois para os bovinos, a uréia

(A) é uma excelente fonte energética.

(B) contribui para a quebra da celulose.

(C) estimula a motilidade ruminorreticular.

(D) facilita a absorção realizada pelo rúmem.

(E) é fonte de nitrogênio para a síntese de proteína microbiana.

26. (EXAME 2004)

Ao visitar uma criação comercial de frangos de corte num dia de verão com elevada temperatura ambiental, o Médico Veterinário observa, já pela manhã, algumas aves mortas. Nesta situação, como uma das causas de óbito, pode-se associar a morte com a elevada temperatura ambiental porque as aves

(A) perdem muita água e morrem por desidratação.

(B) fazem polipnéia, hiperventilação e morrem por alcalose respiratória.

(C) fazem hipoventilação e morrem por disfunção respiratória.

(D) fazem hipoventilação e morrem por desidratação.

(E) não apresentam mecanismos de termorregulação e morrem por estivação.

27. (EXAME 2004)

Mastitis is a disease triggered by different etiologic agents as bacteria, fungi, and algae, that occurs at high proportion in the Brazilian and overseas cattle populations, reaching 50% roughly. According to published research works, the occurrence of this disease is greater under pour sanitary and hygienic conditions, and dairy cattle are, usually, more susceptible than the meat producing ones. Based on that, mark the true statement.

(A) A mastite bovina no Brasil é epidêmica devido à sua alta ocorrência.

(B) A ocorrência é alta porque a mastite no Brasil é esporádica.

(C) A característica leiteira em bovinos é um fator de risco.

(D) As condições higiênico-sanitárias pobres favorecem a fisiologia do úbere.

(E) Os bovinos de corte da raça Zebu constituem um grupo de exposição.

28. (EXAME 2003)

Uma vaca leiteira de produção elevada apresentou, três semanas após parir, queda acentuada da quantidade diária de leite, estado de apatia e anorexia. As glândulas mamárias estavam hígidas e a pulsação, movimentos respiratórios e temperatura interna, dentro dos padrões de normalidade. O médico veterinário suspeitou de acetonemia e o tratamento proposto foi baseado no emprego de polietilenoglicol, por via oral. A finalidade deste tratamento é

(A) aumentar os teores de oxaloacetato e diminuir os de glicose no sangue.

(B) aumentar os teores de oxaloacetato e aumentar os de glicose no sangue.

(C) diminuir os teores de oxaloacetato e diminuir os de betahidroxibutirato no sangue.

(D) diminuir os teores de oxaloacetato e aumentar os de betahidroxibutirato no sangue.

(E) manter os teores de oxaloacetato e diminuir os de betahidroxibutirato no sangue.

29. (EXAME 2003)

Em exame necroscópico de um eqüino foi observado empiema no divertículo da tuba auditiva (bolsa gutural) decorrente, provavelmente, de seqüela de rinite ou faringite. Devido à estreita relação anatômica com outras estruturas, a infecção pode, por contigüidade, estender-se

(A) à artéria carótida interna, causando erosão, ruptura e hemorragia fatal.

(B) ao esôfago, determinando inanição, disfagia, vômito e desidratação.

(C) ao estômago, determinando ulcerações, vômito e desidratação.

(D) ao coração, induzindo miocardite e morte por parada cardíaca.

(E) ao pulmão, resultando em pneumonia e morte por insuficiência respiratória.

30. (EXAME 2003)

A dificuldade de locomoção, decorrente de alterações no nervo ciático, é um dos sinais presentes na doença de Marek. A figura ilustra a região pélvica de uma ave infectada. Do lado esquerdo, observa-se um conjunto de feixes nervosos com acentuado espessamento.

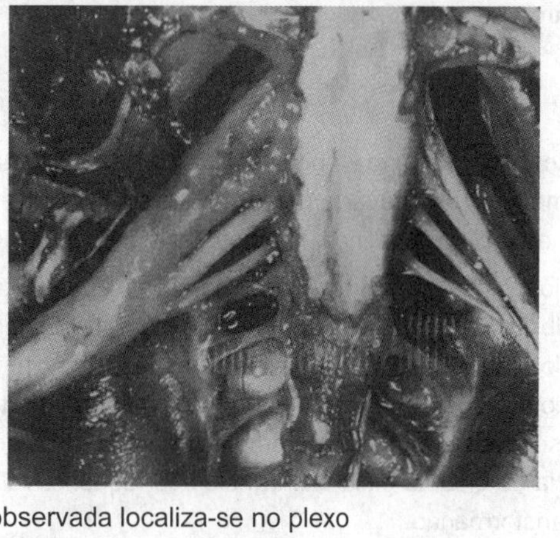

A lesão observada localiza-se no plexo

(A) pudendo.

(B) coróide.

(C) lombossacral.

(D) vagal.

(E) braquial.

31. (EXAME 2003)

Cães, principalmente da raça Pastor Alemão, podem apresentar esteatorréia e polifagia, associadas a emagrecimento progressivo. Esses sinais são compatíveis com processos degenerativos que se estabelecem nas células que constituem

(A) os ácinos pancreáticos.
(B) as ilhotas do pâncreas.
(C) os ductos biliares.
(D) os ácinos parotídeos.
(E) os canalículos biliares.

32. (EXAME 2003)

Na técnica de transferência de embriões em bovinos, a avaliação morfológica do embrião deve considerar a

(A) coloração e o tamanho dos blastômeros, o tamanho da blastocele e a integridade do embrião.
(B) integridade da zona pelúcida, a quantidade de células presentes no embrião e a coloração da blastocele.
(C) coloração e a integridade da blastocele e a integridade e o estágio de desenvolvimento do embrião.
(D) quantidade de células presentes e o estágio de desenvolvimento do embrião e o tamanho da blastocele.
(E) coloração e o tamanho dos blastômeros, a integridade da zona pelúcida e o estágio de desenvolvimento do embrião.

33. (EXAME 2003)

O proprietário de uma égua envia ao laboratório uma amostra de sangue colhida aos 21 dias após a cobertura com o intuito de obter um diagnóstico de prenhez. Com base no resultado da concentração sangüínea de progesterona, o médico veterinário alerta o criador de que esse animal tem alta probabilidade de estar prenhe, entretanto, um falso positivo poderá ocorrer em função da presença de um

(A) folículo maduro.
(B) estro prolongado.
(C) cisto folicular.
(D) diestro prolongado.
(E) anestro estacional.

34. (EXAME 2003)

Na clínica de pequenos animais a escolha de determinados medicamentos deve levar em conta características particulares de cada espécie. Em felinos, NÃO se deve utilizar

(A) antibióticos do grupo das penicilinas, por via parenteral, pela possibilidade de ocasionar bloqueio neuromuscular.
(B) quimioterápicos, como a sulfadiazina associada ao trimetoprim, devido à ligação destes fármacos à albumina plasmática.
(C) antissépticos contendo grupamentos fenólicos, devido a deficiência da enzima glicuronil-transferase responsável pela sua biotransformação.
(D) antifúngicos como o miconazol, devido aos efeitos nefrotóxicos, hepatotóxicos e neurotóxicos oriundos de sua biotransformação.
(E) antiparasitários como o mebendazol, devido ao processo de biotransformação gerar um metabólito neurotóxico.

35. (EXAME 2003)

Ao visitar uma criação de ovinos, o médico veterinário depara-se com um ovino da raça *Suffolk*, com uma semana de idade, portando deformidades gerais do esqueleto axial e apendicular, extremidades alongadas, escoliose, cifose, concavidade esternal, desvios carpais, mandíbula alongada, deformidades da cabeça e impossibilidade de manter-se em estação. Considerando a hipótese da "síndrome do cordeiro aranha" (*spider lamb syndrome*), doença genética determinada por um gene autossômico recessivo, recomenda-se

(A) eliminar sumariamente da criação o pai e a mãe do animal.
(B) realizar teste de progênie nos pais visando a eliminação do gene recessivo.
(C) utilizar somente a inseminação artificial para eliminação do gene recessivo.
(D) eliminar o pai por se tratar de doença genética ligada ao sexo masculino.
(E) eliminar a mãe por se tratar de doença genética ligada ao sexo feminino.

36. (EXAME 2003)

Eqüino adulto, submetido à necropsia, revelou artéria mesentérica cranial com parede espessada e numerosas saculações. A camada íntima apresentou aspecto rugoso e trombos aderidos à superfície. O ceco e cólon exibiram extensas áreas de necrose. Os achados macroscópicos são característicos, nessa ordem, de

(A) aneurisma, arterite e infarto.
(B) ectasia, flebite e gangrena.
(C) varizes, flebite e isquemia.
(D) estenose, flebite e infarto.
(E) ateroma, arterite e gangrena.

37. (EXAME 2003)

Ao enviar órgãos para diagnóstico histopatológico, o médico veterinário deve colher fragmentos representativos que não ultrapassem 1 cm de espessura. Os espécimes devem ser acondicionados em frascos identificados, contendo fixador em volume 10 a 20 vezes maior do que o dos fragmentos a serem fixados. A solicitação deve ser acompanhada de história clínica e descrição macroscópica das lesões. O fragmento deve permitir a penetração rápida do fixador que preserva as estruturas celulares e teciduais por

(A) acelerar o catabolismo protéico, conferindo consistência firme às organelas.
(B) interromper os processos enzimáticos, coagulando ou precipitando proteínas.
(C) manter o metabolismo protéico, estabilizando os lipídeos das membranas.
(D) inativar o metabolismo de lipídeos, interrompendo a produção de ATP.
(E) impedir a precipitação de cálcio, evitando autólise e putrefação das proteínas.

38. (EXAME 2003)

Um cão com 5 anos de idade, oriundo de região litorânea, foi trazido ao consultório com histórico de tosse e intolerância a exercícios. Essas manifestações são compatíveis com infecção por

(A) *Dioctophyma renale.*
(B) *Spirocerca lupi.*
(C) *Dipetalonema reconditum.*
(D) *Ancylostoma caninum.*
(E) *Dirofilária immitis.*

39. (EXAME 2003)

Um proprietário trouxe ao consultório seu felino da raça Persa, 10 meses de idade, apresentando áreas de alopecia, descamação cutânea e ausência de prurido. O animal vive confinado em apartamento, não existindo outros animais contactantes. A única criança residente na propriedade apresenta lesões cutâneas circulares e eritematosas que causam prurido. No exame microbiológico observou-se o crescimento de um dermatófito que, associado à essas informações, caracteriza o agente

(A) *Aspergillus fumigatus.*
(B) *Cryptococcus neoformans.*
(C) *Microsporum canis.*
(D) *Sporothrix schenckii.*
(E) *Histoplasma capsulatum.*

40. (EXAME 2003)

Um cão de 10 anos de idade foi trazido ao consultório com histórico de dispnéia intensa. Os exames físico e radiográfico de tórax evidenciaram coleção líquida em espaço pleural com retração de lobos pulmonares. Independentemente do diagnóstico, a conduta imediata para aliviar o desconforto respiratório do paciente deve ser

(A) toracocentese.
(B) paracentese.
(C) traqueostomia.
(D) toracotomia.
(E) laparotomia.

41. (EXAME 2003)

O vírus da cinomose é um *Morbillivírus*, pertencente à família Paramyxoviridae, capaz de infectar canídeos domésticos e selvagens. Em relação ao diagnóstico da cinomose canina, é correto afirmar que

(A) os corpúsculos de Negri, inclusões intracitoplasmáticas do vírus, podem ser ocasionalmente identificados em leucócitos circulantes.
(B) o exame físico evidencia estomatite com necrose de língua, alopecia generalizada e hepatomegalia.
(C) o hemograma revela anemia regenerativa, leucopenia com desvio à esquerda e trombocitopenia.
(D) o exame radiográfico do tórax pode evidenciar alterações referentes a uma pneumonia intersticial ou alveolar.
(E) o eletrocardiograma mostra uma taquiarritmia ventricular e enfarto miocárdico.

42. (EXAME 2003)

Sintomas como anorexia, náusea e vômito são freqüentemente observados em pacientes caninos e felinos com insuficiência renal crônica e estão associados a anormalidades metabólicas, tais como

(A) alcalose metabólica, hipercalemia e hiperazotemia.
(B) alcalose metabólica, hipocalemia e hiperfosfatemia.
(C) acidose metabólica, hipercalemia e hipofosfatemia.
(D) alcalose metabólica, hipocalemia e hipofosfatemia.
(E) acidose metabólica, hipocalemia e hiperazotemia.

43. (EXAME 2003)

Em visita de rotina a um haras, o médico veterinário é informado sobre a ocorrência de abortamentos em algumas éguas durante o último trimestre de gestação. De posse desta informação o profissional deve direcionar os procedimentos diagnósticos para o seguinte agente causal:

(A) *Brucella abortus.*
(B) EHV-1 (herpes vírus eqüino-1).
(C) *Brucella canis.*
(D) *Neospora caninum.*
(E) *Streptococcus equi.*

44. (EXAME 2003)

Em cães e gatos, os cálculos de oxalato de cálcio são de difícil dissolução e na maioria das vezes necessitam ser retirados cirurgicamente. Na prevenção das recidivas, recomenda-se

(A) estimular a ingestão de água, adicionando-se sal à dieta.
(B) aumentar a ingestão de proteínas de origem animal.
(C) adicionar acidificantes urinários à dieta.
(D) evitar a ingestão de leite e derivados.
(E) restringir totalmente o fósforo da dieta.

45. (EXAME 2003)

O exame radiográfico das articulações coxofemorais de um cão da raça Doberman, com claudicação de membros pélvicos, revelou rasamento de acetábulos, osteoesclerose do osso subcondral e achatamento das cabeças femorais. O diagnóstico provável dessa afecção é

(A) necrose asséptica da cabeça do fêmur.
(B) displasia coxofemoral.
(C) osteocondrose.
(D) artrite infecciosa.
(E) neoplasia óssea.

46. (EXAME 2003)

Durante o exame andrológico de um touro, o médico veterinário observa a presença de pronunciado aumento de volume localizado na extremidade cranial do prepúcio. O exame clínico confirma o diagnóstico de acrobustite. Indica-se

(A) castração.
(B) circuncisão.
(C) penectomia.
(D) desvio peniano.
(E) fixação do “S” peniano.

47. (EXAME 2003)

Em um lote de 50 bovinos de corte confinados, vários animais apresentaram rejeição pelos alimentos, após o início da sua ingestão, fato seguido de inquietude e incoordenação de movimentos. Alguns animais mostraram agressividade e salivação intensa, outros defecaram e urinaram freqüentemente, uma dezena prostrou-se em decúbito lateral e dois ou três apresentaram contrações tetânicas dos membros. O tratador informou que, rotineiramente, uréia era acrescentada à ração. Para tratamento dos animais afetados recomenda-se

(A) aplicação de antibiótico por via intramuscular.
(B) aplicação de anti-histamínico por via intramuscular.
(C) beberagem com solução de bicarbonato de sódio.
(D) beberagem com solução de propionato de sódio.
(E) beberagem com solução de vinagre e água.

48. (EXAME 2002)

A figura abaixo apresenta o corte transversal do cérebro de um eqüino, que veio a óbito 72 horas após apresentar manifestações clínicas neurológicas (ataxia).

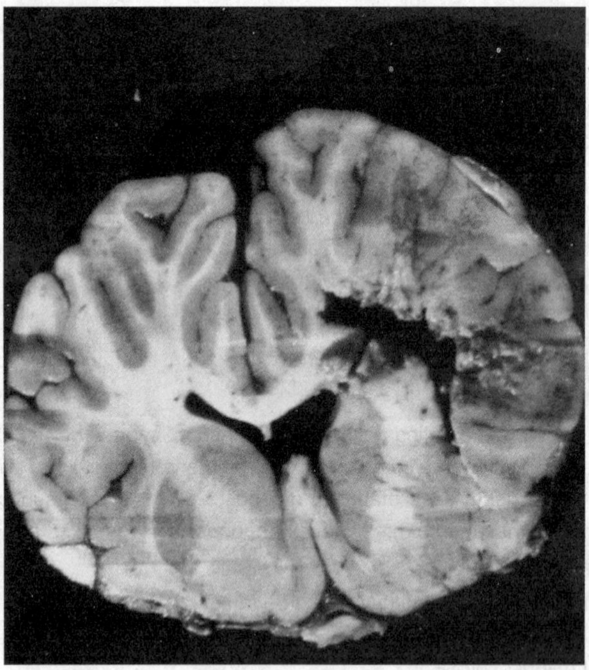

Fragmentos representativos foram preparados para estudo histopatológico, corados pela hematoxilina-eosina e, ao exame microscópico, exibiram lesões na substância branca, caracterizadas por necrose de liquefação com microcavitações, desmielinização, edema, congestão, hemorragia e infiltrado inflamatório nas áreas periféricas, com presença de eosinófilos. Pelos estudos realizados, trata-se de

(A) encefalite eqüina venezuelana.
(B) anemia infecciosa eqüina.
(C) leucodistrofia viral eqüina.
(D) leucoencefalomalácia eqüina.
(E) poliomalácia eqüina.

49. (EXAME 2002)

Um proprietário relata que o seu cão da raça Rottweiler, com 7 meses de idade, apresenta há 15 dias claudicação do membro torácico direito. Durante o exame físico, detectou-se dor na articulação escápulo-umeral. No exame radiográfico, observou-se destacamento de *flap* cartilagíneo na porção caudal da cabeça do úmero, chegando-se ao diagnóstico de osteocondrite dissecante da cabeça do úmero. Essa alteração na cartilagem ocorreu por uma falha da ossificação

(A) endocondral.
(B) intramembranosa.
(C) cartilaginosa.
(D) metafisária.
(E) epifisária.

50. (EXAME 2002)

A figura abaixo representa uma fotomicrografia, em branco e preto, de corte histológico de pele de cão, corado pela hematoxilina-eosina, com aumento de 100 x.

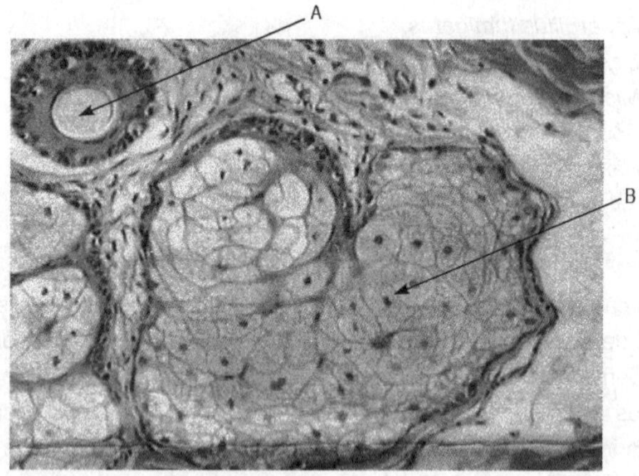

As estruturas apontadas pelas setas A e B correspondem, respectivamente,

(A) ao folículo piloso e à glândula merócrina.
(B) ao folículo piloso e à glândula holócrina.
(C) ao folículo piloso e à glândula apócrina.
(D) à glândula sudorípara e à glândula alveolar.
(E) à glândula sudorípara e à glândula cordonal.

51. (EXAME 2002)

A articulação fêmur-tibiopatelar é uma articulação do tipo sinovial propensa a alterações patológicas. É composta por estruturas como cápsula articular, ligamentos colaterais, ligamento patelar, meniscos, gordura intraarticular e ligamentos cruzados (cranial e caudal). A ruptura do ligamento cruzado cranial ocorre com freqüência no cão levando-o à instabilidade articular seguida, na maioria das vezes, de osteoartrose. No exame clínico dessa articulação, o movimento de instabilidade observado é

(A) laterolateral.
(B) craniolateral.
(C) craniomedial.
(D) anteromedial.
(E) craniocaudal.

52. (EXAME 2002)

Após avaliação cardiológica, um cão idoso revelou ser portador de taquicardia supraventricular e contratilidade cardíaca inadequada. Para seu tratamento, indica-se

(A) bloqueador dos canais rápidos de sódio.
(B) antagonista colinérgico muscarínico.
(C) agonista E-adrenérgico.
(D) inibidor da bomba de sódio/potássio.
(E) bloqueador dos canais de cálcio.

53. (EXAME 2002)

O amplo emprego dos meios sólidos (ágar) até os dias atuais, no diagnóstico laboratorial de bacterioses, fundamenta-se no fato de que permitem

(A) crescimento bacteriano rápido, acelerando expressivamente o isolamento.
(B) preparo com reagentes de baixo custo, tornando-os acessíveis a qualquer laboratório.
(C) manuseio de forma segura, com menor risco de contaminação do bacteriologista.
(D) crescimento bacteriano em colônias isoladas, facilitando o isolamento em cultivos puros.
(E) armazenamento por longos períodos possibilitando estabelecer estoques de emergência.

54. (EXAME 2002)

No diagnóstico laboratorial das infecções por nematóides em ruminantes a cultura de larvas infectantes, a partir dos ovos presentes nas fezes, tem como finalidade permitir

(A) o desenvolvimento das larvas infectantes e a identificação dos gêneros de nematóides envolvidos.
(B) a replicação in vitro das larvas infectantes e a quantificação dos gêneros de nematóides envolvidos.
(C) o desenvolvimento das larvas infectantes e a identificação das espécies de nematóides envolvidas.
(D) a replicação in vitro das larvas infectantes e a identificação das espécies de nematóides envolvidas.
(E) o desenvolvimento das larvas infectantes e a quantificação das espécies de nematóides envolvidas.

55. (EXAME 2002)

Um eqüino adulto, que há mais de 2 anos vinha sendo estimulado para a produção de soro hiperimune, apresentou morte súbita. Do laudo da necrópsia concluiu-se que a *causa mortis* foi provocada por choque hipovolêmico, decorrente de hemorragia interna por ruptura do parênquima hepático que apresentava-se com aspecto lardáceo. O estudo histopatológico de fragmentos do fígado demonstrou a deposição de substância amorfa e acidófila, substituindo quase a totalidade dos hepatócitos e provocando acentuada distorção da lobulação hepática. Lâminas foram coradas pelo vermelho Congo e sob luz polarizada exibiram coloração verde. Trata-se de

(A) degeneração hialina intracelular.
(B) amiloidose.
(C) infiltração glicogênica.
(D) esteatose.
(E) doença de armazenamento lisossomal.

56. (EXAME 2002)

Nas anemias hemolíticas, como ocorre em casos de babesiose, anemia infecciosa eqüina e anemias hemolíticas autoimunes, haverá em comum, no metabolismo da hemoglobina, grande quantidade de bilirrubina. Quanto a seu destino, a bilirrubina

(A) livre, presente no plasma, é carreada aos hepatócitos onde é conjugada, no retículo endoplasmático rugoso, a duas moléculas de ácido glicurônico.
(B) livre é conjugada, no retículo endoplasmático liso, a uma molécula de ácido glicurônico.
(C) livre é conjugada, no retículo endoplasmático liso, a duas moléculas de ácido glicurônico.
(D) conjugada no duodeno é convertida em urobilina e confere cor às fezes.
(E) conjugada é convertida em urobilinogênio, que é eliminado pela urina.

57. (EXAME 2002)

Um animal da espécie canina, macho, com 14 anos de idade, sem raça definida, foi encaminhado à necrópsia com história clínica pregressa de disúria, disquesia, anorexia e oligúria. Da necrópsia obtiveram-se os seguintes achados macroscópicos: próstata com superfície regular e acentuadamente aumentada de volume, bexiga em repleção ocupando espaço abdominal, megaureter e pelvis renal com dilatação acentuada, comprimindo o parênquima renal, atrofiando-o significativamente. Destes achados, pode-se concluir que o rim apresentava quadro compatível com

(A) uronefrose.
(B) urolitíase.
(C) pielonefrite.
(D) nefrite intersticial crônica.
(E) glomerulonefrite crônica.

58. (EXAME 2002)

Uma vaca recebeu uma dieta, sem estar a ela adaptada, com grande quantidade de carboidratos solúveis, desenvolvendo um severo quadro agudo de acidose láctica ruminal, confirmado por meio do exame do fluido ruminal, cujo material foi colhido cerca de 20 horas após a ingestão da dieta. Os resultados do exame que permitiram a confirmação deste diagnóstico está expresso em:

	pH ruminal entre	Coloração de esfregaço pelo método Gram com predomínio de bactérias	Tempo de redução do azul de metileno
(A)	6 e 7	Gram-positivas	superior a 3 min
(B)	5 e 6	Gram-negativas	entre 1 a 3 min
(C)	4 e 5	Gram-positivas	superior a 3 min
(D)	5 e 6	Gram-negativas	superior a 3 min
(E)	4 e 5	Gram-negativas	entre 1 a 3 min

59. (EXAME 2002)

As hemorragias gastrintestinais são constatações freqüentes em cães e gatos portadores de enfermidades parasitárias, infecciosas etc. O exame macroscópico detalhado das fezes é recomendado para diferenciar se a origem da hemorragia é no sistema digestivo anterior (estômago e intestino delgado – EID) ou posterior (intestino grosso – IG). Assim,

(A) o sangue não-digerido pode estar presente tanto no EID como no IG e a melena somente no IG.
(B) o sangue não-digerido é indicativo de hemorragia no EID e a melena no IG.
(C) a melena e o sangue não-digerido podem ocorrer tanto no EID quanto no IG.
(D) a melena pode estar presente tanto no EID como no IG e o sangue não-digerido somente no EID.
(E) a melena é indicativa de presença de hemorragia no EID e o sangue não-digerido no IG.

60. (EXAME 2002)

Em um período de seca, um agricultor permitiu que um pecuarista soltasse suas ovelhas para pastar num pomar de laranjas. Cerca de 15 horas após, vários animais apresentaram um quadro de inquietude, sialorréia, dispnéia, tremores musculares generalizados, meteorismo gasoso e miose; alguns ovinos sucumbiram. Baseado no histórico e no quadro clínico, o diagnóstico presuntivo e o tratamento de emergência devem ser, respectivamente,

(A) intoxicação cúprica e uso sistêmico de tetratiomolibdato.
(B) intoxicação por organoclorados e uso sistêmico de atropina.
(C) intoxicação cúprica e uso oral de sulfato e molibdato de sódio.
(D) intoxicação por organofosforados e uso sistêmico de atropina.
(E) intoxicação por organofosforados e uso sistêmico de pilocarpina.

61. (EXAME 2002)

Um médico veterinário foi chamado para atender garrotes, recém-introduzidos num confinamento, com dois quadros distintos de broncopneumonia. No primeiro, os animais se apresentavam com febre (41,2 °C), sialorréia, taquipnéia, presença de estertores úmidos (crepitações) na região anterior e ventral dos pulmões e à percussão, estas áreas manifestavam som submaciço. O exame laboratorial revelou leucopenia, com neutropenia e desvio à esquerda, e alto teor de fibrinogênio. No segundo, os animais apresentavam-se com intensa tosse produtiva, secreção seromucosa nasal, normotermia, taquipnéia, dispnéia e presença de estertores úmidos em todo o pulmão e leve enfisema na região dorsal; o leucograma revelou eosinofilia e teor de fibrinogênio normal. Estes dados permitem, respectivamente, os seguintes diagnósticos presuntivos:

(A) tuberculose pulmonar e pasteurelose.
(B) pneumonia verminótica por *Dictyocaulus viviparus* e tuberculose pulmonar.
(C) tuberculose pulmonar e pneumonia verminótica por *Muellerius capillaris*.
(D) broncopneumonia bacteriana e pneumonia verminótica por *Dictyocaulus viviparus*.
(E) pasteurelose e pneumonia verminótica por *Muellerius capillaris*.

62. (EXAME 2002)

O tiopental é um agente barbitúrico com propriedades hipnóticas, sendo amplamente indicado na indução da anestesia. Um efeito colateral freqüentemente associado com a injeção intravenosa rápida do tiopental sódico é

(A) o vômito.
(B) a hipertermia.
(C) a apnéia.
(D) a convulsão.
(E) a hiperreflexia.

63. (EXAME 2002)

Em muitos casos, a terapia medicamentosa restaura a função ruminal, mas em outros a intervenção cirúrgica se faz necessária. A rumenotomia, em bovino adulto,

(A) está indicada em casos de reticulite traumática, torção do abomaso, acidose láctica e meteorismo espumoso.
(B) é dependente de jejum e antibioticoterapia prévios e reconstituição da flora ruminal no pós-operatório.
(C) é feita com o paciente em estação e sob anestesia paravertebral ou bloqueio na linha de incisão ou em "L" invertido.
(D) pode ser executada pelos flancos direito ou esquerdo, através dos músculos oblíquos externo e interno e transverso do abdômen.
(E) permite avaliação manual do esfíncter esofágico, do orifício retículo-abomasal e do conteúdo do retículo.

64. (EXAME 2002)

Em um cão, após exame clínico e radiológico, diagnosticou-se a presença de um corpo estranho no esôfago torácico, cranial à base do coração. Para a remoção do corpo estranho, o animal necessitará de uma esofagotomia transtorácica, cuja abordagem deverá ser realizada pelo lado esquerdo, no espaço intercostal

(A) oitavo ou nono.
(B) sétimo ou oitavo.
(C) quinto ou sexto.
(D) terceiro ou quarto.
(E) primeiro ou segundo.

65. (EXAME 2002)

A urolitíase é um quadro relativamente comum em caprinos e ovinos machos criados em sistemas intensivos. Quanto maior o fornecimento e a disponibilidade de fósforo na dieta, maior é o risco de aparecimento de cálculo. Para a prevenção da urolitíase, nesses animais, recomenda-se como aditivo alimentar

(A) a tetraciclina, que evita a solidificação de cristais urinários pelas bactérias.
(B) o cloreto de amônio, que acidifica a urina tornando solúveis os cristais urinários.
(C) o bicarbonato de sódio, que alcaliniza a urina tornando solúveis os cristais urinários.
(D) o ionóforo, que impede a solidificação dos cristais urinários.
(E) o estradiol, que aumenta o diâmetro da uretra e impede a retenção dos cálculos.

66. (EXAME 2000)

A morfologia do aparelho reprodutor feminino está relacionada às características reprodutivas das diferentes espécies animais. Na ilustração estão representados os úteros de quatro espécies animais.

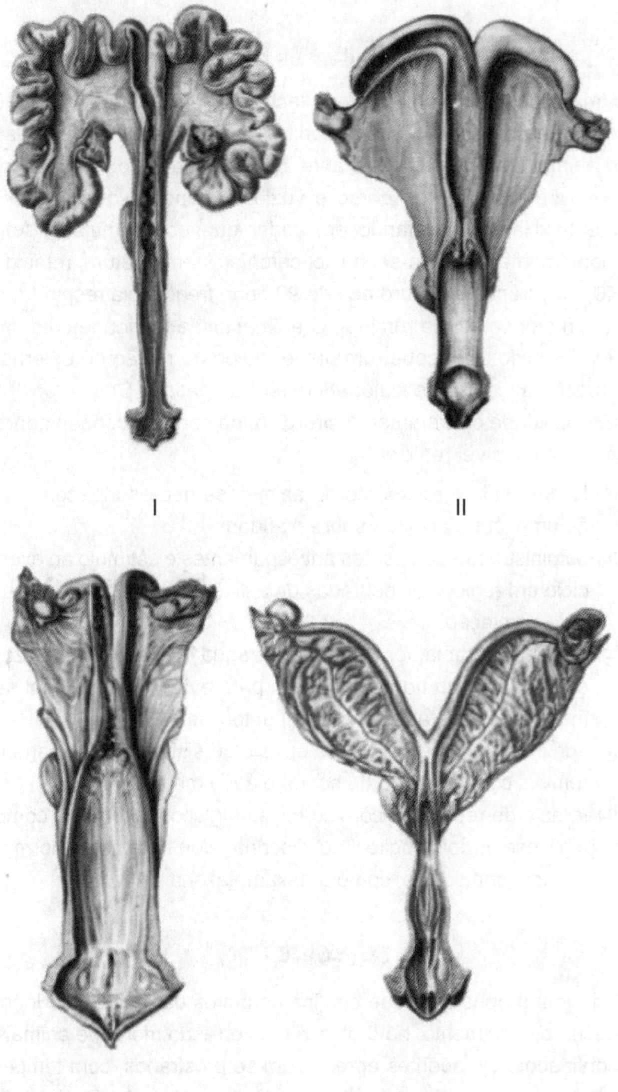

I, II , III e IV correspondem, respectivamente, às espécies

(A) felina, bovina, eqüina e canina.

(B) felina, bovina, eqüina e suína.

(C) canina, bovina, ovina e felina.

(D) suína, caprina, eqüina e felina.

(E) suína, eqüina, bovina e canina.

67. (EXAME 2000)

O conhecimento anatômico dos membros dos eqüinos é de fundamental importância para a instituição do diagnóstico correto dos problemas locomotores, freqüentes nesta espécie. A figura apresenta uma imagem radiográfica lateromedial do membro anterior direito de potro com duas semanas de idade, acompanhada de uma ilustração esquemática.

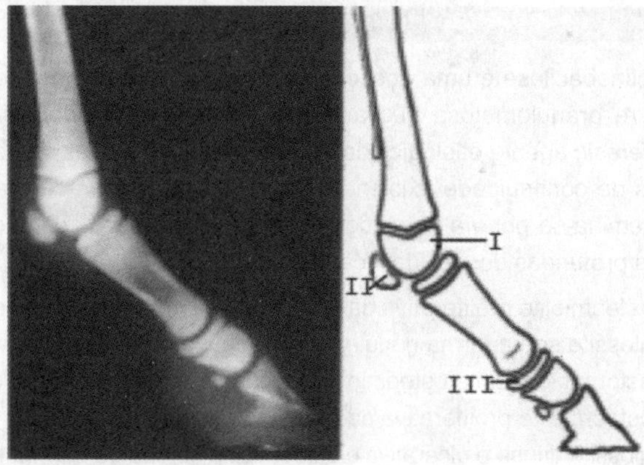

As estruturas ósseas indicadas por I, II e III são, respectivamente,

(A) diáfise do terceiro metacarpiano, apófise ganchosa e falange média.

(B) epífise distal do terceiro metacarpiano, sesamóide e epífise proximal da falange média.

(C) terceiro metacarpiano, epicôndilo proximal e falange média.

(D) epífise distal do terceiro metatarsiano, navicular e falange média.

(E) epífise distal do terceiro metatarsiano, processo anconeu e epífise proximal da falange média.

68. (EXAME 2000)

As características anatômicas da cabeça permitem a classificação das diferentes raças de cães.

Indique os tipos somáticos correspondentes aos cães acima ilustrados: Pastor-alemão (I), Poodle (II), Mastin (III) e Borzoi (IV).

(A) vulpinóide, lupóide, boxóide e lebreiróide.

(B) lupóide, graióide, redondo e bracóide.

(C) lobóide, cubóide, boxetóide e colióide.

(D) lupóide, bracóide, molossóide e lebreiróide.

(E) vulpinóide, redondo, cubóide e colióide.

69. (EXAME 2000)

Um cão macho, sem raça definida, é levado à clínica por apresentar quadro de excitação nervosa (tremores) após histórico de ingestão de planta de jardim não identificada. Ao exame clínico, o animal apresenta taquicardia, febre, pele seca e quente, boca seca, pupilas dilatadas e não responsivas à luz. É possível suspeitar de estímulo exacerbado do sistema nervoso

(A) autônomo parassimpático e a droga de eleição para tratamento é a fisostigmina.

(B) autônomo simpático e a droga de eleição para tratamento é a atropina.

(C) autônomo simpático e a droga de eleição para tratamento é a fisostigmina.

(D) autônomo parassimpático e a droga de eleição para tratamento é a atropina.

(E) central e a droga de eleição para tratamento é a adrenalina.

70. (EXAME 2000)

A actinobacilose é uma doença infecciosa, não contagiosa, crônica e granulomatosa que acomete bovinos. O *Actinobacillus lignieresii*, agente etiológico da doença, penetra através de soluções de continuidade existentes na mucosa da cavidade oral e dissemina-se por via hematógena ou linfática para as camadas mais profundas dos tecidos, causando

(A) osteomielite proliferativa da mandíbula e linfoadenite regional.
(B) glossite sob a forma nodular e linfoadenite regional.
(C) estomatite focal e osteomielite fibrosa da mandíbula.
(D) osteomielite proliferativa da mandíbula e estomatite focal.
(E) glossite difusa e ulcerativa e osteomielite fibrosa da mandíbula.

71. (EXAME 2000)

A parvovirose suína é responsável pelo nascimento de um número reduzido de leitões, ocorrência de natimortos, mumificados e morte de embriões e fetos. A resposta à infecção varia de acordo com o desenvolvimento embrionário ou fetal. Na mesma leitegada, as alterações observadas nas diferentes fases da gestação estão relacionadas à

(A) disseminação do vírus para o feto por via linfática determinando reabsorção de embriões nos primeiros dias de gestação, presença de fetos infectados, mumificados e normais.
(B) baixa imunidade humoral da porca que confere diferentes graus de resistência ao feto, sendo a principal causa da presença dos fetos infectados, mumificados e normais.
(C) baixa imunidade celular da porca que confere diferentes graus de resistência ao feto, sendo a principal causa da presença de fetos infectados, mumificados e normais.
(D) transmissão vertical do vírus para o feto, determinando a presença de fetos infectados, mumificados e normais.
(E) difusão lenta do vírus de feto para feto, possibilitando a coexistência de fetos infectados, mumificados e normais.

72. (EXAME 2000)

A cinomose é uma doença de distribuição cosmopolita, observada na espécie canina causada por um vírus da família Paramixoviridae. Na maioria das vezes a doença é fatal ou pode evoluir para cura com sequelas nervosas de graus variados. A escolha de órgãos para a obtenção do diagnóstico é um procedimento importante na prevenção da doença. Dentre as estruturas infectadas pelo vírus que permitem o diagnóstico microscópico encontram-se, principalmente,

(A) amígdala, parótida, medula óssea e pelvis renal, cujas células epiteliais exibem inclusões basófilas citoplasmáticas e/ou nucleares, observadas com freqüência na fase aguda da doença.
(B) conjuntiva, pâncreas, jejuno e pelvis renal, cujas células epiteliais exibem inclusões basófilas citoplasmáticas e/ou nucleares, observadas com freqüência na fase crônica da doença.
(C) amígdala, cérebro, medula óssea e pelvis renal, cujas células epiteliais exibem inclusões acidófilas citoplasmáticas e/ ou nucleares, observadas com freqüência na fase crônica da doença.
(D) bexiga, pulmão, estômago e pelvis renal, cujas células epiteliais exibem inclusões acidófilas citoplasmáticas e/ou nucleares, observadas com freqüência na fase aguda da doença.
(E) parótida, bexiga, medula óssea e pelvis renal, cujas células epiteliais exibem inclusões basófilas citoplasmáticas e/ ou nucleares, observadas com freqüência na fase aguda da doença.

73. (EXAME 2000)

Uma vaca leiteira em início de lactação apresentou anorexia e queda na produção de leite súbitas. Ao exame clínico, nota-se o animal com os membros anteriores apoiados sobre o cocho, com arqueamento do dorso e vazio do flanco esquerdo levemente dilatado, relutando em andar quando estimulado. Adicionalmente observa-se hálito cetônico, temperatura retal de 40,0qC, freqüência cardíaca de 90 bpm, freqüência respiratória de 30 mpm e atonia ruminal. O animal ainda responde com um leve gemido ao receber um golpe rápido na região do esterno, característico de reticuloperitonite traumática. Descartada a possibilidade de tratamento cirúrgico, na conduta conservadora é imprescindível realizar

(A) fluidoterapia e rolamento do animal, se necessário, com uso de uma tábua apoiada sobre o abdome.
(B) administração de agentes antiespumantes e estímulo ao exercício em regiões acidentadas de aclive e declive para estimular a eructação.
(C) antibioticoterapia, fornecimento de água e alimento, e realização da ordenha no mesmo local para evitar que o animal se mova e desfaça as aderências peritoniais.
(D) administração de antiácidos orais e/ou sistêmicos e lavagem ruminal com emprego de sonda e água morna.
(E) terapia de reposição com compostos gluconeogênicos, como a glicose, propilenoglicol ou glicerina, e/ou tratamento hormonal com corticóides, como a dexametasona.

74. (EXAME 2000)

Em uma propriedade que confina cordeiros da raça Santa Inês, desde o nascimento, há 5 dias vem ocorrendo morte de animais confinados. Os doentes apresentam-se prostrados, com temperatura corpórea baixa e freqüência cardíaca elevada. Os animais necropsiados, que morreram durante a crise, apresentaram gastroenterite, evidenciando principalmente úlceras abomasais. Os animais que sobreviveram à crise apresentavam diarréia, icterícia e hemoglobinúria. Quando questionado, o proprietário informou que substituiu o concentrado normalmente utilizado por um outro adquirido de um criador de suínos. A intervenção imediata e a conduta para o esclarecimento do diagnóstico envolvem

(A) controle de moscas e carrapatos; colheita de sangue para realização de hematócrito e de esfregaço sangüíneo para avaliação de hemoparasitos; colheita de sangue para realização de teste de soroaglutinação rápida em placa.
(B) substituição do concentrado; colheita de amostras da dieta ou fígado para análise de microelementos minerais; colheita da urina de animais doentes para microscopia de campo escuro e colheita de sangue de animais, durante a fase aguda e de convalescência (espaçados 7 a 10 dias), para teste de soroaglutinação microscópica.

(C) vermifugação; colheita de fezes dos animais doentes e das matrizes para contagem de ovos e coprocultura; colheita da dieta para teste de cromatografia em camada delgada ou cromatografia líquida de alta performance.

(D) antibioticoterapia; colheita da urina de animais doentes para microscopia de campo escuro e colheita de sangue de animais durante a fase aguda e convalescência (espaçados 7 a 10 dias) para teste de aglutinação microscópica; colheita de nódulos pulmonares dos animais mortos para exame histopatológico e teste intradérmico simples na prega da cauda dos animais sadios.

(E) administração de hepatoprotetores e fornecimento de sombra aos animais; colheita de amostras de feno para identificação de fungos através de microscopia; colheita de sangue para realização de hematócrito e de esfregaço sangüíneo para avaliação de hemoparasitos.

75. (EXAME 2000)

Um garanhão apresenta relutância em andar e claudicação do membro anterior esquerdo. Ao exame clínico observa-se taquicardia, taquipnéia e sudorese. A coroa do casco anterior esquerdo apresenta-se avermelhada, edemaciada e quente. A pinça apresenta-se sensível à pressão e a sola rompida. A patogenia do quadro envolve

(A) ação da histamina ou toxinas bacterianas que alteram o endotélio vascular ou a membrana do cório, resultando na separação entre o coxim digital e a terceira falange, que se rotaciona, rompendo a sola.

(B) ação da adrenalina e hormônios glicocorticóides que aumentam a permeabilidade vascular, impedindo a nutrição da sola, que se rompe pelo peso da terceira falange.

(C) deficiência de enxofre, elemento essencial constituinte de aminoácidos sulfurados requeridos na síntese de queratina, que quando mal formada, resulta na ruptura da sola.

(D) deficiência de vitamina A, elemento essencial na síntese de queratina, que quando mal formada, resulta na ruptura da sola.

(E) ação da histamina ou toxinas bacterianas que lesam os vasos que irrigam o tecido queratinizado imediatamente abaixo da terceira falange, que se torna fragilizado e sensível ao peso do animal.

76. (EXAME 2000)

Os cilindros representam moldes de proteína e células que se formam no lúmen dos túbulos contornados distais e ramo ascendente da alça de Henle. A sua composição varia de acordo com o grau de lesão glomerular e/ou tubular. O exame microscópico do sedimento urinário permite identificar as estruturas que os constituem e associá-los às seguintes afecções:

(A) abcesso renal e diabete melito na presença de cilindros gordurosos.

(B) amiloidose, cistite e nefrolitíase na ocorrência de cilindros hialinos.

(C) nefrose, infarto renal e cistite na detecção de cilindros granulosos.

(D) pielonefrite e cistite hemorrágica na ocorrência de cilindros hemáticos.

(E) nefrite, nefrose e pielonefrite na presença de cilindros celulares.

77. (EXAME 2000)

Em gatos, a toxoplasmose é uma das doenças responsáveis por lesões oculares com sede na íris e corpo ciliar. A hemorragia e exsudato purulento presentes na úvea anterior comprometem a visão. Sinéquias podem ocorrer devido ao exsudato presente na câmara anterior, resultando em obstrução pupilar por formação de uma membrana inflamatória organizada. As alterações descritas justificam o diagnóstico de

(A) panuveíte.

(B) coroidite.

(C) iridociclite.

(D) ceratite.

(E) ceratociclite.

78. (EXAME 2000)

Cão com 8 meses de idade da raça Pit Bull, destinado à reprodução, apresentando falha no segundo pré-molar superior esquerdo, foi submetido ao exame radiográfico da arcada dentária para observação da imagem alveolar e para a obtenção do diagnóstico diferencial entre

(A) retenção e hipoplasia dentária, caracterizadas, respectivamente, pela persistência de ameloblastos e ausência de odontoblastos.

(B) fratura dentária completa e agenesia, caracterizadas, respectivamente, pela presença de fissura alveolar e persistência de um fragmento radicular.

(C) dente fraturado e agenesia verdadeira, caracterizados, respectivamente, pela ausência do dente e a imagem dentária subgengival.

(D) agenesia verdadeira e dente incluso, caracterizados, respectivamente, pela ausência do dente e imagem dentária subgengival.

(E) dente suplementar e hipoplasia, caracterizados, respectivamente, por dentição supranumerária e ausência do endoderma alveolar.

79. (EXAME 2000)

As práticas anestésicas para a intervenção cesariana no vazio do flanco em uma vaca excitada, de temperamento nervoso e que esteja sofrendo fortes contrações abdominais requerem

(A) uso de miorrelaxantes, por via intramuscular ou venosa; uso de anestésico local para anestesia epidural no espaço invertebral entre o sacro e a primeira vértebra coccigiana; e uso de anestésico local para anestesia paravertebral e na área de incisão por infiltração muscular e subcutânea. Dispensa anestesia geral.

(B) anestesia geral pelo emprego de barbitúricos; uso de miorrelaxantes por via intramuscular ou venosa; uso de anestesia local no espaço intervertebral entre o sacro e a primeira vértebra coccigiana. Dispensa anestesia local.

(C) uso de miorrelaxantes por via intramuscular ou venosa; anestesia epidural com anestésico local no espaço intervertebral entre a última vértebra lombar e o sacro; anestesia no local da incisão por infiltração intradérmica e subcutânea. Dispensa anestesia geral.

(D) anestesia vertebral e no local da incisão, por infiltração muscular e subcutânea com anestésico local. Dispensa anestesia geral, miorrelaxantes ou anestesia epidural.

(E) anestesia geral pelo emprego de barbitúricos, já que a cesariana em vacas não pode ser executada através de práticas que mantenham o animal consciente.

80. (EXAME 2000)

O jejum é uma medida pré-operatória sistematicamente recomendada para minimizar o vômito e a regurgitação, evitando a aspiração do conteúdo gástrico. A aspiração do conteúdo gástrico determina obstrução mecânica das vias respiratórias, contribuindo para o funcionamento inadequado do pulmão, resultando em

(A) broncopneumonia apostematosa de evolução crônica, quando o conteúdo aspirado referir-se a leite.

(B) pneumonia intersticial de evolução crônica, quando o conteúdo aspirado referir-se a muco ou água.

(C) bronquiolite fibrinosa de evolução aguda, quando o conteúdo aspirado referir-se a muco, leite e ração.

(D) pneumonia intersticial purulenta de evolução aguda e prognóstico reservado, na aspiração de alimento caseiro.

(E) broncopneumonia, cuja evolução e prognóstico dependem da quantidade e do tipo de material aspirado.

81. (EXAME 2000)

A hiperplasia prostática é relativamente comum em cães idosos, podendo ocorrer também em animais jovens. Nos casos graves, as conseqüências manifestam-se através da obstrução do cólon e reto, e da uretra predispondo à infecção do trato urinário. Há evidências de que a causa desta patologia esteja relacionada a alteração hormonal, uma vez que se observa redução do volume prostático após a

(A) administração de altas doses de estrógenos.

(B) remoção dos andrógenos através da orquiectomia.

(C) administração de baixas doses de testosterona.

(D) castração associada à administração de doses repetidas de estrógeno.

(E) administração de doses repetidas de testosterona e estrógeno.

82. (EXAME 2000)

Uma égua da raça Mangalarga iniciou o trabalho de parto durante a madrugada e a placenta já está rompida há pelo menos duas horas. Embora existam contrações e os membros do feto já estejam expostos, não se constata progressão do parto. Observando-se os membros é possível concluir que a apresentação do feto é longitudinal anterior e a posição superior. A conduta mais recomendada é

(A) promover exploração vaginal, corrigir possíveis alterações de atitude e, se possível, realizar tração forçada com no máximo 3 auxiliares.

(B) promover exploração vaginal, corrigir possíveis alterações de atitude e, se possível, realizar tração forçada com pelo menos 5 auxiliares.

(C) fazer uso de ocitocina para promover contrações uterinas mais vigorosas e conseqüente expulsão do feto. Não promover intervenção vaginal, já que não há indícios de anomalias na estática fetal.

(D) promover intervenção cirúrgica cesariana, uma vez que há indicações de vias fetais bloqueadas e garantia de ausência de anomalias na estática fetal.

(E) não intervir por enquanto, uma vez que a duração normal da fase de expulsão do feto no parto de éguas é de 2 a 3 horas.

QUESTÕES DISCURSIVAS

1. (EXAME 2010) DISCURSIVA

Um cão pastor alemão, de 9 anos de idade, foi atendido em um hospital veterinário. Apresentava, ao exame físico, mucosas pálidas, poliúria/polidipsia, taquicardia, taquipneia, ascite e edema dos membros. Durante a anamnese, o proprietário relatou que o animal havia sido internado há dois meses por motivo de intoxicação por cumarínico (raticida), ao ingerir iscas espalhadas pela residência onde habitava. O tratamento foi efetivo e o cão se recuperou. Complementando o exame clínico, foram solicitados hemograma, urinálise de rotina e dosagens bioquímicas do sangue (proteína total, albumina, ureia, creatinina, eletrólitos e transaminases). Desta vez, o diagnóstico foi síndrome da insuficiência renal crônica.

A respeito desse caso, responda as questões abaixo.

a) Quais seriam os achados do eritrograma? Justifique. **(valor: 4,0 pontos)**

b) Quais as prncipais alterações da urinálise? **(valor: 3,0 pontos)**

c) Qual a explicação para a ascite e o edema dos membros? **(valor: 3,0 pontos)**

2. (EXAME 2007) DISCURSIVA

A icterícia caracteriza-se pelo acúmulo de bilirrubina no plasma sangüíneo e nos tecidos. A quantidade de bilirrubina suficiente para causar a icterícia varia entre as espécies. É possível que o animal apresente concentração elevada de bilirrubina no sangue antes mesmo da icterícia ser clinicamente detectável. Considerando que a ocorrência de animais com icterícia é freqüente na prática clínica veterinária, responda:

a) Qual é a manifestação clínica mais evidente de icterícia? **(valor: 1,0 ponto)**

b) Com o objetivo de estabelecer a origem da icterícia, cite os meios semiológicos que devem ser utilizados durante o exame físico do animal. **(valor: 2,0 pontos)**

c) Considerando o mecanismo de instalação do processo, classifique e caracterize as icterícias. **(valor: 3,0 pontos)**

d) Quais exames laboratoriais devem ser realizados para definir o tipo de icterícia presente e, conseqüentemente, sua origem? **(valor: 4,0 pontos)**

3. (EXAME 2004) DISCURSIVA

Uma cadela mestiça de Pastor Alemão foi levada à Clínica Veterinária apresentando perda de sangue pela vulva. A proprietária informou que o último cio da cadela havia sido há 3 meses e que o animal havia cruzado com um cão de rua, mas não gestou. O Clínico, ao examinar a cadela, percebeu que não havia o edema de vulva característico do estro e, sim, um tumor vaginal com aspecto de Tumor Venéreo Transmissível (TVT). De acordo com esse relato, descreva:

a) os principais aspectos clínicos e localizações anatômicas do TVT; **(valor: 2,5 pontos)**

b) os meios de diagnóstico dessa neoplasia; **(valor: 2,5 pontos)**

c) os principais medicamentos indicados para o tratamento do TVT; **(valor: 2,5 pontos)**

d) os meios de prevenção dessa doença. **(valor: 2,5 pontos)**

4. (EXAME 2004) DISCURSIVA

A Polícia Rodoviária Federal recolheu animais nas estradas, enviando-os para um Centro Municipal de Controle de Zoonoses. Ao desembarque, observou-se que um potro de, aproximadamente, 10 meses de idade apresentava-se apático, febril e inapetente. Exames complementares revelaram baixos valores do número de hemácias, hemoglobinas e hematócritos. Esse animal deverá ser submetido ao exame para Anemia Infecciosa Eqüina (AIE) e, caso seja positivo, sacrificado imediatamente visando ao controle da enfermidade. Com base nessas informações responda às questões a seguir.

a) Quais as formas de transmissão mais comuns da AIE entre equídeos, pelas quais o potro deve ter sido contaminado? **(valor: 6,0 pontos)**

b) A que tipo de prova, oficialmente empregada para o diagnóstico dessa doença, o animal deve ser submetido e qual a natureza da reação que será observada se for confirmado o diagnóstico? **(valor: 4,0 pontos)**

5. (EXAME 2004) DISCURSIVA

Se um produtor tem por objetivo aumentar seu rebanho, entre outras preocupações, ele deve estar atento aos índices de mortalidade. Enfermidades infecciosas e parasitárias, alimentação inadequada e doenças carenciais são causas que influenciam diretamente esses índices. Em criações de bezerros, uma das maiores causas de perda é a diarréia, que pode ter várias origens. Um agravante é que esses animais, ao nascimento, ainda não apresentam boa produção de anticorpos. A partir dessa situação,

a) indique as duas principais medidas a serem tomadas para a proteção dos bezerros imediatamente após o nascimento, quando geralmente estão mais sujeitos às infecções; **(valor: 5,0 pontos)**

b) aponte duas providências necessárias para a profilaxia das verminoses. **(valor: 5,0 pontos)**

6. (EXAME 2004) DISCURSIVA

O infarto é caracterizado por uma necrose de coagulação, resultado de uma obstrução da irrigação sangüínea. Nos rins de um animal infartado nota-se freqüentemente uma forma peculiar, em virtude de sua vascularização. Ao fazer uma necropsia de um suíno com a lesão, o Médico Veterinário observou também uma endocardite na mitral.

a) Analise o quadro relatado, correlacionando as lesões. **(valor: 6,0 pontos)**

b) Qual a forma de apresentação deste infarto? **(valor: 4,0 pontos)**

7. (EXAME 2003) DISCURSIVA

Um veterinário, portando apenas seus materiais clínico-cirúrgicos básicos, dirige-se ao campo em condições emergenciais a fim de prestar atendimento a uma vaca em trabalho de parto.

Pergunta-se:

a) Um procedimento para constatar se o feto encontra-se vivo. (5 pontos)

b) Três parâmetros obstétricos básicos do feto a serem analisados em relação à pelve materna. (5 pontos)

c) Um medicamento para estimular as contrações uterinas. (5 pontos)

d) Via de acesso ou abordagem cirúrgica e o tipo de fio cirúrgico recomendado para a sutura do útero em caso de operação cesariana.

8. (EXAME 2003) DISCURSIVA

Em uma criação de bovinos leiteiros, bezerros recém-nascidos recebiam colostro da mãe, por um mínimo de dois dias, seguindo-se oferta de leite no balde, em um processo de desaleitamento aos 90 dias. Introduziu-se novo esquema alimentar em que, a partir do oitavo dia, o leite fora totalmente substituído por "sucedâneo do leite". Em conseqüência, a taxa de mortalidade do nascimento aos 30 dias, elevou-se de 3% para 32%. Os animais apresentaram atraso acentuado do desenvolvimento, diarréias persistentes, emaciação, cólicas intestinais, e vários deles alopecias de extensão variável nos membros posteriores, no pescoço e ao redor da boca e da cauda. Verificou-se que as concentrações de proteína, gordura e carboidratos do sucedâneo estavam dentro dos parâmetros normais.

Identifique as causas decorrentes do emprego do sucedâneo, em relação aos seguintes grupos de nutrientes:

a) Proteína (10 pontos)

b) Gordura (5 pontos)

c) Carboidratos

9. (EXAME 2003) DISCURSIVA

Um caprino jovem, apresentando hemorragia pelas cavidades naturais, veio à óbito. Na pele da região da cabeça observou-se extravasamento de sangue, através de pequenos orifícios simétricos e circunscritos por acentuado edema, que se estendia até a região do pescoço. O tecido subcutâneo do local exibiu edema gelatinoso permeado por sangue vermelho vinhoso. Nos órgãos e nas serosas das cavidades torácica e abdominal, notou-se numerosas petéquias e sufusões.

Com base nas alterações observadas, indique:

a) A causa da morte. **(5 pontos)**

b) O processo mórbido compatível com os achados necroscópicos. **(5 pontos)**

c) Duas propriedades da toxina responsável pelas lesões. **(10 pontos)**

10. (EXAME 2003) DISCURSIVA

Uma cadela, sem raça definida, 12 anos de idade e nulípara, foi levada ao consultório apresentando anorexia, apatia, poliúria e polidipsia há uma semana. O último cio, segundo o proprietário, ocorreu a cerca de 30 dias, sem possibilidade de ter havido acasalamento. Ao exame físico constatou-se temperatura retal de 39,8 ºC, conjuntivas congestas, desidratação moderada e corrimento vaginal purulento.

Considerando-se essas informações, pergunta-se:

a) O diagnóstico provável da afecção. **(5 pontos)**

b) Dois exames complementares para definir a suspeita diagnóstica. **(10 pontos)**

c) O tratamento recomendado. **(5 pontos)**

11. (EXAME 2003) DISCURSIVA

O proprietário de um haras localizado em uma região de baixa prevalência de Anemia Infecciosa Eqüina, consulta um médico veterinário sobre como evitar a doença na propriedade.

Pede-se:

a) Duas medidas profiláticas, com base no sorodiagnóstico oficialmente aceito no Brasil (Imunodifusão em Gel de Ágar), que poderiam ser indicadas pelo médico veterinário. **(10 pontos)**

b) Dois argumentos que justifiquem a necessidade do sacrifício dos animais soropositivos eventualmente detectados. **(10 pontos)**

Conteúdo 06

MEDICINA VETERINÁRIA PREVENTIVA E SAÚDE PÚBLICA - REUNINDO CONTEÚDOS ESSENCIAIS ÀS ATIVIDADES DESTINADAS AO PLANEJAMENTO EM SAÚDE, A EPIDEMIOLOGIA, CONTROLE E ERRADICAÇÃO DAS ENFERMIDADES INFECTOCONTAGIOSAS, PARASITÁRIAS E ZOONOSES, SANEAMENTO AMBIENTAL, PRODUÇÃO E CONTROLE DE PRODUTOS BIOLÓGICOS

1. (EXAME 2010)

Avalie as asserções a seguir.

A dirofilariose canina é uma zoonose causada pelo nematóide *Dirofilaria imitis*. Essa doença gera riscos à saúde humana e animal. No Brasil, a sua maior prevalência ocorre nas regiões litorâneas e tem como vetores biológicos os mosquitos da família *Culicidae*. Os cães infectados têm dificuldade de respiração e intolerância a exercícios físicos.

PORQUE

As infecções por *Dirofilaria imitis* podem causar obstrução do ventrículo direito e da artéria pulmonar, gerando falta de oxigenação nos órgãos vitais. Portanto, deve ser instituído o tratamento imediato com lactonas macrocíclicas para se restabelecer a saúde do cão.

Acerca dessas asserções, assinale a opção correta.

(A) As duas asserções são proposições verdadeiras, e a segunda é uma justificativa correta da primeira.
(B) As duas asserções são proposições verdadeiras, mas a segunda não é uma justificativa correta da primeira.
(C) A primeira asserção é uma proposição verdadeira, e a segunda é uma proposição falsa.
(D) A primeira asserção é uma proposição falsa, e a segunda é uma proposição verdadeira.
(E) As duas asserções são proposições falsas.

2. (EXAME 2010)

É atribuição do médico veterinário exercer a vigilância e entender a cadeia epidemiológica, principalmente no que concerne a transmissão de doenças a animais e seres humanos.

A dengue é uma enfermidade virai cujo agente é um arbovírus da família *Flaviviridae*, gênero *Flavivirus*, que inclui quatro sorotipos: 1, 2, 3 e 4. Tem como vetores artrópodes os micropredadores Aedes aegypti e, como hospedeiro vertebrado, o homem e outros primatas, com manifestações clínicas variáveis. As manifestações clínicas da infecção e o período de viremia são de aproximadamente sete dias. Após picarem uma pessoa infectada em fase virêmica, os vírus distribuem-se, localizam-se e multiplicam-se no aparelho digestivo e nas glândulas salivares da fêmea do mosquito. Após um período de 8 a 12 dias, ela está pronta para transmitir o vírus às pessoas durante cerca de

(A) quinze dias.
(B) trinta e cinco dias.
(C) três meses.
(D) seis meses.
(E) um ano.

3. (EXAME 2010)

As leishmanioses são zoonoses que, apesar de acometerem anualmente cerca de dois milhões de pessoas em 88 países e apresentarem franca expansão urbana, são doenças negligenciadas. No contexto epidemiológico, o cão doméstico representa a principal fonte de infecção dos flebotomíneos, que transmitem a doença aos humanos e outros a hospedeiros. Em relação à vacina atualmente disponível para cães, há controvérsias acerca de sua capacidade de neutralizar a fonte de infecção e de produzir falsos positivos, o que compromete o perfil epidemiológico da doença. Da mesma forma, o tratamento de animais portadores da doença é problemático, pois a utilização de medicamentos de uso exclusivo humano é oficialmente proibida, já que esses medicamentos permitem que a fonte de infecção permaneça ativa por mais tempo.

O médico veterinário tem participação decisiva no controle das leishmanioses, sendo responsável e atuante em todas as fases da cadeia epidemiológica da doença. De acordo com o código deontológico médico veterinário, o clínico que atende um cão com suspeita de estar acometido dessas enfermidades deve

(A) isolar o doente, prevenir vetores e investigar comunicantes.
(B) iniciar tratamento, isolar o doente e vacinar os comunicantes.
(C) isolar e transferir o doente para tratamento, notificar e monitorar comunicantes.
(D) diagnosticar e confirmar, proceder à eutanásia do doente confirmado e vacinar comunicantes.
(E) investigar origem, diagnosticar e confirmar, notificar, indicar a eutanásia do doente, acompanhar e monitorar comunicantes.

4. (EXAME 2007)

A Análise de Perigos e Pontos Críticos de Controle (APPCC) é definida como um conjunto sistemático de atividades utilizadas para o controle da produção de alimentos, visando a garantia da segurança e da qualidade dos alimentos.

Alguns princípios básicos devem ser seguidos para a implementação da APPCC, que são:

I. estabelecer rotina de monitoramento;
II. determinar os pontos críticos de controle;
III. estabelecer os limites críticos;
IV. identificar os perigos potenciais;
V. estabelecer um sistema de verificação para dar continuidade à APPCC;
VI. estabelecer ações corretivas;
VII. estabelecer efetivo sistema de anotações.

Da análise dos princípios, é possível inferir que a ordem específica a ser seguida para a implementação da APPCC é

(A) II, III, IV, VII, VI, I e V.
(B) II, IV, III, VI, I, VII e V.
(C) III, IV, II, VII, VI, I e V.
(D) IV, II, III, I, VI, VII e V.
(E) IV, III, II, VI, I, V e VII.

5. (EXAME 2007)

Rabies is a worldwide public health disease; each year more than 30,000 people die from rabies and 10 to 12 million people receive post-exposure treatment. Dog and cat bites or scratches comprise the majority of reported cases of human exposure. More than 27,000 animal cases are described worldwide each year; vaccination has been the single most effective means of controlling rabies in domestic animal populations. Which of the following statement is correct?

(A) Progressive paralysis is the clinical result of rabies virus replication in myocytes, and after that the virus spreads in all tissues, including the heart.
(B) Serum radial immunodiffusion is the gold standard diagnostic test for rabies, and that method has been predominantly used to diagnosis rabies antemortem in animals.
(C) Rabies virus is resistant to formalin, phenol, alcohol and halogens derivates, but it is inactivated by ultraviolet light and freezing.
(D) Giemsa staining of bone marrow smears is the post-mortem diagnostic method of choice in rabies suspects due to its high specificity and sensitivity to detect intracytoplasmic inclusions.
(E) The most widely used and reliable method of diagnosing rabies in animals is demonstration of the viral antigen by direct fluorescent antibody test of suitable brain tissue.

6. (EXAME 2007)

A encefalopatia espongiforme bovina (da sigla em inglês BSE), conhecida como “doença da vaca louca”, é uma doença priônica transmissível que determina degeneração crônica do sistema nervoso central de bovinos. Embora ainda não haja relato da ocorrência da BSE no Brasil, faz-se imprescindível o máximo conhecimento sobre a doença por parte dos médicos veterinários, além da existência de esquema eficaz de vigilância para a doença. A principal forma de transmissão da BSE e suas implicações ocorrem por meio de

(A) alimentação dos bovinos com farinha de carne/ossos contaminados, culminando com a proibição do sistema de confinamento na produção bovina.
(B) vetores biológicos, como carrapatos e mosquitos hematófagos, proporcionando o aparecimento de sinais nervosos e dificuldade de locomoção algumas horas após o contato destes agentes com os bovinos.
(C) transmissão vertical da mãe para os bezerros, fato este determinante na aceleração do processo de rastreamento nos bovinos.
(D) alimentação dos bovinos com farinha de carne/ossos contaminados, culminando com a proibição do uso destas farinhas na formulação de rações destinadas aos ruminantes.
(E) vetores biológicos, como carrapatos e mosquitos hematófagos, favorecendo a transmissão em bovinos criados em sistema de confinamento.

7. (EXAME 2007)

Um cão foi atendido numa clínica veterinária apresentando a seguinte manifestação clínica: emagrecimento, queda de pêlos, dificuldade de cicatrização de feridas e onicogrifose (crescimento exagerado das unhas). À palpação, o médico veterinário constatou aumento do tamanho do baço e do fígado. Na anamnese, o proprietário relatou que o animal tinha acesso a matagal próximo ao local de residência. Colheu-se o sangue do cão para a realização do exame de imunofluorescência indireta (IFI), o qual apresentou resultado positivo. Nesta situação, a provável enfermidade que acometeu o animal e a conduta ética a ser seguida pelo médico veterinário são, respectivamente,

(A) toxoplasmose, sendo recomendável a eutanásia do animal, podendo ser utilizada, para tal, a eletrocussão.
(B) toxoplasmose, sendo recomendável a eutanásia do animal, podendo ser utilizada, para tal, a associação de anestésicos gerais.
(C) leishmaniose visceral, devendo-se recomendar que o animal não tenha acesso à área do matagal e tratá-lo com antibióticos do grupo dos aminoglicosídeos.
(D) toxoplasmose, devendo-se recomendar que o animal não tenha acesso à área do matagal e tratá-lo com antibióticos do grupo dos aminoglicosídeos.
(E) leishmaniose visceral, sendo recomendável a eutanásia do animal, podendo ser utilizada, para tal, a associação de anestésicos gerais.

8. (EXAME 2007)

Um equino adulto começou a apresentar quadro clínico de prostração e perda de apetite. Dois dias após, o médico veterinário constatou taquipnéia e temperatura retal de 40,6 °C. O sangue foi colhido para a realização de exames laboratoriais, sendo que o teste de imunodifusão em gel de ágar (teste de Coggins) foi positivo, considerando-se, portanto, o animal acometido pela anemia infecciosa eqüina (AIE). Tendo em vista que o animal habita uma região que não é de alto risco de ocorrência de AIE, de acordo com Instrução Normativa do Ministério da Agricultura, Pecuária e Abastecimento para esta enfermidade, o procedimento correto é o de

(A) manter o animal isolado durante 15 dias e, após este período, repetir o teste de Coggins, quando então, se confirmada a positividade, deve-se proceder à eutanásia.

(B) manter o animal isolado durante 30 dias e, após este período, repetir o teste de Coggins, quando então, se confirmada a positividade, deve-se vaciná-lo com vacina inativada.

(C) manter o animal isolado durante 15 dias e, após este período, repetir o teste de Coggins, quando então, se confirmada a positividade, deve-se vaciná-lo com vacina viva.

(D) iniciar, imediatamente após o resultado do primeiro teste laboratorial, tratamento com quinolonas durante 15 dias ininterruptos.

(E) iniciar, imediatamente após a confirmação do segundo teste laboratorial, tratamento com quinolonas durante 15 dias ininterruptos.

9. (EXAME 2007)

Em uma granja avícola, um lote de matrizes pesadas em produção apresentou resultado positivo para *Salmonella* Pullorum, comprovado por meio da realização dos exames e de testes exigidos pela Secretaria de Defesa Agropecuária do Ministério da Agricultura, Pecuária e do Abastecimento. Segundo Instrução Normativa deste mesmo órgão, implementada dentro do Plano Nacional de Sanidade Avícola (PNSA), o procedimento em relação às aves deve ser

(A) a vacinação imediata de todo o lote com vacina inativada contra *Salmonella* Pullorum, por ser este tipo de vacina mais seguro e não haver possibilidade de reversão de virulência, além de reforço das medidas de biosseguridade.

(B) a vacinação imediata de todo o lote com vacina viva contra *Salmonella* Pullorum, permitindo, assim, resposta imune mais rápida e eficiente, além de reforço das medidas de biosseguridade.

(C) o sacrifício de todo o lote e a eliminação de todos os ovos, incubados ou não, dele provenientes, uma vez que este sorotipo é específico para galinhas.

(D) o uso de medicação terapêutica para eliminar a bactéria no menor espaço de tempo possível, descartando-se todos os ovos provenientes deste lote, incubados ou não, e reforço das medidas de biosseguridade.

(E) a suspensão da colheita dos ovos até a obtenção de resultados negativos dos exames, visando a redução de contaminação da progênie e dos operários responsáveis pela colheita, além de reforço das medidas de biosseguridade.

10. (EXAME 2004)

A febre aftosa é uma enfermidade causada por um picornavírus, que afeta animais de cascos fendidos (biungulados) e se espalha rapidamente, ocasionando epizootias. O Programa Nacional de Erradicação da Febre Aftosa (PNEFA), implantado a partir de 1993, prevê que até o ano de 2007 o Brasil já se encontre livre dessa enfermidade. Para isto foi sendo ampliada gradativamente a condição de "área livre com vacinação", que contempla atualmente os circuitos pecuários Sul, Centro-Oeste e Leste e com grandes avanços nos circuitos Norte e Nordeste. Para a manutenção da condição conquistada, é necessário que em casos de foco da doença, se adotem medidas emergenciais de Defesa Sanitária Animal preconizadas pela Organização Mundial de Saúde Animal (OIE) que incluem:

(A) sacrifício dos animais no foco; interdição da propriedade; vacinação de bovinos e bubalinos na área perifocal.

(B) sacrifício de animais com resultados positivos; isolamento dos suspeitos; desinfecção das instalações.

(C) isolamento de animais doentes e suspeitos; vacinação dos demais; interdição do trânsito na área perifocal.

(D) suspensão do trânsito interestadual; interdição da propriedade; tratamento dos doentes.

(E) vacinação de bovinos e bubalinos no foco; isolamento de animais positivos e suspeitos; desinfecção das instalações.

11. (EXAME 2004)

O Mormo, enfermidade de eqüídeos, pertencente à lista B da Organização Mundial de Saúde Animal (OIE) e considerada extinta no Brasil, reemergiu em Pernambuco, em 1999, entre animais utilizados na cultura de cana-de-açúcar. A *Burkholderia mallei*, agente etiológico da enfermidade, causa transtornos respiratórios e cutâneos nos eqüinos e é uma zoonose grave, de curso quase sempre fatal. Dentre os testes laboratoriais utilizados para o diagnóstico, a Legislação Brasileira, bem como o Código Zoossanitário Internacional, recomendam

(A) fixação do complemento e reação em cadeia da polimerase.

(B) fixação do complemento e teste da maleína.

(C) histopatologia e isolamento do agente.

(D) teste da maleína e isolamento do agente.

(E) isolamento do agente e prova de soroaglutinação.

12. (EXAME 2004)

A raiva urbana é uma antropozoonose transmitida ao homem pela inoculação do vírus RNA, da família *Rhabdoviridae*, gênero *Lyssavirus*, contido na saliva de animais infectados, principalmente cães e gatos. Em casos de mordeduras por cães, quando o animal agressor se apresenta aparentemente sadio, recomenda-se, dentre outras medidas (dependentes, principalmente, da gravidade da lesão), observar o animal por dez dias. Essa observação se justifica porque

(A) o prazo máximo para iniciar, com sucesso, o tratamento vacinal em pessoa agredida por um cão raivoso é de dez dias.

(B) o período de incubação da raiva no cão é de dez dias.

(C) o cão raivoso elimina vírus pela saliva dez dias antes de qualquer sintoma da raiva.

(D) o cão raivoso, embora possa eliminar vírus pela saliva antes dos sintomas, no período de dez dias estará sintomático ou morto.

(E) o cão raivoso começa a eliminar vírus pela saliva dez dias após ser infectado, daí o risco de transmissão.

13. (EXAME 2004)

Para se ter controle sobre as doenças que afetam os animais é preciso quantificar a saúde nas populações assistidas, usando-se, entre outros instrumentos, parâmetros de morbidade e mortalidade. No setor de patologia de uma Faculdade de Veterinária, no ano de 2003, dos 100 diagnósticos realizados, 50 foram de cinomose, 10 de leptospirose, 20 de tuberculose, 10 de eimeriose e 10 de Doença de Gumboro. Estas freqüências representam

(A) coeficientes de letalidade.
(B) coeficientes de prevalência.
(C) coeficientes de ataque por doença.
(D) coeficientes de desenvolvimento populacional.
(E) incidências absolutas por doença.

14. (EXAME 2003)

A verminose nos ruminantes é responsável por elevados prejuízos econômicos e seu controle é baseado no emprego de compostos anti-helmínticos. Nos ovinos, um importante nematóide hematófago que apresenta isolados resistentes a praticamente todos os vermífugos vem dificultando o controle químico. Esse nematóide é

(A) *Nematodirus battus.*
(B) *Cooperia curticei.*
(C) *Trichostrongylus axei.*
(D) *Haemonchus contortus.*
(E) *Strongyloides papillosus.*

15. (EXAME 2003)

Nos países em que a produção animal é expressiva tem havido crescente preocupação com o impacto ambiental que essa possa provocar. São fatores impactantes decorrentes do processo de intensificação:

I. exacerbada produção de resíduos e gás butano por monogástricos mantidos com dieta rica em carboidratos.
II. contaminação do solo e da água pelo mineral flúor presente nas excretas sólidas dos animais, interferindo na produção agrícola das regiões adjacentes.
III. elevada emissão de gás metano principalmente pelos ruminantes.
IV. grande e concentrada produção de resíduos, excretas e restos, capazes de contaminar a água e o solo.

Está correto o que se afirma em

(A) I e II.
(B) I e III.
(C) II e III.
(D) II e IV.
(E) III e IV.

16. (EXAME 2003)

O mormo é uma bacteriose causada pela *Burkholderia mallei*, ocasionando prejuízos à criação de equídeos e à saúde pública por constituir grave zoonose. Foi considerado extinto no Brasil em 1988 e, em setembro de 1999, foram obtidas evidências clínicas e laboratoriais de sua ocorrência em equídeos no Nordeste brasileiro. Tal fato gerou preocupação às autoridades sanitárias que o incluíram no Programa Nacional de Sanidade dos Equídeos. São sinais sugestivos do mormo:

(A) tosse; descarga nasal; úlceras e nódulos nas narinas, membros e abdome; pneumonia crônica.
(B) anorexia; cólicas; diarréia sangüinolenta; desidratação; emagrecimento profundo.
(C) sonolência; marcha cambaleante e em círculos; fotofobia; midríase, congestão ocular.
(D) aumento do volume das articulações; icterícia; edema subcutâneo generalizado; claudicação.
(E) infertilidade, abortamentos com maior freqüência no 6o mês de gestação; retenção de placenta.

17. (EXAME 2003)

A encefalopatia espongiforme bovina é uma doença priônica transmissível, importante para os países produtores de carne. Na instituição de medidas profiláticas, deve-se considerar que sua transmissão ocorre principalmente

(A) por via aerógena, através de aerosóis que podem percorrer longas distâncias.
(B) pela alimentação de bovinos com farinha de carne e de ossos contaminados.
(C) através de vetores biológicos como carrapatos e mosquitos hematófagos.
(D) pelo contato direto entre animais sadios e animais doentes.
(E) por meio de soluções de continuidade existentes na pele.

18. (EXAME 2003)

Num programa de erradicação da peste suína clássica, o monitoramento sorológico de regiões livres sem vacinação deve considerar a possibilidade de obtenção de resultados falso positivos devido à reatividade cruzada deste vírus com o vírus da

(A) parvovirose suína.
(B) doença de Aujeszky.
(C) diarréia viral bovina.
(D) circovirose suína.
(E) síndrome respiratória e entérica suína.

19. (EXAME 2002)

Ao prescrever doses de reforço na vacinação, um médico veterinário pode ser questionado pelo criador quanto à real necessidade deste procedimento. A despeito da resistência do criador, que releva aspectos econômicos e de manejo, o profissional deve manter sua conduta pois a prescrição das doses de reforço fundamenta-se

(A) na maior quantidade de antígeno apresentado ao sistema imune, determinando uma imunidade mais duradoura.
(B) na formação de células de memória após a primeira dose, determinando uma resposta mais rápida, intensa e duradoura após as demais doses.
(C) no risco da aplicação da quantidade ideal do antígeno em uma única dose, tornando necessário o uso de múltiplas doses.
(D) na estimulação preferencial da resposta imune celular na primeira dose e da resposta imune humoral nas demais doses.
(E) na estimulação preferencial da resposta imune humoral na primeira dose e da resposta imune celular nas demais doses.

20. (EXAME 2002)

Num rebanho caprino foram encontrados cerca de 50% dos animais com quadro de apatia, intensa anemia, emagrecimento, má condição corporal, ausência de diarréia e presença de fezes ligeiramente escurecidas. Parte destes animais apresentava ainda edema submandibular. No laboratório, foram confirmados baixos valores de hematócrito, hipoproteinemia e hipoalbuminemia. O quadro clínico relatado é sugestivo de

(A) carência de sódio.
(B) intoxicação pela planta *Lantana camara*.
(C) parasitose causada por *Haemonchus contortus*.
(D) intoxicação pela planta *Leucena leucocephala*.
(E) parasitose causada por *Trichosthongylus colubriformis*.

21. (EXAME 2002)

O Programa Nacional de Controle e Erradicação da Brucelose e da Tuberculose Animal prevê o uso de vacina viva, elaborada com a amostra 19 de *Brucella abortus*, para o controle da brucelose bovina. O uso desta vacina é restrito a fêmeas com idade entre 3 e 8 meses, pois animais vacinados neste período

(A) tornam-se em sua maioria sorologicamente negativos dentro de 9 meses, o que permite diferenciá-los daqueles infectados.
(B) desenvolvem maiores títulos de anticorpos séricos os quais são responsáveis pelo fenômeno de proteção.
(C) apresentam intensa atividade mitótica em suas células germinativas, favorecendo a replicação da amostra vacinal.
(D) apresentam maior resistência natural à replicação da amostra vacinal, impedindo o desenvolvimento de lesões.
(E) apresentam anticorpos maternais, permitindo a replicação da amostra vacinal sem a produção de lesões.

22. (EXAME 2000)

Um dos problemas sanitários brasileiros é a brucelose bovina, antropozoonose com grande impacto econômico. Para a prevenção dessa doença existe a possibilidade de intervenção nos suscetíveis através da vacinação. No Brasil é permitido o uso exclusivo da B19, cepa de *Brucella abortus*

(A) morta, inócua tanto para seres humanos quanto para bovinos e cuja proteção conferida a estes animais está relacionada tanto a imunidade celular quanto humoral.
(B) morta, inócua tanto para seres humanos quanto para bovinos e cuja proteção conferida a estes animais está relacionada à imunidade humoral.
(C) viva, inócua para seres humanos, parcialmente inócua para bovinos e cuja proteção conferida a estes animais está relacionada tanto à imunidade celular quanto humoral.
(D) viva, patogênica para seres humanos, parcialmente inócua para bovinos e cuja proteção conferida a estes animais está relacionada à imunidade celular.
(E) viva, patogênica para seres humanos e inócua para bovinos e cuja proteção a estes animais está relacionada tanto a imunidade celular quanto humoral.

23. (EXAME 2000)

Moscas são importantes em Medicina Veterinária como agentes primários de doenças ou como vetores na transmissão de doenças. A figura apresenta quatro espécies de moscas adultas, suas larvas e placas estigmáticas. Estas moscas, responsáveis pelo berne, miíase cavitária, transmissão mecânica de doenças e miíase nasal são

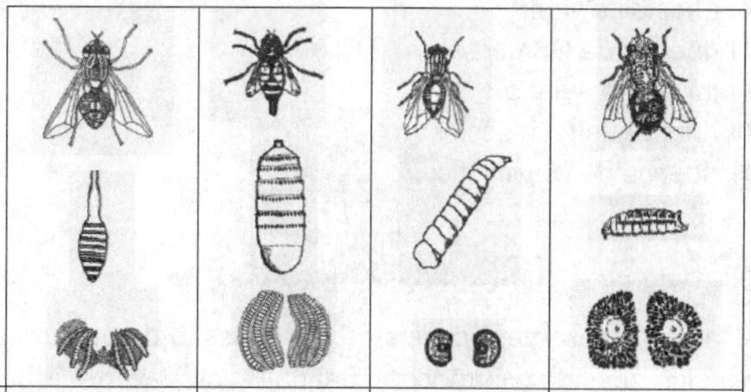

A	*Cochliomya hominivorax*	*Gasterophilus nasalis*	*Musca domestica*	*Oestrus ovis*
B	*Dermatobia hominis*	*Gasterophilus nasalis*	*Musca domestica*	*Oestrus ovis*
C	*Dermatobia hominis*	*Gasterophilus nasalis*	*Stomoxys calcitrans*	*Oestrus ovis*
D	*Musca domestica*	*Dermatobia hominis*	*Stomoxys calcitrans*	*Haemagogus*
E	*Cochliomya hominivorax*	*Oestrus ovis*	*Gasterophillus nasalis*	*Musca domestica*

24. (EXAME 2000)

Uma única cadela pode gerar até 100 descendentes durante sua vida reprodutiva. A principal estratégia para controlar a população de cães em ambientes urbanos, atividade cotidiana em centros de controle de zoonoses municipais, é a captura e sacrifício dos animais errantes. Atualmente, em virtude do crescimento da percepção de que métodos mais humanitários devem ser adotados, tem havido uma busca por outras opções de controle. Dentre as alternativas que se mostram mais promissoras, além da difusão da prática de posse responsável, inclui-se o uso massal de

(A) anticoncepcionais administrados na forma de iscas.
(B) vacinas contraceptivas.
(C) castração.
(D) contraceptivos injetáveis.
(E) anticoncepcionais administrados na forma de implantes.

25. (EXAME 2000)

A concentração de substâncias químicas ao longo da cadeia alimentar depende de fatores como a estrutura molecular do composto e da capacidade de sua biotransformação pelos elos que compõem a cadeia. O mercúrio apresenta alta toxicidade e maior capacidade de ser absorvido quando na forma de

(A) metilmercúrio, com acúmulo no tecido adiposo.
(B) iodeto de mercúrio, com fixação na tireóide.
(C) mercúrio livre, localizando-se nos fluidos corporais.
(D) carbonato de mercúrio, com deposição no tecido ósseo.
(E) óxido de mercúrio, com deposição no tecido muscular.

26. (EXAME 2000)

O comércio internacional de produtos de origem animal tem sido norteado por barreiras de natureza sanitária. Desde março de 2000, o Brasil enfrenta séria dificuldade para exportar carne de frango para a Argentina sob a alegação de que determinada doença aqui estaria ocorrendo. Esta questão deverá ser esclarecida pela comprovação de ausência da ocorrência, nos últimos anos, da

(A) encefalite viral.
(B) doença de Gumboro.
(C) influenza aviária.
(D) rinotraqueíte infecciosa.
(E) doença de Newcastle.

27. (EXAME 2000)

A tabela apresenta a cadeia de transmissão de quatro doenças consideradas de ocorrência usual no Brasil.

Doença	Cadeia de transmissão		
	Fonte de infecção	**Forma de transmissão**	**Suscetível**
I	reservatório (cão)	vetor biológico (Phlebotomus spp)	homem
II	doente típico	contágio indireto (aerossóis)	suíno
III	portador são	contágio direto	bovino
IV	doente crônico		eqüino

Os elos de cada cadeia de transmissão, como indicado na tabela, referem-se às doenças I, II, III e IV, respectivamente,

(A) lepitospirose, gripe, brucelose e garrotilho.
(B) doença de Lyme, gripe, raiva e arterite viral.
(C) febre amarela, rinite atrófica, tuberculose e nutaliose.
(D) leishmaniose, pneumonia enzoótica, campilobacteriose e anemia infecciosa.
(E) babesiose, síndrome respiratória-reprodutiva, mastite e anemia infecciosa.

28. (EXAME 2000)

Micotoxinas são um importante fator limitante da produção animal e sério risco para a saúde animal e humana. Seus efeitos são variados e algumas destas toxinas são hepatocarcinogênicas, como a aflatoxina, enquanto que a zearalenona tem efeito estrogênico, provocando puberdade precoce em fêmeas suínas. Em termos práticos, os prejuízos mais freqüentemente causados pelas micotoxicoses à produção animal são conseqüências, principalmente, de sua ocorrência

(A) aguda, ocasionando alta mortalidade.
(B) aguda, ocasionando depressão no desempenho.
(C) insidiosa, ocasionando depressão no desempenho.
(D) insidiosa, ocasionando alta mortalidade.
(E) crônica, ocasionando alta mortalidade.

29. (EXAME 2000)

A identificação precisa dos animais é fundamental para se estudar populações silvestres de vida livre, controlar populações urbanas de reservatórios de zoonoses e rastrear focos de doenças em espécies de interesse econômico. Recentemente tornou-se concreta a possibilidade de se utilizar a tecnologia de radiofreqüência (microchips) para esta finalidade. Apesar das evidentes vantagens desta tecnologia, existem ainda limitações à sua ampla difusão que, além do custo, referem-se

(A) às seqüelas originadas dos procedimentos de implante.
(B) à biocompatibilidade entre o microchip e os tecidos animais.
(C) à eliminação do microchip do organismo animal a despeito do seu correto implante.
(D) à impossibilidade de reaproveitamento do microchip após um primeiro implante.
(E) à falta de padronização dos sistemas de leitura.

QUESTÕES DISCURSIVAS

1. (EXAME 2007) DISCURSIVA

A influenza aviária é uma enfermidade viral cujos prejuízos dependem das características biológicas do microrganismo, das infecções intercorrentes, do estresse ambiental e da idade da ave. As conseqüências podem variar, como baixa taxa de morbidade ou alta taxa de mortalidade, aproximando-se de 100%. Em geral, as manifestações clínicas mais comuns são depressão, redução no consumo de ração e na produção de ovos, tosse, espirro, corrimento nasal, edema de cabeça e face, cianose e diarréia. Em casos agudos, as aves são encontradas mortas sem manifestações clínicas anteriores. Quando há lesões, pode-se observar necrose multifocal, edema e hemorragia de cristas e barbelas, pneumonia, petéquias na gordura envolvendo o coração e nas glândulas do proventrículo, além de hemorragia subcutânea. Assim sendo, pergunta-se:

a) Esta enfermidade já foi diagnosticada no Brasil? Há vacina contra esta enfermidade disponível no mercado nacional? **(valor: 1,0 ponto)**

b) Cite duas conseqüências **sociais** resultantes da ocorrência de um surto desta enfermidade em um país que apresenta avicultura desenvolvida. **(valor: 2,0 pontos)**

c) Cite duas conseqüências **econômicas** resultantes da ocorrência de um surto desta enfermidade em um país que apresenta avicultura desenvolvida. **(valor: 2,0 pontos)**

d) Quais são as medidas essenciais para controle dessa enfermidade no caso da ocorrência de um surto? **(valor: 5,0 pontos)**

2. (EXAME 2004) DISCURSIVA

A leptospirose, doença infecciosa, causada por serovares de *Leptospira interrogans*, ocasiona a morte, comumente por falência renal. Diante de um surto de leptospirose, ocorrido pós-enchente em uma zona urbana, atingindo pessoas e animais, medidas profiláticas devem ser adotadas, respeitando a cadeia epidemiológica, parte integrante da história natural da doença. Cite um procedimento profilático para cada uma das fases, abaixo discriminadas, da cadeia de transmissão.

a) Fonte de infecção. **(valor: 2,5 pontos)**
b) Via de eliminação. **(valor: 2,5 pontos)**
c) Via de transmissão. **(valor: 2,5 pontos)**
d) Porta de entrada ou via de penetração. **(valor: 2,5 pontos)**

Conteúdo 07

TEMAS COMBINADOS E OUTROS TEMAS

1. (EXAME 2007)

A presença de cálculos urinários ou urólitos em pequenos ruminantes pode desencadear um sério problema denominado urolitíase. Esta alteração, comum em caprinos e ovinos machos, pode causar obstrução da uretra, em decorrência da sua estrutura anatômica longa, estreita e tortuosa (flexura sigmóide) ou obstrução no apêndice da glande, impedindo o fluxo normal da urina, que passa a ficar retida na bexiga. No que concerne ao tema abordado, é correto concluir:

(A) Em ovinos, apesar da ingestão limitada de água e a perda hídrica excessiva pela respiração causar aumento da densidade urinária, estes fatores não aumentam a chance de surgimento dos urólitos.

(B) A principal causa de urólitos em pequenos ruminantes mantidos em regime de confinamento é a presença de oxalatos ou sílica nos suplementos alimentares.

(C) O tratamento é cirúrgico e consiste em procedimento relativamente simples, acompanhado de altos índices de recuperação; entretanto, deve-se levar em consideração a relação custo/benefício, ou seja, o valor do animal e o custo final da cirurgia.

(D) Os urólitos podem ocorrer em machos castrados, porém, reprodutores inteiros maduros possuem risco maior de apresentarem a doença, como conseqüência de traumatismos secundários à monta.

(E) A formação dos urólitos é uma alteração metabólica desencadeada principalmente pelo desequilíbrio entre os teores de fósforo, cálcio e magnésio da dieta de animais que recebem concentrado com teores inadequados de minerais.

2. (EXAME 2007)

Os benefícios do manejo dietético para cães e gatos acometidos de insuficiência renal crônica são reconhecidos há mais de uma década. A principal modificação introduzida foi a restrição protéica, cuja finalidade básica é diminuir a produção de catabólitos nitrogenados tóxicos, causadores da manifestação clínica de uremia. Atualmente, o acompanhamento nutricional do paciente urêmico adquiriu conotação mais ampla, que é a de assegurar o estado nutricional adequado, de atuar nas conseqüências da insuficiência renal, como o hiperparatireoidismo secundário e, além disso, de auxiliar na correção de algumas das alterações metabólicas existentes. Portanto, o médico veterinário que trabalha com pequenos animais deve ter ciência da importância dos conhecimentos sobre nutrição, de modo a aplicá-los adequadamente em sua rotina clínica. Diante deste panorama, é correto concluir:

(A) A oferta de proteína dietética para os gatos com doença renal crônica deve ser menor que nos cães, uma vez que os gatos requerem quantidades significativamente menores de proteína quando comparados com os cães.

(B) Na doença renal, as dietas de cães e gatos devem apresentar restrição de gordura, uma vez que o aumento da densidade energética da dieta é acompanhado de consumo de maiores quantidades de alimento.

(C) Para os cães e os gatos, a hiperfosfatemia deve ser minimizada pela limitação do consumo dietético e da absorção intestinal de fósforo, o que pode ser alcançado com a restrição da proteína dietética.

(D) Na insuficiência renal crônica, observa-se freqüentemente o desenvolvimento de hipertensão arterial sistêmica; no entanto, para cães e gatos, não é necessária a restrição dietética no consumo do sódio.

(E) Em gatos, as concentrações sangüíneas de potássio devem ser cuidadosamente monitoradas, pois a restrição do consumo pode ser necessária, uma vez que a hipercalemia é uma alteração muito freqüente na doença renal crônica dessa espécie.

3. (EXAME 2007)

As micotoxicoses são um grande problema na criação animal, podendo causar perdas econômicas significativas. Além disso, também são de interesse na saúde pública, pois tais toxinas podem ser veiculadas através de produtos de origem animal, acarretando risco à saúde humana. Dentre as micotoxinas destacam-se as aflatoxinas, que são metabólitos secundários, produzidos por algumas cepas de fungos do gênero *Aspergillus*, especialmente *A. flavus* e *A. parasiticus*. Com relação a estas micotoxinas, é correto afirmar:

(A) As principais alterações clínicas verificadas em um quadro de aflatoxicose são aquelas relativas principalmente ao comprometimento hepático; no entanto, as aflatoxinas podem também produzir imunossupressão, carcinogenicidade e teratogenicidade.

(B) A pasteurização e a liofilização são importantes processos que permitem a eliminação da toxina no leite e em produtos lácteos, já que esta micotoxina é termolábil.

(C) Quando se constatar a presença da toxina no alimento que será destinado aos animais de criação, é necessário que se proceda ao aquecimento deste substrato em temperaturas elevadas, permitindo, assim, a morte do fungo e a eliminação da toxina produzida.

(D) Alimentos estocados em locais onde há temperatura baixa (menor que 15 °C), umidade relativa do ar elevada e anaerobiose propiciam condições ideais para a proliferação do fungo e a produção de aflatoxinas.

(E) Os substratos de eleição para a colonização e produção de aflatoxinas são as forrageiras, como *Brachiaria decumbens* e *Panicum maximum*, em períodos de chuva, com temperatura ambiente acima de 25 °C e umidade elevada.

4. (EXAME 2007)

Está bem estabelecido o papel que a alimentação desempenha na saúde, no crescimento e na produção dos animais, com reflexos no ganho de peso, secreção do leite, trabalho muscular e acumulação de gordura. Para que os ruminantes utilizem os vários tipos de alimentos fornecidos, existem algumas regras básicas que visam garantir a otimização do desempenho, as quais estão relacionadas, por exemplo, ao tamanho da partícula do alimento, às frações de carboidratos estruturais e não estruturais e às frações protéicas dos vários alimentos. Considerando a necessidade de produção de proteína para o mercado mundial, o conhecimento do metabolismo normal dos bovinos é uma ferramenta indispensável ao médico veterinário com atuação na área de produção animal. Neste contexto, é correto afirmar:

(A) O desafio imposto ao metabolismo da vaca leiteira de alta produção no final da lactação é muito grande. Este fato deve-se, principalmente, à alta demanda de glicose (para sintetizar a lactose do leite), que aumenta significativamente na fase final da lactação.

(B) O conhecimento do balanço nutricional, da digestão até a absorção, envolvendo anabolismo e catabolismo de carboidratos, proteínas e lipídeos, fornece suporte para a definição das exigências nutricionais. Para os bovinos, os balanços nutricionais positivos representam a principal causa das doenças ligadas a transtornos metabólicos nutricionais.

(C) Fatores dietéticos estão associados à alta incidência de deslocamento do abomaso à esquerda, especialmente dieta pobre em forragem e rica em concentrados ou grãos, que aumentam a produção de ácidos graxos voláteis no rúmen, afetando a motilidade dos pré-estômagos.

(D) O timpanismo é uma doença metabólica dos bovinos caracterizada pela distensão acentuada do rúmen e retículo, que, nos animais criados exclusivamente a pasto, tem como causa principal a ingestão de gramíneas com grandes quantidades de fosfolipídeos altamente fermentáveis.

(E) A acidose é uma doença metabólica de caráter crônico, causada pela ingestão de grãos ou outros alimentos altamente fermentáveis em grandes quantidades, caracterizada por perda do apetite, depressão e morte, cujo diagnóstico depende de exames laboratoriais complementares.

5. (EXAME 2007)

O Ministério da Agricultura, Pecuária e Abastecimento, por meio de Instrução Normativa, aprovou o Regulamento Técnico de Métodos de Insensibilização para o Abate Humanitário de Animais de Açougue, documento no qual são previstos os métodos mecânico, elétrico e da exposição à atmosfera controlada. No que concerne a tais métodos, é correto afirmar que

(A) o método da exposição à atmosfera controlada emprega o nitrogênio ou a mistura de nitrogênio e ar atmosférico, que são injetados dentro de câmaras apropriadas para oferecer conforto ao animal.

(B) os eletrodos, no método elétrico, devem ser posicionados de modo a permitir que a corrente elétrica caminhe no sentido crânio-caudal e favorecendo o decúbito lateral.

(C) o método mecânico percussivo penetrativo emprega pistola com dardo cativo, a qual deve ser posicionada de modo a assegurar que o dardo penetre no córtex cerebral, através da região frontal.

(D) o método mecânico percussivo não penetrativo é recomendado quando a sangria não é necessária, facilitando o manejo e as condições higiênico-sanitárias.

(E) no método elétrico não se permite molhar a região de fixação dos eletrodos para evitar riscos de choque do operador e manter as condições de higiene local.

6. (EXAME 2007)

Alterações tegumentares ou dermatoses nos animais podem se desenvolver em decorrência de diversos agentes etiológicos. Algumas dessas enfermidades são consideradas zoonoses, ou seja, a infecção é transmitida ao ser humano por meio do contato com os animais doentes ou reservatórios. As dermatoses de caráter zoonótico e seus respectivos agentes são:

(A) dermatofitose ou tinha (agente envolvido: *Microsporum* spp); otoacaríase (agente envolvido: *Otodectes cynotis*); dermatite bacteriana (agente envolvido: *Staphylococcus aureus*).

(B) escabiose (exemplos de agentes envolvidos: *Sarcoptes* spp e *Notoedres cati*); esporotricose (agente envolvido: *Sporotrix schenckii*); dermatofitose ou tinha (agente envolvido: *Microsporum* spp).

(C) dermatofitose ou tinha (agente envolvido: *Trychophyton* spp); esporotricose (agente envolvido: *Sporotrix schenckii*); demodiciose (agente envolvido: *Demodex* spp).

(D) escabiose (exemplos de agentes envolvidos: *Sarcoptes* spp e *Notoedres cati*); dermatite bacteriana (agente envolvido: *Staphylococcus aureus*); otoacaríase (agente envolvido: *Otodectes cynotis*).

(E) dermatofitose ou tinha (agente envolvido: *Trychophyton mentagrophytes*); demodiciose (agente envolvido: *Demodex* spp); dermatite bacteriana (agente envolvido: *Staphylococcus aureus*).

7. (EXAME 2001)

O lóbulo hepático funcional, abaixo representado, mostra um ácino dividido em 3 zonas (**1**, **2** e **3**). Estas regiões foram estabelecidas de acordo com o suprimento de oxigênio e de nutrientes para os hepatócitos. A vênula porta (VP) e a arteríola hepática (AH), localizadas no espaço porta, drenam em direção aos sinusóides (S), que fluem até a vênula hepática terminal, promovendo a irrigação destas células. Estes aspectos auxiliam no reconhecimento das causas envolvidas com as lesões observadas nos hepatócitos.

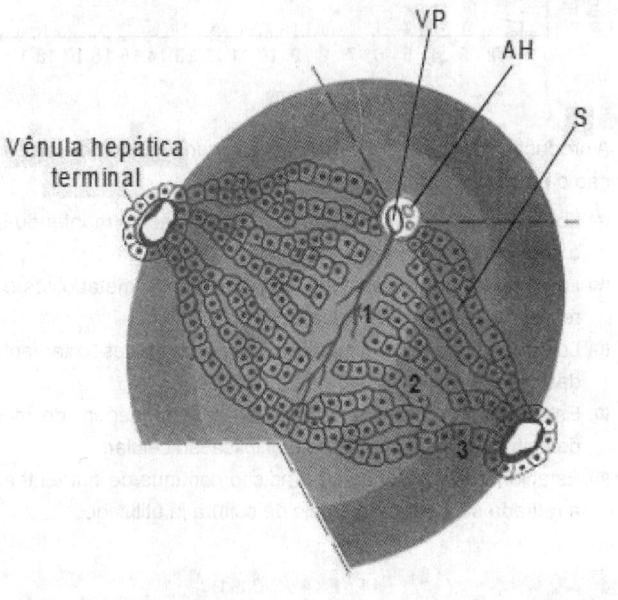

Com base no suprimento sangüíneo desta estrutura, pode-se deduzir que os hepatócitos da zona

(A) centrolobular (**3**) recebem menos oxigênio, sendo mais vulneráveis à hipóxia.

(B) centrolobular (**3**) recebem mais oxigênio, sendo menos resistentes aos agentes tóxicos.

(C) periportal (**1**) recebem menos oxigênio, sendo mais vulneráveis à hipóxia.

(D) mediozonal (**2**) encontram-se protegidos de quaisquer efeitos nocivos.

(E) periportal (**1**) e da mediozonal (**3**) recebem menos oxigênio, sendo, portanto, menos vulneráveis aos agentes infecciosos.

8. (EXAME 2001)

A figura ilustra o aparelho reprodutor de uma galinha poedeira em produção.

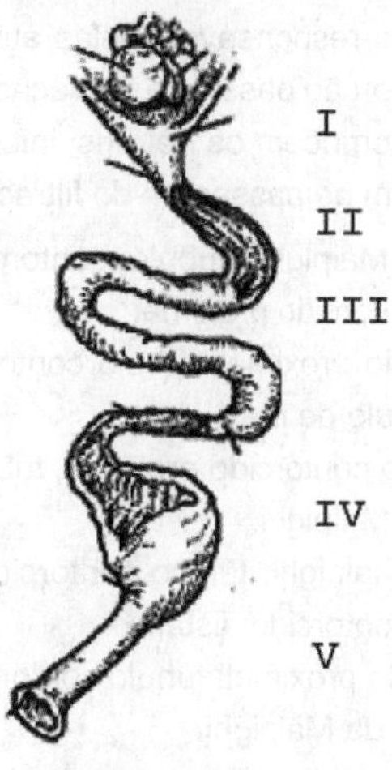

No quadro abaixo, indique, para as regiões I, II, III, IV e V, o nome da estrutura anatômica, a sua função e o tempo de permanência durante o processo de formação do ovo.

	REGIÃO	ESTRUTURA ANATÔMICA		TEMPO
		NOME	FUNÇÃO	
A	I	infundíbulo	recepção do óvulo e fertilização	15 min
	II	magno	secreção de albumina	3 horas
	III	istmo	secreção das membranas interna e externa da casca	1h30min
	IV	útero	produção da casca	2 min
	V	vagina e cloaca	transporte do ovo	20 horas
B	I	magno	recepção do óvulo e fertilização	15 min
	II	infundíbulo	secreção de albumina	3 horas
	III	istmo	secreção das membranas internas da casca	1h30min
	IV	útero	produção da casca	20 min
	V	vagina e cloaca	secreção da membrana externa da casca e transporte do ovo	20 horas
C	I	infundíbulo	recepção do óvulo e fertilização	15 min
	II	magno	secreção de albumina	3 horas
	III	istmo	secreção das membranas interna e externa da casca	1h30min
	IV	útero	produção da casca	20 horas
	V	vagina e cloaca	transporte do ovo	1 min
D	I	trompa de Falópio	recepção do óvulo	30 horas
	II	magno	secreção de albumina	3 horas
	III	istmo	secreção da membrana interna da casca e fertilização	1h30min
	IV	útero	produção da casca	20 min
	V	vagina e grandes lábios	secreção da membrana externa da casca e transporte do ovo	20 horas
E	I	trompa de Falópio	recepção do óvulo	15 min
	II	magno	secreção de gema	3 horas
	III	istmo	secreção da membrana interna da casca e fertilização	1h30min
	IV	útero	produção da casca	20 min
	V	vagina e cloaca	secreção da membrana externa da casca e transporte do ovo	20 horas

9. (EXAME 2001)

Os rins são constituídos pela associação de numerosas unidades funcionais, os néfrons. Cada néfron é composto por estruturas especializadas responsáveis pelas atividades de filtração, absorção ativa, absorção passiva e secreção. Identifique as quatro estruturas que compõem os néfrons, iniciando pela filtrante e obedecendo à ordem de passagem do filtrado.

(A) Corpúsculo de Malpighi, túbulo contorcido distal, alça de Henle e tubo contorcido proximal.
(B) Túbulo contorcido proximal, túbulo contorcido distal, alça de Henle e corpúsculo de Malpighi.
(C) Glomérulos, tubo contorcido proximal, túbulo contorcido distal e corpúsculo de Malpighi.
(D) Corpúsculo de Malpighi, túbulo contorcido proximal, alça de Henle e túbulo contorcido distal.
(E) Túbulo contorcido proximal, túbulo contorcido distal, glomérulos e corpúsculo de Malpighi.

10. (EXAME 2001)

O pâncreas é uma glândula associada ao sistema gastrointestinal que produz enzimas que atuam na digestão dos alimentos. Exemplos de enzimas produzidas pelo pâncreas responsáveis pela digestão de proteína, carboidratos e lipídios são, respectivamente,

(A) quimotripsina, amilase pancreática e lipase pancreática.
(B) tripsina, amilase pancreática e bile.
(C) pepsina, amilase pancreática e lipase pancreática.
(D) enterocinase, sacarase e bile.
(E) pepsina, isomaltase e lipase pancreática.

11. (EXAME 2001)

A anestesia geral por inalação têm múltiplas aplicações em Medicina Veterinária. Diversas drogas podem ser utilizadas com essa finalidade e a comparação de suas potências anestésicas faz-se pela mensuração da concentração alveolar mínima (CAM), pela qual é possível se estimar a concentração necessária para a indução e a manutenção da anestesia. Dentre os fatores abaixo, indique os que podem aumentar ou diminuir a CAM.

(A) Duração do tempo da anestesia e pressão arterial maior que 50 mmHg.
(B) Hipertermia e acidose metabólica.
(C) Alcalose metabólica e hiperpotassemia.
(D) Hiperosmolaridade e hipertermia.
(E) Alcalose metabólica e hipernatremia.

12. (EXAME 2001)

A resistência bacteriana a antibióticos, induzida pelo uso indiscriminado destes fármacos, é um fenômeno de grande importância para a saúde animal e humana. A bactéria pode desenvolver resistência a um único antibiótico ou expressar resistência múltipla. Esta característica é fruto de mutações aleatórias que ocorrem no genoma bacteriano e sua freqüência é amplificada pela exposição do microrganismo ao antimicrobiano. É particularmente relevante para a saúde pública a denominada resistência transferível, eventualmente adquirida por organismos patogênicos sensíveis pela interação com bactérias resistentes (patogênicas ou não), que inclui a

(A) transferência do agente resistente por animais selvagens.
(B) transferência do agente resistente por pessoas que circulam entre diferentes propriedades.
(C) conjugação de bactérias com transferência de material plasmidial.
(D) transferência de capsídeo bacteriano pela ingestão de alimentos de origem animal.
(E) conjugação de bactérias com transferência de material cromossômico nuclear.

13. (EXAME 2001)

A Biotecnologia é uma ciência que vem propiciando a produção laboratorial e industrial de microrganismos com finalidades farmacêutica, de industrialização de produtos alimentícios e de tratamento de efluentes. O crescimento bacteriano se processa em fases sucessivas, ilustradas no gráfico abaixo.

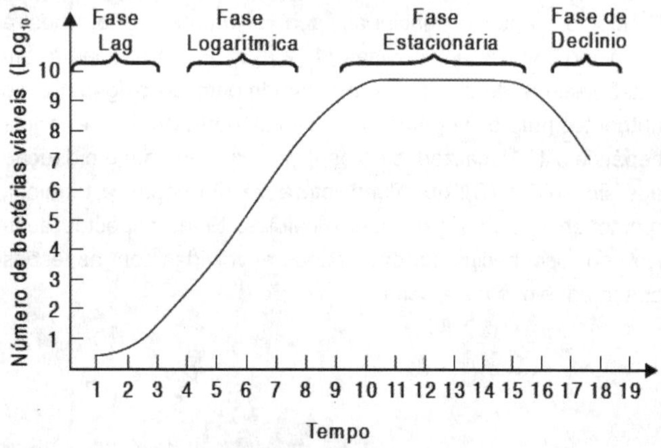

A produção contínua, em larga escala, é conseguida pela ampliação da fase

(A) Log, retirando-se o meio de cultura já utilizado e mantendo-se o controle do tamanho das células em multiplicação.
(B) Lag, mantendo-se constantes a produção de metabólitos e a retirada simultânea de nutrientes.
(C) Log, mantendo-se a disponibilidade de nutrientes, o tamanho das células e a velocidade de morte celular.
(D) Estacionária, mantendo-se constantes a drenagem do meio de cultura e a velocidade de multiplicação celular.
(E) Estacionária, mantendo-se a adição contínua de nutrientes e a retirada simultânea do meio de cultura já utilizado.

14. (EXAME 2001)

Vacinas vivas e mortas apresentam características que podem ser avaliadas em termos de vantagens e desvantagens. As vacinas vivas apresentam as seguintes vantagens:

(A) atenuação para eliminar a virulência residual, estimulação na produção de IgM e facilidade de utilização na premunição de animais importados.
(B) necessidade de aplicação de menor número de doses, dispensa incorporação de adjuvantes e estimulação na produção de imunoglobulina secretora (IgE).
(C) possibilidade de aplicação em animais recémnascidos de mães imunes, dispensa dose de reforço e inoculação por via oral ou intramuscular.

(D) indução de uma resposta imune intensa e duradoura, menor probabilidade de ocorrência de hipersensibilidade e possibilidade de estimulação da produção de interferon.

(E) possibilidade de vacinação de animais na fase inicial da doença, estabilidade durante o armazenamento à temperatura ambiente e ausência de virulência residual.

15. (EXAME 2001)

A babesiose é uma doença observada em uma ampla variedade de vertebrados, causada por um hematozoário do gênero Babesia e transmitida ativamente por um carrapato. É particularmente grave naqueles animais desprovidos de contacto prévio com o agente etiológico e recém-introduzidos em áreas endêmicas. Em bovinos, coma e morte podem suceder aos sinais de febre, apatia, anorexia, anemia, icterícia, hemoglobinúria e ascite. A profilaxia dessa doença repousa, fundamentalmente, no controle da parasitemia e se baseia em

(A) quarentena dos animais recém-adquiridos para proceder à inoculação de sangue de animal doador, controle da parasitemia em esfregaço sangüíneo, aplicação de quimioterápico até a obtenção de dois exames negativos de parasitemia e exposição aos carrapatos em condições de campo.

(B) aclimatação dos animais recém-adquiridos para permitir seu restabelecimento da fadiga do transporte e assegurar, por prova laboratorial, que não estão infectados e exposição aos carrapatos em condições de campo.

(C) inoculação de sangue parasitado de animal doador, exame diário da parasitemia em esfregaço sangüíneo e controle da temperatura corpórea. Após a normalização da temperatura, exposição aos carrapatos para a manutenção da condição de premunição.

(D) exposição controlada aos carrapatos, acompanhamento pelo exame diário da parasitemia em esfregaço sangüíneo e aplicação de antibiótico em caso de febre para evitar infecção secundária por *Anaplasma marginale* e liberação do animal para o campo.

(E) emprego de quimioterápicos associados à exposição controlada aos carrapatos a fim de estimular a elaboração de anticorpos e manutenção da condição de premunição. Exames de esfregaço sangüíneo devem ser positivos ao final dos procedimentos.

16. (EXAME 2001)

Considere que duas granjas de caprinos, G1 e G2, têm idênticos programas de imunização e monitoria periódica de mastites. A granja G1 adotou, também, ações de biosseguridade representadas por medidas inespecíficas de prevenção. Com o objetivo de avaliar a importância dessas medidas, foi realizado um estudo, tendo como parâmetro de avaliação a produção média, em kg de leite/dia, de 60 cabras de cada granja, e foram obtidos os seguintes resultados:

Granjas	$\overline{X}$ (kg/leite/dia)	s (kg/leite/dia)
1	6,0	3,0
2	5,0	3,0

Realizada a análise estatística, após ter estabelecido o valor 0,05 para a (probabilidade de rejeitar erradamente a Hipótese de Nulidade/H_o), encontrou-se para a estatística recomendada o valor igual a 1,83. O valor crítico para decisão estatística é igual a 1,64 (encontrado na distribuição teórica de probabilidade).

Com base nesses dados, pode-se inferir que

	Estatística recomendada	Distribuição teórica de probabilidade para tomada de decisões	Decisão estatística em relação a "H_0"	Conclusão: em relação a G2, a produção de leite das cabras da G1 é
A	"z"	Normal de Gauss	rejeitar	maior
B	"z"	Normal de Gauss	aceitar	igual
C	"t"	"t" de Student	rejeitar	menor
D	"t"	"t" de Student	aceitar	maior
E	"z"	binomial	rejeitar	maior

17. (EXAME 2001)

A crescente preocupação da sociedade em relação ao bem-estar animal tem levado pesquisadores e educadores a rever seus padrões de ética no tocante ao uso de animais em experimentação científica e no ensino. Ao estabelecer seus protocolos experimentais ou mesmo protocolos de aulas práticas, o cientista ou professor deve considerar se o emprego de animais é absolutamente necessário para alcançar o objetivo desejado, ou se os animais podem ser substituídos por ensaios em cultura de células, por exemplo. Deve-se minimizar o número de animais empregados e garantir que não sejam submetidos a sofrimento desnecessário. Neste contexto, as preocupações com o bem-estar animal resultaram em

(A) aumento no lançamento comercial de novos produtos farmacêuticos, devido à diminuição dos custos de desenvolvimento.

(B) limitados avanços práticos uma vez que as universidades se adaptaram, mas as empresas continuam realizando suas pesquisas da forma como sempre fizeram.

(C) criação de organizações não governamentais comprometidas com o assunto, dispostas a usar quaisquer meios como forma de alcançar seus objetivos.

(D) mudanças na legislação visando garantir que os pesquisadores de instituições oficiais continuem trabalhando sem alteração substancial em seus procedimentos.

(E) desenvolvimento de técnicas de clonagem capazes de produzir animais que respondem de maneira diferenciada aos estímulos experimentais, o que permite diminuir o número de animais usados em cada ensaio.

18. (EXAME 2001)

A produção animal no século XXI visa maximizar a eficiência produtiva, a qualidade do alimento, o bem-estar animal e minimizar o efeito poluidor dos dejetos sobre o meio ambiente. Quanto aos bovinos leiteiros deve-se alimentá-los adequadamente de modo a atender suas exigências nutricionais. A deficiência de nutrientes reduz a produção de leite e de seus componentes, e o excesso reduz a eficiência global de utilização destes, resultando em elevação dos custos de produção de leite e aumento de excreção de nutrientes para o meio ambiente. Assim, o efeito poluidor dos dejetos produzidos por animais de explorações leiteiras pode ser reduzido por

(A) adequado processamento de dejetos, levando em consideração os níveis dietéticos de cálcio e de magnésio.

(B) elevação do nível dietético de energia associado ao uso de uréia nos períodos de seca.

(C) adequado processamento de dejetos, levando em consideração os níveis dietéticos de cálcio e de energia.

(D) uso de nível dietético adequado e emprego de matérias-primas com alta digestibilidade de proteína e de minerais.

(E) uso de nitrogênio não protéico para favorecer a digestibilidade pelos animais quando é baixo o nível de energia na dieta.

19. (EXAME 2001)

O carbúnculo sintomático ocorre em bovinos e ovinos e tem como agente etiológico o *Clostridium chauvoei*. Após a ativação dos esporos no trato digestivo, a bactéria dissemina-se, por via hematógena, para os vários tecidos. Os músculos pélvicos, peitorais, glúteos, femurais e umeroescapulares são os mais freqüentemente atingidos. Em condições adequadas, como ambiente alcalino e baixa tensão de oxigênio, os esporos podem germinar e proliferar produzindo potentes toxinas que

(A) induzem enfisema muscular na ausência de lesões capilares, caracterizando-se como uma gangrena seca. A claudicação resulta da dor pelo processo inflamatório e o diagnóstico presuntivo pode ser estabelecido pela presença de crepitação muscular.

(B) causam lesões nos capilares que determinam exsudação sero-hemorrágica, edema e necrose muscular. Os esporos, sob a forma vegetativa, proliferam e produzem gás responsável pelo enfisema da musculatura. As alterações caracterizam-se por aumento de volume, crepitação e claudicação.

(C) liberam gás com odor butírico característico, responsável pela necrose muscular. O acúmulo de gases, sob a forma de bolhas, causa exsudação hemorrágica e resulta em aumento de volume muscular, crepitação e claudicação.

(D) dissociam as fibras musculares causando enfisema, edema, necrose e exsudação sero-hemorrágica. Os esporos, sob a forma vegetativa, proliferam e causam gangrena úmida, responsável pelo enfisema da musculatura. As lesões musculares resultam em aumento de volume, crepitação e claudicação.

(E) estimulam a proliferação das formas vegetativas causando necrose e enfisema. A gangrena bolhosa dissocia as fibras musculares determinando aumento de volume, crepitação e claudicação do membro infectado.

20. (EXAME 2001)

O granuloma paratifóide consiste de pequenos agregados de células mononucleares que podem estar presentes no fígado, baço e em outros órgãos, associados ou não à necrose focal. Embora não sejam patognomônicos, são freqüentemente observados na

(A) salmonelose bovina.

(B) pasteurelose suína.

(C) erliquiose canina.

(D) shighelose eqüina.

(E) parvovirose felina.

21. (EXAME 2001)

Príon é o termo utilizado para designar os agentes causadores de um grupo de moléstias descritas em humanos e animais como encefalopatias espongiformes. Aparentemente, os príons representam uma isoforma anormal de uma proteína normal, que se acumula como agregados fibrilares macromoleculares polimerizados comparáveis à proteína formadora do amilóide em torno e no interior de

(A) neurônios e de células da glia. Associam-se a essas alterações degeneração hialina glial e infiltrado de basófilos.

(B) células da glia. Associam-se a essas alterações degeneração goticular neuronal e infiltrado de neutrófilos.

(C) neurônios. Associam-se a essas alterações a vacuolização citoplasmática destas células, astrogliose difusa e eventual infiltrado de linfócitos.

(D) vasos linfáticos. Associam-se a essas alterações necrose de coagulação e infiltrado de basófilos.

(E) vasos sangüíneos. Associam-se a essas alterações necrose de caseificação e infiltrado de macrófagos.

22. (EXAME 2001)

A leishmaniose visceral canina, causada pela *Leishmania (L) chagasi*, manifesta-se na sua forma sintomática através de linfoadenopatia generalizada, alopécia associada à dermatite esfoliativa mais pronunciada na cabeça, orelhas e extremidades, sendo comum a formação de úlceras. Outros sinais incluem a onicogrifose, paroníquia, despigmentação nasal e hepatoesplenomegalia. Embora estes sejam os principais sintomas, eles também podem estar presentes em outras doenças, tornando-se necessários para o estabelecimento do diagnóstico final, a detecção, no soro, de anticorpos para leishmania e exames histológicos de pele, linfonodo e baço para identificar

(A) taquizoítos no citoplasma de macrófagos.

(B) promastigotas no citoplasma de neutrófilos.

(C) esquizontes no citoplasma das células epiteliais.

(D) oocistos no citoplasma de eosinófilos.

(E) amastigotas no citoplasma de macrófagos.

23. (EXAME 2001)

A otite média é uma inflamação da bula timpânica e ocorre com freqüência em cães e gatos. O diagnóstico da afecção deve basear-se no exame clínico, no tipo e na análise microbiológica da secreção. A ausência de ácaros e presença de debris oleosos, céreos e acastanhados associada a cultura positiva para leveduras em brotamento, sugere tratar-se de otite

(A) oleosa causada por *Microsporum* sp.

(B) purulenta causada por *Streptococcus* spp.

(C) serosa causada por *Proteus* spp.

(D) ceruminosa causada por *Malassezia* spp e *Candida* spp.

(E) seborréica causada por *Trichophyton* sp.

24. (EXAME 2001)

Um proprietário relata que o seu cão, com 7 anos de idade, vem apresentando tosse esporádica improdutiva e cansaço quando submetido a esforço. Após o exame físico do animal, o clínico solicitou uma radiografia de tórax cuja imagem revelou edema intersticial pulmonar não inflamatório e cardiomegalia. Com base nesses achados, pode-se atribuir a causa da cardiomegalia a uma

(A) estenose da valva tricúspide responsável pela hipertrofia do ventrículo esquerdo, resultando em aumento da pressão venosa pulmonar e edema pulmonar.

(B) insuficiência da valva mitral responsável pela hipertrofia do ventrículo esquerdo, resultando em aumento da pressão venosa pulmonar e edema pulmonar.

(C) estenose da valva mitral responsável pela dilatação do ventrículo direito, resultando em redução da pressão venosa pulmonar e edema pulmonar.

(D) insuficiência da valva tricúspide responsável pela hiperplasia do ventrículo direito, resultando em redução da pressão venosa pulmonar e edema pulmonar.

(E) insuficiência da valva mitral responsável pela hiperplasia do ventrículo esquerdo, resultando em aumento da pressão venosa pulmonar e edema pulmonar.

25. (EXAME 2001)

Uma propriedade leiteira apresenta elevada incidência de laminite nos animais em lactação. A presença de sola hemorrágica em um ou mais cascos chega a acometer 30% dos animais em algumas épocas do ano. Dentre as prováveis causas de laminite, inclui-se a dieta com

(A) falta de proteína que não fornece aminoácidos suficientes para a produção de queratina, promovendo assim, o enfraquecimento do casco.

(B) falta de energia que exige que o animal mobilize de forma exacerbada os lipídios de reserva, resultando na produção de corpos cetônicos que irão atuar diretamente sobre as células coriônicas do casco.

(C) excesso de proteína que resulta em deaminação ruminal com produção de grande quantidade de amônia que, ao ser absorvida, causa citotoxicidade do leito vascular que irriga o casco.

(D) excesso de energia que promove alta produção ruminal de ácidos graxos voláteis que, ao serem absorvidos, inibem a multiplicação das células de sustentação do casco.

(E) falta de fibra que permite a diminuição do pH ruminal, resultando em deaminação de aminoácidos específicos no rúmen, com produção de aminas vasoativas que agem sobre o casco.

26. (EXAME 2001)

A mastite bovina é considerada a doença que causa os maiores prejuízos econômicos na exploração leiteira mundial. Na relação hospedeiro-parasita é importante o conhecimento das características de sobrevivência dos agentes etiológicos no meio ambiente, com reflexos diretos nos mecanismos de transmissão. Clinicamente, a mastite pode ser classificada como contagiosa e ambiental. A primeira é transmitida principalmente

(A) durante a ordenha, possui tendência à cronificação e é causada principalmente por *Streptococcus agalactiae*, *Streptococcus disgalactiae* e *Staphylococcus aureus*, enquanto que a segunda é transmitida principalmente pelo contato com as fezes e a cama, possui comportamento geralmente agudo e é causada principalmente por *Streptococcus uberis*, *Escherichia coli*, *Klebsiella* sp. e *Pseudomonas* sp.

(B) durante a ordenha, possui tendência à cronificação e é causada principalmente por *Streptococcus uberis*, *Escherichia coli*, *Klebsiella* sp. e *Pseudomonas* sp., enquanto que a segunda é transmitida principalmente pelo contato com as fezes e a cama, possui comportamento geralmente agudo e é causada principalmente por *Streptococcus agalactiae*, *Streptococcus disgalactiae* e *Staphylococcus aureus*.

(C) pelo contato com as fezes e a cama, possui comportamento geralmente agudo e é causada principalmente por *Streptococcus agalactiae*, *Streptococcus disgalactiae* e *Staphylococcus aureus*, enquanto que a segunda é transmitida principalmente durante a ordenha, possui tendência à cronificação e é causada principalmente por *Streptococcus uberis*, *Escherichia coli*, *Klebsiella* sp. e *Pseudomonas* sp.

(D) pelo contato com as fezes e a cama, possui comportamento geralmente agudo e é causada principalmente por *Streptococcus uberis*, *Escherichia coli*, *Klebsiella* sp. e *Pseudomonas* sp., enquanto que a segunda é transmitida principalmente durante a ordenha, possui tendência à cronificação e é causada principalmente por *Streptococcus agalactiae*, *Streptococcus disgalactiae* e *Staphylococcus aureus*.

(E) durante a ordenha, possui comportamento geralmente agudo e é causada principalmente por *Streptococcus agalactiae*, *Streptococcus disgalactiae* e *Staphylococcus aureus*, enquanto que a segunda é transmitida principalmente pelo contato com as fezes e a cama, possui tendência à cronificação e é causada principalmente por *Streptococcus uberis*, *Escherichia coli*, *Klebsiella* sp. e *Pseudomonas* sp.

27. (EXAME 2001)

As alterações que acometem o sistema digestivo dos eqüinos requerem tomadas de decisão em caráter emergencial, dado o risco iminente de morte. Três procedimentos são essenciais em um exame clínico detalhado no diagnóstico da cólica aguda eqüina. São eles:

(A) I- passagem de sonda naso-esofágica para avaliar a repleção e evitar possíveis rupturas gástricas; II- paracentese para identificar processo inflamatório da cavidade abdominal ou ruptura gástrica ou intestinal; III- contagem de ovos por grama de fezes, para identificação de helmintos.

(B) I- passagem de sonda naso-esofágica para avaliar a repleção e evitar possíveis rupturas gástricas; II- palpação retal para identificar dilatação do intestino, distensão de alças intestinais e estiramento do mesentério; III- contagem diferencial de leucócitos no sangue para identificar processo inflamatório da cavidade abdominal ou rupturas gástrica ou intestinal.

(C) I- passagem de sonda naso-esofágica para avaliar a repleção e evitar possíveis rupturas gástricas; II- palpação retal para identificar dilatação do intestino, distensão de alças intestinais e estiramento do mesentério; III- paracentese para identificar processo inflamatório da cavidade abdominal ou ruptura gástrica ou intestinal, desde que não haja risco de perfuração de alças pela agulha, devido à excessiva dilatação abdominal.

(D) I- radiografia da cavidade abdominal para identificação de rupturas gástricas ou intestinais e presença de enterólitos; II- palpação retal para identificar dilatação do intestino, distensão de alças intestinais e estiramento do mesentério; III- contagem diferencial de leucócitos no sangue para identificar processo inflamatório da cavidade abdominal ou rupturas gástrica ou intestinal.

(E) I- laparatomia exploratória para avaliar a repleção e evitar possíveis rupturas gástricas; II- paracentese para identificar processo inflamatório da cavidade abdominal ou ruptura gástrica ou intestinal, desde que não haja risco de perfuração de alças pela agulha; III- avaliação da hemoconcentração de forma a aliviar a desidratação.

28. (EXAME 2001)

Em cães e gatos, lesões traumáticas como queda e atropelamento podem causar fraturas e desequilíbrio das funções de sustentação e de apoio. As fraturas nos ossos longos apresentam-se sob aspectos diversos e podem ser classificadas como

(A) simples quando ocorrer a separação incompleta das extremidades ósseas.
(B) cominutiva na presença da separação completa dos ossos com formação de múltiplas esquírulas ósseas.
(C) exposta quando um fragmento ósseo se projeta para fora do outro fragmento.
(D) impactada quando o periósteo permanecer intacto e mantiver no lugar as extremidades ósseas.
(E) em "galho verde" quando ocorrer remodelagem ativa do periósteo e do endósteo com formação de calo ósseo conjuntivo.

29. (EXAME 2001)

A biópsia é uma técnica cirúrgica utilizada para a retirada de tecidos lesados com a finalidade de se obter o diagnóstico histopatológico. No cão, dentre as técnicas utilizadas, a que melhor se aplica para o diagnóstico de massas tumorais exuberantes, como os sarcomas de partes moles e ósseos, é a biópsia

(A) às cegas para representação de tecido normal e de tecido lesado.
(B) excisional que se refere à excisão completa da massa tumoral.
(C) aspirativa que consiste na aspiração do tecido necrótico tumoral.
(D) por escarificação para a obtenção de células necróticas.
(E) incisional que consiste na remoção de pequena cunha da lesão.

30. (EXAME 2001)

Vaca leiteira de alta produção, recém-parida e recebendo elevada quantidade de grãos na dieta apresentou-se anoréxica, com queda brusca na produção de leite, hálito ligeiramente cetônico, fezes escassas e amolecidas, atonia ruminal, sem grandes alterações dos parâmetros gerais. Chama a atenção o pronunciado abaulamento de toda a região costal esquerda. A percussão simultânea à auscultação realizada nessa área revela um som ressonante metálico. A punção da região permitiu saída de grande parte dos gases e de um líquido de pH ácido. Recomenda-se, nesse caso, laparotomia paramediana ou pelo flanco, recolocação do

(A) abomaso na posição ventral esquerda ao rúmen-retículo e sua fixação através de abomasopexia ou omentopexia. O prognóstico é favorável em cerca de 80% dos casos, quando tratado rapidamente.
(B) abomaso na posição ventral direita ao rúmen-retículo e sua fixação através de abomasopexia ou omentopexia. O prognóstico é favorável em cerca de 80% dos casos, quando tratado rapidamente.
(C) abomaso na posição ventral direita ao rúmenretículo e sua fixação através de abomasopexia ou omentopexia. O prognóstico é reservado em cerca de 80% dos casos, mesmo quando tratado rapidamente.
(D) omaso na posição ventral esquerda ao rúmenretículo e sua fixação através de omasopexia ou omentopexia. O prognóstico é reservado em cerca de 80% dos casos, mesmo quando tratado rapidamente.
(E) omaso na posição dorsal direita ao rúmen-retículo e sua fixação através de omasopexia ou omentopexia. O prognóstico é favorável em cerca de 80% dos casos, quando tratado rapidamente.

31. (EXAME 2001)

Ovos em vários estágios do desenvolvimento embrionário podem ser utilizados para a transferência de embriões, embora o nível de sucesso tenda a diminuir em estágios iniciais ou muito tardios.

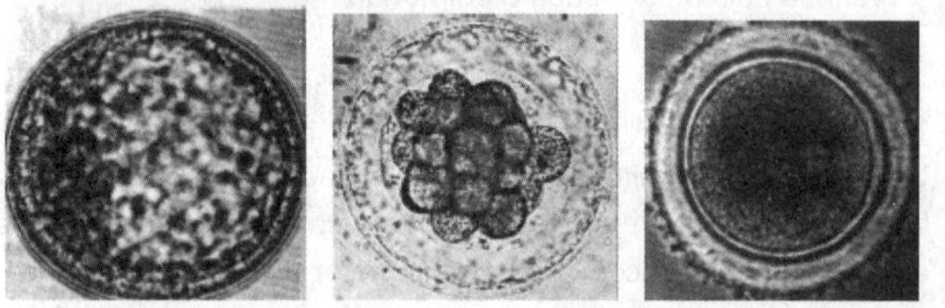

I II III

As figuras I, II e III representam zigotos em diferentes estágios do desenvolvimento embrionário. Na espécie bovina, denominam-se e são obtidos, respectivamente, nos seguintes períodos, após a ovulação:

(A) blastocisto obtido com 10-13 dias; mórula obtida com 6-10 dias e zigoto com uma célula obtido com 1-3 dias.
(B) mórula obtida com 6-10 dias; blastocisto obtido com 3-6 dias e zigoto com uma célula obtido com 0-1 dia.
(C) zigoto com uma célula obtido com 0-1 dia; mórula obtida com 3-6 dias e blastocisto obtido com 6-10 dias.
(D) blastocisto obtido com 6-10 dias; mórula obtida com 3-6 dias e zigoto com uma célula obtido com 0-1 dia.
(E) mórula obtida com 10-13 dias; blastocisto obtido com 6-10 dias e zigoto com uma célula obtido com 1-3 dias.

32. (EXAME 2001)

O espermograma é importante procedimento do exame andrológico que permite diagnóstico de alterações reprodutivas. A avaliação da patologia espermática, realizada através de esfregaços corados, permite identificar alterações estruturais nos espermatozóides que podem ser divididas em defeitos maiores (I) e menores (II) relacionados

(A) I. à morfologia da cabeça, por exemplo cabeça dupla. II. ao colo e à cauda, por exemplo cauda múltipla ou fortemente enrolada.
(B) I. aos processos posteriores à espermatogênese, por exemplo a cauda com inserção oblíqua e a presença de gota distal. II. à espermatogênese, por exemplo a cauda fortemente enrolada e a presença de gota proximal.
(C) I. à espermatogênese, por exemplo a cauda fortemente enrolada e a presença de gota proximal. II. aos processos posteriores à espermatogênese, por exemplo a cauda com inserção oblíqua e a presença de gota distal.

(D) I. ao colo e à cauda, por exemplo cauda múltipla ou fortemente enrolada. II. à morfologia da cabeça, por exemplo cabeça dupla.

(E) I. à morfologia da cabeça e ao colo, por exemplo a cabeça dupla. II. à cauda, por exemplo cauda fortemente enrolada ou múltipla.

33. (EXAME 2001)

Na primeira metade do século XX, a Febre Amarela foi uma importante zoonose responsável por muitos casos de óbito em humanos. O advento de inseticidas, principalmente clorados como o BHC, possibilitou a eliminação da doença no meio urbano. A manutenção da condição de área livre era diretamente dependente do combate sistemático ao vetor biológico. O agente é um bom imunógeno. No esquema abaixo está ilustrado o Ciclo Epidemiológico da Febre Amarela. O ciclo **RESERVATÓRIO – VETOR BIOLÓGICO – RESERVATÓRIO – VETOR BIOLÓGICO** é responsável pela persistência do agente etiológico na natureza. O vetor biológico (1) é capaz de infectar o homem. O ciclo **HOMEM - VETOR BIOLÓGICO - HOMEM - VETOR BIOLÓGICO** vem despertando atenção dos órgãos responsáveis pela Saúde Pública em função do recrudescimento da doença em centros urbanos.

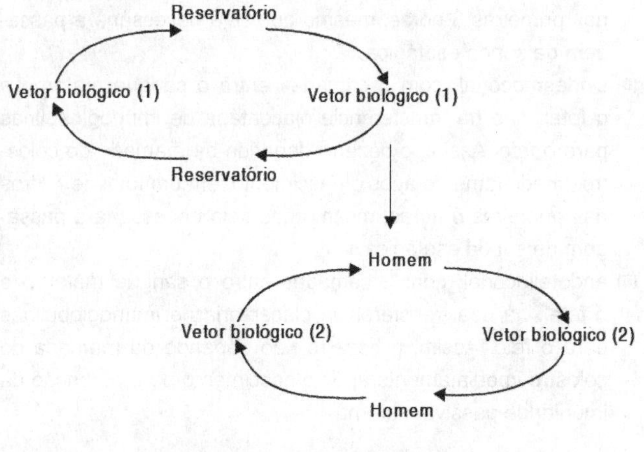

Com base na cadeia epidemiológica ilustrada, é possível afirmar que o agente etiológico é

(A) pertencente ao gênero Flavivirus; o reservatório é o macaco; o vetor biológico (1) é o *Haemagogus* spp e o vetor biológico (2) é o *Aedes aegypti*. A profilaxia repousa na adoção de medidas de vacinação humana e de controle do vetor no ciclo urbano.

(B) um Arbovirus; o reservatório é o macaco; o vetor biológico (1) é o *Haemagogus* spp e o vetor biológico (2) é o *Aedes aegypti*. A profilaxia repousa na adoção de medidas de controle do vetor no ciclo silvestre.

(C) pertencente à família Flavivirus; o reservatório é um felídeo; os vetores biológicos (1) e (2) são *Aedes aegypti*. A profilaxia repousa na vacinação do homem quando do ingresso no meio silvestre.

(D) o *Plasmodium falciparum*; o reservatório é o macaco; os vetores biológicos (1) e (2) são *Aedes aegypti*. A profilaxia repousa no controle do vetor no ciclo urbano e silvestre.

(E) o *Plasmodium falciparum*; o reservatório é um felídeo; o vetor biológico (1) é o *Aedes aegypti* e o vetor biológico (2) é o *Haemagogus* spp. A profilaxia repousa no controle do vetor no ciclo urbano.

34. (EXAME 2001)

Considere a Doença de Aujeszky em suínos. O agente etiológico apresenta elevada patogenicidade, baixa virulência expressa pela letalidade e capacidade de sobreviver no organismo do hospedeiro adulto após a remissão dos sinais e na presença de imunidade.

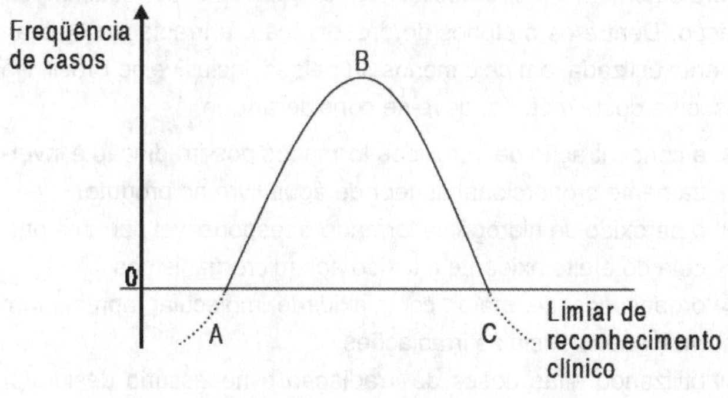

No gráfico acima, a ordenada indica a freqüência de casos de doença em uma população, a abscissa indica o limiar de reconhecimento clínico e a curva ilustra a evolução desde a instalação do agente etiológico no organismo do suscetível até o desaparecimento dos sinais. As intersecções entre a abscissa e a curva representam a mudança de condição clínica. As modalidades de fontes de infecção identificadas por (A), (B) e (C) são reconhecidas, na epidemiologia, como

(A) reservatório representado por roedores; doente atípico avaliado pela mortalidade em recém-nascidos e portador não identificado por provas sorológicas.

(B) doente em incubação reconhecido pela febre; doente típico que manifesta sinais de prurido intenso e doente convalescente com sinais de repetição de cio.

(C) portador sadio com ausência de sinais clínicos; doente atípico reconhecido pelos casos de nascimento de fetos mumificados e portador sadio recuperado da doença.

(D) portador em incubação; doente reconhecido pelos casos de abortamento e portador convalescente detectado por provas sorológicas.

(E) portador reconhecido pelos indicadores de saúde; doente avaliado pela gravidade dos sinais clínicos e portador reconhecido pela história pregressa de abortamento.

35. (EXAME 2001)

Em áreas onde a raiva dos herbívoros é endêmica, o morcego é o principal reservatório do vírus. Nesta espécie silvestre a doença é de evolução lenta e o agente etiológico manifesta-se com elevada virulência. A profilaxia é realizada por um conjunto de medidas dentre as quais é preconizada a imunização

(A) ativa dos suscetíveis, passiva dos mordidos e destruição de abrigos de morcegos.

(B) passiva dos suscetíveis e sacrifício de morcegos capturados.

(C) passiva dos animais com sinais de mordedura e destruição de abrigos de morcegos.

(D) passiva dos comunicantes quando de epidemias e tratamento de morcegos com pasta vampiricida.

(E) ativa dos suscetíveis e sacrifício de morcegos com pasta vampiricida.

36. (EXAME 2001)

Estima-se que cerca de 50% dos alimentos perecíveis produzidos no mundo, como carnes e pescado, não chegam até o consumidor, por comprometimento de natureza sanitária ou por deterioração. A conservação dos alimentos faz-se indispensável, reduzindo perdas econômicas, aumentando o nível de segurança para o homem e facilitando as negociações de exportação/importação. Dentre os métodos de preservação, a irradiação é atualmente utilizada, em pelo menos 38 países, inclusive no Brasil. Na escolha deste método, deve-se considerar que

(A) a concentração de peróxidos formados pós-irradiação é inversamente proporcional ao teor de água livre no produto.
(B) o peróxido de hidrogênio formado é responsável por uma parcela do efeito oxidante e tóxico aos microrganismos.
(C) organismos de maior complexidade molecular apresentam maior resistência às irradiações.
(D) utilizando altas doses de irradiação é necessário desidratar previamente o alimento, em presença de oxigênio.
(E) a inativação dos microrganismos segue uma relação logarítmica, desde que em ausência de água.

37. (EXAME 2001)

Na cadeia produtiva dos alimentos de origem animal os perigos biológicos representam permanente preocupação que estimula o desenvolvimento e o aprimoramento das práticas de inspeção sanitária e higiênica. Alguns agentes contaminam o produto já na origem, provenientes do próprio animal, outros são contaminantes instalados durante os processos de abate, transformação de matérias-primas ou obtenção de seus produtos. Com relação às doenças transmitidas por alimentos de origem animal, é correto afirmar que

(A) o *Staphylococcus aureus* é um dos mais freqüentes causadores de infecções alimentares e o homem representa importante fonte de infecção disseminando o agente no meio ambiente. Alimentos contaminados, após o preparo e tratamento térmico, são responsáveis pela maioria dos casos notificados.
(B) as intoxicações provocadas por *Salmonella* spp são atualmente as causas mais freqüentes. Todos os produtos de origem animal são alimentos de risco, sendo que leite, queijos cremosos, ovos e carnes são contaminados na origem, enquanto que no pescado a contaminação se dá na captura.
(C) a *Listeria monocytogenes* é a espécie, deste gênero, de maior importância em saúde pública, está amplamente disseminada no ambiente onde tem capacidade de sobreviver e multiplicar-se. A contaminação dos alimentos pode ocorrer em qualquer ponto da cadeia alimentar. Compreendem grupos de risco mulheres grávidas e recémnascidos.
(D) o *Campylobacter jejuni* é considerado agente de intoxicação emergente. As principais vias de transmissão são carcaças de ovinos e caprinos contaminadas durante o abate e leite cru ou insuficientemente pasteurizado. O efeito da enterotoxina pré-formada no alimento desencadeia complicações pós-infecção, como apendicite e pancreatite.
(E) a toxina botulínica produzida pelo *Clostridium botulinum* provoca uma intoxicação aguda caracterizada por alterações digestivas e neurológicas. A toxina é produzida pelos esporos em microaerofilia e pH menor que 4,5. Entre os alimentos potencialmente perigosos estão as conservas artesanais, os embutidos pasteurizados e os derivados do leite.

38. (EXAME 2001)

Com o nascimento, o ambiente estéril do útero é abruptamente substituído por um ambiente contaminado por agentes patogênicos. Os neonatos, no momento do parto, dependem completamente da imunidade passiva obtida da mãe, até que consigam apresentar uma resposta imune própria, caso contrário, teriam diminuídas suas chances de sobrevivência. No caso dos bovinos, por possuírem uma placenta do tipo

(A) epiteliocorial, com 5 camadas entre o sangue materno e o fetal, não há transferência placentária de imunoglobulinas para o feto. Assim, o bezerro depende da mamada do colostro, imediatamente após o nascimento, em um total de 8 litros nas primeiras 4 horas, desde que tenha fome.
(B) sindesmocorial, com 3 camadas entre o sangue materno e o fetal, há pouca transferência placentária de imunoglobulinas para o feto. Assim, o bezerro depende da mamada do colostro, imediatamente após o nascimento, em um total de 8 litros nas primeiras 4 horas, mesmo que seja necessária a passagem de sonda esofágica.
(C) epiteliocorial, com 6 camadas entre o sangue materno e o fetal, não há transferência placentária de imunoglobulinas para o feto. Assim, o bezerro depende da mamada do colostro, imediatamente após o nascimento, em um total de 4 litros nas primeiras 8 horas, mesmo que seja necessária a passagem de sonda esofágica.
(D) sindesmocorial, com 5 camadas entre o sangue materno e o fetal, não há transferência placentária de imunoglobulinas para o feto. Assim, o bezerro depende da mamada do colostro, imediatamente após o nascimento, em um total de 4 litros nas primeiras 8 horas, mesmo que seja necessária a passagem de sonda esofágica.
(E) endoteliocorial, com 2 camadas entre o sangue materno e o fetal, há boa transferência placentária de imunoglobulinas para o feto. Assim, o bezerro não depende da mamada do colostro imediatamente após o nascimento para obtenção da imunidade passiva materna.

39. (EXAME 2001)

Em termos zootécnicos, a pele dos ovinos é recoberta por pêlos propriamente ditos (grosseiros e curtos) e por pêlos finos e macios que constituem a lã. Numerosos fatores influenciam a qualidade da lã, tais como, genética, manejo, nutrição e sanidade. Essa qualidade deve ser estudada sob o ponto de vista do seu diâmetro, comprimento, elasticidade, forma e cor. Os fios da lã mais apreciados comercialmente são finos, bastante elásticos, macios, resistentes, longos, frisados e de coloração branca. Assim, as substâncias abaixo são fatores importantes para I. estrutura de fibra da lã; II. pigmentação; III. maciez, elasticidade e resistência da lã:

	I	II	III
(A)	queratina	cobre	lanolina
(B)	metionina	zinco	glicina
(C)	zinco	metionina	glicina
(D)	quitina	cobre	lanolina
(E)	lanolina	queratina	cobre

40. (EXAME 2001)

Na vacinação de aves, via água de bebida, em bebedouros tipo calha, pendular ou copo de pressão, devem-se, como regra geral, utilizar os seguintes procedimentos:

(A) uso de desinfetantes ou cloro na água antes, durante e depois da vacinação, prévio jejum hídrico de uma a duas horas, limpeza dos bebedouros após a vacinação, preparação da solução vacinal de acordo com a recomendação do fabricante, uso de solução fisiológica para estabilização da vacina, distribuição da solução prevendo tempo de consumo entre uma e duas horas, facilitar o acesso aos bebedouros e estimular o consumo movimentando as aves cuidadosamente.

(B) suspensão do uso de desinfetantes ou cloro na água 48 horas antes e depois da vacinação, prévio jejum hídrico de uma a duas horas, uso de bebedouros limpos e de fácil acesso, preparação da solução vacinal de acordo com a recomendação do fabricante (1 dose/ave), uso de leite em pó desnatado (2 g/litro de água) para estabilização da vacina, distribuição da solução prevendo tempo de consumo entre uma e duas horas e estimular o consumo movimentando as aves cuidadosamente.

(C) uso de desinfetantes ou cloro na água antes, durante e depois da vacinação, prévio jejum hídrico de uma a duas horas, preparação da solução vacinal de acordo com a recomendação do fabricante, distribuição da solução vacinal prevendo tempo de consumo entre uma e duas horas, facilitar o acesso aos bebedouros e estimular o consumo pelas aves. Vacinar, preferencialmente, durante as horas mais quentes do dia.

(D) suspensão do uso de desinfetantes ou cloro na água 48 horas antes e depois da vacinação, prévio jejum hídrico de doze horas, uso de bebedouros limpos e de fácil acesso, preparação da solução vacinal de acordo com a recomendação do fabricante (1 dose/ave), uso de leite em pó desnatado (2 g/litro de água) para estabilização da vacina, distribuição da solução prevendo tempo de consumo entre duas e quatro horas e estimular o consumo pelas aves.

(E) suspensão do uso de desinfetantes ou cloro na água 48 horas antes, retornando logo após a vacinação, prévio jejum hídrico de 48 horas, uso de bebedouros limpos e de fácil acesso, preparação da solução vacinal de acordo com a recomendação do fabricante (1 dose/ave), uso de leite em pó integral (2 g/litro de água) para estabilização da vacina, distribuição da solução prevendo tempo de consumo entre duas e quatro horas e estimular o consumo pelas aves. Vacinar, preferencialmente, durante as horas mais quentes do dia.

41. (EXAME 2001)

A uréia é uma fonte de nitrogênio que apresenta um grande potencial de utilização para alimentação de animais ruminantes. Apresenta como vantagens a alta concentração de nitrogênio, custo relativamente baixo e é encontrada sob a forma sólida, que facilita sua inclusão na dieta. Entretanto, quando utilizada de forma inadequada, representa riscos de intoxicação para esses animais. Além da exigência de níveis adequados de energia na dieta, para a máxima eficiência de aproveitamento do nitrogênio, deve-se limitar a utilização da uréia a

(A) 0,1% da matéria seca ou 10% do equivalente protéico total da dieta, associar seu uso a fontes de enxofre, evitar inclusão gradativa e acúmulo de água nos cochos.

(B) 0,1% da matéria seca ou 10% do equivalente protéico total da dieta, associar seu uso a fontes de nitrogênio, promover inclusão gradativa e evitar acúmulo de água nos cochos.

(C) 1% da matéria seca ou 30% do equivalente protéico total da dieta, associar seu uso a fontes de enxofre, evitar inclusão gradativa e adicionar água nos cochos para a formação de "sopão".

(D) 5% da matéria seca ou 70% do equivalente protéico total da dieta, associar seu uso a fontes de selênio, promover inclusão gradativa e evitar acúmulo de água nos cochos.

(E) 1% da matéria seca ou 30% do equivalente protéico total da dieta, associar seu uso a fontes de enxofre, promover inclusão gradativa e evitar acúmulo de água nos cochos.

42. (EXAME 2001)

As micotoxinas constituem uma das maiores preocupações dos nutricionistas em todo o mundo. Em condições favoráveis de umidade, temperatura e aeração, podem contaminar os alimentos no campo, na colheita e durante o armazenamento, sendo dificilmente destruídas pelo processamento do alimento. Cada micotoxina provoca lesões específicas nos diferentes sistemas biológicos. A micotoxina zearalenona é um composto produzido por

(A) *Fusarium* sp. que apresenta atividade antivitamina K e interfere na digestão dos animais. Os eqüinos são particularmente suscetíveis; rações emboloradas podem produzir sinais de gastroenterite hemorrágica.

(B) *Aspergillus* sp. que apresenta atividade histamínica e interfere na atividade gástrica dos animais. Os suínos são particularmente suscetíveis; rações emboloradas podem produzir úlceras gástricas, particularmente em machos.

(C) *Fusarium* sp. que apresenta atividade estrogênica. Os suínos são particularmente suscetíveis; rações emboloradas podem produzir sinais de estro (vulva avermelhada e aumentada de volume) em fêmeas imaturas e alterar o ciclo estral de fêmeas maduras.

(D) *Aspergillus* sp. que apresenta atividade estrogênica e interfere na reprodução dos animais. Os eqüinos são particularmente suscetíveis; rações emboloradas podem produzir sinais de estro (vulva avermelhada e aumentada) em fêmeas imaturas e alterar o ciclo estral de fêmeas maduras.

(E) *Fusarium* sp. que apresenta atividade antivitamina K e interfere na digestão dos animais. Os suínos são particularmente suscetíveis; rações emboloradas podem produzir sinais de gastroenterite hemorrágica.

43. (EXAME 2001)

A indústria de ração e suplementos teve crescimento surpreendente nos últimos 20 anos. Na década de 80, o volume de ração produzido anualmente no Brasil girava em torno de 15 milhões de toneladas. Na década de 90, este volume ultrapassou 30 milhões toneladas/ano. Hoje, estima-se que a produção de ração para o ano de 2001 seja 37,8 milhões de toneladas. Este fenômeno de crescimento de mercado deveu-se primariamente

(A) à verticalização do sistema de produção de aves e suínos, organizado em integrações e cooperativas e subseqüente aumento na produção destas carnes para consumo interno e mercado exportador.

(B) ao confinamento crescente da bovinocultura de corte e conseqüente aumento no consumo de ração produzidas por empresas especializadas.

(C) à expansão da bovinocultura de corte para as regiões norte e centro-oeste do país, com aumento na suplementação mineral destas criações extensivas.

(D) ao aumento no consumo e nas variedades de rações para cães e gatos, expansão devida ao aumento do poder aquisitivo da população depois do Plano Real.

(E) à oportunidade de ampliar a exportação de alimentos completos balanceados através da formação do Mercosul e a perspectiva de implementação da ALCA (Área de Livre Comércio das Américas).

44. (EXAME 2001)

Um criador de frangos de corte recusa-se a aceitar recomendações básicas de criação. As cortinas do aviário estão velhas e rasgadas, falta termômetro para controle diário de temperatura ambiental (mínima e máxima), não existem aspersores e a quantidade de ventiladores está subdimensionada para o tamanho do galpão. Para convencer o proprietário de que o controle e a manutenção do conforto térmico para os animais são precários e da necessidade de reestruturar adequadamente o galpão, devem-se justificar os prejuízos relacionados ao

(A) consumo excessivo de água e aumento de consumo de ração. No inverno, a entrada de aves silvestres resulta em maior desafio de doenças na fase inicial. No verão, o calor excessivo causa maior mortalidade nas fases finais por doença do músculo branco.

(B) consumo excessivo de água e aumento de conversão alimentar. No verão, a falta de controle de temperatura resulta em aumento de mortalidade na fase inicial e maior incidência de ascite. No inverno, o frio excessivo causa maior mortalidade nas fases finais por espirro.

(C) gasto excessivo de gás nas campânulas e aumento de mortalidade. No inverno, a perda de calor resulta em aumento de mortalidade na fase inicial e maior incidência de ascite. No verão, o calor excessivo causa maior emplastramento de cama e mortalidade por diarréia branca.

(D) gasto excessivo de gás nas campânulas e aumento de mortalidade. No inverno, a perda de calor resulta em aumento de mortalidade na fase inicial e maior incidência de ascite. No verão, o calor excessivo causa maior mortalidade nas fases finais por morte súbita.

(E) gasto excessivo de gás nas campânulas e aumento de conversão. No inverno, a perda de calor resulta em aumento de mortalidade na fase inicial e maior incidência de morte súbita. No verão, o calor excessivo causa anorexia e morte por doença do músculo branco.

QUESTÕES DISCURSIVAS

1. (EXAME 2001) DISCURSIVA

Da necroscopia de suínos provenientes de um sistema de criação com histórico de doença respiratória, destacaram-se as alterações na cavidade nasal representadas na figura abaixo. Com base nestas lesões, elabore

a) o laudo macroscópico. **(Valor: 15,0 pontos)**

b) o diagnóstico compatível com a doença. **(Valor: 5,0 pontos)**

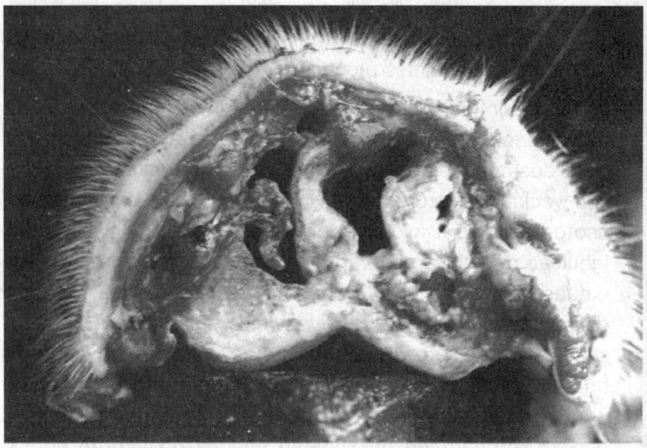

2. (EXAME 2001) DISCURSIVA

Um eqüino macho castrado apresentou forte relutância em andar após um enduro de 30 km. Ao exame clínico observaram-se pequenas alterações nos parâmetros clínicos gerais, hipersensibilidade de toda a musculatura glútea e urina de coloração castanha. Com base nesses dados, indique

a) o diagnóstico presuntivo da doença. **(Valor: 5,0 pontos)**

b) uma possível patogenia de doença relacionada a estes sintomas. **(Valor: 5,0 pontos)**

c) uma prova laboratorial para confirmação do seu diagnóstico presuntivo. **(Valor: 5,0 pontos)**

d) o tratamento recomendado.

3. (EXAME 2001) DISCURSIVA

A redução da incidência das doenças transmitidas por alimentos depende da atuação direta na cadeia produtiva adotando-se boas práticas de fabricação, de higiene pessoal e procedimentos padronizados de limpeza e desinfecção de instalações e equipamentos. Considere que a superfície corporal dos animais de abate apresenta contagens de microrganismos aeróbios estritos e facultativos viáveis mesófilos da ordem de 10^9 UFC/cm^2 e que utilizando-se boas práticas de abate, as carcaças poderão apresentar uma microbiota superficial contaminante variando entre 10^3 e 10^5 UFC/cm2. Em um matadouro de suínos, vem sendo monitorada a concentração de microrganismos aeróbios estritos e facultativos viáveis mesófilos em UFC/cm^2, na superfície das carcaças, imediatamente após o abate, e há seis meses têm-se obtido resultados superiores a 10^6 UFC/cm^2.

Considerando as seguintes etapas: banho pré-abate; insensibilização; sangria; depilação e evisceração e que para cada uma delas há um funcionário que dispõe de uniforme e equipamentos para realizar suas funções, pede-se

a) duas situações que podem contribuir para a contaminação das carcaças. **(Valor: 5,0 pontos)**

b) um ponto crítico de controle da contaminação das carcaças. **(Valor: 10,0 pontos)**

c) dois procedimentos corretivos para reduzir a contaminação das carcaças. **(Valor: 5,0 pontos)**

4. (EXAME 2001) DISCURSIVA

A velocidade de disseminação da Febre Aftosa tem suplantado todo esforço investido na última década pelos Serviços de Veterinária. Países com sofisticado serviço de vigilância epidemiológica e rigorosas medidas de controle não têm conseguido prevenir o avanço inexorável da pandemia, que teria se iniciado em 1990, na Índia, com caracterização do sorotipo em laboratório de referência mundial. Epidemias sucessivas foram notificadas na Arábia Saudita, Nepal, Turquia, Grécia, Bulgária, Irã, Iraque, Síria, Israel, Líbano, Jordânia, Butão, China, Taiwan, Tibet, Burma, Vietnã, Camboja, Tailândia, Malásia, Laos, Japão, Coréia, África do Sul (tradicional exportador de carne para Inglaterra e outros países da União Européia – foco primário causado pela introdução de restos de alimentos de um navio procedente do Extremo Oriente), Colômbia, Brasil e Mongólia. A partir de janeiro de 2001 a Febre Aftosa é notificada na Inglaterra (foco primário em suínos), França, Argentina, Irlanda do Norte, Grécia, Israel e Holanda. Todas as estirpes de vírus isolados das epidemias foram causadas pelo mesmo sorotipo. A morbidade e mortalidade têm sido superiores aos números usualmente observados em epidemias anteriores. A principal medida profilática adotada pela maioria dos países acometidos foi o sacrifício de animais com e sem manifestação clínica, alojados em propriedades localizadas dentro de uma área com raio de 3 km do foco.

Apresente

a) o tipo do vírus responsável pela pandemia, iniciada em 1990, e suas características de patogenicidade e de virulência com os respectivos reflexos nos animais afetados. **(Valor: 5,0 pontos)**

b) três causas prováveis de disseminação do vírus de um país a outro e duas causas plausíveis de ingresso do vírus na Inglaterra, com as devidas justificativas. **(Valor: 5,0 pontos)**

c) a validade epidemiológica de se sacrificarem animais sem sinais clínicos da doença. **(Valor: 5,0 pontos)**

d) uma medida profilática alternativa que pode ser considerada plausível e viável caso a pandemia não possa ser controlada pelas medidas de identificação, sacrifício e destruição das carcaças e duas medidas de vigilância epidemiológica viáveis para o Brasil a fim de impedir a introdução do vírus responsável pela pandemia. **(Valor: 5,0 pontos)**

5. (EXAME 2001) DISCURSIVA

Durante o período de amamentação, os animais ruminantes apresentam uma fisiologia digestiva particular, em que a digestão se processa de maneira similar à que se observa em não ruminantes.

Explique

a) fatores anatômicos, fisiológicos, químicos e comportamentais envolvidos na alimentação láctea. **(Valor: 15,0 pontos)**

b) fatores envolvidos com as modificações anatômicas que ocorrem no rúmen durante o desaleitamento, de modo a permitir o estabelecimento de um rúmen funcional. **(Valor: 5,0 pontos)**

Capítulo XIII

Questões de componente específico de Zootecnia

1) Conteúdos e Habilidades objetos de perguntas nas questões de Componente Específico.

As questões de Componente Específico são criadas de acordo com o curso de graduação do estudante.

Essas questões, que representam ¾ (três quartos) da prova e são em número de 30, podem trazer, em Zootecnia, dentre outros, os seguintes **Conteúdos**:

a) Coordenação e assistência de sistemas de produção: nutrição e alimentação animal; manejo de animais; etologia e bem-estar animal; administração, economia e planejamento agropecuário; gestão de agronegócios; melhoramento genético e reprodução animal; ezoognósia e julgamento; profilaxia e higiene; biosseguridade; extensão rural; forragicultura, pastagens e conservação de forragens e gestão ambiental;

b) Atuação em nutrição e alimentação animal; responder pela formulação, processamento e controle de qualidade das dietas e rações para animais, responsabilizando-se pela eficiência nutricional das fórmulas: exigências nutricionais; metabolismo de nutrientes; fisiologia animal; forragicultura e pastagens; estudo e análise de alimentos; formulação e preparação de dietas e misturas; bioquímica; manejo alimentar; restrições e fatores antinutricionais dos alimentos; análise econômica; gestão da qualidade; nutrição e imunogenicidade; nutrição e reprodução; profilaxia e higiene; biosseguridade; água na alimentação; bioclimatologia; ambiência; equipamentos e instalações para alimentação;

c) Fomento, planejamento, coordenação e administração de programas de melhoramento animal e de conservação de recursos genéticos: genética; melhoramento genético animal; estatística e experimentação; matemática aplicada; reprodução e biotécnicas; bioclimatologia e ambiência; informática; administração e economia rural; biologia celular e molecular; ezoognósia e criação de animais;

d) Planejamento e execução de projetos de formação de pastagens, produção e conservação de forrageiras: fundamentos e técnicas de forragicultura e pastagem; fisiologia vegetal; botânica; fertilidade de solos; máquinas e implementos agrícolas; análise econômica; ecologia e gestão ambiental; topografia; manejo e conservação do solo e da água; sistemas agrosilvopastoris; nutrição mineral de plantas e conservação de forragens;

e) Planejamento e execução do manejo reprodutivo dos animais: fisiologia animal; manejo de animais; reprodução e biotécnicas; melhoramento genético animal; nutrição e alimentação animal; anatomia animal; embriologia; biologia molecular; bioclimatologia e ambiência; comportamento e bem-estar animal; profilaxia e higiene e biosseguridade;

f) Elaboração e analise de planos de negócios agropecuários: administração, economia, planejamento e projeto agropecuário; gestão de agronegócios; comercialização e marketing; instalações e construções rurais; criação de animais, nutrição e alimentação animal;

g) Administração de propriedades agropecuárias, estabelecimentos industriais e comerciais ligados à produção, ao melhoramento genético animal e às de tecnologias de produtos de origem animal: administração, economia e planejamento agropecuário; cadeias produtivas; gestão de agronegócios; comercialização e marketing; sociologia rural e comunicação rural;

h) Atuação no processamento de produtos de origem animal: tecnologia dos produtos de origem animal; análises físico-químicas; bioquímica; microbiologia; física; classificação e tipificação de carcaças; gestão e controle de qualidade na indústria de alimentos de origem animal;

i) Gerenciamento da profilaxia, higiene e biosseguridade nas criações animais, promovendo a saúde e o bem-estar animal: microbiologia; imunologia; parasitologia; profilaxia e higiene; biosseguridade; bioclimatologia e ambiência; manejo de animais; nutrição e alimentação animal; gestão ambiental; etologia e bem-estar animal;

j) Planejamento e execução de projetos de construções e instalações zootécnicas: física; ambiência; bioclimatologia; etologia e bem-estar animal; profilaxia e higiene; biosseguridade; desenho técnico; construções e instalações; matemática aplicada; análise econômica; topografia; manejo e conservação do solo e da água; planejamento agropecuário e gestão ambiental;

k) Elaboração e aplicação de tecnologias adequadas ao controle, aproveitamento e reciclagem dos resíduos e dos dejetos: microbiologia; fertilidade de solos; química; ecologia; profilaxia e higiene; biosseguridade; gestão ambiental; manejo e conservação do solo e da água e nutrição e alimentação animal;

l) Difusão de tecnologias agropecuárias: extensão rural; comunicação e expressão; sociologia rural; comercialização e marketing e metodologia científica;

m) Coordenação, administração e gerenciamento na criação de animais de companhia, esporte, lazer, silvestres e exóticos: nutrição e alimentação animal; manejo de animais; etologia e bem-estar animal; administração, economia e planejamento; melhoramento genético e reprodução animal; ezoognósia e julgamento; profilaxia e higiene; biosseguridade; extensão rural; forragicultura, pastagens e conservação de forragens e gestão ambiental.

O objetivo aqui é avaliar junto ao estudante a compreensão dos conteúdos programáticos mínimos a serem vistos no curso de graduação, de forma avançada. Também é avaliado o nível de atualização com relação à realidade brasileira e mundial e às questões jurídicas de maior relevância.

Avalia-se aqui também *competências* e *habilidades*. A ideia é verificar se o estudante desenvolveu as principais **Habilidades** para o profissional de Zootecnia, que são as seguintes:

a) Atender as demandas da sociedade quanto à excelência na qualidade dos produtos de origem animal, promovendo e garantindo a saúde pública e segurança alimentar e do alimento;

b) Gerir e ter responsabilidade técnica pelos sistemas de produção, de processamento e de comercialização nas cadeias produtivas da agropecuária, respondendo a anseios específicos de agentes inseridos no agronegócio e/ou na agricultura familiar;

c) Atuar na criação de animais de produção, companhia, esporte, lazer, silvestres e exóticos, tendo em vista seu aproveitamento econômico e/ou sua preservação;

d) Implantar, gerir e assessorar programas de melhoramento genético de animais úteis ao homem;

e) Atuar na implantação e gestão de eventos agropecuários;

f) Participar como consultor, assessor e orientador técnico nas diversas áreas de atuação do zootecnista;

g) Atuar nos sistemas produtivos norteado pela gestão ambiental e pela sustentabilidade;

h) Possuir autonomia intelectual e espírito investigativo para compreender e solucionar problemas e conflitos, amparado por preceitos éticos;

i) Desenvolver e coordenar pesquisa, extensão e ensino na área de sua formação;

j) Ter atitude empreendedora e perfil pró-ativo, cumprindo o papel de agente empresarial, auxiliando e motivando a transformação social;

k) Ser capaz de interagir e de influenciar nas decisões de agentes e instituições na gestão de políticas setoriais ligadas a área.

Com relação às questões de Componente Específico optamos por classificá-las pelos Conteúdos enunciados no início deste item.

2) Questões de Componente Específico classificadas por Conteúdos.

Conteúdo 01

COORDENAÇÃO E ASSISTÊNCIA DE SISTEMAS DE PRODUÇÃO

1. (EXAME 2010)

Em geral, o controle de qualidade da matéria-prima inicia-se no momento da compra, dando prioridade a fornecedores conhecidos e confiáveis. O zootecnista deve estar atento a determinadas características físicas e químicas dos ingredientes, além de adotar vários procedimentos de análise para adquirir produtos que irão permitir a elaboração de dietas com qualidade. Para o zootecnista atingir esse objetivo, está correto utilizar

(A) a análise rotineira de ingredientes para observar o nível mínimo permitido de agentes biológicos, como a salmonela.

(B) o grão de soja sem restrição, processado ou não, pois é um alimento que possui proteína de alto valor biológico.

(C) o farelo de algodão, pois ele mantém o mesmo nível de proteína bruta, independente de conter ou não casca.

(D) o milho grão triturado, com teor de umidade acima de 15%, em situações em que a colheita ocorreu no período chuvoso.

(E) produtos de origem animal isentos de toxidez e de germes patológicos, sem indício de ranço, fermentações ou putrefações.

Conteúdo 02

ATUAÇÃO EM NUTRIÇÃO E ALIMENTAÇÃO ANIMAL

1. (EXAME 2010)

Creep-feeding é uma forma de suplementação com ração balanceada no cocho, dentro de um cercado, com acesso somente ao bezerro. É um sistema prático que visa a suplementação da cria sem separá-la de sua mãe.

EMBRAPA— Empresa Brasileira de Pesquisa Agropecuária, 2005. Disponível em: <http://www.cnpgc.embrapa.bripublicacoes>. Acesso em: 23 ago. 2010.

Entretanto, o êxito de qualquer suplementação depende de os animais consumirem o suplemento oferecido. Assim, para garantir o consumo do suplemento no sistema *creep-feeding*, o zootecnista deve

(A) colocar um animal mais velho, já adaptado ao sistema, para ser o chamariz dos demais por alguns dias.

(B) prender o bezerro dentro do cercado por algum tempo para que este inicie a ingestão do suplemento.

(C) misturar o suplemento com água para que os animais ingiram com maior facilidade o suplemento.

(D) utilizar uma mistura de concentrado com forragem para que o animal se adapte com mais facilidade.

(E) fornecer o suplemento juntamente com o leite para antecipar a desmama dos animais no sistema.

2. (EXAME 2010)

Para formulação correta de dietas para diferentes espécies animais, é necessário o conhecimento de suas exigências nutricionais e a composição dos alimentos a serem fornecidos. Existem, basicamente, duas formas de se obter a composição química dos alimentos: adotar os valores encontrados em tabelas publicadas ou solicitar análise química em um laboratório de bromatologia. Para formular uma dieta, um zootecnista utilizou a composição química das matérias-primas presentes em uma tabela. Entretanto, após encaminhar os ingredientes para análise química, verificou que os valores analisados no laboratório eram maiores do que os encontrados na tabela de alimento.

Nessa situação, se a dieta fosse formulada com a composição indicada pela análise laboratorial, é correto afirmar que poderia haver

(A) falta de nutrientes na dieta.

(B) desempenho animal inferior ao esperado.

(C) necessidade de inclusão de alimentos de melhor qualidade.

(D) diminuição no custo total da dieta, pela utilização de menor quantidade de alimento.

(E) utilização de maior quantidade de alimento que a necessária para obter o mesmo desempenho animal.

3. (EXAME 2010)

Um lote de vacas leiteiras com peso corporal (PC) médio de 500 kg apresenta um consumo estimado de 3,0% do PC em matéria seca (MS). Considerando apenas os nutrientes digestíveis totais (NDT) e a proteína bruta (PB), a exigência nutricional desses animais é de 12,0 kg e 2,4 kg, respectivamente. Os animais estão consumindo 40% de sua dieta total em silagem de milho, que apresenta um teor de PB de 10% e de NDT de 80% (valores expressos na MS). Além do volumoso, esses animais vão receber um concentrado que irá compor a dieta total.

Qual deve ser a porcentagem de PB e de NDT presentes no concentrado para atender às exigências das vacas leiteiras?

(A) 12% de PB e 48% de NDT
(B) 18% de PB e 72% de NDT
(C) 18% de PB e 80% de NDT
(D) 20% de PB e 48% de NDT
(E) 20% de PB e 80% de NDT

4. (EXAME 2010)

O tamanho de partículas dos ingredientes que compõem a dieta pode ter reflexos significativos no aproveitamento dos alimentos pelos animais. Menores granulometrias permitem maior gelatinização do amido durante a extrusão e maior ação das enzimas digestivas sobre os nutrientes, melhorando a digestibilidade. Por outro lado, pode resultar em aumento na taxa de passagem do alimento pelo trato digestório, reduzindo o contato das enzimas digestivas com os nutrientes e sua absorção, comprometendo o aproveitamento dos nutrientes pelo organismo.

HILCKO, K.P., FELIX, A.P., OLIVEIRA, S.G., *et al.* Diferentes graus de moagem em dietas para cães. *In*: **Ciência Rural**, Santa Maria, v. 39, n. 8, p. 2511-2515, 2009 (adaptado).

Com base na citação anterior, julgue os itens a seguir.

I. A digestibilidade dos alimentos varia conforme sua composição química e o tipo de processamento realizado no alimento.
II. O processo de extrusão favorece a digestão do amido no estômago, pois potencializa a ação dos sucos gástricos e permite a absorção de glicose pelo estômago.
III. O procedimento de extrusão é utilizado em dietas de cães e gatos com o objetivo de melhorar a digestibilidade, além de diminuir o odor das fezes em decorrência do melhor aproveitamento dos nutrientes.
IV. A taxa de passagem do alimento pelo trato digestório está associada ao tipo de processamento utilizado, sendo que, quanto menor o tamanho das partículas, maior será a absorção dos ingredientes.

São corretos apenas os itens

(A) I e II.
(B) I e III.
(C) I e IV.
(D) II e III.
(E) II, III e IV.

5. (EXAME 2007)

Na dieta de cavalos adultos, a relação recomendada entre alimentos volumosos e alimentos concentrados varia de 100:0 a 80:20. Essa recomendação se deve ao fato de o cavalo adulto conseguir aproveitar parte dos nutrientes presentes no capim de boa qualidade. Que característica fisiológica e(ou) anatômica possibilita a esse animal aproveitar os nutrientes de forrageiras?

(A) Produção das enzimas celulase e hemicelulase pelo estômago.
(B) Produção das enzimas tripsina, quimiotripsina, e carboxipeptidase pelo cólon proximal.
(C) Existência de rúmen, retículo, omaso e abomaso.
(D) Maior capacidade volumétrica do intestino grosso em comparação a outros animais monogástricos, como os suínos.
(E) Produção das enzimas amilase, quitinase e lipase pelo cólon distal.

6. (EXAME 2007)

Normalmente, vacas de raças leiteiras perdem peso nos primeiros 45 dias após o parto, mesmo que seja administrada uma dieta balanceada e à vontade. Essa redução de peso é um fenômeno fisiológico causado pelo(a)

(A) excesso de gordura no leite.
(B) alta produção de leite nos primeiros 7 dias após o parto.
(C) amamentação do bezerro logo após o parto.
(D) metabolismo negativo que ocorre logo após o parto.
(E) redução do consumo de água logo após o parto.

7. (EXAME 2007)

A produção de leite é determinada, entre outros fatores, pela raça e pela alimentação do animal. Entre as raças leiteiras conhecidas, a holandesa destaca-se como a de maior produção. No entanto, a maior parte do rebanho leiteiro do Brasil é constituída essencialmente por animais cruzados, de baixa produção. As razões para a maior utilização de animais mestiços no Brasil incluem o fato de que esses animais apresentam, em relação às vacas holandesas,

I. menor custo de produção de leite.
II. maior resistência ao meio ambiente e aos parasitas.
III. maior facilidade de manejo.
IV. maior adaptabilidade à estabulação e ao arraçoamento em comedouros.
V. maior peso.

Estão certos apenas os itens

(A) I, II e III.
(B) I, II e IV.
(C) I, III e V.
(D) II, IV e V.
(E) III, IV e V.

8. (EXAME 2007)

Uma granja de suínos vende os animais para um frigorífico que remunera os produtores com base no percentual de carne magra da carcaça. Inicialmente, o peso vivo médio dos animais era de 20 kg e eles recebiam 2,6 kg de ração por dia, durante 90 dias, apresentando um ganho diário médio de peso de 800 g, e a espessura de toucinho era de 19 mm. Com o objetivo de se reduzir a espessura de toucinho, a quantidade diária de ração fornecida foi reduzida de 2,6 kg para 2,4 kg. Com essa redução, os animais passaram a permanecer 100 dias na unidade de crescimento e terminação da granja, tendo apresentado um ganho diário médio de peso de 720 g. A espessura de toucinho foi reduzida para 18 mm.

Com relação à situação hipotética descrita acima, é correto afirmar que a redução da quantidade de ração fornecida provocou

(A) aumento do peso vivo médio dos animais vendidos para o frigorífico.
(B) aumento do valor de conversão alimentar.
(C) aumento da eficiência alimentar.
(D) aumento do número de suínos produzidos anualmente.
(E) redução da quantidade de ração necessária para o suíno atingir o peso de abate.

9. (EXAME 2007)

Galinhas poedeiras não conseguem digerir, ou digerem de forma incompleta, os polissacarídeos não amiláceos (PNA) presentes em alimentos utilizados na dieta, como farelos de soja, de trigo, de arroz, de girassol, entre outros. No intestino dessas aves, alguns PNAs provocam aumento da viscosidade do quimo, o que prejudica a ação das enzimas endógenas e pode interferir no transporte dos nutrientes e na velocidade de passagem. Com o intuito de melhorar a digestibilidade de alguns PNAs, é correto adicionar à dieta de poedeiras as enzimas

(A) celulase, fitase e glucanase.
(B) celulase, glucanase e xilanase.
(C) celulase, fitase e xilanase.
(D) amilase, glucanase e xilanase.
(E) amilase, hemicelulase e fitase.

10. (EXAME 2007)

Para realizar a muda forçada ou a muda induzida em poedeiras comerciais, o proprietário de uma granja interrompeu o fornecimento de luz artificial e deixou as aves em jejum alimentar durante 17 dias. Ao final desse período, as aves estavam pesando 42% menos em relação ao peso vivo inicial. A mortalidade entre o período de jejum e o período de retorno à alimentação foi de 10%. O proprietário forneceu uma fonte de cálcio para coletar os ovos que estavam em formação nos três primeiros dias de jejum. Com base nessa situação hipotética, é correto afirmar que o(a)

(A) proprietário da granja deveria continuar fornecendo luz artificial para as poedeiras, para coletar mais ovos nos primeiros dias do período de jejum.
(B) período de jejum foi superior ao recomendado, o que acarretou uma excessiva redução do peso vivo e uma mortalidade acima da esperada.
(C) ciclo de produção, após a muda forçada, deve ser idêntico ao primeiro, devendo apresentar os mesmos parâmetros produtivos.
(D) fornecimento de fonte de cálcio nos primeiros dias do período de jejum aumenta o número de dias necessários para que a postura chegue a zero, o que força um período maior de jejum.
(E) metodologia utilizada é a mais adequada para o caso, e o peso médio de ovo durante o segundo ciclo de postura pode atingir 90% do peso médio de ovo observado no primeiro ciclo.

11. (EXAME 2004)

O teor de fibra em detergente ácido (FDA) de um ingrediente pode ser utilizado em equações para a predição da energia digestível (ED). Considere que após analisar dados bibliográficos acerca da digestibilidade da energia e da composição química de alimentos para coelhos, obteve-se a relação CDE (%) = 84,77 − 1,16 × FDA (%), em que CDE é o coeficiente de digestibilidade da energia.

Assinale a opção cujo gráfico apresenta um esboço correto da relação referida no texto acima.

(A)
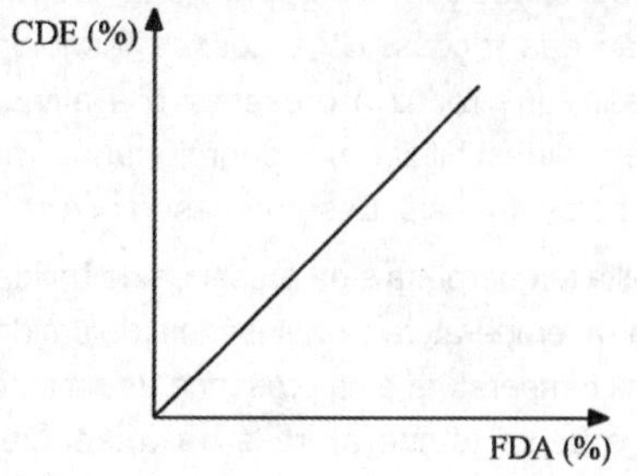

(B)
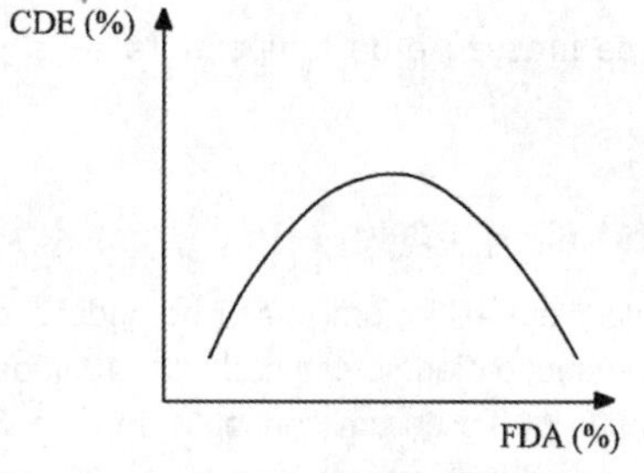

(C)
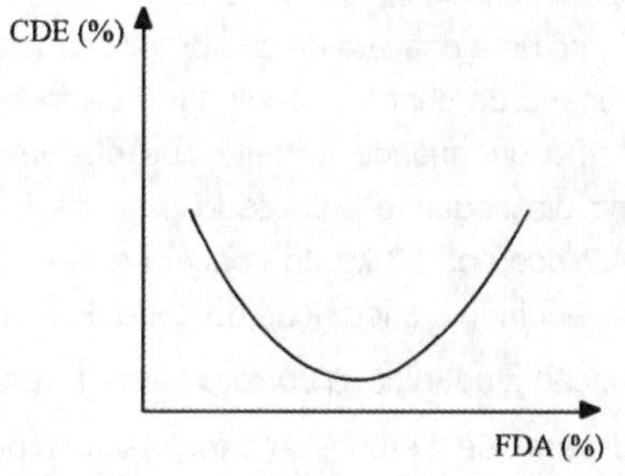

(D)
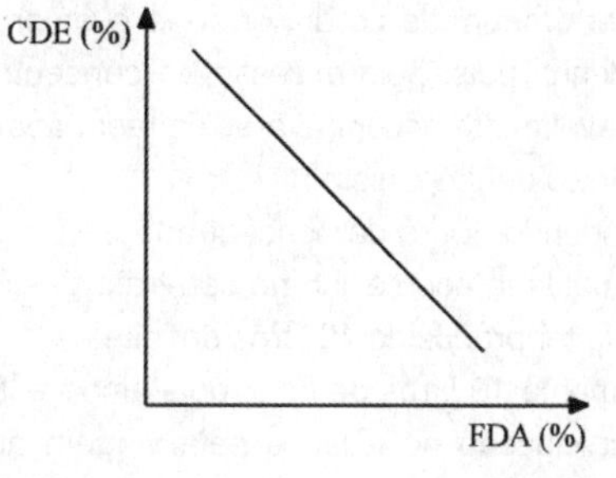

(E)
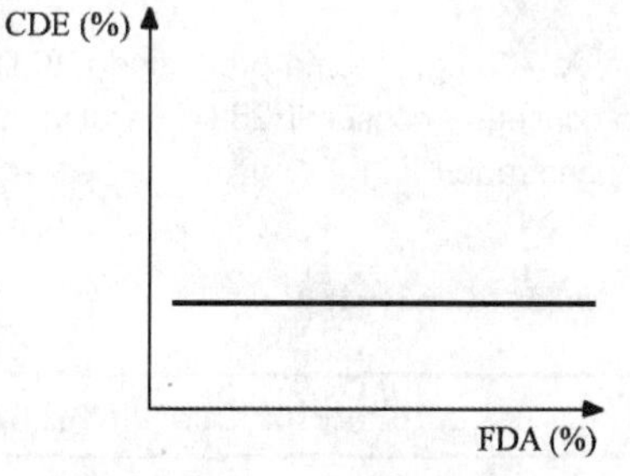

12. (EXAME 2004)

Um criador de equinos observou que, após mudança de alimentação do seu rebanho, os animais apresentaram quadro de laminite (aguamento). Essa situação sugere uma ingestão excessiva de

(A) carboidratos estruturais, com formação de ácido linoléico.
(B) lipídeos, com formação de cadaverina.
(C) fósforo, com formação de oxalato.
(D) amido, com formação de histamina.
(E) potássio, com formação de histidina.

13. (EXAME 2004)

Várias tecnologias são aplicadas com o objetivo de se aumentar a eficiência da utilização das rações. Uma dessas tecnologias é o processo de extrusão, que reduz a presença e a atividade microbianas e aumenta a digestibilidade, proporcionando maior absorção de nutrientes pelos animais. Esse processo ocorre

(A) sob baixa pressão e alta temperatura e na presença de umidade.
(B) sob alta pressão e baixa temperatura e na ausência de umidade.
(C) sob alta pressão e alta temperatura e na presença de umidade.
(D) sob baixa pressão e baixa temperatura e na ausência de umidade.
(E) sob qualquer valor de pressão e de temperatura e na presença de umidade.

14. (EXAME 2004)

Um empresário arrematou, em leilão, uma vaca holandesa com 700 kg de peso e cuja produção diária é estimada em 40 litros de leite. O empresário ganhou 50 kg de um concentrado com 22% de proteína bruta e 70% de nutrientes digestíveis totais, levando-o juntamente com a vaca para uma chácara de sua propriedade. Em conversa com um funcionário da chácara, pediu-lhe que tratasse bem da vaca e referiu-se à quantidade de leite que ela deveria produzir, pois voltaria no dia seguinte bem cedo para assistir à ordenha. O funcionário colocou os 50 kg do concentrado em um comedouro para a vaca, seguindo a orientação do dono do animal.

Considerando essa situação hipotética, é correto afirmar que

(A) a vaca produziu no dia em que o empresário foi assistir à ordenha os 40 litros de leite esperados.
(B) a vaca não pôde ser ordenhada no dia em que o empresário foi assistir à ordenha pois, pelo excesso do concentrado que consumiu, provavelmente encontrava-se deitada, aparentando um quadro clínico de timpanismo.
(C) se a vaca tivesse ingerido 30 kg de concentrado e 10 kg de feno, nada de anormal teria acontecido no seu trato gastrointestinal, e ela poderia ter produzido 40 litros de leite.
(D) a vaca produziu somente 10 litros de leite, pois ainda estava estressada pela participação no leilão e pela viagem até a chácara.
(E) uma vaca holandesa de 700 kg, mesmo produzindo 40 litros de leite por dia, não consegue consumir 25 kg de alimentos, entre volumoso e concentrado.

15. (EXAME 2004)

alimentos	proteína bruta (%)
milho grão	10
farelo de soja	45
farelo de trigo	18
feno de gramínea	10
sal mineral	0

A tabela acima apresenta o percentual de proteína bruta de alguns alimentos. Considere uma ração composta de 60% de feno de gramínea, 15% de farelo de trigo e 2% de sal mineral.

Nessa situação, assinale a opção que apresenta os percentuais de milho grão e de farelo de soja, respectivamente, que completariam a ração com 18% de proteína bruta.

(A) 3% e 20%
(B) 10% e 13%
(C) 12% e 11%
(D) 13% e 10%
(E) 20% e 3%

16. (EXAME 2004)

A contaminação dos recursos naturais ocorre mais facilmente em regiões que, com alta concentração de granjas de suínos e limitações topográficas, apresentam baixa disponibilidade de terra para atividade agropecuária associada ao aumento de escala de produção. Assinale a opção que contém ações adotadas com o intuito de amenizar esse problema.

(A) Melhorar o valor nutritivo da dieta dos suínos, adicionando complexos enzimáticos com glucanase, xilanase, arabinoxilase e celulase na ração formulada com alimentos que contenham polissacarídeos não amiláceos.
(B) Implantar um programa de controle e tratamento dos dejetos, para reduzir a contaminação dos recursos hídricos, pois o cálcio presente nos dejetos de suíno é considerado um dos principais elementos de poluição em situações como a descrita acima.
(C) Reduzir o potencial poluente dos sistemas intensivos tradicionais, por meio da técnica da criação de suínos sob cama associada à adoção do sistema intensivo de criação de suínos ao ar livre (SISCAL), no qual os animais são alimentados, exclusivamente, com capim picado fornecido no cocho.
(D) Enviar os animais para o frigorífico com peso vivo de 60 kg, com o objetivo de diminuir a produção de dejetos nas granjas, já que esse peso permite obter-se maior rendimento de carcaça e maior retorno econômico.
(E) Adicionar monensina sódica à dieta dos suínos para melhorar a digestibilidade das fibras ingeridas e reduzir a produção de dejetos, diminuindo, assim, a contaminação dos recursos naturais.

17. (EXAME 2004)

As proteínas são fundamentais para a manutenção da integridade do organismo animal. Essas substâncias variam quanto a tamanho, forma, carga, capacidade de formação de pontes de hidrogênio e reatividade química. São importantes, junto com outros nutrientes, para o crescimento e o desempenho produtivo dos animais de interesse econômico. Acerca do metabolismo das proteínas, assinale a opção correta.

(A) Quando necessário, o organismo animal utiliza alguns aminoácidos que possam ser convertidos em glicose. Do conjunto básico de vinte aminoácidos, a lisina e a leucina são normalmente utilizadas para essa conversão.
(B) Alguns aminoácidos apresentam o mineral enxofre (S) na sua composição molecular e, por essa razão, são denominados aminoácidos sulfurados. A treonina, a histidina e a metionina são exemplos desses aminoácidos.

(C) As proteínas são moléculas que podem atuar, de forma eficiente, na catálise de diversas reações químicas, devido à sua capacidade de se ligarem aleatoriamente a várias moléculas e ao seu baixo poder catalítico.

(D) O aminoácido é constituído por um grupamento amina, uma carboxila, um átomo de hidrogênio e uma cadeia lateral que apresenta diferentes tamanhos e formas. Há aminoácidos constituídos de cadeias laterais aromáticas, como a fenilalanina e o ácido linoleico.

(E) As proteínas são macromoléculas formadas por aminoácidos que exercem várias funções no organismo animal, como transporte de oxigênio, movimento contrátil, sustentação mecânica e proteção imunitária.

18. (EXAME 2004)

Para ruminantes de interesse zootécnico (bovinos, ovinos, caprinos e bubalinos), o colostro, primeira secreção após o parto, desempenha papel determinante na sobrevivência do recém-nascido. Dessa forma, o colostro deve ser ingerido aproximadamente entre as 6 e 10 primeiras horas pós-nascimento, porque, após esse período,

(A) ocorre queda na absorção das imunoglobulinas em razão da renovação da mucosa intestinal dos recém-nascidos e do efeito da redução dos níveis de imunoglobulinas do colostro das mães.

(B) os animais não conseguem mais ingerir o colostro, uma vez que estão fracos e debilitados, o que os impede de permanecerem em pé.

(C) as imunoglobulinas do grupo A, que conferem imunidade humoral, não são mais absorvidas pelo intestino delgado.

(D) as mães não são capazes de produzir mais colostro, pois sua fisiologia é alterada para a produção do leite necessária para a nutrição do recém-nascido.

(E) ocorre uma inversão no sistema de proteção dos recém-nascidos, que passa de imunidade passiva para imunidade ativa, não havendo mais necessidade do colostro.

QUESTÃO DISCURSIVA

1. (EXAME 2007) DISCURSIVA

Com a chegada do verão, a temperatura ambiente média na região em que se localiza uma granja de galinhas poedeiras leves subiu de 25ºC para 32ºC. Com esse aumento, houve redução da postura e do tamanho dos ovos, além de aumento da incidência de ovos com casca trincada e(ou) quebrada, de ovos com casca mole e de ovos sem casca.

Com base nessa situação hipotética e considerando que a idade das aves seja de 26 semanas e que nem o manejo nutricional preconizado nem a composição química da dieta de postura fornecida para as aves tenham sido alterados, faça o que se pede a seguir.

a) Identifique três possíveis causas dos problemas relatados nessa granja. **(valor = 5,0 pontos)**

b) Cite duas ações que podem ser adotadas, uma em relação ao manejo nutricional e outra acerca das instalações zootécnicas, para sanar os problemas existentes. **(valor = 5,0 pontos)**

Conteúdo 03

FOMENTO, PLANEJAMENTO, COORDENAÇÃO E ADMINISTRAÇÃO DE PROGRAMAS DE MELHORAMENTO E DE CONSERVAÇÃO DE RECURSOS GENÉTICOS ANIMAL

1. (EXAME 2010)

De acordo com estudos recentes publicados na Austrália e no Canadá, cada 1% de acréscimo de gordura na dieta de ruminantes pode reduzir em até 6% a quantidade de metano produzido por kg de matéria seca consumida.

GRAINGER, C. GIA methane: increasing fat can reduce methane emissions. GIA Letters. Dept. of Primary Industries, march 2008 *apud* ABDALLA, A. L. *et al.* Utilização de subprodutos da indústria de biodiesel na alimentação de ruminantes. **Revista Brasileira de Zootecnia** v. 37, sup. esp. Viçosa, p. 260-268, 2008.

Consumo de matéria seca para bovinos mestiço e nelore

Variáveis	Grupo genético	Mínimo	Máximo
CMS, kg/dia	Mestiço	4,46	12,74
	Nelore	6,04	10,78

AZEVÊDO *et al.* Exigências Nutricionais de Zebuinos Puros e Cruzados. **BR-Corte**, 28 edição, pag. 7, 2010 (adaptado).

Com base na tabela e considerando apenas o consumo de matéria seca, qual grupo genético e qual nível de consumo mais contribuirá para diminuição da quantidade de metano, se todos forem alimentados com dieta formulada com acréscimo de 1% de gordura?

(A) Nelore com consumo médio de 8,4 kg MS.
(B) Mestiço com consumo de 12,74 kg MS.
(C) Nelore com consumo de 10,78 kg MS.
(D) Mestiço com consumo médio de 5,25 kg MS.
(E) Mestiço com consumo médio de 8,6 kg MS.

2. (EXAME 2010)

No Brasil existem 2,9 bilhões de toneladas de rochas fosfáticas que podem ser utilizadas na nutrição animal. Todo o fósforo não absorvido pelos suínos é excretado nos dejetos. O uso das fezes em adubação no solo de maneira indiscriminada pode provocar danos ao meio ambiente, contaminando rios, lagos e córregos. Moreira et al. (2009) realizaram um experimento no qual utilizaram 21 suínos machos castrados, na fase de crescimento, mantidos com dietas à base de milho, farelo de soja e óleo vegetal (CONTROLE - CONT) suplementadas com fosfato bicálcico (FBC), fosfato monobicálcico (MBC), superfosfato triplo (ST), superfosfato simples (SS), ácido fosfórico (AcF) ou fosfato de rocha catalão (ROCHA). O gráfico abaixo apresenta a relação entre o fósforo que retorna ao trato gastrointestinal (VIT) e o fósforo dietético absorvido (Vaa).

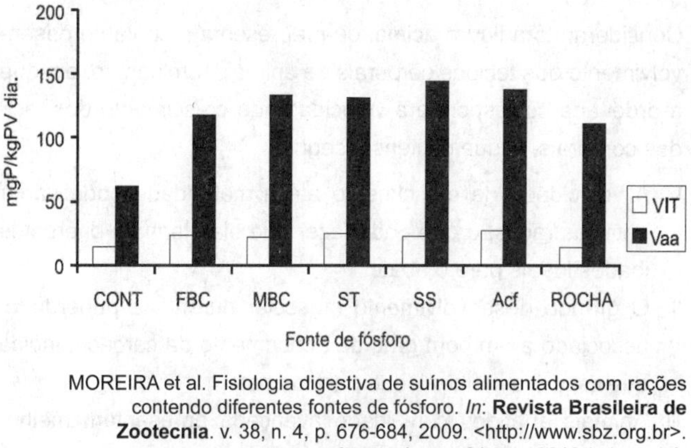

MOREIRA et al. Fisiologia digestiva de suínos alimentados com rações contendo diferentes fontes de fósforo. *In*: **Revista Brasileira de Zootecnia**. v. 38, n. 4, p. 676-684, 2009. <http://www.sbz.org.br>. Acessado em: 21 ago. 2010 (adaptado).

Considerando as características das dietas experimentais e a análise do gráfico apresentado, avalie as afirmações que se seguem.

I. Em dietas deficientes em fósforo, como em dietas controle, o impacto no metabolismo dos animais é reduzido pelo mecanismo de absorção do fósforo endógeno.

II. O superfosfato simples destaca-se entre as fontes de fósforo por sua menor poluição ao meio ambiente, melhor biodisponibilidade e pela maior eficiência de metabolização de suínos em crescimento.

III. A fração do fósforo endógeno que retorna para a corrente sanguínea apresenta comportamento similar ao retorno via trato gastrintestinal, confirmando que, da mesma maneira como ocorrem as perdas obrigatórias mínimas, também ocorre a absorção obrigatória mínima do fósforo endógeno excretado no trato digestivo.

IV. Os valores da variável VIT, que representa também uma importante rota de excreção metabólica de fósforo, indicam relação similar com o fósforo dietético absorvido (Vaa) das fontes estudadas, promovendo menor perda para as dietas controle e com fosfato de rocha catalão.

São corretas apenas as afirmações

(A) I e II.
(B) I e III.
(C) II e IV.
(D) II e III.
(E) III e IV.

3. (EXAME 2007)

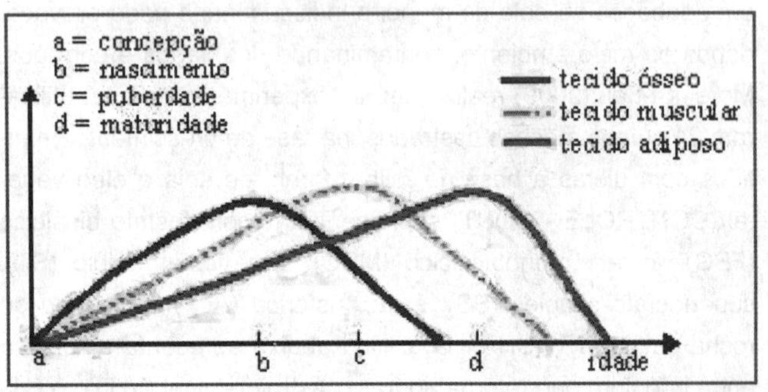

Owens. **Curva de desenvolvimento dos tecidos corporais**. 1993 (com adaptações).

Considerando a figura acima, que representa a curva de desenvolvimento dos tecidos corporais de animais ruminantes, em que a ordenada corresponde à velocidade de crescimento dos tecidos corporais, julgue os itens a seguir.

I. A velocidade de crescimento até a maturidade pode variar entre as raças, o que pode fazer que elas tenham diferentes idades ideais para o abate.

II. O grande desenvolvimento muscular durante a puberdade, associado a um bom grau de acabamento da carcaça, indica que essa é a melhor idade para o abate.

III. Animais abatidos com idade avançada apresentam melhor relação econômica custo *versus* benefício.

IV. No caso de ovinos, o acúmulo de gordura após a maturidade melhora o grau de acabamento da carcaça e a qualidade da carne.

V. Animais precoces ou superprecoces apresentam crescimento rápido de tecido adiposo e crescimento moderado de tecido muscular.

Estão certos apenas os itens

(A) I e II.
(B) I e IV.
(C) II e V.
(D) III e IV.
(E) III e V.

4. (EXAME 2004)

Um dos métodos usados para o melhoramento genético dos animais domésticos é o cruzamento, que consiste no acasalamento entre indivíduos menos aparentados entre si que a média de parentesco da população. Julgue os itens a seguir, relativos às consequências desejáveis no cruzamento.

I. Produção de heterose ou vigor híbrido, que consiste na superioridade média dos filhos em relação à média dos pais.

II. Incorporação de genes desejáveis na população de forma mais rápida do que pelo aumento de frequência gênica pela seleção.

III. Aumento da frequência dos genes desejáveis pela escolha dos indivíduos considerados superiores na população.

IV. Combinação de méritos genéticos de diferentes raças ou linhagens em um único indivíduo.

Estão certos apenas os itens

(A) I e III.
(B) I e IV.
(C) II e III.
(D) I, II e IV.
(E) II, III e IV.

QUESTÃO DISCURSIVA

1. (EXAME 2004) DISCURSIVA

Um experimento foi realizado com o objetivo de mostrar características de desempenho e de carcaça de bovinos não castrados dos grupos genéticos nelore controle (10 animais), nelore seleção (11 animais), guzerá seleção (10 animais) e caracu (10 animais). Os animais pertenciam a grupos contemporâneos nascidos entre setembro e novembro de 1997 e foram selecionados após a prova de ganho de peso em 1998. A partir dessa data, foram mantidos em pastagem, recebendo suplementação mineral até atingirem o peso de abate, o que foi conseguido quando tinham idade média de 824 dias. Foram analisadas, entre outras, as seguintes características: média de ganho de peso diário, peso de abate aos 824 dias de idade e rendimento de carcaça. As médias foram comparadas pelo teste de Tukey (5%), utilizando-se o programa computacional SAS. Os resultados são apresentados na tabela a seguir.

Médias ajustadas por quadrados mínimos[1] (± erros-padrão) para características dedesempenho e rendimento de carcaça, de acordo com o grupo genético.

caráter	guzerá seleção	nelore controle	nelore seleção	caracu	NS[2]
ganho médio diário (g)	443,4 ± 14,0^{ab}	406,4 ± 13,9^{b}	501,2 ± 13,8^{a}	458,2 ± 13,7^{ab}	0,02$^{(*)}$
peso de abate aos 824 dias (kg)	500,9 ± 8,6^{b}	447,6 ± 8,6^{c}	542,7 ± 8,2^{a}	537,3 ± 8,6^{a}	0,00$^{(**)}$
rendimento de carcaça (%)	54,0 ± 0,4^{b}	56,3 ± 0,4^{a}	56,3 ± 0,4^{a}	55,4 ± 0,4^{a}	0,00$^{(**)}$

[1] Valores na linha acompanhados de letras iguais não diferem entre si pelo teste de Tukey (P > 0,05).

[2] NS é o nível de significância da análise de variância para efeito de rebanho. (*) significativo (P < 0,05); (**) significativo (P < 0,01).

Após análise das informações acima, redija, de forma sucinta, suas conclusões acerca do efeito da seleção praticada na raça nelore, comparando-o com o dos demais grupos genéticos estudados. (valor: 10,0 pontos)

Conteúdo 04

PLANEJAMENTO E EXECUÇÃO DE PROJETOS DE FORMAÇÃO DE PASTAGENS, PRODUÇÃO E CONSERVAÇÃO DE FORRAGEIRAS

1. (EXAME 2010)

O conhecimento da ecofisiologia é necessário para o desenvolvimento de práticas de manejo consistentes com a capacidade produtiva das plantas forrageiras em um ambiente. Nessa perspectiva, avalie as afirmativas que se seguem.

I. A planta precisa de reservas orgânicas para sobreviver aos períodos de estresse. Se a parte aérea permanece vegetativa, as reservas são normalmente utilizadas para produção de folhas e restituição da área foliar. Portanto, para um bom manejo das pastagens, é importante que esse tecido não seja colhido durante seu tempo de vida.

II. Em um manejo de pastagens na forma intensiva, deve-se promover um pastejo intenso, para que se estabeleça o máximo de produção de matéria seca, aproveitando-se, ao máximo, as plantas forrageiras.

III. Sob pastejo, a fotossíntese do dossel forrageiro diminui de maneira drástica, afetando imediatamente o crescimento radicular e a absorção de nitrogênio (N), causando, consequentemente, uma redução de assimilados para o sistema radicular. Entretanto, o pastejo pode ser benéfico para a renovação de folhas.

IV. As plantas forrageiras, ao longo do tempo, desenvolveram mecanismos de tolerância e adaptação ao pastejo, como forma de assegurar sua sobrevivência e perpetuação em áreas de pastagens. Entre os principais mecanismos, estão os de adaptações fisiológicas e adaptações morfológicas.

V. As folhas que se desenvolvem nas porções mais baixas do dossel forrageiro apresentam menor capacidade fotossintética quando comparadas às folhas das demais porções.

Estão corretas apenas as afirmativas

(A) I e IV.
(B) II e III.
(C) I, II e V.
(D) II, III e IV.
(E) III, IV e V.

2. (EXAME 2007)

A produção de carne bovina no Brasil é sustentada basicamente pela terminação dos animais em sistemas de pastagens. Todavia, o confinamento é praticado em algumas situações e suas vantagens incluem

I. o menor custo de produção por arroba produzida.
II. o uso de animais não castrados e de baixo potencial genético.
III. o uso exclusivo de animais oriundos de cruzamentos industriais.
IV. o rápido retorno do capital investido (em média, 100 dias).
V. a desocupação de pastagens para bovinos de outras categorias.

Estão certos apenas os itens

(A) I e II.
(B) I e III.
(C) II e IV.
(D) III e V.
(E) IV e V.

3. (EXAME 2004)

A produção de forragens no Brasil é caracterizada por épocas de alta e de baixa produção. Em razão dessa realidade, seria correto um produtor preocupado em sanar a escassez de alimentos no período de baixa produção de forragens suplementar a dieta de seus animais com

(A) silagem de milho, devido à sua alta produção de massa verde em comparação à das demais forrageiras.

(B) silagem de sorgo, devido ao menor teor de tanino em relação às demais forrageiras.

(C) uma mistura de silagem de milho e silagem de cana-de-açúcar, pela facilidade de produzir essas duas forrageiras.

(D) capineiras de capim elefante, em razão do maior teor de proteína bruta após 90 dias de estágio de maturidade em relação às silagens.

(E) cana-de-açúcar, devido à alta produção de matéria verde por área e da facilidade do seu cultivo.

QUESTÃO DISCURSIVA

1. (EXAME 2004) DISCURSIVA

Uma propriedade rural tem sido utilizada para a criação de bovinos ao longo dos últimos 20 anos. A pastagem existente inicialmente era capim colonião (*Panicum maximum*), forrageira exigente quanto à fertilidade do solo. Essa pastagem foi substituída ao final dos primeiros 10 anos por capim braquiária — *Brachiaria brizantha*, uma forragem menos exigente. Passados outros 5 anos, a braquiária foi sendo substituída por grama estrela (*Cynodon*), de baixa exigência, e, ao final desse período, a pastagem foi invadida por plantas daninhas. Atualmente, o produtor precisa reformar a pastagem para aumentar a produtividade. Para tanto, será necessário o uso de sistemas mais eficientes de produção de forragem.

Considerando a situação acima,

a) identifique o(s) principal(is) problema(s) ocorrido(s) na propriedade e apresente duas possíveis razões que levaram à ocorrência dele(s); **(valor: 4,0 pontos)**

b) na qualidade de zootecnista, oriente o produtor a escolher um sistema para aumentar a disponibilidade de volumoso na propriedade, citando quatro opções viáveis para ele. **(valor: 6,0 pontos)**

Conteúdo 05

PLANEJAMENTO E EXECUÇÃO DO MANEJO REPRODUTIVO DOS ANIMAIS

1. (EXAME 2010)

Uma das atividades essenciais para se avaliar as condições dos enxames e, posteriormente, indicar o manejo a ser utilizado é a revisão das colmeias. Para ser bem-sucedida, o operador dessa revisão deve respeitar as condições fisiológicas das abelhas, além de

I. alternar os quadros no ninho para uniformização da cera.
II. utilizar o equipamento de proteção individual (EPI) em todas as atividades de manejo.
III. substituir um favo sem crias por um com mel no ninho, pois significa que as abelhas estão com fome.
IV. utilizar o fumigador, sendo que a fumaça deve ser clara, fria e dirigida horizontalmente sobre os quadros.

Estão corretos apenas os procedimentos

(A) I e II.
(B) I e III.
(C) II e IV.
(D) I, III e IV.
(E) II, III e IV.

2. (EXAME 2010)

Em uma propriedade de criação de bovinos de leite, foi implantado um programa de boas práticas de manejo, que inclui o programa de boas práticas de vacinação. A respeito das recomendações desse programa, é correto afirmar que

(A) o manejo deve ser realizado em curral aberto, com características que permitam laçar o pescoço dos animais e realizar a vacinação.
(B) as vacinas utilizadas em bovinos são definidas pelo produtor e pelo responsável técnico da propriedade, conforme incidência da doença no rebanho.
(C) a implementação do manejo racional na vacinação dispensa instalações sofisticadas, pois o fundamental é que os animais sejam manejados intensivamente e pelo maior tempo possível antes, durante e após a vacinação, aumentando o contato deles com o vacinador e, assim, familiarizando-os com o manejo.
(D) o planejamento das datas de vacinações ao longo do ano deve levar em conta o manejo do gado, além da definição de datas mais convenientes do ponto de vista imunológico e climático e da metodologia de realização da vacinação em época de muita chuva que proporcione um bom manejo.
(E) a adoção do manejo racional na vacinação proporciona benefícios econômicos diretos, com diminuição na perda de vacina, de danos aos equipamentos (seringas quebradas e agulhas tortas) e de riscos de acidentes de trabalho, melhorando a rotina das atividades da fazenda.

3. (EXAME 2007)

Em cruzamento animal, a heterose, definida como a superioridade média dos descendentes em relação à média dos pais, é considerada um importante objetivo a ser alcançado. A heterose (*H*) de determinado parâmetro zootécnico pode ser calculada pela fórmula

$$H = \frac{\overline{F} - \overline{P}}{\overline{P}} \times 100,$$

em que $\overline{F}$ representa a média dos filhos e $\overline{P}$, a média dos pais.

Com base nessas informações, considere um acasalamento entre duas raças de suínos A e B (pais) que tenha resultado em filhos AB. Considere também que, na avaliação do número de leitões desmamados, tenham sido contados 10 leitões desmamados da raça A, 6 leitões desmamados da raça B e 9 leitões desmamados dos animais AB. Nessa situação, qual foi o efeito do cruzamento no valor da heterose e no número médio de leitões desmamados?

	heterose	número médio de leitões desmamados
(A)	9,5%	acréscimo de 1,5
(B)	12,5%	decréscimo de 1,0
(C)	12,5%	acréscimo de 1,0
(D)	15,5%	decréscimo de 1,0
(E)	15,5%	decréscimo de 1,5

4. (EXAME 2007)

Cruzamento industrial é uma ferramenta utilizada para o aumento da produtividade em bovinos de corte e que visa, entre outros aspectos, explorar as vantagens da heterose. Para essa finalidade, em geral, utilizam-se, no Brasil, fêmeas nelores ou aneloradas como raça materna e touros ou sêmens de raças europeias. Isso se deve

I. à boa adaptação das fêmeas nelores ou aneloradas nas regiões tropicais e subtropicais.
II. ao menor custo, no Brasil, das fêmeas nelores ou aneloradas em comparação ao de fêmeas de outras raças importadas.
III. à boa fertilidade das fêmeas nelores ou aneloradas nas condições tropicais e subtropicais.
IV. ao baixo custo dos touros europeus nas condições de produção de gado de corte no Brasil.
V. à alta resistência dos touros europeus às condições climáticas das regiões tropicais e subtropicais.

Estão certos apenas os itens

(A) I, II e III.
(B) I, III e IV.
(C) I, IV e V.
(D) II, III e V.
(E) II, IV e V.

5. (EXAME 2007)

A exploração de animais silvestres vem crescendo no Brasil, em decorrência do aumento de demanda por produtos diferenciados para mercados específicos, incluindo-se a exploração de jacarés (*Cayman yacare*). Apesar disso, nos últimos anos, a população desses répteis aumentou de forma desordenada no pantanal mato-grossense. A que fator se deve esse aumento populacional?

(A) À conscientização dos caçadores de jacaré, por meio de campanhas organizadas por organismos de proteção ambiental.
(B) Ao aumento da disponibilidade de alimentos no pantanal, decorrente das constantes enchentes.
(C) Ao aumento da fertilidade dos jacarés, provavelmente em função do aquecimento global.
(D) À diminuição do interesse pela comercialização da pele do jacaré por parte dos países importadores.
(E) Às campanhas de desestímulo ao consumo de carne de jacaré divulgadas pelo governo federal brasileiro.

6. (EXAME 2007)

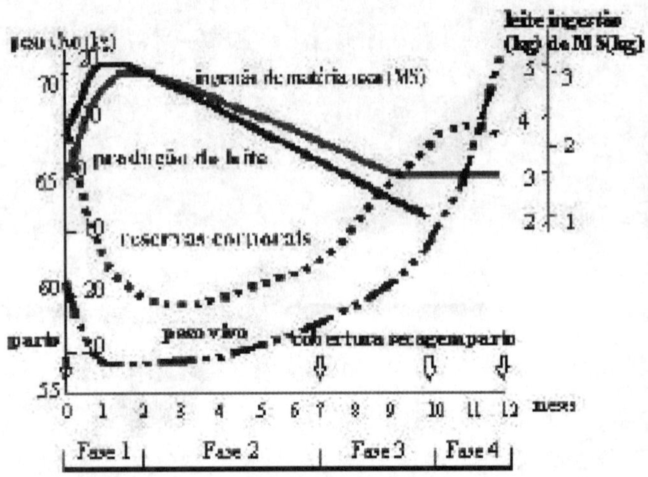

Fehr, Morand e Herveu. **Fases e acontecimentos do ciclo produtivo da cabra leiteira**. 1987 (adaptado por Ribeiro, 1997).

O gráfico acima representa o ciclo de produção de 12 meses para cabras leiteiras, no qual é possível identificar quatro fases produtivas distintas, em que diversos fatores relacionados à produção de leite, à condição corporal e ao aporte de nutrientes estão inter-relacionados. O conhecimento dessas características é importante para se adequar o manejo de modo a alcançar bons índices produtivos e reprodutivos. Com base nessas informações e no gráfico apresentado, assinale a opção correta.

(A) Nas fases 1 e 4, a inclusão de dietas com altos níveis de fibra em detergente neutro (FDN) pode elevar a ingestão de matéria seca.
(B) As fases 2 e 3 são as mais críticas do ponto de vista nutricional, já que nelas a ingestão de matéria seca é limitada.
(C) Nas fases 1 e 4 é importante elevar a concentração energética do concentrado com óleos e ingredientes amiláceos, a fim de minimizar o efeito da baixa capacidade de ingestão e atender às exigências nutricionais.
(D) Na fase 2, que apresenta a maior produção de leite, ocorre grande mobilização das reservas corporais e isso indica que o animal se apresenta em balanço energético negativo.
(E) Nas fases 2 e 3 é necessário elevar o nível de FDN da dieta para que haja redução da produção de leite e aumento das reservas corporais.

Conteúdo 06

ELABORAÇÃO E ANÁLISE DE PLANOS DE NEGÓCIOS AGROPECUÁRIOS

1. (EXAME 2010)

O gráfico abaixo apresenta o volume de mel produzido (+) e exportado (D) pelo Brasil, no período de 2004 a 2009, em 1 000 ton, segundo o IBGE e a Secex (2010). A produção relativa ao ano de 2009 é uma estimativa.

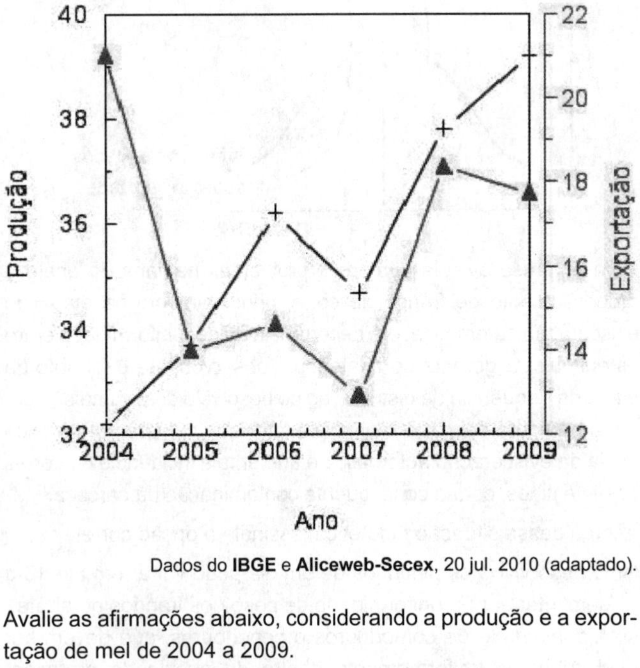

Dados do **IBGE** e **Aliceweb-Secex**, 20 jul. 2010 (adaptado).

Avalie as afirmações abaixo, considerando a produção e a exportação de mel de 2004 a 2009.

I. Os três maiores volumes produzidos foram nos anos de 2006, 2008 e 2009.

II. Os três maiores volumes exportados foram nos anos de 2004, 2008 e 2009.

III. O ano de 2005 foi o mais equilibrado em termos de oferta e consumo, uma vez que a produção e a exportação foram iguais.

IV. O mercado brasileiro teve o melhor abastecimento no ano de 2004, em razão do maior volume de mel disponibilizado ao consumidor.

É correto apenas o que se afirma em

(A) I e II.
(B) I e III.
(C) II e IV.
(D) I, III e IV.
(E) II, III e IV.

2. (EXAME 2007)

Considere que um zootecnista tenha sido contratado por uma empresa de grande porte que exporta carne bovina, especialmente para os mercados dos Estados Unidos da América e países da antiga União Soviética. Considere, ainda, que essa empresa, que pretende instalar uma nova planta frigorífica em alguma região do Brasil, tenha solicitado a esse zootecnista um estudo comparativo das regiões brasileiras para a instalação da referida planta. Com base nessa situação, julgue as seguintes informações, apresentadas no referido estudo.

I. A incorporação de novas áreas para a bovinocultura de corte na região Sul aumentou significativamente o tamanho do rebanho nessa região na última década, o que reduziu o preço da carne.

II. A região Sudeste possui grandes extensões de áreas disponíveis para a implantação de pastagens em sistema extensivo de produção.

III. A região Nordeste apresenta grande disponibilidade de mão de obra qualificada para dar suporte à expansão da bovinocultura de corte em curto prazo.

IV. A adoção de sistemas de integração lavoura-pecuária tende a aumentar a disponibilidade e a produtividade de pastagens na região Centro-Oeste.

V. A região Norte apresenta condições ambientais favoráveis para o desenvolvimento do gado zebuíno, base da produção nacional.

Estão certos apenas os itens

(A) I e II.
(B) I e V.
(C) II e III.
(D) III e IV.
(E) IV e V.

3. (EXAME 2007)

Segundo a FAO, cerca de 50% do peixe consumido em todo o mundo são oriundos de criação em cativeiro. Esse percentual equivale a 45,5 milhões de toneladas de peixes anualmente, o que representa cerca de US$ 63 bilhões. Em 1980, apenas 9% do pescado consumido eram originados da aquicultura. No Brasil, a aquicultura contribuiu, em 2004, com 26,5% da produção total de pescado (marinho e de água doce), o que equivale a 269.697,5 toneladas, com destaque para a expansão da tilapicultura nas regiões Sudeste e Nordeste. No período de 1990 a 2003, a taxa anual média de crescimento da aquicultura no Brasil foi de 23,3%, bastante superior à de outros importantes setores alimentícios, como o de aves (10%), bovinos (4%), suínos (7,9%), soja (8,6%), milho (7,6%), trigo (13,4%) e arroz (3,4%). No aspecto econômico, a aquicultura já representa 5% da produção animal nacional. Com base nessas informações, julgue os itens que se seguem.

I. Os fatores que contribuíram para o crescimento da produção de pescado no Brasil incluem incentivos governamentais, desenvolvimento de novas tecnologias para produção e industrialização e oferta de produtos diferenciados para o consumidor.

II. No Brasil, o sistema de cultivo predominante na produção de pescado é o extensivo, mediante o uso de espécies nativas.

III. A produção de tilápia, espécie originária do Brasil, tem crescido bastante em razão do incremento do uso de linhagens puras em criações comerciais.

IV. Em um projeto piscícola, deve ser incluída pesquisa acerca dos canais de comercialização e os produtos devem ser direcionados para a satisfação do mercado consumidor no que se refere a aspectos quantitativos e qualitativos.

V. Em parte, o aumento do consumo de peixes pode ser atribuído a mudanças nos hábitos alimentares da população, em decorrência da conscientização do consumidor e a consequente demanda por alimentos mais benéficos para a saúde humana.

Estão certos apenas os itens

(A) I, II e III.
(B) I, II e IV.
(C) I, IV e V.
(D) II, III e V.
(E) III, IV e V.

4. (EXAME 2007)

Para estimar a exigência de energia metabolizável (EM) para galinhas poedeiras leves, em kcal / ave / dia, existem várias equações, como, por exemplo, EM = 144,5 $P^{0,75}$ + 3,84 G + 1,92 ovo + 2 P (21 – T), em que P representa o peso corporal médio das aves, em kg, G, o ganho de peso médio das aves, em g / ave / dia, ovo, o peso médio dos ovos, em g / ave / dia, e T, a temperatura ambiente média, em ºC.

ROSTAGNO, H. S. **Tabelas brasileiras para aves e suínos**. 2005.

Com base na equação acima, assinale a opção correta.

(A) Na estimativa da exigência de energia metabolizável de galinhas poedeiras, o peso do ovo tem maior influência que o ganho de peso vivo.
(B) A temperatura ambiente acima de 21 ºC afeta de forma inversa a energia metabolizável de galinhaspoedeiras, ou seja, com o aumento da temperatura, a exigência de energia metabolizável diminui.
(C) Uma linhagem de galinha poedeira que apresenta tamanho e peso dos ovos maiores que a de outra linhagem tem menor exigência de energia metabolizável.
(D) Com o avanço da idade, a concentração da energia metabolizável da dieta deve aumentar, em função do aumento do ganho de peso.
(E) A temperatura ambiente de 21 ºC provoca estresse térmico na galinha poedeira, além de aumentar a exigência de energia metabolizável.

5. (EXAME 2007)

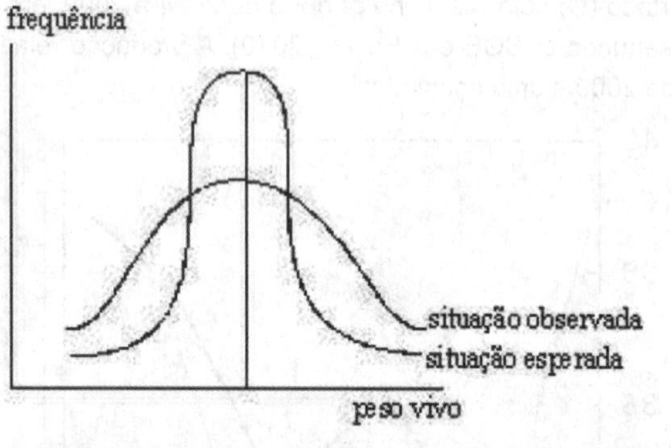

Uma empresa avícola apresenta problemas na linha de abate e processamento de frango de corte, principalmente na etapa de evisceração automática, em decorrência da desuniformidade entre os animais. O gerente do abatedouro observou que o formato da curva de frequência de distribuição de peso vivo dos animais, mostrada na figura acima, é o principal fator que compromete a eficiência da evisceração automática e aumenta a incidência de cortes nos intestinos, com a consequente contaminação da carcaça.

Acerca dessa situação hipotética, assinale a opção correta.

(A) O peso vivo dos pintinhos de um dia pode variar em até 13 g sem interferir na uniformidade de peso dos frangos no abate.
(B) A quantidade de comedouros e bebedouros, que devem ser distribuídos uniformemente dentro do círculo de proteção, deve ser proporcional ao número de pintinhos.
(C) Frangos oriundos de lotes de diferentes matrizes ou de diferentes linhagens são uniformes quanto ao peso desde que apresentem a mesma idade no abate.

(D) Machos e fêmeas criados no mesmo galpão apresentam o mesmo peso médio no abate.
(E) Nos primeiros dias de vida, variações na temperatura de aquecimento de pintinhos podem acarretar aumento de taxa de mortalidade destes, porém não interferem na uniformidade dos frangos no abate.

6. (EXAME 2007)

Um zootecnista foi contratado para melhorar o desempenho produtivo de uma empresa que administra uma granja de frango de corte. Em sua análise técnica, o profissional verificou que os frangos são criados até atingir a média de 2,0 kg de peso vivo; que a temperatura dentro dos galpões, construídos no sentido norte-sul, oscila entre 31 ºC e 32 ºC; que o produtor aloja 24 mil pintinhos em uma área de 1.200 m_2 de galpão; que os animais estão ofegantes e apresentam baixo ganho de peso; e que a cama de frango está úmida.

A respeito dessa situação hipotética, julgue os itens subsequentes.

I. A densidade de aves nos galpões está tecnicamente correta.
II. A elevada umidade da cama de frango pode ser consequência do alto consumo de água pelas aves em razão das condições ambientais.
III. A orientação dos galpões está correta, visto que proporciona bom controle de ambiência interna.
IV. Os animais estão em estresse térmico e podem desenvolver um quadro de alcalose respiratória.
V. A tendência, nessa situação, é de que o consumo de ração diminua, o que pode reduzir o ganho de peso das aves.

Estão certos apenas os itens

(A) I, II e III.
(B) I, III e IV.
(C) I, IV e V.
(D) II, III e V.
(E) II, IV e V.

7. (EXAME 2004)

Uma empresa multinacional resolveu instalar uma fábrica de sal mineral no Brasil. Para concretizar essa iniciativa, seu diretor contratou um zootecnista recém-formado. Na discussão inicial, ele esclareceu ao contratado que ainda não havia escolhido o local de implantação do empreendimento. Dessa forma, solicitou ao zootecnista que indicasse um local para a implantação da empresa e apresentasse justificativas para sua escolha. O zootecnista indicou a região Centro-Oeste como a empreendimento.

Na situação descrita, a escolha feita pelo zootecnista poderia ser corretamente justificada em razão do(a)

I. facilidade de obtenção dos insumos necessários.
II. maior concentração de rebanho de bovinos na região Centro-Oeste, o que facilita a venda do produto acabado.
III. facilidade de venda do produto, por falta de concorrentes.
IV. menor custo de transporte para a entrega do produto acabado.

Estão corretas apenas as afirmativas

(A) I e II.
(B) I e III.
(C) II e IV.
(D) I, III e IV.
(E) II, III e IV.

8. (EXAME 2004)

Um produtor procurou um zootecnista para elaborar um projeto de criação de peixes. No primeiro contato entre eles, foram discutidos aspectos técnicos, econômicos e de mercado relativos à atividade de piscicultura. Foi marcada uma visita à área a ser utilizada para a criação. Durante a visita, o zootecnista deveria observar características gerais da propriedade relevantes para o projeto, que incluem

I. qualidade e quantidade da água disponível no local.
II. localização e vias de acesso ao local.
III. topografia do terreno.
IV. mercado consumidor e fornecedores de insumos na região.

Assinale a opção correta.

(A) Apenas os itens I e II estão certos.
(B) Apenas os itens III e IV estão certos.
(C) Apenas os itens I, II e III estão certos.
(D) Apenas os itens II, III e IV estão certos.
(E) Todos os itens estão certos.

9. (EXAME 2004)

Um zootecnista foi contratado por um empresário rural para elaborar e implantar uma caprinocultura de corte. Após pesquisa de mercado, ficaram definidos a produção de 13.800 kg de carcaça e o abate somente dos machos. No projeto, o zootecnista estabeleceu que as cabras deveriam ter peso médio de 50 kg, considerando-se um parto por ano, e que a área total de pastagem deveria corresponder à taxa de lotação de 450 kg/ha. Para a elaboração do projeto, o técnico baseou-se nos seguintes índices zootécnicos: 80% de parição, 25% de partos gemelares, 10% de mortalidade e 46% de rendimento de carcaça com peso vivo médio de abate de 30 kg.

Com base na situação descrita acima, assinale a opção que registra corretamente o número de cabras e a área de pastagem necessários para a implantação do referido projeto.

(A) 2.222 cabras e 247 ha
(B) 2.222 cabras e 148 ha
(C) 1.111 cabras e 124 ha
(D) 1.111 cabras e 74 ha
(E) 4.444 cabras e 494 ha

10. (EXAME 2004)

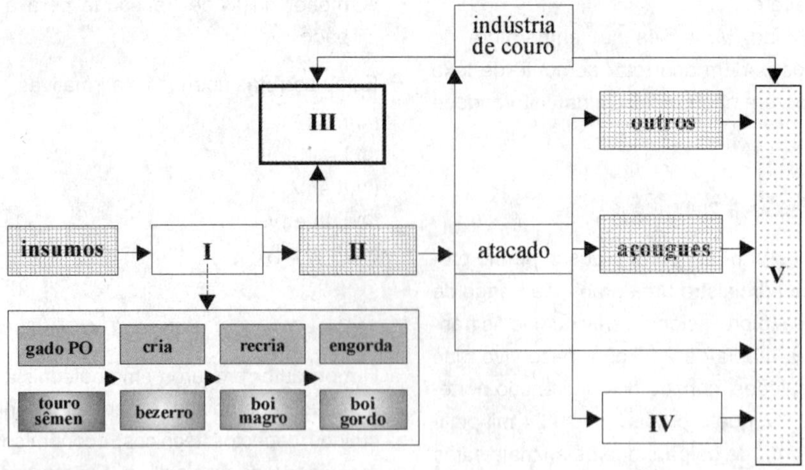

Esquema da cadeia agroindustrial da carne bovina. Peneda e Ver'ssimo, 2004 (com adapta Yes)

O Brasil, segundo projeções da Confederação Nacional da Agricultura, se tornará em 2004 o maior exportador mundial de carne bovina *in natura* e industrializada. Apesar de ocupar posição de destaque no agronegócio brasileiro, existem problemas crônicos que ainda interferem negativamente na cadeia produtiva. A falta de entendimento entre os componentes da cadeia prejudica o perfeito sincronismo entre seus elos, que é de fundamental importância para garantir os mercados conquistados e abrir novos mercados no país e no exterior, com produtos de qualidade e acessíveis a todas as camadas sociais, satisfazendo, portanto, o consumidor, que é o mais importante componente de uma cadeia produtiva.

Considerando as informações do texto e a figura acima, que mostra um esquema da cadeia agroindustrial da carne bovina, assinale a opção que contém termos que completam corretamente os espaços nomeados de I a V, nessa ordem.

(A) frigorífico, mercado externo, supermercado, consumidor, pecuária
(B) pecuária, frigorífico, mercado externo, supermercado, consumidor
(C) consumidor, pecuária, frigorífico, mercado externo, supermercado
(D) supermercado, consumidor, pecuária, frigorífico, mercado externo
(E) mercado externo, supermercado, consumidor, pecuária, frigorífico

QUESTÃO DISCURSIVA

(EXAME 2007) DISCURSIVA

Curva de Crescimento no Sistema Tradicional

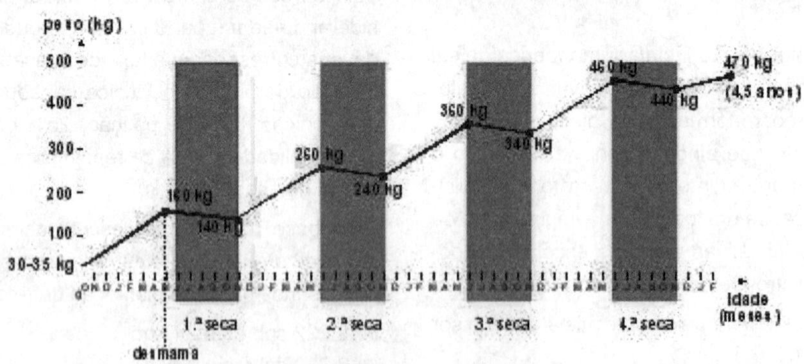

Marcos Sampaio Baruselli. **Segredos do manejo de cocho na fazenda**. Anais do Congresso FEICORTE, 2002.

O gráfico acima representa o desenvolvimento ponderal de bovinos de corte no Brasil, criados em sistema tradicional. Uma característica desse sistema é a produção de animais com avançada idade de abate e de primeira cria, em decorrência de técnicas inadequadas de manejo nutricional, entre outras razões. Com base nessas informações, faça o que se pede a seguir.

a) Cite três causas que determinam o padrão de desenvolvimento ponderal observado dos animais em função da produção de forragem (pastagem) durante os 4,5 anos. **(valor = 5,0 pontos)**

b) Apresente três recomendações zootécnicas concernentes à produção e(ou) conservação de forragens que possibilitem a redução das idades de abate e de primeira cria. **(valor = 5,0 pontos)**

Conteúdo 07

ADMINISTRAÇÃO DE PROPRIEDADES AGROPECUÁRIAS, ESTABELECIMENTOS INDUSTRIAIS E COMERCIAIS

1. (EXAME 2010)

Com o objetivo de se identificar a melhor rentabilidade em tanques-rede na piscicultura, foram comparadas experimentalmente duas densidades de tilápias tailandesas alimentadas com ração comercial e mantidas nas seguintes condições: temperatura média de 24 ± 4°C, 4 ppm de oxigênio dissolvido, pH igual a 6,5 e transparência da água de 1 m, em 20 tanques. A tabela abaixo sintetiza os resultados obtidos no experimento.

Densidade de tilápias tallandesas em tanques-rede

Tanques	A (n =10)	B (n = 10)
Volume do tanque-rede (m^3)	4	4
Número de peixes inicial	696	1040
Densidade (peixes/m^3)	174	260
Peso médio inicial (g)	2	2
Peso médio final (g)	440	453
Biomassa inicial (kg)	1,4	2
Biomassa final (kg)	299,2	460
Sobrevivência (%)	98	98
Ganho de biomassa (kg)	298	458
Total de ração fornecida (kg)	656	977
Conversão alimentar	2,1:1	2,1:1
Custo com ração (R$/kg)	0,49	0,49
Custo com ração para produzir 1kg de peixe (R$)	1,07	1,03

Infere-se dos dados apresentados que

(A) os valores de conversão alimentar são incompatíveis com o ganho de biomassa.

(B) houve diferença estatística entre as duas densidades quanto ao peso médio final.

(C) o uso de 174 peixes/m^3é o recomendado de acordo com a biosseguridade da espécie cultivada.

(D) a produtividade dos tanques B é maior que A em relação ao volume total ocupado.

(E) os tanques B são economicamente insustentáveis, pois necessitam de muita ração.

2. (EXAME 2010)

Um empresário rural, que já exerce outras atividades em sua propriedade, quer investir na criação de ovinos para a produção de carne. Como não tem experiência no assunto, resolve consultar um zootecnista para assessorá-lo na concepção do projeto. A preocupação do empresário era iniciar um projeto realmente viável e rentável, que fosse adequado às condições edafoclimáticas da sua região e que o produto tivesse fácil colocação no mercado.

Considerando a situação apresentada, a orientação do zootecnista ao empresário rural deverá obedecer à seguinte escala decrescente de prioridades.

(A) A disponibilidade e preço de animais para formação do plantei, o mercado consumidor e o preço da terra.

(B) As vias de acesso, o mercado consumidor e a disponibilidade e preço de animais para formação de plantei.

(C) O mercado consumidor, o sistema de produção e os fornecedores de insumos na região.

(D) O sistema de produção, os fornecedores de insumos na região e o mercado consumidor.

(E) Os fornecedores de insumos na região, o mercado consumidor e a disponibilidade e preço de animais para formação de plantei.

3. (EXAME 2010)

A pressão de pastejo, definida como número de animais por unidade de forragem disponível, pode ser utilizada como ferramenta para avaliar a sustentabilidade do sistema de produção em relação ao ganho por animal e ao ganho por área.

O gráfico abaixo apresenta as relações entre pressão de pastejo, ganho de peso por animal e ganho de peso por área.

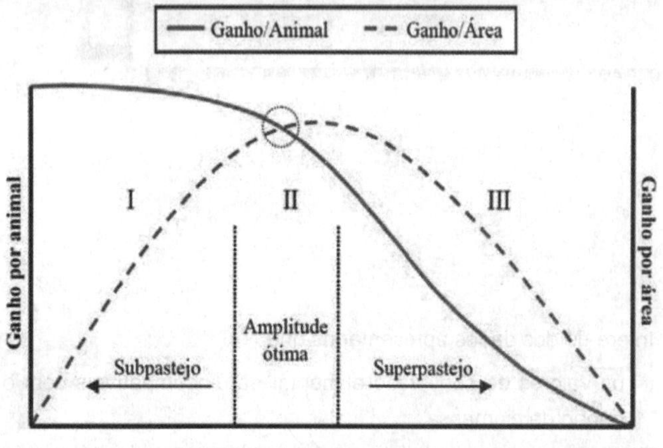

MOTT, G. O. Grazing pressures and the measurement of pastures production. In: **International Grassland Congress Proceedings**, Reading, 1960, p. 606-611 (com adaptações).

Após analisar o gráfico apresentado, conclui-se que

(A) o superpastejo é consequência das condições climáticas adversas para determinada região.

(B) o subpastejo ocorre devido ao crescimento da forrageira não ser o adequado para as condições impostas.

(C) na situação de subpastejo ocorre um elevado ganho por animal devido à possibilidade de seleção da forrageira pelos animais.

(D) o ganho por área é máximo quando os animais possuem forragem de sobra, possibilitando, assim, a seleção.

(E) a taxa de lotação elevada permite que o animal tenha os melhores ganhos individuais.

4. (EXAME 2010)

No infográfico abaixo, observam-se características de diferentes sistemas produtivos em aquicultura, representadas na forma de pirâmides. Nessa representação, a base indica os maiores valores e o ápice, os menores valores.

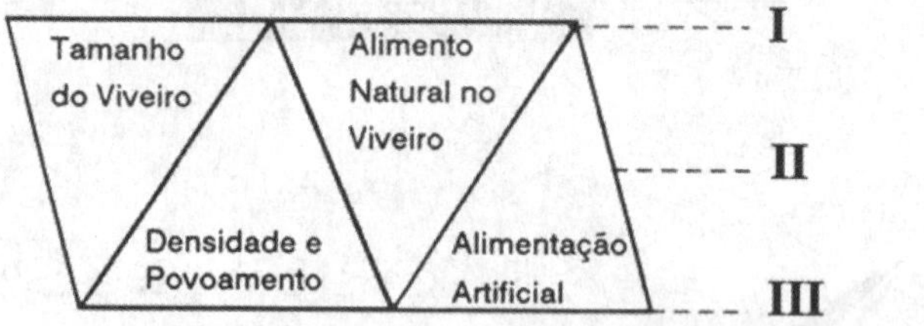

Modificado de Tacon, 1987

TACON, A.G.J. **The nutrition and feeding of farmed fish and shrimp: A training manual. Vol I. The essencial nutrients and Vol II.** Nutrients source and composition. Brasília: FAO, 1987.

Avaliando-se o infográfico, o cultivo extensivo, o cultivo semi-intensivo e o cultivo intensivo estão indicados, respectivamente, pelos números

(A) I, II e III.

(B) II, III e I.

(C) II, I e III.

(D) III, I e II.

(E) III, II e I.

QUESTÃO DISCURSIVA

1. (EXAME 2004) DISCURSIVA

Uma granja avícola possui três galpões, cada um com área útil de 1.200 m² e capacidade para alojar 18 mil aves. O proprietário da granja recebeu da empresa integradora 55 mil pintos de um dia de vida. Durante a fase de crescimento, os frangos apresentaram problemas de formação óssea nas pernas. Após 42 dias, durante os quais o consumo total de ração fornecida foi de 202 toneladas, a granja encaminhou para o abatedouro 52.250 frangos com peso vivo médio de 2,15 kg.

Com base na situação descrita acima, responda os itens a seguir.

a) Calcule o número de aves por metro quadrado (densidade) e o índice percentual de mortalidade do lote ao final dos 42 dias. **(valor: 2,0 pontos)**

b) Analisando-se o desempenho zootécnico, determine o valor da conversão alimentar relativo ao lote. Comente se o valor encontrado está acima ou abaixo do padrão esperado. **(valor: 3,0 pontos)**

c) Comente, com base nos conceitos de nutrição animal, as possíveis causas do problema de formação óssea nas pernas dos frangos. **(valor: 5,0 pontos)**

Conteúdo 08

ATUAÇÃO NO PROCESSAMENTO DE PRODUTOS DE ORIGEM ANIMAL, COM ÊNFASE EM CARNE E LEITE

1. (EXAME 2004)

Considerando as características que definem a qualidade da carne suína, julgue os itens a seguir.

I. A carcaça que apresenta gordura intramuscular (marmoreio) é inadequada para consumo pelo fato de a carne ser dura.
II Quanto à textura, que está relacionada à mastigação, a carne deve ser firme e consistente.
III. A carne não deve apresentar contaminação por microrganismos nem conter resíduos químicos.
IV. A carne deve ser exudativa e apresentar pH igual ou inferior a 5,5.

Estão certos apenas os itens

(A) I e II.
(B) I e IV.
(C) II e III.
(D) I, III e IV.
(E) II, III e IV.

2. (EXAME 2004)

Atualmente, a indústria avícola brasileira tem analisado as atividades rotineiras dentro das granjas. O planejamento, a execução e a avaliação do envio das aves para o abatedouro são etapas importantes para se evitar perdas econômicas por contusões e morte. Nesse contexto, julgue os itens a seguir.

I. A retirada das aves deve ser realizada com as cortinas do galpão fechadas e o transporte deve ser realizado após as 11 horas.
II. A equipe que executa o carregamento e o transporte deve receber orientação no sentido de proporcionar o menor estresse para as aves.
III. As aves devem passar por um jejum de 6 a 8 horas, para esvaziar-se o aparelho digestório e evitar-se a contaminação da carcaça durante o processamento.
IV. No abatedouro, as áreas de espera e de desembarque devem ser dimensionadas para que o tempo de espera das aves seja entre 10 horas e 12 horas.

Estão certos apenas os itens

(A) I e II.
(B) I e IV.
(C) II e III.
(D) I, III e IV.
(E) II, III e IV.

Conteúdo 09

GERENCIAMENTO DA PROFILAXIA, HIGIENE E BIOSSEGURIDADE NAS CRIAÇÕES ANIMAIS

1. (EXAME 2010)

A qualidade do leite cru está diretamente relacionada ao grau de contaminação inicial e ao binômio pressão atmosférica/temperatura na conservação do leite desde a ordenha até o processamento.

PORQUE

Os microrganismos aeróbios mesófilos constituem grupo importante de microrganismos deterioradores do leite, principalmente por acidificá-lo.

Analisando a relação proposta entre as duas asserções acima, assinale a opção correta.

(A) As duas asserções são proposições verdadeiras, e a segunda justifica a primeira.

(B) As duas asserções são proposições verdadeiras, mas a segunda não é uma justificativa da primeira.

(C) A primeira asserção é uma proposição verdadeira, e a segunda é uma proposição falsa.

(D) A primeira asserção é uma proposição falsa, e a segunda é uma proposição verdadeira.

(E) As duas asserções são proposições falsas.

2. (EXAME 2010)

Acerca do Serviço de Rastreabilidade da Cadeia Produtiva de Bovinos e Bubalinos (SISBOV), avalie as seguintes afirmativas.

I. A participação no SISBOV é uma garantia que o produtor rural tem para obter melhores preços na comercialização dos animais.

II. A participação no SISBOV pelo produtor rural permite a comercialização mais fácil e rápida de seus animais.

III. A participação no SISBOV é uma exigência do mercado para manter a qualidade e conhecer a origem do rebanho bovino.

IV. A participação no SISBOV fornece ao produtor rural uma certificação que permite transportar seus animais para qualquer parte do país.

É correto apenas o que se afirma em

(A) I e II.

(B) I e IV.

(C) II e III.

(D) II e IV.

(E) III e IV.

3. (EXAME 2004)

O mel é um alimento energético que, caso tenha uso contínuo, pode prevenir o aparecimento de doenças respiratórias. Devido à sua importância, é essencial que se atente para a qualidade desse produto. Nesse sentido, o zootecnista deve

I. estimular a adoção de tecnologia e a padronização de equipamentos apícolas em aço inoxidável.

II. incentivar a utilização de medicamentos para combater o carrapato das abelhas nas colônias africanizadas.

III. estimular a criação de rainhas pelos próprios apicultores, para diminuir os custos de produção.

IV. incentivar o associativismo apícola para obtenção de mel com o mesmo padrão de qualidade em local inspecionado pela vigilância sanitária.

Estão certos apenas os itens

(A) I e III.

(B) I e IV.

(C) II e III.

(D) I, III e IV.

(E) II, III e IV.

QUESTÃO DISCURSIVA

1. (EXAME 2007) DISCURSIVA

Um episódio recente e de grande repercussão no Brasil foi a divulgação de uma suposta adulteração no leite comercializado, mediante a adição de substâncias como soda cáustica e água oxigenada, para, entre outros aspectos, aumentar o prazo de validade do produto. Esse episódio tem suscitado diversas discussões por parte da sociedade acerca do controle de qualidade do leite consumido no país. O zootecnista pode intervir de várias formas na preservação da qualidade do leite.

Internet: <www.chargeonline.com.br> (com adaptações).

Para cada uma das etapas citadas a seguir, redija um texto dissertativo abordando uma forma de intervenção do zootecnista na preservação da qualidade microbiológica do leite.

a) antes da ordenha **(valor = 3,0 pontos)**

b) durante a ordenha **(valor = 4,0 pontos)**

c) após a ordenha **(valor = 3,0 pontos)**

Conteúdo 10

PLANEJAMENTO E EXECUÇÃO DE PROJETOS DE CONSTRUÇÕES E INSTALAÇÕES ZOOTÉCNICAS

1. (EXAME 2010)

Tecnologias para climatizar galpões de produção de frangos de corte vêm sendo desenvolvidas nos últimos anos com o objetivo de melhorar a ambiência dentro do galpão e aumentar a produtividade. Comparando dois galpões comerciais com diferentes sistemas de climatização, observa-se que um galpão foi equipado com um sistema de ventilação e nebulização, e adota uma densidade de 13 aves/m^2 (G1); já o outro galpão foi equipado com um sistema de ventilação tipo túnel, composto de exaustores e bomba de nebulização, e adota uma densidade de 18 aves/m^2 (G2). Para avaliar qual galpão apresenta maior eficiência energética para controlar o ambiente interno, analisou-se a variável relativa à eficiência energética em cinco lotes de criação durante 14 meses, em diferentes estações do ano. A tabela abaixo apresenta os principais índices de eficiência energética nos dois galpões.

Principais índices de eficiência energética

Lote	Galpão	Consumo Específico (kWh/ave)	Consumo Específico (kWh/kg)	Fator de carga
1	1	0,143	0,086	0,420
1	2	0,176	0,111	0,385
2	1	0,094	0,054	0,180
2	2	0,104	0,064	0,183
3	1	0,075	0,042	0,191
3	2	0,078	0,043	0,162
4	1	0,069	0,054	0,179
4	2	0,106	0,090	0,197
5	1	0,102	0,058	0,220
5	2	0,112	0,064	0,200

BUENO, L. e ROSSI, L. A.. Comparação entre tecnologias de climatização para criação de frangos de corte. **Revista Brasileira de Engenharia Agrícola e Ambiental**. v. 10, n. 2, p. 497-504, 2006. Disponível em: <http://www.agriambi.com.br>. Acesso em: 28 ago. 2010 (adaptado).

Com base nos valores apresentados na tabela e nas tecnologias utilizadas para a criação de frangos de corte em galpões comerciais, assinale a alternativa correta.

(A) Os índices de eficiência energética foram altos, demonstrando reduzida oportunidade para adoção de medidas de conservação e de racionalização de energia elétrica.

(B) Para ambos os galpões e em todos os lotes analisados, o fator de carga foi distante do valor um, indicando que há necessidade de implantação de medidas de racionalização e conservação do uso de energia elétrica.

(C) No galpão com alta densidade de animais, existe menor consumo de energia elétrica que no galpão com baixa densidade de animais, e a quantidade de aves produzidas pelo galpão G1 é igual ao G2.

(D) Para todos os lotes analisados, os frangos de corte se adaptaram melhor ao ambiente quente, pois o sistema termorregulador desses animais é mais adequado para dissipar calor do que para retê-lo.

(E) Em todos os lotes analisados, o G1 apresentou consumo específico por ave e por quilograma de frango produzido menor que aqueles de G2, porém os valores de consumo foram semelhantes entre si na maioria dos lotes, e, assim, deve-se levar em consideração o menor valor agregado no final de cada lote de produção de G2.

2. (EXAME 2010)

Uma das principais preocupações durante a confecção da silagem até o fornecimento aos animais tem sido as perdas potenciais que, dependendo da intensidade, podem inviabilizar economicamente a produção de silagem por elevar sobremaneira os custos. As perdas são inevitáveis e podem ocorrer durante o processo de colheita e enchimento (2 a 10%), durante a fermentação (5 a 20%), com a lixiviação (1 a 10%), na abertura do silo e exposição ao ar (5 a 15%), e quando colocada no cocho dos animais (2 a 8%). Considerando essas informações, assinale a alternativa correta.

(A) As perdas na colheita não representam grande impacto e decorrem da falta de mão de obra para carregamento do silo.

(B) As perdas na fermentação são as de maior impacto e podem ser minimizadas por meio de uma boa compactação e vedação do silo.

(C) As perdas por lixiviação têm pouco impacto e ocorrem apenas em materiais com elevado teor de umidade, independentemente da forragem.

(D) As perdas de superfície (abertura do silo e exposição) são irrelevantes e podem ser provocadas pelas elevadas taxas de insolação.

(E) As perdas no cocho são representativas e poderiam ser minimizadas com a construção do silo próximo ao local de fornecimento aos animais.

Conteúdo 11

ELABORAÇÃO E APLICAÇÃO DE TECNOLOGIAS ADEQUADAS AO CONTROLE, APROVEITAMENTO E RECICLAGEM DOS RESÍDUOS E DOS DEJETOS

1. (EXAME 2010)

A qualidade da água é o indicador geral mais sensível em relação aos impactos ambientais causados por atividades agropecuárias, porque qualquer inadequação no manejo resultará em degradação da qualidade da água, tanto nos ambientes mais próximos como nos de entorno.

A demanda bioquímica de oxigênio refere-se ao conteúdo de matéria orgânica, sendo que quantidades pequenas podem causar escassez de oxigênio em certas condições, dificultando a respiração de organismos aeróbios.

RODRIGUES, G. S.; CAMPANHOLA, C. e KITAMURA, P. C. Avaliação de impacto ambiental da inovação tecnológica agropecuária: um sistema de avaliação para o contexto institucional de P&D. **Cadernos de Ciência & Tecnologia**, Brasília, v. 19, n. 3, p. 349-375, set./dez. 2002 (adaptado).

Com base nas recomendações para manejo de dejetos animais, avalie as afirmações que se seguem.

I. O tratamento dos dejetos animais em lagoas de estabilização é a forma de manejo indicada para evitar a escassez de oxigênio nesses reservatórios.

II. Os estudos de impacto ambiental nos sistemas de produção de animais subsidiam o manejo de dejetos e protegem a fauna aquática local.

III. Criatórios animais sem manejo adequado de dejetos colocam em risco a qualidade parasitológica dos mananciais superficiais, de forma dependente da demanda bioquímica de oxigênio.

IV. A utilização de biodigestores para processar os dejetos animais pode contribuir para se evitar a escassez de oxigênio nos cursos naturais de água.

É correto apenas o que se afirma em

(A) I e II.
(B) I e IV.
(C) II e III.
(D) II e IV.
(E) III e IV.

Conteúdo 12

TEMAS COMBINADOS E OUTROS TEMAS

1. (EXAME 2010)

O mercado de gado elite movimenta milhões de reais e o resultado do julgamento desse rebanho em pista gera grande expectativa nos produtores. Esses animais são contratados para compor a bateria de reprodutores das centrais de venda de sêmen. Mesmo não possuindo avaliação genética, há uma venda expressiva de sêmen devido ao desempenho desse gado nas pistas de julgamento.

Considerando essa situação, é correto afirmar que

(A) o título de campeão nas pistas de julgamento confere aos reprodutores uma avaliação genética positiva dentro da sua raça, podendo o produtor usá-lo em sua propriedade.

(B) o julgamento é uma ferramenta auxiliar para o melhoramento animal; e o uso de características de conformação e de manejo, muito observadas no julgamento, ainda é inviável em programas de melhoramento animal.

(C) nem sempre o melhor reprodutor nas pistas será o melhor dentro da avaliação genética; porém, esses resultados das pistas aumentam a confiabilidade da avaliação genética do animal.

(D) o julgamento permite adiantar o processo de ganho genético, pois reprodutores campeões já possuem um maior valor genético; porém, a desvantagem é a menor confiabilidade da sua avaliação genética.

(E) o julgamento busca encontrar animais equilibrados, que associem funcionalidade e beleza; já existem programas de melhoramento que incluem, na avaliação, características de conformação e de manejo, muito observadas durante o julgamento.

2. (EXAME 2010)

Do ponto de vista da produção zootécnica, são considerados constituintes teciduais apenas o tecido ósseo, o muscular e o adiposo.

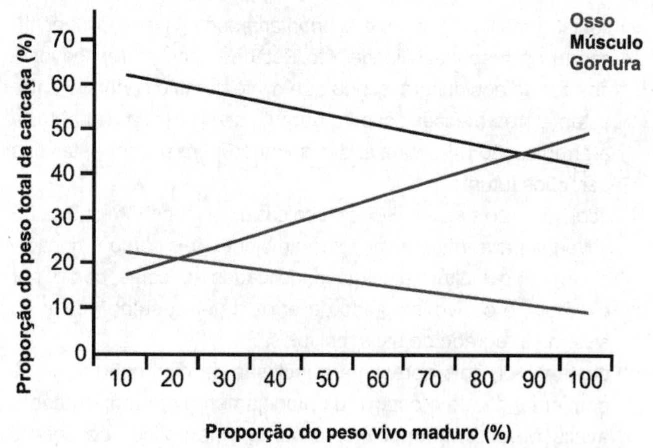

CEZAR, M.F. e SOUZA, W. H. **Carcaças ovinas e caprinas:** obtenção, avaliação e classificação. Uberaba: Ed. Agropecuária Tropical, 2007, p. 147 (adaptado).

Considerando o gráfico apresentado acima, assinale a alternativa correta.

(A) A gordura é o tecido mais variável durante o crescimento do animal.

(B) O tecido ósseo apresenta desenvolvimento contínuo durante toda a vida do animal.

(C) O padrão de deposição de gordura na carcaça de ruminantes reflete o que ocorre em outros animais.

(D) O processo de marmorização, que é a infiltração da gordura no músculo, começa logo após o nascimento do animal.

(E) Para atender ao mercado consumidor, os animais teriam que ser abatidos com 80% a 90% do peso vivo maduro.

3. (EXAME 2010)

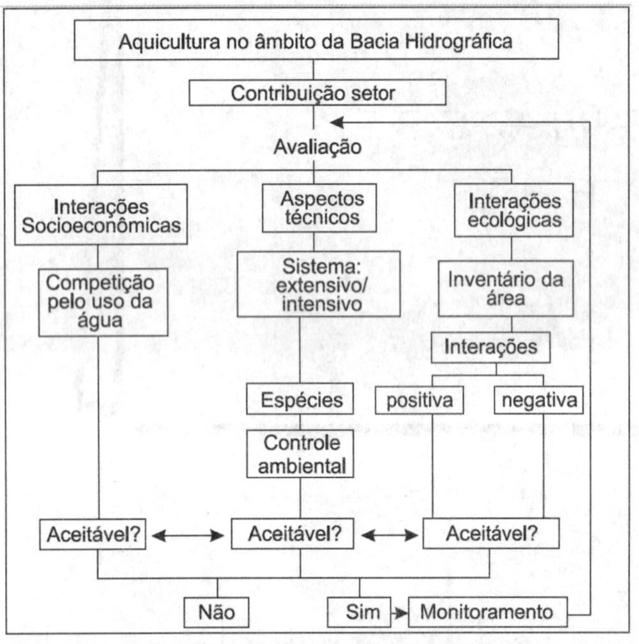

ELER, M. N.; MILLANI, T. J. Métodos de estudos de sustentabilidade aplicados à aquicultura. **Revista Brasileira de Zootecnia**, Viçosa, v. 36, jul., 2007

O fluxograma acima representa como um projeto de aquicultura afeta uma bacia hidrográfica. Nesse contexto, as possíveis interações socioeconômicas, os aspectos técnicos e as interações ecológicas existentes resultam em um projeto de caráter

(A) social, uma vez que este é prioritariamente avaliado, identificando as responsabilidades do Estado e dos atores envolvidos com a aquicultura, sendo que o intercâmbio contínuo entre estes atores é essencial para garantir a segurança alimentar e a erradicação da pobreza, direcionando para o bem-estar das gerações futuras.

(B) ecológico, pois as avaliações técnicas e socioeconômicas estão voltadas para a preservação do ambiente, tais como o consórcio entre aquicultura e outras modalidades agrícolas, como, por exemplo, o cultivo integrado de arroz e peixe, suíno-peixe, ou sistema integrado de usos múltiplos.

(C) sustentável, pois apresenta a inclusão da dimensão social e ambiental desde o estágio de planejamento até a operação e avaliação do empreendimento ou de uma política de desenvolvimento, no intuito de suprir as necessidades atuais sem, contudo, comprometer as necessidades das gerações futuras.

(D) econômico, pois a adoção de práticas ambientais em empresas e em atividades rurais visa ao *marketing* e traz benefícios financeiros, uma vez que o rótulo de produtos ambientalmente corretos aumenta o interesse do mercado consumidor e agrega valor ao produto final.

(E) educacional, pois apresenta um sistema de educação ambiental gerado a partir da necessidade de se estabelecer metodologias eficazes que facilitem a análise dos impactos ambientais decorrentes das atividades de uma empresa agropecuária, incluindo seus produtos e processos.

4. (EXAME 2007)

O desaparecimento de abelhas está ocorrendo em várias partes do mundo e as razões para esse fenômeno não estão completamente elucidadas. As possíveis causas desse desaparecimento incluem

I. a utilização sistemática de agrotóxicos nas diferentes culturas.

II. a expansão do uso de tecnologias eletrônicas, como o da telefonia móvel, cujas ondas eletromagnéticas podem interferir na orientação das abelhas.

III. o aumento da agressividade das abelhas em decorrência de cruzamentos interespecíficos entre abelhas de diferentes origens.

IV. o aquecimento global e outras mudanças climáticas, que estariam comprometendo a reprodução das abelhas.

V. o aumento da produção de mel mediante a intensificação de sistemas artificiais de criação.

Estão certos apenas os itens

(A) I, II e IV.

(B) I, II e V.

(C) I, III e IV.

(D) II, III e V.

(E) III, IV e V.

5. (EXAME 2007)

Para manter e conquistar novos mercados consumidores, o Brasil deve ser capaz de criar e executar leis, normas e regulamentos a fim de garantir a produção e a comercialização de produtos com a qualidade e as exigências impostas por esses mercados. Considerando os órgãos nacionais e internacionais e os programas e os procedimentos relacionados às ações de gestão nas várias etapas da cadeia produtiva de frango de corte, é correto afirmar que

(A) um Programa de Boas Práticas de Fabricação, implantado em um abatedouro avícola, visa minimizar os custos de produção para melhorar a competitividade do setor.

(B) o Programa de Análise de Perigos e Pontos Críticos de Controle, implantado em um abatedouro avícola, controla apenas os processos de abate e evisceração das carcaças.

(C) o Programa Nacional de Sanidade Avícola tem o objetivo de garantir, para os mercados interno e externo, produtos avícolas de qualidade por meio da orientação dos manejos sanitário e nutricional adotados nas granjas avícolas.

(D) o Codex Alimentarius é um organismo internacional que tem o objetivo de elaborar princípios, códigos e diretrizes para garantir a segurança do produto e proteger a saúde dos consumidores.

(E) o Programa de Procedimentos-Padrão de Higiene Operacional garante a formulação de dietas balanceadas com o mínimo custo, o que possibilita o máximo desempenho produtivo.

6. (EXAME 2004)

As cadeias agroalimentares têm contribuído para o equilíbrio da balança comercial brasileira. No entanto, a política protecionista dos países desenvolvidos e outras pressões externas criam barreiras que, para serem superadas, exigem do governo investimentos em ciência e inovação tecnológica. Como outras pressões externas, entende-se a preocupação em consumir produtos que garantam saúde, qualidade nutricional e segurança alimentar, com certificado de origem, e que não provoquem desequilíbrio ambiental devido à intensificação dos sistemas produtivos. Apesar dos recentes progressos alcançados, com abertura de novos mercados e ampliação daqueles já conquistados, é necessário capacitar os setores produtivos para lhes conferir maior competitividade e, assim, consolidar as posições ora ocupadas. Além das pressões externas, as modificações no cenário nacional contribuem para o aumento no nível de exigências necessário para a sobrevivência e permanência no mercado dos agentes integrantes das cadeias agroindustriais no país.

Com relação ao assunto abordado no texto acima, julgue os itens que se seguem.

I. A cadeia agroindustrial da carne bovina encontra-se estruturada e caracteriza-se pela união dos agentes envolvidos e pela utilização eficiente de tecnologias no setor produtivo, o que explica a expressiva elevação no consumo *per capita* da carne nos últimos dez anos no mercado brasileiro.

II. Transformações evolutivas, como o envelhecimento da população brasileira, associadas a mudanças no hábito alimentar influenciam o setor agrícola, que se vê obrigado a disponibilizar no mercado produtos saudáveis, o que exige a redução no uso de substâncias consideradas nocivas à saúde humana e ao ambiente.

III. A cadeia agroindustrial de aves e de suínos encontra-se estruturada e fundamentada em um sistema empresarial, havendo participação mais ampla dos agentes envolvidos, o que resulta na oferta de produtos semielaborados com certificação de origem e qualidade e que, consequentemente, tem beneficiado o consumidor.

IV. Doenças resultantes da modificação de padrões, como a encefalopatia espongiformebovina, devem ser evitadas a todo custo, sendo necessária, além da fiscalização intensiva por parte dos órgãos governamentais, a conscientização dos agentes envolvidos, como fornecedores de alimentos para animais e produtores rurais.

Estão certos apenas os itens

(A) I e II.
(B) I e III.
(C) II e IV.
(D) I, III e IV.
(E) II, III e IV.

QUESTÕES DISCURSIVAS

1. (EXAME 2010) DISCURSIVA

Aprodução de cordeiros em confinamento depende do lucro obtido para a sustentabilidade econômica do empreendimento. Nesse sentido, considere que uma propriedade possua 15 borregos, ½ santa inês + ½ crioula, alimentados com 85% de volumoso e 15% de concentrado. Em um período de 56 dias, a atividade produtiva proporcionou uma margem bruta de lucro de R$ 9,25 (nove reais e vinte e cinco centavos) por borrego terminado e custos variáveis (em percentagem) conforme gráfico abaixo.

Com base nessas informações, redija um texto, com até 15 linhas, descrevendo quais estratégias podem ser adotadas para que esse confinamento seja mais lucrativo. Em seu texto, aborde, necessariamente, os aspectos a seguir:

a) genética; **(valor: 2,5 pontos)**
b) dietas; **(valor: 2,5 pontos)**
c) manejo sanitário; **(valor: 2,5 pontos)**
d) peso ao abate. **(valor: 2,5 pontos)**

2. (EXAME 2010) DISCURSIVA

A produção de bovinos a pasto apresenta grande potencial no Brasil, pois o país possui áreas disponíveis e condições climáticas favoráveis a essa prática. Atualmente, não há necessidade de desmatar florestas para produção animal, basta o setor utilizar as tecnologias e conhecimentos disponíveis no mercado, garantindo sistemas de produção ambiental e economicamente sustentáveis. Nessa perspectiva, faça o que se pede nos itens a seguir.

a) Cite três índices zootécnicos importantes para a sustentabilidade do sistema de produção de bovinos em pastagem. **(valor: 3,0 pontos)**

b) Considerando que o sistema de integração entre lavoura e pecuária melhora a produtividade, pois recupera áreas degradadas, explique a metodologia empregada nesse sistema. **(valor: 4,0 pontos)**

c) Com o objetivo de adotar o manejo correto em uma área de 10 ha de pastagem de Tifton-85 (*Cynodon sp.*), pastejadas por vacas holandesas, com uma massa de forragem inicial (MFI) de 1 500 kg de matéria seca (MS), uma oferta de forragem (OF) recomendada de 10% do peso vivo e a taxa de acúmulo diário (TAD) da pastagem de 50 kg de MS por dia, calcule a taxa de lotação suportada na área em um período de 20 dias. Para fazer os cálculos, utilize a fórmula apresentada abaixo. **(valor: 3,0 pontos)**

$$OF=\frac{\frac{MFI+[TAD\times dias]}{dias}}{CA}\times 100$$

3. (EXAME 2004) DISCURSIVA

Vaca milionária morre eletrocutada no interior de São Paulo

A queda de um poste de rede de energia eletrocutou uma vaca de R$ 2,4 milhões na Fazenda Fortaleza, em Valparaíso (SP), na última segunda-feira. Asteca, uma premiada nelore de três anos, pastava com 19 vacas, quando foi atingida pela descarga da rede que o poste sustentava. Ela era o animal mais valioso da Central VR, empresa que coleta e comercializa material genético de bovinos no interior de São Paulo.

Internet: <http://www.correiodoestado.com.br>. Acesso em 22/10/2004.

Considerando a relação entre melhoramento genético e desempenho zootécnico, comente os efeitos da morte acidental da vaca Asteca para a empresa proprietária. Em sua análise, baseie-se nos seguintes aspectos:

- prospecção de mercado — investimento e lucro/prejuízo; **(valor: 5,0 pontos)**
- pesquisa científica e alto desempenho zootécnico. **(valor: 5,0 pontos)**

Capítulo XIV

Questões de componente específico de Agronomia

1) Conteúdos e Habilidades objetos de perguntas nas questões de Componente Específico.

As questões de Componente Específico são criadas de acordo com o curso de graduação do estudante.

Essas questões, que representam ¾ (três quartos) da prova e são em número de 30, podem trazer, em Agronomia, dentre outros, os seguintes **Conteúdos**:

I. Área de Formação Básica:

a) Campos de conhecimentos que possibilitem o embasamento teórico necessário ao aprendizado e à formação profissional, tais como: Matemática, Física, Química, Biologia, Estatística, Informática e Expressão Gráfica.

II. Área Profissional:

a) Solos – mineralogia, gênese, morfologia e classificação; física, química e biologia do solo; fertilidade do solo e nutrição de plantas; uso, propriedades e legislação dos corretivos, inoculantes, fertilizantes minerais e orgânicos; uso, manejo e conservação do solo e da água;

b) Fitotecnia – planejamento, implantação, manejo e colheita de culturas; produção e tecnologia de sementes e mudas; melhoramento genético; propagação de plantas; biotecnologia;

c) Fitossanidade – fitopatologia; entomologia; epidemiologia; manejo e controle fitossanitário e de plantas daninhas; defesa sanitária e legislação;

d) Economia, administração e extensão rural – desenvolvimento rural; geração, adoção e difusão de inovações tecnológicas; economia da produção e comercialização; administração rural; gestão do agronegócio, custos de produção; sociologia rural;

e) Zootecnia – manejo e produção animal; melhoramento genético; manejo da reprodução, nutrição e alimentação animal; pastagem e forragem; comportamento e bem estar animal;

f) Engenharia Rural – topografia e geoprocessamento; agrometeorologia; hidráulica, irrigação e drenagem; equipamentos; máquinas e mecanização agrícola; energia; construções e instalações rurais; logística;

g) Ecologia e Manejo Ambiental – legislação ambiental; dinâmica, manejo e recuperação de ecossistemas; uso sustentável de recursos naturais; poluição ambiental;

h) Horticultura - produção e manejo de plantas frutíferas, olerícolas, ornamentais, medicinais, condimentares e aromáticas;

i) Silvicultura – viveiros; produção e propagação de espécies florestais; manejo de áreas silvestres e de reflorestamento;

j) Tecnologia de Produtos Agropecuários – processamento; padronização; classificação, conservação; armazenamento; higiene e controle de qualidade de produtos de origem animal e vegetal;

k) Metodologia Científica e Experimentação – redação e investigação técnico-científica; planejamento e condução de experimentos; analise e interpretação de resultados experimentais;

l) Deontologia – ética e legislação profissional.

O objetivo aqui é avaliar junto ao estudante a compreensão dos conteúdos programáticos mínimos a serem vistos no curso de graduação, de forma avançada. Também é avaliado o nível de atualização com relação à realidade brasileira e mundial e às questões jurídicas de maior relevância.

Avalia-se aqui também *competências* e *habilidades*. A ideia é verificar se o estudante desenvolveu as principais **Habilidades** para o profissional de Agronomia, que são as seguintes:

I. Competências e habilidades para:

a) utilizar a linguagem escrita e gráfica de modo adequado, claro e preciso;

b) identificar problemas e propor soluções;

c) argumentar e refletir de forma crítica;

d) conhecer e inferir questões sócio-políticas e econômicas da realidade nacional e mundial;

e) articular e sistematizar conhecimentos teóricos e metodológicos para a prática da profissão;

f) analisar, interpretar dados e informações.

g) avaliar criticamente inovações tecnológicas.

h) assessorar processos organizacionais no meio rural.

II. Habilidades específicas para:

a) elaborar soluções técnicas para a agropecuária compatíveis com a realidade socioeconômica e com a sustentabilidade;

b) planejar, gerir e otimizar o uso de unidades de produção rural e agroindustrial a partir de diagnose sistêmica;

c) diagnosticar problemas e potencialidades de unidade de produção rural e agroindustrial;

d) analisar e projetar sistemas, processos e produtos;

e) executar e gerenciar projetos agropecuários;

f) planejar e executar ensaios experimentais e interpretar seus resultados;

g) avaliar o impacto das atividades profissionais no contexto sócio-econômico e ambiental;

h) transmitir e difundir conhecimentos científicos e tecnológicos;

i) elaborar e interpretar políticas de desenvolvimento.

Com relação às questões de Componente Específico optamos por classificá-las pelos Conteúdos enunciados no início deste item.

2) Questões de Componente Específico classificadas por Conteúdos.

1. (EXAME 2010)

A amostragem de solo é considerada uma das etapas mais críticas de um programa de recomendação de calagem e adubação para as diferentes culturas e zonas agroecológicas do Brasil. Embora seja a etapa mais simples, é a operação mais importante, pois uma pequena quantidade de solo coletada deverá representar os atributos físico-químicos de uma grande área.

Considerando a importância da etapa de amostragem de solo em um programa de recomendação de calagem e adubação, avalie as afirmativas abaixo.

I. O erro devido a uma amostragem de solo malconduzida é geralmente o mais significativo, comparativamente às etapas de determinações químicas e físicas, interpretação dos resultados das análises e recomendação de corretivos e fertilizantes.

II. O erro devido à amostragem de solo poderá ser corrigido nas etapas subsequentes de um programa de adubação e calagem, por exemplo, por ocasião das determinações químicas e físicas do solo.

III. Dados obtidos em campo por meio da observação visual são suficientes para determinar possíveis problemas nutricionais das plantas.

IV. Os procedimentos de amostragem não precisam ser seguidos rigorosamente, pois as análises laboratoriais corrigem falhas cometidas na coleta de solo em campo.

V. O solo é heterogêneo em sua distribuição na paisagem, sendo essa heterogeneidade ampliada pelas práticas de manejo do solo, cultura e fertilização.

É correto apenas o que se afirma em

(A) I e V.
(B) III e V.
(C) I, II e IV.
(D) I, III e IV.
(E) II, IV e V.

2. (EXAME 2007)

Em citros nas combinações copa/porta-enxerto pode ocorrer o fenômeno de incompatibilidade, que pode levar a planta a apresentar deficiências nutricionais, queda das folhas, seca dos ponteiros, podendo mesmo vir a morrer. No caso da ocorrência de incompatibilidade localizada, quando se deseja manter a variedade copa e o porta-enxerto, o que se deve utilizar?

(A) Sobreenxertia.
(B) Subenxertia.
(C) Interenxertia.
(D) Garfagem lateral.
(E) Garfagem de topo.

3. (EXAME 2004)

A figura abaixo mostra a cobertura do solo proporcionada por quatro leguminosas utilizadas como plantas de cobertura viva.

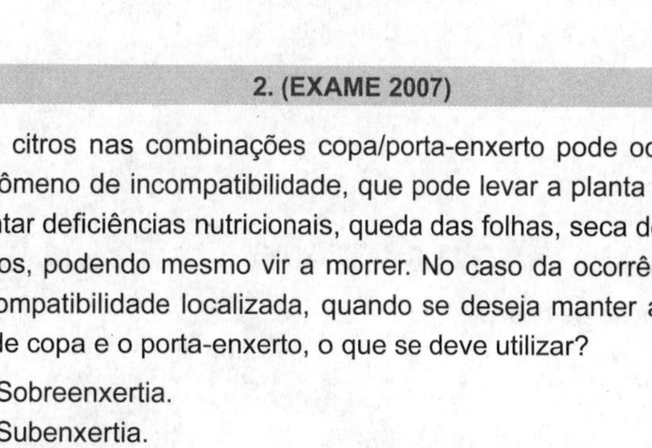

Perin *et al*. Rev. Bras. Ci. Solo. 2004. (adaptado)

Com base na figura e considerando que os solos descobertos são mais suscetíveis à erosão, pode-se afirmar que, para uma área declivosa, onde a vegetação foi drasticamente removida, deve-se dar preferência ao plantio

(A) da leguminosa "X", porque aos 60 dias após o plantio cobria mais que 75% do solo.
(B) da leguminosa "W", que cobriu 50% do solo.
(C) da leguminosa "Y", que apresentou comportamento intermediário a "X" e "Z".
(D) da leguminosa "Z", que apresentou maior velocidade de cobertura do solo.
(E) de qualquer uma das leguminosas, pois apresentaram a mesma eficiência de cobertura do solo.

As duas questões seguintes devem ser respondidas com base no enunciado abaixo.

A tabela a seguir mostra os resultados de uma análise química de terra para fins de avaliação da fertilidade do solo de uma determinada gleba agrícola.

Profundidade de amostragem	Ca^{+2}	Mg^{+2}	K^{+}	Na^{+}	$H^{+}+Al^{+3}$
	-------------- $cmol_c\ dm^{-3}$ --------------				
0 – 20 cm	1,4	0,4	0,1	0,1	3,0

4. (EXAME 2004)

A soma de bases (em $cmol_c\ dm^{-3}$) deste solo é

(A) 2
(B) 3
(C) 4
(D) 5
(E) 6

5. (EXAME 2004)

A saturação de bases é

(A) 10%
(B) 20%
(C) 40%
(D) 50%
(E) 80%

6. (EXAME 2004)

Para elevar a saturação de bases deste solo para 70%, a necessidade de calagem por hectare, a 20 cm de profundidade, considerando um calcário com 100% de poder relativo de neutralização total (PRNT), calculada pelo Método da Elevação da Saturação de Bases, será, em toneladas, de

(A) 0,5
(B) 1,0
(C) 1,5
(D) 2,0
(E) 3,0

7. (EXAME 2004)

A figura abaixo apresenta a água disponível, a quantidade de agregados estáveis em água e as perdas de solo que ocorreram em um latossolo, após 4 anos de cultivo sob sistema de plantio convencional e plantio direto

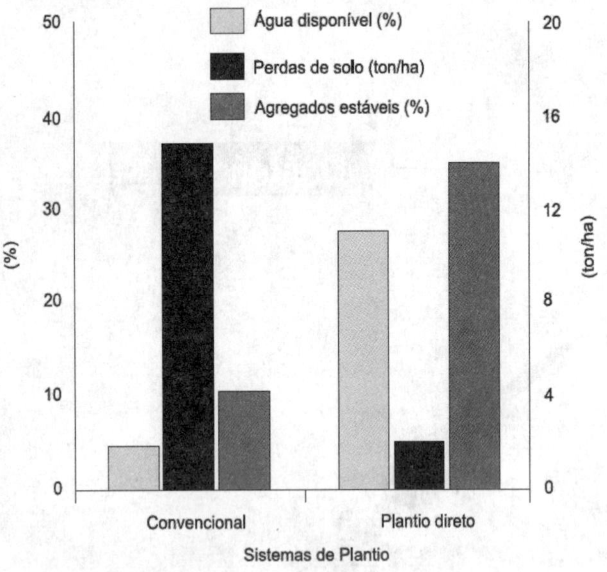

Com base nas informações contidas no gráfico, pode-se afirmar que

(A) o plantio direto ofereceu menor proteção contra perdas de solo.
(B) o plantio direto causou maior assoreamento de cursos d'água que o plantio convencional.
(C) o sistema de plantio direto não deve ser preferido, em pequenas propriedades, pois evita as perdas de solo.
(D) o sistema convencional reduziu a estabilidade dos agregados, aumentando as perdas por erosão.
(E) no sistema convencional as plantas estiveram mais protegidas contra *deficits* hídricos.

8. (EXAME 2003)

O pH é um índice que reflete a atividade dos íons hidrogênio na solução do solo e faz parte das análises químicas de rotina empregadas por laboratórios em amostras de solos, para fins de fertilidade, uma vez que seu valor afeta diretamente a disponibilidade de nutrientes às plantas. A respeito dessa relação do pH com os nutrientes, é correto afirmar que

(A) a disponibilidade do Al e do Mn aumenta com a elevação do pH, daí a necessidade do valor ficar entre 7,0 e 7,5.
(B) quanto mais alto for o pH, maior a disponibilidade, principalmente dos micronutrientes.
(C) a disponibilidade de N, S e B depende da decomposição da matéria orgânica, por isso, quanto mais baixo o pH (menor do que 3,0), maior a atividade microbiana.
(D) o pH deve estar entre 3,5 e 5,0, pois todas as plantas cultivadas já estão adaptadas a este valor, devido ao melhoramento genético.
(E) a disponibilidade de Ca, Mg e K aumenta com o pH, principalmente na faixa de 4,0 a 6,0.

9. (EXAME 2003)

Os solos se diferenciam na paisagem devido à ação de diversos fatores de formação. A correta associação entre o fator de formação e seu correspondente efeito é:

(A) solos originados de material rico em quartzo devem apresentar textura argilosa e cor escura.
(B) quanto maior a precipitação pluvial e a radiação solar, em condições de boa drenagem, menor o grau de intemperização de um solo.

(C) em regiões mais úmidas, os solos que ocorrem em relevo pouco movimentado são quase sempre mais profundos do que nas áreas declivosas.

(D) a macroflora do solo (tatus, minhocas, cupins, formigas etc.) age no perfil do solo, criando galerias e dificultando a circulação de ar.

(E) solos maduros são geneticamente indistintos ou levemente distintos, enquanto solos imaturos apresentam horizontes bem desenvolvidos.

10. (EXAME 2003)

Os solos brasileiros, em sua maioria, são ácidos e não apresentam propriedades químicas adequadas para o perfeito desenvolvimento das plantas. Para correção da acidez é normalmente realizada a calagem, sendo que as doses de calcário recomendadas são dependentes de diversos fatores. Se forem comparados dois solos com o mesmo tipo de argila e mesmo pH, necessitará de mais calcário aquele que possuir

(A) menor acidez potencial, resultado de menor teor de argila e menor teor de matéria orgânica.

(B) maior acidez potencial, resultado de maior teor de argila e maior teor de matéria orgânica.

(C) menor acidez potencial, resultado de maior teor de argila e menor teor de matéria orgânica.

(D) maior acidez potencial, resultado de menor teor de argila e menor teor de matéria orgânica.

(E) menor acidez potencial, resultado de maior teor de argila e maior teor de matéria orgânica.

11. (EXAME 2002)

A incorporação ao solo de algumas espécies vegetais, como as leguminosas, em rotação com outras culturas, é incentivada por universidades e instituições de pesquisa ligadas ao setor agropecuário. A adubação verde está entre as práticas utilizadas para esse fim, pois é uma alternativa para melhorar a fertilidade do solo e racionalizar o uso de fertilizantes. A adubação verde apresenta diversos efeitos benéficos ao sistema solo-planta, dentre os quais,

(A) diminuição no teor de alguns metais pesados, como o magnésio e o zinco.

(B) aumento na amplitude térmica do solo, devido à presença da cobertura vegetal.

(C) diminuição na reciclagem de nutrientes, devido ao vigoroso sistema radicular das leguminosas.

(D) aumento na atividade microbiana, devido ao aumento no teor de matéria orgânica.

(E) aumento na compactação do solo, causado por espécies como nabo forrageiro, que impermeabiliza o subsolo agrícola.

12. (EXAME 2002)

Uma boa amostragem de solo para avaliação da fertilidade é o primeiro passo para o sucesso de um programa de calagem e de adubação. Por este motivo, é fundamental que o agricultor envie para o laboratório amostras que sejam representativas de sua propriedade. Ao efetuar a amostragem de solo, o agricultor deve

(A) misturar solos de diferentes texturas numa mesma amostra, a fim de que a adubação possa ser uniforme para toda a propriedade.

(B) coletar uma amostra de cada talhão ou lote, mesmo que haja variação nas características e no manejo dos solos, como cor, textura, umidade ou adubações anteriores.

(C) homogeneizar as amostras de solos cultivados com gramíneas e com leguminosas, e formar uma só amostra composta, pois as necessidades de nutrientes destas culturas são as mesmas.

(D) misturar amostras de diferentes profundidades (0-10; 11-20; 21-30 cm), pois a adubação é feita sempre na profundidade média de 15 cm.

(E) retirar subamostras de cada área homogênea em relação a tipo de solo, relevo, cor, cultura e manejo anterior; homogeneizá-las e enviar uma amostra composta ao laboratório.

13. (EXAME 2002)

O principal motivo da degradação dos solos tem sido o manejo inadequado por parte de alguns agricultores. Algumas alterações químicas, físicas e biológicas podem ocorrer num solo degradado, dentre elas,

(A) alta diversidade de organismos no solo, o que não é desejável num sistema de produção agrícola.

(B) aeração limitada, que dificulta a respiração de raízes e de microrganismos.

(C) drenagem excessiva, que impede acúmulo de água e redução do nitrogênio à forma gasosa, que é a preferencialmente absorvida pelas plantas.

(D) elevado grau de agregação da argila, resultado da dispersão provocada pelo sódio presente em alguns solos degradados.

(E) baixos teores de cádmio, crômio e chumbo, os quais são essenciais para o desenvolvimento de raízes pivotantes.

14. (EXAME 2002)

A fixação biológica de nitrogênio (FBN) é resultado da simbiose entre um grupo de bactérias e as raízes de algumas plantas. Esse processo é um dos meios mais eficientes de obtenção de N para as plantas. São condições favoráveis para uma FBN eficiente:

(A) baixos teores de N no solo - pH próximo da neutralidade - alta taxa fotossintética da planta.

(B) altos teores de N no solo - pH na faixa ácida - baixa taxa fotossintética da planta.

(C) baixos teores de N no solo - pH na faixa alcalina - alta taxa fotossintética da planta.

(D) altos teores de N no solo - pH próximo da neutralidade - baixa taxa fotossintética da planta.

(E) baixos teores de N no solo - pH na faixa ácida - baixa taxa fotossintética da planta.

15. (EXAME 2002)

A composição granulométrica corresponde à distribuição percentual das frações areia, silte e argila no solo. A respeito dessas frações, é correto afirmar que

(A) os principais minerais da fração areia são caulinita, capacidade de retenção de cátions.

(B) as argilas podem formar agregados estáveis em água, o que permite livre movimentação de água em alguns solos argilosos.

(C) as partículas de areia apresentam formas variadas (laminar, acicular, tubular), enquanto todas as argilas têm formato arredondado.

(D) as partículas de argila são de maior tamanho do que as de areia e, por isso, têm baixa capacidade de retenção de água e nutrientes.

(E) o quartzo, principal componente da fração argila, apresenta alta capacidade de retenção de água.

16. (EXAME 2002)

A nutrição das plantas cultivadas é adequada quando os nutrientes estão presentes em quantidades suficientes e balanceadas no solo. A absorção de nutrientes pelas plantas é dependente de vários fatores ligados ao solo, dentre eles,

(A) grau de umidade: importante para permitir a mineralização da matéria orgânica e liberação de alguns nutrientes para a solução do solo.

(B) pH: quanto mais alto for o pH, maior a disponibilidade dos micronutrientes catiônicos.

(C) temperatura: na faixa de 0°C a 11°C, a absorção dos nutrientes aumenta, e a partir daí a absorção diminui linearmente até cessar ao redor de 30°C.

(D) presença de outros íons: quanto maior o número de íons antagônicos na solução do solo, maior a absorção do nutriente.

(E) densidade: quanto mais compactado o solo, maior a baixo grau de umidade.

17. (EXAME 2002)

A adubação é uma das práticas agrícolas de maior retorno econômico ao agricultor. Algumas características físico-químicas dos adubos aumentam a eficiência da adubação, dentre as quais,

(A) fertilizantes pouco solúveis em água devem ter granulometria grosseira, pois quanto menor o grau de finura, maior a solubilidade do produto.

(B) fertilizantes com alto índice salino são desejáveis, pois a pressão osmótica da solução do solo diminui bastante após sua aplicação, o que facilita a absorção do nutriente pelas raízes.

(C) fertilizantes com grânulos de diferentes tamanhos são desejáveis, pois os menores grânulos com nitrogênio, que é o nutriente mais importante para a nutrição das plantas, são os primeiros a saírem da adubadora.

(D) fertilizantes pouco higroscópicos (com baixa tendência de absorver vapor d'água) são preferíveis, pois a capacidade de escoamento na adubadora é maior do que a de fertilizantes altamente higroscópicos.

(E) fertilizantes altamente solúveis em água devem ser finamente moídos e aplicados em área total, pois as perdas em lixiviação são geralmente baixas.

18. (EXAME 2002)

A classificação do solo é um indicativo de seu grau de fertilidade. Solos eutróficos têm alto potencial de produção agrícola, pois apresentam características químicas desejáveis no horizonte diagnóstico, tais como:

(A) porcentagem de saturação por alumínio trocável maior do que 35% da Capacidade de Troca Catiônica determinada a pH7 (CTC7).

(B) relação nitrogênio/fósforo menor do que 10, o que possibilita a adequada nutrição de leguminosas e gramíneas.

(C) soma dos teores de Ca, Mg, K e Na que represente, pelo menos, metade da CTC7, ou seja, saturação por bases maior ou igual a 50%.

(D) valor de pH medido em água inferior a 4, a fim de que não haja deficiência de macronutrientes às plantas.

(E) acidez potencial (H _ Al) maior do que 50 mmolc /dm3, para que ocorra protonação suficiente e elevada retenção de cátions.

19. (EXAME 2001)

A erosão do solo é um dos principais fatores de queda na produtividade das culturas em diversas regiões brasileiras. Com relação a este processo, é correto afirmar que

(A) solos altamente argilosos ($>$ 600 g kg ^{1} de argila) resistem pouco à erosão eólica, diferentemente dos arenosos, que toleram bem a ação do vento, por terem elevada macroporosidade.

(B) o gradiente textural é de extrema importância na avaliação da erosão em Latossolos, devido ao acentuado acréscimo de argila que ocorre no horizonte B destes solos.

(C) a erosão superficial (ou laminar), que representa o arraste de camadas delgadas do solo, é dificilmente perceptível e por isso não representa graves problemas, mesmo a longo prazo.

(D) a cobertura vegetal com pastagens é prática importante de conservação dos solos em relação à erosão, principalmente quando a taxa de lotação do pasto (número de animais por unidade de área) é elevada.

(E) a prática do terraceamento é bastante eficiente para controlar a erosão de terras cultivadas, principalmente quando combinada com outras práticas, como cobertura morta e cultivo em faixas.

20. (EXAME 2001)

O nitrogênio é um nutriente consumido em grandes quantidades pela maioria das culturas e sofre diversas transformações biogeoquímicas no solo, dentre elas

(A) a mineralização, que consiste na transformação de N mineral em substâncias orgânicas, como as proteínas, o que melhora a qualidade dos produtos agrícolas.

(B) a denitrificação, que constitui um processo de perda de nitrogênio na forma de gás e ocorre em condições anaeróbicas.

(C) a imobilização microbiana, que corresponde à transformação de amônia em nitrato, que é a forma assimilável de N pelas gramíneas.

(D) a nitrozação, que corresponde ao aumento no nível de nitrato no solo, após aplicação de material orgânico com relação C/N elevada (maior que 60).

(E) a lixiviação, que é baixa nos solos bem drenados, devido à forte fixação nas argilas, o que dificulta sua assimilação pelas culturas.

21. (EXAME 2001)

A matéria orgânica é um dos principais indicadores da qualidade dos solos. Em seu estado humificado participa de diversos processos físicos, químicos e biológicos no solo, dentre eles:

(A) aumento da capacidade de retenção de ânions, como o nitrato, devido à sua carga predominantemente positiva.
(B) desagregação eficiente dos solos, o que auxilia a movimentação de água, principalmente em solos de textura argilosa.
(C) complexação e possível aumento da biodisponibilidade de alguns micronutrientes, como Zn e Cu, pois o quelato formado torna-se depósito destes nutrientes nos solos.
(D) geração de carga permanente (estrutural) dos solos, como resultado de substituições iônicas ou isomórficas que ocorrem em seus grupos carboxílicos e fenólicos.
(E) correlação negativa com a biomassa microbiana do solo, o que é desejável em sistemas conservacionistas de manejo como o sistema Plantio Direto.

22. (EXAME 2001)

O gesso (ou fosfogesso) é um subproduto da fabricação do superfosfato simples, e seu uso agrícola é intensamente estudado, devido às altas quantidades geradas por tonelada de adubo fosfatado produzido. Uma característica ou reação do gesso agrícola no solo é

(A) ser fonte de cálcio e enxofre, e devido à ação do ânion sulfato, diminuir o efeito tóxico do alumínio.
(B) possuir ação corretiva da acidez bem maior que a do calcário, além de ser de baixo custo ao produtor.
(C) ser importante fonte de nitrogênio, apesar de seu alto poder acidificante.
(D) ter menor mobilidade no perfil do solo do que a do calcário, quando em solução, e por isso sua aplicação deve ser somente no sulco de plantio.
(E) possuir o íon silicato em sua composição, além de ser fonte dos nutrientes potássio (em pequenas quantidades), magnésio e zinco.

23. (EXAME 2001)

A cor é um dos atributos mais importantes no sistema brasileiro de classificação de solos. A afirmação que evidencia a correlação cor do solo com algumas características ou processos que nele ocorrem é:

(A) Em condições de excesso de água e com drenagem deficiente ocorre oxidação do enxofre e a cor do solo tende a ficar vermelha.
(B) Os óxidos de ferro influem diretamente nas cores dos solos, principalmente com a hematita que condiciona a cor amarela com mosqueados cinzas.
(C) Quanto mais intensa for a cor vermelha dos solos, maior o teor de óxidos de ferro e, assim, maior seu grau de fertilidade.
(D) Um solo com cor cinza escura e com boa drenagem deve ter altos teores de matéria orgânica e apresentar alta fertilidade.
(E) A cor cinza, característica de alguns solos de várzea, é resultado do recobrimento dos agregados do solo por fungos micorrízicos anaeróbicos.

24. (EXAME 2001)

Os nutrientes apresentam diversas funções nas plantas, e sua deficiência, geralmente, leva a sintomas visíveis de anormalidade. É neste princípio que se baseia a diagnose visual como método de avaliação do estado nutricional das plantas. Com relação à função do nutriente e ao sintoma de deficiência, observa-se que

(A) o fósforo é ativador enzimático e os sintomas de deficiência aparecem nas folhas novas, que ficam amareladas; ocorre também intenso perfilhamento de gramíneas.
(B) o cálcio é constituinte de proteínas; plantas deficientes em Ca apresentam deformação do limbo foliar e amarelecimento de folhas velhas.
(C) o enxofre é fundamental para remobilização da hemoglobina; sintomas típicos de deficiência de S são necrose em folhas velhas e aumento no comprimento de internódios.
(D) o potássio é importante para abertura e fechamento de estômatos; na falta de K ocorre clorose e depois necrose de pontas e margens de folhas velhas.
(E) o boro é essencial para fixação de N2 atmosférico; sintomas de deficiência de B são clorose reticulada e manchas pequenas e necróticas em folhas velhas.

25. (EXAME 2001)

O conceito de poder tampão é derivado da Química, mas tem estreita relação com fertilidade do solo. O poder tampão do solo é

(A) a capacidade de um solo fornecer micronutrientes na forma assimilável às plantas, em condições de pH alto (solo alcalino).
(B) a propriedade de um solo resistir às mudanças de pH e corresponde ao hidrogênio ligado de forma covalente aos coloides do solo.
(C) um processo de fornecimento de nutrientes na forma líquida, principalmente em sistemas de ferti-irrigação, nos quais os elementos são adicionados ao solo na forma de cátions trocáveis.
(D) a capacidade que determinadas leguminosas têm de exsudarem ácidos orgânicos e manterem o pH do solo constante em sistemas de adubação verde.
(E) a propriedade de certos minerais de argila promoverem correção da acidez do solo mediante a carbonatação da superfície de grânulos de areia.

26. (EXAME 2000)

A região do cerrado tem sido a principal fronteira agrícola brasileira nos últimos vinte anos. Nessa região é acentuada a ocorrência de solos que sofreram evolução muito avançada, com intemperização intensa de minerais primários e concentração relativa de argilominerais resistentes e/ou óxidos e hidróxidos de ferro e de alumínio, sem gradiente textual expressivo. Tais solos são classificados como

(A) Podzólicos.
(B) Vertissolos.
(C) Latossolos.
(D) Neossolos.
(E) Gleissolos.

27. (EXAME 2000)

Micorrizas são

(A) pequenas raízes laterais que aumentam a superfície de absorção de nutrientes em algumas monocotiledôneas.
(B) grânulos de adubos de dissolução lenta utilizados em solos inundados temporária ou permanentemente.
(C) bactérias que fixam o nitrogênio do ar e transferemno para as raízes numa forma assimilável.
(D) associações simbióticas entre fungos e raízes de plantas que aumentam a superfície de absorção radicular.
(E) sondas utilizadas para detecção da área de contato das raízes com horizontes subsuperficiais do solo.

28. (EXAME 2000)

A absorção de um nutriente refere-se à entrada do elemento em qualquer região de uma célula viva ou nos espaços intercelulares. O contato elemento-raiz se faz por meio de três principais mecanismos, que são:

(A) intercepção radicular, fluxo de massa e difusão.
(B) difusão, adubação subsuperficial, ferrólise.
(C) simbiose, translocação, transporte ativo.
(D) redistribuição, osmose, diferença de potencial.
(E) ligação covalente, simbiose, fluxo de massa.

29. (EXAME 2000)

A calagem constitui prática comum na agricultura brasileira e apresenta diversas características, dentre elas,

(A) ter maior efeito residual quanto mais fino for o calcário.
(B) dever ser realizada após a adubação mineral e junto com a semeadura, para evitar perdas de nitrogênio por volatização.
(C) provocar diminuição na capacidade de retenção de cátions (CTC) do solo, pois gera cargas negativas devido ao aumento do pH.
(D) promover aumento no pH de solos ácidos, o que diminui a atividade de maior parte dos microrganismos.
(E) insolubilizar o Al e o Mn tóxicos apesar de diminuir a disponibilidade de micronutrientes catiônicos.

30. (EXAME 2000)

O fósforo é um macronutriente que se encontra em baixos teores na maioria dos solos brasileiros. Nesses solos, sabendo-se que a adubação fosfatada é necessária para obtenção de altas produções, pode-se afirmar que

(A) os fosfatos naturais brasileiros são altamente solúveis e, por isso, têm alta eficiência nos primeiros anos de aplicação.
(B) os fosfatos de rocha são pouco eficientes nos primeiros anos de aplicação, sendo que a eficiência é maior em solos ácidos.
(C) a adubação fosfatada deve ser parcelada em uma ou duas vezes, devido à alta mobilidade do fósforo no solo.
(D) em solos com alto teor de óxidos de ferro, o fósforo deve ser, preferencialmente, aplicado em área total, devido à baixa interação do elemento com os óxidos.
(E) o superfosfato triplo apresenta o gesso em sua constituição e, por isso, pode ser utilizado como corretivo da acidez do solo.

31. (EXAME 2000)

Solos argilosos possuem (I) capacidade de retenção de água, (II) resistência à mudança de pH, (III) disponibilidade de cultivo após chuvas e (IV) velocidade de decomposição da matéria orgânica.

Completam-se corretamente as lacunas do texto acima, substituindo-se (I), (II), (III) e (IV), respectivamente, por:

(A) baixa - alta - alta - rápida
(B) alta - baixa - baixa - lenta
(C) baixa - alta - baixa - rápida
(D) alta - alta - baixa - lenta
(E) alta - baixa - alta - rápida

32. (EXAME 2000)

A adoção cada vez maior por parte dos agricultores do sistema de semeadura direta ("plantio direto"), que consiste na semeadura sem prévia destruição e incorporação dos restos de culturas anteriores, tem provocado diversas alterações nos atributos do solo. É correto afirmar que, após vários anos da adoção desse sistema,

(A) a estabilidade dos agregados do solo diminui, devido ao aumento no teor de matéria orgânica.
(B) a erosão laminar aumenta, como resultado da movimentação mais rápida de água e sedimentos na superfície do solo.
(C) a infiltração e a percolação de água aumentam, devido ao aumento da macroporosidade e do grau de agregação do solo.
(D) a atividade e a diversidade de organismos do solo diminuem, em resposta à menor aeração e exsudação de material tóxico pelos restos de culturas.
(E) os teores dos nutrientes tendem a ser pouco variáveis em profundidade, em contraste com o sistema convencional, no qual os teores são maiores nos primeiros 5 cm.

QUESTÃO DISCURSIVA

1. (EXAME 2001) DISCURSIVA

A falta de água (deficiência hídrica) durante o período vegetativo ou reprodutivo de plantas anuais causa prejuízos que dependem do período de duração e de sua severidade.

a) Identifique duas características do solo ou práticas de manejo que podem agravar estes prejuízos.
b) Identifique dois efeitos dessa deficiência hídrica sobre o desempenho das plantas ou de suas partes constituintes. **(Valor: 20 pontos)**

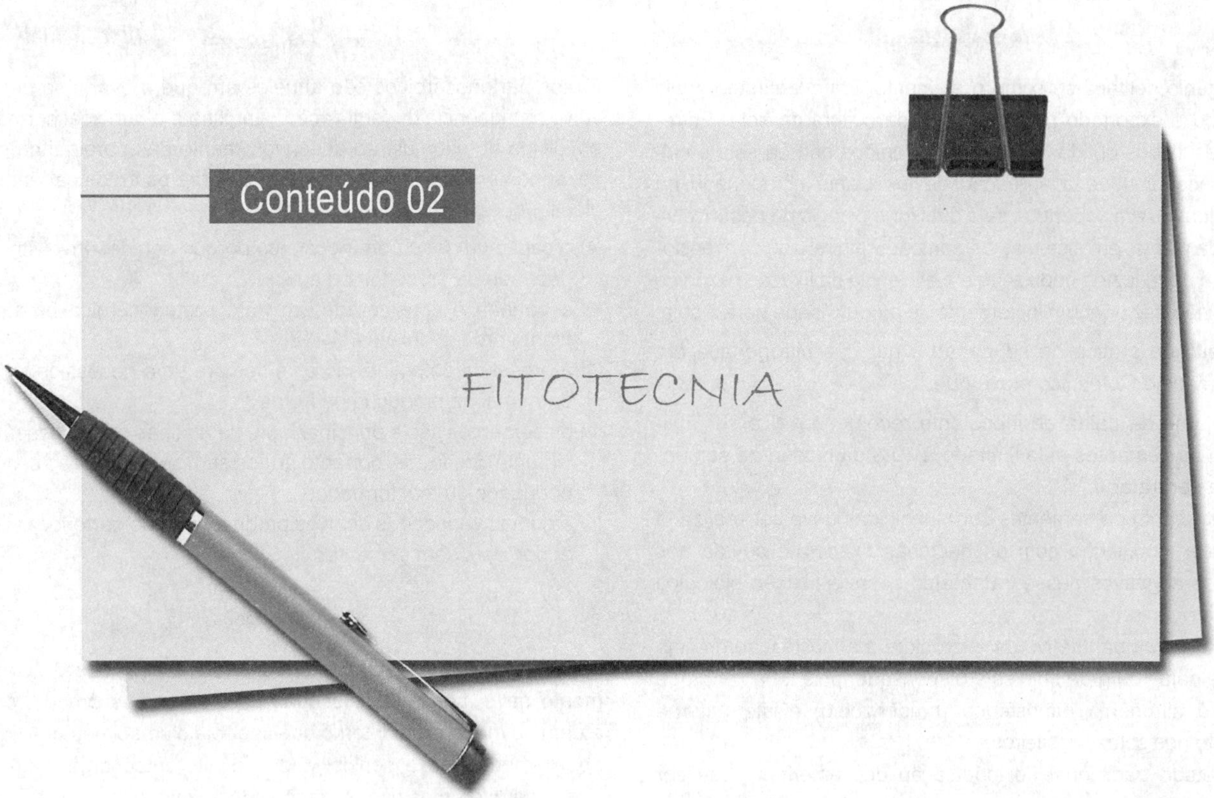

1. (EXAME 2010)

As espécies florestais podem ser propagadas por diferentes métodos, seja pela via assexuada (vegetativa) seja pela sexuada (sementes). A propagação vegetativa ou clonagem caracteriza-se por multiplicar partes de plantas com a finalidade de obtenção de novas plantas geneticamente idênticas à planta doadora (planta-mãe), sendo essa prática muito comum na produção comercial de mudas de eucaliptos. A propagação vegetativa justifica-se naqueles casos em que a produção de sementes é escassa, de baixo poder germinativo e difícil armazenamento e em espécies de alta produtividade e qualidade final da madeira desejada ou, ainda, em programas de melhoramento genético da espécie.

Considerando a utilização de propagação vegetativa em espécies florestais, avalie as afirmativas abaixo.

I. A micropropagação é uma técnica de propagação assexuada que se caracteriza pelo cultivo de partes da planta em vasos com solução nutritiva em condições de ambiente protegido.

II. A microestaquia é uma técnica de propagação assexuada que se caracteriza pelo uso de propágulos rejuvenescidos em laboratório para posterior enraizamento, visando à produção de mudas.

III. A miniestaquia é uma técnica de propagação assexuada que consiste no uso de brotações de plantas propagadas pelo método de estaquia convencional como fontes de propágulos.

IV. A enxertia é a técnica de propagação assexuada mais recomendada para plantios comerciais em larga escala, pois conduz à elevada qualidade da madeira produzida pela espécie enxertada.

É correto apenas o que se afirma em

(A) I e II.
(B) I e IV.
(C) II e III.
(D) II e IV.
(E) III e IV.

2. (EXAME 2010)

O milho híbrido contém a segurança de uma patente, visto que a reserva de obtenção está assegurada pela capacidade de combinação das linhagens endogâmicas obtidas pelos seus detentores. Em relação aos tipos de híbridos de milho e seus processos de obtenção, analise as seguintes afirmativas.

I. O híbrido simples é o mais produtivo, contudo suas sementes são obtidas a partir de linhagens endogâmicas de baixa produtividade.

II. Híbridos modificados têm o custo da produção de sementes barateado por serem obtidos a partir de linhagens revigoradas, sendo estas obtidas a partir do cruzamento entre linhagens estreitamente aparentadas.

III. Os números mínimos de linhagens endogâmicas distintas necessárias para a composição de híbridos simples, duplos e triplos são, respectivamente, iguais a dois, três e quatro.

IV. A escolha de uma linhagem como polinizadora ou receptora de pólen não altera a produtividade do híbrido, todavia contribui para o aumento do número de sementes híbridas.

É correto apenas o que se afirma em

(A) I e II.
(B) II e III.
(C) III e IV.
(D) I, II e IV.
(E) I, III e IV.

3. (EXAME 2010)

O nitrogênio destaca-se como o elemento, em quantidade, mais absorvido e exportado pela produção da cultura da soja. Entretanto, resultados obtidos em todas as regiões onde a soja é cultivada mostram que a aplicação de fertilizante nitrogenado na semeadura ou em cobertura, seja qual for o estágio de desenvolvimento da planta, em sistemas de semeadura direta ou convencional, além de reduzir a nodulação e a eficiência da fixação biológica natural, não traz nenhum incremento de produtividade para a soja.

A respeito da prática de adubação e nutrição nitrogenada em soja, o manejo fitotécnico prevê que

(A) o volume da calda de inoculante recomendável a ser aplicado às sementes está limitado a 10% da massa de sementes a ser tratada.

(B) o tratamento de sementes com fungicidas deve ser realizado após a inoculação com as bactérias fixadoras, devido aos efeitos negativos desse tratamento sobre a fixação biológica de nitrogênio

(C) a avaliação quantitativa da microbiota e a inoculação da soja onde haja 109/g de solo seja dispensada, pois a bactéria que fixa o nitrogênio atmosférico (bradirrizóbio) existe naturalmente nos solos brasileiros.

(D) o método tradicional de inoculação de sementes pode ser substituído pela aplicação do inoculante por aspersão no sulco, por ocasião da semeadura, em solos com ou sem população estabelecida. Nesse procedimento, observa-se a mesma dose de inoculante indicada para as sementes, aumentando-se a diluição.

(E) as fórmulas de adubo que contêm nitrogênio não devem ser utilizadas; entretanto, as mais econômicas — em relação às fórmulas sem nitrogênio — poderão ser utilizadas, desde que não sejam aplicados mais do que 20 kg de N/ha.

As duas questões abaixo devem ser respondidas com base no enunciado abaixo.

Uma cultura de feijão será implantada com espaçamento de 0,5 m entre sulcos de plantio e de 10 cm entre plantas dentro da linha de plantio.

4. (EXAME 2004)

A população de plantas por hectare será

(A) 20.000
(B) 100.000
(C) 200.000
(D) 500.000
(E) 1.000.000

5. (EXAME 2004)

Considerando que as sementes do cultivar têm peso de 22,5 g por 100 sementes, com poder germinativo de 90%, a quantidade de sementes necessária para a semeadura de 1 hectare será

(A) 450 g
(B) 500 g
(C) 22,5 kg
(D) 45 kg
(E) 50 kg

6. (EXAME 2004)

Frutos partenocárpicos são aqueles em que o ovário se desenvolve na ausência de fertilização. A auxina é o principal hormônio envolvido no estímulo ao desenvolvimento das paredes do ovário, sendo produzida no próprio fruto. Sobre os frutos partenocárpicos, pode-se afirmar que

(A) o caju é um fruto partenocárpico porque seu desenvolvimento depende da presença de auxinas.

(B) a banana é considerada um fruto partenocárpico porque a planta produz auxinas.

(C) a presença de polinizadores é sempre uma necessidade fundamental na produção de frutos.

(D) as sementes são a principal fonte de auxinas para o desenvolvimento dos frutos, portanto, frutos sem sementes são sempre pequenos ou mal formados.

(E) algumas variedades de uvas produzem frutos partenocárpicos e, por isso, sem sementes.

7. (EXAME 2004)

As auxinas são sintetizadas nas plantas em regiões de crescimento ativo, sendo translocadas para diferentes órgãos, onde atuam no mecanismo interno que controla o crescimento. A figura abaixo apresenta a sensibilidade de diferentes órgãos de um vegetal a diferentes concentrações de auxina.

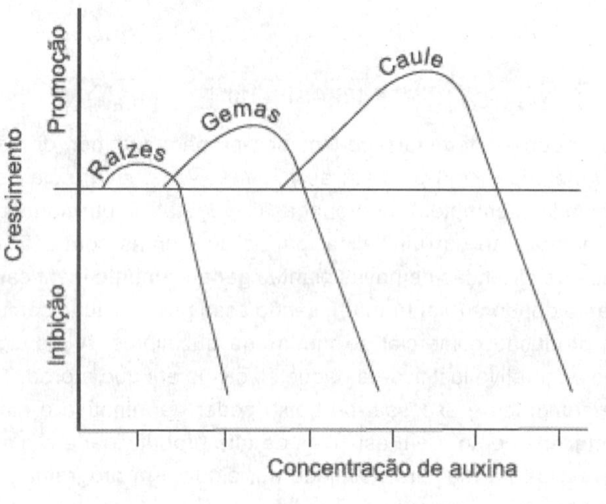

FERRI, M.G. (Coord.). Fisiologia vegetal 2. S.P.: EDUSP, 1979 (adapt.)

A esse respeito, considere as seguintes afirmativas:

I. as raízes são mais sensíveis ao aumento da concentração de auxina que o caule;

II. doses muito baixas de auxina são suficientes para estimular o crescimento das raízes, porém são insuficientes para estimular o caule;

III. as gemas, para se desenvolver, necessitam de maiores concentrações de auxina do que o caule;

IV. concentrações mais altas de auxina promovem maior crescimento das raízes.

São corretas apenas as afirmativas

(A) I e II.
(B) I e IV.
(C) II e III.
(D) II e IV.
(E) III e IV.

8. (EXAME 2004)

Sementes genéticas são aquelas produzidas pelos melhoristas, em pequenas quantidades, ao final dos programas de melhoramento. Para possibilitar a produção de quantidade adequada de sementes, são produzidas sementes básicas e registradas, a partir das sementes genéticas, mantendo a pureza varietal e a identidade genética. Já as sementes fiscalizadas podem ser produzidas a partir das básicas, registradas ou certificadas, por produtor credenciado, obedecidas as normas técnicas. A esse respeito, pode-se afirmar que

(A) a assistência de um melhorista é fundamental para produção de sementes certificadas.
(B) a produção de sementes básicas e registradas é desnecessária, pois as sementes certificadas poderiam ser produzidas a partir das sementes genéticas.
(C) as sementes registradas são aquelas que recebem a aplicação de um produto ou são submetidas a um tratamento especial.
(D) as sementes genéticas ou básicas devem ser sempre preferidas para comercialização, por terem maior pureza genética.
(E) as sementes certificadas são as mais apropriadas para a distribuição aos agricultores, pois têm garantia de origem genética e são produzidas em larga escala.

9. (EXAME 2004)

Quando o suprimento de um determinado nutriente está abaixo do nível ótimo, o crescimento de um órgão vegetal pode ser retardado até que haja absorção, ou, se for o caso, remobilização a partir dos tecidos mais velhos. Assim, ocorre, por exemplo, translocação de cálcio para os órgãos mais novos, originando sintomas de deficiência nas folhas mais velhas

PORQUE

o cálcio, em sua maior parte, é um componente estrutural, que estabelece ligações estáveis na parede celular e na membrana plasmática.

A esse respeito, pode-se concluir que

(A) as duas afirmativas são verdadeiras e a segunda justifica a primeira.
(B) as duas afirmativas são verdadeiras e a segunda não justifica a primeira.
(C) as duas afirmativas são falsas.
(D) a primeira afirmativa é verdadeira e a segunda é falsa.
(E) a primeira afirmativa é falsa e a segunda é verdadeira.

10. (EXAME 2004)

A figura abaixo mostra as respostas fotossintéticas de uma planta de sol e uma de sombra em função da intensidade luminosa.

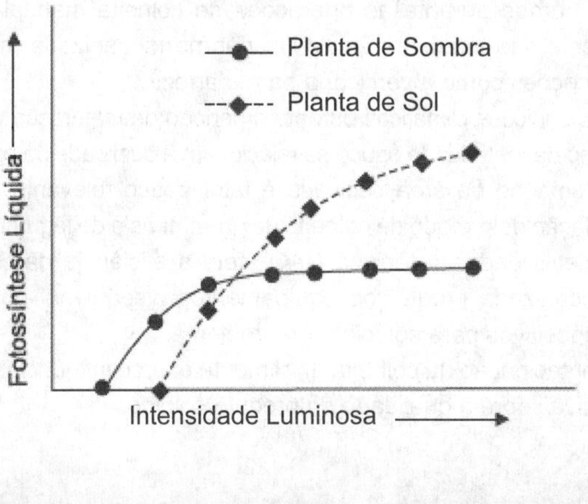

A figura mostra que existe uma intensidade luminosa na qual a fotossíntese líquida da planta de sombra se iguala à da planta de sol

PORQUE

com baixa intensidade luminosa, a planta de sombra tem maior taxa de fotossíntese líquida que a de sol, enquanto a planta de sol, com alta intensidade luminosa, tem maior taxa de fotossíntese líquida que a de sombra.

A esse respeito, pode-se concluir que

(A) as duas afirmativas são verdadeiras e a segunda justifica a primeira.
(B) as duas afirmativas são verdadeiras e a segunda não justifica a primeira.
(C) as duas afirmativas são falsas.
(D) a primeira afirmativa é verdadeira e a segunda é falsa.
(E) a primeira afirmativa é falsa e a segunda é verdadeira.

11. (EXAME 2004)

Na obtenção de cultivares transgênicos pelo uso da técnica do DNA recombinante, é necessário que a espécie doadora do gene seja próxima, do ponto de vista filogenético, à espécie receptora

PORQUE

nem todos os genes se expressam, quando transferidos para outra espécie.

A esse respeito, pode-se concluir que

(A) as duas afirmativas são verdadeiras e a segunda justifica a primeira.
(B) as duas afirmativas são verdadeiras e a segunda não justifica a primeira.
(C) as duas afirmativas são falsas.
(D) a primeira afirmativa é verdadeira e a segunda é falsa.
(E) a primeira afirmativa é falsa e a segunda é verdadeira.

12. (EXAME 2003)

Um dos processos de avaliação do estado nutricional das plantas é a análise visual, que consiste em comparar o aspecto de uma amostra (geralmente a folha) com um padrão. Se houver falta ou excesso de um determinado elemento, isso se traduzirá em anormalidade visível e típica para cada elemento. Diversas avaliações são realizadas, dentre elas a observação do gradiente dos sintomas, que está relacionado com a mobilidade do elemento na planta. Assim sendo,

(A) elementos móveis na planta deverão apresentar sintomas mais intensos de deficiência em folhas mais novas, sendo o nitrogênio um exemplo típico.
(B) a deficiência de elementos pouco ou nada móveis, como o cálcio, é mais acentuada em folhas mais novas.
(C) o fósforo é extremamente imóvel na planta, e a clorose internerval ocorre principalmente em folhas mais novas.
(D) a clorose e depois a necrose das pontas e margens das folhas mais novas é sintoma típico de deficiência de magnésio, que é imóvel na planta.
(E) o potássio é imóvel na plantas, e em situações de deficiência aparecem sintomas de folhas velhas menores e deformadas, além da morte da gema e encurtamento de internódios.

13. (EXAME 2003)

A decisão sobre a escolha adequada da cultivar não se baseia exclusivamente em aspectos agronômicos, embora o produtor tenha certa tendência de priorizá-los. Como exemplos de características desejáveis em cultivares de praticamente todas as espécies de expressão econômica, podem ser citadas a capacidade de produção, a adaptação às condições de clima e solo da região de cultivo, a resistência a doenças. Se você fosse solicitado a emitir uma opinião sobre características prioritárias para determinadas espécies, destacaria, com certeza:

(A) em arroz: alta capacidade de perfilhamento e porte relativamente baixo, com resistência ao acamamento.

(B) em milho: resistência à degrana e a injúrias mecânicas, visando a redução de perdas durante a colheita.

(C) em tomate: frutos indeiscentes, visando maior tolerância ao transporte pós-colheita.

(D) em feijão: crescimento indeterminado, para favorecer a uniformidade de maturação.

(E) em cebola: exigência de fotoperíodo específico, ampliando a adaptabilidade a diferentes regiões do País.

14. (EXAME 2003)

A época de semeadura de culturas anuais (produtoras de grãos) é selecionada principalmente em função da possibilidade de atendimento das principais exigências climáticas da espécie cultivada e das características do mercado, permitindo a obtenção de rendimentos economicamente compensadores. Assim, é correto afirmar que

(A) as regiões situadas em latitudes mais elevadas apresentam menores restrições à escolha da época de semeadura porque as variações climáticas são menos acentuadas com o decorrer do ano.

(B) a semeadura escalonada permite a redução de riscos por adversidades climáticas que podem atingir a lavoura, mesmo quando a semeadura for realizada no período mais adequado.

(C) a ocorrência prolongada de períodos nublados durante o desenvolvimento das plantas NÃO constitui maior preocupação para os agricultores, porque as plantas anuais são pouco sensíveis à intensidade de radiação solar.

(D) a germinação representa uma das etapas do ciclo com menor exigência hídrica, porque as sementes precisam captar 10 a 20% de seu peso em água para que o processo se complete.

(E) em gramíneas, como o milho e o arroz, a deficiência hídrica durante o estádio de "grãos pastosos" praticamente NÃO afeta a transferência de matéria seca para os grãos e, consequentemente, o tamanho e o peso dos grãos na época da colheita.

15. (EXAME 2003)

A semeadura de lavouras pode ser efetuada em covas (sementes distribuídas em grupos, separados por distâncias preestabelecidas a lanço (sementes lançadas ao acaso sobre a superfície do solo) ou em linhas (sementes distribuídas em sulcos que guardam determinada distância entre si). Ao ser solicitada sua colaboração para comparar esses sistemas, você afirmaria que a semeadura

(A) em linhas é recomendada principalmente para terrenos pedregosos e de topografia acidentada.

(B) a lanço é a que proporciona melhores condições para a realização de tratos culturais mecanizados.

(C) em covas, geralmente realizada com equipamentos de operação manual, desestimula a concorrência durante o desenvolvimento das plantas.

(D) em linhas dificulta a distribuição espacial das plantas e a mecanização da lavoura.

(E) a lanço determina maior gasto de sementes para atingir a população desejada após o estabelecimento do estande.

16. (EXAME 2003)

Um produtor de feijão, interessado em avaliar a viabilidade de implantar um sistema consorciado de produção feijão/milho, instalou uma área experimental de 4,0 ha, obtendo os seguintes resultados:

Alternativa	Produção de grãos (kg/ha)	
	Feijão	Milho
Consórcio com semeadura simultânea	830	4 400
Milho semeado 20 dias após o feijão	1 570	2 900
Milho semeado 40 dias após o feijão	1 580	1 860
Milho semeado 60 dias após o feijão	1 490	460
Milho semeado 80 dias após o feijão	1 450	200
Feijão em monocultivo	1 460	-----

Ao examinar esses resultados, você está em condições de constatar que

(A) o monocultivo do feijão foi vantajoso em relação a qualquer alternativa do sistema consorciado para essa cultura.

(B) a semeadura do milho aos 20 dias constituiu a melhor opção em termos de obtenção de uma renda extra para o agricultor.

(C) a concorrência somente foi prejudicial ao milho, quando essa cultura foi semeada aos 60 ou 80 dias após o feijão.

(D) os resultados obtidos desestimulam o planejamento da produção do feijão em sistemas consorciados.

(E) o feijão poderia ser semeado após o milho, em épocas análogas às apresentadas nessa tabela, pois a produção de feijão não é afetada pelo sombreamento.

17. (EXAME 2003)

As operações de colheita do campo de produção de grãos influenciam diretamente o sucesso do empreendimento agrícola, além de representarem relação ponderável com o custo de produção. Pode-se afirmar que

(A) as perdas durante as operações de colheita manual geralmente são inferiores às verificadas na mecanizada, mas há exceções como a verificada para o arroz.

(B) as condições climáticas durante o período de maturação ou próximo da maturidade pouco se relacionam à qualidade do produto.

(C) o tamanho da área cultivada é fator pouco relevante para a seleção do método de colheita de gramíneas e de leguminosas.

(D) a declividade do terreno NÃO afeta a eficiência da colheita mecanizada porque os equipamentos disponíveis possuem dispositivos para solucionar o problema.

(E) a antecipação da colheita dificilmente exerce influência significativa sobre a qualidade do produto colhido.

18. (EXAME 2003)

A entidade responsável pela organização da produção de sementes de determinada espécie, em um estado do Brasil, estabeleceu os seguintes requisitos mínimos para a germinação de sementes de feijão, necessários para a aprovação dos lotes:

Sementes básicas	Sementes registradas	Sementes certificadas	Sementes fiscalizadas
70%	80%	80%	80%

O menor rigor estabelecido para as sementes básicas é justificável, pois

(A) essas sementes geralmente são produzidas em ambiente controlado artificialmente e, portanto, mais sensíveis à ação de fungos.

(B) elas perdem rapidamente a viabilidade durante o armazenamento.

(C) o valor genético dessas sementes, originadas da multiplicação das sementes genéticas, predomina em relação ao atributo fisiológico.

(D) o custo de produção destas sementes é relativamente baixo e o estabelecimento do estande NÃO é essencial para as classes subsequentes.

(E) a redução da oferta destas sementes, em determinado ano agrícola, NÃO compromete a organização do sistema de produção das classes subsequentes.

19. (EXAME 2003)

A alteração do desempenho relativo (DR) de genótipos, em função de diferenças de condições de ambiente, é denominada interação genótipo x ambiente e está ilustrada nas figuras abaixo, em que A e B são duas cultivares e I e II, ambientes distintos.

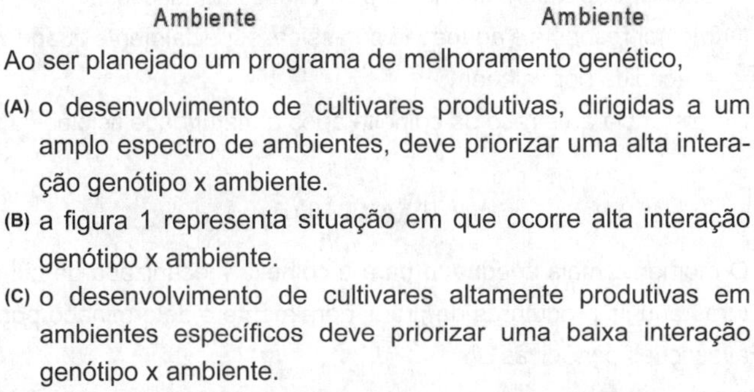

Ao ser planejado um programa de melhoramento genético,

(A) o desenvolvimento de cultivares produtivas, dirigidas a um amplo espectro de ambientes, deve priorizar uma alta interação genótipo x ambiente.

(B) a figura 1 representa situação em que ocorre alta interação genótipo x ambiente.

(C) o desenvolvimento de cultivares altamente produtivas em ambientes específicos deve priorizar uma baixa interação genótipo x ambiente.

(D) a figura 2 representa uma situação de baixa interação genótipo x ambiente.

(E) o desenvolvimento de cultivares produtivas, dirigidas a um amplo espectro de ambientes, deve priorizar uma pequena interação genótipo x ambiente.

20. (EXAME 2003)

Um produtor de uma cultura A, na região Y, pretende semear sua lavoura no dia 15 de outubro. Na hora de escolher o híbrido mais adequado para sua região ele fica em dúvida sobre qual material utilizar. Sabendo-se que - a temperatura-base da cultura A é de 10ºC - o tempo ideal entre a semeadura e o florescimento da cultura A é de 59 dias - as temperaturas médias mensais (ºC) da região são:

Jan	Fev	Mar	Abr	Mai	Jun	Jul	Ago	Set	Out	Nov	Dez
25	23	23	21	19	18	17	18	21	23	24	24

Pergunta-se: Considerando-se os valores apresentados abaixo para florescimento (expressos em graus dia - GD), dos diferentes híbridos (R, S, T, U ou V), qual é o mais indicado?

(A) R - 950 GD.

(B) S - 923 GD.

(C) T - 884 GD.

(D) U - 851 GD.

(E) V - 810 GD.

21. (EXAME 2002)

Espaçamento é o conjunto de distâncias estabelecidas entre linhas de plantas (ou sulcos de semeadura) e entre as plantas nas linhas (sulcos), determinando a distribuição espacial e a população de plantas na área utilizada para a condução de culturas. Essa distribuição deve proporcionar condições favoráveis ao desenvolvimento das plantas, permitindo a produção economicamente vantajosa. Considerando-se este objetivo,

(A) as maiores populações de plantas por área determinam aumento da produção individual (g/planta).

(B) o aumento da população por área não está associado à elevação do índice de acamamento de plantas.

(C) as menores populações de plantas por área favorecem a infestação do terreno por plantas daninhas.

(D) a eficiência da colheita mecanizada independe do espaçamento adotado para a semeadura.

(E) as maiores populações de plantas por área desestimulam a competição das plantas por água, nutrientes e luz.

22. (EXAME 2002)

Tratos culturais compreendem um conjunto de práticas agrícolas adotadas entre a semeadura e a colheita, visando conservar o solo e oferecer condições favoráveis para o desenvolvimento das plantas. Considerando-se uma lavoura de feijão, são normalmente recomendadas as seguintes práticas:

(A) controle de plantas daninhas e adubação nitrogenada em cobertura.

(B) adubação fosfatada em cobertura e poda.

(C) decote e irrigação por gotejo.

(D) desbaste e adubação fosfatada em cobertura.

(E) replantio e desbrota.

23. (EXAME 2002)

Tomando-se como base a colheita mecanizada de uma cultura de milho, pode-se afirmar que

(A) a retenção de grãos nas espigas (falhas na debulha) pode ser devida à colheita de grãos excessivamente secos.

(B) o excesso de grãos quebrados durante a colheita pode ser causado pela baixa velocidade de rotação do cilindro debulhador.

(C) a desuniformidade de maturação, característica dos cultivares híbridos utilizados no Brasil, exige o parcelamento da colheita do campo de produção.

(D) o atraso progressivo da colheita, após a maturidade fisiológica mantém as plantas expostas ao ataque de insetos, ao tombamento das plantas, ao apodrecimento dos grãos na espiga.

(E) a colheita de milho deve ser efetuada quando os grãos apresentam grau de umidade superior a 40%, para a redução considerável das perdas durante o recolhimento e durante a debulha.

24. (EXAME 2002)

A técnica cultural adotada em lavouras para a produção de sementes é semelhante à utilizada para a produção de grãos para consumo. Uma das práticas especializadas que diferencia a produção de sementes, em relação às lavouras para a produção de grãos, consiste em

(A) dedicar atenção especial à regulagem da máquina para semeadura.

(B) erradicar as plantas que constituem fontes de contaminação genética.

(C) adquirir anualmente lotes da classe de sementes genéticas.

(D) controlar doenças com o uso de fungicidas, próximo à época do florescimento.

(E) sempre efetuar a colheita mecanizada no momento da maturidade fisiológica.

25. (EXAME 2002)

Uma das sequências possíveis para o melhoramento de plantas autógamas é representada por

(A) testes de capacidade de combinação, seleção de progênies, autofecundações, obtenção de linhagens puras.

(B) retrocruzamento, cruzamentos parentais, seleção massal, seleção recorrente.

(C) hibridação, obtenção de linhagens por autofecundações, seleção individual, testes de progênies, competição entre linhagens.

(D) autofecundação, testes de progênies, seleção massal, retrocruzamento.

(E) seleção massal, retrocruzamento, hibridação, competição entre linhagens.

26. (EXAME 2002)

O processo de propagação assexuada de plantas, com a formação de sementes sem a ocorrência de fertilização da oosfera, como se verifica em gramíneas forrageiras e algumas frutíferas, é conhecido por

(A) gametogênese.

(B) fotoblastismo.

(C) partenocarpia.

(D) apomixia.

(E) microsporogênese.

27. (EXAME 2002)

A implantação de culturas tem início com o apoio de um programa planejado de conservação do solo, permitindo o estabelecimento de bases para a manifestação do potencial produtivo das plantas. Nesse sentido,

(A) a semeadura em nível representa a prática conservacionista mais simples, de caráter mecânico, para o controle da erosão, mas não é recomendada para áreas com declividade superior a 3%.

(B) a recomendação para a construção de terraços geralmente é vantajosa, mas as operações de semeadura e cultivo não precisam ser executadas seguindo as curvas de nível.

(C) os terraços de base larga são caracterizados por sua eficiência no controle da erosão, especialmente em terrenos arenosos com declividade bastante acentuada.

(D) os terraços de base estreita são recomendados principalmente em lavouras de espécies anuais.

(E) as práticas conservacionistas de caráter edáfico enfatizam as vantagens da eliminação da vegetação por queimadas sucessivas, pois o controle da erosão pode ser obtido através de alternância de capinas.

28. (EXAME 2002)

Para várias espécies cultivadas, a adoção de tecnologia destinada à obtenção de rendimentos economicamente vantajosos está associada ao uso de cultivares que, além do potencial produtivo, apresentem estabilidade de produção. Conceitualmente, esta característica se manifesta, no campo, através de

(A) alta capacidade de competição com plantas invasoras.

(B) tolerância a solos ácidos, resistência a doenças, menor sensibilidade a ambientes adversos.

(C) variações desprezíveis na produtividade com o decorrer dos anos, independentemente das condições climáticas.

(D) melhor resposta à adubação potássica, especialmente quando precedida por calagem.

(E) tolerância ao atraso da colheita após a maturidade fisiológica.

29. (EXAME 2001)

O momento mais adequado para a colheita mecanizada de culturas anuais produtoras de grãos geralmente é determinado por avaliações periódicas

(A) do grau de umidade dos grãos.

(B) do diâmetro do caule.

(C) da massa da matéria seca dos grãos.

(D) do índice de área foliar.

(E) do índice de acamamento das plantas.

30. (EXAME 2001)

O melhoramento genético de plantas, como em outras atividades técnicas, envolve a utilização de terminologia específica, permitindo a fácil comunicação entre profissionais da área e a difusão uniforme do conhecimento. São termos ou expressões utilizados rotineiramente pelos melhoristas de plantas:

(A) Mutação: alteração apenas hereditária, sem reflexos na morfologia ou fisiologia da planta.
(B) Endogamia: qualquer sistema de cruzamento que resulte em aumento do grau de heterozigose.
(C) Linhagem pura: grupo de indivíduos em heterozigose, ou seja, com constituição genética completamente distinta.
(D) Híbrido: material resultante do cruzamento de indivíduos geneticamente idênticos.
(E) Engenharia genética: transferência de um gene particular de um organismo para outro ou a introdução de genes sintetizados artificialmente.

31. (EXAME 2001)

Várias culturas de valor comercial são propagadas vegetativamente, através de estruturas especializadas denominadas propágulos. As culturas da cebola, banana, batata e mandioca são propagadas, respectivamente, com o uso de

(A) bulbos, sementes apomíticas, estolões e estacas.
(B) tubérculos, rizomas, meristemas e bulbos.
(C) bulbos, rizomas, tubérculos e estacas.
(D) rizomas, estolões, bulbos e estacas.
(E) meristemas, bulbos, tubérculos e rizomas.

32. (EXAME 2001)

Em estudo sobre as relações entre o estabelecimento do estande, características da planta de milho e a produção, foi adotado o espaçamento de 0,90 cm entre linhas e avaliada a variação da densidade de semeadura (número de plantas por metro linear de sulco). Os dados obtidos são apresentados na tabela abaixo.

Características avaliadas	Número de plantas por metro linear				
	3	4	5	6	7
Altura de espigas (cm)	245	245	245	244	241
Altura de inserção da espiga (cm)	138	137	138	139	138
Índice de plantas quebradas (%)	6	13	12	15	19
Peso médio de grãos por espiga (g)	167	156	148	135	121
Produção de grãos (kg/ha)	8 200	8 600	9 200	9 350	8 700

Os resultados obtidos demonstram que

(A) o aumento da densidade de semeadura não afeta o peso médio de grãos por espiga.
(B) há relação direta entre o índice de plantas quebradas e a produção de grãos por hectare.
(C) tanto a altura das plantas como a da inserção da espiga são afetadas de forma acentuada pela variação da densidade de semeadura.
(D) o aumento da densidade de semeadura sempre beneficia a produção de grãos.
(E) o uso de densidades elevadas está associado à necessidade de utilizar cultivares mais tolerantes ao quebramento do colmo ou com menor porte.

33. (EXAME 2001)

Os produtores rurais mantêm constante preocupação em conduzir lavouras livres de plantas invasoras, para minimizar possíveis prejuízos à cultura, incluindo a redução da produção. Considerando-se as relações entre as plantas cultivadas e as invasoras,

(A) no final do ciclo das plantas cultivadas, é comum a verificação do crescimento relativamente vigoroso de plantas invasoras. Isto se deve, principalmente, à redução do sombreamento do solo provocado pela redução da área foliar da cultura.
(B) medidas de controle preventivo de invasoras têm se revelado praticamente inúteis devido, inclusive, à constante introdução generalizada de novas espécies de invasoras, acompanhando as sementes melhoradas de culturas anuais.
(C) o controle cultural, como, por exemplo, o uso de cultivares de crescimento rápido e o uso de espaçamentos mais estreitos entre as linhas da cultura, somente é eficiente no controle de plantas invasoras de folhas largas (dicotiledôneas).
(D) a utilização de cultivadores mecânicos é destinada ao controle de plantas invasoras que se desenvolvem na linha de semeadura, especialmente em áreas com alta infestação de invasoras que se propagam assexuadamente.
(E) a utilização de herbicidas é, sempre, o método de controle mais recomendado, por ser mais econômico, tanto para as culturas anuais como para as perenes.

34. (EXAME 2001)

Durante o planejamento para a instalação de uma cultura **X**, um produtor estabeleceu a meta de obter uma população de 400 000 plantas por hectare após a emergência das plântulas. Nesse sentido, adquiriu um lote de sementes com 98% de pureza física, 80% de germinação, grau de umidade de 12%; a massa média de 1 000 sementes era de 200 g. Que quantidade de sementes deve ser distribuída para atingir o objetivo planejado?

(A) 62,5 kg/ha
(B) 64,0 kg/ha
(C) 80,0 kg/ha
(D) 102,0 kg/ha
(E) 677,0 kg/ha

35. (EXAME 2001)

As inspeções de campos de produção de sementes têm como finalidade principal a detecção de plantas que possam comprometer a pureza varietal, a pureza física e a sanidade das sementes colhidas. Para atingir esses objetivos, é importante considerar que

(A) a pureza genética é mantida com maior facilidade em espécies de polinização cruzada, que apresentam alto grau de homozigose.
(B) a distância mínima de isolamento de campos de produção de sementes de espécies autógamas deve ser de, pelo menos, 400 metros.

(C) a detecção de contaminações genéticas é mais eficiente durante o florescimento e a fase pré-colheita.
(D) não há necessidade da verificação do índice de infestação do campo por plantas invasoras.
(E) há pequena probabilidade de transmissão de doenças pelas sementes da maioria das espécies cultivadas.

36. (EXAME 2000)

A rotação de culturas compreende a sucessão regular de diferentes espécies vegetais na mesma área do terreno, seguindo um sistema planejado que, em geral, inclui espécies com diferentes hábitos de crescimento do sistema radicular. Dentre as características desse sistema de produção, destaca-se

(A) vantagem do ponto de vista econômico, embora seja constatado o esgotamento progressivo de nutrientes do solo.
(B) necessidade crescente do uso de herbicidas e, também, de fungicidas para o controle de doenças foliares.
(C) possibilidade de intensificação de prejuízos causados por insetos do solo e nematoides.
(D) maior possibilidade de ocorrência de erosão, causada pela desestruturação do solo.
(E) contribuição significativa para a melhoria e/ou manutenção da fertilidade do solo e aproveitamento da mão de obra e da infraestrutura da propriedade.

37. (EXAME 2000)

O planejamento do isolamento de campos de produção de sementes, em relação a campos de produção de diferentes cultivares da mesma espécie, leva em consideração os tipos e agentes de polinização, a topografia da área destinada à produção, os acidentes geográficos, a existência de barreiras vegetais, dentre outros fatores. Os campos de produção de sementes devem ser devidamente isolados visando à manutenção dos seguintes atributos da qualidade da semente:

(A) pureza genética, germinação, peso volumétrico.
(B) pureza física, uniformidade de tamanho, vigor.
(C) pureza genética, sanidade, pureza física.
(D) germinação, vigor, sanidade.
(E) grau de umidade, peso volumétrico, pureza genética.

38. (EXAME 2000)

O teor de água ou grau de umidade dos grãos exerce influência direta sobre a intensidade dos prejuízos causados por injúrias mecânicas durante a colheita manual ou mecanizada. Os efeitos desses danos podem ser classificados como imediatos (trincas, quebras) ou latentes (danos por "amassamento", danos internos). Tem-se verificado que os efeitos

(A) imediatos são mais intensos em grãos úmidos (grau de umidade t 18,0%).
(B) latentes ocorrem principalmente em grãos secos (grau de umidade d 12,0%).
(C) tanto imediatos como latentes ocorrem apenas quando os grãos apresentam de 13,0 a 16,0% de água.
(D) imediatos são mais intensos em grãos secos (grau de umidade d 12,0%).
(E) tanto imediatos como latentes são mais problemáticos em grãos úmidos (grau de umidade t 18%).

39. (EXAME 2000)

Uma técnica biotecnológica utilizada para a obtenção de variabilidade genética, antes inexistente na espécie, permite a introdução de gene(s) específico(s) clonado(s) de outra espécie e a expressão da característica introduzida no órgão ou tecido da planta-alvo. O texto se refere à obtenção de cultivares

(A) heterozigotos.
(B) híbridos.
(C) retrocruzados.
(D) alógamos.
(E) transgênicos.

40. (EXAME 2000)

Quanto à propagação assexuada, como por exemplo em cebola, mandioca e batata, pode-se afirmar que

(A) é utilizada porque essas espécies não produzem sementes.
(B) as plantas descendentes apresentam constituição genética idêntica à da planta matriz.
(C) os materiais de propagação podem ser armazenados, sem a necessidade de cuidados especiais, durante longo período.
(D) os descendentes exibem maior propensão à segregação genética, em relação à propagação sexuada.
(E) destina-se, principalmente, a espécies cujas sementes apresentam alta longevidade.

41. (EXAME 2000)

Plantas transgênicas são uma realidade nos dias de hoje, especialmente nos EUA e Canadá. Nos próximos 5 anos, segundo estimativas recentes, deverão ocupar áreas da ordem de 77 milhões de ha. Embora estas plantas não sejam ainda permitidas no Brasil, naqueles países já fazem parte de programas de Manejo Integrado de Pragas (MIP) e são eficientes para controlar lepidópteros. O micro-organismo cujo gene tóxico é clonado e incorporado à planta, e que passa a sintetizar uma proteína que irá matar os insetos é o

(A) *Pseudomonas aeruginosa.*
(B) *Streptococcus pluton.*
(C) *Metarhizium anisopliae.*
(D) *Xylella fastidiosa.*
(E) *Bacillus thuringiensis.*

Conteúdo 03

FITOSSANIDADE

1. (EXAME 2010)

O controle de plantas daninhas tem por objetivos evitar perdas na quantidade e na qualidade dos produtos vegetais, facilitar a colheita e reduzir a infestação de um ano para o outro. Para tanto, podem ser utilizados os métodos de controle preventivo, cultural, mecânico, físico, biológico e químico. Nessa perspectiva, analise as asserções a seguir.

No que se refere ao controle químico, o aparecimento da resistência é definido como uma mudança de comportamento desenvolvida em uma população de plantas daninhas à capacidade letal de um determinado herbicida, induzida pela ação do homem.

PORQUE

O uso repetitivo de um mesmo herbicida, ou de herbicidas diferentes que apresentam o mesmo mecanismo de ação, atua na seleção de plantas de biótipos resistentes já existentes na população.

A esse respeito, assinale a opção correta.

(A) As duas asserções são proposições verdadeiras, e a segunda é uma justificativa da primeira.
(B) As duas asserções são proposições verdadeiras, mas a segunda não é uma justificativa da primeira.
(C) A primeira asserção é uma proposição verdadeira, e a segunda é uma proposição falsa.
(D) A primeira asserção é uma proposição falsa, e a segunda é uma proposição verdadeira.
(E) As duas asserções são proposições falsas.

2. (EXAME 2004)

A rotação de culturas é uma das práticas importantes no controle de pragas e doenças. Para que seja efetiva, deve observar as peculiaridades de cada patossistema. A esse respeito, analise as afirmativas abaixo.

I. No período da rotação, a eliminação ou supressão de patógenos que colonizam também os restos culturais não está associada à atividade microbiana no solo, nem à composição dos tecidos vegetais remanescentes da cultura.
II. A rotação de culturas não é eficiente no controle de patógenos que, além de colonizar os restos culturais do hospedeiro, apresentam habilidade de competição saprofítica.
III. Quanto mais restrita for a gama de hospedeiros do patógeno, mais difícil é o estabelecimento de um programa de rotação.
IV. A rotação de culturas não é eficiente no controle das ferrugens.

Somente são corretas as afirmativas

(A) I e II.
(B) I e III.
(C) I e IV.
(D) II e III.
(E) II e IV.

3. (EXAME 2004)

O bicho-mineiro (*Perileucoptera coffeella*) é uma praga importante do cafeeiro, cuja lagarta penetra no limbo foliar formando as "minas", que podem tomar quase toda a área da folha. Analise as afirmativas abaixo, referentes a essa praga.

I. A população do bicho-mineiro flutua independente das condições climáticas.
II. Os predadores e parasitas do bicho-mineiro ocorrem naturalmente nas lavouras e auxiliam outros métodos de controle.
III. Os parasitas são microimenópteros (vespinhas), cada um capaz de parasitar uma larva ou pupa do bicho-mineiro.
IV. O controle biológico é o método mais utilizado para combater o bicho-mineiro nas grandes lavouras cafeeiras do Brasil.

São corretas apenas as afirmativas

(A) I e II.
(B) I e IV.
(C) II e III.
(D) II e IV.
(E) III e IV.

4. (EXAME 2003)

O controle de pragas com produtos químicos aplicados em área total é um dos problemas para o ambiente. Assim, algumas pragas como as moscas-das-frutas, importantes para todas as regiões brasileiras, podem ser controladas, pelas suas peculiaridades biológicas, através de iscas adocicadas, aplicadas de forma localizada, diminuindo tais problemas. Em que característica biológica se baseia tal controle?

(A) Necessidade das moscas-das-frutas se alimentarem de proteínas e carboidratos no período de pré oviposição.
(B) Necessidade do inseto se agregar para postura.
(C) Necessidade de atração química para acasalamento.
(D) Necessidade do inseto entrar em contato com líquidos viscosos para acasalamento.
(E) Necessidade das moscas-das-frutas entrarem em contato com a superfície molhada para ovipositar.

5. (EXAME 2003)

Embora as iscas granuladas e a termonebulização sejam bastante utilizadas para controle de saúvas, o sauvicida em pó continua a ser utilizado. Numa propriedade agrícola em que se dispõe apenas do produto em pó, a ser aplicado na dosagem de 30 g/m^2, com um compasso (área média para uma aplicação) de 3m^2, qual a quantidade de olheiros a serem tratados e quanto de formicida deve ser aplicado por olheiro em um sauveiro de 60 m^2?

(A) 20 olheiros e 80 g/olheiro.
(B) 40 olheiros e 180 g/olheiro.
(C) 20 olheiros e 90 g/olheiro.
(D) 30 olheiros e 260 g/olheiro.
(E) 40 olheiros e 90 g/olheiro.

6. (EXAME 2003)

Anticarsia gemmatalis, a lagarta-da-soja, consome durante toda a fase larval, cerca de 100 cm^2 de área foliar. Considerando-se que a soja suporta cerca de 30% de desfolha até o florescimento e que a área foliar de plantas de 1 ha de soja corresponde a 50 000 m^2 (300 000 plantas), quantas lagartas devem existir, em média, por planta, no estágio V_4, para que seja atingido o nível de controle (nível de ação) da referida praga, indicando o momento de controlá-la?

(A) 0,05 lagarta/planta
(B) 0,5 lagarta/planta
(C) 5 lagartas/planta
(D) 50 lagartas/planta
(E) 500 lagartas/planta

7. (EXAME 2003)

O controle químico de afídeos vetores de vírus de plantas, cuja relação vírus-vetor é do tipo não persistente, é pouco eficiente para o controle da fitovirose porque

(A) não há produto específico para o controle de afídeos no mercado.
(B) há alta especificidade entre os vírus e os afídeos vetores.
(C) a maioria dos vírus coloniza sistemicamente as plantas infectadas, sendo de difícil eliminação.
(D) não há especificidade entre os vírus e os afídeos vetores.
(E) a transmissão do vírus para a planta sadia ocorre na picada de prova dos afídeos.

8. (EXAME 2003)

A aplicação de agroquímicos na agricultura gera embalagens vazias na propriedade agrícola. Sendo assim, qual o procedimento adequado para o destino final dessas embalagens?

(A) Lavar a embalagem três vezes com detergente, álcool e acetona, podendo então ser reutilizada.
(B) Armazenar as embalagens em local apropriado, após o processo de tríplice lavagem, com a finalidade de reciclagem dessas embalagens, agregando valor ao processo produtivo.
(C) Enterrar essas embalagens na propriedade, desde que em locais seguros e distantes de residências e mananciais.
(D) Efetuar o processo de tríplice lavagem com água das embalagens, para envio ao sistema de coleta regional.
(E) Não se preocupar com o destino final das embalagens vazias, pois não representam riscos de contaminação na propriedade, devido à modernidade das atuais embalagens.

9. (EXAME 2003)

Nos programas de manejo integrado de plantas daninhas na agricultura, normalmente destaca-se que a identificação e levantamento da infestação dessas plantas em uma área constituem a etapa inicial para a elaboração desses programas. Dessa forma, destaque a essencialidade desta etapa e como deveria ser feito este levantamento em condições de campo, caso necessária.

(A) É necessária e deve ser avaliada quantitativa e qualitativamente através de amostragens representativas da área e podem ser avaliadas através de contagem das plantas ou visualmente pela cobertura do solo.
(B) É necessária, porém a representatividade da área é obtida através de um sensoriamento da infestação de plantas daninhas em toda a área.
(C) Em condições de campo não é possível fazer este levantamento de forma confiável, devendo basear-se apenas em informações do histórico da área.
(D) Não é necessário fazer um levantamento, pois os padrões de futuras infestações de plantas daninhas não se correlacionam com as infestações atuais.
(E) No manejo integrado de plantas daninhas, quando usada a alternativa do controle químico, não é necessário o levantamento da infestação de plantas daninhas, pois as combinações de herbicidas controlam a maioria delas.

10. (EXAME 2002)

Pulverizou-se uma lavoura de pepino com um produto organofosforado 500 CE na base de 600 ml do produto comercial por 100 litros de água. Surgiram, nas folhas, lesões semelhantes a queimaduras, pois o agricultor não seguiu a recomendação de uso, que está compreendida entre os limites de 0,06% e 0,15% de ingrediente ativo. Qual a concentração utilizada pelo agricultor?

(A) 0,60%
(B) 0,30%
(C) 0,15%
(D) 0,06%
(E) 0,03%

11. (EXAME 2002)

O Controle Biológico (Clássico ou Aplicado) é hoje cada vez mais utilizado. O Clássico volta a ser importante, especialmente pela utilização cada vez maior de produtos seletivos e de baixa toxicidade. O Aplicado tem mais fácil aceitação pelo agricultor por ter ação mais rápida (semelhante aos inseticidas convencionais). Que tipos de liberações de parasitoides e predadores são previstas para os Controles Biológicos Clássico e Aplicado, respectivamente?

(A) Inoculativa estacional e inoculativa.
(B) Inundativa e inundativa.
(C) Inoculativa e inundativa.
(D) Inoculativa e inoculativa.
(E) Inundativa e inoculativa estacional.

12. (EXAME 2002)

Segundo a classificação de doenças de McNew, no Grupo I estão as podridões de órgãos de reservas, enquanto que no Grupo VI estão as viroses, galhas e carvões. Comparando-se os patógenos que causam as doenças do Grupo I com aqueles do Grupo VI, com relação à especificidade, à evolução e à agressividade do parasitismo, pode-se dizer que os patógenos do Grupo I são:

(A) pouco específicos, pouco evoluídos e pouco agressivos.
(B) muito específicos, muito evoluídos e pouco agressivos.
(C) pouco específicos, muito evoluídos e muito agressivos.
(D) pouco específicos, pouco evoluídos e muito agressivos.
(E) muito específicos, pouco evoluídos e muito agressivos.

13. (EXAME 2002)

Um dos princípios de controle de doenças de plantas é a exclusão. Algumas medidas de controle que se baseiam nesse princípio são:

(A) uso de sementes e mudas sadias, quarentena e eliminação de vetores.
(B) eliminação de vetores, escolha da área geográfica e escolha do local de plantio.
(C) uso de sementes e mudas sadias, quarentena e escolha do local de plantio.
(D) uso de sementes e mudas sadias, quarentena e escolha da área geográfica.
(E) quarentena, escolha da área geográfica e escolha do local de plantio.

14. (EXAME 2002)

A seleção de um biótipo de planta daninha resistente a herbicidas, em uma área cultivada,

(A) depende da aplicação de herbicidas de efeito residual curto ou sem residual; baixa frequência de aplicação do herbicida na área.
(B) depende dos sistemas de cultivo caracterizados por rotação de culturas; adoção do sistema de plantio direto.
(C) depende de planta daninha com sementes de dormência curta, adaptabilidade do biótipo resistente semelhante ao biótipo suscetível, frequência inicial elevada do biótipo resistente.
(D) independe de fatores ligados ao herbicida, à planta daninha e ao sistema de cultivo adotado.
(E) depende dos sistemas de cultivo caracterizados por rotação de culturas; adoção do sistema de plantio direto *versus plantio* convencional.

15. (EXAME 2002)

Adjuvante é um composto químico adicionado a uma formulação de agroquímico ou em mistura de agroquímicos. Para herbicidas, uma das funções deste adjuvante é

(A) aumentar a pressão de vapor do herbicida na calda de pulverização e assim reduzir as perdas por deriva.
(B) reduzir a capacidade de adsorção de um herbicida aos coloides do solo (argila e matéria orgânica).
(C) diminuir a tensão superficial das gotas da calda de pulverização para maior espalhamento e contato desta com a folha.
(D) facilitar a translocação apoplástica dos herbicidas aplicados ao solo.
(E) reduzir a toxicidade de um herbicida ao homem, aumentando a DL_{50} da formulação.

16. (EXAME 2001)

Fungos do gênero *Fusarium* e *Verticilium* causam doenças de plantas do tipo murchas vasculares. São características desses fungos:

	Especificidade da planta hospedeira	Colonizam os vasos do	Afetam a translocação de
(A)	baixa	xilema	produtos da fotossíntese
(B)	alta	xilema	produtos da fotossíntese
(C)	alta	floema	produtos da fotossíntese
(D)	baixa	floema	água
(E)	alta	xilema	água

17. (EXAME 2001)

Atualmente buscam-se alternativas de Controle de Pragas em substituição aos agroquímicos convencionais. No caso da necessidade de aplicações destes produtos químicos, procuram-se produtos cada vez menos tóxicos e agressivos ao ambiente. Assim, costuma-se recomendar também rotação de produtos químicos de mecanismos de ação distintos, com o objetivo de

(A) diminuir a resistência de insetos e de ácaros.
(B) diminuir o período de carência.
(C) diminuir resíduos químicos.
(D) promover efeito sinérgico.
(E) aumentar a produtividade.

18. (EXAME 2001)

A interferência das plantas daninhas sobre o desenvolvimento e produção das plantas cultivadas, através do fenômeno chamado alelopatia, caracteriza-se por um efeito

(A) físico de impedimento da germinação das sementes das plantas cultivadas através da luz.

(B) de associação dos efeitos físicos e químicos.

(C) biológico de microrganismos predadores das plântulas durante seu desenvolvimento inicial.

(D) químico pela liberação de compostos orgânicos no ambiente a partir de uma planta doadora para uma planta receptora.

(E) de associação dos efeitos biológicos e físicos.

19. (EXAME 2001)

Os herbicidas são classificados de acordo com o tipo de aplicação, seletividade e mecanismo de ação nas plantas. Dentre os mecanismos de ação, a inibição da fotossíntese é um dos processos metabólicos afetados por diversos herbicidas. Descreve o mecanismo de ação específico afetado pelos herbicidas inibidores da fotossíntese:

(A) fosforilação oxidativa e fotólise da água.

(B) reação de fixação do CO^2 e formação de proteínas na fase escura da fotossíntese.

(C) transporte de elétrons entre o fotossistema I e fotossistema II e transferência de elétrons na formação do $NADPH_2$.

(D) enzima ALS (acetolactato sintase) catalisadora de uma das reações de síntese dos aminoácidos valina, leucina e isoleucina.

(E) enzima ACCase (acetil coenzima A carboxilase) catalisadora das reações de síntese dos ácidos graxos.

20. (EXAME 2001)

O aparecimento de fungos fitopatogênicos resistentes a fungicidas é mais comum em relação aos fungicidas sistêmicos do que aos protetores, porque os fungicidas sistêmicos

(A) inibem a síntese de ácidos nucleicos, enquanto os protetores inibem a síntese de proteínas.

(B) têm modo de ação altamente específico, enquanto os protetores afetam diversos processos vitais do patógeno.

(C) atuam em processos metabólicos no núcleo da célula, enquanto os protetores atuam em processos metabólicos no citoplasma.

(D) atuam em processos metabólicos no interior da célula, enquanto os protetores atuam somente na parede celular.

(E) atuam nas estruturas vegetativas do fungo, enquanto os protetores atuam sobre a germinação dos esporos.

21. (EXAME 2000)

Duas ou mais plantas competem entre si quando pelo menos uma delas apresenta redução no crescimento ou modificações no padrão de desenvolvimento, em comparação com plantas que vegetam isoladas, por ação de uma planta em relação à outra. Um exemplo típico dessa competição ocorre devido à presença de plantas daninhas na área cultivada. A esse respeito é correto afirmar que

(A) a utilização de sementes melhoradas, a escolha de cultivares com desenvolvimento rápido e a época de semeadura pouco contribuem para atenuar o problema.

(B) o uso crescente de herbicidas no Brasil está associado à sua eficiência, à redução dos gastos com mão de obra e ao controle seletivo de plantas daninhas.

(C) o cultivo manual apresenta vantagens significativas para a maioria das espécies cultivadas, independentemente da região agrícola do País e do nível de infestação de plantas daninhas.

(D) o cultivo mecânico profundo favorece o desenvolvimento do sistema radicular, principalmente quando este é superficial, além de promover a escarificação do solo.

(E) o cultivo mecânico tem se revelado mais eficiente quando as culturas são instaladas por semeadura a lanço.

22. (EXAME 2000)

O controle químico das plantas daninhas através da aplicação de herbicidas pode ser efetuado em condições de préplantio-incorporado (ppi), pré-emergência (pré) ou pós-emergência (pós) das plantas cultivadas. As razões da necessidade de incorporação de herbicidas aplicados em ppi são:

(A) alta volatilidade, baixa solubilidade e alta suscetibilidade à fotodecomposição do herbicida.

(B) translocação aposimplástica, suscetibilidade à decomposição química e pequena capacidade adsortiva do herbicida.

(C) translocação apoplástica, suscetibilidade à decomposição microbiana e menor efeito residual do herbicida.

(D) alta hidrofilia, translocação simplástica e alta suscetibilidade a reações de hidrólise do herbicida.

(E) alta lipofilia, imobilidade na planta, suscetibilidade à decomposição por oxidação do herbicida.

23. (EXAME 2000)

A forte pressão mundial contra o uso inadequado de inseticidas de alta toxicidade levou os órgãos competentes no Brasil a exigirem a identificação da toxicidade destes produtos através de cores (tarjas) nos rótulos. Qual é a cor da tarja que representa maior toxicidade dos produtos e com base em que parâmetro toxicológico ela é definida?

(A) Verde e poder residual.

(B) Azul e período de carência.

(C) Vermelha e DL_{50}.

(D) Amarela e poder residual.

(E) Vermelha e período de carência.

24. (EXAME 2000)

O grau de interferência negativa (competição) que a infestação de plantas daninhas exerce sobre a produção das culturas, quando em convivência, é afetado por fatores ligados à cultura e à planta daninha, destacando-se dentre os fatores ligados à planta daninha: espécie, densidade, distribuição e duração da convivência (período de competição). Com relação ao período de competição, é correto afirmar que

(A) apenas as plantas daninhas que emergem ao mesmo tempo das plantas cultivadas competem com a cultura.

(B) as plantas daninhas que emergem durante as fases iniciais do ciclo fenológico de desenvolvimento das plantas cultivadas exercem maior competição com a cultura.

(C) as plantas daninhas que emergem durante as fases finais do ciclo fenológico de desenvolvimento da cultura exercem maior competição com a cultura.

(D) as plantas daninhas que emergem durante as fases do ciclo fenológico de desenvolvimento das plantas cultivadas exercem igualmente competição com a cultura.
(E) o grau de competição entre plantas daninhas e a cultura independe das condições climáticas.

25. (EXAME 2000)

Doenças de plantas são diagnosticadas, em sua maioria, pelos sintomas que provocam e pelos sinais do patógeno presentes no hospedeiro. A comparação entre a planta doente e as descrições de sintomas e as ilustrações encontradas na literatura pode ser, muitas vezes, suficiente para o diagnóstico da doença. Quando nenhuma evidência de doença conhecida é encontrada na literatura, o estabelecimento da relação causal entre uma doença e um microrganismo (patógeno) só pode ser confirmado após o cumprimento dos Postulados de Koch, que obedecem à sequência:

(A) isolamento do patógeno em cultura pura; associação constante entre o patógeno e o hospedeiro; inoculação do patógeno e reprodução dos sintomas; reisolamento do patógeno.
(B) isolamento do patógeno em cultura pura; inoculação do patógeno e reprodução dos sintomas; associação constante entre o patógeno e o hospedeiro; reisolamento do patógeno.
(C) associação constante entre o patógeno e o hospedeiro; inoculação do patógeno e reprodução dos sintomas; isolamento do patógeno em cultura pura; reisolamento do patógeno.
(D) associação constante entre o patógeno e o hospedeiro; isolamento do patógeno em cultura pura; inoculação do patógeno e reprodução dos sintomas; reisolamento do patógeno.
(E) isolamento do patógeno em cultura pura; associação constante entre o patógeno e o hospedeiro; reisolamento do patógeno; inoculação do patógeno e reprodução dos sintomas.

26. (EXAME 2000)

O controle químico de doenças de plantas causadas for fungos é geralmente realizado através de pulverizações com fungicidas protetores e/ou sistêmicos. Os fungicidas sistêmicos, comparados com os protetores, em geral são:

(A) mais eficientes, mais caros, mais específicos quanto ao modo de ação e oferecem maior risco de aparecimento de resistência no patógeno.
(B) mais eficientes, mais caros, menos específicos quanto ao modo de ação e oferecem menor risco de aparecimento de resistência no patógeno.
(C) mais eficientes, mais caros, mais específicos quanto ao modo de ação e oferecem menor risco de aparecimento de resistência no patógeno.
(D) menos eficientes, mais baratos, mais específicos quanto ao modo de ação e oferecem menor risco de aparecimento de resistência no patógeno.
(E) menos eficientes, mais baratos, menos específicos quanto ao modo de ação e oferecem menor risco de aparecimento de resistência no patógeno.

QUESTÃO DISCURSIVA

1. (EXAME 2001) DISCURSIVA

Embora existam problemas com os inseticidas, ainda hoje eles são utilizados em muitas culturas para controlar pragas. Desta forma, é básica a seleção destes produtos químicos para compatibilizar os atuais Programas de Manejo de Pragas. Apontar quatro critérios que devem ser utilizados para escolha de um produto químico nos dias de hoje para diminuir os impactos ambientais. **(Valor: 20 pontos)**

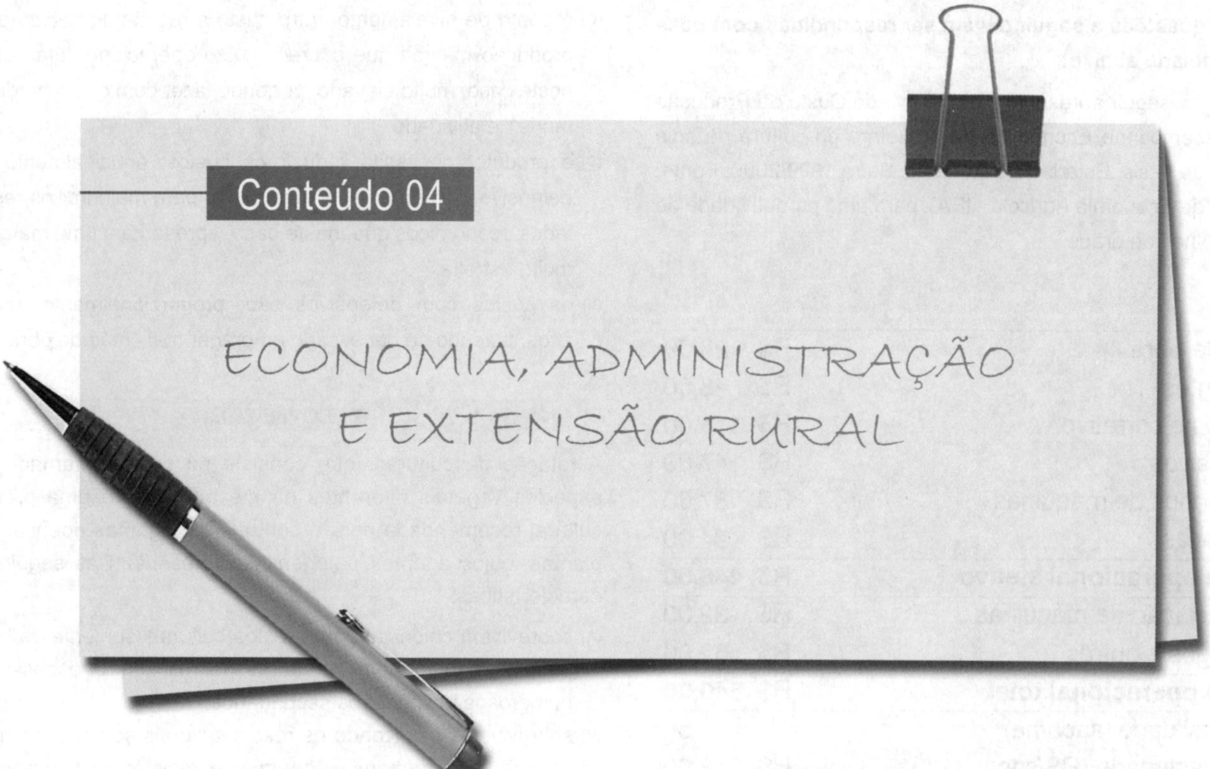

Conteúdo 04

ECONOMIA, ADMINISTRAÇÃO E EXTENSÃO RURAL

1. (EXAME 2010)

A elasticidade é a relação entre as quantidades de oferta e procura de mercadorias em função das alterações verificadas em seus respectivos preços. Assim, os bens podem ser classificados em demanda elástica ou inelástica. Nesse contexto, conclui-se que

(A) a elasticidade não se aplica aos bens de primeira necessidade, indispensáveis à subsistência do consumidor.

(B) os bens de luxo são de demanda elástica.

(C) o produtor poderá reduzir o preço e obter mais receita se a demanda for elástica.

(D) não faz diferença para o produtor o fato de a demanda ser elástica ou não.

(E) a elasticidade acontece na horticultura porque existem substitutos dos alimentos.

2. (EXAME 2004)

O governo vem implantando programas socioeconômicos, como o Programa Nacional de Agricultura Familiar (PRONAF), que financia a agricultura familiar, a reforma agrária para assentar trabalhadores rurais, e o Programa Fome Zero, que visa a aumentar a oferta de alimentos e a segurança alimentar, entre outros. Considerando os objetivos desses programas, como profissional de Agronomia e membro de uma equipe de assessoria, analise as seguintes medidas para reforçar tais programas:

I. aumento no volume de crédito rural, redução dos juros, ampliação do seguro rural e maior diversificação das atividades agrícolas;

II. incentivo à agricultura de larga escala com monoculturas de produtos de exportação, promovendo maior gasto de fertilizantes e defensivos químicos;

III. aumento das exigências cadastrais para obtenção de crédito agrícola, para melhorar as garantias e diminuir a inadimplência;

IV. promoção de sistemas cooperativos de produção e comercialização, bem como associação para aquisição de máquinas e insumos.

São corretas apenas as medidas

(A) I e II.

(B) I e III.

(C) I e IV.

(D) II e III.

(E) III e IV.

As três questões a seguir devem ser respondidas com base no enunciado abaixo.

O quadro a seguir apresenta a estimativa de Custo de Produção e de Desempenho Econômico de 1 hectare da cultura da soja (Região de Assis, Estado de São Paulo, Safra 1999/2000; Fonte: Instituto de Economia Agrícola - IEA), para uma produtividade de 3.000 kg ha^{-1} de grãos.

Item	
Mão de obra	R$ 25,00
Sementes	R$ 48,00
Adubos e corretivo	R$ 115,00
Defensivos	R$ 147,00
Operações de máquinas	R$ 87,00
Empreitas	R$ 24,00
Custo operacional efetivo	R$ **446,00**
Depreciação de máquinas	R$ 32,00
Encargos e outros	R$ 62,00
Custo operacional total	R$ **540,00**
Produtividade (saca/ha)	50
Preço estimado (R$/saca)	R$ 18,00
Receita bruta (R$/ha)	
Receita líquida (R$/ha)	
Ponto de nivelamento (saca/ha)	

3. (EXAME 2004)

A receita líquida (em R$/ha) é

(A) 360,00
(B) 446,00
(C) 540,00
(D) 600,00
(E) 900,00

4. (EXAME 2004)

O ponto de nivelamento entre custo e receita, fornecido pela produção mínima que cobre o custo operacional total, é

(A) 18
(B) 20
(C) 30
(D) 50
(E) 540

5. (EXAME 2004)

Com base nestes dados, é possível afirmar que

(A) a receita líquida mal cobre o custo operacional total, e seria recomendável a troca de cultura sob pena de descapitalização.
(B) o desempenho econômico da cultura pode ser considerado plenamente satisfatório, em função do ponto de nivelamento, o que pode traduzir estímulo para a permanência na atividade.
(C) o ponto de nivelamento entre custo e receita, fornecido pela produção mínima que cobre o custo operacional total, está, neste caso, muito elevado, podendo fazer com que o produtor mude de atividade.
(D) o produtor necessita reduzir os custos, principalmente de defensivos, e aumentar o rendimento para melhorar os resultados econômicos que, neste caso, apresentam uma margem muito estreita.
(E) os custos com defensivos são, proporcionalmente, muito altos, fazendo-se necessário empregar mais mão de obra.

6. (EXAME 2003)

A rotação de culturas, que consiste no cultivo alternado de espécies vegetais diferentes na mesma área, é uma prática cultural recomendada para o controle de algumas doenças de plantas, cujos agentes patogênicos apresentam as seguintes características:

(A) sobrevivem colonizando os restos culturais somente do hospedeiro; não formam estruturas de resistência e possuem numerosos hospedeiros secundários.
(B) sobrevivem colonizando os restos culturais somente do hospedeiro; não formam estruturas de resistência e possuem poucos ou nenhum hospedeiro secundário;
(C) sobrevivem colonizando os restos culturais somente do hospedeiro; formam estruturas de resistência e possuem poucos ou nenhum hospedeiro secundário.
(D) sobrevivem colonizando os restos culturais de diferentes espécies vegetais; formam estruturas de resistência e possuem numerosos hospedeiros secundários.
(E) sobrevivem colonizando os restos culturais de diferentes espécies vegetais; não formam estruturas de resistência e possuem poucos ou nenhum hospedeiro secundário.

7. (EXAME 2003)

O apoio à agricultura familiar tem sido uma das principais estratégias de política para o desenvolvimento do setor agropecuário brasileiro. O Programa Nacional de Fortalecimento da Agricultura Familiar – PRONAF vem disponibilizando anualmente mais de R$ 2,0 bilhões em empréstimos à agricultura familiar brasileira nos últimos anos. Estudo do INCRA definiu agricultura familiar como aquela em que se verificam simultaneamente duas condições: a) a direção dos trabalhos do estabelecimento é exercida pelo produtor, e b) o trabalho familiar é superior ao trabalho contratado. Com base no Censo Agropecuário de 1995/96, pode-se estabelecer as principais características da agricultura familiar; entre elas estão as de responsabilizar-se por

(A) mais da metade do valor da produção de leite, suínos, feijão, fumo e mandioca.
(B) menos de 25% do valor da produção de origem animal (boi, suínos, aves e leite).
(C) menos de 25% do valor da produção de soja, café e laranja.
(D) explorar menos da metade dos estabelecimentos agropecuários.
(E) empregar mais de 20 milhões de trabalhadores.

8. (EXAME 2003)

Um administrador rural sabe que retornos crescentes à escala ocorrem quando um aumento proporcional nas quantidades dos insumos empregados ocasiona um aumento mais do que proporcional no nível de produção. Nesse caso, o grau de economia de escala – definido como a relação entre o custo médio (CME) e o custo marginal (CMA), ambos de longo prazo – é maior do que a unidade. Portanto, produzindo com economias de escala, o administrador vai observar que

(A) CME e CMA serão crescentes.

(B) CME será crescente e CMA decrescente.

(C) CME será crescente e maior do que CMA.

(D) CME será decrescente e maior do que CMA.

(E) CME será decrescente e menor do que CMA.

9. (EXAME 2003)

De 1995 até janeiro de 1999, quando mudou o regime cambial, a moeda brasileira esteve sobrevalorizada segundo muitos estudiosos, fato que pode ter influenciado o desempenho externo da economia brasileira. O gráfico abaixo mostra a evolução do saldo comercial externo (em bilhões de dólares) anual da economia brasileira como um todo e do agronegócio em particular para o período de 1992 a 2002

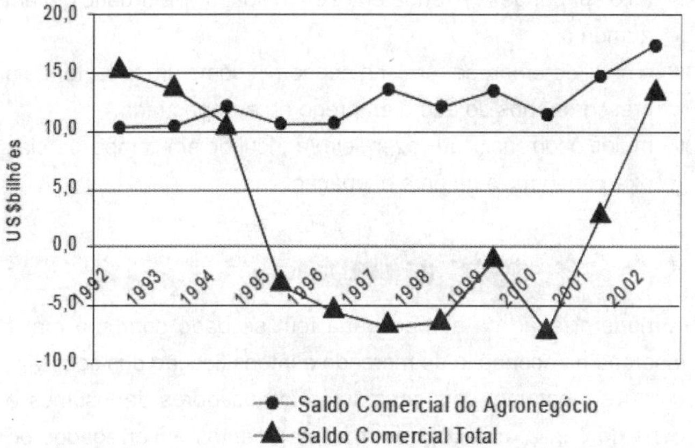

Examinando-se esse gráfico, pode-se concluir que, em termos de geração de divisas, o saldo do agronegócio

(A) acompanha o da economia como um todo, não se notando influência diferenciada do comportamento do câmbio.

(B) parece ser influenciado pelo câmbio, o que não se passa com o da economia como um todo.

(C) sustentou-se durante o período de sobrevalorização cambial, ao contrário do da economia como um todo.

(D) parece não se influenciar pela mudança no regime cambial de 1999, o mesmo se dando com relação ao da economia como um todo.

(E) tem sido suficiente para garantir um superávit comercial nas contas externas brasileiras.

10. (EXAME 2002)

Em um programa de exploração agrícola, o planejamento da tecnologia de produção de uma lavoura representa o alicerce para a obtenção do rendimento econômico desejável. Dentre as opções oferecidas, qual é a que NÃO CONTRIBUI para acréscimos do custo de produção, independentemente da região considerada?

(A) Correção da fertilidade do solo com calagem e adubos químicos.

(B) Utilização de sementes melhoradas, de empresas idôneas.

(C) Adoção do plantio direto em relação ao preparo convencional do solo.

(D) Uso de herbicidas, em relação ao cultivo mecânico.

(E) Regulagem de máquinas e equipamentos antes ou durante a sua utilização.

11. (EXAME 2002)

A política de sustentação de preços agrícolas no Brasil passou por importantes modificações nos últimos 10 anos. Como tendência geral, o governo procurou reduzir sua atuação nos programas tradicionais conhecidos como AGF (Aquisições do Governo Federal) e EGF (Empréstimos do Governo Federal). Em anos recentes, tem sido importante o programa conhecido como Prêmio de Escoamento de Produto (PEP). Uma das características do PEP é o fato de o governo

(A) oferecer financiamento subsidiado para a estocagem privada do produto, que deverá ser exportado dentro de determinado prazo.

(B) garantir o preço mínimo, adquirindo o produto e mantendo-o em seus armazéns para posterior recolocação no mercado.

(C) promover leilão público do produto, vindo a adquiri-lo quem pagar o maior preço, desde que seja igual ou acima do preço mínimo.

(D) pagar aos compradores o menor prêmio que os mesmos exigirem para adquirir o produto pelo preço mínimo.

(E) oferecer prêmios para que os produtores retenham sua produção em armazéns públicos, em regiões de difícil escoamento da produção.

12. (EXAME 2002)

Nas cadeias produtivas do agronegócio é comum observar o estabelecimento de formas de coordenação mais estreitas entre fornecedores e compradores, por meio das quais as transações deixam de ser feitas através do mercado, dando origem à chamada integração vertical. É o que acontece, por exemplo, nos casos das cadeias de frangos e suínos, principalmente no Sul do País. Entre as consequências de tais iniciativas, podem ser citadas:

(A) ampliação das alternativas de mercado para o fornecedor e garantia de suprimento de insumos ao comprador.

(B) melhoria de eficiência administrativa e dificuldade de transferência de tecnologia.

(C) limitação das alternativas de mercado para o fornecedor e aumento dos riscos econômicos.

(D) aumento dos riscos econômicos e melhoria da qualidade dos insumos.

(E) redução dos riscos econômicos e facilidade de transferência de tecnologia.

13. (EXAME 2002)

Após a geração de uma nova tecnologia, ela é usualmente analisada e testada, podendo ser ou não recomendada para uso de determinado grupo de agricultores. Se for recomendada, cabe aos especialistas em extensão rural trabalhar no sentido de que a mesma, passe a ser utilizada pelo maior número possível de agricultores daquele grupo. Dois conceitos importantes para a extensão rural são a adoção e a difusão de uma inovação. Refletindo sobre esses dois conceitos pode-se dizer que

(A) difusão e adoção têm o mesmo significado, diferindo apenas quanto ao contexto específico socioeconômico considerado.

(B) enquanto a difusão se refere à disseminação da inovação entre os agricultores, a adoção é um
processo de decisão do agricultor.

(C) a adoção trata-se da generalização do uso da inovação, enquanto a difusão é um processo de decisão do agricultor.

(D) a adoção é um processo espontâneo de disseminação da inovação, enquanto a difusão é um processo induzido pelo extensionista.

(E) difusão e adoção são dois processos independentes, não havendo necessidade da adoção para que ocorra a difusão.

14. (EXAME 2001)

Um consultor agropecuário, procurando entender o comportamento dos custos de uma agroindústria, encontrou, num manual de teoria econômica, o gráfico abaixo, que representa as curvas de custos de produção médios e marginais de curto prazo – ou seja, quando pelo menos um fator de produção é mantido em quantidade fixa. No eixo horizontal aparece a quantidade produzida (Q) e no eixo vertical os valores dos custos em unidades monetárias, sendo CTME custo total médio, CVME custo variável médio, CFME custo fixo médio e CMA custo marginal. O consultor concluiu que nem sempre o preço do produto pode ser igual ao custo marginal, sob pena de a indústria dar prejuízo.

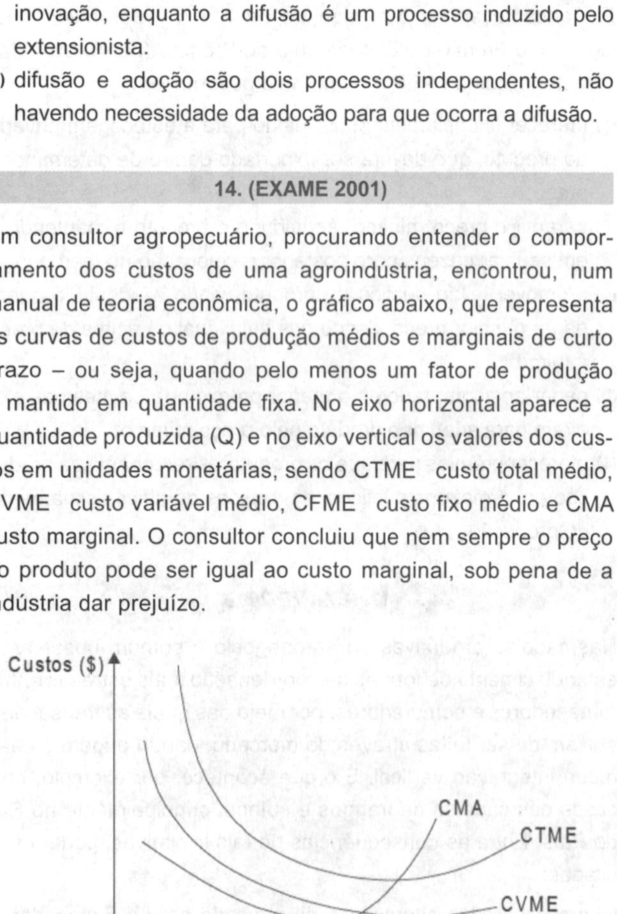

O que o levou a esta conclusão foi notar, no gráfico, que

(A) quando os custos médios decrescem, o custo marginal também decresce.

(B) quando o CTME estiver em seu ponto de mínimo, o CVME também estará.

(C) o CMA será sempre menor do que o CTME enquanto este último estiver decrescendo.

(D) enquanto o CFME decrescer, o CTME também decrescerá.

(E) o CTME começa crescer quando o CMA ultrapassar o CFME.

15. (EXAME 2001)

Identificar o meio rural com as atividades agropecuárias tem sido prática convencional entre os estudiosos da Economia e da Sociologia. Mais recentemente, constatou-se que as atividades agropecuárias, por si só, não explicam o comportamento do emprego e da renda no meio rural. Em várias regiões rurais do país está havendo expansão de atividades não agropecuárias (ligadas ao lazer e ao turismo, à agroindústria, à preservação do ambiente, etc.). Assim, o emprego e a renda no meio rural viriam de uma combinação de atividades, referida como pluriatividade. A expansão da pluriatividade no meio rural brasileiro deverá acarretar algumas mudanças socioeconômicas importantes, entre as quais pode-se mencionar

(A) a agricultura passa a ser considerada um setor produtivo autárquico, cuja evolução independe dos demais setores econômicos.

(B) o emprego qualificado no meio rural – motoristas, mecânicos, digitadores e técnicos de várias naturezas – deve decrescer.

(C) as disparidades de renda entre os meios rural e urbano devem aumentar.

(D) o nível de emprego rural, na economia como um todo, tende a crescer menos do que o emprego na agropecuária.

(E) maior ocorrência de fazendeiro/agricultor em tempo parcial, exercendo mais de uma ocupação.

16. (EXAME 2001)

A modernização da agropecuária tem se dado com sua maior inserção na economia de mercado e intensificação dos seus vínculos, a montante, com segmentos fornecedores de insumos e bens de capital e, a jusante, com segmentos encarregados do armazenamento, processamento e distribuição da produção. A percepção de que se formara um sistema interdependente com base na agropecuária levou à conceituação desse sistema como sendo o complexo agroindustrial, *agribusiness* ou agronegócio. No caso do Brasil, pode-se afirmar que

(A) o agronegócio produz mais do que 60% do produto interno bruto do país.

(B) o setor de máquinas e equipamentos não faz parte do agronegócio.

(C) mais do que 60% do produto interno bruto do agronegócio são gerados dentro das unidades de produção agropecuária.

(D) o agronegócio tem gerado nos últimos anos superávits no seu balanço comercial, contribuindo para a entrada de moeda estrangeira no país.

(E) a maior parte da atividade do agronegócio está concentrada na região Centro-Oeste do país.

17. (EXAME 2001)

A agropecuária é reconhecidamente uma atividade econômica sujeita a riscos de várias naturezas, mas que podem ser resumidos em riscos de produção – ligados principalmente ao comportamento do clima e riscos de preços – devidos ao comportamento dos mercados dos produtos e insumos. No tocante aos riscos de preços, representados por alterações inesperadas nas cotações dos produtos, o mercado de futuros tem sido recomendado como instrumento que pode ser muito útil para o gerenciamento da atividade agropecuária. No mercado de futuros,

(A) negociam-se mercadorias para entrega e recebimento por agentes especificados em contrato.
(B) para assegurar um determinado preço futuro para sua mercadoria, o produtor deve vender contratos por meio de uma corretora credenciada.
(C) a ação de especuladores prejudica a liquidez do mercado, dificultando as operações dos produtores agropecuários.
(D) para operar no mercado, o produtor precisa ter a mercadoria disponível para pronta entrega.
(E) o produtor terá prejuízo caso venda contratos a determinado preço e, a seguir, o preço passe a se elevar até o vencimento do contrato.

18. (EXAME 2000)

Durante o processo de desenvolvimento econômico, os países passam por muitas transformações: a renda *per capita* cresce, a produtividade do trabalho aumenta, o padrão de vida da população melhora etc.. Atribui-se à agricultura papéis de grande importância para viabilizar o desenvolvimento de um país; entre eles o de

(A) responder por parcela crescente do produto interno bruto do país.
(B) absorver contingente crescente da força de trabalho do país.
(C) absorver o excedente de capital gerado pelo crescimento dos outros setores da economia.
(D) atender à demanda interna de alimentos a preços compatíveis com a renda da população.
(E) consumir cada vez menos produtos e serviços produzidos pelo restante da economia.

19. (EXAME 2000)

Thomas Malthus, economista inglês do século XIX, foi o primeiro a formular a Lei dos Rendimentos Decrescentes segundo a qual, a partir de certo nível de utilização de um insumo de produção (fertilizante, por exemplo), o produto marginal desse insumo começa a decrescer. Com base nessa Lei, pode-se afirmar que

(A) à medida que se derem aumentos proporcionais nas quantidades empregadas de todos os insumos de produção, a partir de certo ponto, passa-se a obter aumentos proporcionalmente menores de produção.
(B) à medida que se derem aumentos proporcionais na quantidade empregada de fertilizante, mantendo constantes as quantidades dos demais insumos, a partir de certo ponto, a produção por unidade de fertilizante tenderá a diminuir.
(C) deve-se deixar de aumentar o uso de fertilizante antes que sua produtividade comece a decrescer.
(D) somente o insumo fertilizante, cuja produtividade depende do uso de outros insumos, está sujeito a ter rendimentos decrescentes.
(E) a partir de certo nível de utilização de fertilizante, sua produtividade marginal torna-se negativa.

20. (EXAME 2000)

Você foi encarregado de planejar a colheita de madeira de um reflorestamento de 10 hectares de eucalipto em uma fazenda. Através de inventário realizado nesta plantação florestal, em parcelas de 500 m^2, e de cubagem de amostras de árvores abatidas, você encontrou os seguintes valores:

- Volume cilíndrico médio por parcela = 15 m^3
- Volume cilíndrico médio das árvores abatidas = 0,12 m^3
- Volume empilhado (estéreos) médio das árvores abatidas = 0,18 m^3

Para o corte das árvores você contratou duas equipes de corte com motosserra, sendo que cada equipe consegue produzir, em média, 25 estéreos de madeira por dia. O corte total da área será concluído em

(A) 68 dias.
(B) 75 dias.
(C) 84 dias.
(D) 90 dias.
(E) 96 dias.

QUESTÕES DISCURSIVAS

1. (EXAME 2007) DISCURSIVA

Apresente duas vantagens e duas desvantagens da utilização dos biocombustíveis derivados das culturas de cana-de-açúcar e soja, em substituição ao petróleo, para o fornecimento de energia no Brasil.

Vantagens **(valor: 5,0 pontos)**

Desvantagens **(valor: 5,0 pontos)**

2. (EXAME 2001) DISCURSIVA

Os pecuaristas europeus enfrentam um duplo problema representado, de um lado, pela Encefalopatia Espongiforme Bovina, conhecida como "Mal da Vaca Louca" e, de outro, pela febre aftosa, doenças que vêm reduzindo o suprimento de carne bovina oriunda desse continente e afastando os consumidores receosos das consequências da ingestão da carne proveniente desses rebanhos. Relacione e explique os prováveis efeitos econômicos desses eventos sobre a agropecuária brasileira. **(Valor: 20 pontos)**

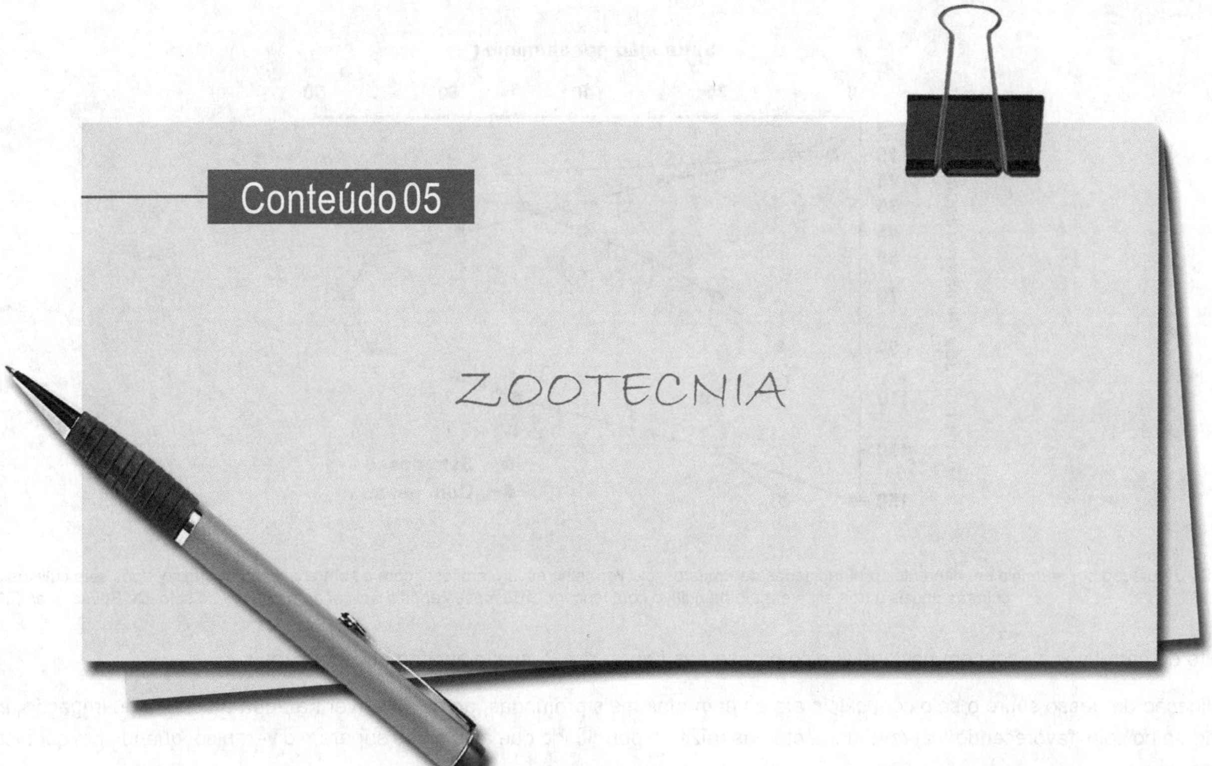

1. (EXAME 2010)

O uso do calcário é boa opção para corrigir, em pastagens, as deficiências de cálcio e magnésio. Porém, a calagem não corrige a superfície em tempo razoável para evitar que o pecuarista corra riscos de perda de produtividade das suas pastagens em razão dos veranicos, uma vez que as raízes das plantas, principalmente as leguminosas forrageiras, só crescem até onde o calcário foi incorporado. Em solos onde foi aplicado calcário e com acidez superficial corrigida, ao se aplicar gesso, após a sua dissolução, o sulfato movimenta-se para camadas inferiores, acompanhado por cátions (Figura 1).

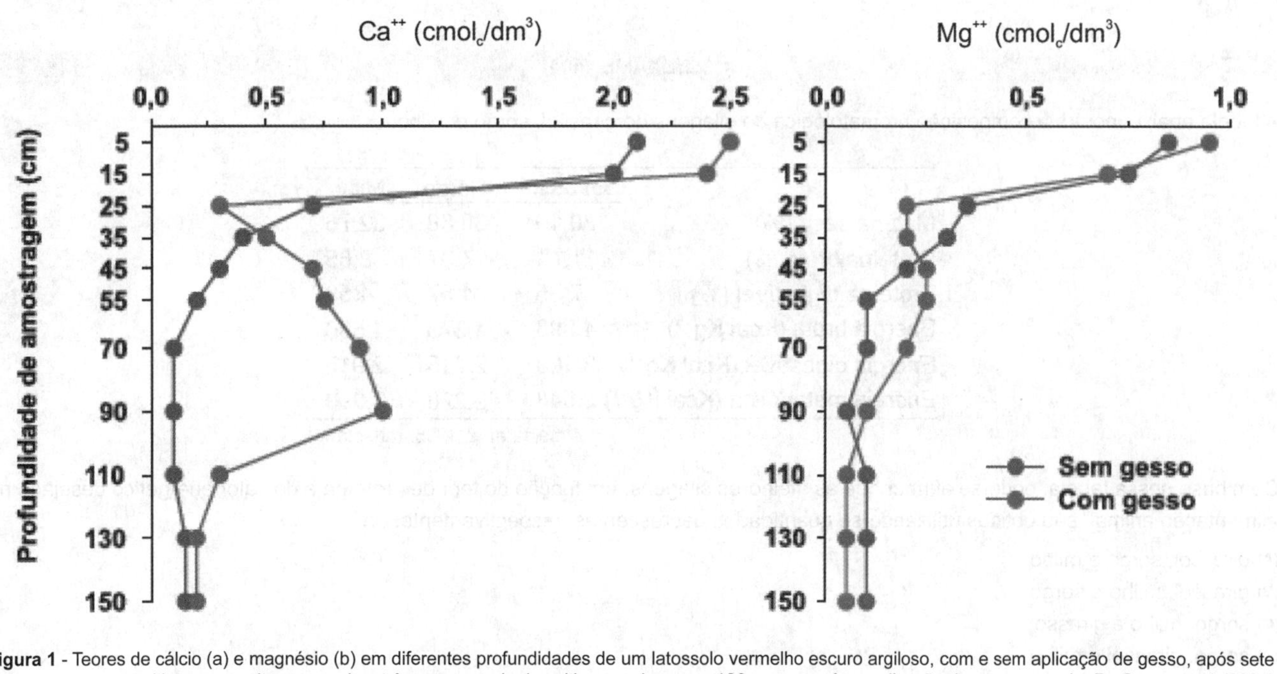

Figura 1 - Teores de cálcio (a) e magnésio (b) em diferentes profundidades de um latossolo vermelho escuro argiloso, com e sem aplicação de gesso, após sete cultivos com culturas anuais e três anos e meio de cultivo com leucena, 100 meses após a aplicação de gesso ao solo. De Sousa *et al.* (2001)

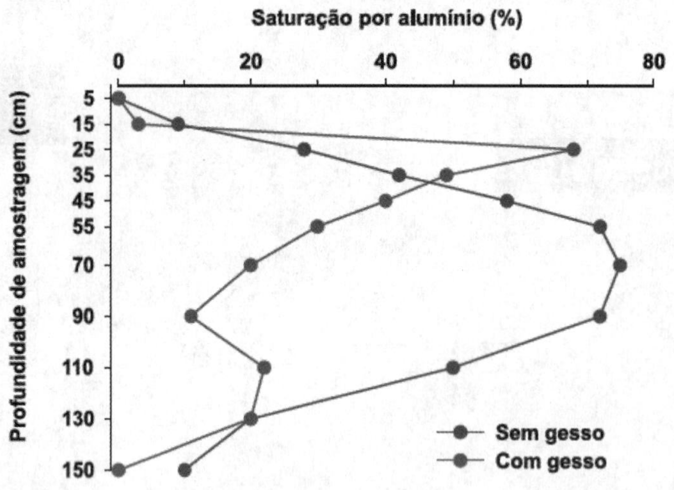

Figura 2 - Saturação por alumínio em diferentes profundidades de um latossolo vermelho escuro argiloso, com e sem aplicação de gesso, após sete cultivos com culturas anuais e três anos e meio de cultivo com leucena, 100 meses após a aplicação de gesso ao solo. De Sousa *et al.* (2001)

A respeito de corretivos de solo em pastagens e com base nas figuras 1 e 2, avalie as afirmativas a seguir.

I. A aplicação do gesso supre o solo com cálcio até as camadas mais profundas, ao se dissolver na água da chuva ou irrigação, infiltrando-se no solo, favorecendo o aprofundamento das raízes e permitindo que as plantas superem o veranico, quando em condições de sequeiro.

II. Além da água, os nutrientes também são absorvidos com maior eficiência, após a aplicação do gesso.

III. Com a movimentação de cátions para a subsuperfície, após a aplicação do gesso, os teores de cálcio e de magnésio diminuem e a toxidez de alumínio aumenta, prejudicando o ambiente radicular.

IV. Quando o gesso é aplicado com critério, nas doses recomendadas para cada solo, não se tem observado movimentação de potássio e magnésio no perfil do solo em níveis que possam trazer problemas oriundos desses nutrientes.

É correto apenas o que se afirma em

(A) I e III.
(B) I e IV.
(C) II e III.
(D) I, II e IV.
(E) II, III e IV.

2. (EXAME 2004)

A tabela abaixo mostra a composição bromatológica de silagens de girassol, sorgo e milho.

	Girassol	Sorgo	Milho
Matéria seca (%)	30,10	30,68	32,76
Proteína bruta(%)	11,73	7,97	8,65
Proteína digestível (%)	7,35	4,57	4,58
Energia bruta (Kcal Kg^{-1})	4.993	4.373	4.536
Energia digestível (Kcal Kg^{-1})	3.108	2.715	2.915
Energia metabólica (Kcal Kg^{-1})	2.548	2.226	2.390

Almeida *et al.* 1995. (adaptado)

Com base nessa tabela, pode-se afirmar que as melhores silagens, em função do teor de proteína e do valor energético desejado para alimentação animal, são obtidas utilizando-se quantidades decrescentes, respectivamente, de

(A) girassol, sorgo e milho.
(B) girassol, milho e sorgo.
(C) sorgo, milho e girassol.
(D) sorgo, girassol e milho.
(E) milho, sorgo e girassol.

3. (EXAME 2004)

Ao contrário dos não ruminantes, os ruminantes podem ser alimentados com fontes de alimentos alternativos como resíduos culturais, forragens grosseiras e nitrogênio não proteico

PORQUE

na digestão dos ruminantes, os alimentos ingeridos estão sujeitos ao ataque de micro-organismos no rúmem, sofrendo degradação e nova síntese.

A esse respeito, pode-se concluir que

(A) as duas afirmativas são verdadeiras e a segunda justifica a primeira.
(B) as duas afirmativas são verdadeiras e a segunda não justifica a primeira.
(C) as duas afirmativas são falsas.
(D) a primeira afirmativa é verdadeira e a segunda é falsa.
(E) a primeira afirmativa é falsa e a segunda é verdadeira.

4. (EXAME 2003)

O manejo do pastejo é determinado pelo hábito de crescimento das plantas forrageiras formadoras da pastagem e é normalmente definido em termos de altura do resíduo deixado após a retirada dos animais do pasto e do intervalo de tempo entre pastejos sucessivos (período de descanso). Plantas forrageiras apresentam hábitos de crescimento que variam desde plantas prostradas ou rasteiras (pontos de crescimento próximos do nível do solo) a plantas eretas (pontos de crescimento distantes do nível do solo), revelando uma grande variabilidade morfológica. Com base no exposto, o manejo do pastejo de plantas prostradas ou rasteiras relativamente ao manejo de plantas eretas é caracterizado pela altura do resíduo e pelo período de descanso, respectivamente:

(A) alta - indiferente
(B) alta - curto
(C) baixa - longo
(D) alta - longo
(E) baixa - curto

5. (EXAME 2003)

Um rebanho de gado leiteiro possui um intervalo médio entre partos de 15 meses. Com base nessa informação e assumindo uma taxa nula de mortalidade entre a parição e a desmama dos bezerros e uma proporção de 1 : 1 entre machos e fêmeas nascidos, quantas vacas deveriam compor o rebanho para que 200 bezerras fossem desmamadas anualmente?

(A) 250
(B) 375
(C) 500
(D) 625
(E) 750

6. (EXAME 2002)

O melhoramento genético de vacas leiteiras visando a produção de leite envolve a manipulação de uma série de características genotípicas e fenotípicas. Das características listadas abaixo, aquela determinante da aptidão leiteira e indicadora de especialização de um animal ou raça para produção de leite é

(A) eficiência reprodutiva.
(B) resistência dos cascos.
(C) conformação de úbere.
(D) qualidade dos aprumos.
(E) persistência leiteira.

7. (EXAME 2002)

O manejo reprodutivo é fundamental para assegurar a eficiência reprodutiva e produtiva de rebanhos bovinos, tanto na pecuária de corte como na leiteira. Nesse contexto, o uso de animais rufiões é considerado como ferramenta útil para

(A) identificação das matrizes em cio.
(B) indução de cio nas matrizes.
(C) garantir a obtenção de prenhês no rebanho.
(D) garantir a ocorrência de cio no rebanho.
(E) diminuir o número de touros em serviço no rebanho.

8. (EXAME 2002)

O planejamento da alimentação, produção e conservação de alimentos volumosos é fundamental para a solução das limitações impostas pela estacionalidade de produção de forragem existente em pastagens tropicais. A silagem de milho tem sido considerada tradicionalmente como um alimento volumoso de boa qualidade e bastante utilizado durante a época crítica do ano para suprir essa escassez de forragem dos pastos. Considerando as informações abaixo: Rebanho: 100 Unidades Animal (peso vivo médio = 450 kg); Período total de alimentação exclusiva de silagem = 200 dias; Quantidade diária fornecida por animal = 2% peso vivo (base seca); Perdas gerais no processo de colheita e conservação = 20%; Teor de matéria seca da silagem produzida = 30%; Produtividade média da área de milho = 10 toneladas de matéria seca/ha; Densidade da silagem no silo de armazenamento = 600 kg/m3. Calcule, respectivamente, a área de milho a ser cultivada (em hectares) e o volume total de silo (em m^3) necessários.

(A) 14,4 ha e 800 m^3
(B) 18,0 ha e 1 000 m^3
(C) 21,6 ha e 1 200 m^3
(D) 25,2 ha e 1 400 m^3
(E) 28,8 ha e 1 600 m^3

9. (EXAME 2001)

O teste de progênie é uma avaliação a que devem ser submetidos os animais com o objetivo de

(A) detectar problemas congênitos dos descendentes de um dado reprodutor.
(B) mensurar sua prolificidade como reprodutor.

(C) garantir melhoramento genético do rebanho.
(D) assegurar a sanidade do rebanho.
(E) identificar reprodutores superiores capazes de promover ganhos genéticos em seus descendentes.

10. (EXAME 2001)

Energia metabolizável de um alimento é a energia que resta quando subtrai-se da energia

(A) bruta as perdas de energia nas fezes.
(B) digestível as perdas de energia na urina e gases.
(C) bruta as perdas por incremento calórico.
(D) digestível as perdas por incremento calórico.
(E) digestível as perdas de energia nas fezes.

11. (EXAME 2001)

A produção animal em pastagens sofre a ação de vários fatores restritivos, particularmente a estacionalidade de produção forrageira que é causada por:

(A) temperatura, luminosidade e precipitação pluvial.
(B) taxa de lotação e estratégia de fertilização fosfatada das pastagens.
(C) número de dias de ocupação e de descanso de pastos individuais.
(D) método de pastejo empregado (contínuo ou rotacionado).
(E) fertilidade do solo e estratégia de compra e venda de animais.

12. (EXAME 2001)

Vários são os índices zootécnicos utilizados para avaliação da eficiência reprodutiva de matrizes bovinas e manejo de animais. Um desses índices é o período de serviço, que corresponde ao intervalo de tempo entre

(A) a parição e o encerramento da lactação do animal (isto é, desmama).
(B) a parição e a primeira cobrição do animal.
(C) a parição e o estabelecimento de uma nova gestação.
(D) o encerramento da lactação e a parição seguinte.
(E) duas cobrições sucessivas.

13. (EXAME 2001)

Numa propriedade destinada à terminação de novilhos de corte, existem 15 piquetes de 6 000 m^2 cada. Sabendo-se que a produção de forragem é de 5 000 kg de matéria seca por hectare; a necessidade de oferta de matéria seca por animal é de 5% Peso Vivo por dia; que o peso vivo médio dos animais é de 300 kg e que o período de permanência dos animais em cada piquete deve ser de 2 dias, o lote de pastejo deverá ser composto por

(A) 300 animais.
(B) 200 animais.
(C) 150 animais.
(D) 100 animais.
(E) 50 animais.

14. (EXAME 2000)

Em uma propriedade que trabalha com cobrição controlada (monta natural ou inseminação artificial) dos animais do rebanho, a detecção precisa do animal em cio é extremamente importante. Pode ser considerada em cio, sem dúvida, a vaca que

(A) apresenta-se inquieta e perseguindo as demais de seu lote.
(B) monta outras vacas frequentemente.
(C) aceita ser montada passivamente.
(D) apresenta corrimento vaginal.
(E) deixa de se alimentar e permanece mugindo a maior parte do tempo.

15. (EXAME 2000)

Num programa de melhoramento genético cujo objetivo principal é o de se aumentar a habilidade materna de matrizes de bovinos de corte, a principal característica a ser avaliada, dentre as apresentadas, é

(A) a proporção de vacas paridas no rebanho.
(B) a proporção de bezerros desmamados.
(C) o peso dos bezerros ao nascer.
(D) o peso dos bezerros à desmama.
(E) o índice de rejeição de bezerros pelas mães.

16. (EXAME 2000)

No planejamento da composição de dietas para animais domésticos com vistas a um dado nível de desempenho, e onde minerais e vitaminas estão sendo supridos de forma adequada, é importante assegurar valores

(A) elevados de proteína.
(B) elevados de energia.
(C) elevados de proteína e energia.
(D) mínimos de proteína e energia.
(E) equilibrados entre proteína e energia.

17. (EXAME 2000)

Fenação e ensilagem são modalidades de conservação de alimentos volumosos para alimentação animal durante períodos críticos de produção de forragem nas pastagens. Pode-se dizer que

(A) plantas passíveis de fenação são também passíveis de ensilagem.
(B) ambas melhoram a qualidade da forragem conservada.
(C) plantas passíveis de ensilagem são também passíveis de fenação.
(D) o produto da ensilagem, a silagem, é um alimento melhor do que o produto da fenação, o feno.
(E) o produto da fenação, o feno, é um alimento melhor do que o produto da ensilagem, a silagem.

Conteúdo 06

ENGENHARIA RURAL

1. (EXAME 2010)

A mecanização agrícola tem como objetivo o uso de máquinas e de equipamentos agrícolas que viabilizem altos rendimentos, o uso racional dos recursos econômicos e a preservação dos recursos naturais. A agricultura familiar no Brasil caracteriza-se por ser um sistema pouco mecanizado, resultante do alto custo para a aquisição de máquinas, da dificuldade de crédito, da potência e do porte inadequados das máquinas disponíveis no mercado. Em que pesem as dificuldades descritas, na agricultura familiar, algumas culturas típicas desse sistema são passíveis de mecanização, inclusive no transplante de estruturas vegetativas de propagação. A cultura da mandioca, típica da agricultura familiar, propaga-se vegetativamente por partes de hastes ou ramas denominadas de manivas, as quais podem ser plantadas com o uso de plantadeiras mecanizadas disponíveis no mercado.

No procedimento de plantio, as manivas devem ser plantadas na posição

(A) vertical, uma vez que essa posição reduz o número de propágulos por área de plantio.

(B) horizontal, uma vez que tal posição de plantio proporciona o desenvolvimento de raízes mais superficiais, facilitando o processo futuro de colheita da mandioca.

(C) vertical, considerando-se que, nessa posição, a pro-dutividade final será maior.

(D) inclinada, pois essa posição favorece o processo de enraizamento.

(E) horizontal, uma vez que tal posição favorece os tratos culturais subsequentes.

2. (EXAME 2010)

O processo de infiltração de água no solo tem grande importância em projetos de irrigação, principalmente no que se refere ao conceito de velocidade de infiltração (VI) de água no solo, expressa em cm/h ou em mm/h. Em experimento conduzido em Dourados- MS, objetivou-se avaliar a infiltração e verificar a adequação das equações de *Hodon e Kostiakov-Lewis*, na estimativa da taxa de infiltração da água em diferentes sistemas de cultivo, em um mesmo tipo de solo. Nas Figuras 1 e 2, estão apresentadas as taxas de infiltração, respectivamente, no plantio convencional e no plantio direto, na sucessão soja — nabo forrageiro.

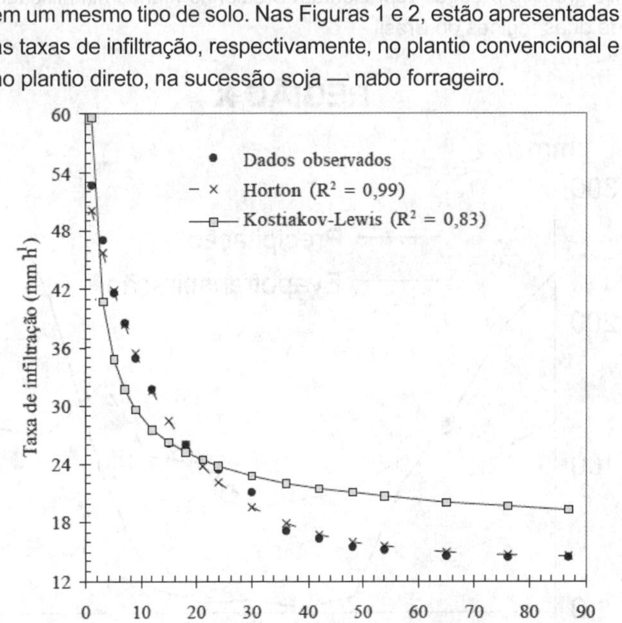

Figura 1 - Taxas de infiltração em plantio convencional: sucessão soja — pousio Fonte: Sobrinho *et al.* (2004)

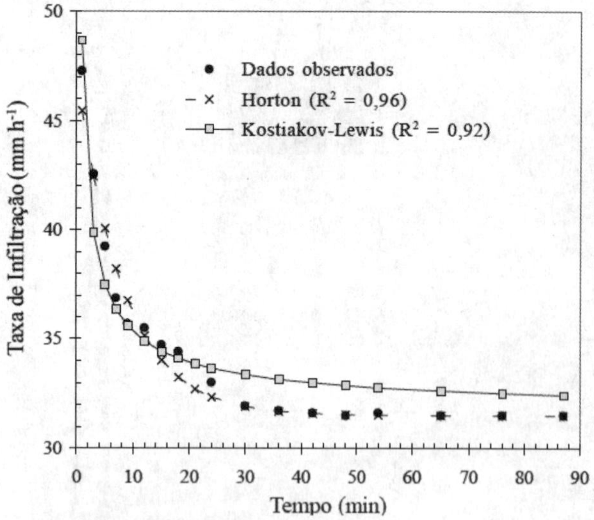

Figura 2 - Taxas de infiltração em plantio direto: sucessão soja — nabo
Fonte: Sobrinho *et al.* (2004) Analisando essas informações, conclui-se que

(A) o sistema de plantio direto apresentou valores de taxa de infiltração final de água no solo inferiores ao preparo convencional.

(B) um solo coberto por vegetação, como o que é característico do plantio direto, é menos permeável do que um solo desmatado ou sob plantio convencional.

(C) a velocidade de infiltração básica (VIB) do solo, em plantio convencional, foi da ordem de 32,5 mm/h.

(D) a taxa de infiltração do solo em plantio direto é maior que a do solo em plantio convencional (soja — pousio), pelo maior teor de argila presente no solo sob plantio direto.

(E) a velocidade de infiltração básica (VIB) do solo em plantio direto, com a sucessão soja — nabo, foi superior a 32 mm/h.

3. (EXAME 2004)

Os gráficos a seguir representam o balanço hídrico simplificado de duas regiões do Brasil.

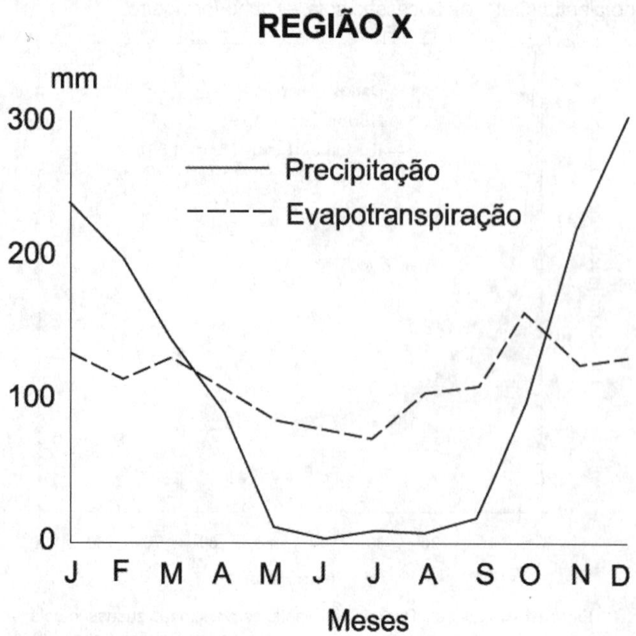

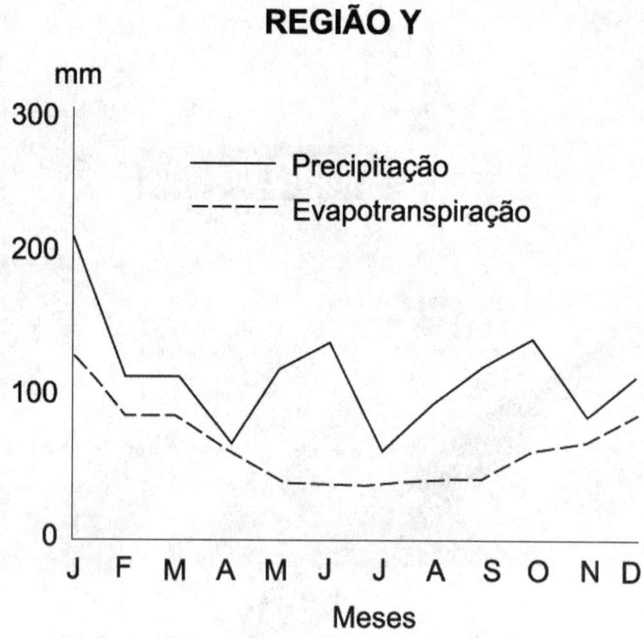

Com base nestes dados, pode-se afirmar que

(A) na região **X**, pastagens sob sequeiro têm menor crescimento durante os meses de maio a setembro.

(B) na região **X**, plantas xerófitas constituem a vegetação natural predominante.

(C) na região **X**, um plantio de milho sob sequeiro deve ser efetuado nos meses de abril e maio.

(D) na região **Y**, cultivos anuais enfrentam *deficit* hídrico.

(E) na região **Y**, solos com problemas de salinidade são comuns.

4. (EXAME 2004)

O desenho abaixo representa um levantamento planialtimétrico na escala 1:10.000, onde as cotas estão expressas em metros.

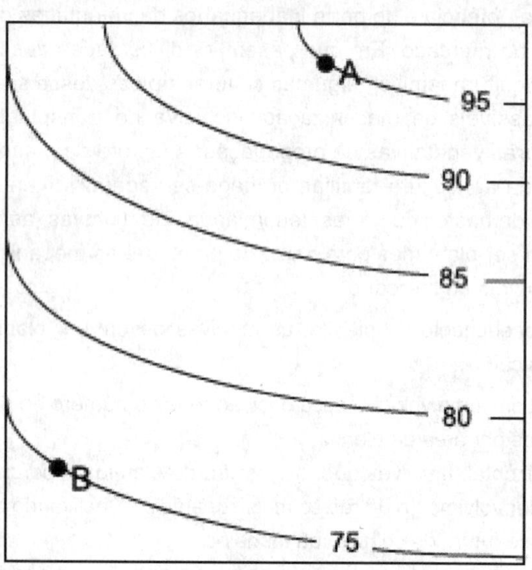

Considerando que nesta planta a distância entre os pontos A e B é de 20 cm, a declividade média entre os pontos A e B é

(A) 0,1 %

(B) 1 %

(C) 2 %

(D) 10 %

(E) 20 %

5. (EXAME 2003)

O **LANTERNIM** é uma estrutura muito comum usada em depósitos para armazenamento e sua finalidade principal é

(A) evitar que a água de chuva escorra pelas laterais das paredes, provocando a umidificação das mesmas.

(B) fechar as laterais transversais das instalações até o telhado, evitando-se assim o efeito dos ventos.

(C) proporcionar que o piso de concreto possa dilatar sem que ocorram trincas e rachaduras.

(D) proporcionar a saída do ar quente pela parte superior dos telhados, promovendo um melhor condicionamento térmico da instalação.

(E) favorecer a maior velocidade de escoamento das águas de chuvas em função do tipo de telha a ser usada.

6. (EXAME 2003)

Um sistema de irrigação por aspersão convencional está operando em uma área cujo solo possui uma velocidade de infiltração básica (VIB) da água igual a 15 mm/h. Os aspersores, com 16 m de diâmetro de alcance, operam em espaçamento de 18m x 18m com vazão média de 3,24 m3/h. Baseando-se na intensidade média de aplicação de água do aspersor (Ia) e na VIB, pode-se dizer que, nessas condições:

(A) Ia = 32,4 mm h^{-1}, havendo pequeno risco de escoamento superficial ou acúmulo de água sobre a superfície do solo.

(B) Ia = 10 mm h^{-1}, havendo pequeno risco de escoamento superficial ou acúmulo de água sobre a superfície do solo.

(C) Ia = 8 mm h^{-1}, havendo grande risco de escoamento superficial ou acúmulo de água sobre a superfície do solo.

(D) Ia = 4,0 mm h^{-1}, havendo grande risco de escoamento superficial ou acúmulo de água sobre a superfície do solo.

(E) Ia = 3,24 mm h^{-1}, havendo grande risco de escoamento superficial ou acúmulo de água sobre a superfície do solo.

7. (EXAME 2003)

Uma semeadora-adubadora deve distribuir sementes de arroz com um espaçamento de 0,20 m entrelinhas, numa taxa de 100 kg/ha de sementes e 300 kg/ha de adubo. No campo foi marcada uma distância de 20 m para a máquina ser deslocada e serem coletadas sementes e adubo na saída dos respectivos mecanismos dosadores de uma das linhas. Que quantidades de sementes e de adubo deverão ser coletadas para que a regulagem da semeadora adubadora seja considerada correta?

(A) 2 g de semente e 6 g de adubo.

(B) 40 g de semente e 120 g de adubo.

(C) 4 kg de semente e 12 kg de adubo.

(D) 400 g de semente e 1200 g de adubo.

(E) 4 g de semente e 12 g de adubo.

8. (EXAME 2002)

Analise a tabela abaixo, contendo dados relativos a um local X.

Mês	T ºC	P mm	ETP mm	DEF mm	EXC mm
Janeiro	25	252	129	0	123
Fevereiro	25	207	116	0	91
Março	25	168	120	0	48
Abril	23	70	92	2	0
Maio	21	59	68	2	0
Junho	20	30	54	8	0
Julho	20	25	55	15	0
Agosto	21	28	72	29	0
Setembro	23	58	88	23	0
Outubro	24	116	108	0	0
Novembro	24	141	114	0	0
Dezembro	24	235	123	0	67

T = temperatura média do ar, P = total de chuva, ETP = evapotranspiração potencial, DEF = deficiência hídrica e EXC = excedente hídrico.

Indique a figura que representa o extrato do balanço hídrico climatológico deste local, considerando-se uma capacidade de água disponível de 100 mm.

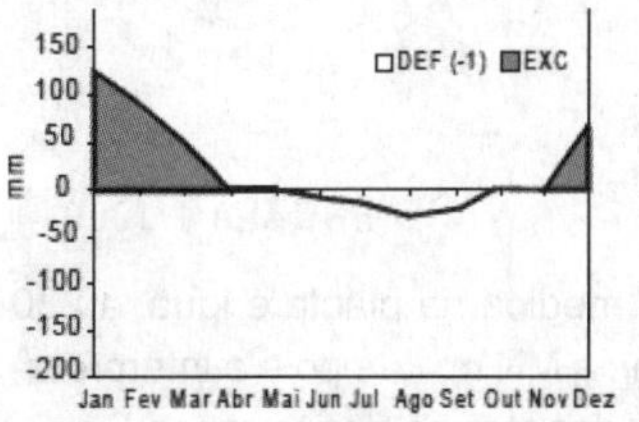

(A)

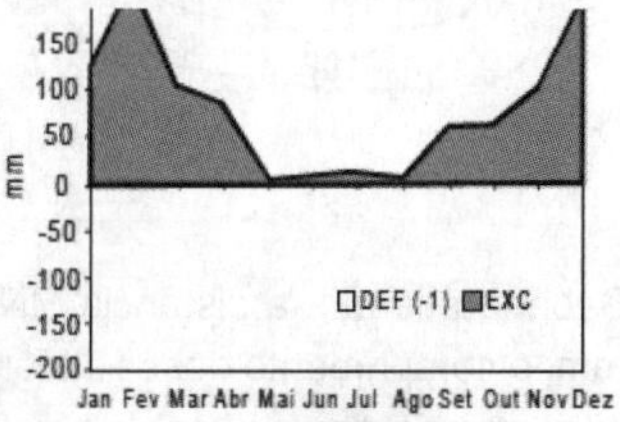

(B)

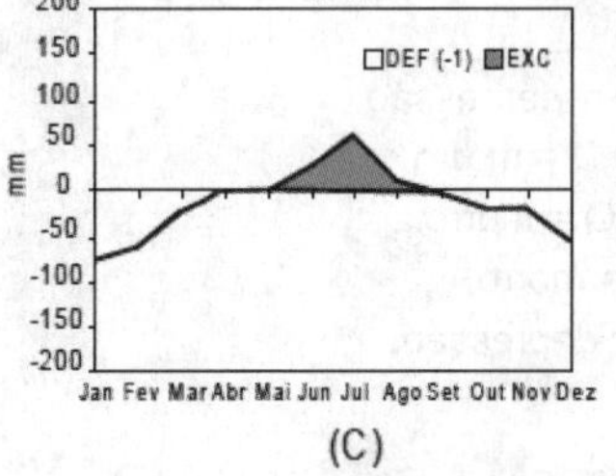

(C)

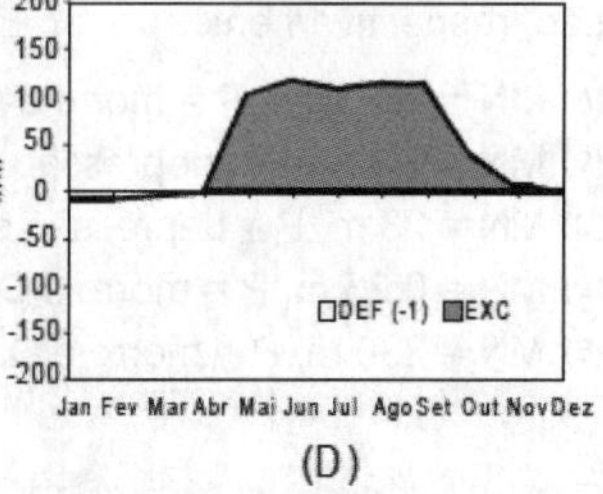

(D)

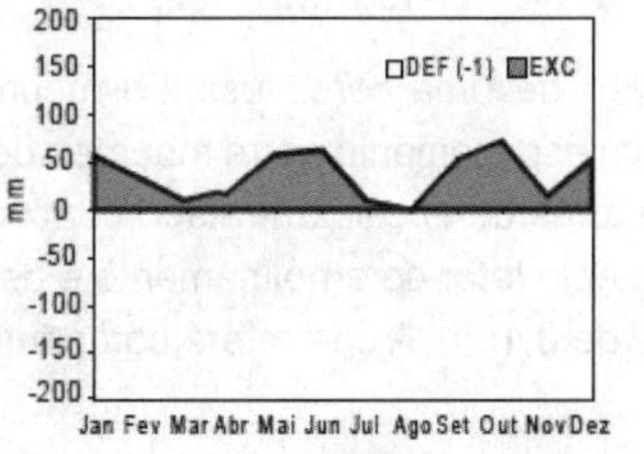

(E)

9. (EXAME 2002)

A relação entre a vazão (q) de um aspersor e sua pressão de operação (H) é dada pela equação $q = K\sqrt{\square}\sqrt{\square}H$, sendo K uma constante de proporcionalidade. Um critério consagrado para dimensionamento de uma linha lateral de aspersores é permitir, no máximo, 10% de variação na vazão entre o primeiro e o último aspersor sobre essa linha. Essa variação de vazão corresponde a uma variação de pressão entre os aspersores de:

(A) 10%

(B) 21%

(C) 25%

(D) 31%

(E) 50%

10. (EXAME 2002)

Você foi solicitado para ajustar uma máquina de aplicação de ureia a lanço com uma dose de 100kg/ha. A largura efetiva de aplicação é de 12 m e a velocidade de operação é de 3,0 m/s. Qual a vazão a ser fixada no mecanismo dosador da máquina?

(A) 0,36 kg/s
(B) 1,30 kg/s
(C) 2,50 kg/s
(D) 2,78 kg/s
(E) 9,17 kg/s

11. (EXAME 2002)

Observe as plantas topográficas abaixo.

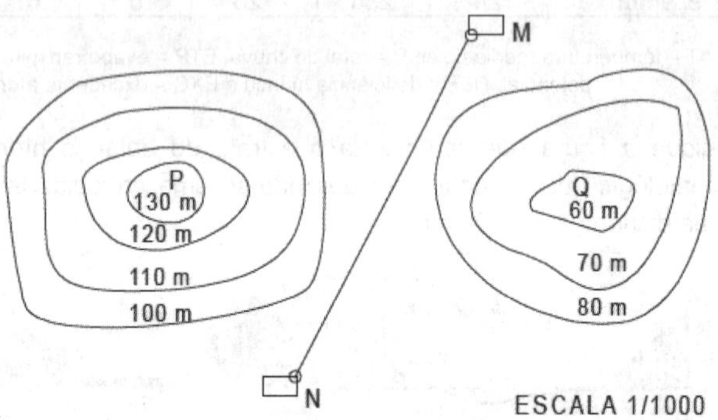

Sabendo-se que a distância MN medida na planta é igual a 230 mm, o comprimento dessa distância MN no campo e a interpretação, através das curvas de nível, das formas dos terrenos P e Q, são, respectivamente:

(A) MN = 2.300 m, P = morro e Q = depressão.
(B) MN = 2,3 m, P = depressão e Q = morro.
(C) MN = 23 m, P = depressão e Q = morro.
(D) MN = 0,23 m, P = morro e Q = morro.
(E) MN = 230 m, P = morro e Q = depressão.

12. (EXAME 2002)

Para a construção de uma cerca usando mourões de 2 m de comprimento, com espaçamento entre mourões de 3 m, dispõe-se de uma pilha de toras de eucalipto tratado com as dimensões de 4 m x 3 m x 3 m, cujo fator de empilhamento é de 1,2 e o volume médio por tora é de 0,1 m^3. A cerca terá comprimento de:

(A) 300 m
(B) 600 m
(C) 900 m
(D) 1 200 m
(E) 1 800 m

13. (EXAME 2001)

Em uma construção rural para abrigar animais domésticos, utilizou-se uma mistura de cal e areia, ou de cimento e areia ou de cimento, cal e areia com água, que forma uma pasta de consistência variável, que endurece com a ação do tempo. Esta pasta que se presta para o revestimento de paredes e ao assentamento de blocos de pedras, tijolos e ladrilhos, dentre os grupos de materiais de construção, é conhecida como

(A) saibro.
(B) concreto.
(C) alvenaria.
(D) argamassa.
(E) solo-cimento.

14. (EXAME 2001)

Em uma propriedade agrícola tem-se um motor a combustão interna, ciclo diesel, cujas curvas características de desempenho de um motor a combustão interna, ciclo diesel, envolvendo as suas relações entre rotações por minuto (rpm), potência (kW), torque (Nm), e consumo específico de combustível (g/kWh), estão representadas na figura abaixo.

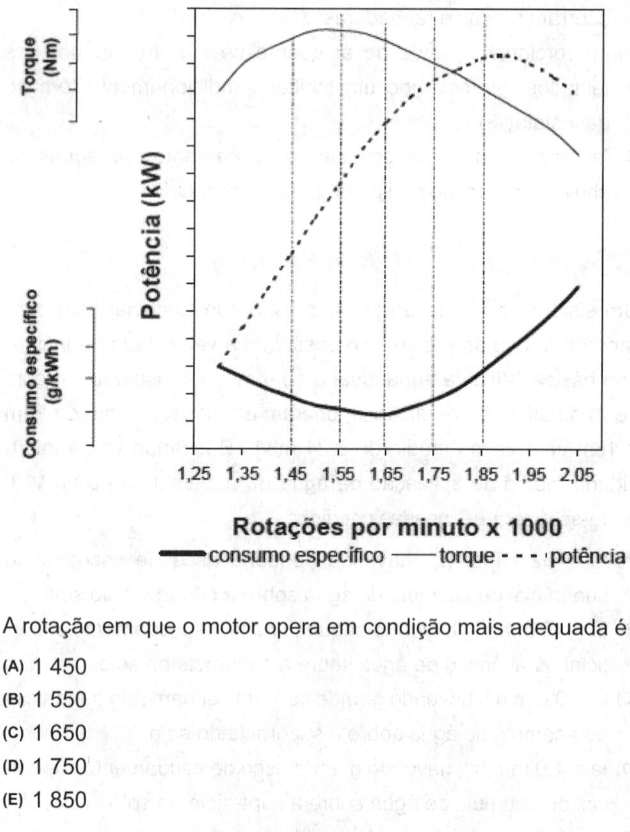

A rotação em que o motor opera em condição mais adequada é

(A) 1 450
(B) 1 550
(C) 1 650
(D) 1 750
(E) 1 850

15. (EXAME 2001)

Deseja-se construir um galpão em um terreno em que os pontos A e D estão distantes 27 metros.

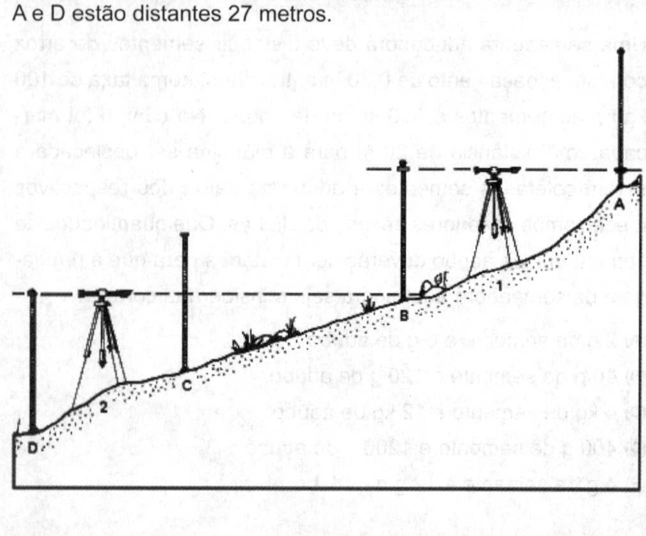

Um nivelamento composto foi realizado, ou seja, foram obtidas leituras com nível na posição 1 nas miras A e B, e em seguida o aparelho foi mudado para a posição 2 onde foram feitas leituras nas miras B, C e D. Deseja-se saber a declividade do terreno em porcentagem (%). Aparelho em 1: Em A, leitura na mira 0,40 m Em B, leitura na mira 2,37 m Aparelho em 2: Em B, leitura na mira 0,20 m Em C, leitura na mira 1,46 m Em D, leitura na mira 2,55 m

(A) 25,9%
(B) 16,0%
(C) 9,5%
(D) 8,7%
(E) 5,4%

16. (EXAME 2001)

Uma determinada cultura com profundidade efetiva do sistema radicular de 0,40 m é irrigada toda vez que teor de água no perfil do solo atinge 0,25 cm^3H_2O/cm^3 solo. Sabendo-se que o teor de água no solo na capacidade de campo é de 0,35 cm^3H_2O/cm^3 solo e considerando-se uma eficiência de aplicação de água de 80%. O volume total de água a ser aplicado por irrigação será de

(A) 40 m^3/ha
(B) 125 m^3/ha
(C) 140 m^3/ha
(D) 400 m^3/ha
(E) 500 m^3/ha

17. (EXAME 2001)

Em uma propriedade rural são cultivadas as culturas irrigadas **A** e **B**, nos solos **X** e **Y**, respectivamente. Os solos e as culturas apresentam as seguintes características:

Características do Solo	Solo X	Solo Y
Capacidade de retenção de água (mm/cm)	1,4	0,6
Fator de disponibilidade de água à cultura	0,5	0,5

Características da Cultura	Cultura A	Cultura B
Profundidade efetiva do sistema radicular (cm)	30	40
Evapotranspiração (mm/dia)	3	6

Considerando essas características, pode-se dizer que as lâminas úteis de irrigação armazenadas nos solos **X** e **Y** e as frequências de irrigação para as culturas **A** e **B**, serão respectivamente:

(A) 21 e 12 mm; 7 e 2 dias.
(B) 42 e 24 mm; 14 e 4 dias.
(C) 12 e 7 mm; 21 e 2 dias.
(D) 28 e 9 mm; 7 e 6 dias.
(E) 9 e 28 mm; 6 e 7 dias.

18. (EXAME 2000)

Em uma unidade de produção de leite com um rebanho grande de matrizes, o número mensal de partos é bastante elevado, fazendo com que exista um grande número de bezerros para serem criados. Nessas condições, para a otimização e maior eficiência do uso de mão de obra, é comum a construção de edificações chamadas bezerreiros os quais devem necessariamente ser

(A) fechados e bem protegidos para evitar que os animais tomem vento.
(B) abertos e ventilados para garantir um ambiente seco e limpo aos animais.
(C) lavados diariamente para assegurar condições satisfatórias de higiene.
(D) de alvenaria para facilitar a limpeza das baias.
(E) construídos com pé-direito baixo e telha de cimento amianto para baratear custos.

19. (EXAME 2000)

Dois projetos de irrigação por aspersão foram elaborados pelas empresas TUDOVERDE e FRUTOBELO, dos quais alguns p parâmetros dimensionados são apresentados abaixo:

	TUDOVERDE	FRUTOBELO
Diâmetro da adutora principal (mm)	200	152
Vazão necessária do conjunto moto -bomba (m^3/h)	130	130
Perda de carga na linha principal (m)	8	30
Desnível na área (m)	14	14
Rendimento do conjunto moto-bomba (%)	60	60
Potência do conjunto motobomba (Cavalo Vapor – CV)	18	35

Considerando-se principalmente os aspectos relacionados à tubulação, pode-se concluir que a velocidade da água na linha principal do projeto apresentado pela empresa TUDOVERDE é (I) que a velocidade na mesma tubulação apresentada pela empresa FRUTOBELO. Pode-se ainda concluir que o custo fixo anual da tubulação do projeto da empresa TUDOVERDE é (II) elevado e que o custo operacional é (III) elevado que o projeto da empresa FRUTOBELO.

Completa-se corretamente o texto acima substituindo-se I, II e III, respectivamente, por:

(A) maior - mais - menos
(B) menor - mais - mais
(C) menor - mais - menos
(D) menor - menos - mais
(E) maior - menos - mais

20. (EXAME 2000)

Na tabela abaixo está apresentado um balanço hídrico realizado para uma determinada cultura em solo onde a máxima capacidade de água útil armazenada é de 20mm.

Dia	Evapotranspiração da cultura (mm)	Chuva efetiva (mm)	Irrigação (mm)	Água útil armazenada no solo (mm) Início do período	Fim do período
1	6	0		20	14
2	(I)	0		14	9
3	3			(II)	(III)
4	6			6	0
5	2		20	20	18
6	3	10		18	(IV)
7	4			(V)	16

Em função da evapotranspiração da cultura, da chuva efetiva e da irrigação realizada, pode-se substituir, corretamente, **I**, **II**, **III**, **IV** e **V**, respectivamente, por:

(A) 4; 8; 5; 25 e 20
(B) 5; 7; 5; 20 e 20
(C) 8; 9; 6; 25 e 25
(D) 5; 9; 6; 20 e 20
(E) 8; 7; 4; 20 e 25

21. (EXAME 2000)

As funções básicas de uma caixa de mudanças de marcha de um trator agrícola são:

(A) alterar a velocidade, mantendo o torque e a potência constante no rodado.
(B) alterar o torque e a velocidade mantendo a potência constante no rodado.
(C) alterar a potência e a velocidade mantendo o torque constante no rodado.
(D) alterar a potência e o torque, mantendo a velocidade constante no rodado.
(E) alterar a potência, o torque e a velocidade no rodado.

22. (EXAME 2000)

Uma distância de 385 metros no campo corresponde a 154 milímetros em uma planta topográfica. Portanto, esta planta está representada em uma escala de

(A) 1: 1 000
(B) 1: 2 000
(C) 1: 2 500
(D) 1: 3 500
(E) 1:10 000

23. (EXAME 2000)

As características de construção de um galpão agrícola, variam em função da necessidade de luminosidade, de ventilação, do material ou do equipamento que será armazenado. Uma das principais características é o "pé direito" que se refere à altura entre o piso e

(A) o pendural (pontalete) do telhado.
(B) um ponto do telhado.
(C) o tensor (tirante) do telhado.
(D) uma das pernas da tesoura.
(E) a cumeeira.

QUESTÃO DISCURSIVA

1. (EXAME 2004) DISCURSIVA

Um projeto de irrigação por aspersão convencional fixo está sendo elaborado para irrigar uma área de 3 hectares, em um solo que apresenta uma velocidade de infiltração de água de 12 mm h^{-1}. A lâmina de irrigação calculada foi de 48 mm, já considerada a eficiência de aplicação de água.

a) Calcule o tempo de irrigação (em horas), admitindo uma intensidade de precipitação equivalente à metade da velocidade de infiltração de água no solo. **(valor: 2,0 pontos)**

b) Calcule a vazão total do sistema (em $m^3\ h^{-1}$). **(valor: 3,0 pontos)**

c) Calcule o diâmetro mínimo da tubulação principal (em mm), adotando como critério de dimensionamento uma velocidade máxima da água de 2 m s^{-1}. **(valor: 5,0 pontos)**

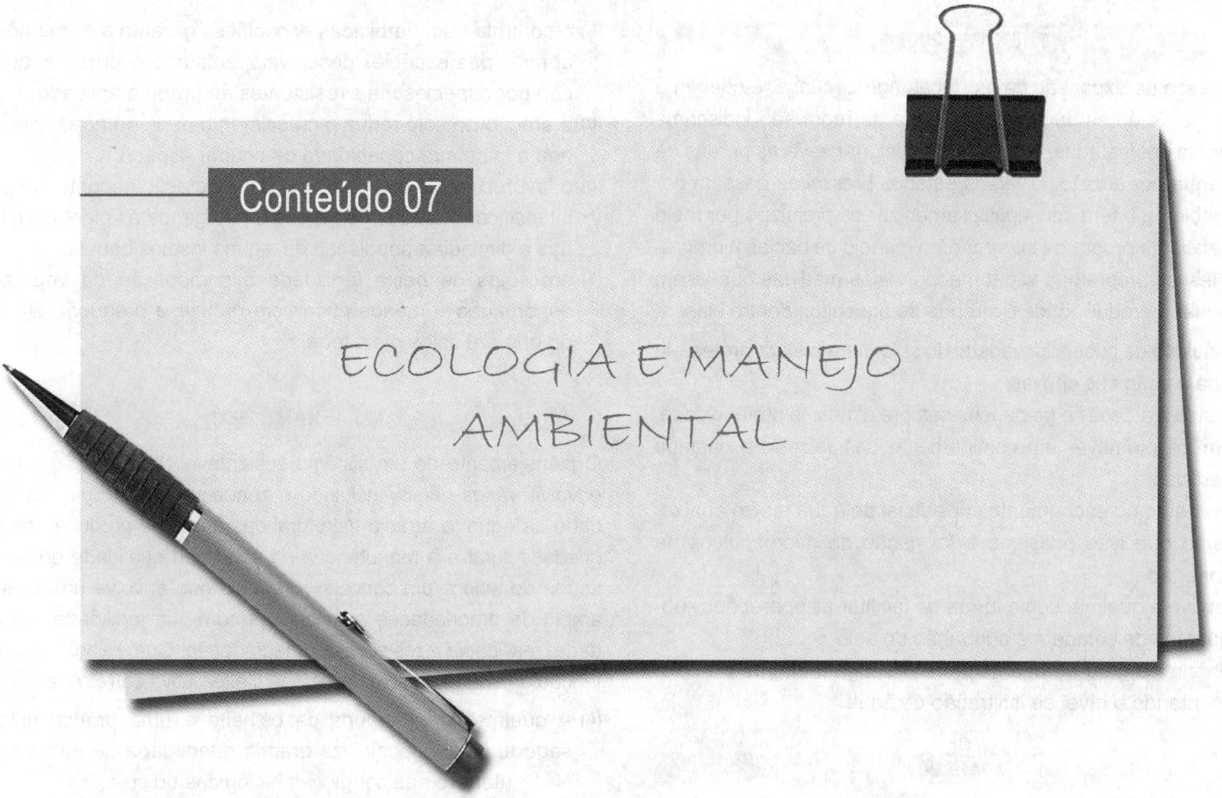

2. (EXAME 2004)

O efeito estufa pode ser definido como a absorção da radiação de ondas longas refletidas pela Terra, por gases da atmosfera como CO_2 e CH_4. Atividades antrópicas têm contribuído para elevar a concentração desses gases na atmosfera, o que poderá ocasionar um aumento na temperatura média da Terra. A esse respeito, relacione as atividades agropecuárias apresentadas na coluna da esquerda com seu correspondente impacto no efeito estufa indicado na coluna da direita.

Atividade agropecuária	**Impacto no efeito estufa**
I - Plantio de arroz inundado	P - fixação de CO_2
II - Desmatamento e queimadas	Q - retenção de C no solo
III - Reflorestamento de novas áreas	R - emissão de CH_4
IV - Plantio direto	S - emissão de CO_2
V - Criação de ruminantes	

A associação correta é

(A) I - P, II - Q, III - R, IV - S, V - S
(B) I - Q, II - S, III - S, IV - P, V - R
(C) I - R, II - Q, III - S, IV - P, V - P
(D) I - R, II - S, III - P, IV - Q, V - R
(E) I - S, II - R, III - Q, IV - Q, V - P

3. (EXAME 2004)

Quando o Manejo Integrado de Pragas é adotado em um sistema de produção agrícola, a tomada de decisão quanto ao controle químico é determinada pelo nível de controle (ou nível de dano econômico), em conjunto com a avaliação do ecossistema. Neste caso, pode-se afirmar que algum tipo de controle deve ser adotado quando:

I. a densidade populacional da praga estiver maior ou igual ao nível de controle;
II. as condições climáticas estiverem desfavoráveis à praga;
III. a densidade populacional da praga for maior que zero;
IV. a população dos inimigos naturais estiver abaixo da densidade capaz de controlar a praga.

São corretas apenas as afirmativas

(A) I e II.
(B) I e III.
(C) I e IV.
(D) II e III.
(E) III e IV.

4. (EXAME 2004)

A manutenção da biodiversidade é um dos requisitos do desenvolvimento sustentável, visando a garantir as possíveis necessidades das gerações futuras em termos de recursos genéticos.

Áreas de floresta tropical apresentam maior diversidade que áreas de floresta temperada

PORQUE

a maioria dos solos das regiões tropicais tem maior disponibilidade de nutrientes que solos de regiões temperadas.

A esse respeito, pode-se concluir que

(A) as duas afirmativas são verdadeiras e a segunda justifica a primeira.
(B) as duas afirmativas são verdadeiras e a segunda não justifica a primeira.
(C) as duas afirmativas são falsas.
(D) a primeira afirmativa é verdadeira e a segunda é falsa.
(E) a primeira afirmativa é falsa e a segunda é verdadeira.

5. (EXAME 2003)

No processo de expansão da produção agropecuária, é comum a exploração de áreas declivosas, que via de regra são indiscriminadamente desmatadas, o que pode ocasionar severas perdas de solo e água por erosão. Diversos estados brasileiros passam por esse problema e têm conseguido amenizar os prejuízos por meio de um eficiente programa integrado de manejo de bacias hidrográficas. Nesses programas são tomadas várias medidas que visam a aumentar a produtividade e a renda do agricultor, dentre elas:

(A) diminuição da cobertura vegetal do solo, para melhor protegê-lo contra a ação das chuvas.

(B) estímulo a arações e gradagens sempre à mesma profundidade, a fim de promover um confinamento das raízes na camada superficial.

(C) incremento no escoamento superficial de água morro abaixo, mesmo que isso ocasione a formação de microssulcos na propriedade.

(D) incentivo à queima, como forma de facilitar as operações subsequentes de calagem e adubação do solo.

(E) melhoria no grau de agregação e drenagem interna do solo, aumentando o nível de infiltração de água.

6. (EXAME 2003)

Por definição, é impossível saber, com certeza, se um determinado sistema de produção agrícola é sustentável. Todavia, é possível demonstrar experimentalmente que um determinado sistema se afasta da sustentabilidade. Portanto, ao acompanhar os efeitos causados pelas práticas de manejo, através do monitoramento, o homem pode intervir nelas mais efetivamente, procurando aprimorá-las de tal sorte a favorecer as populações e a sustentabilidade ambiental. De acordo com essa afirmação, a agricultura sustentável pode ser monitorada por meio

(A) da fertilidade do solo, uma vez que ela pode ser entendida como aquela cuja produtividade é mantida no longo prazo.

(B) de critérios e indicadores que sinalizem se os efeitos são desejáveis ou indesejáveis, baseados principalmente nos efeitos ambientais e ecológicos das práticas de manejo.

(C) de critérios e indicadores, através de limites toleráveis de mudanças previamente estabelecidos pelo homem.

(D) do estabelecimento prévio de critérios e normas de manejo consideradas conservacionistas.

(E) de critérios e indicadores universais, que se aplicam em qualquer circunstância e em qualquer condição de solo e clima.

7. (EXAME 2003)

Sob o ponto de vista ecológico, a ocorrência da vegetação espontânea (plantas daninhas) nas culturas agrícolas é o resultado da aceleração do processo de sucessão secundária por espécies oportunistas em *habitats* perturbados pelas práticas de manejo. Embora interferindo na produção agrícola, a vegetação espontânea pode desempenhar funções ecológicas importantes e, desta forma, o seu manejo, em contraste com sua erradicação completa, pode contribuir para a busca da agricultura sustentável. Uma prática de manejo ambiental da vegetação espontânea deve considerar que

(A) o plantio de culturas de sombreamento ou de cobertura do solo aumenta o poder de competição da cultura em relação à vegetação espontânea.

(B) o controle com herbicidas específicos garante a permanência apenas das espécies desejáveis, pois não ocorre a substituição por espécies mais resistentes ao produto aplicado.

(C) a aração do solo reduz o crescimento da vegetação espontânea e inibe sua capacidade de ocupar espaço.

(D) o favorecimento da ocorrência da vegetação espontânea pode intensificar o ataque de pragas e patógenos às plantas cultivadas e diminuir a população de alguns insetos benéficos.

(E) em solos de baixa fertilidade a competição da vegetação espontânea é menos eficaz em reduzir a produção agrícola do que em solos mais férteis.

8. (EXAME 2003)

O planejamento de um sistema sustentável de produção agrícola envolve vários níveis, incluindo o zoneamento ecológico, a qualidade da água, o arranjo estrutural das áreas de produção na propriedade rural e a manutenção da saúde ou qualidade do solo. A saúde do solo é um conceito sistêmico que envolve um conjunto amplo de propriedades relacionadas com sua fertilidade, estabilidade, resiliência e resistência à degradação. Com relação à manutenção da saúde do solo, selecione a alternativa correta de manejo.

(A) A queima dos resíduos da colheita é uma prática milenar segura, pois disponibiliza grande quantidade de nutrientes e NÃO interfere nas condições biológicas do solo.

(B) A erosão, por ser um processo que geralmente remove a camada superficial do solo, normalmente NÃO compromete a qualidade do solo a longo prazo.

(C) A prática de rotação de culturas adiciona resíduos de diferentes espécies ao solo e, pelo fato de que alguns resíduos inibem a proliferação de determinados organismos, resulta numa redução da diversidade biológica do solo.

(D) Em geral, sistemas mais intensivos de preparo do solo (aração e gradagem) concorrem para a manutenção de altos índices de matéria orgânica no solo, além de aumentar, também, a disponibilidade de nutrientes.

(E) O cultivo mínimo é uma prática de manejo que contribui para a manutenção do teor de matéria orgânica do solo.

9. (EXAME 2003)

Você foi chamado para fazer a avaliação de um empreendimento agropecuário economicamente viável e apresentar uma proposta de adequação aos preceitos da agricultura sustentável. Como bom Agrônomo, você concluiu que deveria analisar pelo menos as dimensões da sustentabilidade listadas na coluna da esquerda, sendo que para cada uma delas a avaliação seria feita por meio dos indicadores listados na coluna da direita.

Dimensões	Indicadores
I - Capacidade natural de suporte (produtividade) do solo	a) áreas de preservação permanente b) desenho do sistema viário c) erosão do solo
II - Impactos ambientais	d) população da fauna silvestre e) Índice de Diversidade Beta
III - Qualidade da paisagem	f) ciclagem de nutrientes g) matéria orgânica do solo h) qualidade da água do riacho i) concentração de nitrato na água subterrânea

A associação que melhor define os indicadores mais apropriados para a avaliação de cada uma das dimensões é:

(A) **I** abde **II** bcdhi **III** cfg
(B) **I** abde **II** cfg **III** bcdhi
(C) **I** cfg **II** bcdhi **III** abde
(D) **I** cfg **II** abde **III** bcdhi
(E) **I** bcdhi **II** abde **III** cfg

10. (EXAME 2003)

Ao planejar a inserção do componente florestal numa propriedade agrícola, uma primeira abordagem seria a classificação em "florestas de proteção" e "florestas de produção". No primeiro caso, a proteção (dos recursos hídricos, da fauna etc.) decorre dos serviços do ecossistema, ou seja, das interações complexas entre floresta, fauna, microrganismos e fatores abióticos (clima e solo). Portanto, recuperar uma floresta de proteção não deve significar apenas o plantio de árvores, mas sim a restauração ou reabilitação do ecossistema e, consequentemente, de seus serviços ambientais. Com base nesta constatação, selecione a alternativa correta.

(A) Nas faixas ciliares e no entorno de nascentes, as condições de solo e clima são geralmente idênticas às que prevalecem nas partes mais elevadas da paisagem, de modo que a restauração do ecossistema de mata ciliar pode ser feita a partir de qualquer fragmento florestal disponível na propriedade.
(B) O ecossistema da mata ciliar é, em geral, constituído por espécies vegetais características, com elevada diversidade, definindo um ecótono resultante do processo co-evolutivo da vegetação com as condições edafoclimáticas, geomorfológicas e hidrológicas dessas áreas ciliares.
(C) A restauração de um ecossistema de mata ciliar degradado ocorre por propagação vegetativa, banco de sementes do solo e aporte de propágulos pela água e, dessa forma, o processo ocorre naturalmente apenas pelo isolamento da área ciliar.
(D) O ecossistema de mata ciliar é sempre bastante resiliente, ou seja, é capaz de se recuperar por seus próprios meios após sofrer distúrbios como queimadas, exploração, roçadas, pastejo, ventanias ou o isolamento físico de seu entorno.
(E) A estrutura, a funcionalidade e a composição florística dos ecossistemas de mata ciliar não apresentam diferenças de uma região para outra, o que facilita muito a sua restauração.

11. (EXAME 2002)

Os ecossistemas naturais, devido às frequentes mudanças do meio, caracterizam-se principalmente por sua dinâmica e resiliência (capacidade de absorver mudanças), resumidos no conceito de equilíbrio dinâmico. Similarmente, o planejamento de um agroecossistema deve buscar o estabelecimento de um equilíbrio ecológico, o qual é necessário para sua sustentabilidade, conforme preceitos da assim chamada "revolução duplamente verde". Nesse sentido, pode-se afirmar que

(A) no agroecossistema o objetivo é a produção agrícola e portanto estas condições naturais de equilíbrio não se aplicam.
(B) a baixa resiliência do agroecossistema é devida principalmente à ocorrência de pragas e doenças.
(C) os insumos agrícolas (agroquímicos, fertilizantes etc.) aumentam a resiliência do agroecossistema.
(D) uma forma de agregar resiliência ao agroecossistema é através de medidas que aumentam a biodiversidade e heterogeneidade de *habitat* são longo da propriedade rural.
(E) essas condições de equilíbrio ecológico somente se aplicam na escala da agricultura familiar, mas nunca na agricultura convencional produtiva.

12. (EXAME 2002)

Um componente chave da sustentabilidade dos sistemas de produção agrícola diz respeito ao processo de ciclagem de nutrientes. Para um dado período, o balanço de nutrientes envolve os incorporados ao solo, os exportados pela colheita, bem como as perdas que podem ocorrer. Assim, com relação a práticas de manejo ambiental que levem em conta estes componentes do balanço de nutrientes, é correto afirmar que

(A) em pastagens, a deposição de fezes e urina pelo gado constitui um processo eficiente de reciclagem de nutrientes e fertilização natural.
(B) quando se adiciona esterco sólido ou líquido às culturas agrícolas, o nitrogênio é o nutriente que sofre as menores perdas.
(C) o uso do fogo como ferramenta para o manejo de resíduos das culturas não contribui para a reciclagem de nutrientes.
(D) a erosão hídrica do solo é um processo seletivo pelo qual as partículas finas são carreadas pelas enxurradas, resultando, desta forma, em uma concentração maior de nutrientes no solo original do que nos sedimentos removidos.
(E) o cultivo de cobertura ou planta de cobertura é uma prática de manejo que contribui para melhorar a ciclagem de nutrientes.

13. (EXAME 2002)

O fluxo de energia é um dos processos fundamentais do ecossistema. O total de energia solar assimilada pela fotossíntese define a Produtividade Bruta. Subtraindo-se desta a energia consumida na respiração tem-se a Produtividade Líquida. Num sistema de produção agrícola ecologicamente equilibrado, o objetivo de se obter elevada produtividade líquida (colheita) também deve incluir a chamada produtividade ecológica (PE), definida pela relação: PE = Biomassa total acumulada no sistema / Produtividade Líquida a qual é essencial para a manutenção da fertilidade do solo a médio e longo prazos. Com base nesta relação pode-se afirmar que

(A) valores muito baixos de PE implicam em sistemas que não esgotam a fertilidade do solo a longo prazo.
(B) em ecossistemas naturais o valor de PE tende a zero.
(C) em sistemas agroflorestais bem sucedidos a PE tende a se aproximar de um valor de equilíbrio.
(D) em sistemas de cultivo anual intensivo o valor de PE
(E) valores elevados de PE implicam em sistemas nos quais pouca biomassa retorna ao solo.

14. (EXAME 2002)

O ecossistema constitui um sistema funcional de relações complementares entre organismos e o meio ambiente, cujos limites são definidos arbitrariamente. Uma de suas propriedades diz respeito aos níveis de organização das partes que o compõem, sendo o nível mais abrangente o do próprio ecossistema. A aplicação desses conceitos no desenho de um agroecossistema ambientalmente sustentável pode ser esquematizada de acordo com a figura abaixo.

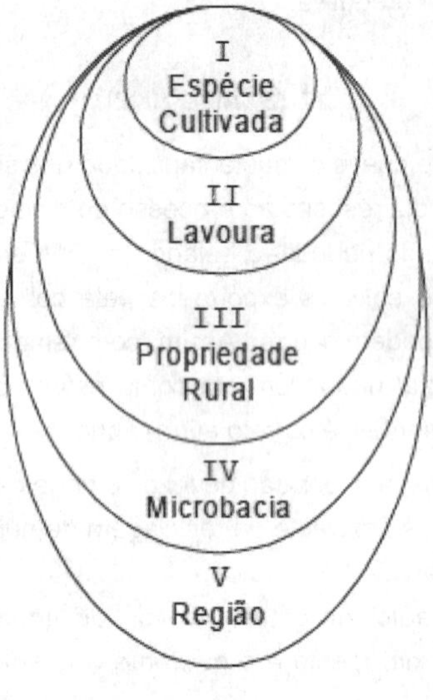

De acordo com este esquema,

(A) os impactos ambientais de um sistema de produção agrícola estão limitados apenas à escala da propriedade rural.
(B) a não adequação da espécie a ser cultivada às condições locais de solo e clima não compromete a sustentabilidade.
(C) o emprego de práticas de manejo ambiental, como o cultivo mínimo, por exemplo, é condição suficiente para garantir a qualidade ambiental da microbacia.
(D) a sustentabilidade tem que considerar ações de manejo em todas estas escalas envolvidas num sistema de produção agrícola.
(E) a faixa de 30 m de Área de Preservação Permanente nas margens do riacho, exigida pelo Código Florestal, por si só garante a proteção da qualidade da água em uma microbacia de uso predominantemente agrícola.

15. (EXAME 2002)

Para a revegetação de áreas degradadas, um dos modelos usados consiste na consorciação de espécies pioneiras com espécies secundárias e/ou clímax, o qual segue princípios ecológicos relativos ao processo de desenvolvimento de comunidades florestais. A esse respeito é correto afirmar que

(A) o modelo procura imitar o processo natural de mudanças que ocorrem numa floresta natural após uma grande perturbação, referido como "facilitação".
(B) as espécies pioneiras ou colonizadoras caracterizam-se por apresentar crescimento lento e baixa tolerância à sombra.
(C) as espécies dos estágios finais (secundárias e/ou clímax) beneficiam-se das modificações do ambiente proporcionadas pelas colonizadoras, que acabam sendo dominadas e inibidas.
(D) em geral a produção líquida e a diversidade tendem a ser maiores nos estágios finais do processo.
(E) o processo sempre culmina com a formação da comunidade clímax, a qual é a mesma, independentemente da condição local.

16. (EXAME 2001)

O estreitamento da base genética das culturas agrícolas pelo longo processo de seleção induzida é uma prática não sustentável de manejo. Dois dos impactos ambientais mais importantes desta prática são: a diminuição da

(A) vulnerabilidade genética e aumento da produtividade.
(B) biodiversidade e aumento da resiliência.
(C) vulnerabilidade de ervas daninhas e aumento do uso de agroquímicos.
(D) resistência ambiental das culturas e aumento da dependência de insumos externos.
(E) fertilidade do solo e aumento da lixiviação de nutrientes.

17. (EXAME 2001)

Sistemas agroflorestais são práticas de manejo ambiental que intencionalmente retêm ou introduzem o elemento florestal, com função de proteção ou de produção, em consorciação com a agricultura (agrossilvicultura), a pecuária (silvopastoril), ou ambas (agrossilvopastoril). Neste sentido, um conjunto de efeitos ecológicos desempenhados pelas árvores, que beneficiam os sistemas agroflorestais, inclui a melhoria da

(A) estabilidade, diminuição da água do solo, diminuição da erosão, aumento da produtividade.
(B) microbiologia do solo, aumento da evapotranspiração, aumento da lixiviação de nutrientes, aumento da competição.
(C) estrutura do solo, aumento da infiltração, diminuição da qualidade da água, aumento da vazão dos rios.
(D) fertilização natural do solo, aumento da evaporação do solo, aumento da percolação profunda, aumento da recarga do aquífero.
(E) ciclagem de nutrientes, alteração do microclima, aumento da deposição de matéria orgânica ao solo, aumento da diversidade.

18. (EXAME 2001)

Na escala da propriedade rural, uma estratégia-chave para a busca da agricultura sustentável é a incorporação e o manejo da diversidade ecológica na paisagem agrícola. Em relação a esta afirmação, associar as dimensões de diversidade ecológica da coluna da esquerda com a prática de manejo ambiental correspondente da coluna da direita:

Dimensões da diversidade	**Práticas de Manejo Ambiental**
a. ALFA: diversidade de espécies em um mesmo local	(1) Cultivo múltiplo em faixas
b. BETA: diversidade de espécies entre comunidades ou *habitats*	(2) Rotação de culturas
c. GAMA: diversidade de espécies de uma região	(3) Cultivo consorciado
d. TEMPORAL: heterogeneidade temporal no sistema	(4) Cultivo mínimo
e. FUNCIONAL: complexidade de interação, fluxo de energia e ciclagem de nutrientes	(5) Cercas vivas e faixas de vegetação natural intercaladas
	(6) Cobertura morta

A associação correta é:

(A) a-1; b-2; c-3; d-4 e e-6
(B) a-3; b-1; c-5; d-2 e e-4
(C) a-2; b-3; c-1; d-4 e e-5
(D) a-3; b-2; c-1; d-6 e e-5
(E) a-1; b-5; c-3; d-2 e e-4

19. (EXAME 2001)

A água está se tornando cada vez mais escassa e as previsões dão conta que metade da população mundial deverá ficar sem água a partir do ano 2025. Assim, é necessária e urgente a aplicação de práticas de conservação do solo e da água nas bacias hidrográficas, visando conciliar o uso dos recursos naturais e a produção de água. Uma prática de manejo de bacias hidrográficas que contribui para o alcance deste objetivo consiste na manutenção de florestas de proteção nas zonas ripárias das microbacias, que incluem as margens e as cabeceiras dos cursos d'água (mata ciliar), principalmente pelo fato de que

(A) diminui a evaporação da água e aumenta a vazão dos rios.
(B) aumenta o escoamento superficial e consequentemente a produção de água.
(C) estabiliza o escoamento direto produzido pelas chuvas e aumenta o armazenamento de água.
(D) reduz a erosão e aumenta a infiltração de água.
(E) diminui o escoamento subsuperficial e o pico de vazão.

20. (EXAME 2001)

A restauração ambiental das chamadas "Áreas de Preservação Permanente", como o próprio nome sugere, requer que o reflorestamento destas áreas seja feito em bases ecológicas, a fim de garantir a sua sustentabilidade, em termos da estrutura e da dinâmica do ecossistema. Um aspecto importante desta sustentabilidade diz respeito à representatividade genética das sementes coletadas para a produção de mudas das espécies selecionadas (referido como Número Efetivo Populacional – "Ne"), a fim de manter a diversidade genética. Pode-se afirmar que

(A) quando somente se dispõe de fragmentos florestais pequenos, a coleta de sementes deve ser feita em um número suficiente deles para garantir um "Ne" adequado.
(B) a coleta de sementes a partir de poucas árvores matrizes aumenta o "Ne" da floresta a ser formada.
(C) sempre que se coletam sementes de um número elevado de indivíduos a adequação do "Ne" está garantida.
(D) a coleta de sementes pode ser feita em qualquer população, independentemente de sua distância da área a ser restaurada.
(E) caso não se disponha de fontes de sementes na região da área a ser restaurada, então não é possível fazer o reflorestamento.

21. (EXAME 2000)

A expressão Agricultura Sustentável, que faz parte do conceito de desenvolvimento sustentável, agrega dimensões econômica, ecológica, social e cultural, mas será sempre um conceito, um alvo, uma busca, um constante aprendizado institucional através do manejo adaptativo. De acordo com esta conceituação, um conjunto de aspectos fundamentais da Agricultura Sustentável envolve:

(A) agricultura orgânica; resgate de tecnologias tradicionais; educação ambiental.
(B) agricultura ecológica; adubação orgânica; controle biológico.
(C) monitoramento ambiental; indicadores de sustentabilidade; retroalimentação do manejo.
(D) agrossilvicultura; rotação de culturas; conservação do solo.
(E) agroecologia; agricultura biodinâmica; ecologia profunda.

22. (EXAME 2000)

Para atenuar a degradação ambiental nas atividades agropecuárias é necessário adotar estratégias visando a promoção de práticas de manejo dos recursos naturais. Neste sentido, um conjunto que inclui, exclusivamente, práticas de manejo ambiental, envolve

(A) plantio direto na palha; rotação de culturas; proteção da mata ciliar; monitoramento da biodiversidade.
(B) plantio em nível; agricultura de precisão; agricultura orgânica; controle químico de pragas.
(C) aração e gradagem; plantio em nível; adubação mineral; certificação ambiental.
(D) desmatamento; monocultura; adubação orgânica; "selo verde".
(E) cultivo mínimo; sistemas agroflorestais; adubação mineral; herbicidas.

23. (EXAME 2000)

O manejo sustentável, além de apresentar múltiplas dimensões (econômica, ecológica, social e cultural), caracteriza-se também por apresentar várias escalas, tais como:

I. a área de plantio, ou seja, a unidade de manejo dentro de uma propriedade rural
II. a microbacia hidrográfica onde a propriedade está inserida
III. a região ou o país

Desta forma, é necessário haver indicadores ambientais (atributos que indicam condições e/ou mudanças no ecossistema) específicos para estas diferentes escalas. Considere, por exemplo, os seguintes indicadores ambientais:

a) condições da mata ciliar
b) zoneamento ecológico
c) compactação do solo

A associação correta entre as escalas I, II e III e os indicadores a, b e c é:

(A) I-a; II-b; III-c
(B) I-c; II-b; III-a
(C) I-b; II-a; III-c
(D) I-b; II-c; III-a
(E) I-c; II-a; III-b

Conteúdo 08

HORTICULTURA

1. (EXAME 2010)

A enxertia em hortaliças é uma técnica inovadora, com especial ênfase nas famílias *Cucurbitaceae e Solanaceae*, que visa conferir resistência às mudas. Essa técnica permite o cultivo em áreas contaminadas por patógenos de solo ou naquelas áreas cujas condições edafoclimáticas são desfarováveis ao crescimento e desenvolvimento da cultura. De uso recente no Brasil, mas consolidada em países como Japão, Holanda e Espanha. Por um lado, a enxertia como método de controle de patógenos de solo evita o contato da planta sensível com o agente patógeno. Por outro lado, além de proporcionar resistência a doenças, essa técnica pode ser utilizada com outros fins, como a introdução de resistência de estresses do tipo abiótico (resistência a baixas temperaturas, resistência à seca e resistência à alta umidade do solo). Entre os inúmeros métodos de enxertia de hortaliças, dois métodos básicos se destacam dos demais: enxertia por aproximação e por estaca.

PEIL, R. M.A enxertia na produção de mudas de hortaliças. **Ciência Rural**, Santa Maria, v. 33, n. 6, p.1169-1177. nov-dez, 2003 (com adaptações).

Considerando a utilização de enxertia em hortaliças, avalie as afirmativas abaixo.

I. Na escolha do porta-enxerto, um dos aspectos a ser considerado é o seu efeito na qualidade final do enxerto.

II. A enxertia é uma técnica adequada ao cultivo em ambiente protegido de hortaliças, onde problemas sanitários tendem a ser mais graves.

III. Na enxertia, o enxerto deve apresentar resistência à doença que se objetiva controlar, o que é fundamental para o sucesso da técnica.

IV. O principal objetivo da enxertia é proporcionar o controle de doenças de solo, não se aplicando ao controle de doenças em geral.

É correto apenas o que se afirma em

(A) I e III.

(B) I e IV.

(C) II e III.

(D) I, II e IV.

(E) II, III e IV.

2. (EXAME 2010)

As cadeias de comercialização de hortaliças enfrentam o desafio de alinhar a demanda e a oferta de produtos de maneira eficiente. Do lado da demanda, clientes exigentes, interessados em produtos com qualidade e prontamente disponíveis nos pontos de comercialização. Do lado da oferta, a dificuldade em garantir o produto certo, em hora e local adequados. Com dificuldades em conectar demanda e oferta, por problemas relacionados, principalmente, à logística e à qualidade, as grandes redes de autosserviço têm abandonado o sistema tradicional de suprimento de produtos hortícolas, por meio das Centrais Estaduais de Abastecimento Sociedade Anônima (CEASAs), e criado centrais próprias de compras, em que a aquisição dos produtos é feita diretamente de produtores e atacadistas. A distribuição ineficiente de hortaliças é considerada um dos mais graves entraves do setor, impedindo o bom desempenho de toda a cadeia produtiva. A alta perecibilidade, característica inerente às hortaliças, exige canais de comercialização eficientes, muitas vezes longe do alcance dos produtores.

LOURENZANI, A.E.B.; SILVA, A.L. Um estudo da competitividade dos diferentes canais de distribuição de hortaliças. **Gest. Prod**. vol.11, n.3, São Carlos, set./dez. 2004 (adaptado).

Considerando a logística de produção e comercialização de hortaliças, avalie as afirmativas a seguir.

I. As alterações na estrutura de comercialização têm impactos negativos para a cadeia de produção de hortaliças, pois excluem produtores incapazes de atender às exigências das centrais de compras de grandes redes varejistas e trazem à tona a ineficiência da comercialização por meio das CEASAs.

II. As alterações na estrutura de comercialização de hortaliças facilitam a sobrevivência de pequenos varejistas em um mercado em expansão, de modo que os mesmos conseguem, de forma eficiente, suprir as necessidades de qualidade, logística e gerenciamento da comercialização.

III. As cadeias de suprimento que distribuem hortaliças por intermédio das centrais de compras de grandes redes de autosserviço apresentam alta competitividade, entretanto, não são sustentáveis, uma vez que o diferencial de poder entre varejistas e produtores aumenta a rivalidade vertical.

IV. Os canais de distribuição de hortaliças devem satisfazer à demanda por intermédio do fornecimento de produtos e serviços no local, na quantidade, qualidade e preços adequados, evitando estimular a demanda por meio de atividades promocionais, pois isso levaria à rivalidade entre varejistas e produtores.

É correto apenas o que se afirma em

(A) I e III.
(B) I e IV.
(C) II e III.
(D) I, II e IV.
(E) II, III e IV.

3. (EXAME 2010)

Os óleos essenciais constituem um dos mais importantes grupos de matérias-primas vegetais para as indústrias alimentícia, farmacêutica, de perfumaria e afins. São constituídos por uma mistura complexa de diversas classes de substâncias, entre elas os fenilpropanoides, mono e sesquiterpenos, pertencentes ao metabolismo secundário das plantas. O metabolismo secundário, por sua vez, pode ser influenciado por diversos fatores. Considerando que a qualidade das plantas medicinais, aromáticas e condimentares reside no teor e na composição química dos óleos essenciais, avalie as afirmativas a seguir.

I. A composição química dos óleos essenciais é determinada por fatores genéticos, sendo nula a influência de fatores abióticos.

II. As interações planta/microrganismos, planta/insetos e planta/planta não influenciam na composição química dos óleos essenciais.

III. Em tecidos vegetais mais jovens, verifica-se aumento na produção de vários compostos secundários, entre os quais se encontram os óleos essenciais.

IV. A idade e o estádio de desenvolvimento da planta influenciam na composição química dos óleos essenciais; entretanto, o ritmo circadiano não afeta a qualidade.

V. A composição do óleo essencial sofre alterações durante os processos de colheita e pós-colheita, sendo essas alterações atribuídas a conversões espontâneas, que ocorrem continuamente.

É correto apenas o que se afirma em

(A) I e III.
(B) I e IV.
(C) II e IV.
(D) I e V.
(E) III e V.

4. (EXAME 2010)

A tabela seguinte contém os dados de peso fresco da parte aérea (PFPA), concentração e rendimento de óleos essenciais obtidos em mudas de uma espécie medicinal conhecida como arnica (*Lychnophora pinaster* Mart. – Asteraceae), em diferentes tipos de adubação e calagem. Foram testadas as adubações mineral, orgânica e mineral + orgânica (mista).

Adubação	Calagem	
	Com	Sem
	Peso fresco de parte aérea (g planta^{-1})	
Mineral	25,77 a A	27,84 a A
Orgânica	9,94 c A	5,97 c B
Mista	20,42 b A	17,47 b A
Controle	18,57	
CV (%)	13,17	
	Concentração de óleo essencial (%)	
Mineral	0,02 b A	0,03 b A
Orgânica	0,04 a A	0,04 a A
Mista	0,02 b B	0,04 a A
Controle	0,05	
CV (%)	20,64	
	Rendimento de óleo essencial (mg planta^{-1})	
Mineral	6,17 a B	8,65 a A
Orgânica	5,13 a A	3,30 b B
Mista	5,90 a B	9,40 a A
Controle	8,48	
CV (%)	22,04	

Médias seguidas de letras iguais, minúsculas nas colunas e maiúsculas nas linhas, não diferem entre si (Scott-Knott, 5%).

OLIVEIRA JUNIOR *et al* Teor de óleo essencial no peso fresco de arnica em função da calagem e adubação. **Hortic. Bras.** v. 23, n. 3, p. 735-739. 2005.

A partir da observação dos resultados apresentados, julgue as afirmativas a seguir.

I. O tratamento orgânico sem calagem apresentou o menor rendimento de óleo essencial.

II. A adubação mineral e calagem são recomendáveis, pois aliaram alta concentração e alto rendimento de óleo essencial.

III. A produção de óleo essencial da arnica dependeu do uso de adubação e calagem.

IV. O PFPA decresceu na seguinte ordem: adubação mineral > mista > orgânica, sendo influenciado pela calagem somente nessa última.

V. Os tratamentos com adubação mineral e mista sem calagem apresentaram maior rendimento de óleo essencial. É correto apenas o que se afirma em

É correto apenas o que se afirma em

(A) I e II.

(B) I e III.

(C) II, IV e V.

(D) I, III, IV e V.

(E) II, III, IV e V.

5. (EXAME 2010)

O valor intrínseco de uma planta medicinal está no seu efeito terapêutico. A Organização Mundial de Saúde diz que planta medicinal é qualquer planta que possua, em um ou em vários de seus órgãos, substâncias usadas com finalidade terapêutica, ou que essas substâncias sejam ponto de partida para a síntese de produtos químicos e farmacêuticos. A essas substâncias é dado o nome de princípios ativos. São eles os responsáveis pelo efeito terapêutico que a planta medicinal possui. As plantas possuem o metabolismo primário e o secundário, sendo que os princípios ativos são produzidos pelo metabolismo secundário das plantas.

MONTANARI JR., I. Aspectos da produção comercial de plantas medicinais nativas. **CPQBA**-UNICAMP. 2002. Disponível em: <http://www.cpqba.unicamp. br/plmed/artigos/producao.htm>. Acesso em: 24 ago. 2010 (com adaptações).

Considerando que os princípios ativos são oriundos do metabolismo secundário, avalie as asserções a seguir.

I. O metabolismo secundário é responsável pelas relações entre o indivíduo e o ambiente.

II. As técnicas de cultivo de plantas medicinais adotadas não influenciam o metabolismo secundário.

III. O metabolismo secundário não é essencial para o crescimento e o desenvolvimento do indivíduo.

IV. O metabolismo secundário é essencial para o crescimento e o desenvolvimento do indivíduo.

V. O metabolismo secundário é essencial para a sobrevivência e a continuidade da espécie dentro do ecossistema.

É correto o que se afirma em

(A) I, II e IV.

(B) I, III e IV.

(C) I, III e V.

(D) II, III e V.

(E) II, IV e V.

As duas questões seguintes devem ser respondidas com base no enunciado e nos gráficos abaixo.

Um dos fatores que determinam a perda de produtos vegetais considerados perecíveis é a ausência ou utilização inadequada de métodos de conservação, entre eles a refrigeração. As figuras abaixo estão relacionadas ao armazenamento e volume de comercialização de uma hortaliça.

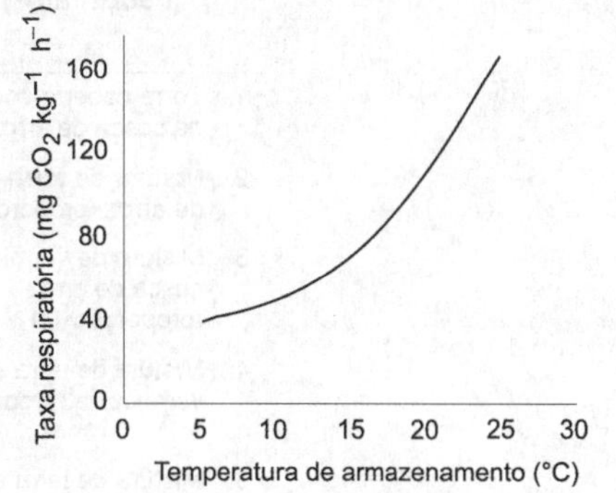

Efeito da temperatura de armazenamento sobre a taxa respiratória de uma hortaliça, no período de 8 horas após a colheita

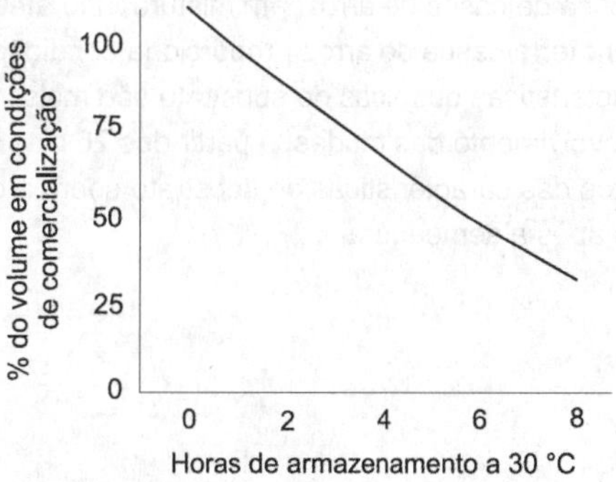

Efeito da demora do resfriamento no volume de uma hortaliça em condições de comercialização

6. (EXAME 2004)

O volume de comercialização da hortaliça

(A) não foi influenciado pelo tempo de armazenamento.

(B) aumentou com o tempo de armazenamento.

(C) aumentou quando a hortaliça foi mantida a 30 °C por 8 horas.

(D) foi sempre máximo, independente da temperatura.

(E) foi reduzido em 50% após 6 horas de manutenção da hortaliça a 30 °C.

7. (EXAME 2004)

Considerando-se a relação entre taxa respiratória e volume de comercialização da hortaliça, pode-se afirmar que

(A) não é possível reduzir as perdas do produto.

(B) as perdas estão relacionadas à respiração, temperatura de armazenamento e ao tempo.

(C) a refrigeração aumenta a respiração do produto e o volume comercializado.

(D) o volume comercializado independe da temperatura de armazenamento.

(E) quanto antes a refrigeração for aplicada, menor o volume a ser comercializado.

8. (EXAME 2003)

Considerando a produção de mudas de hortaliças em bandejas de poliestireno (isopor), em que as sementes são distribuídas individualmente em células ou alvéolos, a escolha do substrato merece atenção especial. Como exemplo, a tabela abaixo contém dados obtidos num ensaio sobre produção de mudas de pimentão.

Tratamentos (tipos de substratos)	Germinação aos 21 dias (%)	Altura das mudas aos 26 dias (cm)	Altura das mudas aos 49 dias (cm)
1. Terra coberta com 1cm de casca de arroz	68	15,2	81,5
2. Mistura de terra e casca de arroz (proporção 1:1)	35	8,2	41,8
3. Mistura de vermiculita e casca de arroz (proporção 1:1)	32	0,2	63,9
4. Mistura de terra e vermiculita (proporção 1:1)	69	21,9	100,1
5. Mistura de terra e esterco (proporção 1:1)	58	17,1	133,1

O exame desses dados, com o objetivo de identificar vantagens e desvantagens de cada substrato, permite afirmar que

(A) a presença de casca de arroz, em mistura, não afeta a disponibilidade de água às sementes ou às mudas.
(B) a mistura terra/casca de arroz proporciona condições ótimas de ar e água para a germinação.
(C) as características químicas do substrato são mais importantes que as físicas para assegurar a germinação desejada.
(D) o desenvolvimento das mudas, a partir dos 26 dias, é beneficiado pela quantidade de nutrientes presentes no substrato.
(E) os efeitos das características do substrato sobre a germinação e desenvolvimento das mudas são detectados, com segurança, aos 26 dias após a semeadura.

1. (EXAME 2010)

A compactação do solo é um sério problema na atividade florestal, especialmente pelo tráfego intenso de máquinas durante a colheita florestal. Os resíduos vegetais, o acúmulo de matéria orgânica e o manejo do solo em povoamentos florestais afetam a suscetibilidade do solo à compactação. A figura abaixo mostra o resultado de um ensaio de compactação do solo, o qual permite estabelecer a relação entre a umidade e a densidade do solo, em um argissolo vermelho-amarelo arênico com dois diferentes teores de carbono orgânico (CO).

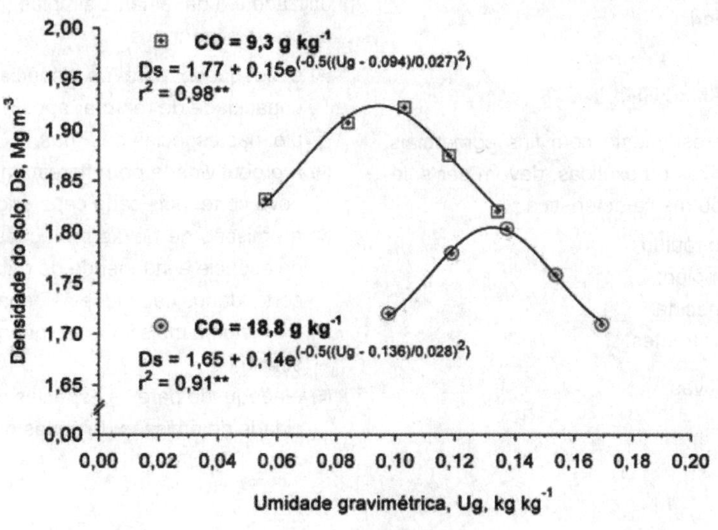

BRAIDA *et al*. Matéria orgânica e comportamento físico do solo. **Tópicos em Ciência do Solo**, SBCS: Viçosa, 2010.

Aplicando-se os dados acima à atividade florestal, conclui-se que, em solos florestais,

(A) a matéria orgânica aumenta a suscetibilidade à compactação do solo.

(B) existe uma umidade crítica na qual a compactação do solo é máxima.

(C) a matéria orgânica não influencia a compactação do solo quando a umidade dele é baixa.

(D) a matéria orgânica diminui a umidade para se atingir a maior compactação do solo.

(E) a queima dos resíduos florestais contribui para a redução da compactação do solo.

2. (EXAME 2010)

No Brasil, a área total de florestas plantadas, em 2006, totalizou 5,74 milhões de hectares, sendo 3,55 milhões de hectares com eucalipto, 1,82 milhão com pínus e 370,5 mil com outras espécies. Além das madeiras de fibra curta, que dominam a produção, o consumo e a exportação no Brasil, outras espécies têm-se destacado para cultivo nas condições edafoclimáticas que aqui se apresentam. Algumas características relacionadas a essas espécies estão listadas a seguir.

Espécie 1: Originária da Austrália, as principais plantações comerciais estão localizadas no Rio Grande do Sul. É uma espécie leguminosa que apresenta boa adaptação, mesmo em terras desgastadas, sendo muito utilizada para a recuperação dos solos e combate à erosão.

Espécie 2: Ocorre em toda a região amazônica, com maior frequência no sul do Pará. Sua madeira é pesada e de boa resistência ao ataque de cupins. É utilizada no mobiliário de luxo. A árvore, que atinge 25 m a 30 m de altura, com tronco de 50 cm a 80 cm de diâmetro, é também ornamental e pode ser empregada em paisagismo de parques e grandes jardins.

Espécie 3: É uma árvore de grande porte, de origem asiática, introduzida no estado do Mato Grosso, e hoje se espalha pela região amazônica, apresentando excelente desempenho. Do total de 3 milhões de hectares plantados no mundo, 94% estão em zonas tropicais da Ásia, principalmente na índia e na Indonésia.

As espécies 1, 2 e 3 correspondem, respectivamente, a

(A) paricá, álamo e mogno.
(B) jacarandá, paricá e álamo
(C) acácia negra, mogno e teca.
(D) álamo, teca e acácia negra.
(E) acácia negra, jacarandá e paricá.

3. (EXAME 2004)

Para implantação de um reflorestamento com fins comerciais, usando espécies florestais nativas ou exóticas, devem ser selecionadas espécies que, entre outras características,

I. apresentem um crescimento rápido;
II. possuam alta dispersão de pólen;
III. tenham sua silvicultura conhecida;
IV. apresentem sementes recalcitrantes.

São corretas apenas as afirmativas

(A) I e II.
(B) I e III.
(C) I e IV.
(D) II e III.
(E) III e IV.

4. (EXAME 2003)

No manejo de florestas de produção, o desbaste consiste na realização de cortes intermediários ao longo do ciclo da floresta, pelos quais se obtém produtos intermediários, mas concentrando o incremento de produção nas árvores remanescentes, que constituirão o corte final, de maior valor agregado. Com relação a essa técnica silvicultural, pode-se afirmar que

(A) o desbaste aumenta predominantemente o crescimento em altura, em detrimento do diâmetro, das árvores remanescentes.
(B) um dos resultados clássicos da realização de desbastes periódicos é o aumento do rendimento total da floresta, em detrimento do volume individual das árvores remanescentes.
(C) a base ecológica do desbaste é a competição, que em condições naturais também causa uma redução do número de indivíduos, favorecendo as árvores mais resistentes.
(D) como técnica silvicultural, o desbaste visa sempre a eliminação das árvores dominadas e mal formadas, com o objetivo de proporcionar maior desenvolvimento dos indivíduos dominantes.
(E) o regime ótimo de desbaste independe da espécie e da qualidade do sítio, podendo ser aplicado igualmente em qualquer situação.

5. (EXAME 2000)

No Brasil, no manejo de áreas de reflorestamento com espécies de rápido crescimento, como é o caso das espécies florestais dos gêneros *Eucalyptus* e *Pinus*, o sistema silvicultural normalmente utilizado é o da talhadia simples (corte raso). Sobre este sistema é correto afirmar que

(A) é adequado para as espécies cujas cepas apresentam a capacidade de rebrotar após o corte, como ocorre, por exemplo, nas espécies de *Pinus*.
(B) a produtividade do reflorestamento tende a aumentar a cada novo corte, pois cada cepa origina pelo menos dois brotos.
(C) a emissão de novas brotações após o corte é característica da espécie e independe de outros fatores, tais como altura de corte, danos causados às cepas, sombreamento etc.
(D) é o sistema mais indicado quando o objetivo de manejo é para serraria.
(E) é adequado para as espécies de eucalipto devido à sua capacidade de emissão de novas brotações.

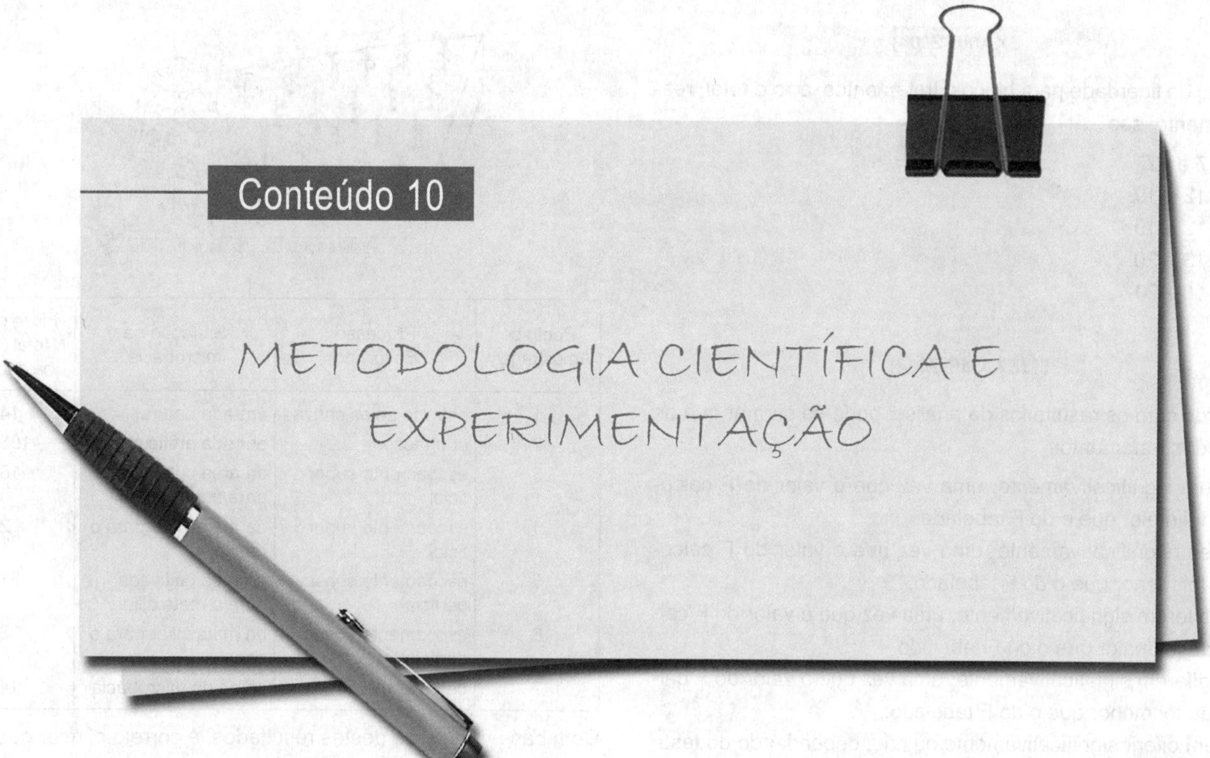

Conteúdo 10

METODOLOGIA CIENTÍFICA E EXPERIMENTAÇÃO

1. (EXAME 2010)

Plantas de cobertura de inverno e sua época de manejo afetam a infestação de plantas daninhas na cultura de milho quando semeado em sucessão. Um ensaio foi realizado para avaliar a produtividade de grãos de milho, em plantio direto, cultivado em competição com plantas daninhas, em culturas de coberturas (isoladas e consorciadas) do solo e em épocas de manejo antes da semeadura do milho. Os resultados são mostrados na tabela abaixo.

Cultura de cobertura do solo	Épocas de manejo antes da semeadura do milho		
	1 dia	10 dias	25 dias
	Produtividade do milho (kg/ha)		
Nabo forrageiro	3.215 a* A*	2.497 a A	1.246 c B
Aveia preta	4.234 a A	3.867 a A	1.876 bc B
Centeio	3.953 a A	3.497 a A	2.065 abc B
Azevém	3.583 a A	3.389 a A	3.691 ab A
Aveia preta e ervilhaca	3.920 a A	2.942 a A	1.585 c B
Nabo forrageiro, aveia preta, azevém, centeio e ervilhaca	1.137 a A	1.011 a A	3.967 a A
Média	3.890	3.368	2.405

* Médias seguidas da mesma letra, minúscula nas colunas e maiúsculas nas linhas, não diferem entre si pelo teste de Tukey a 5%. BALBINOT JR *et al.*, 2007 (com adaptações).

Considerando os dados e sua forma de apresentação, a análise estatística permite concluir que

(A) o teste estatístico usado é pouco rigoroso na separação de médias.

(B) o manejo intermediário (10 dias antes da semeadura) das plantas de cobertura apresentou a maior produtividade do milho.

(C) a interação entre os fatores avaliados (tipo de planta de cobertura e época de manejo das plantas de cobertura) não foi significativa.

(D) o manejo tardio (1 dia antes da semeadura) apresentou diferença estatística na produtividade de milho entre as plantas de cobertura.

(E) o manejo antecipado (25 dias antes da semeadura) proporcionou as menores produtividades de milho, em quatro dos seis tratamentos com plantas de cobertura.

As duas questões a seguir devem ser respondidas com base no enunciado e na tabela abaixo.

Com o objetivo de recomendar um cultivar de arroz para certa região, um engenheiro agrônomo realizou um experimento onde comparou quatro cultivares, usando o modelo blocos ao acaso, com 5 repetições, em que cada bloco tinha uma única parcela de cada cultivar. A tabela apresenta os resultados parciais da análise de variância deste experimento.

Fontes de Variação	Graus de Liberdade	Somas de Quadrados	Quadrados Médios	F	F Tabelado a 5%
Blocos		132	33		
Tratamentos		165	55	5,00	3,49
Erro		132	11		
Total					

2. (EXAME 2004)

Os graus de liberdade para blocos, tratamentos, erro e total, respectivamente, são

(A) 2, 3, 7 e 12.
(B) 3, 4, 12 e 19.
(C) 4, 3, 12 e 19.
(D) 4, 3, 13 e 20.
(E) 5, 4, 11 e 20.

3. (EXAME 2004)

De acordo com os resultados da análise, pode-se afirmar que as médias dos tratamentos

(A) diferem significativamente, uma vez que o valor do F calculado foi maior que o do F tabelado.
(B) diferem significativamente, uma vez que o valor do F calculado foi menor que o do F tabelado.
(C) não diferem significativamente, uma vez que o valor do F calculado foi maior que o do F tabelado.
(D) não diferem significativamente, uma vez que o valor do F calculado foi menor que o do F tabelado.
(E) podem diferir significativamente ou não, dependendo do teste de médias.

4. (EXAME 2000)

Em um trabalho de pesquisa, com o objetivo de estudar a influência do tratamento do material de propagação (bulbos) com ácido giberélico (GA3) sobre a produção de sementes, foram obtidos os seguintes resultados, em dois anos experimentais:

GA_3 (%) (ppm)	Taxa de Inflorescências Abortadas (Média, em %)	Produção de Sementes (g) 1997	1998	Germinação (%) 1997	1998
0	7,0 a	1 028 b	920 b	96 a	88 ab
50	4,0 b	1 390 a	1 330 a	97 a	96 a
100	5,0 ab	1 300 a	1 050 b	95 a	90 ab
150	6,0 a	1 320 a	1 100 b	95 a	85 b

Com base nos resultados apresentados, concluiu-se que

(A) a dose de 50 ppm de GA_3 foi a mais favorável à produção e qualidade das sementes.
(B) não houve variações significativas da germinação das sementes, nos dois anos experimentais.
(C) a quantidade de sementes produzidas foi diretamente proporcional à dosagem de GA_3 aplicada.
(D) a aplicação de GA3 não afetou a produção de sementes.
(E) a taxa de abortamento de inflorescências foi reduzida quando foram aplicadas 150 ppm de GA_3.

5. (EXAME 2000)

Para estudar os efeitos da manutenção da mata ciliar na proteção dos impactos ambientais de uma cultura de milho sobre a qualidade da água em uma microbacia, o experimento ilustrado na figura abaixo produziu os resultados resumidos na tabela, na qual a localização espacial dos pontos de amostragem na microbacia é indicada na figura.

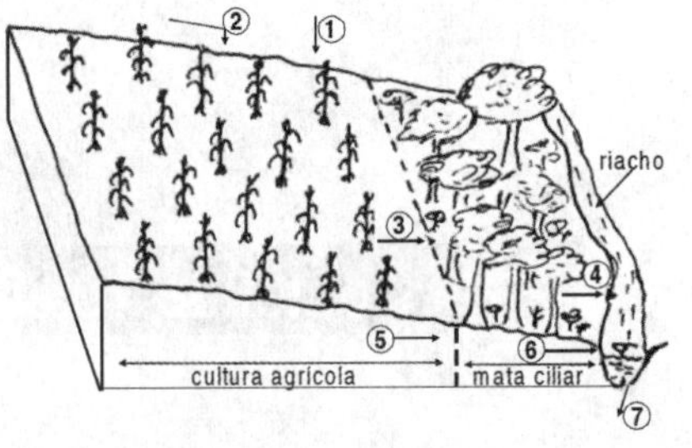

Ponto de Amostragem	Processo Envolvido	Situação na microbacia	Fluxo de N total (kg/ha.ano)
1	entrada pelas chuvas	entrada natural	14,0
2	adubação	entrada artificial	105,0
3	escoamento superficial	da área cultivada para a mata ciliar	18,0
4	escoamento superficial	da mata ciliar para o riacho	2,3
5	escoamento subsuperficial	da área cultivada para a mata ciliar	51,0
6	escoamento subsuperficial	da mata ciliar para o riacho	6,9
7	deflúvio	saída da microbacia	14,0

Com base na análise destes resultados, é correto afirmar que

(A) a mata ciliar é garantia de agricultura sustentável.
(B) o monitoramento da qualidade da água pode identificar indicadores adequados de manejo sustentável.
(C) as perdas de nitrogênio, causadas pela enxurrada, são maiores.
(D) o processo de "filtragem" de nitrogênio pela mata ciliar é mais efetivo no escoamento superficial do que no escoamento subsuperficial.
(E) com o plantio em nível, intercalado com faixas de retenção, não seria necessária a presença da mata ciliar para evitar as perdas de nitrogênio e a alteração da qualidade da água.

QUESTÃO DISCURSIVA

1. (EXAME 2003) DISCURSIVA

As plantas daninhas, embora frequentemente sejam chamadas de invasoras, na maioria das vezes já se encontram estabelecidas nas áreas de cultivo por ocasião da instalação das culturas. Apresentam alta capacidade reprodutiva e de dispersão de sementes, além de inegável capacidade de adaptação ao ambiente. Devido à agressividade dessas plantas, a cultura deve ocupar o espaço disponível e, com isso, reduzir a intensidade de prejuízos ocasionados por essa indesejável competição. A adoção de medidas eficazes para o controle de plantas daninhas somente é possível quando há informações consistentes sobre o período crítico de competição entre as plantas daninhas e a cultura. Diante do exposto é solicitada a apresentação de diretrizes básicas para a condução de um ensaio com o objetivo de determinar o período crítico de competição na cultura do milho, atendendo aos seguintes quesitos:

a) Como preparar a área experimental para assegurar a fidelidade das informações que pretende obter? Que delineamento experimental seria o mais indicado?
b) Que tratamentos utilizaria para obter a informação desejada (período crítico de competição com as plantas daninhas)?
c) Que parâmetros determinaria para avaliar o grau de competição?
d) Obtidos os resultados, de que maneira identificaria o período crítico de competição na cultura do milho?

Conteúdo 11

DEONTOLOGIA – ÉTICA E LEGISLAÇÃO PROFISSIONAL

1. (EXAME 2010)

O profissional formado em Agronomia tem competência técnica e legal para apresentar projetos de Construções Rurais. Nessa atividade, deve levar em conta que as edificações destinadas a animais precisam oferecer o melhor conforto térmico e facilitar o manejo. Nesse sentido, avalie as seguintes afirmativas.

I. A localização da edificação deve ser tal que a face de maior abertura esteja voltada para leste, porque as chuvas são mais fortes quando vêm do lado oeste.

II. Árvores devem ser plantadas no entorno da área construída, porque proporcionam um microclima agradável e de temperatura amena, favorável ao desenvolvimento dos animais.

III. A cobertura deve ser em material de cores escuras, porque refletem mais calor.

IV. As aberturas laterais devem permitir uma boa ventilação, o que facilita a retirada de gases e melhora os índices de conforto térmico.

É correto apenas o que se afirma em

(A) I e II.
(B) I e IV.
(C) II e III.
(D) II e IV.
(E) III e IV.

2. (EXAME 2010)

O engenheiro agrônomo, no âmbito das competências que lhe são atribuídas pelo Sistema CONFEA-CREAs, conforme Resolução nº 1010/2005, deve ter domínio da legislação profissional e ambiental pertinente ao exercício de atividades no campo da Agronomia. Nessa perspectiva, julgue as afirmativas que se seguem.

I. De acordo com o Código Florestal Brasileiro, entende-se por Área de Preservação Permanente aquela protegida, coberta ou não por vegetação nativa, com a função ambiental de preservar os recursos hídricos, a paisagem, a estabilidade geológica, a biodiversidade, o fluxo gênico da fauna e da flora, de proteger o solo e de assegurar o bem-estar das populações humanas.

II. Na Resolução CONAMA nº 001/86, impacto ambiental é definido como qualquer alteração das propriedades físicas, químicas e biológicas do meio ambiente, causada por qualquer forma de matéria ou energia, resultante das atividades humanas, que, direta ou indiretamente, afetam a saúde, a segurança e o bem-estar da população, as condições estéticas e sanitárias do meio ambiente, a biota, as atividades sociais e econômicas e a qualidade dos recursos ambientais.

III. A Lei de Crimes Ambientais dispõe sobre as sanções penais e administrativas, derivadas de condutas e atividades lesivas ao meio ambiente, e dá outras providências.

IV. A Lei Federal nº 9433/1997 lista os instrumentos da política nacional de recursos hídricos: os planos de recursos hídricos; o enquadramento dos corpos de água em classes, segundo os usos preponderantes da água; a outorga dos direitos de uso de recursos hídricos; a cobrança pelo uso de recursos hídricos; a compensação a municípios e o Sistema de Informações sobre Recursos Hídricos.

É correto o que se afirma em

(A) I, apenas.
(B) I e II, apenas.
(C) III e IV, apenas.
(D) II, III e IV, apenas.
(E) I, II, III e IV.

Conteúdo 12

TEMAS COMBINADOS E OUTROS TEMAS

1. (EXAME 2010)

O melhoramento de uma espécie autágama por meio do retrocruzamento é conhecido como um método corretivo, no qual se corrige o defeito de um cultivar já melhorado, como, por exemplo, a incorporação de resistência a doenças. Nesse método, tem-se um cultivar doador de resistência e um cultivar suscetível a ser melhorado, que são utilizados em um esquema de cruzamentos entre si. Considerando as características desse método, avalie as afirmativas a seguir.

I. O retrocruzamento é usado principalmente para transferir aos cultivares suscetíveis características controladas por poucos genes.

II. O cultivar doador é utilizado várias vezes nos cruzamentos de incorporação da resistência.

III. O retrocruzamento é efetivo para a incorporação de genes dominantes e recessivos.

IV. A incorporação de resistência a doenças diminui o custo de produção da cultura, além de diminuir o uso de defensivos agrícolas.

É correto apenas o que se afirma em

(A) I e IV.
(B) II e III.
(C) II e IV.
(D) I, II e III.
(E) I, III e IV.

2. (EXAME 2010)

A bacia hidrográfica se revela como uma unidade adequada ao entendimento da ação dos processos hidrológicos e geomorfológicos e das ligações espaciais entre áreas diferentes. A figura mostra uma bacia hidrográfica desprovida de áreas florestadas e de vegetação ripária e sem práticas mecânicas de conservação do solo e da água.

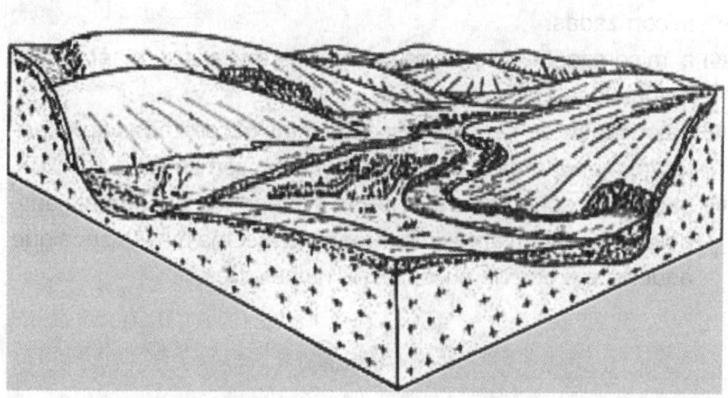

RESENDE, M. & REZENDE, S.B. Levantamento de solos: uma estratificação de ambientes. **Informe Agropecuário**, vol. 9, p.3-25,1983.

Com base no exposto e na condição da bacia hidrográfica, qual é a melhor estratégia para implantar o manejo integrado da bacia hidrográfica?

(A) Adotar medidas de manejo e conservação do solo e da água tanto nas áreas agrícolas quanto nas não agrícolas.

(B) Implantar práticas conservacionistas no contexto das propriedades isoladas, pois o agricultor é quem sofre os impactos da degradação do solo e da água.

(C) Priorizar medidas de manejo integrado de bacia hidrográfica que tenham enfoque puramente agrícola, o que garante produtividade e qualidade ambiental.

(D) Iniciar as alterações no uso e manejo da bacia hidrográfica, prioritariamente nas sub bacias a jusante, para depois realizar as ações nas sub-bacias a montante.

(E) Adotar o planejamento em nível de propriedade rural, usando a experiência acumulada pelo agricultor no uso e manejo de solos, sem considerar as condições da bacia hidrográfica.

3. (EXAME 2007)

Sabendo-se que a produtividade do tomateiro pode ser reduzida por patógenos e que pode haver interação entre fungos micorrízicos arbusculares (p.ex. *Glomus etunicatum* e *Gigaspora margarita*) e o nematoide das galhas (*Meloidogyne javanica*), analise a figura a seguir.

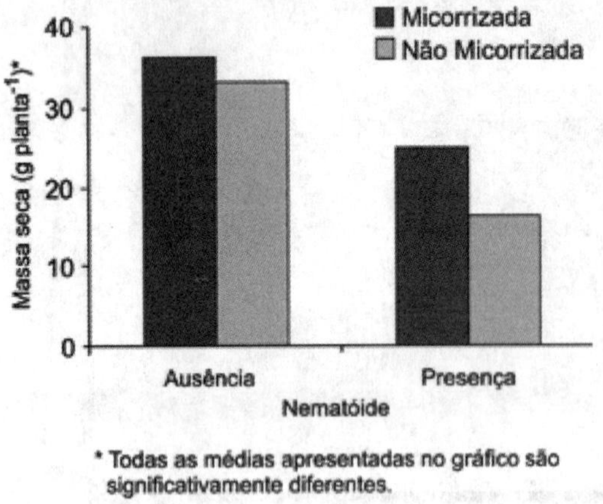

COFCEWICZ, E.T. *et al. In* **Tomateiro. Fitopatologia Brasileira**, 2001. (adaptado)

A análise da figura permite concluir que

(A) a presença de nematoides reduziu a massa seca da parte aérea das plantas independente da micorrização.

(B) a presença de nematoides reduziu a massa seca das plantas micorrizadas de forma mais intensa do que das plantas não micorrizadas.

(C) a micorrização não interfere na tolerância das plantas aos nematoides.

(D) na ausência de nematoides, as plantas micorrizadas apresentaram menor massa seca que as não micorrizadas.

(E) plantas micorrizadas toleraram a presença de nematoides, pois apresentam aproximadamente a mesma massa seca que aquelas em que há ausência de nematoides.

4. (EXAME 2007)

Para o cultivo de mamona em uma determinada região foi recomendada uma adubação de cobertura de 45 kg • ha^{-1} de N. Os fertilizantes disponíveis na região são apresentados na tabela abaixo.

Fertilizante	% de N	R$ / tonelada
Sulfato de amônio	20	500,00
Ureia	45	900,00
Nitrato de Amônio	33	900,00

Disponível em http://www.fnp.com.br (Adaptado)

Considerando a máxima economicidade no uso dos nutrientes (menor preço por kg de N) e sabendo que não há impedimento técnico para uso dos produtos relacionados, qual a quantidade e que tipo de fertilizante deve ser aplicado por hectare?

(A) 45 kg de ureia.

(B) 100 kg de ureia.

(C) 130 kg de sulfato de amônio.

(D) 136 kg de nitrato de amônio.

(E) 225 kg de sulfato de amônio.

5. (EXAME 2007)

Em lavouras cultivadas extensivamente como soja, milho, cana-de-açúcar e algodão, uma emergente tecnologia de manejo que pode auxiliar na implantação das culturas é a denominada Agricultura de Precisão. Esta tecnologia diz respeito ao gerenciamento localizado da cultura, utilizando técnicas de informação para a coleta de dados e sua análise. A respeito deste assunto, são apresentadas as seguintes afirmativas:

I. uma desvantagem do processo é o impacto ambiental resultante da maior seleção de plantas daninhas resistentes;

II. os modelos para a simulação de cenários agrícolas tornam-se tão mais precisos quanto maiores forem a quantidade e a qualidade das informações a serem introduzidas nos sistemas;

III. as técnicas de modelagem tornam-se cada vez mais dependentes do uso da alta tecnologia tanto no campo como na interpretação dos resultados;

IV. a adoção desta técnica eleva o custo de manutenção de máquinas em função do seu uso mais intensivo.

Estão corretas, apenas, as afirmativas

(A) I e II.

(B) I e III.

(C) I e IV.

(D) II e III.

(E) III e IV.

6. (EXAME 2007)

Existem vários processos que podem ser utilizados para a melhoria da qualidade do meio ambiente e para a recuperação de áreas degradadas. Relacione os processos apresentados na coluna da esquerda com a respectiva melhoria que proporcionam, entre as indicadas na coluna da direita.

Processo	Melhoria
I – Recuperação de cursos d'água e vales II – Contenção de encostas e de erosão laminar III – Regeneração natural ou induzida da vegetação IV – Barreiras vegetais e tratamento paisagístico	P – Aumento da biodiversidade Q – Regularização hídrica R – Estabilização do solo

Qual a associação correta?

(A) I – Q, II – R, III – P

(B) I – Q, II – P, III – R

(C) I – P, III – Q, IV – R

(D) II – P, III – R, IV – Q

(E) II – R, III – P, IV – Q

7. (EXAME 2007)

Dentro dos padrões de sanidade de sementes de feijão para sementes básicas certificadas de primeira e segunda gerações, os índices de tolerância para *Sclerotinia sclerotium* e *Fusarium oxysporum f. sp. phaseoli* devem ser iguais a zero

PORQUE

Estes são patógenos de solo e, uma vez introduzidos e estabelecidos numa área, têm a sua erradicação impossibilitada a curto prazo.

A esse respeito pode-se concluir que

(A) as duas afirmativas são verdadeiras, e a segunda justifica a primeira.

(B) as duas afirmativas são verdadeiras, e a segunda não justifica a primeira.
(C) a primeira afirmativa é verdadeira, e a segunda é falsa.
(D) a primeira afirmativa é falsa, e a segunda é verdadeira.
(E) as duas afirmativas são falsas.

8. (EXAME 2007)

Alguns princípios ativos de herbicidas interferem diretamente na fotossíntese. A tecnologia de aplicação desses herbicidas deve considerar alguns fatores de ambiente para maximizar a ação na planta. Entre os apresentados abaixo, qual princípio ativo interfere diretamente na fotossíntese, qual o seu local de absorção pelas plantas e o fator ambiental prioritário para maximizar sua eficiência de ação?

(A) Nicosulfuron; raiz e temperatura.
(B) Nicosulfuron; folha e radiação solar.
(C) Paraquat; raiz e radiação solar.
(D) Paraquat; raiz e temperatura.
(E) Paraquat; folha e radiação solar.

9. (EXAME 2007)

Após um cruzamento entre duas linhagens endogâmicas de arroz, um melhorista obteve uma população aplicando, por várias gerações, o Método de *Bulk*. Dessa população foram tomadas 100 linhagens, as quais foram avaliadas para produção de grãos em dois experimentos, em dois locais diferentes. O resultado da análise da variância conjunta dos dois experimentos mostrou significância para "locais" e para "genótipos", mas a interação "genótipos x locais" não foi significativa.

Com base nesses resultados, pode-se afirmar que

(A) não é viável fazer seleção entre as linhagens, uma vez que houve diferenças significativas entre os genótipos.
(B) a seleção deve ser feita levando em conta as médias gerais dos genótipos nos dois locais, já que a interação "genótipo x locais" não foi significativa.
(C) a herdabilidade deve ser nula, já que a interação "genótipo x ambiente" não foi significativa.
(D) as linhagens selecionadas devem ser diferentes nos dois locais, já que houve significância para "genótipo".
(E) o resultado é inesperado, pois aplicando o Método de *Bulk* não seria possível obter as linhagens com genótipos diferentes.

10. (EXAME 2007)

Os aspectos fitossanitários da Agricultura Brasileira foram e são estudados com base nas inter-relações dos organismos que existem nos ecossistemas. O conhecimento dessas inter-relações é importante para o Agrônomo, que pode utilizá-las em seu trabalho. Assim, por exemplo, a erradicação, a diminuição e o controle de uma população de pragas podem ser feitos por outros organismos biológicos. Nesse sentido, qual das afirmações a seguir está correta?

(A) O *Trissolcus basalis* é um coleóptero que parasita ovos de insetos, podendo ser usado para o controle de pragas.
(B) O *Trissolcus basalis* somente pode parasitar a *Pseudoplusia includens*, não sendo útil, portanto, para o extermínio das lagartas que atacam as culturas de soja.
(C) O *Trissolcus basalis* pode parasitar a lagarta do cartucho do milho e a lagarta verde da soja, sendo útil para controlar essas pragas.
(D) Os percevejos *Nezara viridula* e *Piezodorus guildinii* são importantes pragas do arroz e podem ser controlados pelo uso de *Nomuraea rileyi*.
(E) Os percevejos *Nezara viridula* e *Piezodorus guildinii* são importantes pragas da soja e podem ser controlados pelo *Trissolcus basalis*.

11. (EXAME 2007)

Na agricultura familiar a agregação de valores aos produtos pode contribuir para a sustentabilidade do sistema. A produção de frutas desidratadas é uma opção para aumentar o rendimento, sendo viável a sua produção em pequenas propriedades. A tabela abaixo apresenta as estimativas de custos de produção e desempenho econômico para um hectare de uma fruteira com frutos comercializados na forma *in natura* e desidratada.

Item	*in natura* R$	desidratada R$
Mão-de-obra	1.000,00	2.200,00
Insumos	2.000,00	2.000,00
Operação	500,00	1.000,00
Depreciação de máquinas	2.000,00	3.000,00
Outros encargos	500,00	800,00
Custo operacional total		
Produção estimada, em kg	40.000,00	10.000,00
Preço estimado, por kg, em reais	0,30	3,00

Analisando a tabela, é possível afirmar, com base nos resultados, que

(A) a receita líquida (R$/ha) obtida com a produção da fruta desidratada é inferior à da fruta *in natura*.
(B) o ponto de nivelamento para a fruta *in natura* é 10.000 kg.
(C) o ponto de nivelamento para a fruta desidratada é 30.000 kg.
(D) o custo de depreciação de máquinas inviabiliza a produção de frutas desidratadas.
(E) os pontos de nivelamento indicam que a atividade é mais lucrativa se a produção for comercializada como fruta desidratada.

12. (EXAME 2007)

A avicultura de corte assegura ao Brasil uma posição de destaque no cenário mundial. A partir de 2004, o país passou a ser o maior exportador e o terceiro maior produtor do mundo nesse setor.

A esse respeito, analise as afirmativas abaixo.

I. A cadeia produtiva deste produto modernizou-se devido à necessidade de redução de custos e ao aumento de produtividade.
II. O consumo interno caiu devido à necessidade de atender ao mercado externo.
III. Fatores ocasionais e não controláveis como a crise da vaca louca e outras enfermidades animais em diversas regiões do mundo favoreceram a exportação pelo Brasil.
IV. A cadeia de produção avícola nacional constitui um setor pecuário com baixo índice de industrialização.

São corretas, apenas, as afirmativas

(A) I e II.
(B) I e III.
(C) II e III.
(D) II e IV.
(E) III e IV.

13. (EXAME 2007)

Na produção de suínos, o tipo ideal de edificação deve ser definido fazendo-se um estudo detalhado do clima da região e do local onde será implantada a exploração. Assim, o que deve ser considerado para projetar instalações com características construtivas capazes de minimizar os efeitos adversos do clima sobre os suínos?

(A) A elevação do pé direito da instalação é elemento importante para favorecer a ventilação e aumentar a quantidade de energia radiante vinda da cobertura sobre os animais.

(B) A insolação direta é imprescindível à suinocultura, devendo atingir as partes internas das instalações, as quais devem ser construídas com o seu eixo longitudinal orientado no sentido norte-sul.

(C) O sombreamento causado por árvores altas deve ser evitado por favorecer a formação de microclima propício à ocorrência de doenças no interior das instalações.

(D) Os animais, nas diferentes fases da criação de suínos (pré-cobrição e gestação, maternidade, creche, crescimento e terminação) devem estar instalados, em sequência, dentro de um único galpão visando ao melhor controle da produção.

(E) Os animais homeotérmicos, como os suínos, são capazes de regular a temperatura corporal, no entanto, a homeostase é eficiente quando as instalações proporcionam temperaturas ambientais próximas às das condições de conforto dos suínos.

14. (EXAME 2007)

Com a utilização de imagens de satélite é possível realizar o imageamento sinótico e periódico da superfície terrestre e, consequentemente, o levantamento e monitoramento de recursos naturais, inclusive dos solos, aliando rapidez e precisão a um custo relativamente baixo. Vários pesquisadores já demonstraram ser possível o estudo do uso da terra, cobertura vegetal e classificação de solo, com respectiva área de mapeamento, em diferentes locais do país.

O uso destas técnicas é possível porque

(A) cada forma de relevo apresenta um esboço geomorfológico elaborado porém não diferenciável.

(B) os teores de matéria orgânica dos solos causam um aumento expressivo na sua capacidade de refletir.

(C) nos solos, a textura e a quantidade de partículas diferentes têm influência na resposta espectral.

(D) tais técnicas fornecem informações acerca da espessura dos horizontes diagnósticos.

(E) permitem realizar a classificação dos solos sem a necessidade de descrição do perfil no local.

15. (EXAME 2007)

A disponibilidade total de água de um solo (DTA), em mm/cm de solo, é dada pela expressão: DTA = Da (Cc – Pm)/10, em que Cc é a capacidade de campo, Pm é o ponto de murchamento, ambos em % do peso do solo, e Da é a densidade aparente do solo, em g/cm^3. A DTA geralmente aumenta à medida que a textura do solo diminui, conforme pode ser visto no quadro a seguir.

Textura	DTA em mm/cm de solo
Arenosa	0,4 a 0,8
Média	0,8 a 1,6
Argilosa	1,2 a 2,4

Para se chegar ao valor da irrigação total necessária (ITN), o valor da DTA deve ser multiplicado pela profundidade do sistema radicular, em cm (Z), e por um fator de disponibilidade (f), e dividido pela “eficiência de aplicação da irrigação” (Ea). O fator de disponibilidade varia conforme a sensibilidade de cada cultura e a demanda evapotranspirométrica, sendo, em geral, baixo para olerícolas (0,2 a 0,6), médio para fruteiras e forrageiras (0,3 a 0,7), e alto para grãos (0,4 a 0,8). Sendo assim, afirma-se que

(A) em solos arenosos e com cultivos de olerícolas, a irrigação total necessária será maior.

(B) em um solo onde Cc = 25%, Pm = 15%, Da = 1,2, com uma cultura com profundidade de raízes Z= 50 cm e fator f = 0,6, e considerando um equipamento com uma eficiência de 60% (0,6), a irrigação total necessária será 70 mm.

(C) solos argilosos e culturas com maiores profundidades de raízes exigirão maiores ITN.

(D) quanto maior a eficiência de aplicação de irrigação, menor deverá ser a profundidade média das raízes.

(E) quanto maior a eficiência de aplicação de irrigação maior deverá ser a profundidade média das raízes.

16. (EXAME 2007)

De acordo com a Instrução Normativa Nº 007/99 do MAPA, na produção orgânica de espécies olerícolas, que produtos são passíveis de uso como fertilizantes orgânicos, sem necessitar de autorização da certificadora?

(A) Vermicomposto, biofertilizante, FTE-BR12.

(B) Vermicomposto, biofertilizante, adubação verde.

(C) Adubação verde, pó de osso, FTE-BR12.

(D) Biofertilizante, resíduos industriais, pó de osso.

(E) Biofertilizante, adubação verde, resíduos industriais.

17. (EXAME 2007)

Para a produção comercial de hortênsias utilizou-se a multiplicação de estacas de diferentes posições no ramo, com o uso de diferentes substratos, obtendo-se diferentes porcentagens de enraizamento, como apresentado na tabela a seguir.

Estacas		Substratos	
Apical	77,08 a*	Vermiculita	40,41 c*
Mediana	83,33 a	Terra	83,75 b
Basal	89,58 a	Areia	95,83 a
CV	9,96%	CV	10,96%

* Médias seguidas de mesma letra, nas colunas, não diferem entre si pelo Teste de Scott Knott a 5% de probabilidade.

Obs.: Interação não significativa

LUZ *et al. In* **Ciência agrotécnica**, 2007.(Adaptado)

Considerando os dados acima, assinale a afirmativa correta.

(A) Estacas das partes mediana e apical da planta diferiram estatisticamente entre si quanto ao enraizamento porque as primeiras apresentam maior facilidade de absorção de umidade.

(B) Estacas da parte basal da planta obtiveram enraizamento estatisticamente superior em relação às demais, sendo este o tipo de estaca mais indicado pela sua facilidade de absorção de umidade.

(C) O enraizamento foi influenciado pela posição da estaca nos ramos em associação com o tipo de substrato.

(D) A areia foi o substrato que proporcionou maior porcentagem de enraizamento das estacas em relação aos demais, sendo um material vantajoso pela boa drenagem e aeração das raízes.

(E) A terra foi inferior à vermiculita com relação à porcentagem de enraizamento das estacas, em virtude de proporcionar menor drenagem e aeração de raízes.

18. (EXAME 2007)

Nos últimos anos vem ocorrendo no Brasil um aumento no uso de plantas medicinais pela indústria farmacêutica. No entanto, essas indústrias, salvo algumas exceções, importam suas matérias-primas. Embora haja demanda e potencialidade de atendimento através da agricultura familiar, os agricultores não estão preparados para o processamento e padronização dos produtos, para atenderem as exigências do mercado. A esse respeito, analise as afirmações a seguir. A organização e a utilização de ações coletivas, como associações e cooperativas de produtores, propiciam aumento da produtividade.

PORQUE

O compartilhamento de informações entre produtores possibilita um avanço na curva de aprendizagem desse sistema produtivo, aumentando a qualidade, a padronização e a eficiência da produção.

Com base na leitura acima conclui-se que

(A) as duas afirmações são verdadeiras, e a segunda justifica a primeira.

(B) as duas afirmações são verdadeiras, e a segunda não justifica a primeira.

(C) a primeira afirmação é verdadeira, e a segunda é falsa.

(D) a primeira afirmação é falsa, e a segunda é verdadeira.

(E) as duas afirmações são falsas.

19. (EXAME 2007)

No sistema de produção integrada, a presença de resíduos químicos em frutas pós-colheita deve ser minimizada, aumentando-se os prazos de segurança e diminuindo-se o uso de tratamentos químicos. Nesse caso, em relação à aplicação de fungicidas registrados, é correto afirmar que

I. é permitida a sua utilização em termonebulização na linha de classificação e embalagem;

II. é necessário ajustar a sua dosagem para evitar a resistência dos fungos;

III. é necessário obter um controle adequado dos fungos com nível mínimo de resíduo;

IV. é necessário utilizar o mesmo ingrediente ativo em pré e pós-colheita.

São corretas, somente, as afirmativas

(A) I e II.

(B) I e III.

(C) I e IV.

(D) II e III.

(E) III e IV.

20. (EXAME 2007)

Uma análise de solo realizada previamente com vistas à implantação de uma determinada cultura revelou uma soma de bases de 2 $cmol_c$ dm^{-3} e um valor T de 4 $cmol_c$ dm^{-3}.

A esse respeito, analise as afirmativas apresentadas a seguir.

I Dadas as condições químicas desse solo, pode-se implantar uma cultura sensível à acidez, sem efetuar calagem.

II Para elevar em 10% a saturação de bases será necessária a aplicação de 0,4 toneladas de calcário PRNT 100% por ha na camada de zero a 20 cm.

III A implantação da cultura em linha, sob sistema convencional, determina que a calagem seja feita localizadamente no sulco de plantio.

IV A elevação da saturação de bases para 80%, a partir do uso de calcário dolomítico, elevará significativamente os teores de Ca+Mg do Solo.

São corretas, apenas, as afirmativas

(A) I e II.

(B) I e III.

(C) I e IV.

(D) II e IV.

(E) III e IV.

21. (EXAME 2007)

Dentre as práticas de manejo, a adubação fosfatada contribui para aumentar as produções de massa seca das forrageiras, especialmente em presença de adubação nitrogenada.

O aumento da produção de massa seca de duas forrageiras, em resposta às adubações nitrogenada e fosfatada, é mostrado nas figuras abaixo.

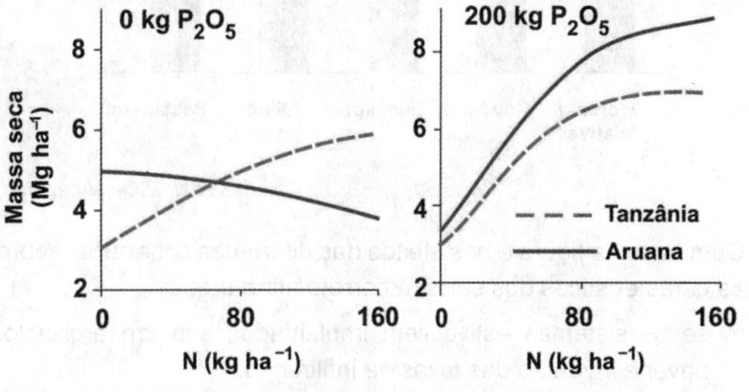

SCHUNKE, Roza Maria. 2001.

(A) não existem diferenças nas respostas das duas cultivares.

(B) a cultivar Aruana deve ser preferida quando não há possibilidade de aplicação de fósforo, independente da aplicação de N.

(C) a cultivar Aruana foi a mais produtiva em todos os níveis de N na presença de fósforo.

(D) a cultivar Aruana responde à adubação nitrogenada somente na ausência de adubação fosfatada.

(E) a cultivar Tanzânia não responde à adubação nitrogenada.

22. (EXAME 2007)

O Engenheiro Agrônomo é um profissional habilitado (CONFEA Nº 344/90) para recomendação do uso de agrotóxicos na produção vegetal. Para tanto, profissionais éticos fazem essas recomendações através de receituário agronômico. Com relação ao assunto, analise as afirmativas a seguir. A responsabilidade penal pela prescrição de uso de agrotóxicos e afins em desacordo com as recomendações técnicas recairá sobre o Engenheiro Agrônomo e o usuário.

PORQUE

Dentro de sua área de atuação, compete ao Engenheiro Agrônomo assumir a responsabilidade técnica pela pesquisa e experimentação com agrotóxicos. A esse respeito pode-se concluir que

(A) as duas afirmativas são verdadeiras, e a segunda justifica a primeira.

(B) as duas afirmativas são verdadeiras, e a segunda não justifica a primeira.

(C) a primeira afirmativa é verdadeira, e a segunda é falsa.

(D) a primeira afirmativa é falsa, e a segunda é verdadeira.

(E) as duas afirmativas são falsas.

23. (EXAME 2007)

A figura abaixo mostra a variabilidade dos valores de infiltração inicial de água no solo e da umidade volumétrica em um latossolo vermelho-amarelo submetido a diferentes sistemas de uso.

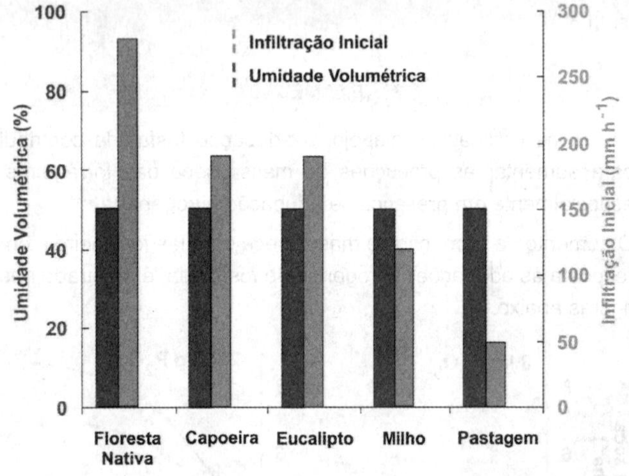

Souza *et al*, 2004. (Adaptado)

Com base na figura e nos efeitos das diferentes coberturas sobre as características dos solos, é correto afirmar que

(A) se os sistemas estivessem implantados sob um argissolo, haveria inversão das taxas de infiltração.

(B) a floresta nativa induz maior teor de água no solo em comparação aos demais sistemas por reduzir perdas por evaporação.

(C) o sistema de pastagem induz a formação de solos sujeitos a encharcamento por menor infiltração de água.

(D) o cultivo do milho favoreceu o desenvolvimento de macro e microporos na camada superficial do solo, em comparação com os demais sistemas.

(E) os cultivos de milho e de pastagem apresentaram menor infiltração de água, pela maior alteração das propriedades físicas do solo.

24. (EXAME 2003)

Todo agricultor com o mínimo senso de observação tem um conhecimento intuitivo de que as terras de sua propriedade têm uma variabilidade espacial em relação à necessidade de nutrientes, ocorrência de plantas invasoras, de insetos e de doenças, grau de umidade e compactação do solo, capacidade de infiltração de água etc. Essas características originaram a evolução de conceitos sobre sistemas de produção agrícola, culminando com o desenvolvimento de um conjunto de técnicas que permitem o gerenciamento localizado de culturas, conhecido por agricultura

(A) espacial.

(B) ecológica.

(C) globalizada.

(D) de precisão.

(E) localizada.

QUESTÕES DISCURSIVAS

1. (EXAME 2010) DISCURSIVA

O avanço da fronteira agrícola, a uniformização dos plantios e a instabilidade das condições climáticas durante a estação de cultivo das culturas têm determinado uma maior atenção quanto às pragas, em especial durante as fases iniciais do desenvolvimento, devido ao comprometimento do estande da lavoura por meio do maior número de falhas e plantas dominadas, que podem, futuramente, reduzir a produtividade. Proteger a lavoura nos estádios iniciais de desenvolvimento é a melhor estratégia, pois as pragas são, por vezes, de difícil visualização, e as plantas, muito vulneráveis. Assim, quando identificado o problema, geralmente os danos podem ser irreversíveis, dependendo da plasticidade fenotípica. A manutenção do número adequado de plantas por área, diminuindo as falhas e permitindo a uniformidade das plantas, constitui-se como garantia de produtividade, embora não se deva descuidar do monitoramento constante da lavoura e, caso necessário, utilizar métodos auxiliares para o controle de pragas.

Considerando que o texto acima tem caráter unicamente motivador, redija um texto dissertativo de, no máximo, 15 linhas, acerca do seguinte tema:

Biotecnologias de controle das pragas agrícolas.

Aborde, em seu texto, os seguintes aspectos:

a) pressão de seleção e resistência a insetos; **(valor: 3,0 pontos)**

b) cultivares resistentes a insetos; **(valor: 3,0 pontos)**

c) segurança biológica na utilização de produtos biotecnológicos. **(valor: 4,0 pontos)**

2. (EXAME 2010) DISCURSIVA

A Agência Nacional de Vigilância Sanitária (Anvisa) divulgou um relatório que aponta alta presença de agrotóxico nos alimentos consumidos pelos brasileiros. Foram encontradas irregularidades em 29% das 3 103 amostras dos 20 alimentos coletadas pela Anvisa. Frutas, verduras, legumes e grãos apresentaram resíduos de agrotóxicos acima do permitido e ingredientes ativos não autorizados. Entre os alimentos com maiores taxas de amostras insatisfatórias, estão o pimentão com 80%, a uva com 56,4%, o pepino com 54,8%, e o morango, que teve 50,8%. A cultura que apresentou melhor resultado foi a da batata, com irregularidades em apenas 1,2% das amostras analisadas. Os dados divulgados fazem parte do Programa de Análise de Resíduos de Agrotóxicos em Alimentos (PARA). O programa monitorou 20 culturas dos 26 estados do Brasil, no último ano. Das amostras coletadas em 2009, 26,9% foram rastreadas até o produtor ou associação de produtores, 5,2% até o embalador e 64,9% até o distribuidor. Somente 3% das amostras não tiveram qualquer rastreabilidade.

Últimas Notícias, 23/06/2010. Disponível em: <http://www.ultimasnoticias.inf.br/ index.php?pg=8&id_busca=10327>. Acesso em: 23 out. 2010 (adaptado).

As informações apresentadas no texto são preocupantes e têm conduzido a um aumento crescente do interesse pela agricultura orgânica por parte dos produtores rurais, comerciantes e consumidores. Considerando essas informações, redija um texto dissertativo que contemple os seguintes aspectos:

a) explanação sobre rastreabilidade de frutas; (valor: 5,0 pontos)

b) explicação de dois princípios agroecológicos. (valor: 5,0 pontos)

3. (EXAME 2007) DISCURSIVA

Na cultura do milho, a presença de grãos ardidos, causada por fungos que contaminam a espiga, é um problema que tem sua origem na fase de pré-colheita. O ganho de peso de frangos e suínos é reduzido drasticamente pela presença de micotoxinas na ração. A contaminação das espigas por fungos é facilitada pelo ataque das lagartas da espiga (*Heliothis zea*) e do cartucho (*Spodoptera frugiperda*), as quais causam danos mecânicos nas espigas de milho, o que permite a entrada de água e a colonização pelos fungos produtores de micotoxinas. Apresente duas opções de manejo da cultura do milho que possibilitem a redução de grãos ardidos na colheita, justificando suas escolhas.

4. (EXAME 2007) DISCURSIVA

"O Controle Integrado de Doenças é um dos processos mais importantes para reduzir a quantidade de agrotóxico que é utilizada durante o ciclo de uma cultura."

Com base na afirmativa acima, indique

a) quais informações são necessárias para aplicação do Controle Integrado de uma determinada doença; **(valor: 4,0 pontos)**

b) quais são as vantagens para o produtor, para o consumidor e para o meio ambiente, da aplicação dessa prática. **(valor: 6,0 pontos)**

5. (EXAME 2007) DISCURSIVA

Plantio direto é um sistema diferenciado de manejo que visa a diminuir o impacto da agricultura e das máquinas agrícolas sobre o solo. Enumere as principais operações utilizadas para o preparo convencional do solo que são suprimidas com o uso continuado do plantio direto, e dois benefícios que esta supressão traz ao sistema.

Operações (valor: 5,0 pontos)

Benefícios (valor: 5,0 pontos)

6. (EXAME 2004) DISCURSIVA

Esta figura representa o ciclo simplificado do nitrogênio em um sistema agrícola.

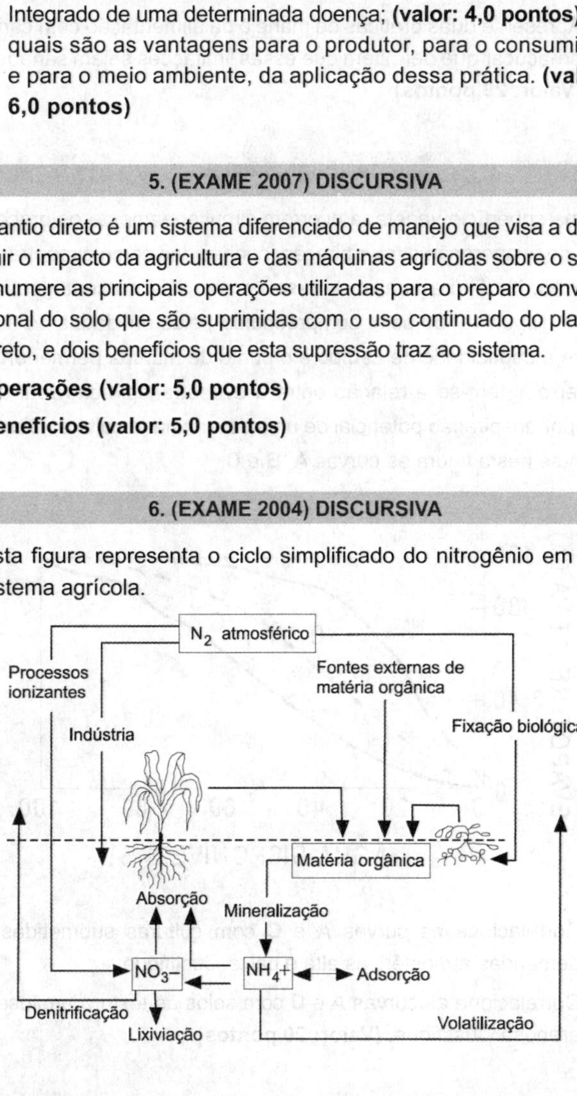

Com base na figura, responda às perguntas abaixo.

a) Quais os processos de perdas de nitrogênio do sistema? **(valor: 3,0 pontos)**

b) Caso não se admita o uso de insumos, resíduos ou fertilizantes industrializados, indique duas alternativas para o fornecimento de nitrogênio. **(valor: 3,0 pontos)**

c) Considere que foi feita uma aplicação de 10 ton $há^{-1}$ de resíduos orgânicos, provindos de fontes externas, com uma relação C/N=13 Há imobilização de N no sistema? Por quê?

7. (EXAME 2004) DISCURSIVA

O sistema de produção de mudas de olerícolas em bandejas e em outros tipos de recipientes é uma etapa particular do processo produtivo, sendo determinante na velocidade de desenvolvimento da muda e no sucesso do estabelecimento desta no campo. Nesta fase, o substrato (material sólido, natural ou sintético, mineral, orgânico ou residual) tem grande importância. Referenciando-se nesta afirmativa, responda às perguntas abaixo.

a) Considerando que existem no mercado diversos produtos recomendados para uso como substratos, explique uma característica econômica que deve ser levada em consideração no momento da escolha. **(valor: 3,0 pontos)**

b) Indique duas características básicas que um substrato deve ter para o bom desenvolvimento das mudas. **(valor: 3,0 pontos)**

c) Considerando uma propriedade com atividades agrícola e pecuária, proponha uma composição de substrato próprio para produção de mudas.

8. (EXAME 2004) DISCURSIVA

O Brasil é hoje o segundo maior produtor de soja (*Glycine max*) do mundo. Esta posição foi atingida graças a avanços tecnológicos que tornaram o custo de produção desta cultura, no Brasil, um dos menores dentre os países produtores.

a) Explique como o uso da inoculação com bactérias fixadoras de nitrogênio pode influir no custo de produção da cultura. **(valor: 3,0 pontos)**

b) A lagarta da soja (*Anticarsia gemmatales*) é uma das principais pragas dessa cultura e tem ocorrência mundial. Explique como deve ser realizado o seu controle de forma mais econômica. **(valor: 3,0 pontos)**

c) Apresente uma vantagem e uma desvantagem da adoção do sistema de plantio direto na cultura da soja. **(valor: 4,0 pontos)**

9. (EXAME 2004) DISCURSIVA

Os alimentos e outros produtos agrícolas provenientes de organismos que tenham sido modificados pelo uso de tecnologias recombinativas de DNA são parte crescente do agronegócio. Os riscos e a regulação apropriada dos produtos e alimentos de Organismos Geneticamente Modificados (transgênicos) são correntemente alvo de debates nacionais e internacionais.

a) Neste contexto, indique duas alegações (técnicas e/ou econômicas) que os proponentes dessa nova agricultura biotecnológica apresentam. **(valor: 3,0 pontos)**

b) Destaque dois argumentos levantados pelos ambientalistas em reação aos impactos dessa nova tecnologia. **(valor: 3,0 pontos)**

c) Avalie os impactos para o Brasil, como exportador do setor de *commodities*, usando como modelo a soja transgênica. **(valor: 4,0 pontos)**

10. (EXAME 2003) DISCURSIVA

A adubação geralmente é efetuada durante a implantação de uma cultura, em conjunto com a semeadura ou plantio. Uma das maneiras disponíveis para garantir a proporção adequada de nutrientes para suprir as necessidades nutricionais das plantas e facilitar a aplicação de fertilizantes é a utilização correta de fórmulas N-P-K. Os resultados de uma análise do solo destinado à implantação de uma cultura indicaram a necessidade da aplicação de 15 kg de N, 90 kg de P_2O_5 e 30 kg de K_2O por hectare. Com base no exposto,

a) Indicar **uma** fórmula representando a relação entre esses nutrientes, que permita atender à recomendação especificada acima, considerando que a proporção de nitrogênio na fórmula seja de 3% OU de 4%.

b) Indicar a quantidade da fórmula proposta que deverá ser aplicada por hectare.

c) Indicar as quantidades de sulfato de amônio (20% N), de superfosfato triplo (45% P_2O_5) e de cloreto de potássio (60% K_2O) componentes de 1 tonelada da fórmula que você indicou no item A desta questão.

d) Indicar a possibilidade de uso desses mesmos fertilizantes para a composição de 1 tonelada da fórmula 05-30-10, com justificativa.

11. (EXAME 2003) DISCURSIVA

Os países desenvolvidos procuram proteger seus agricultores e pecuaristas valendo-se de subsídios e barreiras tarifárias e não tarifárias (inclusive as sanitárias e técnicas), o que pode provocar efeitos deletérios para outros países em que o comércio exterior de produtos agropecuários é importante, como é o caso do Brasil. Pergunta-se:

a) de que forma o protecionismo dos países desenvolvidos tem afetado: (1º) o setor lácteo e (2º) o setor de carne bovina no Brasil?

b) que medidas o governo brasileiro poderia adotar para eliminar ou suavizar esses efeitos sobre: (1º) o setor lácteo e (2º) o setor de carne bovina? **(20 pontos)**

12. (EXAME 2003) DISCURSIVA

Um solo apresenta grau de umidade de 34% na capacidade de campo e de 19% no ponto de murcha permanente, com base em volume. A cultura implantada possui sistema radicular com profundidade efetiva de 0,30 m. Considerando que a cultura pode aproveitar 60% da capacidade de água disponível do solo antes que se configure um déficit hídrico e que a evapotranspiração da cultura é de 3,0 mm/dia, pergunta-se:

a) a disponibilidade total de água do solo, em milímetros de água por centímetro de profundidade do solo;

b) a lâmina útil de irrigação, em milímetros;

c) o turno de rega máximo, em dias;

d) o volume bruto de irrigação (m^3/ha) considerando-se uma eficiência de aplicação de água de 90%.

13. (EXAME 2001) DISCURSIVA

Em propriedades agrícolas que trabalham com produção animal a partir de pastagens, é comum a necessidade de utilização de alimentos volumosos suplementares em certas épocas do ano caracterizadas por um crescimento lento, ou até mesmo nulo, das pastagens. Várias são as alternativas existentes como as silagens de capim, de milho, de sorgo, fenos diversos, culturas forrageiras (girassol, milheto, aveia, azevém, centeio, triticale, palma forrageira etc.) e cana-de-açúcar. Dentre as alternativas citadas, a cana-de-açúcar tem recebido atenção bastante grande nos últimos anos, particularmente porque produz grande quantidade de forragem por unidade de área, apresenta custo relativamente baixo e não precisa ser conservada na forma de feno ou silagem. No entanto, existem alguns problemas associados com sua utilização como volumoso exclusivo para ruminantes, o que faz com que haja a necessidade de práticas de manejo para que sua utilização resulte no benefício esperado.

a) Apresente duas limitações da cana-de-açúcar como alimento volumoso exclusivo para ruminantes;

b) Apresente duas práticas de manejo da alimentação com cana-de-açúcar que permitem que essas limitações sejam sanadas. **(Valor: 20 pontos)**

14. (EXAME 2001)

Numa superfície vegetada ocorrem simultaneamente os processos de evaporação e transpiração, conhecidos como evapotranspiração. Na figura abaixo, tem-se no eixo X a porcentagem de água disponível do solo, compreendida pelas umidades do solo entre a capacidade de campo e o ponto de murcha permanente; no eixo Y tem-se a relação entre a evapotranspiração real e a evapotranspiração potencial de uma determinada cultura. Observam-se nesta figura as curvas **A**, **B** e **C**.

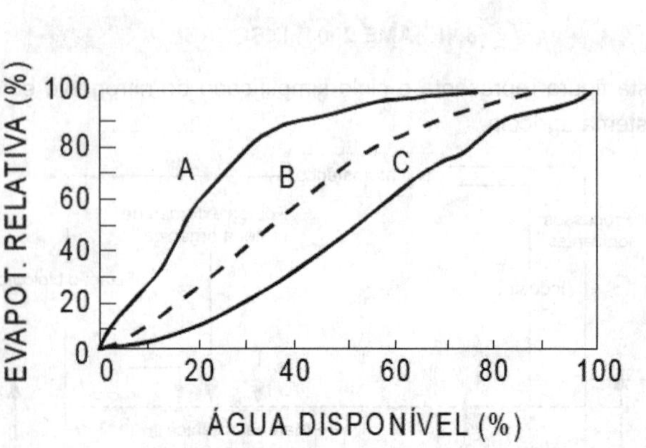

a) Correlacione as curvas **A** e **C** com culturas submetidas a demandas atmosféricas alta e baixa. Justifique.

b) Correlacione as curvas **A** e **C** com solos de textura argilosa e arenosa. Justifique. **(Valor: 20 pontos)**

Capítulo XV

Questões de componente específico de Tecnologia em Agronegócio

1) Conteúdos e Habilidades objetos de perguntas nas questões de Componente Específico.

As questões de Componente Específico são criadas de acordo com o curso de graduação do estudante.

Essas questões, que representam ¾ (três quartos) da prova e são em número de 30, podem trazer, em Tecnologia em Agronegócio, dentre outros, os seguintes **Conteúdos**:

I. Cadeias de produção agropecuária – Conceitos, princípios, importância e visão sistêmica do agronegócio; sistemas de produção; estrutura dos sistemas agroindustriais; cadeias produtivas; agricultura familiar; produtos agrícolas e agroindustriais; qualidade na produção agropecuária;

II. Gestão empresarial no agronegócio - Características das empresas rurais; gestão da empresa agrícola; tomada de decisões no agronegócio; comercialização; associativismo e cooperativismo; análise de viabilidade econômica; e impacto social dos projetos de agronegócios; gestão de pessoas no agronegócio; empreendedorismo; legislação no agronegócio; planos de negócios.

III. Economia e políticas públicas no agronegócio – Aspectos socioeconômicos das atividades agrícolas; análise de mercados agrícolas; conjuntura econômica do agronegócio; conceitos de macro e microeconomia; políticas públicas do agronegócio; desenvolvimento econômico; desenvolvimento regional, políticas agrícolas e carteira rural de agentes financeiros.

IV. Comercialização e marketing do agronegócio - Estratégias de comercialização; comércio internacional; plano de marketing; logística no agronegócio; pesquisa de novos mercados.

V. Gestão de custos no agronegócio - contabilidade de custos nas empresas rurais; classificação dos custos; sistemas de custeios no agronegócio; análise de preços agropecuários.

VI. Desenvolvimento e sustentabilidade no agronegócio: desenvolvimento sustentável, gestão ambiental, aspectos de política ambiental, impacto ambiental de projetos agropecuários, recursos naturais.

O objetivo aqui é avaliar junto ao estudante a compreensão dos conteúdos programáticos mínimos a serem vistos no curso de graduação, de forma avançada. Também é avaliado o nível de atualização com relação à realidade brasileira e mundial e às questões jurídicas de maior relevância.

Avalia-se aqui também *competências* e *habilidades*. A ideia é verificar se o estudante desenvolveu as principais **Habilidades** para o profissional de Tecnologia em Agronegócio, que são as seguintes:

a) Compreender os princípios, conceitos, importância e a visão sistêmica do agronegócio;

b) Elaborar projetos viáveis e sustentáveis do ponto de vista econômico, ambiental e social em empresas do setor agropecuário;

c) Gerenciar padrões de qualidade e custos nos processos produtivos do setor agropecuário, atendendo a legislação vigente;

d) Conhecer a legislação vigente relativa às condições sanitárias e fitossanitárias para cumprir as exigências de negociação de produtos agropecuários no comércio nacional e internacional;

e) Elaborar e implementar planos de negócios, utilizando métodos e técnicas de gestão nos processos de produção, transformação, comercialização e logística do setor agropecuário;

f) Formular estratégias competitivas e viabilizar soluções tecnológicas para o desenvolvimento de negócios na agropecuária, por meio do domínio de conhecimento das cadeias produtivas do setor;

g) Analisar e discernir a conjuntura econômica no cenário nacional e internacional, bem como dimensionar o impacto social do agronegócio com vistas a atuar proativamente no processo de tomada de decisões pertinentes ao setor;

h) Analisar cenários do agronegócio, identificar mercados e alternativas de captação de recursos para viabilização do negócio agrícola e promover o associativismo e cooperativismo;

i) Identificar e compreender os processos produtivos das cadeias de produção, bem como gerir as diferentes etapas e a dinâmica agropecuária no âmbito da agricultura familiar ou patronal.

Vejamos agora as questões de Componente Específico de Tecnologia em Agronegócio.

2) Questões de Componente Específico.

Prova 2010

TECNOLOGIA EM AGRONEGÓCIO

1. (EXAME 2010)

Para Davis e Goldberg (1957), o agronegócio é a soma total das operações de produção e distribuição de suprimentos agrícolas, das operações de produção nas unidades agrícolas, do armazenamento, processamento e distribuição dos produtos agrícolas e itens produzidos a partir deles.

DAVIS, J. e GOLDBERG, R. **A concept of agribusiness**. Harvard University Press, 1957 (com adaptações).

Seguindo a lógica conceituai apresentada pelos autores, conclui-se que

(A) a agricultura deve ser abordada de maneira indissociada dos outros agentes responsáveis por todas as atividades que garantiriam a produção, transformação, distribuição e consumo de alimentos.

(B) as atividades relativas ao agronegócio estão isoladas e dispersas ao longo de uma extensa rede de agentes econômicos, que vão desde a produção de insumos, a transformação industrial até a armazenagem e a distribuição de produtos agrícolas e derivados.

(C) a economia dos negócios rurais passa a ser analisada como composta por setores isolados que fabricam insumos, processam os produtos e os comercializam, o que implica na ideia de cadeia produtiva, com seus elos entrelaçados e sua interdependência.

(D) o agronegócio deve ser visto a partir de uma perspectiva sistêmica, com as atividades agrícolas funcionando como um núcleo de um sistema econômico interligado tanto pelo provimento de insumos, quanto pelo processamento, transformação e distribuição das produções.

(E) o funcionamento das atividades do agronegócio assemelha-se a um núcleo de um sistema econômico interligado com setores a jusante (provimento de insumos, máquinas e implementos para a produção) e com setores a montante (processamento, transformação e distribuição das produções e serviços associados ao agronegócio).

2. (EXAME 2010)

Segundo Mendes e Padilha (2007), quando há um grande número de vendedores, os produtos são relativamente homogêneos e a principal restrição à entrada de novas empresas na indústria é a necessidade de capital. O produtor de soja do Rio Grande do Sul, por exemplo, leva seu produto à indústria e aceita o preço fixado, vigente. [...] à medida que o produto vai passando por estágios ou fases do sistema de comercialização, começa a afastar-se das condições de competição pura. O industrial altera a forma do produto (o qual deixa de ser homogêneo), coloca uma marca de fábrica, cria uma imagem para o produto por meio da propaganda, e negocia um preço.

MENDES, J. T. G.; PADILHA, J. B. **Agronegócio**: uma abordagem econômica. São Paulo: Prentice Hall, 2007, p.16 (com adaptações).

Considerando o texto acima, assinale a alternativa correta.

(A) O nível de industrialização dos produtos é determinado pela estratégia de marcação (*branding*).

(B) Competição pura é sinônima de concorrência perfeita e acontece quando o produto é homogêneo e o número de vendedores e de compradores é pequeno.

(C) As barreiras à entrada de novas empresas no sistema são determinadas pela sua capacidade financeira e competência ou habilidade para a negociação dos preços.

(D) O sistema de comercialização é composto por fases ou etapas. Em cada fase, observa-se um maior nível de homogeneização do produto e das restrições impostas pelo valor adicionado pela marcação.

(E) Ao longo da cadeia que compõe o sistema de comercialização, o poder de barganha dos participantes do sistema se altera a favor das empresas que adicionam valor aos seus produtos com estratégias de marcação (*branding*).

3. (EXAME 2010)

A análise tem a intenção de identificar a vulnerabilidade do sistema agrícola brasileiro e sua fragilidade diante das mudanças climáticas. É fundamental a capacidade de adaptação à mudança global de clima, utilizando "novos princípios" que, basicamente, seriam: a adoção do princípio da precaução, evitando-se risco de um dano sério e irreversível, mesmo na ausência da completa certeza científica; a adoção do desenvolvimento econômico sustentável, e, no caso brasileiro, a adoção do comércio de emissões de carbono como base de discussões comerciais.

ASSAD, E. D.; PINTO, H. S.; ZULLO JUNIOR, J.; MARIN, F. **Mudanças climáticas e agricultura**: uma abordagem agroclimatológica. *In:* GUEDES, Í. M. R. Mudanças climáticas globais e a produção de hortaliças. Brasília: Embrapa Informação Tecnológica, 2009, p.25.

Para adaptar o sistema agrícola brasileiro às mudanças climáticas que atingem o nosso planeta, é necessário que as atuais culturas sejam preparadas para

I. a tolerância ao calor para todo o Brasil.
II. a sobrevivência em ambientes alagados.
III. a tolerância à seca para as regiões Sul e Nordeste.
IV. a sobrevivência em ambientes artificiais que amenizem as baixas temperaturas.
V. o manejo do solo, buscando aumentar a capacidade de conservação das águas.

Estão de acordo com o pensamento dos autores apenas os itens

(A) I, II e IV.
(B) I, II e V.
(C) I, III e V.
(D) II, III e IV.
(E) III, IV e V.

4. (EXAME 2010)

A Lei nº 11.326/2006, que delimita a agricultura familiar, caracteriza um segmento formado por 4,2 milhões de estabelecimentos (84,4% do total), que ocupam 24,3% da área total e empregam 74,4% da mão de obra rural, respondem por 10% do PIB do país e 40% do PIB da agropecuária e são responsáveis pela produção de uma parcela significativa dos alimentos. O gráfico a seguir indica a participação da agricultura familiar na geração do Valor Bruto da Produção (VBP) de produtos agropecuários selecionados. As atividades em que a participação da agricultura familiar é maior possuem características específicas de seu processo produtivo.

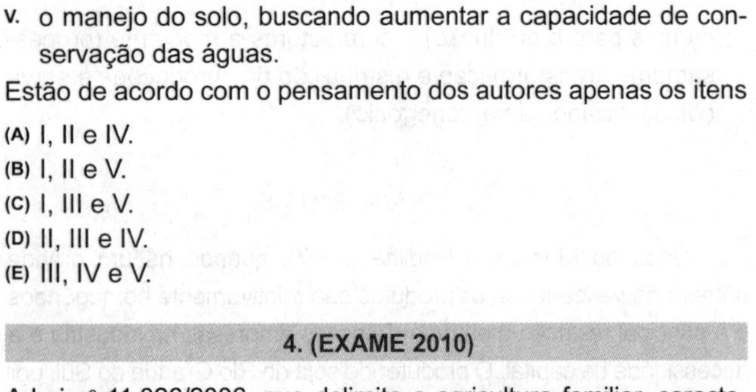

Censo Agropecuário 2006 — IBGE.

Com base nessas informações, assinale a opção que indica as características do processo produtivo agropecuário das atividades em que a agricultura familiar apresenta diferenciais positivos de competitividade.

(A) Uso intensivo do fator terra e forte mecanização das atividades.
(B) Alta produtividade por unidade de área e tecnologia de elevado padrão.
(C) Uso intensivo do fator trabalho e reduzido custo da mão de obra familiar.
(D) Elevado grau de profissionalização e inovação tecnológica permanente.
(E) Alta produtividade por unidade de trabalho e padrão de qualidade dos produtos.

5. (EXAME 2010)

Um dos benefícios que a empresa pode obter na padronização dos seus processos produtivos é a redução de custos de transação entre os agentes, o que favorece economias de escala.

PORQUE

Ao reduzir a variedade de produtos ofertados, a concorrência tende a ser balizada pela variável preço.

Analisando essas asserções, assinale a alternativa correta.

(A) As duas asserções são proposições verdadeiras, e a segunda é uma justificativa correta da primeira.
(B) As duas asserções são proposições verdadeiras, mas a segunda não é uma justificativa correta da primeira.
(C) A primeira asserção é uma proposição verdadeira, e a segunda é uma proposição falsa.
(D) A primeira asserção é uma proposição falsa, e a segunda é uma proposição verdadeira.
(E) As duas asserções são proposições falsas.

6. (EXAME 2010)

A bovinocultura de corte está inserida entre os segmentos mais importantes no agronegócio brasileiro. O peso dos animais é uma característica importante na produção de bovinos e, via de regra, é associado à melhor qualidade da carne. Hipoteticamente, um experimento foi desenvolvido para comparar dois tipos de suplementos minerais e vitamínicos A e B, em bovinos de corte da raça nelore.

Um pecuarista utilizou 20 animais em idade e peso semelhantes e a característica observada foi o peso médio aos 300 dias. Para decidir qual o melhor suplemento a ser utilizado em todo o rebanho, um profissional de agronegócio escolheu, aleatoriamente, um bovino de cada grupo e decidiu pelo tratamento que foi empregado no animal de maior excesso relativo de peso.

Peso médio e desvio médio em kg

Suplemento	Peso médio (kg)	Desvio médio (kg)
A	266,3	5,2
B	269,0	6,0

Dados hipotéticos.

Com base em alguns dados coletados por um assistente, apresentados no quadro acima, e sabendo que os animais selecionados que receberam os suplementos dos tipos A e B têm, respectivamente, 251 kg e 260 kg, o excesso relativo de peso do animal do grupo A foi igual

(A) a 1,5.
(B) a2,5.
(C) ao excesso de peso apresentado pelo animal do grupo B.
(D) ao triplo do excesso relativo de peso do animal do grupo B.
(E) ao dobro do excesso relativo de peso do animal do grupo B.

7. (EXAME 2010)

Um dos grandes desafios dos gestores de cooperativas é compatibilizar os interesses da maioria com a necessidade de crescimento organizacional. De acordo com Scopinho e Martins (2003, p.133), existem dois grandes desafios na gestão de cooperativas: o de desenvolver estruturas e canais de diálogo compatíveis com as necessidades e a cultura dos cooperados e o de garantir a organicidade entre as estruturas organizacionais e os sujeitos que delas participam. Nesse sentido, o gestor deve adotar um modelo que seja capaz de enfrentar tais desafios, que se contrapõe aos tradicionalmente aceitos por outros tipos de organizações.

SCOPINHO, R. A.; MARTINS, A. F. G. Desenvolvimento organizacional e interpessoal em cooperativas de produção agropecuária: reflexão sobre o método. **Psicologia & Sociedade**; 15 (2): 124-143; jul./dez.2003.

Qual dos modelos abaixo é adequado para atender aos desafios propostos no texto acima?

(A) Adhocracia, modelo em que se enfatiza a simplificação dos processos e adaptação da gestão a cada situação particular.
(B) Heterogestão, que é a administração hierarquizada e mediada pelas relações de poder, sendo que os interesses e as necessidades da organização são determinadas por quem divide, organiza e comanda o trabalho.
(C) Burocracia, sistema em que as regras hierárquicas e de conduta são definidas de forma prévia e clara, de forma a assegurar a sobrevivência, em longo prazo, da organização.
(D) Gestão matricial, utilizada por organizações que mantêm diversidade de operações e produtos, admitindo a conjugação de estruturas funcionais, combinadas com estruturas por projeto.
(E) Autogestão, em que cada organização desenvolve seu sistema de governança e gestão, pautado na democracia das relações de poder.

8. (EXAME 2010)

O associativismo agropecuário é qualquer iniciativa formal ou informal que reúne um grupo de produtores rurais ou empresas rurais com o principal objetivo de superar as dificuldades e gerar benefícios comuns em nível econômico, social ou político. Por meio da associação, os produtores e os trabalhadores rurais têm mais chances de sucesso.

SEBRAE. Disponível em: <http://www.sebrae.com.br>. Acesso em: 30 ago. 2010 (com adaptações).

Os principais fatores que influenciam o êxito do associativismo incluem

I. a liderança, o comprometimento, a busca do consenso, a visão de futuro e o espírito empreendedor.
II. os preços baixos praticados em decorrência das discussões para decisão por parte dos sócios e quotistas.
III. o controle democrático, no sentido de cumprir com os seus deveres, o poder de voto nas eleições e as compras compartilhadas.
IV. a prevalência da individualidade para a satisfação das necessidades, deixando em segundo plano as ações da coletividade.

Estão corretos apenas os fatores elencados em

(A) I e II.
(B) I e III.
(C) II e III.
(D) II e IV.
(E) III e IV.

9. (EXAME 2010)

A teoria econômica é dividida em dois ramos básicos que não se excluem, pelo contrário, complementam-se. O primeiro é a microeconomia, que se preocupa em estudar os elementos mais simples do sistema econômico. O segundo ramo, a macroeconomia, compõe-se de cinco mercados e preocupa-se em estudar o conjunto de consumidores e o conjunto de organizações fornecedoras de bens e serviços.

ROSSETI, J. P. **Introdução a economia**. 19. ed. São Paulo: Afias, 2002.

O autor do texto acima faz alusão a cinco mercados, sendo que um deles determina o nível de produção agregada e o nível de preços. Qual é esse mercado?

(A) Mercado monetário.
(B) Mercado de títulos.
(C) Mercado de divisas.
(D) Mercado de trabalho.
(E) Mercado de bens e serviços.

10. (EXAME 2010)

O *check list* de diversos sistemas de certificação ambiental existentes no mercado atual pode ser uma das ferramentas que auxiliará na montagem do plano. Também é importante lembrar que, quando comparada à maioria desses protocolos, a própria legislação brasileira é (em grande parte dos aspectos que visam à segurança ambiental) muito mais restritiva, e a área de produção adequada a ela pouco ou nada mais teria de complementar.

GEBLER, L. Gestão ambiental nas cadeias produtivas vegetais. *In:* GEBLER, L.; PALHARES, J. C. (Eds.). **Gestão ambiental na agropecuária**. Brasília: Embrapa Informação Tecnológica, 2007 (com adaptações).

Na perspectiva abordada no texto, analise os pontos que devem ser considerados na elaboração de um plano de gestão ambiental.

I. A higiene do meio ambiente
II. O controle sobre a quantidade de insumos orgânicos utilizados
III. O controle ambiental referente à água para irrigação e pulverização
IV. O manuseio de agrotóxicos e o sistema de reciclagem de embalagens
V. O manuseio de insumos orgânicos e o controle de seus efeitos no solo

Devem ser considerados apenas os pontos apresentados em

(A) I e II.
(B) I, III e IV.
(C) II, IV e V.
(D) III, IV e V.
(E) I, II, III e V.

11. (EXAME 2010)

Na produção agrícola, as etapas que mais envolvem uso de recursos financeiros e energéticos e perdas ocorrem a partir da colheita, do beneficiamento, do transporte, da comercialização e, principalmente, do armazenamento e do preparo doméstico.

CALBO, A. G.; AROCA, S. C. Medidas para mitigar os efeitos das mudanças climáticas na produção de hortaliças. *In:* GUEDES, I. M. R. **Mudanças climáticas globais e a produção de hortaliças**. Brasília: Embrapa Informação Tecnológica, 2009, p. 112.

Para contribuir com a sustentabilidade ambiental, é preciso reduzir perdas e economizar energia nas etapas de produção descritas no fragmento de texto de Caibo e Aroca (2009), reproduzido acima.

Entre os itens a seguir, avalie os que o agricultor deve usar.

I. Telhas e lages de cor branca ou pintadas
II. Conservantes que dispensam o resfriamento dos produtos
III. Exaustores eólicos
IV. Coleta de água da chuva e uso de energia solar
V. Uso de sofisticadas tecnologias importadas

Devem ser usados pelo agricultor apenas os itens

(A) I, II e III.
(B) I, III e IV.
(C) I, III, e V.
(D) II, IV e V.
(E) III, IV e V.

12. (EXAME 2010)

Um criador de cavalos, das raças crioulo e mangolina, decide montar uma seguradora de cavalos de raça. A seguradora pagará o seguro em caso de morte e invalidez parcial ou permanente, mas cobrará uma taxa de acordo com a tabela abaixo. Sabe-se que a probabilidade de que um cavalo sofra uma fratura com futura morte ou invalidez é de 1%.

Taxa Cobrada e Valor do Seguro em R$

Raça	Valor Segurado (R$)	Prêmio (taxa) Cobrado(a) (R$)
Crioulo	19 000,00	1 000,00
Mangolina	15 000,00	1 000,00

Os lucros esperados pela seguradora com as apólices de seguros dos cavalos das raças crioulo e mangolina são, respectivamente, de

(A) R$ 500,00 e R$ 550,00.
(B) R$ 630,00 e R$ 640,00.
(C) R$ 720,00 e R$ 760,00.
(D) R$ 810,00 e R$ 850,00.
(E) R$ 970,00 e R$ 980,00.

13. (EXAME 2010)

A Lei nº 7802, de 11/07/1989, dispõe sobre a pesquisa, a experimentação, a produção, a embalagem e a rotulagem, o transporte, o armazenamento, a comercialização, a propaganda comercial, a utilização, a importação, a exportação, o destino final dos resíduos e embalagens, o registro, a classificação, o controle, a inspeção e a fiscalização de agrotóxicos, seus componentes e afins, e dá outras providências.

PAIVA, A. V. M.; WENDLING, J. L. G. Legislação pertinente à gestão ambiental na propriedade imóvel agrária. *In:* GEBLER, L.; PALHARES, J. C. **Gestão ambiental na agropecuária**. Brasília: Embrapa Informação Tecnológica, 2007, p.70.

O Decreto nº 4 074/02, de 8/01/2002, que regulamenta a referida Lei, determina que os agrotóxicos só podem ser comercializados diretamente com o usuário mediante a apresentação de receituário emitido por profissional legalmente habilitado. Quais informações devem constar dessa receita?

I. o diagnóstico
II. advertências em casos de contaminação
III. nome do usuário, da propriedade e sua localização
IV. os possíveis efeitos dos agrotóxicos na saúde dos consumidores finais
V. recomendação técnica (nome(s) do(s) produto(s), cultura(s) e área(s) onde as doses serão aplicadas, quantidades totais a serem adquiridas, modalidade e época de aplicação, precauções de uso e orientação quanto ao uso obrigatório de EPIs)

Devem constar apenas as informações

(A) I, II e III.
(B) I, III e V.
(C) I, IV e V.
(D) II, III e IV.
(E) II, IV e V.

14. (EXAME 2010)

De acordo com a Lei nº 10831/2003, art. 1°, considera-se sistema orgânico de produção agropecuária todo aquele em que se adotam técnicas específicas, mediante a otimização do uso dos recursos naturais e socioeconômicos disponíveis e o respeito à integridade cultural das comunidades rurais, tendo por objetivo a sustentabilidade econômica e ecológica, a maximização dos benefícios sociais, a minimização da dependência de energia não renovável, empregando, sempre que possível, os métodos culturais, biológicos e mecânicos, em contraposição ao uso de materiais sintéticos, a eliminação do uso de organismos geneticamente modificados e radiações ionizantes, em qualquer fase do processo de produção, processamento, armazenamento, distribuição e comercialização, e a proteção do meio ambiente.

Analise as asserções a seguir, a respeito da interpretação do artigo supracitado.

Entre as alternativas para a obtenção de alimentos orgânicos, destaca-se a crescente oferta dos produtos de origem animal, sinalizando um futuro em que facilmente poderão ser encontrados laticínios, carne de frango e outros alimentos provenientes da pecuária orgânica.

PORQUE

A exigência do conhecimento técnico para a implantação de um sistema orgânico de produção é mínima, o que facilita a expansão do processo de produção de alimentos orgânicos no Brasil.

Acerca dessas asserções, assinale a opção correta.

(A) As duas asserções são proposições verdadeiras, e a segunda é uma justificativa correta da primeira.

(B) As duas asserções são proposições verdadeiras, mas a segunda não é uma justificativa correta da primeira.

(C) A primeira asserção é uma proposição verdadeira, e a segunda é uma proposição falsa.

(D) A primeira asserção é uma proposição falsa, e a segunda é uma proposição verdadeira.

(E) As duas asserções são proposições falsas.

15. (EXAME 2010)

No gráfico abaixo, observa-se o comportamento da oferta em relação ao produto soja. Com o nível de preço elevado, os produtores tendem a ofertar uma quantidade maior do produto. Se

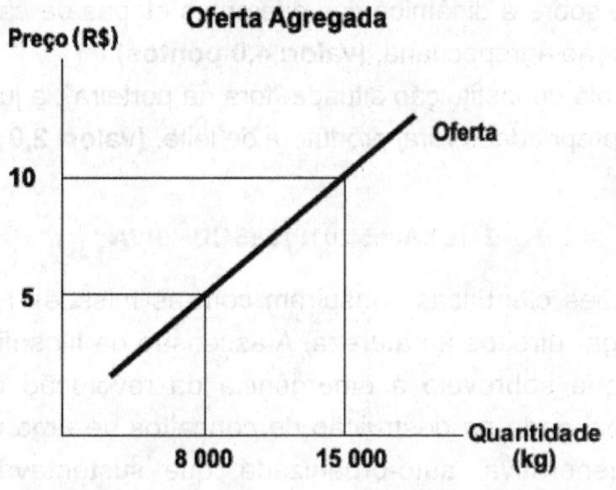

Assinale a opção que apresenta o cenário resultante da queda do nível de preço para R$ 5,00.

(A) Muitos produtores deixariam de ofertar a mercadoria e, a esse preço, haveria uma oferta de cerca de 8 000 kg, ocasionando uma queda na quantidade ofertada.

(B) Muitos produtores ofertariam mais mercadoria para que o mercado tivesse uma oferta de mais de 25 000 kg, o que ocasionaria um aumento na quantidade ofertada.

(C) Poucos produtores ofertariam mais mercadoria para que o mercado tivesse uma oferta de menos de 5 000 kg, o que ocasionaria um aumento na quantidade ofertada.

(D) Poucos produtores ofertariam a mercadoria, o que, consequentemente, não alteraria a quantidade ofertada.

(E) Muitos produtores deixariam de ofertar mais mercadoria, pois com isso haveria uma evolução na quantidade ofertada.

16. (EXAME 2010)

Os mercados agroindustriais apresentam-se em diferentes níveis concorrenciais e atuam sob diferentes formas de organização. É de interesse para qualquer empresa conhecer as condições concorrenciais dos mercados em que atua.

De importância também é que as atividades agrícolas estão sempre acompanhadas por um maior ou menor grau de risco, o que leva os agricultores a procurarem sempre maneiras de aumentar seu poder de barganha e terem certeza quanto aos seus resultados econômicos. Entre essas maneiras, têm-se destacado mais recentemente a integração vertical, a organização das associações e cooperativas e a prática de hedging nos mercados futuros.

MARQUES, P. V.; AGUIAR, D. R. D. **Comercialização de produtos agrícolas**. São Paulo: USP, 1993.

Entre as estratégias elaboradas para o desenvolvimento do agronegócio citadas pelos autores no fragmento apresentado, a integração vertical é um processo que

(A) permite aumento da eficiência econômica da integradora, porém, incrementa os custos associados ao mecanismo de preços de mercado.

(B) obtém maior aproximação com o consumidor final quando ocorre "para trás", o que permite, por sua vez, organizar melhor a produção.

(C) ocorre quando há a combinação de duas ou mais empresas atuando no mesmo estágio e do mesmo processo produtivo.

(D) favorece o produtor, embora aumente os seus riscos de produção, dada a demora na introdução de novos conhecimentos.

(E) reduza concorrência, trazendo ganhos "monopolísticos" para as empresas envolvidas.

17. (EXAME 2010)

A logística tem como meios de transporte para deslocamento de insumos básicos do produtor ao consumidor final os vários modais que compõem a malha de *Supply Chain Management* (SCM). A infraestrutura logística para o deslocamento da produção (cultural, agropecuária e agroindustrial) está diretamente atrelada à quantidade, ao dimensionamento e ao custo de uso de aeroportos, portos, rodovias, e à capacidade de armazenagem de outros elementos fundamentais ao translado dos insumos e da produção ao longo das cadeias do agronegócio.

A partir do exposto acima, assinale a alternativa que apresenta características físicas e financeiras desses meios de transporte.

(A) FERROVIÁRIO: altos custos fixos em equipamentos, custos variáveis baixos e baixa flexibilidade. AÉREO: custo fixo alto e custo variável alto (combustível, mão de obra, manutenção). RODOVIÁRIO: custos fixos baixos e custo variável médio (combustível, pneus, manutenção) e com grande flexibilidade. MARÍTIMO: custo fixo médio-alto e custo variável baixo (capacidade para transportar grandes quantidades).

(B) FERROVIÁRIO: altos custos fixos em equipamentos, custos variáveis baixos e alta flexibilidade. AÉREO: custo fixo alto e custo variável alto (combustível, mão de obra, manutenção). RODOVIÁRIO: custos fixos baixos e custo variável médio (combustível, pneus, manutenção) e com média flexibilidade. MARÍTIMO: custo fixo médio-alto e custo variável baixo (capacidade para transportar grandes quantidades).

(C) FERROVIÁRIO: altos custos fixos em equipamentos, custos variáveis baixos e alta flexibilidade. AÉREO: custo fixo alto e custo variável alto (combustível, mão de obra, manutenção). RODOVIÁRIO: custos fixos baixos e custo variável médio, (combustível, pneus, manutenção) e com grande flexibilidade. MARÍTIMO: custo fixo médio-alto e custo variável alto (capacidade para transportar grandes quantidades).

(D) FERROVIÁRIO: altos custos fixos em equipamentos, custos variáveis baixos e baixa flexibilidade. AÉREO: custo fixo alto e custo variável médio (combustível, mão de obra, manutenção). RODOVIÁRIO: custos fixos baixos e custo variável médio (combustível, pneus, manutenção) e com grande flexibilidade. MARÍTIMO: custo fixo médio-alto e custo variável baixo (capacidade para transportar grandes quantidades).

(E) FERROVIÁRIO: altos custos fixos em equipamentos, custos variáveis baixos e baixa flexibilidade. AÉREO: custo fixo alto e custo variável médio (combustível, mão de obra, manutenção). RODOVIÁRIO: custos fixos baixos e custo variável baixo (combustível, pneus, manutenção) e com pequena flexibilidade. MARÍTIMO: custo fixo médio-alto e custo variável baixo (capacidade para transportar grandes quantidades).

18. (EXAME 2010)

Apesar de o Brasil estar entre os primeiros países na produção mundial de café, o *status* do produto brasileiro não é tão grande quanto o seu volume de exportações. O consumo de café é fortemente ligado ao prazer do consumo, às suas qualidades nutricionais e à associação da bebida à cultura, à classe e ao requinte. Nesse sentido, as ações que podem agregar valor ao café brasileiro incluem

I. rastreabilidade e incorporação de serviços, pois os cafés especiais no Brasil são vendidos no mercado interno e externo em embalagens que trazem um selo de qualidade com informações que garantem ao comprador conhecer a origem do grão.

II. investimento em produtos especiais, como cafés *gourmet*. Para obter um café especial, são necessários cuidados diferenciados na colheita, secagem e torrefação dos grãos.

III. melhoramento da qualidade do café por meio do acompanhamento e separação dos grãos. Para formar lotes segregados, é preciso separar os frutos cereja dos verdes e secos, que dão diferentes características à bebida.

IV. aplicação de melhorias na colheita seletiva e na pós-colheita, para produção de um café de qualidade, conseguindo, assim, remuneração melhor para o produto, pois a qualidade é diferencial de preço.

É correto o que se afirma em

(A) I e II, apenas.
(B) I e III, apenas.
(C) II e IV, apenas.
(D) III e IV, apenas.
(E) I, II, III e IV.

QUESTÕES DISCURSIVAS

1. (EXAME 2010) DISCURSIVA

A queda do antigo complexo rural e o surgimento dos complexos agroindustriais, a partir de meados do século XX, trouxeram à tona um novo padrão agrícola brasileiro. A fazenda, antes uma unidade produtiva de tecnologia rudimentar, passou por irreversível processo de modernização tecnológica, tanto de produtos quanto de processos.

A partir daí, mudanças provocadas pelos processos de urbanização e desenvolvimento, combinadas com as inovações tecnológicas, estreitaram as funções da antiga fazenda, tornando-a parte de uma complexa cadeia de organizações fornecedoras de produtos e serviços. O moderno agricultor tornou-se um especialista em produzir, passando a buscar "antes da porteira" os fatores de produção dos quais necessita. De forma complementar, criaram-se funções "depois da porteira", responsáveis pelo processamento e pela distribuição dos produtos agrícolas no mercado consumidor.

ARAUJO, N. B. et al. **Reflexões sobre o complexo agroindustrial**. São Paulo: Agroceres, 1990 (com adaptações).

Considerando o texto acima, redija um texto dissertativo acerca do seguinte tema:

Cadeias de Produção Agropecuária

Seu texto deverá contemplar dos seguintes tópicos:

a) o desaparecimento dos complexos rurais e o surgimento dos complexos agroindustriais; **(valor: 4,0 pontos)**

b) relato sobre a dinâmica das diferentes etapas de cadeias de produção agropecuária; **(valor: 4,0 pontos)**

c) exemplo de instituição situada "fora da porteira", a jusante de uma propriedade rural produtora de leite. **(valor: 2,0 pontos)**

2. (EXAME 2010) DISCURSIVA

As missões científicas conspiram com as missões religiosas para negar direitos à natureza. A ascensão da filosofia mecanicista que sobreveio à emergência da revolução científica estava baseada na destruição de conceitos de uma natureza autorregenerativa, auto-organizada, que sustentava toda a vida. Para Francis Bacon, chamado pai da ciência moderna, a natureza não era mais a mãe e sim a mulher a ser conquistada por uma mente masculina agressiva. Como ressalta Carolyn Merchant, essa transformação da natureza, de mãe viva e nutriz em matéria inerte, morta e manipulável, conveio admiravelmente ao imperativo de exploração do capitalismo em desenvolvimento. A imagem da natureza nutriz agia como um obstáculo cultural à exploração da natureza. "Não se mata uma mãe, não se remexem suas entranhas, nem se mutila seu corpo sem relutância", escreve Merchant. Entretanto, as imagens de supremacia e dominação criadas pelo programa baconiano e a revolução científica eliminaram todas as restrições e funcionaram como sanções culturais para o despojamento da natureza.

VANDANA, S. **Biopirataria**: a pilhagem da natureza e do conhecimento. Petrópolis: Vozes, 2001. p. 71.

Considerando as ideias centrais desenvolvidas acima, redija um texto dissertativo acerca do seguinte tema: Desenvolvimento sustentável na agropecuária. Em seu texto, aborde os seguintes aspectos:

a) avanço tecnológico nos empreendimentos agropecuários; **(valor: 3,0 pontos)**

b) sementes transgênicas; **(valor: 3,0 pontos)**

c) política ambiental do governo brasileiro. **(valor: 4,0 pontos)**

Capítulo XVI

Questões de componente específico de Serviço Social

1) Conteúdos e Habilidades objetos de perguntas nas questões de Componente Específico.

As questões de Componente Específico são criadas de acordo com o curso de graduação do estudante.

Essas questões, que representam ¾ (três quartos) da prova e são em número de 30, podem trazer, em Serviço Social, dentre outros, os seguintes **Conteúdos**:

a) Matrizes clássicas do pensamento social (Marx, Weber, Durkheim) tematizando processos sociais fundamentais: industrialização, modernização, urbanização e seus elementos constitutivos - classes sociais, movimentos sociais e instituições;

b) Clássicos do pensamento político (Maquiavel, Hobbes, Locke e Rousseau). Análise do Estado moderno e sua relação com a sociedade civil. Regimes políticos. Representação, democracia e cidadania;

c) Principais correntes filosóficas do século XX (marxismo, neotomismo, fenomenologia, neopositivismo) e suas influências no Serviço Social;

d) Análise do sistema capitalista segundo as perspectivas liberal, marxista, social-democrata e neoliberal. Transformações contemporâneas no padrão de acumulação e suas implicações nos mecanismos de regulação social;

e) Herança colonial e a constituição do Estado nacional. Emergência e crise da República Velha. Instauração e colapso do Estado Novo. Industrialização, urbanização e surgimento de novos sujeitos políticos. Nacionalismo e desenvolvimento e a inserção dependente no sistema capitalista mundial. A modernização conservadora no pós 1964 e seu ocaso em fins da década de setenta. Transição democrática e protagonismo da sociedade civil. Crise capitalista e a realidade brasileira contemporânea;

f) Inserção do Brasil na divisão internacional do trabalho. A constituição das classes sociais, do Estado e as suas particularidades regionais. Desenvolvimento desigual e combinado na agricultura, indústria e serviço. Reprodução da pobreza e da desigualdade social nos contextos rural e urbano. Perspectivas contemporâneas de desenvolvimento e suas implicações sócio-ambientais;

g) Estrutura de classes na sociedade brasileira. Condição de vida e de trabalho das classes subalternas e suas manifestações ideo-políticas e sócio-culturais. Direitos civis, políticos e sociais no Brasil. Movimentos sociais em suas relações de classe, gênero e étnico-raciais. Identidade e subjetividade na construção dos movimentos societários;

h) Trabalho e relações sociais na sociedade contemporânea. Divisão social do trabalho. Produção social e valor. Trabalho assalariado, propriedade e capital, processos de trabalho e produção da riqueza social. Trabalho e cooperação: o trabalhador coletivo. Trabalho produtivo e improdutivo. Crise da sociedade do trabalho e seus desdobramentos: desemprego, precarização e redução da cidadania social; IX - Políticas sociais e a constituição da esfera pública. Formulação e gestão de políticas sociais e a constituição/destinação do fundo público. Desenvolvimento do sistema brasileiro de proteção social. Políticas setoriais e legislação social. Análise comparada de políticas sociais. Formas atuais de regulação social - políticas sociais públicas e privadas (mercantis e não mercantis);

i) Direitos e garantias fundamentais de cidadania. A organização do Estado e seus poderes. A Constituição Federal de 1988. A legislação social e as leis regulamentadoras das políticas de Trabalho, Saúde, Assistência Social, Previdência Social, Habitação, Educação, Agrária e outras. Legislações afirmativas dos direitos de: Crianças e Adolescentes, Pessoas Idosas, Pessoas com Deficiência, Mulheres, Igualdade Étnico-Racial, Populações Indígenas, Populações Tradicionais, População LGBT, População em Situação de Rua e outras. Relações jurídicas no marco da integração supranacional;

j) Relação dialética entre o material e o simbólico na construção das identidades sociais e das subjetividades. Imaginário, representações sociais e expressões culturais dos diferentes segmentos sociais com ênfase na realidade brasileira e suas particularidades regionais. Constituição da subjetividade e suas implicações sociais no processo de produção e reprodução da vida social;

k) Processo de profissionalização do Serviço Social como especialização do trabalho. Fontes teóricas que fundamentam historicamente o Serviço Social e sua incorporação nos modos de pensar e atuar da profissão na Europa, na América do Norte e na América Latina e prioritariamente no Brasil. A regulamentação profissional. O debate contemporâneo do Serviço Social;

l) Inserção do assistente social nos processos de trabalho: questão social, políticas e movimentos sociais, dinâmica institucional e a formulação de projetos de pesquisa e intervenção. Dimensão investigativa da profissão. Espaços ocupacionais do Serviço Social nas esferas pública e privada. O assistente social como trabalhador, as estratégias profissionais, a articulação entre as dimensões teórico-metodológica, ético-política e técnico-operativa e o produto do seu trabalho. Supervisão do trabalho profissional e estágio;

m) Fundamentos ontológicos da dimensão ético-moral da vida social e suas implicações na ética profissional do Serviço Social. A construção do ethos profissional: valores e implicações no exercício profissional. O Código de Ética na história do Serviço Social brasileiro. Questões éticas contemporâneas e seus fundamentos teórico-filosóficos;

n) Projeto Ético-Político do Serviço Social como fundamento da formação e do exercício profissional;

o) Processos de gestão na organização do trabalho e nas políticas sociais: planejamento, coordenação, execução, monitoramento e avaliação em órgãos da administração pública, privada e organizações da sociedade civil;

p) Concepção, elaboração e realização de projetos de pesquisa. Pesquisa quantitativa e qualitativa e seus procedimentos. Leitura e interpretação de indicadores sociais. Sistemas de informação para as políticas públicas. Estatística aplicada à pesquisa em Serviço Social.

O objetivo aqui é avaliar junto ao estudante a compreensão dos conteúdos programáticos mínimos a serem vistos no curso de graduação, de forma avançada. Também é avaliado o nível de atualização com relação à realidade brasileira e mundial e às questões jurídicas de maior relevância.

Avalia-se aqui também *competências* e *habilidades*. A ideia é verificar se o estudante desenvolveu as principais **Habilidades** para o profissional de Serviço Social, que são as seguintes:

I. Competências e Habilidades Gerais: a formação profissional deve viabilizar a capacitação teórico-metodológica e ético-política, como requisito fundamental para o exercício de atividades técnico-operativas, com vistas à:

   a) apreensão crítica dos processos sociais numa perspectiva de totalidade;

   b) análise do movimento histórico da sociedade brasileira, apreendendo as particularidades do desenvolvimento do capitalismo no país;

   c) compreensão do significado social da profissão e de seu desenvolvimento sócio-histórico, nos cenários internacional e nacional, desvelando as possibilidades de ação contidas na realidade;

   d) identificação das demandas presentes na sociedade, visando a formular respostas profissionais para o enfrentamento da questão social, considerando as novas articulações entre o público e o privado;

   e) utilização de tecnologias de informação e comunicação.

II. Competências e Habilidades Específicas: a formação profissional deverá desenvolver a capacidade de:

   a) formular e executar políticas sociais em órgãos da administração pública, empresas e organizações da sociedade civil;

   b) elaborar, executar e avaliar planos, programas e projetos na área social;

   c) contribuir para viabilizar a participação dos usuários nas decisões institucionais;

   d) planejar, organizar e administrar benefícios e serviços sociais;

   e) realizar pesquisas que subsidiem formulação de políticas e ações profissionais;

   f) prestar assessoria e consultoria a órgãos da administração pública, empresas privadas e movimentos sociais em matéria relacionada às políticas sociais e à garantia dos direitos civis, políticos e sociais da coletividade;

   g) orientar a população na identificação de recursos para atendimento e defesa de seus direitos;

   h) realizar visitas, perícias técnicas, laudos, informações e pareceres sobre matéria de Serviço Social;

   i) realizar estudos sócio-econômicos para identificação de demandas e necessidades sociais;

   j) exercer funções de direção em organizações públicas e privadas na área de Serviço Social;

   k) supervisionar diretamente estagiários de Serviço Social;

   l) atuação no ensino, pesquisa e extensão.

Com relação às questões de Componente Específico optamos por classificá-las pelos Conteúdos enunciados no início deste item.

2) Questões de Componente Específico classificadas por Conteúdos.

Conteúdo 01

MATRIZES CLÁSSICAS DO PENSAMENTO SOCIAL

1. (EXAME 2010)

O assistente social, tanto em sua prática investigativa para conhecimento da realidade, quanto em sua atuação junto aos movimentos sociais, necessita do aporte teórico de autores clássicos. Desses, alguns conceitos teóricos devem ser priorizados, objetivando perceber a realidade tal qual ela é.

GOHN, M. G. **Teoria dos movimentos sociais**: paradigmas clássicos e contemporâneos. São Paulo: Loyola, 2000 (adaptado).

Assinale a alternativa que apresenta conceitos fundamentais que devem ser considerados pelo assistente social em sua prática.

(A) Classes, estamentos, papéis em Durkheim, função e organização da cultura em Weber e estrutura, infraestrutura e superestrutura em Marx.
(B) Ação social e suicídio em Durkheim, anomia/disnomia em Weber e consciência individual, capital e trabalho em Marx.
(C) Luta de classe em Durkheim, burocracia e aparelhos de estado em Weber e estratificação social em Marx.
(D) Organização em Durkheim, desorganização em Weber e consciência de classes em Marx.
(E) Anomia/disnomia em Durkheim, burocracia em Weber e consciência e luta de classes em Marx.

2. (EXAME 2007)

Corrente importante de estudiosos da profissão considera que a análise do papel do Serviço Social na reprodução das relações sociais deve partir do suposto de que a apreensão do significado histórico da profissão só é possível com a sua inserção na sociedade, pois o Serviço Social se afirma como instituição peculiar na e a partir da divisão social do trabalho

Esta concepção identifica, como princípio que rege a estruturação das relações sociais na sociedade,

(A) a solidariedade.
(B) a contradição de classes.
(C) a ideologia.
(D) a intersubjetividade.
(E) o saber/poder.

Conteúdo 02

CLÁSSICOS DO PENSAMENTO POLÍTICO

1. (EXAME 2010)

O processo histórico de instituição dos direitos fundamentais consistiu primeiramente na conquista das liberdades políticas, o que foi denominado como direitos de primeira geração, tendo como subsídio os valores do liberalismo no período da Revolução Francesa. Nesse processo, considera-se que a luta travada no ambiente político da época consistia em uma luta de classe

I. em busca da afirmação dos direitos individuais.
II. para impor freios aos poderes absolutistas.
III. pela afirmação dos direitos sociais.
IV. pela afirmação do direito à greve.
V. pela preservação do direito de propriedade.

É correto apenas o que se afirma em

(A) I, II e III.
(B) I, II e V.
(C) I, IV e V.
(D) II, III e IV.
(E) III, IV e V.

2. (EXAME 2007)

Analise as afirmativas a seguir.

Na expansão monopolista, as funções *políticas* do Estado burguês articulam-se organicamente com as suas funções *econômicas.*

PORQUE

O Estado condensa os interesses comuns de toda a sociedade. A esse respeito é possível concluir que

(A) as duas afirmativas são verdadeiras, e a segunda justifica a primeira.
(B) as duas afirmativas são verdadeiras, e a segunda não justifica a primeira.
(C) a primeira afirmativa é verdadeira, e a segunda é falsa.
(D) a primeira afirmativa é falsa, e a segunda é verdadeira.
(E) as duas afirmativas são falsas.

Conteúdo 03

PRINCIPAIS CORRENTES FILOSÓFICAS DO SÉCULO XX

1. (EXAME 2010)

As primeiras formulações teóricas do serviço social no Brasil seguem os princípios propostos pela Igreja Católica, determinados basicamente nas encíclicas *Rerum Novarum* e Quadragésimo Ano, documentos que propunham o envolvimento dos católicos com os problemas sociais. Essa perspectiva de formação teórica visa subsidiar a prática profissional dos assistentes sociais sob uma visão teórica

(A) fenomenológica.
(B) neopositivista.
(C) materialista.
(D) racionalista.
(E) neotomista.

2. (EXAME 2010)

As principais vertentes de fundamentação teórico-metodológica que emergiram no bojo do Movimento de Reconceituação foram: a vertente _______________, caracterizada pela incorporação de abordagens funcionalistas e estruturalistas e, mais tarde, sistêmicas (matriz positivista), voltadas a uma modernização conservadora (NETTO, 1994, p. 164); a vertente de inspiração ____________, centrada na análise do vivido e das vivências dos sujeitos; e a vertente _____________, que remete a profissão à consciência de sua inserção na sociedade de classes.

Assinale a opção cujas palavras preenchem corretamente as lacunas, na ordem em que estão dispostas no texto.

(A) modernizadora, fenomenológica, marxista
(B) fenomenológica, modernizadora, marxista
(C) sistêmica, marxista, modernizadora
(D) marxista, sistêmica, fenomenológica
(E) sistêmica, fenomenológica, marxista

Conteúdo 04

ANÁLISE DO SISTEMA CAPITALISTA

1. (EXAME 2010)

O pensamento neoliberal defende uma segmentação entre as esferas do Estado e do mercado. O neoliberalismo entende a existência e permanência das questões econômicas no âmbito do mercado, enquanto, ao Estado cabem os processos da política formal e, eventualmente, algumas atividades sociais. Desse modo, trata-se de uma concepção do Estado como público e de tudo o que não é estatal como privado. Nesse sentido, o modelo de Estado que mais se aproxima ao ideal do pensamento neoliberal é aquele que

(A) centraliza o poder de dirigir os interesses particulares de frações da população, não toma conhecimento da atuação da sociedade civil e tem como meta a luta contra a tirania da maioria.

(B) promove a democracia governada, restringe a participação política ao silencioso ato eleitoral e assegura a legitimação total da dominação da sociedade.

(C) amplia suas responsabilidades no tratamento da questão social, prioriza a questão econômica como determinante do sistema e se distancia da sociedade.

(D) reduz suas intervenções no campo social, apela à solidariedade e se apresenta como parceiro da sociedade em suas responsabilidades sociais.

(E) fornece a estrutura necessária para a livre concorrência do mercado, atua de forma descentralizada e reconhece a universalização dos direitos sociais a todos os cidadãos.

2. (EXAME 2010)

As transformações internacionais da década de 1970 significaram uma verdadeira revolução originária, cujas consequências foram os desequilíbrios nas balanças de pagamento, choque do petróleo, globalização do comércio, finanças e setor produtivo, crise do sistema fordista e substituição pela especialização flexível. Essas rápidas transformações implicaram sérias dificuldades para os países em desenvolvimento, entre os quais o Brasil, devido à dependência tecnológica e as consequentes dificuldades de competitividade no novo cenário.

Nesse cenário, o Brasil reagiu, à epoca, de acordo com as recomendações dos organismos internacionais, alinhadas com a(s)

(A) medidas protecionistas, que iniciaram o processo de desconcentração interna de renda.

(B) lógica keynesiana de ampliar o papel do Estado de maneira a constituir um novo patamar de proteção social.

(C) vertente neoliberal, que resultou, ao longo do tempo, na manutenção do processo de concentração de renda.

(D) flexibilização do processo produtivo, que ampliou o mercado de trabalho interno devido ao aumento das exportações.

(E) inovação tecnológica do parque industrial brasileiro visando superar a dependência externa e qualificar a mão de obra.

Conteúdo 05

HERANÇA COLONIAL E A CONSTITUIÇÃO DO ESTADO NACIONAL

1. (EXAME 2010)

A partir da década de 1950, estruturou-se em países de capitalismo periférico, entre eles o Brasil, um modelo de desenvolvimento denominado desenvolvimentismo, que marcou profundamente o modo de funcionamento dessas sociedades. Nesse modelo, o Estado

(A) assume o papel de agente central do processo de industrialização acelerada e de modernização econômica e social.
(B) realiza investimento em infraestrutura econômica, combinando-o a um esforço de enxugamento dos gastos públicos.
(C) enfatiza a construção de grandes monopólios e o saneamento da economia para reduzir a inflação e o déficit público.
(D) promove captação de investimentos privados estrangeiros para realizar investimento no mercado financeiro.
(E) atua menos no campo econômico e concentra-se em seu papel como agente político.

2. (EXAME 2007)

Analise as afirmativas que se seguem, relativas às particularidades históricas da sociedade brasileira.

I. Durante a República Velha, desenvolveu-se a indústria pesada no país.
II. A chamada Revolução de 1930 é um marco da revolução burguesa no Brasil.
III. A "questão social" resulta, no Brasil, do fim da República Velha.
IV. No Brasil, o desenvolvimento capitalista coincidiu com a expansão da democracia.
V. A modernização capitalista, no Brasil, não rompeu com a dependência econômica do país.

Estão corretas, apenas, as afirmativas

(A) I e IV.
(B) I e V.
(C) II e III.
(D) II e V.
(E) III e V.

3. (EXAME 2004)

Analise as afirmativas que se seguem, sobre as particularidades do movimento histórico da sociedade brasileira.

I. O processo da revolução burguesa, no Brasil, não se operou segundo o padrão clássico (francês).
II. No Brasil, identificam-se conjunturas em que o Estado promoveu direitos sociais como forma de legitimar a restrição de direitos políticos.
III. No segundo terço do século XX, o Estado brasileiro implementou a "cidadania regulada", ou seja, aquela que confere direitos a partir da inserção sócio-ocupacional.
IV. No Brasil, o direito constitucional à assistência social foi garantido pelo Estado Novo.
V. O período 1964/1984 assinalou, no Brasil, um ciclo de fortes restrições aos direitos sociais.

Estão corretas apenas as afirmativas

(A) I e III.
(B) I, II e III.
(C) I, II e IV.
(D) I, IV e V.
(E) I, II, III e V.

4. (EXAME 2004)

Analise as afirmativas que se seguem, relativas ao desenvolvimento histórico da sociedade brasileira.

I. A relação Estado/sociedade civil expressou, no Brasil do século XX, a hegemonia política conquistada pela burguesia comercial.

II. O processo de transformação social de que é marco a Revolução de 1930 assinalou a completa liquidação do poder político dos grandes proprietários fundiários.

III. Com o fim da República Velha (1930), o proletariado brasileiro conquistou direitos políticos.

IV. Durante a República Velha (1889-1930), a institucionalização de direitos sociais foi corporativa e seletiva.

V. Ao fim do ciclo ditatorial de 1964/1984, a sociedade civil brasileira emergiu com as organizações das classes subalternas mais fortalecidas.

Estão corretas apenas as afirmativas

(A) I e IV.
(B) I e V.
(C) II e IV.
(D) IV e V.
(E) I, IV e V.

5. (EXAME 2004)

Analise as afirmativas que se seguem, referentes às particularidades históricas da sociedade brasileira.

I. O desenvolvimento do capitalismo no Brasil se processou sem transformações que erradicassem relações econômico--sociais pré-capitalistas.

II. No período de 1930 a 1980, a sociedade brasileira se industrializou e urbanizou, registrando notável mobilidade social.

III. Uma das principais características da sociedade brasileira, de 1930 a 1980, foi um expressivo crescimento econômico, acompanhado da redução da desigualdade social.

IV. No período posterior a 1980, a economia brasileira, porque não experimentou processos de reestruturação produtiva, vem contribuindo para o agravamento da questão social.

V. A análise da história brasileira demonstra que os períodos de crescimento econômico são aqueles em que mais se reduzem as expressões da questão social.

Estão corretas apenas as afirmativas

(A) I e II.
(B) II e III.
(C) I, II e III.
(D) I, II e IV.
(E) II, III e IV.

Conteúdo 06

ESTRUTURA DE CLASSES NA SOCIEDADE BRASILEIRA

1. (EXAME 2007)

Considerando que a cidadania moderna compõe-se, tradicionalmente, de três ordens de direitos, assinale aqueles que, no decurso do século XX, foram os que mais tardiamente ingressaram na agenda pública brasileira.

(A) Direitos humanos.
(B) Direitos civis.
(C) Direitos sociais.
(D) Direitos políticos.
(E) Direitos de expressão.

2. (EXAME 2007)

A participação dos usuários nos Conselhos de Política Pública tem sido um desafio para a sociedade brasileira: de fato, "os usuários só poderão ter participação efetivamente qualificada e transitando para o *status* de sujeito de direitos se tiverem os instrumentos de análise da realidade.

GOMES, A. L. **Os conselhos de políticas e de direitos**. Capacitação em Serviço Social e Política Social: módulo 4 – O trabalho do assistente social e as políticas sociais. Brasília: UnB, 2000.

Com base nessa afirmação, e levando em conta o Código de Ética Profissional vigente, cabe aos Assistentes Sociais

(A) contribuir para a ampliação do conhecimento dos usuários, para garantir direitos.
(B) substituir, em algumas circunstâncias, os usuários nos Conselhos.
(C) fortalecer as representações das instituições que atendem aos usuários.
(D) criar normas e manuais de conduta que ensinem os usuários a serem conselheiros.
(E) representar, sistematicamente, os usuários nos seus Conselhos.

3. (EXAME 2007)

Nas requisições de assessoria e consultoria aos Assistentes Sociais, surgem, hoje, as demandas das etnias, que travam uma luta permanente pelos seus direitos e pela promoção da igualdade étnico-racial.

Sobre esse assunto, analise as afirmações a seguir.

A compreensão das questões étnicas exige mais que uma consciência da defesa dos direitos como um imperativo legal e ético.

PORQUE

A implementação de políticas étnicas na perspectiva da soberania alimentar, organização política e autossustentabilidade não pode simplesmente obedecer a padrões gerais de políticas públicas.

A esse respeito, é possível concluir que

(A) as duas afirmações são verdadeiras, e a segunda justifica a primeira.
(B) as duas afirmações são verdadeiras, e a segunda não justifica a primeira.
(C) a primeira afirmação é verdadeira, e a segunda é falsa.
(D) a primeira afirmação é falsa, e a segunda é verdadeira.
(E) as duas afirmações são falsas.

4. (EXAME 2004)

No processo de redemocratização da sociedade brasileira, visível já na segunda metade da década de 70, surgiram ou se revitalizaram movimentos que demandavam desde direitos sociais (como eram os casos das associações de moradores das regiões metropolitanas) até direitos de caráter sociocultural (reivindicados por movimentos de negros e de mulheres). Tais movimentos foram designados, na literatura especializada, predominantemente, pela expressão

(A) dessindicalização dos movimentos sociais.
(B) pós-movimentos sociais.
(C) pré-movimentos sociais.
(D) novos movimentos sociais.
(E) movimentos sociais reconceituados.

Conteúdo 07

TRABALHO E RELAÇÕES SOCIAIS NA SOCIEDADE CONTEMPORÂNEA

1. (EXAME 2010)

Os estudos de Antunes (2001) acerca da centralidade das transformações no mundo do trabalho esclarecem aspectos fundamentais da influência toyotista e do processo de mundialização no setor produtivo.

ANTUNES, R. **Os sentidos do trabalho**: ensaios sobre a afirmação e negação do trabalho. 5. ed. São Paulo: Boitempo Editorial, 2001 (fragmento).

A expansão do trabalho social combinado significa

(A) a utilização do trabalho de imigrantes, negros e crianças.
(B) a articulação do trabalho industrial com o setor de serviços.
(C) o aumento progressivo do trabalho feminino no interior da classe trabalhadora.
(D) a incorporação de trabalhadores de diversas partes do mundo no processo de produção e de serviços.
(E) a ampliação das empresas multinacionais nos países "pobres" como estratégia de exploração de mão de obra barata.

2. (EXAME 2004)

No marco do que se tem denominado de teoria social crítica, a questão social é

(A) produzida pela ineficácia de métodos de gestão social.
(B) constitutiva do desenvolvimento do capitalismo, pois ela não se suprime se este se conserva.
(C) uma disfunção ou ameaça à ordem e à coesão social.
(D) uma situação natural, resultante de conflitos individuais que expressam o desejo da igualdade social.
(E) uma expressão que nasce para designar o fenômeno do pauperismo na primeira década do século XX.

3. (EXAME 2004)

A interlocução do Serviço Social brasileiro com a tradição teórica cuja origem se encontra na obra de Karl Marx

(A) iniciou-se com o surgimento das primeiras escolas superiores para a formação de profissionais.
(B) foi estimulada pela influência que os cientistas sociais funcionalistas exerceram sobre os assistentes sociais.
(C) não se desenvolveu durante os vinte anos (1964-1984). em que o país esteve submetido a um regime ditatorial.
(D) consolidou-se na produção teórica divulgada nacionalmente a partir da década de 80.
(E) está vinculada ao fortalecimento das tendências profissionais de características pós-modernas.

QUESTÃO DISCURSIVA

1. (EXAME 2010) DISCURSIVA

A exclusão social pode ser considerada essencialmente como "uma situação de falta de acesso às oportunidades oferecidas pela sociedade aos seus membros". Desse modo, a exclusão social pode implicar privação, falta de recursos ou, de uma forma mais abrangente, ausência de cidadania, se por esta se entender a participação plena na sociedade, nos diferentes níveis em que esta se organiza e se exprime: ambiental, cultural, econômico, político e social.

Disponível em: <www.triplov.com/ista/cadernos/cad_09/amaro.html>. Acesso em: 24 jun. 2010.

Considerando o fragmento acima, elabore um texto dissertativo, com até 15 linhas, abordando os seguintes aspectos:

a) o papel da sociedade frente à exclusão social; **(valor: 5,0 pontos)**
b) a atuação do assistente social frente à exclusão social. **(valor: 5,0 pontos)**

Conteúdo 08

POLÍTICAS SOCIAIS E A CONSTITUIÇÃO DA ESFERA PÚBLICA

1. (EXAME 2010)

As políticas sociais como modalidades de intervenção do Estado permitem aos cidadãos acessar recursos, bens e serviços sociais necessários, sob múltiplos aspectos e dimensões da vida, tais como: social, econômico, cultural, político e ambiental.

PORQUE

As políticas sociais públicas, como reguladoras e fiadoras das relações entre produção e reprodução social, são respostas que o Estado oferece às expressões da "questão social", situando-se no confronto de interesses de grupos e classes sociais.

Analisando a relação proposta entre as duas asserções acima, assinale a alternativa correta.

(A) As duas asserções são proposições verdadeiras, e a segunda é uma justificativa correta da primeira.

(B) As duas asserções são proposições verdadeiras, mas a segunda não é uma justificativa correta da primeira.

(C) A primeira asserção é uma proposição verdadeira, e a segunda é uma proposição falsa.

(D) A primeira asserção é uma proposição falsa, e a segunda é uma proposição verdadeira.

(E) As duas asserções são proposições falsas.

2. (EXAME 2007)

Na trajetória recente do Serviço Social, surgem requisições inéditas; novas respostas profissionais são exigidas, tanto no campo investigativo quanto no da intervenção. Entre outras, abrem-se possibilidades no complexo campo da formulação, gestão e avaliação de políticas públicas, planos, programas e projetos sociais. Em face das atuais exigências de democratização do espaço público, o que cabe a gestores e técnicos para que o planejamento não fique adstrito ao âmbito da gestão e do poder?

(A) Processar teórica, política e eticamente as demandas sociais, intervindo para o seu atendimento.

(B) Elaborar pronunciamentos políticos e planos afirmando intenções sociais na perspectiva das demandas.

(C) Executar projetos de lei e decretos governamentais, dando visibilidade às demandas.

(D) Socializar recursos para, com as organizações não governamentais, viabilizar projetos.

(E) Viabilizar ações que atendam as demandas populares, tais como estas são direta e empiricamente formuladas.

3. (EXAME 2007)

"O Assistente Social é (...) um intelectual que contribui, junto com inúmeros outros protagonistas, na criação de consensos na sociedade. Falar de consenso diz respeito não apenas à adesão ao instituído: é consenso em torno de interesses de classes fundamentais, sejam dominantes ou subalternas, contribuindo no reforço da hegemonia vigente ou criação de uma contra-hegemonia no cenário da vida social."

IAMAMOTO, M.V. **O Serviço Social na Contemporaneidade: trabalho e formação profissional**. 5 ed. São Paulo: Cortez, 2001, p. 60.

A partir da leitura do texto acima, pode-se afirmar que

(A) há consenso de que todos os Assistentes Sociais defendem os interesses das classes subalternas.

(B) há consenso de que todos os Assistentes Sociais defendem os interesses das classes dominantes.

(C) a criação de consensos depende da adesão ao instituído por parte dos Assistentes Sociais.
(D) o Assistente Social pode contribuir para a formação de consenso contra-hegemônico.
(E) os Assistentes Sociais são intelectuais que excluem o consenso das suas atividades.

4. (EXAME 2004)

O Benefício de Prestação Continuada (BPC), previsto na Constituição Federal vigente e regulamentado pela lei no 8742/93 (Lei Orgânica da Assistência Social - LOAS), consiste no repasse pelo governo federal de um salário mínimo mensal à pessoa portadora de deficiência e ao idoso com 65 anos ou mais, que comprovem não possuir meios de prover a sua manutenção e nem tê-la provida por sua família. O acesso a este benefício, de cuja revisão o assistente social participa, passa por um processo de análise regido pelo princípio da

(A) equidade, visando a corrigir a desigual distribuição de renda no país por meio de critérios redistributivos.
(B) universalidade, visando a estender um direito social específico às camadas pobres da população, por meios de critérios distributivos.
(C) igualdade de oportunidades, visando a colocar à disposição de todos condições de melhoria de vida, por meio de critérios includentes.
(D) igualdade substantiva, visando a retirar da pobreza cidadãos socialmente vulneráveis, por meio de critérios integradores.
(E) seletividade, visando a atender cidadãos em estado de pobreza absoluta, por meio de critérios focalizadores.

5. (EXAME 2004)

O Conselho de Saúde e a Conferência de Saúde são espaços de participação política garantidos formalmente por meio da Lei nº 8142/90. Para os assistentes sociais, em particular, estes espaços

(A) fortalecem a ampliação da burocracia estatal.
(B) fortalecem o processo de efetivação do controle social.
(C) fortalecem as representações dos empresários da área.
(D) reduzem as representações dos usuários dos serviços de saúde.
(E) reduzem as possibilidades de universalização dos direitos sociais.

6. (EXAME 2004)

Analise as afirmativas que se seguem, sobre a constituição do Estado de Bem-Estar Social e o desenvolvimento sociopolítico brasileiro.

I. A crise do Estado de Bem Estar-Social está associada, segundo a maioria dos estudiosos, às transformações ocorrentes no padrão de acumulação capitalista.
II. Há conexões históricas entre o Estado de Bem-Estar Social, a consolidação de direitos sociais e o desenvolvimento do Serviço Social.
III. Existem claros vínculos entre a constituição do Estado de Bem-Estar Social e a presença de um movimento operário forte e organizado.
IV. No Brasil, até hoje, não se constituiu um sistema de garantias sociais similar ao Estado de Bem-Estar Social de tipo europeu (nórdico ou meridional).
V. O sistema de seguridade social inscrito na Constituição Brasileira promulgada em 1988 aponta na direção de um Estado de Bem-Estar Social.

Estão corretas as afirmativas

(A) I e II, apenas.
(B) I, II e IV, apenas.
(C) I, II e V, apenas.
(D) I, IV e V, apenas.
(E) I, II, III, IV e V.

QUESTÃO DISCURSIVA

1. (EXAME 2007) DISCURSIVA

Considerada como um direito social, a assistência social ocupa hoje um espaço relevante na agenda do Serviço Social brasileiro. Apresente duas razões para explicar esse fato, analisando a sua procedência. **(valor: 10,0 pontos)**

Conteúdo 09

DIREITOS E GARANTIAS FUNDAMENTAIS DE CIDADANIA

1. (EXAME 2010)

Paiva, M. O Estado de S. Paulo. Ed. Histórica, 5 out. 1988, p. 3.

A partir da Constituição Federal de 1988, uma nova configuração social se apresenta no cenário brasileiro, sobretudo para as políticas públicas, as quais vem garantir, de forma efetiva, direitos antes concedidos como benesses e que remetiam a população usuária à situação de dependência. Nesse sentido, a assistência social passa a ser regulamentada pela Lei Orgânica da Assistência Social (LOAS/1993). Desde então, novos conceitos e novos modelos passaram a vigorar no Brasil, com a assertiva do “direito de cidadania, com vistas a garantir o atendimento às necessidades básicas dos segmentos populacionais vulnerabilizados pela pobreza e pela exclusão social”.

Considerando as informações apresentadas, avalie as afirmativas a seguir.

I. A assistência social representa uma política pública, componente da seguridade social.

II. A seguridade social compreende o conjunto de ações integradas de iniciativa dos poderes públicos e da sociedade civil, destinadas a assegurar os direitos da população relativos à saúde, à previdência e à assistência social.

III. A assistência social é parte integrante das ações que visam garantir direito de cidadania e igualdade de condições de vida a todos os brasileiros que dela necessitar.

IV. O novo modelo da assistência social no Brasil integra ações de responsabilidade dos serviços públicos e privados para enfrentamento das situações de risco decorrentes da pobreza.

É correto o que se afirma em

(A) I e IV, apenas.
(B) II e III, apenas.
(C) I, II e III, apenas.
(D) II, III e IV, apenas.
(E) I, II, III e IV.

2. (EXAME 2010)

O Brasil tem obtido avanços em relação ao tratamento dado às denúncias relativas à violência contra a mulher, com medidas como, por exemplo, a instituição da Lei n.° 11.340/2006, a chamada Lei Maria da Penha. No entanto, existe um tipo de violência difícil de combater, que incide sobre a identidade social das mulheres, que é a violência simbólica, que

(A) expõe a mulher de forma negativa por meio da calúnia, difamação ou injúria.
(B) retém ou destrói seus bens pessoais, recursos econômicos, objetos e documentos pessoais.

(C) impõe comportamentos e papéis sociais resultantes da lógica de dominação do masculino sobre o feminino em toda a esfera social.
(D) causa dano emocional, diminui a autoestima, humilha, persegue, controla suas ações, manipula, compromete sua autodeterminação.
(E) constrange a mulher mediante intimidação, ameaça ou uso da força, para induzi-la a exercer sua sexualidade ou a limitar seus direitos reprodutivos.

3. (EXAME 2007)

Conforme preconiza o Estatuto da Criança e do Adolescente (ECA), o Conselho Tutelar é um órgão permanente, autônomo e não jurisdicional, composto por representantes eleitos pela comunidade local, que tem a função de zelar pelo cumprimento dos direitos da criança e do adolescente. Presente neste Conselho, o Assistente Social vai muito além da execução terminal de políticas sociais. Dentre as atribuições específicas do Conselho Tutelar, previstas no ECA, aquela que mais explicitamente exige do Assistente Social um papel que ultrapassa o que lhe foi delegado tradicional e historicamente é

(A) atender crianças e adolescentes cujos direitos foram ameaçados ou violados.
(B) assessorar na elaboração da proposta orçamentária de planos e programas.
(C) atender, aconselhar e orientar, quando necessário, os pais ou o responsável.
(D) providenciar e expedir, eventualmente, notificações e documentos similares.
(E) requisitar certidões de nascimento e de óbito de criança e adolescente, se necessário.

4. (EXAME 2007)

Nas Varas Especiais destinadas a atender jovens em conflito com a lei, o Assistente Social é requisitado a realizar estudo social para subsidiar o magistrado na aplicação de medidas socioeducativas previstas no Estatuto da Criança e do Adolescente (ECA). A utilização deste instrumental técnico-operativo privativo do Assistente Social deve conter a

(A) posição imparcial do perito para fornecer informações técnicas estritamente relacionadas com a área do Serviço Social.
(B) defesa juridicamente fundamentada dos direitos dos inúmeros sujeitos envolvidos no caso.
(C) interpretação do profissional sobre o modo pelo qual as expressões da "questão social" rebatem no dia a dia dos sujeitos.
(D) análise aprofundada dos fatores psicossociais que contribuíram para a ocorrência do delito.
(E) análise profunda do grau de periculosidade do indivíduo e da possibilidade de reincidência no erro.

5. (EXAME 2004)

A Constituição Federal Brasileira vigente, promulgada em 1988, contém vários dispositivos que representam avanços democráticos no campo das políticas sociais. No entanto, a promulgação desta Constituição ocorreu numa fase histórica do desenvolvimento capitalista em que as políticas sociais públicas sofreram restrições, sob a égide da ideologia denominada

(A) socialista.
(B) neoliberal.
(C) neocorporativa.
(D) terceira via.
(E) social-democrata.

6. (EXAME 2004)

A clássica concepção de cidadania social considera direito do cidadão e dever do Estado o trabalho, a moradia, a educação, a saúde, a cultura e a segurança social, bem como a garantia pública de condições mínimas de vida para todos. Com base nessa concepção, conclui-se que os direitos sociais

(A) são distintos dos direitos individuais, exigindo, à diferença destes, o compromisso social do Estado e a mediação de políticas públicas na satisfação de necessidades coletivas.
(B) são um desdobramento dos direitos civis, constituindo um reforço à autonomia do cidadão de ir e vir, de pensamento e fé, bem como de firmar contratos e exigir proteção social particular.
(C) são uma extensão dos direitos políticos, com vista a garantir ao cidadão a participação no poder político, na definição de políticas públicas e na escolha de seus governantes.
(D) baseiam-se no princípio da liberdade, tendo em vista o fortalecimento da capacidade de escolha e de decisão do cidadão na provisão de seu bem-estar.
(E) baseiam-se no princípio do empoderamento, que requer ausência de coações e, consequentemente, inexistência de domínio de uns sobre outros ou de um poder que constranja o cidadão.

7. (EXAME 2004)

A partir da Constituição Federal vigente, promulgada em 1988, a participação popular e o controle social passaram a ser tratados como constitutivos da construção de políticas públicas. Nas diversas áreas em que atua o assistente social, especialmente nos organismos estatais, nos níveis federal, estadual e municipal, tem-se como referência político-institucional os Conselhos de Direitos e de Políticas ou Conselhos de Gestão Setorial nos campos da assistência, saúde, criança e adolescente, dentre outros. Tais conselhos, que foram e são fundamentais para a participação democrática dos movimentos sociais, no caso da Saúde e da Assistência, se organizam a partir de que diretrizes?

(A) Representação majoritária da sociedade civil e caráter deliberativo em face da elaboração e fiscalização das políticas.
(B) Representação majoritária do governo e caráter executor das políticas.
(C) Paridade entre governo e sociedade civil e caráter consultivo em face da elaboração de políticas e deliberativo em face da fiscalização das mesmas.
(D) Paridade entre governo e sociedade civil e caráter consultivo em face da elaboração e fiscalização das políticas.
(E) Paridade entre governo e sociedade civil e caráter deliberativo em face da elaboração e fiscalização das políticas.

Conteúdo 10

RELAÇÃO DIALÉTICA ENTRE O MATERIAL E O SIMBÓLICO NA CONSTRUÇÃO DAS IDENTIDADES SOCIAIS E DAS SUBJETIVIDADES

QUESTÃO DISCURSIVA

1. (EXAME 2004) DISCURSIVA

No estudo sistemático da vida social, correntes do Serviço Social se têm apoiado na perspectiva dialética da totalidade como recurso analítico. Para o conhecimento das relações sociais, quais os quatro ganhos decorrentes desta opção teórico-metodológica? **(valor: 10,0 pontos)**

Conteúdo 11

PROCESSO DE PROFISSIONALIZAÇÃO DO SERVIÇO SOCIAL COMO ESPECIALIZAÇÃO DO TRABALHO

1. (EXAME 2007)

A análise do significado social do Serviço Social no processo de reprodução das relações sociais salienta o caráter contraditório da profissão. Ela reproduz, pela mesma atividade, interesses contrapostos que convivem em tensão demandas do capital e do trabalho – e só pode fortalecer um ou outro polo pela mediação de seu oposto. De que decorre esse caráter contraditório da atuação profissional?

(A) Da intencionalidade do Assistente Social.
(B) Da condução da atuação profissional.
(C) Da pressão dos empregadores.
(D) Da relação de classes.
(E) Das demandas dos usuários.

2. (EXAME 2004)

O processo de profissionalização e institucionalização do Serviço Social no Brasil, no séc. XX, teve uma relação direta e articulada com

(A) o movimento católico integrista das décadas de 20 e 30.
(B) o movimento sindical durante o primeiro governo de Getúlio Vargas (1930-1945).
(C) o movimento de intenção de ruptura com o conservadorismo, na década de 70, no Brasil.
(D) o período de Reconceituação na América Latina, próprio da década de 70.
(E) a expansão das grandes instituições socioassistenciais estatais, paraestatais e autárquicas, que surgem no final do Estado Novo.

QUESTÃO DISCURSIVA

(EXAME 2007) DISCURSIVA

Há várias condições indispensáveis para que o Assistente Social, inserido num órgão público (estatal), numa empresa ou numa organização da sociedade civil, conduza a execução de uma política social. Uma das mais importantes dessas condições diz respeito aos seus deveres e atribuições profissionais. Esclareça como o Assistente Social pode informar-se com segurança sobre tais deveres e atribuições e destaque a natureza das fontes que deve utilizar.

(valor: 10,0 pontos)

Conteúdo 12

INSERÇÃO DO ASSISTENTE SOCIAL NOS PROCESSOS DE TRABALHO

1. (EXAME 2010)

O atual quadro sócio-histórico não se reduz a um pano de fundo para que se possa, depois, discutir o trabalho profissional. Ele atravessa e conforma o cotidiano do exercício profissional do assistente social, afetando as suas condições e as relações em que se realiza o exercício profissional, assim como a vida da população usuária dos serviços sociais. A análise crítica desse quadro requer um diagnóstico mais complexo sobre os processos sociais e a profissão neles inscrita.

IAMAMOTO, M. V. As dimensões ético-políticas e teórico-metodológicas no Serviço Social contemporâneo. **Serviço social e saúde**: Formação e Trabalho Profissional. São Paulo: Cortez, 2006, p. 76 (adaptado).

A partir do texto e considerando o exercício da assistência social no contexto atual, assinale a alternativa correta.

(A) O contexto sócio-histórico traz os elementos necessários para o profissional categorizar os problemas sociais e os vulnerabilizados, facilitando a priorização das ações e as opções técnicas. Tais procedimentos encontram respaldo no projeto ético-político profissional para a definição das estratégias de intervenção.

(B) É sob o escopo das questões sócio-históricas que os problemas sociais configuram-se como pessoais e delimitam os elementos teórico-metodológicos e ético-políticos que norteiam as estratégias profissionais.

(C) Os limites e possibilidades da intervenção estão impressos no terreno sócio-histórico em que se exerce a profissão e nas referências éticas, políticas e metodológicas do assistente social.

(D) A prática profissional é uma relação singular entre o assistente social e o cliente e estabelece as bases para as estratégias profissionais, pois o serviço social é uma profissão do agir.

(E) A prática profissional interfere diretamente no cotidiano da população, razão pela qual o cotidiano alcança a centralidade da atenção do profissional.

2. EXAME 2010)

O momento conjuntural e as transformações sociais, políticas e econômicas pelas quais passa o Brasil exigem dos assistentes sociais intervenções que respondam às demandas das novas configurações societárias. A apropriação do conhecimento das variáveis conjunturais que compõem o planejamento social, dos métodos e das técnicas eficazes constitui instrumento fundamental para que as administrações públicas possam atingir seus objetivos e as metas elegíveis como prioritárias.

Nessa perspectiva, o assistente social que for solicitado a trabalhar com planejamento social deve

I. definir a síntese dos fatos e das necessidades que motivam o plano e a formulação de objetivos.

II. prever que é possível resolver os problemas sociais com poucos recursos.

III. prever as mudanças legais, institucionais e administrativas indispensáveis para a viabilidade do plano.

IV. propor ações que visem atender demandas clientelistas.

V. propor ações de caráter populista.

É correto apenas o que se afirma em

(A) I e II.

(B) I e III.

(C) II e V.

(D) III e IV.

(E) IV e V.

3. (EXAME 2010)

O serviço social é uma profissão de caráter sociopolítico, crítico e interventivo, que se utiliza de instrumental científico multidisciplinar das Ciências Humanas e Sociais para análise e intervenção nas diversas refrações da "questão social", isto é, no conjunto de desigualdades que se originam do antagonismo entre a socialização da produção e a apropriação privada dos frutos do trabalho e, para sua atuação, geralmente elabora registros dos atendimentos que realiza, redige relatórios, preenche fichas e formulários.

Disponível em: <http://www.cressrj.org.br/index.php>. Acesso em: 21 ago. 2010.

O material referido acima

(A) pauta-se por uma neutralidade garantidora da cientificidade.
(B) configura a produção de conhecimento do assistente social sobre sua prática.
(C) está sujeito ao sigilo profissional, o que impede seu uso para redefinição das ações profissionais.
(D) tem a finalidade precípua de salvaguardar a responsabilidade do profissional, informando os passos adotados a partir de um parecer sobre as demandas apresentadas.
(E) serve como objeto de reflexão com base nos fundamentos teóricos de sua profissão, possibilitando o desvelamento das reais necessidades dos usuários.

4. (EXAME 2010)

O processo de descentralização das políticas sociais públicas, com ênfase na sua municipalização, requer dos assistentes sociais (...) novas funções e competências. Os assistentes sociais estão sendo chamados a atuar na esfera da negociação, formulação e avaliação de políticas e do planejamento, gestão e monitoramento, inscritos em equipes multiprofissionais. Ampliam seu espaço ocupacional para atividades relacionadas ao controle social, à implantação e orientação de conselhos de políticas públicas, à capacitação de conselheiros, à elaboração de planos e projetos sociais, ao acompanhamento e à avaliação de políticas, programas e projetos.

IAMAMOTO. M. V. Os espaços sócio-ocupacionais do assistente social. **Curso de especialização em serviço social: direitos e competências profissionais.** Brasília: CEFESS, UnB, 2009 (adaptado).

Avalie se as afirmações a seguir estão de acordo com o perfil do assistente social na contemporaneidade.

I. Localizar-se na linha de frente das relações entre população e instituição, sendo executor terminal de políticas sociais.
II. Desenvolver capacidade de negociação, conhecimento e *know-how* na área de recursos humanos e relações no trabalho.
III. Fazer leitura e análise dos orçamentos públicos, identificando seus alvos e compromissos, assim como os recursos disponíveis para projetar ações.
IV. Decifrar as situações particulares com que se defronta o assistente social no seu trabalho, de modo a conectá-las aos processos sociais microscópicos que as geram e as modificam.

É correto apenas o que se afirma em

(A) I e II.
(B) I e III.
(C) I e IV.
(D) II e III.
(E) II, III e IV.

5. (EXAME 2010)

A atuação dos assistentes sociais nas empresas revela que há uma demanda crescente de participação nos Círculos de Controle da Qualidade (CCQ), visando à adesão dos trabalhadores às metas empresariais de competitividade e produtividade. Há, ainda, um crescente deslocamento do Serviço Social para a área de Recursos Humanos, enfatizando a criação de comportamentos que contribuam para a produtividade e a participação.

PORQUE

A substituição do modelo de produção fordista pelo toyotista exige o máximo de qualidade e produtividade, investimento em tecnologia e a adesão dos trabalhadores.

IAMAMOTO, M. V. O Serviço social na **contemporaneidade**: trabalho e formação profissional. 4. ed. São Paulo: Cortez, 2001 (adaptado). SERRA, R. M. S. **Trabalho e reprodução**: enfoques e abordagens. São Paulo: Cortez; Rio de Janeiro: PETRES-FSS/UERJ, 2001 (adaptado). Analisando a relação proposta entre as duas asserções acima, assinale a opção correta.

(A) As duas asserções são proposições verdadeiras, e a segunda é uma justificativa correta da primeira.
(B) As duas asserções são proposições verdadeiras, mas a segunda não é uma justificativa correta da primeira.
(C) A primeira asserção é uma proposição verdadeira, e a segunda é uma proposição falsa.
(D) A primeira asserção é uma proposição falsa, e a segunda é uma proposição verdadeira.
(E) As duas asserções são proposições falsas.

6. (EXAME 2007)

Dentre suas atribuições, o Assistente Social enfrenta o desafio de elaborar planos, programas e projetos para a Área Social. Observe o quadro, que explicita os diferentes níveis do planejamento social.

I	II	III
PLANO	**PROGRAMA**	**PROJETO**
Maior nível de abrangência do planejamento social.	Menor nível de abrangência que o Plano, setorialização do planejamento social e menor detalhamento que o projeto.	Menor abrangência que o Plano e o Programa e maior detalhamento de ações de execução das políticas sociais.

A análise do quadro permite assegurar que está(ão) correta(s) a(s) afirmação(ões) contida(s) na(s) coluna(s)

(A) I, apenas.
(B) II, apenas.
(C) III, apenas.
(D) I e II, apenas.
(E) I, II e III.

7. (EXAME 2007)

"A assessoria à gestão das políticas sociais tem sido demandada por diferentes sujeitos [...] que atuam nesta esfera. Expressa reconhecimento da capacidade profissional dos Assistentes Sociais no domínio da temática. É resultado do trânsito, como afirma Netto (1992), da atuação profissional exclusivamente pautada na execução terminal das políticas sociais para uma atuação profissional competente na gestão da totalidade do processo da política social, incluindo as suas dimensões de formulação, de gestão, e de sua operacionalização."

BRAVO, M. I. S. e MATOS, M. C., orgs. **Assessoria, consultoria & Serviço Social**. Rio de Janeiro, 7Letras, 2006.

A partir desse texto, é correto argumentar que

(A) a intervenção do Assistente Social em assessoria e consultoria no campo das políticas sociais indica uma redução do campo de ação profissional.

(B) a atuação do Assistente Social em assessorias e consultorias possibilita a conquista de novos espaços ocupacionais, contribuindo para maior visibilidade e promoção da profissão.

(C) assessorias e consultorias contradizem as atribuições privativas do Assistente Social, embora ampliem o seu mercado de trabalho.

(D) assessorias e consultorias ameaçam diminuir a empregabilidade do Assistente Social no espaço público e estatal.

(E) atividades de assessoria e consultoria consolidam a posição do Assistente Social nos limites da execução terminal de políticas.

8. (EXAME 2007)

O ECA, no seu artigo 121, indica que a internação constitui medida privativa de liberdade, sujeita aos princípios de brevidade, excepcionalidade e respeito à condição peculiar da pessoa em desenvolvimento. Nesse sentido, ao elaborar estudo social, cabe ao Assistente Social que trabalha com um adolescente:

I. indicar medidas que o punam de forma correta;

II. preservar a sua permanência próximo à sua família;

III. garantir a preservação dos seus direitos sociais;

IV. indicar plano de trabalho durante a sua permanência na Instituição;

V. monitorar o trabalho dos outros técnicos.

São corretos, apenas, os itens

(A) I, II e III.

(B) II, III e IV.

(C) II, IV e V.

(D) III, IV e V.

(E) I, II, III e IV.

9. (EXAME 2007)

Nas Diretrizes Gerais para o Curso de Serviço Social, aprovadas pela Assembleia Nacional da Associação Brasileira de Ensino e Pesquisa em Serviço Social, em 1996, as múltiplas expressões da "questão social" figuram como objeto de trabalho do Assistente Social, nas mais variadas dimensões da realidade social. A realização de estudos socioeconômicos, de acordo com o que postulam as diretrizes, orienta-se por uma perspectiva teórico-metodológica crítica. À luz da orientação teórica adotada pelas Diretrizes, seria legítimo sustentar que a direção social dos estudos socioeconômicos deve ser parametrizada pela perspectiva

(A) da desintegração familiar e comunitária.

(B) da disfunção social de indivíduos e grupos.

(C) da má distribuição de renda.

(D) da exclusão social.

(E) das desigualdades criadas pela sociedade capitalista.

10. (EXAME 2007)

Reconhece-se atualmente o papel pedagógico que o supervisor de campo tem na formação de futuros Assistentes Sociais empenhados na defesa de direitos. Esta defesa se traduz no compromisso profissional com

(A) a preservação do bem comum e dos direitos vigentes relativos à propriedade.

(B) a elevação da autoestima dos indivíduos na perspectiva de defesa do individualismo.

(C) o desenvolvimento solidário do país e a preservação da ordem e do bem comum.

(D) o posicionamento em favor da equidade e da justiça social.

(E) o respeito à dignidade da pessoa humana, considerada abstratamente.

11. (EXAME 2007)

O estágio supervisionado é uma dimensão extremamente importante na formação do Assistente Social, uma vez que permite ao aluno a identificação com a autoimagem de um profissional capaz de compreender o significado sócio-histórico do Serviço Social, a mediação entre interesses antagônicos de classes em suas relações com o Estado e as demandas profissionais. Assim, o estágio em Serviço Social deve ser concebido como espaço de

(A) cumprimento competente e eficaz das rotinas burocráticas presentes nas instituições.

(B) treinamento para responder prioritariamente às demandas do mercado profissional.

(C) substituição de profissionais com vínculo formal por jovens prestadores de serviços.

(D) articulação entre ensino teórico, pesquisa e formação para o exercício profissional.

(E) aplicação, na realidade institucional, dos conhecimentos teórico-metodológicos.

12. (EXAME 2004)

Do ponto de vista das instituições empregadoras do assistente social, o conjunto de estratégias profissionais tem como objetivo último legitimar e reproduzir a instituição e a sociedade de classes da qual ela faz parte. Todavia, a relativa autonomia dos profissionais e seus compromissos ético-políticos com os usuários dos serviços institucionais lhes permitem desenvolver uma prática profissional

(A) crítica, em face das demandas e limites institucionais, valorizando os interesses dos usuários e sustentando a construção coletiva de respostas às suas demandas.

(B) neutra, objetivando evitar a presença e o acirramento das contradições sociais.

(C) legitimadora da política institucional, através da imposição de suas normas e da defesa de seus objetivos e interesses.

(D) conservadora, atuando de modo a enquadrar demandas dos usuários nos limites institucionais e defendendo os interesses dominantes na instituição.

(E) voluntarista, desconsiderando as contradições sociais e institucionais.

13. (EXAME 2004)

O Serviço Social é uma profissão de caráter interventivo. Isso quer dizer que, na sua prática profissional, os assistentes sociais não se limitam a conhecer as necessidades dos demandantes de seus serviços, mas também agem para enfrentá-las, através dos seguintes meios: estratégias (adoção de procedimentos para se alcançar um fim); procedimentos (sucessão de atos e operações); instrumentos (recursos auxiliares das técnicas) e técnicas operativas (maneira especializada de agir). A utilização desses meios busca permitir

(A) à instituição em que o assistente social trabalha equipar-se para melhor oferecer condições de atendimento às necessidades de seus usuários.

(B) ao assistente social conceber e fornecer soluções técnicas às necessidades apresentadas pelos demandantes de seus serviços.

(C) ao assistente social e aos demandantes de seus serviços identificar e decidir sobre as respostas práticas para suas necessidades.

(D) aos demandantes dos serviços do assistente social descobrir e providenciar respostas práticas para suas necessidades.

(E) aos usuários das instituições em que o assistente social trabalha identificar melhor e demandar respostas institucionais para as suas necessidades.

14. (EXAME 2004)

Considere e analise as afirmações abaixo, sobre a questão social como eixo estruturante do Serviço Social.

I. O Serviço Social se constitui como profissão enquanto mecanismo institucional utilizado pelo Estado para dar respostas às expressões da questão social via políticas sociais.

II. Os assistentes sociais intervêm nas mais variadas formas de expressão da questão social, tais como os indivíduos as experimentam nas relações de trabalho, na família, na saúde e em outras esferas da vida social.

III. A questão social constitui-se exclusivamente de um conjunto de problemas de indivíduos e grupos usuários dos serviços prestados pelo Estado, via políticas sociais.

IV. O reconhecimento de um conjunto de problemas vinculados às modernas condições de trabalho urbano constitui o fundamento da questão social.

Somente é correto o que se afirma em

(A) I e II.

(B) I e III.

(C) I e IV.

(D) II e III.

(E) II e IV.

15. (EXAME 2004)

Capacitação e fortalecimento de lideranças; apoio sistemático no encaminhamento de ações imediatas; assessoramento na condução de processos de luta por conquistas, garantia de direitos e melhoria de condições de vida; assessoramento na participação coletiva de sujeitos envolvidos em dinâmicas decisórias – este conjunto de processos interventivos é operacionalizado por assistentes sociais junto

(A) à família.

(B) ao universo de organizações da sociedade civil.

(C) às organizações populares.

(D) aos gestores de políticas estatais.

(E) aos partidos políticos.

16. (EXAME 2004)

Para melhor orientar o usuário, o assistente social deve conhecer as múltiplas mediações que permeiam a sua atuação profissional. Para isso, deve embasar a sua intervenção em processos investigativos que assegurem e qualifiquem a formulação de estratégias e táticas de ação. Entre outras formas, tal embasamento se torna possível através

(A) da administração de benefícios.

(B) da visita domiciliar.

(C) da formação de grupos de discussão teórica.

(D) do levantamento/identificação dos recursos disponíveis.

(E) dos projetos de extensão.

17. (EXAME 2004)

O processo de sistematização das ações profissionais qualifica o trabalho do assistente social na medida em que possibilita

(A) a construção de modelos clínicos de intervenção.

(B) a manutenção do controle sobre os usuários.

(C) a definição do objeto institucional.

(D) a reconstrução ideal dos processos objetivos.

(E) o aperfeiçoamento dos saberes institucionais.

18. (EXAME 2004)

O trabalho do assistente social exige permanente aprimoramento intelectual para garantir fundamentação teórico-prática à prestação de serviços aos usuários. A adoção de uma postura investigativa permite identificar as necessidades sociais concretas dos usuários, subjacentes àquelas demandas espontâneas. Para o conhecimento de tais necessidades podem ser utilizados os seguintes instrumentos e técnicas:

(A) o saber institucional, a aplicação de dinâmicas de grupo e a entrevista.

(B) o trabalho comunitário, os pareceres sociais e a linguagem institucional.

(C) o atendimento no plantão, a observação participante e o perfil do próprio assistente social.

(D) as visitas domiciliares, os laudos e perícias e os organogramas das instituições.

(E) as estatísticas de triagem, os relatórios das instituições e as entrevistas com usuários.

Conteúdo 13

FUNDAMENTOS ONTOLÓGICOS DA DIMENSÃO ÉTICO-MORAL DA VIDA SOCIAL E SUAS IMPLICAÇÕES NA ÉTICA DO SERVIÇO SOCIAL

1. (EXAME 2010)

O serviço social tem, junto às questões ambientais, um espaço que vale a pena ser ocupado pelas inúmeras possibilidades de estudos interdisciplinares que apresentam, não só frente às questões ligadas ao desenvolvimento urbano, à preservação do meio ambiente e à geração de renda, mas também pela importância da qual se revestem essas questões, que criam inúmeras oportunidades de intervenção ao serviço social, em ações de mobilização, organização das populações ameaçadas pela degradação do seu meio ambiente ou de educação dessa mesma população para sua preservação.

COLITO, M. C. e PAGANI, A. M. M. **Conversando sobre as questões ambientais e o serviço social.** Disponível em: <http://www.ssrevista.uel.bric_v1n2_conversando.htm>. Acesso em:17 ago. 2010 (adaptado).

Nesse contexto, a educação ambiental é compreendida como um dos processos mais importantes de construção de valores, conhecimentos, habilidades e atitudes, tendo como objetivo

(A) estimular e fortalecer uma consciência crítica sobre a problemática ambiental e social.

(B) estimular as práticas preservacionistas calcadas no senso comum, valorizando-as em relação à ciência e tecnologia.

(C) garantir o sigilo sobre informações ambientais que possam causar prejuízos às comunidades e que comprometam a segurança nacional.

(D) fortalecer a interferência de povos possuidores de consciência ambiental sobre povos que desenvolvem procedimentos de destruição do meio.

(E) incentivar a responsabilização do poder público na preservação do equilíbrio do meio ambiente, restringindo-se a defesa da qualidade ambiental ao Estado.

2. (EXAME 2010)

A Política Nacional de Assistência Social (2004) revela conteúdos, princípios, diretrizes e objetivos da assistência social no Sistema de Proteção Social Brasileiro. Em consonância com a Lei Orgânica da Assistência Social (1993), avalie se cada afirmação a seguir constitui um princípio ou uma diretriz da política de assistência.

I. Supremacia do atendimento ás necessidades sociais sobre as exigências de rentabilidade econômica.

II. Universalização dos direitos sociais, a fim de tornar o destinatário da ação assistencial alcançável pelas demais políticas públicas.

III. Participação da população, por meio de organização representativa, na formulação das políticas e no controle das ações em todos os níveis.

IV. Divulgação ampla dos benefícios, serviços, programas e projetos assistenciais, bem como dos recursos oferecidos pelo poder público e dos critérios para sua concessão.

V. Descentralização político-administrativa, cabendo a coordenação e as normas gerais à esfera federal e a coordenação e execução dos respectivos programas às esferas estadual e municipal, bem como a entidades beneficentes e de assistência social, garantindo o comando único das ações em cada esfera de governo, respeitando-se as diferenças e as características socioterritoriais locais.

São princípios da política de assistência apenas os descritos em

(A) I, II e III.

(B) I, II e IV.

(C) I, IV e V.
(D) II, III e V.
(E) III, IV e V.

3. (EXAME 2010)

A Lei n.° 8.662/1993, que regulamenta a profissão do assistente social, enfatiza como atribuição privativa do assistente social realizar estudos sociais, perícia e laudos em matérias específicas do Serviço Social. Segundo Favero (2004), na perspectiva da atuação do Serviço Social na área jurídica, o estudo social é uma das principais ferramentas que fundamentam decisões sobre outrem.

FAVERO, E. T. O estudo social: fundamentos e particularidades de sua construção na área jurídica. *In:* CFESS (Org.). O **Estudo social em perícias, laudos, pareceres técnicos.** 2. ed. São Paulo: Cortez, 2004.

Na perspectiva abordada acima, é função do estudo social

(A) emitir parecer à autoridade solicitante.
(B) mapear a realidade econômica dos sujeitos.
(C) diagnosticar e emitir parecer com a equipe multidisciplinar.
(D) fomentar as competências e habilidades dos profissionais de Serviço Social.
(E) colaborar internamente nas decisões econômicas e políticas das instituições.

4. (EXAME 2010)

O serviço social é uma das poucas profissões que possui um projeto profissional coletivo e hegemônico, denominado Projeto Ético-Político Profissional, que foi gestado no interior da categoria profissional e que expressa seu compromisso com a construção de uma nova ordem societária, mais justa, democrática e garantidora de direitos universais.

CFESS. Código de ética profissional do assistente social (Resolução 273/93).

O projeto mencionado no texto tem seus contornos claramente expressos na Lei n.° 8.662/1993, no Código de Ética Profissional de 1993, o qual assegura ao assistente social o direito de

(A) desempenhar suas atividades profissionais com eficiência e responsabilidade, observando a legislação em vigor.
(B) utilizar, no exercício da profissão, seu número de registro no Conselho Regional.
(C) abster-se, no exercício da profissão, de práticas que caracterizem a censura, o cerceamento da liberdade, o policiamento dos comportamentos, denunciando sua ocorrência aos órgãos competentes.
(D) aprimorar seu conhecimento profissional de forma contínua, colocando-o a serviço dos princípios estabelecidos no próprio Código.
(E) participar de programas de socorro à população em situação de calamidade pública, no atendimento e na defesa de seus interesses e necessidades.

5. (EXAME 2007)

A Constituição de 1988, a contra-reforma do Estado e as mudanças do mundo do trabalho têm exigido do profissional de Serviço Social brasileiro novas competências e habilidades profissionais – dentre elas, a de exercer funções de gestão ou direção em organizações públicas ou privadas. Isso requer o domínio crítico das teorias organizacionais e das ferramentas gerenciais, bem como a clareza do significado da direção estratégica do projeto hegemônico no Serviço Social brasileiro. De acordo com o Código de Ética Profissional em vigor, o exercício profissional, neste campo e na perspectiva da defesa e do aprofundamento da democracia, deve buscar

(A) a projeção de uma nova sociedade sem exploração e desigualdade de classe, gênero e etnia.
(B) a eficácia e eficiência por meio da moderna administração gerencial de resultados.
(C) a atenção às necessidades locais em função da municipalização das políticas públicas.
(D) a defesa da liberdade do mercado como princípio regulador das relações econômicas e sociais.
(E) a satisfação das necessidades e demandas sociais nos limites da ordem política liberal.

6. (EXAME 2004)

O assistente social, ao se deparar com conflitos de interesses, deve, de acordo com o atual Código de Ética, em seus Princípios Fundamentais, posicionar-se em favor da democracia, da cidadania, da equidade, da justiça social, dos direitos humanos e da liberdade como valor ético central. Neste quadro, o assistente social deve optar por um projeto profissional vinculado à construção de

(A) uma sociedade liberal e democrática, sem qualquer tipo de discriminação.
(B) uma sociedade burguesa renovada, plural, livre de qualquer tipo de opressão.
(C) uma sociedade democrática, porém conservando as diferenças econômicas, políticas e culturais.
(D) uma nova ordem societária, sem dominação-exploração de classe, gênero e etnia.
(E) um novo projeto social-democrata.

Conteúdo 14

TEORIAS ORGANIZACIONAIS E MODELOS GERENCIAIS NA ORGANIZAÇÃO DO TRABALHO E NAS POLÍTICAS SOCIAIS

1. (EXAME 2007)

No planejamento de uma ação profissional inserida numa política pública de saúde, no que se refere aos benefícios a serem concedidos aos usuários, o que o Assistente Social deve considerar prioritariamente?

(A) A universalidade dos direitos.
(B) A parceria entre Estado e sociedade civil.
(C) O poder aquisitivo dos usuários.
(D) Os recursos técnico-institucionais.
(E) Os serviços imediatamente disponíveis.

2. (EXAME 2007)

"Ao reconhecer a saúde como resultante das condições de vida, a obtenção de dados sobre as condições econômicas, políticas, sociais e culturais passa a fazer parte do conjunto dos procedimentos necessários à identificação e análise dos fatores que interveem no processo saúde/doença."

MOTA, A. E. *et alli*, org. **Serviço Social e saúde**. **Formação e trabalho profissional**. S. Paulo, Cortez, 2006.

A partir desse texto, pode-se afirmar que, no planejamento de sua intervenção numa política de saúde, o Assistente Social deve, prioritariamente,

(A) apoiá-lo no exame abrangente das condições de vida dos usuários.
(B) fundamentá-lo no conhecimento das representações culturais dos usuários.
(C) embasá-lo em práticas e técnicas médicas, jurídicas e antropológicas.
(D) justificá-lo a partir da história familiar e de vida dos usuários.
(E) legitimá-lo mediante pesquisas sobre serviços de alta complexidade.

Conteúdo 15

CONCEPÇÃO, ELABORAÇÃO E REALIZAÇÃO DE PROJETOS DE PESQUISA

1. (EXAME 2010)

Analise a relação proposta entre as duas asserções a seguir, relativas aos procedimentos de pesquisa em serviço social.

A padronização e a neutralidade nos procedimentos garantem a cientificidade da investigação.

PORQUE

A pesquisa qualitativa trabalha com significados e o pesquisador deve entender o processo social nas transformações e determinações construídas historicamente pelos sujeitos. Considerando a coerência das correntes da pesquisa social, as asserções fundamentam-se

(A) em vertentes diferentes, no entanto se complementam, pois a padronização é necessária para delimitar as etapas do processo de apreensão da historicidade.

(B) na mesma vertente, mas considerar a historicidade do sujeito rompe com a visão de neutralidade que é necessária à cientificidade da pesquisa social, bem como aos procedimentos de padronização.

(C) em vertentes diferentes, pois apreender a historicidade exige procedimentos de pesquisa construídos em diálogo com o cenário social, o que rompe com a neutralidade e com a padronização de procedimentos.

(D) na mesma vertente, pois, mediante padronização, chega-se aos dados quantitativos, enquanto os qualitativos, complementares a esses, são obtidos por meio da adoção de postura neutra pelo pesquisador.

(E) em vertentes diferentes, porém, na pesquisa de teor qualitativo, as vertentes fundem-se em uma única, eclética e completa, na qual a combinação dos elementos depende do julgamento do pesquisador e de sua percepção de coerência perante o objeto.

2. (EXAME 2010)

Considere que em estudo realizado com adolescentes que cometeram ato infracional, tenha se chegado aos resultados apresentados na tabela abaixo, no que concerne à faixa etária dos pesquisados.

Adolescentes que cometeram infração segundo faixa etária

Faixa etária	Nº de adolescentes	%
12 ⊣ 13	3	10
13 ⊣ 14	6	20
14 ⊣ 15	12	40
15 ⊣ 16	3	10
16 ⊣ 17	6	20
	30	**100**

Com base nessas informações, avalie as afirmativas que se seguem.

I. Os dados estão agrupados e pertencem à etapa chamada de representação da pesquisa.

II. Observa-se simetria no gráfico da distribuição do número de adolescentes pesquisados por faixa etária.

III. Os dados são apresentados de forma a dar visibilidade a valores absolutos e relativos.

IV. Os dados mostram que a maioria dos adolescentes pesquisados tem entre 14 e 15 anos de idade.

É correto apenas o que se afirma em

(A) I e II.
(B) I e III.
(C) II e IV.
(D) I, III e IV.
(E) II, III e IV.

QUESTÃO DISCURSIVA

1. (EXAME 2010) DISCURSIVA

Prostituição infantil no Brasil: um grande desafio a ser vencido

A gente quer sair daqui e não pode. Esse desgraçado diz que só solta a gente depois que a gente pagar a dívida, e a dívida não acaba nunca. O dinheiro que a gente ganha vai direto pra mão dele. Em todas as boates é assim. Quem tenta fugir apanha. Aqui os donos da boate batem na gente é com fio de quatro dobras. Quando não batem, mandam a polícia bater. Tá cheio de menina com marcas no corpo. Dizem que muitas morreram porque tentaram fugir. Pelo amor de Deus, moço, me tira daqui!

Dimenstein, G. **Meninas da noite**. São Paulo: Ática, 1992.

O depoimento acima retrata a angústia que muitas crianças e adolescentes em situação de violência e exploração sexual, vivenciam em nosso país. A soma de esforços coletivos para o enfrentamento dos desafios expressos nas dimensões societárias atuais está relacionada às condições necessárias para a materialidade do Projeto Ético-Político do Serviço Social.

Considerando o texto e as informações apresentadas, e de acordo com as atribuições e competências do assistente social, redija um texto argumentativo que contemple três ações a serem implementadas pelo profissional que atua com crianças e adolescentes em situação semelhante à descrita acima. **(valor: 10,0 pontos)**

1. (EXAME 2007)

O Sistema Único da Assistência Social (SUAS) requer, no campo da gestão, uma atividade permanente de monitoramento e avaliação.

O Assistente Social, também no exercício da gestão, deve garantir os princípios fundamentais do seu Código de Ética dentre os quais o compromisso com a qualidade dos serviços prestados à população. Em cada um dos cinco itens abaixo estão indicadas condições que pretendem corresponder a este princípio.

I. Garantia da atuação de equipes interdisciplinares nos espaços profissionais.
II. Informações orçamentárias socializadas entre gestores, técnicos e usuários.
III. Elaboração de relatórios sistemáticos de avaliação dos serviços, programas e projetos sociais.
IV. Construção de indicadores capazes de expressar as desigualdades de classes.
V. Articulação da rede socioassistencial, ampliando a cobertura dos serviços.

Correspondem ao princípio referido as condições

(A) II e V, apenas.
(B) III e V, apenas.
(C) I, II e III, apenas.
(D) I, II e IV, apenas.
(E) I, II, III, IV e V.

QUESTÃO DISCURSIVA

1. (EXAME 2004) DISCURSIVA

O desenvolvimento do capitalismo nas três últimas décadas teve fortes impactos no "mundo do trabalho", agravando a questão social. Indique o fenômeno mais visível dentre esses impactos e três desafios postos por ele ao Serviço Social. **(valor: 10,0 pontos)**

Capítulo XVII

Questões de componente específico de Tecnologia em Gestão Ambiental

1) Conteúdos e Habilidades objetos de perguntas nas questões de Componente Específico.

As questões de Componente Específico são criadas de acordo com o curso de graduação do estudante.

Essas questões, que representam ¾ (três quartos) da prova e são em número de 30, podem trazer, em Tecnologia em Gestão Ambiental, dentre outros, os seguintes **Conteúdos**:

I. Gestão de bacias hidrográficas: recursos hídricos; mensuração do ciclo hidrológico; disponibilidade hídrica; legislações e normas técnicas pertinentes;

II. Saneamento ambiental:

a) sistemas de abastecimento de água e esgotamento sanitário: controle de poluição; reuso; identificação e interpretação dos parâmetros e padrões de qualidade de água;

b) gestão de resíduos sólidos: acondicionamento; coleta; transporte; tratamento e disposição final;

c) saúde pública: medidas de controle de vetores; epidemiologia; vigilância e educação em saúde.

d) drenagem urbana: enchentes e inundações;

e) legislações e normas técnicas pertinentes.

III. Avaliação de impactos ambientais: avaliação de aspectos e impactos ambientais; metodologia de avaliação de impacto; medidas preventivas, mitigadoras e compensatórias; diagnóstico e caracterizações de estudos ambientais; legislações e normas técnicas pertinentes.

IV. Recuperação de áreas degradadas: conservação da água e do solo; recomposição vegetal; análise; gestão de riscos ambientais; legislações e normas técnicas pertinentes.

V. Planejamento urbano e ambiental: uso e ocupação do solo; zoneamento ambiental; Estatuto da Cidade; Plano Diretor; legislações e normas técnicas pertinentes.

VI. Gestão da biodiversidade: preservação e conservação dos recursos naturais; valoração ambiental; Convenção da Diversidade Biológica; Sistema Nacional de Unidades de Conservação; Lei de Crimes Ambientais; Código Florestal.

VII. Licenciamento ambiental.

VIII. Sistemas de gestão integrada: sistemas de gestão ambiental e de qualidade: normas, certificação e auditoria.

IX. Mecanismos de Produção mais Limpa: tecnologias alternativas. Mudanças climáticas. Energias renováveis.

X. Educação socioambiental.

XI. Geotecnologias: Sensoriamento Remoto; Sistema de Posicionamento Global (GPS); Sistema de Informações Geográfica (SIG); aplicações ambientais.

O objetivo aqui é avaliar junto ao estudante a compreensão dos conteúdos programáticos mínimos a serem vistos no curso de graduação, de forma avançada. Também é avaliado o nível de atualização com relação à realidade brasileira e mundial e às questões jurídicas de maior relevância.

Avalia-se aqui também *competências* e *habilidades*. A ideia é verificar se o estudante desenvolveu as principais **Habilidades** para o profissional de Tecnologia em Gestão Ambiental, que são as seguintes:

I. Conhecer e aplicar:

a) técnicas de redação para a elaboração de documentos técnicos;

b) direito, legislações, políticas e normas técnicas da área ambiental;

c) sistema de gestão integrada (ambiental e qualidade);

d) educação socioambiental;

e) princípios do desenvolvimento sustentável e de responsabilidade socioambiental;

f) geotecnologias.

II. Elaborar e interpretar:

a) instrumentos ambientais: estudos, planos, relatórios, laudos, pareceres técnicos, manuais, procedimentos e outros documentos pertinentes;

b) análises físico-químicas e microbiológicas;

c) produtos cartográficos.

III. Planejar, executar, gerenciar e avaliar:

a) sistemas de gestão integrada em organizações públicas, privadas e não governamentais;
b) o uso de tecnologias, prevenção, controle e monitoramento da qualidade ambiental;
c) políticas, programas e projetos de gestão de recursos hídricos e demais recursos naturais;
d) políticas, programas e projetos de gestão de resíduos sólidos, líquidos e gasosos;
e) políticas, programas e projetos de recuperação de áreas degradadas;
f) políticas, programas e projetos de educação, comunicação e marketing ambiental;
g) atividades pertinentes a preservação, conservação e manejo da biodiversidade;

IV. Atuar em equipes multidisciplinares que contemplem as áreas de conhecimento em:

a) gestão de bacias hidrográficas;
b) saneamento ambiental;
c) avaliação de impactos ambientais;
d) recuperação de áreas degradadas;
e) planejamento urbano e ambiental;
f) gestão da biodiversidade;
g) licenciamento ambiental;
h) sistemas de gestão integrada;
i) mecanismos de Produção mais Limpa;
j) educação socioambiental;

Vejamos agora as questões de Componente Específico de Tecnologia em Gestão Ambiental.

2) Questões de Componente Específico.

Prova 2010

TECNOLOGIA EM GESTÃO AMBIENTAL

1. (EXAME 2010)

Disponível em:<http://charges.uol.com.br> Acesso em: 31 ago. 2010.

A charge acima visa

(A) alertar para a necessidade de ações mais eficazes de controle da poluição ambiental.
(B) apontar para possíveis ações estratégicas de conservação e de uso sustentável de recursos naturais.
(C) mostrar a quantidade de partículas em suspensão na atmosfera cuja concentração representa transtorno ambiental.
(D) apresentar um desequilíbrio irreversível causado no ecossistema pela ação predatória do ser humano.
(E) demonstrar a urgência de serem criadas leis mais severas de proteção ambiental e de exploração de recursos hídricos.

2. (EXAME 2010)

Para a definição do processo de tratamento de efluentes industriais, são testadas e utilizadas diversas operações unitárias. Os processos podem ser classificados em físicos, químicos e biológicos em função da natureza dos poluentes a serem removidos e(ou) das operações unitárias utilizadas para o tratamento. A poluição térmica, devido às perdas de energia calorífica nos processos de resfriamento ou devido às reações exotérmicas no processo industrial, também é importante fonte de poluição dos corpos hídricos. Nesse caso, o parâmetro de controle é a temperatura do efluente. As características sensoriais dos efluentes, notadamente o odor e a cor aparente, são muito importantes, pois despertam a atenção, inclusive dos leigos, e podem ser objeto de atenção das autoridades.

GIORDANO, G. **Tratamento e controle de efluentes industriais**. Rio de Janeiro, UERJ, s/d. (adaptado).

Considerando o texto apresentado, analise as afirmações que se seguem.

I. São processos físicos os que removem os sólidos em suspensão sedimentáveis e flutuantes. Entre eles, incluem-se o dradeamento, o peneiramento, a separação de óleos e gorduras, a sedimentação e a flotação.

II. São processos químicos aqueles que promovem a remoção dos poluentes ou condicionam a mistura de efluentes a ser tratada aos processos subsequentes. Entre eles, incluem-se a clarificação química, a cloração para desinfecção e os lodos ativados.

III. Os processos de tratamento biológicos têm como princípio utilizar a matéria orgânica dissolvida ou em suspensão como substrato para microrganismos, tais como bactérias, fungos e protozoários, que a transformam em gases, água e novos microrganismos.

IV. O odor nos efluentes industriais é resultado da exalação de substâncias orgânicas ou inorgânicas provenientes de aromas (indústrias farmacêuticas, por exemplo), solventes (indústrias de tintas, refinarias de petróleo e poios petroquímicos) e amônia do chorume.

V. Os tratamentos são flexíveis e os mesmos processos são aplicados em todos os tipos de efluentes. O que os diferencia um do outro é o tempo de processamento.

É correto apenas o que se afirma em

(A) I, II e IV.
(B) I, II e V.
(C) I, III e IV.
(D) II, III e V.
(E) III, IV e V.

3. (EXAME 2010)

Em uma indústria têxtil, os efluentes líquidos gerados apresentam as seguintes características: vazão média de 1 m^3/s; temperatura de 35 °C e demanda bioquímica de oxigênio após 5 dias (DB05), a 20 °C, igual a 305 mg O_2/L.

Esses efluentes serão lançados em um corpo lótico, classe III, com as seguintes características a montante do lançamento: vazão mínima de 59 m^3/s; temperatura de 20 °C e DB05, a 20 °C, igual a 2 mg O_2/L.

O órgão ambiental competente, baseado na legislação estadual, determinou os seguintes padrões de lançamento para aquele efluente industrial: temperatura inferior a 40 °C, com variação não excedendo 3 °C na zona de mistura e DB05 a 20° C inferior a 60 mg $O_2$1L.

A legislação federal também determina para as águas, classe III, uma DB05 a 20 °C, inferior a 10 mg $O_2$1L. Os efluentes também não podem conferir ao corpo de água características em desacordo com as metas do seu enquadramento.

A partir da análise das informações apresentadas, conclui-se que

(A) o efluente deverá ser resfriado antes do lançamento, de modo a não incrementar a temperatura do corpo aquático lótico, na zona de mistura, acima do permitido.
(C) o efluente não precisa ser tratado, já que pelo menos um dos parâmetros analisados (temperatura) está em conformidade com os padrões de lançamento.
(C) o efluente não precisa ser tratado, já que não compromete as características do corpo aquático, após o lançamento (na zona de mistura), em relação às metas de seu enquadramento.
(D) o efluente precisa ser tratado para que seja reduzida a carga orgânica biodegradável, representada pela DB05.
(E) o efluente precisa ser tratado, por meio de tratamento primário, com o objetivo de reduzir a carga orgânica e a temperatura do efluente.

4. (EXAME 2010)

No Brasil, os resíduos sólidos foram, por muitos anos, depositados em lixões, sem que houvesse sistema adequado de controle de poluição. Com isso, esses lixões se transformaram em áreas potencialmente contaminadas que precisam passar por processos de remediação.

Acerca da remediação dos lixões, avalie as afirmações que se seguem.

I. Os gases captados do lixão têm alto poder calorífico, o que potencializa sua utilização energética, apesar dos altos custos financeiros característicos dos processos de pressurização do gás metano.

II. A aceleração da decomposição da matéria orgânica presente no lixão é feita injetando-se, dentro da massa de resíduos, solução concentrada de microrganismos decompositores e(ou) ar atmosférico.

III. O chorume coletado no lixão apresenta níveis de DBO muito acima daqueles verificados para os esgotos domésticos e, por isso, a estabilização de sua carga orgânica requer nível terciário de tratamento.

IV. A implantação de sistemas de drenagem de águas pluviais afasta as águas de chuva do lixão, evitando que essa água penetre na massa de lixo e, consequentemente, haja formação de mais chorume e gases.

V. Os sistemas de drenagem de gases tipo espinha de peixe são indicados para a captação dos gases presentes nos lixões por não exigirem, para sua instalação, grande movimentação na massa de resíduo depositada.

É correto apenas o que se afirma em

(A) I, II e IV.
(B) I, II e V.
(C) I, III e IV.
(D) II, III e V.
(E) III, IV e V.

5. (EXAME 2010)

A figura a seguir representa o ciclo hidrológico ou ciclo da água, fenômeno mantido pela energia solar e pela gravidade.

Ciclo hidrológico.

Disponivel em:< http://ga.water.usgs.gov/edu/graphics/watercycleportuguesehigh.jpg.>. Acesso em: 28 ago. 2010.

Por ser de circulação fechada, a quantidade total de água da Terra permanece constante. Estima-se que o volume de água do planeta seja de aproximadamente 1,4 bilhão de quilômetros cúbicos, distribuídos conforme apresentado no gráfico.

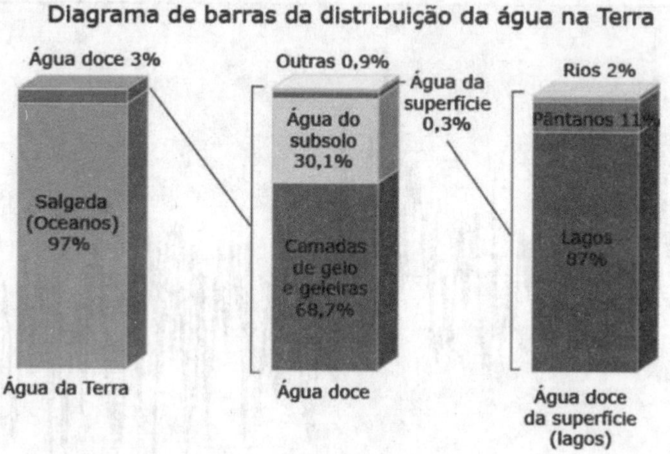

Distribuição da água na Terra.

Disponível em:<http://ga.water.usgs.gov/edu/graphics/watercycleportuguesehigh.jpg.>. Acesso em: 28 ago. 2010.

Com base nas informações do texto, da figura e do gráfico apresentados, avalie as afirmações abaixo.

I. Da quantidade total de água doce da Terra, 87% encontram-se nos lagos.

II. No ciclo hidrológico, existem quatro locais onde ocorre o armazenamento de água, sendo que cerca de um terço do volume total está no subsolo.

III. O volume de água doce retida nas camadas de gelo e geleiras é maior do que 25 milhões de quilômetros cúbicos.

IV. Os rios representam 0,00018% do volume total de água do planeta.

São corretas apenas as afirmações

(A) I e II.

(B) I e III.

(C) II e III.

(D) II e IV.

(E) III e IV.

6. (EXAME 2010)

O relatório da qualidade do ar elaborado pelo Instituto Estadual de Meio Ambiente e Recursos Hídricos do Estado do Espírito Santo com referência à região da Grande Vitória no ano de 2006, utiliza um índice de qualidade do ar (IQA) que contempla os seguintes parâmetros: dióxido de enxofre (SO_2), dióxido de nitrogênio (NO_2), monóxido de carbono (CO), ozônio (0_3), partículas inaláveis (PM10) e partículas totais em suspensão (PTS). O IQA é uma função linear segmentada (por faixa de classificação) e adimensional da concentração dos poluentes, cujos pontos de inflexão são os padrões limitantes de qualidade apresentados na tabela a seguir. Para cada poluente, é calculado um valor de IQA. Desse modo, concentrações de NO_2 iguais a 50 pg/m³ e a 150 pg/m³ correspondem, respectivamente, a valores de IQA iguais a 25 e 62 para esse poluente.

Faixas de concentrações dos poluentes para o cálculo do IQA.

IQA		FAIXAS DE CONCENTRAÇÃO DOS POLUENTES (µg/m³)					
CLASSIFICAÇÃO	FAIXA	MÉDIA (24 HORAS)			MÉDIA (1 HORA)		MÉDIA (8 HORAS)
		PTS	PM_{10}	SO_2	NO_2	O_3	CO
Bom	0 - 50	0 - 80	0 - 50	0 - 80	0 - 100	0 - 80	0 - 5.000
Regular	51 - 100	81 - 240*	51 - 150*	81 - 365*	101 - 320*	81 - 160*	5.001 - 10.000
Inadequado	101 - 199	241 - 375	151 - 250	366 - 800	321 - 1130	161 - 200	10.001 - 17.000
Má	200 - 299	376 - 625	251 - 420	801 - 1600	1131 - 2260	201 - 800	17.001 - 34.000
Péssima	300 - 399	626 - 875	421 - 500	1601 -2100	2261 - 3000	801 - 1000	34.001 - 46.000
Crítica	> 400	> 876	> 501	> 2100	> 3000	> 1000	> 46.000

Nota: Valores em vermelho são os padrões primários estabelecidos pela Resolução CONAMA nº 3, de 28/06/1990.

ESPÍRITO SANTO. Relatório da Qualidade do Ar na Região da Grande Vitória, 2006. Cariacica: Instituto Estadual de Meio Ambiente e Recursos Hídricos, 2007. (adaptado).

Considerando as informações no texto e na tabela acima, suponha que o responsável por uma estação de monitoramento de poluição atmosférica tenha reportado uma evolução para o IQA das PTS, no ano de 2009, conforme mostrado no gráfico da figura a seguir.

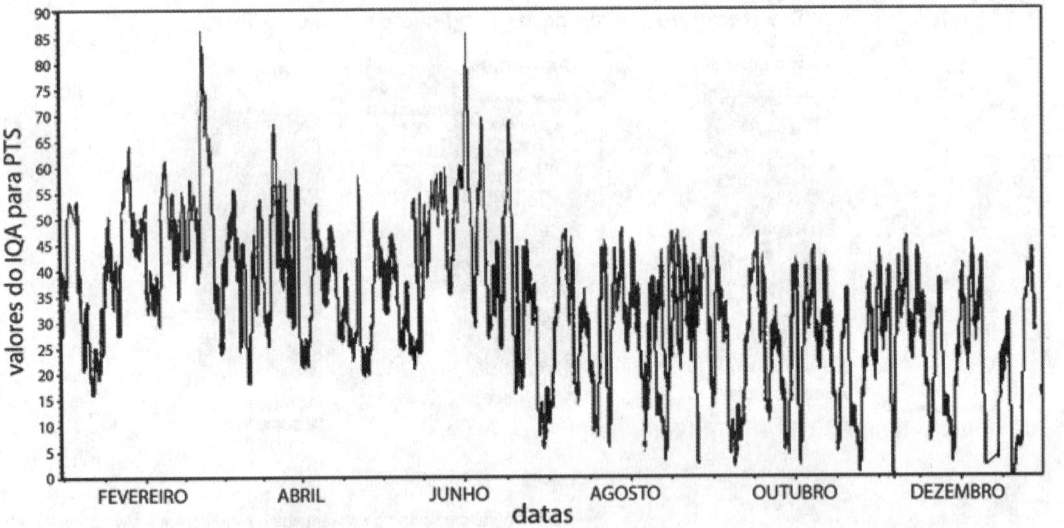

Evolução do IQA para o PTS (2009).

Nessa situação e com base nos dados apresentados, conclui-se que,

(A) no primeiro semestre de 2009, a qualidade do ar na estação, em relação às partículas totais em suspensão, foi considerada predominantemente regular, especialmente no mês de junho, com valores de PTS sempre inferiores a 175 pg/m³.

(B) no primeiro semestre de 2009, a qualidade do ar na estação, em relação às partículas totais em suspensão, foi considerada predominantemente boa, em especial no mês de junho, com alguns valores de PTS superiores a 175 pg/m³ no semestre.

(C) no segundo semestre de 2009, a qualidade do ar foi predominantemente boa, com alguns eventos de qualidade regular. Esse fato se deveu a uma menor produção industrial no período.

(D) em 2009, a qualidade do ar é predominantemente boa, ocorrendo somente alguns eventos de concentrações de PTS acima do padrão primário determinado pela Resolução CONAMA n.° 3, de 28/06/1990.

(E) em 2009, a qualidade do ar é melhor no segundo semestre, com a ocorrência de alguns eventos no primeiro semestre em que as concentrações de PTS foram superiores a 150 pg/m³, embora sempre inferiores ao do padrão primário estabelecido pela Resolução CONAMA n.° 3, de 28/06/1990.

7. (EXAME 2010)

Conforme a resolução CONAMA n.° 9/1996, um corredor ecológico "é uma faixa de cobertura vegetal existente entre remanescentes de vegetação primária, em estágio médio e avançado de regeneração, capaz de propiciar hábitat ou servir de área de trânsito para a fauna residente nos remanescentes. Os corredores entre remanescentes constituem-se de faixas de cobertura vegetal existentes, nas quais seja possível a interligação de remanescentes, em especial às unidades de conservação e áreas de preservação permanente".

ARRUDA, M. B. e DE SÁ, L. F. S.N. **Corredores ecológicos**: uma abordagem integradora de ecossistemas no Brasil. Brasília: IBAMA, 2004, p. 21 (adaptado).

A partir da citação apresentada, avalie as afirmativas abaixo com referência a outras especificidades que agregam valores para o estabelecimento de um corredor ecológico.

I. A abordagem dos corredores de biodiversidade se aplica como forma de integrar escalas semelhantes de proteção ambiental.

II. Em diversas circunstâncias, a estratégia "corredor" não pressupõe qualquer ação de incremento no grau de conectividade entre porções de paisagem.

III. Os corredores não necessariamente possuem condições de abrigar populações viáveis em longo prazo, mas podem elevar as probabilidades de sobrevivência do conjunto de determinada espécie.

IV. Sob a ótica biológica, o planejamento de um corredor objetiva a manutenção ou restauração da conectividade da paisagem e facilita o fluxo genético entre populações.

É correto apenas o que se afirma em

(A) I.
(B) I e IV.
(C) II e III.
(D) I, II e III.
(E) II, III e IV.

8. (EXAME 2010)

A malária é uma doença infecciosa febril aguda causada pelo protozoário do gênero *Plasmodium*, e sua distribuição pelo mundo é mostrada na figura abaixo.

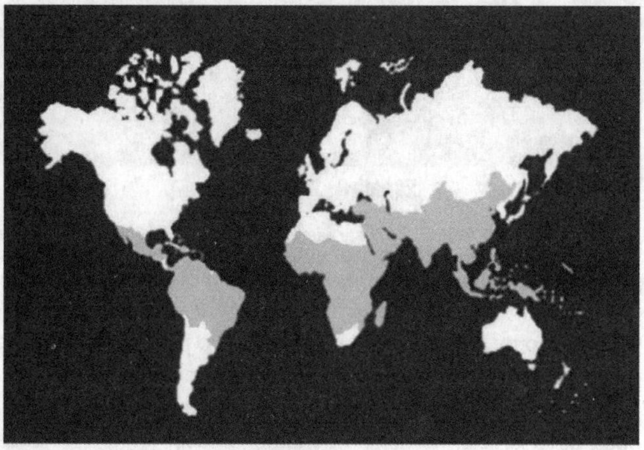

Área de incidência da malária — Área livre da malária

Disponível em: <http://www.cienciaviva.org.bilarquivo/cdebate/002dengue/malaria.html> Acesso em: 24 ago. 2010.

Com relação a malaria e a sua distribuição, assinale a opção correta.

(A) Os criadouros preferenciais do mosquito transmissor são depósitos de água parada que contenham matéria orgânica em decomposição e exalem mau cheiro, como os esgotos. A carência de sistemas de esgotamento sanitário capazes de coletar e transportar os esgotos gerados nas áreas urbanas, e deles tratar e dispor, favorece a expansão dos casos de malária na região.

(B) O mosquito da malária sobrevive em áreas que apresentem médias de temperaturas mínimas superiores a 15 °C, e sua população só atinge número de indivíduos suficiente para a transmissão da doença em regiões de umidade alta em que as temperaturas médias fiquem entre 20 °C e 30 °C.

(C) Apesar de os investimentos constantes na oferta de sistemas de abastecimento de água terem contribuído para diminuir o número de casos da doença, países em desenvolvimento não conseguem ainda oferecer aos seus cidadãos infraestrutura e serviços de abastecimento de água potável capazes de evitar o consumo da água bruta contaminada pelo protozoário do gênero *Plasmodium*.

(D) A malária é uma doença associada à floresta estacionai semidecidual, localizada em faixa limite próximo da linha do Equador, em que os altos índices de pluviosidade permitem que a água se acumule nas folhas das copas das árvores, onde as moscas depositam seus ovos. A alta insolação característica dessa faixa equatoriana favorece o crescimento das larvas e o aumento das populações desse vetor.

(E) A malária é uma doença característica de países em desenvolvimento, onde há carência na oferta de serviços de limpeza e no manejo dos resíduos sólidos urbanos. Nesses países, proliferam os lixões a céu aberto, nos quais moscas transmissoras da malária encontram as condições apropriadas para sua existência.

9. (EXAME 2010)

Por meio do sensoriamento remoto, é possível produzir imagens da superfície terrestre a partir da captação e do registro da radiação eletromagnética emitida ou refletida pela superfície da Terra em diferentes comprimentos de onda. Para a obtenção da imagem, a escolha da banda de frequência do sensor remoto a ser usado depende do tipo de alvo na superfície da Terra a ser identificado ou analisado. A tabela a seguir apresenta quatro bandas de frequência e seus respectivos intervalos de comprimentos de onda.

banda 1	banda 2	banda 3	banda 4
0,45 μm a 0,52 μm	0,52 μm a 0,59 μm	0,63 μm a 0,69 μm	0,77 μm a 1,5 μm
Azul	verde	vermelho	infravermelho

Com base nas informações do texto e da tabela, assinale a opção correta.

(A) A banda 1 é a mais adequada para o mapeamento morfológico do solo.

(B) A banda 2 é a mais adequada para o delineamento de redes de drenagem.

(C) A banda 3 é a mais indicada para a obtenção de imagens usadas em cartografia de linhas costeiras.

(D) A banda 4 é mais adequada para a obtenção de imagens usadas na identificação de áreas de queimadas.

(E) Nenhuma das bandas apresentadas é indicada para a obtenção de imagens usadas na análise de qualidade da água.

10. (EXAME 2010)

Um tecnólogo em gestão ambiental é contratado por uma pequena indústria que gera, em seu processo produtivo, alguns tipos de resíduos sólidos. Ao elaborar o plano de gerenciamento de resíduos sólidos, ele recorre à NBR 10 004/2004.

Avalie as afirmativas que se seguem, considerando o estabelecido na NBR 10 004/2004.

I. Os resíduos sólidos são classificados em inertes e não inertes, sendo que os não inertes podem ser perigosos e não perigosos.

II. A classificação de um resíduo é feita com base na identificação de seus constituintes e no processo que o originou.

III. Quando se trata de resíduos tóxicos, as embalagens que os contêm (ou continham) seguem a mesma classificação dos resíduos.

IV. Cada tipo de resíduo é identificado por um código formado por uma letra e três algarismos.

Estão corretas apenas as afirmações.

(A) I e IV.

(B) II e IV.

(C) I, II e III.

(C) I, II e IV.

(D) II, III e IV.

11. (EXAME 2010)

Tendo em vista o que estabelece a Constituição Federal acerca do meio ambiente, assinale a opção correta.

(A) Por força do princípio constitucional da livre iniciativa, os recursos minerais podem ser explorados independentemente de autorização ou de concessão do poder público, mas o explorador deve promover a recuperação do meio ambiente degradado de acordo com as normas técnicas indicadas pela Administração.

(B) Preservar os processos ecológicos essenciais, provendo o manejo ecológico das espécies e dos ecossistemas, é direito do povo e dever do Estado.

(C) A Floresta Amazônica brasileira, a Mata Atlântica, o Pantanal Mato-Grossense, a Serra do Mar, o Cerrado e a Caatinga são considerados patrimônio nacional, devendo sua utilização se dar na forma da lei, dentro de condições que assegurem a exploração controlada.

(D) As condutas e atividades consideradas lesivas ao meio ambiente sujeitam os infratores a sanções penais e administrativas, independentemente da obrigação de reparar os danos causados.

(E) É da competência dos estados e do Distrito Federal definir a localização de usinas que operam com reator nuclear.

12. (EXAME 2010)

A Política Nacional de Recursos Hídricos (PNRH), estabelecida pela Lei n.° 9.433/97, tem como objetivo criar uma base legislativa única para a gestão da água no País. A legislação trouxe inovações que aprimoraram a gestão dos recursos hídricos, já que água não conhece as divisões político-administrativas e, portanto, a poluição causada em um município vai afetar outros que são abastecidos pelo mesmo corpo d'água.

VALLE, R. Legislação brasileira. **Almanaque Brasil socioambiental**. São Paulo: ISA, 2007, p.482 (adaptado).

Considerando os fundamentos que regem a PNRH, avalie as asserções a seguir.

I. A água deve ser percebida com um bem de domínio público que, em situações de escassez, deve ser usado prioritariamente para consumo humano e dessedentação de animais.

II. A gestão de recursos hídricos deve ser descentralizada e feita com a participação do Poder Público, dos usuários e das comunidades.

III. A unidade territorial de gestão dos recursos hídricos deve ser sempre a bacia hidrográfica.

IV. Por ser um recurso natural limitado e fundamental para as atividades humanas, a água é dotada de valor econômico.

Está correto o que se afirma em

(A) II e III, apenas.

(B) I, II e IV, apenas.

(C) I, III e IV, apenas.

(D) II, III e IV, apenas.

(E) I, II, III e IV.

13. (EXAME 2010)

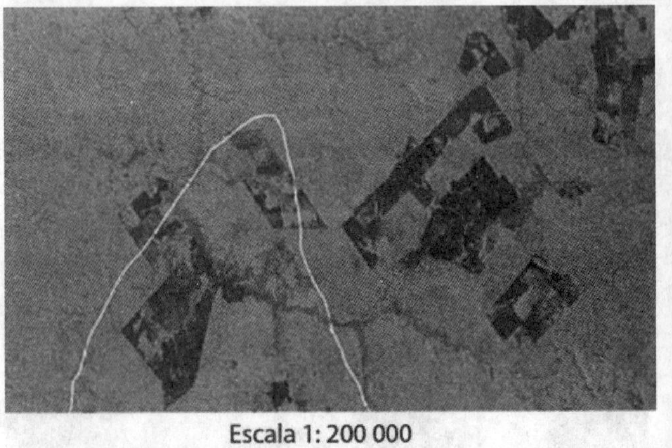

Escala 1: 200 000

SOUZA, I. M.; MARTINI, P. R. **Reservas indígenas e fronteiras agrícolas na Chapada dos Parecis (MT)**: uma análise temporal por imagens TM-LANDSAT. Disponível em <http://www.scielo.br/>. Acesso em: 30 ago. 2010.

O processo de demarcação de reservas é o meio administrativo para explicitar os limites do território tradicionalmente ocupado pelos povos indígenas. A figura acima mostra a região da Chapada dos Parecis, no estado do Mato Grosso, onde a fronteira agrícola, identificada pela coloração do solo, avança pela Amazônia Ocidental. Se no mapa for demarcada uma reserva indígena quadrada de 15 cm de lado, qual será, em quilômetros quadrados, a área real da reserva?

(A) 56,25 km²
(B) 133 km²
(C) 900 km²
(D) 3 000 km²
(E) 30 000 km²

14. (EXAME 2010)

No Brasil, são exigidos estudos ambientais para a obtenção de autorização governamental para a realização de atividades que utilizem recursos ambientais ou tenham potencial de causar degradação ambiental. Considerando os diversos estudos ambientais criados por diferentes instrumentos legais em escala federal, estadual e(ou) municipal com o objetivo de agregar informações técnicas ao processo de licenciamento, avalie as afirmativas que se seguem.

I. O plano de recuperação de áreas degradadas (PRAD) é obrigatório para todo empreendimento de mineração, devendo ser incorporado no estudo de impacto ambiental (EIA) para novos projetos.

II. O relatório de controle ambiental (RCA) é obrigatório para obtenção de licença de instalação de empreendimentos de extração de bens minerais de uso imediato na construção civil.

III. O estudo de impacto ambiental (EIA) e o relatório de impacto ambiental (RIMA) são exigidos para todos os empreendimentos no território brasileiro.

IV. O plano de controle ambiental (PCA) não é exigido para empreendimentos que possuem o RCA.

É correto apenas o que se afirma em

(A) I e II.
(B) I e III.
(C) II e IV.
(D) II e III.
(E) III e IV.

15. (EXAME 2010)

Nosso planeta recebe anualmente do Sol energia suficiente para suprir nossas necessidades energéticas. Perto de 55% da radiação solar é refletida ou usada em processos naturais. A sobra de 45% é convertida em movimento térmico (calor), do qual a maior parte escapa como radiação infravermelha com comprimentos de onda entre 4 pm e 50 pm. O calor retido na atmosfera por certos gases aquece a Terra, provocando o chamado efeito estufa.

ATKINS, P.; JONES, L. **Princípios de química**: questionando a vida moderna e o meio ambiente. São Paulo: Bookman, 2001, p. 746 (adaptado).

Acerca do efeito estufa, avalie as afirmativas a seguir.

I. O efeito estufa é um fenômeno natural e imprescindível para a vida na Terra, pois, sem ele, a temperatura média na superfície do planeta ficaria abaixo do ponto de congelamento da água.

II. São exemplos de gases-estufa o dióxido de carbono, o metano, o ozônio e certos clorofuorcarbonos.

III. Aquecimento global e efeito estufa são expressões sinônimas que significam aumento da temperatura do planeta.

IV. As atividades humanas, principalmente a partir da Revolução Industrial, são responsáveis pelo aumento da concentração dos gases-estufa na atmosfera, o que causa desequilíbrio nas trocas de calor do planeta e alteração do efeito estufa.

É correto apenas o que se afirma em

(A) I e II.
(B) I e III.
(C) II e III.
(D) I, II e IV.
(E) II, III e IV.

16. (EXAME 2010)

Afigura abaixo traz fotografia tirada de um deslizamento de terra que pode ter tido como causa, além do grande volume de chuvas, a ocupação desordenada de áreas de risco, fenômeno comum nas grandes cidades brasileiras.

Disponível em <http://s.glbimg.com/jo/g1ffloriginal/2010/07/19/1.jpg>. Acesso em: 01 set. 2010.

Considerando esse tema, avalie as afirmativas abaixo, referentes ao planejamento do uso do solo, ao zoneamento ambiental e à ocupação de áreas de risco em municípios brasileiros.

I. Um empreendimento imobiliário pode apresentar impacto social ambiental local positivo quando for considerado adequado pela autoridade competente.

II. Em loteamentos, construções, habitações e obras de infraestrutura, dispensa-se a observância no controle e no disciplinamento do uso do solo urbano.

III. A mutação dos espaços urbanos tem causas variadas, que incluem a pressão demográfica e a diversidade das funções, fatores que comprometem a qualidade de vida e colocam em segundo plano a necessidade de ordenar o espaço e as atividades.

IV. Em uma área de uso restrito (AUR) de mata nativa e em área urbana, é permitida a ocupação antrópica sem critérios.

É correto apenas o que se afirma em

(A) I e II.
(B) I e III.
(C) II e III.
(D) II e IV.
(E) III e IV.

17. (EXAME 2010)

No planejamento de um sistema de gestão ambiental foram identificados aspectos e impactos ambientais e avaliada a significância com relação a: incidência, probabilidade, severidade, abrangência e detecção. Na matriz de significância a seguir, foram omitidos os valores de Re (resultado) e a interpretação da significância feita a partir de Re.

Aspecto Ambiental	Impacto Ambiental	Avaliação da Significância							
		I	Pr	Sr	Ab	De	Re	Legislação/ Requisitos/ Demandas	Significância
geração de resíduos sólidos (sucatas, borras etc.) e efluentes	alteração das características físico-químicas da água e do solo	D	2	1	3	2		Sim	I
emissão de gases, vapores, névoas e material particulado no ar	alteração da qualidade do ar	I	3	2	1	1		Sim	II
geração de ruído e vibração	incômodo e alteração dos níveis sonoros locais	D	2	3	2	2		Sim	III
consumo de papel	esgotamento de recursos florestais	D	2	1	1	2		Não	IV
consumo de água	esgotamento de recursos hídricos	D	1	3	3	2		Não	V

A tabela abaixo apresenta os significados das siglas e os valores usados nessa matriz.

Incidência (I)	Probabilidade (Pr)	Severidade (Sr)	Abrangência (Ab)	Detecção (De)
Direta (D) Indireta (I)	Alta: 3 pontos Média: 2 pontos Baixa: 1 ponto	Alta: 3 pontos Média: 2 pontos Baixa: 1 ponto	Global: 3 pontos Regional: 2 pontos Local: 1 ponto:	Difícil: 3 pontos Moderada: 2 pontos Fácil:1 ponto

Aos valores de Re obtidos, atribuem-se graus de significância conforme faixas descritas a seguir:

- Re ≤ 8 ⇒ não significativa
- 9 ≤ 5 Re 16 ⇒ significativo
- Re ≥ 18 muito significativo

Com base nessas informações, assinale a opção que apresenta os termos que substituem adequadamente os números de I a V na coluna da significância da matriz.

(A) I — significativo; II — não significativo; III — muito significativo; IV — não significativo e V — muito significativo

(B) I — significativo; II — significativo; III — significativo; IV — não significativo e V — significativo

(C) I — significativo; II — não significativo; III — muito significativo; IV — não significativo e V — significativo

(D) I — muito significativo; II —significativo; III — muito significativo; IV — significativo e V — muito significativo

(E) I — muito significativo; II — significativo; III — muito significativo; IV — não significativo e V — significativo

QUESTÕES DISCURSIVAS

1. (EXAME 2010) DISCURSIVA

Um Sistema de Gestão Ambiental (SGA) é a parte do sistema de gestão global que inclui estrutura organizacional, atividades de planejamento, responsabilidades, práticas, procedimentos, processos e recursos para desenvolver, implementar, atingir, analisar criticamente e manter a política ambiental. O objetivo principal de um SGA é controlar sistematicamente o desempenho ambiental, promovendo sua melhoria contínua.

Considerando essa perspectiva, redija um texto dissertativo, com até 15 linhas, abordando os seguintes aspectos:

a) implantação de um SGA; **(valor: 3,0 pontos)**

b) benefícios potenciais de um SGA; **(valor: 3,0 pontos)**

c) integração com um sistema de gestão global. **(valor: 4,0 pontos)**

2. (EXAME 2010) DISCURSIVA

A leptospirose é uma doença infecciosa febril causada por uma bactéria, a Leptospira interrogans, transmitida pela urina do rato. Acerca dessa doença, observe os gráficos seguintes.

Considerando os gráficos apresentados, redija um texto, com até 15 linhas, sobre a importância da condição sanitária do ambiente para o controle da leptospirose, abordando os seguintes aspectos:

a) a tendência epidemiológica da doença no Brasil; **(valor: 2,0 pontos)**

b) as condições sanitárias e ambientais que justificam essa tendência; **(valor: 5,0 pontos)**

c) as medidas de saneamento ambiental necessárias para o combate da leptospirose. **(valor: 3,0 pontos)**

Casos confirmados de Leptospirose. Brasil e Grandes Regiões, 1997-2009

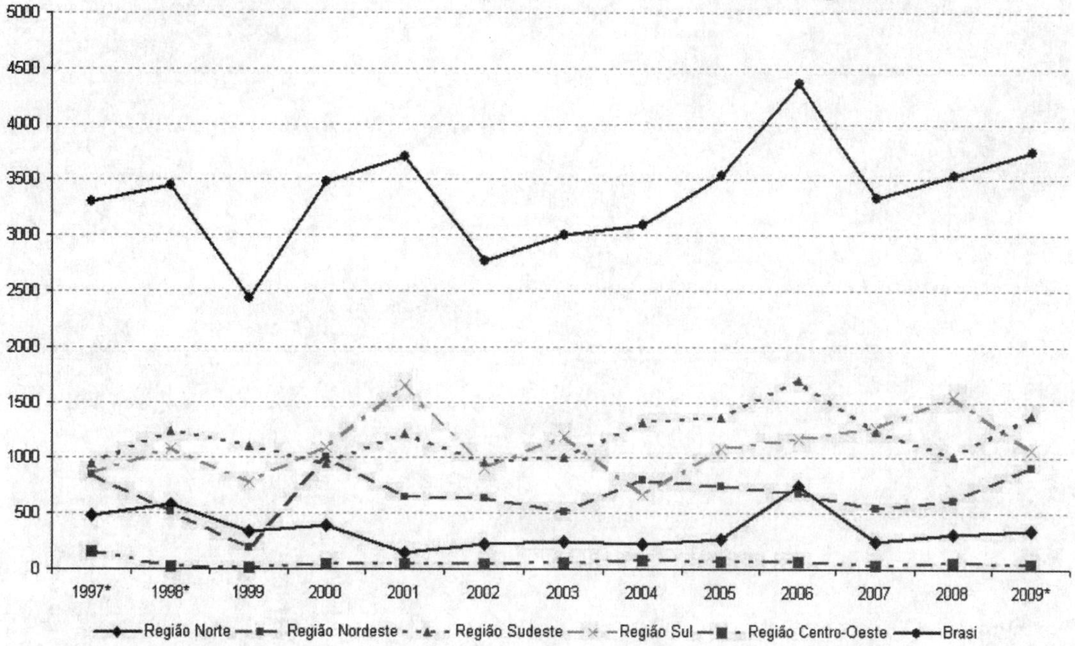

Fonte: Sinan/SVS/MS - atualizado em 21/06/2010

Casos confirmados de leptospirose, segundo mês de início de sintomas. Brasil e Grandes Regiões. 2009*

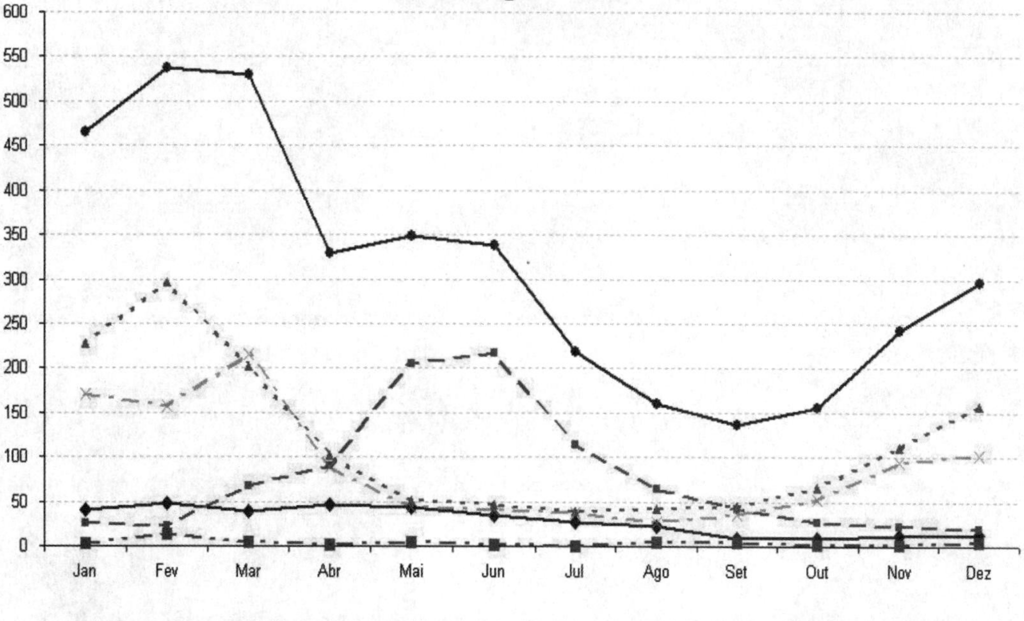

Capítulo XVIII

Gabarito e Padrão de Resposta

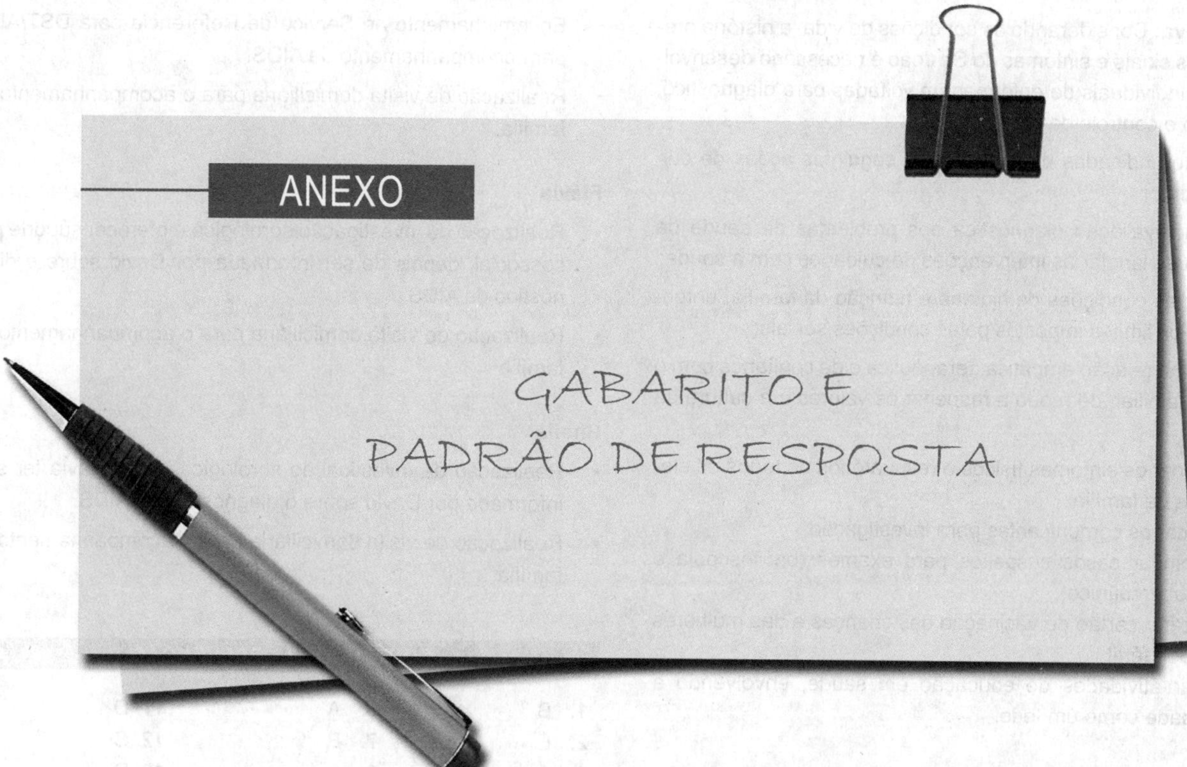

CAPÍTULO III
QUESTÕES DE COMPONENTES ESPECÍFICOS DE ENFERMAGEM

CONTEÚDO 01 – EPIDEMIOLOGIA

1. E	**5.** C	**9.** C
2. B	**6.** A	**10.** E
3. D	**7.** B	**11.** C
4. E	**8.** A	**12.** B

CONTEÚDO 02 – SAÚDE DA FAMÍLIA

1. D	**5.** A	**9.** B
2. C	**6.** D	**10.** A
3. B	**7.** D	**11.** D
4. D	**8.** E	**12.** E

QUESTÕES DISCURSIVAS

1. DISCURSIVA

ANÁLISE OFICIAL – PADRÃO DE RESPOSTA

Respeito aos principais referenciais do SUS e ESF **(valor: 3,0 pontos).**

Propor ações de enfermagem **(valor: 3,0 pontos).**

Reconhecer a importância do trabalho em equipe **(valor: 1,5 pontos).**

Valorizar os saberes e a participação da comunidade **(valor: 1,5 pontos).**

Tomar como base a realidade do território **(valor: 1,0 ponto).**

2. DISCURSIVA

ANÁLISE OFICIAL – PADRÃO DE RESPOSTA

Deverão ser indicadas duas dentre as seguintes ações de cuidado individual:

- encaminhar o Sr. João, como caso suspeito de tuberculose, para exames (baciloscopia);
- após a identificação da doença, tratar e dispensar os medicamentos para o doente;
- orientar sobre o uso da medicação e possíveis reações;
- criar uma relação empática, terapêutica e de confiança;
- notificar o caso de tuberculose, iniciar tratamento e acompanhar o caso através da consulta de enfermagem e visita domiciliar periódica.

Justificativa: Considerando as condições de vida, a história pregressa e os sinais e sintomas do Sr. João é necessário desenvolver ações individuais de enfermagem voltadas para diagnóstico, tratamento e controle da tuberculose.

Deverão ser indicadas duas dentre as seguintes ações de cuidado coletivo:

- realizar avaliação diagnóstica dos problemas de saúde da família e planejar as intervenções de cuidados com a saúde;
- avaliar as condições de higiene e nutrição da família, entendendo os limites impostos pelas condições sociais;
- criar uma relação empática, terapêutica e de confiança com o grupo familiar, de modo a respeitar os valores e a cultura da região;
- identificar os sintomas físicos e respiratórios de todos os elementos da família;
- convocar os comunicantes para investigação;
- encaminhar casos suspeitos para exames (baciloscopia e teste tuberculínico);
- atualizar o cartão de vacinação das crianças e das mulheres em idade fértil;
- realizar atividades de educação em saúde, envolvendo a sociedade como um todo.

Justificativa: Considerando que o Sr. João é um caso suspeito de tuberculose e que esta é uma doença transmissível, é necessário desenvolver ações de enfermagem de promoção à saúde, de prevenção da doença e de diagnóstico precoce junto às pessoas classificadas como comunicantes.

3. DISCURSIVA

ANÁLISE OFICIAL – PADRÃO DE RESPOSTA

O graduando deverá:

a) Explicar a influência da infecção pelo HIV na manifestação da tuberculose.

- A infecção pelo HIV produz deficiência do sistema imunológico, condição que predispõe a ocorrência da tuberculose na pessoa infectada pelo bacilo de Koch (*Mycobacterium tuberculosis*).

b) Citar uma intervenção para cada membro da família.

David

- Notificação compulsória da AIDS.
- Aconselhamento sobre o diagnóstico de AIDS, enfocando a necessidade de informar Flávia sobre o diagnóstico, dada a necessidade de: investigação sorológica da parceira, adoção de medidas de proteção à transmissão do HIV (uso de preservativos nas relações sexuais e o não compartilhamento de seringas e agulhas).
- Realizar nova sorologia para o HIV visando a confirmação do teste Elisa para o HIV.
- Oferecimento de suporte psicossocial para o enfrentamento das repercussões da AIDS no cotidiano.
- Orientação sobre a importância da continuidade do tratamento da tuberculose e as consequencias danosas da interrupção ou abandono do tratamento.
- Identificação da rede de apoio familiar e social e encaminhamento para instituições sociais e serviços visando auxiliar o enfrentamento da coinfecção.
- Encaminhamento ao Serviço de Referência para DST/AIDS para acompanhamento da AIDS.
- Realização de visita domiciliária para o acompanhamento da família.

Flávia

- Realização da investigação sorológica e oferecer suporte psicossocial, depois de ser informada por David sobre o diagnóstico da AIDS.
- Realização de visita domiciliária para o acompanhamento da família.

Sheila

- Realização da investigação sorológica, após Flávia ter sido informada por David sobre o diagnóstico da AIDS.
- Realização de visita domiciliária para o acompanhamento da família.

CONTEÚDO 03 – PREVENÇÃO

1. B	**6.** A	**11.** D
2. E	**7.** B	**12.** C
3. A	**8.** B	**13.** D
4. D	**9.** B	**14.** D
5. B	**10.** B	**15.** A

QUESTÕES DISCURSIVAS

1. DISCURSIVA

ANÁLISE OFICIAL – PADRÃO DE RESPOSTA

"*O enfermeiro que se propõe a trabalhar na coletividade tem a missão de manter e promover a saúde*" (Figueiredo N.M.A, 2005). Nesse contexto, Márcia convocou as outras enfermeiras Cristina e Rosa para uma reunião com o objetivo de juntas discutirem **o que se espera de um Cuidado Coletivo para a comunidade assistida**. Desta forma apresente o que é necessário ser discutido.

Padrão de resposta esperado/justificativa para elaboração do item.

- Ter sentido de integridade e totalidade de saúde;
- Ter a ideia de que o homem precisa de realização plena;
- Ter a experiência humana como bem-estar, como harmonia;
- Ter compreensão e apropriação da corporeidade;
- Prestar atenção no modo de viver e à modalidade de ser de cada um e da coletividade;
- Prestar atenção no modo de estar sempre em busca do bem-estar;
- Ter claro sobre humanização da saúde, entendida como interiorização e personalização;
- Criar no ser humano a capacidade para apropriar-se da saúde e vivê-la em profundidade;
- Entender que a saúde pertence mais à modalidade do ser que à do ter;
- Interpretar e avaliar a relação estreita dos fatores culturais, socioeconômicos e religiosos que mudaram o homem e sua comunidade.

Requisito do aluno para elaboração do item

- Integralidade
- Comportamento
- Cultura
- Equilíbrio emocional

2. DISCURSIVA

ANÁLISE OFICIAL – PADRÃO DE RESPOSTA

O enfermeiro deverá recomendar à Sra. Maria José:

- ter cuidado alimentar;
- realizar atividades físicas e recreativas;
- fazer monitorização anual de saúde;
- evitar automedicação e a polifarmácia;
- promover o autocuidado;
- sugerir a necessidade de uma avaliação médica;
- promover medidas de inclusão social;
- grupo de apoio;
- envolvimento familiar (agregar outros membros da família);
- estimulação mental e física;
- promover interação social e familiar;
- estabelecer medidas compotamentais quanto à micção e intestino.

CONTEÚDO 04 – POLÍTICAS DE SAÚDE

1. A	**5.** C	**9.** E
2. E	**6.** A	**10.** C
3. D	**7.** C	**11.** B
4. A	**8.** B	**12.** B

QUESTÃO DISCURSIVA

1. DISCURSIVA

ANÁLISE OFICIAL – PADRÃO DE RESPOSTA

a) Resposta e Justificativa

O graduando deverá apresentar além da resposta (2 pontos) uma das seguintes justificativas (3 pontos):

Resposta: Não

Justificativa:

É competência do Conselho Gestor:

- Acompanhar, avaliar e fiscalizar os serviços e as ações de saúde prestadas à população.
- Propor e aprovar medidas para aperfeiçoar o planejamento, a organização, a avaliação e o controle das ações e dos serviços de saúde.
- Examinar proposta, denúncias e queixas, encaminhadas por qualquer pessoa ou entidades e a elas responder.
- Definir estratégias de ação visando à integração do trabalho da Unidade aos planos locais, regionais, municipal e estadual de saúde, assim como a planos, programas e projetos intersetoriais.

b) Resposta e Justificativa

O graduando deverá apresentar uma proposta (3 pontos) e uma justificativa (2 pontos) dentre as relacionadas abaixo.

Propostas:

- Procurar o serviço municipal de transporte especial e discutir a possibilidade de horários ou percursos alternativos de transporte.
- Buscar parcerias no município para efetivar a adequação da área física da UBS.
- Identificar recursos da comunidade que são alternativos para transporte solidário.

Justificativa:

- um dos princípios da promoção da saúde é a intersetorialidade entendida como a articulação de saberes e experiências no planejamento, na realização e na avaliação de ações, com o objetivo de alcançar resultados integrados em situações complexas, visando um efeito sinérgico no desenvolvimento social.
- o setor saúde de forma isolada não tem competência para solucionar muitos dos problemas apresentados pela comunidade por não dispor de instrumentos próprios para isso.

Propostas:

- adaptação da área física: identificar os locais de acesso possíveis para os cadeirantes e pessoas com outras deficiências de locomoção que possam ser adaptados às atividades necessárias para os diferentes tipos de atividades que estes usuários precisam.
- adaptação da rotinas da UBS – flexibilizar os horários de atendimento no setor de coleta.
- adaptação das rotinas da UBS – discutir a questão com o laboratório regional.
- sensibilizar funcionários da UBS para a questão do acesso de deficientes na UBS.
- adequação da área física à legislação pertinente: avaliar com a equipe e os usuários da UBS a planta física da Unidade, identificar as dificuldades de acesso de pessoas com diferentes tipos de deficiência e procurando meios de encaminhamento de reforma do prédio.

Justificativa:

- independente do número de cadeirantes na região os serviços que atendem ao público devem permitir o acesso de qualquer cidadão. É um direito de todo do cidadão.
- propiciar a autonomia do indivíduo.
- os serviços de saúde ainda não estão estruturados para atender às necessidades de pessoas com deficiência, a legislação pertinente ainda não é bem conhecida pelos trabalhadores da saúde.

CONTEÚDO 05 – TÉCNICA DE ENFERMAGEM

1. E	**10.** D	**18.** C
2. D	**11.** D	**19.** C
3. C	**12.** C	**20.** B
4. E	**13.** A	**21.** A
5. C	**14.** B	**22.** D
6. B	**15.** C	**23.** B
7. A	**16.** E	**24.** D
8. D	**17.** A	**25.** C
9. B		

CONTEÚDO 06 – ADMINISTRAÇÃO HOSPITALAR

1. B	**6.** C	**11.** D
2. E	**7.** A	**12.** B
3. C	**8.** E	**13.** D
4. A	**9.** C	**14.** D
5. A	**10.** A	**15.** E

QUESTÕES DISCURSIVAS

1. DISCURSIVA

ANÁLISE OFICIAL – PADRÃO DE RESPOSTA

Estrutura:

- O SE tem responsável técnico habilitado.
- Existe supervisão contínua e sistematizada por profissional habilitado, nas diferentes áreas.
- A chefia do serviço de Enfermagem coordena a seleção e dimensionamento da equipe de Enfermagem.
- Número de enfermeiros, técnicos e auxiliares de enfermagem são adequados às necessidades de serviço.
- A escala da equipe de enfermagem assegura a cobertura da assistência prestada e a disponibilidade de pessoal nas 24 horas em atividades descontinuadas.
- Há registros em prontuário dos procedimentos relativos à assistência de enfermagem, prescrição médica e à controles pertinentes.
- Os registros de Enfermagem no prontuário do cliente/paciente são completos, legíveis e assinados.

Processo:

- O(s) manual(is) de normas, rotinas e procedimentos do SE são documentado(s), atualizado(s) e disponível(is).
- Os Programas de Educação Permanente e Treinamento continuado são realizados.
- Existem grupos de trabalho para a melhoria de processos, integração institucional, análise crítica dos casos atendidos, melhoria da técnica, controle de problemas, minimização de riscos e efeitos indesejáveis.
- Existem procedimentos voltados para a continuidade de cuidados ao cliente/paciente e o seguimento de casos.

Resultado:

- Avaliação de procedimentos de Enfermagem e de seus resultados.
- Os Indicadores epidemiológicos são utilizados no planejamento e na definição do modelo assistencial.
- É realizada a comparação de resultados com referenciais adequados e análise do impacto gerado junto à comunidade.
- Existem sistemas de aferição da satisfação dos clientes internos e externos.

2. DISCURSIVA

ANÁLISE OFICIAL – PADRÃO DE RESPOSTA

a) Planejamento: diagnóstico das circunstâncias do fato, dialogando com o sujeito envolvido. Identificação dos déficits de competência profissional para administrar medicamentos. Lei do Exercício Profissional nº 7.498/86. Código de Ética.

b) Execução: implementação de programa educativo, baseado no diálogo, na reflexão para eliminação dos deficits de competência.

c) Controle: acompanhamento do desempenho profissional após o treinamento.

d) Avaliação: identificação do potencial do profissional para mantê-lo ajustado ao programa assistencial.

CONTEÚDO 07 – PEDIATRIA

1. C	**6.** C	**11.** A
2. A	**7.** E	**12.** D
3. B	**8.** B	**13.** B
4. A	**9.** A	
5. E	**10.** B	

QUESTÕES DISCURSIVAS

1. DISCURSIVA

ANÁLISE OFICIAL – PADRÃO DE RESPOSTA

Com base na situação-problema, o estudante deverá indicar ações prioritárias para o problema respiratório e para a febre e ações de acompanhamento para o caso e justificar a sua indicação.

1) A ação prioritária direcionadas para padrão respiratório ineficaz relacionado à infecção e ansiedade relacionada à dificuldade respiratória deve ser o restabelecimento do padrão respiratório através de:

- investigação da causa da obstrução nasal;
- liberação das narinas (instilação de solução salina para higienizar as narinas; aspiração de vias aéreas com bomba manual de sucção, remoção de "rolha" ou resíduos de secreção);
- manutenção da criança em posição ereta (Fowler ou semi-Fowler), no colo dos pais, para permitir a descompressão das vísceras abdominais sobre o músculo diafragma;
- realização de nebulização com solução salina ou água destilada para fluidificar secreções;
- monitoramento da frequência respiratória para análise e avaliação das medidas implementadas;
- ampliação do exame físico pela realização da ausculta pulmonar, posterior à implementação das medidas de urgência.

O enfermeiro deve buscar avaliação do médico que integra a equipe da Unidade Básica de Saúde e ampliar o histórico de enfermagem levantando informações sobre início do quadro, medicamentos em uso, acompanhamento de saúde, história de saúde e doença, história familiar etc.

Os pais devem ser mantidos ao lado da criança, participando do processo de assistência à criança e informados sobre as medidas empreendidas, dentro de suas possibilidades e limites. Deve ser providenciado também o acolhimento para a criança e sua família na Unidade Básica de Saúde (chamando-os pelo nome, sem julgamento dos papéis parentais, provendo acomodações para ambos, assegurando um lugar tranquilo para o atendimento).

2) A ação prioritária, direcionada para temperatura corporal elevada e deficit de volumes de líquido, ambos relacionados à febre, deve ser a de implementar as seguintes medidas físicas de redução da febre:

- verificar se não há excesso ou inadequação da roupa em função da temperatura local;
- após melhora dos parâmetros vitais (frequência respiratória e cardíaca), implementar medidas físicas de controle da febre (banho e compressas em água tépida ou morna) e medidas farmacológicas prescritas pelo médico ou de acordo com protocolos definidos pelos Programas de Saúde Pública;
- monitorar a temperatura corporal para avaliação das medidas implementadas.

Juntamente com o médico que a avaliou, tomar as providencias necessárias para a remoção da criança e de seus pais até uma Unidade de Emergência de Referência para a Unidade Básica de Saúde.

3) As ações de acompanhamento direcionadas para o deficit de conhecimento paterno (sinais gerais de perigo: taquipnéia e febre e medidas de intervenção imediata) devem ser:

- tranquilizar os pais de que a inapetência alimentar da criança é resultado do quadro respiratório e febril e que o mais importante é manter a oferta de alimentos sem forçar a sua aceitação;
- negociar com os pais da criança o retorno à Unidade Básica de Saúde, tão logo ela seja contrarreferida para acompanhamento do tratamento;
- informar os pais sobre a disponibilidade de insumos (medicamentos) e serviços (consulta de enfermagem, médica, nutricional, visita domiciliar) que a Unidade pode oferecer para prosseguir com o tratamento da criança;
- orientá-los a manter a oferta de líquidos (suco, água, leite, sopa), pois além de hidratar e nutrir, ajudam na fluidificação de secreção;
- elogiar os pais pela iniciativa de ter trazido a criança à Unidade de Saúde.

Qualquer das justificativas abaixo é considerada adequada.

- As ações prioritárias se justificam pela magnitude epidemiológica da problemática da Infecção Respiratória Aguda (IRA) na infância, e as ações de acompanhamento garantem o vínculo da família à Unidade Básica de Saúde mais próxima de sua residência.
- As ações prioritárias que incluem a família (representada pelos pais) no processo de assistir, além de salvar a vida da criança, acalmam-na e criam uma oportunidade para desenvolver práticas educativas que capacitam os pais a pensar criticamente sobre o que está acontecendo e agir em outro momento semelhante antes de levar a criança a um serviço de saúde, ou levá-lo a uma Unidade de Emergência ao invés de uma Unidade Básica de Saúde.
- As ações prioritárias visam a retirar a criança do sofrimento respiratório imediato, mas as medidas terapêuticas de tratamento da doença requerem uma investigação diagnóstica com recursos de que uma Unidade Básica de Saúde não dispõe.
- As ações prioritárias se justificam, pois promovem o alívio do sofrimento respiratório da criança pela implementação de medidas simples que previnem danos e agravos decorrentes da hipóxia cerebral, do esforço cardíaco e do gasto metabólico excessivo. As ações de acompanhamento asseguram e monitoram a continuidade do tratamento da IRA após investigação diagnóstica.

Obs.: Foi aceita também a resposta de que a criança deveria ser imediatamente encaminhada a uma Emergência, não devendo ser atendida em uma Unidade Básica de Saúde em virtude de seu estado poder ser considerado gravíssimo.

2. DISCURSIVA

ANÁLISE OFICIAL – PADRÃO DE RESPOSTA

O graduando deverá:

Descrever três ações para cada conduta estabelecida pela enfermeira, envolvendo:

a) Aspecto familiar

- Fortalecer a família como unidade básica de assistência.
- Explicar a importância da reintegração da criança na família.
- Explicar a importância do tratamento igualitário com os filhos.
- Ensinar atividades que estimulam a criança a recuperar o desenvolvimento das áreas afetadas.
- Permitir compartilhar do planejamento, da execução e da avaliação da assistência.
- Permitir a visita da irmã.

b) Aspecto emocional

- Prestar os cuidados com sensibilidade.
- Estimular a conversação com brinquedo, leitura de livros, fantoche e outras técnicas de comunicação próprias à criança.
- Preparar para procedimentos utilizando brinquedos.
- Dar expansão às suas manifestações de sentimentos.
- Cuidar como um todo sem distinção entre necessidades orgânicas e psíquicas.
- Atender com o máximo de prontidão.

c) Aspecto físico

- Pesar diariamente a criança.
- Corrigir os distúrbios e fazer controles hidroeletrolíticos.
- Tratar as lesões cutâneas.
- Incentivar a criança se alimentar apresentando o prato de forma estimulante para garantir a dietoterapia progressiva.
- Cuidar e ou prevenir infecções oportunistas.
- Estimular o fortalecimento muscular, com exercícios ativos, passivos e brincadeiras.

Critério de Atribuição	
Respostas corretas	**Nota**
0 – 1	0
2 – 3	5
4 – 5	10
6 – 7	15
8 – 9	20

Obs.: Serão aceitas outras ações que sejam pertinentes

CONTEÚDO 08 – SAÚDE DA MULHER

1. D	**4.** E	**7.** E
2. C	**5.** E	**8.** E
3. E	**6.** A	

CONTEÚDO 09 – OBSTETRÍCIA

1. E	**4.** A	**7.** E
2. E	**5.** E	**8.** A
3. A	**6.** C	

QUESTÕES DISCURSIVAS

1. DISCURSIVA

ANÁLISE OFICIAL – PADRÃO DE RESPOSTA

a) Sim. Na explicação o aluno devera argumentar sobre a base teórica que fundamenta os processos educativos que tem como objetivo a autonomia do individuo, assim o profissional responsável pela atividade devera considerar a demanda para planejar e desenvolver a atividade. Ao considerar a demanda dos envolvidos na atividade o profissional poderá ter mais interação das usuárias nas discussões, como posteriormente haverá maior possibilidade de estabelecer um processo de confiabilidade entre profissional e usuárias. Outra possibilidade do processo educativo participativo e problematizador é refletir sobre a realidade para propor as mudanças possíveis no sentido de promover a saúde e prevenir doenças.

b) Fale sobre a contribuição da atividade de educação em saúde, no pré-natal, para mulher no pós-parto.
O aluno devera discorrer sobre a contribuição do processo educativo para que a mulher tenha conhecimento das mudanças que ocorreram no seu corpo e na dinâmica da família, assim como, de se preparar para cuidar do filho que vai chegar.

c) Fale sobre a contribuição da atividade de educação em saúde, no pré-natal, para a criança nos primeiros dias de vida.
O aluno devera discorrer sobre a contribuição do processo educativo para que a mulher tenha conhecimento sobre as características fisiológicas e anatômicas da criança, assim como, das mudanças da dinâmica da família que esse novo membro vai provocar.

2. DISCURSIVA

ANÁLISE OFICIAL – PADRÃO DE RESPOSTA

O graduando deverá apresentar:

a) Ações destinadas a monitorar o tratamento do casal e a prevenir a transmissão vertical.

- Enfatizar a adesão ao tratamento.
- Orientar para que concluam o tratamento (mesmo sem os sintomas ou se os sintomas ou sinais tiverem desaparecido).
- Informar quanto à necessidade de interromper as relações sexuais até a conclusão do tratamento e o desaparecimento dos sintomas.
- Oferecer preservativos, orientando sobre as técnicas de uso.
- Encorajar Lidia a comunicar a(os) seus/suas últimos/as parceiro/as sexuais para que possam ser atendidos e tratados.
- Fornecer à Lidia cartões de convocação para os últimos parceiros(as) devidamente preenchidos.
- Acompanhar resultados dos exames de controle de cura.
- Após a cura, usar preservativo em todas as relações sexuais.
- Realizar o controle de cura mensal por meio do VDRL, considerando resposta adequada ao tratamento o declínio dos títulos (duas titulações em até 6 meses).
- Após o parto, manter o acompanhamento semestralmente em caso de persistência da positividade, em títulos baixo
- Avaliar o tratamento realizado, tratamento do parceiro e a presença de coinfecção pelo HIV ou outras DST para a definição de condutas durante a gestação.
- Reiniciar tratamento se houver elevação de títulos em quatro ou mais vezes (ex.: de 1:2 para 1:8), mesmo na ausência de sinais ou sintomas específicos de sífilis.
- Reiniciar o tratamento em caso de interrupção do tratamento ou em caso de um intervalo maior do que sete dias entre as séries.
- Assegurar a realização de, no mínimo, seis consultas com atenção integral qualificada.
- Documentar os resultados das sorologias e tratamento da sífilis na carteira da gestante.
- Orientar o(s) parceiro(s) sobre a importância de não se candidatar(em) à doação de sangue.
- Na admissão para parto realizar o VDRL independentemente dos resultados dos exames realizados no pré-natal.

b) Resposta e Justificativa

Resposta: Sim.

Justificativa: Não há transmissão da sífilis por meio do leite materno.

3. DISCURSIVA

ANÁLISE OFICIAL – PADRÃO DE RESPOSTA

Sociais:

- promover saúde integral;
- implementar educação sexual;
- investigar condições de vida (família, lazer, moradia, trabalho...);
- desenvolver educação em saúde;
- incentivar retorno às consultas subsequentes;
- estimular autocuidado;
- encaminhar para grupo de orientação de adolescente.

Políticas:

- informar as implicações da gravidez na adolescência;
- orientar sobre o uso de métodos contraceptivos e planejamento familiar; (outros)
- esclarecer a vulnerabilidade para DST/HIV/AIDS;
- informar sobre a garantia de insumos dos métodos escolhidos.

Legais:

- orientar sobre os aspectos legais que envolvem a contracepção e a gestação na adolescência.

Familiares:

- contatar familiares;
- realizar visita domiciliar;
- envolver os familiares nas orientações.

4. DISCURSIVA

ANÁLISE OFICIAL – PADRÃO DE RESPOSTA

O graduando deverá:

a) Indicar três fatores de risco que fizeram com que a enfermeira decidisse pela visita.

- Elevação da pressão arterial (aumento de 30 mmHg na sistólica e 16 mmHg na diastólica em relação aos níveis iniciais) – faz suspeitar de DHEG, que é mais frequente em adolescentes.
- Edema de membros inferiores – especialmente quando associado com a hipertensão faz suspeitar de DHEG.
- Ganho de peso inadequado – quando associado com déficit alimentar, fumo, anemia e parasitose intestinal faz suspeitar de desnutrição; há maior risco para o desenvolvimento de DHEG ou problemas obstétricos e neonatais.
- Déficit alimentar – associado com parasitose intestinal, fumo e anemia prevê desnutrição tanto da mãe quanto do feto, que já se encontra pequeno para a idade gestacional (frequente em adolescentes, especialmente fumantes).
- Ausência de vacinação – por ter 15 anos deve-se verificar carteira de vacinação e completar esquema da vacinação antitetânica (reforço) ou iniciar o esquema básico de 3 doses a fim de proteger mãe e feto do tétano.
- É adolescente – faltam-lhe maturidades física e psicológica, sistemas de apoio social e financeiro adequados para adaptar-se à gravidez, às modificações físicas, psicológicas e sociais decorrentes de modificações no estilo de vida etc. (repercutem na transição para a maternidade, no desenvolvimento normal do feto, no cuidado ao recém-nascido).
- É fumante – o fumo altera a nutrição fetal – diminui o aporte de substâncias nutritivas (pela vasoconstrição) ao feto e ocasiona baixo peso, desnutrição e até sofrimento fetal – o que poderá piorar ainda mais o quadro de dificuldades na assistência familiar ao novo membro.
- Tem amebíase – a parasitose não pode ser tratada na gravidez (tratar só depois de terminado o aleitamento materno) – devem ser averiguados outros casos de parasitoses na família (especialmente os irmãos menores).
- Acompanhamento inadequado – inadequada assistência da equipe do PSF que realizou e acompanhou o pré-natal – outras visitas domiciliárias poderiam ter sido realizadas com o intuito de conhecer melhor a realidade de vida e saúde dessa gestante e tentar fazer com que se sentisse motivada a participar dos grupos educativos e a melhorar/modificar seus hábitos de vida e de saúde – outros exames para controle da anemia e infecção urinária deveriam ter sido realizados

Critério de Atribuição	
Nº de respostas corretas	**Nota**
1 a 3 fatores injustificados	zero
1 a 2 fatores justificados	cinco
3 fatores justificados	dez

b) Propor três ações de enfermagem durante a visita domiciliária.

- Referência para avaliação do risco da gestante e consequente tratamento das condições mórbidas (especialmente dos sinais de risco para o desenvolvimento da pré-eclâmpsia e dos sinais de anemia = exames de urina (tipo I e proteinúria) e sangue (hemograma), consulta médica urgente).
- Discutir causas da não adesão ao pré-natal – escuta aberta, sem preconceitos, acolhimento.
- Esclarecer quanto à anemia e seus efeitos – importância de nutrição adequada – que atenda às necessidades nutricionais e às preferências alimentares da gestante (rica em ferro, proteínas, vitaminas).
- Esclarecer quanto à elevação da pressão arterial e seus efeitos – importância de dieta adequada (hipossódica e hiperproteica), monitorização mais frequente das condições e evolução da gestante, repouso em DLE, elevação de membros inferiores a fim de diminuir o edema.
- Buscar formas de discutir o equilíbrio familiar e o enfrentamento do stress – auxiliar gestante e família a enfrentarem a crise – compreensão quanto ao não enfrentamento (mostrado pelas faltas e não participação nas atividades educativas).
- Buscar superação adaptativa por meio da educação – proporcionar informações necessárias sobre esse período da gravidez – modificações, desconfortos, preparo para o parto e pós-parto, cuidado com RN, amamentação.
- Providenciar vacinação dupla adulto ou antitetânica se for o caso – por ter 15 anos deve-se verificar carteira de vacinação e completar esquema da vacinação (reforço) ou iniciar o esquema básico de 3 doses.
- Realizar exame físico geral e obstétrico a fim de avaliar as condições da gestante e do feto.
- Buscar juntamente com a gestante formas de melhorar seu estilo de vida a fim de que pare de fumar e melhore seu padrão alimentar.

Critério de Atribuição	
Nº de respostas corretas	**Nota**
nenhum	zero
1 a 2	cinco
3	dez

Obs.: Serão aceitas outras ações que sejam pertinentes.

CONTEÚDO 10 – EMERGÊNCIA

1. D
2. E
3. D
4. B
5. D
6. B
7. C

QUESTÃO DISCURSIVA

1. DISCURSIVA

ANÁLISE OFICIAL – PADRÃO DE RESPOSTA

O graduando deverá apresentar pelo menos três das seguintes condutas:

- Assegurar via aérea pérvia (aspiração de secreções da cavidade oral, manobras de abertura de vias aéreas).
- Solicitar imediata avaliação médica.
- Elevar aporte de O^2 (máscara facial com 10 a 12 L/min).
- Avaliar e se necessário ajustar a reposição volêmica realizada (volume infundido, velocidade da infusão, permeabilidade do acesso venosa, manter duas veias de grosso calibre).
- Monitorização cardíaca.

CAPÍTULO IV
QUESTÕES DE COMPONENTE ESPECÍFICO DE FISIOTERAPIA

CONTEÚDO 01 – CIÊNCIAS BIOLÓGICAS E DA SAÚDE

1. B
2. A
3. B
4. A
5. D
6. C
7. D

QUESTÕES DISCURSIVAS

1. DISCURSIVA

ANÁLISE OFICIAL – PADRÃO DE RESPOSTA

a) O início da resposta inflamatória é determinado por uma vasoconstrição originada de um reflexo nervoso que lentamente vai sendo substituído por uma vasodilatação (vermelhidão ou rubor). **(valor: 1,0 ponto)**
Essa vasodilatação (aumento do calibre dos vasos) é mediada por substâncias químicas vasoldilatadoras, liberadas no local (liberação de medidores químicos). **(valor: 1,0 ponto)**
A vasodilatação desencadeia o aumento da permeabilidade vascular, ocasionando saída dos elementos tais como líquidos, eletrólitos, proteínas e células de dentro dos vasos sanguíneos para o espaço extra-vascular acarretando assim o edema. **(valor: 2,0 pontos).**

b) As primeiras células a chegar no local da lesão são os neutrófilos e /ou monócitos. **(valor: 2,0 pontos)**

c) Na fase aguda, por meio de recursos que levam à vasoconstrição, com a finalidade de conter ou inibir o extravasamento de líquidos. Aceitar na fase aguda o US e OC pulsados. **(valor: 2,0 pontos)**

CONTEÚDO 02 – CIÊNCIAS SOCIAIS E HUMANAS

1. E
2. B
3. B
4. E
5. C
6. D

QUESTÕES DISCURSIVAS

1. DISCURSIVA

ANÁLISE OFICIAL – PADRÃO DE RESPOSTA

Parte (a): O estudante deve relacionar o homem e o processo de adoecimento com os níveis de atenção a saúde. Deve considerar a entrada do homem no atendimento à saúde, sendo que este só aparece na saúde especializada e raramente, ou quase nunca, na atenção primária o que gera a maioria dos agravos e perturbações nestes indivíduos.

Parte (b): Finalizando a redação, o estudante deverá abordar o mundo moderno e suas interfaces com a vida destes homens; o que este cotidiano pode trazer de problemas para estes indivíduos que se apresentam de forma heterogênea; e a necessidade de cuidados que se deve ter com a saúde do homem, tanto quanto com a da mulher.

2. DISCURSIVA

ANÁLISE OFICIAL – PADRÃO DE RESPOSTA

Para atender ao solicitado no item (a), o estudante deverá indicar a falência de múltiplos órgãos e sistemas como:

- infarto do miocárdio OU acidentes vasculares cerebrais OU insuficiência renal OU hipertensão arterial sistêmica OU insuficiência cardíaca congestiva OU trombose venosa profunda OU edema agudo de pulmão

Para atender ao solicitado no item (b), o estudante deverá:

- citar ações educativas/preventivas:
  1) para o controle de fatores de risco (como abuso de fumo, álcool e outras drogas, obesidade e sedentarismo)
  2) que considerem ação em equipe multidisciplinar
  3) relacionadas a prática de atividades físicas regulares

CONTEÚDO 03 – CONHECIMENTOS BIOTECNOLÓGICOS

1. E
2. D
3. D
4. C
5. B
6. E
7. B

QUESTÕES DISCURSIVAS

1. DISCURSIVA

ANÁLISE OFICIAL – PADRÃO DE RESPOSTA

A Figura indica que a primeira resposta ao estímulo elétrico ocorre normalmente ao nível sensorial. Isso ocorre porque os nervos mais próximos aos eletrodos são nervos sensoriais com receptores nos tecidos cutâneos e subcutâneos. É aí que a densidade de corrente é mais alta. Um segundo fator importante é o diâmetro da fibra nervosa. Quanto maior o diâmetro, menor é o limiar para a excitação. Fibras sensoriais (Aβ) e motoras (Aα) são similares: elas são fibras de grande diâmetro, mielinizadas, de condução rápida e são mais prontamente estimuladas do que as fibras de dor, que são de menor diâmetro (Aδ e C). Alguns nervos motores (Aα) têm diâmetros maiores do que as fibras sensoriais mais largas (Aβ), e com base neste fato, deveriam ser estimuladas a um limiar mais baixo do que as fibras sensoriais, porém, na prática, o limiar sensorial é, de modo mais frequente, alcançado primeiro, por conta da maior proximidade das fibras sensoriais ao eletrodo.

Quantidade de linhas: 15

Ponderação:

1. Discorrer sobre o diâmetro da fibra **(2,0 pontos)**;
2. Velocidade de condução nervosa **(2,0 pontos)**;
3. Classificação das fibras sensoriais e motoras **(2,0 pontos)**;
4. Localização das fibras com relação aos tecidos cutâneos e subcutâneos **(2,0 pontos)**;
5. Limiar sensorial **(2,0 pontos)**.

2. **DISCURSIVA**

ANÁLISE OFICIAL – PADRÃO DE RESPOSTA

a) O estudante deverá citar dois, entre os seguintes efeitos benéficos: aumento da capacidade residual funcional (CRF); recrutamento de alvéolos (não ventilados); melhora da oxigenação (PaO2); reversão da atelectasia; melhora da mecânica do sistema respiratório; diminuição da dispneia; previne colapso/mantém, expansão. **(valor: 2,0 pontos para cada efeito)**

b) O estudante deverá citar dois, entre os seguintes efeitos indesejáveis: aumento da pressão intratorácica; diminuição do débito cardíaco; diminuição de enchimento de ambos os ventrículos; diminuição do retorno venoso; aumento da frequência cardíaca; aumento da pressão intracraniana (PIC); diminuição da perfusão do miocárdio; barotrauma pumonar. **(valor: 2,0 pontos para cada efeito)**

c) O estudante deverá citar duas, entre as seguintes patologias e condições tais como:

- Doenças neuromusculares, por exemplo: Esclerose lateral amiotrófica (ELA), Duchenne, Guilant-Barré;
- apneia do sono;
- Doença pulmonar obstrutiva crônica (DPOC);
- atelectasia;
- edema agudo/pleural;
- Insuficiência respiratória aguda (I.R.A.) / Síndrome da angústia respiratória aguda (S.A.R.A.). **(valor: 1,0 ponto para cada patologia**

CONTEÚDO 04 – CONHECIMENTOS FISIOTERAPÊUTICOS

1. A	**13.** E	**25.** A
2. B	**14.** C	**26.** A
3. C	**15.** B	**27.** B
4. A	**16.** A	**28.** D
5. A	**17.** C	**29.** B
6. C	**18.** A	**30.** E
7. E	**19.** D	**31.** C
8. B	**20.** E	**32.** E
9. C	**21.** B	**33.** C
10. E	**22.** D	**34.** D
11. D	**23.** B	**35.** A
12. B	**24.** B	

QUESTÕES DISCURSIVAS

1. **DISCURSIVA**

ANÁLISE OFICIAL – PADRÃO DE RESPOSTA

a) O paciente apresenta uma neurotmese que é caracterizada pela lesão total das fibras nervosas (axônios), juntamente com a bainha de mielina. **(valor: 1,0 ponto)**

ou

O paciente apresenta ruptura no nervo mediano. **(valor: 1,0 ponto).**

b) O estudante deverá citar três, dentre os seguintes objetivos do tratamento:

- readquirir aderência mínima entre os tecidos moles;
- melhorar as condições da pele com a hidratação;
- restabelecer as amplitudes de movimento das articulações acometidas e manter nas adjacentes;
- fortalecer os grupos musculares adjacentes;
- evitar complicações da disfunção motora, sensitiva e simpática;
- evitar contraturas e deformidades com a utilização de órtese. **(valor: 1,0 ponto para cada objetivo)**

O estudante deverá citar duas, entre as seguintes orientações:

- manter cuidado com a manipulação de objetos cortantes, quentes e frios;
- evitar áreas de pressão;
- adquirir o hábito de inspeção das áreas acometidas, buscando lesões de pele como áreas de pressão.
- Orientações visando os objetivos do tratamento. **(valor: 1,0 ponto para cada orientação)**

c) O princípio não cumprido foi o da Universalidade. (Saúde para todos; Direito à saúde) **(valor: 2,0 pontos)** Este princípio garante a atenção à saúde, por parte do sistema, a todo e qualquer cidadão. O indivíduo tem direito ao acesso a todos os serviços públicos de saúde, assim como àqueles conveniados ou contratados pelo poder público, e o paciente não recebeu atendimento inicialmente. Saúde é direito de cidadania e dever do Estado. INCLUIR a Integralidade – falta de atendimento por todos os níveis de assistência ou por não ter atendimento em equipe interdisciplinar. **(valor: 2,0 pontos)**

2. **DISCURSIVA**

ANÁLISE OFICIAL – PADRÃO DE RESPOSTA

a) O estudante deverá citar quatro, entre os seguintes objetivos:

- avaliar as sequelas da hemiplegia;
- as condições respiratórias;
- as condições gerais do Celso;
- avaliar e orientar condições de domicílio;
- melhorar a função respiratória e motora (desobstrução e expansão pulmonar, ganho de força muscular e de arco de movimentos);
- prevenir contraturas, deformidades, úlceras de decúbito, broncoaspiração;
- promover a independência de Celso, na medida do possível.
- Orientar/treinar a esposa quanto aos cuidados. **(2,0 pontos)**

b) Sim, **(valor: 1,0 ponto)**

a esposa está exposta a sérios riscos de saúde, como por exemplo, afecções da coluna vertebral, problemas circulatórios, depressão, entre outros. **(valor: 2,0 pontos)**

OU

Sim, **(valor: 1,0 ponto)** porque a saúde da família deve incluir atividades com todos os membros. **(valor: 2,0 pontos)**

c) O estudante deverá indicar três, entre os seguintes procedimentos:

- mudanças periódicas de decúbito;
- utilização de colchões apropriados (d'água, 'caixa de ovo", pneumático, etc.);

- utilização de dispositivos apropriados nas regiões suscetíveis (boias, luvas com água, etc.);
- cinesioterapia ;
- assepsia nas regiões suscetíveis;
- calor local, massagem (nos pontos de pressão apenas);
- cuidados gerais (manter lençol esticado, hidratar a pele, não usar roupas apertadas, orientar a família/cuidadora).

(valor: 1,0 ponto para cada procedimento)

3. DISCURSIVA

ANÁLISE OFICIAL – PADRÃO DE RESPOSTA

a) O estudante deverá listar as condições resultantes de uma lesão prévia que podem predispor o atleta a uma nova lesão, conforme apresentado abaixo:

- Diminuição da força, potência e resistência (*endurance*) muscular.
- Presença de instabilidade articular.
- Insuficiente maturação de colágeno.
- Diminuição de amplitude de movimento e flexibilidade.
- Tempo de reação diminuído (mecanismos proprioceptivos).
- Presença de aderências.
- Alterações no padrão de marcha.
- Diagnóstico clínico errado OU inconclusivo.
- Deficiência OU insuficiência no tratamento realizado.
- Falha na programação de retorno ao treinamento pós lesão.

b) O estudante deverá descrever a aplicação de PROGRESSÃO SEQUENCIAL terapêutica no planejamento de recuperação após o traumatismo do joelho, de acordo com os tópicos apresentados a seguir:

- gelo, elevação, imobilização, compressão – recuperação primária OU redução dos sinais flogísticos OU PRICE/RICE
- ganho de amplitude de movimento – proteção do movimento
- fortalecimento muscular – atividade de *endurance*
- sustentação de peso progressivo – força e segurança
- atividades funcionais progressivas – desenvolvimento proprioceptivo, fortalecimento funcional, sequência caminhar–correr, sequência pular–saltar, retorno ao ambiente de treinamento.

4. DISCURSIVA

ANÁLISE OFICIAL – PADRÃO DE RESPOSTA

Para atender ao solicitado no item (a), o estudante deverá incluir em sua descrição

- retenção de secreção (OU tosse frequente com expectoração)
- limitação ao fluxo aéreo (OU obstrução ao fluxo aéreo)
- volume pulmonar reduzido [OU sons respiratórios (SR) reduzidos OU murmúrio vesicular (MV) diminuído OU hipoventilação]
- troca gasosa prejudicada
- infecção pulmonar (OU mencionar pneumonia OU atelectasia)
- hipercapnia (OU acidose respiratória descompensada)
- dispneia no repouso ou no esforço (baixa tolerância ao esforço)
- presença de ruídos adventícios (crepitações OU estertores E/OU sibilos)
- obesidade
- dor
- idade (idosa)

Para atender ao solicitado no item (b), o estudante deverá:

- citar PELO MENOS 3 das seguintes técnicas contraindicadas: tapotagem torácica OU *shacking* OU compressão torácica OU percussão OU técnica expiratória manual passiva (TEMP) OU tosse assistida ou ELTGOL.
- justificar que a contraindicação se deve à osteoporose.

Para atender ao solicitado no item (c), o estudante deverá citar as seguintes técnicas:

- técnica de desobstrução ou higiene brônquica (vibração com drenagem postural OU drenagem autógena OU ciclo ativo das técnicas respiratórias)
- técnica de expiração forçada (TEF) OU tosse (OU ruff/huff OU ruffing/huffing)
- nebulização
- pressão expiratória positiva [OU CPAP/ventilação não invasiva (VNI) OU EPAP OU FLUTTER OU REANIMADOR DE MULLER].
- pressão inspiratória positiva [OU RPPI OU CPAP/ventilação não invasiva (VNI) OU REANIMADOR DE MULLER].
- espirometria de incentivo OU exercícios respiratórios OU exercícios de fluxo inspiratório controlado (EDIC) OU manobras de expansão
- TENS.
- mobilização global.

CAPÍTULO V
QUESTÕES DE COMPONENTE ESPECÍFICO DE FONOAUDIOLOGIA

CONTEÚDO 01 – PROCESSOS BIOLÓGICOS NORMAIS E ALTERADOS, ESTRUTURAS E FUNÇÕES DE ÓRGÃOS E SISTEMAS, RELACIONADOS AO CAMPO FONOAUDIOLÓGICO

1. D	**8.** D	**15.** B
2. D	**9.** D	**16.** A
3. B	**10.** E	**17.** B
4. B	**11.** A	**18.** A
5. A	**12.** B	**19.** D
6. D	**13.** E	**20.** E
7. E	**14.** C	**21.** B

QUESTÕES DISCURSIVAS

1. DISCURSIVA

ANÁLISE OFICIAL – PADRÃO DE RESPOSTA

a) O graduando poderá apontar duas condutas:

- Aceitar o diagnóstico audiológico estabelecido e dar continuidade a avaliação fonoaudiológica.
- Rejeitar o diagnóstico audiológico e refazer toda a bateria de testes audiológicos.

Além disso, deverá propor terapia fonoaudiológica coerente com o diagnóstico. **(4 pontos)**

b) Para justificar sua posição, o graduando poderá informar que:

- Aceitou, uma vez que os pais apresentaram toda a documentação compatível com o quadro clínico e observação direta da criança.
- Rejeitou, uma vez que a documentação estava incompleta e propor a realização de testes e provas relacionadas ao desenvolvimento da função auditiva, da linguagem, e do sistema miofuncional, orofacial, cervical e da deglutição.
- Escolha metodológica com fundamentação teórica pertinente.
- Orientação familiar. **(6 pontos)**

2. DISCURSIVA

ANÁLISE OFICIAL – PADRÃO DE RESPOSTA

O graduando poderá referir-se aos seguintes aspectos:

- Orientação sobre produção e saúde vocal ao paciente, pais e escola. **(8 pontos)**
- Uso de diferentes recursos de apoio para autoanálise da voz. **(2 pontos)**
- Exercícios com sons de apoio para estimular a vibração da mucosa. **(2 pontos)**
- Exercícios de motricidade oral, para adequar o modo respiratório. **(2 pontos)**

CONTEÚDO 02 – PROCESSOS PSICOSSOCIOCULTURAIS, LINGUÍSTICOS E EDUCACIONAIS QUE AUXILIAM A COMPREENSÃO DO DESENVOLVIMENTO DA COMUNICAÇÃO HUMANA E DAS ALTERAÇÕES FONOAUDIOLÓGICAS

1. D	**8.** B	**14.** C
2. A	**9.** E	**15.** A
3. B	**10.** B	**16.** D
4. B	**11.** D	**17.** C
5. C	**12.** A	**18.** B
6. D	**13.** E	**19.** E
7. E		

QUESTÕES DISCURSIVAS

1. DISCURSIVA

ANÁLISE OFICIAL – PADRÃO DE RESPOSTA

O estudante deverá propor três alternativas de solução para o caso apresentado, dentre os itens abaixo:

Realizar ações de promoção e prevenção como: triagens, palestras, grupos educativos, ações intersetoriais, etc.;

Formar grupos de atendimento, esclarecendo os critérios utilizados;

Solicitar contratação de mais fonoaudiólogos nas instâncias devidas, incluindo justificativas;

Desenvolver propostas envolvendo familiares e cuidadores no processo terapêutico objetivando maior eficácia e/ou atuação junto à equipe de saúde (PSF, equipe multidisciplinar, etc.)

2. DISCURSIVA

ANÁLISE OFICIAL – PADRÃO DE RESPOSTA

O graduando poderá descrever as seguintes ações fonoaudiológicas:

- Mapeamento da população indicada com o seu devido perfil.
- Levantamento de dados sobre a recepção e expressão da linguagem das crianças.
- Levantamento das indicações de alteração.
- Delineamento das possíveis ações a serem propostas.
- Apresentação do plano de intervenção. **(5 pontos)**

Poderá apresentar as seguintes justificativas para as ações descritas:

- Abordagem preventiva.
- Conscientização dos educadores sobre a importância do domínio da linguagem para o processo de aprendizagem.
- Identificação dos desvios do desenvolvimento e seu encaminhamento imediato para tratamento específico.
- Perspectiva de vigilância do desenvolvimento da linguagem. **(5 pontos)**

CONTEÚDO 03 – ONTOGÊNESE E DESENVOLVIMENTO DA AUDIÇÃO, VOZ, FALA, LINGUAGEM (ORAL E ESCRITA) E MOTRICIDADE OROFACIAL

1. A
2. B
3. E

CONTEÚDO 04 – CONCEPÇÕES DE LINGUAGEM QUE ORIENTAM DIFERENTES PROPOSTAS DE ATUAÇÃO FONOAUDIOLÓGICA

1. E
2. D
3. B

CONTEÚDO 05 – PRINCÍPIOS, MÉTODOS E PROCEDIMENTOS DE APRIMORAMENTO, AVALIAÇÃO, DIAGNÓSTICO E TRATAMENTO DAS ALTERAÇÕES DA AUDIÇÃO, VOZ, FALA, LINGUAGEM (ORAL E ESCRITA) E MOTRICIDADE OROFACIAL

1. A
2. B
3. B
4. C
5. E
6. A
7. C
8. E
9. D
10. C
11. B
12. B
13. D
14. C
15. A
16. A
17. B
18. E
19. D
20. E
21. B
22. A
23. A
24. A
25. B
26. C
27. E
28. D
29. C
30. B
31. A
32. C

QUESTÕES DISCURSIVAS

1. DISCURSIVA

ANÁLISE OFICIAL – PADRÃO DE RESPOSTA

O estudante deve considerar os interesses inerentes ao gênero e à idade do paciente. O estudante deverá descrever quatro atividades a serem realizadas durante a sessão de fonoterapia ou em casa. Em cada uma delas, o recurso terapêutico deverá focar uma das pistas solicitadas. O estudante deverá apresentar a descrição de estratégias que envolvam, por exemplo: a discriminação auditiva dos fonemas [s] e [z] em produções próprias, do fonoaudiólogo ou de outros falantes; a discriminação de pares mínimos com esses fonemas; exercícios isométricos ou isotônicos da língua e das bochechas, visando à adequação do tônus, da mobilidade e do direcionamento da corrente aérea para a correta produção de [s] e [z]; utilização de estímulos proprioceptivos, esterognósicos e de topognosia; esquemas visuais que facilitem a produção dos fricativos alveolares; orientação para a produção fonêmica correta por meio da técnica de aproximação progressiva.

2. DISCURSIVA

ANÁLISE OFICIAL – PADRÃO DE RESPOSTA

O aluno deverá apresentar um texto argumentativo contemplando os seguintes aspectos:

Encaminhar a criança para <u>ORL</u> em função da <u>respiração bucal</u>;

Encaminhar a criança para <u>oftalmologista</u> e/ou <u>neurologista</u> em função das <u>dificuldades visuais</u> e das <u>quedas</u>, respectivamente;

Orientações aos pais

<u>Alimentação</u>: incentivar a mudança gradual da consistência dos alimentos (passagem para sólidos);

<u>Fala</u>: não solicitar a repetição da fala e nem fazer cobranças

Propiciar condições favoráveis para a criança fazer <u>lição de casa</u> (sem cobranças);

Mostrar a importância da <u>função social da escrita</u> e <u>despertar o interesse e o prazer</u> pela escrita;

Compreensão das necessidades da criança, ajudando os pais a entenderem o problema e superá-lo.

CONTEÚDO 06 – SISTEMA ÚNICO DE SAÚDE (SUS) NAS SUAS DIMENSÕES POLÍTICA, CONCEITUAL E TÉCNICA; NOS TRÊS NÍVEIS DE ATENÇÃO À SAÚDE EM FONOAUDIOLOGIA

1. E
2. A
3. C
4. C

CONTEÚDO 07 – PROPOSTAS EDUCACIONAIS BRASILEIRAS NAS SUAS DIMENSÕES POLÍTICA, CONCEITUAL E TÉCNICA, CONSIDERANDO AS INTERFACES COM A FONOAUDIOLOGIA

1. D
2. C
3. B

QUESTÕES DISCURSIVAS

1. DISCURSIVA

ANÁLISE OFICIAL – PADRÃO DE RESPOSTA

O aluno deverá escolher quatro itens para a redação do texto dissertativo/argumentativo:
Cada item escolhido terá valor de 2,0 (dois) pontos cada (total de 8,0 – oito). Deverá ser pontuado 2,0 (dois) pontos pela discussão inter-relação dos processos de comunicação humana na atenção básica.

Território

O indivíduo deverá apresentar o conceito de territorialização, podendo enforcar os aspectos geográficos, culturais, políticos, culturais, econômicas, históricos baseados na figura apresentada (cidade pequena; de pequeno porte, com aspectos naturalísticos importantes, nível socioeconômico baixo).

Estratégia de Saúde da Família (ESF)

O indivíduo poderá apresentar o processo organizacional do Sistema de Saúde da Família, referindo-se à composição da equipe da ESF e à discussão do papel do fonoaudiólogo neste contexto, em função de a figura destacar a importância do PSF enquanto referência para a saúde da comunidade.

Determinante Saúde Doença

Valorizar os aspectos biológicos e sociais na determinação dos distúrbios da comunicação humana.

Equipamentos Sociais

Identificar o que são equipamentos sociais (escola, creche, PSF) e a importância para a comunicação humana, principalmente da unidade de saúde.

Trabalho em Equipe

Destaque para a importância do trabalho em equipe (multi e interdisciplinar) e de ações que são integradas e intersetorias nas linhas de cuidado desenvolvidas.

Integração ensino-serviço

Ressaltar a importância da parceria ensino-serviço e a pactuação necessária entre os diversos atores envolvidos nas ações prioritárias da comunicação humana. Possibilidade de o indivíduo relatar experiências individualizadas relacionadas ao Programa de Educação Tutorial (PETSaúde).

2. DISCURSIVA

ANÁLISE OFICIAL – PADRÃO DE RESPOSTA

Como o foco é a atenção integral da saúde, o plano deve contemplar ações da promoção da saúde, prevenção e recuperação dos agravos, serão considerados:

1) Diagnóstico do que existe no município para indicar ações de atenção integral a saúde pertinentes (dados epidemiológicos, vigilância em saúde e contexto sociocultural).

2) Organizar plano de trabalho considerando ações intersetoriais (promoção de saúde, prevenção e recuperação dos agravos).

3) Proposta de um Programa de Conservação Auditiva do Trabalhador, envolvendo médico, fonoaudiólogo e enfermeiro, e outros profissionais. Palestras e orientação de EPI, etc.

4) Ações educativas e de assessoria às unidades básicas de saúde, tais como:

- grupos ou palestras ou orientação de gestantes/diabéticos/hipertensos
- grupos ou palestras ou orientação de pais,
- grupos ou palestras de trabalhadores
- grupos ou palestras de idosos
- Ações com a lista de espera
- oficinas de linguagem, voz, motricidade oral e audição
- grupos terapêuticos
- atendimento domiciliar em equipes do PSF

5) Ações no ambiente hospitalar tais como:

- ações ambulatoriais nas diferentes faixas etárias e patologias.
- alojamento conjunto e orientação de aleitamento materno, MO, linguagem, voz e audição.

6) Ações em escola ou creche, tais como:

- grupos ou palestras ou oficinas
- orientação a professores sobre linguagem, voz, motricidade oral e audição.
- grupos ou oficinas para as crianças sobre linguagem, voz, motricidade oral e audição.
- grupos ou palestras pais sobre linguagem, voz, motricidade oral e audição.
- grupos ou palestras ou orientação a funcionários sobre linguagem, voz, motricidade oral e audição.
- triagem fonoaudiológica de linguagem, voz, motricidade oral e audição.
- assessoria fonoaudiológica a escolas nos aspectos de linguagem, voz, motricidade oral e audição.

CONTEÚDO 08 – PRINCÍPIOS E PRÁTICAS DA INCLUSÃO NAS DIFERENTES ESFERAS SOCIAIS COM BASE NAS POLÍTICAS PÚBLICAS VIGENTES

1. A **2.** A **3.** C

CONTEÚDO 09 – PRINCÍPIOS, MÉTODOS E PROCEDIMENTOS CIENTÍFICOS DE PESQUISA

1. A **2.** D

QUESTÕES DISCURSIVAS

1. DISCURSIVA

ANÁLISE OFICIAL – PADRÃO DE RESPOSTA

A Resolução n.º 196/1996 identifica como itens importantes no Termo de Consentimento Livre e Esclarecido:

- Esclarecer os propósitos da pesquisa (objetivos e justificativa);
- Esclarecer os procedimentos utilizados na pesquisa (metodologia);
- Garantia do sigilo que assegure a privacidade dos sujeitos quanto aos dados confidenciais da pesquisa;
- Liberdade do sujeito em se recusar a participar e se retirar a qualquer momento da pesquisa, sem penalização alguma;
- Riscos e desconfortos possíveis e benefícios esperados;
- A pesquisa não implicará em ônus aos sujeitos. Deverão ser previstas formas de ressarcimento de despesas decorrentes da pesquisa;
- Dados para contato com o pesquisador e o Comitê de Ética e garantia de esclarecimento antes e durante o curso da pesquisa.

2. DISCURSIVA

ANÁLISE OFICIAL – PADRÃO DE RESPOSTA

O graduando deverá apresentar resumo de projeto de pesquisa contendo:

- Introdução com justificativa teórica coerente com os objetivos. **(3 pontos)**
- Objetivos claros que possam ser alcançados. **(4 pontos)**
- Metodologia. **(3 pontos)**

Serão consideradas quaisquer variáveis (sexo, idade, escolaridade, nível socioeconômico, tipo de ocorrência, entre outras) desde que correlacionadas com a proposição teórica.

CONTEÚDO 10 – ÉTICA, BIOÉTICA E BIOSSEGURANÇA EM FONOAUDIOLOGIA

1. E **3.** C
2. C **4.** A

QUESTÕES DISCURSIVAS

1. DISCURSIVA

ANÁLISE OFICIAL – PADRÃO DE RESPOSTA

A) Espera-se que o aluno questione a conduta de Maria por buscar se inserir no mercado de trabalho de forma antiética e contra a legislação em vigor justificando que:

- No Brasil, a Constituição Federal determina que o ingresso no serviço público deva ocorrer mediante a realização de concurso público ou procedimentos previstos pela legislação.
- O estágio somente é permitido a alunos regulamente matriculados em curso na área relacionada e tem regulamentação em Lei Federal (6.494 de 07 de dezembro de 1977).

B) De acordo com o Manual de Biossegurança do CFFa (2006), podem ser consideradas medidas de Precaução Padrão em Fonoaudiologia:

- imunização, higienização de mãos, uso de equipamentos de proteção individual (avental/ jaleco, gorro, máscara, óculos de proteção, luvas), manejo adequado de resíduos, processo de desinfecção e esterilização de artigos e ambientes.

  Manual de Biossegurança em Fonoaudiologia – disponível em www.fonoaudiologia.org.br

CONTEÚDO 11 – FUNDAMENTOS E PROCEDIMENTOS PARA A UTILIZAÇÃO DE RECURSOS TECNOLÓGICOS EM FONOAUDIOLOGIA

1. A **2.** E **3.** C

CONTEÚDO 12 – TEMAS COMBINADOS E OUTROS TEMAS

1. DISCURSIVA

ANÁLISE OFICIAL – PADRÃO DE RESPOSTA

O estudante não deve deixar de mencionar a ideia de promover a saúde vocal, com informações sobre a produção da voz, prevenção da disfonia e variação quanto ao uso de *pitch*, *loudness*, velocidade, inflexão, pausas longas e ênfases. Recursos como vídeos, músicas e dinâmicas de grupo podem ser utilizadas para a execução de atividades que memorizem os conteúdos propostos (KYRILLOS, 2005).

O estudante deve considerar as expressões não verbais como o uso adequado dos gestos, a postura corporal, o vestuário, a expressão facial, os meneios de cabeça e o uso do espaço físico. Recursos como análise de oradores e telejornais em mídias digitalizadas podem ser utilizados, bem como oficinas e dinâmicas de grupo para a fixação dos conteúdos apresentados (KYRILLOS, 2005).

A produção da fala, a questão de uma articulação adequada, o sotaque e os vícios de linguagem são assuntos essenciais relacionados aos recursos verbais. Interpretação oral de textos, argumentação sobre temas de interesse da turma, treino de fala com trava-língua são recursos que podem ser explorados em sala de aula (KYRILLOS, 2005).

Conteúdo:

Princípios, métodos e procedimentos de aprimoramento, avaliação, diagnóstico e tratamento das alterações da audição, voz, fala, linguagem (oral e escrita) e motricidade orofacial.

I. Competências e habilidades gerais para

a) interpretação e elaboração textual (coesão e coerência), bem como utilização dos aspectos gramaticais da língua portuguesa;

b) analisar criticamente a realidade biopsicosocial e ambiental, considerando evidências científicas;

c) dominar métodos e técnicas para o desenvolvimento de ações de promoção da saúde e prevenção de agravos e controle de danos no campo da Fonoaudiologia.

II. Competências e habilidades específicas para

a) identificar determinantes de alterações fonoaudiológicas relacionados às condições de vida e trabalho, visando à redução de riscos, prevenção de agravos e controle de danos;

b) propor, desenvolver e avaliar projetos e programas em áreas afins à fonoaudiologia.

Referência

KYRILLOS, L. C. R. (Org.) **Expressividade: da teoria à prática**. Rio de Janeiro: Revinter, 2005.

CAPÍTULO VI
QUESTÕES DE COMPONENTE ESPECÍFICO DE BIOMEDICINA

CONTEÚDO 01 – CIÊNCIAS EXATAS

1. B
2. D
3. D
4. C
5. C

CONTEÚDO 02 – CIÊNCIAS BIOLÓGICAS E DA SAÚDE

1. A
2. E
3. B
4. C
5. E
6. A
7. D
8. E

CONTEÚDO 03 – CIÊNCIAS HUMANAS E SOCIAIS

1. A

QUESTÕES DISCURSIVAS

1. DISCURSIVA

ANÁLISE OFICIAL – PADRÃO DE RESPOSTA

a) Espera-se que o aluno seja capaz de perceber e citar riscos como os impactos ambientais promovidos pela inclusão, no ecossistema, de organismos "criados" pelo homem como, por exemplo, o desequilíbrio das relações entre fauna e flora, superpopulações de organismo, competição por espaço e nutrientes, entre outros; o desconhecimento dos efeitos, a longo prazo, destes organismos no organismo humano; a falta de controle sobre a produção e distribuição destes organismos; a produção com fins benéficos que possam, oportunamente, ser utilizada como armas biológicas. Podem também ser consideradas as questões éticas relativas à produção e distribuição indiscriminadas de OGMs e a informação sobre estes organismos inseridos nos alimentos a serem consumidos.

b) Espera-se que o aluno seja capaz de perceber e citar possíveis benefícios como aumento da produtividade de lavouras e da qualidade nutricional de alimentos (em caso de alimentos modificados geneticamente); disponibilidade de organismos com características específicas necessárias a determinada finalidade (como, por exemplo, animais *knock-out* para alguns subtipos de receptores, permitindo estudo de efeitos de substâncias particulares); desenvolvimento de organismos capazes de funcionarem como biofábricas (úteis na produção de bioderivados); desenvolvimento de modelos e de ensaios com diagnósticos utilizando organismos modificados, não se limitando a estes benefícios.

REFERÊNCIA: http://www.ctnbio.gov.br/upd_blob/0000/10.pdf

CONTEÚDO 04 – CIÊNCIAS DA BIOMEDICINA

1. A
2. E
3. D
4. B
5. C
6. C
7. A
8. C
9. B
10. C
11. B
12. E
13. C
14. D
15. E
16. E
17. B
18. C
19. C
20. A

QUESTÕES DISCURSIVAS

1. DISCURSIVA

ANÁLISE OFICIAL – PADRÃO DE RESPOSTA

a) O aluno deverá indicar:

Fase de depleção de estoque: diminuição da ferritina sérica devido à necessidade de aumentar a concentração de ferro sérico disponível.

Fase de eritropoese deficiente de ferro: diminuição de ferro sérico devido à necessidade de sua utilização na eritropoese. Início de alteração nos parâmetros do hemograma (queda do VCM e hemoglobina – sinais de falha na hemoglobinização das células) e início do aumento do RDW. Podem ser citados os aumentos de sTfR e TIBC como compensatórios à queda do ferro sérico. **(6,0 pontos)**

b) O aluno deverá comentar que o tratamento da anemia ferropriva pode ser realizado através de orientação nutricional (alimentos ricos em ferro, não somente – desejável comentar diferença de absorção entre formas distintas – heme, não heme), administração por via oral ou parenteral de medicamentos contendo ferro (sais ferrosos, sais férricos, ferro aminoquelado, complexo de ferro polimaltosado e ferro carbonila, não somente) e, eventualmente, transfusão de hemácias. **(4,0 pontos)**

REFERÊNCIAS: GROTTO, Helena Z. W.. Fisiologia e metabolismo do ferro. **Rev. Bras. Hematol. Hemoter.**, São Paulo, 2010 .
Disponível em http://www.scielo.br/scielo.php?script=sci_arttext&pid=S1516-

2. DISCURSIVA

ANÁLISE OFICIAL – PADRÃO DE RESPOSTA

a) Deve ser privilegiada a sensibilidade do teste, ou seja, o teste de ELISA deve ser padronizado para detectar pequenas quantidades de antígenos ou anticorpos no sangue dos doadores, mesmo que os resultados apontem falsos–positivos, pois, esses resultados podem ser posteriormente, confirmados por outros métodos e essa conduta aumenta a segurança nos procedimentos de transfusão sanguínea.

b) É usualmente empregado o teste de Western Blot, que permite confirmar se um resultado oriundo do teste de ELISA é um verdadeiro-positivo ou um falso-positivo, pois, tem como característica a separação eletroforética das proteínas virais resultando em bandas com pesos moleculares específicos das proteínas virais, as quais reagem com anticorpos do soro do paciente e podem ser reveladas pela adição de anticorpos contra imunoglobulinas humanas marcados radioativamente ou com enzimas.

3. DISCURSIVA

ANÁLISE OFICIAL – PADRÃO DE RESPOSTA

a) A molécula de DNA sofre desnaturação em temperaturas acima de T_m, tornando-se simples-fita (ou separando-se as fitas).

b) O conteúdo G:C da molécula de **DNAb** deve ser maior do que da molécula de **DNAa**.

c) Porque as bases na estrutura simples-fita estão mais expostas e apresentam um nível de absorbância maior do que na estrutura de dupla-fita.

CAPÍTULO VII
QUESTÕES DE COMPONENTE ESPECÍFICO DE FARMÁCIA

CONTEÚDO 01 – CIÊNCIAS EXATAS

1. D	**16.** D	**31.** A
2. D	**17.** B	**32.** B
3. A	**18.** C	**33.** C
4. E	**19.** B	**34.** D
5. B	**20.** A	**35.** B
6. A	**21.** D	**36.** D
7. E	**22.** E	**37.** C
8. E	**23.** A	**38.** A
9. C	**24.** A	**39.** E
10. B	**25.** E	**40.** D
11. C	**26.** A	**41.** A
12. A	**27.** B	**42.** C
13. E	**28.** D	**43.** C
14. E	**29.** B	**44.** A
15. A	**30.** B	**45.** D

QUESTÕES DISCURSIVAS

1. DISCURSIVA

ANÁLISE OFICIAL – PADRÃO DE RESPOSTA

a) Em pH 7 terá ocorrido a segunda dissociação do ácido fosfórico (meia-dissociação a pH igual a 6, 82). Portanto, em pH igual a 7, as espécies predominantes no meio são as letras B e C.

b) ΔpKa entre a primeira e a segunda meia-dissociação do ácido fosfórico é de 4,67 unidades e o ΔpKa entre a segunda e a terceira meia-dissociação é de 5,56 unidades. Na medida em que ocorrem as dissociações do ácido fosfórico, cria-se um acúmulo de cargas negativas no derivado fosfato, exigindo uma camada maior de solvatação dos ânions pela água. A espécie B tem somente uma carga negativa; a espécie C tem duas cargas negativas; enquanto que a espécie D tem três cargas negativas. Portanto, em aspectos qualitativos, há maior resistência à geração da segunda e terceira cargas negativas no composto. Esta "resistência" a dissociações posteriores à formação do ânion $H_2PO_4^{1-}$ é traduzida pela necessidade de valores de pH cada vez maiores (mais básicos) para se promover a completa dissociação do ácido fosfórico (a terceira meia-dissociação do ácido fosfórico só ocorre em pH 12,38).

c) Um tampão é formado pela associação de um ácido e sua base conjugada.

c.1) Para o sal **ácido** KH_2PO_4 teremos:

$$\underset{0{,}08\ \text{mols/L}}{KH_2PO_4} \rightleftharpoons K^+ + H^+ + HPO_4^{2-} \rightleftharpoons H^+ + PO_4^{3-}$$

Ka = 1,51 x 10^{-7} Ka = 4,17 x 10^{-13}

Devido ao baixíssimo valor para a constante de dissociação do HPO_4^{2-}, esta dissociação não é considerada no cálculo.

As concentrações de H^+ e HPO_4^{2-}, geradas no primeiro equilíbrio, também são baixas (10^{-7}). Portanto, praticamente todo o $H_2PO_4^{1-}$ colocado no meio (o ácido neste caso) permanece não dissociado e a concentração de HA pode ser considerada como sendo a concentração inicial de 0,08 mols/L. Observe também que não há acréscimos na concentração da base conjugada HPO_4^{2-}.

c.2) Para o sal K_2HPO_4 temos a seguinte dissociação em meio aquoso:

$$\underset{0{,}12\ M}{K_2HPO_4} \rightleftharpoons 2K^+ + HPO_4^{2-} \rightleftharpoons H^+ + PO_4^{3-}$$

Ka = 4,17 x 10^{-13}

Como indicado em c.1, as concentrações de [H+] e $[PO_4]^{3-}$, geradas a partir de HPO_4^{2-}, podem ser negligenciadas (ácido muito fraco). Portanto, a dissolução de K_2HPO_4 no meio gera a **base** conjugada (HPO_4^{2-}) do ácido $H_2PO_4^{1-}$ e sua concentração pode ser considerada como 0,12 M.

c.3) O pKa a ser utilizado é aquele relativo à dissociação:

$$KH_2PO_4 \rightleftharpoons K^+ + H^+ + HPO_4^{2-}$$

ou seja, pKa = 6,82

c.4) Fazendo as substituições na Fórmula de Henderson--Hasselbach, teremos:

$$pH = 6{,}82 + \log\left(\frac{0{,}12M}{0{,}08M}\right)$$

$$pH = 6{,}82 + \log 1{,}5$$

$$pH = 6{,}99 \text{ ou } 7{,}0$$

2. DISCURSIVA

ANÁLISE OFICIAL – PADRÃO DE RESPOSTA

a) O emprego da forma farmacêutica suspensão justifica-se pelas razões abaixo:

<u>insolubilidade do fármaco</u> (ou princípio ativo): Quando se pretende uma forma farmacêutica líquida e o fármaco é insolúvel nos veículos farmacêuticos usuais, a suspensão é uma alternativa.

ou

<u>estabilidade do fármaco</u> (ou princípio ativo): Quando as substâncias são quimicamente instáveis na forma de dispersão molecular (ou solução), a suspensão pode ser uma alternativa para a preparação desse fármaco (princípio ativo) na forma líquida.

ou

facilidade de administração quando comparada com a forma sólida: Para alguns pacientes, a forma líquida é preferível devido à maior facilidade de deglutição. Essa é uma grande vantagem na terapia para lactentes, crianças e idosos.

ou

maior flexibilidade de dose: Por estar na forma líquida, a suspensão pode ser administrada em várias doses. Essa é uma grande vantagem na terapia para lactentes, crianças e idosos.

ou

mascaramento de sabor: Certos fármacos apresentam sabor desagradável quando em solução, mas em suspensão a percepção desse sabor é evitada, quando o fármaco (princípio ativo) está na forma insolúvel.

ou

uma razão correta com justificativa

ou

duas ou três razões corretas com justificativa **(5 pontos)**

b) A preparação 3 deverá apresentar melhor estabilidade física.

ou

A distribuição granulométrica ou homogeneidade de tamanho das partículas, favorece a estabilidade física da suspensão ou menor variação no diâmetro das partículas. **(5 pontos)**

c) Aumenta a viscosidade do meio ou é um agente suspensor

ou

reduzindo a velocidade de sedimentação das partículas ou mantendo as partículas suspensas por mais tempo ou aumentando a estabilidade física. **(5 pontos)**

d)

d.1) O agente floculante evita a formação de sedimento compacto.

ou

O agente floculante reduz o potencial Zeta, favorecendo a aproximação das partículas, formando uma estrutura flocular. **(5 pontos)**

d.2) O agente floculante, após determinada concentração, perde a ação.

ou

Uma razão correta com justificativa.

ou

Duas ou três razões corretas com justificativa.

ou

A partir de uma determinada concentração, ocorre a inversão de carga das partículas, tornando o sistema desfloculado.

3. DISCURSIVA

ANÁLISE OFICIAL – PADRÃO DE RESPOSTA

a) O álcool é obtido a partir do caldo de cana e não do açúcar já beneficiado, portanto, o açúcar contido no caldo é mais barato. **(5 pontos)**

b) A indústria alcooleira produz grandes quantidades de álcool e trabalha com alto rendimento e alta produtividade. O lucro obtido por litro de produto, mesmo que seja pequeno, ainda é compensador. **(5 pontos)**

c) A energia, além de ser produzida pela queima do bagaço de cana, que supre a usina, também é vendida aos consumidores vizinhos.

O retorno da vinhaça ao canavial repõe minerais barateando o custo da produção. **(5 pontos)**

d) O álcool pode receber subsídios do governo podendo ser vendido por um preço inferior.

e) $C_6H_{12}O_6 \rightarrow 2\ H_6C_2O + 2\ CO_2$

180 92

1 000 X

X 511,11 g de álcool, ou seja, 1 kg de açúcar rende 511,11 g de álcool.

A taxa de conversão é 0,511.

Com d = 0,8 g/L, o volume de álcool será 0,5111 g/0,8 g/L = 638,9 mL.

4. DISCURSIVA

ANÁLISE OFICIAL – PADRÃO DE RESPOSTA

a) Os ácidos graxos insaturados são substâncias extremamente suscetíveis à oxidação. Os produtos da oxidação exalam odor e conferem sabor desagradável aos alimentos, principalmente, leite, manteiga e óleos, e reduzem o seu valor nutricional. O processo de oxidação é dividido didaticamente em 3 fases:

Iniciação: na presença de iniciador, os ácidos graxos insaturados formam radical livre, que pode ser originado, também, por dissociação térmica, catálise por metal ou exposição à luz.

Propagação: os radicais livres reagem com o oxigênio produzindo peróxidos. Uma reação radicalar em cadeia resulta na formação de hidroperóxidos, que se decompõem formando novos radicais livres.

Término: os radicais livres reagem entre si originando produtos não radicais.

b) O ácido ascórbico, devido ao seu baixo potencial redutor, reage com a maior parte dos radicais livres, e atua também como quelante de metais.

O alfatocoferol é mais eficaz que os demais tocoferóis devido à posição orto de seus grupos metílicos, tornando-o um dos melhores doadores de hidrogênio.

Os compostos fenólicos atuam como doadores de hidrogênio.

O citrato de sódio atua como quelante de metais.

c) As seguintes condições ambientais interferem na velocidade da oxidação lipídica: Temperatura:

A velocidade de oxidação aumenta com a temperatura. Temperaturas altas favorecem a formação e o desaparecimento de radicais livres. Temperaturas baixas favorecem a formação de hidroperóxidos.

ou

Concentração de oxigênio:

Em baixas pressões de oxigênio a velocidade de oxidação lipídica é diretamente proporcional à pressão de oxigênio.

ou

Catalisadores na forma de íons metálicos (ferro, cobre, zinco, magnésio):

Estes íons diminuem a fase de indução e elevam a velocidade de decomposição dos hidroperóxidos.

ou

Superfície de contato:

Quanto maior a superfície, maior a velocidade.

ou

Atividade de água:

Atividades de água intermediárias (0,2-0,3) reduzem a velocidade de oxidação.

ou

Radiações ionizantes

ou

Ação enzimática (lipoxigenase)

Obs.: Considerar-se-ão outras condições, desde que pertinentes ao padrão de resposta proposto.

5. DISCURSIVA

ANÁLISE OFICIAL – PADRÃO DE RESPOSTA

A farinha de trigo, quando misturada com água, é a única que tem capacidade de formar massa viscoelástica, devido à presença do glutén.

O glúten é uma mistura heterogênea de proteínas principalmente gliadinas e gluteninas de reduzida solubilidade. Estas proteínas são compostas de 50% de glutamina/ácido glutâmico e prolina, e alta porcentagem de aminoácidos hidrofóbicos.

O glúten confere elevada capacidade de agregação entre as proteínas, interações hidrofóbicas com lípides e outras moléculas não polares, além de elevada capacidade de hidratação.
A rede tridimensional do glúten, que é estabilizada por ligações dissulfetos, retém o gás carbônico produzido durante a fermentação que é responsável pelo crescimento da massa.

A presença de proteínas da soja afeta negativamente as propriedades viscoelásticas e a qualidade da massa do pão, impedindo o seu crescimento devido à interferência com a estrutura tridimensional do glúten.

CONTEÚDO 02 – CIÊNCIAS BIOLÓGICAS E DA SAÚDE

1. E	**12.** D	**22.** B
2. B	**13.** D	**23.** E
3. C	**14.** E	**24.** D
4. A	**15.** A	**25.** B
5. E	**16.** B	**26.** D
6. D	**17.** C	**27.** C
7. A	**18.** D	**28.** D
8. D	**19.** A	**29.** D
9. C	**20.** C	**30.** B
10. E	**21.** B	**31.** E
11. C		

QUESTÕES DISCURSIVAS

1. DISCURSIVA

ANÁLISE OFICIAL – PADRÃO DE RESPOSTA

a) Retrogradação é o termo dado às transformações que ocorrem durante o resfriamento e armazenamento de amido previamente gelatinizado.
É basicamente um processo de recristalização das moléculas de amido, que ocorre pela forte tendência do amido de formar ligação (ponte) de hidrogênio.
ou
Sinerese é o fenômeno de liberação de moléculas de água, anteriormente ligadas às cadeias de amilose, que acompanha o processo da retrogradação. **(10 pontos)**

b) A amilose (ou fração linear do amido) é a principal responsável pela retrogradação, devido à formação de ligações intermoleculares.
As ramificações intramoleculares da amilopectina impedem ou dificultam a aproximação das cadeias, de modo que a retrogradação, do ponto de vista quantitativo, é insignificante. **(5 pontos)**

c) Pela adição de proteínas, pentosanas e outros polissacarídeos, bem como emulsificantes, tais como mono e diacilgliceróis.
e hidrólise enzimática
e modificação química
e armazenamento por longo tempo. **(10 pontos)**
Obs.: Considerar-se-ão outros aspectos, desde que relevantes e pertinentes ao padrão de respostas.

2. DISCURSIVA

ANÁLISE OFICIAL – PADRÃO DE RESPOSTA

a) A pasteurização do leite visa a destruição total dos microrganismos patogênicos presentes e/ou a redução da população total de microrganismos presentes.
Preservando as características organolépticas e nutritivas, e as propriedades físico-químicas.

b) Pelo menos uma enzima.
ou
Mais de uma enzima.
ou
Fosfatase alcalina e lipase.
ou
Enzimas muito termolábeis, são inativadas pela pasteurização. Não havendo mais atividade dessas duas enzimas, o processo térmico foi suficiente para garantir a pasteurização e, portanto, são utilizadas como indicadores do processo.

c) Pelo menos uma enzima.
ou
Todas as enzimas, exceto a fosfatase alcalina e a lipase. **(5 pontos)**

CONTEÚDO 03 – CIÊNCIAS HUMANAS E SOCIAIS

1. C	**6.** B	**11.** E
2. E	**7.** D	**12.** A
3. C	**8.** B	**13.** B
4. D	**9.** A	**14.** C
5. B	**10.** B	

QUESTÕES DISCURSIVAS

1. DISCURSIVA

ANÁLISE OFICIAL – PADRÃO DE RESPOSTA

A diarreia infantil está relacionada com a pobreza, a má distribuição de renda, a precariedade das condições de saneamento a que são submetidas as classes populares e a baixa qualidade das escolas frequentadas pelos pais.

As doenças infecciosas e parasitárias fazem parte da rotina diária das famílias das classes populares brasileiras. A diarreia é uma doença infecciosa que tem caráter extremamente repetitivo.

As intervenções estão centradas na administração de soluções de reidratação oral, na utilização ou não de antibióticos e no manejo da alimentação.

Objetivo da análise de caso: despertar no profissional o conhecimento crítico das determinações sociais e ambientais da diarreia.

As frequentes manifestações de diarreia na criança eram consequencias de problemas mais profundos na vida familiar.

a) O atendimento médico primou pela cura da doença, mas não levou em consideração: a condição socioeconômica da família; aspectos da alimentação da criança (preparo, manuseio); condições de higiene dos indivíduos e do ambiente em que vivem; saneamento básico da região (aspectos socioeconômico, cultural e ambiental. A simples prescrição de medicamentos, sem um continuado cuidado e acompanhamento familiar, teve poucas repercussões na situação de saúde da criança.

b) Fatores que podem ser citados:

- Educação: baixo nível educacional;
- Higiene (preparação/manipulação do alimento): lavagem da mamadeira e das mãos; o leve aquecimento do leite: elevação da temperatura para algo próximo à temperatura ideal de multiplicação bacteriana; ingestão pela criança por via oral, de grandes quantidades de bactérias patogênicas;
- Condições de armazenamento do alimento preparado: fora da geladeira, exposto a fatores físicos e biológicos;
- Infecções entéricas: constituem fatores precipitantes e agravantes da desnutrição, e esta, por sua vez, influi na patogenia de processos diarreicos;
- Intolerância à lactose.

c) Procedimentos da equipe de saúde:

- ampliação e aperfeiçoamento do Programa Saúde da família;
- maior diálogo com a comunidade: estimular a comunidade a identificar e discutir seus problemas, o que favorece a mobilização social (processo participativo);
- visitas às famílias em risco (pai e filho doentes): diálogo com a família para melhor entendimento do processo saúde-doença;
- incorporação no serviço público da metodologia da educação popular (este método é instrumento importante para a construção e ampliação da participação popular no gerenciamento e reorientação das políticas públicas);
- ações de educação em saúde: enfoques sobre higiene pessoal, domiciliar, do meio ambiente, alimentar e a conscientização da população sobre as causas estruturais da diarreia, com uso de linguagem simples e clara;
- ajuda à comunidade na luta pelo saneamento básico;
- Investigação de uma possível intolerância à lactose.

CONTEÚDO 04 – CIÊNCIAS FARMACÊUTICAS

1. A	**25.** B	**48.** D
2. A	**26.** D	**49.** E
3. A	**27.** E	**50.** B
4. C	**28.** B	**51.** A
5. C	**29.** A	**52.** C
6. D	**30.** C	**53.** D
7. B	**31.** E	**54.** E
8. B	**32.** D	**55.** C
9. B	**33.** C	**56.** E
10. B	**34.** C	**57.** B
11. C	**35.** B	**58.** B
12. C	**36.** D	**59.** A
13. A	**37.** D	**60.** E
14. D	**38.** E	**61.** C
15. B	**39.** E	**62.** D
16. C	**40.** E	**63.** E
17. E	**41.** C	**64.** B
18. A	**42.** D	**65.** B
19. D	**43.** D	**66.** E
20. A	**44.** A	**67.** A
21. D	**45.** E	**68.** B
22. E	**46.** E	**69.** E
23. D	**47.** B	**70.** A
24. A		

QUESTÕES DISCURSIVAS

1. DISCURSIVA

ANÁLISE OFICIAL – PADRÃO DE RESPOSTA

a) O fungo leveduriforme *Cryptococcus* spp

b) Por inalação dos esporos presentes no ambiente, principalmente em locais habitados por pombos.

c) Microscópico: preparação com tinta da China pois o fungo em questão é capsulado e a tinta funciona como corante de fundo destacando a cápsula LCR: aglutinação em látex: permite detecção de antígenos capsulares circulantes. Este teste pode também ser aplicado em outros materiais biológicos como soro Identificação fenotípica, identificação molecular.

2. DISCURSIVA

ANÁLISE OFICIAL – PADRÃO DE RESPOSTA

a) Preferência pela escolha de alvos que não estão presentes em células humanas ou diferenças entre isoenzimas. No passado e como acontece no Brasil, a escolha do alvo depende de se encontrar o fármaco primeiro. Ex: Curare. No presente, os projetos genomas aumentaram o número de receptores e enzimas como prováveis alvos terapêuticos.

b) **Fontes:**

Triagem a partir de fontes naturais;
A partir do uso popular de compostos naturais;
Triagem em bancos sintéticos;
A partir de fármacos já existentes;
A partir do agonista endógeno;
Síntese combinatória;
Desenvolvimento com auxílio do computador;
Análise de efeitos tóxicos de drogas;
Desenvolvimento de ligantes por RMN;

c) Nesta etapa, muitos compostos protótipos podem ser reprovados levando a síntese de outros compostos. Ocorre o envolvimento de pacientes e demandam custos elevados. Os ensaios clínicos são divididos em fases, onde:

- **Fase I** => Voluntários sadios, enfoque na segurança do produto parâmetros farmacocinética e eventuais efeitos colaterais
- **Fase II =>** Pequeno grupo de pacientes, **onde observa-se os** efeitos terapêuticos
- **Fase III** => Grupo maior de pacientes

Comparação com outros fármacos existentes e com placebo (teste duplo cego)

- **Fase IV =>** Fármaco no mercado, mas ainda monitorado (farmacovigilância)

Nesta fase, os fármacos podem ser retirados do mercado.

d) Os três requisitos para obtenção de patente são invenção, novidade, e aplicação industrial. Onde a invenção ocorre quando a molécula é inovadora, seja estruturalmente ou pelo uso farmacológico. Com isso, moléculas de produtos naturais são apenas patenteadas quanto ao seu uso, pois foram inventadas pela natureza. A novidade é por não ter sido publica anteriormente. Quanto à aplicação industrial, a molécula a ser patenteada deve apresentar um uso terapêutico bem definido.

3. DISCURSIVA

ANÁLISE OFICIAL – PADRÃO DE RESPOSTA

a) HOMA = 22 **(valor: 0,5 ponto)** e IMC = 35 kg/m^2. **(valor: 0,5 ponto)** O paciente apresenta resistência à insulina e obesidade. **(valor: 1,0 ponto)**

b) A escolha mais racional é a metformina **(valor: 1,0 ponto)**, pois o mecanismo de ação desse medicamento está relacionado com a redução da produção hepática da glicose (gliconeogênese) **(valor: 1,0 ponto)**, além de aumentar a ação da insulina no músculo e no tecido adiposo, reduzindo a resistência à insulina no referido paciente. **(valor: 2,0 pontos)**

c) O medicamento deve ser utilizado, preferencialmente, cerca de 10 minutos antes das refeições, para potencializar o efeito de reduzir a absorção intestinal de glicose. **(valor: 1,5 ponto)** Além disso, esse medicamento poderá causar diarreia, desconforto abdominal, náuseas, sabor metálico e anorexia. **(valor: 1,5 ponto)** Deve ser informado também que o exercício físico intenso pode favorecer o aparecimento de acidose láctica. **(valor: 1,0 ponto)**

4. DISCURSIVA

ANÁLISE OFICIAL – PADRÃO DE RESPOSTA

a) Uma importante alteração farmacocinética que ocorre em pessoas com idade avançada é a diminuição da eliminação renal da droga. Essa mudança resulta em um declínio relacionado à idade tanto da taxa de filtração glomerular como da função tubular, podendo ocasionar uma excreção diminuída em pacientes idosos. A depuração renal alterada leva, principalmente, a duas consequencias clinicamente relevantes: aumento da meia-vida dos fármacos e aumento dos níveis séricos destes fármacos, o que requer um ajuste/diminuição de dose, especialmente nos fármacos com índices terapêuticos mais estreitos (ex. digoxina, cimetidina, aminoglicosídeos), que podem ocasionar efeitos colaterais nos idosos.

b) A utilização de múltiplos fármacos, no tratamento do paciente idoso, ou seja, a polifarmacoterapia, traz como consequencias:

- número crescente de reações adversas e interações medicamentosas;
- efeitos letais em casos extremos;
- aumento na frequência e permanência das hospitalizações, o que aumenta os custos econômicos.

c) Uma das estratégias para minimizar a problemática da automedicação em idosos é a promoção de atividades educativas, desenvolvidas através de programas específicos pelo Ministério da Saúde, OPAS, Universidades, Secretarias de Saúde Estaduais e Municipais e organizações não governamentais. Outra estratégica, que também pode ser desenvolvida por essas instituições é a realização de atividades destinadas à capacitação dos profissionais, de estudantes da área de saúde e de membros da comunidade.

5. DISCURSIVA

ANÁLISE OFICIAL – PADRÃO DE RESPOSTA

a) **Hidroquinona:** fármaco ou princípio ativo ou substância ativa.
ou duas e/ou três funções corretas, incluindo a do metabissulfito de sódio
ou quatro funções corretas, incluindo a do metabissulfito de sódio
ou quatro funções corretas, incluindo a do metabissulfito de sódio
Metabissulfito de sódio: agente antioxidante **ou** impede a oxidação.
EDTA ou antioxidante: agente quelante ou antioxidante auxiliar ou quelante de íons.
Água: solubilizante do fármaco e dos adjuvantes ou solvente do fármaco e dos adjuvantes.
Creme base óleo/água: excipiente do fármaco e dos adjuvantes ou solvente do fármaco e dos adjuvantes.

b) Em quantidade suficiente de água solubilizar na ordem; o metabissulfito de sódio, o EDTA e a hidroquinona. Incorporar a solução obtida no creme base óleo/água.
Justificativa: É necessário preparar o meio redutor e depois solubilizar a hidroquinona, protegendo-a da oxidação.
Observação: Considerar-se-ão outras técnicas desde que seja garantida a estabilidade do fármaco.

c) Potes plásticos opacos ou bisnagas plásticas opacas ou embalagens que impeçam a passagem da luz.
ou
Frasco opaco de âmbar
Justificativa: O fármaco é fotossensível.
ou
A luz acelera processos de degradação de fármacos por oxidação. A luz pode agir como catalisador de reações de oxidação. **(7,5 pontos)**

d) Não **ou** a vaselina é um excipiente hidrófobo **ou** hipofílico **ou** oleoso
ou
Não. A vaselina não permite a incorporação de soluções aquosas.
ou
Não. Porque a vaselina é um excipiente hidrófobo que não permite a incorporação de fármacos e adjuvantes hidrossolúveis nem da água.

6. DISCURSIVA

ANÁLISE OFICIAL – PADRÃO DE RESPOSTA

a) Grumos do exsudato (látex), contaminados por fragmentos de tecido da cápsula verde, despreendidos durante a excisão comum estilete. **(5 pontos)**

b) O processo deve ser feito em meio básico, pois a morfina contém uma hidroxila fenólica, **ou** CLAE **ou** HPLC que possibilita separação de morfina e codeína **ou** maior polaridade de morfina em relação à codeína tornando-se mais solúvel em água em sistema bifásico que se ioniza em meio alcalino, aumentando a sua solubilidade em água. **(5 pontos)**

c) A morfina tem alta taxa de eliminação pré-sistêmica. É conjugada no fígado anteriormente à absorção para a circulação sistêmica. A presença de hidroxilas na morfina leva à conjugação no fígado, sob a forma de glicuronídeos, e eliminação, anterior à absorção para a circulação sistêmica. **(7,5 pontos)**

d) A obtenção de antagonista se faz por meio de introdução de grupo volumoso. Esse grupo volumoso deve ser introduzido no nitrogênio piperidínico. **(7,5 pontos)**

7. DISCURSIVA

ANÁLISE OFICIAL – PADRÃO DE RESPOSTA

a) A linearidade de um método analítico pode ser determinada pela análise de regressão linear, a fim de se determinar a relação linear entre a resposta instrumental e a concentração conhecida da substância presente nas amostras em um determinado intervalo. **(10 pontos)**

b) O limite de detecção e o limite de quantificação podem ser determinados pela análise de baixas concentrações do padrão.

ou

Os limites podem ser calculados pela relação entre o desvio padrão médio das determinações e a inclinação da curva de calibração. O limite de detecção é três vezes e o de quantificação é de 10 vezes esta relação.

ou

$$LD = \frac{\text{desvio padrão médio} \times 3}{\text{inclinação curva padrão}}$$

$$LQ = \frac{\text{desvio padrão médio} \times 10}{\text{inclinação curva padrão}}$$

ou

O limite de detecção e o limite de quantificação são determinados por meio da discriminação progressiva dos valores submetidos à análise com a concomitante avaliação da capacidade de detecção e quantificação do método. **(5 pontos)**

c) O teste é realizado pela adição de quantidades conhecidas de solução padrão às amostras em estudo.

A quantidade recuperada é determinada pelo método analítico proposto. **(5 pontos)**

d) A precisão de um método analítico pode ser determinada pelo cálculo do desvio padrão relativo (Coeficiente de Variação) do resultado de análises repetidas de uma amostra.

ou

A precisão do método analítico pode determinada pela análise repetida de uma mesma amostra.

A precisão de um método analítico é determinada avaliando-se a proximidade dos resultados obtidos a partir de uma série de análises realizadas empregando-se a mesma metodologia. **(5 pontos)**

8. DISCURSIVA

ANÁLISE OFICIAL – PADRÃO DE RESPOSTA

a) O gelo, fonte de água, gera a emulsão em baixas temperaturas.

O nitrito/nitrato gera a cor rósea do produto e a ação conservante, pela inibição da atividade das bactérias.

Os polifosfatos retêm a umidade no produto. **(15 pontos)**

b) A mioglobina, vermelho púrpura, responsável pela cor vermelha das carnes frescas transforma-se em nitrosomioglobina, originando a cor característica das carnes curadas.

A conversão de nitroso mioglobina em nitroso hemocromo é a responsável pela coloração rósea inerente às carnes curadas cozidas. **(10 pontos**

9. DISCURSIVA

ANÁLISE OFICIAL – PADRÃO DE RESPOSTA

a) Neurotoxicidade.

Justificativa:

O mercúrio interage com enzimas que apresentam radicais sulfidrila, que interferem no S.N.C.

b) Pelo menos uma técnica.

Duas técnicas.

Mercúrio total – espectrometria de absorção atômica e ICP-MS.

ou

Metilmercúrio – cromatografia gasosa com detector de captura eletrônica **ou** cromatografia líquida de alta eficiência acoplada ao espectrômetro de absorção atômica. **(5 pontos)**

c) Pelo menos um sistema.

Dois sistemas.

ou

ISO 17025 e BPL – Boas Práticas de Laboratório. **(5 pontos)**

d) Pelo menos um parâmetro.

ou

Pelo menos dois sistemas.

ou

Pelo menos três sistemas.

ou

Quatro ou mais parâmetros.

ou

Limite de detecção, limite de quantificação, linearidade, exatidão, precisão, robustez, estabilidade.

Obs.: Considerar-se-ão outros parâmetros, desde que pertinentes às técnicas de identificação e quantificação; à padronização e à validação dos métodos de análise dos compostos de mercúrio

10. DISCURSIVA

ANÁLISE OFICIAL – PADRÃO DE RESPOSTA

1) Mielograma.

Leucemia, neoplasia maligna, acomete precursores hematopoéticos presentes na medula óssea.

O tecido acometido é o mieloide. Para o diagnóstico conclusivo é necessário examinar o tecido afetado.

Mielograma informa celularidade, distribuição dos diferentes tipos celulares e eventuais alterações morfológicas.

2) Prova citoquímica da fosfatase alcalina leucocitária.

Na leucemia mieloide crônica, as células neutrofílicas apresentam alterações funcionais, dentre as quais, ausência ou baixa positividade para a fosfatase alcalina leucocitária. Em situações inflamatórias ou infecciosas, que podem exigir diagnóstico diferencial, a reação da fosfatase alcalina leucocitária é intensamente positiva.

3) Citogenética para detecção da translocação 9,22 (cromossoma Filadélfia)

4) Reação da cadeia polimerase (PCR) para *bcl-abl* ou para as proteínas anômalas. Cerca de 85% dos pacientes com leucemia mieloide crônica apresentam a translocação 9,22. A detecção dessa alteração cromossômica, associada às alterações hematológicas, contribui para o diagnóstico de leucemia mieloide crônica.

5) Determinação de folatos séricos.

Na leucemia mieloide crônica, as concentrações séricas de folatos estão alteradas.

6) Hemograma

A persistência dos dados hematológicos, associados a outras alterações clínico-laboratoriais, pode ser indicação de processo não infeccioso ou inflamatório.

6 exames com e/ou sem justificativa.
5 exames com e/ou sem justificativa.
4 exames com e/ou sem justificativa.
3 exames com e/ou sem justificativa.
2 exames com e/ou sem justificativa.
1 exame com e/ou sem justificativa.

11. DISCURSIVA

ANÁLISE OFICIAL – PADRÃO DE RESPOSTA

a) Exames do Sangue

Denominação:

Indicativos: ALT ou TGP: AST ou TGO e dosagem das bilirrubinas.

e/ou

Auxiliares, como tempo de protrombina, ALP, GGT, hemograma e glicemia.

Interpretação:

Valor de ALT e AST maior ou igual a 3 vezes o valor normal do método utilizado indica hepatite viral. O valor pode ultrapassar em até 10 a 20 vezes os valores de referência. Os níveis, isoladamente, não estão relacionados com a gravidade da doença, nem têm valor preditivo na evolução e na cronicidade do quadro clínico. As bilirrubinas, encontram-se elevadas, podendo alcançar níveis de até 20%.

ou

Interpretação dos resultados de cada exame.

b) Marcadores Sorológicos:

Antígeno de superfície do HBV (HBsAg), anticorpos anticore do HBV (anti-HBc), antígeno *e* da hepatite B (HbeAg), anticorpos anti-HBs, anticorpos antiantígeno *e* de hepatite B (anti-Hbe).

ou

Pelo menos um marcador sorológico.

Interpretação:

Pelo menos um tipo de marcador sorológico com interpretação de resultados.

ou

Pelo menos dois tipos de marcadores sorológicos com interpretação de resultados.

Total:

Anti-HBc IgM aparece primeiro e decai gradativamente com o aparecimento de IgG anti-HBc que, frequentemente, persiste por toda a vida.

O estágio convalescente da infecção pelo HBV é indicado pela presença de anticorpos anti-HBs. Normalmente, a presença de anti-HBs está associada com imunidade e pode ser usado para monitorar a resposta de vacinas.

Geralmente, a presença de anti-HBe coincide com o desaparecimento de HbeAg. Em casos de infecção aguda, seu aparecimento indica a diminuição da replicação viral e a evolução para cura. Em infecções crônicas indica doença assintomática. (15 pontos)

Obs.: Considerar-se-ão outros métodos desde que pertinentes à detecção viral e à fase da infecção.

12. DISCURSIVA

ANÁLISE OFICIAL – PADRÃO DE RESPOSTA

Sífilis primária: denominação: microscopia de campo escuro ou imunofluorescência direta (IFD).

Fundamentos: O *Treponema pallidum* não pode ser visualizado por técnicas de microscopia que utilizem iluminação óptica comum, a não ser quando corado pela prata. A utilização de um condensador de campo escuro aumenta a resolução do microscópio, permitindo a visualização do treponema sem o uso de corantes.

A reação de IFD tem como fundamento a reação específica de antígeno – anticorpo, com a utilização de soro hiperimune antitreponema marcado com isotiocianato de fluoresceína.

Coleta de material: O material da lesão deve ser colhido apertando-se a base da lesão após a remoção de crostas ou pús com gaze embebida em solução fisiológica estéril. **(7,5 pontos)**

Sífilis secundária:

Denominação: Testes sorológicos não treponêmicos (cardiolipídicos) e treponêmicos.

Fundamentos de testes sorológicos não treponêmicos: VDRL detecta anticorpos antilipídicos (anticorpos não específicos). É um teste de floculação, composto de cardiolipina, colesterol e lecitina.

Fundamentos de testes sorológicos treponêmicos: FTA-ABS e/ou micro-hemaglutinação.

O teste FTA-ABS é uma técnica de imunofluorescência indireta, fundamentada na ligação de anticorpos específicos presentes no soro com antígenos treponêmicos fixados em lâmina de microscopia. A reação antígeno/anticorpo é revelada com anti-imunoglobulina humana marcada com isotiocianato de fluoresceína.

ou

Teste de micro-hemaglutinação é uma técnica baseada na reação de aglutinação de eritrócitos de carneiro sensibilizados com antígenos do *T. pallidum* pelo soro com anticorpos anti-*T. pallidum*.

Fatores interferentes da reação e controle de qualidade: VDRL – afetado pela temperatura e umidade do ambiente e o soro deve ser diluído para evitar o efeito da prozona.

ou

Testes treponêmicos – o soro deve ser absorvido com extrato de treponema não patogênico (cepa de Reiter), antes de se processar a reação. Controle de qualidade das reações – deve-se utilizar soros acrescentar eritrócitos de carneiro não sensibilizados.

(10 pontos)

HPV

Denominação: Método de hibridização *in situ* **ou** PCR **ou** Papanicolaou.

Metodologia e processamento do exame citológico de Papanicolaou: Preparações obtidas da junção escamocolunares ou de lesões fixadas e coradas pelo método de Papanicolaou. Presença de coilócitos ou mudança de células pela atividade viral **ou** com coilócitos com ou sem presença de displasia ou discariose.

e/ou

Fundamentos de hibridização *in situ*: A molécula de DNA se hibridiza com moléculas homólogas.

Metodologia e processamento: Cortes histológicos de tecido ou preparações citológicas são preparados, para a hibridização, com sondas de DNA viral marcadas. O método permite a conservação da morfologia celular e quando as sondas específicas de certos tipos de vírus são empregadas, pode-se determinar o tipo de HPV que está causando a lesão.

e/ou

Fundamentos PCR: Amplificação de cópias da molécula de DNA *in vitro*, usando-se os elementos básicos do processo de replicação natural do DNA.

Metodologia e processamento: Sequência de oligonucleotídeos escolhida a partir de regiões conhecidas do DNA viral para amplificação de regiões específicas do vírus. A reação quando seguida de hibridização com sondas específicas de DNA ou seguida de estudo do perfil de restrição do fragmento amplificado permite a identificação do tipo de HPV presente na lesão.

ou

Coleta do material: raspado ou biópsia da lesão.

Caso o graduando responda aos itens referentes somente ao Papanicolaou.

Caso o graduando responda aos itens referentes à hibridização *in situ* ou ao PCR, acrescentados ou não ao Papanicolaou.

(7,5 pontos)

Obs.: Considerar-se-ão outros métodos, desde que pertinentes à detecção do agente.

13. DISCURSIVA

ANÁLISE OFICIAL – PADRÃO DE RESPOSTA

Será permitido ao profissional farmacêutico a substituição do medicamento prescrito, exclusivamente pelo medicamento genérico correspondente ou orientar a existência de medicamento genérico. Nestes casos, o farmacêutico deve indicar a substituição realizada na prescrição ou informar a troca, apor seu carimbo em que conste o nome e o número de inscrição no Conselho Regional de Farmácia, data e assinatura.

Nos casos de prescrição utilizando nome genérico, somente será permitida a Dispensação do Medicamento de Referência ou de genérico correspondente ou prestar assistência e/ou atenção farmacêutica.

É dever do profissional farmacêutico explicar detalhadamente a dispensação do medicamento ao paciente ou ao usuário, bem como fornecer toda orientação necessária ao consumo racional do medicamento genérico.

A substituição genérica deverá ser baseada na relação de medicamentos genéricos aprovada pela Agência Nacional de Vigilância Sanitária, cujos registros tenham sido publicados no Diário Oficial da União.

14. DISCURSIVA

ANÁLISE OFICIAL – PADRÃO DE RESPOSTA

a) É um medicamento inovador, registrado no órgão federal responsável pela vigilância sanitária, comercializado no país, eficaz, seguro e de qualidade cientificamente comprovada.

b) Fármacos contidos em medicamentos administrados por via intravenosa estarão totalmente disponíveis ao organismo, ou administrados na corrente circulatória e, neste caso, o veículo não exercerá qualquer efeito na biodisponibilidade. Assim sendo, os estudos de bioequivalência não são necessários.

15. DISCURSIVA

ANÁLISE OFICIAL – PADRÃO DE RESPOSTA

a) Os pirogênios causam febre, dores de cabeça, calafrios, mal-estar generalizado, fraqueza, apatia, convulsões e morte.

b) Usa-se o reagente *Limulus Amebocyte Lysate* (LAL), ou *in vitro*, (ou proteína de caranguejo) que é uma proteína que coagula ou geleifica na presença de endotoxinas bacterianas.

Outro teste de detecção é um teste biológico, ou *in vivo*, em que se injeta uma solução nas veias periféricas das orelhas de coelhos. Se ocorrer uma reação pirética, ou seja, um aumento da temperatura do corpo do animal (febre), este fato indicará a presença de pirogênios na solução.

16. DISCURSIVA

ANÁLISE OFICIAL – PADRÃO DE RESPOSTA

a) A água, como matéria-prima, deve ser obtida por filtração, destilação ou osmose reversa, armazenada em tanques com circulação interna forçada e, antes de ser utilizada, deve passar por filtros esterilizantes, ou filtro 0,22 μm, ou filtro 0,45 μm. As matérias-primas são tamisadas e pesadas. Em área de ambiente controlado, faz-se a dissolução da glicose na água própria para injetáveis, em tanque com misturador. A solução atravessa uma série de filtros esterilizantes e é, em seguida, acondicionada em recipientes termoestáveis. Os recipientes selados são colocados em autoclave para a esterilização à temperatura de vapor de 121ºC.

b) Os parâmetros físicos que devem ser controlados durante a esterilização são: pressão da câmara, temperatura da solução e tempo de exposição necessário.

17. DISCURSIVA

ANÁLISE OFICIAL – PADRÃO DE RESPOSTA

a) Garantir a estabilidade ou manutenção das características da formulação farmacêutica. Trata-se de um estudo de estabilidade acelerada.

b) Prazo de validade é a vida de prateleira, em que o teor de seu princípio ativo do medicamento é mantido, no mínimo, em 90%, cumprindo com as especificações de qualidade.

c) Cinco, dez ou entre cinco e dez dias.

d) Colocando-se as concentrações ou os logaritmos das concentrações em ordenadas e os tempos em abcissas em um gráfico, ou log c = f(t).

e) Durante o planejamento e a produção de um medicamento.

18. DISCURSIVA

ANÁLISE OFICIAL – PADRÃO DE RESPOSTA

a) O pH é 8,5.

b) A enzima menos favorecida é a GDH, que em pH = 8,5 possui 80% de sua atividade máxima.

c) Uma solução é adicionar, pelo menos, 20% a mais de GDH (enzima indicadora), ou 20% a 25%, ou 26% a 30%, ou em excesso.

d) RAO/FAD e GDH/ADP.

e) ADP = 1,0 mM e FAD = 1,0 mM.

19. DISCURSIVA

ANÁLISE OFICIAL – PADRÃO DE RESPOSTA

a) São os micro-organismos *flat-souer* que acidificam o meio, sem produção de CO_2.

b) A geleia propiciou o desenvolvimento dos micro-organismos por possuir açúcares em sua formulação, além de se desenvolver em anaerobiose ou aerobiose, e pela temperatura não ser suficientemente alta para destruir os microrganismos

20. DISCURSIVA

ANÁLISE OFICIAL – PADRÃO DE RESPOSTA

a) As operações unitárias utilizadas, em sequencia, são:

1. recepção e seleção das matérias-primas;
2. armazenamento em área seca a ao abrigo de luz;
3. tamisação individual;
4. pesagem dos ingredientes;
5. hidratação individual em tanques com água em ebulição;
6. fatiamento da massa de glúten;
7. cozimento em água, em ebulição;
8. trituração individual da massa de soja;
9. trituração individual da massa do glúten cozido;
10. mistura de todos os ingredientes em misturador tipo sigma;
11. envasamento da mistura em latas;
12. as latas recravadas são esterilizadas à temperatura de vapor de 121 °C.

b) Os principais parâmetros controlados durante a esterilização são: pressão da câmara, temperaturas da câmara e do produto, e tempo de exposição das latas.

21. DISCURSIVA

ANÁLISE OFICIAL – PADRÃO DE RESPOSTA

a) O Mg^{+2} atua como ativador e o Ca^{+2} como desativador.

b) Sim. O pré-tratamento é passar a solução de glicose por um desmineralizador antes de introduzi-la no reator de isomeração.

c) A imobilização consiste em unir o biocatalisador (glicose isomerase, neste caso) a um suporte inerte, quer por meios físicos ou químicos.
Vantagens: uso de reator contínuo, reutilização da enzima e aumento da estabilidade do biocatalisador frente ao pH e/ou temperatura.
Desvantagens: união aleatória do suporte com a enzima, inexistência de um método geral de imobilização, alto grau de pureza da enzima a ser imobilizada; diminuição do grau de atividade.

d) Tipo contínuo.

22. DISCURSIVA

ANÁLISE OFICIAL – PADRÃO DE RESPOSTA

a) Não é provável que seja devido à dieta, pois há histórico familiar relatando o acidente vascular que, frequentemente, está associado ao binômio lipídeos – integridade vascular.

b) Na hipercolesterolemia familiar, o colesterol total encontra-se elevado e os triglicérides baixos ou normais.
Devem ser solicitados: colesterol total, triglicérides, lipídeos e frações (VLDL, LDL, HDL) e glicose.
Outros exames secundários como LACT, Biologia molecular para detecção de anormalidades gênicas relacionadas ao metabolismo do colesterol ou Eletroforese de lipoproteínas, também podem ser solicitados.

c) A comprovação da qualidade dos exames laboratoriais depende da existência de um sistema de qualidade, tanto intralaboratorial quanto interlaboratorial, e da utilização de Boas Práticas de Laboratório Clínico e/ou Sistemas ISO. As metodologias utilizadas devem ser avaliadas com relação a linearidade, precisão, exatidão e sensibilidade.

23. DISCURSIVA

ANÁLISE OFICIAL – PADRÃO DE RESPOSTA

a) A criança apresenta anemia. Aparentemente, não há processo inflamatório e/ou infeccioso associado, uma vez que o número de linfócitos é normal para a faixa etária. As hipóteses mais prováveis para a anemia, pelos dados laboratoriais e pela história do paciente, são:

- Anemia por alteração no metabolismo do ferro, pois a criança pode não estar absorvendo-o ou transportando-o;
- Anemia decorrente de hemoglobinopatia e/ou talassemia;
- Anemia hemolítica ou secundária a processos hemorrágicos.

b) Para esclarecer as hipóteses recomenda-se:

a) Repetir hemograma;

b) Repetir exame parasitológico de fezes;

c) Realizar contagem de reticulócitos;

d) Dosar ferro sérico;

e) Dosar transferrina e avaliar capacidade de ligação do ferro;

f) Dosar ferritina;

g) Avaliar sangue oculto;

h) Realizar eletroforese de hemoglobina em pH alcalino.
E, na dependência do resultado,

i) Realizar eletroforese em pH ácido;

j) Identificar frações;

k) Identificar alfa talassemia;

l) Dosar bilirrubina total e frações.

Acrescenta-se os seguintes exames que também podem ser solicitados:

a) Urina tipo I;

b) Teste de Coombs direto;

c) Ferrocinética com isótopos;

d) Biologia molecular para detecção de alterações na molécula de hemoglobina.

24. DISCURSIVA

ANÁLISE OFICIAL – PADRÃO DE RESPOSTA

Caso clínico A – Prova laboratorial II. Considerando-se o poder bactericida do soro após a administração do fármaco, o médico poderá ministrar a menor dose do fármaco que ainda apresenta efeito terapêutico.

OU Caso clínico A – Prova laboratorial III. É necessário conhecer se a associação ministrada é sinérgica, antagônica ou indiferente.

Caso clínico B – Prova laboratorial I. O método de difusão em ágar de fármacos impregnados em discos, segundo Kirby-Bauer, é um método eficiente para a determinação da sensibilidade de bactérias frente aos antimicrobianos. Este teste foi padronizado para ser utilizado em provas de suscetibilidade para bactérias de crescimento rápido e pouco exigentes quanto às condições de cultivo. A bactéria isolada do caso clínico B se enquadra nesta categoria.

Caso clínico C – Prova laboratorial III. Frente a bactérias multirresistentes deve-se empregar associações de fármacos. Para tanto, é necessário conhecer se a associação ministrada é sinérgica, antagônica ou indiferente.

25. DISCURSIVA

ANÁLISE OFICIAL – PADRÃO DE RESPOSTA

Os testes sorológicos utilizados em bancos de sangue devem ser testes, cuja sensibilidade seja máxima. Portanto, o *kit* que melhor atende às necessidades de um banco de sangue é o *kit* X, que apresenta um *cut off* na menor diluição do soro. Neste caso, obtém-se maior número de casos falsos positivos, e não falsos negativos, o que seria um grande risco para bancos de sangue.

Para o estudo epidemiológico, o melhor teste é o Y ou Z, pois o *cut off* apresenta máxima especificidade. Neste tipo de estudo é necessário detectar, com o máximo de especificidade, se o indivíduo respondeu adequadamente à vacinação. Um teste com alta sensibilidade em detrimento da especificidade poderia levar a um número elevado de resultados falsos positivos, com grande risco da doença ocorrer em um número elevado da população.

Em laboratórios clínicos deve-se utilizar testes com alta sensibilidade e especificidade. Neste caso, o *cut off* deve ser o de maior diluição do soro. Nestas condições, portanto, o *kit* que apresenta esta qualidade é o Z ou Y. O aumento do número de resultados falsos negativos é compensado pela verdadeira história clínica do paciente.

CONTEÚDO 05 – LEGISLAÇÃO SANITÁRIA E PROFISSIONAL

1. B	**7.** A	**12.** C
2. E	**8.** D	**13.** A
3. B	**9.** A	**14.** D
4. A	**10.** C	**15.** C
5. C	**11.** B	**16.** D
6. E		

1. DISCURSIVA

ANÁLISE OFICIAL – PADRÃO DE RESPOSTA

a) 1. Identificação correta da planta ou informações sobre a planta ou parte usada;
2. Coleta das folhas da planta;
3. Obtenção do extrato;
4. Fracionamento do extrato, com enriquecimento dos flavonoides e dos ginkgolídeos e diminuição dos teores dos biflavonoides e do ácido gincólico;
5. Determinação do perfil por cromatografia líquida de alta eficiência (CLAE), ou por análises qualitativa e quantitativa, comparativamente ao do extrato EGb 761;
6. Realizar os testes farmacológicos ou clínicos e toxicológicos do extrato.

b) Aumento do teor das substâncias com atividade farmacológica desejada. Desta forma, a atividade do extrato será melhorada.

Em consequencia, o aumento no teor de substâncias ativas poderá causar maior toxicidade do extrato purificado.

c) Esterificar as hidroxilas (pró-fármaco), ou substituí-las por grupos alquílicos ou lipofílicos (análogo), ou metilar hidroxilas.

2. DISCURSIVA

ANÁLISE OFICIAL – PADRÃO DE RESPOSTA

a) O aumento da dose de anti-inflamatório deslocou a varfarina de suas ligações com as proteínas e, com isso, a concentração deste fármaco no plasma aumentou.

b) O anti-inflamatório inibiu a ciclogenase e a produção de prostaglandinas que, por sua vez, inibiram a secreção ácida gástrica e a produção de muco protetor da mucosa gástrica. Como consequencia há aumento de ácido gástrico e diminuição de muco protetor, ocasionando o aparecimento de úlcera péptica.

c) Anti-histamínicos (ranitidina ou cimetidina); ou omeprazol, ou Cytotec®, ou misoprostol. O Cytotec® ou misoprostol substituiria a prostaglandina E_2, cuja formação foi diminuída pelo anti-inflamatório fenilbutazona. A prostaglandina E_2 tem efeito protetor da mucosa gástrica.

CONTEÚDO 06 – TEMAS COMBINADOS E OUTROS TEMAS

1. A	**2.** A

1. DISCURSIVA

ANÁLISE OFICIAL – PADRÃO DE RESPOSTA

a) A determinação da uniformidade de conteúdo é a principal análise. **(valor: 1,0 ponto)** Esta análise é indicada para substâncias de baixo índice terapêutico, uma vez que verifica o teor da substância ativa de 10 cápsulas individualmente. **(valor: 1,0 ponto)**

b) A concentração de 15 µg/ml, por ser o valor central da curva de calibração. **(valor: 2,0 pontos)**

c) Sim **(valor: 0,5 ponto)**, pois valores de (r) iguais ou maiores que 0,99 indicam uma alta correlação. **(valor: 1,5 ponto)**

d) 1º Cálculo da concentração: x = y + 0,103/0,0500, onde x = 0,602 + 0,103/0,0500;
x = 14100 µg/ml = 14,1µg /ml
2º O valor de x deverá ser multiplicado pelo inverso do fator de diluição (14,1 x 1000/3) = 4,7 mg de minoxidil por cápsula. **(valor: 2,0 pontos)**

2. DISCURSIVA

ANÁLISE OFICIAL – PADRÃO DE RESPOSTA

a) Em infectados pelo HIV, principalmente aqueles na fase avançada de imunodepleção, a infecção pelo *M. tuberculosis* é facilitada e muito frequente, em virtude da baixa imunidade, o que faz com que o risco de infecção seja elevado.
A pobreza também favorece os estados de baixa de imunidade e a associação a outras doenças causadas por alimentação deficiente e precárias condições de saneamento.
O aumento do número de soropositivos para o HIV, aliado a situações de pobreza, facilita a ativação do bacilo em pacientes infectados, influenciando diretamente o aumento de casos no País.

b) Exame microbiológico do escarro (BAAR), cultura para a micobactéria (Lowenstein-Jensen) e técnicas de biologia molecular (PCR)

c) A principal consequencia é a MR (multidroga resistência), isto é, a resistência do bacilo à medicação padrão do tratamento de tuberculose (isoniazida, rifampicina, e uma terceira droga qualquer do protocolo). Obs.: Se o estudante responder que a principal consequencia é o agravamento da doença e a morte do paciente, a resposta terá o valor de
A principal maneira de evitar o surgimento da MR é aumentar a adesão do paciente ao tratamento, ou seja, assegurar a cura e diminuir cada vez mais o abandono. A associação medicamentosa adequada, o uso de doses corretas por tempo suficiente e a supervisão da tomada dos medicamentos são os meios para minimizar a persistência bacteriana e o desenvolvimento de resistência às drogas, assegurando, assim, a cura do paciente.

3. DISCURSIVA

ANÁLISE OFICIAL – PADRÃO DE RESPOSTA

a) Nos pulmões, com a pressão parcial de oxigênio em torno de 100 torr (pressão arterial), o equilíbrio Hb + $O_2 \rightleftharpoons HbO_2$ + H+ encontra-se deslocado para a oxiemoglobina (HbO_2). Nos tecidos, por sua vez, quando a pressão parcial de oxigênio cai a cerca de 30 torr (pressão venosa), o equilíbrio encontra-se deslocado para a esquerda, favorecendo a formação da desoxiemoglobina, Hb.

b) No caso da anemia falciforme, com o meio celular em um pH mas ácido, por 0,4 unidades, o equilíbrio Hb + O_2 HbO_2 + $\rightleftharpoons$ H+ favorece maior dissociação da oxiemoglobina (HbO2), com a consequente produção de mais desoxiemoglobina (HbS), que polimeriza formando filamentos. Portanto, o pH celular mais baixo favorece a polimerização da HbS, devido a sua maior concentração no meio.

c) Os eritrócitos infectados, apresentam-se deformados, em forma de foice e devido à presença das fibrilas de HbS, são retirados da circulação ou sofrem lise. Essa remoção/lise preferencial de eritrócitos infectados acarreta uma acentuada eliminação do parasita do organismo, conferindo ao indivíduo heterozigoto para a anemia falciforme maior resistência à malária.

4. DISCURSIVA

ANÁLISE OFICIAL – PADRÃO DE RESPOSTA

a) número restrito de pacientes dificultando a detecção de reações adversas menos comuns ou raras.

ou

pacientes com patologias concomitantes ou prováveis contraindicações são excluídos do ensaio-clínico. pacientes com patologias concomitantes ou prováveis contraindicações estarão utilizando o medicamento após a aprovação da comercialização, mesmo sem informações sobre riscos, posologia e cuidados específicos nestes grupos.

ou

dose administrada fixa e única para todos os pacientes.na prática clínica a dose administrada varia, podendo ser maior ou menor que a dose utilizada no ensaio.

ou

a utilização de outros medicamentos é excluída sempre que possível, reduzindo o risco de aparecimento de interações medicamentos na prática clínica o uso concomitante de medicamentos é comum, aumentando o risco de ocorrência de interações medicamentosas.

ou

pacientes que pertençam a grupos de risco, gestantes, crianças e idosos são excluídos de ensaios clínicos Fase III. Pacientes que pertençam a grupos de risco, gestantes, crianças e idosos estarão utilizando o medicamento após a aprovação da comercialização, mesmo sem informações sobre riscos, posologia e cuidados específicos nestes grupos.

ou

os ensaios clínicos Fase III apresentam tempo de duração fixo e curto a utilização do medicamento na prática clínica pode prolongar-se por meses ou anos, possibilitando o aparecimento de reações adversas que se manifestam após exposição prolongada ao fármaco.

ou

em função do controle experimental ocorrem falhas por parte dos prescritores (erro de dose, interações medicamentosas), ou por parte dos usuários (esquecimento, erro de dose e horário) durante os ensaios clínicos na prática clínica, falhas parte dos prescritores (erro de dose, interações medicamentosas), ou por parte dos usuários (esquecimento, erro de dose e horário) são mais comuns. **(20 pontos)**

b) Farmacovigilância **ou** estudos clínicos fase IV **ou** vigilância pós-comercialização **ou** farmacoepidemiologia **ou** notificação voluntária **ou** vigilância intensiva centrada no medicamento **ou** vigilância intensiva centrada no paciente **ou** estudos observacionais (coorte, caso-controle).

Justificativa: detectar as reações adversas não observadas em estudos anteriores **ou** reconhecer novas reações adversas **ou** detectar reações adversas menoscomuns **ou** melhorar a caracterização das reações adversas a medicamentos.

5. DISCURSIVA

ANÁLISE OFICIAL – PADRÃO DE RESPOSTA

1) A aquisição de especialidades farmacêuticas, produtos de higiene e toucador e produtos dietéticos, distribuindo às farmácias da rede para a comercialização.

Justificativa: Farmácia não pode exercer atividade de comércio atacadista.

ou

Farmácia não pode exercer atividade de distribuidora.

ou

Matriz não pode exercer atividade de distribuidora e manipulação ao mesmo tempo. No projeto deverá existir uma unidade distribuidora. Lei nº 5991/73, art. 4 itens X e XVI.

2) A manipulação de fórmulas oficinais e magistrais captadas nas filiais.

Justificativa: é vedada à centralização total da manipulação em apenas um dos estabelecimentos.

ou

a atividade de manipulação deve ser exercida em cada filial da empresa.

ou

todas as farmácias do grupo deverão manter laboratórios de manipulação.

ou

é vedada à captação de receita com prescrições magistrais e oficinais de estabelecimentos farmacêuticos, ainda que em filiais da mesma empresa. RDC 33/00 item 5.3 e 5.3.2 – das condições gerais.

3) Armazenar por um período de até quinze dias, produtos magistrais e oficinais, e atender às filiais.

Justificativa: Preparação magistral é aquela manipulada na farmácia, atendendo a uma prescrição médica, que estabelece composição, forma farmacêutica, posologia e modo de usar, destinado a determinado paciente.

ou

Farmácia não pode produzir medicamentos magistrais sem a prescrição médica.

ou

Os medicamentos magistrais manipulados são de uso extemporâneo, com utilização dentro do período estabelecido na receita.

ou

Os medicamentos magistrais manipulados não têm estudos de estabilidade, portanto, não podem ser mantidos em estoque. RDC 33/00 item 3.16 – das definições.

4) Fracionar especialidades farmacêuticas prescritas para atender aos pacientes.

Justificativa: A farmácia pública não pode fracionar especialidades farmacêuticas.

ou

Na farmácia pública, os medicamentos industrializados devem ser dispensados nas suas embalagens originais.

ou

O fracionamento de especialidades farmacêuticas em doses só pode ser realizado em hospitais.

RDC 33/00 Item 5.4 - das condições gerais; RDC 328/94 item 5.4.1 - das condições gerais.

5) Manipular fórmulas para terceiros para ocupar a capacidade ociosa eventual.

Justificativa: É vedada a captação de receitas médicas com preparações magistrais e oficinais de estabelecimentos farmacêuticos, bem como intermediação entre empresas.

ou

Farmácia não pode exercer atividade de produção industrial de medicamentos.

ou

Não é permitido terceirizar o serviço de manipulação de fórmulas. RDC 33/00 Item 5.3.2.

6) Prestar assistência e atenção farmacêutica somente na farmácia matriz.

Justificativa: A atenção e a assistência farmacêuticas devem ser exercidas em todas as unidades farmacêuticas.

ou

É obrigatória a presença do profissional farmacêutico em todas as farmácias, no horário de seu funcionamento.

ou

A atenção e a assistência farmacêuticas devem ser exercidas somente pelo profissional farmacêutico.

ou

É vedada a centralização total da atenção e assistência farmacêuticas (manipulação e atividades correlatas) em apenas um dos estabelecimentos. Lei 5991/73 art. 15 e Resolução nº 328/99 item 6.2.j.

7) Prestar serviços especiais de aferir pressão e fazer inalações.

Justificativa: A aferição de pressão arterial e inalação são serviços não previstos na legislação sanitária.

ou

A farmácia não está autorizada a prestar serviços de aferir pressão e fazer inalações. Lei 5991/73 arts. 4 e 53 e Resolução nº 328 item 5.4.5 das condições gerais. **(25 pontos)**

Obs.: Considerar-se-ão outras justificativas referentes aos aspectos do projeto que não estejam em conformidade com a legislação.

CAPÍTULO VIII
QUESTÕES DE COMPONENTE ESPECÍFICO DE NUTRIÇÃO

CONTEÚDO 01 – COMPOSIÇÃO E BIOQUÍMICA DE ALIMENTOS

1. C **4.** C **7.** D
2. B **5.** D **8.** A
3. B **6.** D

QUESTÃO DISCURSIVA

1. DISCURSIVA

ANÁLISE OFICIAL – PADRÃO DE RESPOSTA

Espera-se que o estudante seja capaz de identificar duas ações e, ao mencioná-las, apresente possíveis impactos dessas ações na saúde do escolar. Na avaliação da questão, será considerada a importância da argumentação em relação à proposta.

Ações definidas pela Portaria Interministerial n° 1.010, de 2006:

I. Definir estratégias, em conjunto com a comunidade escolar, para favorecer escolhas saudáveis;
II. Sensibilizar e capacitar os profissionais envolvidos com alimentação na escola para produzir e oferecer alimentos mais saudáveis;
III. Desenvolver estratégias de informação às famílias, enfatizando sua corresponsabilidade e a importância de sua participação neste processo;
IV. Conhecer, fomentar e criar condições para a adequação dos locais de produção e fornecimento de refeições às boas práticas para serviços de alimentação, considerando a importância do uso da água potável para consumo;
V. Restringir a oferta e a venda de alimentos com alto teor de gordura, gordura saturada, gordura trans, açúcar livre e sal e desenvolver opções de alimentos e refeições saudáveis na escola;
VI. Aumentar a oferta e promover o consumo de frutas, legumes e verduras;
VII. Estimular e auxiliar os serviços de alimentação da escola na divulgação de opções saudáveis e no desenvolvimento de estratégias que possibilitem essas escolhas;
VIII. Divulgar a experiência da alimentação saudável para outras escolas, trocando informações e vivências;
IX. Desenvolver um programa contínuo de promoção de hábitos alimentares saudáveis, considerando o monitoramento do estado nutricional das crianças, com ênfase no desenvolvimento de ações de prevenção e controle dos distúrbios nutricionais e educação nutricional;
X. Incorporar o tema alimentação saudável no projeto político pedagógico da escola, perpassando todas as áreas de estudo e propiciando experiências no cotidiano das atividades escolares; e

Promover educação alimentar na escola, incluindo oficinas de culinária.

Critérios de pontuação considerados:

Referentes à ação:

0 = Resposta errada / sem resposta

1 = Se o estudante cita, de forma incompleta, apenas uma ação.

2 = Se o estudante cita uma ação de forma completa ou cita duas ações de forma incompleta.

3 = Se o estudante cita, de forma completa, duas ações.

Referentes à importância de cada ação:

0 = Resposta errada / sem resposta

1 = Se o estudante cita, de forma incompleta, apenas uma importância.

2 = Se o estudante cita uma importância de forma completa ou cita duas importâncias de forma incompleta.

3 = Se o estudante cita, de forma completa, duas importâncias e a coerência destas ações.

CONTEÚDO 02 – BIOQUÍMICA APLICADA À NUTRIÇÃO

1. D **3.** E
2. A **4.** E

CONTEÚDO 03 – RECOMENDAÇÕES NUTRICIONAIS

1. C **2.** D **3.** C

QUESTÃO DISCURSIVA

1. DISCURSIVA

ANÁLISE OFICIAL – PADRÃO DE RESPOSTA

a) Espera-se que o estudante mencione que, com o envelhecimento, há uma mudança na composição corporal, com diminuição da massa magra.

São possibilidades válidas de resposta:

- a reposição da água (ou o estado de hidratação regular) manterá a homeostase do organismo do idoso, mais vulnerável à desidratação;
- há diminuição da proporção de água corporal;
- há diminuição do conteúdo de água corporal;
- há desidratação;
- o consumo de água adequado não interfere na composição corporal do idoso.

Critérios de pontuação considerados:

0 = Resposta errada / sem resposta

1 = Se o estudante escreve um texto correto no que se refere ao atendimento ao idoso, mas não aborda os pontos-chaves esperados na resposta à questão (desidratação e modificação da composição corporal).

2 = Se o estudante cita um ponto-chave: desidratação (ou desequilíbrio hídrico, maior necessidade de água devida à perda, necessidade de hidratação adequada) ou modificação da composição corporal (considerar também redução na proporção de água corporal);

3 = Se o estudante cita os pontos-chaves esperados, conforme explicitado na resposta padrão.

b) Espera-se que o estudante mencione alimentos/preparações que possuam alto teor de água, além do consumo diário de água, e que identifique, pelo menos, dois alimentos/preparações, como leite, refrescos, sucos, chá, sopas, frutas.

Critérios de pontuação considerados:

0 = Resposta errada / sem resposta

1 = Se o estudante apresenta noções corretas, porém sem especificação de medidas dietéticas.

2 = Se o estudante apresenta noções corretas, porém cita apenas uma medida dietética.

3 = Se o estudante apresenta resposta adequada, conforme padrão.

CONTEÚDO 04 – METABOLISMO ENERGÉTICO E DE NUTRIENTES

1. A **2.** B

CONTEÚDO 05 – NUTRIÇÃO E DIETÉTICA NOS CICLOS DE VIDA

1. C **2.** D **3.** A

CONTEÚDO 06 – NUTRIÇÃO E ATIVIDADE FÍSICA

1. B **2.** E

CONTEÚDO 07 – FISIOPATOLOGIA DA NUTRIÇÃO

1. E

QUESTÃO DISCURSIVA

1. DISCURSIVA

ANÁLISE OFICIAL – PADRÃO DE RESPOSTA

a) Escorbuto cálculos renais ou diarreia osmótica ou distúrbios gastrointestinais.

b) Podem ser citadas as seguintes funções: forma o tecido conjuntivo e ossos; produz e mantém o colágeno através da hidroxilação da prolina em hidroxiprolina; é antioxidante; estimula a produção de leucócitos (imunidade); bloqueia a produção de nitrosaminas no trato gastrointestinal; converte a folacina em ácido tetrahidrofólico (forma ativa do ácido fólico); melhora a biodisponibilidade de ferro não heme; aumenta a excreção de chumbo; síntese de carnitina.

c) Ingestão diária mínima de 2 fontes ricas em vitamina C, como: laranja, acerola, tangerina, limão, mamão, morango, melão, abacaxi, kiwi, caju, goiaba, camu camu. Podem ser ingeridos também outros alimentos ricos em vitamina C: tomate, espinafre, pimentão. Entretanto, estes devem ser consumidos crus, pois a vitamina C é termolábil.

CONTEÚDO 08 – AVALIAÇÃO DO ESTADO NUTRICIONAL

1. A **2.** A **3.** A

CONTEÚDO 09 – DIETOTERAPIA

1. A **3.** C **5.** B
2. D **4.** C **6.** B

QUESTÕES DISCURSIVAS

1. DISCURSIVA

ANÁLISE OFICIAL – PADRÃO DE RESPOSTA

a) EAR ou AI para os nutrientes que não possuírem EAR estabelecido, pois é o valor indicado para avaliar dietas para indivíduos por representar a necessidade média estimada para 50% dos indivíduos saudáveis (EAR é a média).
Se o aluno responder somente (EAR ou AI para os nutrientes que não possuírem EAR estabelecido) – vale 50% da questão.
Se o aluno só justificar (pois é o valor indicado para avaliar dietas para indivíduos por representar a necessidade média estimada para 50% dos indivíduos saudáveis (EAR é a média) – vale 50% da questão.

b) RDA, pois é o valor adequado para realizar o planejamento de dietas para indivíduos por garantir a ingestão suficiente para cobrir as necessidades de 98% de indivíduos saudáveis (RDA = EAR + 2 dp).
Se o aluno responder somente – RDA - vale 25% da questão.
Se o aluno só justificar (pois é o valor adequado para realizar o planejamento de dietas para indivíduos por garantir a ingestão suficiente para cobrir as necessidades de 98% de indivíduos saudáveis (RDA = EAR + 2 dp) – vale 75% da questão.

c) Importância do ferro: carreador de oxigênio para os pulmões e tecidos orgânicos. É no último trimestre de gestação que ocorre o maior requerimento de ferro pela gestante, devido ao aumento da massa eritrocitária para suprir as necessidades do feto. Previne a anemia ferropriva na mãe e no recém nascido.
Importância do ácido fólico para o feto: participa da síntese de nucleotídios durante a divisão celular, tem efeito protetor na prevenção de espinha bífida e outros defeitos na formação do tubo neural.
Importância do ácido fólico para a mãe: evita a anemia megaloblástica e complicações obstétricas (sangramento, aborto, descolamento da placenta, prematuridade, hipertensão específica da gravidez).

FERRO:

Se o aluno responder somente (carreador de oxigênio para os pulmões e tecidos orgânicos) – vale 15% da questão.

Se o aluno responder somente (no último trimestre de gestação é que ocorre o maior requerimento de ferro pela gestante, devido ao aumento da massa eritrocitária para suprir as necessidades do feto.) – vale 20% da questão.

Se o aluno responder somente (Previne a anemia ferropriva na mãe e no recém nascido) – vale 15% da questão.

ÁCIDO FÓLICO:

Se o aluno responder somente (participa da síntese de nucleotídios durante a divisão celular) – vale 10% da questão.

Se o aluno responder somente (tem efeito protetor na prevenção de espinha bífida e outros defeitos na formação do tubo neural) – vale 15% da questão.

Se o aluno responder somente (evita a anemia megaloblástica) – vale 10% da questão.

Se o aluno responder somente (evita complicações obstétricas (sangramento, aborto, descolamento da placenta, prematuridade, hipertensão específica da gravidez) – vale 15% da questão.

d) Orientações para consumo de ferro: o consumo alimentar deve ser priorizado na ingestão de alimentos que contenham ferro heme, tais como carnes vermelhas, principalmente fígado e outras vísceras (rim e coração) e carnes de aves, de porco, de peixes e mariscos. Para melhorar a biodisponibilidade de ferro não heme presente em leguminosas, legumes, verduras verdes-escuras e ovo, deve-se consumir juntamente a estes alimentos sucos ou alimentos ricos em vitamina C. A OMS recomenda que as gestantes recebam suplementação no último trimestre como medida profilática para a mobilização dos depósitos de ferro. Orientações para consumo de ácido fólico: aumentar o consumo de alimentos fontes, tais como: vegetais verde-escuros (couve, espinafre, aspargo, brócolis), leguminosas (ervilha, lentilha, feijão), frutas cítricas (laranja, limão), fígado, além de alimentos fortificados. Recomenda-se, ainda, a suplementação de ácido fólico no início da gestação.

FERRO:

Se o aluno responder somente as fontes alimentares (o consumo alimentar deve ser priorizado na ingestão de alimentos que contenham ferro heme, tais como carnes vermelhas, principalmente fígado e outras vísceras (rim e coração), carnes de aves, de porco, de peixes e mariscos.) – vale 10% da questão.

Se o aluno responder somente sobre a biodisponibilidade (Para melhorar a biodisponibilidade de ferro não heme presente em leguminosas, legumes, verduras verdes-escuras e ovo, deve-se consumir juntamente a estes alimentos sucos ou alimentos ricos em vitamina C.) – vale 20% da questão.

Se o aluno responder somente sobre a suplementação (A OMS recomenda que as gestantes recebam suplementação no último trimestre como medida profilática à mobilização dos depósitos de ferro.) – vale 20% da questão.

ÁCIDO FÓLICO:

Se o aluno responder somente as fontes alimentares (aumentar o consumo de alimentos fontes, tais como, vegetais verde-escuros (couve, espinafre, aspargo, brócolis), leguminosas (ervilha, lentilha, feijão), frutas cítricas (laranja, limão), fígado, além de alimentos fortificados.) – vale 25% da questão.

Se o aluno responder somente sobre a suplementação (Recomenda-se, ainda, a suplementação de ácido fólico no início da gestação.) – vale 25% da questão.

Fonte: Institute of Medicine – Dietery Reference Intakes (1999; 2000; 2001; 2002, 2004; 2005). VITOLO, M.R. Nutrição: da gestação ao envelhecimento. Rio de Janeiro: Ed. Rubio, 2008.

2. DISCURSIVA

ANÁLISE OFICIAL – PADRÃO DE RESPOSTA

a) A terapia nutricional enteral é eficaz para suprir as necessidades nutricionais do paciente: melhora o seu estado nutricional, com menor custo e menor probabilidade de complicações e/ou riscos, além de manter o funcionamento do trato gastrointestinal / gastrintestinal / digestório ou digestivo.

b) Opção pela formulação polimérica, pois não foi mencionada nenhuma doença que comprometesse a capacidade digestiva ou absortiva do paciente. O problema é dificuldade de deglutição, ou disfagia.

Critérios de pontuação considerados:

a) 0 = Resposta errada / sem resposta

1 = Se o estudante menciona que a nutrição enteral tem menor custo, mas não relaciona a vantagem em relação à segurança desse tipo de terapia; ou não menciona nada acerca do custo e trata da segurança da dieta enteral em relação à parenteral, mas com argumentação incompleta.

2 = Se o estudante não menciona o menor custo da dieta enteral em relação à parenteral, mas informa, com um texto elaborado, que esse tipo de terapia oferece maior segurança; ou menciona o custo menor da dieta enteral, mas, quando trata da segurança da dieta enteral, justifica-a de forma incompleta.

3 = Se o estudante apresenta uma resposta elaborada, incluindo os pontos-chave esperados, conforme a resposta padrão.

b) 0 = Resposta errada / sem resposta

1 = Se o estudante responde que a opção é pela dieta polimérica, mas não apresenta nenhuma justificativa ou apresenta uma justificativa incorreta.

2 = Se o estudante responde que a opção é pela dieta polimérica, mas apresenta justificativa parcialmente correta.

3 = Se o estudante apresenta resposta completa, conforme padrão.

3. DISCURSIVA

ANÁLISE OFICIAL – PADRÃO DE RESPOSTA

a) Recomenda-se a utilização de insulina associada à alimentação do indivíduo, com a finalidade de metabolizar os carboidratos das refeições. A contagem de carboidratos de cada refeição é, portanto, fundamental para o ajuste das doses de insulina que serão utilizadas pelos pacientes. Empiricamente, preconiza-se que 1 unidade de insulina seria suficiente para a queima de 15 g de carboidratos.

O ajuste desta relação deve ser feito individualmente, em razão da resposta glicêmica obtida. Para que estes acertos das doses de insulina possam ser realizados, é imprescindível que os pacientes façam automonitorização, anotando diariamente os valores de glicemia e os alimentos ingeridos

b) A automonitorização permite ao paciente diabético observar as variações glicêmicas em decorrência da utilização de diferentes tipos de carboidratos das refeições. Dessa forma, com a utilização de tabelas, dos alimentos, os pacientes podem escolher quais são os alimentos fonte de carboidratos que contribuem para o melhor controle da glicemia.

c) Sabe-se que a glicemia pós-prandial é um preditor importante para a ocorrência de complicações do diabetes. A automonitorização indica como está sendo o controle glicêmico "ao longo do dia", e não somente pela manhã, como se fazia antigamente. Dessa forma, com os dados de alimentação e glicemia, o Nutricionista, juntamente com o paciente pode adequar a sua dieta, melhorando o controle do diabetes e ajudando na avaliação da atividade física realizada.

CONTEÚDO 10 – DETERMINANTES PSICOSSOCIOCULTURAIS DO COMPORTAMENTO ALIMENTAR

1. B

CONTEÚDO 11 – EPIDEMIOLOGIA NUTRICIONAL

1. D **2.** B **3.** C

CONTEÚDO 12 – MÉTODOS E TÉCNICAS DE EDUCAÇÃO EM SAÚDE

1. A

CONTEÚDO 13 – TÉCNICA DIETÉTICA

QUESTÃO DISCURSIVA

1. DISCURSIVA

ANÁLISE OFICIAL – PADRÃO DE RESPOSTA

a) Espera-se que o estudante conceitue ou apresente as fórmulas que definem FC (PB/PL) e IC (PC/PL). Quanto à importância e utilidade de FC e IC, espera-se que o estudante mencione que FC **evita desperdício ou compra insuficiente**, principalmente de produtos que possuem aparas, além dos que possuem diferença de peso líquido e peso preparado, o que influencia no rendimento das preparações (IC).

São possibilidades válidas de respostas:

- FC = corrige a variação de peso no alimento que ocorre na fase de pré-preparo;
- IC = corrige a variação de peso que ocorre na fase de preparo;
- opção de fórmula IC = PL/PC.

b) Espera-se que o aluno seja capaz de aplicar a fórmula apresentada no item anterior, mostrando os passos do cálculo que levará a um resultado de 63 kg.

Cálculo referente à quantidade de alcatra a ser adquirida
PL = 100g/IC, assim PL = 100/0,7, portanto PL = 142g
PB = PL × FC, assim PB = 142 × 1,1, portanto PB = 157g
Quantidade de alcatra a ser adquirida por mês
= 157g × 4 vezes(semana) × 100 comensais
= 62,8 kg
≅ 63kg

- Será considerado correto o cálculo que utilize a fórmula IC = PL/PC, desde que o raciocínio esteja correto;
- Será considerado correto o cálculo que estime acréscimo de 10% (63 kg = 6,3 kg = 69,3 kg).

Critérios de pontuação considerados:

a) *subitens 1 e 2*
0 = Resposta errada / sem resposta
1 = Se o estudante descreve parcialmente a definição de FC ou de IC.
2 = Se o estudante utiliza os termos-chave (PB, PL, PC) para descrever FC e IC, porém a conceituação é incompleta ou a fórmula apresentada está errada.
3 = Se o estudante conceitua corretamente FC ou IC ou apresenta a fórmula correta.

subitem 3
0 = Resposta errada / sem resposta
1 = Se o estudante explica genericamente a importância dos fatores (FC e IC) para o planejamento da UAN.
2 = Se o estudante menciona um dos termos-chave ("evitar a falta ou o excesso", "desperdício").
3 = Se o estudante menciona os termos-chave ("evitar a falta e o excesso", "desperdício").

b) 0 = Resposta errada / sem resposta
1 = Se o estudante aplica parte da fórmula, seguindo um raciocínio correto.
2 = Se o estudante aplica corretamente a fórmula, mas comete erro no cálculo matemático.
3 = Se o estudante apresenta resposta adequada, conforme padrão.

CONTEÚDO 14 – QUALIDADE NUTRICIONAL, HIGIÊNICO-SANITÁRIA, TECNOLÓGICA E SENSORIAL DE ALIMENTOS

1. C **2.** A **3.** D

CONTEÚDO 15 – PLANEJAMENTO E GERENCIAMENTO DE UNIDADES DE ALIMENTAÇÃO E NUTRIÇÃO UAN

1. C **3.** B **5.** B
2. E **4.** D **6.** C

CONTEÚDO 16 – BIOÉTICA E ÉTICA PROFISSIONAL

1. C

CONTEÚDO 17 – SOCIOLOGIA E ANTROPOLOGIA DA ALIMENTAÇÃO

1. A

CONTEÚDO 18 – SEGURANÇA ALIMENTAR E NUTRICIONAL

1. E 2. B 3. E

QUESTÕES DISCURSIVAS

1. DISCURSIVA

ANÁLISE OFICIAL – PADRÃO DE RESPOSTA

a) Espera-se que o estudante seja capaz de identificar duas ações, uma de vigilância alimentar e nutricional e uma de educação alimentar e nutricional, de forma articulada, ou seja, num contexto em que uma seja o diagnóstico a partir do qual a outra seja planejada e desenvolvida, o que explicitará sua articulação. Como justificativa da importância, espera-se que o estudante apresente possíveis impactos das ações para a promoção da saúde do público envolvido.

b) Espera-se que o estudante seja capaz de identificar duas ações de promoção da SAN articuladas com outros cenários do SUS. O estudante deverá, minimamente, I) reconhecer que a produção de refeições contribui para a melhoria do acesso a alimentos (portanto, é uma ação da promoção da SAN) e é uma atividade que está regulada pela ANVISA, ou seja, um cenário do sistema de saúde; e II) reconhecer que o RP está inserido num território, onde existem unidades de saúde e equipes de saúde da família, e que os usuários do RP são os mesmos usuários do serviço de saúde local, o que permite e se enriquece pela integração/articulação entre os profissionais do RP e do SUS no território. Como justificativa da importância, espera-se que o estudante apresente possíveis impactos das ações para a promoção da saúde do público envolvido.

Critérios de pontuação considerados

a) 0 = resposta errada/sem resposta.
1 = se o estudante identifica, de forma incompleta, apenas uma ação.
2 = se o estudante identifica uma ação de forma completa.
3 = se o estudante identifica duas ações de forma incompleta
4 = se o estudante identifica, de forma completa, duas ações.
5 = se o estudante identifica de forma completa duas ações e apresenta justificativa coerente de sua importância.

b) 0 = resposta errada/sem resposta.
1 = se o estudante identifica, de forma incompleta, apenas uma ação.
2 = se o estudante identifica uma ação de forma completa.
3 = se o estudante identifica duas ações de forma incompleta.
4 = se o estudante identifica, de forma completa, duas ações.
5 = se o estudante identifica de forma completa duas ações e apresenta justificativa coerente de sua importância.

2. DISCURSIVA

ANÁLISE OFICIAL – PADRÃO DE RESPOSTA

a) Deve-se considerar a não diferenciação entre gênero, idade, tipo de atividade em especial para o cálculo de energia (calorias ou jaules) totais da refeição. Além disso, não foi estabelecido o perfil da população-alvo para determinar as necessidades calóricas e de nutrientes, incorrendo-se no erro de oferecer cotas maiores a alguns indivíduos e menores a outros.

b) Os tíquetes alimentação/refeição por vezes são utilizados para obtenção de produtos ou refeições não equilibradas e nem controladas no que se refere à higiene, ou até mesmo são utilizados para outros fins, o que pode comprometer o estado nutricional do trabalhador.

c) A partir da constituição da Comissão Tripartite, ampliou-se a vertente da educação alimentar como estratégia para que as empresas sejam estimuladas a adotar um processo educativo permanente, identificando, por exemplo, os agentes potenciais para este fim em seu ambiente e disponibilizando meios e recursos.

CONTEÚDO 19 – VIGILÂNCIA ALIMENTAR E NUTRICIONAL

1. B 2. D

CONTEÚDO 20 – EDUCAÇÃO ALIMENTAR E NUTRICIONAL

1. A 2. E 3. C

CAPÍTULO IX
QUESTÕES DE COMPONENTE ESPECÍFICO DE EDUCAÇÃO FÍSICA

CONTEÚDO 01 – DIMENSÃO SOCIOANTROPOLÓGICA

1. E
2. C
3. C
4. D
5. A
6. B
7. D
8. E
9. A
10. A
11. B
12. C
13. C
14. E
15. A
16. A
17. A

QUESTÕES DISCURSIVAS

1. DISCURSIVA

ANÁLISE OFICIAL – PADRÃO DE RESPOSTA

a) O estudante deverá abordar a atualização conceitual feita por Coubertin que traduziu um valor religioso em valor esportivo em busca de uma cultura de paz.

b) O estudante deverá abordar a atualização conceitual de Coubertin, tomando como referência o desenvolvimento das ciências do esporte sem causar atos ilícitos (atitudes anti-éticas e atitudes antidesportivas) preservando a Ode de Coubertin.

2. DISCURSIVA

ANÁLISE OFICIAL – PADRÃO DE RESPOSTA

a) **(1,5)** O respondente pode caracterizar as transformações da dinâmica social ao mencionar que a distribuição do espaço público já não é a mesma da época da cena retratada, citando três entre os seguintes aspectos (a.1, a.2 e a.3) **(1,50 cada um)**:

- a diminuição da autonomia das crianças e jovens em zonas urbanas, falta de conservação e a precariedade dos espaços públicos, descaso da política pública (falta de iluminação, ruas esburacadas, tráfego intenso);
- a ausência de uma cultura de espaço público e coletivo;
- sedentarismo;
- violência, superproteção, segurança, uso de drogas, prostituição, vandalismo;
- individualismo;
- formalização do uso do tempo como fator inibidor da possibilidade de reconstrução da memória ludomotora tradicional;
- privatização dos locais (praças, parques) por grupos sem moradia, por marginais etc.
- incorporação, no espaço de trabalho, de espaços para o lazer;

ou

a') **(1,50)** O respondente pode caracterizar as transformações da dinâmica social ao mencionar que a distribuição do espaço público já não é a mesma da época da cena retratada, dando crédito à tecnociência no sentido de suprir a reconstrução eletrônica da memória ludomotora tradicional e manter o fio condutor da magia desses jogos, citando os seguintes aspectos, ou outro que esteja relacionado a essa nova situação (a'.1, a'.2, a'.3) (1,50 cada um):

- a liberdade e a participação democráticas adquiridas por crianças e jovens em jogos eletrônicos e de vídeo;
- o desenvolvimento das percepções e das ações reflexas nessas atividades;
- a vertigem dos jogos, ou o estabelecimento de relações consigo e com os outros, colonizando novos espaços de convivência.

b) **(3,00)** Formas de intervenção social adequadas ao objetivo proposto:

- propor aos participantes que realizem, no espaço público disponibilizado, atividades que já realizavam antes, de acordo com a própria iniciativa;
- propor atividades lúdicas tradicionais da região, praticadas pelas gerações anteriores;
- propor atividades que possam ser realizadas de forma regular e incorporadas ao cotidiano (cultura popular);
- fomentar a realização de atividades desconhecidas, ampliando o repertório de conhecimentos e o enriquecimento cultural (transcultural).

b.**1)** Prática de jogo utilizada: deve ser citar alguma atividade que se caracteriza como proposta de intervenção, seja de um licenciado ou de um bacharel; se for caracterizada como jogo: tenha um objetivo comum; proporcione oportunidade de interação social e dê prazer; apresente um desafio **(1,00)**. Não seriam adequadas as atividades: estafetas, exercícios, ginásticas, tarefas motoras.

OUTRA POSSIBILIDADE:

a") **(1,50)** Nega o cerceamento ao uso do espaço público por crianças e jovens em áreas não urbanizadas. Sugere que crenças e tradições populares reforçam a memória ludomotora da região.
Aspectos (1,50 cada um): *idem* aos de a'.

b") e b".1): *Idem* a b) e b.1).

- melhoria da infraestrutura dos equipamentos;
- política pública adequada, manutenção dos espaços públicos;
- espaço público restrito ao uso de poucos que o dominam;
- espaço de liberdade;
- repetição da cena se deve ao caráter lúdico do ser humano;
- valores, respeito e inclusão social;
- diferenciação de classe social.

3. DISCURSIVA

ANÁLISE OFICIAL – PADRÃO DE RESPOSTA

Deverão ser apontadas duas dentre as seguintes CAUSAS:

- a propaganda sobre novas inserções no mercado de trabalho;
- a mercadorização do ensino superior;
- o imaginário sobre a facilidade de ingresso, permanência e conclusão do curso;

- a busca de um ideal estético através do curso;
- o pressuposto de que o curso garantirá um corpo saudável.

Deverão ser apontadas duas dentre as seguintes CONSEQUENCIAS:

- emprego informal;
- excesso de mão de obra nos grandes centros;
- qualificação de mão de obra nos pequenos centros;
- esgotamento da demanda de mão de obra;
- proletarização da profissão.

CONTEÚDO 02 – DIMENSÃO BIODINÂMICA

1. A 2. A

CONTEÚDO 03 – DIMENSÃO COMPORTAMENTAL

1. D	3. C	5. B
2. D	4. B	6. E

CONTEÚDO 04 – DIMENSÃO DAS MANIFESTAÇÕES E EXPRESSÕES DO MOVIMENTO HUMANO

1. C	3. A	5. B
2. C	4. C	

QUESTÃO DISCURSIVA

1. DISCURSIVA

ANÁLISE OFICIAL – PADRÃO DE RESPOSTA

Considerando o público-alvo de adultos trabalhadores excluídos do acesso aos bens culturais da sociedade, o respondente deve sugerir uma ou mais atividades que deverão estar relacionadas à acessibilidade e seu contexto deve ser explicitado, isto em função do grande elenco de possíveis atividades como: esportes, dança, alongamento, caminhada, natação, hidroginástica, entre outros. Poderá ser proposta uma única atividade ou várias conjugadas, como em um programa ou projeto de qualidade de vida. O respondente deve explicar como será feita a atividade e relacioná-la à situação apresentada **(5,0 pontos)**.

Justificativa da metodologia: o respondente deve explicar o porquê da metodologia em função de pelo menos um dos aspectos (funcional, sociocultural e preventivo), do local (específico para a atividade e/ou local de trabalho), da acessibilidade social e do prazer pela realização da atividade, dos materiais disponíveis e do número de praticantes da atividade **(5,0 pontos)**.

Observações:

Na pergunta está claro que o público-alvo está excluído de bens culturais e a proposta deve ser condizente com a condição social, a facilidade de acesso, os equipamentos e os materiais disponíveis, portanto, a resposta deve ser contextualizada.

No item "a", solicita-se a descrição de uma atividade e se o estudante mencionar apenas uma, deve receber a devida pontuação. No entanto, considerando-se as respostas da amostra analisada e o fato de o contexto e o tema da questão serem propícios a aplicações mais amplas em termos de proposta de atividades, programas e projetos de qualidade de vida e prevenção de saúde, o respondente que as apresentar em seu texto também deve receber a pontuação correspondente, desde que adequadas aos outros aspectos da situação em pauta. Também é devidamente avaliado o registro da resposta apenas no espaço reservado ao item "a", desde que a metodologia seja citada e justificada. Conceitua-se, então, o estudante conforme a adequação da resposta dada.

CONTEÚDO 05 – DIMENSÃO ÉTICA, CIENTÍFICA E TECNOLÓGICA

1. A	6. D	11. D
2. B	7. C	12. A
3. E	8. A	13. C
4. B	9. A	14. D
5. B	10. B	

QUESTÃO DISCURSIVA

1. DISCURSIVA

ANÁLISE OFICIAL – PADRÃO DE RESPOSTA

1) O respondente pode comentar, no texto, que o profissional deve informar-se se a pessoa possui ou não sensibilidade nas partes comprometidas pela lesão; estimular ao máximo a autonomia das pessoas; perguntar sobre a melhor maneira de fornecer ajuda ou estudar a maneira mais adequada de fazê-lo com segurança.

1.1) Objetivo **(4,00)**: recreativo, educativo, terapêutico, reabilitacional, esportivo, com enfoque nos aspectos: afetivos, cognitivos, sociais, políticos, psicomotores, culturais ou outros.

- Será julgada a coerência existente entre o objetivo enunciado e a atividade proposta no desenvolvimento; se não houver, descontar 1 ou 2 pontos.
- Quando o estudante confundir o objetivo do professor com o objetivo da atividade em si, não descontar pontos, desde que haja coerência entre o desenvolvimento descrito e o objetivo da atividade. Quando não houver coerência, pontuar como Ruim: 1.
- Quando objetivo, material e desenvolvimento forem coerentes entre si, mas não for feita referência explícita às adaptações ou à participação da pessoa com paraplegia ou PNEE, todos os itens devem ser pontuados como Ruins: 1.
- Quando a descrição do objetivo for muito genérica, de forma que este não tenha condições de ser alcançado na atividade proposta, pontuar como Regular: 2.
- Quando o objetivo for muito específico, não retirar pontos, pois a questão solicita apenas uma atividade e não uma aula ou um plano de ensino; avaliar a coerência com os demais itens.
- Quando todos os itens forem descritos de forma genérica (vaga) ou muito objetiva (2 ou 3 palavras), pontuar todos como Ruins: 1.
- Quando o estudante elaborar um texto dissertativo sem especificar cada um dos itens solicitados, avaliar a qualidade do conteúdo de cada item diluído no texto; quando não existir nenhuma menção, pontuar como Sem Resposta: 0.

1.2) Recursos materiais (2,00): como a instituição citada é pequena e com poucos recursos, o profissional deve utilizar materiais simples, adaptados, confeccionados pelos próprios praticantes OU indicar uma estratégia para se obterem recursos adicionais que permitam contornar os problemas existentes.

- Quando o estudante citar que pretende usar uma quadra, não descontar pontos (muitas instituições pequenas dispõem de quadra esportiva).
- Quando a quadra citada tiver que ter uma tabela de basquetebol, que significa um custo maior de construção e manutenção, descontar 1 ponto.
- Quando o estudante citar que pretende usar uma piscina, pontuar como Ruim: 1 (incompatível com a realidade de uma instituição pequena e com poucos recursos).
- Quando o estudante citar que pretende usar equipamentos sofisticados ou de custo elevado, descontar um ponto.
- Quando o estudante citar que pretende usar uma sala ampla, descontar 1 ponto.

1.3) Desenvolvimento (4,00): descrever com clareza a atividade, de forma que seja possível entender tudo o que será feito (permitindo que se julgue a coerência dessa parte com o objetivo descrito; caso contrário, descontar pontos) e de forma que se possa julgar se o indivíduo paraplégico consegue participar ativamente da atividade (adequação).

- Quando o estudante citar, no desenvolvimento, aspectos que deixem evidente a falta de conhecimentos do que é paraplegia, pontuar como Sem Resposta: 0.
- Quando o estudante descrever a atividade de forma insuficiente, pontuar como Ruim: 1.
- Quando o estudante descrever uma atividade pouco relacionada com a Educação Física, aproximando-se mais de outras disciplinas (tais como artes, matemática, música, português), pontuar todos os itens como Ruins: 1.
- Quando o estudante apresentar uma proposta de pesquisa ao invés de uma atividade, pontuar todos os itens como Ruins: 1.

Aspectos Gerais – Quando o estudante descrever o PNE com termos que revelem uma visão preconceituosa da deficiência, negando-lhe a cidadania e igualdade de condições, retirar um ponto no quesito Objetivo ou no quesito Desenvolvimento, conforme a situação.

CONTEÚDO 06 – DIMENSÃO PEDAGÓGICA E TÉCNICO-FUNCIONAL APLICADA

1. D	**8.** C	**15.** D
2. C	**9.** D	**16.** E
3. B	**10.** D	**17.** B
4. D	**11.** B	**18.** D
5. E	**12.** D	**19.** C
6. E	**13.** C	**20.** D
7. A	**14.** E	**21.** B

QUESTÕES DISCURSIVAS

1. DISCURSIVA

ANÁLISE OFICIAL – PADRÃO DE RESPOSTA

a) O estudante deverá explicitar um procedimento de avaliação funcional adequado à clientela. Pode ser avaliação da força indireta de membros inferiores (sentar e levantar da cadeira), agilidade, de deslocamento (Time Up Go), de flexibilidade (Banco de Wells), capacidade cardiovascular (marcha estacionária – 2 minutos).

b) O estudante deverá elaborar um procedimento de prescrição adequado à clientela.

2. DISCURSIVA

ANÁLISE OFICIAL – PADRÃO DE RESPOSTA

a) As causas de dores nas costas são múltiplas, dentre elas a má postura, o desgaste nas articulações e hérnias de disco são as mais relatadas. Também podem fazer parte dessas causas problemas congênitos e ósteoarticulares.

b) O estudante deverá atender a pelo menos três das indicações abaixo:

- A prescrição de exercícios físicos deve sempre levar em consideração uma avaliação criteriosa do aluno, no sentido de identificar problemas preexistentes que possam vir a ser potencializados pela prática de exercícios físicos contraindicados.
- Atividades aeróbicas como caminhada e corrida também são importantes porque atuam no controle do peso pois a obesidade é inimiga da coluna.
- Um dos principais objetivos deve ser também trabalhar o abdômen, pois quando sua musculatura está flácida, todo o esforço para sustentar as costas recai sobre a coluna lombar.
- Esportes aquáticos são recomendáveis, porque sob a água o impacto é reduzido diminuindo a probabilidade de uma complicação.
- De uma maneira geral os exercícios mais indicados são os que aumentam a força, a elasticidade e a resistência dos músculos ao redor da coluna, permitindo que ela suporte as cargas do dia a dia.

3. DISCURSIVA

ANÁLISE OFICIAL – PADRÃO DE RESPOSTA

A atividade da cultura corporal descrita pelo respondente deve atender a 2 aspectos:

1. ter caráter inclusivo **(4,00)**:

1a. garantir a participação de todos (várias idades, diferentes habilidades e interesses, de ambos os sexos, sem barreiras para PNE);

1b. pautar-se pelo respeito à diversidade;

1c. exigir um esforço físico de baixa intensidade;

1d. proporcionar condições que enfatizem o prazer e o bem-estar das pessoas;

1e. demonstrar abertura para modificar ou substituir a atividade.

2. ter relação com os princípios da qualidade de vida (2.1) e com os de sustentabilidade socioambiental (2.2) (3,00 para cada citação relacionada a cada aspecto):

2a. fomentar uma mudança na atitude das pessoas em relação a si mesmos (2.1) ou ao contexto social (2.2);

2b. estimular uma consciência ecológica voltada para a preservação do meio ambiente (não degradação) (2.2);

2c. desenvolver uma atitude crítica em relação à cultura de consumo que marca a sociedade de mercado (2.1 e 2.2);

2d. organizar as pessoas na reivindicação de espaços públicos de lazer e contato com a natureza (2.1 e 2.2);

2e. assumir um compromisso com a diminuição da poluição (2.2).

CONTEÚDO 07 – TEMAS COMBINADOS E OUTROS TEMAS

1. B

CAPÍTULO X
QUESTÕES DE COMPONENTE ESPECÍFICO DE TECNOLOGIA EM GESTÃO HOSPITALAR

PROVA 2010 – TECNOLOGIA EM GESTÃO HOSPITALAR

1. D	**7.** D	**12.** E
2. A	**8.** A	**13.** E
3. D	**9.** D	**14.** A
4. A	**10.** C	**15.** B
5. C	**11.** A	**16.** A
6. D		

QUESTÕES DISCURSIVAS

1. DISCURSIVA

ANÁLISE OFICIAL – PADRÃO DE RESPOSTA

a) Resultados dos projetos

Sob a ótica de custos: *(3 pontos, 1 para cada projeto)* o projeto B gastou exatamente o previsto, o projeto A gastou 20% mais, e o projeto C gastou 20% menos.

Sob a ótica produto/serviço entregue: *(3 pontos, 1 para cada projeto)* o projeto B igualmente foi o que realizou o que se propôs, o projeto A realizou mais do que gastou e o projeto C realizou somente 80% do que deveria

b) Análise do melhor projeto

Custos: *(2 pontos)* Gastar mais ou gastar menos são atitudes indesejáveis e constituem falhas de planejamento. Sob a ótica de controle de gastos o projeto mais coerente foi o projeto B. Realizações: *(2 pontos)* Tecnicamente o projeto A foi o que entregou mais produtos, sendo então o melhor.

2. DISCURSIVA

ANÁLISE OFICIAL – PADRÃO DE RESPOSTA

O estudante deve discorrer sobre os resultado de trabalho científico referenciado, quanto à importância do controle do lixo doméstico, além de associá-los aos pontos abrangidos pela legislação. Espera-se que o estudante analise a eficácia da biossegurança nacional, considerando a lacuna a ser trabalhada na legislação. O estudante deve analisar as críticas quanto ao tratamento dos resíduos domésticos e abordando as falhas das mesmas por desconsiderarem as preocupações e iniciativas regionais e locais no sentido de seu controle.

Resposta Ideal:

A biossegurança é um assunto coletivo e de importância nacional, que deve ter tratamento sistêmico e abrangente. Nota-se pela Resolução 385 que existe uma preocupação com o tratamento dos resíduos relacionais as ações de saúde em diversos níveis e setores de atividade, incluindo-se a humana e veterinária, laboratórios, serviços de campo, drogarias, distribuidores de medicamentos e seus produtores. Infelizmente, ainda não há previsão legal para o tratamento dos resíduos domésticos, devido à falta de cultura da sociedade e impossibilidade atual de controle. Porém, existem inúmeras propostas municipais de controle sanitário. Desta forma, ao contrário do que a afirmação colocada no texto sugere, há sim preocupação e iniciativas regionais e locais no sentido de seu controle.

Referências:

GARCIA, Leila Posenato; ZANETTI-RAMOS, Betina Giehl. Gerenciamento dos resíduos de serviços de saúde: uma questão de biossegurança. In **Cad. Saúde Pública**, Rio de Janeiro, 20(3):744-752, mai-jun, 2004.

CONAMA. Resolução 385 de 2005.

CAPÍTULO XI
QUESTÕES DE COMPONENTE ESPECÍFICO DE TECNOLOGIA EM RADIOLOGIA

CONTEÚDO 01 – FÍSICA DAS RADIAÇÕES

1. A **2.** D **3.** A

QUESTÃO DISCURSIVA

1. DISCURSIVA

ANÁLISE OFICIAL – PADRÃO DE RESPOSTA

a) O estudante não pode deixar de responder, nessa alternativa, que o número 1 na figura corresponde à radiação de freamento ou raios X de freamento. A justificativa esperada é a afirmação de que os raios X de freamento têm origem na desaceleração brusca de elétrons causada pelo campo coulombiano do núcleo. Essa é a resposta padrão. Caso o estudante apresente essa resposta, receberá a totalidade do valor da questão (5,0 pontos). Caso o estudante não apresente a justificativa, mas tenha identificado o tipo de raio X, receberá apenas metade do valor da questão **(2,5 pontos)**. Caso o estudante responda sobre os raios X característicos nessa alternativa, como ele confundiu os tipos de radiação, ele não receberá nenhum valor **(0,0 ponto)**. O estudante tem o conhecimento sobre a produção dos raios X e os tipos de raios X.

b) O estudante não pode deixar de responder nessa alternativa que o número 2 na figura corresponde aos raios X característicos. A justificativa esperada é a afirmação de que os raios X característicos têm origem nas transições que os elétrons podem realizar entre as camadas mais internas do átomo, como uma transição do elétron da camada L para a camada K, ou, ainda, uma transição do elétron da camada M para a camada L. Essa é a resposta padrão. Caso o estudante apresente essa resposta, receberá a totalidade do valor da questão **(5,0 pontos)**. Caso o estudante não apresente a justificativa, mas tenha identificado o tipo de raio X, receberá apenas metade do valor da questão **(2,5 pontos)**. Caso o estudante responda sobre os raios X de freamento nessa alternativa, como ele confundiu os tipos de radiação, não receberá nenhum valor **(0,0 ponto)**. O estudante tem o conhecimento sobre a produção dos raios X e os tipos de raios X.

CONTEÚDO 02 – RADIOBIOLOGIA

1. C

CONTEÚDO 03 – PROTEÇÃO RADIOLÓGICA

1. D

QUESTÃO DISCURSIVA

1. DISCURSIVA

ANÁLISE OFICIAL – PADRÃO DE RESPOSTA

O tecnólogo deve perguntar à paciente se ela observou o cartaz com os dizeres apresentados no enunciado da questão, ou, opcionalmente, questionar à paciente sobre a possibilidade dela estar grávida. **(valor: 3,0 pontos)**
Caso a paciente apresente suspeita de gravidez ou não saiba dizer se pode ou não estar grávida, um procedimento aceitável é utilizar a "regra dos dez dias". Esta regra diz que os exames radiológicos da pelve o abdômen devem ser realizados durante os primeiros dez dias após o início da última menstruação. **(valor: 1,0 pontos)**
Na suspeita de gravidez, o tecnólogo deve avisar o radiologista que deverá questionar a necessidade de realização do exame naquele momento, verificando a possibilidade de um novo agendamento. Se necessário, o médico solicitante deverá ser consultado. **(valor: 3,0 pontos)**
No caso da confirmação da necessidade de realização do exame, o tecnólogo deverá otimizar a técnica radiográfica visando a redução da dose e proteger as áreas que não necessitam ser radiografadas. **(valor: 3,0 pontos)**

CONTEÚDO 04 – PROGRAMAS DE GARANTIA DE QUALIDADE

1. E

CONTEÚDO 05 – EQUIPAMENTOS E TÉCNICAS RADIOLÓGICAS

1. B	**6.** B	**11.** D
2. A	**7.** A	**12.** C
3. C	**8.** E	**13.** E
4. C	**9.** E	**14.** D
5. B	**10.** A	**15.** E

QUESTÕES DISCURSIVAS

1. DISCURSIVA

ANÁLISE OFICIAL – PADRÃO DE RESPOSTA

a) O Controle Automático de Exposição tem como função permitir a "escolha" da melhor opção dos parâmetros de exposição (kV e mAs) no momento da realização do exame. Estes parâmetros são dependentes das características anatômicas da mama e, quando possível, se previamente avaliada através do exame anterior, pelo profissional responsável, permite aquisição de imagens com elevados padrões de qualidade.

b) A bandeja de compressão tem como objetivo evitar a mobilidade da mama durante a realização do exame. Este procedimento também ajuda a reduzir os níveis de exposição à radiação e contribui para evitar a sobreposição de tecidos.

c) Os filmes ou películas radiográficas destinadas à mamografia possuem maior densidade óptica.

Esta característica permite que as imagens de mamografia tenham maior contraste possibilitando a diferenciação de estruturas com densidades muito próximas.

2. DISCURSIVA

ANÁLISE OFICIAL – PADRÃO DE RESPOSTA

a) Posicionamento do paciente: O estudante deve detalhar o correto posicionamento do paciente para cada protocolo para abdome o paciente em decúbito dorsal.

b) Protocolos de varredura: O estudante não pode deixar de considerar que existem diferentes protocolos de exame para varredura de abdome, tais como abdome total, abdome superior e pelve. Para tanto, a resposta deve conter os protocolos básicos de exame, tais como topograma ou *scout*, tensão, corrente, tempo de rotação, espessura do corte, distância de varredura, FOV, tempo de varredura. Uma resposta totalmente correta deve ainda incluir os protocolos de varredura para fígado, rins e colo.

c) Fases do exame: O estudante deve considerar que algumas varreduras podem ser realizadas em quatro fases distintas, tais como: sem contraste, fase arterial, fase venosa, fase de equilíbrio.

CONTEÚDO 06 – ANATOMIA E FISIOLOGIA HUMANA

1. E **2.** C

CONTEÚDO 07 – BIOSSEGURANÇA EM SERVIÇOS DE SAÚDE

1. B

CONTEÚDO 08 – ÉTICA E BIOÉTICA PARA O PROFISSIONAL DA TECNOLOGIA EM RADIOLÓGICA

1. B

QUESTÃO DISCURSIVA

1. DISCURSIVA

ANÁLISE OFICIAL – PADRÃO DE RESPOSTA

As afirmativas corretas e as justificativas. **(valor: 5,0 pontos)**

III. O uso de aparatos de segurança são um direito do tecnólogo em radiologia e demais profissionais e não pode haver exigência do contrário. **(valor: 2,0 pontos)**

IV. Os equipamentos de segurança devem ser aplicados a todos os profissionais envolvidos e também aos acompanhantes durante o exame. **(valor: 2,0 pontos)** – Se somente citar as afirmativas corretas III e IV, recebe **1,0 ponto.**

As afirmativas incorretas e as justificativas. **(valor: 5,0 pontos)**

I. Os protocolos radiológicos só podem ser alterados com autorização/orientação do médico responsável. Os tecnólogos em radiologia não podem alterar as técnicas radiológicas, mesmo em pesquisa clínica. Toda e qualquer alteração deve ser formalizada e com anuência prévia do médico responsável. Os questionamentos podem existir, mas a decisão das alterações ainda será do médico radiologista responsável. **(valor: 2,0 pontos)**

II. Na afirmação, lê-se "...suas atividades **devem ser limitadas** a aplicar as técnicas radiológicas referentes ao protocolo a ser utilizado..."

Dizer que a atuação do Tecnólogo em Radiologia é limitada somente à aplicação de técnicas radiologias (protocolos) **não é verdadeira** pelo fato de esse profissional ter outras atribuições, obrigatórias, tais como a citadas no código de ética dos profissionais das técnicas radiológicas do CRTR (Conselho Regional de Técnicos em Radiologia):

Capítulo VII – Das responsabilidades profissionais, em seu artigo no 17, que o tecnólogo em radiologia **DEVE:**

Artigo 17 – "... observar, rigorosa e permanentemente, as normas legais de proteção contra radiações ionizantes no desempenho de suas atividades profissionais, para resguardar sua saúde, a do cliente, de seus auxiliares e de seus descendentes..."

Artigo 18 – " Será de responsabilidade do Tecnólogo em Radiologia, que estiver operando o equipamento emissor de radiação a isolação do local, a proteção das pessoas irradiadas e a utilização dos equipamentos de segurança em conformidade com as normas de proteção radiológicas vigentes no país."

O tecnólogo em radiologia não se deve ater à aplicação dos protocolos radiológicos, deve adicionar a aplicação dos protocolos de segurança, tanto biológica (com a utilização de protetores, no caso, luvas, óculos. avental, etc.) como radiológica (aventais plumbíferos, protetores de tireoide, dosímetros pessoais, óculos plumbíferos, etc.). **(valor: 2,0 pontos)**

– Se somente citar as afirmativas incorretas I e II, recebe **1,0 ponto.**

CONTEÚDO 09 – MARCO REGULATÓRIO DAS PRÁTICAS DO TECNÓLOGO EM RADIOLOGIA

1. A **2.** C **3.** D

CONTEÚDO 10 – SAÚDE COLETIVA

1. D

CONTEÚDO 11 – TEMAS COMBINADOS E OUTROS TEMAS

1. C **2.** A

QUESTÃO DISCURSIVA

1. DISCURSIVA

ANÁLISE OFICIAL – PADRÃO DE RESPOSTA

a) A equipe deve se certificar se o paciente faz uso de hipoglicemiante oral tipo Metformina (não é necessário que o aluno conheça o nome da droga porém deve pelo menos saber que em regime de uso de hipoglicemiante oral deve-se evitar o uso de contraste iodado ou o hipoglicemiante deve ser interrompido previamente ao exame a critério médico) **(valor: 2,0 pontos)**

b) O posicionamento não foi realizado de forma correta. A espessura de corte está correta. O paciente deveria ser reposicionado com o intuito de se obter melhor simetria entre as estruturas cranianas e encefálicas. **(valor: 4,0 pontos)**

c) Na fossa posterior o centro está correto e a largura está muito alta, devendo ficar em torno de 200. Na aquisição supratentorial a largura e centro de janela estão corretas. **(valor: 4,0 pontos)**

CAPÍTULO XII
QUESTÕES DE COMPONENTE ESPECÍFICO DE MEDICINA VETERINÁRIA

CONTEÚDO 01 – BASES MOLECULARES E CELULARES DOS PROCESSOS NORMAIS E ALTERADOS, ESTRUTURA E FUNÇÃO DOS TECIDOS, ÓRGÃOS, SISTEMAS E APARELHOS, BEM COMO PROCESSOS BIOQUÍMICOS, BIOFÍSICOS, MICROBIOLÓGICOS, IMUNOLÓGICOS, PARASITOLÓGICOS, GENÉTICA MOLECULAR E BIOINFORMÁTICA EM TODO DESENVOLVIMENTO DO PROCESSO SAÚDE-DOENÇA.

1. C
2. C
3. A
4. E
5. B
6. C
7. A
8. E
9. B
10. D
11. B

CONTEÚDO 02 – RELAÇÃO INDIVÍDUO/SOCIEDADE, CONTRIBUINDO PARA A COMPREENSÃO DOS DETERMINANTES SOCIAIS, CULTURAIS, COMPORTAMENTAIS, PSICOLÓGICOS, ECOLÓGICOS, ÉTICOS E LEGAIS E CONTEÚDOS ENVOLVENDO A COMUNICAÇÃO, A INFORMÁTICA, A ECONOMIA E GESTÃO ADMINISTRATIVA EM NÍVEL INDIVIDUAL E COLETIVO

1. D
2. C

CONTEÚDO 03 – ZOOTECNIA E PRODUÇÃO ANIMAL - ENVOLVENDO SISTEMAS ECOLOGICAMENTE SUSTENTÁVEIS DE CRIAÇÃO, MANEJO, NUTRIÇÃO, BIOTÉCNICAS DA REPRODUÇÃO, EXPLORAÇÃO ECONÔMICA, GERENCIAMENTO E ADMINISTRAÇÃO DE SISTEMAS PRODUTIVOS, INCLUINDO AGRONEGÓCIOS

1. D
2. B
3. C
4. D
5. B
6. B
7. E
8. B
9. E
10. A
11. D
12. A
13. C
14. B
15. E
16. D
17. E
18. A
19. B
20. B
21. E
22. A
23. C
24. E
25. C
26. D
27. C
28. E
29. A
30. C
31. D

QUESTÕES DISCURSIVAS

1. DISCURSIVA

ANÁLISE OFICIAL – PADRÃO DE RESPOSTA

a) 100 x 150 x 365 = 5 475 500 litros de dejetos anualmente.

b) A seguir, algumas das explicações e sugestões que podem ser formuladas pelo estudante.

- Proceder à análise do solo, para saber com acurácia as reais necessidades do mesmo.
- Seguir as recomendações de segurança sanitária, impedindo que resíduos ainda inadequados sejam lançados ao solo.
- Não ultrapassar a capacidade de absorção do sistema solo--planta para não saturar.
- Utilizar técnicas adequadas de conservação do solo, para propiciar condições adequadas e evitar contaminações por processos erosivos de lixiviação.
- Procurar utilizar o plantio de espécies exigentes em N e P, para minimizar os efeitos nocivos destes elementos quando em excesso no solo.

2. DISCURSIVA

ANÁLISE OFICIAL – PADRÃO DE RESPOSTA

Na análise apresentada com relação à prospecção de mercado, o estudante poderá considerar os aspectos listados abaixo.

- Avaliar os pontos de estrangulamentos ou entraves que prejudicam a cadela produtiva, como a baixa qualidade das pastagens, o manejo animal inadequado, o baixo padrão genético dos rebanhos, a descapitalização do produtor e a falta de retorno imediato ao investimento em tecnologia e melhoria da qualidade do produto;
- Comentar as relações entre os agentes da produção e da indústria direcionadas por demandas do mercado consumidor;
- Mencionar as preocupações do mercado consumidor que se encontra cada vez mais exigente em termos de preço e qualidade do produto, riscos à saúde, preservação ambiental e conveniência (produto embalado, preparado, pré-cozido e com especificações de procedência, processamento e durabilidade);
- Análise dos mercados interno e externo, considerando situação atual, perspectivas futuras e as barreiras sanitárias e subsídios do governo existentes em outros países;
- Condições básicas do mercado (insumos baratos, custo de produção compatível com valor de venda, preço competitivo em relação aos demais produtos semelhantes, poder aquisitivo e demanda do mercado consumidor) para obter lucro ou prejuízo ao realizar um investimento.

Na parte da análise relativa à pesquisa científica e alto desempenho zootécnico, o aluno deverá comentar, no mínimo, três dos cinco itens listados abaixo.

- Melhoramento genético e alto desempenho zootécnico;
- Instalações e equipamentos e alto desempenho zootécnico;
- Nutrição e alimentação animal e alto desempenho zootécnico;
- Bem-estar animal e alto desempenho zootécnico;
- Biossegurança e controle sanitário e alto desempenho zootécnico;

a) O principal fator que contribui para o insucesso da IA em vacas cíclicas é a falha na detecção do estro e consequente inseminação artificial em momentos inadequados em relação à ovulação. Parcialmente correta: uso de IA em momentos inadequados = **1,5 ponto.**

b) A técnica de controle reprodutivo que pode ser associada à IA a fim de melhorar sua eficiência é a sincronização dos estros para concentrar o número de vacas em cio e diminuir o tempo gasto com a observação de cios, facilitando o uso da IA em condições de manejo intensivo.
Resposta envolvendo manejo reprodutivo com estação de monta = **1,5 ponto.**

3. DISCURSIVA

ANÁLISE OFICIAL – PADRÃO DE RESPOSTA

a) DEP significa capacidade de transmissão de um touro, para uma determinada característica, em relação à média da raça, dentro de uma mesma base genética ou a outro referencial genético (ganho genético).

b) É consenso que as características reprodutivas apresentam herdabilidades de moderadas a baixas, que não permitem progresso genético por seleção fenotípica. A inclusão das DEP para perímetro testicular diminui esse problema, pois apresenta correlações genéticas favoráveis com as características que compõem a eficiência reprodutiva das filhas e fêmeas aparentadas e com características de crescimento, comparando animais contemporâneos.

CONTEÚDO 04 – INSPEÇÃO E TECNOLOGIA DOS PRODUTOS DE ORIGEM ANIMAL – INCLUINDO CLASSIFICAÇÃO, PROCESSAMENTO, PADRONIZAÇÃO, CONSERVAÇÃO E INSPEÇÃO HIGIÊNICA E SANITÁRIA DOS PRODUTOS DE ORIGEM ANIMAL E DOS SEUS DERIVADOS

1. C	**6.** C	**11.** A
2. B	**7.** E	**12.** B
3. A	**8.** E	**13.** D
4. E	**9.** D	**14.** E
5. A	**10.** E	

QUESTÕES DISCURSIVAS

1. DISCURSIVA

ANÁLISE OFICIAL – PADRÃO DE RESPOSTA

O item apresenta uma situação prática relevante na inspeção de carnes, retratada por uma problematização envolvendo a tuberculose bovina e a destinação das carcaças e órgãos que mantiveram contato com material tuberculoso.

a) Qual é diagnóstico provável? Tuberculose Bovina

b) Associe o modo de transmissão às lesões encontradas nas carcaças. As lesões restritas ao sistema respiratório e linfonodos regionais indicam que o modo de transmissão foi pela inalação do *Mycobacterium bovis*.

c) Qual o destino das carcaças caquéticas. A carcaça terá condenação total, pois a tuberculose é acompanhada por caquexia.

d) Qual o destino dos órgãos que entraram em contato com o líquido caseoso? Tendo ocorrido a condenação total da carcaça, os demais órgãos internos também são condenados, mesmo que não apresentem lesões macroscópicas ou comprometimento ganglionar regional.

2. DISCURSIVA

ANÁLISE OFICIAL – PADRÃO DE RESPOSTA

a) O processo de pasteurização do leite consiste no aquecimento do leite à temperatura superior a 60 ºC por determinado período de tempo, seguido de resfriamento rápido.
1,0 ponto à menção de aumento de temperatura; **1,0 ponto** para as respostas que se refiram ao resfriamento precedido de aumento de temperatura; e **0,5 ponto** para menção de temperatura superior a 60 °C. **(valor: 2,5 pontos)**

b) A pasteurização do leite tem por objetivo eliminar microrganismos patogênicos eventualmente presentes no leite e aumentar sua vida útil, pela eliminação de microrganismos. **2,0 pontos** para a citação de destruição de microrganismos patogênicos; e **0,5 ponto** para menção do aumento de vida útil. Para a referência a microrganismos = **1,0 ponto.**

c) Os tipos de pasteurização previstos pelo Ministério da Agricultura, Pecuária e Abastecimento são:
1. pasteurização lenta (*Low Temperature, Long Time* – LTLT), à temperatura de 65 °C durante 30 min;
2. pasteurização de curta duração (*High Temperature and Short Time* – HTST), entre 72 a 75 °C, durante 15 a 20 segundos. **2,5 pontos** para a resposta que mencione os itens 1 e 2, não sendo necessário apontar a temperatura e a duração do processo. Quando apenas um deles é apontado = **1,5 ponto.**

d) O processo de pasteurização mais empregado em laticínio de pequeno porte é o de pasteurização lenta.

3. DISCURSIVA

ANÁLISE OFICIAL – PADRÃO DE RESPOSTA

a) O bovino deve ser levado à sala de necropsia e, depois de determinada a causa da morte, ser autoclavado ou incinerado.

b) O médico deve determinar o abate imediato do animal no matadouro de emergência por motivos humanitários. A carcaça e os órgãos deste animal serão aproveitados condicionalmente, ou seja, poderão ser consumidos após sofrerem tratamento adequado, caso não se constatem outros sintomas ou lesões que denunciem a presença de doença infectocontagiosa.

4. DISCURSIVA

ANÁLISE OFICIAL – PADRÃO DE RESPOSTA

O graduando deverá apresentar:

a) Duas atribuições rotineiras dos auxiliares de inspeção. **(5 pontos)**
- Auxiliar na recepção do gado conferindo procedimentos e documentação.
- Realizar a rotina de trabalhos durante os plantões.
- Monitorar a qualidade da água controlando sua cloração.
- Executar o exame pós morte (*post-mortem)* nas diferentes linhas de inspeção.
- Colaborar na realização de abates de emergência e necropsias.
- Acompanhar o carregamento e a expedição de produtos.
- Encaminhar órgãos e carcaças suspeitas para inspeção final.

b) Os procedimentos para o exame pós-morte do conjunto formado:

1. Pela cabeça e língua. (5 pontos)
- Exame visual e palpação de todo o conjunto.
- Realização de incisões paralelas nos músculos masséteres externos e internos e pterigoides.

- Incisão da glândula parótida, sua avaliação e exame do linfonodo parotídeo.
- Inspeção e palpação da língua.
- Se necessário, realização de incisão longitudinal na face ventral da língua.
- Incisão e exame dos linfonodos: sublinguais ou submandibulares, retrofaríngeos e atloideanos.

2. Pela traqueia, pulmões e coração.

- Abertura da traqueia até a bifurcação brônquica e avaliação da luz.
- Inspeção e palpação dos pulmões.
- Incisões e exame dos linfonodos que acompanham o conjunto: apical ou cardíaco.
- Traqueobrônquicos, esofágicos ou esofagianos e mediastinais caudais.
- Se necessário, realizar incisões para avaliação do parênquima pulmonar.
- Avaliação do coração ainda envolto pelo saco pericárdico.
- Abertura do saco pericárdico, separação do coração.
- Exame da superfície exposta e abertura das cavidades ventriculares margeando o sulco interventricular.
- Examinar miocárdio, endocárdio, cordoalha e valvas.
- Promover cortes para ampliação da avaliação visual do miocárdio.

CONTEÚDO 05 – CLÍNICA MÉDICO-VETERINÁRIA - INCORPORANDO CONHECIMENTOS DE PATOLOGIA, CLÍNICA, CIRURGIA, E FISIOPATOLOGIA DA REPRODUÇÃO NOS ASPECTOS SEMIOLÓGICOS E LABORATORIAIS, VISANDO IDENTIFICAR A ETIOLOGIA, COMPREENDER A PATOGENIA, DIAGNOSTICANDO E EXECUTANDO OS TRATAMENTOS MÉDICOS OU PROCEDIMENTOS CIRÚRGICOS DAS ENFERMIDADES DE DIFERENTES NATUREZAS

1. C	**29.** A	**56.** C
2. B	**30.** C	**57.** A
3. A	**31.** A	**58.** C
4. A	**32.** E	**59.** E
5. A	**33.** D	**60.** D
6. D	**34.** C	**61.** D
7. E	**35.** B	**62.** C
8. C	**36.** A	**63.** C
9. A	**37.** B	**64.** D
10. E	**38.** E	**65.** B
11. C	**39.** C	**66.** E
12. A	**40.** A	**67.** B
13. E	**41.** D	**68.** D
14. D	**42.** E	**69.** C
15. A	**43.** B	**70.** B
16. D	**44.** D	**71.** E
17. A	**45.** B	**72.** D
18. B	**46.** B	**73.** C
19. D	**47.** E	**74.** B
20. C	**48.** D	**75.** A
21. A	**49.** A	**76.** E
22. C	**50.** B	**77.** C
23. E	**51.** E	**78.** D
24. A	**52.** D	**79.** A
25. E	**53.** D	**80.** E
26. B	**54.** A	**81.** B
27. C	**55.** B	**82.** A
28. B		

QUESTÕES DISCURSIVAS

1. DISCURSIVA

ANÁLISE OFICIAL – PADRÃO DE RESPOSTA

a) O cão deve apresentar um eritrograma com valores de hemácia, hemoglobina e volume globular abaixo dos padrões de referência (anemia), sem nenhum sinal de resposta medular (normocítica normocrômica), em virtude da deficiência de eritropoetina, hormônio produzido nos rins, que regula a eritrogênese.

b) Urina volumosa e de coloração clara (poliúria); hipoestenúria ou isostenúria (densidade abaixo do normal ou similar à do plasma, em virtude da poliúria e, principalmente pela incapacidade tubular para concentrar a urina); acidúria (em casos mais avançados); proteinúria (leve a moderada, por falha das funções glomerular e tubular); sedimento apresentando cilindros (geralmente granulosos) e células do epitélio renal, em pequenas quantidades (em virtude da diluição da amostra).

c) Nesse caso, a ascite e o edema periférico (dos membros) surgem em decorrência da perda proteica através da urina (proteinúria), levando a um *déficit* sanguíneo e consequente extravasamento para a cavidade abdominal e intrestício.

2. DISCURSIVA

ANÁLISE OFICIAL – PADRÃO DE RESPOSTA

a) A manifestação clínica mais evidente de icterícia se dá por meio da coloração amarela da pele e das mucosas.

b) Os meios semiológicos que devem ser utilizados durante o exame físico do animal são:

- Inspeção = **1,0 ponto**
- Palpação = **0,5 ponto**
- Percussão = **0,5 ponto**

c) As icterícias são classificadas e caracterizadas como:

- <u>Pré-hepática ou hemolítica</u>, que se caracteriza pela destruição excessiva das hemácias, com acúmulo na circulação de bilirrubina não conjugada ou indireta = **1,0 ponto**
- <u>Hepática</u>, que se caracteriza pela diminuição da capacidade de conjugação hepática e ou colestase intra-hepática, com acúmulo na circulação de bilirrubina não conjugada ou indireta e da bilirrubina conjugada ou direta = **1,0 ponto**
- <u>Pós-hepática ou obstrutiva</u>, que se caracteriza pela diminuição da capacidade de excreção da bilirrubina (colestase extra-hepática), com acúmulo na circulação de bilirrubina conjugada ou direta = **1,0 ponto**

Obs.: **0,5 ponto** para cada classificação e **0,5 ponto** para cada caracterização correta de cada classificação.

d) Para definir o tipo de icterícia presente e, consequentemente, sua origem, os exames laboratoriais que devem ser realizados são:

1) Quantificação da bilirrubina total, direta e indireta no soro = **2,0 pontos**

2) Determinação da atividade sérica das enzimas hepáticas: alanina aminotransferase (ALT), aspartato aminotransferase (AST), fosfatase alcalina (FA ou ALP) e gama glutamiltransferase (GGT) = **1,0 ponto**

3) Hemograma = **0,5 ponto**

4) Exame de urina = **0,5 ponto**

Obs.: À referência de realização de exames da bioquímica sérica = **0,5 ponto**. Caso se mencione pelo menos uma das enzimas hepáticas = **1,0 ponto.**

3. DISCURSIVA

ANÁLISE OFICIAL – PADRÃO DE RESPOSTA

a) O TVT é uma tumoração multilobular, macia e friável, geralmente bastante hemorrágica, localizada principalmente na mucosa da vagina e do pênis. As metástases não são relativamente frequentes, são raramente observadas, e podem estar localizadas nas narinas e seios nasais.

b) O diagnóstico pode ser citológico (por esfoliação, impressão ou aspirado por agulha fina e corado em panótico rápido) ou histopatológico (coloração por hematoxilina-eosina). Algumas vezes, quando o aspecto da neoplasia é bastante característico, admite-se o diagnóstico clínico.

c) O tratamento é feito através de quimioterapia com vincristina. Na impossibilidade de usar esta droga, outras, como vimblastina, ciclofosfamida ou doxorrubicina, podem ser utilizadas. Alguns clínicos ainda insistem no tratamento cirúrgico, já em desuso.

d) Para prevenir o TVT deve-se fazer um trabalho de orientação da população quanto ao risco de que seus animais, ficando soltos, adquiram a tumoração pelo contato com cães vadios portadores da neoplasia. Outra forma de prevenção é a castração gratuita dos animais das localidades de baixo poder socioeconômico.

4. DISCURSIVA

ANÁLISE OFICIAL – PADRÃO DE RESPOSTA

a) A transmissão dessa enfermidade ocorre através da picada de insetos hematófagos, principalmente aqueles que se caracterizam por apresentarem alimentação interrompida, particularmente tabanídeos, muscídeos e mosquitos, aumentando, devido a esta característica alimentar, as chances de transmissão de um animal para outro. O agente causal pode ser transmitido ainda mecanicamente (via iatrogênica) mediante a utilização de agulhas hipodérmicas e instrumental cirúrgico não esterilizado após o uso em animal contaminado, como também pela utilização de freio, rédeas, arreios, cabrestos, escovas e raspadeiras, dentre outros utensílios, de uso comum entre os animais, que possam causar abrasões na pele ou absorver excreções corpóreas.

b) A prova oficialmente empregada para o diagnóstico da doença é a Imunodifusão em Gel de Agar (Teste de Coggins) que é uma prova de imunoprecipitação, detectanto os anticorpos precipitantes produzidos nos animais infectados

5. DISCURSIVA

ANÁLISE OFICIAL – PADRÃO DE RESPOSTA

a) Fornecimento do colostro logo nas primeiras horas de vida e cuidados com o cordão umbilical (desinfecção do umbigo).

b) Tratamento dos animais parasitados (aplicação de vermífugos) e manejo do meio ambiente para evitar evolução dos ovos e das larvas e, consequentemente, novas infestações (drenagem de pastos baixos e alagados, rotação de pastagens, não introduzir animais infestados em pastagens novas, não permitir superlotação de animais, não misturar bezerros de várias idades nem mesmo terreno, instalar bebedouros em locais secos).

6. DISCURSIVA

ANÁLISE OFICIAL – PADRÃO DE RESPOSTA

a) Ocorreu a fragmentação do trombo, da válvula mitral, com formação de tromboembolismo e obstrução de um ramo da artéria renal, ocasionando o infarto.

b) Forma de cunha, com a base voltada para a superfície do órgão.

7. DISCURSIVA

ANÁLISE OFICIAL – PADRÃO DE RESPOSTA

O graduando deverá apresentar:

a) Um procedimento, dentre os abaixo, para constatar a vida do feto. **(5 pontos)**
- Presença do reflexo de sucção.
- Flexão dos membros à palpação.
- Retração dos membros ao afastamento das unhas, ou espaço interdigital.
- Pulso na artéria umbilical.
- Contração do ânus ao toque digital.

b) Três parâmetros obstétricos básicos do feto, a serem analisados em relação à pelve materna.

Estática fetal:
- Apresentação.
- Posição.
- Atitude ou postura.

c) Um medicamento para estimular as contrações uterinas. **(5 pontos)**
- Ocitocina.

d) Uma via de acesso ou abordagem cirúrgica e o tipo de fio cirúrgico recomendado em caso de operação cesariana.
- Flanco esquerdo ou ventrolateral esquerda ou paramamária.
- Fio absorvível (categute, vicril, dexon, ou outro fio absorvível).

8. DISCURSIVA

ANÁLISE OFICIAL – PADRÃO DE RESPOSTA

O graduando deverá identificar as causas decorrentes do emprego do sucedâneo em relação aos seguintes grupos de nutrientes:

a) Proteína **(10 pontos)**
- A proteína láctea foi substituída parcial ou totalmente por proteína de soja.
- A proteína láctea foi superaquecida, por processamento industrial, para obtenção de leite em pó.
- A proteína láctea foi substituída parcial ou totalmente por fonte proteica contendo fatores antinutricionais.
- Nível de degradabilidade da proteína.
- A proteína láctea foi substituída por outra fonte proteica, ou por proteína de baixa qualidade nutricional, ou por proteína de baixa digestibilidade.

b) Gordura **(5 pontos)**
- A gordura láctea foi substituída por fontes que devido a presença de ácidos insaturados podem provocar alopecias.
- A gordura foi substituída por fontes com falta de ácidos graxos essenciais.

c) Carboidratos (5 pontos)

- A utilização de amido ou quantidades excessivas de lactose causam diarreias e cólicas intestinais.
- Bezerros só têm lactase.
- Os carboidratos não são adequados.
- Tipo de carboidratos.
- Alta concentração de carboidratos.

9. DISCURSIVA

ANÁLISE OFICIAL – PADRÃO DE RESPOSTA

O graduando deverá com base nas alterações apresentadas, indicar:

a) A causa morte.

- Choque hipovolêmico ou choque hemorrágico ou hemorragia.

b) O processo mórbido compatível com os achados necroscópicos.

- Envenenamento ofídico.
- Envenenamento por mordida de cobra.
- Picada de cobra.

c) Duas propriedades, dentre as abaixo, da toxina responsável pelas lesões.

- Proteolítica ou necrosante.
- Coagulante.
- Hemorrágica.
- Nefrotóxica.

10. DISCURSIVA

ANÁLISE OFICIAL – PADRÃO DE RESPOSTA

O graduando deverá, com base no quadro, apresentar:

a) O diagnóstico provável da afecção.

- Endometrite bacteriana.
- Metrite.
- Infecção uterina.
- Piometra.
- Endometrite purulenta.
- Hiperplasia endometrial cística/piometra.

b) Dois exames complementares para definir a suspeita diagnóstica.

- Exame de sangue.
- Raios X abdominal.
- Ultrassonografia abdominal (US, ultrassom).
- Hemograma.
- Palpação abdominal (uterina).

c) O tratamento recomendado.

- Ovariosalpingohisterectomia.
- Castração.
- Ovariohisterectomia.
- Panhisterectomia.
- Antibioticoterapia e fluidoterapia (hidratação).

11. DISCURSIVA

ANÁLISE OFICIAL – PADRÃO DE RESPOSTA

O graduando deverá:

a) Citar duas medidas profiláticas para evitar a Anemia Infecciosa Equina.

- Teste de todos animais da propriedade, eliminando animais positivos. Reteste dos animais negativos após 30 dias.
- Teste negativo de AIE para todos animais admitidos, com quarentena e reteste após 30 dias.
- Só permitir a participação dos animais do haras em atividades em que seja cobrado o exame sorológico negativo para admissão ao local.

b) Citar dois argumentos que justifiquem o sacrifício dos animais soropositivos.

- Animal positivo é fonte de infecção por toda a vida (retrovírus).
- A região é de baixa prevalência.
- A doença se dissemina facilmente através de diversas fômites (cabrestos, arreios, mantas).
- A doença se dissemina facilmente através de vetores biológicos (tabanídeos, mutuca).
- Doença não tratável.
- Doença não tem cura.

CONTEÚDO 06 – MEDICINA VETERINÁRIA PREVENTIVA E SAÚDE PÚBLICA – REUNINDO CONTEÚDOS ESSENCIAIS ÀS ATIVIDADES DESTINADAS AO PLANEJAMENTO EM SAÚDE, A EPIDEMIOLOGIA, CONTROLE E ERRADICAÇÃO DAS ENFERMIDADES INFECTOCONTAGIOSAS, PARASITÁRIAS E ZOONOSES, SANEAMENTO AMBIENTAL, PRODUÇÃO E CONTROLE DE PRODUTOS BIOLÓGICOS

1. A	**11.** B	**21.** A
2. B	**12.** D	**22.** D
3. E	**13.** B	**23.** B
4. D	**14.** D	**24.** C
5. E	**15.** E	**25.** A
6. D	**16.** A	**26.** E
7. E	**17.** B	**27.** D
8. A	**18.** C	**28.** C
9. C	**19.** B	**29.** E
10. A	**20.** C	

QUESTÕES DISCURSIVAS

1. DISCURSIVA

ANÁLISE OFICIAL – PADRÃO DE RESPOSTA

a) A *influenza* aviária não foi diagnosticada no Brasil e não há vacina disponível no mercado nacional contra tal enfermidade. **1,0 ponto** para a resposta disposta na grade e **0,5 ponto** quando apenas um dos quesitos é apontado.

b) Em um país que apresenta avicultura desenvolvida, na ocorrência de um surto de *influenza* aviária, vários são os efeitos, sendo que quaisquer duas dentre as consequencias **sociais** citadas abaixo serão consideradas corretas:

- temores relacionados à saúde pública;
- danos à imagem do produto (frango);
- mudança de rotina nas regiões afetadas;
- desemprego provocado pela "quebra" de empresas e descontinuidade nos abates.

Para duas possibilidades mencionadas, dentre as dispostas na grade = **2,0 pontos**.

Quando apenas uma possibilidade é mencionada = **1,0 ponto.**

c) Em um país que apresenta avicultura desenvolvida, na ocorrência de um surto de *influenza* aviária, vários são os efeitos, sendo que quaisquer duas dentre as consequencias **econômicas** citadas abaixo serão consideradas corretas:

- sacrifício das aves afetadas na região do perifoco;
- lucro cessante com o sequestro de carcaças nos abatedouros e nos portos;
- lucro cessante com o despovoamento e impossibilidade de alojamentos de aves;
- quedas no consumo interno e, consequentemente, nos preços da carne de frango;
- perdas devido à impossibilidade de cumprimento de contratos, sejam estes em nível nacional ou internacional (de exportação);
- lucro cessante com interrupção de atividades;
- aumento do custo de produção.

Para duas possibilidades mencionadas, dentre as dispostas na grade = **2,0 pontos**.

Quando apenas uma possibilidade é mencionada = **1,0 ponto**.

d) No caso da ocorrência de um surto de *influenza* aviária deve-se implantar a interdição imediata da propriedade e executar o sacrifício de todas as aves, bem como promover destino adequado às carcaças e à cama utilizada nos aviários. Concomitantemente, todas as propriedades localizadas em um raio de 3 km (zona de proteção) e de 7 km a partir desta (zona de vigilância) devem ser monitoradas. Posteriormente, devem ser realizadas desinfecções eficientes, devendo-se adotar o vazio das instalações, até que aves sentinelas (SPF) mantenham *status* de negatividade. Com relação aos transeuntes, há ampla necessidade de banho na entrada e na saída da granja, bem como de troca de roupas e de calçados e de desinfecção dos veículos utilizados. Dos **5,0 pontos** possíveis, observe-se o seguinte subescalonamento para atribuição das notas:

- **2,0** para menção de sacrifício dos animais;
- **1,0** para menção ao destino das carcaças, resíduos e dejetos;
- **1,0** para menção de notificação obrigatória;
- **1,0** para menção à presença de aves sentinelas e desinfecção.

2. DISCURSIVA

ANÁLISE OFICIAL – PADRÃO DE RESPOSTA

a) Segregar, quarentenar e tratar os indivíduos doentes, portadores, comunicantes e reservatórios de leptospirose, retirando o estado de portador.

b) Combate sistemático a roedores, além do uso de desinfecção profilática das instalações urbana ou rural.

c) Evitar o contágio direto e indireto com as vias de eliminação e adotar medidas saneadoras de drenagem de solo e combate aos roedores.

d) Adotar medidas de biossegurança para os indivíduos sadios, protegendo-os de possíveis fontes de infecção. Adotar programas de vacinação dos animais suscetíveis, além da desinfecção sistemática e tratamento preventivo.

CONTEÚDO 07 – TEMAS COMBINADOS E OUTROS TEMAS

1. E	**16.** A	**31.** D
2. C	**17.** C	**32.** C
3. A	**18.** D	**33.** A
4. C	**19.** B	**34.** D
5. C	**20.** A	**35.** E
6. B	**21.** C	**36.** B
7. A	**22.** E	**37.** C
8. C	**23.** D	**38.** D
9. D	**24.** B	**39.** A
10. A	**25.** E	**40.** B
11. B	**26.** A	**41.** E
12. C	**27.** C	**42.** C
13. E	**28.** B	**43.** A
14. D	**29.** E	**44.** D
15. E	**30.** B	

QUESTÕES DISCURSIVAS

1. DISCURSIVA

ANÁLISE OFICIAL – PADRÃO DE RESPOSTA

Laudo macroscópico: Ao exame macroscópico, observa-se no lado direito, área de necrose (formação purulenta ou abscesso) e destruição dos cornetos (turbinados ou conchas nasais). No lado esquerdo nota-se atrofia acentuada dos cornetos dorsal e ventral. Associam-se a estas lesões a deformidade e desvio do septo nasal.

Diagnóstico: Os achados macroscópicos são compatíveis com as lesões observadas na rinite atrófica. Rinite atrófica.

2. DISCURSIVA

ANÁLISE OFICIAL – PADRÃO DE RESPOSTA

a) Mioglobinúria paralítica, azotúria, miopatia por esforço, rabdomiólise e terminologias populares (atamento, mal de segunda-feira).

b) A grande produção de ácido lático, a partir do glicogênio armazenado, causada pelo esforço é responsável pela degeneração de grandes áreas de massa muscular, causando dor. A liberação de mioglobina dessa musculatura é lançada na urina, resultando em sua coloração acastanhada.

c) Dosagem de enzimas séricas, sendo a creatinina fosfoquinase (CPK) a mais recomendada. Mioglobina na urina.

d) A base de analgésicos, anti-inflamatórios, miorrelaxantes e fluidoterapia (principalmente alcalina para evitar coagulação da mioglobina nos túbulos renais). Repouso.

3. DISCURSIVA

ANÁLISE OFICIAL – PADRÃO DE RESPOSTA

- Contaminação fecal durante evisceração.
- Não realização ou realização de banho pré-abate inadequado (menor valor como resposta em relação às anteriores).
- Não lavagem ou lavagem inadequada da área perianal.

b) Ponto Crítico: Evisceração

c)

- Jejum alimentar (Pré-abate).
- Treinamento do eviscerador ou funcionários.
- Equipamento em quantidade suficiente para o eviscerador ou funcionários.
- Uso de esterilizadores de faca (82,2qC, no mínimo).
- Reduzir velocidade de abate.
- Limpeza e desinfecção das instalações.
- Uniformes higienizados.

4. DISCURSIVA

ANÁLISE OFICIAL – PADRÃO DE RESPOSTA

a)

- Vírus tipo "O".
- Alta patogenicidade medida pelo elevado número de casos de doença.
- Alta virulência medida pela gravidade dos sinais clínicos.
- Alta transmissibilidade medida pela velocidade de difusão da doença nos países que estão enfrentando FA.

b) Causas prováveis de disseminação de um país a outro:

- Através de animais visos comercializados durante a fase de incubação (portador em incubação).
- Através de carnes *in natura* com osso.
- Através de restos de alimentos de navios, aeronaves ou outros meios de transporte onde são servidas refeições e os restos são comercializados e não destruídos no local de chegada.
- Pessoas que podem estar carreando matéria orgânica contendo vírus. Em sapatos, alimentos carregados nas bagagens, em objetos que entraram em contacto com materiais contaminados com vírus.

Causas plausíveis do ingresso do vírus na Inglaterra:

- Demora no diagnóstico.
- Através de restos de alimentos de navios, aeronaves ou outro meio de transporte onde são servidas refeições e os restos são comercializados e não destruídos no local de chegada.

Justificativa: através de carnes *in natura* com osso possivelmente importado da África do Sul, que tivera anteriormente FA. Na Inglaterra o foco primário foi em suínos.

- Demora na notificação por parte do criador.
- Pessoas que podem estar carreando matéria orgânica contendo vírus. Em sapatos, alimentos carregados nas bagagens, em objetos que entraram em contacto com materiais contaminados com vírus. Justificativa: o vírus pode sobreviver muitos dias fora do organismo do hospedeiro desde que protegido da ação direta da luz solar ou calor e assim pode ter saído em objetos e ter chegado à granja de suínos na Inglaterra.

c) É uma alternativa profilática correta. Devem ser sacrificados animais doentes e os contatos ou comunicantes em que se desconhece se foram realmente infectados ou não. Não se deve esperar ultrapassar o período de incubação para atuar profilaticamente, mas deve ser dimensionado criteriosamente para atender aos preceitos de epidemiologia.

d) A única medida plausível seria o retorno à vacinação (seja total, perifocal, etc.)

e) Medidas de VE (Vigilância Epidemiológica):

- Proibir importação de animais, produtos de origem anima *in natura* de países que estão enfrentando epidemia.
- Destruição de todos os resíduos de alimento que possam conter produtos de origem animal de qualquer origem.
- Proibir importação de sêmen, embriões e produtos biológicos de países que estão enfrentando epidemia.
- Introduzir medidas rigorosas de fiscalização de bagagens e objetos pessoais (calçados, vestimenta etc.) dos passageiros internacionais oriundos de países que estão enfrentando epidemia.
- Colocação de pedilúvios em desembarcadouros internacionais.
- Fiscalização rigorosa de fronteiras entre países principalmente quando são de natureza seca.
- Quarentena de animais recém-adquiridos por um tempo equivalente ao período de incubação da FA e realizar exames laboratoriais quando possível.
- Aumentar o número e a capacitação profissional dos veterinários para intensificar a fiscalização.

5. DISCURSIVA

ANÁLISE OFICIAL – PADRÃO DE RESPOSTA

a)

- Reflexo da goteira esofágica - evita a entrada de leite no rúmen.
- Reflexo mediado pelo nervo vago.
- Sais de sódio provocam reflexo.
- Leite em mamadeira "oferecido em posição superior" imitando o mamar na mãe, favorece o reflexo, enquanto leite no balde não favorece.

b)

- Desenvolvimento da capacidade e da musculatura do rúmen, estimulada pela ingestão de material fibroso.
- Desenvolvimento de papilas ruminais, estimulado pela presença de ácidos graxos voláteis no rúmen.

CAPÍTULO XIII
QUESTÕES DE COMPONENTE ESPECÍFICO DE ZOOTECNIA

CONTEÚDO 01 – COORDENAÇÃO E ASSISTÊNCIA DE SISTEMAS DE PRODUÇÃO

1. E

CONTEÚDO 02 – ATUAÇÃO EM NUTRIÇÃO E ALIMENTAÇÃO ANIMAL

1. A	**7.** A	**13.** C
2. D	**8.** B	**14.** B
3. E	**9.** B	**15.** A
4. B	**10.** B	**16.** A
5. D	**11.** D	**17.** E
6. D	**12.** D	**18.** A

QUESTÃO DISCURSIVA

1. DISCURSIVA

ANÁLISE OFICIAL – PADRÃO DE RESPOSTA

a)

- Estresse térmico em função do aumento da temperatura ambiente de 25 ºC para 32 ºC.
- Redução da ingestão de ração.
- Redução da ingestão de cálcio.
- Redução da ingestão de proteína afeta a produção de ovo.
- Redução da ingestão de proteína e(ou) aminoácidos (metionina) que afeta o tamanho do ovo.
- Redução da ingestão de vitamina D, que afeta a formação da casca do ovo.
- Ambiência e bem-estar animal.

b) Com o aumento da temperatura ambiente, a exigência energética diminui, portanto o proprietário deverá:

- diminuir a concentração energética da dieta das aves com objetivo de garantir um consumo de ração que atenda à exigência nutricional das aves;
- aumentar a concentração dos nutrientes na dieta das aves, com exceção da energia metabolizável, na mesma proporção da redução do oferecimento de ração;
- elaborar um manejo nutricional, considerando a alteração do consumo de ração em decorrência da variação de temperatura ambiente ao longo do ano (período mais quente – redução do consumo de ração, período mais frio – aumento do consumo de ração);
- melhorar a ambiência das instalações onde as aves estão alojadas, como plantar árvores na lateral do galpão, utilizar ventiladores e/ou nebulizadores;
- utilizar galpão com telha de barro, ou pintar o telhado com uma solução para diminuir a temperatura dentro do galpão.

CONTEÚDO 03 – FOMENTO, PLANEJAMENTO, COORDENAÇÃO E ADMINISTRAÇÃO DE PROGRAMAS DE MELHORAMENTO E DE CONSERVAÇÃO DE RECURSOS GENÉTICOS ANIMAL

1. B	**3.** A
2. C	**4.** D

QUESTÃO DISCURSIVA

1. DISCURSIVA

ANÁLISE OFICIAL – PADRÃO DE RESPOSTA

Ganho médio diário (GMD) – A análise do GMD mostrou que ocorreu efeito significativo ($P < 0,05$) dos grupos genéticos analisados. O maior GMD foi observado no nelore seleção (501,2 g), embora não tenha sido diferente estatisticamente dos GMD dos grupos genéticos caracu e guzerá seleção, sendo estes superiores ao nelore controle (406,4 g).

Peso de abate aos 824 dias (PAB) – O peso de abate aos 824 dias foi influenciado pelo grupo genético ($P < 0,01$). O maior PAB foi observado no grupo genético nelore seleção (542,7 kg), o qual não diferiu estatisticamente do PAB do caracu (537,3 kg). O menor PAB foi observado no nelore controle (447,6 kg).

Rendimento de carcaça (REND) – O rendimento de carcaça foi influenciado por grupo genético ($P < 0,01$). O menor rendimento foi observado no guzerá seleção, sendo estatisticamente diferente dos demais grupos, que não diferiram entre si.

Após análise dos dados, os estudantes poderão redigir suas conclusões contemplando os seguintes aspectos:

- a seleção praticada nos animais nelore (nelore seleção) mostrou-se eficiente para o ganho médio diário, sendo estes animais superiores ao grupo nelore controle;
- animais nelore seleção foram mais pesados ao abate aos 824 dias de idade do que o grupo nelore controle. A ausência de seleção nos animais nelore determinou os menores pesos, comparados aos demais grupos genéticos analisados;
- animais guzerá seleção necessitam ser melhorados quanto ao rendimento de carcaça, comparados aos demais grupos genéticos analisados nesse estudo;
- a seleção praticada no rebanho nelore não alterou o rendimento de carcaça, comparado ao grupo nelore controle.

Observação: Serão considerados outros aspectos relevantes e pertinentes ao padrão de resposta. A avaliação considerará a coerência, a coesão e a pertinência das conclusões frente às informações apresentadas.

CONTEÚDO 04 – PLANEJAMENTO E EXECUÇÃO DE PROJETOS DE FORMAÇÃO DE PASTAGENS, PRODUÇÃO E CONSERVAÇÃO DE FORRAGEIRAS

1. E **2.** E **3.** E

QUESTÃO DISCURSIVA

1. DISCURSIVA

ANÁLISE OFICIAL – PADRÃO DE RESPOSTA

a) O estudante deverá identificar o problema enfrentado pelo produtor e listar duas entre as seguintes razões que levaram à sua ocorrência:

- empobrecimento do solo pelo uso prolongado e contínuo, sem os cuidados para garantir a fertilidade;
- degradação do solo;
- falta de correção do solo;
- falta de adubação;
- manejo inadequado da pastagem ao longo dos anos.

b) O aluno deverá citar quatro opções viáveis para o produtor, conforme listado abaixo.

- manejo adequado do solo (calagem, adubação, topografia);
- formação de pastagens com técnicas adequadas;
- integração lavoura *versus* pecuária;
- uso de silagem;
- uso de capineiras;
- uso de cana-de-açúcar;
- uso de forragem de inverno;
- uso de resíduos agroindustriais.

CONTEÚDO 05 – PLANEJAMENTO E EXECUÇÃO DO MANEJO REPRODUTIVO DOS ANIMAIS

1. C **3.** C **5.** D
2. E **4.** A **6.** C

CONTEÚDO 06 – ELABORAÇÃO E ANÁLISE DE PLANOS DE NEGÓCIOS AGROPECUÁRIOS

1. A **5.** B **8.** E
2. E **6.** E **9.** A
3. C **7.** C **10.** B
4. B

QUESTÃO DISCURSIVA

1. DISCURSIVA

ANÁLISE OFICIAL – PADRÃO DE RESPOSTA

a) Identificação das possíveis causas:

1. baixa qualidade genética do rebanho — uso de animais SRD;
2. baixa qualidade das pastagens;
3. estacionalidade na produção de forragens;
4. mineralização deficiente;
5. uso de mão de obra não qualificada;
6. baixo grau de gerenciamento das propriedades;
7. excessivo tradicionalismo no setor;
8. manejo inadequado de pastagem.

b) Recomendações zootécnicas:

1. suplementação dos animais no período seco; 2 - utilização de programas de melhoramento genético nos rebanhos;
2. utilização de programas de melhoramento genético nos rebanhos;
3. treinamento de mão de obra;
4. adoção de confinamento;
5. utilização de gramíneas melhoradas;
6. adoção de outras tecnologias que melhoram a condição nutricional.

CONTEÚDO 07 – ADMINISTRAÇÃO DE PROPRIEDADES AGROPECUÁRIAS, ESTABELECIMENTOS INDUSTRIAIS E COMERCIAIS

1. D **3.** C
2. C **4.** A

QUESTÃO DISCURSIVA

1. DISCURSIVA

ANÁLISE OFICIAL – PADRÃO DE RESPOSTA

a) densidade

52.250 frangos ÷ 3 galpões = 17.416,67 frangos/galpão

17.416,67 frangos ÷ 1200 m^2 = 14,51 frangos/m^2

mortalidade

55.000 – 52.250 = 2.750

55.000 – 2.750

100 – x = 5% de mortalidade

Observação: Serão também consideradas as situações em que o estudante fizer o arredondamento dos resultados obtidos para a primeira casa decimal ou para o valor inteiro mais próximo.

b) peso total ganho = 52.250 x 2,15 kg = 112.337,5 kg

CA = 202.000 ÷ 112.337,5

= 1,8

A conversão alimentar CA observada está dentro da faixa de variação preconizada pelas empresas. Atualmente, o frango abatido, em torno de 40 dias de vida, apresenta uma conversão alimentar média de 1,9:1,0 (kg de alimento consumido : kg de peso vivo ganho).

c) O estudante deverá incluir em seu comentário pelo menos 3 das seguintes causas de malformação óssea relacionadas com a nutrição:

- Deficiência do(s) mineral(is) cálcio e/ou fósforo na dieta;
- Relação cálcio/fósforo na dieta acima ou abaixo da recomendada, ou seja, de 1,5 até 2,0:1,0;
- Deficiência de vitamina D na dieta;
- Presença de ácido fítico e(ou) oxalatos na dieta;

Presença de minerais, em excesso na dieta, que apresentam antagonismo com o cálcio e/ou fósforo (por exemplo, mineral zinco).

CONTEÚDO 08 – ATUAÇÃO NO PROCESSAMENTO DE PRODUTOS DE ORIGEM ANIMAL, COM ÊNFASE EM CARNE E LEITE

1. C **2.** C

CONTEÚDO 09 – GERENCIAMENTO DA PROFILAXIA, HIGIENE E BIOSSEGURIDADE NAS CRIAÇÕES ANIMAIS

1. D **2.** C **3.** B

QUESTÃO DISCURSIVA

1. DISCURSIVA

ANÁLISE OFICIAL – PADRÃO DE RESPOSTA

a) Garantir o correto manejo profilático dos animais obedecendo-se ao calendário de vacinação, ao controle de parasitas etc.

- Garantir que as instalações, como a sala de espera e a sala de ordenha, atendam às exigências técnicas determinadas pelo Ministério de Agricultura, em função da classificação do leite.
- Garantir o bem-estar animal e evitar situações estressantes ao animal.
- Limpeza com água de boa qualidade, dos tetos das vacas.
- Utilizar o pré-*dipping* (pré-dip).
- Utilizar o teste do fundo da caneca ou o teste CMT (*California Mastit Test*).
- Utilizar o controle de células somáticas para aferir o padrão de qualidade do leite.

b) Limpeza dos utensílios utilizados durante a ordenha, tais como baldes, peneiras, latões de leite etc.

- Higiene pessoal do retireiro durante a ordenha dos animais.
- Utilização de toalhas de papel (descartável).
- Limpeza das teteiras antes da ordenha e entre uma ordenha e outra.
- Limpeza dos equipamentos e tubulações (se houver) da ordenhadeira mecânica.
- Regulagem da ordenhadeira mecânica para garantir eficiência da ordenha e não machucar os animais.

c) Aplicar uma solução à base de iodo nos tetos das vacas para evitar contaminação.

- Utilizar o pós-*dipping* (pós-dip).
- Limpeza das instalações, dos equipamentos (ordenhadeira mecânica, se for o caso) e utensílios utilizados nas salas de espera e de ordenha.
- Armazenamento adequado do leite, em câmara fria ou tanques de resfriamento, em recipientes limpos e higienizados até o envio para o laticínio ou cooperativa.
- Alimentação em cocho após a ordenha, possibilitando o fechamento do esfíncter mamário, para evitar o contato dos tetos com o chão.

CONTEÚDO 10 – PLANEJAMENTO E EXECUÇÃO DE PROJETOS DE CONSTRUÇÕES E INSTALAÇÕES ZOOTÉCNICAS

1. B **2.** B

CONTEÚDO 11 – ELABORAÇÃO E APLICAÇÃO DE TECNOLOGIAS ADEQUADAS AO CONTROLE, APROVEITAMENTO E RECICLAGEM DOS RESÍDUOS E DOS DEJETOS

1. D

CONTEÚDO 12 – TEMAS COMBINADOS E OUTROS TEMAS

1. E **3.** C **5.** D
2. A **4.** A **6.** E

QUESTÕES DISCURSIVAS

1. DISCURSIVA

ANÁLISE OFICIAL – PADRÃO DE RESPOSTA

a) O(a) aluno(a) deverá abordar aspectos sobre a importância do potencial genético, comentando sobre tipo racial especializado (p. ex.: dorper, santa inês, sufolk, etc.) para produção de carne, a fim de que ocorra desempenho satisfatório para o objetivo do confinamento e maior viabilidade econômica.

b) O(a) aluno(a) deverá abordar sobre o manejo alimentar para fase de pré-confinamento e confinamento, citando o aumento do percentual de concentrado na dieta total, com o objetivo de obter maior viabilidade econômica.

c) O(a) aluno(a) deverá abordar dois aspectos ligados ao manejo sanitário, sendo um considerando o controle parasitário e o outro abordando doenças infectocontagiosas, para que obtenha maior viabilidade econômica.
Possíveis aspectos abordados: Clostridiose, eimeriose e podridão de casco (foot root).

d) O(a) aluno(a) deverá abordar dois aspectos ligados ao peso ideal para abate, referindo-se à qualidade da carcaça para que obtenha maior viabilidade econômica.
Possíveis aspectos abordados: raça do animal, tempo de confinamento, idade do animal, instalações e dieta fornecida para o animal.

2. DISCURSIVA

ANÁLISE OFICIAL – PADRÃO DE RESPOSTA

a) O estudante deve citar três dos seguintes índices zootécnicos: taxa de prenhez, taxa de desmama, taxa de abate, intervalo de parto, período de serviço, duração de lactação, persistência de lactação, idade ao primeiro parto. Lembrando que ganho de peso, ganho por área, taxa de lotação não são índices zootécnicos.

b) O estudante deverá comentar sobre a rotação de culturas com o objetivo de aumentar a fertilidade do solo e a nova implantação de pastagem. Poderá explicar os sistemas Santa-Fé ou Barreirão muito utilizados no centro-oeste para recuperação de áreas degradadas que visam à implantação do milho e pastagem consorciados e após a colheita do milho a pastagem esta implantada. Lembrando: o sistema de integração utilizado no sul do país com aveia e azevém não tem o objetivo de recuperar áreas degradadas, então não se encaixa nesta questão.

c) Na fórmula fornecida, basta o estudante fazer o cálculo da carga animal e transformar em taxa de lotação conforme descrito abaixo:

$$10 = \frac{\frac{1500 + [50 \times 20]}{20}}{CA} \times 100$$

CA = 1250kgPV/ha, transformando em taxa de lotação, fica TL= CA/450 = 2,77 ou 2,8 arredondando.

450 vem de 1UA e o aluno deve saber.

3. DISCURSIVA

ANÁLISE OFICIAL – PADRÃO DE RESPOSTA

Na análise apresentada com relação à prospecção de mercado, o estudante poderá considerar os aspectos listados abaixo.

- Avaliar os pontos de estrangulamentos ou entraves que prejudicam a cadela produtiva, como a baixa qualidade das pastagens, o manejo animal inadequado, o baixo padrão genético dos rebanhos, a descapitalização do produtor e a falta de retorno imediato ao investimento em tecnologia e melhoria da qualidade do produto;
- Comentar as relações entre os agentes da produção e da indústria direcionadas por demandas do mercado consumidor;
- Mencionar as preocupações do mercado consumidor que se encontra cada vez mais exigente em termos de preço e qualidade do produto, riscos à saúde, preservação ambiental e conveniência (produto embalado, preparado, pré-cozido e com especificações de procedência, processamento e durabilidade);
- Análise dos mercados interno e externo, considerando situação atual, perspectivas futuras e as barreiras sanitárias e subsídios do governo existentes em outros países;
- Condições básicas do mercado (insumos baratos, custo de produção compatível com valor de venda, preço competitivo em relação aos demais produtos semelhantes, poder aquisitivo e demanda do mercado consumidor) para obter lucro ou prejuízo ao realizar um investimento.

Na parte da análise relativa à pesquisa científica e alto desempenho zootécnico, o aluno deverá comentar, no mínimo, três dos cinco itens listados abaixo.

- Melhoramento genético e alto desempenho zootécnico;
- Instalações e equipamentos e alto desempenho zootécnico;
- Nutrição e alimentação animal e alto desempenho zootécnico;
- Bem-estar animal e alto desempenho zootécnico;
- Biossegurança e controle sanitário e alto desempenho zootécnico;

CAPÍTULO XIV
QUESTÕES DE COMPONENTE ESPECÍFICO DE AGRONOMIA

CONTEÚDO 01 – SOLOS

1. A	12. E	23. D
2. C	13. B	24. D
3. A	14. A	25. B
4. A	15. B	26. C
5. C	16. A	27. D
6. C	17. D	28. A
7. D	18. E	29. E
8. E	19. E	30. B
9. C	20. B	31. D
10. B	21. C	32. C
11. D	22. A	

QUESTÃO DISCURSIVA

1. DISCURSIVA

ANÁLISE OFICIAL – PADRÃO DE RESPOSTA

a) Solos naturalmente pouco profundos (baixa profundidade efetiva), solos arenosos ou de textura mais fina com baixa capacidade de armazenamento de água; presença de camadas naturalmente adensadas; baixos teores de nutrientes, elevada acidez, altos teores de alumínio e manganês. Práticas de manejo: preparo inadequado do solo ou trânsito intenso de máquinas e implementos pesados, causando compactação; falta de cobertura vegetal viva ou morta, presente em sistemas conservacionistas, como o plantio direto.

b) Crescimento radicular reduzido; baixa produção; redução da área foliar; redução da velocidade e percentagem de germinação e a emergência das plantas; atraso no desenvolvimento vegetativo das plantas; redução do porte das plantas; menor tamanho e/ou massa (peso) dos grãos; antecipação da maturidade da cultura (das plantas).

CONTEÚDO 02 – FITOTECNIA

1. C	15. E	29. A
2. D	16. B	30. E
3. E	17. A	31. C
4. C	18. C	32. E
5. E	19. E	33. A
6. E	20. E	34. D
7. A	21. A	35. C
8. E	22. A	36. E
9. E	23. D	37. C
10. A	24. B	38. D
11. E	25. C	39. E
12. B	26. D	40. B
13. A	27. A	41. E
14. B	28. B	

CONTEÚDO 03 – FITOSSANIDADE

1. A	10. B	19. C
2. E	11. C	20. B
3. C	12. D	21. B
4. A	13. A	22. A
5. C	14. C	23. C
6. C	15. C	24. B
7. E	16. E	25. D
8. D	17. A	26. A
9. A	18. D	

QUESTÃO DISCURSIVA

1. DISCURSIVA

ANÁLISE OFICIAL – PADRÃO DE RESPOSTA

Dentre os seguintes critérios, o graduando deverá citar quatro:

a) Especificidade (específico)
b) Seletividade (atingir somente a praga e não inimigos naturais)
c) Baixa Toxicidade
d) Rápida degradação
e) Alta eficiência agronômica
f) Custo (compatível)
g) DL_{50} (classe toxicológica)
h) Período de carência
i) Poder residual (baixo)
j) Formulação
k) Embalagem
l) Método de aplicação
m) Transporte

CONTEÚDO 04 – ECONOMIA, ADMINISTRAÇÃO E EXTENSÃO RURAL

1. C	8. D	15. E
2. C	9. C	16. D
3. A	10. C	17. B
4. C	11. D	18. B
5. B	12. E	19. B
6. B	13. B	20. D
7. A	14. C	

QUESTÕES DISCURSIVAS

1. DISCURSIVA

ANÁLISE OFICIAL – PADRÃO DE RESPOSTA

Vantagens

- menor necessidade de importação de petróleo;
- menor poluição ambiental;

- inserção social (geração de emprego e renda);
- redução da emissão de carbono (menor efeito estufa);
- desenvolvimento da indústria nacional de pesquisa e equipamentos.

Desvantagens (valor: 5,0 pontos)

- aumento das áreas de cultivo de cana-de-açúcar e soja (monocultura);
- agravamento ou aparecimento de pragas e doenças que antes não tinham importância econômica;
- possibilidade de balanço energético negativo;
- possibilidade de concentração de renda e exclusão social;
- possibilidade de competição com a produção de alimentos.

2. DISCURSIVA

ANÁLISE OFICIAL – PADRÃO DE RESPOSTA

- Impacto no consumo mundial de carne bovina.
- Impacto no consumo mundial de outros produtos agropecuários.
- Impacto na demanda por carne bovina brasileira.
- Resposta da produção brasileira de carnes e outros produtos agropecuário.

CONTEÚDO 05 – ZOOTECNIA

1. D
2. B
3. A
4. E
5. C
6. E
7. A
8. C
9. E
10. B
11. A
12. C
13. D
14. C
15. D
16. E
17. A

CONTEÚDO 06 – ENGENHARIA RURAL

1. B
2. E
3. A
4. B
5. D
6. B
7. B
8. A
9. B
10. A
11. E
12. E
13. D
14. C
15. B
16. E
17. A
18. B
19. C
20. D
21. B
22. C
23. C

QUESTÃO DISCURSIVA

1. DISCURSIVA

ANÁLISE OFICIAL – PADRÃO DE RESPOSTA

a) Tempo de irrigação = lâmina/intensidade de precipitação = 48 mm/6 mm h_{-1} = 8 h

b) Volume de água aplicado = 3 ha x 48 mm = 1440 m^3
Vazão = volume/tempo = 1440 m^3/8 h = 180 m^3/h

c) Vazão = área x velocidade
Vazão = 180 m^3/h = 0,05 m^3/s
0,05 m^3/s = área x 2 m/s
Área = 0,025 m^2 = 250 cm^2
Área = pi x r^2
r = 8,9 cm
diâmetro = 178 mm (ou 200 mm considerando as tubulações disponíveis no mercado)

CONTEÚDO 07 – ECOLOGIA E MANEJO AMBIENTAL

1. D
2. D
3. C
4. D
5. E
6. B
7. A
8. E
9. C
10. B
11. D
12. E
13. C
14. D
15. C
16. D
17. E
18. B
19. C
20. A
21. C
22. A
23. E

CONTEÚDO 08 – HORTICULTURA

1. D
2. A
3. E
4. D
5. C
6. E
7. B
8. D

CONTEÚDO 09 – SILVICULTURA

1. B
2. C
3. B
4. C
5. E

CONTEÚDO 10 – METODOLOGIA CIENTÍFICA E EXPERIMENTAÇÃO

1. E
2. C
3. A
4. A
5. B

QUESTÃO DISCURSIVA

1. DISCURSIVA

ANÁLISE OFICIAL – PADRÃO DE RESPOSTA

a) Deve ser indicado que a área deve receber preparo e semeadura uniformes (incluindo adubação).
Delineamento em blocos casualizados

b) Tratamentos: sempre "no limpo", sempre em competição e incluir tratamentos com diferentes épocas livres de competição (10, 20, 30... dias – não passar de 60 dias, geralmente correspondendo à época de florescimento).
Opção: Manter sempre "no limpo", sempre em competição e inverter: com mato durante 10, 20,...n dias e depois cultivar.
Nota: em vez de número de dias, o aluno poderá optar pelas idades fenológicas. Por exemplo, livre de competição ou em competição até a 3ª folha, até a 5ª folha...

c) Não podem faltar:

1) Grau de infestação de plantas daninhas e identificação de espécies

2) Altura e massa de matéria seca das plantas em diferentes etapas do ciclo (associadas a tratamentos)

3) Produção final

d) O período crítico será determinado pela maior redução dos parâmetros determinados em **c2** e **c3**.

Conteúdo e Habilidade

Fitotecnia combinada com *Fitossanidade*

Planejar ensaios experimentais e interpretar seus resultados. Aplicar conhecimento

CONTEÚDO 11 – DEONTOLOGIA – ÉTICA E LEGISLAÇÃO PROFISSIONAL

1. D **2.** E

CONTEÚDO 12 – TEMAS COMBINADOS E OUTROS TEMAS

1. E	**9.** B	**17.** D
2. A	**10.** E	**18.** A
3. A	**11.** E	**19.** D
4. B	**12.** B	**20.** D
5. D	**13.** E	**21.** C
6. A	**14.** C	**22.** D
7. A	**15.** C	**23.** E
8. E	**16.** B	**24.** D

QUESTÕES DISCURSIVAS

1. DISCURSIVA

ANÁLISE OFICIAL – PADRÃO DE RESPOSTA

a) O estudante deverá mencionar que a uniformidade dos cultivos modernos em grande escala, aliado ao uso de agrotóxicos muito seletivos aumentam a pressão de seleção e assim permitem a seleção de pragas mais resistentes.

b) O estudante deverá mencionar os mecanismos de obtenção e indicar a utilização de cultivares comerciais, como por exemplo, o milho Bt.

c) O estudante deverá comentar sobre os aspectos legais e de manejo dos produtos biotecnológicos utilizados no controle de pragas.

2. DISCURSIVA

ANÁLISE OFICIAL – PADRÃO DE RESPOSTA

A rastreabilidade é a capacidade de recuperar o histórico da aplicação ou da localização e da utilização de um produto, por meio de identificações registradas. A rastreabilidade permite, tanto às empresas de produção quanto às de distribuição, estarem preparadas para responder a qualquer tipo de emergência e que, ao mesmo tempo, permita a garantia de uma resposta imediata ao consumidor.

Princípios agroecológicos:

- O primeiro e principal deles é o do RESPEITO À NATUREZA. O agricultor deve ter em mente que a dependência de recursos não renováveis e as próprias limitações da natureza devem ser reconhecidas, sendo a ciclagem de resíduos orgânicos de grande importância no processo.
- O segundo princípio é o da DIVERSIFICAÇÃO DE CULTURAS que propicia uma maior abundância e diversidade de inimigos naturais. Estes tendem a ser polífagos e se beneficiam da existência de maior número de hospedeiros e presas alternativas em ambientes heterogêneos (Risch et al, 1983; Liebman, 1996). A diversificação espacial, por sua vez, permite estabelecer barreiras físicas que dificultam a migração de insetos e alteram seus mecanismos de orientação, como no caso de espécies vegetais aromáticas e de porte elevado (Venegas, 1996). A biodiversidade é, por conseguinte, um elemento-chave da tão desejada sustentabilidade.
- Outro princípio básico muito importante da agricultura orgânica é o de que o SOLO É UM ORGANISMO VIVO. Desse modo, o manejo do solo privilegia práticas que garantam um fornecimento constante de matéria orgânica, através do uso de adubos verdes, cobertura morta e aplicação de composto orgânico que são práticas indispensáveis para estimular os componentes vivos e favorecer os processos biológicos fundamentais para a construção da fertilidade do solo no sentido mais amplo.
- O quarto e último princípio é o da INDEPENDÊNCIA DOS SISTEMAS DE PRODUÇÃO em relação a insumos agroindustriais adquiridos altamente dependentes de energia fóssil que oneram os custos e comprometem a sustentabilidade.

REFERÊNCIAS

Cultivo do Café Orgânico. Embrapa Agrobiologia. Sistemas de Produção, 2. ISSN 1806-2830 Versão Eletrônica. Jan/2006.

Disponível em:< http://www.cnpab.embrapa.br/publicacoes/sistemasdeproducao/cafe/fundamentos.htm> Acesso em 28 de agosto de 2010.

FACHINELLO, J.C. **Fruticultura Fundamentos e Práticas**. Rastreabilidade para frutas *in natura* e industrializadas. Disponível em: http://www.cpact.embrapa.br/publicacoes/download/livro/fruticultura_fundamentos_pratica/13.5.htm Acesso em 28 de agosto de 2010.

ÚLTIMAS NOTÍCIAS. 2010. Disponível em: <http://www.ultimasnoticias.inf.br/index.php?pg=8&id_ busca=10327>. Acesso em 28 de agosto de 2010.

3. DISCURSIVA

ANÁLISE OFICIAL – PADRÃO DE RESPOSTA

O aluno deverá indicar duas das opções a seguir.

- Utilização de genótipos resistentes a lagartas, o que determina a redução de danos causados pelos insetos, dificultando a colonização da espiga pelos fungos.
- Uso de genótipos de milho transgênicos com os genes Bt. Esta opção determina a redução de danos feitos por insetos, o que dificulta a colonização da espiga pelos fungos.
- Época de semeadura ajustada para a colheita coincidir com período de menor umidade do ar. A baixa umidade relativa do ar causa uma redução no desenvolvimento dos fungos, decrescendo a percentagem de grãos ardidos na colheita.
- Uso de irrigação localizada durante o desenvolvimento das plantas. A irrigação adequada da cultura do milho reduz o aparecimento de uma população elevada de lagartas.
- Controle químico por meio de inseticidas, o que reduz ou diminui a incidência de lagartas.
- Práticas de manejo que possibilitem o controle biológico.
- Antecipação da colheita devido à redução do tempo de exposição das espigas ao fungo.

4. DISCURSIVA

ANÁLISE OFICIAL – PADRÃO DE RESPOSTA

a) A doença deverá ter previamente definida sua etiologia (identificação) e epidemiologia (ciclo de vida e a interação patógeno, hospedeiro e ambiente – fatores temperatura, umidade relativa do ar, período de molhamento foliar, pluviosidade e ventos) para que possam ser definidas e aplicadas as estratégias de controle com base nos princípios gerais de controle.

b) Para o produtor: maior rentabilidade por menor custo de produção (menor gasto na aquisição e aplicação dos agrotóxicos) e menor risco de contaminação dos aplicadores, bem como redução da possibilidade de aparecimento de resistência aos agrotóxicos por agentes causadores de doenças.

Para o consumidor: consumo de produtos mais sadios, com maior vida de prateleira e sem presença de resíduos de agrotóxicos.

Para o meio ambiente: redução dos riscos de contaminação da fauna, da flora e dos mananciais de água

5. DISCURSIVA

ANÁLISE OFICIAL – PADRÃO DE RESPOSTA

As principais operações suprimidas são aração e gradagem. **(valor: 2,5 pontos para cada operação)**

Podem ser enumerados dois entre os seguintes benefícios

- maior retenção de água no solo;
- menor compactação do solo;
- menor erosão;
- menor perda de nutrientes;
- economia de combustíveis;
- maiores estoques de matéria orgânica no solo, com consequente menor emissão de CO_2;
- maiores estoques de nitrogênio total no solo;
- favorecimento do aumento da diversidade da microbiota do solo;
- melhoria na estrutura do solo;
- menor variação de temperatura nas camadas superficiais do solo.

6. DISCURSIVA

ANÁLISE OFICIAL – PADRÃO DE RESPOSTA

a) Os processos de perda são: denitrificação, volatilização e lixiviação.

b) O suprimento de N poderá ser garantido por fontes externas de resíduos orgânicos, de origem animal ou vegetal, e/ou, pelo favorecimento da fixação biológica do N, como o uso de adubos verdes e inoculação de leguminosas.

c) Resíduos com relação C/N baixa podem favorecer o desenvolvimento microbiológico no processo de decomposição, o que implica maior quantidade de N mineralizado.

7. DISCURSIVA

ANÁLISE OFICIAL – PADRÃO DE RESPOSTA

a) Preço e/ou relação custo/benefício e/ou disponibilidade do produto.

b) Duas dentre as opções: propiciar suporte físico; facilitar as trocas gasosas; garantir a retenção de água e nutrientes; possuir boa capacidade de troca de cátions; ter relativa estabilidade biológica; estar isento de patógenos e elementos tóxicos.

c) Mistura de solo argiloso com areia e esterco de animais ou outro resíduo orgânico, previamente tratados, provindo da propriedade **ou** Mistura do horizonte A do solo de cultivo com as frações orgânicas anteriormente citadas.

8. DISCURSIVA

ANÁLISE OFICIAL – PADRÃO DE RESPOSTA

a) Pela economia com fertilizantes nitrogenados, já que no Brasil a fixação biológica de nitrogênio garante todo o N necessário à cultura.

b) Por técnicas de controle biológico utilizando micro-organismos, tais como Baculovirus anticarsia ou Nomuraea rileyi.

c) Vantagens: maior conservação do solo; menores custos totais de produção; maior armazenamento de água; menores variações de temperatura e umidade do solo; aumento da microbiota benéfica do solo; aumento da estabilidade dos agregados; aumento dos teores de carbono. Desvantagens: custo do manejo dos resíduos das culturas antecessoras; presença de inóculos de patógenos; custo com herbicidas.

9. DISCURSIVA

ANÁLISE OFICIAL – PADRÃO DE RESPOSTA

a) Os proponentes da nova agricultura biotecnológica alegam que ela apresenta as seguintes vantagens: benefícios disponibilizados aos consumidores; economia para o produtor em curto prazo; expansão na produção de alimentos, qualidade nutricional dos produtos; redução do uso de agrotóxicos (ou defensivos).

b) Ambientalistas alertam para as incertezas que cercam os impactos das novas tecnologias, afirmando que elas representam potenciais riscos à saúde e ao ambiente nacional e internacional e que o controle do desenvolvimento de produtos com OGM pelas multinacionais tem confrontado com os interesses dos países em desenvolvimento, incluindo seus produtores locais no acesso patenteado das sementes. Ocorre também a dependência dos produtores externos de sementes, bem como a diminuição da variação genética.

c) O Brasil estaria sujeito a barreiras não tarifárias, o que limita a exportação para países resistentes. No caso da soja, a importância é aumentada pelo uso da matéria-prima como componente principal de rações animais e como ingrediente num amplo leque de alimentos, dadas as suas propriedades funcionais e nutricionais. A soja assume relevância ainda maior porque a União Europeia é o maior importador e os Estados Unidos são o maior exportador do grão.

10. DISCURSIVA

ANÁLISE OFICIAL – PADRÃO DE RESPOSTA

a) A relação é calculada dividindo-se cada uma das quantidades de nutrientes pela menor delas. Assim, a proporção deve ser 1:6:2.

<u>Fórmulas possíveis</u>: 3-18-6 ou 4-24-8

b) <u>Quantidade da fórmula/ha</u>:

Fórmula 3-18-6: 15/3, 90/18 ou 30/6 × 100 = 500 kg/ha

Fórmula 4-24-8: 14/4, 90/24 ou 30/8 × 100 = 375 kg/ha

c) <u>Quantidades de fertilizantes por tonelada de fórmula</u>:

Fórmula 3-18-6 → sulfato: 150 kg; super triplo: 400 kg; cloreto de potássio: 100 kg

Fórmula 4-24-8 → sulfato: 200 kg; super triplo: 533 kg; cloreto de potássio: 133 kg

d) Uso da fórmula 5-3-10 não é possível com a utilização desses fertilizantes porque as quantidades seriam, respectivamente, de 250 kg de sulfato de amônio, 666 kg de super triplo e 166 kg de cloreto de potássio, ultrapassando 1.000 kg. **(20 pontos)**

Conteúdo e Habilidade

Fitotecnia combinada com Solos Projetar processos, interpretar criticamente dados e aplicar conhecimento tecnológico.

11. DISCURSIVA

ANÁLISE OFICIAL – PADRÃO DE RESPOSTA

a.1) práticas de subsídios e *dumping* têm resultado em importações a preços artificialmente baixos, reduzindo os preços domésticos, com prejuízos aos produtores brasileiros.

a.2) através de barreiras sanitárias, dificultando as exportações e deprimindo os preços domésticos com prejuízos aos produtores brasileiros.

b.1) aplicando medidas compensatórias, tarifas *anti-dumping*, e preços de entrada.

b.2) prevenindo a ocorrência de problemas sanitários e negociando junto aos órgãos reguladores do comércio.

Conteúdo e Habilidade

Economia e Zootecnia

Compreender e interpretar criticamente informações e interpretar políticas de desenvolvimento.

12. DISCURSIVA

ANÁLISE OFICIAL – PADRÃO DE RESPOSTA

a) (0,34 - 0,19) × 10 = 1,5 mm/cm

b) 1,5 30 x × 0,60 = 27 mm

c) 27/3 = 9 dias

d) (27/0,9) x 10 = 300,0 m3/ha

Conteúdo e Habilidade

Engenharia Rural x Solos

Compreender projetar e analisar sistemas e processos. Interpretar dados e informações. Aplicar conhecimento científico.

13. DISCURSIVA

ANÁLISE OFICIAL – PADRÃO DE RESPOSTA

a) Respostas possíveis: baixa concentração ou desbalanço de minerais, baixo teor de proteína bruta; fibra de baixa qualidade ou digestibilidade; não fornecimento de carboidratos e proteína em nível de intestino.

b) Respostas possíveis: adição de uma mistura de ureia e sulfato de amônio para elevar os teores de proteína bruta; reformulação da mistura mineral para atender as exigências dos animais alimentados com cana; fornecimento de fontes de amido e proteína de baixa degradabilidade ruminal.

14. DISCURSIVA

ANÁLISE OFICIAL – PADRÃO DE RESPOSTA

a) As condições atmosféricas determinam a maior ou menor necessidade de água de uma cultura. Numa condição de alta necessidade de água, mesmo estando o solo com umidade elevada, a cultura não consegue extrair água do solo numa taxa compatível com as necessidades, o que pode ser observado na curva C. Numa condição de baixa necessidade de água, a planta consegue extrair água do solo até níveis bem baixos de água disponível, caracterizado pela curva A.

b) Solos de textura arenosa, tendo em vista a baixa capacidade de retenção de água, permitem uma remoção mais rápida pela cultura da água armazenada no solo, o que pode ser observado na curva A . Já em um solo argiloso, a água não pode ser removida com a mesma facilidade, passando a evapotranspiração relativa a ser menor para valores próximos e abaixo de 100% da água disponível do solo, o que pode ser visto na curva C.

CAPÍTULO XV
QUESTÕES DE COMPONENTE ESPECÍFICO DE TECNOLOGIA EM AGRONEGÓCIO

PROVA 2010 – TECNOLOGIA EM AGRONEGÓCIO

1. D	**7.** E	**13.** B
2. D	**8.** B	**14.** C
3. C	**9.** E	**15.** A
4. C	**10.** B	**16.** E
5. B	**11.** B	**17.** A
6. E	**12.** D	**18.** E

QUESTÕES DISCURSIVAS

1. DISCURSIVA

ANÁLISE OFICIAL – PADRÃO DE RESPOSTA

a) O desaparecimento dos complexos rurais e o surgimento dos complexos agroindustriais:
O aluno deve dissertar que a agricultura conduzida no Brasil até meados do século XX, foi caracterizada de forma simultânea pelos modelos agrícolas denominados *plantation* e *de subsistência*. Por *plantation* entendiam-se as diversas explorações dos ciclos econômicos da história brasileira, como o ciclo do gado, da cana-de-açúcar, do café, do cacau e da borracha, cuja produção quase sempre era destinada aos mercados externos. A partir daí, mudanças provocadas pelo processo de desenvolvimento, combinadas com a revolução tecnológica, desencadearam a queda do complexo rural e o surgimento do complexo agroindustrial, estreitando os laços da fazenda com fatores externos a seus limites.

b) Relato sobre a dinâmica das diferentes etapas de cadeias de produção agropecuária:
O estudante deve relatar que a interdependência que se criou entre a agricultura e as atividades situadas fora da porteira, antes ou depois dela, fez surgir o conceito de *agribusiness*, ou agronegócio, termo pronunciado pela primeira vez em 1955 pelo professor John Davis, durante um trabalho apresentado no Congresso de Distribuição de Produtos Agrícolas, em Boston, nos Estados Unidos. As explorações agropecuárias, desde então, passaram a ser apenas um elo de complexa cadeia de produção, que consiste na soma de todas as operações que envolvem a produção e a distribuição de produtos agrícolas. De uma atividade basicamente de subsistência, a agricultura tornou-se comercial, com os agricultores passando a consumir cada vez menos aquilo que produzem. As funções de pós-colheita passaram a ser executadas cada vez mais por organizações situadas fora dos limites da propriedade agrícola, surgindo o conceito de jusante. À montante da fazenda surgiram organizações fornecedoras de fatores de produção.

c) Uma exemplificação de instituições situadas "fora da porteira", à jusante de uma propriedade rural produtora de leite
O estudante pode tomar por exemplos:
- empresas transportadoras de leite *in natura*;
- laticínios de pasteurização e envase de leite *in natura*;
- indústria de laticínios;
- padarias e supermercados;
- qualquer outro segmento encarregado de processar e distribuir o leite *in natura*.

2. DISCURSIVA

ANÁLISE OFICIAL – PADRÃO DE RESPOSTA

a) O aluno deve relacionar os ganhos e as perdas gerados pelo avanço tecnológico nos empreendimentos agropecuários. Deve analisar o custo dessas tecnologias, falar sobre o acesso do pequeno produtor às novas tecnologias e sobre o efeito delas sobre a natureza.

b) O aluno deve falar sobre o desenvolvimento das sementes transgênicas: objetivos, custos, utilidades, impacto ambiental, legislação regulamentadora. Devem ser descritos os ganhos e as perdas econômicos e sociais advindos da utilização dessas sementes.

c) O aluno deve descrever o surgimento da política ambiental no Brasil: origens, objetivos, legislação e órgãos governamentais responsáveis. Devem ser abordadas as principais restrições ao uso de recursos naturais na agropecuária.

CAPÍTULO XVI
QUESTÕES DE COMPONENTE ESPECÍFICO DE SERVIÇO SOCIAL

CONTEÚDO 01 – MATRIZES CLÁSSICAS DO PENSAMENTO SOCIAL

1. E
2. B

CONTEÚDO 02 – CLÁSSICOS DO PENSAMENTO POLÍTICO

1. B
2. C

CONTEÚDO 03 – PRINCIPAIS CORRENTES FILOSÓFICAS DO SÉCULO XX

1. E
2. A

CONTEÚDO 04 – ANÁLISE DO SISTEMA CAPITALISTA

1. D
2. C

CONTEÚDO 05 – HERANÇA COLONIAL E A CONSTITUIÇÃO DO ESTADO NACIONAL

1. A
2. D
3. B
4. D
5. A

CONTEÚDO 06 – ESTRUTURA DE CLASSES NA SOCIEDADE BRASILEIRA

1. A
2. A
3. B
4. D

CONTEÚDO 07 – TRABALHO E RELAÇÕES SOCIAIS NA SOCIEDADE CONTEMPORÂNEA

1. D
2. B
3. D

QUESTÃO DISCURSIVA

1. DISCURSIVA

ANÁLISE OFICIAL – PADRÃO DE RESPOSTA

a) A formulação deste item permite ao aluno do curso de Serviço Social estabelecer a relação entre a exclusão social, entendida desta forma abrangente, e a pobreza, como basicamente tendo a privação de recursos (exprimindo-se nomeadamente na exclusão social do fazer, do criar, do saber e/ou do ter), ou seja, nos impasses da sociedade menos favorecida frente aos obstáculos estabelecidos por eixos burocráticos, discriminatórios e insensíveis, pertinentes a prestação de serviços sociais estagnados e inviáveis e que estão em contraponto com uma sociedade que se estabelece de forma inerte (ausência de atuação dos sujeitos sociais frente à questão da pobreza e da desigualdade). (valor: 5,0)

b) Nesse momento o aluno deverá fazer a abordagem da Questão Social (relação capital – trabalho) e suas diversas expressões como demandas recorrentes na atuação do Assistente Social e que requer o uso das atribuições e competências do profissional no seu enfrentamento.

CONTEÚDO 08 – POLÍTICAS SOCIAIS E A CONSTITUIÇÃO DA ESFERA PÚBLICA

1. A
2. A
3. D
4. E
5. B
6. E

QUESTÃO DISCURSIVA

1. DISCURSIVA

ANÁLISE OFICIAL – PADRÃO DE RESPOSTA

São várias as razões que podem ser apontadas: o peso da chamada "dívida social"; a consagração – na Constituição de 1988, que formulou a assistência como direito – do princípio da Seguridade Social; a normatização desse direito pela LOAS (1993), para a qual a categoria profissional contribuiu com destaque; e, posteriormente, a institucionalização do SUAS. Pode-se, ainda, referenciando o princípio constitucional, recordar a vinculação histórica da profissão à prática da assistência, redimensionada com a crítica do assistencialismo. **(valor: 2,0 pontos para cada razão)**

O destaque de qualquer das razões deverá ser seguido de uma argumentação que indique conhecimentos históricos e teóricos; por exemplo: se o aluno mencionar a Constituição de 1988, referenciando a assistência como parte da Seguridade Social, deverá observar que a assistência foi aí reconhecida como direito constitucional pela primeira vez e que a noção de Seguridade Social também figura pela primeira vez numa carta constitucional brasileira. **(valor: 3,0 pontos para cada justificativa)**

CONTEÚDO 09 – DIREITOS E GARANTIAS FUNDAMENTAIS DE CIDADANIA

1. E
2. C
3. B
4. C
5. B
6. A
7. E

CONTEÚDO 10 – RELAÇÃO DIALÉTICA ENTRE O MATERIAL E O SIMBÓLICO NA CONSTRUÇÃO DAS IDENTIDADES SOCIAIS E DAS SUBJETIVIDADES

1. DISCURSIVA

ANÁLISE OFICIAL – PADRÃO DE RESPOSTA

Dentre os ganhos abaixo relacionados, deverão ser indicados apenas 4. A resposta a esta questão discursiva deve contemplar a perspectiva dialética da totalidade, pressupondo a noção de historicidade e a contradição da dinâmica das relações sociais; a expressão da concreticidade do objeto como ponto de partida da análise; a apreensão das relações sociais no universo da produção e da reprodução sociais, articulando as dimensões da singularidade, da particularidade e da universalidade. Deve assinalar, sobretudo, a complexidade das relações sociais e a sua irredutibilidade a relações unívocas de causalidade. Deve, também, realçar que esta opção teórico-metodológica permitiu, no Serviço Social, superar as análises sociais de cunho positivista e funcionalista. A resposta poderá indicar questões concretas presentes no movimento da sociedade, que se relacionem com as categorias essenciais supracitadas. Serão consideradas também como ganho as respostas que apontarem os avanços da profissão decorrentes daquelas categorias.

CONTEÚDO 11 – PROCESSO DE PROFISSIONALIZAÇÃO DO SERVIÇO SOCIAL COMO ESPECIALIZAÇÃO DO TRABALHO

1. D **2.** E

QUESTÃO DISCURSIVA

1. DISCURSIVA

ANÁLISE OFICIAL – PADRÃO DE RESPOSTA

A resposta deve referir-se explícita e diretamente ao conteúdo da Lei de Regulamentação Profissional (Lei 8.662/93) **(valor: 2,0 pontos)** e do Código de Ética Profissional (1993). **(valor: 2,0 pontos)** Não há necessidade de remeter às partes pertinentes da Lei e do Código. Uma resposta completa requer que aluno esclareça que o Código e a Lei são instrumentos articulados, mas diferentes: um tem base normativa a partir da categoria profissional, **(valor: 3,0 pontos)** outro é impositivo por mediação do Estado. **(valor: 3,0 pontos)**

CONTEÚDO 12 – INSERÇÃO DO ASSISTENTE SOCIAL NOS PROCESSOS DE TRABALHO

1. C	**7.** B	**13.** C
2. B	**8.** B	**14.** A
3. E	**9.** E	**15.** C
4. D	**10.** D	**16.** D
5. A	**11.** D	**17.** D
6. E	**12.** A	**18.** E

CONTEÚDO 13 – FUNDAMENTOS ONTOLÓGICOS DA DIMENSÃO ÉTICO-MORAL DA VIDA SOCIAL E SUAS IMPLICAÇÕES NA ÉTICA DO SERVIÇO SOCIAL

1. A	**3.** A	**5.** A
2. B	**4.** D	**6.** D

CONTEÚDO 14 – TEORIAS ORGANIZACIONAIS E MODELOS GERENCIAIS NA ORGANIZAÇÃO DO TRABALHO E NAS POLÍTICAS SOCIAIS

1. A **2.** A

CONTEÚDO 15 – CONCEPÇÃO, ELABORAÇÃO E REALIZAÇÃO DE PROJETOS DE PESQUISA

1. C **2.** B

QUESTÃO DISCURSIVA

1. DISCURSIVA

ANÁLISE OFICIAL – PADRÃO DE RESPOSTA

Elaboração de projeto específico a ser direcionado ao atendimento do público-alvo que poderá ser encaminhado contemplando as seguintes ações: levantamento por meio de reuniões com todos os envolvidos para decidir às ações e verbas disponíveis; palestras socioeducativas; treinamento, palestras, e utilização do teatro itinerante por exemplo; trabalho com as famílias no sentido de sensibilizar para a questão; articulação com a rede de serviços e instituições parceiras (escolas, conselhos de direitos, ministério público, e outros;

Elaboração de plano de ação voltado a mobilização dos sujeitos envolvidos no processo, encaminhado a partir das ações; campanhas sensibilizadoras com o objetivo de atingir o maior número de caminhoneiros possível; produção do material pedagógico: gráfico, adesivos e promocional; parcerias com a imprensa – rádios, TV e internet para divulgação das ações; utilização das mídias: pedágios, *outdoor*, *front ligth* e assessoria de imprensa

JUSTIFICATIVA:

Contribuir nas reflexões entre estudantes, profissionais e formação acadêmica com relação às condições necessárias para a materialização do Projeto Ético Político, de modo a somar esforços coletivos para o enfrentamento dos desafios expressos nas dimensões societárias atuais. Os estudantes deverão em ambas as fases tratar dos eixos norteadores do Projeto Ético-Político do Profissional de Serviço Social, a saber: defesa intransigente à liberdade, a luta pela equidade e justiça social, alem da abordagem dos direitos humanos.

CONTEÚDO 16 – TEMAS COMBINADOS E OUTROS TEMAS

1. E

QUESTÃO DISCURSIVA

1. DISCURSIVA

ANÁLISE OFICIAL – PADRÃO DE RESPOSTA

A resposta a esta questão discursiva deve contemplar o *desemprego* como o fenômeno mais visível resultante daqueles impactos, que vem acompanhado da precarização das relações de trabalho (fragilização dos vínculos empregatícios, perdas salariais, instabilidade e insegurança no/do trabalho) e do enfraquecimento das organizações políticas dos trabalhadores. Dentre os desafios a serem explicitados, devem ser pontuados três dos seguintes: articulação da ação profissional do Serviço Social com os movimentos e lutas das classes trabalhadoras; enfrentamento das expressões da questão social numa perspectiva de totalidade; conhecimento e atualização dos elementos da crítica da economia política; pesquisa das condições de vida do conjunto das classes trabalhadoras com o processo de desenvolvimento capitalista.

CAPÍTULO XVII
QUESTÕES DE COMPONENTE ESPECÍFICO DE TECNOLOGIA EM GESTÃO AMBIENTAL

PROVA 2010 – TECNOLOGIA EM GESTÃO AMBIENTAL

1. A	**7.** E	**13.** C
2. C	**8.** B	**14.** A
3. D	**9.** D	**15.** D
4. A	**10.** E	**16.** B
5. E	**11.** D	**17.** A
6. E	**12.** E	

QUESTÕES DISCURSIVAS

1. DISCURSIVA

ANÁLISE OFICIAL – PADRÃO DE RESPOSTA

a) Implantação de um SGA; **(3,0 pontos)**

A implantação de um sistema de gerenciamento ambiental só será possível se houver comprometimento da liderança da empresa, envolvendo os acionistas, os diretores e a todos os envolvidos na gerência.

A implantação de um sistema de gestão ambiental (SGA) depende principalmente de três pilares fundamentais: base organizacional, técnica e jurídica. A base organizacional refere-se ao estabelecimento de rotinas administrativas e operacionais, estrutura funcional, responsabilidade e autoridade, planejamento e recursos. A base técnica trata do conhecimento dos aspectos ambientais associados às atividades, instalações, produtos e serviços e como controlá-los. A base jurídica trata do conhecimento e atendimento dos requisitos legais e outros requisitos aplicáveis à organização.

b) Benefícios potenciais de um SGA; **(3,0 pontos)**

De acordo com a NBR ISO 14004, os benefícios potenciais são:

Assegurar aos clientes o comprometimento com uma gestão eficaz demonstrável; ter boas relações com a comunidade; satisfazer os critérios dos investidores e melhorar o acesso ao capital; obter seguro a um custo razoável; fortalecer a imagem e a participação no mercado; atender aos critérios de certificação do vendedor; aprimorar o controle de custos; reduzir incidentes que impliquem responsabilidade civil; demonstrar atuação cuidadosa; conservar matérias-primas e energia; facilitar a obtenção de licenças e autorizações; estimular o desenvolvimento e compartilhar soluções ambientais; melhorar as relações entre a indústria e o governo.

c) Integração com um sistema de gestão global. **(4,0 pontos)**

A existência de um sistema de gestão alinhado à ISO 14000 promove a integração dos critérios ambientais aos critérios de desempenho da organização em todos os níveis. É necessário incluir: o gerenciamento ambiental dentro das atividades das empresas; desenvolver o gerenciamento e comprometer-se promover práticas voltadas para educação ambiental; implementar programas de auditoria de SGA, avaliar o desempenho das empresas em relação a legislação ambiental; oferecer recursos financeiros de maneira ao alcance das metas necessárias ao gerenciamento ambiental e promover o equilíbrio entre do SGA com outros sistemas dentro da empresa, como saúde, qualidade, seguranças e finanças.

Nesse contexto abordado para uma determinada empresa que já tem sua política de qualidade segundo os padrões ISSO 9000 e queira implementar a ISSO 14000, é necessário rever a política de qualidade incorporando os requisitos do SGA mantendo a política anterior e criar uma específica para a gestão ambiental.

2. DISCURSIVA

ANÁLISE OFICIAL – PADRÃO DE RESPOSTA

a) O estudante não deve deixar de mencionar a tendência geral de crescimento dos casos da doença ao longo dos anos no país, destacando-se, em particular, as contribuições trazidas pelas duas regiões mais desenvolvidas do país, o Sudeste e o Sul

b) O estudante não deve deixar de mencionar três serviços de saneamento básico:

1) Sistemas de drenagem de águas pluviais ineficientes, provocando enchentes que espalham a urina do rato (em especial na época das chuvas – (Figura 02 contendo o Segundo Gráfico) **(2 pontos)**;

2) Sistemas de gerenciamento de resíduos sólidos urbanos inexistentes e ineficientes, transformando os lixões, bota-foras e lotes vagos em locais propícios à proliferação de ratos **(2 pontos)**; e

3) Sistemas de esgotamento sanitário que não tratam os esgotos, lançando-os nos rios e lagos sem tratamento e transformando estes locais em ambientes fétidos propícios ao vetor transmissor **(1 ponto)**;

c) O estudante não deve deixar de mencionar a necessidade de combate ao vetor transmissor, o rato, através da melhoria dos sistemas de drenagem de água de chuva; da limpeza urbana e manejo dos resíduos sólidos (coleta e destinação final adequada do lixo, como, por exemplo, envio aos aterros sanitários); e do tratamento dos esgotos antes do seu lançamento nos corpos hídricos **(3 pontos)**.

ANOTAÇÕES

ANOTAÇÕES